U0449948

地理学报

Acta Geographica Sinica

90周年精品论文解读

《地理学报》90周年精品论文解读编委会 编

下 册

商务印书馆
The Commercial Press

我国区域开发的宏观战略

陆大道

（中国科学院地理研究所）

提　要

根据我国国土开发和经济发展水平的地域差异，在本世纪内及下世纪初年应当实行重点开发战略，按"点-轴渐进扩散"模式实行由不平衡到相对平衡的区域发展。实施这一战略，要求确定重点开发轴线，沿轴线建设密集产业带和建立横向联系的经济区。其中，沿海与沿长江两个一级轴线构成我国国土开发和经济建设"T"字形宏观格局。

关键词　区域开发　宏观战略　经济区

我国国土开发和经济发展存在着巨大的地域差异。摆在我们面前有两种区域开发宏观战略可供选择：重点开发和均衡开发。作者根据国内外区域开发的实践和理论，提出在今后 20—30 年中应当采取重点开发战略，按"点-轴渐进扩散"模式实现由不平衡到相对平衡的发展。为了加强东部与西部间的联系，实施这一战略，应在全国范围内建设各级重点产业带，其中沿海与沿长江两个一级轴线构成"T"字形宏观格局；要建立横向联系的经济区。

一、地域开发总体战略的选择

建国以来，在全国范围内进行了大规模的资源开发和自然改造工程、工农业以及交通运输业的建设,在一定程度上改变了我国工业畸形集中于沿海少数城市的不合理局面。但是,我国国土辽阔,加上历史、地理位置、国家财力物力因素的影响,导致各地区在国土资源开发利用程度以及社会经济发展水平与实力方面很不平衡。形成我国经济发展宏观地域差异的自然基础有两方面:

1. 我国东南半壁和西北半壁的自然条件相差很大。前者的气候、地形及水土资源条件有利于人们进行大规模经济活动,后者除少数地区外,条件很差;

2. 矿产资源、水力资源与生产力在地区分布上不吻合。社会经济发达的东部沿海地区是能源、原材料的最主要消费地带,但全国90%以上的煤炭、水力资源和60%以上的石油探明储量在内地。

在这两个自然基础因素影响下,经过长期的开发,形成了我国经济技术水平从东向西的大地带性差异。

我国历史上,位于黄河流域的中原地带,曾经有过长时期经济文化的繁荣。宋、明朝以后,资本主义开始萌芽,手工业和商业有了很大的发展,经济重心从中原转移到长江三角洲沿海一带。近代,沿海地带受到帝国主义的入侵,开辟通商口岸。与此同时,民族工商业也有一定的发展。直至解放前,我国薄弱的现代工业、商业金融业以及城市、交通设施主要集中在沿海少数城市,广大内地经济十分落后。建国后,根据合理布局和国防安全的需要,曾大尺度地调整沿海与内地的关系。在内地,主要在长江中上游、黄河中游、东北北部等进行了大规模资源勘探开发、工业交通、农林水利建设及国土整治,使得我国中部地区的经济实力和水平有了很大提高,从而缩小了与东部沿海地区的差距。七十年代后期以来,对外开放和对内搞活经济政策的实施,使东部沿海地区处于更加有利的地位。目前,从东向西国土开发和经济发展宏观地域差异主要表现在以下方面:

1. 经济实力。东部沿海十一个省市自治区国土面积仅占全国14.2%,工农业总产值却占全国的55.6%。钢铁、化工、机械、轻纺以及对外贸易等部门主要集中在沿海,中部地区的能源、冶金、铁路运输、农业所占地位重要。西部地区国土面积辽阔,但工农业总产值、国民收入仅占全国很小部分。因此,经济实力由东向西明显减弱。

2. 国土资源开发利用程度。由西向东,垦殖指数、人口密度、矿产资源和水资源开发利用程度、城市化程度等逐渐增加。

3. 经济效益与技术水平。集中反映经济效益指标的资金利税率,东部:中部:西部大约等于4:2:1;就技术装备水平、单位能耗的产出、工农业的劳动生产率、新产品和高技术产品的种类和规模都是由东向西递减。

4. 对外经济技术联系。由于历史因素和地理位置的影响,东部地区与国际商业市场、金融业联系密切,中部和西部地区相继次之。

面对上述自然、经济严重不平衡的事实，要实现党中央提出的本世纪末发展国民经济的宏伟目标，更大规模地开发国土资源，在全国范围内扩建和新建大量的工矿基地、农业基地、交通、城镇及其他设施，就必须从宏观上确定全国区域开发的空间布局。这是国家发展的重大决策问题之一，也是使今后几十年中国家建设的全局和重大战略步骤及措施获得预期效果的保证之一。三十多年来，我国建设布局的经验教训充分表明了这一点。

从宏观上确定地区开发战略，其核心就是根据社会经济具体发展阶段和水平，正确处理平衡与不平衡、经济增长与平衡发展之间的关系。

本世纪五十年代以来，许多发达国家和少数发展中国家都把国内地区间的平衡发展当作一个重要的发展目标。但是，国际经验表明：从不平衡到平衡的发展是一个很长的历史过程；而地区间的自然条件、地理位置、经济和历史基础等稳定性因素差异愈大，这种平衡的相对性即差异程度就愈大；任何一个国家的地区开发与发展，客观上都要求发挥地区优势，特别是在大规模开发的初期及稍后一段时期，由于物质因素的限制，只能集中于少数点、地带或区域，实行重点开发，这样较之分散投资而形不成集聚效果的状态可以获得较高的整体经济增长速度。也就是说，在相当长的时期内，如果以经济增长为主要目标，一般就不可能不导致地区经济的不平衡发展；相反，就会影响整体经济的增长速度。这就是经济增长与平衡发展间的倒"U"字相关[1-3]。而且，国土面积愈大，经济基础愈是薄弱，从不平衡到相对平衡的发展过程就愈长。

在本世纪内及下世纪初，国家面临着提高国民经济效益，加快经济增长，改善人民生活的艰巨任务。在一系列具体目标中，加快全国经济增长显然是首要目标。相比之下，消除地区间不平衡发展乃属第二位目标。按此目标选择，要求承认不平衡，充分利用它来达到我们的主要目标，实行重点开发战略。如若不然，将有限的国力平均使用，尽管较不发达地区增长可能快点，但全国经济增长会被迫变慢。当然，又不能机械地采取建设好了一块再建设另一块的办法，而是在不同的发展阶段使战略重点在地区间有所推移。

总结我国三十多年来的实际经验，有五个方面的因素影响到我国国土开发和经济布局的区域宏观决策，即自然因素，经济技术因素，社会发展、政治要求与决策者的意识，运输与运输费用，地理位置。这五种因素的作用力方向往往是不同的，它们的目标甚至有时是冲突的。在确定国土开发方案时，就应在冲突之间作出协调或选择。而归根结底，协调、选择仍然是在经济增长和平衡发展这两个基本目标之间进行。如果我们强调经济增长这一目标，必然较多地考虑自然因素、经济技术因素以及运输、地理位置因素，将大部分投资投放到东部沿海地带；而如要强调平衡发展这个基本目标，那必然要按社会发展，政治要求等因素，将资金均匀地投放，甚至将较多的资金放在中西部。为了形象地说明国土开发宏观决策的效果，我们可以将问题进一步简化为东西部之间的关系。根据 1984 年我国西部和东部地区资金利税率的比率大约为 0.25，可以作出宏观区域开发产出曲线（图 1）。

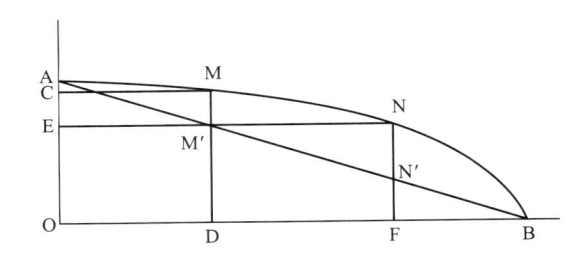

图 1 我国区域开发宏观决策的替代曲线

Fig.1 The replaceable curve of macroscopic decision of regional exploitation in China.

图中纵横坐标分别表示西部和东部投资的产出，$0A$，$0B$ 代表两种极端的情形，即国家建设总投资全部用在西部或全部用在东部时的总产出，可以看出其经济效果近乎 1∶4。曲线（$AMNB$）表示各种可能的选择。一般的决策是在符合总体发展战略目标的前提下，兼顾东西部地区的利益和要求，将资金在东西之间作一定比例的分配。图中 M，N 是其中两种可能的产出选择，N 点表示将大部份资金用于东部地区，总产出 $Q_1=0F+0E$；M 点表示将较多的资金用于西部地区，总产出 $Q_2=0C+0D$。在这里有两点值得我们注意：

1. 除了选择 A、B 两种极端情形外，其余方案都会产生替代作用。在 N 点时实际上是以东部地区的产出 FB，换得西部地区的产出 NF；当选择产出点 M 时，是以 BD 换得了 MD。这时，可以分别计算出称之为决策替代系数的 R：

$$R_1 = \frac{NF + 0F}{0B} \qquad R_2 = \frac{MD + 0D}{0B}$$

当 $R=1$ 时，表示全部资金用于东部地区，不产生替代作用；当 $R=0.25$ 时，表示全部资金用于西部，总产出最小，即 $0A$，东部的产出全部为西部所替代。

2. 由 A 点开始，替代系数逐渐增大，到达 N 点时最大，大于 1。然后逐渐减小，直至等于 1。这里说明，即使从经济观点看，最优决策方案也并不是将全部资金用于东部地区方案。因为除两种极端情形（全部替代和没有替代）以外，都会产生东西部地区间的接触效应[①]，这种效应作用的结果便产生附加产出 MM'，NN'，……。寻求并按具有最大附加产出的点分配资金，是经济上最优的区域开发宏观决策方案。

---

① 这里所谓"接触效应"是由于东西部之间的经济技术交流所产生高于东西部隔绝状态下的理论产出量，理论产出量变化趋势为 $AM'N'B$ 线。

二、东西之间的战略转移与点-轴渐进式扩散

（一）两次战略转移。从第一个五年计划至第四个五年计划期间，党和政府采取了一系列重大决策，优先安排了较不发达地区的国土开发和经济建设。但是，由于在一个较长时期内，我们对社会经济空间发展不平衡规律认识不深，老基地和较发达地区没有得到充分利用、改造和更快地发展，而通过三线建设向内地和较不发达地区的战略转移步伐又迈得过急过大，以至内地许许多多的建设脱离了当时的条件与基础，影响了全局经济的增长速度。

为了定量地说明我国建设布局的空间转移及引起的效果，我们采用基本建设投资重心线（也可理解为全国国土开发重心线）至海岸平均距离（P）概念。因为我国解放前一百多年经济，特别是工商业、交通设施等主要发起和集中于东部沿海地带，投资重心线至海岸平均距离的变化可以客观反映建设重点的空间变化。

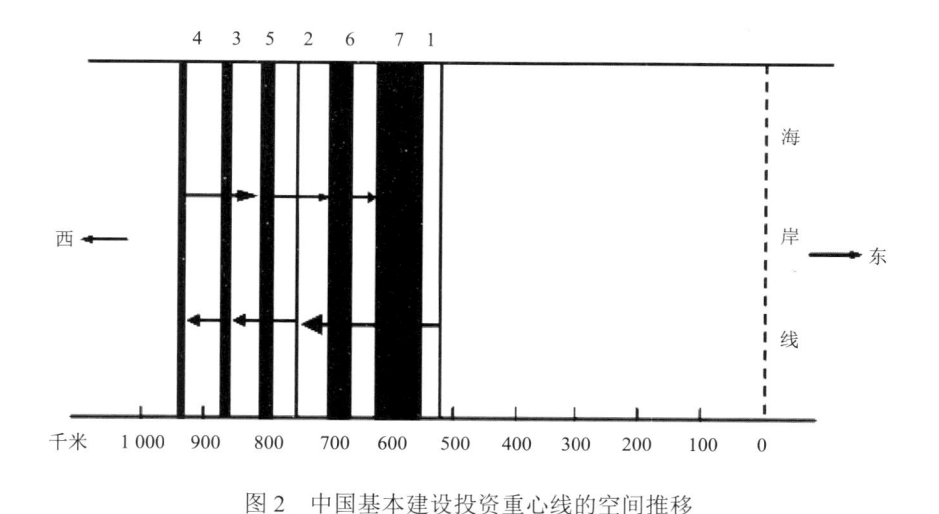

图 2　中国基本建设投资重心线的空间推移

注：各线段代表下列时期的投资重心线距海岸带的相对位置：1：1952 年状态位置，2：第一个五年计划，3：第二个五年计划，4：第三个五年计划，5：第四个五年计划，6：第五个五年计划，7：第六个五年计划。

Fig.2　The space movement of the gravity line in each period investment of capital construction

$$P = \frac{\sum S_n Q_n}{\sum Q_n}$$

式中：P 代表各时期全国基本建设投资重心线至海岸的平均距离（km）；S_n 代表各省、市、自治区政府所在地距最近海港的（铁路、水路）运输距离（km）；Q_n 代表各时期各省、

市、自治区的基本建设投资金额（亿元）。

计算结果绘于图 2。自 1952 年至 1975 年间，我国基本建设投资的重心线由东向西平均推进了近 400 公里，由于当时内地的资源开发条件、运输条件、配套协作和技术管理条件相当差，使得固定资产交付使用率平均较东部沿海地区低 10—15%，已建成的企业长期不能发挥综合能力，甚至支付大量不合理的额外费用。这次战略大转移违背了客观经济规律和自然规律，是造成"三五"、"四五"期间全国经济增长速度大幅度下降及尔后出现的一系列比例失调的重要原因之一。说明在我们这样领土辽阔、自然条件和经济基础地区差异很大的国家里，实现国土开发由较发达地区向较不发达地区的战略转移，是个长期渐进的过程。不仅如此，在短短的 20 年左右时间里，国土开发重心就向内陆推进了 400 公里，在世界各国的国土开发中也是没有先例的。美国历史上国土开发由东北部沿海向西部内陆推进的过程与我国相似，但从 1880—1960 年 80 年间，生产力分布的重心向西大约只移动了 380 公里。我国上述这次战略大转移，不仅跨度过大，而且，从全国范围看采取的是跳跃式，即老基地的改造刚开始，就在中部地区开辟了一系列新基地；而这批新基地尚未建设好，就往西部再建设一批新基地。就地区范围看，是采取平推方式，"遍地开花"。

自第五个五年计划起，国家根据对外开放和发挥地区优势的政策，开始调整国土开发和建设布局的宏观战略，加强了沿海地区和内地条件较好区域的建设。投资重心线由西向东折返，由"四五"距海岸 925 公里处变为"五五" 800 公里处和"六五" 685 公里处，即平均距离向东返回了 240 公里。

就这样，在三十多年中，我国国土开发和建设布局经历了由东向西又由西向东两次大尺度空间转移过程。这后一次调整性转移无疑是极其必要的，取得了巨大的社会经济效果。

（二）点-轴渐进式扩散。伴随着经济的发展，生产力在空间上总是不断运动变化的。我国东部发达地区国土开发程度愈来愈高，人-经济-环境之间的关系问题，包括土地、能源、资源、水的供应不足和就业、生态环境问题将会愈来愈突出。因此，逐步扩大开发中西部地区的资源和空间是必然的趋势。国家"七五"计划提出将全国划分东、中、西三大经济地带并从原则上确定了各地带的地位和方向，是今后国土开发宏观决策的一部分[①]。但是，光有三大地带的划分还不够，国土开发和建设布局的实践还需要有更明确的能科学地体现生产力运动规律的准则做指导，以阐明如何进行重点开发，如何从不平衡过渡到相对平衡。这个准则就是"点-轴渐进式扩散"模式，其主要内容是：

1. 在全国范围内规定若干个联结主要城镇、工矿区，附近并具有较好的资源、农业条

---

① 关于三大地带的地位、发展方向，是我国区域开发宏观战略的重要组成部分，但由于在国家"七五"计划和编制中的全国国土规划纲要中作了和将要作出具体规定，本文未加涉及。

件的交通干线所经过的地带，作为发展轴予以重点开发。

2. 在各个发展轴上确定重点发展的中心城市，规定各城市的发展方向和服务、吸引区域。

3. 确定中心城镇和发展轴的等级体系。较高级的中心城市和发展轴线影响较大的区域，应当以国家和地方较大的力量去集中开发；随着国家和地区经济实力的不断增强，国土开发的注意力愈来愈多地放在较低级别的发展轴和中心城市上；与此同时，发展轴线逐步向较不发达地区延伸，包括发达地区的距发展轴和中心城市较远的地区，将以往不作为中心城市的点确定为较低级别的中心城市[3]。

"点-轴渐进式扩散"开发模式之所以符合生产力空间运动的客观规律，是因为所有的产业，特别是工业、交通运输业、第三次产业、城镇等都是产生和集中于"点"上，并由线状基础设施（铁路、航道、公路、管道等）联系在一起（农业生产虽然是面状的，但农业的管理、生产资料的供应和农产品的出售等都在各级城镇进行）；产业也与任何事物一样，在空间中集聚，之后又向周围区域发射出它的影响力，这就是扩散；扩散在一般情形下是渐进式的，而不是平推的，也不是大跨度跳跃式的，是按以下三种模式进行的（图3）：

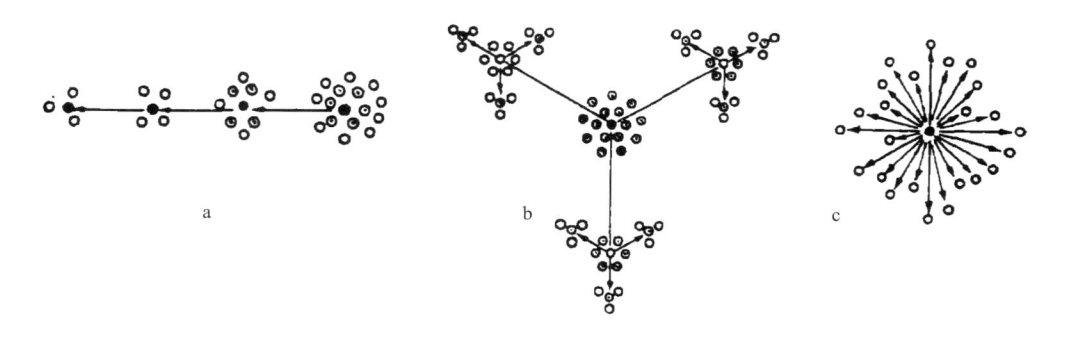

图 3　生产力空间扩散运动的三种类型

（本图是以 E.维尔特设计的革新扩散类型图为基础修改编制的）

Fig.3　Three model (or types) in the movement of space diffusion of productive forces

图 3 是点-轴扩散规律的一般模型，它们的共同点是由点（中心城镇）向外扩散，随着范围的扩大和距离的增加，扩散的程度呈递减趋势。就横向距离来说，类型 a 速度最快，类型 c 最慢。但无论哪种类型，随着距离的延伸，都会形成汇集有较大较多中心点的主轴。对于大范围来说，最终导致从点-线-面的全面扩散和空间推移，使各地区的国土资源和空间获得充分的相对均衡的开发利用。

三、开发重点产业带，建立东西横向联系的经济区

在今后一个相当长的时间内、具体实施重点开发战略，按点-轴渐进式扩散模式进行建设布局的空间推移，应采取以下两个重要的开发对策。

（一）按发展轴线建设各级重点产业带，增强中心城市的职能，形成全国区域开发与建设布局的点-轴系统。

重点开发的轴线，是指重要线状基础设施经过、附近有较好的经济地理位置、资源、经济基础等条件，因而具有较大的开发潜力和远景的地带。它不像行政区那样有严格的界线。一般说来，应包括轴线两侧 50 公里左右的范围。

本世纪内全国一级重点开发轴线是海岸带和长江沿岸，两大重点开发轴线构成"T"字形的宏观格局。其条件与开发方向如下：

1. 海岸带。我国大陆海岸线长 1.8 万公里，在海岸线 50 公里左右范围内，集中了六个特大城市和几十个大中城市，已经是我国工业、金融、外贸、科技和郊区农业发达的产业带。海岸带的进一步大规模开发，有助于充分利用国外原料，开拓国外市场；节约陆上宝贵的土地资源，开发盐碱荒滩，开发和利用廉价的海上运输；利用海水作工业冷却用水，节省淡水；改善工业和城镇布局，疏散大城市的人口和部份经济设施；合理解决污染问题。因此海岸带的进一步开发，对全国及东部地带是极为重要的。二次大战后，日、美、法国及部分第三世界国家在海岸地带几十公里范围内建设了许多工业综合体和新城镇，开发港口、铁路、高速公路，大量进口原燃料和出口成品。海岸带的综合开发，成了这些国家经济迅速发展的重要因素之一，其中一些国家还将建设重心从内地转移到海岸带。这个经验值得我国重视。

本世纪内，下列建设应集中于海岸带内：

1）应在沿海地区有选择地建设大中型原材料工业、碱厂、化肥厂、电站（火、核）等，它们大多数占地大，耗水多，运量大，"三废"排放量大；

2）服务于开放城市和大型港口、工业区的基础设施系统，包括铁路、公路、内河运输设施、机场、淡水供应系统；

3）适宜在沿海地带发展的知识和技术密集型产业和引进的设备；

4）为出口和城市服务的农副产品基地，水产养殖场及相应的加工和服务系统；

5）全国各地区在沿海的商业、贸易、金融、经济技术交流方面的设施。

2. 长江沿岸。从长江口到四川渡口市附近，全长约 3000 公里，是我国又一个产业集

中且有开发远景的发展轴线。位于此轴线上的大中城市 20 多个，有很强的经济实力。此外，还有以下优势条件：长江是我国最大河流，据交通部门估算，年通航总运量可达 3 亿吨以上，潜力很大。长江三角洲的经济腹地包括大半个中国，长江中游是全国经济联系的中枢。随着经济的发展，西南、华中、华东将愈来愈多地经长江与国内外联系。长江本身有丰富的水利资源，所经区域有较丰富的铁、铜、天然气、磷等矿产。我国黄河流域水资源缺乏，而长江年径流量为黄河 20 倍左右。将应在长江所经区域发展的钢铁、石油化学、化肥、有色冶金、电力、机械、轻纺等，重点配置在长江沿岸，可使工业布局与运输干线和水资源取得很好的配合。长江中下游沿岸，还有大面积的边滩、江心洲及适宜做港口建设之用的岸线，通过防洪工程和航道的整治，这部分宝贵的土地和空间资源可用于工农业和交通运输业。长江中下游地处亚热带，是我国主要农业区。仅湖南、湖北的商品粮就占全国九大商品粮基地提供商品粮的 1/4。两岸水面相当广阔，是全国淡水鱼基地。因此，长江轴的重点开发，农副产品资源、水产资源、水利资源都会得到充分开发利用。

为了保证长江沿岸地带的开发，要整治长江中下游航道，开发长江航运，降低水运成本；长江所经区域煤、油资源较缺乏，要通过铁路、水运，由北方运入煤炭、原油、化工原料，从国外进口大宗原料如铁矿石等；建设干支流水利枢纽工程，发挥防洪、发电、灌溉、航运等综合功能；大的工业区、工业企业都应沿河布局，与港口、铁路、公路设施相协调。

长江轴将内地两个最发达的核心地区与海岸带轴联系起来，两轴在经济最发达的长江三角洲交会。这种空间结构较准确地反映了我国国土资源、经济实力和开发潜力空间分布的基本框架。将此二轴进一步开发建设好，就可奠定国民经济翻两番的基础，可以使三个地带的重要区域联成整体，并促进与之相联结的二级三级重点发展轴线的开发（图 4）。

二级发展轴线，是指有发展潜力的省、市、区间线状基础设施所经过的地带，主要有：

陇海铁路沿线。应建设成为苏北、河南、陕西中部、甘肃东部的工业、城市、交通等设施的集聚地带，是未来开发大西北、实施重点转移的支柱和通道；

西江—南昆铁路沿线。是华南西南间的主要通道，重点开发水力、煤炭，发展有色冶金、磷化工，以及商品农业；

黄河上中游地带。大规模开发水电资源，以及有色金属、铁合金、煤炭等，是华北、京津唐地区通往西北的主要路径；

北同蒲-太焦-焦枝沿线。是我国南北间联系的第三条陆上干道，要作为重要的能源、有色金属、钢铁、机械等重工业集聚地带来建设。

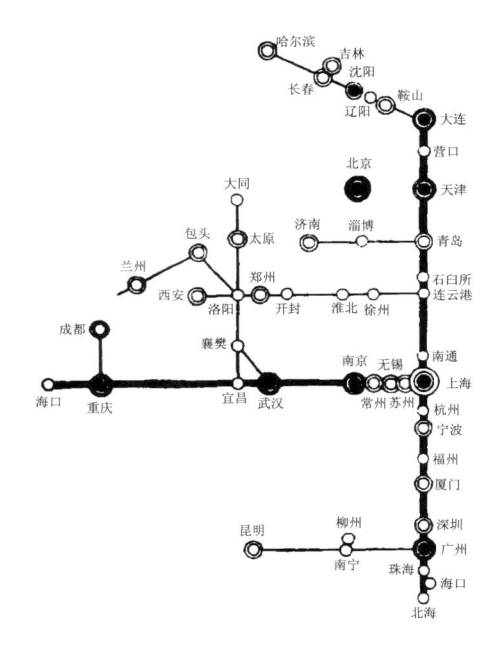

图 4 我国国土开发和建设布局的"T"形结构

Fig.4 The "T" ——form structure of territorial exploitation and construction in China.

其他二级发展轴还有哈大铁路沿线、胶济铁路沿线、成渝铁路沿线等。

（二）以大城市为中心，以能源生产、消费为纽带，组织横向联系的经济区，促进东西经济技术交流，搞活全局经济。

将全国划分为若干个大经济区，利用资源和经济的差异性、互补性，安排资源开发，组织区域经济，逐步实现由东向西较为平衡的发展，是提高全国宏观经济地域组织效果的重要措施。

根据我国国土资源和生产力分布的基本特点，未来经济的大尺度空间联系最主要表现为：由中、西部向沿海输送能源、初级产品和原材料，由沿海向内地供应加工制成品，扩散技术。这种联系的方向、范围、强度是划分大经济区的主要标准。同时，某些发展轴线即重点产业带、中心城市、经济核心区的吸引范围和大型海港的腹地，也是组织经济区的基础。

经过三十多年来的建设，按大经济区组织区域开发和经济联系的条件已成熟，其必要性不断增强。如东北区，迫切要求将内蒙东部三盟一市包括进来，统一规划能源的开发与运输，及耗能工业、技术引进与扩散、出海港口等项建设。以京津唐为核心区的华北区，需要包括山西能源基地，统一规划煤炭生产及运输、电能生产及输送、城市间职能分工等。从中长期角度看，两广可与云、贵组织成一个经济区。以上海为中心的长江三角洲，直接影响范围包括江苏、安徽、浙江省，应统一规划能源、原材料的供应关系及其他经济联系和长江航运开发与整治等。

参考文献

[1] 陆大道, 地理学报, 39(4), 397—408。

[2] 陆大道, 经济地理, 5(1), 37—43。

[3] 陆大道, 地理科学, 6(2), 110—118。

THE MACROSTRATEGY OF REGIONAL DEVELOPMENT IN CHINA

Lu Dadao

(*Institute of Geography, Chinese Academy of Sciences*)

Key words: Regional exploitation; Macrostrategy; Economic region

Abstract

In China there exists enormous regional differences in territorial exploitation and economic development. We have two regional developing macrostratogies to chose from: stressed (focal point) exploitation and balanced development. On the basis of Chinese and foreign practices and theories of regional development, the author points out, China should adopt the strategy of stressed exploitation. That is, Chinese regional economic development ought to follow the model of sequenced diffusion in the way of point-axis to realize relative balance. In order to strengthen the ties between the Eastern and Western China and put the strategy into practice. We must set up prior industrial zones throughout the country. This is possible especially along the eoast and the Chang jiang (yangtze) River, both of which are first class axises and there by can form an economic macro-pattern in the shape of a "T". Besides, the economic zones should widely establish their horitontal relations among themselves as well.

"我国区域开发的宏观战略"解读

陈明星

一、陆大道的学术生平

陆大道，著名地理学家，中国科学院院士。1940年10月生于安徽省桐城县（现属枞阳县），1963年毕业于北京大学地质地理系，后师从地理学大师吴传钧院士。20世纪80—90年代在联邦德国做访问学者、合作研究和客座教授。曾任中国科学院地理研究所所长，现任中国科学院地理科学与资源研究所研究员，中国地理学会名誉理事长。长期从事经济地理学和国土开发、区域发展及城镇化问题研究。其中包括：参与了《全国国土总体规划》《国家第十一个五年规划》及环渤海地区、沿海地区、东北地区、京津冀地区、长江三角洲地区、西部地区等多项国家级及地区级规划制定和战略研究；20世纪80年代中期创建了"点轴系统"理论和提出了我国国土开发和区域发展的"T"字形空间结构战略，即以海岸地带和长江沿岸作为今后几十年我国国土开发和经济布局的一级轴线的战略，在实践中和学术界产生了重要影响；20世纪90年代以来，对我国区域发展、地区差距、区域可持续发展以及城镇化进程等进行了大量实证性和理论研究，组织和参与编写了诸多咨询报告报送到国家有关部门。曾被聘任为国家规划专家委员会成员、国家发改委京津冀都市圈区域规划专家组组长和长江三角洲区域规划专家组组长、国务院东北办东部地区振兴规划专家组组长等。

作者介绍：陈明星（1982— ），男，安徽巢湖人,中国科学院地理科学与资源研究所研究员,中国地理学会会员（S110007723M），研究方向为城市化与区域发展。E-mail: chenmx@igsnrr.ac.cn

陆大道带领的学科团队"中国地域空间开发的理论体系研究及重大规划实践研究集体"曾荣获中国科学院杰出科技成就奖。2023年,陆大道接受中央电视台"大国科学家"栏目专访"破解国土开发的'地理密码'";接受中国科学报"风范"栏目整版专访"他有些'不近人情',却最能读懂中国国情"。同年,《陆大道文集》(上、下)由商务印书馆出版。

二、论文的写作背景与创新贡献

早在1984年8月,陆大道在"2000年我国工业生产力布局总图的科学基础"一文中初步提出"点-轴系统"理论和我国国土开发、经济布局的"T"字形宏观战略,至今已经40年。当时需要尽快明确"不能再一次实行国家发展重点的战略转移",就要以"点-轴系统"为基础,以沿海地带与沿长江地带的"T"字形宏观格局,构建我国国土开发经济布局的基本构架。但毕竟只是"初步提出"与应用,论证是比较简单的。然而,需要进一步进行理论上的深化、扩展、跟踪、解释,并在国家应用、实践中不断进展,这样的系统化是非常必要的。这个过程直到1995年《区域发展及其空间结构》一书出版,点轴系统理论基本形成了体系。40年来,陆大道的理念一直是从地域空间的维度揭示社会经济空间格局与空间规律、空间过程与格局关系,解剖社会经济客体及其组合的经济性与合理性。这个过程的第一篇文章,便是1987年发表在《地理学报》上的"我国区域开发的宏观战略"。该文是对全国地域开发宏观格局与经济效益的关系的理论分析与论证,也是对全国国土开发经济布局空间格局构架的进一步理论分析与论证。

1987年,中国社会经济正处于改革开放十年的关键发展时期,是否应该将发展重心从东部沿海地区向内陆地区战略转移,成为当时的一个重要争议。自1978年改革开放政策实施以来,因其地理优势、较为完善的基础设施,以及早期的政策倾斜,中国东部沿海地区吸引了大量的外资,经济社会迅速发展,成为中国经济增长的火车头。与此同时,中国的中西部地区则发展缓慢、经济基础薄弱、基础设施建设滞后,外资及高新技术产业几乎未能覆盖这些地区。因此,当时背景下的争议焦点是继续集中资源于东部沿海地区,还是应该通过资源的再分配支持内陆地区的发展，以实现区域均衡发展和更广泛的社会公平。当时，相当强烈的声音认为应推动新一轮的战略大转移，向内陆地区政策倾斜和加大资金投入，加快内陆地区的基础设施和产业升级，以缩小地区间的发展差距。

文章首先阐述了中国国土开发格局不平衡发展的必然性。在《1987 我国区域开发的宏观战略》中，陆大道对中国国土开发格局的宏观背景不平衡以及经济不平衡的必然性进行了深刻分析。中国的国土面积广阔，自然条件复杂多变，各地区发展水平存在显著差异。这种地域上的不平衡不仅是由于自然地理和历史条件形成的，而且是经济社会发展过程中形成的结构性差异特征。东部沿海地区由于其开放的经济政策、较为便利的地理位置和较早的工业化基础，经济发展迅速；而内陆以及西部地区由于地理位置偏远、基础设施落后等因素，经济发展相对滞后。文章进一步阐述了经济发展不平衡的必然性。在他看来，经济发展的不平衡不是一种应被避免的负面现象，而是在一定阶段内促进经济快速增长的一种必要条件。国际经验表明，从不平衡到平衡的发展是一个很长的历史过程，而且地区间的自然条件、地理位置、经济和历史基础等稳定性因素差异越大，这种平衡的相对性及差异程度越大。因此，中国国土开发格局在一定阶段处于不平衡发展状态就具有必然性和合理性。

文章对两次战略转移进行了客观评价。为了定量说明中国建设布局的空间转移及引起的效果，文章绘制了中国各时期基本建设投资重心线的空间推移图，通过定量和图示清晰给出了空间转移的经济效果。第一次战略转移发生在中国实行内陆开发政策的时期，主要是为了利用内地的资源和空间，同时考虑到国防的需要。这一阶段，大量的资本和技术被转移到内地，形成了多个新的工业基地。在短短 20 年的时间里，国土开发重心就向内陆推进了 400 千米。然而，由于基础设施不足、市场距离的劣势，以及配套协作条件和技术管理水平等因素，这种转移并未完全达到预期的经济效益。这也是造成"三五""四五"期间全国经济增长速度大幅度下降及之后出现一系列比例失调的重要原因之一。第二次转移则是改革开放后，重点再次转向沿海地区，自"五五"期间开始，根据对外开放和发挥地区优势的政策，调整了国土开发和建设布局的宏观战略，加强了沿海地区和内地条件较好区域的建设，投资重心线由西向东折返，平均距离向东返回了 240 千米。文章指出了东西之间的两次战略转移及其效果评价，创新之处在于其对历史过程的定量分析与对未来战略部署的现实意义。

文章明确了中国国土开发建设布局的一级轴线。文章研究分析了中国国土开发和建设布局的"T"形结构。沿海地区发展轴线包括中国东部沿海的 14 个省（自治区、直辖市），从北方的辽宁延伸至南方的广东和广西。沿海地区是中国改革开放的前沿，地理位置优越，拥有众多的天然港口，便于国际贸易和海上运输，设立了多个经济特区和自由贸易试验区，吸引了大量外资企业和国际合作项目，集中了中国的高科技产业、先进制造业和现代服务业，如电子信息、生物技术、金融服务等。长江经济带发展轴线沿长江流域布局，从上游的四川至下游的上海，覆盖 11 个省份，具有广阔的内陆深度和丰富的水资源。长江经济带涵盖从农业到重工业以及现代服务业的多样化产业，特别是在装备制造、重化工、能源生产和物流等方面具有显著优势。通过促进沿海地区的外向型经济与长江经济带的内陆开发互动，加深了区域间的经济联系，促进了技术、资本和人才等资源的流动与优化配置。

三、论文的影响

"我国区域开发的宏观战略"一文就如何平衡区域发展、促进国家全面发展方面提供了创新性的思考和建议，文章发表后在学术界、政策界引起了广泛关注和讨论。

点-轴渐进式扩散模式和"T"字形结构从地理学视角出发，结合了中国的地理格局、地区比较优势及经济发展规律。分析了中国的自然地理和人文地理特征，洞察了中国的经济发展规律，通过加强东部沿海地区和长江经济带的发展和互动，可以形成国家经济增长极。研究融合了国际经验与中国实际，提出了适合中国国情的国土空间结构和区域发展理论体系，成为中国特色的人文与经济地理学创新发展的标志性成果。

地理学是一门经世致用的学问，人文与经济地理学发展历程更是紧密结合不同时期国家战略的现实需求。点-轴渐进式扩散模式和"T"字型结构理论在中国的国土空间开发和区域政策制定上产生了深远影响。坚持沿海地区优先发展的战略思想，促进了沿海经济带的快速发展，对中国在全球经济中的地位快速提升方面起到了决定性作用。研究为长江经济带的形成提供了指引，长江经济带的发展利用了长江的地理优势，连接上海、南京、合肥、武汉、长沙、重庆等重要城市，形成了重要的经济增长轴线和潜力空间。

城镇体系规划的理论与方法初探

宋家泰　顾朝林

（南京大学大地海洋科学系）

提　要

本文主要阐述现代城镇体系规划的理论和方法问题。包括城镇体系规划的概念与目标；城镇体系发展机制——集聚与辐射；城镇体系规划基本观点——经济观与环境观、基本内容——结构与网络和程序——步骤与流程等。并认为，城镇体系规划是以现代系统理论和城市-区域理论为基础，运用行为分析、空间组织和计量分析等方法形成的新的规划学分支。

关键词　城镇体系　城镇体系规划　城市规划　区域规划　城市地理学

城镇，作为客观存在的物质实体，它占有一定的地域空间，与其周围环境具有广泛的社会、经济联系；它既是地域社会、经济发展的产物，又是一个地区的政治、经济、文化中心。在我国，现拥有大、中、小各级规模不等的三百多个城市和成千上万的县城、建制镇、矿区和非农业居民点。如何发挥这些城镇的中心作用，逐步形成以城市为中心的完善的城镇体系，以推动城乡一体化，实现在全国各地的社会、经济的均衡发展，是我国城镇建设的重要议题。而城镇体系规划则是建立完善的城镇体系的重要手段，它也是调协国土规划、区域规划和城市总体规划的中间环节。

一、城镇体系规划的概念与目标

城镇体系作为一个科学新概念，在国外出现于六十年代初期[1]，发轫于城市地理学和一般系统论的有机结合[2]，按照体系（system）的本质含义，是指"部分组成的整体"①或"有组织的和被组织化的全体"、"以规则的相互作用又相互依存的形式结合着的对象的集合"②。因此，作为一定地域范围内的城镇体系，实质上，是一个国家或一个地区一系列规模不等、职能各异、相互联系、相互制约的城镇有机整体。它从属于更大的社会、经济系统，与任何一个系统一样，具有群体性、关联性、层次性、整体性、开放性和动态性等特征。

城镇体系规划就是在一个地域范围内，合理组织城镇体系内各城镇之间、城镇与其体系之间以及体系与其外部环境之间的各种经济、社会等方面的相互联系，运用现代系统理论与方法探究整个体系的整体效益，即寻找整体（体系）效益大于局部（单个城镇）效益之和的部分。在开放系统条件下强化体系与外界进行的"能量"和物质交换，使体系内负熵流增加，促使体系向有序转化，达到社会、经济、环境效益最佳的社会、经济发展总目标。

二、城镇体系的发展机制

现代城镇，主要是一定规模的非农业人口的聚居中心，是人们生产、生活高度集聚的场所，是区域经济、社会发展的枢纽。城市发展与区域发展具有相互依存、相互制约、不可分割的关系；同时，城市与区域间的聚集作用和辐射作用是贯穿于整个城镇体系的形成、发展的全过程的，这正是城市—区域相互关系的本质特征。

在一定的区域中，城镇以其优越的经济、社会、科技和文化等活动条件确立其作为一定区域范围（不同层次）的客观存在的中心地位。同时，它又通过自身各项优越条件对其城市—区域的经济全面发展起着集聚作用和辐射作用。城镇这种地域中心集聚与辐射作用的形成，正是城镇体系不断完善发展的机制所在（图1）。

---

① 古希腊语中"systema"的原意。
② 《韦伯斯特大辞典》（Webster's Third New International Dictionary）对体系（System）的解释。

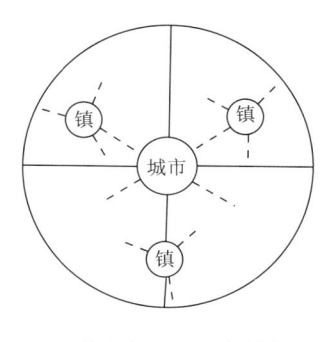

图 1　城镇体系的发展机制：集聚与辐射

Fig. 1　The mechanism of urban system development: aggregate effect and diffuse effect

城镇不仅是人类物质文明和精神文明的中心，更主要的是财富创造的中心。随着财富创造活动的开展，一方面产生了以社会劳动分工为基础的工农差别和以地域分工为特点的城乡差别，工业的发展与居民生活水平的提高导致了服务行业的兴起与增加，劳动力贮备与工作地点的重心也就自然而然地由周围农村移往城镇，从而加大了城市的吸引力，导致了工业、人口的进一步集聚，即"城市向心增长"；另一方面，商品销售与城乡交换也日益发展，而作为传输媒介的交通网络（还有其他网络）也必然地从中心城市向广大周围地区不断伸展；同时，为了减少商品的运价、获得最低的生产成本，并随着城市腹地的扩展、城市企业一般都趋向外围扩散，从而形成新的工业中心，以至经济中心，导致了人口在新中心的逐步集聚，相对于原来中心，呈现出"城市离心增长"。向心与离心是城市—区域在一定条件下不断向前推进的发展过程。城市与区域的这种集聚与辐射的动态发展，在一定的区域经济条件下，将逐步形成、发展为一定区域的带有层次性的城镇群体。区域城镇体系内的核心城市，它一方面拥有很大的吸引力；但由于其本身环境容量的局限性以及区域经济均衡发展的要求，势必出现对其发展规模进行合理控制，即有计划地实行城市内部的向外疏散以及整个城镇体系的广域扩展。在技术进步、生产工艺自动化、运输工具现代化的条件下，这种扩散过程是完全必要和可能的。由此可见，城镇体系内城镇及城镇间的集聚和辐射是一个对立统一体，城镇体系规划正旨在于协调它们之间的关系，以求得城市区域的同步发展和区域经济、社会、环境效益的统一。

三、城镇体系规划的基本观点

城镇是地域经济、社会空间组织的主要依托中心。城镇体系规划是依据现状地域经济结构、社会结构和自然环境的空间分布特点，合理地组织地域城镇群体的发展及其空间组合，以达到上述的目标和要求。但由于城镇体系位于一个特定的地域，具有特定的地域环境，且规划布局应具有明确的时间性和体系发展的一定的阶级性，故具体的规划布局指导思想往往是不一致的。目前，国外主要有以下三种观点可供借鉴：

（一）经济学派观点

这一学派主张地域城镇体系布局以区域经济发展为鹄的。如，1950年法国经济学家帕鲁克斯（Francois Perroux）在经济空间和优势概念下发展了增长极（Growth pole）理论[3]。在地理概念上，其主要内涵是指集中于一定地区的建设和投资，通过建立"核心·外围"模式，而改变区域的结构，推动整个区域的发展。目前，增长极理论已发展到把"增长极"扩展到"增长地区"（Growth area）或"增长轴"（Growth axis），即几个增长极的联结地带。这一理论可以借鉴的是：（1）地域经济开发以增长极为基点。在经济发展落后的地区，城镇体系规划应按照地域客观条件，有计划、有步骤地扶植区域经济发展的增长中心，即增长极。在区域资源和资金核心集聚的同时，区域经济开发可采取"超脱"、"跳跃"发展，地域城镇体系布局建立在现代交通流、信息流、金融财贸流的基础上，呈"轴向"或"群集"集中发展模式；（2）地域经济在空间上呈少数"轴向"或"群集"聚集，这些核心都有相应的腹地，有目的地将这些"轴"、"群集"点联为一体，形成地域经济开发的"点-轴"模式，利用"点-轴"核心区的极化作用，使外围区在发展极的滴流作用下迅速发展起来。

这一理论实际上是引进控制论的概念来指导地域经济的开发和城镇体系的规划与布局。"滴流"和"极化"将导致整个地域城镇体系规划布局的不断完善。在经济发达的核心地区，在开放系统的条件下，将不断吸取环境和体系输入的"能量"和物质，强化"聚集点"的极化作用和城市力场；在远离核心的经济不发达地区将采用"跳跃式"发展，建立体系的新框架，并在与核心区联系的通道形成发展极轴，运用波及效应推进相邻区域的经济发展。

（二）区域学派的观点

这一学派可以苏联"生产地域综合体"论者为代表。所谓生产地域综合体，是指一个工业点或整个地区内的企业与地域经济的有机结合；而地域城镇体系应紧紧围绕区域生产综合体的建立进行规划布局，城镇建设将成为地域经济开发和区域生产综合体建立的重要手段，在系统工程思想指导下,定量分析各工业部门在地域上的有机组织,充分发挥"集聚经济"和"辐射经济"的效益,合理安排和确定区域城镇的空间结构、规模和职能的组合。

(三)环境学派的观点

这一学派的观点认为,城镇体系规划布局应以最大限度地满足居民需要的居住环境为基本出发点。日本第三次全国综合开发计划以全国居民点布局为主,提出了"以有限的国土资源为前提,有计划地配置成一个发挥地区特点,扎根于历史传统文化,使人与自然取得协调,具有安定感、健康而文明的人们居住的综合性环境"的总目标;且进一步把"人们居住的综合性环境"解释为"人们生活的三个环境的协调"。这三个环境是:自然环境、生产环境和生活环境。上述计划定居设想的开发方式,一方面控制人口与产业向大城市集中的倾向;另一方面发展地方、均衡地利用国土,形成一个人们居住的综合性环境。从而构成整个国家生活圈基本框架:居住区—定居区—定居圈。使城市、农(山、渔)村、山地、平原和海域融为一体。

上述不难看出,经济学派和区域学派的基本观点都视经济因素为主导;而环境学派则将最大限度地满足居民需要的居住环境放在首位。我们认为,无论是经济、区域,还是环境等学派观点,作为城镇体系规划的指导思想,都有其明显的缺陷或不足。在现阶段的生产力水平下,人们的生产并不再仅仅是为了满足消费、疲于为温饱住行而忙碌;但经济水平还没有达到按需分配的境界,有限的经济力量一时还无法满足人们对环境的无限制的需求欲望。城镇体系规划布局的指导思想应是以区域经济发展为主导,兼顾环境质量的要求,达到经济发展与环境质量协调统一,以取得区域开发经济、社会、环境的最佳效益。

四、城镇体系规划的基本内容

城镇体系研究,就是研究和揭示城镇体系规划前后状态变化的基本规律。城镇体系规划布局就是在规划基础理论指导下,编制一个切实可行的体系"理想状态",通过体系内要素及其内部功能结构的组合,使"现实状态"比较稳定地逐步过渡到体系客观过程所需要的相对的"理想状态"。

一个地域城镇体系如何从"现实状态"过度到"理想状态",按照系统论的观点,体系输出的"现实状态"主要取决于体系的紊乱程度或熵量的增减;而体系的(相对)"理想状态"主要取决于体系的组织程度和信息含量。这样看来,体系的"现实状态"与"理想状态"的差距，实质上主要表现在体系的信息与熵或组织与紊乱性的矛盾。要使体系"现实状态"稳定地保持或达到"理想状态"，就必须强化体系内部的控制和调节作用，以克服体系内部与外部由于某种因素所造成的紊乱现象，从而提高体系的组织程度。据此，城镇体系规划的基本内容是：（1）作为节点的城镇的研究。包括地域空间结构、等级规模结构和职能组合结构；（2）反映节点间相互关系的研究，主要包括城镇联系与扩散形式和城镇网络系统。

（一）地域空间结构：集中与分散布局

城镇体系规划的"地域空间结构"是地域范围内城镇之间的空间组合形式，是地域经济结构、社会结构和自然环境在城镇体系布局上的空间投影。由于城镇体系的发展机制表现为集聚与辐射两个方面，其空间组织也必然同时受区域和城市的影响制约。地域城镇体系布局具有多种空间结构形式，其最基本的形态，不外乎集中或分散布局两种。其集中又可分为集中型、集中-分散型；分散也可分为分散和分散-集中型多种[4]。

总的看来，城镇体系的地域空间布局结构已表现为由单一中心到主次中心、多中心组群结构，由自给自足封闭型转为有机联系开敞型结构的变化趋势。城镇体系规划布局，究竟采取何种空间结构形态，需根据各地地理条件、经济、社会发展基础，生产发展基础，生产力发展水平和各类城镇的性质与规模等进行具体的论证。

（二）等级规模结构：等级与规模关系

城市的存在与发展都取决于其作为一个中心对周围的吸引力和辐射力。这种中心功能，由于其影响范围的大小不同，形成了地域空间的等级体系特征。在我国的经济条件下，城市经济区域的类型一般可分为全国性、区域性和地方性三大类别。就我国地域城镇体系而言，也相应形成了全国性、区域性和地方性的三级城市（镇）网。地域城镇体系的等级体系构成见图2。

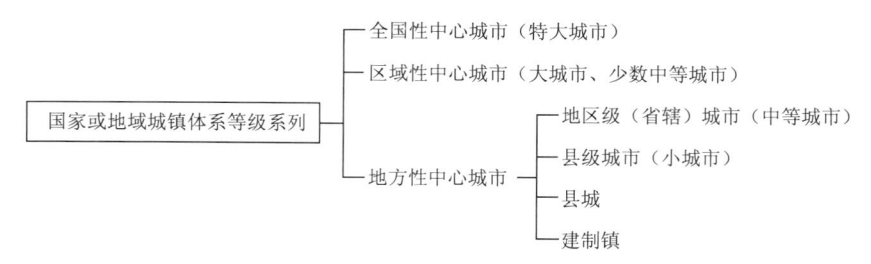

图 2　地域城镇体系等级系列

Fig. 2　The hierarchy of urban system in China

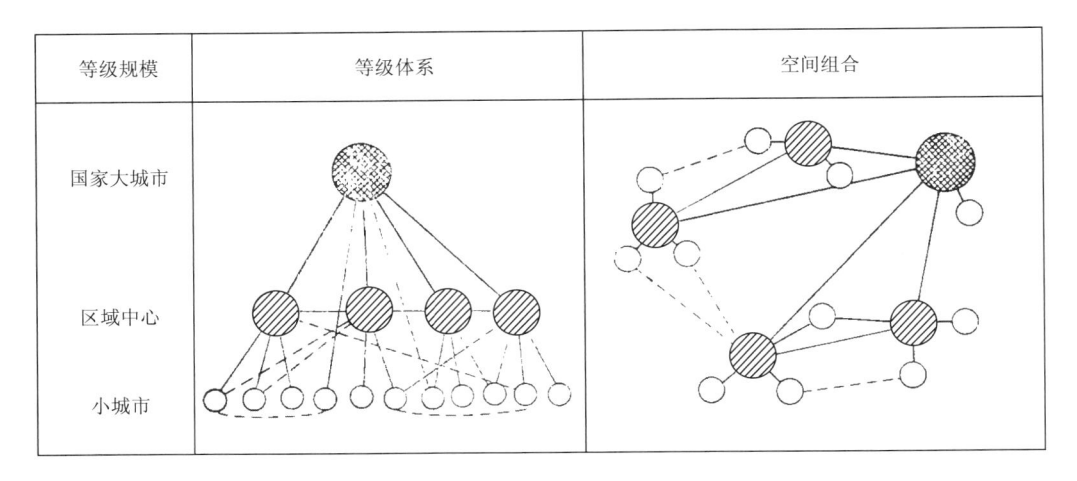

等级规模	等级体系	空间组合
国家大城市 区域中心 小城市		

图 3　城镇体系等级规模示意图

Fig. 3　The urban rank-size structure of urban system

城镇体系的等级体系及其空间组合如图 3。

根据我国人口众多、城镇人口绝对数量大的特点，参照国家城市等级规模分类和配套相应服务设施的经济规模，我国地域城镇体系的等级规模系列拟分为七个层次（表1）。

表 1　我国地域城镇体系规划的等级规模系列

Tab.1　The urban rank-size hierarchy of urban system planning in China

等级	名称	人口规模	备注
I	特大城市	100万以上	可进一步分亚级
II	大城市	50—100万	
III	中等城市	20—50万	
IV	小城市	10—20万	小城市人口规模可在10万以下
V	县城	5—10万	县城规模也可分为亚级，约有5、7、10万三个档次。
VI	建制镇	1—5万	可分为县域中心镇及一般建制镇
VII	一般集镇	1万以下	

地域城镇体系规划最重要的任务之一，即是合理安排各级城镇的数量，使整个体系得到有机、协调的发展。国外从事城镇体系等级规模的研究，由来已久。廖什（Augustlosch）的不同等级市场区中心地数目研究[5]，G.K.戚夫（Zipf, G.K.）的等级-规模法则[6]，贝利（B. J. L. Berry）的对数正态分布研究[7]以及克利斯塔勒（W. Chrislaller）的中心地理论等[8]，都是这一论题代表性并具有一定经典意义的研究。近年来，随着自然科学、社会科

学、计算机应用的发展，地域城镇体系等级规模分布的数学模型取得了一定的进展。如熵最大化模型（Entropy Maximization model）[9]，规模-交通价格经济模型（the scale-transport costs model），马尔柯夫链模型（Markov chain Model），工业体系模型、行政等级体系模型以及动态模型，等等。最近哈肯教授吸取了平衡相变理论中的序参量概念和绝热消去原理，采用概率论随机理论建立起序参量演化的主方程，并以信息论，控制论为基础解决了驱使有序结构形成的自组织理论的框架，同时采用了突变论在序参量存在势函数的情况下，对无序向有序的转变进行了归类，形成了协同学（Synergetics）的框架[10]。这一新学科主要从事研究系统从无序到有序转变的规律和特征。既适应于非平衡态中发生的有序结构或功能的形成，同时又包括平衡态中发生的相变过程，对地域城镇体系的等级规模分布组织无疑是一门很有用的学科。对于这样的复杂大系统，"信息关卡"（Information bottle neck）一旦突破，借助于计算机应用，便可形成动态的控制论模型，得出较为准确的结论。

（三）职能类型结构：类型组合与职能协调

由于地域发展条件、基础和过程不同，导致了城镇体系内部经济结构的地域差异。如矿产资源丰富的地区城镇体系一般以矿工型城镇为主；矿产缺乏，农业、技术发达的地带，可依靠水陆交通方便、地理位置优越的条件，发展以加工型为主的城镇；在水力、森林资源丰富的地区，城镇体系则围绕水力、森林资源开发为主，等等。

地域城镇体系规划的另一个基本内容、即是城镇间的类型有机组合与职能协调。

从我国实际情况出发，我国城镇职能体系一般分为以下几个基本类型：（1）政治中心体系。由于我国历史悠久，长期形成了整套自上而下的各级行政管理中心，系列特征为：首都-省会-地区中心-县城-乡镇；（2）交通中心体系。这一体系由铁路枢纽、港口城镇、公路中心城镇和航空港城市四个次级体系构成，形成了我国商品流通，交通运输的中心体系；（3）矿工业（包括农副产品加工）城镇体系。由于地区资源的差异和矿业、工业企业之间横向联系的地区性，这类城镇体系以块状形式出现，构成我国的区域生产综合体和不同类型的工业城镇体系；（4）旅游中心城镇体系。我国旅游资源丰富，自然风光胜地和历史文化古城众多，构成了一个完整的大系统，随着全国旅游区，旅游热线和旅游点的不断开辟，这一职能体系将得到完善和加强。

就地域城镇体系职能结构组合而言，城镇的职能和类型也是为地域经济的发展而服务的。因此，城镇体系内，同层次的城镇（基层除外）应当尽可能避免其职能的雷同性。当然，对于不同层次城镇之间的职能类型也不是完全相同，只是有其类似性（图4）。

实际上，地域城镇体系的职能组合是以一定城市类型的结合为基础的。这些城市类型是由于地域城市某一时期所固有的经济布局和人口移动规律共同作用的结果，与地域城市化进程、地域劳动分工深度密切相关。地域城镇体系的职能结构组合可分为矿产资源、农业、重加工、轻加工和综合发展等几种基本类型。

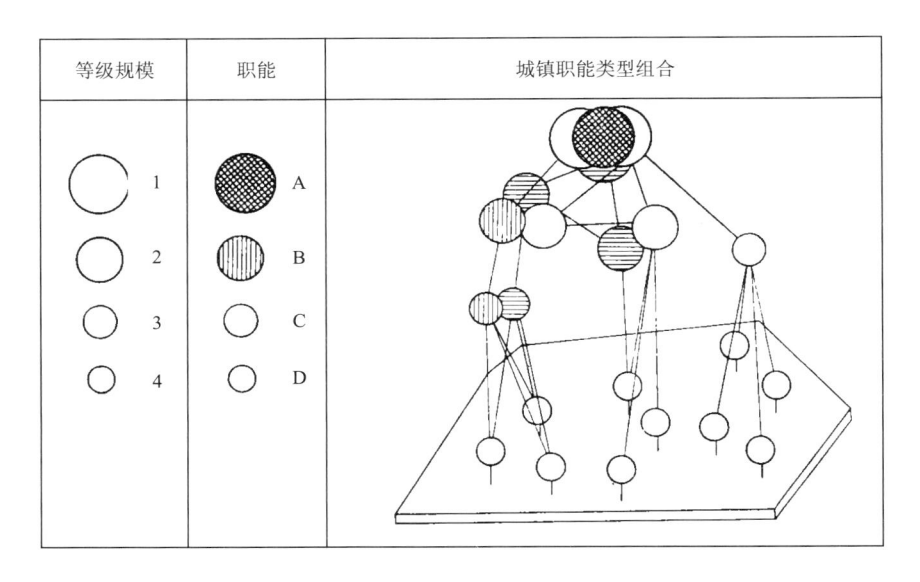

图 4　城镇体系职能类型结构示意图

Fig. 4　The urban function combination structure of urban system

（四）网络系统组织：城镇联系与网络组织

城镇体系规划最终的目的。就是要形成城乡通开的网状有机经济联系和开放系统。这种网络系统呈现多种形态：有发生在生产过程的，也有发生在流通过程的，有按照隶属系统从上到下的纵向联系，也有经济单位之间的横向联系；有以一个经济单位、一个经济部门为中心形成的，有以一个城市一个地区为中心而形成的。

不言而喻，城镇体系的网络组织依赖于体系内部各城镇之间的联系以及体系之间的信息"能量"和物质交流。地域城镇体系规划的空间发展主要有如下联系（表2）。

城镇网络规划，按照国家和地方国民经济、社会发展的总要求、从地域的具体条件出发，按照城镇总体规划要求，确定各自城镇的发展方向、性质、规模和布局等，并综合成为一个以中心城市为依托，以各级城镇为节点。组成经济上相互联系，职能上互有分工、规模上具有等级系列特征的综合城镇体系网络。在此基础上，搞好工业、交通、商业、科技情报、文化、教育、卫生和财政金融信贷等几个网络，提高全地域城乡居民精神和物质生活水平，推动地域经济的发展。

表 2　地域城镇体系空间发展联系一览表
Tab.2　The urban linkages in a urban system

类型	形　式
自然及交通联系	道路网络，河流及水运网、铁路网、生态相互关系等
经济联系	市场网络，原材料及半成品流、资金流、生产联系（包括"产前"、"产后"和"横向"联系）收入流、部门以及区际日用品流等
人口活动联系	移民流（临时和永久性）、工作通勤流，旅行与旅游流等
技术联系	技术扩散形式（集聚型和分散型）、灌溉系统、电讯系统等
社会联系	居民原籍关系，亲属关系，风俗、礼节和宗教活动，社会团体相互关系等
服务性联系	能源供应与网络、信贷与财政网、教育训练进修联系，卫生医疗网，交通服务系统，商品供应系统等
行政管理联系	机构关系，政府预算过程及其形成，权力—批准—监督机构关系，组织党派关系及其组合，日常政策制定执行及其监督等

五、城镇体系规划的程序

城镇体系规划是国土规划、区域规划的一个组成部分，规划流程与城市规划、区域规划的流程有联系又有区别。一般地说，其规划程序可分为以下几个步骤：

（一）城镇体系发展的历史基础分析

研究地域城镇的历史发展过程，地域内各城镇的形成、发展的影响因素以及地域城镇发展、演变的规律，可以为地域城镇的今后发展提供历史依据。主要研究：（1）地域城镇产生、形成、发展的历史基础；（2）地域城镇的历史发展过程；（3）地域城镇形成发展因素及其特点；（4）地域城镇体系发展战略的历史依据等。

（二）城镇体系发展现状分析

城镇体系规划是以"现状态"为基本出发点的。城镇体系现状分析包括：（1）城镇体系的现状特征；（2）城镇分布状况；（3）区域城镇化水平差异；（4）城镇人口规模等级体系；（5）城镇体系内各城镇的主要职能；以及（6）城镇体系现状主要存在问题等。

（三）城镇体系区域发展条件及制约因素分析

区域发展条件是城镇体系赖以发展的基础。主要分析：（1）地理位置条件；（2）区域自然条件分析；（3）区域自然资源储量与利用分析；（4）区域运输系统及容量分析；（5）土地利用及其水资源分配分析；（6）区域经济结构与发展分析；（7）区域人口构成与增长分析；（8）区域经济、技术条件分析；（9）区域自然-经济景观及其环境评价。在进行发展条件分析的同时，找出制约地域城镇发展的因素，拟定克服不利因素的措施。

（四）城镇体系规划布局

根据区域发展条件和制约因素，拟定区域经济发展的总目标和开发模式。在此基础上确立规划期城镇体系规划的指导思想，并从事人口、劳动力、区域城镇化水平、产业、土地利用及交通运输部门发展预测，进而规划布局城镇体系的组织结构：（1）城镇体系的地域空间结构；（2）城镇体系的等级规模结构；（3）城镇体系的职能类型结构；和（4）城镇体系的网络系统。

（五）城市经济区划分及其发展

依据地域城镇体系规划布局和区域自然-经济景观，合理划分各城镇的经济吸引范围；按照规划城镇体系的内外经济联系，进行城市经济区域的划分。并根据各区的具体情况，讨论各区域城镇发展方向、城镇分工与联系网络，以及重点城镇发展问题。

（六）实施城镇体系规划的措施

为了实施城镇体系规划，要对区域实施部门提出建议，要求及引起重视的诸问题。城镇体系规划流程图如下：（图5）

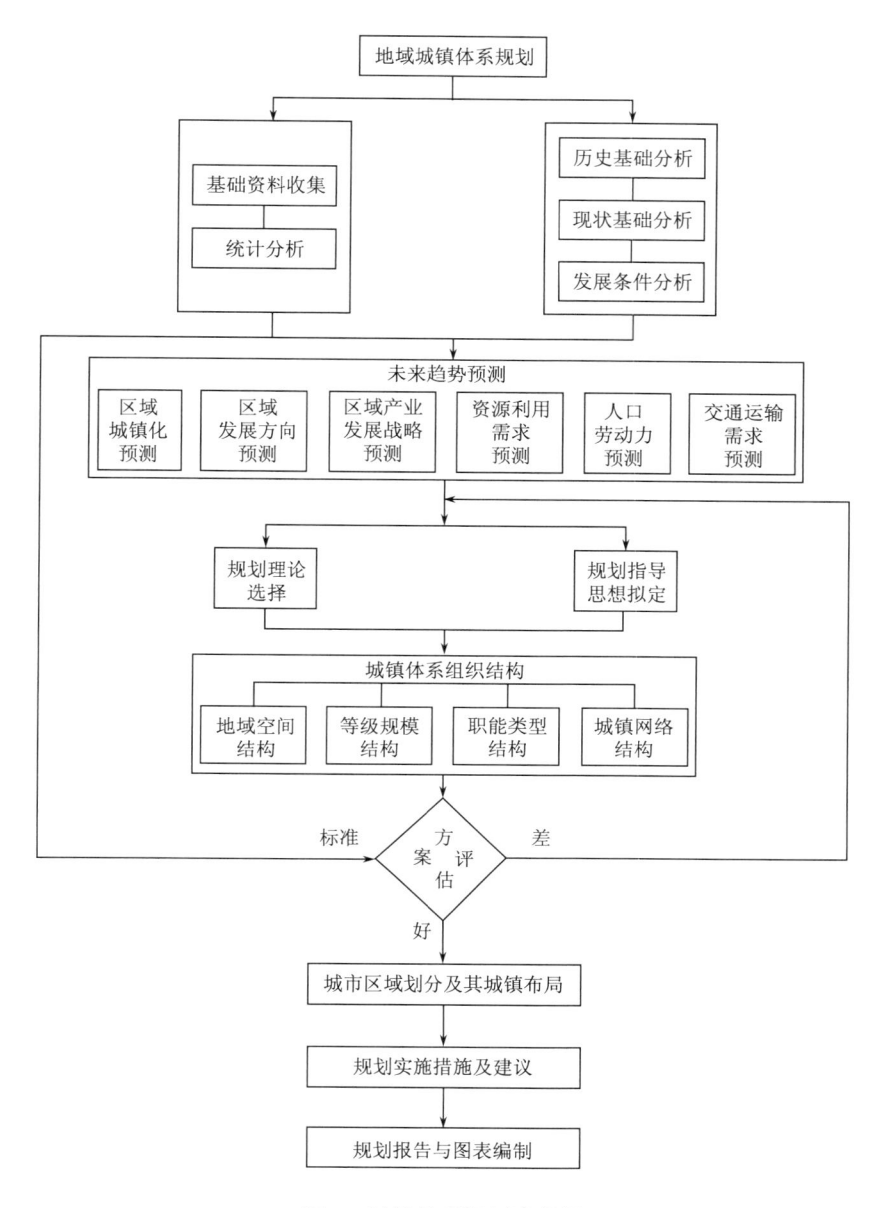

图 5　城镇体系规划流程图

Fig. 5　The flow chart of urban system planning

参考文献

[1] Duncan, O.D., W.R. Scott, S. Lieberson, B. Duncan and H. H. Winsborough, Metropolis and Region, Baltimore: Johns Hopkins University Press, 1960.
[2] Berry, B. J.L., Cities as Systems within Systems of Cities, Paper and Proceeding of the Regional Science

Association, Vol. 13, pp. 147—164.
[3] J. 加里森, 区域经济增长极核理论简介, 数量技术经济译丛, 1983 年第 3 期。
[4] 顾朝林, 地域城镇体系组织结构模式研究, 城市规划汇刊, 1987 年第 2 期。
[5] A. 廖什, 区位经济学, 耶鲁大学出版社, 1954 年。
[6] Zipf, G. K., Human Behavior and the Principle of Least Effort, New York, Addison-Weley Press, 1949.
[7] Berry, B. J. L., City Size Distributions and Economic Development, Econ.Dev. Cult.Change, Vol. 9, pp. 573—587.
[8] Christaller, W., (translated by Baskin, C. W.), Central Places in Southern Germany, Prentice-Hall, Englewood Cliffs, New Jersey, 1960.
[9] Curry, L, The Random Spatial Economy: An Exploration in Settlement Theory, Ann. Assoc. Am. Geogr.Vol. 54, pp. 138—146.
[10] H. 哈肯, 协同学引论, 原子能出版社, 1984 年。

THEORY AND METHODOLOGY OF URBAN SYSTEM PLANNING

Song Jiatai   Gu Chaolin

(*Department of Geo-ocean Science, Nanjing University*)

Key words   Urban system; Urban system planning; Urban planning; Regional planning; Urban geography.

Abstract

In reviewing the theory and methodology of urban system planning (USP), the authors regard the modern system theory (including systematology, information theory, cybernetics, dissipative structure theory, synergetics and catastrophe theory) and the urban-region theory as the fundamental theories of USP, a new branch of the planning science.

The paper discussed mainly the following problems:

1. Basic concept and goals of the USP. Urban system study is one of main contents in urban geography and urban planning. USP deals with the socio-economic interrelations between town and town, town and the system, the system and its outer environment, which will be organized reasonably in a region. The whole efficiency of the urban system and the general goal of the

regional socio-economic development with optimal social, economic, environmental efficiency could be obtained by means of principles of the general system theory and the urbanregion theory.

2. The mechanism of the urban system development. The natural characteristics of interrelation between city and region are aggregate effect and diffuse effect. These effects run through the whole process of forming and development of urban system. It is just the mechanism with which urban system is developed and perfected.

3. Basic standpoints of the USP. The final goal of USP is optimal economic, social, and environmental efficiency in regional development. Thus, basic standpoints of USP are the unity of economic view and environmental view. By the economic view we mean planning urban system by means of regional economic development. By the environmental view we mean planning urban system by means of residential environment.

4. Basic contents of the USP. They include: (1) study of cities and towns as nodes of an urban system, and (2) study of relation among nodes in the system. Specifically, they are: (1) the territorial spatial structure——concentration and decentralization; (2) urban rank-size structure——urban hierarchy and urban rank-size distribution; (3) urban function combination structure——urban pattern organization and urban function coordination; and (4) urban networks structure——urban linkages and networks planning.

5. The programme and flow chart of the USP. USP is a main content in territorial renovation and regional planning, but the programme of USP is different from that of urban planning or region planning. Generally speaking, these programme are: (1) historical analysis of urban system forming; (2) study of present condition of urban system; (3) analysis of regional development condition and restrictive factors; (4) urban system planning; (5) division of urban economic regions and their development; (6) specific policies and measures to put urban system planning into practice.

"城镇体系规划的理论与方法初探"解读

甄 峰

一、作者学术生平

宋家泰（1915—2007），安徽肥东人，中国著名地理学家。1942年毕业于中央大学地理系，1946年获得中央大学研究院地理学部硕士学位后留校任教，1995年正式退休。曾兼任中国地理学会理事、经济地理专业委员会副主任委员，《经济地理》主编，《地理学报》和《自然资源学报》等地理学重要刊物编委，并担任中国城市规划学术委员会理事、区域规划与城市经济学组组长等重要职务。他一生专注于经济地理学理论研究与实践应用，不断创新，在取得了丰富理论成果的同时，还将其应用于城市规划实践，为城市规划从单一的建筑规划学科转向地理学、经济学等多学科融合发展作出了开拓性贡献。中华人民共和国成立后到1975年，他先后从事水利地理、流域规划、区域规划、铁道选线，特别是农业地理与农业区域规划的实践。1975年后，他敏锐地预见到国家经济建设下城市研究的重要性，基于地理科学的"区域研究论"与"人地关系论"，开始将研究重点转向了城市与区域关系及其规划实践应用。在研究和教学中，他认识到数学、计算机和系统工程等学科对人文地理与城市规划的重要性，支持和鼓励了很多中青年教师与学生努力掌握这方面的新知识、新技术，为人文地理学和城乡规划学科的发展作出了重要的贡献。

作者介绍：甄峰（1973— ），男，陕西—汉中人，南京大学建筑与城市规划学院教授，中国地理学会会员（S110005498M），研究方向为城市地理学。E-mail: zhenfeng@nju.edu.cn

顾朝林，江苏靖江人，中国著名地理学家。1987 年毕业于南京大学大地海洋科学系，获得人文地理学博士学位，是宋家泰先生指导的杰出博士之一，曾任中国地理学会副理事长。1988 年进入中国科学院地理研究所，跟随著名地理学家吴传钧先生从事博士后研究，出站后留所工作。1997 年调入南京大学城市与资源学系，2006 年调入清华大学建筑学院，现为清华大学教授。主要从事城市与区域规划理论、城市地理学、城市与区域规划数学模型系统等方面的研究，在城市与区域规划实践方面取得了丰硕成果。入选国家"百千万人才工程"第一、二层次培养人选，是国家杰出青年科学基金获得者。

二、论文写作背景与主要观点

地理学是一门区域性、综合性、系统性、实践性很强的学科。1975 年后经济建设成为国家主旋律，这为地理学尤其是经济地理学、城市地理学发展创造了新机遇。在当时国家城市建设总局的支持和要求下，宋家泰等老一辈经济地理学家开始从事城市规划的教学、研究和人才培养工作，开启了地理学特别是经济地理学服务于国家经济建设、工业布局和城市规划建设的创新发展新局面，也为国家培养了一大批经济地理、城市地理、城市与区域规划方面的高级人才。1980 年中国建筑学会城市规划学术委员会正式成立以宋家泰教授为组长，由魏心镇、姚士谋、马裕祥、许学强等地理学家共同参与的"区域规划与城市经济"学组。自此，地理学尤其是经济地理学，更广泛地深入城镇和乡村开展调查研究，积极探索和解决城市发展、规划建设中的诸多问题。

在全国城市总体规划基本完成之后，中国城市规划工作面对的是区域城镇体系的规划研究。1982 年起，宋家泰教授带队到烟台、东营、宜昌、合肥、南京等地进行考察和研究，在充分调研的基础上，他和顾朝林在《地理学报》发表了题为"城镇体系规划的理论与方法初探"的论文。他们将城市-区域理论扩展到城镇体系规划实践，认为城镇体系规划是依据现状地域经济结构、社会结构和自然环境的空间分布特点，合理地组织地域城镇群体的发展及其空间组合。

"城镇体系规划的理论与方法初探"主要阐述了现代城镇体系规划的理论和方

法，包括城镇体系规划的概念与目标，城镇体系发展机制——集聚与辐射，基本观点——经济观与环境观，基本内容——结构与网络，以及其程序。总结出区域城镇体系规划是以现代系统理论和城市-区域理论为基础，运用行为分析、空间组织和计量分析等方法，重点抓好地域空间结构、等级规模结构和职能组合结构为主的"三个结构"，反映节点间相互关系的城镇联系与扩散形式，以及城镇网络系统的"一个综合网络"。论文还初步归纳了城镇体系规划的六个步骤：①城镇体系发展的历史基础分析；②城镇体系发展的现状分析；③城镇体系区域发展条件及制约因素分析；④城镇体系规划布局；⑤城市经济区划分及其发展；⑥实施城镇体系规划的措施。这些观点在当时，对城镇体系规划而言，是极具前沿性和即时性的，更为后续的规划研究和编制奠定了扎实的技术与方法基础。

三、论文学术影响和实践应用

"城镇体系规划的理论与方法初探"自发表之初，便引起了学界的广泛关注。据中国知网（CNKI）数据库检索结果，1988—2024年，此文共被引用234次，其中包括学术期刊论文87篇、博士学位论文25篇、硕士学位论文107篇、会议论文10篇、图书5册。利用CiteSpace软件对引证文献数据进行分析，对该文章在学科领域内的影响做如下总结。

论文发表36年来，引证文献数量整体呈现波动上升趋势，自2007年起均保持有每年6篇以上的文章引证该文，并在2019年达到峰值后有所下降，可见该文在学界中讨论热度很高（图1）。每个引证文献的发表峰值基本与中国共产党的重要会议、重大城镇化政策出台时间相吻合，如在2002年党的第十六次全国代表大会提出全面繁荣农村经济、加快城镇化进程；2007年中国共产党第十七次全国代表大会报告提出走中国特色城镇化道路，按照统筹城乡、布局合理、节约土地、功能完善、以大带小的原则，促进大、中、小城市和小城镇协调发展。以增强综合承载能力为重点，以特大城市为依托，形成辐射作用大的城市群，培育新的经济增长极。2008—2010年国家主体功能区规划、国家级区域规划和国家级创新试点城市规划等政策密集出台；2012年党的十八大提出走中国特色新型城镇化道路，中国城镇化开始进入以人为本、规模和质量并重的新阶段；2016年国务院印发《关于深入推进新型城镇化建设的若干意见》，提出深入推进新型城镇化，要坚持点面结合、统筹推进；2017年党的十九大作出的重大决策部署，建立健全城乡融合发展体制机制和政策体系；2019年中共中央、国务院《关于建立健全城乡融合发展体制机制和政策体系的意见》，对重塑新型城乡关系、走城乡融合发展之路、促进乡村振兴和农业农村现代化等提出了多项意见。因此，该论文在现代城镇体系规划的理论和方法探索，以及国家城镇化发展、城乡关系构建方面具有重要的指导作用，是相关研究和实践的理论基石。

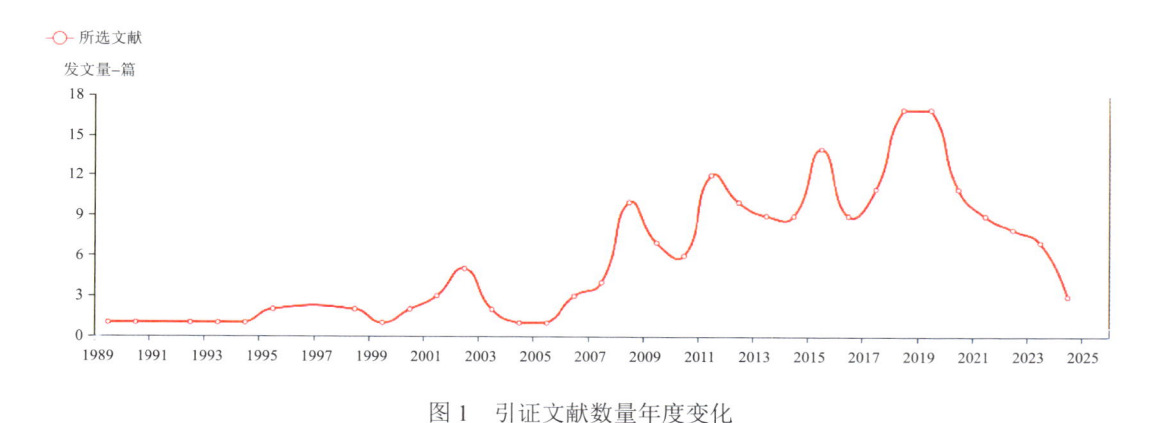

图1　引证文献数量年度变化

从引证文献的学科分布来看，涉及经济学、城乡规划学、社会学、政治学、地理学等多个学科，其中经济学占比最大，其次是城市规划，两者合计超过了总数的85%，表明该论文对经济学和城市规划学科的渗透性较强（图2）。同时，近年来随着新型城镇化建设和城乡融合发展战略的推进，农业科学、环境科学、交通运输学等领域的学者也开始关注城镇体系，探讨其对公共运输、环境保护等方面的影响，城镇体系规划研究日益成为多学科共同关注的主题。

对关键词变化的分析表明，引证文献始终关注城镇体系的地理格局与演化机理，包括城镇体系和区域规划的相关概念、理论与方法，研究尺度从全国、城市群到小城镇，探索不同尺度下的城镇体系结构、布局以及优化方案。尽管伴随着信息通信技术的使用和生产性服务业的快速发展，城镇体系中的城市网络研究在2010年后蓬勃发展，工业化时代的传统地域空间等级体系在变化，"中心流""网络化"

等新范式出现，但该文对城镇体系发展机制的解析以及"三结构一网络"的分析框架，仍然对当前城市网络研究有着重要的理论借鉴意义。

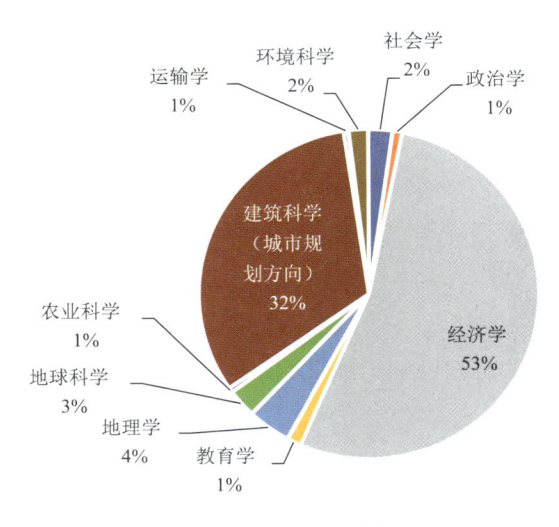

图 2 引证文献学科来源

在工业化和城镇化快速发展但水平相对较低的背景下，"三结构一网络"的提出非常符合当时的社会经济发展实际，凸显了城镇体系规划对特定区域内城镇的社会、经济、环境等在空间上进行整体战略部署和空间引导的作用，支撑了我国区域空间规划理论的构建。随着城市规划工作的推进，论文提出的城镇体系中人口规模、职能分工、空间布局等相关内容被纳入国家住建部发布的《城市规划编制办法》中，对全国不同尺度城镇体系规划及经济区划的编制提供了重要的理论依据与指导，有效促进了中国区域空间开发格局的优化与持续发展。

"城镇体系规划的理论与方法初探"一文，自发表至今仍然有着持续生命力和学术影响。作为人文经济地理、区域经济、城市规划领域研究空间规划、资源配置等问题的必读经典文献，前瞻性地提出并构建了以"三结构一网络"为核心的城镇体系规划理论与方法体系，对当时的城镇体系规划研究与规划编制起到了重要的指导和推动作用，对当前在流空间影响下的城镇网络体系构建与空间规划也有着重要的参考价值。

中国城市（包括辖县）的工业职能分类

——理论、方法和结果

周一星　　R. 布雷德肖

（北京大学地理系）　（英国诺丁汉大学地理系）

提要　在城市发展的经济基础理论的指导下，作者提出城市工业职能的概念包括城市的专业化部门、职能强度和职能规模三个要素。城市工业职能分类就是按照上述三要素的相似性和差异性对城市进行分类。本研究曾采用主因素分析、聚类分析和纳尔逊的统计分析等多种方法。最后以沃德误差法的聚类分析结果作为分类的基础，稍加修正，并以纳尔逊法分析结果作补充。中国1984年的295个城市被分成三个大类、十九个亚类和五十四个职能组。

关键词　中国城市　工业　城市职能分类　专业化部门　职能强度　职能规模　聚类分析

一、意义

城市职能分类是城市地理学的基本问题之一，各国地理学家向来十分重视这一课题。遗憾的是由于缺乏必要的系统资料，一直未有中国全国性的城市职能分类的研究成果公开发表。1985年国家统计局首次公布了全国295个城市（包括辖县）各工业部门的产值以及其他有关资料，为进行中国城市的工业职能分类提供了可能性[1]。

中国正处在工业化和城镇化的前期阶段。在这一阶段，工业是促进整个国民经济发展的主导因素，城市又构成了全国工业生产的主体。1984年工业产值占全国工农业总产值的

65.2%，295个城市市区的工业产值占全国工业总产值的69%，包括市辖县在内的城市工业产值占全国的86.5%。在现阶段，工业是绝大多数城市发展的基本因素，城市职工的主要部分是工业职工，城市财政收入的主要来源是工业利税，工业职能是大多数城市的主要职能。你若要认识中国的经济、中国的工业，就需要认识中国的城市；你若要了解中国的城市，也就要了解城市的工业职能。

城市工业职能分类除了认识价值以外，还有巨大的应用价值。它可以为经济发展和城市发展的宏观、中观尺度的研究和决策提供科学依据。城市工业职能分类的实质是在城市体系的背景上，对各个城市进行现状工业职能的比较研究，明确各城市在全国或区域中的地位和作用。国土规划，城镇体系规划和城市总体规划都需要分析城市的工业职能。

通过城市工业职能分类的纵向（时间上）和横向（空间上）的比较，还可以探寻城市工业职能的演变过程和演化机制。

二、概念和理论基础

城市发展的经济基础理论认为：城市的政治、经济、文化等各个领域的活动是有两部分组成的，一部分是为本地居民正常的生产和生活服务的；另一部分具有超越本地以外的区域意义，为外地服务。前者叫城市的非基本活动部分，后者叫基本活动部分。这两部分活动的发展常常互相交织在一起，但主动和主导的因素一般来说总是后者[2,3]。

城市职能就是某城市在国家或区域中所起的作用，所承担的分工，着眼点是城市的基本活动部分。也有人把城市全部的生产和服务活动都归入城市职能的范畴。作者不能苟同这一观点。这势必削弱"城市职能"这一术语的特定内涵，抽掉了这一概念所存在的理论基础。城市职能是从整体上看一个城市的作用和特点，指的是城市与区域的关系，城市与城市的分工，属于城市体系的研究范畴。

本文所指的城市工业职能就是在全国的城市工业生产体系中，每个城市的工业为外地服务的作用。

一个完整的城市工业职能概念应该有三个要素组成：（1）专业化工业部门。可能是煤炭工业，也可能是纺织工业；可能是一个工业部门，也可能是几个工业部门。（2）职能强度。若城市某工业部门的专业化程度很高，则该部门产品的输出比重也高，职能强度也高。（3）职能规模。有些小城市某个专业化部门的职能强度虽高，对外服务的绝对规模却不一定大；而有些大城市某个部门在城市工业结构中所占的比重并不高，但产品输出的绝对规模却可能很大。在职能强度很高的专业化的工业城市之间，职能规模的差异常常退居次要地位。但在专业化程度并不高的综合性城市，职能规模往往构成城市工业职能差异的主要因素。

中国城市工业职能分类就是按照上述工业职能三要素的相似性和差异性进行的分类。

三、资料

分类的对象是 1984 年的 295 个城市。分析的变量共十九个，1—16 个变量属于城市十六个工业部门的产值结构。它们是冶金、电力、煤炭、石油、化学、机械、电子、建材、森林、食品、纺织、缝纫、皮革、造纸、文教艺术制品和其他工业。从《中国城市统计年鉴1985》按工业部门分的全部工业总产值表中可以换算得到每个城市的工业产值结构（百分比值）。17—19 三个变量是反映城市工业规模的变量，分别是城市的工业总产值、工业职工数和工业企业数。用三个而不是用一个规模变量，为的是加强职能规模的分量，使职能规模变量不至于被工业结构的十六个变量所淹没。

需要重点说明的是，文献 1 中的城市资料分城市"市区"和"全市"（即包括辖县）两种口径。显然，使用"市区"栏的资料更能够真实反映每个城市的实际。但是文献 1 没有给出城市市区各工业部门的产值，作者被迫把十九个变量的资料全部统一在"全市"这样的口径之下。这是作者深深引以为憾的地方。幸运的是包括辖县在内的"城市"概念，近年来被我国政府广泛使用。因此，这样一种实际是"城市-区域"而不是"城市实体"的城市工业职能分类仍然不失其一定的应用价值。退一步说，在那些带有辖县的城市，工业仍然主要集中在市区部分。市区工业产值占全市工业产值低于 70%的城市只有 44 个，占全部城市数的 14.9%。因此，包括辖县的城市工业职能分类，仍在一定程度上反映城市市区的职能特点。

四、分类技术

已经有很多城市地理学家为城市职能分类方法的进步作出过贡献。英国的卡特（H. Carter，1972）曾经按发展顺序把城镇职能分类的方法论分成五种类型[4]。

最早的是一般描述方法[5]，四十年代盛行统计描述方法[6]，五十年代多采用统计分析方法[7,8]和城市经济基础研究方法[9]（后者实质上仍属于统计分析法）。最晚近发展起来的是多变量分析法，最常用的分析技术是主因素分析和聚类分析[10]。

我们无意褒贬某一种方法。虽然这些方法的发展总的说来是一个由简单向复杂、由单一变量向多变量、由主观向比较客观的不断进步的过程，但面对不同的目的和不同的资料状况，某种方法都有发挥自己作用的机会。并不一定变量最多、最复杂的方法在任何时候都是最适用的方法。

我们的研究曾分别采用主因素分析、聚类分析和纳尔逊的统计分析三种方法加以对比。结果表明，主因素分析法所得到的前四个主因素只能解释全部变量的42.33%，前八个主因素只能解释65.28%，比同类成果低得多，难以用它们进行有效的职能分类。主要原因是各城市十六个工业部门的产值百分比之和为100，十六个变量实际出于同一个母体。主因素分析不能对这类结构性资料进行理想的分类。

聚类分析把295个城市样本放入一个十九维的坐标空间里，根据样本相似性和差异性的综合指标——"距离"这一统计量，对样本自下而上地进行逐级归并，最后给出城市职能类的等级分类结构。聚类分析对距离计算的不同原则，又形成不同的方法。我们先后做了五种不同的聚类分析，经过比较聚类树状图的结构，选用了最理想的沃德误差法（Ward's Error Method）[11,12]，摒弃了不够理想的最远近邻距离法、最近近邻距离法、简单平均距离法和组均法。沃德误差法通过统计个体（或组）的平方误差和（Error Sum of Squares）来量测个体（或组）的分布。在分析的每一步都保持组内的平方误差和最小。换句话说，当两个组（或个体和组）被归并成一个新的组时，所增加的平方误差和达到最小。这一原则完全符合城市职能分类的特殊要求。中国城市工业职能分类的方案即以这一聚类分析的结果为基础。

纳尔逊分类方法的核心是在得到每个经济部门的职工比重后，分别计算所有城市每个部门职工比重的算术平均值和标准差。以高于平均值加一个标准差的比重作为确定城市主导职能的标准，以高于平均值以上几个标准差的数量来表示城市该职能的强度。这是理论上说得通而且又简单明瞭的一种方法。

中国城市工业职能的纳尔逊分析所得到的结果可以归纳为表1。

纳尔逊方法的主要缺点是：（1）它仅仅按部门概括各个城市的职能特征，没有把类似的城市归并成类；（2）用平均值加一个标准差作为城市主导职能的标准带有某种主观性，没有考虑到随着城市规模的增加，城市基本部分的比重有下降的趋势。一刀切的方法不符合实际。

作者吸收纳尔逊分类的优点，主要用平均值和标准差的分析结果来解释和描述聚类分析所得到的每个类以至每个城市的工业职能特点。同时又避免它的缺点，在分析和概括每个类的特点时，对城市最大的工业部门和大于平均值或平均值加半个标准差的部门也适当的关注。纳尔逊分析有助于我们发现每个职能组的共同点，从而便于命名。

表 1 中国 295 个城市工业职能纳尔逊方法分析的结果

Tab.1 The Nelson measure results of industrial functions of 295 Chinese cities

	冶金	电力	煤炭	石油	化学	机械	电子	建材	森林	食品	纺织	缝纫	皮革	造纸	文教	其他
295 个城市的算术平均值 M	6.96	4.51	5.39	3.11	10.08	18.28	3.00	4.67	2.38	17.39	12.75	2.24	1.20	1.94	1.93	4.15
标准差 S	14.25	8.86	13.54	13.44	7.73	12.01	7.24	3.41	6.19	13.98	12.63	1.68	1.99	4.17	1.95	3.35
不同专业化强度的城市个数																
大于：M	32	37	22	8	67	58	37	60	25	44	45	57	39	47	59	56
M+0.5S	17	11	6	5	33	33	11	25	8	25	24	24	14	15	16	19
M+1S	9	10	9	2	20	27	7	20	7	27	25	20	9	10	16	20
M+2S	3	6	5	4	6	9	3	7	3	8	7	3	3	6	10	9
M+3S	5	4	7	3	3	1	2	5	2	9	5	3	3	3	1	4
M+4S	3	2	4	2	1	1	1	2	1	2	2	0	2	0	0	0
M+5S⁺	3	2	5	2	4	1	1	4	1	2	0	0	2	2	0	2

五、中国城市工业职能分类的体系

以往国外的城市职能分类，大多数是把各个城市分别归入某一个类中（例如奥隆索、哈里斯、贝利、麦克斯韦尔等）；少数是分部门寻找每个城市的主导职能，一个城市可以同时归入若干个类，实际上也可以说没有把城市归并成职能类型（如纳尔逊、亚历山德逊）。前者过于概括，后者过于琐碎。

中国城市工业职能分类给出的是在不同尺度上的一个职能分类的等级体系。图 1 是聚类分析所得到的分类树状结构图，从这个图上可以发现任何一个城市组和其他城市组在工业职能上的相似性和差异性程度。为了简便起见，分别按距离系数 6、3 和 1 为界，把中国295 个城市的工业职能归并为三个大类、十九个亚类和五十四个职能组。

第 I 大类是全国重要的综合性工业基地或工业城市，共 22 个。它们的特点是工业部门齐全，工业结构比较完整。除了个别城市的个别部门（如长春、沈阳的机械工业）以外，一般没有职能强度很高的专业化部门。但是，由于它们有着巨大的工业规模，集中了大量的工业企业和工业职工，拥有巨额的工业产值，所以许多工业部门和工业产品实际上具有重要的区外意义甚至全国性意义。1986 年中国 20 个工业产值超过 100 亿元的城市（含辖县），有 18 个被分在这一大类。

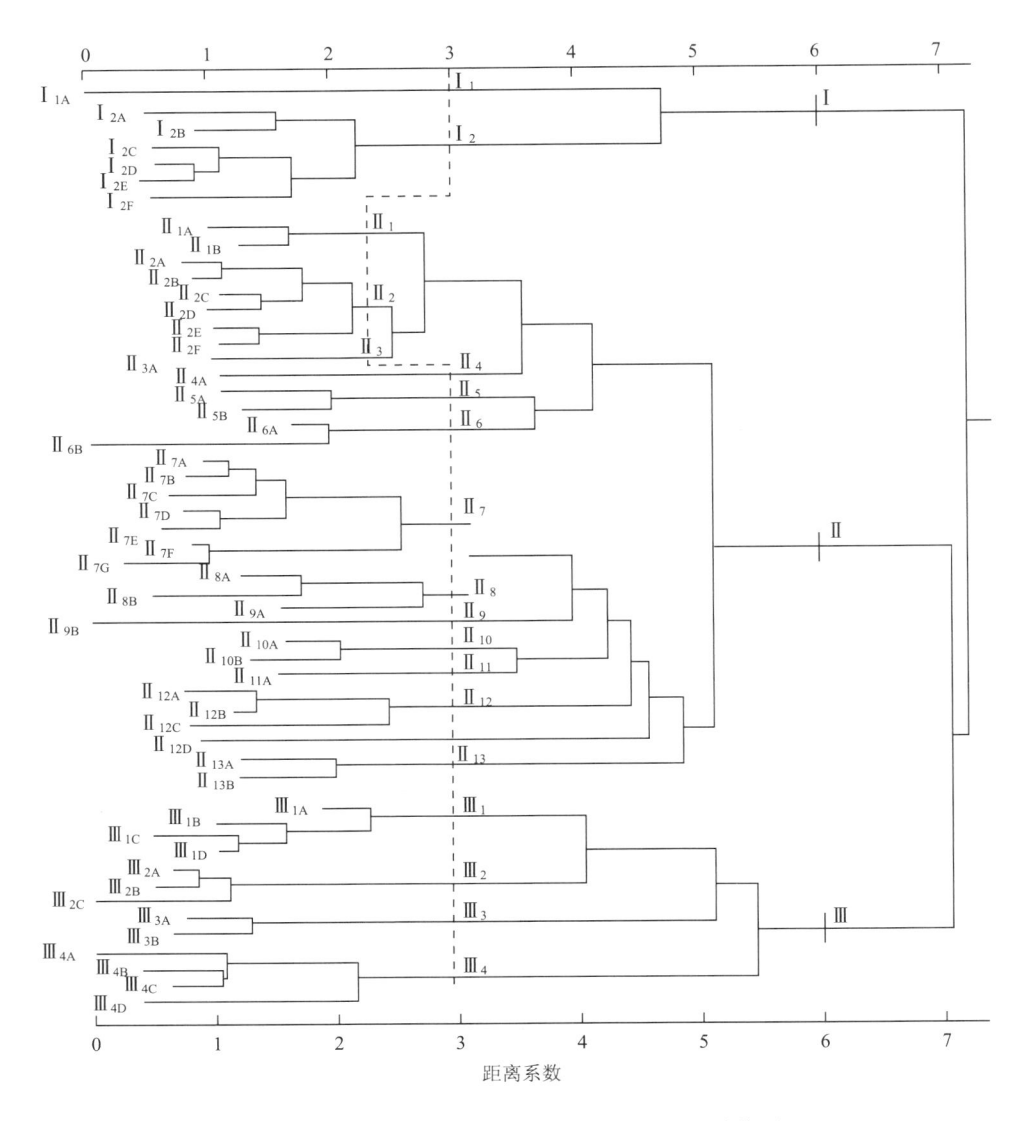

图 1 中国城市工业职能分类聚类分析树状结构图

Fig.1 The Dendrogram of industrial function classification of Chinese cicies

上海作为全国最大、最重要的综合性工业基地，工业职能特征明显区别于所有其他城市，成为第Ⅰ大类中独立的一个亚类。其他 21 个城市组成另一亚类。

第Ⅲ大类是以能源、冶金为主的重工业城市，共 56 个。它们和第Ⅰ大类形成显明对照，构成职能分类体系中的另一个极端。它们分别以煤炭、电力、石油、有色或黑色冶金等重型的能源、冶金工业作为专业化部门，形成四个亚类。而且一般说来主导的专业化部门都有较高的职能强度，都是本市规模最大、最重要的工业部门。只有那些在重型原材料工业的基础上发展了较多加工工业的城市，工业规模才比较大，例如抚顺、鞍山、淄博、锦州。

第Ⅱ大类的工业职能特征间于第Ⅰ和第Ⅲ大类之间。工业职能规模一般不如第Ⅰ大类，工业职能强度一般不如第Ⅲ大类。除了个别的林业城市以外，这是由不同专业化部门和专业化程度的加工工业为主的城市的大杂烩，是包括城市数量最多（共217个）、亚类最广的一个大类。不同的主导工业部门是十三个亚类划分的主要依据。

由上可见，三个大类反映了中国城市工业职能的总体差异，十九个亚类反映的是城市工业职能的基本类型。这种基本类型在第Ⅰ大类内指的是职能规模和重要性；在第Ⅱ和第Ⅲ大类内部指的是城市的主要工业职能部门。在命名上有下列几种不同情况：（1）当亚类内各城市的主要专业化部门十分明确，职能强度比较高（起码在平均值以上两个标准差的水平），又是城市最大的工业部门时，则简单地以主导工业部门的名字来命名，例如Ⅱ$_3$机械工业城市，Ⅱ$_4$纺织工业城市，Ⅱ$_{11}$文教和缝纫工业城市，Ⅱ$_{13}$电子工业城市，Ⅲ$_2$煤炭工业城市，Ⅲ$_3$冶金工业城市，Ⅲ$_4$石油工业城市；（2）当亚类内各城市有共同的专业化部门，但职能强度不等，有的构成城市最大的工业部门，有的不是城市最大的工业部门，这时，用"××工业占重要地位的城市"来加以概括。例如Ⅱ$_5$建材工业占重要地位的城市，Ⅱ$_{10}$缝纫或其他类工业占重要地位的城市，Ⅱ$_{12}$皮革工业占重要地位的城市等；（3）城市没有明显的专业化部门，职能强度只达到平均值以上0.5个标准差或1个标准差（某些小工业部门可能达到2个标准差水平），但同时却有好多个部门超过全国城市的平均比重，这些亚类用"××工业为主的综合性城市"来命名，如Ⅱ$_1$以纺织或纺织、食品为主的综合性城市，说明这些综合性城市中的最大工业部门是纺织或纺织、食品工业。

职能组是对亚类内的城市更细的分类。在命名中进一步区别出专业化工业部门的不同职能强度（专业化的，高度专业化的或单一的），在专业化部门不明显的情况下，则区别出一个或几个主要工业部门，有时还尽可能的表示出共同的职能规模特点和轻重型工业结构的特点。在同一职能组内的若干城市，相互之间的工业职能特点是非常相似的。

中国城市工业职能分类的体系和最后结果基本上以聚类分析的计算机运算结果为基础。但是定量技术不是目的，只是达到分析目的的一种手段。特别是对人文现象的分析，自动化的定量分析并非十全十美，它不能完全替代研究者大脑的判断和决策。作者没有原封不动的搬用聚类分析的结果，而是运用这一结果时，采取了某种灵活性：

（1）第二级分类并没有完全按距离系数3来确定，在Ⅰ$_1$、Ⅱ$_2$、Ⅱ$_3$，附近略有偏转。第三级分类无法找到统一的距离系数标准，职能组的数量的确定，是以聚类分析为基础，根据研究目的和分类系统性的要求，由作者作出的抉择，大体在距离系数1左右。

（2）为了分类系统的完整和命名上的方便，把原来的Ⅱ$_{8c}$（以机械或食品为主的专业化造纸工业城市）并入原来只有一个城市的Ⅱ$_9$，成为Ⅱ$_{9A}$；把本来只有二个城市的Ⅱ$_{13}$（高度专业化的林业城市）合并到Ⅱ$_8$，成为Ⅱ$_{8c}$；Ⅱ$_{14}$递补为Ⅱ$_{13}$。

（3）调整了兰州、乌鲁木齐、温州、芜湖、徐州、萍乡、老河口、格尔木、衢州、赣州、井岗山等 11 个城市的职能组，调动的原因这里不一一说明了。

读者从分类结果中一定还可以对许多城市的归属提出异议。如果说这个分类还有这样或那样的问题，主要原因是：

（1）这是一个包括辖县在内的城市工业职能分类。在 295 个城市中有 127 个带县的城市，带县范围没有严格的标准。有的大城市只带少数几个县（如石家庄、济南、太原），有的中小城市却带了好多个县（如温州、烟台、盐城）。在带县过多，而中心城市实力不强的情况下，目前的分类不一定能代表城市市区的工业职能特征。

（2）我们所用的工业部门结构资料是工业的产值结构，不是工业劳动力结构，价格因素对分类结果势必有一定影响。

（3）十九个变量在聚类分析中的地位是一样的，尽管规模变量有三个，仍然不能避免在第 II 大类的某些职能组中城市规模的跨度过大，而难以命名。

以上问题将在今后更深入的研究中加以解决。

六、分类结果

本文提出的分类结果包括中国城市工业职能分类的三个大类、十九个亚类和五十四个职能组的命名体系以及 295 个城市的归属；注出了每个城市有没有超过平均值加一个标准差的工业部门以及高于平均值几个标准差，目的是利用纳尔逊分析的结果，为每个城市的工业职能特点从另一个侧面作一些补充说明。由于篇幅关系，各工业职能类型的城市分布图从略。对它们的分布特点和职能特点也不可能作进一步的描述。

分类结果如下：

I 全国重要的综合性工业基地或工业城市

 I$_1$ 全国最大的综合性工业基地

  I$_{1A}$ 全国最大的综合性工业基地

   上海

 I$_2$ 重要的综合性工业基地或工业城市

  I$_{2A}$ 超大型综合性工业基地

   北京（化学 1，文教 1，缝纫 1），天津

  I$_{2B}$ 特大型综合性工业城市

   沈阳（机械 2），武汉（冶金 1），重庆，杭州，成都，广州（化学 1，文教 1）

Ⅰ₂c 以机械工业为主的特大型综合性工业城市

长春（机械2），哈尔滨（机械1），西安（机械1）

Ⅰ₂D 以机械、化学（石油）、纺织为主的特大型综合性工业城市

大连，南京，青岛（化学1），兰州（石油1）

Ⅰ₂E 以纺织、机械、化学为主的大型综合性工业城市

苏州（纺织1），无锡（纺织1），常州（纺织1）

Ⅰ₂F 以机械、纺织、化学、食品为主的中型综合性工业城市

南通（纺织1），扬州（机械1），宁波

Ⅱ 不同专业化部门和专业化程度的加工工业城市

Ⅱ₁ 以纺织或食品为主的综合性城市

Ⅱ₁A 以纺织或食品为主、缝纫为特色的综合性城市

石家庄（纺织1，化学1，缝纫1），承德（缝纫2），廊坊（纺织1，机械1，缝纫1），驻马店（缝纫1），常熟（纺织2，缝纫2），白城（缝纫2，造纸1），大理（缝纫1）。

Ⅱ₁B 以纺织为主的中小型综合性城市

营口（纺织1），襄樊（纺织1），潍坊（纺织1），淮阴（建材1），盐城（纺织1，建材1），嘉兴（纺织1，建材1），绍兴（纺织2，缝纫1），湖州（纺织1，建材2），喀什（纺织1，建材1，文教1，皮革1），九江（建材1，缝纫1）

Ⅱ₂ 以机械或机械冶金′或机械、纺织为主的综合性城市

Ⅱ₂A 以机械为主的重型综合性大中城市

邢台，长治（机械1，煤炭1），洛阳（机械1），湘潭（机械1）

Ⅱ₂B 以机械为主的综合性城市

泰安（机械2），随州（机械2），咸宁（机械1），渭南（机械1），汉中（机械1），西宁（机械1，缝纫1），柳州（机械1），宝鸡（机械1），天水（机械2），乌鲁木齐

Ⅱ₂C 以纺织、机械、食品、化学为主的中小型综合性城市

泰州（纺织1），益阳（纺织1），上饶（文教1），保定（造纸1），六安（造纸1），邵阳，呼和浩特，菏泽（纺织1，文教2），芜湖，徐州

Ⅱ₂D 以纺织和机械为主的中小型综合性城市

榆次（纺织2，机械1），聊城（纺织2，机械1），丹东（纺织1），新乡（纺织1），咸阳（纺织2，电子1）

Ⅱ₂ₑ 以冶金、机械为主的综合性城市

  唐山，韶关（冶金1），太原（冶金1），包头（冶金1），衡阳，贵阳，昆明，株洲（冶金1，其他1），临汾（冶金1），通化，遵义（冶金1，电子1），赣州（造纸1，森林1）

 Ⅱ₂ꜰ 以机械为主的大中型综合性城市

  朝阳，安阳，辽源（化学1），济宁，镇江，齐齐哈尔（机械1），合肥（机械1），南昌（机械1），济南，郑州，烟台，长沙（文教1），温州（机械1，文教2）

Ⅱ₃ 机械工业城市

 Ⅱ₃ₐ 专业化或高度专业化的机械工业城市

  侯马（机械2，电力1），安顺（机械4），临夏（机械3，文教1），十堰（机械5）

Ⅱ₄ 纺织工业城市

 Ⅱ₄ₐ 专业化或高度专业化的纺织工业城市

  东胜（纺织4），抚州（纺织4），临清（纺织3），滨州（纺织3），沙市（纺织3），辽阳（纺织3），三门峡（纺织2，电力1），石河子（纺织2，食品1），和田（纺织3，文教1）

Ⅱ₅ 建材工业占重要地位的城市

 Ⅱ₅ₐ 以机械或食品为主的专业化建材工业城市

  秦皇岛（建材4），通辽（建材3），鹰潭（建材3，化学1），巢湖（建材4），昌吉（建材3，机械1），老河口（机械1，建材2）

 Ⅱ₅ʙ 煤炭、建材工业城市

  乌海（煤炭3，建材2），六盘水（煤炭2，冶金1），哈密（煤炭1，建材1），铜川（煤炭2，建材5），萍乡（煤炭1，建材1，文教2）

Ⅱ₆ 化学工业占重要地位的城市

 Ⅱ₆ₐ 以化学工业为主要专业化部门的城市

  吉林（化学2），运城（化学3），泸州（化学3），沧州（化学2，石油1），桂林（化学1），银川（化学2），衡水（化学1，文教2），河池（化学2，文教1），威海（化学2，文教2，缝纫1，皮革1）

 Ⅱ₆ʙ 化学工业高度专业化的城市

  二连浩特（化学4，建材3，缝纫3），衢州（化学5），格尔木（化学3，建材1）

Ⅱ₇ 食品工业占重要地位的城市

　Ⅱ₇ₐ 以食品、机械、化学、纺织等大宗部门为主的综合性城市

　　张家口，开封（化学1），信阳，吉首（化学1，缝纫1，其他1），梧州（化学1，其他1），四平，自贡，连云港（食品1，化学1），德阳（食品1，建材1），屯溪（食品1，文教1），厦门，南宁，梅县

　Ⅱ₇ʙ 以食品、机械、纺织为主的综合性小城市

　　忻州（其他1），达县（纺织1，缝纫1，其他1），乌兰浩特，涪陵（食品1，造纸1），德州（纺织1），孝感（建材1），百色（森林1）

　Ⅱ₇c 以食品为主，其他类工业为特色的综合性轻工业城市

　　绥芬河（食品2，其他1），永州（食品1，其他1，造纸1），蚌埠（食品1，其他1），漳州（食品1，其他1），商丘（其他1），湛江（食品1，其他1），津市（食品1，纺织1，其他1）

　Ⅱ₇ᴅ 以食品为主，煤炭或建材为特色的综合性小城市

　　赤峰（电力1），库尔勒（建材1，造纸1），黑河，龙岩（食品1），滁州（食品1，建材1）

　Ⅱ₇ᴇ 以食品和纺织为主的综合性轻工业小城市

　　延安（食品1），周口（食品1，纺织1，皮革1），金华（纺织1），内江（食品1），南充，阜阳（食品1，纺织1）

　Ⅱ₇ꜰ 食品工业专业化的轻工业小城市

　　宿州（食品1，机械1），许昌（食品3，缝纫1），郴州（食品2），常德（食品2），曲靖（食品2），钦州（食品2），保山（食品3），奎屯（食品3），阿克苏（食品2）

　Ⅱ₇ɢ 食品工业高度专业化的轻工业小城市

　　昭通（食品4），玉溪（食品4）

Ⅱ₈ 林业占重要地位的城市

　Ⅱ₈ₐ 林业占重要地位的城市

　　绥化（森林2，食品1，建材1），北安（森林1，机械1），牡丹江（森林2，化学1），三明（森林1，化学1，造纸1），邵武（森林2，化学1），浑江（森林3，电力1，煤炭1），永安（森林1，电力2，建材1）

　Ⅱ₈ʙ 林业小城市

　　黄山（森林4，其他2，文教1），凭祥（森林3，食品1，文教1，其他1）

　Ⅱ₈c 高度专业化的林业城市

伊春（森林 5），牙克石（森林 5）

II₉ 造纸工业占重要地位的城市

    II₉A 以机械或食品为主的专业化造纸工业城市

        扎兰屯（造纸 2，食品 1，其他 2），冷水滩（造纸 3，食品 1，建材 3），吴忠（造纸 2，机械 2，缝纫 1），佳木斯（造纸 2），南平（造纸 3，电子 1），宜宾（造纸 3，其他 1）

    II₉B 造纸工业高度专业化的小城市

        图们（造纸 5，化学 1），井岗山（造纸 5，森林 1，文教 2）

II₁₀ 缝纫或其他类工业占重要地位的城市

    II₁₀A 以机械或食品或纺织为主的，缝纫和其他类工业为特色的综合性城市

        泊头（机械 2，其他 1，缝纫 1，文教 1），宜春（机械 2，其他 1），肇庆（机械 1，其他 1，缝纫 1，皮革 1），佛山（其他 1，缝纫 1），江门（缝纫 2），中山（缝纫 2，其他 1，皮革 1），西昌（缝纫 1，皮革 1），临河（食品 2，其他 2，缝纫 1），莆田（食品 2，其他 3，缝纫 3），汕头（其他 2，缝纫 3，化学 1，文教 2），楚雄（其他 3，缝纫 2，文教 1，森林 1）

    II₁₀B 专业化的其他类工业城市

        延吉（其他 2），南阳（其他 2，食品 1），临沂（其他 2），玉林（其他 3，机械 1），洪江（其他 3），北海（其他 5，文教 1），景德镇（其他 5，电子 1，建材 1）

II₁₁ 文教和缝工业城市

    II₁₁A 专业化的文教、缝纫工业城市

        惠州（缝纫 5，文教 3，皮革 1，电子 1），潮州（缝纫 5，文教 5，其他 2）

II₁₂ 皮革工业占重要地位的城市

    II₁₂A 以机械为主的皮革工业城市

集宁（机械 1，皮革 1），雅安（机械 1，皮革 3，建材 1），平凉（皮革 2，文教 2）

    II₁₂B 以食品或纺织为主的皮革工业城市

        伊宁（纺织 2，皮革 4），海拉尔（食品 1，皮革 3），塔城（食品 2，皮革 3），漯河（食品 1，皮革 4，造纸 1），泉州（食品 1，皮革 2，文教 2），万县（食品 1，皮革 2）

    II₁₂C 高度专业化的皮革工业城市

        锡林浩特（皮革 5，建材 1），阿勒泰（皮革 5，纺织 1，建材 1）

II₁₃ 电子工业城市

II₁₃ₐ 专业化的电子工业城市

福州（电子 2，文教 1），海口（电子 3，化学 1），吉安（电子 2），恩施（电子 1，其他 2），绵阳（电子 3，其他 1），都匀（电子 2，皮革 1）

II₁₃ʙ 高度专业化的电子工业城市

怀化（电子 5），三亚（电子 5，食品 1），深圳（电子 5，文教 1），凯里（电子 5，缝纫 1），珠海（电子 4，文教 2，缝纫 1）

III 以能源，冶金为主的重工业城市

III₁ 以煤电或水电为基础的重工业城市

III₁ₐ 高度专业化的电力工业小城市

椒江（电力 3，文教 5），丹江口（电力 5，缝纫 2），合山（电力 5，煤炭 1）

III₁ʙ 以电力或煤，电为基础的综合性城市

邯郸（电力 1），平顶山（煤炭 1，电力 1），阜新（煤炭 1，电力 1），枣庄（煤炭 1，电力 1），铁岭（电力 2），乐山（电力 2，造纸 1），宜昌（电力 2），淮南（电力 1，化学 1），焦作（电力 1，化学 1）

III₁c 专业化的冶金、电力工业城市

莱芜（冶金 1，电力 2），青铜峡（冶金 2，电力 3）

III₁ᴅ 专业化的煤炭、电力工业城市

淮北（煤炭 2，电力 2），韩城（煤炭 2，电力 4），开远（电力 3，建材 1），冷水江（电力 4），资兴（煤炭 1，电力 3）

III₂ 煤炭工业城市

III₂ₐ 专业化的煤炭工业城市

大同（煤炭 3），鸡西（煤炭 3），新泰（煤炭 3），阳泉（煤炭 3），石咀山（煤炭 2），鹤壁（煤炭 3，电子 1）

III₂ʙ 高度专业化的煤炭工业城市

晋城（煤炭 4），鹤岗（煤炭 4），七台河（煤炭 4），满洲里（煤炭 4），双鸭山（煤炭 3）

III₂c 单一的煤炭工业城市

义马（煤炭 5）

III₃ 冶金工业城市

III₃ₐ 专业化的冶金工业城市

鞍山（冶金 3），本溪（冶金 3），黄石（冶金 2），鄂州（冶金 2，建材 1），马鞍山（冶金 3），新余（冶金 3），渡口（冶金 4），铜陵（冶金 3），个旧（冶

　　　　金4），东川（冶金4）
　Ⅲ₃B 高度专业化的冶金工业城市
　　　　娄底（冶金5），金昌（冶金5），嘉峪关（冶金5）
Ⅲ₄ 石油工业城市
　Ⅲ₄A 专业化的石油及化学工业城市
　　　　岳阳（石油2，化学2）
　Ⅲ₄B 以石油为主要专业化部门的综合性大城市
　　　　抚顺（石油2），淄博（石油2），锦州（石油2）
　Ⅲ₄C 专业化的石油工业城市
　　　　安庆（石油3），濮阳（石油3），荆门（石油4），茂名（石油4）
　Ⅲ₄D 高度专业化的石油工业城市
　　　　大庆（石油5），东营（石油5），克拉玛依（石油5），玉门（石油5）

参考文献

[1] 国家统计局综合司编，中国城市统计年鉴1985，中国统计信息咨询服务中心、新世界出版社联合出版，1985。
[2] 周一星等，地理科学，4(1), 29—37, 1984。
[3] 周一星，经济地理，7(3), 222-225, 1987。
[4] Carter, H., *The Study of Urban Geography*, London. Edward Arnoed, 45—67, 1972.
[5] Auronsseau, M. The Distribution of Population: a Constructure Problem, *Geographical Review*, 11, 563—592, 1921.
[6] Harris, C. D., A Functional Classification of Cities in the United States, *Geographical Review*, 33, 86—99, 1943.
[7] Pownall, L.L.The Functions of New Zealand Towns, *Annals of the Association of American Geographers*, 43, 332—350, 1953.
[8] Nelson, H. J., A Service Classification of American Cities.*Economic Geography*, 31(3), 189—210, 1955.
[9] Alexanderson, G., *The Industrial Structure of American Cities*, Lincoln, Nebraska and Stockholm, 1956.
[10] Berry, B. J. L.. ed. *City Classijication Handbook: Methods and Applications*, John & Sons, 1972.
[11] Ward, J. H. Hierarchical Grouping to Optimize an Objective Function, *Journal of American Statstical Association*, 58, 236—244, 1963.
[12] Mather, P. M., Computational Methods of Multivariate Analysis in Physical Geography. John Wiley, 1976.
[13] 孙盘寿等，地理研究，3(3), 17—28, 1984。

THE CLASSIFICATION OF INDUSTRIAL FUNCTION OF CHINESE CITIES (INCLUDING ATTACHED COUNTIES) ——THEORY, METHOD AND RESULTS

Zhou Yixing

(*Geography Department,Peking University*)

Roy Bradshaw

(*Geography Department,Nottingham University*)

Key words Chinese cities; Industry; Urban functional classification; Specialized sector; Functional intensity; Functional scale; Cluster analysis

Abstract

China is still at an early stage of industrialization and urbanization. At present industry is the main economic activity within most chinese cities. This paper represents the first attempt to classify all of China's 295 cities according to industrial functions, using 1984 data. Working within the framework of the economic base theory of urban development, the authors define city industry functions as consisting of the following three elements: (1) Specialized department of the city; (2) functional intensity (degree of specialization), and (3) functional scale (the size of industrial output of the city). The industrial function classification method used here is based on a combination of all three elements.

In the present study a number of different techniques were originally applied including principal components analysis, several methods of hierarchical cluster analysis, the Nelson measure and a variety of more traditional methods. On the basis of these preliminary studies it was eventually decided to base the classification on a composite measure consisting of the ward's Error Method of hierarchical cluster analysis and a supplementary application of the Nelson measure. In this manner the 295 Chinese cities have been grouped into 3 main categories with 19 sub-categories and 54 functional grops.

"中国城市（包括辖县）的工业职能分类——理论、方法和结果"解读

曹广忠

一、作者简介

周一星（1941— ），北京大学教授，地理学家，主要从事城市地理和城乡规划领域的科研和教学工作。1941年生于江苏省常州市，1959—1964年在北京大学地质地理系经济地理专业学习，毕业后留校任教，2006年退休。曾任北京大学城市与环境学系副系主任、北京大学地理科学研究中心主任，曾兼任国际地理联合会发展中国家城镇化工作组成员、中国地理学会常务理事和城市地理专业委员会主任委员、中国城市规划学会副理事长和区域规划与城市经济学术委员会主任委员。主要研究方向为城镇化和城镇体系，包括中国城乡划分和城镇人口统计口径、中国特色城镇化、中国郊区化、都市连绵区，以及城镇体系理论和规划实践等。他是最早开展中国城镇化和城镇体系理论研究与规划实践探索的学者之一。2016年获中国城市规划学会终身成就奖，2022年获中国地理学会科学技术奖——终身成就奖。2005年9月29日在中共十六届中央政治局第二十五次集体学习会上，就中国特色城镇化等问题作了专题讲解。

"中国城市（包括辖县）的工业职能分类——理论、方法和结果"一文，是周

作者介绍：曹广忠（1969— ），男，山东莘县人，北京大学城市与环境学院教授，中国地理学会会员（S110001570M），研究方向为城市地理学。E-mail: caogzh@pku.edu.cn

一星1986年10月至1987年1月访问英国诺丁汉大学地理系期间开展的一项研究。论文第二作者罗伊·布雷德肖（Roy Bradshaw）当时为英国诺丁汉大学地理系教师，协助联系安排本研究所需的电脑分析软件使用等工作。论文成稿于1987年上半年，1988年在《地理学报》发表；英文稿发表在 The Journal of Chinese Geography。

二、写作背景

分类是认识复杂事物的有效方法。城市职能分类是城镇体系研究的核心内容之一，也是城市地理学的基本问题之一。城市职能内涵丰富、要素关系复杂，职能分类方法也随着认识的深入和统计资料的丰富，经历了从一般描述、统计描述、统计分析、经济基础理论研究和多变量分析等方法的相当长的发展过程，反映了相关研究方法从简单到复杂、从定性到定量、从主观到客观的发展过程。城市职能分类是揭示和解释城市体系结构关系的基础性内容，早期的研究主要以西方工业化城镇化起步较早的国家的城市为研究对象。由于缺乏必要的系统资料，关于中国全国性的城市职能分类的研究成果出现较晚。直到1985年，国家统计局首次公布了全国295个城市（包括辖县）各工业部门的产值以及其他有关资料，为开展中国城市的工业职能分类提供了可能性，这是本文得以完成的基本条件。

三、研究内容

论文首先在国外城市职能分类研究的基础上对理论和方法做了进一步探索。基于城市发展的经济基础理论，作者强调城市职能分析应关注城市在区域中的地位和作用，属于城市体系的范畴，要分析城市对外服务部分即基本部分的作用。因此，一个完整的城市工业职能概念应该由专业化工业部门、职能强度和职能规模三个要素组成，反映城市体系中城市的职能类型、面向区域服务的城市自身职能结构特征，以及职能规模视角所反映的城市在区域城市体系中的职能地位。其中，职能规模指标的纳入，是对既有统计分析方法的改进。

文中采用纳尔逊统计分析法识别城市的工业职能强度特征，并且对纳尔逊方法中通过职能强度超过均值1个标准差来识别职能类型的方法做了改进，补充了0.5个标准差的分阶标准。聚类分析则进行多种方法的尝试和比较，最终采用沃德误差法（Ward's Error Method）作为聚类分析的距离计算原则，按工业职能将城市归并成类。而以往国外的城市职能分类，通常是把城市归入某一类，或者寻找城市主导职能后把城市归入若干个类，事实上并没有把城市归并城市职能类型。

论文分类研究的对象是1984年中国的295个城市。分析的变量共19个，包括冶金、电力、煤炭、石油、化学、机械、电子、建材、森林、食品、纺织、缝纫、皮革、造纸、文教艺术制品和其他工业共16个反映工业部门的产值结构变量，以及反映城市工业规模的城市工业总产值、工业职工数和工业企业数3个变量。通过对259个城市19个变量的计算和对计算结果的聚类，给出了不同尺度的中国城市工业职能分类等级体系。从分类树状结构图上可以清晰发现任何一个城市组和其他城市组在工业职能上的相似性和差异性程度。文中分别按距离系数6、3和1为界，把中国295个城市的工业职能归并为3个大类、19个亚类和54个职能组。第1大类是全国重要的综合性工业基地或工业城市，共22个，它们的特点是工业部门齐全，工业结构比较完整。第3大类是以能源、冶金为主的重工业城市，共56个，构成职能分类体系中的另一个极端，分别以煤炭、电力、石油、有色或黑色冶金等重型的能源、冶金工业作为专业化部门，形成四个亚类。第2大类的工业职能特征间于第Ⅰ和第Ⅲ大类之间，由不同专业化部门和专业化程度的加工工业为主的城市组成，包括城市数量最多、亚类最广。不同的主导工业部门是13个亚类划分的主要依据。论文揭示的3个大类反映了中国城市工业职能的总体差异，19个亚类反映的是城市工业职能的基本类型。

文中也客观地指出了分类结果存在的问题和主要原因。首先，295个城市中有127个带县，而带县范围并没有严格标准。在带县过多而中心城市实力不强的情况下，分类结果不一定能代表城市市区工业职能特征。其次，分析工业部门结构采用的是工业产值而不是劳动力数据，价格因素对分类结果会有一定影响。此外，19个变量在聚类分析中地位一样，尽管规模变量有3个，仍然不能避免在第2大类某些职能组中城市规模跨度过大而难以命名。

四、论文贡献

"中国城市（包括辖县）的工业职能分类——理论、方法和结果"是中国第一篇关于全国尺度城市职能分类的论文。尽管如文中所说，由于包括辖县的城市概念有不可比性，分析结果存在一些问题，但论文发表后很快成为中国城市职能类型研究的经典文献，对后来的中国城市职能分类实证研究和城乡规划实践产生了重要影响：

一方面，论文基于城市发展的经济基础理论对城市职能内涵的厘定和职能三要素表征方法的提出，以及对城市职能识别和聚类方法的探索，从理论方法层面将城市职能分类研究向前推进了一步。事实上，基于这项研究所做的理论方法准备，在数据资料条件得到改善后，作者指导研究生很顺利地开展了不含辖县的城市工业职能分类研究、全国城市综合职能分类研究及跟踪比较研究。

另一方面，论文在中国城镇体系理论和实践方面具有积极作用。作为全国尺度中国城市职能分类研究的开端，这项研究成果补充和支撑了中国城市体系职能、规模、空间三大结构研究中的基础性内容，对中国城镇体系理论探索和城镇体系规划实践有积极影响。文中的城市工业职能分类方法和分类结果，在后来的区域城镇体系规划实践中，对城市职能类型识别、城市性质的确定、规划方案的比选和制定，都有重要的参考意义。

参考文献

[1] 国家统计局综合司：《中国城市统计年鉴 1985》，中国统计信息咨询服务中心、新世界出版社联合出版，1985 年。
[2] 田文祝、周一星："中国城市体系的工业职能结构"，《地理研究》，1991 年第 1 期。
[3] 许锋、周一星："我国城市职能结构变化的动态特征及趋势"，《城市发展研究》，2008 年第 6 期。
[4] 周一星、孙则昕："再论中国城市的职能分类"，《地理研究》，1997 年第 1 期。
[5] Carter, H. 1972. *The Study of Urban Geography*. London: Edward Arnold.
[6] Nelson, H. J. 1956. A Service Classification of American Cities, *Economic Geography*, Vol. 31, No.3.
[7] Zhou, Y. X., Bradshaw, R. 1990. The Classification of Industrial Function of Chinese Cities (Including Attached Counties), *The Journal of Chinese Geography*, Vol.1, No.2.

地理系统与地理信息系统

陈述彭

(资源与环境信息系统国家重点实验室，北京)

提要 人类认识自己住居的星球是漫长的，然而是加速度的。学科的分化和交叉是多层次的。统一地理学一再遭受过冲击，但它的合理的内核——地理综合体是客观存在的。地图和遥感作为信息载体证实了这一观点。地理系统的概念反映当代科学技术进步和社会需求；而地理信息系统为地理学发挥区域性与综合性的优势提供了一种现代化的高技术手段。

关键词 地理综合体 地理系统 地理信息系统 地图载体 遥感信息

一、进步—分化—综合

人类认知自己居住的星球，经历了漫长的年代，但是认识的广度和深度，观测技术的进步，几乎是加速度的。科学的积累也几乎是成几何级数增长的。例如，人们大约花费了上千年的时间，才弄清大陆与海洋的轮廓，1542 年的西方世界地图上，还不知道有太平洋和中国。经过 16—19 世纪，历时 300 年，通过地形测量和横贯大陆的探险活动，大约只有 30% 左右的陆地，覆盖了比较详尽的地形图，并且将西藏高原的经度缩短了 2°；地中海的经度缩短了 5°。20 世纪初有了航空摄影，人们开始离开地面，从空中平台来观测地球，获得航空像片。在 50 年内，就覆盖了陆地面积的 70%；1957 年发射地球轨道卫星以后，人类开始从数百公里的极地轨道上，以至从 36 500km 的赤道上空与地球自转同步的卫星上，周期性地观测地球，所获取的图像和数据，覆盖了整个地球的海洋和大陆。今天，人类建立了对地球的立体观测技术系统，对于认识和研究全球环境的变化，创造了空前未有的条件。

随着科学技术的进步，学科的分异和交叉也同样是加速度的、多层次的。地理学和天文学很早就分离开了。管子的"地理篇"，托勒密的"地理学"，反映东西方由于文化背景的不同，导致地理学的内容迥然不同。但是以地球表壳作为研究对象则是殊途同归的。16 世纪自然科学萌芽，首先从统一地理学分蘖为人文与自然地理，然后分蘖为地质学、大地测量学、气象学、海洋学、地图（投影）学等等。分别对地圈、水圈、生物圈进行更深入的调查研究。19 世纪又与其他自然科学相互交叉，建立起地球物理学、地球化学。在人文地理学方面分蘖出经济地理学、人口地理学、历史地理学等等。开始注意对地球各圈层之间界面与相互关系的研究。20 世纪 50 年代以来，在深入分析的基础上，加强了多学科的综合，于是又重振景观学、倡导环境科学和生态学，它们立足于化学、生物学理论，而又重申地学规律的重要。从实质上讲，它们的研究对象与地理学大同小异，强调区域性与综合性的特点，只是研究的层次和重点各有侧重而已。从地理学的本身而言，它不仅曾经作为这些分支学科的母体，而且现在又成为研究地球表壳各个圈层之间相互作用的最高层次的系统科学。

二、统一地理学—地理综合体

统一地理学曾经一而再地遭受过部门地理学家的抨击。似乎它是古典地理学的卫道士，成了地理学发展的绊脚石。受到这些冲击之后，地理学界的反映首先是走分道扬镳的道路。例如，在苏联，自然地理学和人文地理学曾经被割裂开来，认为是分属于自然科学与社会科学的不同范畴的学科，各不相干。在英美，特别是在美国，几乎置自然地理于不顾，全力发展人文地理学。初则以人类生态学或人类文化学作为地理学的主题；后来又致力于空间结构、地理区位的探讨。通过一些实际应用的工作，如流域开发、土地合理利用问题的调查研究以后，又逐步认识到自然与人文是不可分割的，要求综合，同时在科学界要求综合的呼声也逐渐高起来了。近年来，诸如人与生物圈计划、地圈与生物圈计划、对地观测计划的出现，已成为许多学科共同感兴趣的热门话题。

这种冲击，也使得地理学不断扬弃那些背离时代的落后思潮，吸取先进科学技术的精萃，充实和壮大地理科学，不过，仍然保存着统一地理学合理的内核。例如，强调综合地研究人地关系，强调区域单元与区域分异规律等等概念，时断时续地继承下来，并适应当代的哲学思潮与技术进步而发扬光大。各个历史时期侧重研究的具体对象和内容各不相同；即使相同的名词术语也被赋予不同的时代含义。例如景观单元、地理环境、地理圈、地球表壳、生态环境、国土等等，都曾引起过不同的理解和争议。在某些国家这种论战持续过二、三十年，自然波及到中国地理学界，并结合中国传统的方志和图志的兴废，人文与自然的侧重，此起彼伏，莫衷一是。

西方经典地理学是以地中海航海和地理探险为社会历史背景产生的，长期致力于全球性空间规律的研究。如墨卡托的世界地图和地图投影，洪堡德的世界气候区划。后来又受到达尔文演化学说的影响，形成戴维斯的地形旋迴，杜库乞耶夫的土壤地带性，威格纳的大陆漂移学说等。成为20世纪以前地理学术思潮的标志。我国地理学前辈洪绂的中国自然地理区域，竺可桢的中国气候区划，以及50年代新中国的自然综合区划、农业区划等，都是一脉相承的。

近代西方地理学则以大比例尺地形图的测绘、定位观测台站和小区域实地考察为基础，强调微观的综合分析和地理要素的相互作用和相互制约关系。以白吕纳的《人地学原理》和研究阿尔卑斯的《山岳地理》为代表。地理学家和地质学家一起，严格要求点、线、面的剖面观测与路线观察的基本功，要求区域概念的归纳与演绎的才能。在40—50年代的中国地理学界，一方面受戴维斯地形旋迴学说的影响，进行了许多出色的地文期的探讨；也引进了斯丹普的土地利用制图，组织了许多流域开发与铁路选线的考察，开拓了地理学为工农业服务的新领域，使地理调查研究工作有所深化。

三、地图载体—遥感信息

统一地理学的思潮渗透到各个部门地理学之中。地图学作为近代地理学的重要组成部分，也深刻地反映了地理学思潮的继承和进步：

1 地图作为地理学的信息载体，始终兼顾到自然与人文两个方面

无论地形图或普通地理图，一般都包括居民地、交通网、地理名称、土壤-植被、地形高程和河流水网等所谓六大要素，而且致力于研究六大地理要素之间的相互关系与综合指标。制定了辩证统一思想指导下的1∶100万地理图制图规范，创造性地实现了定性与定量的统一。运用大地构造、地貌特征的地形模拟方法，使区域地理特征跃现纸上，栩栩如生。

2 以等高（深）线为基础的地形图，信息量极大丰富

地形图和地形分析受到地理学者的普遍注意，并建立了许多数理统计分析方法和模型，例如相对地势分析、河流纵剖面裂点分析和沟谷侵蚀面的地形剖面重叠，为地理学研究提供了许多新的概念。我国地势三大台阶的认识，替换了葱岭山系的概念即其一例。区域重心迁移、地理区位、网络分析等也广泛地应用于人文地理研究方面。

3 景观制图与综合制图的兴起。

探讨在地形图以外其他反映景观单元与景观结构的制图方法和理论。或者通过同一幅地图的多层面组合，或者通过一系列地图的多要素分析，阐明地理综合体中各级区域单元的内部与外部物质迁移与能量转换的空间模式。各种各样的景观地图的设计，一度成为欧美和日本的热门课题。以国家或省、市、县为单元的区域地图集曾经盛极一时。20世纪30年代和60年代，国内外都曾有过许多水平较高的大型区域综合地图集问世。我国30年代出版的《申报馆地图集》和60年代以后出版的自然、历史、人口、农业、水文地质、气候和海洋地图集，为地理学的发展作出了重大的建树；可以与苏联、瑞典、英、美等国家的地图作品相媲美而毫不逊色。

20世纪以来航空摄影与航天遥感技术的发展，开拓了人类离开地球表面，从空中以至外层空间对地球进行观测的新纪元。遥感图像和数据成为地理信息的现代化重要来源之一。对于地理学调查研究而论，不仅是快速、宏观等技术经济效益，更重要是对地理学理论发展与方法进步产生了多方面的深远的影响：

1. 比地图更进一步强化了地理综合体的形象和概念。它提供了具有全息性质的信息源，人们可以看到各种人文与自然地理要素交织在一起的景观实体的影像，人地关系错综复杂，难解难分。正是通过其中相互依存、相互制约的关系，人们才有可能由此及彼，由表及里，超越直接的形象，借助于间接的标志，从中获取极其丰富的第二次信息。遥感被认为是一种运用物理手段、数学方法和地学规律的高技术。在遥感技术处理分析的过程中，不仅需要光电方法、数理统计方法；还需要有地学分析方法。由于遥感对于地理学的发展关系如此密切，社会需求与日俱增，所以在50年代发射地球卫星以后，地理学系普遍开设了遥感课程。英国建立了150个研究单位，我国已设置了17个遥感中心，180个研究室（组），大约50个地理系开设了遥感课程。1988年国家科技进步奖35个一等奖中，遥感就有3个。

2. 遥感图像是一种综合性的地理信息源。包括各种地理要素；同时又是一种空间信息，为地理现象的空间分布提供定位、定量的数据。从这种概念出发，早在60年代初，我们就提倡航空像片综合利用，并用它作为统一的信息源进行系列制图。1963年在海南岛，曾经

以 1∶15000 的航空像片，进行了三级比例尺，包括坡度（组合）、土地利用、植被、土壤、地貌等要素解译和地面实况的验证。1969 年墨西哥制订全国土地档案十年计划，嗣后，日本、意大利也推行了类似的计划。而我国则延至 1978 年以后，腾冲、太原、三江平原和丽江等地区，才陆续开展更深入的系列制图实验。并推广到山西、河南、内蒙等整个省区的规模。70 年代初，我国引进陆地卫星 MSS、TM 和 NOAA、NIMBUS 气象卫星资料之后，先后出版了一系列地学分析方面的地图集，涉及大地构造、地震、土地利用、地貌、水土保持等应用领域。世界各国出版的遥感图集不可胜计，各国分析图集在地学分析的广度和深度方面均各具特色。

3. 卫星遥感信息的全球覆盖和周而复始的特点，为地学的全球研究与地球动力学分析，创造了空前的有利条件。环境变迁的全球研究正在风靡一时。卫星遥感提供了南极臭氧洞、南北极海冰消长、海平面章动、地表热场与风场、海面叶绿素含量、植被指数、绿波推移、热带风暴、El Nino 现象等等全球范围的同步和长期观测记录，已成为无与伦比的动态数据。为地理学的发展，提供了由静态到动态，由定性到定量，由微观到宏观的统一研究的现代技术保证。

四、地理系统

现代科学方法——系统论、信息论和控制论的形成与现代高技术——电脑技术、空间技术和自动化技术的运用，为面临信息时代的地理科学发展展示出更加宽阔的前景。

信息社会必将要求地理学高度的现代化。既要求为区域规划（包括国土整治、流域开发等）提供宏观的辅助决策系统；又要求为地学工程提供微观的辅助设计（CAD CAM）具体数据。在这样的哲学基础和社会背景下，提出"地理系统"的概念和"地理信息系统"的方法就是历史的必然了。钱学森教授从系统科学的高度，高屋建瓴、客观地提出地理系统是一个巨系统。它具有多层次的结构和泛目标的功能。需要有多学科的知识结构和多种技术系统的支撑。这是对地理学的高度评价与鼓舞。

地理系统把地理环境看作是一个运动着的发生和发展中的世界。包括人类赖以生存和生活并强加影响的整个自然环境和社会经济环境。这个巨系统由不同层次的若干分系统和子系统组成。每个子系统进行着物质迁移、能量转换与信息传输的内部循环；同时又参与高层次的外部循环。在空间上包括地球表壳（或称地理壳或地理圈）的各个圈层（岩石圈-水圈-大气圈-生物圈）。有人按其中的过渡性作用细分出土圈；也有人突出人类的作用和影响，统称为智慧圈。部门地理学比较侧重其中某一圈层的机制、形成过程和区域分异等等；

而地理系统则更多地着眼于圈层之间的界面及其物质流、能量流与信息流的关系。更多地把注意力投向人地关系高度复合地带和生态环境脆弱地带。

地理学的知识结构，已不局限于经典的地球科学的范畴，广泛地吸取了现代先进科学思潮和技术进步的成就，形成了崭新的格局。由外层空间到地壳深部，从海洋到大陆，建成了周期的、立体的动态监测信息网络，数理统计方法、生物地球化学方法已成为建立分析模型和专家系统的依据。我们深刻地体会到：没有基础理论指导的技术是盲目的；没有先进技术支持的理论研究是落后的。地理系统的研究必须建立在深入的部门分析的基础之上。从而使现代地理学从认识论的角度，产生了质的飞跃。地理系统的研究，先通过卫星遥感进行动态监测，获取全球或区域的宏观概念；然后选择疑点进行大比例尺的航空勘测或地面实况调查，研究历史案例，进行模拟分析和预测预报。这种新的逻辑思维程序，不仅更加符合人类认识自然的认识过程，而且更有利于促进微观和宏观认识的统一，赢得预测预报的时间。即从静态到动态，由三维到多维。以地图学为例，长期以来，区域地图的测绘与编制，一般是从大比例尺地图逐级缩小的，因而工程周期长，效率低，不能及时满足社会需求。而现在利用卫星遥感资料制图，则可以反其道而行之。先编小比例尺略图，必要的地段再局部补测大比例尺地图，大大压缩了工程周期。提高了社会效益。

五、地理信息系统

地图与地理信息系统都是地理学的信息载体，同样具有存储、分析与显示的功能。它们的应用领域都远远超出地理学的范畴。从历史发展来说，地理信息系统又脱胎于地图。其所以称为地理信息系统（Geo-coded Information System 或 Geo-reference Information System），主要是由于它的特定性质属于空间型，以区别于其他统计型的信息系统。它的最根本的特点是每个数据项都按地理坐标来编码，即首先是定位，然后才是各种定性（分类）、定量的属性。以这些定位数据库为基础发展起来，具备愈来愈多的分析功能的信息系统，统称为地理信息系统。所以地理信息系统是具有多层次数据结构，多功能综合分析能力的空间型信息系统。已成为综合利用遥感信息，自动制图功能研究地理系统的一种高技术手段。在80年代初期，美国大约有2000种信息系统，其中属于地理信息系统的大约200种。加拿大和澳大利亚的土地信息系统，联合国环境署的全球资源信息系统（GRID）和全球环境监测系统（WEMS）也属于这种类型。

地理学致力于地理现象的定位、定性与定量分析研究。经历了几个世纪的努力，始日臻完善。例如在古典的地理学中，侧重于地理定位与地理分布。托勒密的地理学指南，主要是罗列地中海附近 8000 个地点的经纬度数据。随着几何学、微积分和拓扑学的进步，设计了近 300 种地图投影，千方百计寻求解决地球表面三维空间的二维表达及其转换问题。最大限度地保证定位精度，曾经取得了许多举世闻名的科学成果。然而今天根据卫星观测的全球定位系统（Global Position System），单点定位精度可以达到米级，而全球任何点位的三级检索系统的编码，如果延伸到 39 位，就可以达到 3 米的精度，无需经过复杂的投影及其转换。从这个例子我们可以看到，空间技术和电脑技术的引入，已有可能超越某些原来不可思疑的障碍，甚至超前于几百年形成的一门传统学科，这是值得我们深省的。

地理信息系统具备多维的数据结构。如果必要的话，它可以把全球或地区的自然和社会因子的多种属性，按照地理位置存储在电脑数据库中，无论是矢量的、多边形的、还是格网的，都可以互相转换，以便按地理单元进行检索、存取或叠加。这些静态的分析功能，地理学家早已在地图上实现过，本来就很熟悉，只不过地理信息系统可以使用的数据量要超出几个数量级，而且可以选择多种多样的分析模型软件，进行快速运算和对比分析，获取最优化的结果。数据库不同于地图之处，至于它的更新能力要快得多，甚至可以把整个地区的地面观测台站和海上浮标自动观测站建成网络，再加上遥感卫星周期性的、大范围的扫描数据；社会经济统计数据，通过实时传输，使数据库经常保持在更新状态之中。然后根据地理信息系统建立的动力学模型，来进行动态数学模拟和预测。从而减少物理模拟的盲目性，提高宏观决策与工程设计的效率与水平，对于地理研究来说，从而摆脱了描述现象和静态分析的困境，获得了模拟与预报的自由。毫无疑问，这是地理学研究方法的质的飞跃。

地理信息系统方兴未艾，目前由于智能化的水平还很低，许多专业分析模型和知识库还没有建立起来。或者说，地理学的语言和计算机语言之间还缺少接口。例如需要把自然区划或农业区划专家们的逻辑推理和指标体系加以规范化，研制它的推理机或知识库，这不仅需要地理学家与计算机专家的密切合作，而且还要克服模糊数学、自然语言和软件固化方面的一系列难题。我们正在开始作出尝试。但是前景是明朗的，地震预报、作物估产、找矿、找水的专家系统，在国内外都已屡见不鲜；甚至中医诊断和红学研究，也走在我们前面了。

即使现在已有的一些商品化的地理信息系统，如 ARC/INFO，GEO-vision，GRASS 或 Inter Graph 等等，都已具备若干分析功能。诸如研究土地或人口的承载能力（capability）、环境评估的最优方案（suitability）以及工程选址的可能性（possibility）论证与辅助决策等等，都有了一些简便的程序软件包可供使用。目前，可能是由于数据库的限制，地理信息主要在城市、街区或农场、县、市等小范围内，解决地籍管理，管道监测以及商业服务网点之类的具体工程技术问题，如何扩大应用于流域或区域规划等更为庞大复杂的地理系统，我们正在开始探索。例如三北防护林生态信息系统、黄土高原水土保持信息系统、京津唐城市信息系统、黄河三角洲区域开发信息系统、洞庭湖农业基地开发信息系统、黄河大堤洪水灾情评估信息系统等等，尚有待于地理学家通力合作，进行大量的建模工作，使系统功能日臻完善，并具备较强的地理适应能力。

我国地理信息系统起步较晚，目前已初步建成的全国数据库已有人口、政区、地名、农林、矿产及国土基础数据库等。全国自然环境数据库、交通网络与城镇体系数据库正在组建之中。这些经过规整的地理数据，不仅为研究我国地理区划，制定环境保护、灾害防治等专业区划，提供数值模拟和分析评估所必须的背景值。同时也可作为我国参与全球变化科学数据库的基础。我国地理学家亟须加强全球环境变化与行星地理的研究工作，继续参加极地考察、人与生物圈、地圈与生物圈、国际减灾十年、国际空间年等全球性研究计划、为远洋航运、贸易、渔业和援助第三世界，作出应有的贡献。充分利用卫星遥感信息，发挥我国数千年历史纪录和生产实践的优势，继承传统地理学，吸收新兴学科营养、扩展地理科学体系，地理学将是大有可为的。

参考文献

[1] 竺可桢，中国地理学工作者当前的任务，地理学报，19(1)，1953，9—12。
[2] 黄秉维，自然地理学一些最主要的趋势，地理学报，26(3)，1960，149—154。
[3] 李春芬，地理学的传统与近今发展，地理学报，37(1)，1982，1—7。
[4] 阿·赫特纳，地理学——它的历史、性质和方法，张兰生译，商务印书馆，1983。
[5] 陈述彭，地图学的若干现代特征，地理学报，28(3)，1962，216—230。
[6] 钱学森，关于地学的发展问题，中国科学院地学部第二次学部委员大会文集，科学出版社，1988，11—15。
[7] 小兵等，路漫漫其修远兮——新中国地理学的思考(提纲)，地理新论，4(1)，1989，1—2。

GEO-SYSTEM AND GEO-INFORMATION SYSTEM

Chen Shupeng

(*National Laboratory of Resources and Environment Information System,*
Chinese Academy of Sciences)

KEY WORDS Geographical Complex (integrity), Geo-system, Geo-information system, Map carrier, Remote sensing information

Abstract

The cognitive process of human beings on the earth is long while at an accelerated speed. The differentiation and intersection of diciplines take place at multiple levels. Unified geography has been attacked time and again. Nevertheless, its reasonable kernel, geographical Complex (integrity), does actually exist. This viewpoint has been confirmed by the fact that map and remote sensing act as information carrier. The concept of geo-system reflects the progress of modern science and technology and the needs of society. The geo-information system has provided a modern high technological means for geography to develop its advantages of regionality and integrity.

表层地球系统时代的地理信息系统

——"地理系统与地理信息系统"解读

周成虎

陈述彭（1920—2008），江西萍乡人，中国科学院院士、第三世界科学院院士，地理学家、地图学家、遥感地学专家。曾任中国科学院地理科学与资源研究所研究员、遥感应用研究所名誉所长，是1978年开始的"腾冲遥感科学试验"的主要组织者和主持者之一。长期从事地理制图、航空像片综合制图和地图编制自动化的实验研究。开拓了中国遥感应用新领域，倡导并组织了中国地理信息系统研究。发展了地球信息科学、推动了"数字地球"战略研究，探索"地学信息图谱"的新概念和新方法。

近60年来，地球科学每隔20—30年就发生一次重大的科学变革。20世纪80年代的全球变化研究，让地球科学研究进入了表层地球系统科学时代。以人地关系研究为核心的地理科学得到高度重视，重新发现地理学的价值、认知地理学在理解地球的作用等成为热门话题，学术界相继出版综合性专著探讨地理科学的发展方向和其在解决事关人类生存与发展重大问题中的科学决策与支撑作用。

回顾60多年的地理科学发展，地理信息系统与地理信息科学可谓一枝独秀，地理信息系统实现了计算机技术在地理学中的最完美应用——地理信息系统可以

作者介绍：周成虎（1964— ），江苏南通人，中国科学院地理科学与资源研究所研究员，中国科学院院士，中国地理学会会员（S110001455M），主要从事遥感与地理信息系统应用基础研究。E-mail: zhouch@lreis.ac.cn

使用海量的数据，可以选择多种多样的分析模型软件，进行快速运算和对比分析，获取最优结果，这些都是地理研究迫切需求的，地理信息系统因而得到了长足的发展。其发展不仅深刻地影响了地理学，还对地球科学多个分支学科的研究起到重大支撑作用，特别是对当今的地球大数据研究。

作为中国地理信息系统与地理信息科学的奠基人，陈述彭先生从20世纪70年代末起，就在努力推动中国地理信息系统的起步和发展，特别是在原国家科委的支持下，同全国多学科、多行业部门的专家学者联合发布了《资源与环境信息系统国家规范研究报告》，制定了中国地理信息系统发展的大政方针和总体布局。随后，推动国家立项，从规范标准、行业应用和关键技术与软件等方面，有选择地启动中国地理信息系统的应用基础与应用研究，成立了资源与环境信息系统国家重点实验室，创办了《地球信息科学学报》期刊。

作为推动中国地理信息系统发展的重要文献之一，"地理系统与地理信息系统"一文则是从地理系统科学角度阐述地理信息系统与地理信息科学的发展道路，指明了构建具有地理学科特色的地理信息科学体系的发展方向。陈述彭先生在该论文中开宗明义地指出：没有基础理论指导的技术是盲目的，没有先进技术支持的理论研究是落后的。因此，中国必须发展地理信息系统，必须面向未来前瞻布局、重点突破。此外，论文也指出信息社会必将要求地理学高度的现代化。今天，这一科学论断得到了进一步证实，成为促进中国地理学现代化建设的重要科学依据。

鉴于地理信息系统强大的数据获取、管理、分析和可视化与制图的能力，地理信息系统在地理学的多个分支学科得到广泛应用。作为地理信息系统重要的起源学科之一，地图学也因为地理信息系统的发展而与时俱进——传统的制图学技术方法得以创新，电子地图得到进一步增强，新型地图不断涌现，地图成为信息时代的社会基础产品；在变革地图学的基础理论与方法的同时，促进了地图学新兴方向的崛起。

同时，陈述彭先生指出：作为现代地理学的重要组成，地理信息系统、遥感和地图学相互衔接、互为支撑。该论文将遥感信息作为地图的一种载体进行论述，深刻地阐述了以地理信息系统为"纽带"的遥感、地图的学科整体性和在应用上的支撑性等。在地理系统研究时代，作为统一地理学内核而存在的地理综合体是客观存在的，地图和遥感作为信息载体充分证实了这一点；这也进一步指明了遥感和地理信息系统的发展需要充分依托地理学综合思想，要有地理系统的思维模式，要推动统一地理学的发展。今天，遥感图像和数据已经成为地理信息的主要来源，推动了地理调查、全球性地理分析等的大发展。

回顾以往，老一辈科学家站在世界科技前沿，准确把握中国科技发展的现状，以前瞻性视角推动中国地理信息科学与技术的发展，并终于实现追赶或部分赶超，让中国地理信息系统成为世界地理信息系统的重要组成部分。陈述彭先生科学地诊断了地理信息系统在变革地理科学研究方法论方面的巨大作用，同时提出地理学的知识结构已不局限于地球科学的范畴，应广泛吸取现代先进科学思潮和技术进步的成就，形成崭新的格局。

陈述彭先生在论文中进一步论及今天正在开展的地理空间智能研究，指出地理信息系统方兴未艾，但由于智能化的水平还很低，许多专业分析模型和知识库还没有建立起来。而如今，大数据、人工智能和云计算正在成为支撑新一代地理信息系统发展的信息技术，我们期待全空间智能系统时代下中国地理信息系统可以引领世界地理信息系统和地理信息科学的发展。

谈地理科学的内容及研究方法*

（在1991年4月6日中国地理学会
"地理科学"讨论会上的发言）

钱学森

（中国科学技术协会，北京）

提要 本文作者在回顾了对"地理科学"的认识过程后，用系统的观点阐述了自己对"地理科学"的见解，指出"地理科学"是一个学科体系，是现代科学技术体系十大部门之一，是与自然科学、社会科学等并列的。文章还揭示了地理系统是"开放的复杂巨系统"，提倡"从定性到定量的综合集成法"是研究此系统的可行的新方法，以此摆脱传统的"培根式还原论"方法所带来的困境。并认为地理工作者应树立起"地理哲学"思想，作为地理科学的哲学概括。作者在最后指出"地理建设"在社会主义建设中的重要地位和作用，号召从基础理论、应用理论、应用技术三个层次建立起"地理科学"，掌握和发展"从定性到定量综合集成法"，并大力宣传"地理科学"。

关键词 地理科学 地理系统 开放的复杂巨系统 从定性到定量的综合集成法 地理哲学

同志们，今天在座诸位是来参加"地理科学"讨论会的。诸位都是专家，而我可不是搞地理的。为什么今天叫我来就来了？这是因为近8年来，我一直在宣传，建设有中国特色的社会主义需要有一个新的科学技术大部门。这不是一个小的学科，而是一个大的科学部门，即地理科学。它跟自然科学、社会科学是并行的，所以是一个大部门。我这个外行，怎么敢这么说，我是怎么想的？我把这个过程今天先向各位报告一下，然后再讲一点我的

第46卷第3期，1991年9月

引用本文：钱学森. 谈地理科学的内容及研究方法. 地理学报, 1991, 46(3): 257-265. [Qian Xuesen. Research contents and methods of geographical sciences. *Acta Geographica Sinica*, 1991, 46(3): 257-265.]

* 由本编辑部根据录音整理，钱老亲自进行过审阅和修改。

想法，作为这次"地理科学"讨论会的一个背景材料。

一

我对地理科学是有一个认识过程的。开始是在 1983 年，我读到一位中年地理学工作者浦汉昕的文章，讲述环境（那时开始提出要保护环境），他在这篇文章中引用、介绍了"环境"这个词在苏联有种叫法，即"地球表层"，我觉得这个词好。那时我满脑子装的是"系统"概念，看了这篇文章后，觉得我们的环境是一个系统，感到当时一些流行的说法如"生态环境"等还不够。所以，1983 年我在《环境保护》杂志上写了"保护环境的工程技术——环境系统工程"一文，在这篇文章里我讲述了当时认识到的所谓环境——人类社会生活的环境，而这个环境就是指"地球表层"，并提出研究整个环境的科学基础就是"地球表层学"。所以，我这个外行完全是从系统的概念出发，认为整个人类存在的环境是一个系统，并认为从一个侧面（或者是气象问题，或者是生态问题）去考虑都是不够的。

1985 年，我参加了北京组织的一个研究北京市建设问题的会议，会上我强调了城市建设是一个系统工程，并提出："会议上很多文章讲城市规划，那么城市规划这门学问靠什么理论？我觉得应该有一门理论，或者叫技术理论的学科。"那天陈希同市长也去了，他讲他的困难是："外商来北京建公司要装好多电话，我没有那么多钱来装电话"。我说："这不单是外商来办企业的问题，你这个城市的大系统要建设好。"所以我提出了"城市学"这个问题。作为一门城市发展与规划整体理论的城市学也属地理科学。

我正式提出"地理科学"这个词是在 1986 年，在"第二届全国天、地、生学术讨论会"上。我提出，地理科学作为科学技术的一个大部门，与自然科学、社会科学、数学科学、系统科学、人体科学、思维科学、军事科学、行为科学、还有文艺理论这九大部门并行，在十个科学技术大部门中，地理科学也是一大部门。当时我觉得地理要考虑的问题跟地学（地质学）不一样，因为地学考虑问题的时间概念非常长，最少 1 万年，动不动就是 100 万年。青藏高原隆起是最近的一件事，那也是 200 万年前开始隆起的。而地理要考虑的问题的时间不是那么长，最小的时间是十年、几十年，一般多是几十年、上百年这样的时间。那时我认识到，地理科学跟地学不一样。我的基本思想都是受系统科学、系统学、系统论哲学观点的影响，要没有这种系统观点，我不会有地理科学的想法。

我怎么想到地理呢？这是在读到英国人 Ronald Johnston 编的 The Future of Geography（《地理学的将来》）这本书后。作者中大概多是英国教授，他们都感慨万分：英国地理学曾经了不起，而现在不行了。为什么英国人从前地理了不起，现在不行了？道理很简单。大英帝国原是太阳不落的帝国,从前侵略世界其他国家,在全世界呈威风,当然要研究地理学,而现在只剩下联合王国的几个小岛,地理学就无所施展,政府也不支持了。从这本书我更想到,大英帝国不行了,而我们社会主义中国正是兴旺的时候,所以地理学对我们中国社会主义建设是非常重要的。我觉得建设社会主义中国,就一定要在中国发展地理科学。这些方面我必须感谢黄秉维先生给我的多次鼓励,不然,我这个外行也就说说算了,不会再搞下去。

说到这里,同志们也许会问,我怎么没有提到我们中国科学院的老前辈竺可桢先生?在这里我要老实对同志们讲,竺可桢原是科学院的副院长,我在力学所,当然认识他,但那时我知道的东西太少了,跟地学不搭一点儿边,只知道竺可桢先生对物候学很有研究,很尊敬他。唯一记得一次科学院学部在上海开会,有天晚上我跟地学部学部委员们在一起,说了这么一句话:"我一见你们搞地学的,就想到野外考察、地质勘探,你们用的方法是不是太落后了?是不是用先进一些的工具?"其他的我就什么也不知道了,当时连竺可桢副院长对于很重要的地理学的论述都不知道。后来我听说他很重视地理学,但是没有看到他到底是怎么说的。直到去年纪念竺老百年诞辰的时候,我才得到了《竺可桢传》这本书,在《竺可桢传》第六章,读到他对地理学很精辟的见解,这是他在1965年一次讲话中说的,竺可桢先生说:"地理学是研究地理环境的形成、发展与区域分异以及生产布局的科学,它具有鲜明的地域性与综合性的特点,同时具有明显的实践作用,与国民经济建设的各个部门有着极其密切的关系。"从这个《传》上还可见到竺可桢先生在建国初年就已经讲了地理对社会主义建设的重要性。所以读了之后,我觉得"地理科学"这个概念的提出应该归功于竺可桢先生,而不是我。我只是冒叫一声,还不知道竺老早就提出来了。竺老是前辈,我是后辈。所以"地理科学"这个概念不是我的,是竺可桢的。

我在地理学上并没有下过功夫,所以对诸位地理专家所做的工作并不很清楚。最近读了《河南大学学报》1990年第4期和中国科协学会部汇编的资料,才看到各位专家对"地理科学"的意见,学了不少东西,对我有很大启发。

二

第二个问题就说说"地理系统"的概念,这是根本的。

地理环境是一个地球表层系统,也就是地理系统。地理环境是人类社会、一个国家赖以生存和发展的环境,这个环境有自然的,也有人为的,有为人所改造的自然环境。而这个地理环境是一个人与自然相互密切关连的系统,即地理系统。

现在能够接受"地理系统"这个概念的人大概比较多，因为系统概念已很普遍了。但是今天我要特别指出，光说地理系统是不够的，我们还要问它是什么样的系统，因为现在系统学已经发展到要为系统分类了。系统各有各的特点，而且这个特点影响研究、分析它的方法。比如说最简单的小系统，这个系统的子系统所组成的系统的部门，数量不多，七、八个，十来个，这好办，其理论是最成熟的。再复杂一些的系统，即子系统数目增加，比如有几十个、上百个，且子系统都相互关联，每个子系统都有自己的参数，所以这个系统形成的方程的未知数有好几百。这样一个系统称"大系统"，无非子系统数目多了，理论还是比较清楚，用人计算是不行的，但可用大型电子计算机来算。还有一种系统，其子系统多到上万上亿，但是子系统种类不多。比如这个屋子里的空气，氧、氮等，它们的分子数目多极了，上万亿、上亿亿，但是即使这样的系统，物理学家们还是有办法，因为它的子系统种类并不多，可以用统计物理或统计力学的方法算。这项研究始于上世纪末本世纪初，近20年又有新的发展，把它应用到了非平衡态，形成非平衡态的热力学，这就是著名的诺贝尔奖金获得者普里高津的理论。后来这个理论又被更精确地发展，即由西德的赫尔曼·哈肯创建了协同学。但是不论是普里高津还是哈肯，尽管他们所处理的系统的子系统确实很多，可子系统种类并不多，也就是几种、十几种。对于这种系统，这些年我们给它起名叫"开放的简单巨系统"。所谓简单就是指子系统的种类并不是很多，那么用普里高津和哈肯的方法来处理是可以的。

我们现在所讨论的地理系统是什么样的系统？是不是小系统？当然不是。是不是大系统？也不是，它是比大系统大得多的巨系统。那么是不是简单巨系统？不是，是复杂的巨系统。所以我们要讨论的是系统里面最困难的一种，叫"开放的复杂巨系统"。"开放的复杂巨系统"有什么特征？第一，它是开放的。所谓"开放"就是跟系统之外有关联，有交往，既有能量物质的交往，又有信息的交往，而不是封闭的。例如，地球表层一方面接受从地球以外传来的光和其他各种波长的电磁波，另一方面又从地球表层辐射红外线；此外还有天体运动产生的引力作用；还有各种外来的高能粒子、尘埃粒子、流星，高层大气也有分子溢出。地球表层还接受地球内部运动的各种影响，以及地磁场的影响等。第二，它是巨系统，就是子系统成亿、上百亿、上万亿、上亿亿。第三，它是复杂的巨系统，就是子系统的种类非常之多。人是一种子系统，还有种类繁多的植物和动物、山山水水、以及地下矿产等等。这就形成一个特点，即这个"开放的复杂巨系统"的内部层次、结构多变，而且我们很难分清、确定，今天你看是这样，再过一天又不是这样。这就给我们研究分析地理系统这种"开放的复杂巨系统"造成很多困难。举例说，最近看到长江中上游防护林建设问题就非常复杂。在《经济参考报》3月13日第一版有一篇关于长江中上游防护林建设问题的报道，提出这决不仅仅是林业问题，它涉及的面非常广，水利、农业、财政、商业、国土、环保、能源、以及铁路、交通等部门都涉及了。所以这是一个层次复杂多变、内部关系非常错综复杂的系统。

这几年，我们组织了一个讨论班，讨论系统学，在这个讨论班上，我们发现了这个"开放的复杂巨系统"及它的特点。我们还发现对"开放的复杂巨系统"，用标准的科学方法即培根式还原论的方法去处理不行。还原论的方法是，如果要处理的这个问题太复杂，就把它切成几块来研究，如果这些块还复杂，可再切小，如果还复杂，再切小。越切越小。用这种方法处理，你必须知道怎么切合理。这种"开放的复杂巨系统"的层次复杂多变，如果不知道怎么切，乱切就可能把这个问题的本质特征切掉了，就改变了原来问题性质。比如长江防护林问题涉及到那么多部门，如果切块，这块归林业部，那块归财政部，行吗？不知道怎么切，结果互相打架，防护林也就干不成了。我们这个系统学讨论班三年以前开始感觉到这个问题，以老方法来对付这些开放的复杂巨系统看来不行。讨论班上一些同志研究过国民经济宏观调节问题，所以第一个认识到的"开放的复杂巨系统"是我们国家的社会经济系统。后来发现，人也是"开放的复杂巨系统"，人是不简单的，所以这些年西医也感到他们过去长期沿用的培根式还原论方法不行了。甚至人脑也是一个"开放的复杂巨系统"，因为人脑的神经细胞约有 10^{15} 个，而且神经细胞有各种各样。地理系统也是"开放的复杂巨系统"。首先要明确：研究的对象是一个巨系统；第二，它是系统里最复杂的、研究起来最困难的"开放的复杂巨系统"。在 1990 年 1 月号《自然杂志》上，我们才开始把这个问题讲出来。那篇文章把所用的方法叫"定性与定量相结合的综合集成法"，后来考虑到这个词不怎么恰当，所以最近我们用"从定性到定量的综合集成法"。今年年初又在《科技日报》（今年 1 月 21 日—22 日）上发表了于景元、王寿云、汪成云的文章，具体讲到社会系统与社会系统的环境——地理系统，讲清了这些都是开放的巨系统，要用从定性到定量的综合集成法。

这样一个认识是很重要的，这些概念很新。在这里我要向诸位报告，这是中国人的发明，外国人没有。到底是中国人行还是外国人行？我看中国人行。为什么外国人不行？我看差别在于我们有马克思主义哲学，我们用辩证唯物主义观点看待问题，他们没有。为什么竺老提出"地理科学"这个概念并有了基本思路，却没有提出地理系统（外国人也没有提）？我认为问题在于没有"系统"这个概念，因为直到竺老去世，系统工程、系统学的概念还没有出现。所以这不能怪竺可桢先生，这是后来的发展。

再有，怎样处理地理系统这样"开放的复杂巨系统"？搞地理的人恐怕也很困难。要解决"开放的复杂巨系统"的问题，又没有好的方法，那么只得用老方法，即培根还原论的方法——切块的方法。对搞地理的同志来说，古典地理是一门思辨学问，研究它还只能搞调查，加上议论，需要定量却又没法定量，可是与地理学家同道的地学家们却起劲地搞板块运动、地质力学等，这就给搞地理的带来很大压力：地理怎么样科学化？结果又想不出办法，很为难。我提出"地理科学"这个概念后，得到了黄秉维同志的一些鼓励，他还送一些文章给我看。他说："地理学太乱了，有各式各样的说法。"这是什么道理呢？我看就是这个道理，搞地理的人确实处在一个很困难的位置上，要处理的对象是一个"开放的复杂巨系统"，而又没有一个现成的研究"开放的复杂巨系统"的方法，结果就搞成这么一个状态，也就是分成小块，一块一块地分。这说明过去工作所遇到的困难。我们理解，各种问题，比如关于环境问题、生态问题等，那些理论多极了。现在看都是好心，但不解决问题。去年 3 月 8 日在英国刊物 *Nature* 上有一篇 James Lovelock 教授（美国人，现在英国）写的文章，他提出的"地理环境"，用"Gaia"来表示，我从字典上查出，这是希腊大地女神的意思，但他那个概念还是自然的环境，人文方面他只是讲到人为破坏自然环境，他还没有把环境看作我们现在所认为的地理系统这样一个概念。中国同志也写了不少这方面的书，我也陆陆续续收到了，看到了，比如迟维钧同志的《生态经济理论方法》（中国环境科学出版社出版）、徐景航和傅国伟二位主编的《环境系统工程》（中国环境科学出版社出版）、及《青年地理学家》编委会编的《理论地理学的进展》（山东省地图出版社出版）。这些书都在试图用一些定量的方法，但由于以上原因，他们用的方法就是普里高津或哈肯的方法，而刚才已经说了，用普里高津和哈肯的方法处理地理系统是不灵的。

三

以上是讲我们应该怎样认识地理系统。但"从定性到定量的综合集成法"到底是什么？我在这儿给大家说说这个方法的特点及我们对这个问题是怎样认识的。

什么叫复杂巨系统？第一，我们要研究这个系统，一定要从定性知识出发，除此之外我们没有太多东西，这是我们对于这个问题的感性认识，不能脱离这个实际。我觉得现在的地理学，各门各行地理学讲的道理就属于这一类，它是感性认识，是有见解的，是很宝贵的，因为它是在大量的工作经验基础上形成的。但是它只是定性的，也不全面。第二，光定性还不够，不能停留在感性认识上，我们要上升到理性认识，要努力达到定量。这里我讲一段历史：在 7、8 年前，我们国家开始研究粮油倒挂——收购的价格高，卖出的价格低——这个经济问题，收购价高是为了要调动农民积极性，但是人民生活又要求不能把粮价一下提高，所以国家的贴补数量相当大，一年大概好几百亿元，后来发展到将近一千亿元，这个问题怎么解决？我记得那时宋平同志（当时任国家计委主任）大概想听听我有什么方法，就说："讨论这个问题时你来参加"。我不干这行，但为了学习还是去了。参加的人都是经济学专家，各人说各人的看法。他们都有自己的一套理论，讲怎样解决粮油倒挂问题。有意思的是，他们之中有好几位在讲完后有这么一句话："我不保险按照我这个方法去做准能解决问题。"那些大专家都是这么讲的。所以说定性是不够的，必须要定量。那么从定性到定量的说法是从哪里开始的？是实际需要逼出来的。问题是什么叫"量"，什么是过硬的量，这个问题不是说说而已，比如说粮油倒挂的问题，这个"量"就是国家统计局的数字，是实实在在的数字。在地理系统中，这个实实在在的数字就是大量的地学活动中野外考察获得的数据，当然还有其他许多，也是统计的量，它不是人为的，必须是实际上可以获得的、客观存在的量。这一点非常重要，因为理论要联系实际。实际的"量"必须是实实在在的，而不是随意制造的。这些量在地理系统恐怕有成百上千，所以决非是简单问题。一方面是定性认识，也就是地理学家的学问、见解，以及大量地理学文献里的各式各样见解，这是很重要的、很宝贵的，但这只是感性认识，是不够全面的；另一方面，要有实实在在的经过调查统计的数字。现在的问题是怎样才能把这两方面联系起来，只有这样才能做到从定性到定量，从感性认识上升到理性认识。这是辩证统一的认识论，是最难的。

这里可以说说，我所了解到的一些外国人的工作，比如他们去解决社会经济问题，就没有这个方法。怎么办？现在他们也说有处理简单的复杂巨系统的方法，比如普里高津、哈肯的方法。在美国麻省理工学院有一位 J. W. Forrester 教授，他介绍了一种方法——系统动力学，这个方法实际上是从自己的某一个概念出发，来选择或创造一些参数，这是人为的，然后也定量，上机运算，得出的结果算是定量了。我国也有一些同志这样搞，他们也说是定性和定量相结合，先定性，再定量，也上机计算。因此，我说应该把定性、定量相结合改为从定性到定量。有些经济界名家也到处用上述的错误的方法，结果只能得出错误的结论。

我们所讲的从定性到定量，到底怎样工作？也就是分为几个步骤？这是在近几年的经济分析中，在我国国民经济专家马宾同志指导下逐步发展起来的，很有成效。第一，明确任务、目的是什么？第二，尽可能多地请有关专家提意见和建议，例如上面讲宋平同志曾经把经济专家请来，议论粮油倒挂。大家意见肯定不完全一样。此外还要搜集大量的有关文献资料，这个工作必须很认真。有了定性认识，在此基础上，要通过建立一个系统模型，加以摸索。在建立模型时，必须考虑到与实际调查数据结合起来，统计数据有多少就需要有多少参数，这是实际的，不能人为制造。比如经济问题，是国家统计局的统计数字，种类很多，有几百个，所以，模型的参数必须要与实际统计数字相结合。这个复杂模型靠人手工计算是不行的，只能用大型电子计算机完成，通过计算得出结果。但这个结果可靠性如何？需要再把专家请来，对结果反复进行检验、修改，直到专家认为满意时，这个模型方算完成。在经济问题上我们摸索出的方法，所谓从定性到定量的综合集成法，是综合了许多专家意见和大量书本资料的内容，不是某一专家的意见，而且是从定性的、不全面的感性认识，到综合定量的理性认识，这个方法已经过实际应用。也许有人会问，应用效果如何？可以这样说，在经济问题上，这些年来受国务院的委托，这方面的同志已经作了不少工作，与其他部门专家的预测相比，他们在经济领域运用综合集成法预测的数字是最准的，是过硬的。所以，可以说，对于这种"开放的复杂巨系统"，开始找到了一个可行的方法，我们把这个方法叫做从定性到定量的综合集成法。可以说我们走上了正确的道路，而这条道路的特征就是从定性到定量，从感性认识到理性认识。这个思想就是马克思列宁主义、毛泽东思想。没有马列主义、毛泽东思想的人，不可能提出这个方法。所以我们说，解决开放的复杂巨系统，要跳出培根式还原论方法，那是机械唯物论的方法，要摆脱这种思想的束缚，用马克思主义哲学的方法。

有了以上认识，可以这样明确地理工作者所面临的任务，宣传地理科学，并不是说地理学不行了，地理科学发展还是要依靠过去地理学大量工作的基础，包括专家意见，不能脱离这个基础。要对地理学家的工作及过去使用的方法给予充分重视，这些丰富成果是广大地理学家的贡献，是在座诸位的丰功伟绩。现在我们要更上一层楼，把它综合起来，目前要强调一下综合性的工作，使得这一部门学科的研究取得更大的成就。

四

中国人对自己的环境到底持何看法，这也是地理哲学问题。其中一个核心问题是人对生存环境已经从被动转移到主动阶段，即不是盲目地开发利用资源。今天的科学已经能够使我们认识我们改造客观环境将会有什么样的后果，是好的还是不好的，好的就利用，不好的需要采取措施加以治理。关于这个问题，哲学家有些评论不免带有片面性。去年4月《哲学研究》上有一篇题目是"传统地理环境理论之反思"的文章，后来在第六期又有一篇题目是"读传统地理环境理论之反思"的文章，批评前者的观点。两人观点不一样。根据地理哲学的观点，人对地理环境可以改造，而且可以克服由于我们的行动所产生的不良后果。我们中国人在中国这块大地上就是要创造一个建设社会主义，并将过渡到共产主义的地理环境。比如不久前，中国林学会曾召开过一次"沙产业讨论会"，意思就是说，中国有这么多戈壁、沙漠，而且还有那么多沙化现象，难道我们就认输了？没有！我们可以改造、治理沙漠。几十年来我国的治沙工作已经证明，人可以改造自然。另外，前几年三峡建坝问题也是一个讨论得很热闹的问题。当时曾提出建立三峡省，我对浦汉昕同志说，你应该到那里看看，三峡省所处的地理位置、气候条件和瑞士差不多，为什么不能把三峡建成为东方的瑞士？我们应该有这个雄心壮志。不久前，我跟中国科学院综考会考察队的同志说，你们考察青藏高原，了不起，青藏高原共有 250 万平方公里，这么高大的高原是世界所没有的，用现在的科学技术，包括高技术和新技术，为什么不能把占国土总面积 1/4 的青藏高原建成 21 世纪的乐土呢？搞地理科学的人就应该有这样一种观点，这就是地理哲学，是辩证唯物主义的：人可以认识客观，可以改造客观。哲学是指导我们具体工作的，那么地理工作者就应该有这么一种思想——地理哲学；地理哲学是地理科学的哲学概括。

五

地理科学为社会主义建设服务的工作，属"地理建设"；"地理建设"是我国社会主义的环境建设。刚才提到《科技日报》年初那篇文章中讲到的就是"地理建设"。这个概念是什么呢？在政协和人大讨论李鹏总理关于"八·五"和今后十年计划的报告和纲要时，我们提出了社会主义建设包括社会主义物质文明建设和社会主义精神文明建设，也有整个国家的政治方面的建设——社会主义民主建设和社会主义法制建设。这些建设都要依靠一个环境——社会主义"地理建设"。这个思想已在前面提到的今年年初的文章中讲过，目前正在讨论的李鹏总理报告和纲要中，用的是另外一个词，叫基础设施，但用我们的话说叫"地理建设"。什么是社会主义的"地理建设"呢？它包括交通运输、信息、通讯、邮电、能源发电、供煤供气、气象预报、水资源、环境保护、城市建设、灾害预报与防治等等，都是我们整个国家、社会所存在的环境，这些都是"地理建设"。但这是非常复杂的多方面的工作。光是长江中上游的防护林一项就涉及到那么多的部门，除林业部门外，还有水利、农业、财政、商业、国土、环境、能源、以及铁路、交通等。正如《经济参考报》记者所说的，整个社会都要来办的事叫社会工程。这样一个复杂的事情——地理建设，不能都说是地理科学，否则就太广泛了，就把所有其他学科都吃掉了。地理建设实际上是一个庞大的社会工程，地理科学工作者要起很大很大的作用，但其他学科也要起很大的作用，要共同协作才能搞好地理建设。这并不意味着地理科学应该包括其他所有学科。我们应该想到社会主义物质文明建设也包括很多，不但包括自然科学，还有社会科学。所以讲地理建设，不是说地理科学要把地理建设所需知识全包括进来。这是重要的，因为我们这个会是讨论地理科学的体系问题，应该把整个体系搞清楚，以便使所有学科都承认这个体系。

六

最后我提几点建议,请同志们考虑。提出"地理科学"概念是我们中国人要做的一件大事,而且很紧迫,关系到社会主义建设大问题。在这个问题上,地理科学工作者能否大致统一认识?只要大多数同志认识比较统一就好办了。

至于学科体系,应逐步在实践考验中建立起来,现在有一个大致的体系就可以了。我建议分三个层次:一是基础理论的层次;二是直接应用的技术性层次;三是介于两者之间的技术理论层次。因为现代科学技术大概都有三个层次,最典型的是自然科学这个大部门。有了三个层次概念之后,再看看属地理科学范围内的学科有多少?有几十门。目前已成立学会、研究会的学科就有几十个。这里不排斥任何一门学科,只是大致地排一排,有个位置。

有了这样一个认识和这样一个大致的体系就可以开始工作了,至于细节的调整可以在工作中逐步加深认识,现在一定要把系统的结构搞得很细,一门门都定下来恐怕还欠成熟,现在只要有一个大致的位置就行了。这是第一个建议。

有一个问题是发展地理学科必须抓的,这就是要研究开放的复杂巨系统的方法,要掌握并且要发展从定性到定量的综合集成法。现在会用这个方法的人不多,只是刚才说的那些搞经济的人,大概都在航空航天部的710所;现中科院自动化所搞人工智能的部分人也对这个工作感兴趣;还有国防科工委的系统工程研究所,他们也有人对这个方法感兴趣。请大家考虑,要建立地理科学是不是有一个任务,即搞地理科学或有志于搞地理科学的同志,要下功夫来学这个方法,这是没有书的,而且尚未完全定型,还在发展中,是否搞一个研讨班或讨论会,请有关方面的人来讲课,研究一下这个问题,希望有志于此的同志来学习。然后把这个方法用于地理科学。比如1983年提出的地球表层学,建立这门学科要运用定性、定量的综合集成法,否则没法建立。这是第二个建议。

第三个建议:这次会议的内容是非常重要的,关系到社会主义建设大局,所以我们应该把讨论的情况、今后工作设想,向党和国家报告。我参加政协会议,想到地理科学,感觉国家对地理科学还不够重视,但比以前好多了,提出要加强基础设施的建设了。我们中国人建设社会主义应该有远大的眼光,看到21世纪,不能只看眼前的事情,要看到更长远的环境建设、地理建设。如果同志们和我一样认为地理科学很重要,就应该消除顾虑,大力宣传。这个宣传是对党和国家负责,所以应该把这个思想向国家汇报。尤其是中国科学院地理所还挂靠国家计委,可以向国务院副总理邹家华同志报告,这是应该做的。

我国应适时从地理学转型到地理科学

——读"谈地理科学的内容及研究方法"的启示

陈发虎　张国友　孙　俊

一、背景和意义

地理是关于人类所居住的地球表面的景观、人、区域和环境的知识。传统的地理学是与历史学相对应的一门学科，历史学以时间为主线依据历史记载研究人类社会的发展过程，地理学以空间为主线依据地理现象和要素的空间分布变化研究人类与环境的相互作用过程，两者的共同目标是理解人类社会发展规律，服务人类社会的有序、可持续发展。正是地理学以人地关系（人与环境关系）为核心，以地理区域为研究对象，决定了地理学是少数能够横跨自然科学、社会科学、人文学科和技术科学之间的文理工交叉学科。

中国的自然环境丰富多样，人类活动的历史悠久且强度大、范围广，中华民族在长期发展过程中不但适应了多样的地理环境（指一个区域地理空间及其自然环境和自然条件的总称），而且塑造了适合民族生存发展的地理环境、生产环境和生活环境（统称为生存环境）。因此，地理成为人们的日常用语和普通知识，深入国民内心。正是由于日常用语的地理和地理学的这种特点，在一般公众心目中，传统的地理学就是一门日常知识，是文科性质的。

作者介绍： 陈发虎（1962— ），男，陕西丹凤人，中国科学院青藏高原研究所研究员，中国科学院院士，中国地理学会理事长，研究方向为自然地理学。E-mail: fhchen@itpcas.ac.cn

实际上，地理学在中国 20 世纪上半叶的综合院校学科分类体系中，逐步从文科归到理科。例如，1913 年颁布的教育部令第 1 号"大学规程"中，将地理学与哲学、文学、历史学一起归到文科类；1929 年颁布的大学规程中，地理学属于理学院；1939 年教育部第 21057 号训令明确，地理学可以在理学院下独立成系。不过，当时的师范院校中，地理学仍作为一门日常知识被归类到文科体系。时至今日，英国和德国的大学体系中，仍然坚持统一地理学，地理系中包括了自然地理和人文地理两部分，但美国的大学地理系中多数只有人文地理及其相关的教学和研究，自然地理学部分分散到生命、化学、物理等相关学科中，每年的美国地理学家年会基本是以人文地理为主线开展学术交流。

在这样的大背景下，20 世纪 80 年代国际著名的空气动力学和系统论专家钱学森[1]从他对地理学的认识出发，提出了对地理学的研究对象、学科性质、学科体系、学科哲学等方面的新认识，倡导应当大力发展地理科学，并将其在他倡导的十一大学科分类体系中提升到与自然科学、社会科学等相同的地位。其中的一些认识和观点，大大推动了中国地理学的转型和发展，至今仍具有重要的借鉴价值。

20 世纪 80—90 年代，钱学森在多种重要场合倡导发展地理科学，引起地理学界的热烈反响。"谈地理科学的内容及研究方法"发表的直接背景，是在中国地理学会自 1985 年分主题、分片区组织学习讨论钱学森地球表层学、数量地理学、地理科学的倡议基础上，于 1991 年 4 月组织召开全国"地理科学"研讨会，以期完善对地理科学的认识，求同存异，共同建设和发展地理科学。在这次研讨会上，钱学森回顾了他对地理科学的认识过程，阐释了对地理系统（陆地表层系统）、地理科学学科体系、从定性到定量的综合集成法，以及对地理哲学、地理建设的最新看法，并就地理科学的发展给出了三点建议。钱学森的发言内容经整理后，以"谈地理科学的内容及研究方法"为题，发表于《地理学报》1991 年第 3 期。

钱学森之所以对地理科学如此重视，是他认识到地理科学可满足国家重大发展的需求，他将国家的基本建设与地理空间联系起来，提出了"地理建设"概念。早在 1986 年的第二届全国天地生相互关系学术讨论会上，钱学森就增加了其科学技

---

[1] 为行文简洁，后文对涉及的人名均省去敬称、名衔，非表不敬。

术体系的第十个部门——地理科学（钱学森，1987），并在此后对地理科学的意义进行多次阐发。在 1989 年的第三届全国天地生相互关系学术讨论会上，他甚至呼吁："中国要大胆建立地理科学，我们要率先打出地理科学大旗，原因就是国家的社会主义建设需要"（钱学森，1989）。同时，他认为地理系统是开放的巨型复杂系统，复杂问题的研究需要综合性学科体系，需要改造地理学成为一门更高级的科学部门。1991 年的全国"地理科学"研讨会就是在此大背景下召开的。钱学森关于地理科学的看法，本质是对传统地理学缺少数据支撑和现代自然科学手段方法的一些思想和认识，这对中国 20 世纪 90 年代以来的地理学转型发展有重要影响。

二、论文的核心观点

在"谈地理科学的内容及研究方法"一文中，钱学森重点阐述了四个观点。

第一，地理科学是现代科学技术体系主要部门之一。20 世纪 70—90 年代，钱学森受马克思主义哲学、系统科学、系统论的影响，逐渐形成了现代科学技术体系可分为 11 个部门的认识。其中，他关于地理科学的认识过程是：1983 年，提出研究地球表层的理论学科——地球表层学（钱学森，1983）；1986 年，在第二届全国"天地生"相互关系学术讨论会上，提出地理科学研究的对象就是地球表层，其学科体系包括基础学科地球表层学，应用学科数量地理学、城市学、生态经济学等，应用技术城市规划、环境保护、水资源利用等，此外还有哲学概括学科（即后来的地理哲学）（钱学森，1987）；1987 年，在中国科学院地学部第二次学部委员大会上，解释了研究地球表层的地理科学不称地球科学或地学，原因是"地理科学是自然科学和社会科学的汇合"（钱学森，1989b）。在"谈地理科学的内容及研究方法"一文中，再度阐述地理科学及其学科体系，并明确地理科学是与自然科学、社会科学、数学科学等并列的十大科学技术部门之一。至此，钱学森的科学技术体系分类基本成型。

第二，地理系统是"开放的复杂巨系统"。钱学森早在 20 世纪 60 年代就进行系统科学研究，并提出了大系统、巨系统、开放的复杂巨系统等概念。20 世纪 80 年代，钱学森对地理系统进行了多次阐发，并在 1989 年第三届全国"天地生"相互关系学术讨论会上指出，地理系统是"开放的复杂巨系统"，其独特性是同时容纳了"天地生人"的因素[1]。"谈地理科学的内容及研究方法"一文中，钱学森系统阐述了关于地理系统是"开放的复杂巨系统"的观点：地理系统是最复杂、最难研究的"开放的复杂巨系统"，与地球表层外系统存在物质、能量、信息交换，子系统种类复杂、数量庞大。

第三，研究地理系统需要"从定性到定量的综合集成法"。20世纪80年代，学界就如何做到定性与定量结合进行了热烈的讨论，钱学森在此过程中形成了"从定性到定量的综合集成法"的观点，认为研究具有开放复杂巨系统特征的地理系统只能采用这种方法（钱学森，1987）。"谈地理科学的内容及研究方法"中，钱学森对"从定性到定量的综合集成法"进行了最系统的阐释：研究地理系统要从定性知识出发，这类知识是在大量经验研究基础上形成的感性认识；在感性认识基础上，通过系统模型方法，达到定量的理性认识；在从定性到定量的研究过程中，需要不断综合不同学科的知识、专家意见、数据和方法。最终目标是地理科学研究能够定量化，能够用计算机模拟和预测。

第四，地理建设是社会主义建设的基础。20世纪80年代，钱学森从系统工程角度进行社会主义建设总体设计的构想，并提出"地理建设"问题，认为这是社会主义政治文明、物质文明、精神文明的基础条件建设（钱学森，1989）。"谈地理科学的内容及研究方法"从地理科学服务社会主义建设的高度，结合地理建设的讨论，更明确地阐明："地理科学为社会主义建设服务的工作，属'地理建设'；'地理建设'是我国社会主义的环境建设"。同时，寄希望于地理科学与其他学科一道推进地理建设这一庞大系统工程。

三、对推动地理科学发展的作用

钱学森关于地理科学的论述和思想，对中国地理学20世纪90年代以来的发展有重要影响，推动了地理学家开阔思路重新认识地理学。其主要表现包括如下方面。

首先，钱学森关于地球表层学和地理科学的认识被认为中国现代地理学主要的成就之一。例如，在杨勤业、杨文衡（2015）主编的《中国地学史·近现代卷》中，钱学森及其提出的地球表层学、地理科学被列为现代中国地理学重要代表人物与学术思想和成就之一；在吴传钧（2002）主编的《20世纪中国学术大典·地理学》中，钱学森的地球表层学和地理科学被列为第一项地理学基础理论探索成果。在现在地理学科领域使用的地理科学概念中，地理科学以地球表层系统为研究对象，从而有别于地球科学领域的大气科学、地质科学、海洋学。

其次，关于发展地理科学的论述被认为是前瞻性的认识。陆大道（2014）认为，2012年"未来地球过渡小组"在"未来地球"框架文件中倡导的地球系统综合研究、交叉研究，其实与钱学森、黄秉维在20世纪80—90年代关于发展地理科学的论述相一致。孙俊等（2013）认为，钱学森发展地理科学的倡议与21世纪初以美国为代表的地理科学战略方向探讨和研究实践不谋而合，但钱学森的地理科学学科体系更复杂，更注重学科发展与服务社会经济发展需求的平衡，更注重系统论、整体论的方法论。然而应当看到，钱学森所讲的地理科学是一种思想，他将地理科学作为一个学科门类对待是不现实的，也不具有可操作性，时任中国地理学会理事长的黄秉维先生就持这一看法。我们当前理解的地理科学只是地球科学领域下的一个一级学科，与大气科学、地质科学、海洋科学、地球物理等平行。

再次，发展地理科学的主张获得地理学界的广泛认可和实践。钱学森地理科学及相关的地球表层学、数量地理学、地理建设观点，在提出之初就受到地理学界重视。此后的实践表明，这些观点推动了中国地理科学的发展。例如，《自然科学学科发展战略调研报告·地理科学》（国家自然科学基金委员会，1995）、《未来10年中国学科发展战略·地球科学》（国家自然科学基金委员会、中国科学院，2012）的地理科学部分和《中国地球科学2035发展战略》的地理科学部分（陈发虎等，2021a），回应了钱学森发展地理科学的部分主张。中国地理学会（2007）编著的《2006—2007地理科学学科发展报告》等，陈述了地理学界实践钱学森地理科学思想取得的成就。应当讲，钱学森的地理科学思想启发了中国地理学家从更为广阔的视角来认识传统的地理学，对我国地理学界在学科体系、单位名称等方面都产生了影响。例如，兰州大学于1992年在国内第一个打出"地理科学系"名称，南京师范大学于1999年在国内首先打出"地理科学学院"名称。李吉均在与钱学森进行深入交流后，在20世纪90年代发起成立了中国地理学会"干旱半干旱地理建设分会"。国家自然科学基金委员会地球科学部地理科学处也是按照现代的地理科学学科体系，形成了"三维四象"资助框架体系（熊巨华等，2021）。

最后，钱学森的地理科学思想使中国的地理科技工作者和教育工作者思考如何更好地构建在地球科学领域下的地理科学体系。钱学森从另一个视角提出地理学在服务国家重大需求中能够也应当发挥更大作用，地理学应当聚焦地球表层系统（地表系统），而这样一个系统是开放的复杂巨系统，不但涉及自然过程而且涉及人类社会的发展，实际上就是我们现在提出的地理科学以地球表层系统中的"水土气生人"为核心，从地球系统角度，还有受到深部的岩石圈和地球外系统（如太阳活动、磁暴等）的影响，也就具有了自然科学和社会科学的交叉学科特点。且鉴于传统的地理学以描述为主，缺少从数据上的机理推演和计算机模拟，他提出应当实行"从定性到定量的综合集成法"，推动了地理科学的定量化和模型模拟。地理学专家学者应当清楚地认识到，钱学森提出的地理科学思想和方法值得借鉴，但不能盲目地认为地理科学是一个学科门类，实际上地理科学还是应当回归到地球科学领域内一个相对独特的一级学科，这就需要给地理科学一个明确定义，也需要构建一个明确的包括二级甚至三级的学科体系。

从2018年开始，中国地理学会组织国内重要专家学者多次召开专题研讨会，大家普遍认为，应该在原来的环境遥感科学、地理信息科学、地理数据科学等二级学科基础上，梳理整合形成信息地理学，作为等同于自然地理、人文地理的重要学科领域之一，纳入地理科学体系。由此可见，现在的地理学早已不是传统的地理学，再继续称地理学是不合适的，应当向其他学科学习，如气象学现在统称为大气科学，生物学现在提升成为生命科学一样，地理学应当转型为地理科学，并形成现在的地理科学定义和学科体系。在多次研讨的基础上，现在已经构建了地理科学一级学科下的二级和三级学科体系（陈发虎等，2021a、2021b，樊杰等，2021，李新等，2021），逐步消除现在中国不同体系中地理科学学科体系的混乱状况。地理科学最合适的表述是研究地球表层系统人类生存环境的空间分异、时间演变及人与环境相互作用的一门学科，它包含综合地理学、自然地理学、人文地理学和信息地理学四个分支学科和相关的三级学科，是少数能够横跨自然科学、社会科学、人文学科和技术科学之间的综合交叉学科，地理科学是既具有理科性质又具有文科性质，还具有工科属性的一门一级学科。地理科学的研究范式也有了新的内涵，提倡数据是地理科学发展的关键，形成调查、观测、实验-数据-模型模拟的研究范式，实现地球系统科学中地理科学聚焦的地表系统的模拟和预测。学科体系完善是地理科学发展的重要方略，且随社会和科学的进步，今后地理科学更需要在回应现代科学发展趋势和服务人类社会发展、国家战略双重需求的过程中与时俱进，完善学科体系。

"新时代的地理学发生了深刻的改变——正在从地理学向地理科学进行华丽转身，研究主题更加强调地球表层系统的综合研究，研究范式经历着从地理学知识描述、格局与过程耦合，向复杂人地系统的模拟和预测转变"（"中国学科及前沿领域发展战略研究（2021—2035）"项目组，2023）。中国地理科学应当更具思想性，彰显"知行合一、学以致用"的新优势；应当更加科学化，挑战国际科技前沿的新高度；应当更重视创新性，实现大数据时代技术方法的新变革；当然，还应当更具有服务人类社会发展和国家战略需要的能力，从服务人类普世价值和国家战略需求中发展和彰显我们地理科学本身。总之，中国地理科学的发展应当更注重综合集成和模型模拟预测，服务人类可持续发展目标，成为人地关系协调发展研究的开拓者和宜居生存环境研究的引领者。

参考文献

[1] 陈发虎、李新、吴绍洪等："中国地理科学学科体系浅析"，《地理学报》，2021a 年第 9 期。
[2] 陈发虎、吴绍洪、刘鸿雁等："自然地理学学科体系与发展战略要点"，《地理学报》，2021b 年第 9 期。
[3] 樊杰、赵鹏军、周尚意等："人文地理学学科体系与发展战略要点"，《地理学报》，2021 年第 9 期。
[4] 国家自然科学基金委员会：《自然科学学科发展战略调研报告·地理科学》，科学出版社，1995 年，第 3、20、28、93 页。
[5] 国家自然科学基金委员会、中国科学院：《未来 10 年中国学科发展战略·地球科学》，科学出版社，2012 年，第 25 页。
[6] 李新、袁林旺、裴韬等："信息地理学学科体系与发展战略要点"，《地理学报》，2021 年第 9 期。
[7] 陆大道："'未来地球'框架文件与中国地理科学的发展——从'未来地球'框架文件看黄秉维先生论断的前瞻性"，《地理学报》，2014 年第 8 期。
[8] 钱学森："保护环境的工程技术——环境系统工程"，《环境保护》，1983 年第 6 期。
[9] 钱学森："发展地理科学的建议"，《大自然探索》，1987 年第 1 期。
[10] 钱学森："现代地理科学系统建设问题"，《地理环境研究》，1989a 年第 2 期。
[11] 钱学森："关于地学的发展问题"，《地理学报》，1989b 年第 3 期。
[12] 孙俊、潘玉君、汤茂林等："地理学发展的战略方向探讨"，《地理学报》，2013 年第 2 期。

[13] 吴传钧：《20世纪中国学术大典·地理学》，福建教育出版社，2002年，第14—15页。
[14] 熊巨华、王佳、张晴等："地理科学的学科体系构建与内涵"，《科学通报》，2021年第2期。
[15] 杨勤业、杨文衡：《中国地学史·近现代卷》，广西教育出版社，2015年，第787—788页。
[16] 中国地理学会：《2006—2007地理科学学科发展报告》，中国科学技术出版社，2007年。
[17] "中国学科及前沿领域发展战略研究（2021—2035）"项目组：《中国地球科学2035发展战略》，科学出版社，2023年，第1—2页。

中国大城市边缘区特性研究*

顾朝林　　陈　田

(中国科学院　地理研究所，北京 100101)
　国家计委

丁金宏　　　　　　　虞　蔚

(华东师范大学人口所，上海 200062)　　(同济大学城市规划所，上海 200092)

提要　本文通过北京、上海、广州、南京等大城市调查，在探讨中国城市边缘区划分的基础上，对中国大城市边缘区的人口特性、社会特性、经济特性、土地利用特性以及地域空间特性进行了研究。

关键词　大城市边缘区　边缘区特性

自改革开放以来，我国大城市边缘区，一方面成为城市快速发展、蔓延的主要地区；另一方面也是城市问题最突出的地带。本文的目的在于通过北京、上海、广州和南京等大城市实地调查，就我国大城市边缘区的特性进行初步的研究。

第 48 卷第 4 期, 1993 年 7 月

引用本文：顾朝林, 陈田, 丁金宏, 等. 中国大城市边缘区特性研究. 地理学报, 1993, 48(4): 317-328. [Gu Chaolin, Chen Tian, Ding Jinhong, et al. The study of the urban fringes in Chinese megalopolises. *Acta Geographica Sinica*, 1993, 48(4): 317-328.]

来稿日期：1992 年 9 月；收到修改稿日期：1992 年 11 月。

* 国家自然科学基金资助项目。

本项研究得到吴传钧、胡序威、崔功豪和周一星教授指导和帮助，谨致谢意。

1 大城市边缘区的划分

城市边缘区的划分,从理论上讲,其内边界应以城市建成区基本行政区单位——街道为界,外边界以城市物质要素(如工业、居住、交通、绿地等)扩散范围为限,将这一城乡互相包含、互有飞地和犬牙交错的地域划为城市边缘区。关于城市边缘区划分目前还没有形成统一的理论和方法,这里以广州市为例进行实证研究:

1.1 城乡结合部的划分

在我国大城市核心区与郊区农村之间客观存在着一个相互交融渗透、城市化过程最为剧烈的地带。近年来,我国有些大城市为了加强对这一地带的管理,改善其脏乱状况,将其称为城乡结合部,划定专门的区域,制定专门的管理条例进行管理。

广州市1988年拟定的城乡结合部划分原则[①]是:(1)近期城市建设发展的地段;(2)城市居民和农民混居的地段;(3)处于城市重点控制地区附近的农民居住地段;(4)城市主要出入口公路两旁各50m控制地段。按照这些原则广州市城乡结合部的划分如图1所示。

由图1可见,广州市城乡结合部集中在城区向郊区的过渡地带,尤以天河、白云和海珠三区最为集中。按1988年统计,全市划定城乡结合部37.74km²,占城市核心区面积的40.6%。

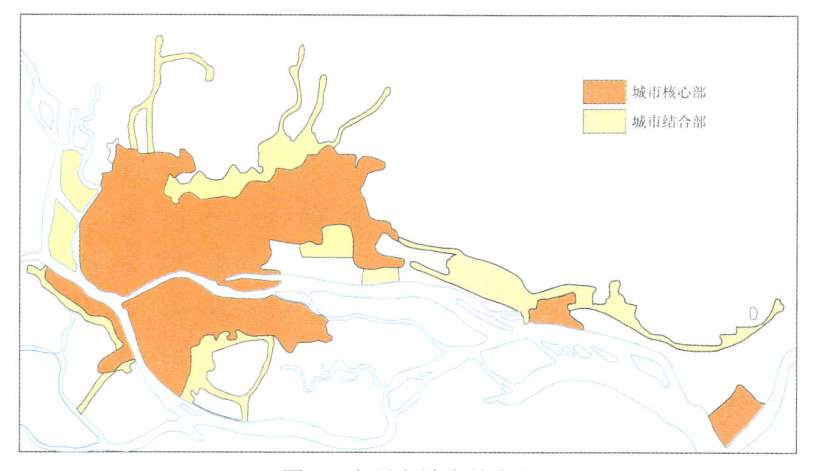

图1 广州市城乡结合部

Fig.1 The urban—rural continuum of the Guangzhou City

---

① 广州市城市规划建设管理局,广州市关于城乡结合部管理范围的意见,1988.

1.2 内缘区的划分

按照内缘区的定义[4]，实质上城乡结合部只是城市内缘区的一个组成部分，在其外围地区仍然存在受核心区城市化辐射的直接和间接影响[11]都很大、乡村城市化发展较快的地带。在这一地带，一方面由于直接受核心区"外延型"城市化的影响，经常因核心区拓展扩大而被转变为核心区；另一方面，它更多地受核心区"飞地型"城市化的影响，是核心区工作性流动人口的主要扩散地带。此外，在这一地带农业人口向非农业人口的转化也表现为速度快、规模大的特点。

据广州市城乡结合部外围地区调查，天河区、黄埔区、海珠区以及芳村区和白云区的部分地区近年来"飞地型"城市就业岗位扩散明显。我们依据已划定好的城乡结合部，充分考虑核心区对外围的直接和间接影响、基本行政区界线和形成完整的区域等原则，划定广州市内缘区的范围拟包括天河区、海珠区、芳村区花地水道以东、白云区石门金沙渡假村—石井镇—三元里镇—同和镇以南，距市中心约 15km 的地域（图2）。

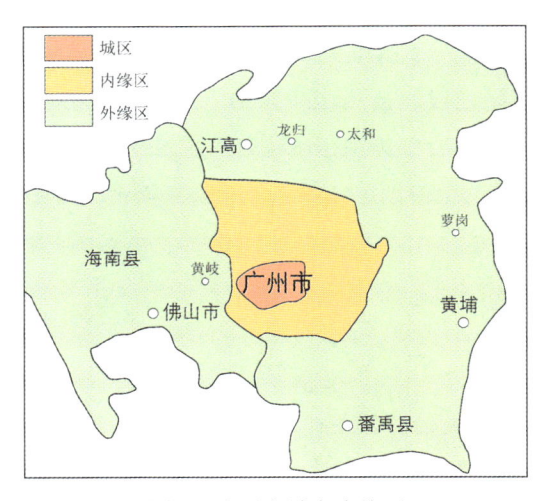

图 2　广州市城市内缘区

Fig.2　The inner fringe of the Guangzhou City

1.3 外缘区的划分

城市外缘区因距城市核心区较远，故虽受核心区"飞地型"城市化的影响，但土地利用仍以农业为主，直接吸收核心区扩散人口数量较少，且由于距离较远，其中定居人口比重较内缘区有所上升。

就广州市内缘区外围的现状而言，黄埔区是"飞地型"城市化影响较大的地区。区内已建成黄埔港区和广州经济技术开发区，并有汽车制造厂、石油化工总厂、造船厂、水泥厂等一批重要的工业企业分布。因此，从城市发展的角度看，这一地区正成为城市用地的主要发展方向。白云区（除石井、新市和同和镇外）现已发展成为广州市重要的郊区农业基地。番禺县城一直作为广州市的卫星城镇建设。南海县历史上与广州关系密切，且一直作为广州市的远郊区来发展。目前，行政区划上虽归属佛山市，但从其经济联系方向来看，县境的东北部地区（如黄岐、里水、盐步、和顺、官窑、松岗、大沥等乡镇）仍然是广州市的重要影响地区。

综上分析，广州市外缘区范围应包括黄埔区、白云区（除石井、新市、同和三镇）、番禺县的沙湾水道以北，芳村区花地水道以西以及南海县的东北部地区。距市中心区直线距离约 30km 的范围内。

2　大城市边缘区人口特性

城市边缘区是城乡人口混居的地带，从人口学的角度来考虑，具有相应的特性。

2.1　城市边缘区人口密度特性

城市边缘区人口密度特征介于城市与农村两种类型之间，显示出过渡性。这种过渡性表现在两个方面：一是其绝对密度水平与城市及外围农村地区都有显著差异；二是人口密度的经向梯度也介于农村和城市二者之间，既不像城市中心区域那么陡峻，也不像外围农村地区那样平缓，形成相对的缓坡区段。

我们假设城市、农村、边缘区分别有下述三种人口密度函数：

$$d_U = D_U \Phi e^{-r_U L}$$

$$d_R = D_R \Phi e^{-r_R L}$$

$$D_F = D_F \Phi e^{-r_F L}$$

三条指数函数在三个范围成立，并相互衔接成城—缘—乡人口密度分布联合模式。

我们进一步定义人口密度梯度率为 $r = |1/d \cdot dD'/dl|$，对于函数 d_U、d_R、D_F，人口密度梯度率就是常系数 r_U, r_R 和 r_F。不难证明，在上述联合模式中存在：

$$r_F > r_U > r_R,$$

这就是表明城市边缘区是城乡地域人口密度梯度率最大的地带。这种巨大的人口密度梯度率导致了城市人口密度过渡带的出现。

据上海市 12 区 9 县研究，城市核心区（包括黄埔、南市、卢湾、徐汇、长宁、静安、普陀、虹口、杨浦、闸北 10 个区）平均人口密度 2.79×10^4 人/km²，相当于全市平均密度的 13 倍强。从图 3 中可以看出人口密度随距核心位置的增加而迅速下降的陡峻峰态。从核心区到边缘区，平均半径为 9.45km，而人口密度却由 13.64×10^4 人/km² 下降到接近 0.2×10 人/km²。

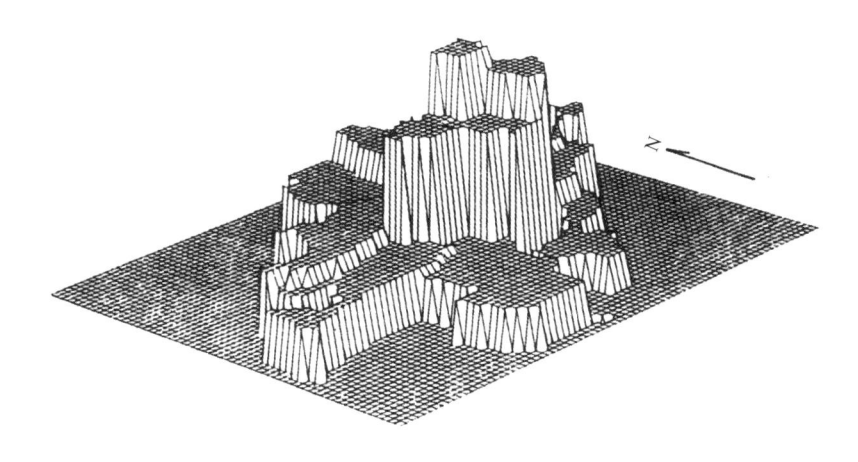

图 3　上海市城市核心区人口密度图

Fig.3　The density of population in the core built-up area of the Shanghai City

我们应用模型（1）进行拟合，城市中心区人口密度与距核心距离的关系为：

$$D = 14.911 e^{0.29L}$$

根据模型（D）计算可知，城市核心区平均人口密度梯度率为 21.4%/km，城市边缘区为 46.6%/km，农村地区为 2.3%/km。

2.2　城市边缘区人口构成特性

由于各种外力的综合作用，城市边缘区的人口构成要较其他类型区更加复杂：

2.2.1　农村人口仍有一席之地

据上海市 1989 年统计，普陀区属于城市边缘的真如镇和长风、曹安两街道的农业人口占总人口的比重近 5%，虽远远低于上海郊县农业人口占总人口比例的 78.9%，但与核心区 0.3%相比仍有一席之地。尽管在城市边缘区农业用地被征用的同时农村人口也被不断地吸收为城市人口，但与此同时又会有新的郊区乡村"加盟"为城市边缘区，因此，城市边缘区的农业人口和用地具有动态的相对稳定性。

2.2.2 流动人口集中

据 1988 年上海市流动人口抽样调查[①]，30%集中分布在边缘区街道。究其原因，一是因为这一地带相对城市核心区人口较稀，工厂较多，基建工程面广量大，简单劳动的就业机会较其他地带多，易于外来人口谋生；二是因为城市边缘区在行政管理上存在一定的困难和漏洞，有些地方甚至行政边界也不清楚，相应的户口控制也较松弛，便于外地人落脚。

2.2.3 性比例偏高，年龄结构偏轻

上海市人口性别比的空间差异特征是：边缘区高于核心区和远郊区，镇高于乡。1990年上海市区人口的平均性比例为 107.8，而郊区 9 县平均只有 98.5。在市区，位于核心区的静安区性比例为 99.4，卢湾区为 101.4，而位于边缘区的徐汇为 110.8，普陀区为 106.2。在郊县中，镇特别是县城的人口性比例显著高于乡，9 个县城的平均性比例为 120.2，县城以外各乡镇平均只有 90.6。

城市边缘区的人口年龄构成属城郊过渡型，较城市核心区偏轻。据上海市 1985 年调查，普陀区人口中位年龄为 31.8 岁，其中边缘区城乡结合部的街道为 29.8 岁；而郊县平均人口中位年龄不足 28 岁。

2.2.4 文化构成并不落后

城市边缘区的人口文化构成水平与核心区并不存在明显差距。如位居上海市核心区的卢湾、静安两区的大学以上文化程度人口占 6 岁以上人口的比重为 11.5%和 13.2%，而位居边缘区的徐汇区达 18.0%，长宁区为 13.0%、杨浦区为 12.0%，普陀区、闸北区略低，为 9.9%和 7.8%。但在普陀区内部，属于城市边缘区的长风、曹安、真如三街道其比例则高达 17.8%，而非边缘区街道只有 8.6%。

---

① 上海市统计局，上海流动人口，中国统计出版社，1989.

3 大城市边缘区社会特性

城市边缘区也是城市社区和农村社区混合交融地带，以邻里为主要特征的城市社区形态渐次侵入以传统的家庭（包括联户家庭）为基本经济实体的农村社区，直接导致边缘区社会结构的巨大变化。

3.1 城市边缘区社区结构特征

3.1.1 城乡居民混居地带

在城市边缘区中，城乡居民混居具有独特性。在内缘区，由于城市新区扩展迅速，农村社区很快被城市社会同化，从而形成城乡连续统一体的社区结构。例如广州沙河街，从70年代以来，每年就以近千人的规模迅速实现农转非，在目前4.7万常住人口中，农业人口仅占1%。其次，相当一部分城市居民又与农村居民共同组成家庭混居在城市住宅新区中。在外缘区，其人口组成除有常住人口和流动人口外，还有通勤人口；且常住人口中又有农业人口、非农业人口和自理粮人口之分，它们共同构成了外缘区城乡人口混居的社区结构特征。

3.1.2 动态的城乡二元社区结构

从动态观点看，城市边缘区的社区结构被看成是城市社区不断侵入农村社区，并使农村社区转化渐变为城市社区的演化过程。这种侵入和演化主要通过土地利用形式和土地占有者更迭来实现。城市边缘区侵入和转化使发达的社区逐步形成有明确界限的分区，每个分区都具有明确的特征。如广州城市边缘区由城市社区和乡村组成，城市被乡村社区所包围，按其居民分又可进一步分为工人居住区、干部居住区和知识分子居住区等，且具有明显的圈层社区分布结构特征[3]。

3.2 城市边缘区社区特性

3.2.1 核心家庭的增加

随着城市边缘区的工业化和城市化，这一地带成为吸引人口流动、人口机械增长的主要地区，青年单身者的大量增加导致核心家庭增加。与此同时，传统农村地区城市化，促使联合家庭失去生命力，相继分裂成少数主干家庭和多数核心家庭。此外，在城市边缘区，青年人独立成家获得住房的机会比城市核心区多，农村城市化也使得郊区建房机会增加，从而促进了核心家庭的形成。据上海张家弄，南京夫子庙四福巷城市核心区和北京团结湖，天津尖山街城市边缘区调查表明，城市边缘区较城市核心区家庭呈增长趋势，主干家庭和联合家庭呈减少趋势，单身家庭也大幅度下降。

3.2.2 家庭户与家庭的不一致

在城市边缘区，由于城乡人口变化和就业机会的不同，家庭户与家庭的不一致现象十分明显。如一些人已在城市核心区居住，但因农村户口不能及时转入城市户口，使得户口不能及时迁移；再如一些人因工作岗位已经长期在城市边缘区，但因不愿意放弃城市核心区的户口而不将户口落在城市边缘区；还有人理论上应当将户口迁出城市边缘区（如妇女结婚等），但因经济等方面的原因长期不愿迁出。据广州市沙河街调查，1989年按户籍统计有46645人，实际上人在户不在的人数达8000多人，户在人不在的人数达5000多人。

3.2.3 初婚年龄均值小，离婚率低

据上海、南京、北京、天津四城市调查，城市边缘区男女初婚均值低于城市核心区，具体地说，男子初婚年龄平均小2岁，女子初婚年龄平均小0.3岁。就离婚率而言，城市核心区为1.59%，而城市边缘区仅为0.09%。

3.2.4 居民文化素质反差大

城市边缘区由于不同文化水平、不同职业的居民生活、居住在一起，不同信仰交织、多种需求交叠，居民文化素质反差较大。如温州市龙港镇，农民集资兴建了学校、游艺场、电影院等现代文明设施，同时也新建了庙宇、宗祠、教堂和白色豪华型坟墓等等。

3.2.5 工作地点与生活地点的分离

城市边缘区是一个独特的扩展型的社会经济空间，工作和生活于这一地区的人们是整个城市地区的一个组成部分，其活动都是以整个城市为指向的，这就造成了这一地带人们工作地点和生活地点的分离。据北京劲松居住区调查，这个居住区规划建设意图是解决东南郊工业区职工的缺房问题，但实际分配结果，在东南郊工作的只有9.6%，在邻近地区（东郊、崇文区）工作的占20%，而在西城、西郊、西北郊、北郊等地远距离上班的约占47%，另外还有2.5%在远郊县上班。

3.2.6 犯罪率高、社会丑恶现象集中

流动性大、构筑犯罪黑窝和犯罪团伙作案是城市边缘区社会犯罪区别于其他地区的特点。犯罪类型既具有城市社区型犯罪，也具有农村社区型犯罪，尤以盗窃、抢劫、诈骗、强奸、凶杀、吸毒贩毒、走私物品等几类案件最为突出。社会犯罪率远高于城市核心区和农村地区。据广州市沙河镇调查，在这个不到 5 万人，不足 5km² 的地区内，1989 年发案 1432 件，平均每天达 4 件之多。其次，由于城市边缘区管理不严，流动人口集中，嫖娼、卖淫、赌博、吸毒、乞讨等社会丑恶现象又死灰复燃。

4 城市边缘区经济特性

城市边缘区，一方面，城市工业不断以集聚工业区形式跳跃渗入，并成为郊区城市化的核心；另一方面，受比较收益规律驱动，以农业为主的地方经济也在迅速地分化和重组，乡镇企业成倍增长，城郊型农业比重不断扩大。

4.1 边缘区的经济功能

4.1.1 城市蔬菜、副食品的重要生产基地

蔬菜、副食品具有消费量大、易腐变、难储运等特点，故在生产布局上要求接近市场，缩短运距，少储快投，增强保鲜。边缘区毗邻城区，交通快捷，自然也就成为大城市蔬菜、副食品的优先发展地带。据有关资料，北京十年"菜篮子工程"实施的主要项目都集中分布在边缘区，尤以内缘区为重点。在 2.2 万 ha 稳高产菜地中，50%菜地分布于内缘区（朝阳、海淀、石景山、丰台四近郊区），如包括顺义、通县、大兴等 30 多个乡镇，则菜地的 88%，蔬菜上市量的 75%都分布在距市中心仅 25km 左右的圈层地域内。13 个以肉、奶、蛋、禽、水产品生产为主的现代化国营农场，有 11 个分布在近郊四区的边缘。

4.1.2 城市大工业扩散的重点地区

自 50 年代以来，边缘区尤其是 8—20km 圈层范围内的内缘区，一直成为城市大工业扩散与发展的重点地域。据北京调查，在其近郊区半径约 10—15km 的范围内，形成了二条城市大工业集中分布的环形地带。其中，沿三环路两侧分布的八个近郊片，集中了 600 个工厂，23 万职工，形成如双井、广安门、大郊亭、东南郊等工业区；沿规划公路一环两

侧分布着十个边缘集团，约集中了 1200 多工厂，62 万职工，形成如石景山、酒仙桥、丰台、清河等工业区。其次，边缘区的城市工业多数是规模大、占地多或污染较重的如石化、冶金、机械、化学等大中型企业。如石景山区，除 50—60 年代扩建、新建的首钢、石热、高电、北锅、北重等八大厂外，80 年代以来，又迁入了特钢、北钢、扩建电机厂、新建 NEC 工程等。全区市属以上大中型企业占 65%，产值占 98%。

4.1.3 大宗商品、物资流通集散中心

大城市边缘区凭借其交通枢纽位置和"开敞空间"等优势，通过开办各种批发市场、货栈、集贸市场、期货与现货交易、二手货交易和各种定期与不定期展销会，逐步确立了其在城乡乃至跨省区物资，商品流通集散的中心地位。具体表现在：（1）边缘区批发、交易市场数量多、规模大。如广州市 123 个集贸市场中，绝大部分分布在边缘区，年成交额近 30 亿元；另有 22 个专业批发市场也分布在边缘区。（2）流通集散地域范围大。如兰州市汽车交易市场，武汉粮食市场，鞍山钢材交易市场等大多辐射数省乃至全国。（3）流通集散品种多样，已从传统的农副产品、日用消费品交易扩大到大宗原材料、生产资料以及二手货交易。

4.2 城市边缘区的经济特征

受城乡经济双向辐射，边缘区经济既显示出发展速度快，产业结构综合，农业集约化与现代化水平高和生产结构、产品结构具有双向衔接等特征外，还具有以下特征。

4.2.1 乡镇工业发展快、起点高，与大工业联系密切

与一般乡村地区工业发展过程不同，边缘区乡镇工业发展大多依托城市大工业起步，不少乡镇工业从建厂初期就得到城市大工业的资金、技术、设备及人才等多方面的支持，有的是作为大厂的一个车间发展起来的。因此，其发展起点较高，发展快。1991 年京郊乡镇工业发展到 1.36 万个，从业人员达 62 万，总产值 128.8 亿元。据调查[①]，约有一半左右的乡镇工业是为大工业进行工艺性加工和零部件配套的，约有 2000 多个企业成为大工厂的零部件加工协作点；与大厂联合经营的企业超过 670 家。

---

① 邬江，北京工业离心扩散对城乡建设的影响，北京城市建设，第二期．1990．

4.2.2 就业机会广、谋生手段多、兼业和流动就业人员比重大

边缘区是多种行业、多种经济成份和多种经营模式混合分布地带，又是经济结构变动最为迅速的地区。首先每年都有大批新、扩建项目落成并不断提供许多新的就业岗位；其次，由于新建居住区的配套商业网点和各种生活服务设施尚需数年方能到位，这也为边缘区农村输出劳力或外来谋生人员提供了诸如流动早点摊、个体饭店、多种修理业务、蔬菜、副食品、日用商品零售以及个体旅店和家庭住房租赁等多种谋生手段和兼业的机会；第三、由于合作、联营、个体经营的用工制度灵活性大，且形式多样，故农村居民或一业为主、兼从他业，或是在职业选择上表现出追逐比较收益，频繁调动工作，就业稳定性差的特点。

4.2.3 人均收入高，收入差距大，暴发户多，贫困户少

由于兼业机会以及乡村经济的分配制度较城市经济更为灵活，因此，就人均年收入水平而言，边缘区，尤其是内缘区，明显高于城区和一般乡村地区。如石景山区的八宝山、八角村，八大处等地，人均收入超过3000元以上，村民家庭人均收入2000—2500元以上，平均为城区职工家庭1.2—1.4倍，为影响区村民家庭的1.6—2倍。其次，与国外城市不同，我国大城市旧城改造缓慢，因此，绝大部分经营性总公司、合资公司、独资公司及其高级雇员、职员都分布在边缘区；企业主、承包商、养殖大户、歌舞厅老板、商贩、投机暴发户以及垃圾大王、手艺人等也都集中分布在这一地区。相比之，这些家庭无论是人均收入、家庭财产，还是住房水平、消费水平，都与一般职工家庭和本分农户形成强烈反差。第三，由于一般家庭收入中，集体收入仍占70%左右，而边缘区乡村集体经济发展水平普遍高于一般乡村地区，故此，绝对贫困户也极少。据抽样统计调查，北京近郊区人均收入低于500元的家庭比重仅占3.3%，朝阳区人均收入600元以上家庭占96.7%。

4.3 城市边缘区经济特性

受级差地租及比较收益规律支配，边缘区经济呈现出以下特征。

4.3.1 圈层经济分布带

如果说，大城市核心区主体经济（商业、贸易、金融、信息）呈节结分布、乡村经济为均质分布的话，大城市边缘区经济则呈现出特有的圈层分布态势。具体表现在：（1）农业经济的圈层分异。如京郊大致形成三个分异带：即内环带，环宽约5km，为城市与农村插花交错地区，是精细蔬菜、花卉、苗圃等园艺农业分布带；近郊环带，环宽约10—15km，

为蔬菜、畜牧（奶蛋为主）混合农业分布为主；远郊环带，为粮、经、果、牧综合农业分布带。（2）城市工业扩散的圈层分异。如京郊形成的内缘八个片，（环半径约 4—6km）、近郊十个边缘集团（环半径 10—15km）和远郊十几个工业卫星城（环半径＞20km）等三个工业扩散分布环带。（3）经济发展水平的圈层分异。以朝阳区为例，分乡耕地亩（1 亩＝1/15ha，下同）均农村社会总收入分布，距市中心 10km 圈层内，亩均收入 15000 元以上；在 10—15km 圈层内，亩均收入 10000 元左右；在 15km 的外地区，亩均收入降为 5000 元左右。

4.3.2　滚动式扩展

与一般乡村经济不同，边缘区经济不因城市规模扩大，部分内缘区渐次并入城区而缩小。相反，则由于城市经济辐射能力增强和影响范围扩大，促使外围更多的乡村经济转化为城郊型经济而并入边缘区。如菜地的扩散，北京近郊四区 1990 年比 1989 年蔬菜播种面积虽减少了 246ha，但同期，毗邻的 6 区县则增加了 2695ha，增减比为 1：0.09。其次，受比较利益驱动，边缘区土地利用性质亦呈现滚动式替代。大田农业逐步为精细农业、园艺农业、设施农业替代，农业用地逐步为工业、运输仓储业用地替代，住房用地逐步为商贸、旅游业用地替代，正是这种变化，使得边缘区经济呈现出以城区为中心，由近及远的滚动式扩展和经济收益、发展水平由高及低的梯度分布。

5　城市边缘区土地利用特性

土地利用是一种比较直观地反映城市边缘区发展变化的自然要素。城市边缘区土地具有城郊利用二重性，与城市核心区和乡村地区相比具有明显的特性。

5.1　城市边缘区土地利用现状特征

5.1.1　城乡用地犬牙交错

城市边缘区土地利用性质和利用强度、地域空间结构及地理景观等方面表现为从城市土地利用类型向郊区农村土地利用类型的过渡。理论上讲，这种过渡遵循距离衰减规律，但在实际过程中更多地表现为不规则的资源区位效应，在很大程度上受到由道路系统、市政公用设施构成的可达性模式的影响，因而形成城市与农村型土地犬牙交错、轮廓复杂的土地利用形态。

5.1.2 乡村用地被城市线网严重分割

城市边缘区是城市外向扩展迅速增长的地区，也是城市各类基础设施迅速向外延伸、逐步建设的地区，从而也导致了这一地区乡村用地被城市线网严重分割的现象。如北京市朝阳区高碑店乡随着城市核心区的扩展已成为城市建设前缘地带，全乡规划建设可用地278ha却被11条纵横城市道路、铁路环路和几条斜穿乡内的高压线走廊切割成58个地块。

5.1.3 城市建设不断蚕食乡村用地

城市边缘区是一个最先感受到城市化，并不断被城市同化的敏感区域。在这一地区，最初并不具备完善的城市基础设施，随着城市扩展首先在地理位置比较优越的地段建设城市的市政工程和基础设施，然后相继成组成片布局工厂、居住区和学校等。这样，城市边缘区的乡村用地，由于城市发展的需要而不断地产生新的城市用地生长点或轴线，并以这些生长点或轴线为依托不断地被分割和蚕食。

5.2 城市边缘区土地利用特性

5.2.1 农业用地集约化程度高

城市边缘区农业用地与远郊农业用地相比，一方面，由于联系便捷，农产品能及时进入市场，并能及时获得城市的技术和信息，单位面积耕地的产出率和活化劳动均较远郊农区为高；另一方面，由于城市不断向外扩展、蚕食耕地，农业用地越来越成为宝贵的土地资源，较远郊农区更为精耕细作。从总体上看，城市边缘区农业用地集约化经营水平较一般农区为高。

5.2.2 城市用地"三大"、"三低"

占地大、污染大、生产用料大，建筑密度低、用地容积率低、经济效益低，是城市边缘区城市土地利用的基本特性。据上海市调查，从城市核心区到城市边缘区，仓库、工业用地从小到大，工业污染从轻到重，绿地空间从小型游园到大型游乐场、郊区公园，高校科研单位的数量和规模也呈从小到大的变化，如大型工业企业、粮库、铁路编组站、铁路货场、大专院校等均位于城市边缘区。另据调查，广州市核心区建筑密度在52.2%以上，而城市边缘地带其建筑密度则一般在20%左右。就用地容积率而言，上海市中心区用地的容积率是城市边缘区的 2 倍，个别地段差异更大，如黄浦区广东街道容积率为 1.4，而闸北区澎浦街道只有 0.028。此外，城市边缘区土地利用经济效益明显低于城市核心区。

5.2.3 土地利用楔形增长

城市边缘区的城市用地，由于企业客观上要求成组成片布局，共享城市的基础设施和市政设施，其开发均采取连片形式，这与城市核心区"见缝插针"，生产和居住"包围"和"反包围"的布局形态截然不同。与此同时，城市边缘区是个从无到有，再从有到无，不断推陈出新的地域单元，老的城市边缘区会逐步演化为城市核心区，新城市边缘区又从最邻近的农村地域中滋生，如此推动城市地域的扩大。从我国城市边缘区城市土地外向扩展形态看，现已从原来以圈层为主的发展方式进入楔形增长为主的新阶段。这种城市的快速增长带来的"飞地式"用地可楔状镶嵌到很远的农村腹地，使得城市边缘区跨度不断加大，城乡梯度逐渐减小。

5.2.4 土地利用性质的变化

随着城市的外向扩展，城市边缘区土地利用性质也发生不断的变化，总的趋势是由农村用地转化为城市用地。据广州市调查，城市边缘区外向扩展主要是变农田荒地为城市用地，城市边缘区内城市土地利用性质的改变最明显的是变园林绿地为生活或生产用地。城市边缘区土地利用性质的变化过程显示出如下的规律：近郊农业用地-菜地-工业用地-居住用地充填-商业服务设施用配套。

6 城市边缘区地域空间特性

城市边缘区的发展是一个空间过程，由于特定的空间扩展因素和特定的空间扩展形式相互作用，在地域空间上也是具有相应的特性。

6.1 城市边缘区空间扩展形式

概观城市边缘区空间扩展主要有两种形式，即：轴向扩展和外向扩展。

6.1.1 轴向发展

城市边缘区轴向扩展，是指城市沿一定方向发展形成比较窄的城市地区。根据发展轴性质的不同，具有三种类型：（1）工业走廊。在城市边缘区的内缘区，一些对交通线路依附性强的工厂、仓库沿公路、铁路和水道自由或按规划建设，连续地向外延伸，形成由许多厂矿企业组成的"轴"向走廊。如无锡市利用便利的水运条件沿河布局工业区形成的"工业走廊"等等。（2）居住走廊。在城市边缘区的入城主干道旁经常看到独户住宅成组排列，形成沿交通线自发发展的"居住走廊"，有时，城市规划建设部门也利用基础设施延伸的优势沿线布置生活居住区，形成具有相当规模的居住走廊。如广州市沿广（州）深（圳）公路两侧西自黄埔东至南岗约 10km 长的生活居住走廊。（3）综合发展走廊。即城市边缘区的居住和就业点沿轴向综合发展。如常州市沿大运河、沪宁铁路连续布局工厂、断续布置居住小区，形成西自新闸东至戚墅堰约 20km 长的东西向城市发展轴。

6.1.2 外向扩展

城市边缘区外向扩展，是指城市向周围地区蔓延或依附城市本体成块状向外形成环状或块状城市地区。根据与城市核心区的关系，具有以下三种类型：（1）连片发展。自 70 年代以来许多大城市采取了在城市边缘区进行综合开发大片居住区的办法。住宅成片建设的规模，由 50 年代的几 ha、10 多 ha 扩大到现在的数十 ha，甚至上百 ha。北郊亚运村附近建设的安慧里、安慧北里、慧忠里居住区规模就在 100ha 以上。（2）独立发展。大型企业由于对资源和建设条件（如用水、用电、港口等）的需求一般选择脱离市区，独立发展的建设模式，使城市边缘区既表现为大片土地开发又与市核心区相分离。如南京大厂镇距中心城区 21km，现已发展成人口规模近 10 万人、经济结构合理、服务设施齐全的城市独立发展地区。（3）渐进发展。突出地表现为大工厂、校园、特殊医院、交通设施、公用设施等的先行布局，随着相继建设生活居住区和商业中心。如广州市流花地区的发展就反映了这一点。

6.2 城市边缘区空间演化规律

城市边缘区受空间增长过程、扩展形式以及经济的、交通的、区位的、政策的、社会心理的空间扩展因素的影响，其空间演化也具有相应的规律。

6.2.1 地域分异与职能演化规律

生产力的发展和社会分工在城市边缘区空间形成、演化过程中带有一定的不平衡性这种不平衡使得社会经济活动不断集聚和分异，从而体现出城市边缘区的形成可相应划分为城市分异，郊区形成，农牧园艺，近远郊游览，文教工业以及综合性等几个时期。现次城市边缘区内在人口密度、文化构成、土地利用性质、职工行业构成以及产业结构等方面都有显著差异。

6.2.2 从内向外渐进推移规律

一般说来，城市边缘区的空间扩展总是由内向外，渐进扩散，最后呈同心圆圈层式发展动态过程，这个过程突出地表现为大企业集团住宅区先行布局，公共建筑和一般住宅相继建设，使原来的城市边缘区逐渐演化为城市核心区，而大企业等又进一步被挤到更远的郊外，形成新的城市边缘地区。如果我们按照时间顺序来观察，城市边缘区的外向扩展过程具有非常明显的"年轮"现象（如上海市）。

6.2.3 指状生长-充填-蔓延空间扩展规律

城市边缘区在空间上的推进并非完全以同心圆圈层式方式生长，有些大城市则表现为指状生长-充填-蔓延这样一个循环的多次往复过程，这类城市一般首先在"资源点"形成城市"飞地"，然后建成"飞地"与母城间的联系通道，再沿通道两侧发展形成指状增长。当指状体增长到一定程度时，指状体之间横向联系加强，其间的三角形或梯形空间逐渐被填充。当建成区发展成为"密实"地区时城市又开始向边缘地带扩散，形成新的指状增长轴，进入新的一轮增长周期。无锡市城市边缘区的扩展就呈现为这一规律。

6.2.4 轮形团块-分散组团-带形城市空间演化规律

城市经济的发展是城市边缘区空间结构演化的最根本因素，交通、区位、政策和社会心理等城市外部影响因素也随着城市用地矛盾的产生，最终彻底打破原有城市地域空间结构系统的平衡，由原来的同心圆圈层式扩展形态走向分散组团和轴向发展形态，乃至最后形成带形城市。我国广州城市边缘区扩展就表现为这一空间演变规律。

参考文献

1 顾朝林, 熊江波. 简论城市边缘区研究. 地理研究. 1989, 8(3): 95—100.
2 许学强, 胡华颖, 叶嘉安. 广州市社会空间结构的因子生态分析. 地理学报, 1989, 44(4): 385—396.
3 武进, 马清亮. 城市边缘区空间结构演化的机制分析. 城市规划. 1990(2): 38—42.
4 崔功豪, 武进. 中国城市边缘区空间结构特征及其发展. 地理学报 1990, 45(4): 399—410.

THE STUDY OF THE URBAN FRINGES IN CHINESE MEGALOPOLISES

Gu Chaolin   Chen Tian

(*Institute of Geography,Chinese Acaderny of Sciences,Beijing* 100101)

Ding Jinhong

(*Institute of Population,East China Normal University ,Shanghai* 200062)

Yu Wei

(*Institute of Urban Planning,Tongji University, Shanghai* 200092)

Key words   Urban fringe;Characteristics of the urban fringes

Abstract

The authors made a survey of the current situation of Chinese megalopolises,such as Beijing,Shanghai,Guangzhou,and Nanjing,and found that changes of the urban fringes in these cities are more and more important because the urban economic made a great progress since the reforming and opening of China . This paper focused on the study of the urban fringe's specific properties in the Chinese megalopolises. Firstly, this paper discusssed the division of the urban fringe on the base of the survey of Guangzhou city.The urban fringe consists of two parts,i e, the inner fringe and the outer fringe. The urban-rural continuum is only one part of the inner fringe. Secondly,this paper expounded in details the characteristics of the urban fringe in Chinese Megalopolises,including: (1)the density of population and the population structure; (2)the community structure,sociometry and social problems; (3)the economic structure and patterns of the diversified economy and (4)the impact of urban expansion on agricultural land. Finally.this paper discussed also the evolution laws of the spatial expansion in the urban fringe ,such as the Beijing model,the Shanghai model,the Wuxi model and the Guangzhou model.

"中国大城市边缘区特性研究"解读

王士君

一、作者简介

顾朝林（1958— ），博士，清华大学长聘教授、博士生导师。本硕博就读于南京大学，1989 年参加工作，先后就职于中国科学院地理科学与资源研究所、南京大学、清华大学。曾任中国地理学会副理事长，中国城市规划学会常务理事，中国地名与行政区划学会常务理事，教育部地理科学类教学指导委员会副主任。是 1989 年中国科学院首届青年科学家、1999 年教育部"跨世纪人才"、2000 年国家"百千万人才工程"二层次入选者、2000 年国家杰出青年科学基金获得者，是当代杰出的人文地理学家。主要从事城市地理学、城市与区域规划、区域经济学等领域的教学与科学研究工作；是国内较早关注城市化、城市体系、城市边缘区的学者之一，也是国内地理学与城乡规划学学科交叉的领军人，为诸多城市和地区编研总体规划，卓有成效地为中国城市与区域发展提供决策咨询。

二、写作背景及主要内容

"中国大城市边缘区特性研究"是顾朝林等于 1993 年创作并发表于《地理学报》

作者介绍：王士君（1963— ），男，黑龙江哈尔滨人，东北师范大学地理科学学院教授，中国地理学会会员（S110004357M），研究方向为自然地理学。E-mail: wangsj@nenu.edu.cn

的论文。时值中国由计划经济逐渐向社会主义市场经济转型。得益于家庭联产承包责任制、双轨制、乡村工业化等新制度、新政策，城市化实现快速发展，原有的城乡二元结构逐渐弱化，"城市-城市边缘区-乡村"三元格局逐渐形成。承载着独特的人口、经济、社会要素和土地利用景观的城市边缘区成为城市快速扩张的前沿阵地，也是城乡矛盾最为突出的区域。与此同时，中国的城市规划也正经历着一场巨大的变革，如何从规划视角推动城乡关系协调发展具有很强的现实性，国内学术界由此展开大城市边缘区的空间研究。

论文用地理学学理和视角，通过对北京、上海、广州、南京等大城市的实地调查，探讨中国大城市边缘区的社会、经济、人口、土地利用和地域空间特性，系统回答了城市边缘区是什么、如何划分、存在哪些问题、有哪些特征和一般性演化规律，以及城市边缘区研究有什么意义等问题，并初步构建了城市边缘区界定、划分的理论和方法。

论文指出：①城市化进程的最明显特征之一是城市自身的近域推进和广域扩展，反映到城市地域结构上就是城市边缘区中的内缘区和外缘区；②城市边缘区人口密度具有过渡性，且流动人口集中，年龄结构偏低；③城市边缘区社区结构存在城市社区不断侵入农村社区并使农村社区渐变为城市社区的演化过程，这一过程会造成边缘区居民文化素质反差大、工作地点和生活地点分离等问题；④城市边缘区存在圈层经济分布带和滚动式发展过程；⑤城市边缘区具有土地利用二重性，进而导致城乡用地犬牙交错、乡村用地被严重分割、土地利用楔形增长等现象的出现；⑥城市边缘区有两种空间扩展模式，即由工业走廊、居住走廊、综合发展走廊构成的轴向空间扩展模式，和由连片发展、独立发展、渐进发展构成的外向空间扩展模式；⑦城市边缘区存在四种空间演化规律，即：地域分异与职能演化规律、从内向外渐进推移规律、指状生长-填充-蔓延空间扩展规律、轮形团块-分散组团-带形城市空间演化规律；⑧城市边缘区是城市快速发展、蔓延的主要地区，也是城市问题最突出的地带。因此，对城市边缘区的深入研究有助于更好地理解城市发展的整体态势，也有助于决策者认识到边缘区在城市发展中的关键作用，从而在政策制定和资源配置上给予更多的关注和支持。

三、学术影响与时代贡献

城市边缘区的研究起源于西方，第二次世界大战之后，大城市空间范围的扩张促进了西方地理学者对城市边缘区概念及边界的深入研究。最早期的城市边缘区充斥着废旧场、污水处理厂等用地，使其概念常与"不舒服、不卫生、不安全"紧密联系。随着城市的发展，边缘区的形态和功能发生改变，关于边缘区的认知亦随之改变，部分学者将其定义为"城市和乡村发展过程碰撞、混杂和相互作用的地区"，其最显著的特征是"从城市到农村的过渡地带"。因此，当时西方学者对城市边缘区的探讨主要集中在景观变化、土地覆被利用、公共卫生等方面，这是由于西方国家正在经历的逆城市化过程。

中国城市化的进程、规模、速度与西方国家具有显著差异，国外关于城市边缘区的研究成果在国内表现得"水土不服"，概念界定、边界划分、要素组成、发展模式、扩张规律等城市边缘区的研究内核亟待本土化。本论文聚焦城市边缘区构成的多元要素，对其特征进行了挖掘和归纳，在当时数据资料获取条件有限的情况下，通过大范围的实践调查，开创了大城市边缘区系统性和全面性研究的先河，在理论、方法、范式、实践认知和问题解决等诸多方面作出了前所未有的贡献，奠定了城市边缘区研究的坚实基础，为学者后续的深入研究提供了方向和思路，也为地方政府管理和建设城市边缘区提供了路径指引。

本论文关注城市与区域发展中的社会现象并深入挖掘科学问题，对城市边缘区范围及变化进行理论和实践探索。提出的"以城市建成区基本行政区单元——街道为内边界，以城市物质要素集聚环（工业、居住、交通、绿地等）为外边界"的边缘区识别方法具有创新性和引领性；"以行政边界结合城市要素特色为依据"的城市边缘区空间范围识别原则影响至今；得出的"人口侵入式城市化、空间滚动式扩张、建设用地楔形增长"等城市边缘区的演化特征成为特定时代的广泛共识。

此外，可以认为作者本身关注的是城市与区域发展的热点现象和实践问题，是学术探讨；但在客观上也催发了城市地理学科的快速成长进而形成后续的"城市地理热"，提升了城市地理学科的地位和社会应用价值。

四、城市边缘区研究的继承和发展

20世纪90年代，城市边缘区问题突出，但系统的研究极少。本论文创建了一整套城市边缘区的研究方案，成为学术研究和各地方规划广泛使用的方法；论文关于城市边缘区要素和规律的探索对城市地理、城乡规划学者后续的研究产生了深远影响，堪称经典之作。时至今日，论文仍被广泛下载和传播，引用率颇高，并频繁出现在高校的课堂和研讨中。

本论文在深层次上蕴含了地理学的"综合与空间思维"及相应的哲学逻辑，这种思维和逻辑在后续的相关研究中被继承和发展。例如，对城市边缘区的多维特性认知并从中验证城市边缘区的同质性（即城市边缘区的过渡特征），对城市边缘区空间格局的圈层分析，对要素与载体结合的空间演化模式探讨等，这种思维方式和哲学逻辑的具体运用，具有承上启下意义。本论文发表之后这些年的相关研究与实践也证明了这一点。又如，当代国土空间规划中城镇开发边界的划定，其依据除了城镇建设适宜性评价和资源环境承载力评价之外，更考虑了城市边缘区的现状和发展趋势。又例如"大城市病"治理，关键在于对大城市功能或者产业的合理疏散和有序转移，城市边缘区与城区距离近、开发成本低，自然成为缓解乃至治理大城市病的重要区域。北京通州区的设立就极大缓解了北京的"大城市病"，使中心城区的首都职能更加突出。再如，城乡融合发展，其内涵超越了传统的城乡统筹、城乡协调，强调的是城乡要素的双向流动。城市边缘区是城乡要素互动最为频繁的区域，是城乡关系转型的集中体现区域，是城乡融合的重要地域空间载体，对城乡要素、产业、用地、景观、生态的融合过程、机理、效应的研究仍然离不开城市边缘区理论的支撑。

海平面上升与海滩侵蚀[*]

王　颖　　吴小根

（南京大学大地海洋科学系、海岸与海岛开发国家试点实验室，南京　210093）

提要　世纪性的海平面持续上升，加大了海岸水下斜坡深度，逐渐减小波浪对沉溺古海岸的扰动作用而形成海底的横向供沙减少，却加强激浪对上部海滩的冲刷。逐渐上升的海平面，降低了河流坡降而减少了入海沙量。因此世界海滩普遍出现沙量补给匮乏。海平面上升伴随着厄尔尼诺现象与风暴潮频率的增加，水动力加大。这两者的综合效应，使海滩遭受冲刷，沙坝向陆移动。如按 IPCC 估计，至 2100 年海面上升 50cm 时，中国主要旅游海滨的沙滩将损失现有面积的 13%—66%。主要对策是海岸防护与海滩人工喂养。

关键词　海平面　中国海岸　海滩冲蚀　海滩喂养

1　世纪性的海平面上升

海平面变化由不同的作用过程形成，具有长、短周期的不同变化。扼要综述海平面变化的研究成果，有助于阐明海岸过程背景，主导变化作用与海岸效应的内在机制。

长周期海平面变化被概括为水动型（eustatic）与均衡型（isostatic）两类。全球规模的变化影响到海水的总量或海盆的体积为水动型海平面变化，是由于构造运动、洋盆被沉积物充填、冰川作用或水体密度的变化所产生。均衡型表现为地方性的变化，由于陆地相对于静态海面的挠曲活动所形成，或伴随冰川后退由于均衡作用形成的区域上升，或地区沉陷而成。最重要的长周期海平面变化是构造-水动型的（tectono-eustatic）。冰川水动型（glacioeustatic）的变化，虽在地质历史时期发生较少，但在过去的 300 万年期间海平面变化与陆地上冰盖的生长与消融有关。形成于晚第三纪的南极冰盖是水动型海平面变化的最重要的因素，其生长消退导致第四纪海平面变化迅速的响应[①]。

应用稳定同位素定年法，对采自陆架不同深处的泥炭层、潮间带有机体与化石、海滩岩及海成阶地的年代测定，已获得有关距今 50 000—40 000 年时期海平面变化的局部资料，了解到距今 30 000 年至 25 000 年前的间冰期时，海平面与现代海面高度相当。由于最后一次冰期开始，冰川生长而海平面下降，下降的最大值估计为 75—130m（多数人采用低于现代海面 100m 的数值），发生于 18 000 年前。全新世海侵约始于 17 000—15 000 年前，海平面上升迅速，速率可达 8—10mm/a。此上升持续到 7 000 年前，该时的海面约相当于现在海面的 10m 深处。距今 5 000 年时，海面上升率剧减为 1mm/a，此速率一直保持到近期的 200 年期间。对以海成阶地或沿岸堤保存下来的高海面，大多数观察者认为是地方性的构造抬升效应而非起源于水动型，并认为现代海平面是全新世海侵以来最高的位置[②]。

海平面继续在变化，证据来自验潮站水位记录分析，展现出一个世界范围的海平面上升，源于冰川的进一步融化与海洋水体热膨胀。近 200 年的验潮资料（瑞典 Brest 站位记录始自 1704 年，荷兰 Amsterdam 站位始自 1682 年，以 Brest 站自 1807 年的记录最为标准）反映出海平面上升趋势与大气温度、海水表层温度变化趋势呈良好的相关，并且自 1930 年以后，海平面上升速率增加。构造活动与人类影响使陆地水准发生变化，使海平面上升值形成明显的地区差异，纽约验潮站代表美国东海岸状况，近百年海平面上升速率为 3mm/a，是海平面上升与相当数量陆地下沉的综合效应。南部的得克萨斯站位资料表明海平面上升速率的平均值达 6mm/a，原因在于抽取地下水与原油而引起的地面沉降。美国西海岸俄勒冈站几乎未表示出相对的海平面上升，因为水动型的海平面上升与陆地抬升量相当。D.Aubrey 与 K.O.Emery 的工作试图将新构造运动上升值与全球性的水动型上升区别开来。虽然验潮站分布在南半球稀少，但从全球范围的验潮记录进行相近比较与趋势性分析，在过去 50 年到 100 年间，水动型的海平面上升值变化为 1—2mm/a。尽管测算方法不同，但结果相近（表 1）。

---

① Scientific Committee on Ocean Research, Working Group 89:The Changing Level of The Sea and Models of Beach Responses.1993.

② SCOR Working Group 89. The Changing Level of the Sea and Models of Beach Responses.1993.

表 1 据验潮资料所确定的全球水动型海平面变化*

Tab.1 Global eustatic sea level changes derived from tide gauges

研究者	上升速率（mm/a）
Gutenberg（1941）	1.1±0.8
Kuenen（1950）	1.2—1.4
Lisitzin（1958）	1.1±0.4
Wexier（1961）	1.2
Fairbridge and Krebe（1962）	1.2
Hicks（1978）	1.5±0.3
Emery（1980）	3.0
Gornitz et al.（1982）	1.2
Barnett（1982）	1.51±0.15
Barnett（1984）	2.3±0.2
Gornitz and Lebedeff（1987）	1.2±0.3
Braatz and Aubrey（1987）	1.1±0.1
Peltier and Tushingham（1989）	2.4±0.9
Douglas（1991）	0.8±0.1
谢志仁（1992）	0.7—1.2

*据国际海洋研究科学委员会第 89 工作组

近数十年来海面加速上升与地球的温室效应有关。人们预测，由于全球变暖使冰川融溶与海水热膨胀，可使海面上升的数值如下：政府间气候变化专门委员会（IPCC—WG1,1990）估计至 2050 年海平面上升 30—50cm，至 2100 年海平面可能上升 1m，美国环境保护局预测到 2100 年海平面将上升 50—340cm，相当于 5—30mm/a 上升速率[1]。全美研究委员会的二氧化碳评估组（The committee of the National Research Council on Carbon Dioxide Assessment）提出，至 2100 年，海平面上升速率为 7mm/a[2]。Van Der Veen（1988）估计，至 2085 年海平面上升速率为 2.8—6.6mm/a[3]。这些数据比过去 100 年来海平面 1—2mm/a 的上升速率高出 2—4 倍。

国家海洋局 1990 年公布了据 44 个站位的验潮资料分析结果：到 1989 年为止的近 30 年来，中国沿岸海平面平均上升速率为 0.14cm①。国家测绘局于 1992 年 7 月发布根据 9 个观测站的资料分析结果：在过去 100 年中，中国东海与南海沿岸海平面分别上升 19cm 与

---

① 国家海洋局. 一九八九年中国海洋环境年报，1990 年 3 月.

20cm，中国海平面的年上升率为 2—3mm，未来海平面仍呈上升趋势①。同时，发表了对世界的 102 年验潮站海平面记录的计算分析结果：在过去 100 年中，全球海平面平均上升 15cm，太平洋海平面上升 10cm，大西洋海平面上升 29cm，印度洋海平面上升 39.6cm。上述资料表明，海平面变化存在着海区差异与时段的差异，但过去 100 年的海平面上升数值是相近的，未来海平面上升趋势与速率增加是为大多数学者所肯定的。

短周期海平面变化，是由于大气与海洋作用过程的变化，如海水温度的地区性变化、海岸水流强度的改变、气压与风作用力与方向的改变等所造成的海平面年度变化、季节变化或日变化等。最突出的短周期海平面变化与太平洋的厄尔尼诺（El Nino）的发生有关。在太平洋东岸的赤道附近的岛屿验潮站重复记录到，在不到一年的时间内，海平面变化达到 40—50cm。在美国西岸，由于厄尔尼诺形成的海平面高达 10—20cm。1982—1983 年间，俄勒冈州海岸由于厄尔尼诺与海平面季节变化造成海面在 12 个月内抬升达 60cm。风暴潮所形成的增减水在孟加拉湾形成年海平面差异达 100cm 的记录[4]。人类活动的影响，如过渡抽取地下水或建筑物重载，使河口三角洲地区大面积沉降，加大海平面上升值，如天津新港码头自 1966—1985 年下沉达 0.5m（国家测绘总局，1992 年）。从某种意义上讲，这类变化可归为短周期变化，通过人工措施可控制这类变化。短周期海平面变化对海岸带会形成灾害性破坏，而对海岸潜在效应的推究，研究工作应致力于世纪性的全球范围的水动型海平面上升。这种世纪性的、全球性范围的变化促进了风暴潮与厄尔尼诺现象发生频率的增加。

2 海岸侵蚀效应

全球海平面上升在海岸带的主要反应是海滩侵蚀和海岸沙坝向岸位移。组成海滩与沙坝的沉积物主要是砂级的，属波场中的沉积物，是由波浪自水下岸坡海底掀带，并被浪、流进一步搬运（以横向运动为主）至岸坡上部堆积的。泥沙或来源于河流供给，或来自海蚀岸段以及由近岸海底供沙。后者主要是古海岸堆积（如中国沿岸），或为冰期低海面时的冰川作用沉积（如欧、美沿岸）。由于海平面持续上升，加大的水深，使波浪对古海岸带的扰动作用逐渐减小而形成海底的横向供沙减少，却加强了激浪对上部海滩的冲刷。同时，逐渐升高的海平面，降低了河流的坡降，减小了河流向海的输沙量。因此，世界上大部分海滩普遍出现沙量补给匮乏。海平面上升伴随厄尔尼诺现象与风暴潮频率的增加，使水动

---

① 国家测绘总局. 中国海平面每年上升二至三毫米，人民日报海外版，1992 年 7 月 8 日第 3 版.

力作用加强，加上泥沙量匮乏的综合效应，使海滩普遍遭受冲蚀，而沙坝向海坡受冲刷，与越流扇（overwash fan）的形成过程，综合表现为沙坝的向陆迁移。

Bruun P. 以图式表明了海平面上升与海滩变化效应[5,6]。Bruun 定律的大意是：随着海平面上升，海滩与外滨浅水区的均衡剖面呈现向上部与向陆的移动，海滨线的后退速率（R）与海平面增高（S）有关，即

$$R = \frac{L}{B+h}S \tag{2-1}$$

h 是近滨沉积物堆积的水深，L 是海滩至水深 h 间的横向距离，B 代表滩肩的高度。

关系式（2-1）亦可表示为

$$R = \frac{1}{\tan\theta}S \tag{2-2}$$

$\tan\theta \approx (B+h)/L$，是指沿着横距 L 的近滨平均坡度。砂质与砂砾质海岸的坡度大部分为 1/100—1/200 间，即 $\tan\theta \approx 0.01$ 至 0.02。因此据公式（2-2）可得到 $R=50S$ 至 $100S$，表明微小的海平面上升可形成较大的海滨线后退。图 1 是对 Bruun 定律的图解。

图 2 系秦皇岛海岸剖面重复测量记录[7]，其中南山灯塔岸段系海蚀基岩岸。1973 年 8 月较 1964 年 7 月所测剖面，显示海蚀崖与岩滩蚀退变低，仅岩滩外侧有砾石堆积，而石河口堆积海岸则显示上部海滩侵蚀与下部堆积。山东半岛平直砂岸海滩剖面重复测量资料也反映出类似的特点（图 3）。说明 Bruun 图式具代表性。Bruun 图式表明达到均衡剖面的海岸在海平面上升过程中海滩再造的情况，而不适宜于非堆积型的海岸与海蚀（如秦皇岛南山）或海积变化剧烈的岸段。

砂质海滩的侵蚀在中国是普遍的。如，1989 年 5 月至 1990 年 5 月辽东半岛盖县开敞沙质海滩侵蚀速率最大达 6.8m/a，1989 年至 1993 年 4 年平均侵蚀后退速率 2m/a。1989 年到 1993 年 4 年间辽西六股河一带海滩蚀退率约 1m/a①。近 20 年来山东半岛砂质海滩蚀退速率约 1—2m/a，造成海滩沙亏损约 2×10^7t/a[8]。海岸蚀退在河口段尤为严重，海浪冲毁了海滩防护林，威胁农田与建筑，咸化了滨海地下水。海滩侵蚀后退与世纪性的全球海平面上升有关，也受到人为的影响：河流中下游水库拦沙，减少了海滩沙之补给。人工采沙做建筑材料销售，使海滩沙益加亏损。失去海浪作用与泥沙补给之平衡，使海滩遭受侵蚀。如，滦河自引滦输水工程后，上游泥沙主要淤积于潘家口水库与大黑汀水库内，多年平均入海水量由 41.9×10^8m³ 减为 3.55×10^8m³，而多年平均输沙量由工程前的 2219×10^4t

---

① 庄振业，常瑞芬，苗丰民等. 鲁、辽砂质海岸蚀退研究. 中国海平面变化和海岸侵蚀工作组 1994 会议.

减至 $103×10^4$t。海岸泥沙补给骤减,滦河三角洲沙质海岸由加积而转为蚀退,口门岸滩蚀退率达 300m/a,岸外沙坝蚀退率 25m/a,海岸蚀退速率较工程前约增加 6 倍,潟湖淤泥层普遍于沙坝外缘出露[9]。自 70 年代以来,浙闽沿岸沙质海滩或沙丘冲蚀后退约 1—4m/a,老岸堤组成的红砂台地蚀退速率高达 0.4—1m/a,而基岩岬角岸段蚀退速率约为 0.1m/a[①]。海滩侵蚀主要发生于台风或寒潮大浪期间,而后逐渐加积成平缓剖面,由于泥沙亏损与世纪性的海平面持续上升,净效果表现为海岸的后退。在构造上升的丘陵或岛屿海岸段,海平面上升的效果不甚明显。但是,由于人工采沙而导致海滩侵蚀使滩肩消失的现象却是普遍的。如江苏赣榆县九里沙滩,水下取沙做建材出售,海滩受蚀几尽,现已禁止采沙并修建水泥堤防冲,但沙滩风光已消失。海南岛三亚湾由于采沙加速海滩冲蚀,海滩剖面降低,木麻黄林亦遭受损坏。

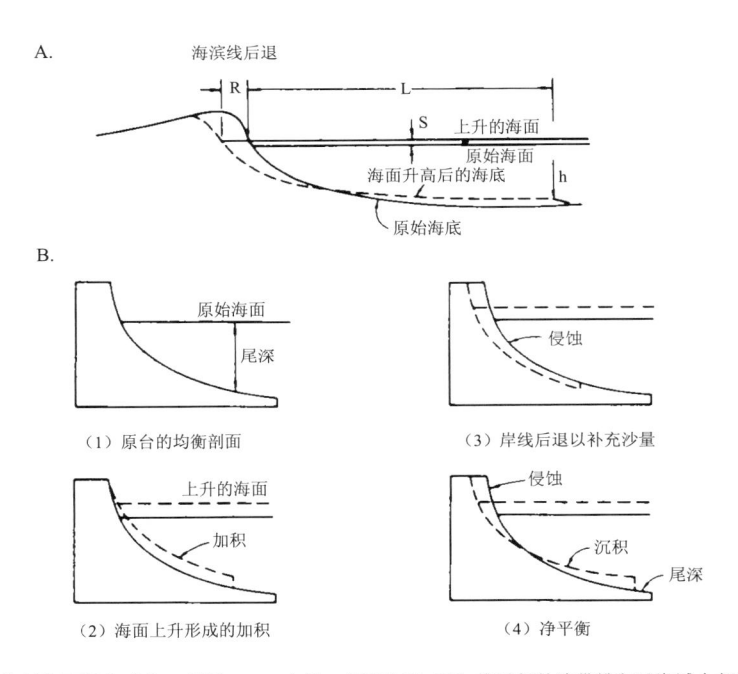

A. 由于海面上升引起海滩剖面的净变化,根据 Bruun 定律,海面上升(S)将引起外滨带堆积及海滩上部侵蚀,总的侵蚀后退率(R)。

B. 根据 Bruun 定律分析公式(1),由于海面上升(S),因此海滩向陆侵蚀后退(R)。

图 1　Bruun 定律图解(据 SCOR WG89,1991)

Fig.1　The net change in beach-profile position due to a rise in sea level according to the Bruun model

---

① 据福建省地震局姚庆元实测资料。

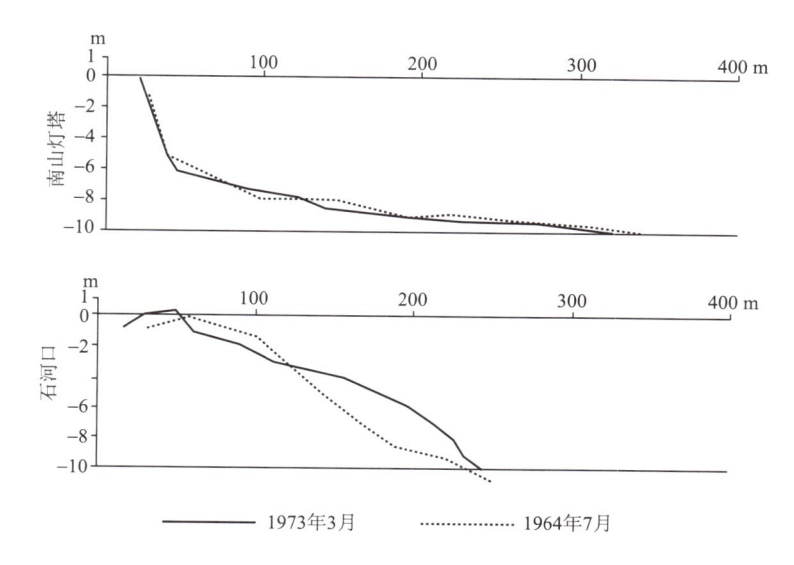

图 2 秦皇岛 1973 年与 1964 年水下剖面比较

Fig.2 The comparison profiles on submarine coastal slope of Qinhuangdao during 1964 to 1973

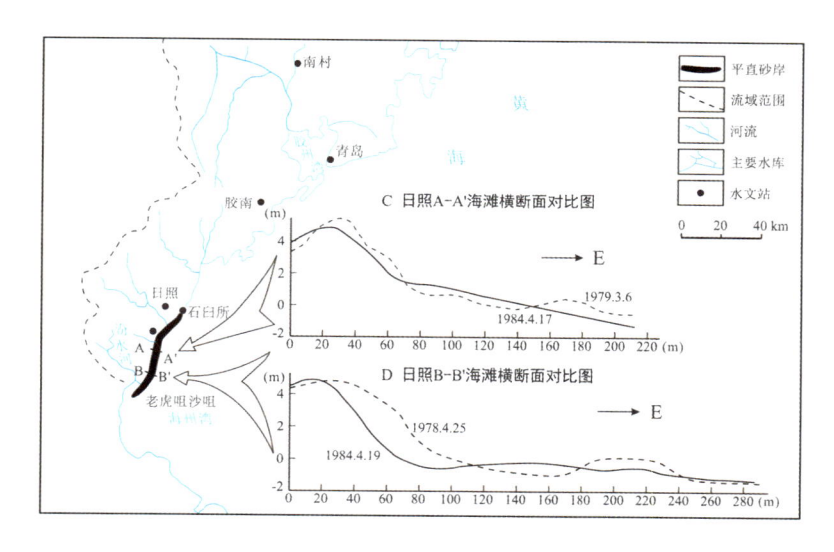

图 3 山东半岛两段平直砂岸及其蚀退情况

Fig.3 The comparison profiles on beaches in the Rizhao area of Shandong during 1978 to 1984

  沙质海滩自低潮线向下至激浪带外缘，宽度大，脊槽起伏，粗细砂夹杂，激浪带外缘有陡坡坡折。低潮水边线附近为 1°—2° 平坦坡的细粒沙滩。高低潮间的海滩宽度不大，一般不超过 50m，相对高度小于 1m，海面间或有脊湾交错的滩尖咀微地形。高潮线附近坡度增大至 4°—7°，砂粒增大并夹杂贝壳或海藻残体，部分陡滩坡度约 12°。特大高潮线以上多为长草的沙丘或沿岸沙堤，其向海坡可增大至 20°，沙堤高度 2—5m 不等，沙丘叠加处高度可达10m或更高。沿岸堤系全新世的海滩脊或晚更新世的古海滩，大部分已发展为海滩上部的沙丘带，不经常受到海浪冲刷，可视为一天然的海滨屏障。上述各带系海滩的整体结构，由于人工采沙或其他原因，破坏了海滩水下部分的动态平衡——海浪动力与泥沙供应间的平衡，会招致上部海滩遭受冲刷破坏。

海平面上升与海滩侵蚀是全球性现象，为此，海洋研究科学委员会（Scientific Committee on Ocean Research，SCOR）已成立专门工作组进行研究，作为工作组的成员之一，作者结合中国海岸实际介绍了SCOR的主要结论。中国科学院地球科学部提出：预估当21世纪海平面上升50cm时，中国主要海滨旅游海滩的变化数据。本文选择了大连、秦皇岛、青岛、北海、三亚5处著名海滨旅游区内的若干海滩进行了分析计算（表2）。上述各地均有我们多年考察的实测剖面数据，海岸段近滨带外界水深，除北海为–2m外，其余均采用–5m，再结合大比例尺地形图与海图，可以获得有关参数。作者经过对多处海岸剖面重复测量结果对比研究后，认为Bruun公式基本上反映海滩变化的自然规律，接受了为国际海洋界所肯定的SCOR89工作组研究成果。作者结合对我国海滩研究的认识，并对Bruun图加以修正（图4）。图中滨线采用低潮海滨线，Δy为预定的海平面上升幅度；Δx_1表示因海平面上升使部分海滩受淹没而产生的后退量；Δx_2为海平面上升而产生的海滩侵蚀后退量，由于海平面上升而形成的海滩总后退量为Δx_1与Δx_2之和，计算的基本依据是海滩趋向于在海平面变动情况下形成新的均衡剖面。表2总结了各海滨沙滩在21世纪海平面上升0.5m后的淹没与冲蚀后退数值。各海滨沙滩面积损失的最小值为12.7%（亚龙湾），因为该处海岸坡度较大，最大值达66%（北戴河海滨），上述海滩面积总损失量可达$266 \times 10^4 m^2$。实际损失值可能要大于上述预算数值，因为激浪与风暴潮作用将更加频繁，其影响的范围更大，大部分海滩均会遭受海水淹侵冲蚀。

3 海滩侵蚀预测与对策

海滨是旅游胜地，以阳光、沙滩与海鲜三S著称，供人们增进健康、陶冶心情，开展体育、研究与经营活动。80年代末以来，国际旅游业已超过石油工业与汽车制造业，成为国际最大的产业，发达国家的海滨旅游业产值约占旅游业总值的2/3。由海平面上升造成的海滨沙滩的冲蚀破坏，不仅丧失了旅游休憩之场所，而且还会危及滩后沙丘带、潟湖水域、沿岸建筑，蚕蚀岸陆土地与破坏陆地环境，所造成的经济损失与社会影响是不容忽视的。

表 2 海平面上升 0.5m 对我国重要海滨旅游区海滩的影响

Tab.2 The net result of beach erosion in China by 0.5m of sea level rising during next century

	海滨位置	长 (m)	现代海平面之海滩 平均宽 (m)	相对高 (m)	面积 (m²)	海平面上升 0.5m 之海滩响应预测 海滩淹没 损失面积 (m²)	损失率 (%)	滨线后退 (m)	海滩侵蚀 损失面积 (m²)	损失率 (%)	滨线后退 (m)	综合效应 损失面积 (m²)	损失率 (%)	滨线后退 (m)
大连	星海公园	2125	68.5	6.1	145613	6.8	14450	9.9	26.5	56314	38.7	33.3	70764	48.6
	东山宾馆	510	42.4	3.8	21645	7.4	3774	17.4	15.8	8078	37.3	23.2	11852	54.7
	大沙滩	756	56.3	3.8	42560	7.9	5972	14.0	24.7	18674	43.9	32.6	24646	57.9
	小计	3391	61.9		209818	6.8-7.9	24196	11.5	15.8-26.5	83066	39.6	23.2-33.3	107262	51.1
秦皇岛	北戴河	7850	87.1	5.9	683456	8.7	68295	10.0	48.8	383080	56.1	57.5	451375	66.1
	西向河寨	3124	223.6	6.4	698466	6.7	20930	3.0	41.5	129650	18.6	48.2	150580	21.6
	山东堡	756	88.2	3.5	66672	7.5	5670	8.5	25.4	19202	28.8	32.9	24872	37.3
	小计	11730	123.5		1448594	6.7-8.7	94895	6.6	25.4-48.8	531932	36.7	32.9-57.5	626827	43.3
青岛	青岛湾	1356	72.8	6.0	98650	8.5	11526	11.7	37.9	51455	52.2	46.4	62981	63.9
	汇泉湾	1124	70.6	6.0	79356	7.0	7868	9.9	38.6	43386	54.7	45.6	51254	64.6
	浮山所口	1625	193.1	5.4	313857	8.9	14462	4.6	26.4	42932	13.7	35.3	57394	18.3
	小计	4105	119.8		491863	7.0-8.9	33856	6.9	26.4-38.6	137773	28.0	35.3-46.4	171625	34.9
北海	外沙	2530	60.8	6.2	153750	5.8-9.5	17254	11.2	27.9	70587	45.9	33.7-37.4	87841	57.1
	大墩海至电白寨	5516	258.4	5.0-9.2	1425588	5.4-9.8	41926	2.9	48.1	265335	18.6	53.5-57.9	307261	21.5
	电白寨至白虎头	5165	183.2	5.0-7.2	946363	5.4-8.7	36457	3.9	45.2	233458	24.7	50.6-53.9	269915	28.6
	小计	13211	191.2		2525701	5.4-9.8	95637	3.8	27.9-48.1	569380	22.5	33.7-57.9	665017	26.3
三亚	大东海	2650	81.5	5.9	215905	7.9	20935	9.7	12.2	32330	15.0	20.1	53265	24.7
	亚龙湾	8880	166.1	5.4-13.4	1475184	6.8-9.8	74592	5.1	12.7	112776	7.6	19.5-22.5	187368	12.7
	三亚湾	16360	296.2	3.3-11.6	4846024	5.6-10.2	137654	2.8	43.6	713296	14.7	49.2-53.8	850950	17.5
	小计	27890	234.4		6537113	5.6-10.2	233181	3.6	12.2-43.6	858402	13.1	20.1-53.8	1091583	16.7
	总计	60327	185.9	3.3-13.4	11213085	5.4-10.2	481765	4.3	12.2-48.8	2180553	19.4	20.1-57.9	2662314	23.7

注：表中海滩面积指低潮海滨线以上包括沿岸砂坝在内的海滨沙滩面积

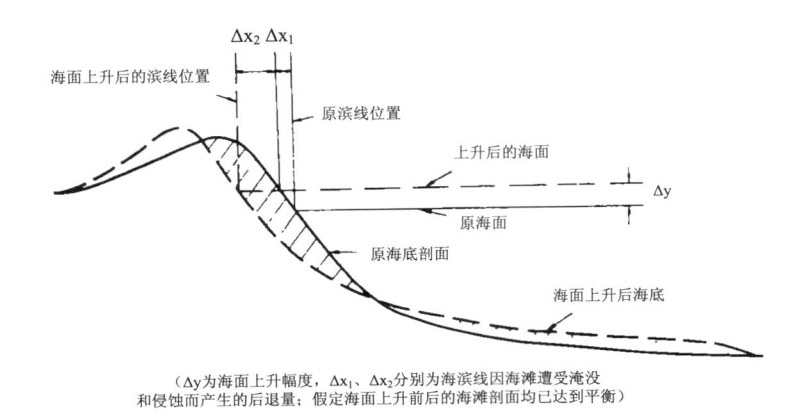

(Δy 为海面上升幅度，Δx₁、Δx₂ 分别为海滨线因海滩遭受淹没和侵蚀而产生的后退量；假定海面上升前后的海滩剖面均已达到平衡)

图 4　海面上升使海滩遭受淹没与侵蚀

Fig.4　Submerged and erosional beach as sea level rising

　　日益发展的海滩侵蚀已引起各界人士的关注，并成为海岸工程研究的热点课题。当前防护海滩侵蚀最有效的措施是海滩喂养（Beach Nourishment），并辅以导堤促淤或外防波堤掩护，视海岸环境的特点而定。这种措施已为欧、美、日等国广泛应用。采用海滩砂人工补给法，必须对目标海岸段充分调查研究，包括海岸与海底地形、波浪折射、激浪带的横向与纵向泥沙运动、风力运沙与沙丘带活动状况、沉积物粒径与分布、海岸冲刷与堆积特点、海岸演变与地质过程以及航片与海图的重复测量等。通过调查确定沙源、泥沙粒径、人工海滩型式、防浪掩护的方式以及人工海滩可维持的期限等，然后进行供设计与施工所需的数学模拟。例如，在有一定潮差的海岸段落人工补充的沙量（m^3/a）需增加 40%的耗损量[10]，再求出按需要与经费条件所能达到的维持年限（5 年、10 年、12 年），最后计算出应补充的总砂量。同时，计算确定人工海滩的长宽比、铺设部位、预定的高度、海滩坡度以及选用砂的粒径等。如选用的砂较原海滩砂细，则均衡剖面的坡度较平缓，可能招致较大的失砂量。目前多开采外滨古海岸砂补充现代海滩，该处水深已超过海岸泥沙活动带，有限量地采沙不会形成对现代海岸过程的破坏。人工堆沙部位以沙丘带坡麓与低潮水边线以下 –1m 水深处为宜，该处为海滩活跃地带，最需补充沙量。虽然铺沙后改变不了海滩过程性，仍会发生季节性变化，但是，在相当长的期限内，为该海滨造就了一条美丽的沙滩。若配以少量防波堤建筑，则人工海滩可预期保持滩体的基本稳定。比如，由南京大学海岸与海岛开发国家试点实验室设计的三亚小东海人工海滩，其海滩长宽比为 2∶1—4∶1，铺设范围介于 –1.0m—2.5m，人工海滩填砂选用三亚市以西 30 多 km 处粒径为 1—2mm 的天然老沙坝砂。为尽可能减少今后人工海滩的维护性回填砂量，小东海人工海滩还设计有必要的丁坝及潜堤等起保滩作用的辅助工程措施[①]。

总之,在全球海平面上升、环境变化以及采取有效对策的研究与实施过程中,地学工作具有相当重要的独到作用。

参考文献

1 Hoffman, J., Keyes, D.and Titus, J.G. Projecting Future Sea Level Rise:Methodology, Estimates to the Year 2100, and Research Needs.U.S.Environment Protection Agency. Washington D.C., 1983.
2 Revelle, R.R. Probable Future Changes in Sea Level Resulting From Increased Atmospheric Carbon Dioxide, Changing Climaate, National Reserach Council Report.Washington, D.C.:National Academy Press, 1983, 433-448.
3 Van Der Veen, C.J. Projecting Future Sea Level, Surveys in Geophysics, 1988, 9, 389-418.
4 SCOR Working Group 89, The Respones of Beaches to Sea Level Changes, A Review of Predictive Models, Journal of Coastal Research, 1991, 7(3).895-921.
5 Bruun, P., Sea-level rise as a cause of shore erosion. Journal Waterways and Harbours Division, American Society Civil Engineers, 1962, 88(WW1), 117-130.
6 Bruun, P. The Bruun Rule of erosion by sea-level rise:A discussion of large-scale two-and-three-dimensional us-ages, Journal of Coastal Research, 1988, 4, 627-648.
7 南京大学海洋科学研究中心．秦皇岛海岸研究．南京：南京大学出版社, 1988, 193.
8 庄振业、陈卫栋、许卫东．山东半岛若干平直砂岸近期强烈蚀退及其后果．青岛海洋大学学报, 1989.19(1), 90-98.
9 钱春林；引滦工程对滦河三角洲的影响, 地理学报, 1994, 49(2), 158-166.
10 Hendrik J. Verhagen Method for Artificial Beach Nourishment, 23rd International Conference on Coastal Engineering, Book of Abstracts, 1992, 593-594.

SEA LEVEL RISE AND BEACH RESPONSE

Wang Ying　　Wu Xiaogen

(*State Pilot Laboratory of Coast & Island Exploitation and Department*

of Geo & Ocean Sciences, Nanjing University, Nanjing 210093)

Key words　　sea level.　　China coast zone. beach erosion. beach nourishment

---

① 南京大学海岸与海岛开发国家试点实验室, 海南鹿回头及小东海海滩改造利用可行性研究报告, 1993.

Abstract

It has prevailed that the sea level rise amounted to 10-20cm over the past 100 years. The recent predictions of greenhouse-related sea level rise in the next century vary considerable. but all agree that an acceleration is possible. This process has gradually reduced wave winnowing on submerged coastal sediments. At the same time, erosion on the upper beach by break waves has been enhanced. On the other hand. following the rise of sea level, the slopes of the river beds have been reduced, decreasing the fluvial sediment discharges. The lack of coastal sediment supply is a world-wide phenomenon. Combined with the increasing frequency of El Nino and Storm surge.beach erosion and land ward migration of sand barrier islands are the comprehansive results of adjusting the coastal dynamic balance responsing the century trend of sea level rising.

By using the Bruun's model, it is estimated that the major tourist beaches along the China coast zone will lose about 13%-66% of their present area while sea level is continully rising to 50cm higher by the year of 2100. Beach protection by building up groin and artificial barrier and beach nourishment are the major methods used under such circumstances.

作者简介

王颖，女，1935 年生，教授，博士生导师，1960 年北京大学四年制研究生毕业。主要研究海岸地貌与海洋沉积。发表论文 80 多篇，书 8 本。

"海平面上升与海滩侵蚀"解读

张振克

1995年《地理学报》第2期刊发了南京大学王颖教授与博士生吴小根合作完成的佳作——"海平面上升与海滩侵蚀",这是一篇在当时和如今都有重要价值的学术研究成果。论文研究基于南京大学长期在海岸地貌研究领域的工作积累,聚焦全球海平面上升的学术前沿热点,立足中国海平面上升背景下砂质海岸地貌动态变化显著,开展了海平面上升背景下海滩侵蚀方向的深入研究,并提供了海滩侵蚀的对策建议,前瞻性地提出国家未来对海滩旅游有巨大需求,开展海滩保护意义重大。本研究成果对于砂质海岸海滩保护具有重要的价值,并可以为砂质海岸海滩旅游开发与管理提供重要的科学依据,对现今打造美丽中国海岸,仍具有重要的现实意义。

一、作者简介

论文第一作者王颖,1935年2月24日出生于河南潢川,为海岸海洋地貌与沉积学家、中国科学院院士、南京大学教授。王颖教授1956年7月毕业于南京大学地理系地貌与第四纪地质学专业;1961年2月获得北京大学地质地理系地貌学专业副博士学位;1982年2月任职于南京大学;1984年5月起任南京大学教授;2001年当选为中国科学院院士;2012年任南京大学中国南海研究协同创新中心主任。

作者介绍:张振克(1963—),男,博士,南京大学地理与海洋科学学院教授,中国地理学会会员(S110010251M),主要从事地貌与沉积、海洋地理、非洲发展研究等。E-mail: zhangzk@nju.edu.cn

长期从事具有地域特点的淤泥潮滩海岸、鼓丘海岸以及河海体系与大陆架沉积等方面研究。

二、写作背景

从20世纪60年代开始,南京大学任美锷、王颖等老一辈学者积极倡导并推进南京大学的海岸海洋科学研究,使其发展成为国内地理学界的特色研究领域,逐步形成了任美锷院士、王颖教授、朱大奎教授、高抒教授、汪亚平教授等为代表的不同时期的海岸海洋科学学术谱系。1963年南京大学地理系成立海岸研究组,积极响应国家海港建设需要,开展海岸动力地貌调查研究;1983年设立海洋地貌与沉积研究室;1986年联合南京大学相关学院的学术力量建立跨学科的"南京大学海洋科学中心"。1988年在国家有关部门的支持下以及加拿大国际发展研究中心的援助基础上,1990年南京大学地理系建立"海岸与海岛开发国家试点实验室"(State Pilot Laboratory of Coast & Island Exploitation),属国家计委、国家教委及自然科学基金委领导,后改制由国家科委领导。2000年获批为教育部重点实验室。多年来,以王颖、朱大奎教授为核心的团队在中国开展了大量的野外海岸地貌调查与勘测工作,服务国家港口建设的前期论证,为"海平面上升与海滩侵蚀"的研究奠定坚实基础。

地理学是经世致用的学科,与国民经济建设、资源调查与环境保护息息相关。20世纪80年代,中国组织实施了海岸带与滩涂资源综合调查项目,其中对海岸地貌与沉积的调查研究是重要内容。同时,中国学界也积极参与国际地质对比计划工作,其中国际地质对比计划第200号项目中国工作组结集出版的《中国海平面变化》论文集有较大的学术影响,但聚焦在晚第四纪以来的海岸变迁与海平面波动,对海平面上升与海岸侵蚀的相关研究还不够重视。1987年世界环境与发展委员会发布了一份重要报告《我们共同的未来》,报告提出:气候变化是国际社会面临的重大挑战,呼吁国际社会采取共同的应对行动。1988年世界气象组织和联合国环境规划署联合成立政府间气候变化专门委员会(IPCC),开展对气候变化的科学评估活动,持续开展全球海平面上升及其影响研究。作为国际海洋研究委员会海平面与世界淤泥海岸组主席，王颖教授积极投身淤泥质海岸的研究。与此同时，他关注年轻的海南省的开发与建设，海滩作为海南省海岸带最宝贵的自然资源，也面临海平面上升的巨大威胁，王颖教授参与了海南岛多个港口建设的基础勘察调研工作、海岸带综合开发项目的论证工作，积极关注与海滩相关的科学问题与开发利用。"海平面上升与海滩侵蚀"一文正是在此背景下，瞄准国际学术前沿，结合王颖教授的实际工作和多年积累，系统研究海平面上升背景下中国的海滩侵蚀问题与保护。

三、主要内容

"海平面上升与海滩侵蚀"一文刊发后受到广泛关注，在《地理学报》网站下载量为 2 478 次，遥遥领先同期论文。作为一篇理论与实际相结合的研究论文，本文写作风格简明、直奔主题，论文包含三部分内容。

第一部分是"世纪性的海平面上升"，回顾了海平面变化的驱动机制和影响因素，简述海平面变化研究的进展，从不同时间尺度的海平面变化记录（沉积记录、验潮站观测记录），分析了气候变化特别是冰川融化驱动的水动型海平面变化，对构造抬升造成的相对海平面变化也做了分析，并对比了全球和中国验潮站观测记录的当代海平面变化，认为全球近 50 年来的平均海平面上升速率是 1—2 毫米/年，具有普遍意义；而中国 9 个验潮站观测记录的海平面上升速率为 2—3 毫米/年，显示出海平面上升对中国沿海的影响更为严峻。此外，本部分的最后，对短周期的海平面变化的影响因素如风暴潮等也做了深入分析，加速了海平面上升背景下的海岸侵蚀。

第二部分是"海岸侵蚀效应"，第三部分是"海滩侵蚀预测与对策"，两部分内容关联紧密。尽管学术界已经关注到砂质海岸的侵蚀作用，但结合中国实例从海平面上升与海滩侵蚀关联视角的研究还不多。作者对海岸侵蚀的动力机制以及海岸地貌变化做了翔实的总结，结合 Bruun 定律对海平面上升背景下的海岸侵蚀效应做了理论分析。立足河北秦皇岛和滦河三角洲、辽宁盖县、山东半岛、江苏赣榆、浙闽海岸沙丘、华南沿海以及海南岛的海岸侵蚀实例，对海岸侵蚀幅度、海滩变化、主要驱动原因进行了详细分析。

论文最具突出贡献的一项工作是对大连、秦皇岛、青岛、北海、三亚的 15 处海滩变化趋势的研究，按照海平面上升 0.5 米背景下的海滩损失的研究，考虑淹没以及侵蚀后退的叠加效应，海滩最小的损失比为 12.7%（亚龙湾），最大的损失比为 66%（北戴河）。上述 15 处海滩的损失总量达到 266 万平方米。这是一项开拓新领域的工作，受到学术界的广泛关注。

论文最后一部分作者将海滩侵蚀的对策研究转向海滩保护，扼要介绍国际发达国家砂质海岸（海滩）的旅游开发趋势，指出海滩保护在未来中国滨海旅游发展中意义重大。借鉴国际经验，实施人工海滩养护应该是海滩保护主要的方式，提出通过科学的调查研究，确定砂源、泥沙粒径、人工海滩形式、防浪掩护的方式以及人工海滩可维持的期限等，计算海滩养护的需砂量，设计人工海滩的铺设部位、预定的高度、海滩坡度以及选用砂的粒径等，王颖教授与南京大学海岸与海岛开发国家试点实验室一起设计了三亚小东海人工海滩实施方案，在实际工作中发现：选用的砂较原海滩的砂细，则均衡剖面的坡度较平缓，可能招致较大的失砂量；建议多开采外滨古海岸砂补充现代海滩，有限量地采砂不会形成对现代海岸过程的破坏；人工堆沙部位以沙丘带坡麓与低潮水边线以下—1 米深处为宜，该处为海滩活跃地带，最需补充沙量。虽然铺沙后改变不了海滩过程性仍会发生季节性变化，但是在相当长的期限内，为海滨造就了一条美丽的沙滩。若配以少量防波堤建筑，则人工海滩可预期保持滩体的基本稳定。为尽可能减少今后人工海滩的维护性回填砂量，人工海滩还设计有必要的丁坝及潜堤等起保滩作用的辅助措施。这些前瞻性的思想观点与工程方案，体现了老一辈地学工作者深刻独到的地理见解与服务现实需要的家国情怀。

四、学术影响与时代贡献

20 世纪 90 年代，国内掀起海岸带研究尤其是海岸变迁与海平面变化研究的热潮，以科学研究问题为导向。"海平面上升与海滩侵蚀"一文最难能可贵的是视角新颖，关注的是海岸侵蚀中的海滩侵蚀和海滩保护，将科学研究、社会需求和实际应用结合起来，研究具有重要的现实意义。2010 年以来，在国家海洋强国战略、沿海开发与保护重大项目中,海岸带岸线修复的很多工作,聚焦海滩养护工程实施,目的是打造中国美丽海岸,促进滨海旅游事业发展。此外,该论文中除了南京大学海岸海洋科学研究团队的第一手观测资料以外,也引用了国内相关机构和团队的观测数据,丰富了海平面变化背景下中国海滩侵蚀的内容,广泛受到学界重视。

揭示气候变化的南极冰盖研究新进展

秦大河 任贾文 效存德

（中国科学院兰州冰川冻土研究所，兰州 730000）

提要 南极冰盖是气候的产物，对气候也有反馈作用，冰盖物质平衡变化与全球海平面升降息息相关，并引发地球系统内的一系列变化。南极冰盖是记录全球变化信息的良好载体，具有信息量大、时间序列长、保真性能强、分辨率高以及可进行现代过程定量研究等其他介质无法取代的独特优点。随着科学技术的发展和人类对全球问题的日益重视，南极冰盖与全球变化研究这一领域将会以高起点、多学科互相交叉、渗透为特色，成为未来南极研究的热点领域。

关键词 南极冰盖 全球变化 环境气候记录 海平面变化 大气环流

全球变化在地球上的不同区域有不同的表现，不同的物质以不同的方式记载着全球变化的信息，同时也对全球变化作出反馈。处于特殊地理区域和极端气候条件下的南极冰盖在全球变化中有重要的地位。根据国际上南极冰盖与全球变化研究进展和作者的研究结果，本文仅就南极冰盖在全球变化中的地位和作用这一研究的发展趋势进行论述。

1 南极冰盖及其变化

南极大陆的总面积为 $1391.8 \times 10^4 km^2$，冰盖和冰架为 $1358.6 \times 10^4 km^2$，占南极大陆面

积的97.6%[1]。冰盖最高点位于东南极洲 Dome A 顶部（约82°S，75°E），海拔4030m，冰体最厚处位于69°54′S，135°12′E，达4776m。冰盖平均厚度为2450m，冰储量达$2937.8×10^4 km^3$，占世界淡水资源的四分之三以上。

南极冰盖的发育历史长达$10×10^7$年以上，冰盖最大规模出现在距今$300×10^4$—$500×10^4$年。根据某些山峰上冰碛物和侵蚀地形推断，当时冰面高度比现今普遍高出数百米。自第四纪以来，虽经历了多次冰期-间冰期气候变化，但和北半球一些大冰盖在更新世的发育和消失成鲜明对照的是，南极冰盖的规模只有很小的变化，其体积变化量仅约10%，尤以东南极冰盖更为稳定[2]。南极冰盖现在的状态和近期变化趋势是冰川学家和气候、环境变化研究者普遍关心的问题。60年代 Wilson[3] 提出第四纪冰期时南极冰盖可能出现跃动的看法，激起了理论研究和野外调查两方面的大量工作。Budd 等[4]对东南极冰盖的模拟研究是南极冰盖动力学研究的最主要结果之一。在他们的模拟中应用了冰盖处于稳定状态的假定，并采用现代实测积累速率和表面温度资料，得到的温度剖面和冰质等年龄线与实测温度剖面和无线回波剖面的层状特征大致吻合，这意味着东南极冰盖具有较高的稳定性。Willans[5]对西南极冰盖模拟的结果表明，冰盖目前处于缓慢减薄状态，但不可能出现快速的变化或崩解。野外调查也没有获得南极冰盖曾发生大规模跃动的足够证据。然而许多资料表明，西南极冰盖的稳定性比东南极冰盖差，特别是 Byrd Land 的 C 冰流在大约300年前出现过跃动[6]。因此，如果气候持续变暖，西南极冰盖有可能出现大的变化。不过精确的预测受到两个方面的限制，一是气候变化的预测和气候与冰盖之间关系的模拟还存在一些不确定因素，二是对南极冰盖本身直接的观测资料还不够充分。

2　南极冰盖物质平衡与海平面变化

地球上淡水的87%以上以冻结状态存在，这种冻结状态的水体主要是分布于极地和高山区的冰川，而南极冰盖和边缘冰架则占这些冰体总量的90%以上。每年降落在南极冰盖上的雪折合成水量相当于全球海平面变化5mm。全球海平面目前上升速率是（1—2）mm/a，若气候转暖，南极冰盖全部融化，全球海平面将上升60m以上。南极冰盖的冰量收支发生变化，将会引起全球海平面的变化[7]。

南极冰盖的物质平衡分量主要为表面净积累、边缘崩解和冰下净消融。表面积累速率早期主要靠雪层剖面和花杆测量测定，后来稳定同位素和微粒等的季节变化被用于划分年层，使研究积累速率的精度大大提高。但有限的站点观测和路线考察资料对巨大的南极冰盖来说仍显得不足。许多研究者对南极冰盖积累速率做过估算。Robin 和 Swithinbank[6]曾对南极冰盖积累速率资料的可靠性给予评价。总的来看，南极冰盖表面积累速率的分布呈海岸带高、内陆低，西南极高、东南极低的势态，极端最低值为东南极洲 Vostok 站 25kg/m²a。Robin[8]提出冰期时南极冰盖中心区域的积累速率可能仅为现今值的一半的假设被 Vostok 冰芯分析所证实[9]，但关于积累速率的近期变化似乎还是一个未知数。虽然有研究者在南极冰盖一些区域得出近几十年来积累速率增加的结论，如 Wikes Land[10]、Terre Adelie 地区及 Vostok、Dome C 和南极点[11]和南极半岛[12]，但也有积累速率减小的结论，如 Mizuho 高原[13]和西南极部分区域[14]。

直接观测南极冰盖消融的资料极为欠缺，主要是因为边缘崩解和冰下消融难以观测。目前高分辨率卫星遥感技术的应用为监测南极冰盖边缘变化带来便利，卫星测高术的测量精度还需要进一步提高，精确测量冰下消融尚需时日。Zotikov[15]认为南极冰盖近一半区域内冰下平均融化速率为（2—3）mm/a，其余部分则与底床冻结在一起。由于冰架与海洋直接接触，冰架底部的消融被认为是冰下消融的主要组成部分。业已通过钻取冰芯分析同位素或通过分析海水盐度和温度对 Amery 冰架、Filchner-Ronne 冰架、Ross 冰架和 GeorgeⅥ冰架底部的冻结和融化过程进行了研究。Jacobs 等[16]对这些结果予以总结，结合冰盖其他资料并应用冰下海水流动模式计算出了每个冰架的消融量。

许多估算的南极冰盖物质平衡结果表明，冰盖目前处于正平衡状态。而近期研究结果则得到两种截然相反的推论，如 Bentley 和 Giovinetto[17]得出了正平衡为 180×10^{12}kg/a，而 Jacobs 等[16]得出的负平衡为 -469×10^{12}kg/a。这个问题尚需进一步详细调查。当务之急是采用新技术，大面积、大量地获取南极冰盖物质积累和消融资料，寻找新的精度较高的近似方法，算清收支平衡，尽快解决冰盖物质平衡与海平面升降、进而与全球变化的关系。

目前对海平面变化中南极冰盖具体占多大比例尚难以说清楚，这除了海平面变化研究本身仍有许多问题未澄清之外，南极冰盖物质平衡变化的定量性还很差。今后对南极冰盖物质平衡变化研究的重点为：确定南极冰盖表面高程的空间变化，通过大范围详细测量和研究，准确确定物质平衡各分量值，确定冰盖陆上部分和漂浮部分的净平衡量，确定 2×10^4 年以来冰盖变化的细节和今后变化的趋势，估算横贯南极冰盖的水汽通量，确定冰盖表面的物质积累方式，认识并估算冰流和溢出冰川的区域和流动机制，定量分析海洋与冰架的相互作用，确定这一作用对冰盖陆地部分的影响。目前正在实施的 ITASE 计划（国际横穿南极科学考察计划）的主要目标之一，是通过网状路线上的实际观测和浅冰芯及表面雪样的分析，准确地确定 200 年来南极冰盖表面的物质积累速率的空间分布和时间变化。

3 南极冰盖与相邻地球圈层的相互作用

南极冰盖在全球变化中的作用还表现在其与周围地球圈层,如水圈、生物圈、岩石圈、大气圈乃至外太空的相互关系中,冰盖与这些圈层的作用和反馈不仅对南半球,甚至对全球气候、环境都有巨大的影响。

极区对气候变化具有放大作用。南极冰盖既可以积极响应气候变化,也可对全球气候变化起驱动作用。冰盖表面反射率的变化和冰面高度、冰盖面积的变化不仅影响南极地区气候的冷暖程度,还导致这一地区大气环流的改变,进而影响全球水汽输送格局。南极冰盖消融速率的变化除影响海平面变化外,还改变海水的成份和温度,影响洋流和蒸发,这对全球气候系统的重要影响作用是显而易见的。南极冰盖变化对气候和海洋的影响势必引发地球系统内部的一系列变化。海洋和大气之间的物质(水分、其他气体和生物、化学物质)和能量交换是地球生物化学循环的重要环节,南极冰盖在其中起重要作用。南极的大气成份已经受到人类活动的干扰,南极上空臭氧空洞的扩大就是该地区对全球环境恶化作出反应的最明显例证之一。南极地区上空臭氧空洞继续扩大,其直接后果是造成太阳紫外辐射水平的上升,从而对地球生物圈产生影响。

Legrand 和 Delmas[18,19]、Zeller 和 Parker[20]等还对南极地区雪冰内的主要阴阳离子、离子平衡、对流层和平流层内过程对雪冰内某些化学成份的作用做了研究。近年秦大河等对沿横贯南极洲冰川学考察路线上表面雪样的分析表明,非海盐离子通量在内陆腹地分布均匀,但海盐离子通量却呈西高、东低态势,说明西南极洲近岸带局地海洋气团降水所占比例相对较大,东南极内陆降水主要来自来南半球遥远海洋,与稳定同位素过量氘 exd 分析的降水来源一致。NO_3^- 通量在南极光作用区出现峰值,意味着 NO_3^- 的来源与高层大气中的光电作用有较密切的关系[21]。

南极冰盖与周围圈层的相互作用还表现在冰盖能定量地反映来自不同圈层,经大气传输而在冰盖表面呈规律分布的现代过程。南极冰盖表面层内的环境和气候记录除了雪冰本身的稳定同位素(温度和降水指标)和宇宙射线、电子沉降等造成的放射性物质记录(^{14}C、^{10}Be、^{36}Cl、^{81}Kr)外,在雪冰、气泡及不可溶杂质三大媒体中保留了自由大气传输而来的 H^+、K^+、Na^+、Ca^{++}、Mg^{++}、NH_4^+、Cl^-、SO_4^- 和 NO_3^- 等主要阴、阳离子,生物有机酸和温室气体、微粒、外星物质、火山灰以及超痕量重金属元素等。这些物质中有的与生物地球化学循环中特殊元素的循环相联系,有的与人类活动关系密切,有的与高层大气的光电活动甚至宇宙事件有关。

南极冰盖表面层内的环境气候记录在降雪沉积后的变质过程和冰体运动中都会发生一定程度的变化或流失，通过冰盖表面层雪的沉积和变质过程研究和各种记录详细分析，不仅可了解各种信息的储存和演变机制，还对认识气候和环境的现代过程有极大帮助。冰盖运动规律的研究既有利于各种记录的解释，又能为冰盖变化历史、气候模式的建立提供基础资料。除了冰盖本身的研究外大气是冰盖与其他圈层相互作用中最为突出和引人注目的一环。无论是来自海洋、其他大陆和人类活动的影响物质，还是来自对流层上部、平流层乃至外太空物质，在大气圈的传输过程中必然会发生复杂的大气化学反应。在冰面检测到的既是经过传输过程中的变化、又经过沉降后的变质和变化的结果。在反演各类记录的来源时，将上述"噪音"或"扰动"区分出来，就必须紧密地与大气化学研究结合，得出较为客观的结论。

4　南极冰盖内的全球环境气候变化记录

南极冰盖是自然界低温条件下降雪积累并经密实化过程演化形成。每次降水过程，不但为南极冰盖增添了新的物质，同时也将各种环境气候信息和其他物质贮存到冰盖内。因此，从冰盖表面向内部，逐层分析雪冰及其所含各种物质，能够重建气候和环境的变化历史，这是全球变化研究中的重要内容之一。

由于南极冰盖存在历史长，厚度大，降雪积累率低，有希望钻取的冰芯时间序列达几十万年之久。另一方面，南极冰盖远离人类活动区，冰雪体非常洁净，在其他地区不易检测的大气环境变化尤其是人类污染的某些信息能够在南极冰雪内检测到。南极冰芯内的气候环境记录具有信息量大、内容丰富、时间序列长、分辨率高、保真度强以及可进行现代过程的定量研究等独特优势，它在全球变化研究中的重要作用将随着研究的深入、测试技术的提高和研究内容的扩大而进一步展现出来。

对过去气候变化记录的恢复主要是通过测定和分析冰芯内稳定同位素比率来进行的。Picciotto 等[22]最早研究南极冰盖边缘 Roi Baudouin 站降雪中氧同位素比率 $\delta^{18}O$(‰)与相应云层温度（θ）之间的关系，得出 $\delta^{18}O$(‰)=0.9θ–6.4 的关系式。Lorious 和 Merlivat[23]根据东南极冰盖海岸带一些地点的资料，建立了 $\delta^{18}O$ 与年平均温度的经验关系：$\delta^{18}O$(‰)=0.755θ–7.6。秦大河等[24,25]根据横贯南极冰盖主要地理单元表层雪样的分析，系统研究了氧同位素比率 $\delta^{18}O$、氢同位素比率 δD 及过量氘 exd 与年平均温度关系的区域性差异，这对解释不同地区冰芯同位素资料十分有益。根据 δD 与 $\delta^{18}O$ 之间存在有线性关系，独立测定 δD 和 $\delta^{18}O$ 值后，推算出的 exd 对南极地区降水来源分析极为有用。

Robin 等[26]对南极冰盖同位素比率与温度之间的关系从理论上给予证实。通过对影响同位素 δ 值的各种可能因素进行分析，在确信 δ 值与温度关系最密切后，将由冰芯 δ 值导出的温度作为过去冰盖表面的温度输入冰盖温度场模式中，计算出现代冰盖的温度-深度剖面，其结果与钻孔实测温度剖面一致，说明将同位素剖面解释成温度变化是正确的。

南极冰盖的几支深冰芯提供了过去气候变化的宝贵资料，其中以 Vostok 冰芯的研究得出的时间序列最长。Jouzel 等[27]通过对这支 2083m 长度冰芯的稳定同位素比率的分析得出了过去 16×10^4 年以来的气候变化曲线，该曲线与海洋沉积物分析得到的气候曲线趋势非常吻合。Vostok 冰芯的气候记录表明末次冰期-间冰期旋回跨越时间长度约 10^5 年，温度变幅约 11C；末次间冰期比全新世暖约 2C。Byrd 冰芯是取自南极冰盖最长的一支冰芯，时间也较早。但因钻孔所在地点受冰体流动的影响，冰芯年代尚有争议。Dome C 冰芯是南极内陆另一个年代较为可靠的冰芯。该冰芯长约 900m，由稳定同位素分析得到的 3×10^4 年气候变化曲线[28]与 Vostok 冰芯结果相一致。

大气环境的变化在南极冰盖内有丰富的记录信息，可通过对冰/雪内气候成份及其他杂质浓度的测定和分析来进行研究。自 70 年代以来，这方面研究已取得了许多重要成果。Boutron 和 Lorius[29]对 Dome C 雪层内 12 种痕量金属元素进行了测定，发现其中 9 种元素浓度高于大气中的浓度，其原因有待进一步调查。一些研究者还对 Byrd 站冰芯中某些痕量元素、微粒浓度及火山灰等做过许多研究工作。但如前所述，因冰芯年代的争论使这些研究所得到的大气环境变化特征尚有质疑。Vostok 冰芯研究结果是深孔冰样研究最突出的例子。其中 Barnola 等[30]对 CO_2 和 Angelis 等[31]对 A1 和 Na 浓度的分析结果与 Jouzel 等[27]得到的 δD 曲线有良好对应关系。Legrand 等[32]则对冰芯的主要阴、阳离子浓度做了细致的研究。这些结果表明，冷期时无论是海洋来源的杂质还是陆地来源的杂质其浓度均明显高于暖期，其原因为冰期时荒漠和大陆架面积扩大、纬向环流增强和降雪低累率减低；而 HNO_3 和 H_2SO_4 浓度与温度变化没有明显对应关系说明火山爆发与气候之间的关系不明显。80 年代以来，南极冰化学研究发展迅速，主要表现在对深冰芯进行这方面研究的同时，大范围表层雪样的研究受到特别重视；分析内容急剧扩大，尤其是与生物地球化学循环和人类活动有关的物质测定和分析内容增加更为显著，如可溶性杂质除主要阴、阳离子之外还有生物有机酸离子，不可溶杂质除微粒和痕量金属元素外增添了超痕量重金属元素，温室气体除 CO_2 外又增加了 CH_4 和 N_2O 等。

参考文献

1 Drewry DJ., Jordanand SR., Jankowski E. Measured properties of the Antarctic ice sheet: surface

configuration, ice shickness, Volume and bedrock characteristics. *Ann. Glactol.*, 1982 (3): 83-91.

2　Drewry DJ., de G., Robin Q. Pattern and flow of the Antaretic ice sheet for a million years past. In;Robin G. de Q. ed. The climatic record in polar ice sheets. Cambridge: Cambridge University Press, 1983. 28-38.

3　Wilson AT. Origin of ice ages: an ice shelf theory for pleistocene glaciation. *Nature*, 1964, 201(4915): 147-149.

4　Budd WF., Jenssen D., Radok U. Derived physical characteristics of the Antarctic ice sheet. *ANARE Interim Reports. Ser. A(TV)*, *Glaciology. Publ.*, 1971(120).

5　Whillans IM. Ice movement. In: Robin G., de Q. ed. The climatic record in polar ice sheets. Cambridge: Cambridge University Press. 1983, 70-77.

6　Robin G., de Q., Swithinbank C. Fifty years of progress in understanding ice sheets. *J. Glaciol.*, 1987, (Special Issue): 33-47.

7　Weller G E. ed. The Rold of the Antarctic in Global change: An International Plan for a Regional Research Programme. Cambridge, SCAR. 1993.

8　Robin G. de Q. Ice cores and climatic change. *Philos. Trans. R. Soc. London, Ser. B*, 1977, 280(972): 143-168.

9　Lorius C., Jouzel J. Ritz C. et al. A150, 000 year climatic record from Antarctic ice. *Nature*, 1985, 316(6029): 591-596.

10　Goodwin ID. Snow-accumulation variability from seasonal surface observations and firn-core stratigraphy, eastern Wilkes Land, Antarctica. *J. Glaciol.*, 1991, 37(127): 383-387.

11　Pourchet M., Pinglot F., Lorius C. Some meteorological applications of radioactive fallout measurements in Antarctic snow. *J. Geophys. Res.*, 1983, 88(c10): 6013-6020.

12　Peel *DA*., Mulvaney R. Air temperature and snow accumulation in the Antarctic Peninsula during the past 50years. *Ann. Glaciol.*, 1988, 11: 207.

13　Kameda T., Nakawo M., Mae S. et al. Thinning of the ice sheet estimated from total gas content of ice cores in Mizuho Plateau, East Antarctica. *Ann. Glaciol.*, 1990, 14: 131-135.

14　Shabtaie S. Bentley CR. West Antarctic ice streams draining into the Ross Ice Shelf: configuration and mass balace. *J. Geophys. Res.*, 1987, 92(B2):

15　Zotikov IA. . Bottom melting in the central zone of the ice shield on the Antarctic continent and its influence upon the present balance of the ice mass. *IASH Bulletin*, 1963, 8(1): 36-44.

16　Jacobs SS., Hellmer HH., Doake CSM. et al. Melting of ice shelves and the mass balance of Antarctica. *J. Glactol.*, 1992, 38(130): 375-387.

17　Bentley CR., Giovinetto. MB. Mass balance of Antarctica and sea level change. In;Weller G. et al. eds, Polar Regions nad Climate Chage. Firban: University of Alaska, 1991. 481-488.

18　Legrand MR., Delmas RJ. The ionic balance of Antarctic snow: 10-year detailed record. *Atmos. Environ.*, 1984, 18: 1867-1874.

19　Legrand MR., Delmas RJ. Relative contribution of tropospheric and stratospheric sources to nitrate in Antarctic snow. *Tellus*, 1986, 38(B): 236-249.

20　Zeller EJ., Parker BC. Nitrate ion in Antarctic firn as a maker form solar activity. *Geophys. Res. Leet.*, 1981, 8: 895-898.

21　秦大河, 南极冰盖表层雪内的现代气候和环境记录研究. 博士论文. 兰州: 中国科学院兰州冰川冻土

22 Picciotto E., de Maere X. Friedman I. Isotopic composition and temperature of formation of Antarctic snow. *Nature*, 1960, 187: 857-9.

23 Lorius C. Merlivat L. Distributton of mean surface stable isotope values in East Antarctica : observed changes with depth in the coast area. *IAHS Publ*, 1977, 118: 127-137.

24 秦大河、任贾文、王文悌等. 横贯南极洲表层25cm 雪层内 БD 值的分布规律. 中国科学(B 辑), 1992(7): 368-776.

25 Qin Dahe J., Petit R., Jouzel. J. et al . Distribution of stable isotopes in surface snow along the route of the 1990 International Trans-Antarctic Expedition. J. Glaciol., 1994, 40(134): 107-118.

26 Robin G., de Q. et al. The climatic record in polar ice sheet. Cambridge;Cambridge University Press, 1983.

27 Jouzel J., Lorius C., Petit J. R. et al. Vostok ice core: a continuous isotope temperature record over the last climatic cycle(160, 000 years). *Nature*, 1987, 329(6138): 403-648.

28 Boutron C., Lorius C. Trace metals in Antarctic Snows since 1910. *Nature*, 1971, 277: 551-554.

29 Barnola JM., Raynaud D., Korotkevich, YS. Vostok ice core provides 160, 000-year record of atmospheric CO_2. *Nature*, 1987, 329(6138): 408-414.

30 Angelis M., de NI., Barkov Petrov V N. Aerosol concentrations over the last climatic cycle(160 kyr)from an Antarctie ice core. *Nature*, 1987, 325(6102): 318-321.

31 Legrand M R., Lorius C., Barkov NI., Vostok(Antarctica) ice core: atmospheric chemistry changes over the last climatic cycle(160, 000 years). *Atmos. Environ.,* 1988, 22(2): 317-331.

32 Tomoyuki Ito. Antarctic submicron aerosols and long-range transport of pollutants. *AMBIO*, 1989, 18(1): 34-41.

PROGRESS IN THE RESEARCH ON ANTARCTIC ICE SHEET IN RELATION TO GLOBAL CHANGE

Qin Dahe　Ren Jiawen　Xiao Cunde

(*Lanzhou Institute of Glaciology and Geocryology, Chinese Academy of Sciences. Lanzhou,* 730000)

Key words　Antarctic ice sheet. global change. climatic and environmental record. sea-level change. atmospheric circulations

Abstract

The Antarctic ice sheet is the largest grounded ice in the world which occupies more than three fourths of the Earth's fresh water and contains sufficient ice to raise world-wide sea level by more than 60m if melted completely. Since major interactions between the ice sheet, atmosphere and oceans affect the entire global system, the ice sheet plays a critical role in global change. The ice sheet not only responds to climatic change but also influences climate greatly through feedback. Any changes in mass balance of the ice sheet may be of importance to global sea-level change. The special geographic location, ice thickness, snow accumulation rate and surface temperature combine to make the Antarctic ice sheet the storehouse of the longest and potentially most diverse ice records on earth. The global change information preserved in the ice sheet is unique because of its wide range of direct and proxy measures, long time-scale, and high resolution and fidelity. During the past decades, research on the Antarctic ice sheet has made great progress both in investigation of the ice sheet and recovery of climatic and environmental record preserved in it, primarily due to modern technological advances. To date the form and extent of the surface features of the ice sheet have been defined much clear, and a lot of data on the ice thickness and the sub-ice bedrock topography (and hence estimation of the ice volum) has been acquired. Studies of ice cores taken from the ice sheet have already provided climatic and environmental records over the last ice age cycle. Some achivements in monitoring of the greenhouse gases and the anthropogenic pollutants have also been made. Since the global change is becoming increasingly important to the human race, to further understand the ice sheet and investigate the ralationships between the ice, atmosphere and oceans and to monitor and detect the global change in the ice sheet will be the front of Antarctic research in future. More widespread international and multiple disciplines cooperation is certainly emphasized in the coming programs.

作者简介

秦大河，男，1947 年生，研究员，1970 年兰州大学地质地理系毕业，1992 年获兰州大学博士学位。曾三赴南极越冬考察。现主要从事"三极"（南极、北极和青藏高原）地区冰雪与全球变化研究，已发表"Distribution of stable isotopes in surface snow along the route of the 1990 International Trans-Antarctica Expedition"等约 60 篇论文，及《南极冰盖表层雪内的物理过程和环境气候记录》等 5 本著作。

"揭示气候变化的南极冰盖研究新进展"解读

丁永建

一、作者学术经历简介

秦大河，1947 年 1 月出生于甘肃省兰州市，冰川学家和气候学家，中国科学院院士、第三世界科学院院士，中国科学院西北生态环境资源研究院研究员、博士生导师，冰冻圈科学国家重点实验室名誉主任。

秦大河长期从事冰冻圈与全球变化研究。他领导开创了"冰冻圈科学"，完成了以《冰冻圈科学概论》为总纲，冰冻圈地理、物理、化学、水文、生态、微生物、气候、灾害、工程、人文、地缘及行星冰冻圈为体系的冰冻圈科学建设，并出版了系列学科专著，其中《冰冻圈科学概论》获得首届全国优秀教材（高等教育类）特等奖（2021 年），"冰冻圈科学研究"获得中国科学院杰出科技成就集体奖（2021）。他领导完成了"中国气象事业发展战略研究"，提出"大气象"的概念，为中国气象事业的发展开拓了创新思路（2006 年）。自 1995 年起，他直接参与和领导联合国政府间气候变化专门委员会（IPCC）的工作，时间逾 20 年，期间连续两次担任 IPCC 第四次和第五次评估报告第一工作组联合主席，并因此获得诺贝尔和平奖（集体，2007 年）。因其在上述领域的杰出贡献，荣获沃尔沃环境奖（2013 年）。

作者介绍：丁永建（1958— ），男，甘肃天水人，中国科学院西北生态环境资源研究院研究员，中国地理学会会员（S110002569M），研究方向为寒区水文与全球变化。E-mail: dyj@lzb.ac.cn

秦大河2000—2007年担任中国气象局局长、党组书记；2003年当选为中国科学院院士；2004年当选为第三世界科学院院士；2008年任第11届全国政协人口资源环境委员会副主任，同年获得第53届国际气象组织奖；2013年担任中国科学院学术委员会主任；2020年出任华东师范大学世界地理与地缘战略研究中心主任。

二、论文写作背景和主要内容

南极位于特殊地理区域，南极冰盖在全球变化中有重要的地位。20世纪90年代初，国际科学界推出了全球变化与南极地区计划（GLOCHANT），为了介绍南极的科学价值和前沿，本论文就南极冰盖在全球变化中的地位和作用进行了综合论述。基于南极冰盖的研究事实，以全球的视野，论文从南极冰盖及其变化、南极冰盖物质平衡与海平面变化、南极冰盖与相邻地球圈层的相互作用，以及南极冰盖内的全球环境气候变化记录等四方面论述了南极冰盖研究的新进展。

关于南极冰盖及其变化，作者当时就关注到了南极冰盖稳定性这一目前极为重要的科学问题。但限于当时的技术条件，没有获得南极冰盖非稳定的足够证据。然而，许多资料表明，西南极冰盖的稳定性比东南极冰盖差。对此，作者提出推断，如果气候持续变暖，西南极冰盖有可能出现大的变化，不过精确的预测受到两个方面的限制，一是气候变化的预测和气候与冰盖之间关系的模拟还存在一些不确定因素，二是对南极冰盖本身直接的观测资料还不够充分。

关于南极冰盖对海平面变化的贡献，论文指出，南极冰盖表面积累速率的分布呈现出地带性规律，表现为海岸带高、内陆低，西南极高、东南极低的势态；极端最低值为东南极洲东方站（Vostok Station），仅为25 kg/m²a。但广袤的南极冰盖与技术精度之间存在很大鸿沟，作者指出，当务之急是采用新技术，大面积、多尺度地获取南极冰盖物质积累和消融资料，寻找新的精度较高的近似方法，算清收支平衡，尽快解决冰盖物质平衡与海平面升降，进而与全球变化的关系。

关于南极冰盖与地球圈层的相互作用，论文开宗明义指出，南极冰盖在全球变化中的作用还表现在其与周围地球圈层，如水圈、生物圈、岩石圈、大气圈乃至外太空的相互关系中，冰盖与这些圈层的作用和反馈不仅对南半球，甚至对全球气候、环境都有巨大的影响。论文进一步阐释道，极地区对气候变化具有放大作用，冰盖表面反射率、面积的变化、对海平面变化的贡献、对全球洋流和蒸发的影响等，都深刻影响着气候系统能量、物质、动力过程，进而影响海洋和大气之间地球生物化学循环各环节，进一步影响全球气候。南极上空臭氧空洞的扩大就是最明显的例证。

关于南极冰盖内的全球环境气候变化记录，作者通过对沿横贯南极洲冰川学考察路线上表面雪样的分析，实证了南极表面非海盐离子、大气环流、降水分布等与海-气水分输送和大气成分之间的联系。论文还关注到冰盖环境记录与圈层的贡献，认为南极冰盖通过环境记录，将各圈层联系起来，南极冰盖表面层的环境和气候记录包含了来自各圈层的物理、化学、生物信息，这些物质中有的与生物地球化学循环中特殊元素的循环相联系，有的与人类活动关系密切，有的与高层大气的光电活动甚至宇宙事件有关。论文指出，南极冰芯内的气候环境记录具有信息量大、内容丰富、时间序列长、分辨率高、保真度强以及可进行现代过程的定量研究等独特优势，它在全球变化研究中的重要作用将随着研究的深入、测试技术的提高和研究内容的扩大进一步展现出来。

三、论文学术影响和时代贡献

论文发表于 1995 年，是 IPCC 第二次评估报告发表之年。此前的 1990 年，IPCC 发布了第一次气候变化评估报告，开启了全球气候变化的世界大幕。第一次气候变化评估报告是在全球性环境问题凸显、生物多样性问题严重、人地关系矛盾突出、人类可持续发展受到极大威胁的背景下开展的，当时并没有关注到冰冻圈问题。但在评估过程中，冰冻圈问题不断出现在气候变化的各个领域，尤其是海平面上升，与冰冻圈变化密切相关。因此，在 IPCC 第二次评估报告海平面专章中增加了对冰川和冰盖变化的评估内容。在此国际背景下，作者于 1989—1990 年横穿南极，获取大量贯穿整个南极断面的表层雪样，通过南极与全球变化关系的研究，深感南极在全球气候变化中具有举足轻重的作用。国际社会全球变化研究已蓬勃兴起，GLOCHANT 计划启动，南极在全球变化的中的重要性开始受到重视，但深层次的科学问题还没有得到充分认识。有鉴于此，作者在已有成果和自身研究基础上，完成了《揭示气候变化的南极冰盖研究新进展》一文。该文的发表，有以下学术影响和时代贡献：

论文前瞻性地关注到西南极的不稳定性问题。西南极冰盖不稳定性问题已经成为当今南极乃至全球气候变化研究中的热点问题之一。作者通过总结观点完全相反的不同研究结论，依据当时的全球变化国际动态，较准确地把握了气候变化的大趋势，认为在气候持续变暖影响下，西南极冰盖有可能出现大的变化。而目前越来越多的研究证据表明，在21世纪，西南极大陆外围的阿蒙森海的变暖速度可能约是历史记录数据的3倍，预计未来阿蒙森海变暖和西南极冰架融化都将加快；西南极冰盖正在以远超预测的速度加速融化，此前认为在漫长的地质历史长河中的缓变事件，很可能在短短一代人的生命周期中完成。作者的预见正在成为事实，不仅于此，当时作者就指出，精确地预测西南极冰盖变化，一是受限于气候变化预估水平和气候与冰盖之间关系的模拟，二是受限于对南极冰盖的充分观测。目前西南极冰盖稳定性问题的着手点也是围绕上述问题进行的。

论文提出对南极冰盖物质平衡和海平面变化研究不足及未来方向的观点，至今仍具有参考和指导意义。由于南极冰盖体量大、地处偏僻，20世纪90年代对其物质平衡的认识水平十分有限。因此在海平面变化的评估中对南极冰盖的贡献处于定性描述状态，IPCC前四次评估报告中，南极冰盖对海平面变化的贡献时正时负，具有很大的不确定性。对此，作者指出，冰盖表面高程空间变化的监测最为重要，后来测高卫星的发射正是以了解冰面高程变化为目的的，冰盖高程监测卫星与重力卫星（GRACE）与合成孔径雷达（Interferometric synthetic aperture radar，InSAR）技术的结合，对定量评估南极表面物质平衡起到了巨大推动作用。同时，作者提出的定量分析海洋与冰架相互作用的未来方向，也正是目前估算南极冰盖物质平衡的重点内容。

论文对南极冰盖与圈层关系的论述是后来冰冻圈科学学科体系发展的萌芽。作者从南极着手，放眼全球，分析了南极冰盖与其他圈层的关系，较早从地球系统的观点论述冰冻圈的作用。目前，冰冻圈科学已经跳出了传统研究各要素自身机理、过程和变化的桎梏，成为与地球各圈层密切联系、与社会经济息息相关的新兴科学。这一学科体系的形成，起始于2007年。这年开始建立"冰冻圈科学国家重点实验室",同时,启动了"我国冰冻圈动态过程及其对气候、水文和生态的影响机理与适应对策"国家重点基础研究发展计划(973计划)项目,在秦大河带领大家针对实验室建设和973计划项目的研讨中,冰冻圈科学体系化思想逐渐形成。冰冻圈与其他圈层相互作用是冰冻圈科学的核心思想之一,如今回头来看,早在20世纪90年代作者的论文中就已体现出冰冻圈科学学科体系发展的思想萌芽。

论文对冰盖环境记录的总结为后续中国科学院冰芯实验室建设起到学术先行作用。20世纪90年代初,全球气候和环境问题受到广泛关注。尽管当时国内环境问题突出,对气候变化问题的认识不足,且经济实力有限,秦大河力排众议,于1991年创建所级冰芯实验室,后几经努力于1997年建成中国科学院冰芯与寒区环境重点实验室,这也是冰冻圈科学国家重点实验室的前身。该论文也是在此期间完成的,作者以南极为载体,通过研究进展中所揭示的气候环境变化实例,对冰芯研究的重要性给予了较全面论述,可以说冰芯实验室的创建是有着较好学术准备的,与山地冰川冰芯研究的相关论述一道,该论文为实验室建设起到了学术先行的作用。

遥感信息科学的进展和展望[*]

徐冠华　田国良　王　超　牛　铮　郝鹏威　黄　波　刘　震

(中国科学院遥感应用研究所，北京　100101)

提要　本文首先阐述了遥感信息科学的理论基础、研究对象和内容。指出遥感信息科学的发展，为地学提供了全新的研究手段，导致了地学研究范围、内容和方法的重要变化，标志着地学信息获取和分析处理方法的一场革命及一门新兴学科的兴起。遥感信息科学的理论、技术和方法在国民经济发展中有着广泛的应用，在资源、环境、灾害的调查、监测、分析评估和预测方面发挥着重要作用。文章最后指出了遥感信息科学的发展趋势，提出了资源与环境信息是国家的重要战略资源，及建设国家资源与环境信息系统的重要性。

关键词　遥感信息科学　地球信息科学　进展　展望

1957 年第一颗人造卫星升空，标志着人类进入了太空时代。从此，人类以崭新的角度开始重新认识自己赖以生存的地球。遥感信息科学的形成与发展，它与全球定位系统和地理信息系统科学的融合、渗透和统一，形成了新型的对地观测信息系统，为地学研究提供了新的科学方法和技术手段，导致了地学的研究范围、内容和方法的重要变化，标志着地学信息获取和分析处理方法的一场革命。

第 51 卷第 5 期，1996 年 9 月

引用本文：徐冠华, 田国良, 王超, 等. 遥感信息科学的进展和展望. 地理学报, 1996, 51(5): 385-397. [Xu Guanhua, Tian Guoliang, Wang Chao, et al. Remote sensing information science: Progress and prospect. *Acta Geographica Sinica*, 1996, 51(5): 385-397.]

[*] 本文系根据徐冠华院士在中国科学院第八次院士大会的报告修改而成。陈述彭院士、周秀骥院士和李德仁院士审阅了全文并提出了修改意见，在此一并致谢。

来稿日期：1996-06。

1 遥感信息科学的理论基础、研究对象和内容

遥感的含义是在远离目标、与目标不直接接触情况下判定、量测并分析目标的性质。对目标进行信息采集主要是利用了从目标反射或辐射的电磁波。电磁波在介质中传输时，会与介质发生作用而改变特性，如波长、传播方向、振幅和偏振面。因此通过对遥感观测到的电磁波特性的分析，可以反演与之发生相互作用的介质的性质，从而识别目标和周围的环境条件。

根据所利用的电磁波谱段，遥感主要分为光学遥感、热红外遥感和微波遥感三种类型。

（1）光学遥感

光学遥感所观测的电磁波的辐射源是太阳和人工光源（例如激光）等，采用的波长范围，主要为可见光、近红外、短波红外区域。光学遥感主要探测目标物的反射与散射。

（2）热红外遥感

热红外遥感所观测的电磁波的辐射源是目标物，采用的波长范围为 8—14μm。热红外遥感主要探测目标物的辐射特性（发射率和温度）。

（3）微波遥感

微波遥感观测目标物电磁波的辐射和散射。因此又分为被动微波遥感和主动微波遥感，采用的波长范围为 1mm—100cm。被动微波遥感主要探测目标物的发射率和温度；主动微波遥感主要探测目标物的后向散射系数特征。

遥感信息科学主要研究遥感信息形成的波谱、空间、时间及地学规律，研究遥感信息在地球表层的传输和再现规律。

（1）遥感信息的波谱特性研究

遥感对地表的监测是基于各种地物的物理特征和化学组分决定的波谱特性，因此各种地物的波谱特性是遥感信息形成的基础。其研究内容是研究地物对可见光、近红外、短波红外的反射特性、热红外的辐射特性、微波的辐射特性、介电特性、后向散射特性和穿透特性等。

（2）遥感信息的空间特性研究

遥感信息除具有波谱特性外，还具有空间特性，其研究范围包括遥感信息形成的几何机理和模型；遥感信息几何特性理论、模型和方法；新型对地定位理论和方法等。

（3）遥感信息的时间特性研究

遥感可以周期地获取地表信息。地物在不同时相表现的波谱和空间特性的差异是对地

探测的重要依据。其研究内容是遥感信息波谱特性和空间特性随时间变化的规律。

（4）遥感信息与地学规律研究

根据不同地学研究对象，遥感可分为大气遥感、海洋遥感和陆地遥感三大领域。

a）大气遥感

大气遥感是利用遥感监测大气结构、状态及其变化。从遥感观测物理量看，主要包括大气温度、压力、风、气溶胶类型及其含量分布、云的结构与分布、水汽含量、大气微量气体的铅垂分布及三维降雨观测等。大气遥感技术对于灾害性天气气候以及全球环境变化的监测和预测，具有极为重要的意义。

全球环境变化监测的一个重要问题是，需要了解大气中具有辐射和化学重要性的微量气体，在全球范围内的时空分布和变化趋势，特别是 CO_2、CO、CH_4、O_3、N_2O、NO_2、NH_3、$(CH_3)_2S$、H_2S、COS 和 SO_2。70 年代的雨云卫星系列在这方面发挥了重要作用。用雨云系列卫星上搭载的被动式传感器第一次获得了温度、H_2O、CH_4、HNO_3 的全球信息。1978 年发射的雨云 7 号上携带了 TOMS（总臭氧量制图光谱仪），观测了全球臭氧分布，在发现臭氧洞方面做出了贡献，取得了与平流层中臭氧层的破坏有关的重要信息。1991 年 9 月发射的上层大气圈研究卫星（UARS）携带 CLAES、ISAMS、HALOE、MLS 等 10 种高灵敏度传感器，用以测量中上大气层参数，特别是平流层臭氧，以及太阳辐射和影响大气层的能量粒子。其上的微波边缘探测器（MLS）可以测量大气层 O_3、ClO、SO_2、HNO_3、水含量。通过对全球 ClO 分布的测量发现，ClO 的升高与臭氧的损耗相关，同时还发现了 1991 年菲律宾皮那图布（Pinatubo）火山喷发所形成的热带区 26km 高度 SO_2 的富集。

近年来发射和即将发射的一系列对地观测平台上，均携带了大气观测传感器，如欧空局 ERS-2 的 GOME 和 ATSR-2、日本 ADEOS 的 ILAS 和 IMG、欧空局 ENVISAT 的 MERIS 等等。这些传感器将获得大气中微量气体、气溶胶、水、温度、压力的详细信息。日美热带降雨量测计划（TRMM）利用雨量雷达、TRMM 微波成象仪、可见光红外扫描仪获取全球降雨数据。这些测量为大气的辐射、化学和动力学过程研究提供了参数。

在灾害性天气气候的监测与预测方面，气象卫星遥感发挥了极为显著的作用，对台风、暴雨、龙卷风等灾害性天气的监测效率提高到百分之百的水平，使数值天气预报准确率有了明显的提高。正在计划中的地球环境卫星将提供大气圈、水圈、岩石圈、生物圈及其相互作用的探测资料，把长期数值天气预报与气候预测提高到一个崭新的阶段。

b）海洋遥感

海洋遥感包括物理海洋学遥感（海面水温、海风矢量、海浪谱、全球海平面变化等）、生物海洋学和化学海洋学遥感（如海洋水色、叶绿素浓度、黄色物质）、海冰监测（海冰类型、分布范围和变化）。

卫星遥感资料中,红外谱段的亮度温度最早应用于物理海洋学研究。利用 NOAA AVHRR 数据不仅制作了全球海面温度图,而且表面水温预报已进入日常运行阶段。但是,由于红外线不能穿透云层,因此微波遥感技术在物理海洋遥感中显得日益重要。在海面水温测量中,海洋卫星(Seasat)上搭载的扫描多通道微波辐射计(SMMR),测量海面水温精度可达 1K。欧空局 ERS-2、日本 ADEOS 上也均携带有微波辐射计。但由于目前微波辐射计分辨率较低,因此,合成孔径微波辐射计、合成孔径微波干涉辐射计是一发展趋势。在海风矢量测量方面,微波散射计是测量海洋风场的重要手段,Seasat、ERS、ADEOS、EOS 均携带不同天线类型的微波散射计以测量海洋风场。极化微波辐射计也被证明可用来测量海洋风场。在海面高度测量方面,微波高度计能以数厘米的精度测量海面高度,例如,Topex 微波高度计的测高精度为 2cm。近年来兴起的合成孔径雷达遥感,在海浪谱信息的提取、海洋物理现象的观测、海冰监测方面,发挥了重要作用。物理海洋学遥感的观测与研究,为海洋循环、海洋/大气/海冰的交换过程及在气候变化中作用的研究奠定了基础。目前,利用全球尺度的遥感监测,研究厄尔尼诺现象、黑潮的形成与运动、全球海平面变化等方面已取得重大进展。最近利用新的遥感分析手段发现了中尺度旋涡的"双极圈"现象,改变了长期以来"单极旋涡"的认识。

在海面水色探测方面,1978 年雨云 7 号上搭载的 CZCS 是以提取叶绿素浓度为目的而开发的第一个传感器,作为 CZCS 的换代技术 SeaWiFS 和日本 OCTS 均以提取水质信息为目标。此外,MODIS、MERIS 及机载 AVIRIS、MAIS 成象光谱技术在海洋水色水温探测方面均十分出色。海洋水色的研究是海洋光化学、海洋生物作用、海洋/大气界面生物地球化学通量及对全球气候变化影响研究的重要内容。

利用微波高度计探测海面变化,通过谱分析获取海底地貌信息和大地水准面,是海洋遥感探测海洋深层信息的成功例子。利用 SAR 则探测到了内波及浅海水下地形。但通常获取海洋深层信息是困难的,也许这正是海洋遥感面临的一个难题。

c)陆地遥感

陆地遥感目标的范畴很广,实际上包括了地表生物圈、人文圈、岩石圈、水文圈等领域,也是全球变化中地圈生物圈、大气圈地圈及其相互作用等专业模型的重要组成部分。

生物圈和生态遥感是全球变化研究的主要内容之一。它不仅研究地球生态的变化、全球生物量对大气中 CO_2、甲烷等气体的收支问题、全球生物量变化导致的气候变化;同时,在土地利用/土地覆盖监测、作物估产、森林蓄积量调查等应用方面也具有实际意义。长期以来,NOAA AVHRR 数据由于具有全球性的、数十年的观测积累,因此,在全球植被指数变化和全球初级生产力估算方面发挥了重要作用。近年,微波遥感在生物量观测方面取得了重要进展。例如,ERS 卫星微波散射计数据被用于观测全球陆地植被变化。利用 SAR

估算森林生物量已开展多年，并建立了有关的辐射传输模型，国际上还开展了北方区生态环境雷达研究计划（BOREAS）。研究结果表明，SAR 的 L 波段和 C 波段交叉极化的比值对生物量最敏感，对生物量估测结果表明，其 95%置信度内的误差小于 ±2kg/m^2。

水文圈是全球能量与水循环的重要组成部分。陆地表面过程，包括蓄积，在全球水文循环中起着重要作用。土壤湿度是研究全球生态环境及大气圈地圈相互作用的重要参数，也是作物估产、旱灾监测等应用领域的监测对象。全球积雪范围、厚度、雪水当量是全球气候变化的敏感因子，也是径流预报、洪灾预防的关键因素。利用 NOAA AVHRR 数据估算裸露土壤的含水量已进入实用阶段。近年来，微波遥感在这一领域已显示出强大的生命力。各种类型的微波辐射计、散射计、雷达成功地用于土壤水份信息的提取，各种辐射传输模型和经验模型，也迅速发展。P. C. Dubois 等利用 SIR-C 的 L 波段数据通过经验模型，获取试验区土壤湿度数据，与实测数据相比，其 RMS 误差小于 3.5%。J. Shi 和 J. Dozier 利用包含面散射和体散射的一级散射模型，发展了积雪湿度算法，利用 SIR-C 的 C 波段数据，分析了奥地利 Otztal 和美国 Mammoth 雪盖上层自由液体水含量，其 95%置信度的误差小于 2.5%。

在地球动力学研究方面，长期以来，利用 GPS 和长基线干涉技术观测板块活动取得了成功。1993 年，Massonnet 等人成功地利用干涉雷达技术测量 1992 年美国 Landers 地震形成的位移。1995 年，利用 SIR-C 干涉数据获取了火山活动过程中岩浆活动信息。目前，干涉雷达（INSAR）技术在地形测量、地壳变形、地震监测等领域的应用显示，该技术正逐渐成为对地观测技术的热点之一。例如，利用干涉雷达技术测定 DEM 的精度达到 ±5—10m，利用差分干涉雷达测定大面积水平、垂直位移的精度可达到 ±1—3cm，用此方法测定加州地震和意大利火山形变的报道已在 Nature 上发表。

2 遥感信息科学在地学发展中的意义

遥感、地理信息系统技术和空间定位技术为地学提供了全新的研究手段，导致了地学的研究范围、内容和方法的重要变化，标志着地学信息获取和分析处理方法的一场革命。和传统的对地观测手段相比，它的优势表现在：提供了全球或大区域精确定位的高频度宏观影像，从而揭示了岩石圈、水圈、气圈和生物圈的相互作用和相互关系；扩大了人的视野，从可见光发展到红外、微波等波谱范围，加深了人类对地球的了解；在遥感与地理信息系统基础上建立的数学模型为定量化分析奠定了基础。在一些地学研究领域促进了以定性描述为主到以定量分析为主的过渡；同时，还实现了空间和时间的转移：空间上野外部分工作转移到实验室；时间上从过去、现在的研究发展到在三维空间上定量地预测未来。随着计算机技术、网络技术、通讯技术的迅速发展和遥感科学本身的发展，这种影响的广度和深度将不断深入。

特别值得一提的是，遥感信息科学对地球系统科学的形成和发展起了重要的推动作用。传统科学思想是建立在牛顿力学体系之上的，表现在科学专业领域的划分上，往往是简单的、机械的，封闭的。进入20世纪以来，科学技术迅速发展，给各个学科带来了深刻的变革。例如，60年代深海钻探技术、古地磁技术、放射性年代学的发展，证实了海底扩张的假说，为板块构造理论的诞生奠定了坚实的基础，给固体地球科学带来了一场深刻的革命。地质构造是岩石圈板块相互作用的结果，并受其下的软流圈及地幔活动的控制，而不再单单是一个孤立存在的现象。遥感信息科学的理论、技术和方法，使人类有可能进一步将地球大气圈、水圈、生物圈及固体地球作为一个完整的、开放的、非线性的系统，以全新的方法论为指导，以现代高新技术为手段，全面地、综合地、系统地研究地球系统的各个要素及其相互关系，建立全球尺度上的关系和变化规律。这些规律的研究构成了地球系统科学的重要内容，促进了地球系统科学的诞生和发展。

地球系统科学的组成要素是各类全球专业要素模型、全球专题系统模型。基础物理量是建立各类模型的基本数据和重要参数，遥感是获取这些基础物理量的重要技术手段。从研究领域看，可包括：①水循环领域；②生物地球化学领域；③大气领域；④海洋领域；⑤岩石圈的地球物理过程领域。从遥感观测内容看，可包括：①地球能量收支的全球分布；②大气结构、状态变量、组成、运动；③包括陆地和内陆水域生态系统在内的地表的物理的、生物的结构、状态、组成、运动；④地球的生物地球化学循环速度、重要的生成源和消亡源、主要的要素和过程；⑤海洋的循环、表面温度、风系统、波浪、生物活动；⑥冰川、雪、海冰的范围、类型、状态、厚度、表面粗糙度、运动以及雪水当量；⑦全球范围降水强度、频度与分布；⑧地球动力学。

为了系统地了解固体地球、气圈、水圈、冰雪圈、生物圈的各个要素及其相互作用，国际科学界相继提出了一系列国际合作计划。如国际地圈—生物圈研究计划（IGBP）；世界气候研究计划（WCRP），全球能量与水循环实验计划（GEWEX），气候变化与可预报性计划（CLIVAR），中层大气国际合作计划（MAC），太阳、地球系统能量国际合作研究计划（STEP）等等。在这些计划中，无不以遥感信息科学作为不可缺少的科学和技术基础。同时，针对全球变化与资源环境问题，世界各国也提出了一系列大型国际遥感计划，如美国宇航局（NASA）的对地观测计划（EOS），日本/美国的热带降雨量测计划（TRMM），欧洲空间局（ESA）的极轨平台计划（POEM）等。这些计划充分显示了遥感信息科学在地学研究中的作用和地位。

3 遥感信息科学在国民经济发展中的应用

3.1 为国民经济持续稳定发展提供动态基础数据和科学决策依据

国民经济持续稳定的发展取决于对资源的合理利用和对环境的保护，其中重要的环节是对资源和环境的了解和掌握。遥感信息科学为资源调查、环境监测提供了强有力的科学技术手段。我国遥感信息科学经过十几年的发展，为国民经济持续稳定的发展不断提供动态基础数据和科学决策依据，在国民经济发展中发挥了重要作用。

80年代初期，全国土地遥感调查第一次提供了我国国土面积和耕地面积的数据；80年代末期，黄土高原和三北地区遥感调查为该区经济发展和生态建设提供了依据；西藏应用遥感技术在全国第一个完成土地详查，为西藏开发决策创造了良好条件；全国土地利用遥感动态监测和全国土地利用数据库建设也已完成，近日已通过验收，使国家有可能得到我国当前城市化过程、耕地面积减少和生态环境变化的基本数据和图面资料。利用遥感信息科学与技术对环境进行监测，提供我国沙漠化的进程，土地盐渍化和水土流失的情况，环境污染，如酸雨对植被的污染，工业废水和生活污水对水体的污染，石油对海洋的污染等基本状况和发展程度的数据和资料，为对资源的管理、环境的治理等进行科学决策提供了依据。

3.2 为国家重大自然灾害提供及时准确的监测评估数据及图件

我国是一个自然灾害频发、种类繁多、危害严重的国家，每年由于灾害所造成的损失高达千亿元。我国减灾和救灾中面临的主要问题：一是不能及时准确获取灾情现状和发展的信息，二是不同行政、管理部门上报的灾情评估数据差距较大。根据灾害发生的特点和规律，特别是针对突发性的自然灾害，如洪涝、林火、雪灾和地震等灾害的特点，在"八五"期间建立了重大自然灾害遥感监测评估系统。重大自然灾害遥感监测评估的特点是：信息源众多，匹配难度大，需要处理的数据量与信息量非常大；要求作出判断和反应的时间十分短促（几小时，1—2 天）；用以评价分析依据的因素很多，关系复杂；并且，要作出高精度的结果。基于上述特点，把重大自然灾害的遥感监测评估列为国家"八五"攻关内容，旨在以计算机数字处理为核心，形成遥感与地理信息系统一体化，实现快速、机动、准确、可靠的目标。

由卫星遥感、航空遥感、图象处理和信息系统组成的立体监测综合评估系统，解决了多源遥感信息的快速获取、处理和综合分析等方面的一系列关键技术，在灾害危险程度分区、灾害背景数据库以及灾区土地、社会、经济等数据库的支持下，自1991年以来成功地对我国太湖流域、淮河、黄河、珠江等流域的多次灾害进行了监测，特别是1995年对江西鄱阳湖、湖南洞庭湖以及辽宁的辽河和浑河地区特大洪水实施了快速遥感监测，4—10小时内提供灾区航空遥感数据，两天内作出灾情初步评价，具备了对突发性自然灾害进行快速应急反应的技术能力，并能做到快速、准确地监测评价灾情，这些数据和结果及时地提供给中央和地方有关部门使用，为各级政府救灾减灾提供服务。

旱情的监测是采用气象卫星数据和地面气象数据相结合的方法，建立了黄淮海平原旱灾遥感监测评估系统，自1993年开始对黄淮海平原近40万平方公里发生的春旱进行了监测。不仅每隔10—15天提供该区的旱情分布图，而且可以给出以县为单元的不同受旱等级对应的面积和比例。为农业管理、合理灌溉、抗旱等提供了决策依据。

同时，"八五"期间也对我国一些地区的林火、雪灾、森林虫害、地震和沙漠化灾害等进行了监测评估。遥感信息技术一旦形成运行系统，将在国家对灾情的及时掌握、防灾减灾的部署以及灾害的救援等发挥重要作用。

3.3 再生资源的监测、预测和评估

我国是一个耕地面积不足、人均粮食产量较低的国家，从宏观上掌握我国重点产粮区主要粮食作物的种植状况、作物长势，特别是客观地提供粮食的估产数据对国家粮食市场的调节、进出口以及粮食政策均具有直接的意义。

"八五"期间利用NOAA气象卫星数据对我国13省市小麦的长势进行了监测和对总产进行估算，成为掌握我国小麦产量、进行每年夏粮会商的重要依据之一。同时针对国家急需了解农业种植结构变化和种植面积的要求，对小麦、玉米和水稻的遥感估产进行了重点攻关，取得了重要进展与突破，在技术上解决了利用多种遥感信息源，在多级采样框架下小麦、玉米和水稻识别和种植面积的测算、长势监测和单产模型建立等技术问题，完成了吉林省玉米、华北五省二市小麦，以及湖北和江苏的水稻种植面积和产量估测工作。

森林调查是遥感应用的重要领域。"六五"期间，完成了"应用遥感技术进行森林资源动态监测"攻关项目。"七五"期间，"三北"防护林遥感综合调查列为国家重点攻关项目，以航天影像为主要信息源，编制了"三北"重点造林区不同比例尺森林、草场、土地利用专题系列图，对再生自然资源进行了统计和分析，对各地区造林适宜性和管理状况作出科

学评价，完成典型地区防护林生态效益分析，建立了"三北"全区和典型县的资源与环境信息系统，实现对森林及其他再生资源的科学管理、动态监测和分析预测。"八五"期间，针对星载SAR这一新兴传感器，国家"863"高技术计划设立了"星载SAR森林应用研究"，开展了星载SAR林地分类、森林蓄积量估算研究，并取得了重要成果，森林蓄积量估测精度满足了二类森林调查的需要。

遥感在草地产草量和水面初级生产力调查方面也有着广泛的应用前景。

3.4 地质矿产资源调查与大型工程评价

利用遥感技术进行大区域、小比例尺地质调查，是遥感最早显示的一个特长。目前1∶100万和1∶20万区域地质调查中的遥感应用方法已经成熟，被列入工作规范，1∶5万区域调查中遥感技术的应用也被列入规范中。遥感技术已逐步应用于地质矿产的勘探中，在有色金属、贵金属、煤炭、建材以及石油、天然气的勘探，以及工程选址、地质环境监测方面，发挥了重要作用。90年代兴起的成像雷达和成像光谱技术，在直接探测矿物蚀变带、油气烃类微渗漏等方面具有独特的作用。特别值得一提的是，近年来发展起来的干涉测量雷达技术，能够大面积探测地表厘米级的三维变化，在火山监测、地震断裂测量、三峡大坝等大型工程环境的监测、油气区地面沉降等应用领域，已开始显示出巨大的应用潜力。

3.5 天气预报与气候预测

利用气象卫星进行天气预报已建成为业务运行系统，在短期天气预报，特别是灾害天气预报中发挥了重要作用。如对台风、暴雨、雷暴、龙卷、风暴潮等预报方面取得显著成效。地球环境卫星的发展，将为准确的气候预测奠定基础。随着我国气象卫星的发射，气象卫星遥感在天气预报和气候预测中将发挥越来越重要的作用。

3.6 海洋监测与海洋开发

我国的海洋辽阔、遥感在海洋调查中显示了它独特的大范围、多时相、高分辨率的特点，在河口泥沙规律研究、海水监测、海温监测、海况监测、海洋初级生产力及渔场监测、海洋污染监测等方面已经发挥着重要作用，在海岸带调查和监测、滩涂资源利用和制图、海港建设和工程中显示出更大潜力。

遥感在国民经济发展中的应用尚处在起步阶段，有些专业应用的关键技术尚须突破，在一些领域的应用还没有达到实用化、产业化的目标。但现有的结果已充分显示了遥感应用的光明前景，广大遥感科学工作者对此充满了信心。

4 遥感信息科学的发展趋势

空间技术和计算机技术的发展，推动了遥感与地理信息系统技术的进步。遥感影像的空间分辨力和光谱分辨力的明显提高，扩展了它的应用领域；计算机运算速度和容量成数量级的增长、数据库技术和网络技术的发展和人工智能的应用为分析处理大数据量遥感和地理数据创造了条件。所有这些都为遥感与地理信息系统的实用化奠定了技术基础。数学模型作为联系遥感、地理信息系统与它们的实际应用之间的纽带，处于十分重要的位置，发挥了极为重要的作用。

4.1 综合对地观测数据获取系统的建立

遥感技术应用的实践表明，全球对地观测数据获取系统是将由航天、航空、地面观测台站网络等子系统组成的，具有提供定位、定性、定量数据能力的综合性技术系统。同时，这个系统是一个全天候、全方位的综合系统，这样才有可能对地球过程进行比较全面的调查研究，从而为地学研究、资源开发、环境保护、区域经济协调和持续发展提供系统的科学数据和信息服务。

对地观测空间卫星子系统是由大型极轨组合平台与小卫星系列、多高度、多种轨道卫星组合的观测体系。从资源与环境监测的需求出发，卫星发展的重点包括：连续地提供高质量的观测数据、长寿命化的观测技术；以定量化为目标的超多波段成像光谱技术；不受云层影响的微波传感器技术；分别以海洋、陆地和大气为主要对象的探测器技术和面向全球空间，提供全天候、全时域、连续、高精度导航定位的全球定位系统技术。

为了满足以上的要求，其传感器在近年来有了长足的发展：

（1）波谱域从最早的可见光（$0.4\mu m$—$0.76\mu m$）向近红外（$0.76\mu m$—$1\mu m$），短波红外（$1\mu m$—$3\mu m$）、热红外（$8\mu m$—$14\mu m$）、微波（$1mm$—$100cm$）、紫外发展，扩展到了电磁波谱的相当宽的波谱域。

（2）波段域以早期的黑白摄影，3 波段、4 波段（MSS）、7 波段（TM），直到现在利用的 100—200 波段。利用傅立叶光谱分析技术可达到上千个以上的波段。

（3）波段宽度从初期的 $0.4\mu m$（黑白摄影），$0.1\mu m$（MSS）到 $5nm$（成像光谱仪）。

（4）空间分辨率从 15cm 到 1m、5m、20m、30m、80m、……、1km，形成一个完整系列。

（5）时间分辨率从半小时、2 天到 30 天形成不同时间分辨率的系列。

（6）多种遥感器搭载同一平台，形成自校互校，以提高观测数据的准确性。

成像光谱仪、成像雷达是当前传感器发展的两大热点。成像光谱仪以其卓越的光谱分辨率，使得在光谱域内进行定量遥感分析和研究地物化学成份成为可能。成像雷达是近年来得到大力发展的一种传感器，由于它不受天气的影响，具有一定的穿透能力，并能够提供三维信息，因此引起了世界各国地学工作者的极大兴趣。多极化多角度遥感是当前遥感发展的方向之一，传统遥感从获取二维结构信息向获取三维结构信息转变。

总之，以定量化为目标，不受天气影响，以地球系统为研究对象的全天候、全时域、全空间的综合对地观测数据系统是当前发展的重要方向之一。

4.2 遥感数据处理系统的建设

资源与环境遥感监测的特点要求遥感数据处理系统必须有较高的处理速度、处理能力和精度。80 年代以卫星图像目视解译为基础的大区域综合调查需要 3 年左右时间完成，和传统调查方法相比，这已经是很大的进步；90 年代以资源与环境动态监测为目标，这个周期必须缩短到 1 年；而灾害评估、农作物估产等定量化环境和资源遥感工程，则更需要数小时和数天内完成，用于天气预报的遥感数据处理的周期已缩短到 10 分钟左右。在数据处理分析精度方面，考虑到资源与环境动态监测中要查清的季度、年度变化本身数值很小，因此对精度的要求更为严格，需要稳定在 90% 以上，直至达到 95%，这是传统的计算机识别没有达到的目标。同时，未来空间遥感技术发展将导致传感器空间分辨率、光谱分辨率的大幅度提高，这些传感器投入运行的结果将使卫星图像的数据量和计算机处理运算量大幅度增加。据初步统计，90 年代末期，遥感卫星的数据量将增加 100—400 倍，计算机处理的运算量将增加 1000—17000 倍。原来需要百万次级计算机解决的图像识别问题，将需要由 10 亿次—170 亿次计算机完成。上述处理速度、精度和处理能力问题如不解决，将造成大量遥感数据积压，处于数据爆炸状态，无法发挥遥感技术所具有的宏观、快速和综合的优势。计算机技术的快速发展为解决这些问题创造了条件，因此以高速、大容量和高精度为目标，建设遥感与地理信息数据处理系统势在必行。

面对这种发展趋势，遥感数据处理系统的建设应采取以下对策：

（1）采用高速并行处理计算机和采用以计算机网络为依托的分布式处理策略。神经网络计算机与冯·诺伊曼计算机相比具有大规模并行分布处理、高度容错性、自适应学习、联想功能等特点，对于解决计算机视觉、模式识别等大数据量、信息特别复杂的问题表现出明显的优势。

（2）提高综合应用多种遥感信息的能力。专家系统已在遥感图像识别中得到了应用，但还远未达到实用阶段。对于遥感和地理信息系统的应用科学家来说，正确的途径不是自己独立开发专家系统，而是从众多的已开发的专家知识库开发工具中选取适合于地学应用的模式，赋予地学内容，在认真科学地总结专家知识的基础上建立知识库。

（3）寻求定量研究精确化的算法，寻求新的理论支持。分形几何学是一门以不规则几何形状为研究对象的几何学，也是一种大自然的几何学，它对于不规则地貌中所存在的规则性、自相似性的描述和模拟非常适宜。小波分析是 Fourier 频率分析的继续和发展，它是一门在时域和频域都有限的窗口内进行信号分析的理论，用它可对遥感图像进行多分辨率分析，可使分析专注于宏观或微观的特征。

（4）发展快速有效的遥感数据压缩算法。压缩有利于海量数据的快速传送和高效存储。遥感图像的压缩算法选择面向的不是视觉，而是信息和特征的保持。在水灾评估、农作物估产这种统计意义上的应用，微小的压缩失真对统计结果影响不大；但在火灾监测、军事目标识别这种应用中往往由于特征所含像素数很少，微小的压缩失真都可能导致判断的错误。

（5）完善系统的用户界面，与地理信息系统实现融合。如何方便、快捷地执行数据处理功能、查询数据信息、获得处理结果，在很大程度上取决于处理系统的用户界面。使用户界面友好和高效的途径有：采用多窗口风格，提供简单有效的遥感数据处理专用语言，开放系统使用户可对系统进行扩展和优化。

4.3 遥感信息科学的重要支撑——地理信息系统技术的进展

地理信息系统（GIS）是指在计算机软硬件支持下，对具有空间内涵的地理信息输入、存贮、查询、运算、分析、表达的技术系统。同时，它可以用于地理信息的动态描述，通过时空构模，分析地理系统的发展变化和演变过程，从而为咨询、规划和决策提供服务。它的应用已遍及与地理空间有关的领域，从全球变化、持续发展到城市交通、公共设施规划及建筑选址、地产策划等各方面，地理信息系统技术正深刻地影响着甚至改变着这些领域的研究方法及运作机制。

GIS 之所以取得如此迅速的发展，一个重要的原因在于 GIS 给传统的信息系统引入了空间的概念，使得原来包含一大堆抽象、枯燥数据的信息系统变得十分生动、直观和易于理解。其次，大范围的、甚至全球性的空间研究借助 GIS 这种高效的空间数据处理工具得以顺利进行。

遥感与地理信息系统的关系十分密切，互相依存。地理信息系统在遥感数据分析结果的表达和对遥感数据分析提供支持方面发挥着极为重要的作用，从而越来越难于在讨论遥感科学的时候可以离开地理信息系统来探讨和解决问题。地理信息系统需要应用遥感资料更新其数据库中的数据；而遥感影像的识别需要在地理信息系统支持下改善其精度并在数学模型中得到应用。但在目前的技术水平下，这种关系受到制约，主要有两方面的原因：一是受卫星分辨率和识别技术所限，遥感图像计算机识别的精度还不能满足更新较大比例尺专题图的要求；二是遥感图像与常用的地理信息系统的不同数据结构妨碍了数据的交换。

展望今后 10 年，新一代卫星影像的分辨力将有大幅度提高；在专家系统支持下，计算机识别精度也将有明显的改善；同时，从遥感图像具有的栅格数据结构向地理信息系统常用的矢量数据结构的转换已取得明显进展，有的已达到实用化水平。因此，遥感与地理信息系统一体化已是可以看到的前景。那时，再也不需要重复遥感图像-目视解译-编图-数字化进入地理信息系统的模式，整个过程将为计算机处理所代替，应用实时遥感数据的数学模型将得以运行。

当前，在多年来引进地理信息系统硬软件技术的基础上，加速发展我国的商品化地理信息系统势在必行。但是，它的系统设计必须建立在新的设计思想的基础上，并以更有效地支持数学模型为目标，在结构上进行调整。

GIS 的主要研究方向包括以下几个方面：

（1）面向对象的空间数据模型

空间数据模型是 GIS 中空间数据组织和管理的概念和方法，是 GIS 进行空间数据库设计的核心。面向对象的空间数据模型旨在利用面向对象的方法，采用封装、继承和消息传递等手段，自然地描述和表达地物之间的相互关系，为 GIS 大型软件的可靠性、可重用性、可扩充性、可维护性和实用性提供有效的手段和途径。目前，面向对象的数据模型主要研究地理对象的语义抽象机制、空间几何拓扑关系、操作机制及模型物理实现方法等，它对遥感、GIS 的集成将有重要的意义。

（2）三维 GIS 与时空 GIS

现实世界中，地理实体具有三维几何特性，但是，目前大多数 GIS 系统及其应用基于二维笛卡尔坐标系，缺少管理、分析复杂三维实体的功能，难以满足地理科学、大气科学、海洋科学等研究三维空间特征的要求。因此三维 GIS 的研究与开发成为 GIS 领域的重要研究方向。三维空间数据模型、三维空间拓扑关系、数据内插、三维可视化、三维实体量测分析和多维图解模型等是目前三维 GIS 关注的主要问题。

时间作为地理现象分析的基本因素，刻划了现象本身的发展过程。然而，现存的 GIS

系统绝大多数假设时间为静态，以表达现象在二维和三维空间上的特征与属性。但 GIS 应能表达时间序列上任何一点的状态，构成一个客观四维世界。因此，时空 GIS 得到广泛关注，但把时间引入 GIS 是一个复杂的问题，其中关键是如何表达时间、时序数据模型及时间关系以及与空间结构的联结问题。

（3）GIS 的数据质量

由于 GIS 的算法及处理方法的不同，从数据的输入分析处理和结果输出都会产生和传播一系列误差。这些误差直接影响到 GIS 数据的可靠性以及分析结果的有效性，因此，广大用户非常关心 GIS 的数据质量。GIS 的数据质量主要以误差理论为基础，研究 GIS 数据的不确定性（Uncertainty）、误差传播、精度评价，以及如何建立一套质量控制程序来控制 GIS 的数据质量，并为用户提供可视化的分析报告。

（4）开放式 GIS

"开放和分布"是当今计算机发展的重要趋势，为实现地球资源和信息的共享，GIS 同样也需要不断"开放"。这是 GIS 要发展成为公众信息系统及进入信息高速公路的基石。自美国 Open GIS 协会成立及国家空间数据标准（NSDI）法令颁布之后，Open GIS 的研究掀起高潮。Open GIS 主要研究 GIS 的数据标准（包括存贮结构等）、GIS 用户界面与功能的规范化，以及 GIS 的二次开发和可扩充性。目前，Open GIS 在我国的研究亟待加强，这样才有利于 GIS 的产业化。

（5）GIS 的空间分析模型

GIS 的空间分析功能是 GIS 最重要的功能之一，它也是 GIS 能否提供有效决策支持的核心。它的研究主要包括两个方面：一是利用数学理论和方法改进和扩展 GIS 的空间分析模型，如利用模糊集合论改进现有空间叠加模型，形成空间模糊模型；利用分形几何创建类自然的 DTM 模型；利用神经元网络建立自适应的适宜性评价模型等。二是与多种应用模型相结合，形成特定的 GIS 应用模型，例如，GIS 与投资环境评价体系相结合构成 GIS 投资环境模型；GIS 与区域洪水模型相结合形成 GIS 洪水灾害评价模型。随着 GIS 应用的不断深入与发展，GIS 的空间分析模型将不断发展，这对有效发挥 GIS 的作用具有重要意义。

4.4　遥感、全球定位系统和地理信息系统的集成

全球定位系统（GPS）是以人造卫星组网为基础的无线电导航系统。原来指美国国防部批准研制的国防导航卫星系统，该系统由位于 20200km 高的六个轨道面上的 24 颗卫星组成，为全球范围的用户——飞机、舰艇、车辆提供全天候、连续、实时、高精度的三维

位置、三维速度以及时间数据。随着俄罗斯 GLONASS 系统的开发，全球定位系统的概念也在变化，它泛指利用卫星技术，实时提供全球地理坐标的系统。

GPS 用于静态对地定位时，定位精度可达毫米级，用于大地测量、板块运动监测等；用于动态对地定位时，精度可达厘米、分米及米级，应用于卫星、火箭、导弹、飞机、汽车等导航定位之用。GPS 定位系统由于定位的高度灵活性和实时性，成为测量学科中的革命性变化。

全数字自动化测图系统是遥感和地理信息系统集成的一个重要结合点。它从数字影像自动重建空间物体的三维表面（几何表面与物理表面）。其核心是利用模式识别代替人工观测，实现框标的自动识别、同名影像的自动配准、人工建筑物的自动识别等，最终实现摄影测量与遥感制图的全自动化。它利用计算机加上相应的软件，进行自动化空中三角测量和制图。该系统又称为软拷贝摄影测量系统。其主要功能有：DTM 的自动生成和影像的正射纠正，带等高线的影像图和三维透视景观影像的生成，自动化空中三角测量等。

遥感、全球定位系统和地理系统的集成，随着美国用于全球定位系统的 24 颗卫星在 1993 年 6 月最终全部发射成功已提到日程。全球定位系统的组合技术系统为遥感对地观测信息提供了准实时或实时的定位信息和地面高程模型；遥感对地观测的海量波谱信息为目标识别及科学规律的探测提供了定性或定量数据；遥感、全球定位系统、地理信息系统的集成将使地理信息系统具有获取准确、快速定位的现势遥感信息的能力，实现数据库的快速更新和在分析决策模型支持下，快速完成多维、多元复合分析。因此，遥感、全球定位系统和地理信息系统的集成技术将最终建成新型的地面三维信息和地理编码影像的实时或准实时获取与处理系统，形成快速、高精度的信息处理流程，对遥感技术发展具有深远的意义。

4.5 国家资源与环境信息系统的建立

国家资源与环境遥感信息系统的建立是遥感与地理信息系统技术实用化的必然结果。

建设国家资源与环境信息系统的目标是改变当前缺乏全国性有关资源、环境、经济、社会之间相互作用与演变的时空分布与发展的基础信息，因而难以在此基础上进行环境与资源定量研究和评价的被动局面；做到较准确掌握经济和社会发展对资源与环境造成冲击规模、强度和趋势以及资源环境对社会发展的反馈作用，特别是通过提取四维时空中变化的多种地理要素，分析与其发生耦合的多种自然和人文的演变过程，如建立与动态地表特征相耦合的大气预测数值模式。从而对一些重大的区域性乃至全球性的环境事件作出可靠的预测、及时的防范和快速反应。

国家资源环境信息是国家的重要战略资源，资源与环境数据库是国家资源与环境信息系统建设的核心。建国以来，资源环境调查及其图件、数据规模宏大，从不间断。但是条块分割、自成体系，且多为部门所有，很难对数据共享和在地理信息系统支持下进行资源与环境定量化空间分析和综合评价。因此，在统一规划和统一规范标准的前提下，以部门和区域数据库为基础，建立分布式全国资源与环境数据库，是一项十分紧迫的任务。

国家资源与环境信息系统是持续发展的重要技术支撑。我国正在推进加速通讯网络的建设，实施三金工程计划等，迫切需要在遥感技术支持下，对国家资源与环境数据库进行定期的、准同步更新，并在地理信息系统支持下，建立基于大协调的全息反馈和综合协调机制。《中国21世纪议程》的优先项目中，需要建立40多个信息系统，以提高对资源与环境宏观调控的能力，为我国经济和社会可持续发展战略、布局和趋势预测、为资源管理、环境保护以及实现资源环境、经济、社会的宏观调控提供科学数据和决策支持。

5　结　论

（1）遥感信息科学为地学提供了全新的研究手段，导致了地学研究范围、内容和方法的重要变化，标志着地学信息获取和分析处理方法的一场革命及一门新兴前沿、交叉学科的兴起，具有重要的科学意义。

（2）遥感信息科学的理论、技术和方法在资源、环境、灾害的调查、监测、评估以及在地理信息系统支持下的分析预测诸方面有着广泛的应用前景。

（3）资源、环境信息是国家的重要战略资源。建设国家资源、环境信息系统是地学发展的重要支撑，是保证国民经济持续稳定发展的重要措施。

参考文献

1　徐冠华. 资源与环境信息系统应用与展望. 环境遥感. 1994, 19(4): 241—246.
2　陈泮勤, 马振华, 王庚辰. 地球系统科学(第1版). 北京: 地震出版社. 1992.
3　李树楷. 全球环境、资源遥感分析(第1版). 北京: 测绘出版社. 1992.
4　郭华东, 徐冠华. 星载雷达应用研究(第1版). 北京: 中国科学技术出版社, 1996.
5　黄波. 地理信息系统的数据类型与系统结构. 环境遥感. 1995. 10(1): 63—69.
6　杜道生, 陈军, 李征航. RS、GIS、GPS的集成与应用(第1版). 北京: 测绘出版社. 1995.
7　刘全根, 孙成权. 地球科学新学科新概念集成(第1版). 北京: 地震出版社. 1995.
8　徐冠华. 三北防护林地区再生资源遥感的理论及其技术应用(第1版). 北京: 中国林业出版社, 1994.
9　陈述彭. 遥感大辞典(第1版). 北京: 科学出版社. 1990.

10　马俊如. 中国遥感进展(第 1 版), 北京: 万国学术出版社, 1992.
11　孙成权. 全球变化研究国家(地区)计划及相关计划. 北京: 气象出版社. 1993.
12　陈述彭, 赵英时. 遥感地学分析(第 1 版). 北京: 测绘出版社. 1990.
13　索兹曼 B. (郑全安等译). 卫星海洋遥感. 海洋出版社. 1991.
14　陈述彭. 地球信息科学与区域持续发展. 北京: 测绘出版社, 1995.
15　何建邦, 田国良, 王劲峰. 重大自然灾害遥感监测与评估研究进展. 北京: 中国科学技术出版社. 1993.

REMOTE SENSING INFORMATION SCIENCE: PROGRESS AND PROSPECT

Xu Guanhua　Tian Guoliang　Wang Chao　Niu Zheng　Hao Pengwei　Huang Bo　Liu Zhen

(*Institute of Remote Sensing Applications, Chinese Academy of Sciences, Beijing* 100101)

Key words　remote sensing information science, geoinformatics, progress, prospect

Abstract

The theoretic basis, objectives and content of remote sensing information science are described in this paper. The development of remote sensing information science has resulted in fundamental changes in the fields, objectives and methods of geoscience research, which is a sign of the revolution in the acquisition and analysis of geoscience information, and the blossoming of a new discipline. The theories, technologies and methods of remote sensing information science are widely applied in the development of the national economy. They play an important role in the investigating, monitoring, analyzing, estimating and forecasting of resources, environment and disasters. The developmental trends of remote sensing information science are outlined. It is pointed out that natural resource and environment information is an important national strategic resource, and the construction of a national resource and environment information system is of great importance.

"遥感信息科学的进展和展望"解读

廖小罕　　闫冬梅

一、第一作者徐冠华的学术生平

徐冠华，生于 1941 年，资源遥感学家和遥感应用学家，中国科学院院士，第三世界科学院院士，瑞典皇家工程科学院外籍院士，国际宇航科学院院士，欧亚科学院院士。徐冠华早期在中国林业科学研究院工作，1979 年至 1981 年间，还被派往瑞典斯德哥尔摩大学，从事遥感数字图像处理的研究工作。在卫星数字图像处理研究方面，发展了边界决策、训练样地分析、图像分类、图斑综合、生物量估测等理论和技术，研制出中国最早的遥感卫星数字图像处理系统，发展了遥感综合调查和系列制图的理论和方法，领导编制了中国第一部再生资源遥感综合调查与系列制图技术规程，在分类系统、制图比例尺、技术流程、专题图种类等方面具有开拓性和创造性，领导的"三北"防护林遥感综合调查课题在空间遥感应用规模、技术难度和时间要求上均取得突破。2010 年任国家重大科学研究计划——全球变化研究专家组组长。2011 年任国家重大基础研究发展计划（973 计划）专家顾问组组长。

徐冠华不仅是资源遥感学家和遥感应用学家，还是一位著名的科技管理专家。1995 年任国家科学技术委员会副主任、党组成员、党组副书记。1998 年任国家科学技术副部长、党组副书记。2001 年 2 月至 2007 年 4 月任科学技术部部长。2008 年

作者介绍：廖小罕（1963—　），男，贵州贵阳人，中国科学院地理科学与资源研究所研究员，研究方向为空间遥感与无人机应用。E-mail: liaoxh@igsnrr.ac.cn

3月任第十一届全国政协常委，全国政协教科卫体委员会主任。

徐冠华的核心研究领域是全球变化、遥感综合调查理论方法、可持续发展研究等。徐冠华的近著包括《地球空间信息科学技术进展》《立足中国 走向世界：对地观测与全球变化文集》和《走向创新性国家：徐冠华论自主创新战略》。

二、"遥感信息科学的进展和展望"写作背景与内容提要

20世纪70年代末到80年代，中国先后开展的腾冲航空遥感试验、天津渤海湾环境遥感试验和二滩水能开发遥感试验等三项遥感科学试验，标志着中国多领域遥感应用的起步。90年代随着航天技术的飞速发展和应用的日益增多，遥感信息科学与全球定位系统和地理信息科学的融合、渗透和统一，形成了新型的对地观测系统，为地球科学研究提供了新的科学方法和技术手段，导致了地学的研究范围、内容和方法的重要变化。1996年6月，时任国家科学技术委员会副主任、中国科学院地学部主任的徐冠华院士在第八次院士大会上做了"遥感信息科学的进展和展望"的报告，经修改后发表在《地理学报》杂志。

文章首先论述了遥感信息科学理论基础、研究对象和内容，详细分析了大气遥感、海洋遥感、陆地遥感等方面的进展和研究热点，并进一步阐述了遥感信息科学在地学发展中的意义，指出"遥感信息科学的理论、技术和方法，使人类有可能进一步将地球大气圈、水圈、生物圈及固体地球作为一个完整的、开放的、非线性的系统，以全新的方法论为指导，以现代高新技术为手段，全面地、综合地、系统地研究地球系统的各个要素及其相互关系，建立全球尺度上的关系和变化规律。这些规律的研究构成了地球系统科学的重要内容，促进了地球系统科学的诞生和发展"。这一论述肯定了遥感信息科学对地球系统科学、全球变化等前沿基础理论研究的促进作用，其为后续地球前沿基础研究提供了新的方法论和技术手段，将导致地学研究范围、内容和方法的重要变化，标志着地学信息获取和分析处理方法的一场革命，以及一门前沿的交叉学科的兴起。

文章总结了20世纪80年代初期至90年代，遥感信息科学在我国资源管理和环境治理、重大自然灾害监测评估、再生能源监测评估、地质矿产资源调查与大型

工程评价、天气预报与气候预测以及海洋监测与开发等多领域的应用现状，并前瞻性地预见了遥感信息科学在我国国民经济发展多领域应用的光明前景和巨大潜力。

文章指出空间技术、计算技术、网络技术、人工智能和大数据对推动遥感和地理信息技术发展的作用。结合遥感技术应用的实践，提出了"建立以定量化为目标，不受天气影响，以地球系统为研究对象的全天候、全时域、全空间的综合对地观测系统是遥感信息技术发展的重要方向"；提出"将遥感、全球定位系统和地理信息系统的集成技术将最终建成新型的地面三维信息和地理编码影像的实时或准实时获取与处理系统，形成快速、高精度的信息处理流程，对遥感技术发展具有深远的意义"，明确了3S技术融合发展的路径。

三、"遥感信息科学的进展和展望"的影响

文章前瞻性地探讨了遥感技术在地理学科中的应用，推动了地理学的现代化进程，它不仅深化了对地球表层系统的理解，还为国家社会经济发展战略提供了科学依据。文章倡导的跨学科融合理念促进了遥感与地理信息科学的协同发展，对提升我国地理学的国际影响力和科技应用能力产生了深远影响，在地理学界具有里程碑意义。

1. 文章是我国遥感技术应用向遥感科学体系跨越的代表作

20世纪90年代，遥感在我国经过了引进、消化、吸收的阶段，但由于信息资源的实时保证率尚不能满足预测预报的要求，又缺乏地理信息系统和专业分析模型的支持，特别是对遥感信息的传输机理还缺乏系统深入的实验研究，遥感信息的潜力和优势还没有得到充分的发挥，也就难以满足宏观决策、管理或工程设计的要求。陈述彭院士、徐冠华院士等在大量的遥感应用基础上，总结提炼遥感科学体系，提出"遥感信息科学"，并于1994年成立中国科学院遥感信息科学开放研究实验室，促进遥感基础理论研究，提高地球多圈层循环系统认知，支撑全球变化与可持续发展等国家重大需求。两年后，"遥感信息科学的进展和展望"一文发表，代表我国遥感技术应用向遥感科学体系跨越。2003年遥感科学国家重点实验室的成立，进

一步将"遥感信息科学"上升至"遥感科学",推动了遥感基础理论研究和空间地球科学体系的发展。

2. 遥感科学为我国全球变化研究提供了方法论

全球变化是指由自然和人文因素引起的地表环境及地球系统功能在全球尺度上的变化。全球变化已经并将持续影响人类的生存和发展,成为当今世界各国和社会各界关注的重大科技、政治、经济,甚至外交问题。妥善应对全球变化,离不开科学研究的支撑,全球变化因而成为地球系统科学最活跃的研究领域之一。

20世纪80年代以来,中国积极参与了国际全球变化研究计划的酝酿、组织和实施全过程,并于2005年将"全球变化与区域响应"列为面向国家重大战略需求基础研究的十个方向之一。2010年,在徐冠华院士等科学家的倡导下,启动"全球变化研究"国家重大科学研究计划,徐冠华院士亲自担任专家组组长;进入"十三五"规划期后,该计划发展为国家重点研发计划"全球变化及应对"重点专项,"十四五"时期进一步发展为"地球系统与全球变化"重点专项。上述计划的实施进一步提升了我国应对全球气候变化的研究能力和国际影响力,形成我国全球变化研究的优势和特色。

遥感科学为我国全球变化研究提供了方法论。中国学者先后建立了具有自主知识产权的陆地生态系统碳汇优化计算体系,开发了全球碳同化系统;构建了典型区域气溶胶地基遥感观测网络,发展了气溶胶成分遥感观测方法;建立了长时间序列全球性和区域性数据产品。遥感科学的进步推动了全球变化综合观测、数据同化和数据产品的研发,满足应对全球变化领域的需求,服务于国家经济和社会发展战略。

3. 文章明确了遥感与其他学科交叉融合的发展思路

遥感与地理信息系统、卫星导航定位等科学和技术的融合,以及基于计算机技术的遥感智能化发展,是遥感信息处理与应用的重要基础。同时,遥感可以为大气、生态、地理、地质等地学各学科研究,以及灾害监测、粮食估产、森林调查、地质矿产资源调查等国民经济发展关心的重大事项提供强有力的支撑。文章在当年便明确提出了遥感与其他学科交叉融合的发展思路。2022年,遥感科学与技术正式列入国家交叉学科门类的一级学科目录,将遥感科学与技术明确为在空间科学、地球科学、测绘科学、计算机科学、信息科学及其他学科交叉渗透、相互融合的基础上发展起来的一门学科。

4. 文章为全球和我国综合对地观测系统建设提供了重要的发展路径

文章基于遥感技术应用的实践,高瞻远瞩地将全球对地观测数据获取系统定义为将由航天、航空、地面观测台站网络等子系统组成的,具有提供定位、定性、定量数据能力的综合性技术系统,为后续全球和我国综合地球观测系统的建设提供了重要的发展路径。

自2000年以来,通过国家科技攻关计划、国家高技术发展计划、国家重点基础研究发展计划、国家重点研发技术和科技条件平台建设以及科技基地建设布局等支持,尤其是在"地球观测与导航"重点专项、国家重大科技专项"高分辨率对地观测系统"以及国家民用空间基础设施等的支持下,在文章所关注的遥感载荷技术、平台技术、信息处理技术和应用关键技术等方面取得了重要进展,这些技术的积累为建立国家综合观测体系提供了核心技术和原型系统,为发展国家综合对地观测系统体系打下了良好的技术基础。

与此同时,2005年中国作为主要发起国之一,共同建立了政府间多边科技合作机制——"地球观测组织"(Group on Earth Observations,GEO),主导和引领了全球地球观测系统的发展,推动全球地球综合观测系统(Global Earth Observation System of Systems,GEOSS)的建设。中国GEOSS面向中国全球发展战略需求,到2030年,将以中国地球观测能力为基础,同步加强国际合作与国际竞争力,充分利用国际GEO等资源,实现全球综合观测的高动态、一致性、全链条能力建设。

文章发表近30年来,徐冠华院士将其遥感科学、全球变化研究结合自身科研管理工作进一步完善,于近期出版《立足中国 走向世界:对地观测与全球变化文集》,其中的理论、方法论和重大实践的影响仍将持续。

全球环境变化研究的核心领域

——土地利用/土地覆被变化的国际研究动向

李秀彬

（中国科学院国家计划委员会地理研究所，北京 100101）

提要 土地利用/土地覆被变化已列为"国际地圈与生物圈计划"的核心项目，在该领域的研究工作逐渐加强。本文论述了全球环境变化中的土地利用/土地覆被变化的内涵，在全球环境变化中的作用，其主要研究内容、关键问题及研究方法，并介绍了国外有关研究项目的情况。

关键词 土地利用 土地覆被 全球环境变化

进入 90 年代以来，全球环境变化研究领域逐渐加强了对土地利用/土地覆被变化的研究。这主要与该领域具有全球影响的两大组织"国际地圈与生物圈计划"（IGBP）和"全球环境变化人文计划"（HDP）的推动有关。两组织之所以积极推动这方面的工作，其原因有二[1]。首先，土地利用/土地覆被变化在全球环境变化和可持续发展中占有重要的地位。人类通过对与土地有关的自然资源的利用活动，改变地球陆地表面的覆被状况，其环境影响不只局限于当地，而远至于全球。而土地覆被变化对区域水循环、环境质量、生物多样性及陆地生态系统的生产力和适应能力的影响则更为深刻。其次，地球系统科学、全球环境变化及可持续发展涉及到自然和人文多方面的问题，在这方面加强自然与社会科学的综合研究，已成为两大学科领域众多学者的共识[2,3]。然而由于跨学科综合研究的难度，迄今未见成功的实例[4]。在全球环境变化问题中，土地利用/土地覆被变化可以说是自然与人文过程交叉最为密切的问题。因而隶属"国际科学联合会"（ICSU）的IGBP和隶属于"国际社会科学联合会"（ISSC）和HDP，希望以此为突破口，推动全球问题的综合研究。自1990年起，两组织积极筹划全球性综合研究计划，于1995年共同拟定并发表了《土地利用/土地覆被变化科学研究计划》[1]，将其列为核心项目之一。

中国具有悠久的土地开发史，土地覆被类型多种多样[5]。中国的土地利用/土地覆被变化是全球环境变化的重要组成部分。因此，有必要加强我国土地利用/土地覆被变化的研究工作。而了解国际上在这一领域的发展趋向，则有助于工作的开展。

1 土地利用/土地覆被变化与全球环境变化和可持续发展的关系是研究的核心问题

土地利用是土地覆被变化最重要的影响因素，土地覆被的变化反过来又作用于土地利用。IGBP和HDP将土地覆被定义为"地球陆地表层和近地面层的自然状态，是自然过程和人类活动共同作用的结果"[1]；美国"全球环境变化委员会"（USSGCR）将其定义为"覆盖着地球表面的植被及其他特质"[3]；另有学者称土地覆被为"具有一定地形起伏的覆盖着植被、雪、冰川或水体，包括土壤层在内的陆地表层"[6]。上述定义虽措辞不同，但均包含两个含义：①土地覆被是陆地生物圈的重要组成部分；②土地覆被最主要的组成部分是植被，但也包括土壤和陆地表面的水体。国内有关学者多将其译为"土地覆盖"，作者认为"土地覆被"一词更接近其科学定义①。全球不同区域土地覆被的性质主要决定于自然因素，但目前的土地覆被状况则主要是人类对土地的利用和整治活动造成的。农业、林业、牧业和城市发展等人类对与土地有关的自然资源的利用活动属土地利用的范畴，而耕地、林地、草地、公路、建筑及土壤、冰雪和水体属土地覆被的范畴[7]。

土地覆被的变化表现在生物多样性、土壤质量、地表径流和侵蚀沉积及实际和潜在的土地第一性生产力等方面。USSGCR将其与气候变化、季节性和年际气候波动及臭氧层耗损并列为影响地球生命支撑系统的全球四大环境变化之一。另一方面，作为地圈与大气圈的界面，土地覆被及其变化是地圈、生物圈和大气圈中多数物质循环和能量转换过程，包括温室气体的释放和水循环的源汇。因此，国际上有关研究项目主要围绕土地利用/土地覆

---

① 关于该词的释译，作者得到了中国科学院地理研究所郑度研究员的指正。

被变化与全球环境变化及可持续发展的关系展开，内容包括：①土地覆被变化对全球环境变化的影响。主要回答土地利用如何通过改变土地覆被影响全球环境变化。全球环境变化包括两个层次的变化[8]：系统性的变化和累积性的变化。前者指真正全球意义上的变化，如气候波动和碳循环等；后者指区域性的变化，但其累积效果影响到全球性的环境现象，如植被破坏、生物多样性的损失及土壤侵蚀等。土地覆被变化对系统性全球环境变化的影响研究，其内容包括：温室气体的净释放效应、大气下垫面反照率的变化，等等。对累积性变化影响的研究内容包括：土地退化、生物多样性、流域水平衡、水质和水环境、河流泥沙及海洋生态系统等方面的影响。②全球环境变化对土地覆被变化的影响。研究其他方面的环境变化，主要是气候变化对土地利用/土地覆被的影响，以及土地利用/土地覆被对可能的环境变化的敏感性[9]。气候变化对土地利用/土地覆被的影响包括通过气温和降水的波动造成的直接影响及通过干旱、洪水、土地退化产生的间接影响。各种土地利用方式对气候波动的敏感性差异很大，如旱作农业就比灌溉农业脆弱得多。这方面研究主要通过各种环境条件假设的模型模拟进行。③土地利用/土地覆被变化与可持续发展。由于陆地和海洋生态系统的土地、水、食物及纤维等资源的丰缺都会受到土地利用/土地覆被变化的直接或间接的影响，因此世界环境和发展大会所提出的许多可持续发展问题均与土地利用/土地覆被变化有关[10]。这方面的研究主要着眼于：1) 协调各经济部门对土地的利用，保护那些对人类未来发展至关重要的土地利用方式和土地覆被类型，如耕地和湿地的保护；2) 探索有利于生态和环境的土地利用方式，如免耕和少耕农业、生态农业及复合农林业等；3) 现状土地利用方式的可持续性及其调控，如河北平原地下水位降低的主要原因是耕作制度的变化，这就涉及到土地利用方式本身的可持续性。

2 土地利用/土地覆被变化的机制是研究的焦点

针对土地利用/土地覆被本身的变化，IGBP和HDP共同制定的《土地利用/土地覆被变化科学研究计划》中提出了三个研究重点：①土地利用的变化机制。通过区域性个例的比较研究，分析影响土地使用者或管理者改变土地利用和管理方式的自然和社会经济方面的主要驱动因子，建立区域性的土地利用/土地覆被变化经验模型；②土地覆被的变化机制。主要通过遥感图像分析，了解过去20年内土地覆被的空间变化过程，并将其与驱动因子联系起来，建立解释土地覆被时空变化和推断未来10到20年的土地覆被变化的经验性诊断模型；③区域和全球模型。建立宏观尺度的，包括与土地利用有关的各经济部门在内的土地利用/土地覆被变化动态模型，根据驱动因子的变化来推断土地覆被未来（50至100年）

的变化趋势，为制定相应对策和全球环境变化研究服务。其中，土地利用/土地覆被变化的机制对解释土地覆被的时空变化和建立土地利用/土地覆被变化的预测模型起到关键作用，是整个全球性环境变化研究计划对土地利用/土地覆被项目的要求[11]，因而也是研究的焦点问题。历史时期土地覆被的变化大都是人类通过土地利用活动造成的。因此，分析社会经济因素对土地利用的作用被摆在重要位置。

影响土地利用变化的社会经济因素可分为直接因素和间接因素。间接因素包括6个方面[12]：人口变化、技术发展、经济增长、政经政策、富裕程度和价值取向。它们通过直接因素作用于土地利用，后者包括：对土地产品的需求、对土地的投入、城市化程度、土地利用的集约化程度、土地权属、土地利用政策以及对土地资源保护的态度等。应当指出，影响土地利用的直接和间接的社会经济因素多种多样，与土地利用间的相互关系亦非简单的线性关系，而且具有很大的区域差异。为解释土地利用/土地覆被的全球变化，必须进行广泛的区域性个例研究。此外，在不同的时间尺度上，各种因素的作用也存在很大的差异。因此，对土地利用/土地覆被机制的研究须综合自然和社会多学科的知识和方法，建立模型。还应落实到空间上，即与地理信息系统相结合。目前，这样的模型还处在探索之中[7]。

像资源环境研究领域的其他问题一样，最大的挑战来自于问题的复杂性。土地利用/土地覆被变化的社会经济与环境驱动因子间在不同的空间和时间尺度上错综复杂的相互关系，使这种变化具有较大的不确定性。显然，驱动因子-土地利用-土地覆被系统的变化机制不是单一的模型所能刻划的。因此，需要采取多种手段进行综合研究[1,12]：①在许多地区，甚至全球范围内，市场对土地和土地产品的需求对土地利用/土地覆被变化的影响越来越大，而且这种趋势仍在持续。因此，许多土地利用/土地覆被变化宏观模型的建立往往以经济学为理论基础，以农、林、牧等与土地资源利用最为密切的产业为重点，从资源和产品的市场供需及生产者和消费者的利益等角度分析土地利用的变化机制和土地覆被的变化趋势；②各有关经济部门与土地利用/土地覆被变化的关系，目前已存在一些模型。如农业的土地利用问题，以往的研究较为深入。应充分利用现有的模型，并在土地利用与土地覆被变化、土地改良及土地退化的联系等方面对其进行补充和改进；③借助遥感和地理信息系统手段建立的土地覆被空间变化模型，具有实时、空间表达详尽与全球环境变化的其他模型连接容易等优点。通过对土地覆被变化的遥感观测，结合土地利用变化的地面调查，可以建立驱动因子-土地利用-土地覆被变化的诊断模型以及今后5至20年土地覆被变化的经验性预测模型；④在未来50至100年的土地覆被变化中，人类的土地利用活动将起到最主要的作用。因此对自然和社会经济各种因素作用下的土地使用者和管理者的行为分析，是建立土地利用和土地覆被变化模型的重要组成部分。这类分析通过区域性个例研究进行，为全球性模型的建立提供依据，并可对后者进行验证。

3 国际上的有关研究项目

自 1993 年国际科学联合会与国际社会科学联合会联合成立了土地利用/土地覆被变化核心项目计划委员会以后,一些积极参与全球环境变化的国际组织和国家纷纷跟进,启动了各自的土地利用/土地覆被变化研究项目,下文将对其中主要项目进行简要介绍。

3.1 国际应用系统研究所(IIASA)

IIASA 于 1995 年启动了"欧洲和北亚土地利用/土地覆被变化模拟"的 3 年期项目。这个由来自不同国家和不同学科背景的科学家联合开展的研究项目,旨在分析 1900 年到 1990 年欧洲和北亚地区土地利用/土地覆被变化的空间特征、时间动态和环境效应,并预测在全球环境、人口、经济、技术、社会及政治等因素变化的背景下,该区域未来 50 年土地利用/土地覆被的变化趋势,为制定相关对策服务。IIASA 之所以选择欧亚大陆的北部地区作为研究区域,主要是因为这里具有复杂的社会、经济和政治背景,而且在本世纪发生的变化相当剧烈,为土地利用/土地覆被变化研究提供了理想的场所。

3.2 联合国环境署(UNEP)

UNEP 亚太地区环境评价计划于 1994 年启动了"土地覆被评价和模拟"(LCAM)项目,旨在调查东南亚地区土地覆被的现状和变化,确定这种变化的热点地区,为区域可持续发展决策服务。该项目采用美国宇航局高分辨率雷达影像和 1∶1 000 000 比例尺进行区域土地覆被制图和监测,目前已完成了对孟加拉、柬埔寨、老挝、缅甸、尼泊尔和越南等国两个时段(1985—1986 和 1992—1993)的土地覆被调查工作,下一步工作将拓展到斯里兰卡、巴基斯坦、中国、印度及伊朗等国。对土地覆被变化的热点地区,将运用高分辨率的地球资源卫星影像进行详细的分析工作[14]。

3.3 美国

美国全球变化研究委员会将土地覆被变化与气候变化、臭氧层的损耗一起,列为全球变化研究的主要领域之一。这方面进行的主要工作集中于全球和区域性土地覆被变化的监测、土地覆被（主要是森林）变化与温室气体的释放及减少温室气体。与欧洲空间署等国际组织合作开展了高分辨率雷达（AVHRR）监测土地覆被变化和季节性植被状况项目[15]，目前这种分辨率达 1km、全球覆被周期为 1 天的雷达影像正在进入实用阶段。美国利用这种遥感信息编制全球土地覆被图，并进行全球植被分类和生物量估算工作。1996 年，美国全球变化委员会准备开展北美洲土地覆被变化的研究。该项目将利用遥感方法（大于 100m 分辨率的卫星影像）分析北美（包括美洲大陆的赤道带地区）自 1970 年以来的土地覆被空间变化。

3.4 日本

为跟进 IGBP/HDP 土地利用/土地覆被变化核心项目计划，在日本环境署支持下，国立科学院全球环境研究中心提出了"为全球环境保护的土地利用研究"（LU/GEC）项目。该项目着眼于亚太地区可持续的土地利用，第一阶段的研究目标主要是预测 2025 年和 2050 年该地区土地利用/土地覆被状况（包括耕地、林地、城市用地及荒漠化土地）及土地第一性生产力的变化。该项目也将采用地方性个例分析、遥感和地理信息系统监测和空间模型分析等方法，研究土地利用/土地覆被变化的空间分布、时间动态及驱动因子，同时强调相应对策和技术的研究[16]。

参考文献

1 Turner I BL, Skole D, Sanderson S et al. Land-use and land-cover change science/research plan, IGBP Report No. 35 and HDP Report No. 7. Stochkholm: IGBP, 1995.
2 黄秉维. 论地球系统科学与可持续发展战略科学基础(I). 地理学报, 1996, 51(4).
3 US-SGCR/CENR. Our changing plant, the FY 1996 U. S. Global Change Research Program. Washington, D. C: US-GCRIO, 1996.
4 Miller RB. Interactions and collabortaion in global change across the social and natural sciences. *IMBIO*, 1994, 23(1): 19-24.
5 吴传钧, 郭焕成. 中国土地利用. 北京: 科学出版社, 1994.
6 Graetz D. Land cover: tyring to make the task tractable! In: Proceeding of the Workshop on Global Land Use/Cover Modelling. New York, 1993.
7 Riebsame WE, Meyer W B, Turner I BL. Modeling land use and cover as part of global environmental change. *Climate Change*, 1994, 28: 45-64.
8 Turner I BL, Kasperson RE, Meyer WB et al. Two types of global environmental changes: definitional and spatial scale issues in their human diensions. *Global Environmental Change: Human and Policy Dimension*, 1990, 1(1): 14-22.

9 Henderson-Sellers A. Land-use change and climate. *Land Degradation & Rehabilitation*, 1994, 5: 107-126.
10 Quarrie J. Earth Summit 1992. London: The Regency Press, 1992.
11 The IGBP in Action: Work Plan 1994-1998. IGBP Report No. 28. Stochkolm: IGBP, 1994.
12 Fischer G, Ermoliev Y, Keyzer MA et al. Simulating the socio-economic and biogeophysical driving forces of land-use and land-cover change: the IIASA Land-Use Change Model, WP-96-010. Laxenburg: IIASA, 1996.
13 Turner I BL, Moss RH, Skole DL. Relating land use and global land cover change, IGBP Report No. 24 and HDP Report No. 5. Stochkholm: IGBP, 1993.
14 UNEP-EAPAP. Land cover assessment and monitoring, volume 1-A, Overall Methodological Framework and Summary. Bankok: UNEP-EAPAP, 1995.
15 US-SGCR/CENR. Our Changing Planet, the FY 1995 U. S. Global Change Research Program. Washington, D. C. USGCRIO, 1995.
16 Otsubo K. Towards land use for global environmental conservation (LU/GEC) project. In: Proceedings of the Work-shop on Land Use for Global Environmental Conservation. Tsukuba, Japan, 1994.

作者简介

李秀彬，男，1962年11月生，副研究员。1992年于香港大学地理及地质学系获博士学位。现在中国科学院地理所资源环境整治室工作。从事坡地综合整治与土地利用/土地覆被变化研究，发表"黄淮海平原土地农业适宜性评价"等20余篇论文。

A REVIEW OF THE INTERNATIONAL RESEARCHES ON LAND USE/LAND COVER CHANGE

Li Xiubin

(Institute of Geography, Chinese Academy of Science and the State Planning Commission of P.R. China, Beijing 100101)

Key words land use, land cover, global environmental change

Abstract

Land use and land cover change has aroused increasing attention of scientists worldwide since 1990. Recognizing the importance of this change to other global environmental change and sustainable development issues, the International Geosphere-Biosphere Programme (IGBP) and the Human Dimensions of Global Environmental Change Programme (HDP) initiated a joint core project——Land Use and Land Cover Change (LUCC) and published a Science/Research Plan for the project.To promote the national LUCC projects, the paper presents a general review on te basic concepts,background, and progress on the methodologies of international LUCC researches.

Land use/land cover is not a new research domain but is given new meanings and research contents in the context of global environmental change. Based on the definition of land cover given by the IGBP/HDP and other international institutions, the author proposes a new translated term of land cover in Chinese that matches the definition closely. This will avoid misunderstanding of the domestic LUCC projects at early stages.

Land cover changes refer to conversion and modification of vegetation, changes on biodiversity, soil quality, runoff, erosion, sedimentation and land productivity. International researches on LUCC involve: 1) influence of LUCC on systematic global enviromental changes like biogeochemical circles and climatic variation, and cumulative global environmental changes like deforestation, biodiversity reduction and land degradation; 2) response of LUCC to global environmental changes; 3) LUCC and sustainable development including the sustainability of different land uses.

The fundamental scientific issue of LUCC research is the dynamics of land use and cover changes, which is extremely significant to the prediction of the global environmental change in the next 50 to 100 years. The modeling of causes-use-cover system is challenge because of its inherent complexity. An integrated approach to the modeling is necessary that combines: 1) large-scale onsite case study approach to land use dynamics; 2) direct observation and measurement of land cover change by using remote sensing images; and 3) regional and global modeling of economic processes related to LUCC.

"全球环境变化研究的核心领域——土地利用/土地覆被变化的国际研究动向"解读

龙花楼

一、作者学术生平

李秀彬（1962—　），中国科学院地理科学与资源研究所研究员，中国科学院大学教授、博士生导师。先后就读北京师范大学地理系、中国科学院地理研究所、香港大学，获博士学位。1986 年开始在中国科学院地理研究所从事科研、管理及教学工作。主要研究领域为土地利用和土地覆被变化。曾任中国地理学会副理事长，中国科学院地理科学与资源研究所副所长，国际地圈生物圈计划中国全国委员会土地变化科学工作组组长，英国《土地利用政策》（Land Use Policy）等学术杂志编委。主持或参与国家攻关、国家自然科学基金及中国科学院知识创新计划中与土地利用/土地覆被变化有关的科研项目多项。获中国科学院科技进步二等奖，在国内外期刊发表学术论文 200 余篇，是国内外土地利用变化研究领域的知名学者和国内地理学科高被引作者。

作者介绍：龙花楼（1971—　），男，湖南醴陵人，中国科学院地理科学与资源研究所研究员，中国地理学会会员（S110001545M），研究方向为人文地理学。E-mail: longhl@igsnrr.ac.cn

二、论文写作背景及主要内容

人类面临的许多环境与发展问题都与土地利用/土地覆被变化（Land-Use and Land-Cover Change，LUCC）有关，LUCC 研究业已成为地理学综合研究的国际性前沿课题。1995 年，国际地圈生物圈计划（International Geosphere-Biosphere Program，IGBP）与国际全球环境变化人文因素计划（International Human Dimensions Programme on Global Environmental Change，IHDP）作为全球环境变化研究的合作伙伴，联合制定、发布了"土地利用/土地覆被变化科学研究计划"（下文简称"LUCC 计划"）。1996 年 9 月《地理译报》（1997 年更名为《地理科学进展》）发表了几篇关于 LUCC 计划的介绍。然而，首次全面系统地引入并向国内学者介绍 LUCC 计划的文献当属李秀彬研究员于 1996 年在《地理学报》第 6 期发表的"全球环境变化研究的核心领域——土地利用/土地覆被变化的国际研究动向"一文。此论文写作的初衷主要在于，中国具有悠久的土地开发史，土地覆被类型多种多样，中国的土地利用/土地覆被变化是全球环境变化的重要组成部分。因此，有必要及时了解国际上在这一领域的发展趋向，以加强我国土地利用/土地覆被变化的研究工作。

在 LUCC 计划中土地利用/土地覆被变化与全球环境变化和可持续发展的关系是研究的核心问题，国际上有关的研究项目主要围绕这一关系展开，主要包括土地覆被变化对全球环境变化的影响，全球环境变化对土地覆被变化的影响，以及土地利用/土地覆被变化与可持续发展三个方面的研究内容。同时，该计划强调土地利用/土地覆被变化的机制是其研究的焦点，包括三个研究重点：①土地利用的变化机制。通过区域性个例的比较研究，分析影响土地使用者或管理者改变土地利用和管理方式的自然与社会经济方面的主要驱动因子，建立区域性的土地利用/土地覆被变化经验模型；②土地覆被的变化机制。主要通过遥感图像分析，了解过去 20 年内土地覆被的空间变化过程，并将其与驱动因子联系起来，建立解释土地覆被时空变化和推断未来 10—20 年土地覆被变化的经验性诊断模型；③区域和全球模型。建立宏观尺度的，包括与土地利用有关的各经济部门在内的土地利用/土地覆被变化动态模型，根据驱动因子的变化来推断土地覆被在未来（50—100 年）的变化趋势，为制定相应对策和全球环境变化研究服务。

文章指出，历史时期土地覆被的变化大都是人类通过土地利用活动造成的。因此，分析社会经济因素对土地利用的作用被摆在了重要位置。影响土地利用的直接和间接的社会经济因素多种多样，与土地利用间的相互关系不但不是简单的线性关系，而且具有很大的区域差异。为解释土地利用/土地覆被的全球变化，必须进行广泛的区域性个例研究。土地利用/土地覆被变化的社会经济与环境驱动因子间在不同的空间和时间尺度上存在错综复杂的相互关系，使这种变化具有较大的不确定性，需要采取多种手段进行综合研究。此外，对自然和社会经济各种因素作用下的土地使用者和管理者的行为分析，是建立土地利用和土地覆被变化模型的重要组成部分。这类分析通过区域性个例研究进行，为全球性模型的建立提供依据，并可对其进行验证。最后，文章简要介绍了国际应用系统研究所（International Institute for Applied Systems Analysis，IIASA）、联合国环境署（United Nations Environment Programme，UNEP）、美国和日本各自启动的LUCC研究项目。

三、论文及相关研究的学术影响和时代贡献

"全球环境变化研究的核心领域——土地利用/土地覆被变化的国际研究动向"一经发表便得到广泛引用，目前已成为《地理学报》创刊以来在中国知网（CNKI）被引用次数排名第二的经典文献，引用次数高达3 552次。毋庸置疑，这篇论文是数十年来中国地理学文献中最为重要的文献之一，在地理科学和资源科学等学科领域产生了广泛的影响。在此文的引领下，中国土地利用研究文献的产出量在1998年后呈持续快速上升趋势，1998—2007年中国土地利用的文献年净增长率高达26.8%（张镱锂等，2008）。随着此文将LUCC计划引入中国，国内学者围绕LUCC计划拓展了原有的土地利用研究主题和研究范式，并加强了自然与社会科学的综合研究，旨在提高人类福祉并服务国家重大战略（何春阳等，2021）。

李秀彬研究员非常注重此文研究框架下的LUCC研究理论方法的创新和学科交叉研究。他于2002年发表LUCC研究的另一经典文献"土地利用变化的解释"，提出土地特性自身的变化、土地使用者个体经济行为分析及社会群体土地管理行为

分析，构成土地利用变化解释的理论框架；"土地利用-环境效应-体制响应"反馈环的作用机制，构成社会群体土地管理行为分析的理论框架，多视角的探索可能是土地利用变化机理综合分析的有效途径（李秀彬，2002）。随后，他还探讨了土地利用集约度的测度方法，提出从土地利用变化研究的角度出发，土地利用集约度的基本测度指标应为单位时间单位土地面积上的资本和劳动的投入数量，产出指标只可以作为代用指标（李秀彬等，2008）。他强调，在我国当前所处的加速城镇化时期，土地利用变化应加强土地利用集约度的变化规律、土地利用的合理需求分析和土地利用变化的效应评估等核心学术问题的研究（李秀彬，2009）。

在某种程度上，可以说我本人是此文的最大受益者。1999—2001 年我在李秀彬研究员指导下开展博士后研究工作，将属于 LUCC 研究的土地利用转型研究方向引入中国，随后对土地利用形态的概念内涵进行了拓展，并结合中国的实际构建了相关理论体系和解释框架（Long，2020）。历经 20 多年，土地利用转型研究在国内得到蓬勃发展，截至 2023 年全国共有 200 余篇博、硕士学位论文的研究主题涉及土地利用转型；国家自然科学基金委员会资助了 110 余项相关研究项目（包括本人主持的一项重点基金项目）；以 land use transition 作为关键词在 Scopus 检索出的超 2 万篇文献中有 18% 的文献作者来自中国，土地利用转型研究在国内和国际学术舞台上已占有一席之地（龙花楼，2023）。本人博士后出站到国土资源部土地整理中心国际合作与科技处工作，受此文影响，结合国土资源部门的地籍管理数据，开展了中国的 LUCC 研究，2015 年国土资源部启动了"长江中游经济带土地利用转型管控技术与政策创新"的公益性行业科研专项。

可喜的是，鉴于 20 多年来土地利用研究在我国的蓬勃发展，国家自然科学基金委员会地球科学部地理科学学科处深刻把握国家重大战略需求与学科交叉融合的科学创新趋势，于 2020 年增设了二级申请代码"D0111 土地科学和自然资源管理"（高阳等，2022）。可以说，该文的发表对促进地理学科的创新发展和推进国家社会经济发展战略的实施均具有重要贡献，其影响仍在持续。

参考文献

[1] 高阳、吴浩、李鑫等："国家自然科学基金'土地科学和自然资源管理'申请代码领域研究格局、热点透视与发展展望"，《自然资源学报》，2022年第12期。

[2] 何春阳、张金茜、刘志锋等："1990—2018年土地利用/覆盖变化研究的特征和进展"，《地理学报》，2021年第11期。

[3] 李秀彬、朱会义、谈明洪等："土地利用集约度的测度方法"，《地理科学进展》，2008年第6期。

[4] 李秀彬："对加速城镇化时期土地利用变化核心学术问题的认识"，《中国人口·资源与环境》，2009年第5期。

[5] 李秀彬："土地利用变化的解释"，《地理科学进展》，2002年第3期。

[6] 龙花楼："《耕地利用转型的理论与实践》评介"，《地理学报》，2023年第12期。

[7] 张镱锂、聂勇、吕晓芳："中国土地利用文献分析及研究进展"，《地理科学进展》，2008年第6期。

[8] Long, H. 2020. *Land Use Transitions and Rural Restructuring in China*. Springer Nature.

中国城市居民旅游目的地选择行为研究[*]

吴必虎[1]　唐俊雅[2]　黄安民[3]　赵　荣[4]　邱扶东[1]　方　芳[5]

（1 华东师范大学旅游学系，上海　200062；2 福建师范大学中文系公关旅游专业，福州　350007；3 华侨大学旅游系，泉州　362000；4 西北大学城市与资源学系，西安　710069；5 上海师范大学地理系旅游管理专业，上海　200234）

提要　根据在上海、西安、成都、长春获得的共 3394 份问卷的信息处理和分析，得到中国城市居民关于旅游目的地选择行为的 4 条基本规律。在文章的后半部分，作者又从旅游者个体特征角度，讨论了性别、年龄、职业、受教育程度等因子与目的地选择之间的相关关系。

关键词　中国城市居民　目的地选择行为　到访率空间分割　旅游者个体特征

90 年代以来，中国出现了前所未有的国内旅游热，旅游经济日益成为不少地区产业结构中越来越重要的部分。国内旅游者研究的意义在于把握客源市场的运动特征，为旅游资源开发利用、旅游产品规划设计和旅游服务设施布局建设，提供必要的基础。

本文所依据的材料，主要来自 1992 年～1994 年间在上海、成都、西安、长春进行的问卷调查，这 4 个样本点分别代表东部沿海地区、西南地区、西北地区和东北地区，调查对象是上述 4 个城市的居民，调查内容主要包括在城市内部、城市郊县和邻近省市、以及在全国范围内的出游情况，有效样本计 3 394 份。

第 52 卷第 2 期, 1997 年 3 月
来稿日期：1995-10；收到修改稿日期：1996-05。
引用本文：吴必虎, 唐俊雅, 黄安民, 等. 中国城市居民旅游目的地选择行为研究. 地理学报, 1997, 52(2): 97-103. [Wu Bihu, Tang Junya, Huang Anmin, et al. A study on destination choice behavior of Chinese urban residents. *Acta Geographica Sinica*, 1997, 52(2): 97-103.]
* 国家自然科学基金（编号 49201006）资助研究。

1 到访率市场的空间分割

1.1 到访率在不同距离上的分配

游客在一定条件下总的出游力是有限的，在特定时段、特定背景下只能到访一定数量、分布于一定范围内的目的地。即游客的到访率在各个目的地之间存在着某种分配规律。所谓到访率是指抽样调查中某客源样本区的被试回答实际到访过某一目的地的人数与被试总数的比，对于目的地而言，游客的到访实际上是客源市场在目的地空间上进行市场分割的结果。研究结果表明，首先是距离因子影响了到访率的空间分割。

表 1 显示了上海、西安、成都、长春 4 个城市居民出游时在不同距离尺度内的前 5 位目的地的到访率分布。虽然各城市在出游力、人口数量、城市规模、城市区位等方面存在相当大的差异，并因此造成同等空间尺度上出游率的一些不同，但总体上呈现一致的趋势。市区内（0~15km）的目的地到访率一般都在 90% 左右，市郊（15km~50km）目的地的到访率波动于 40%~70% 之间，这与市郊目的地的吸引力大小有关。如上海和长春二市市郊目的地引力较小，到访率反而小于附近省或省内目的地的到访率，这是由于所谓的出游率的空间波动造成的。

表 1 中国城市居民在不同距离目的地的到访率

Tab.1 Visited-rates to destinations in different distances by Chinese urban residents

区域	0~15 km：市区	15 km~50 km：郊县	约 50 km~500 km	500 km~1500 km	>1500 km
上海	94.6	56.5	68.8	26.6	6.4
西安	88.0	65.5	31.4	28.8	6.0
成都	94.2	69.4	49.0	23.0	18.4
长春	88.0	46.4	59.0	41.0	28.8
总平均	91.2	59.5	52.1	29.9	14.9

一般而言，随距离增加，出行人数下降。但由于各地旅游产品的引力不同，空间上表现出到访率高峰的波动，造成游憩活动空间（recreational activity space，RAS）的不连续性。例如，观察游客在上海郊县和邻省目的地的到访率分布，可发现郊县目的地仅有少数景点有吸引力，到访率水平低于邻省景点，尽管后者距离较远。但从全国平均水平观察，市郊

到访率仍高于邻省或省内其他地区。

随着距离的增加，到访率衰减现象越来越显著，500km～1 500km 之间的到访率分别降至 20%～40%之间，而 1 500km 以外的目的地的到访率就更降低到 5%～30%。但由于城市辐射面的不同，远距离的分配份额显示出不同，即腹地较广、四周皆有分布的城市，远距离到访率降低较快，如上海除了东面为海洋外，其他三个方向皆有目的地可供选择，到访率在 1 500km 以外迅速降低到 6%；西安位于中国幅员的几何中央部位，腹地也较广泛，同样降低较快。但成都和长春两市，一个位处西南，一个地处东北，出游范围受限，到 1 500km 以外时，到访率仍保持在 20%左右。

根据表 1 给出的全国平均的到访率随距离的变化，计算得到中国城市居民出游客源市场在距离上的分配。这里的出游客源市场既包括旅游行为也包括休闲行为。一个城市的出游市场 37%分布在距城市 15km 的范围内，24%的市场分布在 15km～50km 范围内，21%分布在 50km～500km 内。500km 以外的广大空间，仅分割了城市出游市场的 18%，其中 500km～1 500km 占 12%，1 500km 以外占 6%。根据这一结果，我们可以推导出如下规律：

<u>规律 1</u> 中国城市居民旅游和休闲出游市场，随距离增加而衰减；80%的出游市场集中在距城市 500km 以内的范围内（图 1）。

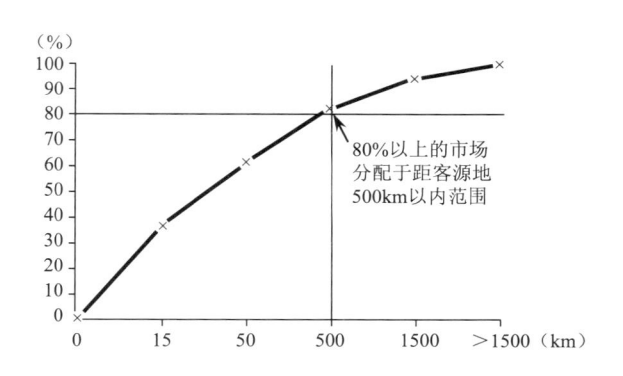

图 1　中国城市居民到访率在空间上的分割

Fig .1　Spatial fragmentation of visited-rate of Chinese urban residents

1.2　目的地选择的类型和空间范围

旅游者出游过程中，在追寻最大效益的规律作用下，城市居民对城市附近的目的地的选择表现出一定的一致性，即大多数游客将会同时选择相同的目的地，造成一些目的地的拥挤。首先观察城市居民在大尺度上的目的地选择的方向性偏好。表 2 显示了 4 个城市

500 km 以外的主要目的地指向。从中可以看出，在众多的旅游目的地中，城市居民选择的目标集中在为数不多的风景名胜区和城市中，类型上城市目的地多于风景名胜区目的地，且被选择的城市集中于东部沿海地区，包括渤海湾沿岸的大连、承德、秦皇岛、天津、北京、山东半岛；东海沿岸的上海、南京、苏州、杭州；台湾海峡和南海沿岸的福州、厦门、深圳、广州和海口。在上海居民的目的地群中，另一个明显指向是西南地区，那里温润的气候、秀丽的山水和丰富的民族风情吸引着城市居民。由此可得到如下结论：

表 2　城市居民大尺度（500km 以外）目的地选择的指向性
Tab.2　Urban residents' traveling directional bias in large scale （>500km）

客源地	目的地选择的指向性
上　海	沿　江
	沿　海
	西　南
西　安	京　津
	长江三角洲
成　都	东部沿海
长　春	东部沿海

<u>规律 2</u>　中国城市居民的出游目的地，城市多于风景名胜区，且较集中于东部沿海城市。

在中等尺度（相当于距城市 50km～500km 范围）的目的地体系中，不仅存在直接来自于中心城市的本市居民，还存在以城市为中转点，再以城市为起点向四周扩散的客源市场，我们称这种虽非本市居民但以城市为源地的旅游者为目的地的二级客源市场。以成都市为例，二级客源的目的地选择范围呈辐射状，选择的对象偏于集中，以成都为出发点，分别流向乐山和峨眉山（二级客源市场的到访率 61.3%）、重庆（27%）、青城山和都江堰（77.9%）、九寨沟和黄龙寺（34.3%）、新都宝光寺（53.9%）等地，与成都市民的到访率相比，主要的流向基本相同，但到访率一般均低于成都市民，唯有九寨沟反而高于一级客源。从二级客源市场的辐射范围观察，主要集中于距中心城市 250km 的半径圈内，一般不超过 500km。在其他三个城市也可观察到近似的规律。因此可得到如下结论：

<u>规律 3</u>　由旅游中心城市出发的非本市居民的目的地选择范围，主要集中在距城市 250 km 半径圈内。

1.3 目的地选择的态度和行为的关系

上文分析表明，在大尺度空间内，城市居民出行时选择的主要目的地集中分布于东部沿海城市。这是具体的出游行为，与游客的出游态度相比，存在明显不一致：大多数城市居民更愿意选择远离城市的自然风景区。图 2 显示了不同性别的被试对不同类型目的地的出游态度。从中可以看出，无论男女游客，他们对远离城市的目的地，包括自然风景区、历史古迹区、荒野原始区等的偏好远远大于近城或在城的目的地。

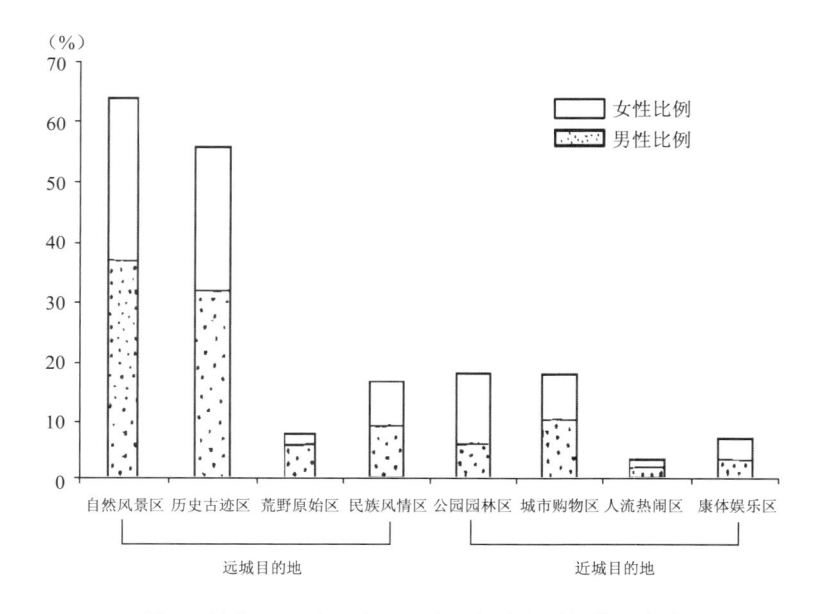

图 2　城市居民对远城和近城目的地类型的偏好态度

Fig .2　Preferences to remote-destination and near-city-destination by urban residents

中等尺度的选择上，已实现和希望前去的目的地也不一样。以上海市民到邻近的浙江省各目的地的出游行为和态度之间的关系为例，从图 3 可以看出，杭州、绍兴、嘉兴等城市的实际到访率都很高，而上海市民对它们的偏好到访态度却都低于行为。另一方面，以自然景色著称的诸暨五泄、雁荡山、天目山、千岛湖等目的地，选择态度却高于选择行为。但普陀山、瑶琳溶洞等目的地，偏好值却低于行为值，可能与此二目的地的生命周期有关。

时蓉华（1989）认为导致态度和行为不一致的原因主要有两个。第一，同一对象总有多种属性和特征，当个体对某种属性持肯定态度而对另一种属性持否定态度时，就会导致和行为不一致的行为。例如，人们可能对自然风景类的目的地持肯定态度，但对去该类目的地的可达性持否定态度，就可能导致取消至该类目的地出游的行为。

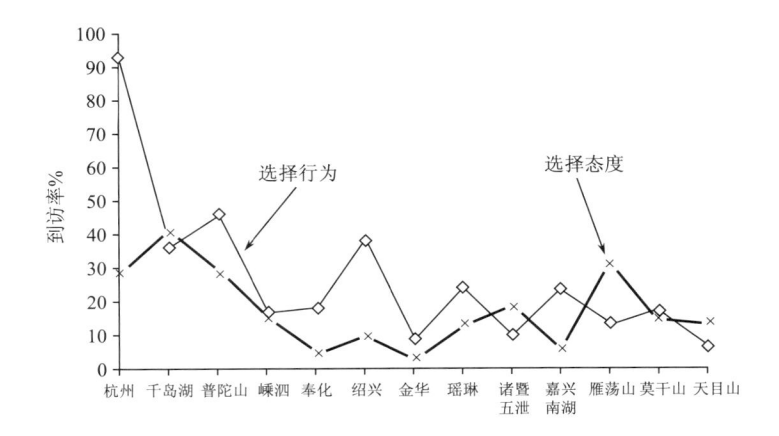

图 3 上海市民关于浙江目的地的行为和态度之间的关系

Fig .3 Relationship between behavior and attitude of traveling to destinations in Zhejiang of Shanghainese

第二，个体行为除了受态度影响之外，还受其他因素的影响，特别是受当时情境的影响。例如，人们往往不愿到人声嘈杂、交通拥挤、空气污浊的大城市旅行。但是，在旅游活动中，由于大城市在社会经济文化活动中处于中心地位，交通条件十分便利，提供给人们更多的旅游和休闲机会。在这种情况下，大多数潜在游客都会放弃自己原来的态度，而在城市目的地中停留下来并接受城市带给他们的旅游产品。这就是当时的情境迫使人们的行为和态度不一致。由此可得到如下结论：

规律 4 中国城市居民关于目的地选择的态度和行为之间存在明显不一致，态度上偏好远城自然景观，行为上选择近城目的地；该不一致是由目的地的多种属性和旅游者所处的情境造成的。

2 游客个体特征与目的地选择的关系

以上从中国城市居民群体的角度，讨论了距离、目的地属性、游客所处情境等客观要素对目的地选择的影响，及其形成的 4 个基本规律。此外，目的地选择行为还与游客的个体特征存在紧密关系。

2.1 性别与目的地选择

在 4 个城市所调查的 3 394 名被试中，各调查点平均男性占 55.92%，女性占 44.08%，总体上男性高于女性，全国平均出游性别比（男：女）为 1.27：1。这是因为男性较女性更富于异向型心理特质，体魄也较女性强健，受中国传统思想约束较小，选择出行目的地时频率高于女性，距离也远于后者。从图 2 可看出，男女游客在选择目的地类型时，亦存在一定差异，但差异程度不大。

2.2 年龄与目的地选择

交叉分析表明，年龄与目的地选择之间存在较大关系。无论哪个年龄层次，都偏好自然风景类目的地，这与上文述及的旅游态度是相同的，但不同年龄段的被试对自然景观的偏好程度是有差异的，体力较好的 20 岁～49 岁的人所占比重高于其他年龄组。在选择文物古迹类景点上，50 岁～59 岁年龄层的选择占了首位（33.33%），其次为 40 岁～49 岁（20.39%），说明年纪较大的被试偏好于文史类景点，这与大龄被试对中国传统文化较熟悉以及容易怀旧的情绪有关。总体上，偏好人造景观的被试不多，且年龄越小，兴趣有降低趋势，尽管这种降低比较微弱。对于娱乐游戏类，不同年龄的人又表现出了不同兴趣。在学生集中的 10 岁～19 岁年龄层中，爱好娱乐游戏类的占了 41.25%，总的趋势是年龄越高，对娱乐游戏类的偏好越低。

2.3 职业与目的地选择

不同职业的被试对目的地的选择也有一定不同。统计显示，各种职业的人把观赏风景放在了首位，这与各年龄层对自然风景的偏好是一致的。科技人员与公务员更有机会借出差之机到目的地旅游，并且由于社会福利的原因，度假休养的机会也多。相关分析还表明，第三产业从业人员外出娱乐的比例在各职业中也居首位，且与家人同游和与人结伴同游的人更多。这表明三产职员的高工资水平（比其他职员平均高出 200 元～400 元），使他们出游能力更强。离退休人员外出集中于探亲访友、度假休养及娱乐等目的上。而学生除观赏风景外，以娱乐为目的的出游比例上升，他们的经济实力虽然低下，但出游欲望强烈，依靠家庭的经济基础，是个不容忽视的旅游群体。

2.4 受教育水平与目的地选择

受教育水平明显地影响到游客的目的地选择行为。西安碑林和华山是两个相距不远的高等级目的地，但一个是历史文化目的地，另一个是山景目的地，二者相比，碑林游客的文化程度高于华山（图4）。碑林游客中，仅大专以上文化程度的游客就占到67%以上，而华山游客中大专以上文化的被试为47%。两地其余层次都是自上而下依次递减，但华山游客大专以下文化程度的比例都高于西安碑林，说明碑林游客的受教育程度总体上高于华山，而且这些游客出游前受报刊书籍介绍影响的比例也较高（24%）。

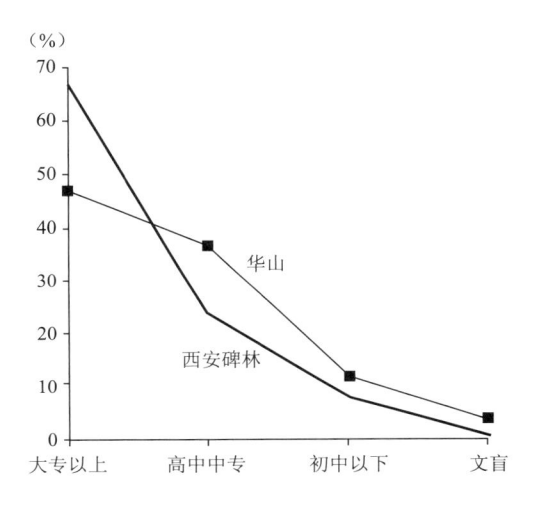

图4　西安碑林和华山游客的受教育程度

Fig.4　Educated levels of tourists observed in Xi'an Tablet Forest and Huashan Mt.

参考文献

1　吴必虎. 上海城市游憩者流动行为研究. 地理学报, 1994, 49（2）.
2　Smith SLJ. Recreation Geography. London: Longman Group Limited, 1983.
3　时蓉华主编. 现代社会心理学. 上海：华东师范大学出版社, 1989.

A STUDY ON DESTINATION CHOICE BEHAVIOR OF CHINESE URBAN RESIDENTS

Wu Bihu[1]　Tang Junya[2]　Huang Anmin[3]　Zhao Rong[4]　Qiu Fudong[1]　Fang Fang[5]

(1 *Department of Tourism Studies*, *East China Normal University*, *Shanghai* 200062;
2 *Department of Chinese Language and Literature*, *Fujian Normal University*, *Fuzhou* 350007;
3 *Department of Tourism Studies*, *University of Overseas Chinese*, *Quanzhou* 362000;
4 *Department of City and Resource Studies*, *Northwestern University*, *Xi'an* 710069;
5 *Department of Geography*, *Shanghai Normal University*, *Shanghai* 200234)

Key words　Chinese urban residents, destination choice behavior, spatial fragmentation of visited-rate, characteristics of tourists

Abstract

Three thousand three hundred and ninety-four questionnaires were received respectively from Shanghai, Xi'an, Chengdu and Changchun during 1992~1995. Data about destination choice behavior of the respondents in the 4 cities were collected and dealed with computer-aided techniques. Traveling behaviors discussed in this paper include both tourists and leisurers in the population of urban areas.

An average visited-rate was used to demonstrate distance delay of destination utilities by urban residents, which consisted of that of the first five favorite destinations in urban area (0km~15km from origin), suburban area (15km~50km), and belts around city with radi of 50km~500km, 500km~1500km and that more than 1500km. Destinations situated in urban area have a mean visited rate of 91.2%, suburban area has 59.5%, belt around city with radii of 50 km~500km reaches 52.1%, 500km~1500km reacheds 29.9%, and that more than 1500km 14.9%. Taking the total market fragmentation of a city as 100, more than 80 of it distributed within a distance less than 500km from the city.

Total destination choice behavior beyond 500km of a city was biased toward other cities and sites near them, but not destinations of scenic spots far away from them. And those cities which were more favorite by urban residents often located along coastal belts, including Dalian, Qinhuangdao, Beijing, Tianjin, the medium sized cities in the Shandong Peninsular, the cities in the Changjiang Delta, Amoy, Shenzhen, Canton and Haikou. The main destination choice behavior from a city by those non-local residents dominantly occurs in a range of 250km away from the city.

There was a distinguished difference between destination choice behavior and attitude. Most of the respondents had a strong preference to destinations located far away from metropolitan area with beautiful scenery and clear air and water in their attitude for recreation, while most of them actually had a behavior of traveling more often to destinations in the metropolitan. Two factors caused above phenomena of contradictions: various natures of the destinations will change the actual visited rate of it; determinants, besides attitude, especially under the circumstances around tourists, would influence destination choice behavior greatly.

Characteristics of tourists and leisurers also had important impact on destination choice behavior. A difference existed between male and female respondents in their emissiveness, male respondents occupied a 55.92 percent of the total, while female occupied 44.08 percent. Male and female respondents had slight different preferences to destination types.

Age groups determined destination choice behavior. Site of scenic spots far away from the metropolis means more difficulties for tourists, and it is not surprised that young people had more preferences to them than those who were older. At the same time, elders appeared more interested in sites with rich historic and cultural contents than young persons.

Occupations to a certain extent determined income and destination choice behavior. Respondents of some vocations with higher income had more opportunities to visit more destinations.

Education level influenced behavior of tourists. A case study was given about Xi'an Tablet Forest and Huashan Mountain (the West Sacred Mt.) by the authors to tell a detail story. The Xi'an Tablet Forest is a historic site in the former capital of ancient China, while Huashan Mt. is a physical landscape with steep cliff and overhanging rocks. Tourists at Tablet Forest were more educated than those at Huashan Mt.

"中国城市居民旅游目的地选择行为研究"解读

保继刚

吴必虎（1962— ），江苏阜宁人，北京大学城市与环境学院教授、博士生导师、北京大学城市与环境学院旅游研究与规划中心主任。1984年、1987年、1996年分别获华东师范大学地理学学士、硕士和博士学位，1998年12月在北京大学完成博士后研究后留校任教至今。主要从事旅游地理和旅游规划研究，发表和出版的著作学术影响力大，其中专著《区域旅游规划原理》（改版后为《旅游规划原理》）位列中国人文社会科学图书学术影响力经济学论文引用著作第八位，获中国地理学会"中国旅游地理学杰出贡献奖"（2013年），论文引用率名列前茅，入选中国旅游论文作者学术影响力第二（2021年）。是国际旅游研究院会士（Fellow of the International Academy for the Study of Tourism）、中国旅游协会地学旅游分会会长、游历图书馆创始人。1998年创建北京大地风景旅游景观规划设计有限公司，极大地扩展了高校服务社会的能力和影响，并用体制外的资源服务于体制内的学术，如凭一个小团队的人力使北京大学的旅游与休闲学科进入上海软科排名，花大力气及经费创建游历图书馆。总之，吴必虎教授在旅游地理研究和旅游规划的社会服务方面都作出了杰出贡献。

合作者唐俊雅是成都人，当时是华东师范大学旅游系硕士研究生，毕业后去福

作者介绍：保继刚（1964— ），男，云南个旧人，中山大学旅游学院教授，中国地理学会会员（S110001485M），主要研究方向为旅游地理与旅游规划。E-mail: eesbjg@mail.sysu.edu.cn

建师范大学工作，其后出国留学，目前在美国加州工作。赵荣当时是西北大学地理系教师，负责西安客源市场研究，其后进入政府部门工作，曾担任陕西省文物局局长。黄安民当时在东北师范大学地理系读研，毕业后去华侨大学旅游学院工作至今。邱扶东是华东师范大学旅游系旅游心理学教师，负责游客行为研究理论指导。方芳当时是华东师范大学研究生，毕业后去上海师范大学地理系任教，其后进入政府部门任上海市环保局副局长。

"中国城市居民旅游目的地选择行为研究"所依据的材料，主要来自作者团队1992—1994年在上海、成都、西安、长春进行的问卷调查，这四个样本点分别代表东部沿海地区、西南地区、西北地区和东北地区，调查对象是上述四个城市的居民，调查内容主要包括在城市内部、城市郊县和邻近省市以及全国范围内的出游情况，有效样本计3 394份。

一般而言，随着距离增加，旅游出行人数将会下降。但由于各地旅游产品的引力不同，空间上表现出到访率高峰的波动，造成游憩活动空间（Recreational Activity Space，RAS）的不连续性。例如，观察游客在上海郊县和邻省目的地的到访率分布，可发现郊县目的地仅有少数景点有吸引力，到访率水平低于邻省景点，尽管后者距离较远。但从全国平均水平观察，市郊到访率仍高于邻省或省内其他地区。随着距离的增加，到访率衰减现象越来越显著，500—1 500km之间的到访率分别降至20%—40%之间，而1 500km以外目的地的到访率就更降低到5%—30%。但由于城市辐射面的不同，远距离的分配份额显示出不同，即腹地较广、四周皆有分布的城市，远距离到访率降低较快，如上海除了东面为海洋外，其他三个方向皆有目的地可供选择，到访率在1 500km以外迅速降低到6%；西安位于中国幅员的几何中央部位，腹地也较广泛，同样降低较快。但成都和长春两市，一个位于西南，一个地处东北，由于出游范围受限，到1 500km以外时，到访率仍保持在20%左右。

通过问卷调查得到的全国平均的到访率常随距离而变化，作者计算得到中国城市居民出游客源市场在距离上的分配。一个城市的出游市场37%分布在距城市15km的范围内，24%的市场分布在15—50km范围内，21%分布在50—500km内。500km以外的广大空间，仅分割了城市出游市场的18%，其中500—1 500km占

12%，1 500km 以外占 6%，如图 1 所示。

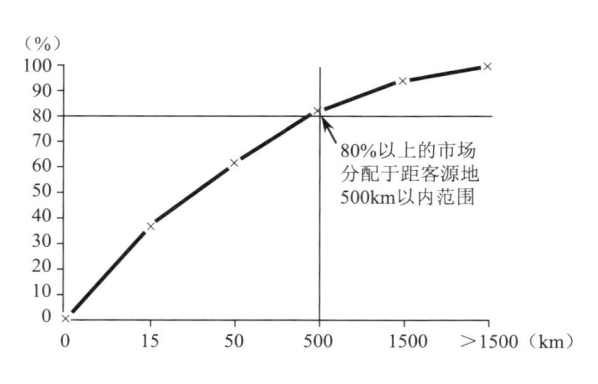

图 1　中国城市居民到访率在空间上的分割

根据这一结果，作者推导出本项研究最重要的贡献"到访率在不同距离上的分配"规律：

规律 1　中国城市居民旅游和休闲出游市场随距离增加而衰减；80% 的出游市场集中在距城市 500km 以内的范围内。

根据游客"目的地选择的类型和空间范围"研究，作者得出相应规律 2 和 3：

规律 2　中国城市居民的出游目的地，城市多于风景名胜区，且相对集中于东部沿海城市。

规律 3　由旅游中心城市出发的非本市居民的目的地选择范围，主要集中在距城市 250km 半径圈内。

在研究了"目的地选择的态度和行为的关系"后，作者得出相应规律 4：

规律 4　中国城市居民关于目的地选择的态度和行为之间存在明显不一致，态度上偏好远城自然景观，行为上选择近城目的地；该不一致是由目的地的多种属性和旅游者所处的情境造成的。

作者还基于问卷调查资料对"游客个体特征与目的地选择的关系"对"性别与目的地选择""年龄与目的地选择""职业与目的地选择""受教育水平与目的地选择"四个方面的特点进行了归纳总结：

（1）各调查点平均男性占 55.92%，女性占 44.08%，总体上男性高于女性，全国平均出游性别比（男：女）为 1.27：1。这是因为男性较女性更富于异向型心理特质，体魄较女性强健，受中国传统思想约束较小，选择出行目的地时频率高于女性，距离也远于后者。

（2）年龄与目的地选择之间存在较大关系。无论哪个年龄层次，都偏好自然风景类目的地，但不同年龄段的受访者对自然景观的偏好程度是有差异的，体力较好的20—49岁的人所占比重高于其他年龄组。在选择文物古迹类景点上，50—59岁年龄层的选择占了首位（33.33%），其次为4—49岁（20.39%），说明年纪较大的受访者偏好于文史类景点，这与大龄受访者对中国传统文化较熟悉以及容易怀旧的情绪有关。对于娱乐游戏类，不同年龄的人又表现出了不同兴趣。在学生集中的10—19岁年龄层中，爱好娱乐游戏类的占了41.25%，总的趋势是年龄越高，对娱乐游戏类的偏好越低。

（3）不同职业的受访者对目的地的选择也有一定不同。各种职业的人把观赏风景放在了首位，这与各年龄层对自然风景的偏好是一致的。科技人员与公务员更有机会借出差之机到目的地旅游，并且由于社会福利的原因，度假休养的机会也多。第三产业从业人员外出娱乐的比例在各职业中居于首位，且与家人同游和与人结伴同游的人更多。这表明三产职员的高工资水平（比其他职员平均高出200—400元），使他们出游能力更强。离退休人员外出集中于探亲访友、度假休养及娱乐等目的上。而学生除观赏风景外，以娱乐为目的的出游比例上升，他们虽然经济实力低下，但出游欲望强烈，依靠家庭的经济基础，是个不容忽视的旅游群体。

（4）受教育水平明显地影响到游客的目的地选择行为。西安碑林和华山是两个相距不远的高等级目的地，但一个是历史文化目的地，另一个是山景目的地，二者相比，碑林游客的文化程度高于华山。碑林游客中，仅大专以上文化程度的游客就占到67%以上，而华山游客中大专以上文化的被试为47%。说明碑林游客的受教育程度总体上高于华山，而且这些游客出游前受报刊书籍介绍影响的比例也较高（24%）。

本文本质上是一篇实证调查归纳总结的成果，工作量大，历时时间长，跨越3年时间（1992—1994）、东南西北4个城市，有效样本计3 394份。结论符合当时中国的实际情况，发表之后图1的"80%的出游市场集中在距城市500km以内的范围内"的曲线被《中国旅游报》（1998.5.25）以"吴曲线"报道。

2022年吴晋峰等在《干旱区资源与环境》(2022年第12期)上发表《基于城市居民累积出游经历的"吴曲线"变化研究》,在本文四个城市基础上增加北京和武汉,有效问卷达8 672份。发现20年后,中国城市居民80%的出游市场集中在距离城市1 400km范围内,距离对中国城市居民出游行为的衰减作用趋于变小,但仍是影响城市居民出游行为的基本因素,中国城市居民的国内出游空间可划分为核心出游空间(≤500km)、重要出游空间(500)—1 400km和机会出游空间(≥1 400km以外)三种类型。

为什么1992—1994年"80%的出游市场集中在距城市500km以内的范围内",而20年后"80%的出游市场集中在距离城市1 400km范围内"?保继刚1986年的"北京市国内游客预测模式"和2019年的"Determinants of Domestic Tourism Demand for Guilin"等研究表明,1986年除了距离之外,火车票价对国内游客出行的影响很大,而到了1999年之后,火车票价已经不是重要的影响因素,距离依然起到负相关作用。可以解释吴必虎和吴晋峰的研究结果。

"中国城市居民旅游目的地选择行为研究"发表后,受到学界的极大关注。根据CNKI,截至2024年5月6日,该文被引用1 378次,下载14 582次,是旅游地理领域研究国内游客空间分布规律的一篇必读文献,也是今天在大数据背景下可以继续探讨的研究问题。

主题公园发展的影响因素系统分析*

保继刚

（中山大学城市与区域研究中心，广州　510275）

提要　主题公园是一种投资大、风险高的新型旅游项目，通过大量的实证调查和文献总结，本文对影响主题公园发展的主要因素进行系统分析，这些因素是：客源市场和交通条件、区域经济发展水平、城市旅游感知形象、空间集聚和竞争以及决策者行为。

关键词　主题公园　发展布局　影响因素

主题公园（theme park）是具有特定的主题，由人创造而成的舞台化的休闲娱乐活动空间，是一种休闲娱乐产业。其历史从1955年美国人Walt Disney在加州建成迪斯尼乐园（Disneyland）肇始。到80年代末，北美每年超过100万游客的主题公园有30个[1]，除一个在加拿大外，其他都集中在美国；欧洲有21个大型主题公园[2]，至1990年日本已有14个大型主题公园开业[3]。

1989年9月21日深圳锦绣中华的成功开业，标志着中国主题公园的诞生。由于锦绣中华轰动性的示范效应，主题公园便在全国雨后春笋般涌现。

主题公园的类型可以从多方面进行划分，但一般或以主题内容进行划分[3]，或以吸引范围进行划分[4]，或以规模大小进行划分[5,6]。本文所讨论的是大型主题公园发展的影

来稿日期：1995-10；收到修改稿日期：1997-01。

引用本文：保继刚. 主题公园发展的影响因素系统分析. 地理学报, 1997, 52(3): 237-245. [Bao Jigang. A systematic analysis of the influential factors to theme park development. *Acta Geographica Sinica*, 1997, 52(3): 237-245.]

* 博士论文一部分，对导师许学强教授和美中学术交流基金资助到美国考察研究，谨此致谢！

响因素，以国内标准而言，大型主题公园指投资在 8 000 万人民币、占地 0.2km² 以上的主题公园。

80 年代之后，国外一些学者开始总结主题公园的发展历史和过程[1~3,7,8]。区位选址对主题公园的成功影响很大，这方面的研究受到重视[5]。新主题公园的市场定位和需求研究[9,10]，主题公园在本地经济和居民闲暇活动中的作用[11,12]也有学者涉及。

主题公园的研究也渐为国内学者和管理者所重视。1989 年中国主题公园出现之前，在游乐园（Amusement Park）建设热时，就有学者撰文介绍国外游乐园（文章所论实际是主题公园）的发展[13]。迄今中国对主题公园的研究，大致可分为 3 类，第 1 类以介绍国内外的发展规划情况、研究成果、介绍规划建设管理经验为主[13~16]；第 2 类以收集面上资料，提出问题为主[16~19]；第 3 类探讨规划布局设计原理[6, 20, 21]①②。本文在大量实证调查的基础上，试图系统分析影响主题公园发展布局的因素，保继刚[6]在这方面已作过初步分析。

1 客源市场和交通条件

1.1 客源市场条件

主题公园要求选址在经济发达、流动人口多的大城市和特大城市，以保证有良好的客源市场条件。据美国华盛顿的城市土地研究所研究[5]，一个大型主题公园的一级客源市场（80km 或 1 小时汽车距离内）至少需要有 200 万人口，二级客源市场（240km 或 3 小时汽车距离内）也要有 200 万人口以上，之外的三级客源市场虽也很有帮助，但不能过分依赖。据估计美国主题公园 75%的游客是 240km 半径范围内产生的[1]；深圳世界之窗的游客抽样结果③，深圳市游客占 17.21%，珠江三角洲占 39.10%，香港占 5.20%，三者之和为 61.51%，也就是一、二级客源市场占了 61.51%。

中国发展主题公园比较好的几个城市——深圳、北京、无锡都具有良好的客源市场条件。以深圳为例，深圳、东莞、惠州市一部分是其主题公园的一级客源市场，1993 年这 3 个地区的常住人口已达 600 万人。深圳的二级客源市场是香港和经济发达的除上述几个地区之外的珠江三角洲，香港有 600 万居民，珠江三角洲人口 1993 年达 2 056 万，除去上述

---

① 吴杰. 人造文化景点开发探析. 华东师范大学 93 届硕士学位论文，1993.
② 李建军. 主题园主题选择与规划设计. 同济大学 94 届硕士学位论文，1994.
③ 世界之窗有限公司市场部 1994 年 10 月 2 日在景区对游客抽样，共发出问卷 2 700 份，收回有效问卷 1 387 份。

几个一级客源市场地区为 1 456 万,也就是说深圳的二级客源市场高达 2 000 多万。深圳流动人口,特别是经商、会议、参观考察的比例很大。1993 年,深圳仅酒店宾馆(不包括旅馆、招待所)接待的过夜游客就达 616.3 万人次,其中境外游客 169 万人次,这部分人往往是主题公园的高消费游客,深圳的三级客源市场也很大。

位于昆明 1992 年开业的云南民族村,总投资 1.1 亿元人民币。1992 年门票收入仅 630 万元,1993 年仅 691 万元,扣除一年 200 多万元的开支,远远不够利息,更不用谈还本赢利了。昆明云南民族村的失败,首先是客源市场条件不良,1991 年昆明的市区人口 155.65 万,其中非农业人口 116.01 万,这相当于其一级客源市场,昆明附近的几个县、市(市辖 8 县及曲靖、玉溪、楚雄 3 市,相当于二级客源市场)总人口 362.87 万,其中非农业人口 60.77 万。云南是一个经济发展落后的省,人均收入不高,高门票的主题公园游客以城市人口为主。三级客源市场也不理想,1993 年昆明接待境外旅游者为 27.11 万,只相当于深圳的 16%,由于城市功能不同,昆明的流动人口不象深圳那样以经商、考察等对主题公园需求较高的人员为主。一级、二级以及三级客源市场均较差,是导致云南民族村投资失败的主要原因。

1.2 交通条件

主题公园所在的城市除了客源市场条件好以外,还必须有良好的城市对外公共交通,也即可进入性(Accessibility)好。

深圳的城市对外交通十分优越,广九电气化铁路、广深准高速铁路、广深高速公路、深圳国际机场,特别是广深高速公路的开通,为深圳二级客源市场的开发创造了良好的条件。

城市内部交通对主题公园的经营有很大影响。大型主题公园一般在大城市边缘区选址,在城市边缘区选址是因为主题公园占地面积较大,城市边缘区用地限制较小,地价相对便宜。主题公园要考虑选址在主要公路干道旁,第一是节省道路投资,第二是易于利用社会交通运输能力,第三是主要公路干道视野开阔,主题公园可以向经过公路干道的旅客展示标志性景点,不断强化旅游形象,吸引游客。

锦绣中华、中国民俗文化村和世界之窗的选址都十分成功,如图 1 所示,三个主题公园都选址在深南大道旁,驱车从深南大道过,三个景区的标志性景点 "长城"、"石林"、"埃菲尔铁塔" 尽收眼底,这无声的广告给三个景区带来了良好的形象效应。另一个重要的方面,深南大道上的公共交通十分方便,游客 "来去自由",缩短了感知距离,对游客的决策行为有正面影响。

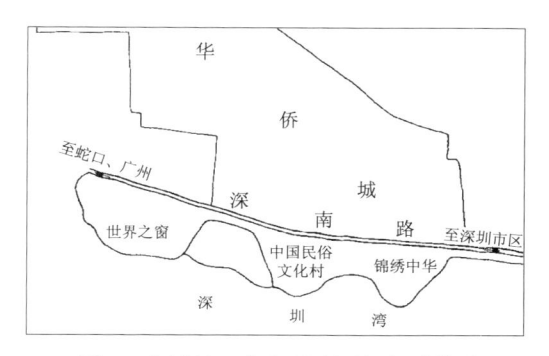

图 1 华桥城三大主题公园与交通关系

Fig. 1 The relationship between the three theme

2 区域经济发展水平

区域经济发展水平在两方面影响主题公园的发展，一方面是投资规模，另一方面是游客的消费水平。

主题公园是一种高投入的旅游项目[6]，一般而言，作为企业行为的主题公园开发，只有在区域经济比较发达的地区，才具备较大规模的投资能力，否则只有引进外资，或是政府行为代替企业行为，将有限的财政收入集中起来搞高投入，如昆明的云南民族村就是政府行为的一个典型例子。

中国幅员辽阔，区域经济发展不平衡，目前主题公园发展比较成功的广东（集中于深圳）、江苏（集中于无锡）、北京都是经济发达的省市，而比较失败的云南，是经济相对落后的省份，表 1 是上述几个省市 1992 年国内生产总值的比较。广东、江苏无论是 GDP 还是人均 GDP 都处于全国前列，北京只是一个市，其 GDP 排位稍后，但人均 GDP 排全国第 2 位，云南无论是 GDP 还是人均 GDP 都处于较后的位置。

表 1 1992 年国内生产总值的国内比较

Tab.1 The comparison of GDP among some privinces in 1992

地区	GDP（亿元）	全国位次	人均 GDP（元）	全国位次
广东	2 293.54	1	3 575	4
江苏	1 971.60	3	2 858	6
北京	709.10	14	6 805	2
云南	510.03	20	1 334	25

资料来源：《中国统计年鉴》，1994。

具体分析深圳及外围珠江三角洲其他地区更能揭示这种差距。1992 年深圳人均 GDP 达 11 411 元，1993 年人均 GDP 更高达 15 672 元，整个珠江三角洲人均 GDP 是国内率先突破万元大关的地区，1993 年达 10 319 元。

区域经济发展水平，还表现在影响着居民的收入和游客的消费能力，深圳与昆明相比，深圳 1993 年职工人均工资 7 947 元，昆明为 3 803 元，相当于深圳的 47.85%；深圳人均城乡居民年底储蓄余额 1.99 万元，昆明为 2 336 元，只有深圳的 11.74%。游客消费能力的大小直接关系到主题公园的经济效益，表 2 是深圳中国民俗文化村和昆明云南民族文化村 1993 年的经营比较。两个主题公园的主题、投资规模和开业时间都差不多，但经济效益却有很大差别。

表 2　深圳、昆明主题公园 1993 年经营比较
Tab.2　The revenue comparison of theme parks in Shenzhen and Kunming

主题公园	投资（亿元）	开业时间	游客量（万人）	营业收入（万元）	游客人均消费（元）
（1）中国民俗文化村	1.1	1991 年 10 月	311.53	15.384	49.38
（2）云南民族文化村	1.0	1992 年 2 月	113.17	694	6.11
（2）与（1）相比（%）	90.91		36.33	4.49	12.37

资料来源：华侨城指挥部、云南民族文化村办公室。

3　城市旅游感知形象

城市旅游形象是指城市旅游者在游览城市的过程中通过对城市环境形体（硬件）的观赏和市民素质、民俗民风、服务态度等（软件）的体验所产生的城市总体印象[23]。城市旅游形象是一个综合概念，它反映的是整个城市作为旅游产品的特色和综合质量等级。一般来讲，每一个城市对旅游者都有一个趋于一致的旅游感知形象，这种感知形象是城市在其形成和发展过程中，通过人类行为和自然相互作用所形成的与城市自身职能和性质相关的城市外部形象和内在特征相统一的独特的风格。如一谈起北京，旅游者就会想起长城、故宫、颐和园、天安门等；提起广州，旅游者首先感应出的是到广州首先要到高第街等地购物，而陈家祠、光孝寺、越秀公园等都退居其次；说起深圳，就会反映出一座座高楼大厦林立的特区现代化城市……。

城市旅游感知形象，主要影响的是大、中尺度（即二级和三级客源市场）旅游者的决

策行为，象北京这样的城市，大、中尺度的旅游者首先选择的是国家级的旅游点，对北京一些旅游点的游客结构进行调查后发现，故宫、颐和园、八达岭、动物园等几个公园游览区都属于在全国首屈一指或者说是独一无二的国家级公园，是一般外地游客，特别是第一次来北京的游客都要去的地方。因此外地游客在这几处公园游览区的比例都高于本地人，其中以故宫为最突出，外地游客平均占88.15%，非节假日则高达94.79%，颐和园77.4%，八达岭76.5%，动物园74.6%。而北海（外地游客占41.4%）、中山公园（26.1%）、陶然亭（5.8%）、密云水库（6.0%）、十渡（0%）则以本地游客为主[24]。

因此，像北京这样人文景观已非常丰富且级别很高的地区，旅游者已有较为固定的旅游感知形象，新建主题公园对于大尺度的旅游者，特别是第一次到北京的旅游者，其吸引力较小，其目标市场应主要是小、中尺度（即本地及附近城市）及多次到北京已游览过上述国家级景区景点的大尺度游客。

深圳是一"不夜城"，城市建设速度快、城市形象尚不稳定，特别是城市旅游形象不象北京早已在旅游者心中根深蒂固，而是处于发展变化之中。从80年代初至今，短短十几年的历史，深圳的旅游业发展经历了两个阶段，城市旅游形象也随之发生了两次变化。在为商务和企业服务的度假村及特区购物旅游阶段（1980～1988），深圳的城市旅游形象标志是沙头角中英街购物、国贸大厦高层建筑城市风光和香蜜湖中国娱乐城；在从1989年开始的仿古文化和传统文化旅游阶段，深圳城市旅游形象标志转换为锦绣中华、中国民俗文化村和世界之窗。

北京世界公园开业第一年接待游客300万（1994），而同期颐和园接待游客达1 000万；深圳世界之窗开业第一年接待游客430万（1994.6～1995.5），而同期先于世界之窗开放的锦绣中华和中国民俗文化村接待游客分别为139万和161万。

通过上面的分析，我们可以得出一个初步结论，城市旅游形象个性特征很强的城市，如 北京，新建主题公园引起轰动效应并很快成为城市的旅游形象标志的困难很大。同时对于大尺度的游客，特别是第一次出游的游客吸引力较小；城市旅游形象个性特征尚在变化之中或不明显的城市，如深圳，新建有特色的主题公园能较快成为城市旅游形象的新标志，引起轰动效应，对大、中、小尺度的游客都有吸引力。

4　空间集聚和竞争

集聚是指有关的经济客体或经济客体与社会基础设施在一定空间范围内的结合。这种空间结合一般会产生有益的效果，但是这种集聚又需要控制在一定限度内，超过了限度的过分集聚，会产生一系列问题因而出现负效应。集聚效果和合理规模问题是区位理论的主要问题之一[25,20]。但是，由于旅游产品的特殊性，已有的区位理论并不能解释旅游地集聚的空间竞争问题。

主题公园的空间集聚我们一般指在同一城市的集聚，因此不讨论需求方面和供给方面的一些共性的因素，只讨论影响主题公园空间竞争的主要因素，即主题内容和景区规模，另外，微观区位条件也很重要。

主题内容是主题公园吸引游客的物质基础。主题内容往往决定着主题公园的成败。景区规模可以用投资、占地规模来衡量，但更重要的是它所能提供给游客的游玩时间和游客真正愿意在内游玩的时间。主题内容和景区规模相互作用的结果往往就将主题公园分为不同的档次。

旅游者的空间行为研究已经揭示[27]，作为以观光为主的旅游地，跨国、跨省的大尺度旅游者一般只选择国际级、国家级的旅游地，省内的中尺度旅游者除了选择国际级和国家级以外，还选择省级、区级的旅游地，市内、县内的小尺度短程旅游者则所有级别的旅游地都选择。在这种空间行为规律作用下，当多个高投入、高门票的主题公园在同一地域同时出现时，大尺度的旅游者往往只选择地位级别、知名度最高的主题公园，而放弃地位级别较低、知名度小的主题公园。

多个主题公园在空间上集聚，可以增加这一地区的总体吸引力，同时也产生空间竞争，使游客分流。与其他类别的旅游地一样，主题公园的空间竞争也是知名度大、地位高的主题公园抑制知名度小、地位低的主题公园。但与海滨沙滩旅游地、喀斯特石林旅游地的空间竞争替代性较强有所不同[28,29]。由于主题公园都有自己的主题，也即有个性，因此，主题公园的空间竞争一般而言是一种非替代竞争。在同一地域出现的主题公园，虽然有的知名度小、地位低的旅游发展会受到抑制，丧失一部分客源市场，但还会有一定的特定市场，只要集聚规模适度，也能发展。

但是，主题公园是一种高投入的旅游项目，维持费用高，要求的门槛游客量也较高。据调查，锦绣中华每天需要2 000游客才能维持。过多的主题公园在同一地域集聚，要使每个主题公园的游客都达到和超过门槛游客量是不易的。其结果必然是恶性竞争，北京出现的主题公园给导游司机回扣，导游司机强迫游客参观某些主题公园的非道德现象就是因为主题公园过多集聚产生恶性竞争的结果。

考察锦绣中华、中国民俗文化村游客量的变化可以看出，中国民俗文化村出现后对锦绣中华产生的是一种正的近邻效应，增强了华侨城旅游吸引力的同时，两个主题公园相得益彰，拓展了客源市场。这种形势保持到1993年。1993年9月28日野生动物园和1994年6月18日世界之窗开业后，锦绣中华和中国民俗文化村1994年游客量急剧下降（分别比 1993 年下降 41%），这一方面是由于生命周期规律的作用，但更重要的还是主题公园空间分流的结果。1993 年锦绣中华和中国民俗文化村共接待游客 586.52 万，1994 年为 343.36 万，加上世界之窗则为 594.30 万，比 1993 年还略多一些。世界之窗开业后，华侨城整体旅游吸引力加强了，但是 3 个主题公园之间也产生了空间竞争，其结果是规模大、内容丰富而新的世界之窗在竞争中占优，会在一定程度上抑制锦绣中华和中国民俗文化村的发展。

5 决策者行为

决策者行为关系到两个层次。一个层次是投资者的决策行为，另一个层次是政府的决策行为。

5.1 投资者决策行为

投资者决策行为首先是宏观区位的选择，在此基础上从两方面影响主题公园的发展，一是投资规模，二是主题选择。

投资规模与投资者的经济实力和经营方针战略联系在一起，同时与主题选择密切相关，有些主题投资巨大，如类似高科技未来世界项目，有些项目则相对较小，如微缩景观类。在一定的客源市场、交通条件、区域经济发展水平等背景下，主题公园开发成功与否的关键是主题的选择。深圳东方神曲经营不景气、世界之窗开业仅半年深圳居民参观率就超过开业 1 年的野生动物园，很重要的原因是主题内容的吸引力[21]。主题内容的选择与投资决策者的文化背景、偏好关联很大。Walt Disney 的理想是希望"人们在乐园里找到快乐和知识"[30]；中国主题公园的开创人马志民的理想是 "让世界了解中国"（锦绣中华）、"让世界认识我们的民族"（中国民俗文化村）、"崛起的中国正在走向世界，开放的中国需要了解世界"（世界之窗）。

5.2 政府决策行为

目前，各国各地政府都将旅游业摆在发展第三产业的重要位置，如广州市政府明确提出将广州建设成华南的 3 个中心——金融中心、商业中心和旅游中心。因此各级政府对旅游投资都给予扶持和优惠政策，甚至在基础设施方面给予配套。迪斯尼公司选择法国开设巴黎迪斯尼，迪斯尼公司除了看上法国本身已有的客源外，也是法国政府极力争取的结果。

法国政府在合同中表示愿意以7.9%的利息借给迪斯尼乐园投资总额的1/5,约为44亿法郎,并且将郊区地铁延长到迪斯尼乐园设立地巴黎东部郊区,还计划在高速公路系统中开辟多条道路,以便游客前往,而且之后还计划投资7.6亿法郎,开通一列高速火车直达此地[31]。

主题公园占地规模大,城市土地制度的改革,使主题公园在微观区位选址、土地的获得上要受到政府的制约。国内由于多种土地使用方式的存在,投资者获得土地的成本和区位是不一样的。这对主题公园的经营成本有很大影响。

6 影响因素系统分析

主题公园的发展受主客观因素两个方面的影响。

客观因素主要包括2个必要条件和2个限制条件,如图2所示。必要条件是客源市场和交通条件以及区域的经济发展水平,它们关系到游客市场的大小、基础设施条件、投资能力和游客的消费水平,作为高投入高门票为特点的主题公园,缺少这两个条件的任何一个都不能成功。限制条件是城市的旅游感知形象和主题公园的空间集聚和竞争,它们影响着游客的决策行为。

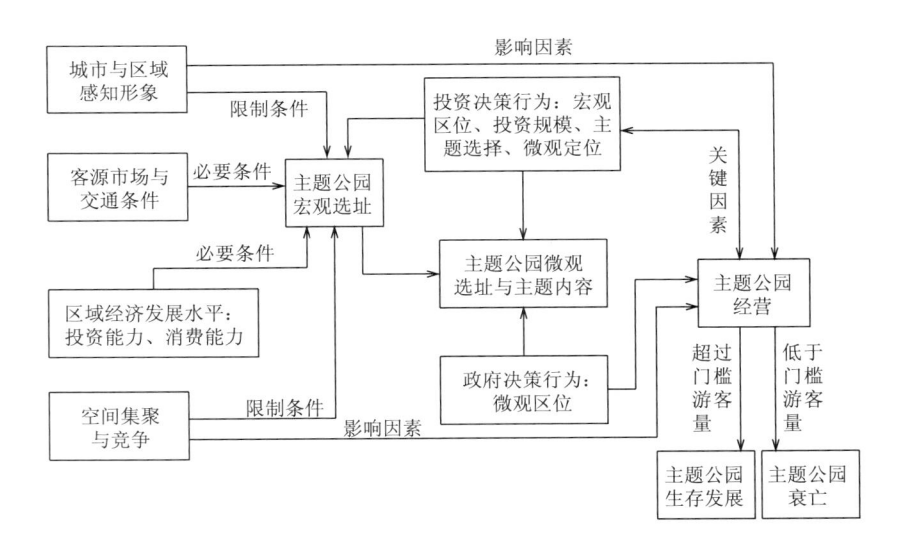

图 2 主题公园发展影响因素系统分析

Fig. 2 The systematic analysis of influential factors to theme parks development

主观因素是投资者的决策行为和政府的决策行为。投资者的决策行为包括宏观区位确定、微观选址、投资规模和主题选择,政府的决策行为重要的是关系到主题公园的微观选址（土地获取），以及基础设施的配套等优惠条件。主题选择是宏观区位确定后主题公园发展的关键因素，城市旅游感知形象和空间集聚与竞争、微观区位是重要的影响因素。只有游客量超过主题公园的门槛游客量，主题公园才能生存发展，否则，只有衰亡。

只有主客观两个方面的关系协调，主题公园的开发才会成功。不具备客观因素，主题公园注定要失败；客观因素具备了，但主观因素与之不协调，也难成功。 昆明云南民族村不顾客观因素盲目上马是失败的主要原因，另外主题选择也不成功，云南是一个多民族的省份，本省居民对少数民族的新奇感不如外省，自然它对本地一级客源市场的吸引力要比深圳中国民俗文化村差。

香港中旅集团在美国佛罗里达奥兰多（Orlando）兴建第二个锦绣中华不成功，则是因为主观因素与客观因素不协调的结果。奥兰多是美国，也是全世界主题公园最集中的城市，迪斯尼世界三大主题公园（Magic Kingdom、Epcot、Disney-Mgm Studios）、Universal Studios、Sea World、Busch Gardens、Cypress Gardens、Wet's Wild 近10个美国最著名的主题公园集中在此，交通、客源市场等条件都十分优越。但是锦绣中华的主题对美国游客吸引力不大，其内容和规模都难与其他主题公园竞争，1994年建成开业后，每年亏损1 000多万美元。

影响主题公园发展因素的相互关系系统分析见图2。

参考文献

1 Lyon R. Theme Parks in the USA. *Travel and Tourism Analyst*, 1987, January: 31～43.
2 Brown J, Church A. Theme Parks in Europe. *Trave and Tourism Analyst*, 1987, February: 35～46.
3 石崎肇士，音哲丸. 郭生发译. 主题园在日本. 造园季刊(台湾), 1991: 40～50.
4 Witt S F, Moutiho L. Tourism Marketing and Management Handbook. Prentice hall, 1989.
5 Smart J E, Casazza J A. Rcreational Development Handbook. 2nd ed. ULI—the Urban Land Institute, 1989.
6 保继刚. 大型主题公园布局初步研究. 地理研究, 1994, 13(3): 83～89.
7 Adams J A. The American Amusement Park Industry. Twayne Publishers, 1991.
8 Milman A. Theme Parks and Attractions. In: Encyclopedia of Hospitality and Tourism. New York: Van Nostrand, Reinhold, 1993. 934～944.
9 Milman A. Market Identification of A New Theme Park. *Journal of Travel Research*, 1988, 26(4): 7～11.
10 Braun B, Milman A. Demand Relations in the Central Florida Theme Park Industry. *Annals of Tourism Research*, 1994, 21(1): 150～152.
11 Braun B, Milman A. Localization Economies in the Theme Park Industry. *Review of Regional Studies*, 1991, 20(3): 35～39.
12 Milman A. The Role of Theme Parks As a Leisure Activity for Local Communities. *Journal of Travel Research*, 1991, 29(3): 11～16.
13 马国馨. 游乐园建设的若干问题. 建筑师, 1986(25): 130～155.

14　马志民. 兴建"锦绣中华""民俗村"的实践体会. 旅游调研, 1992(5): 15～17.
15　吴杰. 无锡民俗村的规划、建设与经营. 旅游调研, 1993(1): 20～24.
16　袁宗堂, 潘肖澎. 全国人造景观统计分析. 旅游调研, 1993(1): 17～19.
17　齐平书. 近年人造景点主要问题分析. 旅游调研, 1994(1): 15～18.
18　雅珊. "古人"来了、"文物"多了、"世界"小了、小心头脑发热了——人文景观仿古建筑热扫描. 羊城晚报, 1994年4月8日七版.
19　王新民. 主题公园的高效益的奇迹和价值导向. 旅游学刊, 1994, 9(6): 32～35.
20　保继刚. 深圳、珠海大型主题公园布局研究. 热带地理, 1994, 14(3): 266～272.
21　保继刚. 深圳市主题公园的发展、客源市场及旅游者行为研究. 建筑师, 1996(70): 4～21, 26.
22　刘冠中. 谈"深圳野生动物园"项目的开发. 旅游调研, 1994(1): 9～12.
23　金卫东. 城市旅游形象浅析. 城市规划汇刊, 1995(1): 60～63.
24　邢道隆. 北京市国内旅游市场分析. 旅游论坛(现改名旅游学刊), 1981, 1(1): 21～28.
25　杨吾扬. 区位论原理. 兰州: 甘肃人民出版社, 1989.
26　陆大道. 区位论及区域研究方法. 北京: 科学出版社, 1991.
27　陈健昌, 保继刚. 旅游者行为研究及其实际意义. 地理研究, 1988, 7(3): 44～51.
28　保继刚, 梁飞勇. 滨海沙滩旅游资源开发的空间竞争分析. 经济地理, 1991, 11(2): 89～93.
29　保继刚. 喀斯特石林旅游开发空间竞争研究. 经济地理, 1994, 14(3): 93～96.
30　鲍勃·托马斯. 张春林, 杨则瑞译. 娱乐大王迪斯尼. 北京: 中国经济出版社, 1992.
31　一文. 米老鼠魂断法国. 深圳商报, 1994年5月29日五版.

A SYSTEMATIC ANALYSIS OF THE INFLUENTIAL FACTORS TO THEME PARK DEVELOPMENT

Bao Jigang

(*Center for Urban and Regional Studies，Zhongshan University，Guangzhou* 510275)

Key words　theme park，development，influential factors

Abstract

Theme park are a relatively new concept in tourism. Its history can be traced back to the mid 1950s with the opening of Disneyland in California，USA. China's theme park can be dated back to 1989 with the success opening of Splendid China in Shenzhen. Now there are about 20 major theme park in China.

The planning and development of theme park has received limited coverage in the literature. The present paper introduces a model to interpret the major factors that influence theme park development, including tourist market, traffic, regional economic development level, tourist image of the city, spatial agglomeration and competition of theme park, and behavior of decision makers. Tourist market, traffic and regional economic development level are essential conditions for the development of theme park. T heme park will not be success if the essential conditions are not satisfied. Tourist image of the city, spatial agglomeration and competition of theme park are limiting conditions that influence the decision behavior of tourists. The paper also offers a systematic analysis of the relationship among all these factors.

作者简介

保继刚，男，1964 年生，云南人，中山大学教授。1984 年毕业于中山大学，1986 年获北京大学硕士学位，1995 年获中山大学博士学位。主要从事旅游地理研究，已发表"颐和园旅游环境容量研究"、"喀斯特洞穴旅游开发"等论文 50 篇，《旅游地理学》、《旅游开发研究——原理、方法、实践》（含合著）等著作 5 本。

"主题公园发展的影响因素系统分析"解读

钟士恩

在中国主题公园相关研究中,该文在 CNKI 被引、下载两个指标上均位列第一,学术影响力极大,存在显著学术溢出效应:一是奠基了中国旅游地理研究的一个崭新研究领域——主题公园与城市旅游;二是以该文的学术思想为基础,孕育了中国旅游地理研究构建"本土知识体系"的权威经典著作《旅游地理学》[1];三是体现了代际传承性,保继刚教授与其后续指导的梁增贤、古诗韵等博士共同编著出版了中国主题公园研究集大成之作《主题公园研究》[2]。该文学术价值至少体现在以下两个方面:

一、该文是中国本土主题公园进入自觉发展期"前"的一篇理性思考

华侨城集团前 CEO 兼总裁任克雷认为,2000 年以前是中国主题公园的开创探索期;2000 年以后是它的自觉发展期。在开创探索期,作为新事物的主题公园见证了中国改革开放的进程,但它们中的大多数却留下了"一年兴,二年盛,三年衰,四年败"短生命周期的悲歌。在 2000 年后的自觉发展期,中国本土主题公园进入了第二轮大规模扩张阶段,并表现出鲜明的"主题公园/旅游+地产"发展特征,但却面临了国家土地管制的挑战,以防止房地产企业以主题公园名义开发地产项目。

作者介绍:钟士恩(1983—),男,博士,南京财经大学工商管理学院副教授,研究方向为儿童和家庭旅游、主题公园、遗产旅游等。E-mail: fgh1475@163.com

2000年以前的经验教训，是很多项目的建设没有遵循主题公园的基本发展规律。这些深刻的发展教训，导致一段时期有一个论调，认为"中国不需要，也不应该发展主题公园"。2000年以后的经验教训，是避免主题公园沦为资本逐利的牺牲品[3]。

该文发表于1997年，是中国本土主题公园进入自觉发展期"前"的一篇理性思考。作者对主题公园进行定义，对国内外发展案例进行比较分析，对主题公园基本发展进行规律分析，从客源市场和交通条件、区域经济发展水平、城市旅游感知形象、空间集聚和竞争以及决策者行为等方面，对主题公园发展的影响因素进行了有说服力的系统分析。在2000年以前需要审读该文，因为当时很多主题公园的发展严重违背了基本规律；而2000年以后更需要审读该文，因为"主题公园+地产"的模式正走向穷途末路，全国出现了江苏句容恒大旅游城、贵阳恒大文化旅游城、淮南志高神州欢乐园、南京克莉丝汀甜蜜城堡等大量的主题公园烂尾工程。部分中国本土主题公园正在重蹈过去的覆辙，而这些失败因素在保继刚教授的本篇论文中早已被重点提及：主题、区位、市场、交通、投资、成本、竞争、政策等。

从早期的自然区划科学指引经济生产的明确利用界限，到现在的主体功能区划为促进区域协调发展提供科学依据，中国地理学研究历来就拥有服务国民经济建设主战场的传统[4]。该文亦是如此。从20世纪90年代起，保继刚教授就第一时间跟进和研究"锦绣中华"项目，结合大量的国内外实地调查和文献分析，形成本文；后期又陆续参与和见证了香港迪士尼乐园、上海环球影城、北京环球影城等主题公园的开发论证工作。保继刚教授见证了中国本土主题公园从开创探索期到自觉发展期的整个历史进程，在迷茫期给出"理性思考"，在狂热期坚守"理性态度"。将该文置于中国主题公园发展的整个历史进程，读者才能理解本文最大的研究价值——学者通过科学理性的认知与分析，可以理直气壮地及时响应时代发展和国民经济主战场的呼唤！

二、秉承地理科学空间区位传统和综合系统思维，阐述主题公园发展的基本规律

主题公园的开发思维就是市场思维。"开发"一词在文中出现4次，"主题公园+开发"的组合为3次，"客源市场+开发"的组合为1次。在对主题公园发展的影响

因素系统分析中，客源市场条件、交通条件、游客消费水平、空间集聚与竞争等均可归结为"市场思维"。中国情境中，自然基础型（nature-based）的和遗产基础型（heritage-based）的旅游发展，我们是很熟悉的，比如20世纪的喀斯特洞穴热、名山大川热、历史文化名城热等。这很容易理解，毕竟中国游赏历史悠久，山水情结厚重。但市场导向型（market-oriented）的旅游发展，我们是不习惯的，时至今日很多学者往往闻"开发"色变，特别是在文旅融合的大背景下。相对自然和遗产旅游而言，主题公园、节庆旅游等人工构建的、市场导向型的旅游发展，在20世纪属于新事物。旅游产品具有生产和消费的同一性，主题公园的市场区选择有助于降低游客旅行成本。主题公园的出现，恰恰解决了传统旅游资源/产品与旅游市场之间的空间分布不均衡问题。不具有市场思维，就无法洞察主题公园的基本发展规律。

保继刚教授秉承地理科学空间区位的研究传统，指出主题公园的市场区问题——主题公园是一种高投入的旅游项目，应该选址在经济发达、流动人口多的大城市和特大城市，大型主题公园的一级、二级客源市场至少需要400万人口的支撑；可进入性问题——城市除了客源市场条件好以外，还必须有良好的城市对外公共交通；空间集聚和合理规模问题——特定地理单元不宜聚集过多的主题公园等。邻近市场、评估市场、按照市场法则进行产品组合与定价、企业化投资建设和运营，就是主题公园的开发思维。理解了市场思维、主题公园开发思维，才能理解保继刚教授及其后续指导博士生古诗韵，为何会持续对收入达标市场模型、渗透率、重游率、会员市场等主题公园的关键市场参数进行深入拓展研究。读者需要将该文与《主题公园研究》一书放到一起阅读才过瘾。

该文同样秉承了地理学的综合系统思维，认为主题公园的发展受主客观因素两个方面的影响。客观因素主要包括2个必要条件和2个限制条件，必要条件是客源市场和交通条件以及区域的经济发展水平，它们关系到游客市场的大小、基础设施条件、投资能力和游客的消费水平，作为以高投入高门票为特点的主题公园，缺少这两个条件的任何一个都不能成功。限制条件是城市的旅游感知形象和主题公园的空间集聚与竞争，它们影响着游客的决策行为。主观因素是投资者的决策行为和政府的决策行为。投资者的决策行为包括宏观区位确定、微观选址、投资规模和主题选择。政府的决策行为重要的是关系到主题公园的微观选址（土地获取），以及基础设施的配套等优惠条件。主题选择是宏观区位确定后主题公园发展的关键因素。保继刚教授认为，只有主客观两个方面的关系协调，主题公园的开发才会成功。

该文发表于近30年前，是按照"欧美的、一般意义上的主题公园开发思维"来理解主题公园发展的基本规律。时至今日，中国正在生产一个动态的、变化的主题公园概念，这或许是作者成文之初所始料未及的：（1）如果说迪士尼主题公园是"奢侈品"，那么绝大多数中国本土主题公园则被开发成"一般消费品"。当前上海迪士尼从475元的标准票到4 000多元的家庭套票，对中国中产阶级而言价格相对昂贵。而中国本土的大型主题公园则对标5A级山岳型景区，其门票价格普遍在200元以下。（2）欧美主题公园的市场群体以家庭游客为主，青年群体为辅；中国主题公园则以青年群体为主，家庭游客为辅。（3）中国主题公园开发和建设中，政府的影响作用较大，表现为土地管制、政策影响等多个方面。（4）从主题景观、主题乘骑设施、花车巡游、主题商业、主题纪念品等主题公园必备要素的角度，中国本土主题公园学迪士尼"学得很像"；但就迪士尼"形象→用户→产品"的商业逻辑本质及其强大的IP生产能力、品牌市场影响力等而言，中国本土主题公园则学得"天差地远"。（5）21世纪中国主题公园的发展表现出"主题公园+地产"的城市成片综合开发特点，即主题公园与城市、区域发展日趋一体化，通常选址城乡接合部，充当城市化和经济转型发展的先锋[5]。但如前所述，很多房地产企业往往披上主题公园、文旅融合、新型城镇化的马甲，导致主题公园正沦为资本逐利的牺牲品，"纯主题公园开发"的企业家精神正在逐步失色！

该文发表时，主题公园在中国仍然是一个新事物。如今中国已经成为主题公园大国，迪士尼、环球影城等国际巨鳄正与他们的中国学生共同角逐中国市场。上海迪士尼、北京环球影城的火热及其分别对长三角、京津冀乃至全国旅游市场的席卷，表明中国游客需要的是高质量的主题公园产品，中国市场对主题公园的需求始终如一的强劲！解读保继刚教授1997年发表的本文，理性分析与反思中国主题公园发展实践，不难发现文中的很多观点、结论时至今日依然发人深省："主题公园是一种投资大、风险高的旅游项目""主题公园是具有特定的主题，由人创造而成的舞台化的休闲娱乐活动空间，是一种休闲娱乐产业""过多的主题公园在同一地域集聚，要使每个主题公园的游客都达到和超过门槛游客量是不易的""主题公园开发成功与否的关键是主题的选择"等等。虽然中国正在生产一个动态的、变化的主题公园概念，但我们仍然需要"回归"主题公园发展的基本规律，不能忽视客源市场和交通条件、区域经济发展水平、城市旅游感知形象、空间集聚和竞争以及决策者行为等多种影响主题公园发展成败因素的影响。如果说保继刚教授理直气壮、第一时间跟进和研究当时的主题公园新事物，那么新一代的学者也要理直气壮、第一时间分析和回答当前的旅游新事物、新现象。只有这样，地理学才能在时代发展和国民经济主战场中持续施展其特有的学科生命力。

参考文献

[1] 保继刚、楚义芳：《旅游地理学(第3版)》，高等教育出版社，2012年。
[2] 保继刚：《主题公园研究》，科学出版社，2015年。
[3] 钟士恩、张捷、李莉等："中国主题公园发展的回顾、评价与展望"，《旅游学刊》，2015年第8期。
[4] 陆大道："地理科学的价值与地理学者的情怀"，《地理学报》，2015年第10期。
[5] 钟士恩："主题公园与城市发展融合共生研究"，《中国名城》，2021年第5期。

土壤-植物-大气系统水分运行的界面过程研究

刘昌明[**]

(中国科学院 地理研究所,北京 100101)(石家庄农业现代化研究所,石家庄 050021)
国家计划委员会

提 要 本文从水文循环的微观角度出发,针对大田土壤-植物-大气系统(SPAC)中的水分运行与转化,研究了 SPAC 各界面上水分与能量的交换过程,旨在通过各界面上水分运行与生态环境因子相互作用关系,探索各界面水分、能量通量的计算与人工调控的可能途径,为农业节水提供理论依据。本项研究属国家自然科学基金重大项目(1993 年~1997 年),所述内容主要根据近 3 年来在河北栾城与山东禹城两个台站取得的实测资料进行分析与概括。

关键词 SPAC 水分运行 界面过程

1 引论

华北平原是我国最大的平原之一,区内光照充足,热量资源丰富,土地平整,土壤肥沃,实行一年两熟的耕作制度,历来是我国最主要的粮食产区之一。但水资源不足,水土

第 52 卷第 4 期,1997 年 7 月
来稿日期:1997-02;收到修改稿日期:1997-04。
引用本文:刘昌明. 土壤-植物-大气系统水分运行的界面过程研究. 地理学报, 1997, 52(4): 366-373. [Liu Changming. Study on interface processes of water cycle in soil-plant-atmosphere continuum. Acta Geographica Sinica, 1997, 52(4): 366-373.]

* 国家自然科学基金重大项目资助。
** 参加本文研究人员:于沪宁,陈建耀,莫兴国,王会肖,张喜英,马广龙,刘苏峡,尹雁峰,沈彦俊等。

资源组合不佳，正日益成为限制本区农业生产潜力发挥的主要障碍因素。随着区内人口与经济的发展，城乡及工农业间用水的矛盾日益突出，从当前与长远来看，必须发展节水农业。节水农业有着极其丰富的内涵，涉及多种学科的理论与技术。在灌区实行节水灌溉和在大田提高作物的水分利用效率（WUE）是诸多农业节水措施中至关重要的两个方面。节水农业的研究具有系统性，需要宏微观的理论结合与技术集成。研究大田水文循环或土壤-植物-大气连续系统中水分运行以及从界面上控制水分消耗是一个有待深入探讨的问题。

从国际上看，土壤-植物-大气系统中的水分传输属于国际前沿的课题之一。80年代后期ICSU提出了国际地圈生物圈计划（IGBP），并于1990年制定了核心项目，其中的水文循环生物圈方面（Biospheric Aspect of Hydrological Cycle，简称BAHC）项目，突出的反映了地圈与生物圈的交叉研究。水文循环从地下水、土壤水到植物水分与大气水分，贯穿它们之间。BAHC成为90年代水文学研究的主要动向之一，其宗旨之一则是通过生物措施控制水循环[1]，从另一个方面涉及到本文研究的节水调控问题。

土壤、植物与大气系统（SPAC）中水分运动，即水文循环，作为"华北平原节水农业应用基础研究"的一个子项，在近年来开展了比较细致的实验研究，主要的内容包括以下4个方面：（1）大型蒸渗仪的土壤水分运行模拟与土壤水分利用的计算；（2）节水条件下农田蒸散规律的研究；（3）土壤-植物-大气界面的水分过程与节水调控；（4）土壤-植物-大气水分运行的综合模型。

考虑到华北平原地下水位各地埋深的不同，区分水位的深浅选择了河北栾城（地下水位埋深26 m），河北南皮（地下水位埋深6 m）和山东禹城（地下水位埋深2 m）三个中国科学院的农业生态台站，进行同步的观测与实验。观测项目按地下水、土壤、作物及大气系统中水分与能量的过程设置（详见图1）。

2 基本原理

1991年笔者在纪念黄秉维先生80华诞的文集中曾探讨过"五水"系统的相互作用问题[2]。所谓"五水"是指包括大气、植物、地表、土壤和地下水层中的水，研究它们相互作用和相互关系（interaction）即五水转化。土壤-植物-大气系统中的水分因自然的和人为的作用必然要和地下水与地表水相联系。从土壤系统来看，土壤水的来源（inputs）是大气降水、地下水的上升和人为输入地表、地下水（如灌溉）等等；土壤水的散失，则包括直接由土面逸向大气，通过根系吸水进入植物体后蒸腾到大气中去以及由土壤层下渗到地下水层之中，显然"五水"转化的研究扩充了1966年由澳大利亚学者菲利浦[3]（Philip）提出的 SPAC 研究的内涵[4]。

土壤-植物-大气系统之间有多个不同性质的界面。如何定义界面来进行研究，可按命题需要作选择[2]。华北平原节水农业研究，是以土壤水研究为中心的设计，对主要界面过程的分析与土壤水运动基本方程相结合：

$$\frac{\partial \theta}{\partial t} = \frac{\partial}{\partial z}\left[D(\theta)\frac{\partial \theta}{\partial z}\right] - \frac{\partial K}{\partial z} - S(z,t) \tag{2-1}$$

方程（2-1）中 D 与 K 分别为扩散率和导水率，θ 为 t 时 z 深度的土壤含水率，$S(z,t)$ 为植物根系吸水速率，方程的上、下边界分别受大气和地下水交换的控制。

方程（2-1）与植物（作物）根系吸水、蒸散发及地下水等界面过程联系起来研究，并用数值方法求解，可以完成土壤-植物-大气系统的综合计算与模拟。

3 界面过程的研究

从 1993 年秋到 1996 年秋的 3 年里，已在河北栾城、南皮与山东禹城等 3 个站进行了 3 年的 SPAC 系统观测研究，观测的项目如图 1 所示，涉及的各种参数 80 多个。目前，研究工作已有 3 年的积累，从实验的结果看，取得了水文界面过程的初步进展，其主要方面分述如下：

3.1 土-根界面

在 SPAC 系统中，根土界面是一个极其复杂的系统，界面上的通量即根系吸水，式（1）中的 $S(z,t)$ 用通量（S）表示：

$$S = \Delta \psi_{rs} / \Delta R_{rs} \tag{2-2}$$

式中 $\Delta \psi_{rs}$、ΔR_{rs} 为土壤（s）与根（r）之间的水势差和阻力。显然，$S(z,t)$ 与土壤的性质、水分状况、植物根系的性质（品种，种类）及分布均密切有关。试验项目包括：（1）地下室根系剖面的目测；（2）大田根钻的根长密度取样；（3）土水势的测定；（4）根水势与叶水势的测定。另外，从节水的角度布置了根冠比与土壤水分剖面控制的实验，结果表明根长密度的分布线型遵循指数函数，并得出了根土水势的动态变化规律（如图 2 所示）。根据观测资料，按照方程（2-1）对根系吸水速率进行了最优识别[4]。实验探明，通过灌水人工控制土壤含水量剖面，可调控根系生长与分布，以达到控制作物冠部生长与产量。

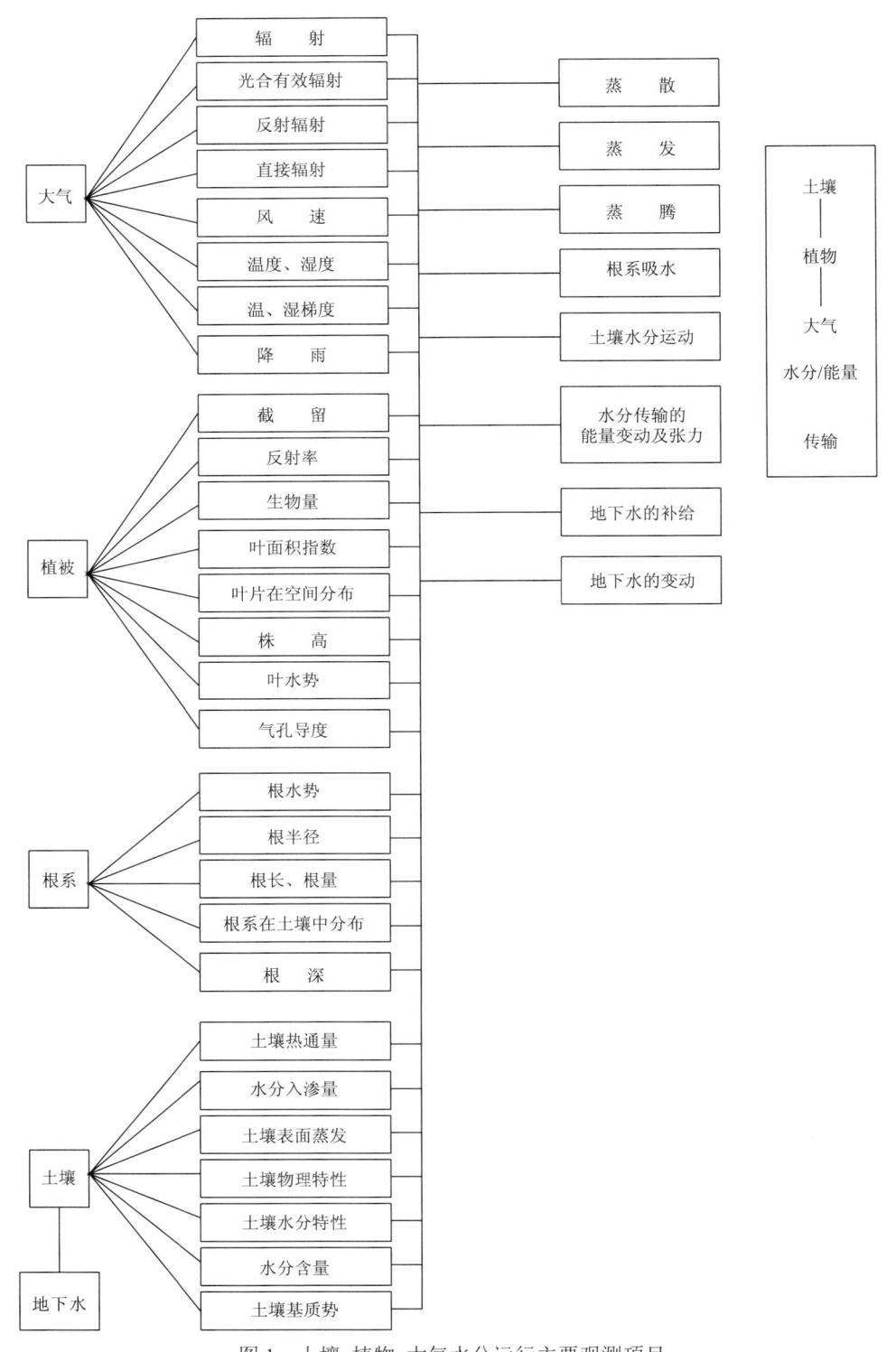

图 1 　土壤-植物-大气水分运行主要观测项目

Fig.1　The water transfer measurements in SPAC system

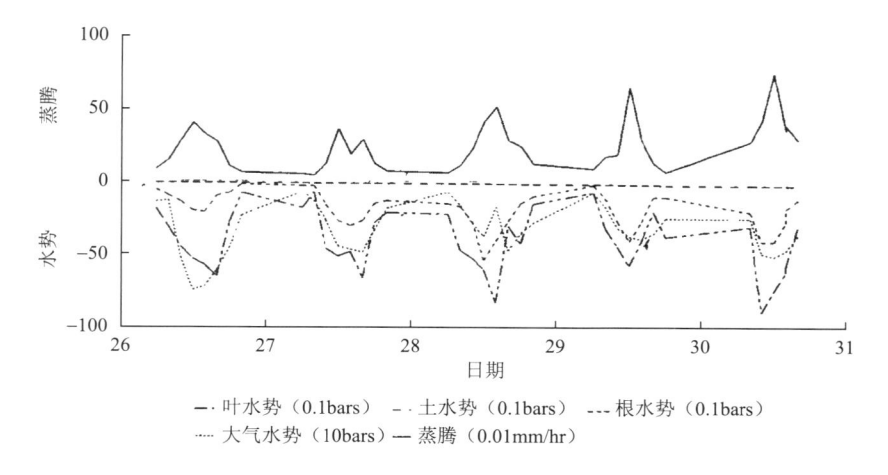

图 2　夏玉米生长期间土壤-植物-大气系统水势和蒸腾的日变化规律

Fig.2　The diurnal variations of water potential and evapotranspiration in SPAC during summer maize growing stage

3.2　植-气界面

植-气界面也很复杂，与根-土界面类似，具有"叶面境界层"与一定的空间层次组合。从植-气水分、能量交换的角度看，可划分单叶、植株、群体等几个水平的测定：单叶水平的界面过程由 16 个 50 m² 水分池作不同水平的土壤水分处理来进行测定，包括叶片气孔阻力，叶水势及单叶净光合速率。通过 1996 年麦期的试验得出蒸腾速率（El）与叶水势（Ψ_L）的定量关系，相关系数为 0.81，以及蒸腾速率（El）与气孔阻力（R_{ST}）的关系为：

$$El = 25.35 + 12.08\psi_L \quad (2\text{-}3)$$

$$El = 6.5 - 1.09 R_{ST} \quad (2\text{-}4)$$

在分析中发现，净光合速率随土壤水分（θ）减少变化较小，表明存在轻度水分胁迫时，对作物光合作用影响不大，因而有利于提高作物水分利用效率。光合作用的表征二氧化碳通量同时在大田群体上测定，与此同时，利用多功能红外仪（Infrared AG Multimeter）与波文比观测相结合得出了叶水势与叶气温差（$T_L - T_a$）和饱和差（VPD）的实验关系：

$$\psi_L = 0.136\,7(T_L - T_a) - 0.655\,4(VPD) - 0.300\,6 \quad (2\text{-}5)$$

相关系数为 0.907。通过观测发现叶气温差可以反映土壤水分的含量。群体阻抗的测定采用了多种方法，但以用气孔计实测分层单叶阻抗来求算整个冠层的阻抗结果较好。在分析资料的过程中还发现土壤水分的急剧变化对冠层阻抗有较大的影响。在确定冠层阻抗的基础上，建立其与环境因子的关系，并采用非线性优化方法拟合冠层表面阻力，用于 Penman-Monteith 蒸散公式，得到很好的结果。冠层与大气界面间阻力（Rc）的模型为：

$$Rc = Rc, \min[F(St)F(D)F(T)F(\theta)]^{-1} \tag{2-6}$$

式中：Rc, min 为最小冠层表面阻力，$F(St)$、$F(D)$、$F(T)$、$F(\theta)$ 分别为辐射、饱和水汽压，温度与土壤水分等的胁迫函数。

大田植（作）物界面上进行水分通量与能量通量的结合测定，采用了中国科学院地理所自制与装配的波文比-能量平衡仪，细致地测定了冠层能量分配[4]，图 3 是 1995 年栾城小麦大田能量通量分配的典型日过程。

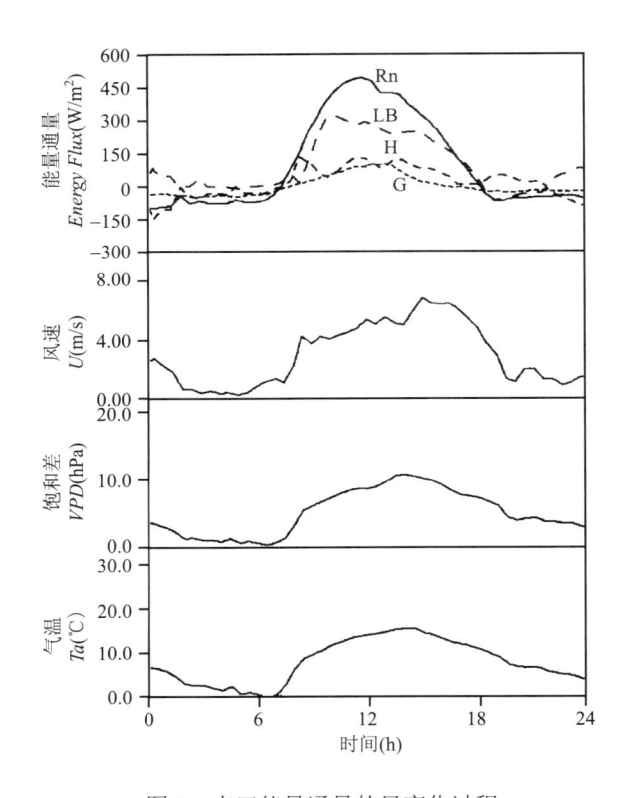

图 3　麦田能量通量的日变化过程

Fig.3　The diurnal variations of energy fluxes in winter wheat field

3.3　土–气界面

土壤裸露，如植株棵间的裸土，直接与大气进行水分与能量交换。土–气界面容易界定，其界面上的水分通量向上是土面（壤）的蒸发，向下则是水分的入渗（降雨或灌溉）。其水分、能量的通量相对比较容易测定。但是棵间裸土比无作物的裸地的条件要复杂得多，棵间裸土能量分配受外围作（植）物的生长的影响，土壤热通量不仅与土壤水分有关，而且与植（作）物叶面积指数（LAI）有密切关系。

棵间裸土蒸发（E_s）还与土壤含水量（θ）的高低密切有关。θ 高时，E_s 大，反之 E_s 小，下式（2-7）是当叶面积指数等于 3 时，E_s/ET 与 θ 的关系：

$$E_s/ET = 0.347\,745\,54 + 0.101\,887\,99\ln\theta \tag{2-7}$$

土壤蒸发与植物蒸散是同时发生，因此，常常把这两者合在一起称为蒸散（Evapo-transpiration，ET）。现行的许多蒸发公式都是计算蒸散总量（ET），往往很难区分 ET 中的土壤蒸发和作物蒸腾量各是多少。为此，我们采用一种直径小的土壤蒸发器（Micro-lysimeter）直接在棵间测定裸土表面的水分通量（蒸发量）。图 4 是 1995 年～1996 年小麦生育期棵间土面蒸发量的实测结果。由图 4 可知，在试验大田上小麦全生育期的棵间土面蒸发因不同生育阶段而异，全生育期内约占 ET 的 30%。

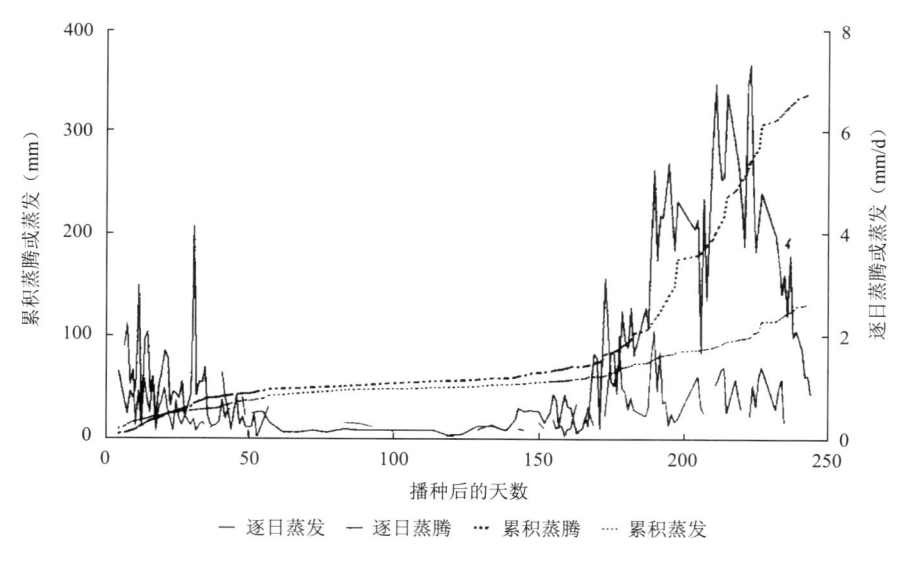

图 4　麦田总蒸散与棵间蒸发的季节变化

Fig.4　The evapotracspiration transpiration and evaporation from wheat Field measured by Weighting Lysimeter and Micro-Lysimeter

由于土-气界面相对比较简单和物理属性相对稳定。因此，为节制农田水分的无益消耗，对这一界面进行蒸发抑制，包括覆盖（秸秆与塑料薄膜等）[4]、松表土与耙糖等等，对防止土壤水分的消耗和提高水分利用效率,具有重要的应用意义,界面调控的水、热机制(包括对 CO_2 通量的研究)已经取得了初步的结果。

3.4 土壤水与地下水界面过程

土壤层下界与地下水的水分交换视地下水位的埋深而变化,地下水潜水位较高时,相互作用很强,反之很弱。在 SPAC 系统中必须考虑这种情况:例如山东禹城站地处潜水位高的地区,潜水位埋深平均 2 m 左右,涝年雨季可接近地表,旱年旱季下降到 3 m～4 m。在这样的条件下,采用国际通用的称重式蒸渗仪(Weighting Lysimeter)很难准确测定蒸散发量。为了解决这个问题,中国科学院地理所 90 年代新设计并制造了可以跟踪区域地下水位升、降的大型称重式蒸渗仪,其面积为 3 m², 深度为 5 m,总重量达 34 000 kg,称重系统的感量 0.06 kg,精度达到 0.02 mm。据悉,在国际上具有这种功能的称重式蒸渗仪尚属罕见。由于仪器中可设定潜水位,这就使其研究的功能大为扩充,在界面水文过程研究中其优越性是:(1)系统中水文界面的位置容易测定和设定(用于模拟);(2)可以获得地下水运动的水文地质参数,如给水度(Specific Yield)和水力传导度等;(3)可以直接求得垂直方向上往返流动的水分通量,并用于检验各种通量的计算方法。

水分在土壤-地下水间的运动,即饱气带与饱和带之间流通,常常出现临时性界面,即零通量面(Zero Flux Plane,简称 ZFP)。1995 年～1996 年期间在蒸渗仪中进行研究,得出 *ZFP* 随土壤水蒸发累积增加而下移等动态规律。

4 结语

农田水系统是一个由多个环节组合成的复杂系统,其研究内容包括水源、输水、田间水分动态、作物和大气中的水分运动等反复的过程,并且在这些过程中有一系列能量和动量驱动因子。因此,节水农业中的灌溉节水技术,农艺节水措施和大田的节水管理与调控等的实施都有赖于对土壤-植物-大气系统水分运动规律的深刻了解。

界面水文过程研究的提出,不仅是对水文学或水文循环理论的一种新的发展,同时也是把水文学理论应用于生产实践的一种开拓。本项研究通过研究水分在土壤-植物-大气连续系统中运动的主要界面过程,初步取得了实现农业节水界面调控的基本认识,这些认识将会作为实施节水农业的科学依据进一步来指导生产实践,这对实现农业节水增产和缓解当前用水矛盾具有理论和实践意义。

参考文献

1. Biospheric Aspects of Hydrological Cycle. The Operational Plan, IGBP: A Study of Global Change of ICSU. IGBP Report No. 27, Stokholm: 1993. 1~84.
2. 刘昌明. 自然地理界面过程与水文界面分析. 见：中国科学院地理研究所编. 自然地理综合研究——黄秉维学术思想探讨. 北京：气象出版社, 1993. 19~28.
3. Philip JR. Plant Waer Relations: Some Physical Aspects. *Annual Review of Plant Physiology*, 1966, 17: 245~268.
4. 刘昌明, 于沪宁主编. 土壤-植物-大气系统水分运行实验研究. 北京：气象出版社, 1997. 1~195.

作者简介

刘昌明，男，1934 年 5 月生，研究员，中国科学院院士。1956 年大学毕业，1960 年～1962 年留苏，1981～1982 年访美。自 1956 年至今在中国科学院地理研究所工作，现兼任中国科学院石家庄农业现代化研究所所长。研究领域涉及水文水资源的各个方面，特别是农业水资源、水文过程及雨水利用的研究。近年着重于界面水文学以及全球变化对区域水文影响的研究。

STUDY ON INTERFACE PROCESSES OF WATER CYCLE IN SOIL-PLANT-ATMOSPHERE CONTINUUM

Liu Changming

(Institute of Geography, Chinese Academy of Sciences and the State Planning Commission of P. R. China, Beijing 100101)

(Institute of Agricultural Modernization, Chinese Academy of Sciences, Shijiazhuang, 050021)

Key words: Soil-Plant-Atmosphere Continuum \ Water fluxes Interface processes

Abstract

The descriptions of this paper is based on field experimental research of water transfer mechanism in soil-plant-atmosphere continuum (SPAC), which was involved in a key project under the title of "Scientific Base of Applied Research on Water-saving Agriculture in the North China Plain" supported by National Natural Science Foundation of China (NNSFC). Water movement in soil-plant-atmosphere regarding hydrological cycle includes the interactions between surface water, groundwater, soil water, plant water and atmospheric water. Some detailed experimentats have conducted in recent years. These issues include following four parts: (1) simulation of soil water movement and calculation of soil water by using large-sized lysimeters; (2) studies on field evapotranspiration regulations under water-saving conditions; (3) the interface processes of water fluxes and water-saving regulation in SPAC; (4) development of integrated model of water movement in SPAC. Three representative experimental stations of CAS at Luancheng (Hebei province), Nanpi (Hebei Province) and Yucheng (Shandong Province) with different conditions of buried groundwater tables 26, 6 and 2 m, respectively were selected to conduct the experiments and observations on water and energy processes of groundwater, soil, crop and atmosphere system, which carefully scheduled to observe at same time. Several interface processes of water fluxed in SPAC including interfaces between soil and root, plant and atmosphere, soil and atmosphere, soil water and groundwater with different physiological and ecological conditions involved in this study. Finally the author draws brief remarks as follows: field water systems consist of several links of hydrological states being of complexity, and the preliminary outcomes of this study illustrated the applicability in water-saving agriculture. The development of interface hydrology study could be very helpful to better understanding of hydrological cycle mechanism. This would create a new aspect of hydrological science.

"土壤-植物-大气系统水分运行的界面过程研究"解读

夏 军　　于静洁

刘昌明，著名地理学家、水文水资源学家，中国科学院院士。刘昌明院士是中国地理水文研究的领域的倡导者和开拓者，发展了地学方向的水文学和水资源研究，作出了系统性贡献。

本文作者通过学习，尝试解读"土壤-植物-大气系统水分运行的界面过程研究"一文，及其对地理水文学科创新发展和国家社会经济发展所产生的影响及贡献。

一、对地理水文学科创新发展的影响

陆地上的水以不同的相态赋存在陆地表层系统之中，水分的循环运动与相互交换在不同的存储空间界面（不同存储空间的交互范围）持续地进行。以土壤-植物-大气（SPAC）系统水循环为例，地下水与土壤水通过植物根系进入植物体内，经木质部水运移至叶部，从面上的气孔以蒸腾的形式与大气交换，其间要通过多个界面，水分通过各界面均会有相应的水分运移推力与阻力，是水循环研究不可或缺的内容。

20世纪90年代初期，刘昌明先生提出"发生在界面上的水的流通过程研究是

作者介绍：夏军（1954— ），男，湖北孝感人，武汉大学水利水电学院教授，中国科学院院士，中国地理学会会员（S110001624H），研究方向为水文水资源、生态水文等。E-mail: xiajun666@whu.edu.cn

现代水文学的基础，界面过程有助于发展地理学的分析与综合方法"（刘昌明，1993）。之后结合华北平原节水农业研究，以河北栾城与山东禹城两个台站的农田SPAC系统观测为基础，开展了SPAC系统水分循环界面过程研究，分析计算了土壤-植物-大气系统中的土-根界面、植-气界面、土-气界面、土壤水与地下水界面上的水分与能量交换与人工调控的可能途径，研究成果于1997年在《地理学报》发表，题为"土壤-植物-大气系统水分运行的界面过程研究"（刘昌明，1997）。

文章深入分析了SPAC系统中的水分运动规律，提出了土壤-植物-大气系统的土-根、植-气、土-气以及土壤水与地下水界面过程的水分与能量交换计算方法，具体包括研究了土-根界面根系吸水速率与土壤水势差和阻力的关系；蒸腾速率与叶水势、气孔阻力的定量关系；土壤蒸发与植物蒸散的区分和测量；土壤水分与地下水的交换过程。这些研究成果，为深入认知农田SPAC系统水分运动规律，探究水文过程的微观机制研究如根系生长与分布、作物光合作用与水分胁迫的关系、蒸散量的准确测定、水分通量计算提供了新的视角和方法，丰富了水循环理论。

这篇论文将生物水纳入水循环和节水农业机理的科学研究，极大地推动了地理水文与农业科学、生态学的学科交叉融合，促进了农业水文、生态水文学科的发展，以及"五水（大气水、地表水、土壤水、地下水与植物水）"转化与植物水分利用效率的研究。目前该文章共被引249次，分布于地理学、水文学、农业水文、水土保持科学、生态学、环境科学等诸多学科。

界面的客观存在，是认识和调控系统的关键，特别是SPAC系统的界面过程是陆地表层系统的关键，这篇论文的界面过程研究与技术途径可为交错带、关键带、地下水潜流带、人水关系、人地关系、圈层作用研究等提供新的视角。

二、对国家社会经济发展的贡献

刘昌明先生的这篇论文产生的背景是：华北平原是我国重要的粮食生产基地，农业是当地用水大户，然而当地水资源短缺严重，如何科学调控农业用水、实现高效用水，亟待为节水灌溉和提高作物水分利用效率提供理论和技术支持。本论文属于国家自然科学基金重大项目研究成果，为服务社会经济发展奠定了理论依据和技术途径。

　　成果发表后得到了地方认可，2002—2005 年，在河北省科技厅重大项目的支持下，刘昌明先生带领团队开展了专门以节水为目的、以农田为对象的界面节水调控应用基础研究，进而发展了"土壤-植物-大气系统的界面水分调控理论"在农业节水中的应用。界面调控主要从三个界面展开，包括土壤-根系、叶面-大气、土壤-大气的水分过程。经过大量的实验，将蒸散发中的作物生产性蒸散与土壤非生产性蒸发分离，并通过调亏供水的方法控制土壤与根系界面的水分交换。刘昌明先生团队提出了农艺措施与工程措施相结合的理论方案与模式，在叶-气、土-气和根-土三个界面上分别采用节水高产品种、秸秆覆盖保墒与调亏灌溉等技术实现农业节水；提出的农艺节水模式效果突出，可实现节水 100 毫米/亩，亩增收 100 元，粮食超产 1 000 千克/亩。因此，从成果应用的社会经济贡献来讲，可归纳为农业节水、粮食安全、生态环境保护和科技进步几个方面：①在农业节水方面，为节水灌溉技术、农艺节水措施和大田节水管理提供了科学依据，有助于提高农业生产效率，减少水资源浪费；②提高了作物的水分利用效率，有助于保障粮食生产、维护国家粮食安全；③节水农业的实施有助于减少对水资源的过度开发，保护生态环境，促进可持续发展；④本研究采用的先进技术和方法，如大型称重式蒸渗仪，为水文科学研究提供了新的工具，推动了相关技术的发展。

　　综上，论文及带动的后续研究不仅在学术上推动了地理水文学科的发展，而且在实践中为节水农业提供了有力的技术支持，对国家社会经济的可持续发展产生了积极影响。通过深入理解土壤-植物-大气系统中的水分运动规律，可以更好地指导农业生产，实现节水增产，缓解水资源短缺问题，对保障国家粮食安全和促进生态文明建设具有重要意义。

参考文献

[1] 刘昌明："自然地理界面过程与水文界面分析"，见《自然地理综合研究——黄秉维学术思想探讨》，气象出版社，1993 年。
[2] 刘昌明："土壤-植物-大气系统水分运行的界面过程研究"，地理学报，1997 年第 4 期。

区域持续发展与行业开发

陈传康

(北京大学城市与环境学系,北京 100101)

提　要　持续发展是我国的基本国策,各级政府要使其所在区域实现持续发展的目标,必须考虑在保护环境生态的基础上,通过相应的经济起步和发展措施,逐步提高经济发展水平,以满足人口的不断增长以及相应的物质"享受"的需求增长。区域开发只有处理好生态环境、经济发展与需求增长等三方面的关系,做到近、中、远期滚动协调发展,并增强开发措施的可操作性,才能真正实现区域可持续发展的目标。

行业开发是区域发展的部门组成,要保证行业的持续发展,首先要求行业本身能不断发展,并符合该行业本身的发展规律,才能加速开发,与区域持续发展相协调,正确处理企业经营、行业管理、区域开发三者的关系,其间,政府和企业的决策行为具有重要作用。

关键词　持续发展　区域开发　行业开发　政府决策

1　持续发展问题的缘起

纵观人类在地球上栖息生存且不断发展的漫长历史,可以看出在人类、环境(包括资源)与发展 (如工农业和交通运输发展以及城市建设)之间,存在着密不可分的相互关系。

来稿日期:1996-12。

引用本文:陈传康. 区域持续发展与行业开发. 地理学报, 1997, 52(6): 518-527. [Chen Chuankang. Regionally sustainable development and the development of industries. *Acta Geographica Sinica*, 1997, 52(6): 518-527.]

* 国家自然科学基金资助项目(494719036)"海南自然结构与区域开发结构匹配研究"的相应理论和应用理论研究论文。本稿由杨新军、崔凤军协助整理。

三者既相互依存，又相互作用。其相互作用有正面效应，也有负面效应。

持续发展问题的提出，有很深的根源。由于工业化进程的加速和城市规模的扩大，造成地域性的环境污染、生态破坏、资源耗竭等，环境问题已成为地球的区域性危机。人类及其发展的能动作用已达到了相当大的强度，不少影响对环境和资源的负面作用在一定程度上超过了正面效应。作为回报，环境和资源对人类和发展的负效应也逐步增大，表现为污染了的环境威胁着人类的健康和生命安全，资源因掠夺性利用而发生相应的枯竭。这种地域性恶性循环如不加控制，将会危及人类的前途及地球的命运。

所谓持续发展，就是既符合当代人的利益，又不损害未来人类利益的发展。只有这种发展才可能持续永久，才可以保障人类在地球上世世代代繁衍生息下去。我国政府已制订了《中国 21 世纪议程》，这是实现发展战略转变的重要步骤。

从地理学角度去探讨持续发展问题及其缘起，可以见到其逐步发展过程，下列 8 方面研究逐步形成可持续发展的综合系统观念。

1.1 环境地貌学

自然灾害是环境对人类发展的负面影响，对某些区域来说也是制约人类发展的一种重要自然现象。由于水土流失、风沙为害、泥石流、滑坡、河流洪泛和侧蚀等地貌灾害或与地貌有密切关系的自然灾害的发生与增加，产生了环境地貌学。该学科从研究地貌灾害对环境，以及交通和矿山的影响开始，并逐渐深入研究居民点、城乡聚落等区域性的地貌灾害问题。

1.2 环境保护的研究

由于在生产过程中，企业过度追求利润，造成环境污染，环境与人类活动之间的矛盾日益突出，表现为区域的自然、社会文化的生态平衡遭到破坏。人类的这种"掠夺性"生产方式，导致了环境的"外部不经济性"，许多学者注意到了环境问题，并进行了深入的研究。

1.3 自然保护与生态平衡

不能简单地提倡恢复天然生态平衡，以解决人类活动带来的一系列环境问题。自然界的生态环境，由于其生产力不高，居住条件并不优良，所以持续发展，应该强调一种人类与自然相协调，具有天然与人工生态平衡的合理结构，而不是不重视区域的合理开发，否定人类的能动作用。

1.4 农业污染与绿色农业

农业集约化发展造成化肥和农药的大量使用，导致土壤板结酸化，土地生产力降低，要逐步提倡发展无污染或少污染的有机绿色农业，以保证农业的持续发展。

1.5 洼地、坡地利用与农业生态系统

农业生产正在大大扩展范围，除平地外，坡地、洼地也被充分利用，形成了相对独立或相互补充的农业生态系统，以实现小区域的良性生态循环。如珠江三角洲河堤内侧洼地，本是无法农耕的低洼沼泽地带，但"桑基鱼塘"的开发，把种桑、养蚕、养鱼有机地结合起来，充分利用资源，提高了生产力，创造了一种结构关系合理、功能完善、水陆相互作用的人工立体农业生态系统。实际上，这种"基水地"生态系统，除了桑基鱼塘外，还包括"蔗基鱼塘"、"果基鱼塘"、"花基鱼塘"等类型。

1.6 资源经济学

由于工业化的迅速发展，资源消耗增多，像矿产资源等许多不可再生资源的充分、合理利用越来越受到人类重视。如何增加资源开发的附加值，以最小的资源消耗获取最大的生产收益，甚至合理核算资源价值，并加以收费是资源经济学研究的重要内容。

1.7 全球变化与地球系统科学

全球变化最初是从气候变化展开讨论的，由于工业废气排放与森林资源减少，大气中 CO_2 含量增加，许多专家认为会导致全球温室效应。不少学者把这种由于全球平均气温升高而导致的各种环境变异称为全球变化。实际上，目前很多所谓的全球变化仍未超出历史的循环变幅。

地球系统科学脱胎于全球气候系统研究，主要着眼于全球以及有全球意义的对象，但研究工作也兼顾到区域差异。1983年，美国NASA主张将地球的大气、海洋和陆地作为一个大系统，即地球系统，综合研究其中互相联系的物理、化学和生物过程，将重点放在几十年至几百年的时间尺度。在此时间尺度内，人类对自然施加巨大影响，自然界又对人类

有很强的反馈作用，这门学科称为地球系统科学。其中对陆地系统的研究是其很重要的一个方面。黄秉维特别强调要开展陆地系统科学的研究，并创导开展中国地球系统科学研究。

1.8 落后地区的二元经济结构

由于历史的原因，60年代我国在内地布置了大量三线企业，形成了这些地区城镇现代化工业与周围农村落后的农业生产之间典型的二元经济结构。这种强烈的城乡差异很难使农村与城市之间、工农业之间协调发展，从而形成工农业的各自单向发展，缺乏有机的产业关联，不能促进地区的持续发展。

总之，上述8个方面问题及其相应研究都是持续发展研究的先行进展，而且持续发展重点要以经济发展作保证，而不能过度强调生态环境保护的重要性，同时，传统的社会文化从形式到内容都应该更换观念，即社会文化的现代化。对于一些极具民族或地方特色的文化，只能在形式上加以保留，以促进当地旅游业的发展。

2 区域开发与发展战略

地理学结合发展经济学、发展学的区域研究是综合地理学的应用方向，可称之为区域社会工程研究，主要从事区域综合开发研究，包括发展战略和国土整治，区域规划等几方面。

把地理相关法与地域分异规律相结合，可以建立地域结构的对应变换分析方法。如图1所示。

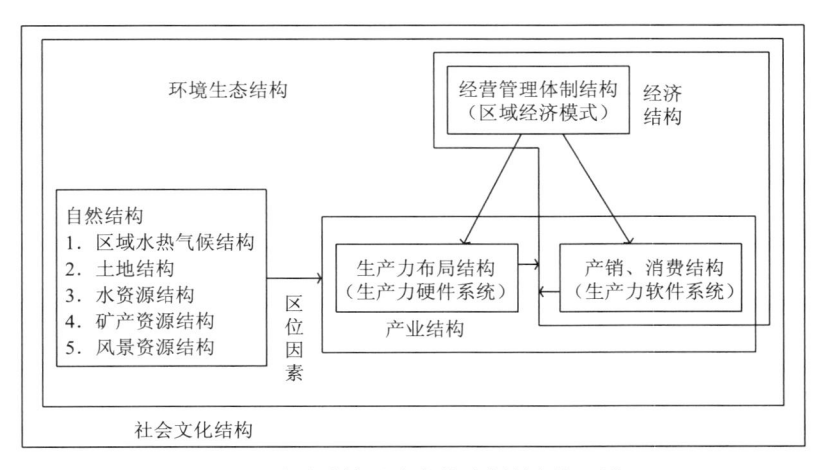

图1　地域结构对应变换分析的框架网络

Fig.1　An analytical framework on the corresponding variable of territorial structure

地域结构对应变换分析主要包括：

（1）各种结构的确定性匹配研究，其中除了考虑区域内的结构对应变换关系外，还必须考虑该区域外围背景结构的影响和关系。

（2）区位因素研究，即研究自然结构与城镇居民点和交通条件的配置情况，减少有关建设选址和生产力布局的运输总费用，并考虑生态效益和社会行为特点。

如果把发展经济学与综合地理学结合，并从元科学和全息学角度可以总结出区域综合开发的元科学与操作性结合的定性系统分析理论（图2）。以上述两方面理论研究为基础，区域综合开发研究即可进行元科学-实证规范化-操作性等三方面结合的严整研究。

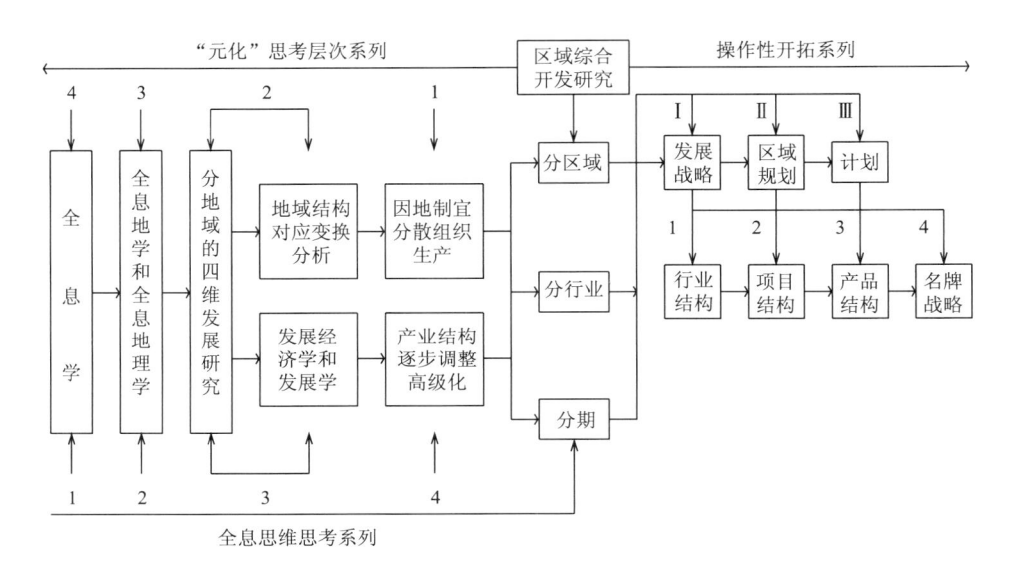

图 2 区域综合开发的理论基础和操作性示意图

Fig.2 A diagrammatic sketch on the combining metacheory and operation of synthetical regional development

在图1中，行业结构、项目结构、产品结构和名牌战略等4方面具体研究是保证发展战略、规划、计划三方面工作任务可操作性的具体表现，把产品结构和名牌战略引为区域开发研究的内容，目的是使区域开发研究深化，以增强其可操作性，并更具有实践意义。

3 区域持续发展

持续发展作为综合性的研究课题，包括了不同的认识层次、不同的时空尺度，也包括了自然与人文诸多要素。蔡运龙总结持续发展的论题界定，认为可以分成3个层次：观念形态、经济-社会体制、科学技术。它们各自具有自身的学术研究问题和实践操作问题。

观念形态层次的持续发展研究是要在发展观上变革。这其实就是地理学长期以来一直在研究的"人地关系思想"。目前国际上很热门的生态伦理（或环境伦理）研究属于这一层次。但生态伦理中有一种所谓"走出人类中心主义"的倾向，实际上，从地理学角度的人地关系协调（伴生论）去考虑问题更为合理，更可操作。

经济-社会体制层次上的持续发展研究是要先揭示，后克服现行体制中的缺陷，重构一种可以对付资源、环境所施加的限制的经济-社会体制，要实现持续发展，必须改革现行的生产体系、社会体系、政治体系、国际关系体系、管理体系及技术体系。这一层次的问题在持续发展研究中最重要，难度也最大，国际上应用地理学已广泛参与这个层次的研究，国内也有少数地理学家关注这个层次的问题，但多数人还未认识到其重要性和地理学可做的贡献。

科学技术层次上的持续发展研究领域比较清楚，如清洁工艺、节能技术、生态农业、资源的重复利用和循环利用等。地理学家参与的环境保护、资源开发、国土整治、水土流失及荒漠化防治、城市与区域规划，都属这一层次。

区域持续发展是可持续发展在具体地域上的体现，其基本理论框架体系如图3所示。区域尺度持续发展是发展中国家和地区开发成功与否的关键，也是地理学参与持续发展研究发挥更大作用的领域，必须分近、中、远期加以规划。近期起步措施要具有促进经济发展的可行性，并与中期发展的可靠性与远期规划的前瞻预测性相协调，以实现当前开发与长远持续发展的统一。

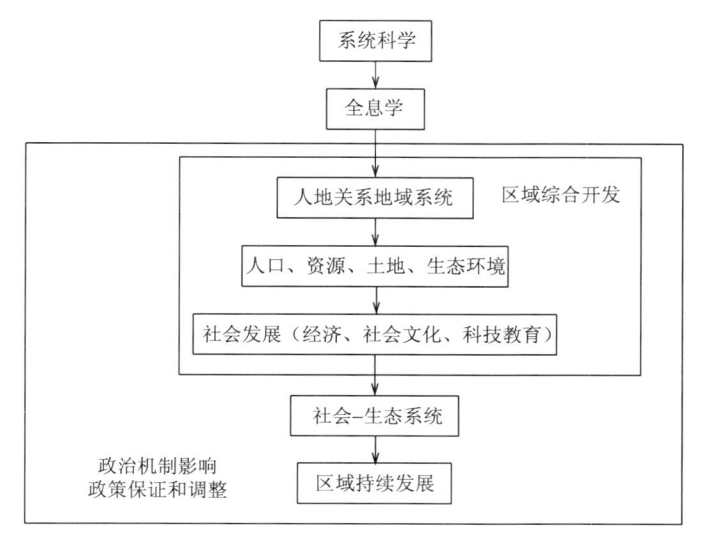

图3　区域持续发展的基本理论框架体系

Fig.3　A theoretical framework on regional sustainable development

我们这方面研究促进了结合自然地理学、经济地理学和人文地理学的综合地理学走向建立相应的应用理论，可称之为发展地理学。

除了综合地理学及其应用的理论探讨外，区域综合地理的研究也很重要，黄秉维强调要对中国地理区域分异作重新认识："基于地理系统科学理论，研究中国可持续发展，原来的区划需要重新认识"，并强调实行可持续发展战略在时间尺度要把握好，地域要分开，对象要搞清楚，还需要有划分的相应指标体系。

4 行业发展演化

行业开发是区域发展的部门组成，首先要求行业本身得以发展并能持续进行，因而行业开发在区域持续发展过程中显得尤为重要。可以旅游业、农业、工业为例来谈行业开发，并注重其开发研究的可操作性。

4.1 旅游业

旅游业作为第五产业（康乐伦理产业）的重要组成部分，成为促进区域开发的先导产业。发展中国家对旅游业开发曾经给以"无限"期望，但部分区域的旅游业开发，带来了一系列环境和社会问题，如地面踩实、土壤退化、植被减少、犯罪率上升，引起当地居民的反感和抵触等。这使越来越多的旅游研究者和开发经营者认识到，若没有合理开发结构，不断充实其内涵，旅游业也会出现衰退。

旅游业要持续发展就必须有合理的旅游开发和科学的旅游规划作保证。旅游开发从来就没有一蹴而就的，它贯穿了景点（区）的生成、发展、成熟、新生成、持续发展、再成熟……的循环往复螺旋上升的过程。各个时期对应的发展举措各有侧重（表1）。关键措施是通过投资结构的倾斜来实现的。投资政策的参与及其与旅游业发展阶段性认识的结合，可以保证旅游业的可持续发展。

表 1　旅游业持续发展的阶段性举措施
Tab.1　Periodical measures of sustainable development on tourism industry

阶段	关键举措施
生成期	丰富风景结构，加强景点（区建设）
发展期	完善旅游活动行为结构，发展接待服务措施
成熟期	细分市场结构，突出"分众"目标市场促销

旅游开发可以促进旅游业持续发展，传统的旅游地都难免要经过加速、平缓、衰退三个发展阶段，形成发展的倒 U 字形曲线，即旅游地具有生命周期。但科学的旅游规划可以克服倒 U 形曲线，通过拓展旅游内涵，增设旅游活动项目等手段，以达到其持续繁荣与发展（图 4）。

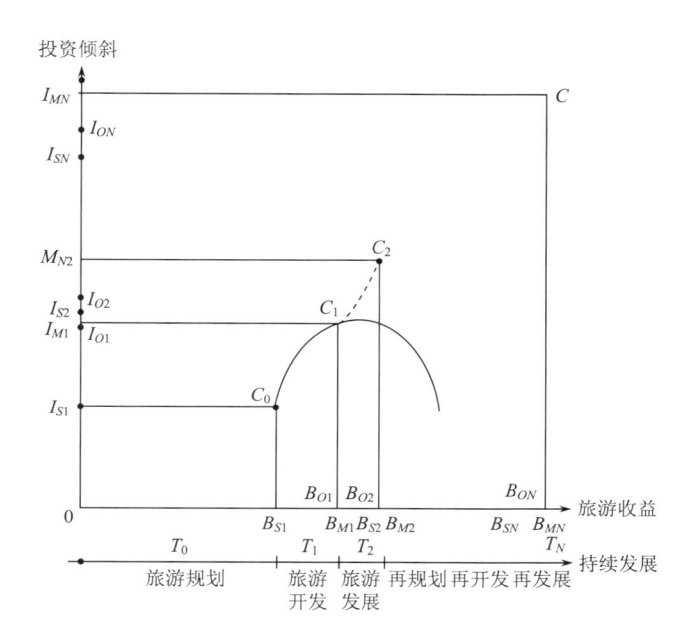

图 4　旅游地开发示意图

Fig .4　A diagrammatic sketch on development of destination

人们对作为产业园林的主题园（人工游乐景观）的生命周期"不长"已有相当充分的认识；但对自然风光和历史名胜景点的生命周期认识还不太充分。喀斯特溶洞开发的生命周期最先被人们所认识；像北京故宫和颐和园这类"世界级"的国家历史名胜，目前还未呈现衰退现象。但法国巴罗浮宫在其呈现衰落时，请著名建筑师贝聿铭对其改建，插建了一个不协调的金字塔，带来了又一次的游客冲击波，却是值得深思的。

4.2　农业

农业是满足人类生存最基本需求的行业。随着科技的进步，农业生产方式也越来越先进，在日本、美国等发达国家，从事农业生产的人数越来越少，但人均农业生产量和产值越来越高。这是因为农业已融入了高科技成分，高科技的附加值逐渐增高，对农业生产的贡献率不可低估。在耕地资源日益珍贵的今天，除了传统的粗放和集约农业外，出现提高单产和质量（即所谓"两高一优"产品）的精细农业，最近还出现了"精确农业"的生产尝试，运用先进的计算机网络配合土壤诊断，合理施肥和灌溉、选用优良品种来管理农田，分配生产，并使消费者能及时了解生产单位的最新信息。包括了美国式的以"3S"（GPS、RS、GIS）定位为基础的农场精确农业，日本农户的产销一体化的绿色精确农业。此外还出现了观光农业、农业工业化和商业化等趋势，传统的农业生产观念大大得到了更新。美国农业被一些经济学家称之为美国的头号工业，用以指代完全商业化和产业化的大农业；日本农业政策也发生重大变化，由传统的农业中心转到农业、工业与观光三位一体均衡发展。都市农业也由传统的蔬菜栽培发展为包括菜园、果园、园艺、郊区牧场、稀有和名贵动物饲养、观光农场、屋顶农业等多方面综合系统。

我们可以构建一个当今社会已有的各种农业生产方式的结构理论框架，以表示各种农业生产类型结构之间的对应变换和发展关系（图5）。要实现区域的持续发展，就应该树立"大农业"的观念，把农业生产与商业、工业甚至旅游业有机地联系起来，综合考虑农业生产的多种功能，打破传统的产业间隔阂以促使农业开发走上一个新的发展阶段。而无土栽培和园艺生产更可促进屋顶农业产业化，为城市全面绿化提供了一个新的举措。

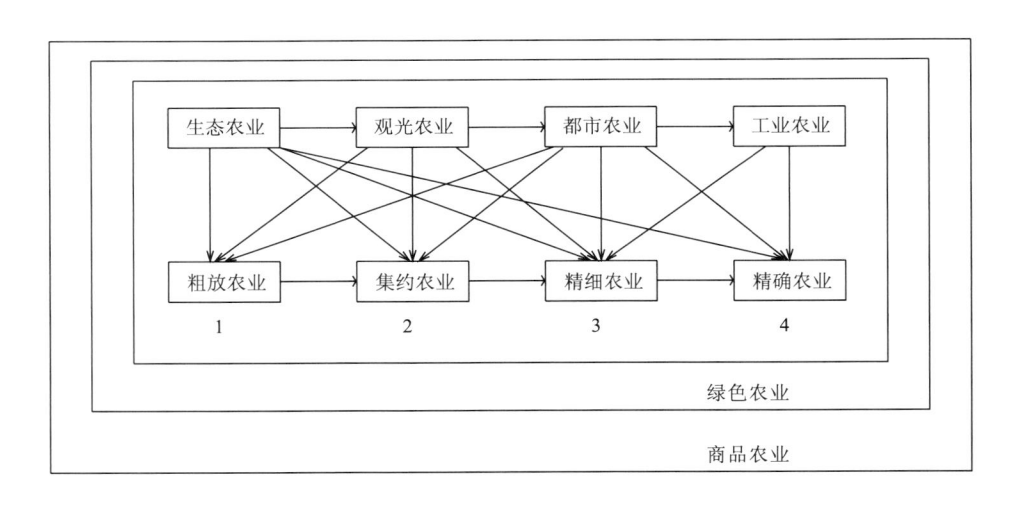

图5 农业生产内部结构和发展对应变换示意图

Fig .5 A diagrammatic sketch on the corresponding variable of agricultural structure and development

4.3 工业

自产业革命以来，工业一直是经济发展的主导产业，一个国家发达的程度也往往以工业生产作为主要衡量指标。工业发展经历了4个阶段（图6），从（1）基本生活用品工业阶段经历（2）矿业开发、机械工业和重化工阶段，发展为（3）耐用家用电器和汽车工业阶段。第三次浪潮知识社会的信息工业一般被认为是工业发展的第4阶段，实际上还应该注意到第四次浪潮到康乐伦理产业为重点，与其相应的还有高级生活用品工业。

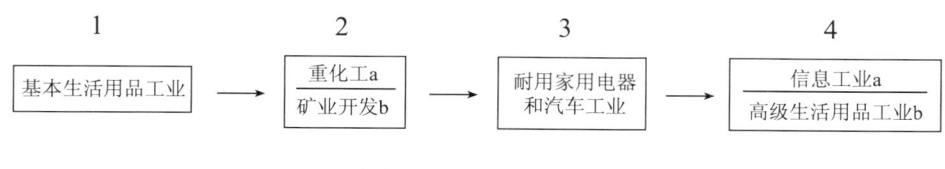

图6 工业演化示意图

Fig.6 A diagrammatic sketch on industrial evolution

区域的工业发展，重点在于起步措施和主导工业的选择，我们提出几种区域工业发展的战略模式，作为不同类型区域选择其相应的发展战略的依据（表2）。

表2 区域工业发展模式

Tab.2 A model on regional industrial development

地区类型	主要（或起步）工业
发达地区	3＋4a＋4b
资源和区位条件好的地区	2a＋2b＋3
后发展地区	1＋4b
落后地区	1＋2b

对高级生活用品工业的重要性学术界还缺乏认识。过去只有上层才能享受高级生活用品，当今世界是高级生活用品从上层向中层普及使用的时代，因而其重要性并不亚于信息工业，发展这种工业是促使农业现代化和产业化，综合化的一个有力推动力，也是后发展地区可以跳跃式前进的一个机遇。例如，内蒙伊克昭盟东胜市发展鄂尔多斯牌羊绒衫就是这方面一个很好的实例。总之，后发展地区除了发展基本生活工业外，挑选一至几种高级生活用品工业加以超前发展，是实现经济跳跃的关键措施。例如，新疆除了发展矿业开发和大农业生产、工业开发外，以长绒棉优势发展特细支纱纺织最有前途，这方面可从瑞士引进相应先进工艺，还可以高质量水果和蔬菜发展航空食品，易开罐头，一人食份量的各种相应包装等旅行食品，以占领全国相应市场。

当今社会是一个信息社会，工业生产极大地依赖于高度发达的科学技术与信息，第五产业（康乐伦理产业）的出现，是后工业化和后信息化的标志之一。后发展地区要实现工业结构的转变，达到经济增长的目标就必须采取可行的区域开发战略模式，经济起步和走向繁荣是持续发展的必要条件。实际上，世界可分为落后、发展、发达、过发达地区，这些地区都有其开发（包括技术发展）问题。

5 行业开发与区域持续发展

区域发展是由各个行业的开发组成的，所以只有各个行业开发及其持续发展，才能保证区域持续发展，我们可以从 3 个层次对其加以讨论。

（1）行业持续发展首先必须保证行业本身，包括其所属企业的发展，行业才不致萎缩。企业生产目的是为了获取经济利润，而当边际收益减少时，企业规模不再扩大，由于市场机制调节，企业及其生产达到一定的规模，才能形成规模效应。当企业生产的产品缺乏市场竞争力，得不到一定利润时，企业便会萎缩甚至倒闭。

（2）行业开发和持续发展必须符合该行业的发展规律，在此基础上，不断开拓该行业的新产品，促进行业进入新的发展阶段，以求占领新的市场，才能更好地保证行业本身的持续发展。

（3）行业开发要有长远目标，不能急功近利，必须考虑区域生态环境保护，不能通过各种各样的"污染"排放（广义理解的，包括视觉和伦理污染）破坏区域的自然、社会文化的生态平衡，也即不能以行业的"掠夺性"利润去换取"社会的不经济性"。这种短视行为，必须会遭到自然界和社会反馈机制的惩罚，与可持续发展是背道而驰的。

在协调企业经营、行业管理、区域开发三者之间的关系上，政府管理行为具有重要作用，政府可以通过产业政策倾斜、土地开发政策、各种环境和自然保护法，税收高低等政策，甚至相应的等级评定措施，来进行协调管理。通过分期规划管理要求，促进这 3 个层次逐步协调，从而逐步形成区域可持续发展的态势。这里要特别强调，落后和发展两类地区的持续发展关键是如何拟定近期起步措施，近期起步措施可以通过区域诊断和分析相对落后的原因，并通过区域形象策划（CI 策划）加以明确。

关于持续发展的讨论，片面强调生态环境的居多，而对经济在持续发展中所起的重要能动作用常常注意不够。实际上，没有经济的起步和促进，持续发展就难以实现。生态和社会效益主要表现持续发展的目标，而经济效益的实现才是解决持续发展可操作性的关键。同时，也要考虑人文因素对持续发展的影响。行业开发与区域经济发展密切相关，二者之间存在着明显的相互促进作用，对其进行深入研究具有十分重要的现实意义。

当前，国家已把可持续发展列为国策，拟定了中国 21 世纪议程，展示了中国的发展远景。与此同时，地方当局更重视近期经济开发，以求作出相应政绩。有关中期的可靠性论证却常被忽略，使区域发展规划和实施出现了一定的"中断"局面。因而区域持续发展的分期"段段"协调与合理过度研究特别重要。必须强调近期以相应起步措施，解决社会贫困，中期发展基础设施和工农业现代化，远期合理增长的协调可操作性。

参考文献

[1] 陈传康. 建立生态平衡的合理区域结构. 自然辨证法通讯, 1981(3): 53～54.
[2] 陈传康. 人类社会与生态平衡. 中国环境科学, 1984, 1(4): 1～5.
[3] 陈传康. 第三次浪潮的科学与文化. 自然辨证法研究, 1988(5): 1～9.
[4] 陈传康. 自然地理学、地球表层学和综合地理学. 地理学报, 1988, 43(3): 258～264.
[5] 陈传康. 战后东亚贸易战略形势的转变. 中国社会发展战略, 1989 (创刊号).
[6] 陈传康. 区域综合开发——发展战略和国土整治研究. 国土开发与整治, 1991 (创刊号): 34～44.
[7] 陈传康. 区域综合开发理论的元科学与操作性结合的定性系统分析. 系统工程, 1992, 10(1): 1～8.
[8] 黄秉维. 加强可持续发展战略科学基础——建立地球系统科学. 科学对社会的影响, 1996(1): 15～21.
[9] 黄秉维. 论地球系统科学与可持续发展战略科学基础(I). 地理学报, 1996, 51(4): 350～354.
[10] 许秀元, 葛全胜, 张丕远. 中国地球系统科学研究与可持续发展战略探讨. 地理学报, 1996, 51(4): 355～359.
[11] 黄秉维, 陈传康, 蔡运龙等. 区域持续发展的理论基础——陆地系统科学. 地理学报, 1996, 51(5): 445～453.

REGIONALLY SUSTAINABLE DEVELOPMENT AND THE DEVELOPMENT OF INDUSTRIES

Chen Chuankang

(*Department of Geography, Peking University, Beijing* 100871)

Key words sustainable development, regional development, the development of industries, policy

Abstract

Sustainable development has become a state basic policy in China, and governments at various levels are struggling to realize it. Localities must take actions in several steps to reach the goal of sustainable development. The most important step is, based upon enivronmental conservation, to enhance the level of economical development by means of all possible meausres, and to satisfy qualitatively and quantitatively the increasing demands both of population growth and living standard improvement. In order to really achieve regionally sustainable development, the relationship between ecological environment conservation and economical development and demands satisfaction must be dealt with well and coordinated with each other, the development should be planned in short-term, middle-term and long-term respectively and in a compatible or trundling way；and all policies and measures should be operationalizing.

Regional development can be seen as a complex of the development of various industries. Thus the development and sustainability of industries is the guarantee for regional development. This topics may be discussed at three levels：

1. How to ensure the development of industries and their enterprises？Only if the enterprises' production keeps profitable, industries can develop or even be enlarged. When the marginal benefit of the products decreases the scale of enterprises will not be enlarged. In the situation of market process adjustment, enterprises can achieve economic efficiency only if they reach certain scale. Enterprises with products lack of competition capacity will not get profit and may wither and even go bankrupt.

2. The development and sustainability of an industry should be conformed to the law of the industry. So industries can sustain their development only if continuously innovate and develop new products so as to advance to a new stage of development and occupy new markets.

3. Industries development should be long-sighted without eagerness for quick success and instant benefit. Therefore, the environmental protection should be emphasized. Production could not damage the regionally ecological balance between nature and society, through any kind of pollution (including eyesight pollution and ethic pollution, in extensive comprehension). Exploitation profit of industry should not be at the cost of social diseconomy. Short-sighted behaviors run in the opposite direction of sustainable development, and will be punished by the feedback mechanisms of environment and socity.

The roles of government are improtant in coordinating the enterprises' operation and industries' management with regional development. By means of policies, the government can direct the development of industries and enterprises, at the three levels mentioned above, to be beneficial to overall regional development. It should be emphasized that the key of sustainable development in underdeveloped and developing regions is the current starting measures. These can be identified stey by step through regional diagnosis, causal analysis and CI (certified identity) design.

Regarding the concept of sustainable development, more attention is unilaterally paid to ecological environment at present, and the importance of the function of economic growth is relatively ignored. In fact, sustainable development will not come true without the support of economy. Ecological and social effects can be seen as the goals of sustainable development, while the economical benefit is the key of operationalizing sustainable development. The development of industries is closely related to regional economy, so should be studied deeply in the research on regionally sustainable development.

Development strategies of industries are also discussed and suggested in this paper, taking tourism, agriculture and industry (narrow sense) as examples.

解读陈传康先生精品论文

许学工

一、作者简介

陈传康（1931—1997），地理学家，广东潮安人。1953年毕业于北京大学地质地理系，毕业后留校任教，历任地质地理系助教、讲师，地理系（城市与环境学系）副教授、教授，北京大学地理系自然地理学教研室主任（1978—1991）。曾任地理学会副理事长、自然地理学专业委员会主任（1985—1994）、旅游地理学专业委员会主任，《地理学报》副主编，《地理学与国土研究》特邀主编，全国旅游技术标准委员会委员，中国旅游协会理事、区域旅游开发专业委员会主任，北京旅游学会副会长，中国区域科学协会常务理事、旅游开发专业委员会主任，中国地质学会理事（1993—1997）、旅游地学研究会副主任，中国自然辩证法研究会理事（1992—1996）、地学哲学委员会常务理事，中国科学技术史学会常务理事（1981—1987），中国行政区划研究会常务理事，高等学校地理学教学指导委员会委员、自然地理学教材建设组组长（1990—1995）、自然地理学教学指导组副组长，国家自然科学基金地球科学第五、六届评审委员会委员等（陈传康，1998）。是《中国自然地理》系列著作和《中国大百科全书》第一版《地理学》卷等地理知识工程主要参加者。陈先生的主要研究领域为综合自然地理学和旅游地理学的理论与应用研究，同时大力倡

作者介绍：许学工（1950— ），女，山东济南人，北京大学城市与环境学院教授，中国地理学会会员（S1100001473H），研究方向为综合自然地理学。E-mail: xxg@urban.pku.edu.cn

导开展结合自然、社会和文化等方面的综合地理学，并对地理学哲学、地学史、未来学等也有研究。

二、论文的写作背景及主要内容

"可持续发展"最早出现于 1980 年国际自然保护同盟的《世界自然保护大纲》；1987 年世界环境与发展委员会发表《我们共同的未来》报告，将可持续发展定义为："既能满足当代人的需要，又不对后代人满足其需要的能力构成危害的发展。"1992 年 6 月联合国环境与发展大会通过了以可持续发展为核心的《里约环境与发展宣言》《21 世纪议程》等文件。1994 年 3 月，中华人民共和国国务院通过了《中国 21 世纪议程》，成为世界上首部国家级可持续发展战略，也表明了中国政府积极履行国际承诺、为全人类的共同事业做贡献的决心。20 世纪 80—90 年代，"可持续发展"从概念的提出到成为国家发展战略，逐渐深入人心，如何实现可持续发展，正是陈传康先生写作本论文的背景。

在"区域持续发展与行业开发"这篇论文中，陈先生首先从地理学角度探讨持续发展问题及其缘起，他从八个方面阐述了发展面对的问题及其相应研究的先行进展。他认为，在人类、环境与发展之间，存在着密不可分的相互关系。三者既相互依存，又相互作用。持续发展重点要以经济发展作为保障，而不能过度强调生态环境保护的重要性，同时，要实行社会文化的现代化。

论文第二部分探讨了区域开发与发展战略，第三部分探讨了区域持续发展。陈先生指出：① 地理学结合发展经济学、发展学的区域研究，是综合地理学的应用方向，把地理相关法与地域分异规律相结合，可以建立地域结构的对应变换分析方法。② 把发展经济学与综合地理学结合，并从元科学和全息学角度可以总结出区域综合开发的元科学与操作性结合的定性系统分析理论，可进行元科学-实证规范化-操作性等三方面结合的严整研究。③ 持续发展作为综合性的研究课题，可以分成三个层次：观念形态、经济-社会体制、科学技术，提出了区域持续发展的基本理论框架体系。④ 区域持续发展是发展中国家和地区开发成功的关键，也是地理学参与持续发展研究发挥更大作用的领域。

论文第四部分探讨了行业发展演化。行业开发是区域发展的部门组成，陈先生以旅游业、农业、工业为例来谈行业开发，并注重其开发研究的可操作性。旅游业开发在生成期、发展期、成熟期各个阶段对应的发展举措各有侧重，旅游地克服倒"U"形曲线，通过拓展旅游内涵、增设旅游活动项目等手段，达到其持续繁荣与发展。在农业方面，陈先生构建了各种农业生产类型结构之间和发展关系的对应变换框架，树立了"大农业"的观念，打破传统的产业间隔阂以促使农业开发走上一个新的发展阶段。工业发展经历了四个阶段，陈先生提出几种区域工业发展模式，作为不同类型地区选择其相应的发展战略的依据。

论文第五部分探讨了行业开发与区域持续发展的关系。区域发展是由各个行业的开发组成的，只有各个行业开发及其持续发展，才能保证区域持续发展。二者之间也存在着相互促进作用，在协调企业经营、行业管理、区域开发三者之间的关系上，政府管理行为具有重要作用。

总之，区域开发只有处理好生态环境、经济发展与需求增长等三方面的关系，使行业开发与区域发展相互促进，做到近、中、远期全方位协调发展，并增强开发措施的可操作性，才能真正实现区域可持续发展的目标。

三、论文及相关研究的学术影响和时代贡献

本论文对地理学科发展的历史贡献可以归纳为以下三方面：

1. 开拓和应用综合地理学

陈传康先生不渝地倡导综合地理学。早在1963年他就指出了地理学的综合方向，1980年他提出要发展综合地理学研究，指出综合地理学具有三重性，要同时开展理论、应用理论和区域实践应用的研究，即理论地理学、建设地理学、区域开发（区域发展战略和区域规划、国土整治）等的研究（陈传康，1991）。其后，他提出了地域结构对应变换分析理论和方法，将自然、经济、人文因素纳入了一个总系统。在这篇论文中，图1所表现的地域结构对应变换分析的框架网络就充分体现了综合地理学的应用。他指出，区域持续发展研究促进了综合地理学走向建立相

应的应用理论，可称为发展地理学。

2. 提出并细化"元科学-实证规范化-操作性"三结合的方法论

陈先生很重视地理哲学的研究，他从哲学的角度阐释元科学、全息学的概念。元科学的基本思路是把所研究的理论本身叫作对象理论，把作为研究工具使用的另一理论叫作元理论，把各门科学本身当作研究对象，就会形成有关它的元理论研究。从理论到元理论可以不断"元化"元科学，元科学又可以指导理论和实证研究。他把全息摄影概念推广为全息范畴，提出了全息学、全息地学和全息地理学等概念（陈传康，1991）。全息地理学进行相互关系研究，其全息意义包括区域内外结构互为映射、部分映射整体、时段映射发展等（陈传康，1988）。

陈先生很重视实证研究，特别致力于将地理学理论应用于社会实践，做了大量的实地调查、应用理论研究和区域实践工作。他先后主持了众多区域和城市的发展战略、综合开发和旅游规划等研究，有关措施、建议广为地方当局所采纳。陈先生还从中总结实证研究的规范化。

在这篇论文中，图2所展示的"元化"思考层次系列和全息思维思考系列—区域综合开发研究—操作性开拓系列，反映和细化了"元科学-实证规范化-操作性"的方法论。这一方法使理论研究与实践紧密结合，可以取得高质量的有效成果。

3. 提供地理学参与可持续发展研究的途径

论文指出，区域持续发展是可持续发展在具体地域上的体现，也是地理学参与持续发展研究发挥更大作用的领域。通过理论研究与实践的结合，通过分区域（"块块"）、分行业（"条条"）、分期（"段段"）的结合，以行业结构、项目结构、产品结构和名牌战略等四方面具体研究来保证发展战略、区域规划、计划三方面的落实，注意不同地区类型、行业类型模式与发展阶段的匹配，注意人地关系的协调。分近、中、远期加以规划，近期起步措施要具有促进经济发展的可行性，并与中期发展的可靠性与远期规划的前瞻预测性相协调，以实现当前开发与长远持续发展的统一。国家已把可持续发展列为国策，展示了中国的发展远景，地理学可以发挥自身的优势作出贡献。

参考文献

[1] 陈传康：《区域综合开发的理论与案例》，科学出版社，1998 年。
[2] 陈传康："综合地理学与地理建设"，《地理研究》，1991 年第 4 期。
[3] 陈传康："自然地理学、地球表层学和综合地理学"，《地理学报》，1988 年第 3 期。

新城市化进程
——90年代中国城市化动力机制和特点探讨*

宁越敏

(华东师范大学城市和区域发展研究所,上海 200062)

提 要 本文从政府、企业、个人三个城市化主体的角度分析了90年代中国城市化的动力机制和特点,认为当前中国正出现新城市化趋势,即多元城市化动力替代以往一元或二元城市化动力,较为集中的城市开发模式替代分散的乡村企业发展模式,从而使经济绩效得到提高,大、中、小城市齐头并进,城市体系不断趋于完善。

关键词 城市化 动力机制 中国

1 中国城市化动力机制研究评述

对中国城市化动力机制的理解,可简化为二元理论模式,即自上而下型和自下而上型。前者指国家(主要由中央政府)有计划投资建设新城或扩建旧城以实现乡村—城市转型;后者以乡村集体或个人为投资主体,通过乡村工业化实现乡村城市化[1]。自上而下型城市

来稿日期:1997-02;收到修改稿日期:1997-07。

引用本文:宁越敏. 新城市化进程: 90年代中国城市化动力机制和特点探讨. 地理学报, 1998, 53(5): 470-477. [Ning Yuemin. New process of urbanization: Dynamics and features of urbanization in China since 1990. *Acta Geographica Sinica*, 1998, 53(5): 470-477.]

* 本研究在上海的调查得到国家自然科学基金资助,编号 49331010 (Supported by National Natural Science Foundation of China),在海南的调查得到美国鲁斯基金会的资助(Supported by Luce Foundation of USA)。论文初稿曾于1996年12月在广州举行的"中国乡村—城市转型与协调发展"国际会议上宣读。

化支配了中国 50 年代～70 年代的城市化进程,至今仍在起作用。而发端于 70 年代的乡村工业化从 80 年代起出现了迅猛增长的势头,由此导致的乡村城镇的崛起和发展已成为具有中国特色的中国城市化道路而受到国内外的关注。

然而,以二元城市化动力机制来分析中国 80 年代以来的城市化进程无疑太简单。70 年代兴起的中国乡村工业化源于长江三角洲。当时的政治条件只允许农村集体经济组织,即人民公社和生产队兴办工业,因此称为"社队工业"。80 年代初,中国农村的社队管理模式转变为乡或镇和村两级管理模式,社队企业也相应改变为乡镇企业。然而,乡镇企业的内涵已远远超过了社队企业。社队企业完全是农村集体所有制企业,而时至今日乡镇企业至少包括 6 种类型:集体所有制企业,相当于传统的社队企业;农民合伙制企业;私营及个体企业;"三资"企业;不同所有制合办的联营企业及股份制企业。如果说 70 年代社队企业的发展资金来自于农村集体或个人积累,那么今日乡镇企业的发展资金来源是十分多样化的。除了银行贷款以外,上述 6 类企业中,前两类企业的资本主要来源于当地农村,而后四类企业的资金部分或全部来源于当地农村以外地区,甚至来源于国外。因此,如果自下而上城市化指的是农民依靠自身力量推动的城市化,那么依赖外部资金推动的农村城市化就难以归属于自下而上城市化范畴。而且,自下而上城市化应指当地农民的乡村-城市转型,而凭借外来动力的农村城市化不仅包括了当地农民的转化,往往还吸引了大量外来人口成为城镇人口的一部分,这一现象表现最明显的地区就是珠江三角洲。但是与长江三角洲相比较,双方除都具备农村小城镇发展的共同点外,动力机制及人口转换等方面的差别是很大的。因此,早在 80 年代末,许学强等已认为沿海开放地区城市化动力是计划经济体制、乡镇企业和外向型经济[2],而薛凤旋等认为珠江三角洲的城市化是外资影响下的城市化[3]。可见,当前中国城市化的动力已呈错综复杂的局面,有必要从新的角度予以审视。

2 90 年代中国城市化动力机制探讨

自 19 世纪末韦伯分析经济增长与城市化之间的关系以来,众多学者把城市化动力机制的研究放在经济增长特别是工业化进程之上[4]。70 年代末出现的结构马克思主义者则认为,城市化、工业化同为社会现象,应从深层次上解释城市化,哈维因此探讨了资本以不同形式流通所产生的城市化后果[5]。有关中国城市化动力也应从城市化的资本来源区分。

当前的中国正处于计划经济向市场经济的转变时期。一方面,传统的计划经济模式痕迹依然清晰可见;另一方面,市场经济的制度正在逐步建立,其结果是经济运行主体多元化,政府、企业、个人都积极参与了经济发展乃至城市化的进程,以下分别予以论述之。

2.1 政府在城市化过程中的作用

从发达国家的城市化进程看，由于这些国家实行市场经济制度，政府很少采用直接干预的手段发展经济，资本按照比较利益的原则流向获利最大的部门和地区，从而形成城市化的基本动力。只是由于大城市的过分膨胀，资本主义国家才出现由中央政府或大都市区政府直接推进的城市化过程，即新城建设，或在经济政策引导下出现的郊区城市化。

我国自 50 年代起开始实行计划经济体制，其特点是经济决策权高度集中于中央政府。鉴于中国的经济基础十分薄弱，不得不采取由中央政府集中全国的财力进行经济建设的做法。这在第一个五年计划时期最为典型，以 156 个重点项目的建设为核心，在中西部地区出现了一批新兴工业城市[6]。以中央政府和城市政府之间的上下级关系，把由中央政府投资推动的城市化进程称之为自上而下型是十分形象的。

80 年代以来，为发挥地方政府发展当地经济的积极性，中央政府的部分经济决策权逐步下放，具体表现在：①逐步增加地方政府在地方财政收入中占有的份额。50 年代地方和中央财政所占比重大体为三七开，60 年代为四六开，80 年代中期为对半开[7]，90 年代中央政府财政收入所占比重进一步下降。②投资决策权的下放，如利用外资建设项目，特区城市和上海、天津的审批权放宽到 3 000 万美元以下，在利用国内资金来源的项目审批权方面也有类似的放权[8]。③批准 14 个城市为计划单列市，享受省级政府经济管理权限，现计划单列市改为副省级城市（16 个）。④允许某些地方政府在一定许可范围内自筹资金，如向国际社会借款、发行建设债券、征收地方税等。上述政策实施的结果是中央政府在固定资产投资中占的比重逐渐下降，如国有经济单位基建投资中，中央项目占的比重 1985 年为 53.5%，1995 年下降至 40.1%；在国有经济固定资产投资中国家预算内资金占的比重从 1985 年的 24% 下降至 1995 年的 5%，而自筹投资占的比重却从 40.4% 上升至 48.7%[9]。

在中央政府下放部分经济决策权给省、自治区、直辖市的同时，后者又将部分决策权下放给市、区县政府直至乡镇政府。然而与高层政府行为不同的是当前市县及乡镇等基层地方政府通常把资金投入开发区或基础设施建设之上，而不是直接投资新企业的建设上，通过进行基础设施建设创造良好的投资环境来吸引国内外资金。开发区建设资金来源包括向银行贷款、企业和个人集资、土地批租收入等等。以上海郊区为例，松江、嘉定、康桥等规模较大的市级开发区（由县政府开发）用于基础设施建设的投资都达到 5 亿元，乡镇政府兴建的开发区投资规模从数千万元至 1 亿元不等。近年来上海郊区吸引外资的数量不断增加，与地方政府开辟的各级开发区提供了良好的投资环境有密切关系。

2.2 企业在城市化进程中的作用

在计划经济体制下，国有企业是政府的附属体，从原料的分配到产品的生产，销售全部由上级主管部门来确定，企业内部的分配和人事调配也由政府主管部门控制。在这样的体制下，企业无经营自主权，当然也不能成为城市化的推动力量。一个明显的例子是，全国城市中拥有国有企业数量最多的上海，直到80年代初期，郊区的城市化水平仅11.8%[①]。

自改革开放以来，一方面外资企业带来了市场机制下的经营模式，另一方面，中国的国有企业也开始了逐步扩大经营自主权的进程，而乡镇企业的发展速度更是迅猛。因此，企业投资在推动中国城市化，特别是乡村城市化中的作用明显加强。

外资企业推动城市化进程最早出现在珠江三角洲，90年代起开始蔓延到长江三角洲等沿海开放地区。以上海郊区为例，乡镇工业历来以集体所有制及与市区国有企业的联营企业为主，自1990年以来，"三资"企业迅速增加，在县域经济中的地位越来越重要。到1995年底，上海郊区累计有外资企业6 180家，占乡镇企业总数的40%，协议吸收外资96.17亿美元，占全市协议吸收外资的28%。由于工业开发区能提供更好的投资环境，不少"三资"企业特别是规模较大的三资企业都落户于开发区中。仅9个市级开发区就吸引外商投资项目724个。个别县外资企业的集中度更高，如松江县70%的外资项目位于开发区，投资500万美元以上的项目86%落户在开发区。青浦县318国道沿线吸引的外资金额占全县的73.8%[②]。

与三资企业相比，国有企业作为乡村工业化的动力出现的时间稍早一些。从70年代中期开始，上海的工业就开始向长江三角洲地区扩散[10]，但早期的扩散并非采取资本直接输出的形式，而是以产品加工、技术的扩散为主。以资本为纽带的扩散是从80年代中期才开始出现的，这是因为实行利改税后，国有企业有了一定的经营自主权和对外投资能力。到90年代初，上海郊区的城乡联营企业达1 238个，产值占郊区工业总产值的44%。在苏锡常地区，城乡联营企业同样占有一定的地位。因此，即便在长江三角洲，乡村工业化的资本也绝非都来自农村自身的积累，这一地区的乡村城市化仍然是城乡资本共同作用的结果。

从90年代初开始，大城市工业的扩散又出现了新的特点。由于城市产业结构的调整，或出于环境保护等原因，不少城市工厂纷纷从市区迁往郊区的工业园，成为郊区城市化的新动力。据统计，上海迁往郊区的工厂、车间已近千家。更重要的是，随着现代企业制度

---

① 根据1982年上海市人口统计资料（上海市公安局）计算。
② 本段数据均引自《上海经济年鉴1996》。

的推广，企业的自主经营权进一步扩大，企业已成为国内投资的重要来源。与国外投资相似，国内企业在选择投资场所时，亦往往选择投资环境较好的开发区。如海南省澄迈县老城镇就是一个以吸引内资为主的开发区。在引进的 40 个项目中，三资企业仅 6 个，而国内企业投资的项目有 19 个，投资额也远远超过三资企业。在这里正在进行的城市化是以国有企业推动为主的城市化。值得指出的是国有企业不仅仅参与乡村城市化的进程，在大城市的发展中也正发挥作用。如在中国对外开放的窗口深圳市和上海浦东新区，均有大量内资企业。在深圳市，外省企业达 8 000 多家，总注册资金 250 多亿元，创造的增加值占深圳市 GDP 的 1/2。在浦东新区，外省企业达 3 113 家，注册资金 60.15 亿元[11]。可以预计，随着企业制度的进一步改革，中国企业在国家工业化和城市化过程中的作用会进一步加强。

至于乡镇企业在乡村城市化中的作用更是为人所知，但在沿海地区，外来资本对小城镇进一步发展的影响已越来越显著，小城镇的发展正逐步脱离传统模式。

2.3　个人在城市化进程中的作用

在市场经济国家，个人作为企业和住宅的投资者，历来在城市化过程中扮演重要角色。然而在中国实施计划经济的时期，随着个体经济的逐步萎缩及房地产市场的消失，个人失去了投资的权力，自然也不会对城市化进程发生影响。

自 70 年代末中国实施改革开放政策后，个体经济重新获得发展的机会，随后规模较大的私营经济也开始出现在某些地区。如浙江省的温州地区，乡镇企业的主体是个体及私营经济，因此城市化的主动力也是个体和私营经济。80 年代中期，有关农民自理口粮进城务工经商的政策出台后，其作用进一步加强。但是，这一作用基本上局限在当地。

90 年代开始，私营及个体经济跨地区的投资逐渐得到发展。特别是一些地区开辟私营经济开发区之后，私营经济在城市化进程中的作用越来越大。如上海市青浦县，到目前为止已有 17 个私营经济开发区，落户的企业达 5 500 户，占全市私营企业总户数的 1/2，注册资金超过 25 亿元，个体和私营企业的税收达 1.2 亿元，占全县财政收入的 30%①。在私营企业中，来自当地的只占极少数，大部分来自上海市区和外省市。

如果说私营企业的投资本质上属于企业行为的话，那么个人的购房则纯属个人行为。众所周知，中国农村的城市化速度一直滞后于工业化的速度，主要原因之一就是非集镇人口无法取得集镇上的居住权（经商者除外）。随着土地制度的改革及由此产生的房地产市场，形成了新的城镇人口集聚机制，现今农民要居住在镇上比过去要容易得多。仍以上海市青

---

① 数据来自于青浦县的调查。

浦县为例，周围乡镇人口通过购买县城房产从而取得县城居住权的人口有近万人，占县城常驻人口的1/4。各乡镇也通过镇区的房地产开发吸引了一部分农村人口，特别是青年人向镇区集聚。在上海郊区个别乡镇，城市化水平已高达50%~60%。

另一方面，随着城市住房分配制度的改革，越来越多的城市居民在郊区购买住宅，从而带动了郊区城市化的进程。

在各个投资主体中，目前政府、乡镇企业和外商无疑占有更重要的地位。表1是若干省市按所有制分的工业企业资产结构。如果说国有企业资产主要是由政府投资的结果，集体企业的主体是乡镇企业的话，那么我们就可以看到不同投资主体对城市化形式的影响。辽宁及京、津、沪三直辖市国有资产占的比重最高，大城市经济最发达，显示了自上而下的特点。苏、浙、粤三省国有企业资产比重均不足40%，它们或以乡镇集体企业为主，或以港澳台资企业为主，这两种所有制企业推动了当地小城镇的迅猛发展。值得注意的是，三直辖市外商投资企业资产占的比重也较高，显示了外资企业投资有向大城市集中的倾向。另外，股份制企业在东南沿海省市已占有一定的地位，显示了这里的企业体制改革领先于其他地区。而上海、江苏联营企业较为发达，无疑与大城市工业扩散有关。

表1 若干省市按所有制分的独立核算工业企业资产结构（1995年）*（%）

Tab.1 The structure of total assets of industrial enterprises with independent accounting systems by ownership and region（1995）（%）

省、市	国有企业	集体企业	联营企业	股份制企业	外资企业	港澳台企业
北京	65.1	11.1	0.9	1.6	14.8	6.2
天津	59.2	10.8	1.3	4.5	16.2	8.0
辽宁	70.7	14.4	0.7	4.7	6.3	3.1
上海	51.7	8.8	3.7	11.3	17.1	6.3
江苏	39.1	38.4	2.0	4.6	9.1	6.8
浙江	35.9	42.1	1.3	6.4	6.7	7.2
广东	28.8	16.9	1.2	7.3	12.2	33.4

*资料来源：根据《中国统计年鉴1996》表12-9计算。

3 当前中国城市化的两个特点

无论是自上而下型城市化抑或是自下而上型城市化，在实践中都暴露出不足之处：前者主要推动大中城市,特别是工业大城市发展,对于量多面广的地方小城镇不能有效顾及,在中央政府的投资力度和投资方向发生变化以后,自上而下型城市化在城市化进程中所起的作用进一步下降;后者在有限地域范围内集中有限资金,只能推动小城镇的发展,对在整个国民经济中占重要地位的大中城市的发展影响不大。因此,自90年代以来出现的由政府、企业、个人共同推动的城市化进程无疑展现了新的发展趋势,它使中国城市上至大城市,下至小城镇都出现了全面发展的态势,从而大大加快了我国城市化进程。

以政府、企业、个人联合推动的城市化具有以下特点:

第一,由于资本总是流向比较利益高的地区,不但企业、个人投资主要流向沿海地区,而且政府控制的银行贷款也多流向沿海地区,这是沿海地区城市化速度超过内地的原因所在。然而,沿海各地区城市化仍呈现不同特点,因为城市的形成与发展不仅与资金投入量有关,而且与资金投入的方式有关。例如珠江三角洲是我国吸收外资量最多的地区,但由于这里的三资企业以出口导向型为主[1],生产的控制中心在香港,大多数企业与区内城市无直接联系,是否集聚在中心城市并不重要,由此导致企业顺公路延伸的蛛网型生产景观。长江三角洲和环渤海湾地区则表现出另一种发展模式,自1990年上海浦东开发开放以来,中心城市和地方小城市的经济发展都十分迅速。目前它们吸收的外资额虽少于珠江三角洲,却是著名跨国公司投资最多的地区(表2)。这是因为这两个地区内大城市众多,市场潜力大,基础设施好,跨国公司在这里投资一方面可以利用良好的投资环境,另一方面便于建立以中心城市为基地的销售网络,以达到占领中国市场的目的,但这种做法客观上有利于较高级别城市的发展,特别是首都北京和我国最大的经济中心城市上海集中了跨国公司在

表2 日本、德国、美国等著名跨国公司在中国的投资项目分布*

Tab.2 Investment project of transnational corporations from Japan, Germany and U.S.A. by region

国 家	沪、苏、浙	京、津、冀	广东	山东	辽宁
日 本**	39	37	26	5	14
德 国	43	20	11	1	1
美 国	28	15	16	10	6
合 计	110	72	53	16	21

* 资料来源:根据王志乐主编《著名跨国公司在中国的投资》附录一、附录二资料整理,中国经济出版社,1996。

** 日本、德国跨国公司指排名世界前500家的工业公司,其中日本20家,德国10家,至1995年,它们在华投资231个项目。美国投资项目系指至1993年底美国在华投资的86个最大工业项目。

---

[1] 根据《中国统计年鉴1996》中提供的资料计算,广东省三资企业出口值占总产值的62.12%,上海市与江苏省为22.3%,北京市与天津市为22.5%(人民币汇率按8.35元=1美元计)。

华设立的绝大多数投资性公司和跨国银行的分支机构①使跨国公司在华投资开始出现管理与生产分离的等级结构，这对于中国城市等级体系的重构有重要意义。

第二，当前，地方政府在城市化进程中的作用尤为突出。与中央政府更多地考虑宏观经济问题相比，地方政府更关心的是地方经济发展，包括制定发展战略、调整产业结构和产业布局等属于中观层次的经济问题。由于中国的银行尚未形成真正意义上的商业银行，由地方政府出面进行的基础设施建设很容易得到银行贷款，再加上土地批租权掌握在地方政府手中，从土地批租得到的资金一部分可用于基础设施建设，从而使开发区建设盛行于一时，成为各地城镇经济增长的新生长点。为什么开发区能成为吸引投资的良好场所？除企业设在开发区可获得集聚经济效益，节约基础建设成本外，开发区将政府各职能部门集中在一起，简化办事手续也起到了十分重要的作用。因为这对投资决策十分谨慎的跨国公司来说，可以大大节约从项目谈判、签约到正式投产所必需的"交易成本"[12]。正是地方政府积极参与经济发展进程，促进了地方城市的发展，使中国珠江三角洲和长江三角洲出现了都市连绵区的雏形，这与国外都市连绵区的形成主要依靠大城市的扩散作用有很大不同。

比开发区本身建设更为重要的是，地方政府应该意识到建设开发区是经济走向集约化的重要途径。中国乡镇企业布局的特点是"村村点火，户户冒烟"，开发区的建设是扭转这一局面的有力手段。而且，开发区的建设不仅可促使非农产业的集中，更可促使人口向城镇集中，促使土地从由农户经营向农场经营方式的转变。正是基于这一认识，上海市政府提出了"工业园区化，人口城镇化，土地经营农场化"的上海农村发展战略，设想郊县农村城市化水平由目前的30%左右至下世纪初提高到50%。

但是当前地方政府过度干预当地的发展也带来了盲目开辟开发区、各地产业结构趋同、重复建设等弊端，并有可能进一步导致城市发展规模和性质的趋同，使有限资源得不到合理有效的利用。对此问题，中央政府应予以充分的重视。

4 结论

90年代以来，中国展现了一种新城市化进程：以多元城市化动力替代以往单一的或以二元为主的城市化动力，以较为集中的城市开发模式替代分散的乡村工业发展模式，这对

---

① 跨国公司在北京设立的投资性公司超过40家，占全国总数的50%以上，见王志乐主编的《著名跨国公司在中国的投资》第121页。跨国公司在上海设立的投资性公司有22家，跨国银行在上海设立的分行有38家，见《上海经济年鉴1996》。

于提高经济绩效，推动城市化的健康发展无疑具有重要意义。当然，新城市化进程表现最为明显的是沿海部分地区，内地城市化动力在相当程度上仍表现为一元或二元结构。但是，新的发展趋势证明了80年代小城镇一枝独秀的发展态势只是城市化总进程中的一个阶段。随着中国加入世界经济体系及走向社会主义市场经济体制，城市化必然会进入更高级的发展阶段，并体现出与世界城市化发展相一致的特点，这就是形成以国际城市为中心的、大中小城市协调发展的城市体系。

参考文献

[1] Yan Xiaopei, Lin Chusheng, Xu Xueqiang. Geography·region·city. Guangzhou: Guangdong University Education Press, 1994. 151~152. (In Chinese)[阎小培, 林初, 许学强. 地理·区域·城市——永无止境的探索. 广州: 广东高等教育出版社, 1994. 151~152.]

[2] Xu Xueqiang, Hu Huaying. The growth of city-towns in the Pearl River Delta by adopting the open-door policy. *Acta Geographica Sinica*, 1988, 42(3): 201~202. (In Chinese)[许学强, 胡华颖. 对外开发加速珠江三角洲市镇发展. 地理学报, 1988, 42(3): 201~202.]

[3] Victor F S Sit, Yang Chun. The urbanization under the influence of the foreign investment—take the Zhujiang River Delta as the case. *City Planning Review*, 1995(6): 21~27. (In Chinese)[薛凤旋, 杨春. 外资影响下城市化——以珠江三角洲为例. 城市规划, 1995(6): 21~27.]

[4] Timberlake M. Urbanization in the world-economy. London: Academic Press, 1985.

[5] Harvey D. The urbanization of capital. Oxford: Blackwell, 1985.

[6] Ning Yuemin, Zhang Wudong, Qian Jinxi. The history of Chinese cities. Hefei: Anhui Science and Technology Press, 1994. 517~519. (In Chinese)[宁越敏, 张务栋, 钱今昔. 中国城市发展史. 合肥: 安徽科学技术出版社, 1994. 517~519.]

[7] Zi Lin, Weng Xianding. The analysis on the present finacial situation. *Economic Research Journal*, 1987(8): 29~33. (In Chinese)[紫林, 翁先定. 当前财政金融形势的宏观分析. 经济研究, 1987(8): 29~33.]

[8] Shu Qing. The study on the Chinese administrative economy and administrative division. Beijing: China Environmental Science Press, 1995. 122. (In Chinese)[舒庆. 中国行政区经济与行政区划研究. 北京: 中国环境科学出版社, 1995. 122.]

[9] National Statistical Bureau of the People's Republic of China. China statistical yearbook 1996. Beijing: China Statistical Publishing House, 1996. 143~144. (In Chinese)[国家统计局. 中国统计年鉴1996. 北京: 中国统计出版社, 1996. 143~144.]

[10] Ning Yueming, Yan Chongmin. The uneven development and spatia diffusion of Chinese central cities. *Acta Geographical Sinica*, 1993, 48(2), 97~104. (In Chinese)[宁越敏, 严重敏. 我国中心城市的不平衡发展及空间扩散的研究. 地理学报, 1993, 48(2), 97~104.]

[11] Gao Guofang. Study on the present situation and features of inland enterprises in Pudong new area. *Pudong Development*, 1996(1): 18~20. (In Chinese)[高国芳. 浦东内联企业的现状和特点分析. 浦东开发, 1996(1): 18~20.]

[12] Coase R. The firm, the market and the law. Chicago: University of Chicago Press, 1988. [R. 科斯. 盛洪, 陈郁译. 企业、市场与法律. 上海: 上海三联书店, 1990. 1~16.]

作者简介

宁越敏，男，1954年生，教授。1982年于华东师范大学地理系获硕士学位。主要研究领域是城市地理，城市经济。主要著作有《城市地理概论》（合著），《中国城市发展史》（第一作者），发表论文50余篇。

NEW PROCESS OF URBANIZATION
——DYNAMICS AND FEATURES OF URBANIZATION IN CHINA SINCE 1990

Ning Yuemin

(Institute of Urban and Regional Development Studies East China Normal University, Shanghai 200062)

Key words: urbanization, dynamics, China

Abstract

The dynamics of urbanization in China are generally divided into two types, namely from top down and from bottom up. This paper argues that the sources of this dynamism have been diversified, with governments, enterprises and individuals being the three leading actors of urbanization since 1990.

In China, state investment in industrial construction has promoted the development of large and medium sized cities. Since the implementation of reform policies, local governments at different levels have been allowed to have more decision-making powers. The opening and growth of technical and economic development zones has become an important way to absorb both domestic and foreign investments.

Foreign investment and township enterprises have played an important role in the process of urbanization in China. In recent years, state-ow ned enterprises and private enterprises have also become important sources of capital for urbanization, promoting the development of small towns in rural areas and suburbanization around large cities.

Individuals have become an actor of urbanization because they can now purchase their houses and have greater freedom to decide where to live, resulting in greater concentration of rural population in small towns and the movement of urban population to suburbs.

At present, urbanization in China has two salient features:

1. Because capital flows to the areas with greater comparative advantages, the speed of development of the cities in the coastal areas is much faster than that of the cities in the inland. Especially, the investment from transnational corporations is promoting the development of the large cities in the coastal areas.

2. Local governments have become a main actor in the process of urbanization. The strategy of "two concentrations", namely the concentration of factories in industrial parks and the concentration of farmers in towns, will speed up the process of urbanization in China's rural areas.

"新城市化进程——90年代中国城市化动力机制和特点探讨"解读

孙斌栋

宁越敏（1954— ），中国城市地理学家。1954 年出生于上海市。于华东师范大学地理系获得学士和硕士学位，1987 年 9 月—1988 年 10 月在英国伦敦政治和经济学院地理系从事访问研究。现为华东师范大学终身教授、博士生导师，曾任华东师范大学西欧北美地理研究所所长，教育部人文社会科学重点基地中国现代城市研究中心创始主任（2003—2016），中国地理学会城市地理专业委员会主任（2007—2012）。长期从事城市地理学、区域规划、区域经济研究，是国内最早从事中国城市化研究的学者之一。1983 年出版的《城市地理概论》(合著)是我国第一本城市地理学著作，1987 年获建设部优秀教材二等奖。1991 年，在国内率先介绍世界城市理论。合著《中国城市发展史》《从劳动空间分工到大都市区空间组织》《企业空间组织与城市—区域发展》《转型期中国城市的社会融合》等。主持教育部哲学社会科学重大攻关项目"预防和治理城市病研究"、教育部人文社会科学重点基地重大项目、国家自然科学基金等多个项目，参与联合国人居署、欧盟等多项国际合作研究项目。担任 2010 年上海世界博览会主题演绎顾问、上海市规划委员会专家咨询委员会专家，为政府决策咨询做出重要贡献。

"新城市化进程——90 年代中国城市化动力机制和特点探讨"一文发表于《地

作者介绍：孙斌栋（1970— ），男，河北阜平人，华东师范大学地理科学学院教授，中国地理学会会员（S110006693M），研究方向为城市地理学。E-mail: bdsun@re.ecnu.edu.cn

理学报》1998年9月。该文从政府、企业、个人三个城市化主体的角度，首次提出了20世纪90年代中国城市化动力机制的三元论，是继二元城市化动力论之后的中国城市化动力理论的新发展。同时，该文总结了中国城市化两个新特点：一是东部沿海地区优先城市化和北京上海等核心城市引领城市体系发展，二是地方政府在城市化进程中扮演重要角色。这些发现是对中国城市化实践的规律性总结。该文关注学科基本问题，突出理论创新，揭示客观规律，具有重要的学术影响。中国知网数据显示，该文已被引用近千次。

一、关注基本问题

城市化是现代社会经济发展的重要组成部分，城市化及其动力机制也是中国现代化实践面临的基本问题之一，是多学科的研究热点。中国地理学界的城市地理学者一直耕耘于城市化及其动力机制这一基本命题的研究，对中国城市化问题研究作出了重要贡献。

该文发表的20世纪90年代，我国正处于城市化率20%—30%的关键增长阶段，也是城市化S形曲线的起飞拐点阶段。提高城市化水平是当时所面临的重要任务，寻找城市化动力机制是迫切之需。该文为此建立了新的理论起点，为后续的城市化研究打开了一扇大门。

直至今天，城市化及其动力机制仍然是我国现代化实践中面临的基本问题。随着我国城市化水平上升到65%以上并进入新型城镇化阶段，我国面临着挖掘新的城市化动力源的挑战。1996—2020年是我国城市化的黄金时期，城市化年增长率在1个百分点以上。但从2015年开始，我国城市化率的增速持续下降。而且从2021年开始，每年城市化率的增长速度已经下降到1个百分点以下。城市化率增速下降的原因可以归纳为两个方面：一个是周期性和规律性的原因。根据城市化理论的S形曲线规律和世界各国城市化实践，当城市化率上升到60%左右时普遍会增速趋缓。另一个是时代性和自身性的原因。国际环境来看正处于百年未有之大变局，国际贸易保护主义抬头和中美经贸摩擦削弱了我国城市化的外部动力。国内环境来看，超大特大城市的城市病限制了承载力，而小城市吸引力有限。我国是一个拥有巨大人口规模的大国，城市化进程任重道远，当前经济增长形势也决定要发挥城市化的拉动作用。因而，再读这篇文章，对于探讨新时期的城市化动力机制具有重要启发意义。

二、突出理论创新

城市化动力机制探讨是学术界长期探讨的课题，产生了大量的经典理论。该文提出的政府、企业和个人三元城市化动力论是在以往理论基础上的重要创新，在城市化理论发展史上起着承上启下、继往开来的关键作用。

始于瓦特改良蒸汽机的近代工业革命促进了人类社会生产力的极大提高，也带动了城市发展的巨大变化，因而工业化被认为是现代城市化的重要动力来源。自19世纪末韦伯分析了经济增长与城市化之间的关系以来，众多学者把城市化的动力机制研究放在经济增长特别是工业化进程之上。钱纳里等关于发展中国家城市化率与工业化率关系的论述进一步强化了工业化作为城市化动力机制的认识。刘易斯关于发展中国家的二元经济理论强调了城市现代工业体系是发展中国家农村剩余劳动力转移和城市化的重要路径。20世纪70年代末的结构马克思主义学者则认为，城市化、工业化同为社会现象，应从深层次上解释城市化，哈维因此探讨了资本以不同形式流通所产生的城市化后果。

工业化的作用在中国改革开放初期的城市化阶段得到了印证，乡村工业化对当时的城市化起到了重要的促进作用。因而，自下而上型的乡村工业化和自上而下型的政府主导成为中国城市化二元理论模式的重要内容，并因其中国特色而受到国内外的关注。然而，就像宁越敏教授所言，"以二元城市化动力机制来分析中国20世纪80年代以来的城市化进程无疑太简单"，无法完整概括当时中国城市化动力机制。例如，以外资为代表的外向型经济显然已经构成了当时沿海开放地区不可或缺的城市化动力，但却没有被包括在相关理论框架里。

与通常以人口为对象的城市化研究不同，哈维提出了资本城市化的理论。受此启发，宁越敏教授提出了城市化动力机制的新研究框架，认为政府、企业和个人是三个参与城市化进程并可以自主做出投资决策的行为主体，并就此展开了对中国城市化格局、城市体系演变等多维分析。其创新性观点在于：第一，各类资本特别是国际资本主要流向沿海地区,导致中西部地区农村人口和国际资本向我国沿海地区的双向流动,进而造成了我国经济发展和城市化水平的区域差异。由于跨国公司总部向北京、上海集中,促进了中国全球城市的形成,从而重构了中国城市等级体系。第二,中国在实行分权化改革后,地方政府在城市化进程中起到了重要作用。该文认为珠江三角洲和长江三角洲这两个都市连绵区的形成与地方政府积极参与经济发展进程并促进了地方城市的发展有关,这与国外都市连绵区的形成主要依靠大城市的扩散作用有很大不同。文章同时指出,地方政府的过度干预也带来了各地产业结构趋同、重复建设等弊端,使有限资源得不到合理有效的利用。

三、揭示客观规律

该文提出的政府、企业、个人三元城市化动力论以及城市化新特点,具有深刻的客观规律和超前预见性,直至今天仍然是解释和理解当前中国城市化的重要理论框架。政府、企业、个人始终是最重要的社会运行主体,也是城市化的贡献主体。宁越敏教授后期撰文"新型城镇化背景下城市外来人口的社会融合"继续发展了这一理论框架,他认为,政府、企业和个人不仅是推进城市化的三个行为主体,三者之间的交互影响也导致外来人口社会融合问题的产生。因而,为了更好地促进城市外来人口的社会融合,政府、企业和个人三个行为主体应当共同承担市民化的成本。此外,该文提出的"东部沿海率先城市化和北京、上海作为国际中心城市引领中国城市体系建设"的预判,都经受住了时间的检验。

三元城市化动力论尤其是地方政府作用论对于当前增强我国城市化动力具有源头性启发价值,对于促进城市化进程具有重要指导意义。在当前城市化率增速趋缓背景下,我国城市化道路不仅要立足于有效市场,即发挥企业和个人的力量,还需要有为政府的努力。一方面,大中城市还是我国城市化的主要场景,大城市的城市化进程是市场机制下通过企业和个人自然发生的,应该进一步发挥作用。另一方面,进一步促进滞留在农村的人口城市化以及已经进入城市的半城市化居民完全城市化,在市场机制下难以完成,需要政策上的支持,国家新型城镇化规划强调发挥县城吸引城市化人口的重要载体作用,其意义就在于此。

中国自下而上城市化的发展及其机制[*]

崔功豪

(南京大学城市与资源学系,南京 210093)

马润潮

(爱克伦大学地理与规划系,俄亥俄州爱克伦市 44325 美国)

提 要 改革开放以来的实践证明,中国确实存在着二元城市化模式,而农村城市化在中国整个城市化过程中已经和正在起着重要的作用。作者在肯定了小城镇为主体的农村城市化的作用下,从城市化启动力的角度指出,这种发生在农村地域,由地方政府和农民群体力量推动的城市化是一种自下而上的城市化过程,具有明显的中国特色。文章并由此分析了自下而上城市化的发展阶段,探讨了其在国家方针政策指导影响和政府、农民、外部(内资、外资)力量共同作用下的运行机制。最终对其在中国城市化发展中的未来地位和作用作了评估。

关键词 自下而上城市化 小城镇 乡镇企业 中国

第 54 卷第 2 期,1999 年 3 月
来稿日期:1998-01-09;收到修改稿日期:1998-12-08。
引用本文:崔功豪, 马润潮. 中国自下而上城市化的发展及其机制. 地理学报, 1999, 54(2): 106-115. [Cui Gonghao, Laurence J. C. Ma. Urbanization from below in China: Its development and mechanisms. *Acta Geographica Sinica*, 1999, 54(2): 106-115.]

 * 美国鲁斯(Luce)基金会资助项目(Supported by Luce Foundation of U. S. A)。项目组主要成员:美方有马润潮、C. Pannell、罗楚鹏、陈金永,中方有崔功豪、沈洁文、周一星、刘君德、宁越敏、沈道齐、辜胜阻、刘传江、阎小培、李玲、杨云彦、黄文房、张小雷、庄忆、杨健。

1 中国农村城市化的发展

自从 80 年代初一篇关于中国城市化的文章[1]发表以来，历经十余载，通过众多的学者的讨论、争辩、探索，至今，对于中国城市化问题至少得到了两点共识：第一，中国必须走城市化道路，这是社会发展、人类进步的必由之路；第二，鉴于中国特殊的二元社会经济结构形态和存在着庞大农村的背景，中国将呈现二元化的城市化道路，即以城市地域经济和人口集聚而呈现的扩展型城市化和农村地域以乡镇企业为主体的经济与劳动力转化和建立农村城市（小城镇）而呈现的集聚型城市化。后者即通称农村城市化。

以广大小城镇为载体的中国农村城市化，在改革开放以来迅速发展，并在全国城市化进程中，日益显示其重要性。① 以占全国总人口的比重计，整个 70 年代，建制镇非农人口占全国总人口的比重停留在 4%，而 80 年代以来明显上升，1984 年达到 5.1%，1990 年 6.8%，而 1996 年已达到 9.8%，较 1978 年增加 1.33 倍，增加了 5.6 个百分点，平均每年增 0.31 个百分点；② 以在全国城市化构成的地位比，建制镇非农人口占全国市镇非农人口中的比重，1978 年为 32%，1990 年 39.5%，1996 年达到 42.6%，即将与城市并驾齐驱。③ 以直接反映农村城市化程度的农村城市化率（建制镇非农人口占乡村总人口之比）计，1978 年为 5.03%，1990 年为 8.6%，1996 年达到 13.6%，较之 1978 年增加 1.7 倍。而且增加速度加快。1978 年～1990 年增加 3.6 个百分点，平均每年增加 0.3 个百分点，1990 年～1996 年，增加 5.0 个百分点，平均每年 0.83 个百分点，其速度较之 80 年代，快了 1.8 倍。

表 1　小城镇在中国城市化中的地位*

Tab.1　Position of small towns in Chinese urbanization

年份	建制镇非农人口占全国总人口/%	建制镇非农人口占市镇非农人口/%	建制镇非农人口占乡村总人口/%
1978	4.2	32.3	5.03
1984	5.1	31.3	6.8（1985）
1990	6.8	39.5	8.6
1996	9.8	42.6	13.6

*资料来源：① 全国总人口，县建制镇非农人口，市镇总人口，据《中国人口年鉴1995》，290, 294, 296；② 乡村人口. 据《中国统计年鉴97》，353；③ 1990 年镇人口中的市辖镇人口. 据公安部"全国分省市人口统计资料"，1990, 10；④ 1996 年镇人口，据建设部资料；⑤ 1978, 1984 年指县辖镇.

反映中国特色的农村城市化道路引起了国内外学者的广泛注意和开展了一系列的研

究，并取得了令人瞩目的成果[2~5]。但在中国农村城市化研究中，一个十分重要的问题是：农村城市化的启动力来自何处？一般而言，可以有两种最基本的来源或模式：即"自上"，来自农村以外"上级"的动力，尤其是国家、省一级的直接投入；或"自下"来自农村内部，包括社区乃至群众的原始投入而带动城市化的发展。

长期以来，中国农村虽也曾有因国有工业和大型基础设施（电站、铁路、港口）项目在农村的布点，而出现人口集中、城镇形成的城市化过程，但这种城市化的过程和强度是有限的。同时，由于"城市工业、农村农业"的传统观念，以及限制商品经济发展，使农村的工商业等非农产业得不到发展，推动中国农村城市化所需要的、来自基层的动力未能形成"自下"模式，为此，改革开放前，整个农村的城市化过程发展缓慢，举步不前。

在对中国农村城市化的研究中，已有学者提出了农村自下而上城市化[6,7]和类似的农村"自生型"城市化[8]等观点；也有学者探讨了来自"上""下"不同动力的农村城市化过程。这些观点和研究是有创见和价值的。然而，系统、集中地探讨中国农村自下而上的城市化，包括"下"的含义、"自下"动力在中国农村城市化的发展过程、不同区域自下而上城市化的类型、自下而上城市化运行机制以及对其前景的估计等等，则尚未进行。而我们认为这是涉及中国农村城市化的主流性问题。为此，在美国鲁斯基金会的资助下，由中美两国12个学术单位和数十名专家学者共同组成了"中国自下而上城市化研究"项目组，对中国8个省区19个县市的26个镇进行了调查研究。本文即是研究中一些主要问题的研究结果。

2 "自下而上"城市化的概念及度量指标

自下而上城市化，是指"自下"发展起来的城市化过程。关于"下"的概念，可以从三个方面理解：

一是从主体上看，城市化的发动主体是来自"下"，即来自地方乡镇村等社区政府和农民，城市化发展的投资主体，是乡镇村地方社区和农民群体，以自有自筹资金为主。

二是从地域上看，城市化发生发展的地域在"下"——乡和镇，即在广大农村地区——"乡下"；城市化人口来源以来自农村的就地转移为主，即农村人口在农村内转化为城市人口（在经济发达地区也包括少数外来人口）。

三是从层次上看，城市化发生的等级系统是属于"下"层——乡镇。在中国行政体制上，乡镇为最基层的行政单元；在中国的城市系统层次上，建制镇是最下层的城市单元。

因此，我们所讨论的自下而上的城市化，即指发生在农村地域，由基层社区政府发动和农民自主推动的、以农村人口在农村内就地转移，建立小城镇为中心的城市化过程。由于我们重点讨论的是农村地域，故以县城镇及以下的小城镇为主。由于统计资料的限制，具体度量指标以建制镇为准。由于整乡改镇的影响，镇总人口中包含过多的农业人口，难以反映其城市化实际，故以建制镇非农人口作为计算农村城市化的数据。虽然这是一个较实际偏小的数字，但可以大致反映其发展水平与过程。

本文采用农村劳动力的非农化程度和农村人口城市化程度作为分析自下而上城市化发展的度量指标。农村劳力非农化以乡村中从事非农活动的劳力占乡村总劳力的比重计，1996年已达到28.8%。当前，农村中非农劳力主要是乡镇企业职工。据1996年资料，除乡镇企业中农业企业部分外的乡镇企业就业人数占农村非农劳力的98%以上，因此，农村非农化主要就是农村的乡镇企业化。

由就业非农化到农村城市化的关键在于乡镇企业在小城镇的集中程度。就全国而言，乡镇企业的8%在小城镇和各乡镇的工业小区，12%在小集镇，80%在自然村落[9]。从企业分布看，分散化程度较高。而从就业人数的分布分析，据1990年的普查资料，农村工业就业人数中在镇的有30.31%，即有近1/3的工业劳力已集中在镇[10]，此外还有相当数量的被带动的第三产业在镇。说明乡镇企业的发展确与小城镇发展密切相关。

乡镇企业在小城镇的集中程度与企业体制有关。在乡、村、联户、个体各类企业中，乡镇办企业的城市化度最高，基本在镇。1996年乡镇办企业职工数占乡镇企业职工数22%[11]，即近1/4在镇。据材料，改革开放15年以来，农村小城镇累计吸收3 000多万农村劳动力就业[12]，恰好相当于1995年乡镇办企业的就业人数（3 029万人）。

以小城镇发展为标志的农村城市化程度是直接反映自下而上城市化过程的具体指标。自下而上城市化即是指以小城镇为中心的农村城镇系统的发展过程。

3 自下而上城市化的发展阶段

如前所述，在80年代以前的计划经济体制下，中国农村自下而上城市化非常微弱，农村城市化水平很低，农业劳动力长期占农村劳动力的绝大部分（1978年占92.9%）[13]；小城镇日趋衰落（1953年全国有小城镇5 402个，1978年2 850个，建制镇非农人口占乡村人口5%），整个农村仍处在城乡分割的农业经济状态（1978年乡镇企业产值占农村社会总产值24%）[14]。

从1978年开放至今，中国自下而上城市化的发展大致可以分为下列几个阶段（表2）。

3.1 70年代末至1983年，自下而上城市化的启动阶段

70年代末实行的农业生产责任制，使粮食生产大幅度提高；集市贸易恢复，乡镇企业借助了政策支持，在社区政府推动下，主要依靠地方资金财力（包括农民资金），以一个较"纯"的"自下"的发展过程（当时对外开放仅在国内部分地区推行）逐步发展推进[15~18]。据统计，1978年~1983年，乡镇企业就业人数由2 826.56万人增至3 234.64万人，乡镇企业就业人数已占农村总劳力9.3%；乡镇企业总产值增加到1 016.83亿元，增长1倍多；建制镇也重新繁荣起来，总人口增加了915万人，提高了乡村城市化水平，镇的平均规模也由每镇平均1.86万人增至2.24万人。

表2 乡镇企业、农村非农劳力、建制镇增长变化（1978~1996）*

Tab.2 Growth changes of township enterprises, rural non-agricultural labor and designated towns (1978~1996)

年份	乡镇企业 企业数/万个	乡镇企业 就业人数/万人	乡镇企业 企业总产值/亿元	农村非农劳力 数量/万人	农村非农劳力 占乡村劳力/%	建制镇数/个 县建制镇	建制镇数/个 全部建制镇	县镇人口/万人	其中非农人口/万人	全部镇非农人口/万人
1978	152.42	2 826.56	493.07	2 181.4	7.1	2 850		5 316	4 039	
1983	134.64	3 234.64	1 016.83	3 044.7	8.9	2 781		6 231	1 183	
1998	1 888.2	9 545.5	6 495.7	8 611.0	21.5	8 614		23 988	6 143	
1990	1 850.4	9 264.8	8 461.6	8 673.1	20.0	9 321	11 392	26 676	6 236	7 705
1996	2 336.3	13 508	3 616.4**	13 027.6	288.8	10 871	17 770	34 770	6 879	11 762

* 资料来源：① 中国乡镇企业年鉴1978~1987，1988~1995；② 中国人口年鉴，1995，1996；③ 中国统计年鉴，1997；④ 全国分县市人口统计资料，1990，1993，1995；⑤ 1996年全国设市城市及其人口统计资料，建设部规划司。

** 指乡镇企业营业收入（当年价）。

3.2 1984年~1988年自下而上城市化快速起飞阶段

这是中国自下而上城市化发展极为重要的阶段。不仅在发展的规模速度上有很大的提高，且出现多元多类型的形式，其动力机制也日趋明显，完善。

在中央1984年1号、4号文件进一步积极发展乡镇企业的系列政策推动下，出现了全国乡镇企业发展的第一次高潮。乡镇企业数量从1983年的134.64万个，猛增到1984年的

606.52万个，就业人数达到5 208.11万人，一年间，吸收农村劳力1 973万多人，使农村劳力非农化水平提高了近4个百分点。

同时，国务院关于允许农民进城务工经商和在集镇落户（自理口粮）的通告及民政部调整建制镇建设标准的规定[19]，使长期来受人为压制的人口流动加快，建制镇剧增。1984年全国新建制了3 430个县建制镇，总数达到6 211个，超过1983年一倍以上。同样，镇人口也增加了7 216万人（非农人口745万人），增加了1.6倍，中国农村小城镇建设也进入第一个新高潮，从而大大推进了农村城市化进程。

1984年掀起的自下而上城市化大发展基本上持续至1988年。此时全国乡镇企业较之前五年的1983年，企业数、职工数和总产值分别增加了13倍，1.95倍和5.4倍，平均每年多吸收农村劳力1 262万多个，劳力非农化水平达到21.5%，提高了9个百分点。县辖镇增至1988年8 614个，5年共增加5 833个，平均每年增加1 166个；镇人口增加1.77亿人，其中非农业人口增加1 660多万人。

本阶段自下而上城市化的特点是：（1）乡镇企业的增长速度超过建制镇的发展速度，出现了企业和工业分散化现象及农村城市化更为滞后的状况；（2）乡镇企业发展动力的多元化。外资和大中城市的力量日益增强。1987年占乡村企业固定资产投资来源（按实际完成投资额计）总额6.78%，其中外资部分相应的占1.22%[20]。1994年止，全国乡镇企业中有三资企业29 371家，外商累计投资149.1亿元[21]；（3）在经济发达，自下而上城市化发展快的地区，乡镇企业已开始吸收外地劳力（1992年苏南小城镇已有外来劳力近200万人）[22]，自下而上城市化"下"的地域因外地农村劳动力的加入而更加扩大。

3.3 90年代起自下而上城市化提高和扩展阶段

这是中国深化改革和扩大开放的阶段。经过1989年～1990年的局部调整，在邓小平1992年南方谈话以后，乡镇企业发展已由量的增加转为质的提高。1991年～1995年相比于1984年～1990年，乡镇企业的职工数和总产值的增长速度均有下降（由年增长26.6%和162.4%，分别下降为7.77%和142.9%）。乡镇企业开始了规模化、集团化和建设乡镇工业小区的提高过程。1994年全国已建和在建的乡镇企业小区近4万个；全国已组建乡镇企业集团1992年达178个。乡镇企业的调整提高是自下而上城市化"下"的质量的提高，有利于农村经济和人口向小城镇集聚即空间转移过程加快，从而提高农村城市化水平及在全国城市化中的地位。

全国建制镇得到继续发展。六年来，建制镇共增加了6 378个，平均每年增加1 063个。全国建制镇非农业人口占全国市镇非农业人口的比重已由1990年38.5%提高到42.6%，而农村城市化率达到 13.6%。中国自下而上城市化已与 1978 年开始时不可同日而语了。

这阶段，自下而上城市化的发展还出现两个现象，一是内陆的中西部地区乡镇企业的增长速度已开始超过沿海地区，农村劳力的非农化过程加快。1994 年，东部地区乡镇集体企业的增长幅度比中部和西部低 2 和 2.54 个百分点，就业人数增幅低 2.2 和 4.9 个百分点；企业资产总量增长速度比中、西部分别低 7.46%和 15%；固定资产、营业收入、利润总额在全国的比重均有下降[23]，反映全国自下而上城市化范围扩大。二是，由于沿海地区乡镇企业向中西部扩张，使这些地区自下而上城市化在大发展的开始即带有"自下"和"自外"相结合的特色，从而也加快了其发展过程。

近 20 年来，中国农村自下而上城市化获得了迅速的发展，但从总体上看，其发展程度还是很低的，与农村非农产业的发展和农村劳动力的转化相比，城市化远远地滞后于非农化，而且其滞后程度还大于全国城市化的滞后度。如 1996 年，全国农村劳力非农化率为 28.8%，农村城市化率仅为 13.6%，两者之比为 2.12∶1；全国就业人员非农化率为 49.5%，全国城市化率为 29.4%，两者之比为 1.68∶1。

应当指出，由于户籍制度的限制和统计上的原因，建制镇实际就业和活动人口大于非农业人口，存在着"隐性"部分，且其隐性的程度（占镇人口比重）也大于城市，但这并不能减轻农村城市化的滞后度。

4 自下而上城市化的动力机制

自下而上城市化是以农村非农产业发展为主体，以农村人口与劳动力转化与空间集聚为表征[24]，以农村小城镇发育壮大为中心的农村地域转化为城市地域的过程。乡镇企业的发展、劳动力的转化和小城镇建设构成自下而上城市化的实质内容。影响这三者的发生、发展、变化的有着多种多样的因素和条件，但决定和主导其启动和运行的则是政策、资金和地方社区政府的作用，而农民群体和区外力量也有重要的启动作用。

4.1 政策

中国特色的社会主义市场经济，实际上就是国家干预调控下的市场经济。国家和地方的各项政策是主要的调控手段，也是自下而上城市化发展的决定因素。

政策的影响可以分为三个层次：① 国家的方针政策，指明了发展的方向和道路。如 1984 年中央 1 号和 4 号文件关于"开创社队企业新局面"的指示[25]，使全国乡镇企业在

1984年～1985年有一个很大的飞跃。中央关于沿海开放和建立经济特区、开发区的政策，大大促进了港澳台和国外资金的进入，为上述地方发展提供直接的动力，使城市化速度高于其他地区。② 国家主管部门的政策直接与城市化有关。如农民进入集镇落户、入城农民办理暂住人口、调整建制镇标准等等，使 1984 年起城镇数量大增，人口规模增加，从而大大提高城市化水平。③ 地方（省市县乃至乡镇）的具体政策，如各种优惠税收政策、土地出让费、地方户口设施配套费标准等等，均实际操作着当地经济发展、人口移动和城市化过程。

4.2 资金

在市场经济下，资金问题的重要在于它不再依靠国家分配，而是靠自身的实力（包括贷款的偿还能力），靠培育投资环境以吸收外来资金。因此，资金量的大小和来源就影响着经济发展和城市化的方向与速度，并左右其运行过程。

从城市化发展角度，可以分乡镇企业投资和城镇建设投资两方面来说明。

（1）乡镇企业资金　按乡镇企业固定资产投资来源可以分为几类：国家扶持资金、主管部门下拨资金、银行信用社贷款、引进资金（包括外资）、自有资金（包括群众集资）、其他等共六类。按自下而上的概念，则前两种属于"上"的部分，第四种属于"外"，后两种属于"下"。第三部分的贷款，既是上级（包括国家银行）的支持，但这是根据企业的实力而定（银行规定总投资中自有资金比例要占 30%～50%），同时又是要偿还的，因此仍可列入"下"的范围。就上述几类分析，"上"的部分逐年下降，"外"部分取决于当地的环境和产业门类与效益，是一个波动数；贷款是一项较可靠的来源，但一方面高负债率（目前已在 70%以上）是当前乡镇企业发展的重要负担，另一方面受到国家信贷政策影响（1993 年～1994 年国家控制货币发行和信贷规模，使 1994 年全国关停乡镇企业 39 257 家，48.35 万职工回乡务农）[26]。因此，自有资金起着十分关键的作用。自有资金多，发展就快，保证度也高。我国乡镇企业发达的省份如江苏、浙江其自有资金比例超过 50%。当然，各地投资环境与经济社会条件不同，投资来源和作用也有区别。广东籍近港澳之便，外资多，由此获得贷款也高（两项超过 55%），乡镇企业发展居全国前列。资金来源中，群众集资是改革开放的新现象，大大推动了乡镇企业发展。1994 年乡镇企业固定资产投资中，群众集资达到 240 亿元，占总额 9.5%，较 1987 年增加 126 亿元，比重提高一倍[27]。

（2）城镇建设资金　按城建资金来源有三种不同的建城方式：① 国家建城。一般由国家和大城市结合重点建设项目布点以一定的投资比例建设城镇，如工业镇，卫星城（上海金山）。② 地方建城。即主要依靠地方（县市、乡镇）的地方资金（包括财政收入拨款和城乡维护税）。90 年代以来，结合土地批租出让取得资金进行城镇建设成为一种重要形式，加快了城镇发展速度。③ 农民建城。这是 80 年代以后出现的新现象，主要依靠农民资金建设城镇。这可以包括两个方面，一是农民出资通过承租和承购城镇土地设厂开店及农民付费取得城镇户口而提供的资金建城。如浙江龙港是农民建城的典型，5 000 多户农民通过集资建厂开店把龙港由 1984 年前的 5 个小渔村建成目前 10 万人口的小城市。二是通过向城镇内务工经商的农民集资建城。如浙江温州桥头镇是以个体和私营为主的市场商贸型城镇。城镇建设主要靠出售市场摊位、群众集资等进行的。据不完全统计，90 年代以来，群众集资约在 1.3 亿元以上。

从长远看，土地批租出让与集资相结合将是中国农村（乃至城市）城镇建设的主要方式，而农民存有资金量大小则是影响城建速度和水平的重要因素。

4.3 社区政府的作用

在中国的政治体制下，各级社区政府对当地经济社会发展和城镇建设起着核心决策的作用，构成了中国特色的社区推动型经济的城市化类型，如江苏南部。

社区政府在经济发展中的具体作用可归纳为：① 决定企业发展方向和人事任免；② 协调与外部（上下级、其他企业单位）的关系；③ 调用本地财力和担保贷款；④ 提供土地、税收及各种优惠政策；⑤ 依本地状况执行上级政策。正是这些积极作用才使乡镇企业尤其

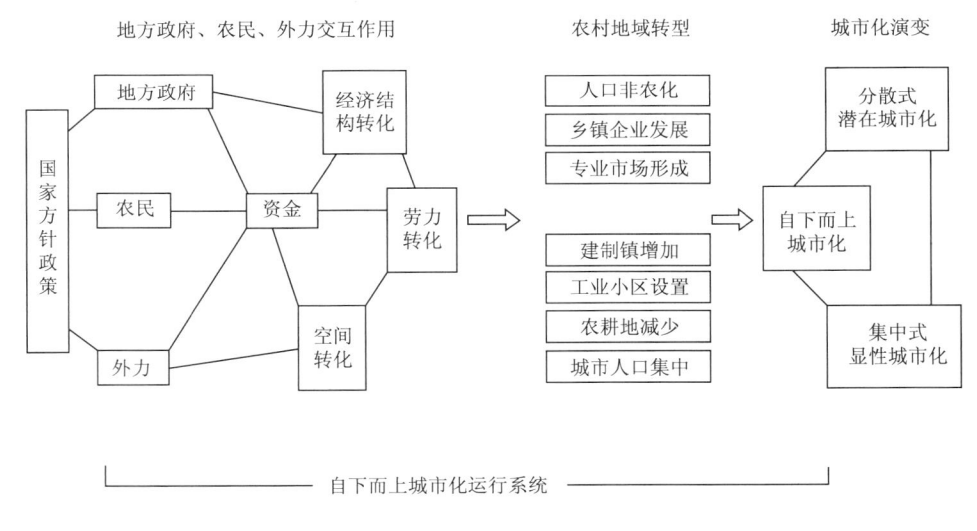

图 1 自下而上城市化运行系统

Fig.1 Operational system of urbanization from below in China

是集体企业得以迅速发展。苏南地区所以成为我国乡镇企业最发达地区就在于社区政府强有力的领导参与。辽宁海城市西柳镇西柳服装市场发展成为全国性的专业市场，就得力于市、镇政府采取一系列有力政策创造宽松的政治环境。

社区政府在某些情况下也会产生负面影响。如常受社区利益的制约，使企业不能打破社区界限以集中布局；强调本地企业局部利益忽视区际分工，重复建设以及在政企合一时对企业干预过多等等。

4.4 农民主体的行为

从自下而上城市化启动力角度看，作为另一个发动主体，农村广大的农民群众在对政策的理解和运用、对产业的选择和资金投放及与社区政府协调中，同样成为推动自下而上城市化发展和运行的重要力量。尤其在经济水平不高，集体经济薄弱地区，利用当地资源进行小规模个体生产，或从劳动力外流中获得信息，发展商品交易，并形成一定规模和特色，从而带动地方经济和城镇发展，如温州桥头镇、海城西柳镇的发展。

4.5 外来力量的影响

除了社区政府和农民群体这两类作为自下而上城市化的自身力量，发挥着主要推动作用外，随着改革开放的扩大和深化，"自外"的力量正在逐步加大。国内（包括邻近城市）和国外的企业在区位条件和当地经济社会基础较好的城镇的开发区、工业小区投资设厂布点，带动经济发展、人口集中和城镇建设，并对城市化的运行起着不可低估的作用，构成一种重要的外部力量型的城市化类型，如广东珠江三角洲、海南等。

5 结论

中国自下而上城市化是在中国农村广阔、城乡差别悬殊和城乡分割所形成的二元社会经济结构背景下的产物，是中国实现城市化的必然过程。近20年的实践证明，这是一条符合中国国情、与中国农村经济发展相适应的城市化道路。

自下而上城市化有一个不断提高和改造的过程。已经发生和正在发生着的自下而上城市化地区正在加强人口和企业的空间集中，提高城镇的建设标准，缩短非农化与城市化的差距，使自下而上城市化逐步摆脱分散化和乡土性，加重集中化和市场性，并与城市为中心的城市化一起向区域城市化转换，共同推进现代城市化过程。广大中西部地区通过乡镇企业发展，还在努力实现劳力非农化和城市化。因此，在未来一段时期内，自下而上城市化仍是一条重要的城市化方式。

但是，随着对外开放的扩大、城市产业调整和外迁，今后，纯粹意义的"自下"动力为主的城市化方式将逐步减弱，更多的是自下、自内、自外的结合，共同促进农村的城市化过程。

参考文献（References）

[1] Wu Youren. Study on socialism urbanization in China. *Population and Economy*, 1980(2): 19~26. (In Chinese)[吴友仁. 关于我国社会主义城市化问题. 人口与经济, 1980(2): 19~26.]

[2] Wang Sijun. A study on the regional development of China's urbanization. Beijing: Higher Education Press, 1996. (In Chinese)[王嗣均主编. 中国城市化区域发展问题研究. 北京：高等教育出版社, 1996.]

[3] Gu Shengzu. A study on nonagriculturalization and urbanization. Hangzhou: Zhejiang People's Press, 1991. (In Chinese)[辜胜阻. 非农化与城镇化研究. 杭州：浙江人民出版社, 1991.]

[4] Zhu Tonghua, Sun Bing. A study on the development of the southern Jiangsu model. Nanjing: Nanjing University Press, 1994. (In Chinese)[朱通华, 孙彬. 苏南模式研究. 南京：南京大学出版社, 1994.]

[5] Zhang Renshou, Li Hong. A study on the Wenzhou model. Beijing: China Social Sciences Press, 1990. (In Chinese) [张仁寿, 李红. 温州模式研究. 北京：中国社会科学出版社, 1990.]

[6] Zhang Tingwei. An exploration of the driving forces of urbanization. *Urban Planning*, 1983(5): 47, 59~62. (In Chinese)[张庭伟. 对城市化发展动力的探讨. 城市规划, 1983(5): 47, 59~62.]

[7] Ma Laurence J C, Fan Ming. Urbanization from below: the growth of towns in Jiangsu, China. *Urban Studies*, 1994, 31(10): 1625~1645. (In Chinese)[马润潮, 范明. 自下而上城市化：中国江苏小城镇的成长. 城市研究, 1994, 31(10): 1625~1645.]

[8] Xie Jingyu et al. Population comparision research of planning urbanization and self—urbanization in China. *China's Population Science*. 1993(3). (In Chinese)[谢晋宇等. 中国计划城市化与自发城市化人口对比研究. 中国人口科学, 1993(3).]

[9] China's rural enterprises yearbook 1995. Beijing: China Agriculture Press, 1995. 345. (In Chinese)[中国乡镇企业统计年鉴 1995. 北京：中国农业出版社, 1995. 345.]

[10] Census Office of the State Council and State Statistical Bureau. Tabulation on the 1990 population census of the People's Republic of China, Vol. 1. Beijing: China Statistical Publishing House, 1993. 475, 649. (In Chinese) [国务院人口普查办公室, 国家统计局. 中国1990年人口普查资料(第一册). 北京：中国统计出版社, 1993. 475, 649.]

[11] State Statistical Bureau. China statistical yearbook 1996. Beijing: China Statistical Publishing House, 1996. 38. (In Chinese)[国家统计局. 中国统计年鉴1997. 北京：中国统计出版社, 1997. 38.]

[12] Chen Junsheng. Issues of rural surplus labor and its basic policies. People's Daily, 1995-1-28. (In Chinese)[陈俊生. 关于农村劳动力剩余和基本政策问题. 人民日报, 1995-1-28.]

[13] State Statistical Bureau. China statistical yearbook 1996. Beijing: China Statistical Publishing House, 1997. 354. (In Chinese)[国家统计局. 中国统计年鉴1996. 北京: 中国统计出版社, 1997. 354.]

[14] State Statistical Bureau. Statistical Yearbook on Chinese Villages. Beijng: China Statistical Publishing House, 1987. 17. (In Chinese)[国家统计局. 中国农村统计年鉴1986. 北京: 中国统计出版社, 1987. 17.]

[15] Byrd William A, Lin Qingson. China's rural industry: structure, development and reform. Oxford: Oxford University Press, 1990. (In Chinese)[拜德 W, 林青松. 中国乡镇工业: 结构、发展和改革. 牛津大学出版社, 1990.]

[16] Ma Rong et al. Investigations on China's rural enterprises in the 1990s. Hong Kong: Oxford University Press, 1994. (In Chinese)[马戎等. 九十年代中国乡镇企业调查. 香港: 牛津大学出版社, 1994.]

[17] Zhou Qiren. Rural change and China's economy(1978～1989). Hong Kong: Oxford University Press, 1994. (In Chinese)[周其仁. 农村变革与中国经济(1978～1989). 香港: 牛津大学出版社, 1994.]

[18] Deng Yingtao, Xu Xiaobo et al. Changes and development in China's rural finance. Hong Kong: Oxford University Press, 1994. (In Chinese)[邓英淘, 徐笑波等. 中国农村金融的变革与发展. 香港: 牛津大学出版社, 1994.]

[19] Population Research Center, Chinese Academy of Social Science, ed. Almanac of China's population. Beijing: Chinese Social Science Press, 1986. 90, 99. (In Chinese)[中国社会科学院人口研究中心编. 中国人口年鉴1985. 北京: 中国社会科学出版社, 1986. 90, 99.]

[20] China's rural enterprises yearbook (1978～1987), 1990. Beijing: China Agriculture Press, 1978～1987. 631～635; 1990. 180～183. (In Chinese)[中国乡镇企业统计年鉴(1978～1987), 1990. 北京: 中国农业出版社, 1978～1987. 631～635; 1990. 180～183.]

[21] China's rural enterprises yearbook 1995. Beijing: China Agriculture Press, 1995. 238. (In Chinese)[中国乡镇企业统计年鉴1995. 北京: 中国农业出版社, 1995. 238.]

[22] Zhu Tonghua, Sun Bing. A study on the development of the southern Jiangsu model. Nanjing: Nanjing University Press, 1994. 331. (In Chinese)[朱通华, 孙彬. 苏南模式研究. 南京: 南京大学出版社, 1994. 331.]

[23] China's rural enterprises yearbook 1995. Beijing: China Agriculture Press, 1995. 327. (In Chinese)[中国乡镇企业统计年鉴1995. 北京: 中国农业出版社, 1995. 327.]

[24] Chen Jiyuan ed. China's rural labor force transformation. Beijing: People's Press, 1993. (In Chinese)[陈吉元主编. 中国农村劳动力转移. 北京: 人民出版社, 1993.]

[25] China's rural enterprises yearbook (1978—1987), 1990. Beijing: China Agriculture Press, 1978～1987. 422～427. (In Chinese)[中国乡镇企业统计年鉴(1978～1987). 北京: 中国农业出版社, 1978～1987. 422～427.]

[26] China's rural enterprises yearbook 1995. Beijing: China Agriculture Press, 1995. 5. (In Chinese)[中国乡镇企业统计年鉴1995, 北京: 中国农业出版社, 1995. 5.]

[27] China's rural enterprises yearbook (1978～1987), 1995. Beijing: China Agriculture Press, 1978～1987. 634; 1995. 227. (In Chinese)[中国乡镇企业统计年鉴(1978～1987), 1995. 北京: 中国农业出版社, 1978～1987. 634; 1995. 227.]

URBANIZATION FROM BELOW IN CHINA: ITS DEVELOPMENT AND MECHANISMS

Cui Gonghao

(Department of Urban & Resources Science, Nanjing University, Nanjing 210093)

Laurence J. C. Ma

(Department of Geography and Planning, University of Akron, Akron, Ohio, USA 44325)

Key words: urbanization from below, small towns, rural enterprises, China

Abstract

Contemporary China's urbanization has evolved along two lines: the growth of cities following urban economic development and population concentration, and rural urbanization based on the growth of towns in rural areas. The latter, conceptualized as "urbanization form below" has been propelled by the rise of rural enterprises, resulting in rapid rural employment transformation and the growth of towns.

Rural urbanization since the reforms has developed rapidly. In 1995, the share of the designnated towns' nonagricultural population accounted for 9.5% of the nation's total population, an increase of 5.3 percentage points over that of 1978. This nonagricultural population was 12.5% of the total rural population which was 7.5 percentage points higher than 1978. It constituted 42.5% of the total nonagricultural population of all cities and towns for the nation, rapidly catching up with the share of urbanization contributed by cities.

Urbanization from below has been driven by the activities of rural governments and peasants. Three stages of development can be recognized. After the initial period of growth during 1978～1983, it experienced rapid take-off during 1984～1988. It entered a period of expansion since 1990. How ever, the level of rural urbanization has lagged far behind the level of rural nonagriculturalization as well as the nation's urbanization level in general.

As rural enterprises will remain the mainstay of the China's rural economy for a long period of time, they will continue to cause rural labor transformation and rural urbanization. But with increasing economic liberalization in urban economy and industries moving out the cities, the fact meaning of "urbanization from below" will have to be broadened to include all domestic and overseas forces affecting town growth that are non-state in nature.

作者简介

　　崔功豪，男，1934年生，1956年毕业于南京大学地理系。教授、博士生导师。主要从事城市与区域研究和规划工作，专著有《城市总体规划》《城市地理学》《中国城镇发展研究》等，在国内外刊物上发表有关学术论文数十篇。

百尔所思，不如我所之

——重读"中国自下而上城市化的发展及其机制"有感

张京祥　　冯广源

一、作者学术生平

　　崔功豪，城市地理学家，生于 1934 年，南京大学教授，我国城镇化发展研究领域著名专家学者，中国地理学会城市地理专业委员会原副主任。是中国地理学界介入城市规划领域的先行者之一，在城市规划中较早引入了区域分析和经济分析等方法，并在城市化、城市空间结构、城镇体系、城市发展战略、区域发展规划等研究领域取得卓著成就。1987 年在美国地理学最高学术刊物《美国地理学家协会会刊》上发表大陆学者在该刊的关于中国城市人口的第一篇论文，被国际同行广泛引用。著有《城市总体规划》《城市地理学》《中国城镇发展研究》《区域分析与规划》等著作。

　　马润潮（Laurence Ma），生于 1937 年，美国著名华人地理学家，俄亥俄州立爱克伦大学地理与规划系终身教授。主要从事经济地理学、城市地理学研究。终身致力于中美地理学学术研究交流，是改革开放后中美地理学学术交流的开创者之一。

　　作者介绍：张京祥（1973— ），男，江苏盐城人，南京大学建筑与城市规划学院教授，中国地理学会会员（S110001866M），研究方向为城市地理学。E-mail: 3593786@163.com

二、文章写作的总体背景

十一届三中全会后，中国的经济社会发展步入正轨并逐步加速，农村家庭联产承包责任制改革开启了剩余劳动力由乡村向城市的大规模流动，在此背景下，"中国式城市化"的理论与实践命题探讨被正式提出了出来（吴友仁，1979）。然而在改革开放后的很长一段时间内，海内外城市地理、城乡规划学界对于中国城市化的具体实现路径一直未能达成共识，中国应该走什么样的城市化道路？这是当时学界、政府与社会面对的困惑，更是"时代之问"。

改革开放后伴随着农业政策与土地制度巨大而深刻的变革，以广大乡镇为载体的农村城市化在中国大地尤其是沿海地区迅速发展起来，并引起了国内外学界的广泛关注。其中，最有代表性的是由南京大学崔功豪、美国爱克伦大学马润潮两位学者领衔，美国鲁斯（Luce）基金会资助的"中国自下而上城市化研究"课题组[①]，他们对中国8个省区、19个县市的26个乡镇进行深入调查研究后，写就"中国自下而上城市化的发展及其机制"一文，并在《地理学报》上发表。这篇文章以翔实的调查与统计数据为支撑，定性与定量相结合，深刻而鲜明地阐明了当时中国农村地域城市化的具体发生路径与动力机制，并对这一模式未来的发展前景作了客观、辩证的评析。此文发表后引发了学界的广泛关注与热烈讨论，对中国城市化的研究具有重要的时代意义。

三、核心观点解读：中国"自下而上"城市化的内涵提炼与机制解析

文章首先用一组指向性明确的数据对比，表明了一个重要事实：改革开放的政策红利有效地促进了中国广大乡镇地区的经济与劳动力转化，并且持续推动乡村居民向中心小城镇集聚、农业人口向非农业人口转化。毫无疑问，在这样一种不同于西方国家的特殊城市化过程中，小城镇正发挥着愈加关键的作用，这是一条极具中

[①] 项目组主要成员：美方有马润潮、C. Pannell、罗楚鹏、陈金永，中方有崔功豪、沈洁文、周一星、刘君德、宁越敏、沈道齐、辜胜阻、刘传江、阎小培、李玲、杨云彦、黄文房、张小雷、庄忆、杨健。

国特色的农村城市化道路。在此,作者首次将这种波澜壮阔的农村城市化现象明确定义为"自下而上城市化"。何谓"自下而上"？文章中作了精准的定义：① 投资主体以地方乡镇和农民群体为主；② 发展地域集中在原先主要从事农业生产活动的乡村及部分小城镇；③ 城市化发生的基本单元为我国城乡系统中的最低等级。

文章进而将劳动力非农化程度和人口城市化程度作为度量指标,以建制镇非农人口数量作为测度依据,结合数据分析结果,将中国改革开放以来自下而上城市化的过程分为三个发展阶段：① 20世纪70年代末至1983年的启动阶段；② 1984—1988年的快速起飞阶段；③ 20世纪90年代起的提高和扩展阶段。文章基于中国基本国情和调查所得,构建了由上级政策、资金、地方政府、农民、外来力量等共同参与、交互影响的自下而上城市化的发展动力机制,并强调了地方政府、农民群体的主要推动作用,以及资金在这一过程中的周转效应。文章最后指出,农村"自下而上"是中国实现城市化的一种重要路径,将会延续一段较长的时间；同时,自下而上城市化途径也是一个"不断提高和改造的过程",随着对外开放程度的扩大、城乡关系的发展,纯粹以农村"自下"动力为主的城市化方式将逐步减弱,多元动力、多元形式的结合将共同促进未来中国的城市化进程。

四、历史贡献与新时代新背景下的价值再思考

1. 重要的历史贡献

改革开放后,中国的经济社会发展发生了深刻变革(张京祥、陈浩,2014),广大的小城镇与乡村地域纷纷进行主动探索与务实创新,涌现出了"苏南模式""温州模式""珠三角模式"等一系列鲜活的地方实践。20世纪90年代初,国际政治经济格局发生重大变化,中国也在向市场化转型并加速融入全球经济体系,伴随着高速工业化、城市化进程的到来,有关"中国发展模式""中国城市化道路"等的研究引起中外学界高度关注。针对此前农村自主发展中出现的有关问题与乱象,国内学界对农村城市化产生了异议,而国际上对中国小城镇与乡村的发展建设也缺乏了解,存在着研究中的"真空"。这篇文章的及时发表,有力地回应和解决了当时中外学界的困惑与争论,向世界响亮地提出了中国自下而上城市化的模式并总结了

宝贵经验，可谓影响深远。在这篇文章发表之前，有关中国农村城市化的研究已经很多，虽已有一些学者关注到农村自下而上城市化、农村"自生型"城市化等相关现象，但均未上升到理论高度，也没有清晰地回答"什么是'下'"的问题。此文首次对"下"进行了全面、深刻的阐释，明确定义了自下而上城市化的基本概念与内涵，并揭示了自下而上城市化的动力机制。

这篇文章所提出的许多观点和预测，在随后的中国城市化发展实践中得到了验证，因此备受国内外学者的推崇，极大地影响了后续有关中国城市化的研究。例如，武廷海等（2017）在"中国新城：1979—2009"中引用此文，以说明中国新城建设的阶段问题；姚士谋等（2015）在"中国城市群基本概念的再认知"中引用此文，以论证中国城镇化的具体历程；顾朝林（2011）在"转型发展与未来城市的思考"中引用此文，以分析中国转型发展的时段；史密斯（Nick R. Smith，2014）在论述中国乡村发展的国家政策时，多次引证了此文。截至2024年4月，此文共被895篇国内相关研究文献引证，中国知网的文献下载量高达6 287次，是研究中国城市化与乡村发展的权威文献之一。

2. 新发展环境中的延伸思考

党的十八大后，国家推动了价值导向、发展模式、动力机制、治理体系等的全面深刻变革，随着对"三农"问题的高度关注及乡村振兴战略的持续推进，学术界对过去一段时期"城市中心主义"发展模式所导致的"城市病"、城乡二元等问题，进行了越来越多的检讨反思。如今，中国的城市化已经进入了"后半场"，乡村振兴实践正在中国广阔的大地上如火如荼地推进，有关未来中国城市化、乡村发展等的思考再度摆在我们的面前：中国到底是选择集中城市化还是分散城市化？自下而上城市化未来是否还有动力和价值？在乡村振兴中如何实现"上"与"下"的协同？中国如何向第三世界国家贡献城市化的"中国方案"？……此时再读这篇文章，其思想内核仍然对当下及未来的中国城市化研究与实践具有重要的启示意义。

我国国土面积广阔、区域条件与发展水平差异巨大，长期存在的城乡二元结构，以及"以人民为中心""共同富裕""城乡融合发展"等价值理念要求，都决定了中国式现代化征程中的城市化必然是"中心城市+小城镇""核心集中+有机分散"的多元复合模式，"自下而上"依然还是未来中国城市化模式中不可忽略的组成部分，小城镇在城乡网络节点中的作用应得到充分重视和有效体现。此外，今天在中国许多地区，随着城乡基础设施建设、移动互联网的发展，城乡之间的时空关系正在被巨大重塑，以电商淘宝、乡村文旅、乡村新产业等为驱动力的"新自下而上城市化"正在中国"上演"。新自下而上城市化具有更强的主动选择，这也说明了自下而上城市化在中国的生命力和时代创新力。还有一点值得关注的是，当今中国的城市化与乡村发展中应该如何协调政府、企业、社会、村民等多主体之间的关系，如何建构可持续的现代乡村治理体系？这篇文章充分关注并重点强调了要"上与下""内与外"等多元力量结合推动城市化、促进乡村发展，尤其是要发挥农民群体的自主性，这对指导当前中国乡村振兴实践具有非常重要的现实意义。

《诗经·载驰》有言："百尔所思，不如我所之"。中国乡村的过去已书写在册，中国乡村的现在正由我们塑造，中国乡村的未来更需要与时俱进。

参考文献

[1] 吴友仁："关于我国社会主义城市化问题"，《城市规划》，1979 年第 5 期。
[2] 张京祥、陈浩："空间治理：中国城乡规划转型的政治经济学"，《城市规划》，2014 年第 11 期。
[3] 武廷海、杨保军、张城国："中国新城：1979～2009"，《城市与区域规划研究》，2017 年第 1 期。
[4] 姚士谋、陈振光、叶高斌等："中国城市群基本概念的再认知"，《城市观察》，2015 年第 1 期。
[5] 顾朝林："转型发展与未来城市的思考"，《城市规划》，2011 年第 11 期。
[6] Smith, N. R. 2014. Beyond top-down/bottom-up: Village transformation on China's urban edge. *Cities*, Vol. 41, Part B.

约束性单元自动演化 CA 模型及可持续城市发展形态的模拟

黎 夏[1]，叶嘉安[2]

（1. 广州地理研究所，广东 广州 510070；2. 香港大学城市规划及环境管理研究中心，香港）

摘要：单元自动演化 CA 可以大大增强 GIS 的空间模型能力，在国外被越来越多地应用于城市发展演化过程的模拟。本文探讨了如何通过 CA 与 GIS 的结合来进行可持续土地发展规划的新方法。提出了基于约束性的 CA 模型，具体分析了局部、区域以及全局约束性对 CA 模型结果的影响。并将灰度的概念引进 CA 模型中来反映状态连续的变化，克服常规 CA 模型的缺陷。将该模型应用于珠江三角洲地区来获得合理的城市发展空间布局，取得了较好的效果。

关键词：单元自动演化；城市模拟；可持续发展；约束性

中图分类号：F299.21；N949　　**文献标识码**：A

单元自动演化 CA（cellularautomata）是在 40 年代由 Ulam 首先提出，并很快被 Von Neumann 用来研究自组织系统的演变过程[1]。CA 的特点是复杂的系统可以由一些很简单的局部规则来产生。一个 CA 系统通常包括了 4 个要素：单元、状态、邻近范围和转换规则。

单元是CA的最小单位，而状态则是单元的主要属性。根据转换规则，单元可以从一个状态转换为另外一个状态。转换规则是基于邻近函数来实现的。

由于CA具有模拟二维空间演化过程的能力，该方法被广泛应用于土地利用变化和城市发展的模拟中[2]。在CA的模拟过程中，城市形态的演变过程可以很方便地动态显示出来。尽管城市发展受一系列复杂的因素所影响，但CA模型可以有效地模拟各种可能条件下城市发展的趋势，从而探讨城市发展的机制[2~4]。Deadman等曾利用CA来模拟加拿大Ontario地区的农村居民点的扩张过程，获得了很好的结果[5]。可惜同类的研究和应用在国内地理和城市学等领域没见报道。

近年地理信息系统（GIS）的迅速发展大大推动了CA技术在城市模拟中的应用。GIS为CA的规则制定提供了重要的信息来源[6]。CA的空间不再是固定不变的，借助GIS可以把空间的分异性引进CA模型中。另外，研究表明，可以直接利用栅格式的GIS来开发CA模型[7]。现有的GIS在空间分析模型方面有很大的局限性，而CA和GIS的结合可以很好地增强GIS的空间模型运算及分析能力[5]。White和Engelen的研究表明将CA与GIS结合可以有效地克服GIS在模型功能方面的局限[3]。

以往的CA研究多集中于城市发展的模拟，本文提出了利用约束性CA进行城市规划的新方法。直接利用ARC/INFOGrid来开发约束性CA模型，具体地把局部、区域以及全局约束性引进该模型中。并提出了灰度的概念，克服了常规CA模型的不足之处。将该模型应用于珠江三角洲地区的城市发展规划中，获得了有意义的结果。

1 约束性的CA模型及可持续土地发展规划

将CA模型应用于城市的可持续土地发展规划中，这将是一个重要的应用领域。原理是通过在CA模型中加入一些约束性条件来控制模拟过程，以产生合理的城市布局，从而达到可持续发展。可持续城市发展的一个例子是产生紧凑式的城市形状，以节省土地资源。城市的形状是可持续发展的一个重要要素，两者之间存在着紧密的关系[8]。中国近年来的快速城市化过程大大加剧了早已存在的土地压力。特别在一些地区，凌乱式的城市发展不必要地多占用了许多宝贵的农田[9]。本研究将利用CA技术来模拟城市的发展，通过一些约束性条件来产生合理的土地利用布局。

1.1 基于状态的 CA 模型

常规的 CA 模型主要是依据邻近范围的状态来决定中心单元状态的转换。最普通的 CA 模型可以简单地表达如下：

$$S^{t+1} = f(S^t, N) \tag{1-1}$$

式中 S 是状态，N 是邻近范围，f 是转换函数，t 是时间。

可以利用迭代的规则来实行 CA 模型的具体操作。最简单的规则是通过统计 3×3 的窗口内状态分布来决定中心单元的状态或转换。Batty 给出了模拟城市扩张的一个简单 CA 模型[10]：

IF　窗口内有已经发展的土地

THEN　$P_d\{x, y\} = \sum_{ij \in \Omega} P_d\{i, j\} / 8$

&

IF　$P_d\{x, y\} >$ 阈值

THEN　单元 cell $\{x, y\}$ 有 $\rho\{x, y\}$ 的概率被开发为城市用地

这里 $P_d\{x, y\}$ 是单元 $\{x, y\}$ 的发展概率；Ω 是 Moore 邻近窗口。

Batty 的研究表明，尽管 CA 模型的特点是由一些非常简单的规则来组成，但它却能成功地模拟非常复杂的城市系统的演变过程。

1.2 基于发展适宜性的 CA 模型

更进一步的 CA 模型是利用发展适宜性来模拟城市的演变过程。它假设状态 S、发展概率 P_s 和发展适宜性 DS_s 存在如下的关系[11,12]：

$$S^{t+1}\{x, y\} = f(P_s^t\{x, y\}) \tag{1-2}$$

$$P_s^t\{x, y\} = f(DS_s^t\{x, y\}) \tag{1-3}$$

在城市发展模拟中，具有较高发展适宜性值的单元相应有较高的发展概率。发展适宜性是根据一系列因子来度量的。这些因子包括交通条件、地形、土地资源情况以及经济条件等。可以通过多准则（MCE）的方法来获得发展适宜性[11,13]。

1.3 基于约束性的 CA 模型

除了进行城市发展模拟外，在 CA 模型中加入约束性，可以用来进行可持续城市发展

规划。可惜在国际上没有这方面的研究报道。约束性根据其影响范围可以归纳为三种主要类型：局部约束性、区域约束性和全局约束性。局部约束性包含了每个单元具体的空间约束信息，而区域约束性则包含了一些集合的部分空间信息，全局约束性则是一些非空间的时间信息。

局部约束性主要用来强调小范围内（单元之间）的差别。最简单的局部约束性是利用每个单元的农业适宜性来控制城市的发展过程，使得在城市发展中尽量不用或少占用优质的农田。区域约束性用来反映较大范围（区域之间）的差别。例如镇之间的土地资源、人口以及经济的差别。将这些以镇为单元的约束条件引进 CA 模型，使得城市发展模拟更能反映不同行政单元内的具体情况，减少浪费土地资源的现象。全局约束性可以用来反映一些宏观的政策性影响，这主要是随时间变化的非空间信息，例如某个城市每年的土地投放量。

我们所提出的利用约束性的 CA 模型可以具体地表达如下：

$$P_d^{\prime t}\{x,y\} = f(S^t\{x,y\}, cons_{ld}^t, cons_{rd}^t, cons_{gd}^t, N) = f(S^t\{x,y\}, CON\ S_d^t\{x,y\}, N) \quad (1\text{-}4)$$

式中 $P_d^t\{x,y\}$ 是发展概率；S^t 是状态；$cons_{ld}^t$，$cons_{rd}^t$，$cons_{gd}^t$ 分别是局部、区域和全局约束性；N 是邻近范围；$CON\ S_d^t\{x,y\}$ 是总约束性；$\{x,y\}$ 是单元所在的位置。

上述模型可以简化为：

$$P_d^{\prime t}\{x,y\} = f(S^t\{x,y\}, N) \times CON\ S_d^t\{x,y\} \quad (1\text{-}5)$$

这是由标准的 CA 模型乘以总约束性系数组成。总约束性系数用来控制发展的速度。各种约束性的值可以根据一系列环境和资源要素来定义，其变化范围是 0～1，当其值为 0 时，则否定其所在位置上的任何发展；当其值为 1 时，则对发展没有任何约束（100%支持）。通过在 CA 模型中引进约束条件，可以使得在城市发展时，尽量少占用优质的农田。

对各种约束性，通过多准则判断 MCE 技术，可以获得其总约束性系数的值：

$$CON\ S_d^t\{x,y\} = \left(\sum_{i=1}^{k} W_i cons_{id}^t\{x,y\}\right) \prod_{i=k+1}^{n} cons_{id}^t\{x,y\} \quad (1\text{-}6)$$

式中 W_i 是权重；$1 \leq i \leq k$ 是非限制性约束（nonrestrictive constraints）；$k+1 \leq i \leq n$ 为限制性约束（restrictive constraints）。该公式属于多准则判断的标准形式[11]，包含了非限制性约束和限制性约束两个部分。非限制性约束和限制性约束的区别在于它们所产生影响程度的不同。非限制性约束可以产生一些影响，但这些影响并不是很重要的。限制性约束则对模型的结果产生十分重要的影响。例如，面积很小的水体或微起伏的地形属于非限制性约束，而高大的山体则属于限制性约束。在本约束性 CA 模型中，局部、区域和全局约束都是同等重要的，它们属于限制性约束。上式由此简化为：

$$CON\ S_d^t\{x,y\} = \prod_{i=1}^{n} cons_{id}^t\{x,y\} \qquad (1\text{-}7)$$

一般的 CA 模型的状态只有 0 或 1 值（发展或不发展），不能反映连续变化的值。我们定义了"灰度"值 $G_d^t\{x,y\}$ 来反映单元 $\{x,y\}$ 状态的连续变化。当"灰度"值 $G_d^t\{x,y\}$ 从 0 逐渐变为 1 时，表示该单元最终转变为城市用地。

在我们的 CA 模型中，发展程度（灰度）的增加 $\Delta G_d^t\{x,y\}$ 与发展概率和总约束性系数值成正比例。

$$\Delta G_d^t\{x,y\} = P_d^t\{x,y\} \times CON\ S_d^t\{x,y\} \qquad (1\text{-}8)$$

这里发展概率由常规的 CA 模型来计算：

$$P_d^t\{x,y\} = f(S\{x,y\}^t, N) \qquad (1\text{-}9)$$

利用迭代运算来预测某时刻 $t+1$ 的 $G_d^{t+1}\{x,y\}$ 值。

$$G_d^{t+1}\{x,y\} = G_d^t\{x,y\} + \Delta G_d^t\{x,y\} \qquad G_d\{x,y\} \in (0,1) \qquad (1\text{-}10)$$

在 $t+1$ 时刻单元 $\{x,y\}$ 的状态为：

$$S^{t+1}\{x,y\} = \begin{cases} 发展 & (G_d^t\{x,y\}=1) \\ 部分发展 & (0<G_d^t\{x,y\}<1) \\ S^t\{x,y\} & (G_d^t\{x,y\}=0) \end{cases} \qquad (1\text{-}11)$$

2 应用

在实际的 CA 模拟中，利用农业适宜性作为约束性是最简单的方法。农业适宜性是可持续城市发展所要考虑的重要因素。利用农业适宜性作为控制条件来产生合理的城市形态，以达到可持续发展。如何计算土地的可适宜性，已经有很多的研究[14]。利用指数函数，我们可以将农业适宜性转换为 CA 模型中的约束性值 $CON\ S$：

$$CON\ S = (1-AS)^K = DS^k \qquad (2\text{-}1)$$

式中 AS 是农业适宜性（0～1）；DS 是发展适宜性（0～1），其值的大小与农业适宜性刚好相反；k 是控制参数。

将该 CA 模型应用于珠江三角洲发展最快之一的东莞市。与其它珠江三角洲城市一样，东莞在 90 年代初经历了快速的城市增长，带来了大量农田的流失[15,16]。我们拟利用 CA 和

GIS 技术来模拟出合理的城市发展形状，减少浪费土地资源现象的出现。根据土地资源调查的结果，该市的优质农田主要集中于东北部。利用 TM 卫星遥感资料获取了 1988、1993 年的城市用地分布情况[15]。在 1988 年城市用地的基础上，利用所提出的约束性 CA 模型模拟出 1993 年合理的城市发展形态，并由此检验模型的效果。

TM 遥感图象的分辨率是 30m。由于研究区覆盖面积达 2 465km², CA 模型的运算量很大，需要重采样把分辨率变为 50m。采用圆形窗口进行运算，能克服方向上的偏差，这要比一般常用的 Moore 窗口的效果好。

在图 1 中可以清楚的看到约束性在 CA 模型中所起的作用。图 1a 是没有考虑农业适宜性（$k=0$）时由 CA 模型模拟所获得的东莞市城市发展的结果。按照该情形，在东北部有相当大部分的优质农田会被城市开发所侵占。通过利用约束性（$k\neq0$），可以有效地控制城市发展，以避开肥沃的农田（图 1b 和 1c）。可以看到，随着 k 值的增加，这种控制作用在加大。

可以利用适宜性损失来定量地评价模型运算的结果。对于同样面积的土地开发，适宜性损失值越小，占用优质农田的数量越少。适宜性损失的计算如下[15]：

$$S_{\text{loss}} = \sum_i \sum_j S(i,j) \qquad (2\text{-}2)$$

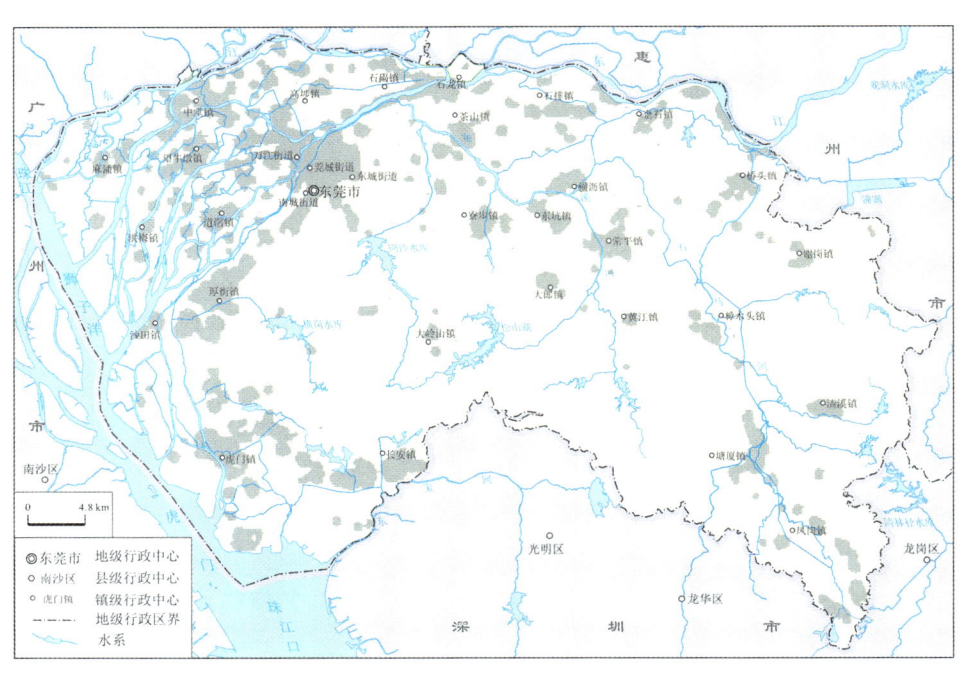

(a) 流失优质的农田（$k=0$，不使用约束性）

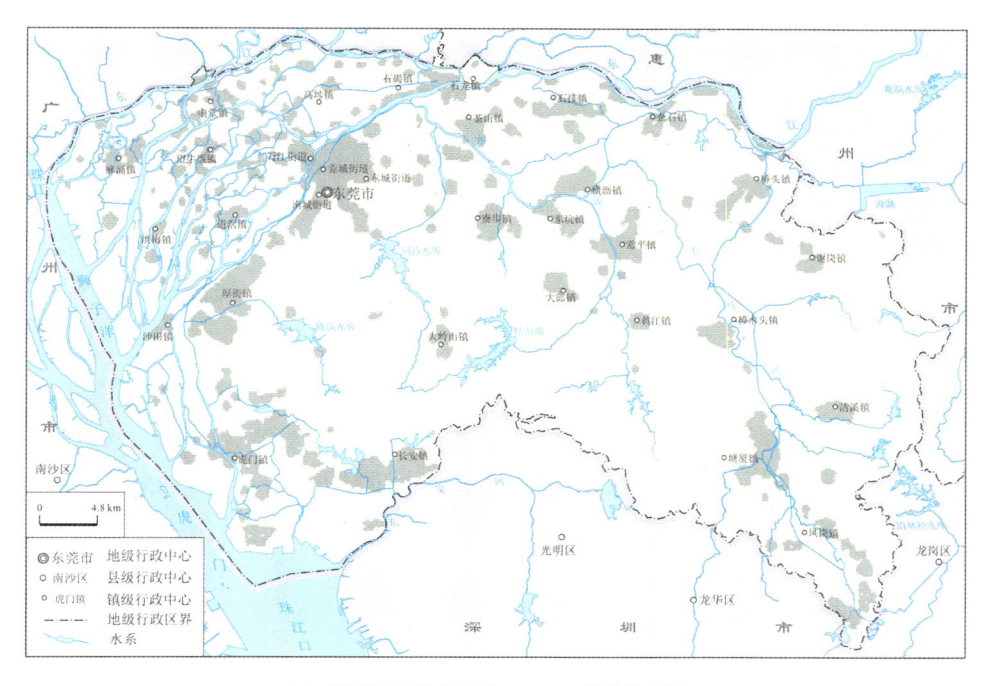

(b) 控制侵占优质农田（$k=1$，使用约束性）

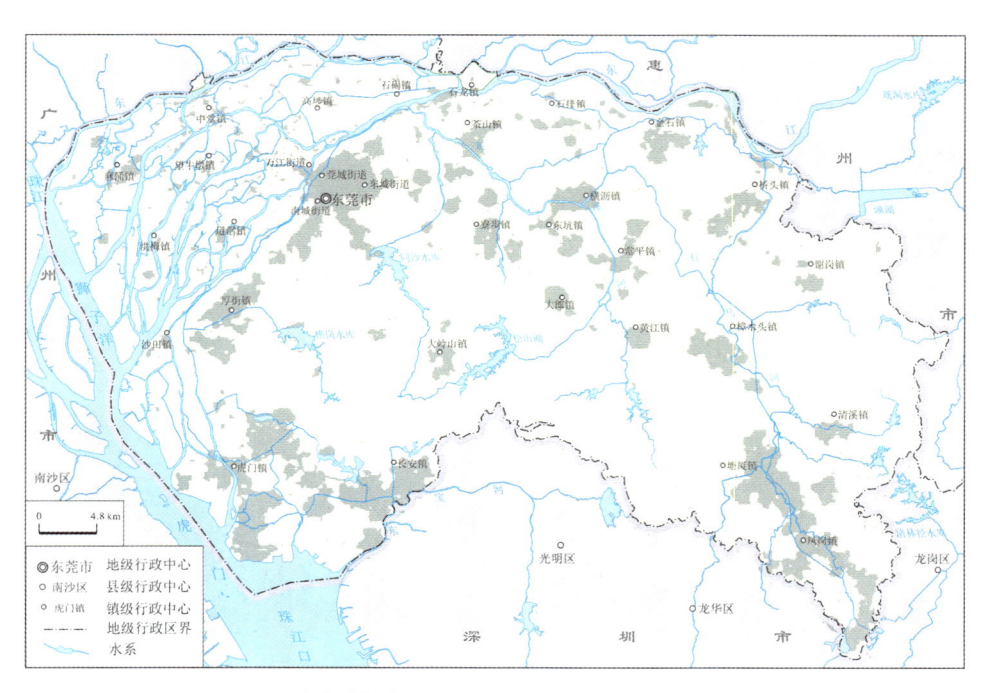

(c) 严格控制侵占优质农田（$k=3$，使用强约束性）

图 1 利用约束性保护优质农田的 CA 模拟结果

Fig.1 Controlling the loss of the best agricultural land using suitability constraints

除了利用农业适宜性外，还可以把其它资源环境要素作为约束性，使 CA 模型更能满足可持续城市发展的要求。这些要素可以是区域性或全局性的。土地资源一般都存在着空间上的分异，可以作为区域性的约束性。例如，决定土地开发量时要考虑每个镇的现有人均土地拥有量。在土地资源较少的镇，开发速度要受到控制。在 CA 模型中，可以根据人均土地拥有量来控制土地开发速度。根据卫星遥感图象计算出东莞每个镇可供开发的土地面积占总面积的百分比，利用指数函数转换为区域性的约束性值。利用这种区域约束性，由 CA 可以模拟出合理的城市发展布局，以控制土地资源少的镇的城市发展（图 2）。

全局性约束性是时间的函数，用来控制 CA 模型中系统的增长量或增长速度。我们曾提出了在时间上最佳分配土地消耗量的模型[16]，给出了一定的土地消耗量，可以根据该模型获得不同时间的最佳用地量，所计算出的最佳用地量可以被用来作为 CA 模型中的全局约束性。在 CA 模型中引进该全局约束性，可以防治过多土地消耗量的出现，从而达到可持续土地发展。

图 3a 是由局部和区域约束性所得到的综合约束性值。利用该约束性，可以使得在肥沃地区和土地资源量少的地区的土地开发受到控制。并引进上述全局性约束性，使得土地开发量不超过合理的数量。根据此局部、区域和全局约束性，CA 模型的模拟最佳结果如图 3b。

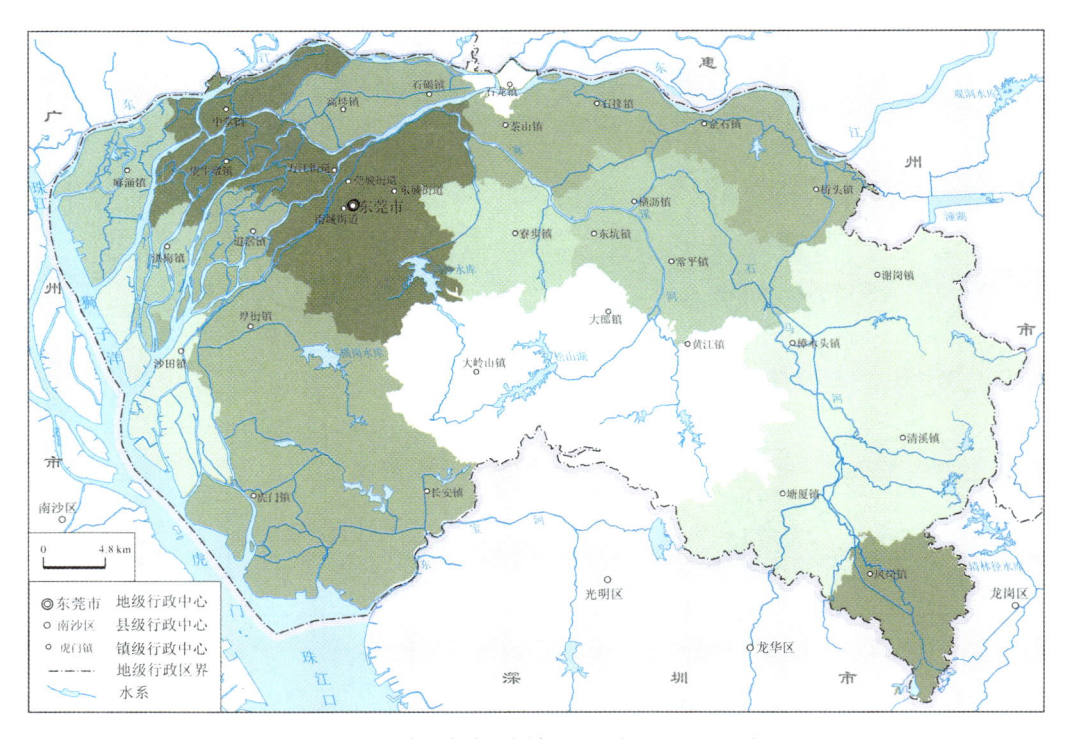

(a) 区域性约束性（各镇可供开发土地面积百分比）

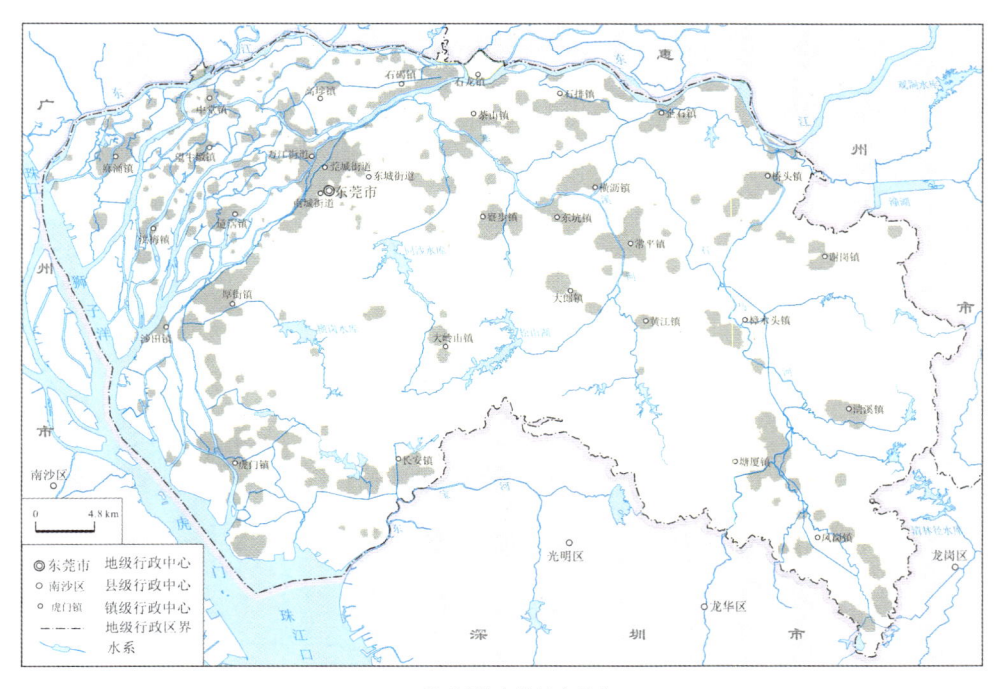

(b) 受区域约束的城市扩张

图 2 区域约束性和城市发展

Fig.2 Regional constraints and urban growth

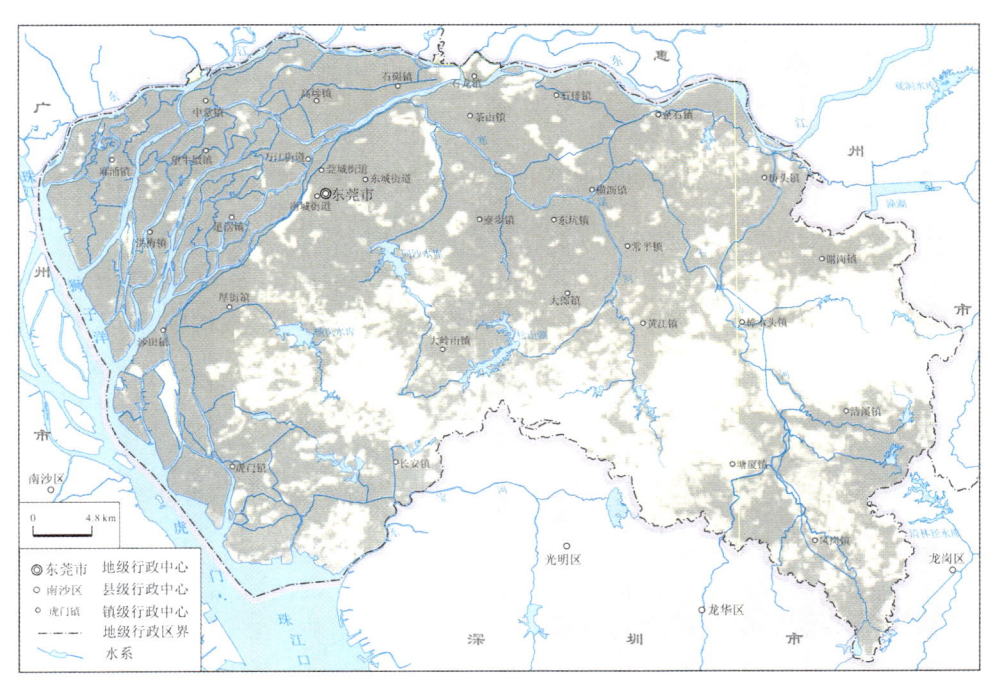

(a) 局部和区域约束性的乘积

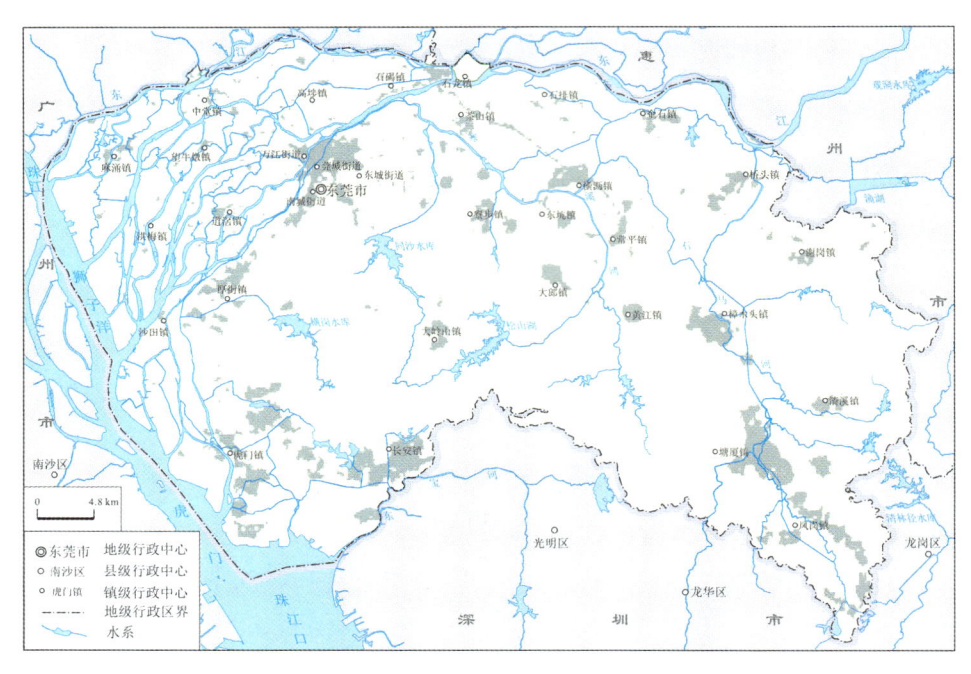

(b) 基于局部、区域和全局约束性的城市发展

图 3　局部、区域和全局约束性和可持续的城市发展形态

Fig.3　Local, regional and global constraints for sustainable urban forms

3　结束语

将 CA 模型与 GIS 相结合，可以使得两者互为弥补。CA 模型能很好地改善 GIS 中所缺乏的模型处理功能。最近在国外开展了许多 CA 模型的应用研究，但主要是集中在城市发展模拟上。在国内这方面的研究没见报道。本文具体地提出了将 CA 模型应用于可持续发展规划的新方法。传统 CA 模型的核心是局部规则。通过这些局部规则，CA 模型可以模拟出复杂的系统。在我们所提出的约束性 CA 模型中，引进了区域和全局因素，以利用资源和环境等约束性要素来规划土地开发，达到可持续城市发展的目的。

参考文献（References）

[1] White R, Engelen G. Cellular automata and fractal urban form: a cellular modelling approach to the evolution of urban land-use patterns[J]. *Environment and Planning A*, 1993, 25: 1175～1199.

[2] Batty M, Xie Y. From cells to cities[J]. *Environment and Planning B: Planning and Design*, 1994, 21: 531～548.

[3] White R, Engelen G. Cellular automata as the basis of integrated dynamic regional modelling [J].

[4] Batty M, Xie Y. Possible urban automata[J]. *Environment and Planning B*: *Planning and Design*, 1997, 24: 175～192.

[5] Deadman P D, Brown R D, Gimblett H R. M odelling rural residential settlement patterns with cellular automata[J]. *Journal of Environmental Management*, 1993, 37: 147～160.

[6] Couclelis H. From cellular automata to urban models: new principles for model development and implementation[J]. *Environment and Planning B*: *Planning and Design*, 1997, 24: 165～174.

[7] Itami R M . Simulating spatial dynamics: cellular automata theory[J]. *Landscape and Urban Planning*, 1994, 30: 24～47.

[8] Jenks M, Burton E, Williams K. Compact cities and sustainability: an introduction[A]. In: Jenks M, Burton E, Williams K (eds.). The Compact City: A Sustainable Urban Form[C]？ London: E&FN Spon, 1996. 11～12.

[9] LI X. Measurement of rapid agricultural land loss in the Pearl River Delta with the integration of remote sensing and GIS[J]. *Environment and Planning B*, 1998, 25: 447～461.

[10] Batty M. Growing cities[Z]. Working paper. Centre for Advanced Spatial Analysis. University College London, 1997.

[11] Wu F, Webster C J. Simulation of land development through the integration of cellular automata and multicriteria evaluation[J]. *Environment and Planning B*, 1998, 25: 103～126.

[12] White R, Engelen G, Uijee I. The use of constrained cellular automata for high-resolution modelling of urban land-use dynamics[J]. *Environment and Planning B*, 1997, 24: 323～343.

[13] Yeh A G O, Li X. Sustainable land development model for rapid growth areas using GIS[J]. *International Journal of Geographical Information Science*, 1998, 12(2): 169～189.

[14] Yeh A G O, Li X. An integrated remote sensing and GIS approach in the monitoring and evaluation of rapid urban growth for sus-tainable development in the Pearl Rive Delta, China[J]. *International Planning Studies*, 1997, 2(2): 193～210.

[15] Li Xia. Integration of remote sensing and GIS for monitoring and evaluating agricultural land loss—a case study of Dongguan[J]. *Acta Geographica Sinica*, 1997, 52(3): 279～287. (In Chinese) [黎夏. 利用遥感与 GIS 对农田损失的监测及定量评价方法——以东莞市为例[J]. 地理学报, 1997, 52(3): 279～287.]

[16] Li Xia, Yeh A G O. Application of remote sensing for monitoring and analysis of urban expansion—a case study of Dongguan[J]. *Geographical Studies*, 1997, 16(4): 56～61. (In Chinese) [黎夏, 叶嘉安. 利用遥感监测和分析珠江三角洲的城市扩张过程——以东莞市为例[J]. 地理研究, 1997, 16(4): 56～61.]

Constrained Cellular Automata for Modelling Sustainable Urban Forms

LI Xia[1], YEH A GO[2]

(1. Guangzhou Institute of Geography, Guangzhou 510070；2. Centre of Urban Planning and Environmental Management, University of Hong Kong, Hong Kong)

Abstract: Cellular Automata (CA) have attracted growing attention in urban simulation because of their capability in spatial modelling which is not fully developed in GIS. This paper discusses how cellular automata (CA) which is increasingly used in urban simulation can be extended and integrated with GIS to help planners in the search for sustainable urban forms. A constrained cellular automaton is developed to produce optimal development patterns and thus reduce wasteful use of land resources. The cellular automaton is built within a grid-GIS system to facilitate easy access to GIS databases for constructing the constraints. The essence of the model is that constraint space is used to regulate cellular space. Local, regional and global constraints play equally important roles in affecting the modelling results. Agricultural suitability, available land resource and economic and population growth could be used as key constraints. The paper discusses how to combine these constraints in CA modelling to enhance the efficiency in using land resources. In addition, 'grey' cells are defined to represent the continuous degrees or percentages of urban land development during the iterations of modelling for more accurate results. The model can be easily controlled by the parameter k using a power transformation function for calculating constraint scores. The CA model can be used as a useful planning tool to test the effects of different scenarios of urban development.

The protection of valuable agricultural land is important in many developing countries where cities are growing rapidly. In China, some cities are expanding without properly considering land suitability and environmental impacts. Recent rapid land development has been accompanied by the loss of large amount of agricultural land. This study demonstrates that CA can be used to simulate urban development based on constraints that reflect our environmental concerns. The objective is to produce sustainable urban forms as alternatives to the existing development patterns. The study has suggested that CA can be used as a useful planning tool to model urban development under complicated and changeable environmental factors.

Key words: cellular automata; urban simulation; sustainable development; constraints

"约束性单元自动演化 CA 模型及可持续城市发展形态的模拟"解读

刘小平

一、论文作者简介

黎夏（1962— ），男，遥感与地理信息科学专家，国际欧亚科学院院士、英国社会科学院院士、教育部长江学者特聘教授、国家杰出青年科学基金获得者，国家重点基础研究发展计划首席专家，华东师范大学地理科学学院教授。兼任中国地理学会地理模型与地理信息分析专业委员会副主任、中国可持续发展研究会时空信息专业委员会副主任，《地域研究与开发》副主编。

黎夏教授创建了地理模拟系统理论，将元胞自动机推广到土地利用模拟中，建立了气候变化和人类活动的全球土地利用耦合模拟模型，解决了大尺度、精细化模拟，以及与陆面模型耦合难题。其成果发表于 Nature Sustainability、Nature Communication 等国际顶级学术刊物上，获发展中国家科学院地球科学奖。黎夏教授提出的地理模拟与优化系统（Geographical Simulation and Optimization Systems，GeoSOS）等系列土地利用模型得到了国内外普遍使用，并被直接整合到亚洲最大的 GIS 软件"超图"（SuperMap）中，推动了国产 GIS 软件的发展。

作者介绍：刘小平（1978— ），男，湖南邵阳人，中山大学地理科学与规划学院教授，中国地理学会会员（S110007282M）。研究方向为地理模拟与空间智能。E-mail: liuxp3@mail.sysu.edu.cn

二、论文背景与内容

　　元胞自动机（Cellular Automata, CA）的概念最早是由数学家和"现代计算机之父"约翰·冯·诺依曼（John von Neumann）和斯塔尼斯拉夫·乌拉姆（Stanislaw Ulam）于1948年首次共同提出的，其目的是从计算的视角设计一种可自我复制的自动机。从数学上来说，CA模型是一种时间、空间、状态都离散，以局部空间相互作用和时间因果关系为建模基础的网格动力学模型，具有强大的空间运算能力。CA模型的核心是采用"自下而上"的建模思路，通过在局部不断重复简单的规则从而在整体上涌现出复杂模式，充分体现了复杂系统局部的个体行为对全局产生复杂秩序模式的理念，逐渐用于多领域复杂系统的复杂动态模拟。

　　城市的扩张演化属于典型的动态复杂系统，具有开放性、动态性、自组织性等结构特性，无法通过简单的数学公式对其进行表达和模拟。元胞自动机由于其"自下而上"的建模特点，体现了"复杂系统来自简单子系统的相互作用"这一复杂性科学的精髓，非常适合模拟复杂的城市空间结构及时空演化过程。与此同时，GIS技术的快速发展也推动了CA模型在城市模拟中的应用：GIS中的栅格数据组织形式天然适合于CA建模，且借助于GIS提供的丰富数据信息，可将地理空间的分异特性引入CA模型之中，提升了GIS的空间分析与模拟能力。因此，20世纪90年代以来，越来越多的学者利用CA模型来模拟城市系统。国内学者也较早开展了相关工作，并且取得了许多有价值的研究成果。其中，黎夏教授和叶嘉安院士1999年发表于《地理学报》的论文"约束性单元自动演化CA模型及可持续城市发展形态的模拟"即是该领域代表性成果之一，属于早期将CA模型引入地理学研究的经典论文。该论文提出的约束性和灰度的概念，在推动CA模型用于地理学应用、进行大尺度模拟中起到了奠基性作用。

　　早期城市CA模型主要是依据邻近范围内土地利用状态决定中心单元的状态转换，通过统计一定窗口内的状态分布来决定中心单元是否发展为城市用地。后续城市CA模型则研究进一步利用区位要素、交通设施、地形条件、土地资源、经济条件等测算单元的城市发展适宜性，并假设较高发展适宜性的单元相应具有较高的发展概率，以此通过迭代方式模拟城市的演变过程。黎夏教授和叶嘉安院士在此论文中提出了约束性元胞自动机（Constrained-CA）模型，开创性地将多层次的约束性条件引入 CA 模型之中，通过控制城市演变的模拟过程来产生合理的城市布局，进而达到可持续发展规划目标。

模型中，约束性条件包括局部、区域、全局三个层面。其中，局部约束性条件强调小范围内（单元之间）的差别，例如利用每个单元的农业适宜性来控制城市的发展过程，使得在城市发展中尽量不用或少占用优质农田，从而实现以保护优质农田为目标的城市发展规划。区域性约束主要用于反映较大范围（区域之间）的差异，例如镇区之间的土地资源、人口结构、经济条件的差异，通过将以镇区为单元的约束条件引入 CA 模型，可以使模拟结果更能反映不同行政单元内部的具体情况，实现以节约土地资源为目标的城市发展规划。全局性的约束条件主要用于反映宏观的政策影响，这些宏观政策产生的影响往往随时间变化，可以建模为时间的函数，控制城市系统的增长量或增长速度，在时序上保障可持续发展规划目标。论文将模型应用于珠江三角洲地区正处于快速城市扩张阶段的东莞市，通过将农田适宜性的局部约束、土地资源量的区域约束、系统增长速度的全局约束进行综合，模拟得到合理的城市发展格局，在土地开发总量不超过合理数量的同时，大幅减少肥沃农田地区和土地资源较少地区的开发，从而达到了保障粮食安全和可持续发展的规划目的。

三、论文影响与贡献

黎夏教授和叶嘉安院士的这篇论文发表之后，引起了地理学同行的热烈讨论，吸引了大量学者投身元胞自动机在土地利用变化模拟及相关领域的研究。一方面，大量的研究关注 CA 模型中转化规则的挖掘问题，通过将计算机领域中的机器学习（蒙特卡洛法、支持向量机等）和深度学习算法（卷积神经网络等）引入至城市 CA 模型之中，强化了非线性复杂转换规则的挖掘能力，提升了城市变化模拟的准确度和可靠性。另一方面，后续研究开始对城市 CA 模型的结构进行改造和完善，以适应更复杂的地理模拟问题。例如，通过将元胞自动机与多智能体及群智能优化相耦合，实现了城市模拟与空间优化的协同（GeoSOS框架）；通过将自上而下的土地宏观需求与局部动态演化相耦合，同时考虑区域环境、社会经济、人类活动和气候变化的共同影响，发展了适合于大尺度多类别的土地利用变化模拟模型（FLUS模型）。近年来，也陆续有学者开始在CA模型的基础上增加建筑高度信息，尝试建立三维CA模型，以期对现实三维城市的动态演变进行模拟。这些相关的模型发展和改进推动了GIS从原来的空间数据管理和空间分析功能向空间模拟与智能规划发展，并为城市土地的可持续发展规划提供了可靠便捷的模型支撑。

在地理CA模型的不断发展过程中，其现实应用场景也从本论文中的优质农田保护规划，逐步发展到了城镇开发边界划定、违法建设用地预警、土地功能分区、土地利用规划实施评估等方面，服务多项国家重大战略。

城镇开发边界划定是地理CA模型服务于国土空间规划的典型例子之一。城镇开发边界的划定需综合考虑资源承载能力、人口分布、经济布局、城乡统筹、城镇发展阶段和发展潜力等因素，通过框定总量、限定容量，防止城镇无序蔓延。在传统实践中，相关划定工作大多基于规划者的主观经验，缺乏定量的科学划定模型，往往无法科学控制和调控城市的增长。而利用地理CA模型（及后续发展的FLUS模型）在广东省和吉林省等地的划定工作经验表明，元胞自动机可以更好地权衡土地需求、资源承载力、发展格局之间的冲突，科学模拟并划定城镇开发边界。

生态控制线内或保护区内部的违法建设用地是我国城市发展中一直存在的现实问题。违法建设用地一旦出现，往往对生态环境和公共利益造成不可逆转的损失，且大规模监测违法建设用地又存在较大的时间和人力成本。通过对地理CA模型结构进行调整，可以实现对生态控制线内违法建设用地易发区域的识别和预测，在违法用地尚未发生的早期阶段，提前对高风险的热点区域进行重点监控，防止违法建设的发生，保障生态空间的落实和建设。

土地功能分区和自然资源保护分区也是土地规划中常用的工具，其目的是整合相互兼容的土地利用类型，实现土地资源的高效利用。分区过程需要分析处理大量空间数据，并根据分区经验和知识指定土地利用类型，费时费力，且易受规划者知识储备和主观意愿的影响。地理CA模型天然具有分析和模拟相互兼容的土地利用的特性，使其具有辅助完成复杂分区任务的巨大潜力。通过将分区相关的关键要素

（开发适宜性、地块几何信息等）作为局部和区域约束条件嵌入 CA 模型，从而划定合理最优的分区模式。此外，还可以通过不同参数设定，划定多个不同分区方案，探索评估不同分区下的多方成本与效益。

地理 CA 模型的另一应用场景是可以快速经济地对土地利用政策（耕地补偿、退耕还林等）的实施效果进行评估。在传统实践中，土地利用政策的实施效果往往只能在政策落地实施一段时间后才能进行评估。而多项研究和工作实践表明，土地利用政策和经济政策可以参数化为各种约束条件嵌入 CA 模型之中，从而模拟各种政策情景下的土地利用演化格局，并通过对政策实施前后的土地利用格局进行对比和统计评估，快速评估政策和干预措施如何影响城市形态和土地利用格局，进而为可持续发展规划提供支撑。

综上，约束性单元自动演化模型的发表已 25 年，CA 模型的结构和应用场景也经历了丰富发展，这些成就为地理信息、地理学科的创新发展，以及国家、社会经济发展战略作出了突出贡献。展望未来，CA 模型仍然有巨大的发展潜力，可与植被动态过程模型、气候系统模型、灾害预测模型、区域贸易模型等相互耦合，将土地利用变化模拟拓展至地球系统的其他领域，为国家实现"双碳"目标、优化防灾减灾政策、应对气候变化挑战、促进城市高质量发展等作出更大贡献。

基于 GIS 的洪水灾害风险区划研究

周成虎，万 庆，黄诗峰，陈德清

(中国科学院资源与环境信息系统国家重点实验室，北京 100101)

摘要： 洪水灾害风险区划是洪灾评估与管理的重要内容，本文在分析洪灾形成的各主要因子的基础上，提出了基于地理信息系统的洪灾风险区划指标模型，并结合辽河流域具体情况，以降雨、地形和区域社会经济易损为主要指标，得出辽河流域洪灾风险综合区划。

关 键 词： 地理信息系统；洪水灾害；风险区划

中图分类号： X915.5 **文献标识码：** A

1 洪水灾害风险估算与风险区划

1.1 洪水灾害风险估算

洪水灾害风险研究涉及到自然与社会经济系统诸多方面，如洪水的形成与发展、下垫

第 55 卷第 1 期, 2000 年 1 月
文章编号：0375-5444 (2000) 01-00015-10
收稿日期：1999-10-07；修订日期：1999-1-20
基金项目：国家"九五"攻关项目(96-B02-02-02) **Foundation Item:** The key projdct of National Ninth Five Year Plan, No. 96-B02-02-02]
作者简介：周成虎(1964–)，男，江苏海安人，博士，研究员。主要从事地理信息系统的基础与应用示范研究，负责和参加国家九五攻关课题：重大自然灾害遥感监测与评估业务运行系统、国家 863 海洋领域项目：海洋渔业服务地理信息系统研究、国家 863 航天领域项目；香港城市环境遥感综合研究、中日国际合作：土地利用/土地覆盖全球系统建设——青藏高原示范区研究等 7 项项目。出版学术专著 7 卷（册），发表论文 60 多篇。E-mail: zhouch@lreis.ac.cn
引用本文：周成虎, 万庆, 黄诗峰, 等. 基于 GIS 的洪水灾害风险区划研究. 地理学报, 2000, 55(1): 15-24. [Zhou Chenghu, Wan Qing, Huang Shifeng, et al. A GIS-based approach to flood risk zonation. *Acta Geographica Sinica*, 2000, 55(1): 15-24.]

面的土地利用状况等。洪水灾害风险估算是分析不同强度的洪水发生的概率及其可能造成的损失，主要包括危险性分析、易损性分析和洪灾损失评估等 3 方面。洪水危险性分析研究受洪水威胁地区可能遭受洪水影响的强度和频度，强度可用淹没范围、深度等指标来表示，而频度可用洪水的重现期来表达。洪灾易损性是指承灾体遭受不同强度洪水可能损失程度，常采用损失率来表示。洪灾易损性分析是研究区域承灾体易于受到洪水的破坏、伤害损伤的特征。洪灾损失评估是指在不同的危险性和易损性条件下，洪水可能造成的损失大小的计算。

1.2 洪灾风险区划

在实际分析应用中，洪水灾害风险分析主要是确定洪灾风险的相对大小，多是定性、半定量化，其中风险区划是一种常用的分析方法。洪灾风险区划指根据研究区洪水危险性特征，参考区域承灾能力及社会经济状况，把研究区划分为不同风险等级的区域。

对洪水灾害区划的研究已有很多工作，并提出了许多方法。李吉顺等根据历史暴雨洪涝灾害分省灾情资料，通过构建"综合危险度"和"相对危险度"两种无量纲量，对全国暴雨洪涝灾害的危险性进行评估，并进行了全国暴雨洪涝灾害区划，这是一种基于历史灾情数据的区划方法[1]；赵士鹏根据综合分析的原则（考虑孕灾环境、致灾因子、承灾体）、发生学原则（区分山洪的类型，如暴雨山洪与冰雪融水山洪等）和为减灾服务的原则，将全国划分为 6 个山洪灾害特征一致区域，即西北区、内蒙区、青藏区、中部区、东部平原区、东南区，该区划方法是一种宏观、定性的区划方法①；汤奇成根据洪灾形成的自然因素（主要采用标准面积最大洪峰流量）和社会因素（分层国民经济总产值），编制了以县（市）为单位的中国洪灾危险程度图，并根据危险程度，把全国分为 3 个一级区：洪灾危险的东部地区、洪灾比较危害的西北干旱半干旱地区和洪灾不太危险的青藏高原地区，对于每个一级区又根据洪灾所属流域和地区进行了二级划分，共 9 个二级区[2]。

1.3 地理信息系统与洪水灾害评估

洪水灾害评估涉及到区域环境因子（如地形、坡度、土地利用）、洪水特征（如流量、水位、重现期）和区域社会经济发展状况（如人口、工农业产值等）[3,4]。其中土地利用类型分布、洪水淹没水深、历时、范围以及防御措施应作为估算损失的重要因子[5]，而这些

---

① 赵士鹏. 山洪灾情评估的系统集成方法研究. 中国科学院地理研究所博士论文，1995.

因子均具有较强区域差异性，表现为空间数据，而地理信息系统作为空间数据管理与分析的重要技术方法，对洪水灾害评估有着极大的支持与辅助作用。

（1）集成化的空间数据。地理信息系统为洪水灾害评估提供了各种可利用的基础数据。陈丙咸在曹娥江流域利用了11个专题要素分析小流域的洪水[6]；Sorensen 给出7大类流域背景数据的框架和各自的空间数据结构及表达方式[7]；周成虎在设计的黄河下游洪灾数据集中包括了数字地形方程、土地利用等11个专题要素，并采用分层、分区的管理方式[8]。

另一方面，地理信息系统提供了对数据层内部及相互间的操作能力，如根据数字高程模型生成坡度、坡向、水系等[7]。Badji 将 SAR 淹没信息与土壤信息复合，分析排水性质[8]；Sorensen 通过比较河流水面与洪泛平原的地面高程，再与其它图层复合进行洪水影响评价[7]；Chen 等通过本底水体与洪水期体复合获取淹没范围，以及洪水淹没的时空演变[9]。

（2）构造分析单元的工具。地理信息系统的空间拓扑叠加方法为构造性质均一的分析单元提供了强有力的工具。Jonge 等考虑到邮政编码分区对保险公司财产损失评估的重要性，采用地形、土地利用和邮政编码分区构造分区单元[10]；Profeting 认为土壤信息，对评价农业损失很重要，则利用洪水范围图、土壤图和土地利用图构建单元。尽管有 GIS 支持，允许评估模型有多个空间输入变量，但将所有专题信息都叠加在一起构成分析单元有一定困难，因此需要将部分信息作为分析单元的属性单独存储与管理[10]。

（3）构建集成系统的基础。目前有很多有关洪水灾害管理与评估系统是以 GIS 为基础而集成起来的。如英国河流管理部建立的海岸带管理系统（SMS）的防洪子系统则以 MGE 为集成平台[11]；加拿大紧急事务管理部门建立的洪水应急遥感信息系统（FERSIT）则以 ArcView 为集成环境。其他方面，如洪水预报、预警系统也把 GIS 集成作为今后发展方向。

2　洪水灾害风险评估的指标模型

2.1　洪灾风险评估指标的选择与表达

洪水灾害的形成与发展受约于多种自然与社会经济因素，并因洪水类型的不同而不同。根据其作用机理与变化速度，可将影响洪灾风险评估的因子归结分为以下3类：

（1）触发因子，为引起洪灾的动力因子。对于不同的类型的洪灾，其因子不同。在复杂的情况下，可能是多种因子的组成。对于暴雨洪灾，则持续的暴雨是主导因子；而对于风暴潮灾而言，则是强风暴。一般而言，触发因子多可以用定量指标对其空间特征和时间过程进行描述。

(2)下垫面自然条件,主要是在对洪水进行再分配的过程中起作用,具有相对的稳定性。例如地形与地貌条件下在一定程度上控制区域汇流与排水条件。对于这类因子更是利用各种专题要素图进行描述,着重于其空间特征的分析。

(3)区域社会经济状况,主要是描述受灾区社会经济发展水平,反映区域承灾能力和损失率。一般可利用各种统计资料进行描述,并具有极大的区域差异性,在时间过程上具有波动性。

2.2 指标模型方法

洪水灾害风险区划分析的方法有很多种,指标模型是其中一种,着重从洪灾形成的背景与机理,通过对影响洪水形成的各种因子的分析,赋予每种指标一定权重,借助指标模型进行综合,以求得综合分区,因此属于一种确定性模型。

$$P(\text{洪水灾害}) = f(\text{触发因子},\text{下垫面因子},\text{社会经济发展水平因子})$$

在这个方程中,所有右边独立因子可通过一定方法赋予一定分类码。各因子间组合关系可以是线性的,也可以是非线性。考虑到 P 的空间特征和地理信息系统的能力,可以将各种因子在统一的空间框架中,借助于空间叠加分析功能,综合各影响因子,从而可得到综合影响因子图。在常规的计算中多采用均匀格网作为空间框架,从而达到对每一格网点(象元点)进行分析,其空间综合则转化为多维矩阵的地图代数运算。

3 辽河流域洪灾风险评价分析

3.1 研究区概况

(1)自然概况。辽河发源于河北省七老图山脉之光头山,流经河北、内蒙古、吉林和辽宁四省(区)。西侧的东辽河、西辽河汇合流入辽河,后再汇入饶阳河,经双台子河至盘锦入海,流域面积 19.23×10^4 km²,河长 1 345 km;东侧的浑河、太子河汇流,经大辽河在营口市入海,流域面积 2.73×10^4 km²,河长 521 km。流域多年平均降水量 300~950 mm。在空间分布上,东部山区年降水量达 800~950 mm,西辽河干流地区仅 300~350 mm;在年内分配上,降水多集中于 7、8 两月,约占全年降水的 50%,又多以暴雨形式出现。降水的年际变化也较大,最大与最小年降水量之比有的达 3 倍以上。

（2）社会经济概况。辽河流域覆盖河北、内蒙古、吉林、辽宁四省（区）19个市（地、盟）的65个县（旗）。据1990年统计，总人口为3 396.78万人，其中农业人口为2 031.4万人。工农业总产值为558亿元，其中工业产值473.2亿元，占工农业总产值的84.8%。辽河流域是我国工业基地、能源基地，也是重要的商品粮基地。流域内工业比较发达，特别是浑河、太子河水系工业极为集中，如沈阳的机械工业、国防工业、冶金工业等，抚顺的煤炭工业、鞍山的钢铁工业、本溪的钢铁和煤炭工业、辽阳的化纤工业、营口的纺织、轻工业等。辽河流域还是重要的商品粮基地。辽河流域现有耕地453.9 hm²（1990年），约占总土地面积20%左右。其农业以种植业为主，主要是粮食作物，其他是油料作物。西辽河地区是内蒙古自治区的粮食、油料和甜菜的主要产区，畜牧业占有较大比重，科尔沁草原是国家肉牛生产基地。东辽河流域属半湿润地区，土壤肥沃，适合农作物生长，是吉林省主要产粮区。粮食以玉米为主，占75%，其次是高粱和谷子。辽河中下游地区绝大部分属半湿润地区，土质较好，是辽宁省的主要产粮区。

（3）历史灾情。辽河流域的洪涝灾害频繁，根据资料统计，在最近的100多年时间里，共发生洪灾50多次，平均2～3年就有一次。

3.2 洪灾风险区划指标因子分析

（1）暴雨与洪水危险程度。辽河流域的暴雨多集中在夏季7～8月份，一次暴雨持续约为3～4天，暴雨中心雨量大部分小于200 mm，且空间分异明显：浑、太河上游地区多年平均最大三日降雨量达130 mm，而西辽河上游仅50 mm。根据历史洪灾资料分析，最大三日降雨对洪灾形成影响最大，故选多年平均最大三日降雨作为反映对洪灾影响的降水指标。为了定量地反映其关系，采用以下线性公式将最大三日暴雨量分布转换为洪水危险程度的影响度：

$$P(\text{洪水危险程度}) = \begin{cases} 0 & \text{当最大三日暴雨量 } P \leq 30 \text{ mm} \\ P/(200-300) & \text{当 } 30 \text{ mm} < P < 200 \text{ mm} \\ 1 & \text{当 } P \geq 200 \text{ mm} \end{cases}$$

在空间上，根据最大3日平均暴雨量分布，利用250 m×250 m格网，以Arc/Info软件为平台，进行空间内插离散化[11]，通过指标转换，得到辽河流域降水因子影响度分布（图1）。

（2）地形与洪水危险程度。地形与洪水危险程度密切相关。一般认为，地形对形成洪水的影响主要表现在两个方面：地形高程及地形变化程度，地形高程越低，地形变化越小，越容易发生洪水。在 GIS 中绝对高程可用数字高程模型来表达，而地形变化程度常用坡度表示。但坡度仅考虑了相邻栅格的高程变化程度，而影响洪水危险程度大小的是一定范围内的地形变化。本文采用计算栅格周围 5×5 邻域内 25 个栅格（包括其自身）高程的标准差作为表征该处地形变化程度的定量指标。并把高程标准差分成三级：高程标准差 0～1 为第一级，1～10 为第二级，大于 10 为第三级。

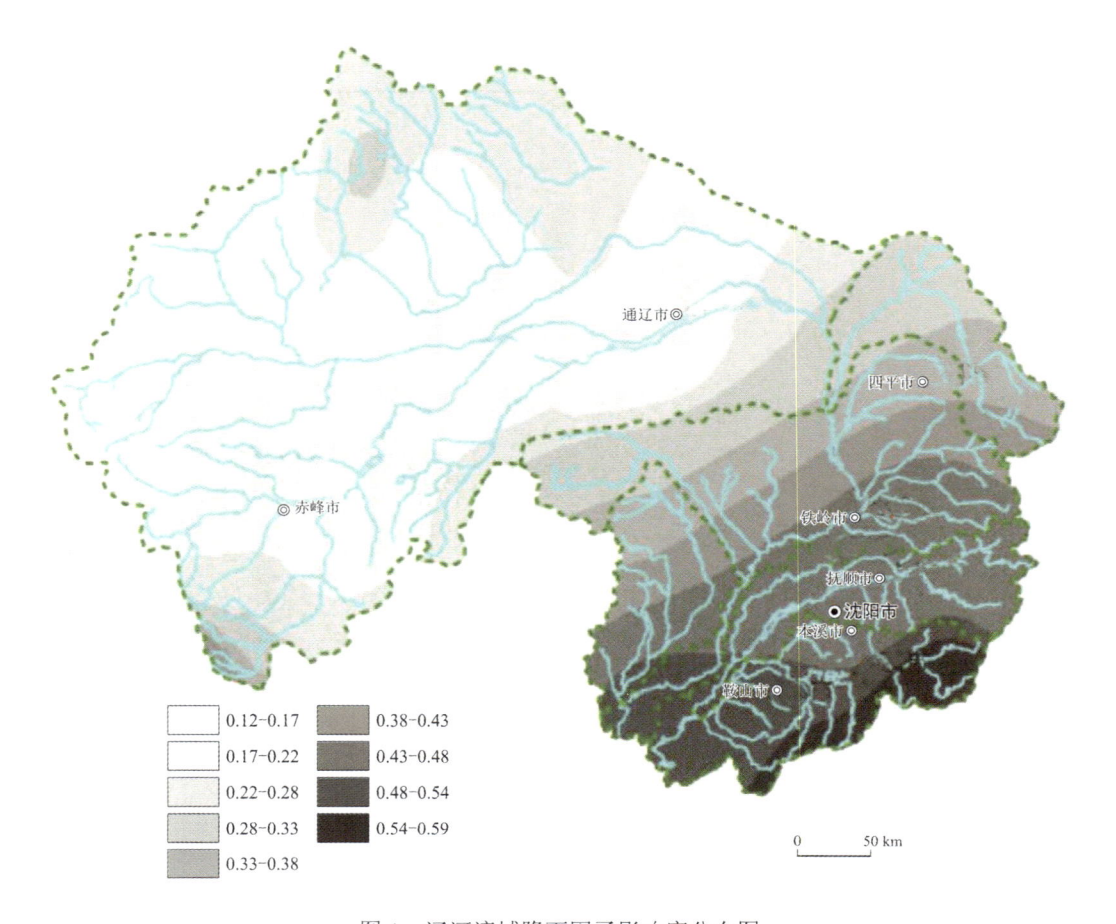

图 1　辽河流域降雨因子影响度分布图

Fig.1　Influence index of rainfall on flooding in Liaohe basin

根据地形因子中，绝对高程越高、相对高程标准差越小，洪水危险程度越高的原则，确定如表 1 所描述的综合地形因子与洪水危险程度关系。通过空间叠加分析，进行属性项合并，从而计算出每一格网点地形综合影响因子（图 2）。

表 1 综合地形因子影响度关系表

Tab.1 Relationship between topographic setting and flood susceptibility

地形高程/m	地形标准差		
	一级（≤1）	二级（1～10）	三级（≥10）
一级（≤100）	0.9	0.8	0.7
二级（100～300）	0.8	0.7	0.6
三级（300～700）	0.7	0.6	0.5
四级（≥700）	0.6	0.5	0.4

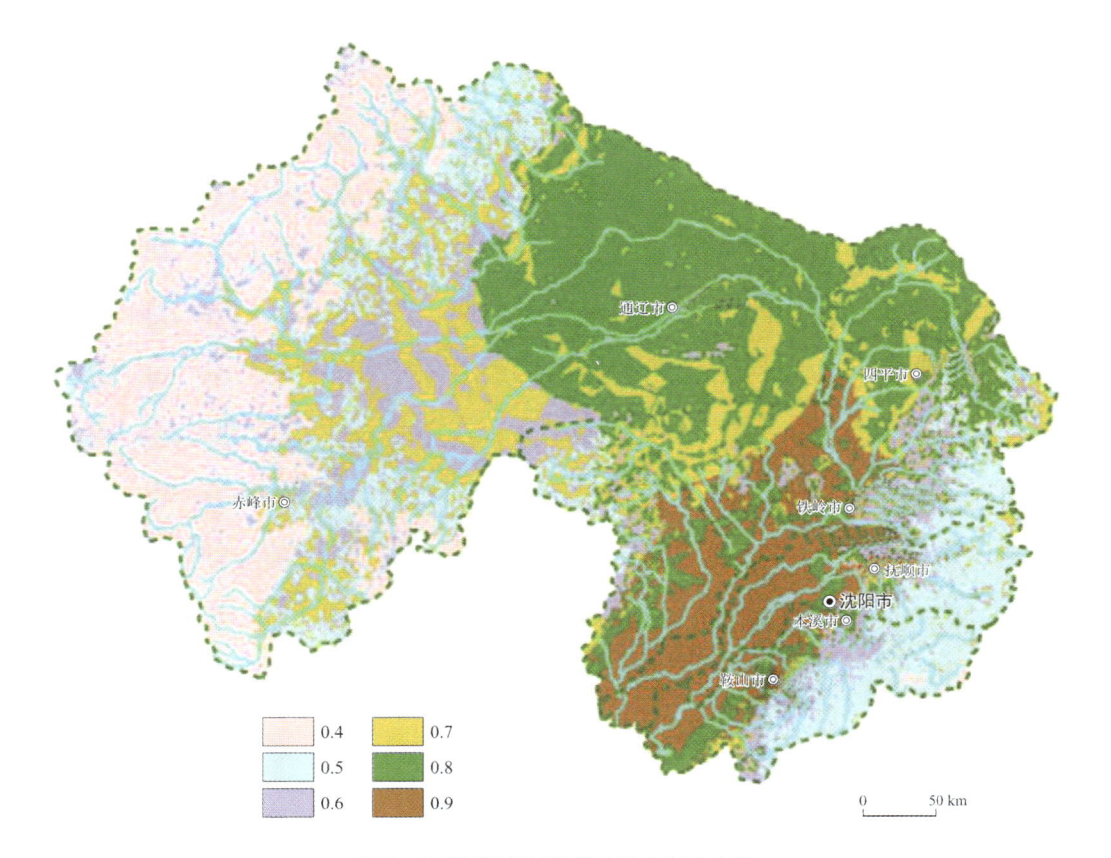

图 2 辽河流域地形因子影响度分布图

Fig.2 Influence index of topography on flooding in Liaohe Basin

（3）社会经济易损性指标。基于洪灾损失率的易损性分析主要有以下几方面的困难：① 调查承灾体的分布及估算其价值极其困难而且耗资巨大；② 不同类别的承灾体易损性特征难以得到，目前仅对农作物、房屋等很少几类承灾体的易损性特征研究较为成熟；③ 难以定量分析社会承灾能力。

一般认为社会经济条件可以定性反映区域的灾损敏度，即易损性的高低。社会经济发达的地区，人口、城镇密集，产业活动频繁，承灾体的数量多，密度大，价值高，遭受洪水灾害时人员伤亡和经济损失就大。值得注意的是，社会经济条件较好的地区，区域承灾能力相对较强，相对损失率较低，但区域绝对损失率和损失密度都不会因此而降低。同样等级的洪水，发生在经济发达、人口密布的地区可能造成的损失往往要比发生在荒无人烟的经济落后的地区大得多。社会经济易损性分析一般以一定行政单元为基础，从而可直接利用各类统计报表与年鉴。关于采用何种社会经济指标来反映区域社会经济易损性大小，目前尚无统一标准，并因区域的不同而不同。根据辽河区域特点，我们选取流域内各市、县、旗单位面积人口数和耕地占总土地面积的百分比作为特征指标[12]，并通过各县的标识码建立与统计数据的关联，从而将统计数据空间化，并得出相应的空间分布图。

问题的核心是如何将人口密度图和耕地百分比图转换成各自对洪灾的影响度分布图。这里从统计特征分析出发，选取均值和标准差作为指标，分别将基础要素图分为 5 类，并赋予相应的影响度（表 2、表 3）。再通过组合计算，并得到如图 3 所示的社会经济易损性影响度分布图。该图反映出：辽河流域中部是洪灾危险程度最高的地区。

表 2　人口密度分类表*

Tab.2　Population density and influence index

分类号	分类范围/（万人/km²）	影响度
1	0～148.57	0.5
2	148.57～438.82	0.6
3	438.82～729.08	0.7
4	729.08～1019.33	0.8
5	1019.33～2299.04	0.9

* 均值：148.573，标准差：290.251。

表 3　耕地百分比分类表*

Tab.3　Cultivated land ratio and influence index

分类号	分类范围/%	影响度
1	0～3.91	0.5
2	3.91～18.04	0.6
3	18.04～32.16	0.7
4	32.16～46.29	0.8
5	46.29～60.42	0.9

* 均值：18.04，标准差：14.13。

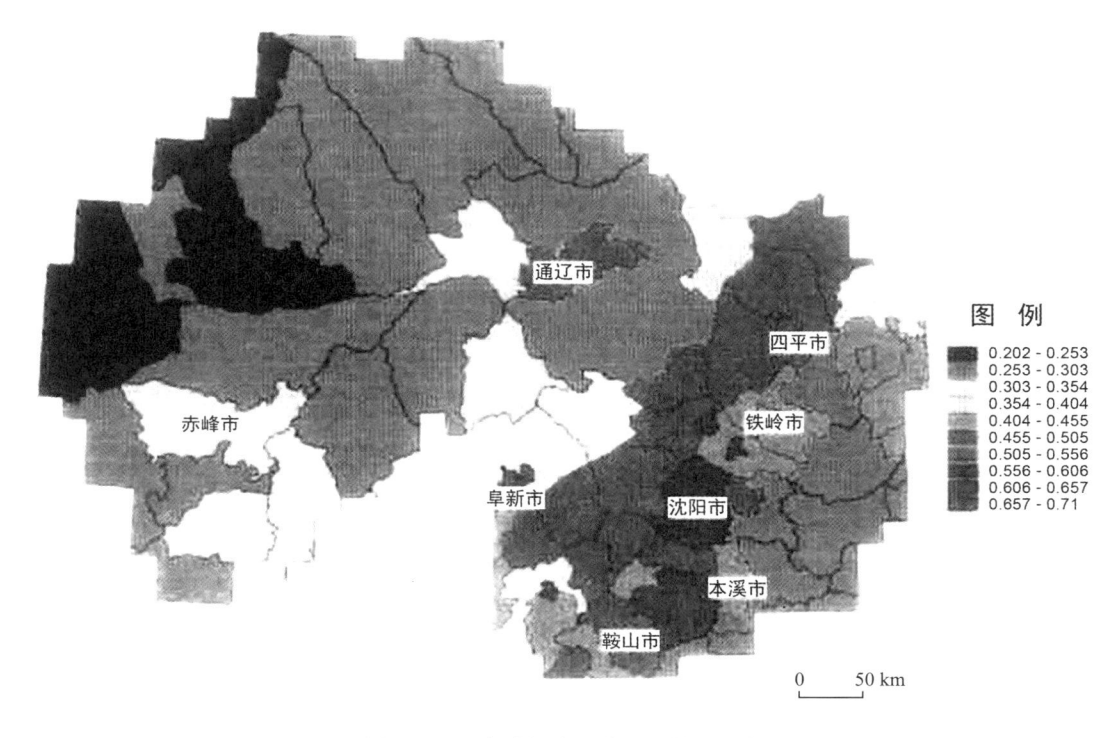

图 3　辽河流域社会经济易损性影响度

Fig.3　Vulnerability of Socio-economic propertis to flooding in Liaohe Basin

3.3　洪水灾害风险综合区划

根据各因子影响度的分析，利用 Arc/Info 系统的地图代数功能，将各因子图进行叠加分析，得到综合区划图。这里我们分两步进行，首先综合考虑暴雨和地形因子，形成洪水危险性区划（图 4）；其次将危险性区划图再与社会经济易损性分布图叠加，从而得到如图所示的辽河洪灾风险区划图。

从洪水危险性分区图中可以发现辽河流域东部地区洪水危险性明显较西部为高，这与东部地区降雨量大、地势相对较为低平，而西部地区（西辽河）降雨量少，地势相对较高密切相关。对于东部地区，浑河和太子河的上游等，由于地势高、坡度大，遭受洪水的危险程度相对较低；对于西部地区，洪水危险程度较高的地区主要分布在河流两侧，尤其是西辽河干流及新开河附近。

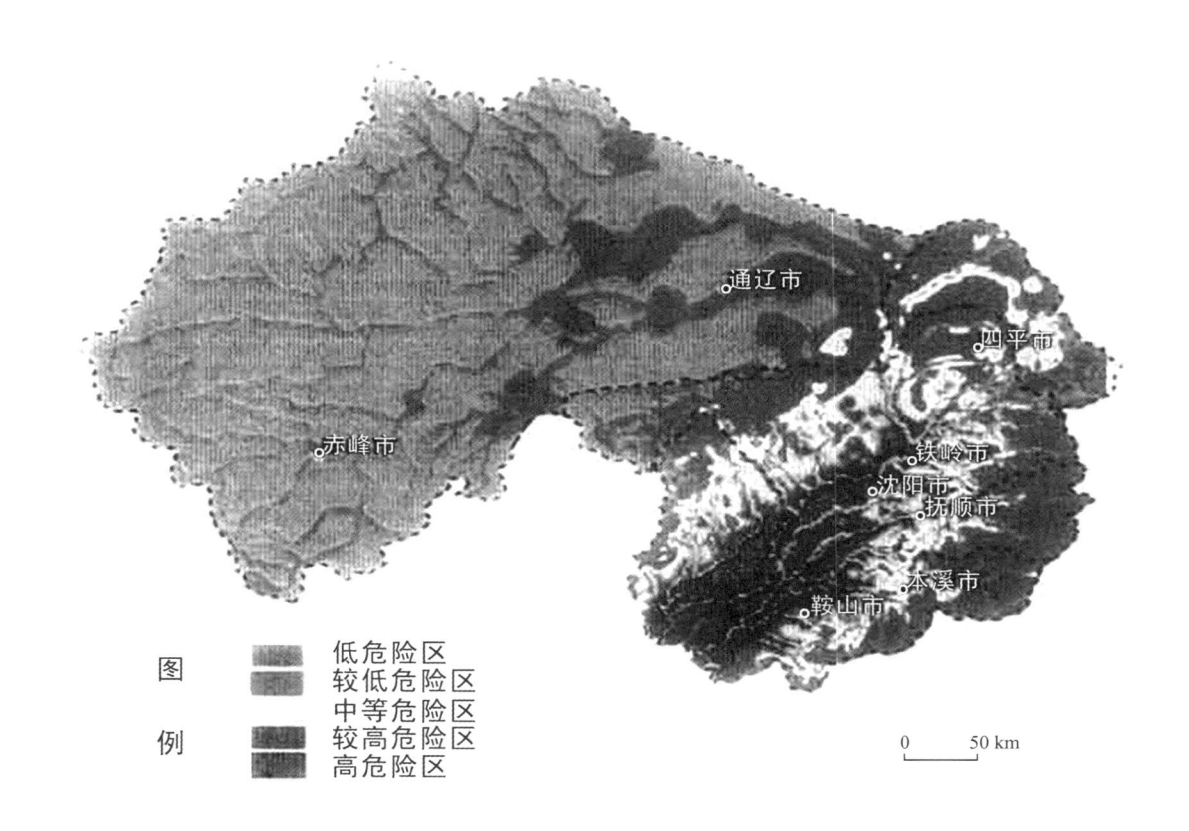

图 4　辽河流域洪水危险性分区图

Fig.4　Zonation of flood risk in Liaohe Basin

在洪水灾害风险区划图上，辽河中下游平原地区由于洪水危险性高，社会经济易损性大，故洪灾风险较高，而西辽河流域和辽河流域东部丘陵山区则由于洪水危险性较低，社会经济较不发达，洪灾风险相对较低。值得注意的是沈阳市由于处于地势较为低平的辽河下游，降雨量较高，尤其是经济发达，人口众多，属风险较高的地区，但本文没有考虑区域承灾能力，沈阳市防洪标准较高，抗灾能力强，实际风险值要较图 5 为低。

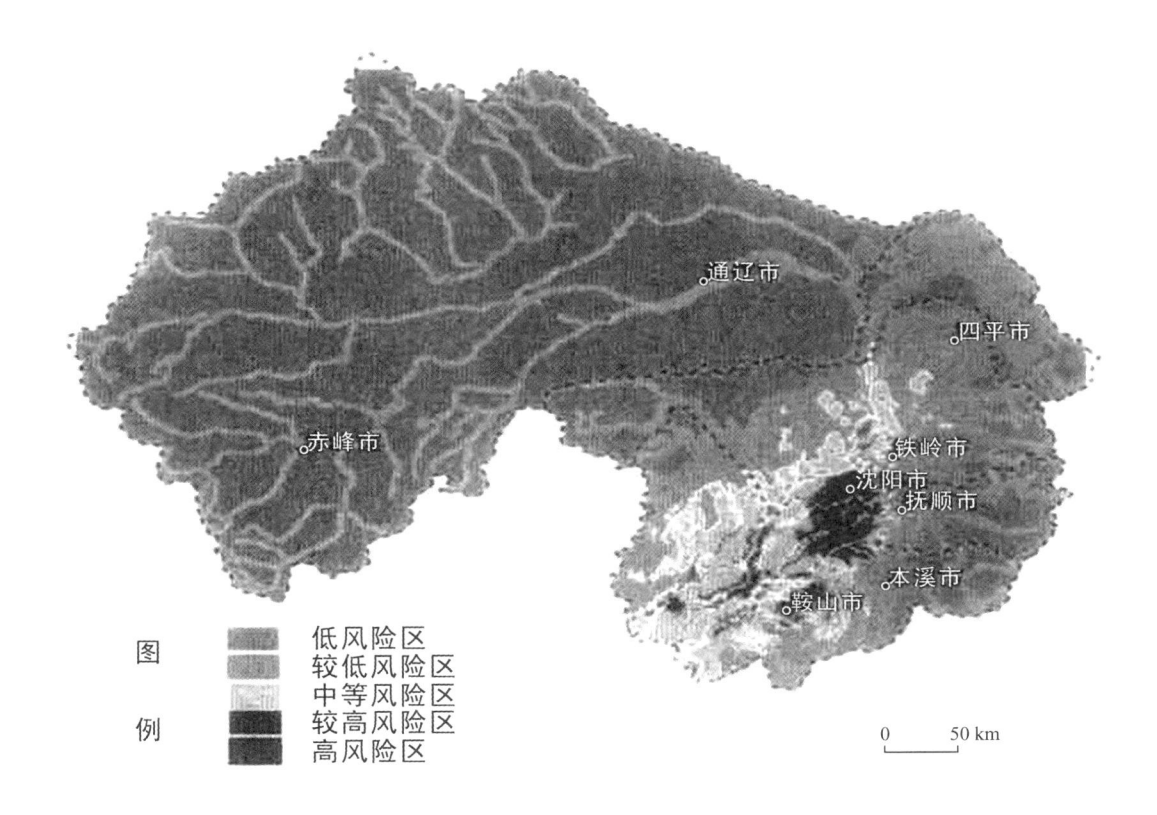

图 5　辽河流域洪水灾害风险区划图

Fig.5　Zonation of flood disater risk in Liaohe Basin

4　讨论

（1）由于洪水灾害形成的复杂性，影响因子众多，要完全定量地分析洪灾风险有一定困难，本文所提出的指标模型法只是这方面作了一定探索。

（2）指标模型是一种确定性模型，其实现可与地理信息系统有机结合，本文利用Arc/Info 的 Grid 子系统的地图代数功能，实现各种指标的定量描述和综合。

（3）为了便于规划使用，指标模型需进一步改进，以便对每一种发生的概率进行描述，从而达到时空分析评价的目的。

感谢陈述彭先生十多年来的教诲与指导。早在 1986 年先生就领导一研究组开展江河洪水险情预报与对策信息系统研究，并系统地论述了研究框架与技术路线。十余载，经"八五"和"九五"国家攻关等大型项目研究，在关键技术、分析模型和系统建设等方面都取得重大研究成果，洪水灾害评估信息系统也已投入试运行。

参考文献

[1] Li Jishun, Feng Qiang, Wang Angsheng. Study on Climate Monitoring, prediction[M]. Beijing, Meteorological Press, 1996. (In Chinese) [李吉顺, 冯强, 王昂生. 我国暴雨洪涝灾害的危险性评估: 台风、暴雨灾害性天气监测, 预报技术研究[M]. 北京: 气象出版社, 1996.]

[2] Tang Qichen, Li Xiuyun. Preliminary Study on Flood and Waterlogging in China[M]. Beijing: Science Press, 1997. 22~26. (In Chinese) [汤奇成, 李秀云. 中国洪涝灾害的初步研究. 见: 刘昌明 主编. 第六次全国水文学会议论文集[M]. 科学出版社, 1997. 22~26.]

[3] Chen Shupeng, Huang Xuan. Flood Monitoirng and Evaluation Information System[J]. *Natural Science Progress*, 1991, 11(2): 91~101. (In Chinese) [陈述彭, 黄绚. 洪水灾情遥感监测与评估信息系统[J]. 自然科学进展, 1991, 11(2): 91~101.]

[4] Chen Shupeng. Probe to Earth Science[M]. Beijing: Science Press, 1992. (In Chinese) [陈述彭. 1991年淮河、太湖流域的洪涝灾情[M]. 见: 地学的探索(第4卷) —— 地理信息系统. 北京: 科学出版社, 1992. 10~17.]

[5] Zhou Chenghu. Flood Damage Evaluation Information System [M]. Beijing: China Science and Technology Press, 1993. (In Chinese) [周成虎. 洪水灾害评估信息系统研究. 北京: 中国科学技术出版社, 1993.]

[6] Chen Bingxian, Yang Cheng, Huang Xingyuan, et al. Study on the Baisn numerical modelling and flood damage evaluation[J]. *Environmental Remote Sensing*, 1996, 11(4). (In Chinese) [陈丙咸, 杨成, 黄杏元等. 基于GIS的流域洪涝数字模拟和灾情损失评估的研究[J]. 环境遥感, 1996, 11(4): 309~314.]

[7] Sorensen H R et al. Application of GIS in hydrological and hydraulic modeling: DLIS and MIKEII—GIS in Hydro GIS 96: Application of Geographical information systems in Hydrology and water resource manager[J]. *IAHS Pub.*, 1996, 235: 149~156.

[8] Badji M S, Dautrebande. Characterization of flood inundated areas and delineation of poor drainage soil using ERS—1 SAR Imagery [J]. *Hydrological Process*, 1997, 11: 141~145.

[9] Chen Deqing, Huang Shifeng, Yang Cunjian. Construction of water shed flood disaster management and its application to the catastrophic flood of the Yangtze River in198[J]. *The Journal of Chinese Geography*, 1999, 9(2): 163~168.

[10] Pan Yaozhong, Shi Peijun. Basic units analysis of regional natural disaster system ——I: Fundamental[J]. *Natural Disaster*, 1997, 6(4). [潘耀忠, 史培军. 区域自然灾害系统基本单元研究—— Ⅰ: 理论部分[J]. 自然灾害学报, 1997, 6(4): 1~9.]

[11] Leggett D J, Jones A. The application of GIS for flood defense in the Anglican region: developing for the future[J]. *Int. 7 of Geographical Information Systems*, 1996, 10(1): 103~116.

[12] Liaoning Provincial Annual Statistics[M]. Beijing: China Statistics Press, 1996. (In Chinese) [辽宁省统计年鉴(1995) [M]. 中国统计出版社, 1996.]

A GIS-based Approach to Flood Risk Zonation

ZHOU Cheng-hu, WAN Qing, HUANG Shi-feng, CHEN De-qing

(*State key Laboratory of Resources and Environment Information System, China Academy of Sciences*, *Beijing* 100101)

Abstract: Flood risk can, in general terms, be defined as probability time consequence. It consists of flood hazard analysis, vulnerability analysis and damage evaluation. A variety of methods have been developed and applied. Among them, Quantitative Risk Analysis (QRA) is a method of quantifying risk through systematic examination of the factors contributing to the flood hazard and affecting the severity of flood consequence, their interaction and relative contribution to the occurrence of the flood. The QRA technique is well established in many fields such as chemical engineering and hazardous materials processing. The application of QRA to flood risk is relatively new and still under development. While the basic risk assessment concepts and tools can be used, the methodologies need to be adapted. Category-based model for flood risk analysis is used to assign a value to each driven-factor such as triggering factor of rainfall, dam break, ground surface conditions of topography, land cover, and others. The keys to the model are to synthesis the spatial-referenced data and create the risk zone.

The diffusion of Geographical Information Systems (GIS) technology opens up a range of new possibilities for hazard mitigation and disaster management. Microzonation is greatly facilitated by the kind of automation that GIS offers, especially as it involves comparison, indices and overlays in much the same way that GIS does. In this article, ArcInfo GIS has been chosen to quantitatively represent the influencing factors, spatialize the data into the uniform grid system, and transfer all the data item into the effect degrees on the probability of flooding. At last, with the support of Arc/Info GRID model, a categorical model for flood risk zonation has been put forward. The approach has been applied to the Liaohe river basin, the north-eastern of China, flood disaster risk zonation. The results show that the flood risk of the lower reaches of the Liaohe river is more serious than other places, which accord with the fact. The case study showes that the GIS-based category model is effective in flood risk zonation.

Key words: Geographical Information System; Flood hazard; Risk zonation

"基于GIS的洪水灾害风险区划研究"解读

苏奋振　　黄诗峰

中国自古重视治水。从某种意义上说，中华几千年文明史也是一部与洪涝灾害斗争的历史。时至今日，我国依然是世界洪涝灾害最严重的国家之一，每年直接经济损失高达千亿元，损毁房屋几十万间，死亡成百上千人，受灾人口更是高达数千万甚至上亿人次。

要治水，首先要了解我国960万平方千米的广袤国土上哪里会有洪水，哪里发生洪水将导致财产和人员损失，哪里比较有抵御洪水的能力等，也就是治水必须掌握洪水灾害风险，只有掌握了国土上洪水灾害风险的分布，才能正确地调动适当的人力物力在恰当的地方投入。周成虎等学者于2000年在《地理学报》发表了学术论文"基于GIS的洪水灾害风险区划研究"（以下简称论文），首次构建了我国洪水灾害风险区划空间模型，并在辽河流域成功绘制了洪水灾害风险区划图，为实现全国洪水灾害风险区划提供了坚实的理论方法基础。

在中国知网中能检索到的学术论文中，该文是我国最早的洪水灾害区划学术论文，也是所有洪水灾害区划学术论文中被引和下载量最高的论文，截至2024年6月底被引590次，下载6 883次。

论文主要作者周成虎，1964年8月18日出生于江苏南通海安，地图学与地理

作者介绍：苏奋振（1972— ），男，福建永定人，中国科学院地理科学与资源研究所研究员，中国地理学会会员（S110004609M），研究方向为遥感与地理信息、海岸带海岛礁。E-mail: sufz@lreis.ac.cn

信息系统学家，中国科学院院士、国际欧亚科学院院士，中国科学院地理科学与资源研究所研究员、博士生导师。1984年毕业于南京大学，后就读于中国科学院地理研究所，先后获得硕士、博士学位；1987年硕士毕业后留所工作，先后担任助理研究员、副研究员、研究员、博士生导师；1996—2015年担任资源与环境信息系统国家重点实验室主任；2002年获得国家杰出青年科学基金资助；2008—2016年担任中国科学院地理科学与资源研究所副所长；2013年当选为中国科学院院士；2014年入选"万人计划"第一批百千万工程领军人才。2015年，中国科学院地理科学与资源研究所和北京联合大学共建院士科研工作站，周成虎院士作为首席专家获聘北京联合大学特聘教授。

周成虎主要从事遥感与地理信息系统的基础和应用基础研究，研究内容包括遥感影像地学分析计算的理论方法及其应用；地理空间分析模型与海洋渔业地理信息系统。

一、洪水灾害区划的重要性

中国地处东亚大陆，地形地势复杂，气候地区差异大，东部受季风气候和热带气旋影响，降雨量年内分布不均，暴雨洪涝灾害突出，是世界上洪涝灾害最严重的国家之一，大约2/3的国土面积面临着不同类型和危害程度的洪涝灾害。

20世纪90年代以后，我国的洪灾损失更呈上升趋势：1991年洪涝灾害的直接损失为779.08亿元，1994为1 796.60亿元，1996年达到2 208.36亿元。1998年我国又遭受严重的洪涝灾害，其中长江流域继1931年和1954年两次洪水后，又一次发生了全流域特大洪水，东北嫩江、松花江发生了150年来最严重的全流域特大洪水。全国共有29个省（自治区、直辖市）遭受了不同程度的洪涝灾害，受灾最为严重的是江西、湖南、湖北、黑龙江四省。据统计，1998年洪灾的受灾面积2 229.18万公顷，成灾面积1 378.50万公顷，受灾人口2.23亿人，死亡4 150人，倒塌房屋685.03万间，直接经济损失2 550.9亿元。

面对严峻的防洪形势，中国政府高度重视防洪减灾工作。防洪减灾措施主要包括工程措施和非工程措施。工程措施是指以蓄、泄、分、滞等方式，调度控制洪水的各种设施，削减成灾水量、改变其有害的时空分布，提高当地泄涝排涝能力，进而达到减少灾害发生频次和减轻灾害严重程度的目的，其本质是"使洪水为人让路"。工程措施主要包括建筑堤防、水库、蓄滞洪区，水土保持，河道整治等措施，其中堤防主要是把洪水束缚在河道内，防止其四处游荡；水库主要起调蓄洪水的作用；蓄滞洪区是为了存贮超额洪水；河道整治是为了加深或加大河槽的行洪断面用以增加泄洪能力；水土保持的目的是在河流的上、中游蓄水固土，以减少下游平原河道的洪峰和洪量，同时使上、中游的土壤不受侵蚀，减轻下游的泥沙来源，使河道不致淤塞。非工程措施指通过合理规划管理、迁安、预警和保险等方式，调度可能受灾害影响的人、物和资产，以减轻对洪灾的敏感程度，提高抗御灾害的能力。非工程措施主要包括洪水监测、预报与预警，应急措施的制定，洪泛区土地利用的规划与管理，洪水保险，民众教育与防洪演练等。

无论是工程措施还是非工程措施，主要目的均是防御洪水并减轻灾害损失。由于天气系统、地表形态和人类社会系统均是变化和发展的，因此在可预见的未来，洪水灾害的风险始终存在，因此加强洪水灾害的风险管理对于防洪减灾具有重要意义。洪水灾害风险分析是洪灾风险管理的基础性工作，是制定各项防洪减灾措施，尤其是非工程防洪减灾措施的重要依据，对洪水风险区内土地的合理利用和开发、洪灾损失评估、防洪救灾辅助决策、洪灾保险制度的建立、洪灾保险的推行以及防洪标准的制定具有重要意义。

二、洪水灾害区划研究发展

1997年新年伊始，国家防汛抗旱总指挥部办公室发出文件，要求各流域机构、各省防汛办组织安排全国七大江河、大中型水库和重要防洪城市的洪水风险图绘制工作。科技部"九五"科技攻关项目"遥感、地理信息系统、全球定位系统综合应用研究"列入"重大自然灾害监测与评估业务运行系统的建立"课题，并将基于地理信息系统的洪水风险图制作作为其重要内容。当时，洪水灾害风险区划面临诸多问题：

（1）洪灾风险的概念尚存在歧义。虽然业界已经可以深入理解洪水和洪灾的差异，但对于洪水危险性和洪灾风险在概念和运用上的区别和深刻关联性，研究却非常不充分。

（2）洪灾风险分析尚处于起步阶段，案例研究较多、系统分析较少，理论框架尚未建立。大多数风险分析是为工程规划设计服务的，提供设计标准洪水，即控制站某一标准洪水（如百年一遇等）的洪峰流量或水位过程，这无疑是重要且必需的，但从防洪减灾角度来说却不充分或不完全，还需综合自然、社会和决策等多角度进行分析。

（3）地理信息系统开始引入洪水灾害风险分析之中，但主要研究集中在空间数据存储和表达上，其强大的空间分析能力尚未得到充分挖掘。

（4）洪水灾害易损性分析受到人们的忽视，易损性指标体系尚未建立，给洪灾损失预评估及风险评价带来困难。

（5）洪灾风险区划研究多采用"自上而下"方法，这种方法往往存在着界线不确定的问题，且人为因素影响较大，主观性强，需要区划者具有很强的宏观控制农业和综合能力。

（6）在区划指标的选取上，注重自然灾害的自然属性（致灾因子和孕灾环境），而忽略或轻视自然灾害的社会属性（承灾体）。

（7）在区划基本单元上多选取行政单元，但由于行政界线是人为确定的，行政单元不是灾害作用的真实空间，以此为基础的洪水灾害风险区划并不能完全准确地反映客观的区域分异规律。

在此背景下，论文提出流域洪灾风险区划的"自下而上"的技术路线，综合考虑洪灾风险的洪水危险性和社会经济易损性两大组成因素，采用地理信息系统主要是栅格地理信息系统作为支撑手段，以栅格作为区划基本单元，分洪水危险性区划和洪灾风险区划两阶段进行。论文以辽河为例，首先综合考虑气候及其降雨、地形及其水系等因素，进行洪水危险性区划，其次结合流域社会经济易损性分析结果综合研究，最后制出辽河流域洪灾风险区划分布图，验证论文提出的空间模型有效性和科学性。

三、我国洪水灾害区划进展

论文采用的 GIS 集成空间分析思路，为我国之后的全国洪水灾害区划的研究和防灾减灾全国性工作提供了重要的理论技术方向，论文构建的基于栅格 GIS 的指标模型被广泛应用在气象、农业洪涝、山洪、地质、城市内涝等的灾害风险区划中。

论文发表后产生较大影响。2003 年初，水利部与国家防办提出，我国的"防洪要从控制洪水向洪水管理转变"，这也表明了人们已经意识到单纯依靠工程手段控制洪水，不仅不能有效解决防洪形势变化下出现的新问题，而且如果过于依赖工程手段，可能出现人与自然恶性互动的问题。在这样的背景下，从"控制洪水"（Flood Control）转向"洪水管理"（Flood Management），成为当代防洪战略转移的重要标志与必然趋向。

2008—2010 年，水利部组织开展了"全国洪水风险图编制项目（一期）"工作，开展了中国洪水风险图编制的技术标准、洪水风险分析软件系统、洪水风险图制作与管理平台的开发研究，对各类洪水风险图编制进行了探索，初步形成了洪水风险图编制的技术标准和组织管理体系。2011—2013 年，由国家防汛抗旱总指挥部办公室组织开展了"全国洪水风险图编制项目（二期）"工作，在总结"一期"工作的基础上，针对洪水风险图编制与应用的基础仍不完善、实际应用不足、编制工作仍不够规范等问题，按照全面开展洪水风险图编制、推进洪水风险图应用的需要，进一步改进完善管理规章、标准体系、技术平台，加强洪水风险图数据管理与应用基础建设，开展洪水风险图应用的前期和试点研究，为全国洪水风险图的全面编制与推广应用积累经验、提供示范。

2013—2015 年，水利部牵头在试点项目成果基础上，在全国重点地区先行开展洪水风险图编制工作，范围涉及 7 个流域管理机构、31 个省（自治区、直辖市）和新疆生产建设兵团，这既标志着我国大规模、规范化的洪水风险图编制工作的开始，也标志着"试点"项目承前启后使命的完成。在此期间，编制完成了我国重要防洪区 49.6 万平方千米的洪水风险图，约占全国需编洪水风险图区域总面积的 48%。涵盖大江大河中下游重要防洪保护区 227 处、国家重要和一般蓄滞洪区 78 处、主要江河中下游洪泛区26处、重点和重要防洪城市45座、中小河流198条。为保障洪水风险图成果可靠、实用，按照边编制、边应用的原则，组织各省（区、市）开展洪水风险图应用试点，印发了试点方案及技术指南，下发加强洪水风险图编制质量管理和成果应用的通知，探索洪水风险图相关成果在防汛抢险指挥、洪灾评估、蓄滞洪区补偿、洪水影响评价、水利工程规划设计、洪水保险以及风险警示等领域的应用。自洪水风险图项目建设以来，已在预案修订、应急抢险、城市应急排涝、水利规划、防洪影响评价和洪水保险等多方面发挥了积极作用。

在国家主管部门组织下，在全国各相关力量共同努力下，近年来，我国洪涝灾害防御与减灾取得了长足进步。2023年，洪涝灾害导致全国5 278.93万人次受灾，比前十年的平均值下降24.7%；309人死亡失踪，比前十年的平均值下降41.6%；13万间房屋倒塌，比前十年的平均值下降34.1%；农作物受灾463.33万公顷，比前十年的平均值下降30.8%，其中绝收559.01千公顷；直接经济损失2 445.75亿元，比前十年的平均值上升10.5%，直接经济损失占当年GDP的0.19%，比前十年的平均值下降29.6%。

参考文献

[1] 中华人民共和国水利部：《中国水旱灾害防御公报（2023年）》，中国水利水电出版社，2024年。
[2] 周成虎：《洪水灾害评估信息系统研究》，中国科学技术出版社，1993年。
[3] 周成虎、万庆、黄诗峰等："基于GIS的洪水灾害风险区划研究"，《地理学报》，2000年第1期。

中国旅游资源分类系统与类型评价

郭来喜[1]，吴必虎[2]，刘 锋[1]，范业正[3]

（1. 中国科学院地理研究所，北京 100101；2. 北京大学城市与环境学系，北京 100871；
3. 华东师范大学地理系，上海 200062）

摘要：旅游资源是旅游业可持续发展的物质基础和旅游生产力增长的潜力所在。作为国家普查规范和技术导引，旅游资源普查必然依据一定的分类系统，通过不同类型地域的实践，在《中国旅游资源普查规范》（试行稿）基础上，新拟的旅游资源分类系统完善为分类分级分态系统，并增加到 3 个景系、10 个景类、98 个景型。在表征资源单体规模时，以景域、景段、景元三个空间尺度等级来区别，并根据资源所处状态分为已开发态、待开发态和潜在势态三种。在此分类系统基础上，修订出更为完善的表征基本类型的特征项，据此进行旅游资源类型的定量评价，并以北海市等为例对该体系和方法进行了验证。

关 键 词：旅游资源；分类系统；类型评价；中国
中图分类号：F592.99 **文献标识码**：A

第 55 卷第 3 期，2000 年 5 月
文章编号：0375-5444 (2000) 03-0294-08
收稿日期：1999-07-21；修订日期：2000-02-18
基金项目：国家自然科学基金"九五"重点项目(49631030) [Foundation Item: Key Ninth-Five-Year Project of the National Natural Science Foundation of China, No. 49631030]
作者简介：郭来喜(1934–)，男，研究员，博导，主要从事人文地理、旅游地理和陆地边疆的研究，已发表论著 16 部，论文 300 多篇。E-mail: guoyuoh@public.east.cn.net
引用本文：郭来喜, 吴必虎, 刘锋, 等. 中国旅游资源分类系统与类型评价. 地理学报, 2000, 55(3): 294-301. [Guo Laixi, Wu Bihu, Liu Feng. Study on the tourist resources classification system and types evaluation in China. *Acta Geographica Sinica*, 2000, 55(3): 294-301.]

1 引言

旅游资源是旅游业可持续发展的物质基础和旅游生产力增长的潜力所在。其普查是编制旅游发展规划的基础，旅游资源分类系统即以资源普查为目的。由于旅游资源的多样性以及随时代的延展性，目前世界各国对旅游资源尚没有统一的分类标准和分类方法。有的按照旅游资源在时空中存在方式划分为永久性旅游资源和可消耗性旅游资源；有的按照旅游资源的形式不同而划分为自然旅游资源和人工旅游资源；有的按照旅游者的旅游动机不同而划分为心理方面的旅游资源、精神方面的旅游资源、健身旅游资源和经济方面的旅游资源等等[1]。其中最有影响的是西班牙国家旅游资源普查与分类系统，它按属性将旅游资源分为3个一级类型（自然景观、建筑人文景观和传统习俗）、7个二级类型和44个三级类型[2]。

由国家旅游局原资源开发司和中国科学院地理研究所起草了《中国旅游资源普查规范》，1993年国家科委和国家旅游局联合发文，作为试行稿向全国推荐，并要求在试行中提出修改方案。通过云南西双版纳州、玉溪市、福建东山、新疆维吾尔自治区、广西北海市、南宁市、山西平遥、宁夏回族自治区、黑龙江省、江西赣州、辽宁本溪等地的旅游资源普查工作实践，提出修订分类系统和评价方法。

2 旅游资源的界定

对旅游资源定义的准确把握，在很大程度上决定了旅游资源分类分级系统的科学性。旅游资源是一复杂而包容性广泛的特殊巨系统。随着社会进化，旅游业向纵深层次拓展，旅游资源的范围也不断扩大。因而旅游资源的科学涵义界定比较复杂，学术界的理解还存在不少差异，其中代表性的观点有：

（1）凡能为旅游者提供观光游览、知识乐趣、度假疗养、娱乐休息、探险猎奇、考察研究、寻根访祖、宗教朝拜、商务交往以及人民友好往来的客体与劳务等，并具有开发价值者，均可称为旅游资源[3]。

（2）凡是足以构成吸引旅游者的自然和社会因素均统称为旅游资源[4]。

（3）旅游资源是在现实条件下，能够吸引人们产生旅游动机并进行旅游活动的各种因素的总和[5]。

（4）凡能激发旅游者旅游动机的，能为旅游业所利用的，并由此而产生经济效益和社会效益的自然与社会的实在物[6]。

（5）旅游资源是指对旅游者具有吸引力的自然存在和历史文化遗产以及直接用于旅游目的的人工创造物[7]。

（6）自然界和人类社会凡能对旅游者产生吸引力，可以为旅游开发利用，并可产生经济效益、社会效益和环境效益的各种事物和因素，都可以视为旅游资源[8]。

根据定义，旅游资源既包括现实性的也包括潜在性的，既有物质的也有非物质类。度量旅游资源的效能，应是经济、社会、环境（生态）效能兼顾①。资源的有限性和无限性应视为辩证的统一体。对这些问题的深入思考，将有助于旅游资源分类的修订和逐步完善。

3 新修订的旅游资源分类分级分态系统

关于旅游资源的分类，学术界也有不同见解，大体有以下几种划分方法：按资源的客体属性划分，可以分为物质性旅游资源、非物质性旅游资源和物质与非物质共融性旅游资源；按资源的科学属性划分，可以分为自然景观旅游资源、人文景观旅游资源和服务性旅游资源；按资源的发育背景划分，可分为天然赋存性旅游资源、人工创造性旅游资源和两者兼具的复合性旅游资源；按资源的开发状态划分，可分为已开发旅游资源（现实态）、待开发旅游资源（准备态）和潜在旅游资源（潜在态）等等；按资源的可持续利用潜力划分，可分为再生性旅游资源与不可再生性旅游资源。《中国旅游资源普查规范》（试行稿）（以下简称《规范》（试行稿））将旅游资源划为类和基本类型两个组分，共 6 类 74 种基本类型[2]。

旅游资源具有广域性、多样性、重叠性，其规模悬殊、具体和抽象同时存在，对它们的分类就显得较为困难和复杂。但另一方面，旅游资源普查的目的是对资源本身的丰度、赋存品位等进行评价，因此任何一个旅游资源分类方案都应考虑到其后的评价，尤其是定量评价。基于此，在新的旅游资源分类系统中，必须考虑将不同规模的情况加以区别，目前还没有实现对每一基类的旅游资源分别制定合适的评价指标，并将不同基类的互比建立起关联的情况下，暂时采取旅游专家、资源专家和管理专家模糊、直觉打分，分配不同的权重予不同规模的基类的方法，对区域旅游资源进行定量评价，正是基于这样一种考虑，我们参照《规范》（试行稿）的分类体系，结合旅游资源普查实际和旅游业发展的新形势提出了分类系统的修改方案，设计了有关资源分类系统和相应的评价技术。

---

① 郭来喜. 旅游资源的分类与评价. 国家旅游局局长研讨班讲稿, 1996.12.

3.1 旅游资源分类分级分态系统

在旅游资源普查时，普查最基本对象称为资源单体。分类是把资源单体按其天然属性归属为分类体系中的最基本类型（或称为基类），也即单体对应于分类系统中的基类。分级则指归属于基类的单体按规模大小分成几个级别，其级别称之为基类的等级（实际上是单体规模等级）。由于基类的等级并非指各基类之间存在等级差别，因而只有基类才有规模分级之说，其他高级类型并无规模分级之说。分态是对资源的现存状态进行界定，指明其开发利用状态属性。

在新拟定和改进旅游资源分类系统时，牢牢扣住其适合于量化评价的基本目的，重视以下几个原则：

（1）增加新的类型，对于难以界定的分类或有包容（交叉）现象的类型重新调整，以使分类更明确和更具系统性。尽量全面反映实际操作过程中可能遇到的新的资源类型和具有开发价值的潜在资源，增加一些新的资源类型。

（2）将旅游资源分别作属性上的分类和等级上的分类，以使分析结果更容易进行定量分析。

（3）分类、分级相结合，使旅游资源普查和定量评价相结合，并具有可操作性。在进行资源属性和等级分类时，既考虑到资源的评价，也考虑到对应的旅游产品开发。属性分类上，考虑到产品开发的适宜性，即观光产品、度假产品和特种旅游产品等。在等级分类上，考虑到资源的定量赋值，以便于对其进行有效的比较和定级。

3.1.1 旅游资源的分类系统

依照上述分类原则，新拟定的分类系统（以下简称新拟分类）分为三个层次：景系（SERIAL）、景类（TYPE）、景型（PATTERN）。景系为第一层次、景类为第二层次、景型为第三层次。第三层次的景型是最基本的层次，称为基类。分类中共有3景系、10景类、98景型。新的分类系统把服务和有关设施也作为一种旅游资源纳入分类系统，故增列一个系——服务景系。它与自然景系、人文景系处于并列地位。

与《规范》（试行稿）相比，新拟分类在旅游资源种类数量上增加较多，其中景系（大类）由2个增加为3个；景类（类）由6个增加为10个；景型（基类）由74增加到98个（表1）。景型的增加幅度达32%。在体现旅游资源单体属性时，以景型来定性。

表 1 新拟的中国旅游资源分类系统

Tab.1 The structure of the new classification system of tourist resources

景系	景类	景型
自然景系	地文景观景类	① 地质现象景型，② 山岳景区景型，③ 探险山地景型，④ 火山景型，⑤ 丹霞景型，⑥ 地表岩溶景型，⑦ 峡谷景型，⑧ 土林/沙林景型，⑨ 黄土景型，⑩ 雅丹景型，⑪ 沙地/砾地景型，⑫ 海岸景型，⑬ 岛屿景型，⑭ 洞穴景型，⑮ 探险/徒步旅游地景型，⑯ 自然灾变遗迹景型。
	水文景观景类	① 海面景型，② 非峡谷风景河流景型，③ 湖泊/水库景型，④ 河口潮汐景型，⑤ 瀑布景型，⑥ 泉景型，⑦ 现代冰川景型。
	气候生物景类	① 天文/气象景观景型，② 日照景型，③ 空气景型，④ 冰雪景型，⑤ 雾/雾淞景型，⑥ 气候景型，⑦ 原始植物群落景型，⑧ 风景林景型，⑨ 风景草原/草甸景型，⑩ 观赏花草景型，⑪ 野生动物栖息地景型，⑫ 游憩性渔猎地景型，⑬ 构景地表土壤景型。
	其他自然景类	① 其他自然景观景型。
人文景系	历史遗产景类	① 人类文化遗址，② 社会经济文化遗址，③ 军事防御体系遗址，④ 古城与古城遗址，⑤ 帝陵与名人陵墓，⑥ 皇室/官署建筑群，⑦ 宗教/礼制建筑群，⑧ 殿堂，⑨ 楼阁，⑩ 古塔，⑪ 牌坊/门楼，⑫ 碑碣，⑬ 传统建筑小品，⑭ 古典园林，⑮ 近代西洋建筑，⑯ 名桥，⑰ 传统聚落/田园，⑱ 古井，⑲ 古民居，⑳ 石窟/摩崖石刻，㉑ 古代水利/交通工程，㉒ 历史街区，㉓ 历史纪念地，㉔ 革命纪念地。
	现代人文吸引物景类	① 产业旅游地景型，② 现代水工建筑景型，③ 现代大型桥梁景型，④ 特色聚落/平日活动景型，⑤ 城市现代建筑景型，⑥ 城市广场/客流集散地景型，⑦ 现代城市公园景型，⑧ 动植物园景型，⑨ 主题公园/人造景观景型，⑩ 购物旅游地景型，⑪ 疗养度假地景型，⑫ 科学教育设施景型，⑬ 博物馆/展览馆景型，⑭ 体育/军体设施景型，⑮ 健身康体设施景型，⑯ 节庆活动景型，⑰ 景观建筑景型，⑱ 人工喷泉景型，⑲ 土特产/工艺美术品景型，⑳ 娱乐设施/表演团体景型，㉑ 雕塑景型。
	抽象人文吸引物景类	① 民间传说景型，② 山水文学作品景型，③ 名胜志/地方志景型，④ 戏曲/民间文艺景型，⑤ 少数民族文化景型，⑥ 特色民俗景型，⑦ 历史寻踪景型。
	其他人文景类	① 其他人文景观景型。
服务景系	旅游服务景类	① 旅游住宿设施景型，② 旅游餐饮场所景型，③ 旅行社景型，④ 旅游交通设施/机构景型，⑤ 旅游教育/科研机构景型，⑥ 旅游管理机构景型，⑦ 特种劳务/服务场所景型。
	其他服务景类	① 其他服务景型。

3.1.2 旅游资源的分级系统

在体现旅游资源单体规模时，新的分类以等级来区别。一个单体根据其本身特征可归纳为某个景型之某级类。本着不使问题复杂化及定量评价简捷化，设定景型的规模分三个等级：景域（FIELD）、景段（SEGMENT）、景元（SITE）（表 2）。景域、景段、景元分别是体现大、中、小规模或重要性的概念。规模分级的"景域-景段-景元"与属性分类的"景系-景类-景型"概念有着严格的区别。属性分类系统中的"景系、景类、景型"三者之间是包含和从属关系，即"景系"包含"景类"，"景类"包含"景型"。而分级体系中的"景域、景段、景元"在特征方面是一个并列关系，互不包容和从属。只是体现其规模与空间尺度。

表 2　中国旅游资源景型分级系统（部分）

Tab.2　The new classification system of Chinese tourist resources scales (parts)

景　型	规　模　分　级			
	景域（A）	景段（B）	景元（C）
A1.02　山岳景区*	Aa1.02　山岳旅游区	Ba1.02　小型山岳景段	Ca1.02　独立山丘
A1.12　海岸	Aa1.12　大型海滩景域	Ba1.12　海岸地貌景段	Ca1.12　海蚀景点
A2.03　湖泊/水库景型	Aa2.03　大型湖泊	Ba2.03　中型湖泊/水库	Ca2.03　池塘堰
A2.05　瀑布景型	Aa2.05　大型瀑布群	Ba2.05　大中型瀑布	Ca2.05　小型瀑布/人工瀑布
A3.08　风景林景型	Aa3.08　国家森林公园	Ba3.08　风景林	Ca3.08　古树名木
A4.01　其他自然景观景型			Ca4.01　自然地理标志物
B1.01　人类文化遗址景型	Ab1.01　大型人类文化遗址	Bb1.01　中型人类文化遗址	Cb1.01　小型人类文化遗址
B1.10　传统聚落/田园景型	Ab1.10　历史文化古城	Bb1.10　传统民居群/街区/田园	Cb1.10　独立聚落
B1.18　碑景型		Bb1.18　碑林	Cb1.18　碑
B2.02　现代水工建筑景型	Ab2.02　大型水利枢纽	Bb2.02　中型现代水工建筑	Cb2.02　小型水工建筑
B2.09　主题公园/人造景观景型	Ab2.09　大型主题公园	Bb2.09　中小型主题公园	Cb2.09　人造景观元
B3.05　少数民族文化景型	Ab3.05　少数民族风情区	Bb3.05　小型少数民族点	Cb3.05　少数民族聚落服饰等
B3.06　特色民俗景型			Cb3.06　特色民俗
B4.01　其他人文景观景型			Cb4.01　人文地理标志物
C1.02　旅游餐饮场所景型		Bc1.02　高档/大中型旅游餐饮场所	Cc1.02　大众化/小型旅游餐饮点
C1.07　特种劳务/服务场所景型		Bc1.07　特种劳务/服务场所	Cc1.07　小型特种服务点

　　* 小写字母 a、b、c 代表资源属性分类中的景系，小写字母加阿拉伯数字表示属性分类中的景类，小黑点后面的数字表示景型在景类内的编号。在属性分类前冠以大写字母 A、B、C，代表规模等级分类。如 Aa1.01 表示自然景系（a）地文景类（a1）第一景型（01）中的景域（A）。

　　"景域""景段""景元"作为基类"景型"的三个规模，但并非所有的基类"景型"都有这 3 个规模，不同的"景型"据其特点可能只有其中的 1 个或 2 个规模等级，只有少数景型具有 3 个规模等级。如瀑布，既有大型瀑布群（景域），又有大中型瀑布（景段）和小型瀑布/人工瀑布（景元）。有些景型的资源则仅有景段（如风景草原）或只有景元（如塔等单体古建筑。

3.1.3　旅游资源的分态系统

以上仅给出简略的分类系统。在其基础上，"景系、景类、景型"自上而下的类型体系再配上基类景型的"景域、景段、景元"三级规模体系，再根据资源的认识和开发状态又可分为已开发态、待开发态和潜在势态 3 种，已开发态表明该旅游资源已被开发利用，待开发态表明该资源已被发现或认识，但尚未进行旅游开发利用，潜在势态是指在现有认识或经济、技术等条件的制约下，尚不能开发的旅游资源。由此，便构成一个完整的分类分级分态系统。

3.2　分类分级分态系统中基类（景型）的特征项

旅游资源分类系统中最基本的单元就是"景型"，它不仅是资源属性分析的最小单元，也是进行规模分级时的基本单元，对景系和景类我们并不需要、也难以做到对规模进行分级。因此景型的特征对旅游资源的定性和定量评价来讲，都十分重要。在《规范》（试行稿）中，对此就予以极大重视，其附件二"中国旅游资源普查基本类型调查表"和所对应的"基本类型特征项填表说明"中，详尽地对第一资源单体——基本类型的特征项作出了规定和解释。《规范》（试行稿）中规定的每一基类的特征项包括 4 项内容：类型描述；特征数据；环境背景；保护与开发现状。在"基本类型调查表"中除上述 4 项外，还列有以下项目：名称；位置；平均海拔；普查小区；典型照片；主要资料来源；普查者。

以《规范》（试行稿）所列基类特征项为基础，新拟分类分级系统对基类——景型的特征项作了一些研究，提出一个经过修正的方案。这一修正方案主要考虑到以下因素：

（1）新拟的分类分级系统中增加了 32%的新的基类，对这些新基类必须重新拟定其特征项；

（2）《规范》（试行稿）中已有的基类的特征项，有一部分已根据实践中的体会，需要从旅游者使用和可测性角度加以适当修改；

（3）与基本类型特征项对应的"基本类型调查表"中的项目的实际运用中有少数不便的地方，略加修改。如普查小区与行政隶属的关系、位置仅以地理坐标表示在普通游客实际使用中不如地址便利，且点状和线状、面状的单体其地理坐标组数不一，景域和景段级别的单体难以用一个数据说明海拔高度等。

基类特征数据的结构以具体数据反映旅游资源单体的地位、等级、品位、质量或其他评价性特征。只有通过这些数据的采集和简单处理，并与其他地区的同类型资源单体相比；或者与同一地区的其他具可比性的类型的资源单体比较；或者运用某些经过检验的模型，将属于同一景类、景系的资源单体的特征数据进行统计分析，对资源总体特征加以科学评价。因此，基类单位的数据结构的构造就非常重要。

4 与分类分级系统对应的定量评价

《规范》（试行稿）在90年代初拟定时主要是依据传统实物类资源，而一些非具象类的资源尚未被确认，很难采用一套统一的测量指标进行量化处理，使旅游资源的定量评价较难采用《规范》（试行稿）所提供的数据进行具有可比性的分析。在这种情况下，要对区域旅游资源进行定量评价，需要另行设计一套适合于专家打分、实行权重分配情况下的模糊量化处理，以实现对不同属性的旅游资源之间的定量评价。正是基于这样一种考虑，我们参照《规范》（试行稿）的分类体系，结合一些地区的资源赋存和旅游产品开发实践，设计了有关资源分类系统和相应的评价技术，作为对《规范》（试行稿）的补充与完善方案，以便在国家旅游资源普查规范定稿时参考。根据上述分类分级体系，采取以下步骤对旅游资源进行定量评价：（1）首先对普查的资源单体进行属性归类确定其基类"景型"，并根据其规模确定其规模等级；（2）根据每一资源单体在本类型内的重要性、规模和地位，请旅游专家对其打分，赋予单体以分值（10分制）；（3）设定"景域""景段""景元"各占0.50、0.35、0.15的权重，处理后得到某一单体所在"景型"的分值，并将同一型内所有资源单体得分相加即得"景型"的总分值；（4）分景类、景系求出各"景类""景系"的总分和平均分值，以作类型评价指标。

通过上述途径得到的景类总分值，反映了每一景类的资源总量及规模上的大小差异。另一方面，由于每一景类所占有的景型在数量上的不同，景类的总分尚不能反映景类内景型的大小及重要性，因此我们可以分别计算出每一景类的平均分值。这一均值反映了某一景类的资源品位高低。将同一景型内所有资源单元的得分相加，即可得到该景型的总分值。对这些分值数据作简单的处理，即可对一地的旅游资源的属性类型和优势资源的赋存和等级情况进行定量评价。

在对各"景系"的资源进行分项评价后，利用各景型的总分值，累加可以得到每一景类的总分值，它反映了每一景类的资源总量及规模上的大小差异。另一方面，由于每一景类所占有的景型的数量上的不同，景类的总分尚不能反映景类内景型的大小及重要性，因此我们可以分别计算出每一景类的平均分值。这一均值反映了某一景类的资源品位的高低。以广西北海市为案例，图1分别反映了各资源景类的总分和均分的大小。

图1直观地显示了北海市的旅游资源的总体结构。其中直方图显示了各资源景类总分值的大小，而曲线变化则反映了各景类均分值的大小。从图上可以看出，北海市的旅游资源结构中，地文景类、气候生物景类、现代人文吸引物景类、历史遗产景类和水体景观类分别占有较高的地位。从资源总量上来说，气候、地文和现代人文吸引物比重较大，但从均值曲线来看，资源的重要性（品位）发生了一定的变化，主要是地文景观更为突出，现代人文吸引物地位有所下降，水文景类地位和服务景类地位有明显上升。说明从资源的质量和品位来说，海滩、海水、大气质量和服务质量将是影响北海旅游业更为重要的因素。也表明这几者是北海市的优势资源，应成为旅游产品的优先开发方向。

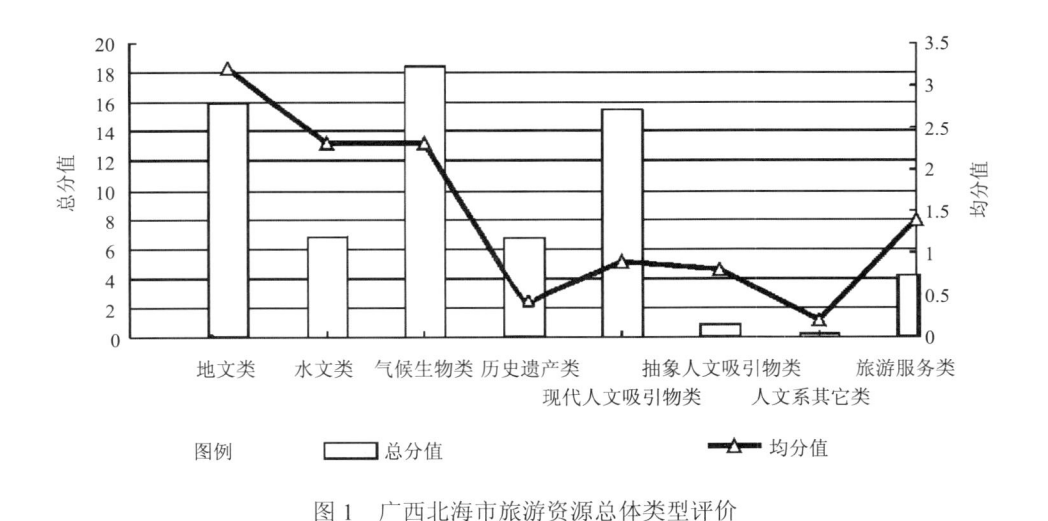

图1 广西北海市旅游资源总体类型评价

Fig.1 The general types evaluation on tourist resources of Beihai in Guangxi

参加本项研究讨论的还有尹泽生、陆林、牛亚菲等，在此一并表示谢意。

参考文献（**References**）

[1] Liu Wei, Zhu Yuhuai. Tourism Science[M]. Guangzhou: Guangdong Tourism Press, 1999. 76. (In Chinese) [刘伟, 朱玉槐. 旅游学[M]. 广州: 广东旅游出版社, 1999. 76.]

[2] Zou Tongqian. Tourism Development and Planning[M]. Guangzhou: Guangdong Tourism Press, 1999. 42～43. (In Chinese) [邹统钎. 旅游开发与规划[M]. 广州: 广东旅游出版社, 1999. 42～43.]

[3] Guo Laixi. A new subject — tourism geography [A]. In: Institute of Geography of Chinese Academy of Sciences. Memoir of Tourism Geography[C]. Beijing: Science Press, 1982. 11～18. (In Chinese) [郭来喜.

一门新兴的学科——旅游地理学[A]. 见: 中国科学院地理研究所编. 旅游地理文集[C]. 北京: 科学出版社, 1982. 11~18.]

[4] Editorial Board of Conspectus of Tourism. Conspectus of tourism[M]. Tianjin: Tianjin People's Press, 1982. (In Chinese) [《旅游概论》编写组. 旅游概论[M]. 天津: 天津人民出版社, 1982.]

[5] Chen Chuankang et al. Appreciation and Development of Tourism Resources[M]. Shanghai: Tongji University Press, 1990. (In Chinese) [陈传康 等. 旅游资源鉴赏与开发[M]. 上海: 同济大学出版社, 1990.]

[6] Sun Wenchang. Applied Tourism Geography[M]. Changchun: Northeast China Normal University Press, 1990. (In Chinese) [孙文昌. 应用旅游地理[M]. 长春: 东北师范大学出版社, 1990.]

[7] Bao Jigang, Chu Yifang et al. Tourism Geography[M]. Beijing: Higher Education Press, 1993. (In Chinese) [保继刚, 楚义芳 等. 旅游地理学[M]. 北京: 高等教育出版社, 1993.]

[8] Department of Resource Development of National Tourism Administration and Institute of Geography of Chinese Academy of Sciences. The criterion of general investigation of tourism resources in China [M]. Beijing: China Tourism Press, 1993. (In Chinese) [国家旅游局资源开发司, 中科院地理研究所主编. 中国旅游资源普查规范(试行稿)[M]. 北京: 中国旅游出版社, 1993.]

[9] Yin Zesheng. Discussion on basic types of general investigation of tourism resources in China[A]. In: The Committee of Regional Tourism Development of Chinese Tourism Association. Study on regional tourism development [C]. Jinan: Shandong Cartographic Press, 1996. 36~43. (In Chinese) [尹泽生. 论中国旅游资源普查中的"基本类型"[A]. 见: 中国旅游协会区域旅游开发专业委员会. 区域旅游开发研究[C]. 济南: 山东省地图出版社, 1996. 36~43.]

Study on the Tourist Resources Classification System and Types Evaluation in China

GUO Lai-xi[1], WU Bi-hu[2], LIU Feng[1], FAN Ye-zheng[3]

(1. *Institute of Geography, Chinese Academy of Sciences, Beijing* 100101; 2. *Department of Geography, Peking University, Beijing* 100871; 3. *Department of Geography, East China Normal University, Shanghai* 200062)

Abstract: Tourist resources are the material basis of sustainable tourism and the potentiality of tourism economic growth. As the working criterion and technical guide for investigating tourist resources, the classification system of tourist resources is a very important premise of the work. Based on the criterion for investigating Chinese tourist resources, the new classification system was put forward. The newly added are three serials of natural, human and service; ten types of geologic landscape, water scene, climate and biology, other natural scene, historic heritage, modern human attractions, abstract human attractions, other human attraction, service resource and other service resources; plus ninety-eight patterns. There are three grades to indicate the scale of monocase of tourist resources, which are field, segment and site. The tourist resources also can be divided into three states: developed, to be developed and latent. Based on this new classification system, more consummate characteristic item was revised, and the quantitative evaluation of types tourist resources was carried out by taking the Beihai City as an example to validate this system and methods.

In the end, the paper points out that in order to achieve sustainable tourism, China must consummate the criterion for investigating tourist resources, and expand investigations to provide a series of tourist extractive engineering for building China into a country even more attractive to tourists in the world.

Key words: tourist resources; classification system; types evaluation; China

"中国旅游资源分类系统与类型评价"解读

钟林生　曾瑜皙

一、作者简介

郭来喜（1934—2021），河南上蔡人，中国人文与经济地理学家，中国旅游地理学主要开创者，中国科学院地理科学与资源研究所研究员。1956年毕业于南京大学，同年进入中国科学院地理研究所工作（其中1959年10月赴苏联莫斯科大学学习，1961年3月回国）。郭来喜组建了中国第一个旅游地理研究组，曾担任中国科学院地理研究所副所长、云南省地理研究所所长等职。曾被授予国家功勋奖章、"全国先进工作者""中国地理学会科学技术终身成就奖"、云南省突出贡献专家等多项荣誉。

吴必虎（1962—　），中国旅游地理学者，现为北京大学城市与环境学院教授。1992年毕业于华东师范大学地理系地貌学与第四纪地质学专业，获理学博士。研究方向为旅游地理、历史地理、城市与区域旅游规划、文化遗产活化与国家公园游憩、游历理论等。

刘锋（1972—　），旅游地理学博士，全国工商联旅游业商会常务会长，北京巅峰智业旅游文化创意股份有限公司创始人。曾为国务院发展研究中心东方文化与城市发展研究所所长、研究员。

作者介绍：钟林生（1971—　），男，江西于都人，中国科学院地理科学与资源研究所研究员，中国地理学会会员（S110005243M），研究方向为旅游地理学与生态旅游。E-mail: zhongls@igsnrr.ac.cn

范业正（1965— ），中国旅游地理学者，现为北京第二外国语学院副教授。研究方向主要为旅游规划理论和旅游信息化发展。

二、写作背景与主要内容

20世纪末，中国旅游业迅速发展，迫切需要对旅游资源进行科学分类和有效管理。此前，国内外学界已提出多种旅游资源分类方法，但缺乏统一标准，在中国的适用性也有待验证。1993年，国家科学技术委员会和国家旅游局联合发布了《中国旅游资源普查规范》（试行稿），并在国内多地的实际运用中发现需要进一步细化和完善。在此背景下，郭来喜等的"中国旅游资源分类系统与类型评价"一文在总结国内外旅游资源分类研究及实践经验的基础上，提出了新的分类系统和评价方法。

作者认为旅游资源是旅游业可持续发展的物质基础和旅游生产力增长的潜力所在。在分析旅游资源代表性定义的基础上，指出旅游资源既包括现实性的也包括潜在性的；既有物质的也有非物质类；资源的有限性和无限性应视为辩证的统一体。

郭来喜等提出了一套新的旅游资源分类系统，包括3个景系（自然景系、人文景系、服务景系）、10个景类和98个景型。该系统不仅包括传统的自然和文化资源，也将服务设施（如住宿、餐饮）纳入分类。与《中国旅游资源普查规范》（试行稿）相比，该分类系统对于旅游资源种类的覆盖范围更广，其中景系（大类）由2个增加为3个，景类（类）由6个增加为10个，景型（基类）由74个增加到98个。除了类型划分，新系统还根据旅游资源规模和开发状态进行了进一步分级和分态描述，如使用"景域、景段、景元"来描述资源规模，采用"已开发态、待开发态和潜在势态"来描述资源开发状态。

在旅游资源分类、分级、分态系统的基础上，郭来喜等设计了与新系统相对应的旅游资源定量评价方法。该方法包括四个步骤：① 对资源单体进行属性归类，确定其基类"景型"，并根据其规模确定规模等级；② 根据每一资源单体在本类型内的重要性、规模和地位，请旅游专家对其打分；③ 设定"景域""景段""景元"的权重，处理后得到某一单体所在"景型"的分值，并将同一型内所有资源单体得分相加，即得"景型"的总分值；④ 分景类、景系求出各"景类""景系"的总分和平均分,作为类型评价指标。郭来喜等通过实例分析(如北海市)验证了新系统和评价方法的实用性,实现了对区域旅游资源属性类型、优势资源赋存与等级情况的定量评价。

三、学术影响与时代贡献

　　该文从地理学空间视角出发提出的旅游资源分类体系,为旅游地理学研究提供了新的方向和工具,增加了该学科在理论与应用两方面的发展潜力。在此之前,传统的旅游资源分类侧重于资源类型(如自然景观、文化遗迹等),较少考虑资源的空间分布和尺度。该文引入了景域、景段、景元等概念,不仅定义了旅游资源的空间规模,也反映了其在地理位置上的重要性和作用范围。这种分类方法强调了空间尺度的重要性,使得旅游资源的管理和评估能够更加精确地依据其空间影响进行。通过明确旅游资源的空间类型,研究者可以更系统地分析资源的地理分布特征。例如,通过区分大规模的景域和小规模的景元,可以识别出旅游资源聚集的区域和单一资源点的具体位置。这有助于从地理学角度理解资源分布的不均匀性,探索不同尺度上的资源如何相互作用和影响旅游模式与发展策略,分析通过优化资源的空间配置来提高区域旅游的吸引力和可持续性。此外,系统化的分类方法有助于决策者更好地理解、评估各类旅游资源的特性和价值,制定出更科学、更有针对性的保护和开发策略。例如,通过识别待开发态和潜在势态的资源,可以合理规划开发的顺序和强度,避免过度开发和资源耗竭。

　　该文提出的旅游资源定量评估方法为旅游地理学研究提供了新的量化工具,提高了旅游资源评估的准确性和科学性,为后续旅游资源保护与利用提供依据。传统的旅游资源评估方法往往依赖定性描述与主观判断,缺乏可量化的评价标准。该文提出的定量评估方法通过引入具体的评分系统和权重分配,研究者可根据资源的不同属性(如自然景观、文化遗产、服务设施等)和不同规模(景域、景段、景元)来分配不同的分数和权重,从而形成综合评估结果。通过定量的评估体系,不同地区或不同类型的旅游资源可以在同一标准下评估、比较。例如,通过对资源的景域、景段和景元进行分级,并对这些等级赋予不同的权重,研究者可以量化比较哪些资源在旅游吸引力、潜在价值或可持续性方面表现更优。这不仅提升了数据分析的精确性，也使得跨区域的旅游资源评估更具操作性和实用性。

该文在分类和评估旅游资源时，不仅考虑了自然因素，还广泛涉及社会经济因素，如旅游资源对经济的贡献、文化遗产的社会价值和资源可持续性，使得旅游地理学研究不局限于环境本身，还扩展到环境与社会的相互作用，即如何通过旅游促进地区经济发展和文化保护，以及如何管理和规划旅游资源达到社会、经济和环境的平衡。精细的旅游资源分类和评估还为地方政府和规划部门提供了科学的数据支持，有助于根据各地区的实际资源情况制定相应的发展策略。

需要指出的是，国家标准《旅游资源分类、调查与评价》（GB/T 18972-2003）在该文发表三年后正式实施，并于2017年推出修订版。可以说，该文在三级分类、定量评价等方面为国家标准的初始编制与后续修订提供了重要的思路借鉴。该文还强调了旅游资源分类体系的动态适应性，提出需要根据新发现的旅游资源或者社会发展需求进行调整，这也在国家标准中有所体现。

四、结语

"中国旅游资源分类系统与类型评价"通过提出创新的分类方法和定量评价体系，促进中国旅游业在快速发展中保持资源利用的科学性和高效性，为旅游业持续健康发展提供了重要支撑，展现了学术研究如何与国家政策和实践相结合，对旅游地理学科建设与发展产生了深远影响。展望未来，随着中国旅游业逐步迈向高质量发展的新阶段，旅游资源类型日益丰富，评价视角越加多元，该文所倡导的动态灵活分类和评价方法必将继续为旅游地理学研究与我国旅游资源保护利用提供宝贵的理论和实践指导。

基于 GIS 的北京城市土地利用扩展模式

刘盛和，吴传钧，沈洪泉

（中国科学院地理科学与资源研究所，北京　100101）

摘要： 采用 GIS 空间分析技术，对 1982～1997 年期间北京城市土地利用扩展的时空过程进行空间聚类和历史形态分析。证实工业用地的高速外向扩展是北京城市土地利用规模"超常膨胀"的主要原因；揭示城市土地利用扩展的空间分异规律，阐明城市土地利用扩展中心和扩展轴的时空迁移模式。

关　键　词： 城市土地利用；扩展强度指数；空间分异；GIS；北京

中图分类号： F301.24；F293.2；N945.1　　**文献标识码：** A

20 世纪 80、90 年代在我国兴起的"开发区热""房地产热"造成了巨量的土地浪费、资金沉淀及繁多的社会、生态问题，引起了国内国际社会的注意[1,2]，以致国家不得不在 1997 年采取全面冻结审批新增城市建设用地一年的断然措施。历史教训警戒我们，必须切实加强对城市土地利用的理论和实证研究，严格根据城市土地利用扩展的时空规律来制定相关政策并指导开发活动。否则，任何主观臆断性的决策均可能产生极为严重的后果。GIS 技

文章编号：0375-5444 (2000) 04-0407-10
收稿日期：2000-03-06；修订日期：2000-06-10
基金项目：国家自然科学基金重大项目(49731040) **Foundation Item:** National Natural Science Foundation of China, No. 49731040]
作者简介：刘盛和(1967–)，男，湖南衡阳人，副研究员，在职博士生。E-mail: sliu@dls.iog.ac.cn
引用本文：刘盛和，吴传钧，沈洪泉. 基于 GIS 的北京城市土地利用扩展模式. 地理学报, 2000, 55(4): 407-416. [Liu Shenghe, Wu Chuanjun, Shen Hongquan. A GIS based model of urban land use growth in Beijing. *Acta Geographica Sinica*, 2000, 55(4): 407-416.]

术能够为城市研究的海量空间信息管理、分析、模拟等提供强有力的技术支持[3]。本文利用 GIS 技术对北京市 1982 年、1992 年和 1997 年 3 个时期的土地利用进行空间聚类和历史形态分析，旨在探索北京城市土地利用扩展的时空分异规律与模式。

1 研究区域与研究方法

1.1 研究区概况

城市边缘区是观察和研究城市土地利用变化的天然实验室[4,5]。本文选择北京城市边缘区作为研究对象，范围为 39°40′N～40°20′N、116°00′E～117°00′E，行政区域包括朝阳区、海淀区、丰台区、石景山区、顺义县的全部，昌平县、通州区、大兴县的大部分乡镇及怀柔县、密云县、平谷县、房山区、门头沟区的小部分区域。该区域的地貌类型以平原为主，从而成为北京城市土地利用扩展的主要目标区。在 1982～1992 的 10 年期间，北京全市城市土地利用扩展的总面积为 415.4 km^2，其中的 92%即集中在该研究区内。

1.2 土地利用图件、数据的来源与分类

使用的土地利用数据分别来自于 1982、1992 和 1997 年三个时期的 1∶10 万北京市土地利用现状图。各时期所使用的土地利用分类系统虽大致相同，但粗细不一。为了便于比较分析城市土地利用的动态变化，统一调整归并为：耕地、园地、林地、牧草地、城市土地利用、农村居民点、水域及未利用土地等 8 个一级类。其中城市土地利用又分为：城镇用地、工矿用地、交通用地和特殊用地等 4 个二级类。中心城区除少量面积较大的地类外，主要被综合为城镇用地。

1.3 研究方法

采用 Arc/info、Arcview 等 GIS 软件包中的空间统计分析技术，来处理空间属性数据。主要技术过程如下：首先，编制研究所需的各种北京大地坐标系 1∶10 万数字化地图；其次，通过对各时期的土地利用图进行叠合等空间分析运算，获得 1982～1992 年及 1992～1997 年的两个变化时期的土地利用变化图和城市土地利用扩展图；其三，将两个变化时期的城市土地利用扩展图分别与乡镇行政区划图（155 个空间单元）进行叠合，并根据自然断

裂（natural break）法进行聚类分析，获得各时期北京城市土地利用扩展的空间分异图。

2 北京城市土地利用扩展速度的历史变化

1949年解放时，北京城呈规则的城市建成空间和分化的城市社会空间[6]。发展至1982年，北京城市土地利用的总面积已达467 km^2，大致呈"分散集团式"空间格局。

如表1所示，北京城市土地利用扩展速度的历史变化具有如下特点：① 与全国一样出现了超常增长的"开发区热"和"房地产热"。特别是在1982~1992年期间，北京的城市土地利用以史无前例的超常高速外向扩展，其年均扩展速度约为历史上高速扩展期（1952~1959年）的3倍[7]。② 工业用地是北京城市土地利用扩展的主力军，且其贡献率在不断增加。这与西方国家城市以居住用地为主导的扩展方式极为不同[5]。北京工业用地的持续超高速扩展，主要是由于乡镇企业用地的迅速增长、工业开发区的大规模兴建及城区工业的调整搬迁等因素的综合作用，在总体上是合理的。但由于乡镇企业的分散布局和随意用地、开发区设置得过多过大等原因，也造成了大规模的土地闲置与浪费现象。因此，要有效地控制北京城市土地利用的扩展，必须严格地控制工业用地的扩展，特别是要加强对乡镇企业用地的规划与管理。③ 以居住用地为主的城镇用地扩展具有较强的自我调节能力和政策敏感性，而工业用地扩展则具有较强的刚性。自1993年以来，随着商品房空置率的不断升高和政府调控"房地产开发热"系列政策的逐步出台，北京城镇用地扩展速度显著减缓。这直接反映出，以居住用地开发为主体的城镇用地扩展具有较高的市场化程度，在市场供求规律和政府的宏观调控政策的综合作用下，已得到了有效的控制。而北京市在工业用地的市场化改革进程中的步伐则相对迟缓，市场信号微弱；且各区县政府的经济扩张热情持续不减，从而导致北京市工业用地逆势而动，呈现出极强的扩展刚性。

表1 北京城市土地利用面积及扩展速度（1982~1997）*（单位：km^2）

Tab.1　The area and growth rate of urban land use in Beijing (1982~1997)

土地利用类型	1982年面积	1992年面积	1997年面积	1982~1992年 扩展面积	1982~1992年 扩展贡献率/%	1982~1992年 年均扩展速度	1992~1997年 扩展面积	1992~1997年 扩展贡献率/%	1992~1997年 年均扩展速度
城镇用地	231.07	313.88	313.89	82.81	21.59	8.28	17.01	11.40	3.40
工业用地	127.29	376.24	496.62	248.95	64.91	24.90	120.38	80.67	24.08
城市土地利用总计	467.11	850.62	999.84	383.51	100	38.35	149.22	100	29.84

* 扩展贡献率系指某类城市土地利用扩展面积占同期城市土地利用扩展总面积的百分比。

3 北京城市土地利用扩展的空间分异

3.1 空间分异的衡量指标

目前描述城市扩展空间分异最常用的方法，是比较分析城市扩展速度在不同空间方位上的差异[7~9]。这种方法能够在总体上勾画出城市扩展的空间形态，具有直观简明的优点。但由于按方位划分的空间单元并不具有均等的土地面积，因而其扩展速度并不具有严格意义上的可比较性。并且，这种方法无法辨析出城市土地利用的扩展中心或方向区内城市扩展的空间差异。因而，本文对上述方法进行了改进，用年均扩展强度指数这一具有可比较性的新指标描述城市土地利用的空间分异。

扩展强度指数是指某空间单元在研究时期内的城市土地利用扩展面积占其土地总面积的百分比。为了便于比较不同研究时期城市土地利用扩展的强弱或快慢，可计算各空间单元的年平均扩展强度指数，它实质就是用各空间单元的土地面积来对其年平均扩展速度进行标准化处理，使其具有可比较性。

$$\beta_{i,t \sim t+n} = [(ULA_{i,t+n} - LA_{i,t})/n]/TLA_i \times 100 \qquad (3\text{-}1)$$

式中 $\beta_{i,t \sim t+n}$、$ULA_{i,t+n}$、$ULA_{i,t}$ 分别为空间单元 i 的年均扩展强度指数、在 $t+n$ 及 t 年时的城市土地利用面积；TLA_i 为其土地总面积。

3.2 1982～1992 年期间城市土地利用扩展的空间分异

3.2.1 城镇用地扩展的空间分异

区域城镇用地的总体年均扩展强度指数为 0.14，平均值为 0.15，标准方差为 0.42。如图 1a 所示，① 城镇用地扩展具有很强的空间集中性。约 70% 的新增城镇用地集中分布在仅占区域土地总面积 7.65% 的 11 个空间单元中；而占区域土地总面积约 58% 的空间单元内没有发生城镇用地扩展。② 城镇用地的扩展中心（高速或快速扩展型乡镇）大多分布在紧邻中心城区的近郊圈层。只有昌平与亦庄相对偏远，它们因规划建设国家级高新技术开发试验区昌平园区和北京经济技术开发区而获得良好的发展机遇。

3.2.2 工业用地扩展的空间分异

区域工业用地的总体年均扩展强度指数为 0.43，是城镇用地的 3 倍，平均值为 0.57，标准方差为 0.65。如图 1b 所示：① 工业用地扩展的空间分布相对比较均匀。在区域 155 个空间单元中，有 109 个属于中速、低速及缓慢扩展等中间性类型，占区域土地总面积的 89.61%，占区域工业用地扩展总面积的 71.2%。② 工业用地扩展中心呈明显的轴向分布，且南部多于北部。沿京通公路延伸的工业用地扩展轴，东西长约 20 km，年均扩展强度指数为 1.62，为区域总体水平的 3.8 倍，是这一时期北京市工业用地发展最快、空间集聚最为显著的工业走廊[10]；沿京深公路延伸的卢沟桥—窦店工业用地扩展轴，西南向延展近 33 km，年均扩展强度指数为 1.38，为区域总体水平的 3.2 倍，属于快速扩展型；沿京昌公路展布的大屯—昌平扩展轴，西北向长约 30 km，年均扩展强度指数为 1.04，是区域总体水

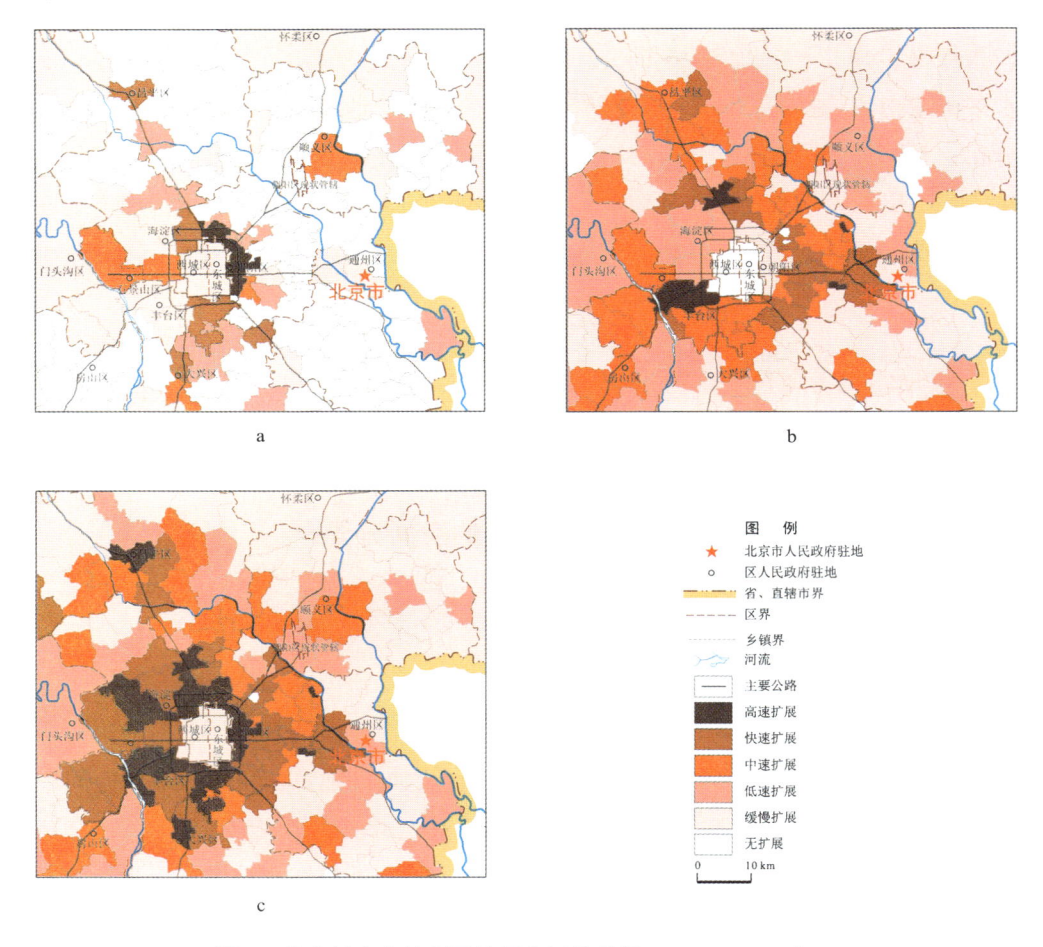

图 1 北京城市土地利用扩展空间分异图（1982～1992 年）

Fig.1　Spatial differentiation of urban land use growth in Beijing (1982～1992)

平的2.4倍，属于中速扩展型。东北部是工业用地的弱扩展区。③ 工业用地扩展中心大多比城镇用地扩展中心离中心城区较远。

3.2.3 城市土地利用扩展的空间分异

城市土地利用总体年均扩展强度指数为0.67，平均值为0.78，标准方差为0.61。如图1c、表2所示：① 城市土地利用扩展类型的空间分布呈明显的圈层式空间形态。由中心城区向外，城市土地利用扩展类型的等级随之下降。并且，由东升乡、朝阳城区、南苑、玉渊潭所组成的高速扩展型城近郊圈，以城镇用地扩展为主；而其他区域则普遍以工业用地扩展为主。② 城市土地利用扩展具有较强的空间集中性和中心邻近性。高达57%的城市土地利用扩展面积集中分布在仅占区域土地总面积21%的44个高速或快速扩展型乡镇，并且这些扩展活跃区又大多位于距中心城区以外0～20 km的近郊圈层，其年均扩展强度指数为1.75，是区域总体水平的2.6倍。③ 扩展活跃中心相对集中分布，并形成了京通、京深、京昌、京怀4条城市扩展轴。其中，京通、京深、京昌城市扩展轴的年均扩展强度指数分别为1.63、1.58和1.38，是总体扩展水平的2.4、2.3和2.1倍，均属于快速扩展型，而京怀城市扩展的年均扩展强度指数为0.9，属于中速扩展型。它在这一时期的活跃扩展区主要集中在将台—孙河的近郊段，城市扩展轴仅具雏形。

表2 北京城市土地利用扩展的空间分异类型（1982～1992）

Tab.2 Spatial differentiation of urban land use growth in Beijing (1982～1992)

类型	年均扩展强度指数	个数	扩展面积 数量/hm²	扩展面积 所占比重	土地面积 数量/hm²	土地面积 所占比重	乡镇名称
高速扩展	>1.92	11	9 865	25.72	34 287	5.96	大屯乡、朝阳城区等
快速扩展	1.05～1.92	31	12 129	31.63	86 555	15.05	将台乡、石景山等
中速扩展	0.59～1.05	31	7 216	18.82	91 743	15.95	来广营、顺义城关镇等
低速扩展	0.28～0.59	30	5 491	14.32	127 456	2.16	小汤山镇、马坡乡等
缓慢扩展	0～0.28	50	3 648	9.51	234 089	40.70	中心城区、牛栏山镇等
无扩展	0	2	0	0	1 091	0.18	酒仙桥农场、采育乡
总计	0.67	155	38 349	100	57 5221	100	

3.3 1992～1997年城市土地利用扩展的空间分异

3.3.1 城镇用地扩展的空间分异

区域城镇用地扩展的总体年均扩展强度指数是0.06，仅为1982～1992年期间的43%。

平均值为0.07，标准方差为0.27。如图2a所示：① 与前一时期一样，城镇用地扩展仍具有很强的空间集中性。仅占区域土地总面积2.35%的6个高速及快速扩展型乡镇，集中了52.53%的城镇用地扩展面积；而占区域土地总面积74%的124个乡镇却没有新增城镇用地。② 扩展主中心位于由将台乡、来广营乡及大屯乡所组成的东北近郊区。它距中心城区的外边缘约4~8 km，年均扩展指数为1.59，是总体水平的26.5倍。次中心则呈散点状分布在北郊的高丽营镇、东郊的南磨房乡，南郊的西红门和良乡，扩展强度指数为0.67~1.24。

3.3.2 工业用地扩展的空间分异

区域工业用地扩展的总体年均扩展强度指数为0.42，与前一时期的大体相当，是同期城镇用地扩展强度指数的7倍。其平均值为0.5，标准方差为0.57。如图2b所示：① 与前一时期相比，工业用地扩展的空间分异更趋明显，空间分布趋于集中。高速扩展型乡镇由前一时期的3个增加到了9个，其对总扩展面积的贡献率也由7.88%提高到了13.31%；无扩展类型的空间单元由前一时期的6个增加到了16个。② 北部的工业用地扩展中心呈明显的轴向分布，形成了京昌、京汤、京怀等3条明显的工业用地扩展轴。它们的年均扩展强度指数分别为1.09、1.42和1.06，均属于快速扩展型。③ 南部工业用地扩展的空间形态已由轴向拓展转变为轴间填充[4]。前一时期的京通、京深扩展轴在这一时期的扩展强度指数分别为0.64和0.58，衰减了60%和58%，降为低速扩展型，基本上丧失了扩展轴的功能，扩展方式转变为轴间填充式。

3.3.3 城市土地利用扩展的空间分异

区域城市土地利用扩展的总体年均扩展强度指数为0.52，比1982~1992年期间下降了22%。其平均值为0.63，标准方差为0.7。如图2c、表3所示：① 北部的近郊区是最活跃的城市用地扩展中心。7个高速扩展型乡镇有6个分布在该区。② 中速及以上级别的扩展类型主要集中分布在北部的扇形区和南部的倒三角形区，东西方向多为弱扩展类型。北部扇形区由夹峙于京昌、京怀公路之间的40个乡镇构成，年均扩展强度指数为1.01，属中速扩展型；其土地总面积为1 340 km²，占区域土地总面积的23.29%；城市土地利用扩展面积为68 km²，占总扩展面积的45.55%。南部的倒三角形区由卢沟桥、高碑店、亦庄等25个乡镇组成，其年均扩展强度指数为1.02，与北部区大致相当，其土地面积为681 km²，占区域总面积11.83%；城市土地利用扩展面积为34.8 km²，占区域总扩展面积的23.31%，均约为北部区的一半左右。而占区域土地总面积64.88%的其它部分，主要是东、西部区域，仅占城市土地利用总扩展面积的31.14%。其年均扩展强度指数为0.16，属于缓慢扩展型。③ 城市土地利用扩展的空间形态与工业用地极为类似。因为工业用地对城市土地利用扩展的贡献率已高达 80.67%。

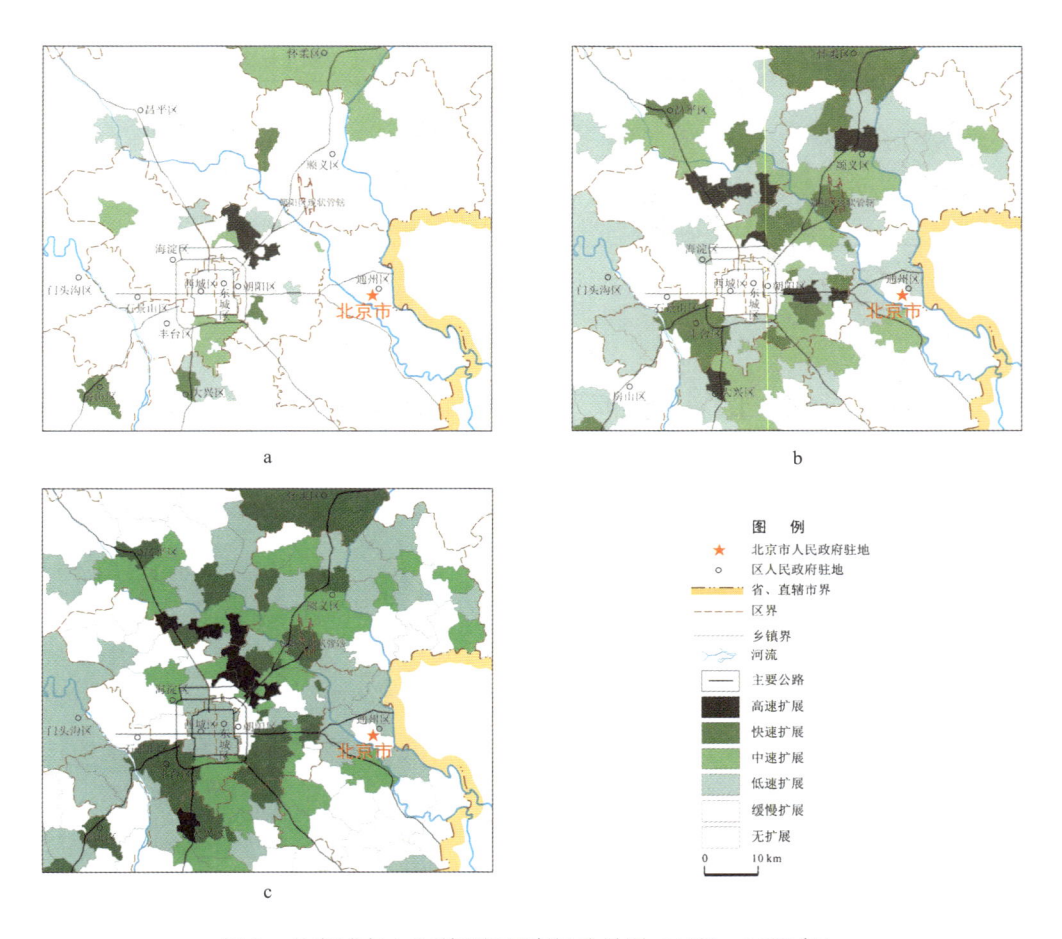

图 2 北京城市土地利用扩展空间分异图（1992～1997 年）

Fig.2 Spatial differentiation of urban land use growth in Beijing (1992～1997)

表 3 北京城市土地利用扩展的空间分异类型（1992～1997）

Tab.3 Spatial differentiation of urban land use growth in Beijing (1992～1997)

类型	年均扩展强度指数	个数	扩展面积 数量/hm²	扩展面积 所占比重	土地面积 数量/hm²	土地面积 所占比重	乡镇名称
高速扩展	>2.05	7	1 682	11.27	11 840	2.06	来广营乡、大屯乡等
快速扩展	1.07～2.05	22	5 099	34.16	71 429	12.42	昌平、小汤山镇等
中速扩展	0.55～1.07	33	4 058	27.18	95 671	16.63	洼里乡、海淀等

续表

类型	年均扩展强度指数	个数	扩展面积 数量/hm²	所占比重	土地面积 数量/hm²	所占比重	乡镇名称
低速扩展	0.22～0.55	38	2 983	19.98	160 541	27.91	中心城区、平房乡等
缓慢扩展	0～0.22	42	1 106	7.41	204 123	35.49	石景山、玉渊潭等
无扩展	0	13	0	0	31 617	5.50	苏家坨、聂各庄等
总计	0.52	155	14 928	100	575 221	100	

4 北京城市土地利用扩展模式

4.1 城镇用地扩展模式

（1）北部的近郊区是城镇用地扩展的活跃区与集中区。（2）城镇用地扩展中心从内向外渐进推移（表4）。（3）城镇用地扩展的时空模式呈显著的圈层式结构。新增城镇用地随着时间的推进，成为一个递增过程，由就业中心向外呈连续的圈带。与居住用地增长的静态预见模型极为类似[11]。（4）城镇用地扩展具有较强的空间集中性和中心向心性。

表4 北京城镇用地扩展中心的空间迁移（1982～1997）
Tab.4 Spatial transformation of growth centers of residential land in Beijing (1982～1997)

扩展时期	空间范围	距城市中心的平均距离/km	扩展类型 1982～1992年	扩展类型 1992～1997年
1982～1992年	东升—朝阳城区—南苑	7.5	快速扩展型（2.08）	低速扩展型（0.19）
1992～1997年	大屯—来广营—将台，南磨房	10.8	低速扩展型（0.28）	高速扩展型（1.48）

4.2 工业用地扩展模式

（1）工业用地扩展同时兼具较明显的空间离散性和轴向集中性。（2）工业用地扩展轴具有增长与衰减的生命周期（表5）。（3）工业用地的传统空间格局正在发生重组。传统上，北部是工业用地扩展的弱势区。但随着工业用地扩展轴的兴衰更替及空间迁移（表5），北部工业用地的扩展渐趋活跃。

表5 北京工业用地扩展轴的空间迁移（1982～1997）
Tab.5 Spatial transformation of the growth axes of industrial land in Beijing (1982～1997)

工业扩展轴	方向	长度/km	扩展强度类型 1982～1992年	扩展强度类型 1992～1997年	变化情况
京通扩展轴	东	20	快速扩展型（1.62）	低速扩展型（0.64）	衰减
京深扩展轴	西南	33	快速扩展型（1.38）	低速扩展型（0.58）	衰减
京昌扩展轴	西北	30	中速扩展型（1.04）	快速扩展型（1.09）	稳定
京汤扩展轴	北	23	中速扩展型（0.78）	快速扩展型（1.42）	增长
京怀扩展轴	东北	45	低速扩展型（0.29）	快速扩展型（1.06）	增长

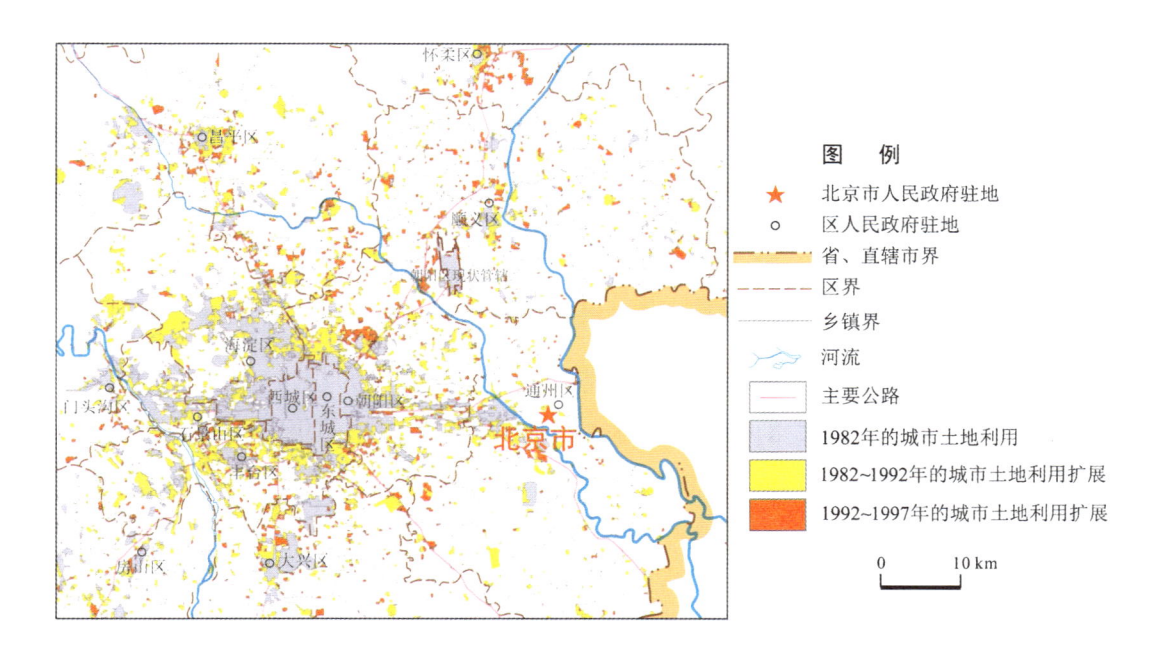

图3 北京城市土地利用扩展的时空过程（1982～1997年）
Fig.3 The spatial and temporal process of urban land use growth in Beijing (1982～1997)

4.3 城市土地利用扩展模式

（1）城市土地利用扩展的空间形态以圈层式蔓延为主。1982年时中心大团与边缘集团之间的农业用地已大多被新增城市土地利用所侵占。（2）城市土地利用扩展的活跃中心正在向北部及东北部迁移。比较分析图 1c、图 2c 可以发现：城市土地利用高速扩展型乡镇已由 1982~1992 年时的圈层式均匀分布（11 个）逐步向北部和东北部集中（1992~1997 年期间 7 个高速扩展型乡镇中的 6 个）；北部的城市土地利用扩展轴正处于快速增长期，而南部与东部的扩展轴已步入衰减期。(3) 工业用地在塑造城市土地利用空间格局中的作用日趋重要。在 1982~1992 年期间，区域工业用地的年均扩展强度指数为城镇用地的 3 倍，发展至 1992~1997 年期间，它们之间的差距已扩大至 7 倍；同时，工业用地对城市土地利用扩展的贡献率也从前一时期的 64.91% 增加至 80.67%，在塑造城市土地利用空间格局中的作用日趋重要。

5 结论

（1）工业用地高速外向扩展是北京城市土地利用规模"超常膨胀"的主要原因。自 1982 年以来，区域工业用地一直保持着年均 24~25 km^2 的超高速度外向扩展，并且具有难以调控的扩展刚性。因此，要想有效地调控北京城市土地利用的空间扩展，必须严格控制工业用地这个龙头，特别是乡镇企业的随意占地和低效率用地。

（2）南部与东部的城市土地利用扩展轴已步入衰减期。在 1993 年所修订的北京城市总体规划中，北京的东部和南部平原地区被确定为城市发展的主要地区。但是，本文经分析发现，东部和南部地区的京通、京深城市用地扩展轴在 1992~1997 年期间已开始步入衰减期。这主要是由于该区是北京市的机械、纺织、化工等传统产业的集中分布区，环境污染较严重，基础设施建设滞后。

（3）随着京昌、京汤、京怀工业用地扩展轴的快速发展，北部正在成为新的工业用地扩展活跃区。这对促进远郊区县农村经济的发展具有重大的积极意义。但是，该区在规划上和传统上均以发展居住用地和公共事业用地为主，因而，北部工业发展应严格注意产业方向的选择和环境保护，以免产生严重的土地利用冲突和恶劣的社会环境问题。

（4）城市土地利用的空间扩展呈显著的圈层式蔓延，不断地"蚕食"中心大团与各边缘集团间的绿化隔离带，严重破坏了城市总体规划并恶化了城市生态环境。必须采取有力的措施，尽快地把规划中的绿化隔离带变为"真绿"，从而有效地遏制住城市土地利用的圈层式蔓延。

参考文献（References）

[1] Shi Chengqiu. Some consideration on urban land use in China[J]. *City Planning Review*, 2000, 24(2): 11-15. (In Chinese) [石成球. 关于我国城市土地利用问题的思考[J]. 城市规划, 2000, 24(2): 11-15.]

[2] Tian Li. The urban land leasing: control and guide[J]. *City Planning Review*, 1999, 23(8): 21-23. (In Chinese) [田莉. 城市土地批租：控制与引导[J]. 城市规划, 1999, 23(8): 21-23.]

[3] Sui D Z. GIS and urban studies: positivism, post-positivism, and beyond[J]. *Urban Geography*, 1994, 15(3): 258-278.

[4] Gu Chaolin, Chen Tian. The study of the urban fringes in Chinese megalopolises[J]. *Acta Geographica Sinica*, 1993, 48(4): 317-32. (In Chinese) [顾朝林, 陈田. 中国大城市边缘区特性研究[J]. 地理学报, 1993, 48(4): 317-32.]

[5] Cui Gonghao, Wu Jin. The characteristics and development of the spatial structure of Chinese urban fringes[J]. *Acta Geographica Sinica*, 1993, 45(4): 399-410. (In Chinese) [崔功豪, 武进. 中国城市边缘区空间结构特征及其发展[J]. 地理学报, 1990, 45(4): 399-410.]

[6] Wang Jun, Zhu Gongwu. A preliminary study of the social geography of Beijing during the late Qing and the early Republican period [J]. *Acta Geographica Sinica*, 1999, 54(1): 69-76. (In Chinese) [王均, 祝功武. 清末民初时期北京城市社会空间的初步研究[J]. 地理学报, 1999, 54(1): 69-76.]

[7] Yu Xuewen. Applying RS technique to analyze the development trend of urban construction land in Beijing [J]. *City Planning Review*, 1986(2): 9-14. (In Chinese) [于学文. 应用航空遥感技术对城市建设用地发展趋势的分析[J]. 城市规划, 1986(2): 9- 14.]

[8] Fan Zuojiang, Cheng Jicheng. The study on urban extension through RS & GIS[J]. *Remote Sense Information*, 1997(3): 12-16. (In Chinese) [范作江, 承继成. 遥感与地理信息系统相结合的城市扩展研究[J]. 遥感信息, 1997(3): 12-16.]

[9] Zong Yueguang, Tang Yanbing. The corridor effect of metropolitan spatial extension and optimization of landscape structure—the case of Beijing[J]. *The Journal of Chinese Geography*, 1999, 9(4): 319-325.

[10] Gu Chaolin, Chen Yaoguang. The growth pattern of Chinese megalopolises [J]. *City Planning Review*, 1994(6): 45-50. (In Chinese) [顾朝林, 陈耀光. 中国大都市空间增长形态[J]. 城市规划, 1994(6): 45-50.]

[11] Anas A. Dynamics of urban residential growth[J]. *Journal of Urban Economics*, 1978, 5: 6-87.

A GIS based Model of Urban Land Use Growth in Beijing

LIU Sheng-he, WU Chuan-jun, SHEN Hong-quan

(Institute of Geographical Sciences & Natural Resources, CAS, Beijing 100101, *China)*

Abstract：Based on the land use maps of Beijing in 1982, 1992 and 1997, its spatial and temporal process of urban land use growth was analyzed through spatial-clustering and historical-morphological approaches. The growth intensity index (GII), was employed instead of growth speed to describe the spatial differentiation of urban land use growth. Assisted by spatial analysis techniques of GIS, the average GIIs per year (AGIIPY) of 155 communes or towns during 1982～1992 and 1992～1997 were calculated and then classified through the Natural Breaks method, and the spatial differentiation maps of urban land use growth in Beijing during 1982～1992 and 1992～1997 were made. This paper found:

(1) Industrial land is the most important element of urban land use growth in Beijing, and its contribution rate is on the increase, which is different from the general Western urban growth model driven by residential expansion. Since 1982, the industrial land had been keeping expanded at the average rate of 24～25 km^2 per year. It is extraordinary high especially during the 1992～1997 period, while that of residential land and urban land use dropped by 59% and 24%, to 3.4 km^2 per year and 29.8 km^2 per year respectively. Thus, the contribution rate of industrial land to urban land use growth increased from 64.91% in 1982～1992 to 80.67% in 1992～1997.

(2) The spatial pattern of urban land use growth in Beijing was in distinct concentric sprawl. With the growth centers' gradual shift from the inner to outside, the new-added urban land use were increased in distinct concentric zones and continually encroached upon the green spaces among the central mass and those "dispersed constellations". The total area of green spaces for isolating built-up areas in General Plan of Beijing was 314 km^2 in 1958, reduced to 260 km^2 in 1983 and 160 km^2 in 1993. The concentric sprawl pattern seriously destroyed the spatial structure of "dispersed constellations" designed by the General Plan of Beijing, and also badly worsened the regional ecological environment.

(3) The growth axes of urban land use in the southern and eastern part of Beijing had stepped into their decline period. The southern and eastern part of Beijing is located in the North China Plain and have advantages in urban development space, economic and transport

communication, etc., so that they are determined as the main urban development areas and direction by the latest General Plan (1991～2010). But this paper found, the two major growth axes of urban land use along the Beijing–Tianjin and Beijing–Shenzhen highways in the southern and eastern part of Beijing, had stepped into their decline period during 1992～1997. Their AGIIPY decreased from 1.63 and 1.58 during 1982～1992 to 0.86 and 0.67 respectively, and the spatial growth pattern have also switched from vigorous axial expansion to fill-in among axes.

Key words: urban land use; spatial differentiation; GIS; Beijing

"基于GIS的北京城市土地利用扩展模式"解读

裴 韬

从20世纪80年代起，我国经历了40余年快速的城镇化过程，其最直接的结果就是城市土地利用的更迭，而这背后最为重要的驱动力来自两个方面：农村人口进城和城市住房改革导致的房地产快速升温，以及经济改革和对外开放促进开发区的迅速发展。这种剧烈的变化所产生的负面效应非常明显，一方面，导致土地资源巨大的浪费；另一方面，引起生态环境的不断恶化。因此，亟须对城市土地利用变化进行系统分析，并根据城市土地利用扩展的规律制定相应的城市发展策略并指导具体的城市土地开发。

由刘盛和、吴传钧、沈洪泉共同撰写的文章"基于GIS的北京城市土地利用扩展模式"，聚焦上述问题，利用GIS技术，对1982—1997年北京城市土地利用扩展的历史、时空演变及其内在原因进行了深入的探讨。这篇文章不仅是对长达15年北京土地利用变化模式的系统分析，更是对北京城市扩展现象深层次社会经济动因的剖析，使读者能够更全面地理解城市发展的复杂性及其环境效应。

这篇文章分为五个部分。文章首先介绍了研究区的概况、数据以及分析素材；其次详细分析了北京城市土地利用扩展速度的历史变化，这些变化不仅包括地理空间的扩展，也反映了经济发展、工业布局调整及政策导向的影响；再次，文章以空

作者介绍：裴韬（1972— ），男，江苏扬州人，中国科学院地理科学与资源研究所研究员，中国地理学会会员（S110005931M），研究方向为地理大数据挖掘、空间统计。E-mail: peit@lreis.ac.cn

间分异为核心，通过建立可量化空间分异的扩展强度指数，从时间和类型两个维度分析了土地利用扩展的异质性特点；随后分析了北京城市土地利用扩展的模式，并总结出空间离散、圈层式、轴向集中等扩展模式；最后在总结北京市土地利用扩展模式的基础上，对未来的土地利用发展趋势进行了预测，并提出相关的政策性建议。

该文章除了关于北京土地利用扩展的历史信息非常有参考价值以外，在研究问题的选择、观察视角的选取、研究思维的应用等方面都有值得称道的地方。

其一，文章选题有三个特别之处。首先，文章所关注的主题是土地利用的扩展模式。前已述及，截至该文成稿之际，中国城镇化的进程已逾20年，到了问题集中爆发的阶段，因此，这一时期土地利用的研究成为了地理学的核心问题之一。事实证明，之后的若干年，土地利用的研究也一直是地理学的主要议题。其次，作者选取北京作为研究区具有特别的意义。北京作为首都和国际化都市，不但是各方关注的焦点，而且土地利用变化十分剧烈，从传统工业向以信息技术为核心的科技产业转型十分明显，其土地利用的变化和管控具有重要的示范意义。再次，20世纪末，"3S"技术的兴起使地理学全方位的定量化成为可能。该文以GIS为工具，量化了土地利用的变化，为GIS等技术的应用提供了范例。以上三点大致可分别对应我国古人谋事的"天时、地利、人和"，而精心且有特色的选题是该文成为经典的前提。

其二，文章对于土地利用的变化分析，始终将空间异质性的思想贯穿其中。相比于数学、物理、化学等学科偏重对普遍规律的总结，地理学研究的客体是现实世界存在的地学对象，严格意义上讲，世界上没有完全相同的两个地理对象。因此，在地理学的研究中，规律性（寻找相似之处）和异质性（发现不同之处）的探索并重。在地理信息科学的范畴内，空间异质性的存在被公认为地理学第二定律，可见空间异质性在地理分析中的地位。该文在对土地利用扩展模式一般性规律总结的同时，特别指出了不同方位的异质性，从而成为北京未来差异化发展的依据。因此，规律与异常并重的思维范式是地理学者分析地理现象应遵循的逻辑架构，在该文中给出了很好的诠释。

其三，对于地理规律的探寻，文中采用形象思维和定量分析方法结合的思路。文中使用GIS的空间分析方法，对北京土地利用的分异指数进行了可视化。基于这些结果，作者结合自身的背景知识和经验，总结出北京市土地利用扩展的三种模式：空间离散、圈层式和轴向扩展，而这些发现是形象思维和定量分析完美结合的产物。大数据时代的到来，一方面，人们对于事物细节的刻画更加逼真，例如，我们可以利用手机数据推算出 200 米栅格精度的城市人口分布；而另一方面，大数据的"大"使得研究者对事物整体的描述成为可能，例如，绘制全国尺度下的网约车运行以及人口迁移图已不再是难事。即便如此，地理学的研究却很难再现"大陆漂移学说"和"胡焕庸线"那样的"神来之笔"。近几十年，随着 GIS、空间统计与地理学的深入融合，地理学的研究越来越趋向定量化，而以图为核心的形象化思维在现有研究中的作用似乎越来越弱。实际上，科学上的重大发现，尤其是在地理学领域，都离不开科学家的直觉和形象思维，这也是陈述彭先生生前一直倡导地学信息图谱的初衷。在当今 AI 大发展的时代，如何充分发挥好形象思维，可能会成为产生重大科学突破的一个重要因素。

地理学发展至今，其研究范式经历了从经验描述到计量地理学的变革，又接受了"3S"技术的"洗礼"，现在迈入大数据和人工智能时代，但无论发展到任何阶段，笔者坚信，一个好的地理学的研究都要选择好科学问题、突出地理学视角、发挥地理学思维优势，毫无疑问，这篇文章在这几个方面为读者提供了非常有益的参考。

海滦河流域河流系统生态环境需水量计算

李丽娟，郑红星

（中国科学院地理科学与资源研究所，北京　100101）

摘要： 从水资源开发利用中的生态环境问题出发，探讨河流系统生态环境需水量的内涵。指出生态环境需水量是指地表水体维持特定的生态环境功能所必需蓄存和消耗的最小水量。在这一概念的基础上，构建计算河流系统生态环境需水量的理论基础。以海滦河流域为例，分三部分（即河流基本生态环境需水量、河流输沙排盐水量和湖泊洼地生态环境需水量）概算了区域河流系统的生态环境需水量。计算结果表明海滦河流域生态需水量为 124×10^8 m³，约占流域地表径流总量的 54%。认为海滦河流域水资源开发率超过 40% 时，就会对生态环境造成严重影响。

关　键　词： 生态环境需水量；河流系统；海滦河流域
中图分类号： P333，X144　　**文献标识码：** A

河流系统包括河流、湖泊及其邻近的土地，从工程技术的角度看，河流系统可以定义为百年一遇的洪泛区[1,2]。河流系统功能通常包括生态功能、环境功能和资源功能等[1,2]。从社会发展的角度看,河流系统具有诸如供水、发电、航运、水产养殖等经济价值。河流系统的环境功能则表现在调节气候、补给地下水、调蓄洪水、排水、排盐、输沙、稀释降解污染物等方面;在生态功能方面,河流系统中的水体、湿地以及河口地区,是水生、湿生生物的理想栖息地,具有很高的生物多样性,河水及其泥沙为它们提供了饵料和营养物质。生态系统的稳定和平衡是人类社会可持续发展的基础和保证。维持河流生态平衡,保护水环境,就是要在水资源开发利用过程中,把河流系统作为一个有机整体,兼顾河流的经济、环境和生态功能,使三者协调发展。

然而,长期以来,水资源的利用主要考虑农业、工业和生活用水等方面的经济效益,而在维护生态平衡所需的用水方面则没有得到足够的重视。正是由于这种忽视,在水资源的开发利用过程中,已经产生了水环境、水生生态严重破坏的现象。水资源的开发利用加速了水体功能的衰退过程,使水资源的可再生性受到了根本性的威胁,并进而加重了水资源危机,使环境更为脆弱,水灾害趋于频繁。就海滦河流域而言,由于水资源开发利用强度过大,给生态环境造成了很大的压力。许多地区由于赋存于天然水体中的水量达不到生态环境需水量的水平,已引发了诸如河流季节化、河道萎缩、水质下降等一系列生态环境问题[3~6]。

1 河流系统生态环境需水量的内涵

河流系统生态环境需水量是针对水资源开发利用中的生态环境保护以及科学地进行生态环境重建和改善等问题而提出来的新概念,至今尚未有明确统一的定义[7,8]。从生态环境的要求出发,我们认为,为维护生态环境的天然结构与功能,河流系统生态环境需水量主要应包括:① 河流系统中天然和人工植被耗水量,包括水源涵养林、水土保持措施及天然植被和绿洲防护林带的耗水量;② 维持水(湿)生生物栖息地所需的水量;③ 维持河口地区生态平衡所需的水量;④ 维持河流系统水沙平衡的输沙入海水量;⑤ 维持河流系统水盐平衡的入海水量;⑥ 保持河流系统一定的稀释净化能力的水量;⑦ 保持水体调节气候、美化景观等功能而损耗的蒸发量;⑧ 维持合理的地下水位所必需的入渗补给水量等。

河流系统的生态环境需水量并不是上述各项分量的简单加和,而要根据它们之间的相互关系来分析确定。此外,生态环境需水量不仅要求有一定的数量保证,而且还要求相应的时间和空间分布。如输沙排盐主要是利用汛期的洪水量,而对于河流基本的污染净化和水生生态等功能的维持,则要求全年各个时段都要有相应的水量保证。有些河流汛期时有大量洪水直流入海,而非汛期则出现断流。因此,应充分利用水利工程等手段对河流系统的水文情势加以有效的调节,以满足和改善河流系统生态环境的要求。

综合考虑河流系统生态环境需水量的一般特性,狭义地讲,生态环境需水量是指为维持地表水体特定的生态环境功能,天然水体必须蓄存和消耗的最小水量。从这一概念出发,在实际计算中,生态环境需水量可分解为如下三部分:① 河流基本生态环境需水量,是指维持河流系统最基本的生态环境功能所需要的最少水量;② 河流输沙排盐需水量,指为维持河流形态和盐分的动态平衡,在一定输沙、排盐要求下所需要的水量;③ 湖泊洼地生态环境需水量,指用以维持湖泊洼地的水体功能而消耗于蒸发的水量。

2 河流系统生态环境需水量概算

2.1 河流基本生态环境需水量

河流基本的生态环境需水量主要用以维持水生生物的正常生长,以及满足部分的排盐、入渗补给、污染自净等方面的要求。对于常年性河流而言,维持河流的基本生态环境功能不受破坏,就是要求年内各时段的河川径流量都能维持在一定的水平上,不出现诸如断流等可能导致河流生态环境功能破坏的现象。基于这种考虑,我们以河流最小月平均实测径流量的多年平均值作为河流的基本生态环境需水量。取计算公式为:

$$W_b = \frac{T}{n} \sum_{i}^{n} \min(Q_{ij}) \times 10^{-8} \qquad (2\text{-}1)$$

式中 W_b 为河流基本生态需水量,Q_{ij} 表示第 i 年第 j 个月的月均流量,T 为换算系数,其值为 31.536×10^6 s,n 为统计年数。

对于海滦河流域的河流系统而言,20 世纪 70 年代以前受人类活动的影响相对较为微弱,因此,本文关于生态环境需水量的计算都取自这一时期的水文资料,由式(2-1)计算出华北地区海河流域河流基本生态需水总量约为 48×10^8 m³,滦河流域基本生态环境需水量为 9×10^8 m³ 左右,海滦河流域总计则大致为 57×10^8 m³。海滦河流域各河流基本生态环境需水量计算结果如表 1 所示。

2.2 河流输沙需水量

水沙平衡主要是指河流中下游的冲淤平衡。为了输沙排沙,维持冲刷与侵蚀的动态平衡,需要一定的生态环境用水量与之相匹配,这部分水量就称为输沙平衡用水量(简称输

表 1 海滦河流域主要河流基本生态需水量概算*
Tab.1 Basic water required for ecology and environment of major rivers of Haihe and Luanhe Basins

河流	测站	最小月平均流量 /m³·s⁻¹	年基本生态需水量 /×10⁸m³	统计年份	河流	测站	最小月平均流量 /m³·s⁻¹	年基本生态需水量 /×10⁸m³	统计年份
滦河	滦县	29.6	9.335	1929~1970	滹沱河	黄壁庄	8.72	2.750	1934~1960
蓟运河	九王庄	8.39	2.646	1930~1970	子牙河	南赵扶	6.59	2.078	1942~1961
潮白河	苏庄	11.0	3.478	1920~1958	南运河	九宣闸上	15.2	4.793	1920~1945
永定河	官厅	13.0	4.100	1956~1970	漳河	观台	19	5.992	1942~1970
大清河*	（合计）	19.27	6.077		海河	（合计）	152.178	47.991	
子牙河	献县	60.9	19.205	1918~1967	海滦河	（合计）	181.8	57.326	
滏阳河	衡水站	2.18	0.687	1920~1970					

* 大清河的基本生态环境需水量为张坊、北河店、北郭村、中唐梅4个测站合计值。

沙水量)。在一定的输沙总量要求下，输沙水量直接取决于水流含沙量的大小。由于水流含沙量因流域产沙量的多少、流量的大小以及其它水沙动力条件的不同而异，输沙水量也因此发生相应的变化。对于北方河流系统而言，汛期的输沙量约占全年输沙总量的80%以上，即河流的输沙功能主要在汛期完成。因此，忽略非汛期较小的输沙水量，通过人工调节、控制河流含沙量，充分利用汛期洪水较强的输沙能力，以维持河流形态的动态平衡，是有效而且可行的手段。同时，在人工调水调沙手段的作用下，利用汛期较大的洪水量和含沙量完成输沙要求，也必将有利于水资源最大限度地开发利用。在上述假设前提下，我们把汛期用于输沙的水量计算为河流生态环境需水量的一部分，并取河流汛期输沙用水量的计算公式如下：

$$W_s = S_t / C_{max} \qquad (2\text{-}2)$$

式中 W_s 为输沙用水量，S_t 为多年平均输沙量，C_{max} 为多年最大月平均含沙量的平均值，用下式计算，即：

$$C_{max} = \frac{1}{n}\sum_{i}^{n} \max(C_{ij}) \qquad (2\text{-}3)$$

式中 C_{ij} 为第 i 年 j 月的月平均含沙量，n 为统计年数。由式（2-2）和式（2-3）计算出华北地区主要河流汛期输沙排盐需水量 $63 \times 10^8 m^3$，如表2所示。

表 2 海滦河流域主要河流汛期输沙排盐水量概算

Tab.2 Water required for transportation of soil and salt in flood season of major rivers in Haihe and Luanhe Basins

河流	测站	输沙量 /×10⁴ t	含沙量 /kg·m⁻³	输沙排盐需水量 /×10⁸ m³	河流	测站	输沙量 /×10⁴ t	含沙量 /kg·m⁻³	输沙排盐需水量 /×10⁸ m³
滦河	滦县	2 670	10.700	24.953	大清河	新镇	107	4.290	2.494
蓟运河	九王庄	13.3	1.170	1.137	子牙河	献县	232	2.250	10.311
潮白河	苏庄	35.3	1.520	2.322	滏阳河	衡水站	47.2	1.170	4.034
永定河	官厅	139.8	4.840	2.888	滹沱河	黄壁庄	852	18.890	4.510
大清河	白沟	240	2.320	10.345	合计	—	—	—	63

2.3 湖泊洼地生态环境需水量

湖泊洼地生态环境需水量主要考虑为维持湖泊洼地特定的水、盐以及水生生态条件,湖泊洼地一年内消耗的水量。根据水量平衡的原理,在无取水的自然条件下,对于湖泊洼地有:

$$\Delta W_l = P + R_i - R_f - E + \Delta W_g \quad (2\text{-}4)$$

式中 ΔW_l 为湖泊洼地蓄水量的变化量,P 为降水量,R_i 为入湖水量,R_f 为出湖水量,E 为蒸发量,ΔW_g 为地下水变化量。

为维持湖泊洼地的生态环境功能,要求湖泊洼地蓄水量不发生变化,即 $\Delta W_l = 0$。对北方河流而言,由于蒸发 E 大于降水 P,因此在地下水位维持动态平衡的条件下($\Delta W_g = 0$),必须有相当一部分的入湖水量消耗于湖泊洼地的水面蒸发。因此,可以认为湖泊洼地的生态环境用水主要是用以维持湖泊洼地水量平衡而消耗于蒸发的净水量,其计算公式表示如下:

$$W_l = \sum_{A_i} (E_i - P_i) \quad (2\text{-}5)$$

式中 W_l 为湖泊洼地的生态环境需水量,A_i 为某一湖泊洼地的水面面积,E_i 为相应的水面蒸发能力,P_i 为湖泊洼地上的降水量。

海滦河流域内除白洋淀和北大港还有一定的蓄水量外,其它湖泊洼地基本都已干涸。这 2 个湖泊水面面积分别为 336 km² 和 350 km²[3],水面蒸发能力为 1 100 mm,降水量为

550 mm，由式（2-5）估算出海滦河流域主要湖洼生态环境需水量为 $4×10^8$ m³。

3 结果分析与讨论

海滦河流域河流系统生态环境需水量概算结果表明，海滦河流域河流基本生态环境需水量为 $57×10^8$ m³，河流输沙需水量为 $63×10^8$ m³，湖泊洼地生态环境需水量为 $4×10^8$ m³，全流域生态环境需水总量约为 $124×10^8$ m³，约占地表径流总量 $228×10^8$ m³[4]的 54.4%。

从生态环境需水量分析可知，地表水开发利用存在一个合理阈值。国际上公认的地表水合理开发利用程度是 30%，极限开发利用程度是 40%。在我国，地表水开发利用程度平均约为 20%，其中，南方低于 20%，而北方地区则远远高于 20%。辽河、海河和黄河流域地表水的开发利用程度均高于 50%，其中又以海河流域最高，已达到 80%以上。

由于水资源的掠夺式开发，海河、黄河均出现了严重的河道断流、湖泊萎缩、湿地消失等现象。此外，由于排污量大，再加上河道内没有足够的稀释净化水量，使上述 3 条河流成为我国水污染最严重的河流。断流和严重的水污染，已使上述河流生物资源大为减少，甚至完全消失，给社会经济和人民生活带来了很大的影响。因此，我们认为：中国北方河流，特别是海滦河和黄河流域出现的河道断流和生态环境状况严重恶化的根本原因，与上述河流系统过量开发利用地表水，大量挤占生态环境用水量有直接的关系。因此，在进行河流系统规划时，应充分考虑维持河流系统生态平衡的重要性，保证河流系统的生态环境需水量。

就海滦河流域而言，河流系统的生态环境需水量在一段时间内将很难得到满足。因此，为提高河流系统的生态环境功能，保证河流系统内充足的生态环境需水量，必须采取全面节水措施，减少污染物的排放，建立起适水型的产业结构，加强水资源的管理调配，并尽可能充分利用海水、微咸水、雨水以及废污水。

必须说明的是，首先，本文关于生态环境需水量的计算中，河流系统的排盐需水量并没有单独考虑，主要是因为对于大多数河流而言，在基本生态环境需水量和输沙水量得到保证的前提下，河流系统同时也将完成排盐的功能[3]。因此，在计算基本生态环境需水量和输沙水量后就无须另外计算排盐水量。另一方面，本文输沙水量的计算只是在一定的假设条件下针对河流系统中下游河段的输沙平衡进行的。显然，在假设条件发生变化的情况下，河流的输沙水量也将发生相应的变化。如果加大人为的调控（如挖沙等）力度，那么，河流系统的生态环境需水量将因输沙水量的减少而减少。

其次，本文实际上只是针对海滦河流域的一般情况对河流系统的生态环境需水量加以概算，只涵盖了为维持河流系统最基本也是最主要的生态环境功能而需要的水量。对生态环境功能的要求越高，则相应的生态环境需水量也越多。相反，生态环境需水量就越少。因此，关于生态环境需水量的更为精确的计算，必须在生态功能规划的基础上进行。对于特定区域一些特殊的问题在计算生态环境需水量时，还必须做进一步的分析论证。

最后，当前关于生态环境需水量的认识也并不完全一致。本文的讨论是从自然生态环境平衡的角度出发，而不是从水资源供需平衡的角度出发。从本文的生态环境需水量的概念出发，有助于把握水资源开发利用的程度，消除生态环境问题于未然[9]，有利于社会、经济、环境三者的协调发展[10]。

参考文献（References）

[1] Boon P Jetc. River Conservation and Management[M]. John Wiley & Sons Ltd., 1992. 260-266. (In Chinese) [宁远等 译. 河流保护与管理[M]. 北京：科学出版社, 1997. 260-266.]

[2] Petts Geoffrey. Inpounded Rivers[M]. John Wiley & Sons Ltd., 1984. (In Chinese) [G E 佩茨 著. 王兆印等译. 蓄水河流对环境的影响[M]. 北京：中国环境科学出版社, 1988.]

[3] Liu Changming, Wei Zhongyi. Agricultural Hydrology and Water Resources in the North China Plain[M]. Beijing: Science Press, 1989. (In Chinese) [刘昌明, 魏忠义. 华北平原农业水文及水资源[M]. 北京：科学出版社, 1989.]

[4] Yu Fenglan, Qian Jinping, Li Enqing. Water Resources Development and Utilization in the Haihe Luanhe Basins [M]. Beijing: Science Press, 1994, 115. (In Chinese) [于凤兰, 钱金平, 李恩庆. 海滦河水资源及其开发利用[M]. 北京：科学出版社, 1994, 115.]

[5] Fang Ziyun. Quantitative Analysis on the Environmental Effects of Hydrological Projects[M]. Beijing: Environmental Science Press of China, 1993. (In Chinese) [方子云. 水利建设的环境效应分析与量化[M]. 北京：中国环境科学出版社, 1993.]

[6] Wu Kai, Xu Yuexian. Environment effects and adjustment and control countermeasures of water resource utilization in the Huang-Huai Hai Plain[J]. *Acta Geographica Sinica*, 1997, 5(2): 114-122. (In Chinese) [吴凯, 许越先. 黄淮海平原水资源开发的环境效应及其调控对策[J]. 地理学报, 1997, 5(2): 114-122.]

[7] Liu Changming. Ecological water resources research: Water demand-supply analysis of China in the 21st century[J]. *China Water Resources*, 1999(10): 18-20. (In Chinese) [刘昌明. 中国 21 世纪水供需分析：生态水利研究[J]. 中国水利, 1999(10): 18-20.]

[8] Jia Baoquan, Ci Longjun. The primary estimation of water demand by the eco-environment in Xinjiang[J]. *Acta Ecologica Sinica*, 2000(2): 243-250. (In Chinese) [贾宝全, 慈龙骏. 新疆生态用水量的初步估算[J]. 生态学报, 2000(2): 243-250.]

[9] Li Lijuan, Zheng Hongxing. Characteristics and drives of annual runoff changing for rivers in the Huabei Plain, China——A case study in the Chaobaihe River[J]. *Acta Geographica Sinica*, 2000, 5(3). (In Chinese)

[李丽娟, 郑红星. 华北典型河流年径流演变规律及其驱动力分析——以潮白河为例[J]. 地理学报, 2000, 5(3).]

[10] Li Lijuan. Water resources supporting capacity of Qaidam Basin[J]. *Environmental Science*, 2000(2): 20-23. (In Chinese) [李丽娟. 柴达木盆地水资源承载力研究[J]. 环境科学, 2000(2): 20-23.]

Environmental and Ecological Water Consumption of River Systems in Haihe-Luanhe Basins

LI Li-juan, ZHENG Hong-xing

(*Institute of Geographical Sciences & Natural Resources, CAS, Beijing* 100101, *China*)

Abstract: In the history of water utilization and development, our attention has always been paid on the benefit we could get from rivers while environmental and ecological function of the river system used to be neglected. Thus the activities of water utilization and development were accompanied by more and more serious environmental and ecological problems. In order to reduce the environmental and ecological problems induced by water resources development and utilization, this paper has proposed a concept of environmental and ecological water consumption. In general, we defined that the environmental and ecological water consumption means the minimum water that must be saved in or consumed by the natural water bodies to conserve their environmental and ecological functions. Based on the definition, the methods on calculating the amount of environmental and ecological water consumption are determined. Water consumption can be divided into three parts, i.e. the basic water consumption of rivers, water consumption for transportation of sediments and salts, water consumption for evaporation of the lakes. The methods for calculating the different parts of water consumption were shown in expressions. In a case study on Hai-Luanhe Basins, the hydrological records before 1960, which may represent the natural conditions of the river systems, were used for calculating. The results of the calculation have shown that the environmental and ecological water co, nsumptionin the Basins is about 124×10^8 m^3, including 57×10^8 m^3 for basic consumption 63×10^8 m^3 for transportation of sediments and salts and 4×10^8 m^3 for net evaporation loss of lakes. Thus it was estimated that the total amount of environmental and ecological water consumption accounts 54% of the total amount of runoff (228×10^8 m^3). However, there are still some aspects of environmental and ecological consumption that are not under our consideration. It should be realized that the required amount of environmental and ecological water consumption must be more than that we have calculated. According to this result, if the rational utilization rate of the runoff in the basins is more than 40%, the problems of eco-environment will be serious but the current utilization rate of the Basins is as high as 80%. It is on the urgency to control and adjust water development and utilization to eliminate those problems existed and to avoid the potential ecological or environmental crises that are still not clear.

Key words: environmental and ecological water consumption; river systems; Haihe-Luanhe Basins

"海滦河流域河流系统生态环境需水量计算"解读

刘苏峡

一、作者简介

李丽娟，中国科学院地理科学与资源研究所研究员，博士生导师。1961年生于吉林省吉林市，1979—1983年就读北京大学地理系自然地理专业，获理学学士学位，1983—1986年就读北京大学地理系环境地学专业，获理学硕士学位，1992—1994年在荷兰留学，获ITC水环境系统监测与管理专业理学硕士学位，1995—2000年攻读中国科学院地理科学与资源研究所自然地理学专业，获理学博士学位。曾兼任中国地理学会水文地理专业委员会副主任，中国水利学会雨水利用专业委员会副主任，中国科学院水问题联合研究中心常务副主任兼秘书长，现任《地理研究》编委。1986年以来，主要从事水文与水资源研究，揭示了中国北方河流（海河、黄河、松花江等）水资源时空演化规律，提出了北方河流的生态需水机理与定量方法，定量分析了北方流域的水资源承载力，开展了中国南方的珠江、澜沧江等河流的水资源与水环境研究。已发表论文近100篇，获得中国科学院科技进步奖二等奖（1994年）、云南省科技进步奖一等奖（2002年），国家科技进步二等奖（2006年），大禹水利科学技术进步奖一等奖（2005年）和中国科学院杰出科技成就奖（2009年）等。

作者介绍：刘苏峡（1965— ），女，湖北黄陂人，中国科学院地理科学与资源研究所研究员，中国地理学会会员（S110005861M），研究方向为水文水资源、界面水文过程。E-mail: liusx@igsnrr.ac.cn

郑红星，澳大利亚联邦科工组织环境所高级研究员。分别于福建师范大学地理系、华东师范大学地理系、中国科学院地理科学与资源研究所水文室获得学士、硕士和博士学位。先后在北京师范大学、中国科学院地理科学与资源研究所、香港中文大学地理系、日本综合地球环境研究所从事研究工作。主要的研究领域为水文循环过程与模拟、气候变化对水文循环的影响评估与预测、生态水文以及流域水资源综合管理等。

二、论文写作背景

"海滦河流域河流系统生态环境需水量计算"一文写作于2000年。21世纪初，人类活动对包括生态在内的影响成为热点话题。诺贝尔化学奖得主保罗·克鲁岑（Paul Crutzen）认为人类活动强度之大已让全球进入到一个新的地质学新纪元，以至于在2000年通过提出"人类世"这一新概念，来表达人类在地球所产生的越来越核心的作用。的确，从我国用水总量来看，1949—1997年近半个世纪，从1 000多亿立方米增加到5 566亿立方米，人均综合用水量从不足200立方米增加到458立方米。而在这些增量中，农业用水占75.3%，工业用水占20.2%，城镇生活用水占4.5%。那时中国对一些地区的水资源的过度开发，给生态环境造成的破坏已到极为严重的程度。在中国政治文化中心所在的海滦河流域，由于水资源开发利用强度过大，给生态环境造成了很大的压力，"有河皆干、有河皆污"已成为有目共睹的事实。

这种现象的实质是赋存于天然水体中的水量达不到生态环境需水量的水平，引发诸如河流季节化、河道萎缩、水质下降等一系列生态环境问题。然而到底应该为这样的河流系统预留多少水量用于生态保护，应该怎样预留，如何开展其生态环境保护，是中国面临的重大难题。

河流的（最小）生态需水量，或者（最小）环境需水量，又称"环境流"（Environment Flow），到21世纪初已不是一个新概念。在20世纪60年代中期，一个用以计算河流水生生物所需的水量，即水文生境的称为"蒙大拿"（Montana）方法已经在美国开始广泛应用。1964—1974年，特南特（Tennant，1976）对美国蒙大拿州、内布拉斯加州和怀俄明州 11 条河流 58 个过水断面和 196 英里河长范围开展了物理、化学、生物性质分析，分析了"蒙大拿"方法的适用性，发现在这些河段，只要每时每刻能维持 10% 的多年平均流量，大多数水生生物都能短期存活。如果这个比例提高到 30%，基本达到河流的基流水平，则多数水生生物都能很自在地生活，河流具有娱乐功能。如果这个比例达到 60%，大多数水生生物能够非常舒适地度过其完整的生命周期，河流具有极佳的娱乐价值。该文发表之后，这个"蒙大拿"方法又被世人称为"Tennant 法"，成为在全球闻名的较早推求河流生态需水量的方法。截至 2003 年，有超过 200 多种估算生态需水量的方法相继问世，包括以美国 Tennant 法和改进 Tennant 法为代表的水文评价方法，以澳大利亚"湿周法"等为代表的水力学评价方法、以英国"栖息地模拟法"（Physical Habitat Simulation，PHABSIM）为代表的生境模拟法、以南非和澳大利亚"Building Block"为代表的整体全息方法，以及上述方法的组合、和其他一些小众方法。生态目标也由纯粹的生态保护发展到包括生态恢复，以及不仅是满足最小的水量，还满足最基本的水质以及最基本的时间等。但截至 2000 年，这些方法还鲜有用于我国北方。

三、论文主要贡献

"海滦河流域河流系统生态环境需水量计算"一文作者从水资源开发利用中的生态环境问题出发，探讨了河流系统生态环境需水量的内涵，指出生态环境需水量是指地表水体维持特定的生态环境功能所必须蓄存和消耗的最小水量。在这一概念的基础上，提出了"三合一"的估算海滦河流域河流系统生态环境需水量的方法。包括：① 河流基本生态环境需水量，采用河流年内最小月平均实测径流量的多年平均值估算；② 河流输沙排盐需水量，采用河流多年平均输沙量和河流年内最大月平均含沙量的多年平均值之比值估算；③ 湖泊洼地生态环境需水量，采用所有泊洼地的水面面积与相应湖泊的蒸发与降水之差的乘积估算。采用该法概算了海滦河河流系统的生态环境需水量，为 124×10^8 立方米，约占流域地表径流总量的 54%。诚然，彼时中国北方有河皆干，有河皆污，哪里谈还能有余水给生态环境。该文认识到这个现实，提出利用中水、废水、污水来"形成"生态环境需要的水量。

"海滦河流域河流系统生态环境需水量计算"论文创作之时，中国关于河流系统生态环境需水量的研究还很少。继在他们研究之后，国内开展了大量生态需水量计算方法的研究，开始学习和应用西方的生态需水量估算方法，并提出了一系列具有中国特色的生态需水量估算方法，如水力半径法、解析湿周法、习变法等。对多种自然单元如林地、湿地、湖泊、河口、城市等开展了生态需水量估算，估算了中国不同气候区多条河流的生态需水量。在这些研究中，不乏对该文的引用。截至2024年5月，对该文的引用已达800次，其中有约一半的引用次数来自研究生学位论文，显示该文为我国早期开展生态与环境需水量研究，特别是指用导研究生开展工作的重要论文。

"海滦河流域河流系统生态环境需水量计算"一文通过三项求和的方法，为每一单项需水量的计算设计了一种概念清晰的简单可操作的方法，最终估算出海滦河流域河流系统生态环境需水量，这是对中国北方河流系统为了维持生态和环境必须预留水量的早期定量估算。论文对生活和生产用水已经消耗了80%的水资源量的我国北方大河——海滦河的河流系统生态功能恢复起到了引领作用，也给全国其他气候区的河流系统生态环境保护提供了重要借鉴。该文呼吁的利用中水、废水、污水来"形成"生态环境需要的水量方案目前已经广泛为中国北方采用。目前，中国北方利用再生水制造河流水面已经比比皆是，水面引来野鸭、候鸟栖息。如今的北方河流，常年出现水面已经不再是奢望。

中国土壤有机碳库及空间分布特征分析

王绍强[1]，周成虎[1]，李克让[1]，朱松丽[2]，黄方红[1]

(1. 中国科学院地理科学与资源研究所 资源与环境信息系统国家重点实验室，北京 100101；
2. 北京师范大学环境科学研究所，北京 100875)

摘要： 土壤有机碳库是陆地碳库的主要组成部分，在陆地碳循环研究中有着重要的作用。根据中国第二次土壤普查实测 2 473 个典型土壤剖面的理化性质，以及土壤各类型分布面积，估算中国土壤有机碳库的储量约为 924.18×10^8 t，平均碳密度为 10.53 kg/m^2，表明中国土壤是一个巨大的碳库。其空间分布总体规律上表现为：东部地区大致是随纬度的增加而递增，北部地区呈现随经度减小而递减的趋势，西部地区则呈现随纬度减小而增加的趋势。

关键词： 碳循环；全球变化；土壤有机碳库

中图分类号： S159.2　　**文献标识码：** A

第 55 卷第 5 期，2000 年 9 月
文章编号：0375-5444 (2000) 05-0533-12
收稿日期：2000-05-15；修订日期：2000-07-10
基金项目：中国科学院"九五"重大 A 类项目(KZ95T-03-02-04)及国家重点科技攻关专题项目(96-911-01-01)
[**Foundation Item:** The Key Ninth-Five-Year-Plan Project of Chinese Academy of Science, No. KZ95T-03-02-04; and the Key Project of State Science Technique, No. 96-911-01-01]
作者简介：王绍强 (1972-)，男，博士，湖北襄樊人。1997 年在北京师范大学资源与环境科学系获得硕士学位, 2000 年在中国科学院地理科学与资源研究所获得博士学位。主要从事全球变化、地理信息系统和遥感的应用研究，在 *Int. J. of Remote Sensing* 等刊物发表论文 8 篇。E-mail: wsqlxf@263.net
引用本文：王绍强，周成虎，李克让，等. 中国土壤有机碳库及空间分布特征分析. 地理学报, 2000, 55(5): 533-544. [Wang Shaoqiang, Zhou Chenghu, Li Kerang, et al. Analysis on spatial distribution characteristics of soil organic carbon reservoir in China. *Acta Geographica Sinica*, 2000, 55(5): 533-544.]

1 前言

全球变化研究引起了许多科学家对陆地生态系统中碳平衡以及碳存储和分布的关注，由于土壤中所存储的碳大约是植被的 1.5～3 倍[1,2]，而且是全球生物地球化学循环中极其重要的生态因子，因而土壤有机碳的分布及其转化日益成为全球有机碳循环研究的热点[3,4]。

土壤是陆地生态系统中最大且周转时间最慢的碳库。它由有机碳库和无机碳库两大部分组成，且土壤无机碳库占的比例较小[5]。国际上很早就开展了土壤碳研究，其中 Post 根据全球 2 696 个土壤剖面估计全球土壤有机碳为 13 953×10^8 t[6]，而与大气交换的土壤有机碳大约占陆地表层生态系统碳储量的 2/3[6]。目前对于全球陆地碳循环认识的不确定性，大部分是关于土壤有机碳库的分布和动力学[7]，全球变暖将会加速土壤向大气的碳排放，加剧大气 CO_2 浓度的上升，这将进一步加强全球变暖的趋势[8]。

土地利用/土地覆盖变化既可改变土壤有机物的输入，又可通过对小气候和土壤条件的改变来影响土壤有机碳的分解速率，从而改变土壤有机碳储量。土地利用的变化，特别是森林砍伐所引起的变化，减少土壤上层的有机碳达 20%～50%[9]。不合理的土地利用，会导致土壤储存的碳和植被生物量减少，使更多的碳素释放到大气中，从而导致大气 CO_2 浓度的增加，又进一步增加了全球变暖的趋势和与之有关的气候变化，所以，精确估计土壤有机碳库和土地利用/土地覆盖变化对陆地生态系统碳平衡的影响是当前全球陆地表层碳循环研究的重点内容[10]。

我国科学家也早已开始了对土壤有机碳的研究工作。方精云[11]计算中国土壤有机碳库约为 1 856.9×10^8 t，王艳芬等[3]、李凌浩等[12]研究了人类活动对锡林郭勒地区主要草原土壤有机碳分布的影响，吴仲民等[13,14]、李意德等[15]对尖峰岭热带森林土壤碳含量进行了研究。国内土壤碳循环的研究主要是针对特定的地区和生态群落进行的[3,4,11~20]，由于缺乏全面、详细、可靠的实测数据，对中国陆地土壤有机碳库的估算有待深入研究。

2 资料来源与研究方法

第二次全国土壤普查（1979～1984 年）比较详细地对中国土壤状况进行了调查和研究[21,22]。利用第二次全国土壤普查所测定的 2 473 个典型土种剖面资料（图 1），包括土壤剖面的地理位置、土层深度、有机质含量、容重、面积、主要性状、典型剖面、生产性能和理化分析数据,其中部分土壤容重数据采用的是平均值[11],并采用中国资源环境数据库1∶400万中国土壤类型分布图[23],分析中国土壤碳密度的空间分布特征。

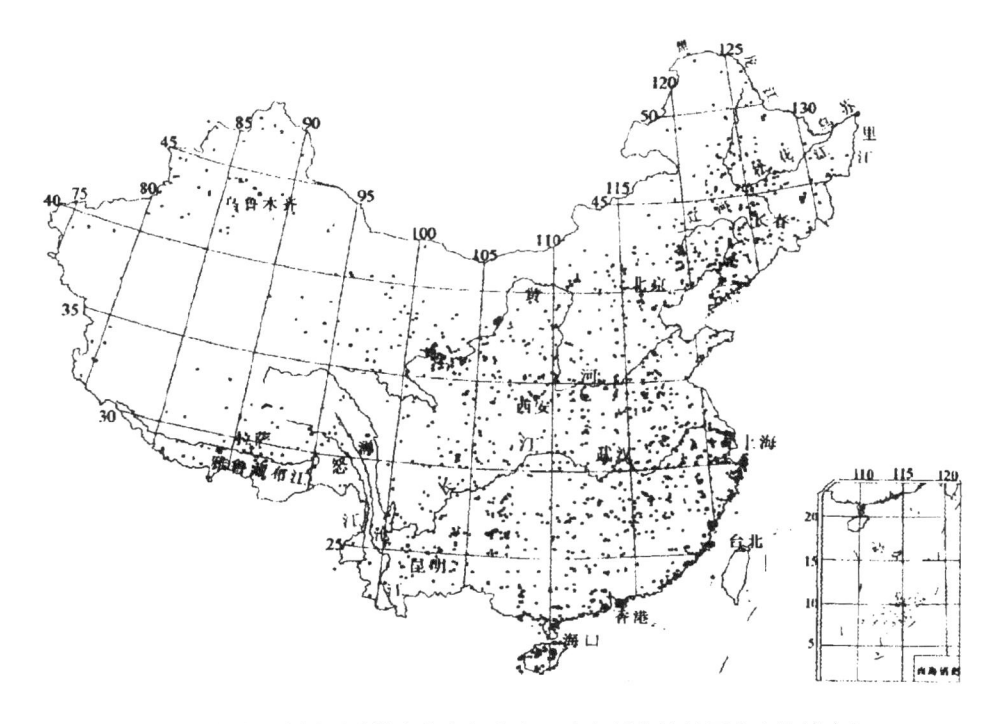

图 1　典型土种剖面采样点的空间分布(未包括台湾地区和南海诸岛)

Fig.1　Spatial distribution of sample soil profiles

估计土壤有机碳和土壤碳通量的最好方法就是直接测定不同类型土壤不同深度的有机碳含量、土壤有机质输入速率和分解速率、土壤呼吸速率等,然后根据土壤面积计算总碳储量和碳通量。这种方法能保证土壤有机碳和碳通量估计的精确性,但是通过植物的光合作用直接估计对 CO_2 的吸收是很困难的,而且也难以通过直接测定大尺度土壤有机质的分解和土壤呼吸作用估计 CO_2 的释放量。直接测定 CO_2 净通量的最实际技术是采用微气候技术,但是这些技术要求条件高,且观测和试验时间很长,耗费比较大。因而本研究主要是根据全国土壤普查的实测数据来估计中国土壤有机碳库。

从第二次全国土壤普查资料 2 473 个土种剖面资料中,分别读取每个剖面每层深度土壤的理化性质。碳含量由有机质含量乘以 Bemmelen 换算系数(即 0.58 g C/g SOC)[11]求得。首先计算各土壤类型和亚类的每个土种各个土层的碳含量,然后以土层深度作为权重系数,求得各土种的平均理化性质,通过面积加权平均得到各土壤类型和亚类的平均深度、平均有机质、平均容重、平均碳密度(图2)。

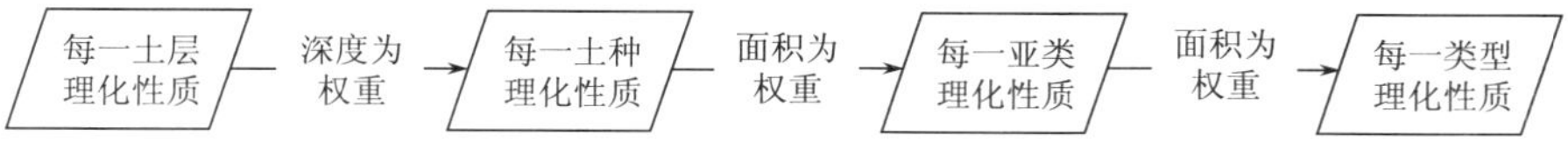

图 2　土壤碳密度计算流程图

Fig.2　Flow diagram of soil carbon density calculation

各类土壤的总碳量由下列公式求得：

$$C_j = 0.58 S_j H_j O_j W_j \tag{2-1}$$

式中　j 为土壤类型，C_j 为第 j 种土壤类型的碳储量(t)，S_j 为第 j 种土壤类型分布面积(hm^2)，H_j 为第 j 种土壤类型的平均厚度（cm），O_j 为第 j 种土壤类型的平均有机质含量（%），W_j 为 j 种土壤类型的平均容重（g/cm^3）。

根据第二次土壤普查的统计资料[21,22]，扣除了水域、冰川、常年积雪、裸岩、石质山地面积后，中国土壤面积约为 $877.63 \times 10^6\ hm^2$（未包括台湾地区的土壤资源面积）。

3　结果与讨论

3.1　中国土壤有机碳库估算

计算结果表明，第二次土壤普查我国土壤的平均容重为 1.30 g/cm^3，土壤剖面的平均厚度为 87 cm，平均有机质含量为 1.78%，土壤平均碳密度为 10.53 kg/m^2，若按统计的 $877.63 \times 10^6\ hm^2$ 国土面积计算，中国陆地土壤总有机碳储量约为 924.18×10^8 t。

从中国土壤各类型碳密度分布（图 3）中看出，广泛分布在我国东北和青藏高原边缘地带的漂灰土、暗棕壤、灰色森林土等森林土壤和青藏高原东北部和东南部的沼泽土、草毡土、黑毡土及薄黑毡土等高山土壤，土壤碳密度明显高于其他地域。我国东北地区植被茂密，气候湿润，有机质主要以地表枯枝落叶的形式进入土壤，土壤表层的腐殖质积累过程十分明显。加之全年平均气温较低，地表常有滞水，土壤有机质分解程度低，使土壤有机碳积累很高。青藏高原东南部及四川西部主要为高山带上部平缓山坡、古冰渍平台和侧碛物、冰水沉积物及残积-坡积物为主，气候寒冷而较湿润，地表植被多低矮但丰富，有机物分解速度极为缓慢，草皮层和腐殖质层发育良好，进行着强烈的泥炭状有机质的积累过程。土壤有机质中碳含量主要取决于土壤的形成条件，如温度、水分、母质、植物、微生物和动物等因素。人类活动（主要通过耕作、施肥等措施）对土壤有机质含量也有极其明显的影响：例如在集约耕作历史悠久的黄土高原和黄淮海平原，有机质含量都有所下降；

而在长期淹水的水稻土，由于还原环境缓解了有机质的矿化速率，有利于有机质的积累。我国水稻土约有 29.79×10^6 hm^2 的面积[21]，占统计国土面积的 3.39%，总土壤碳储量为 30.72×10^8 t，占全国土壤总碳库的 3.32%，说明我国农田土壤碳储量并不高。我国西部沙漠和半沙漠地区由于水分、温度的限制，地表植被覆盖少，土壤有机质输入量少，因而土壤碳密度最低。

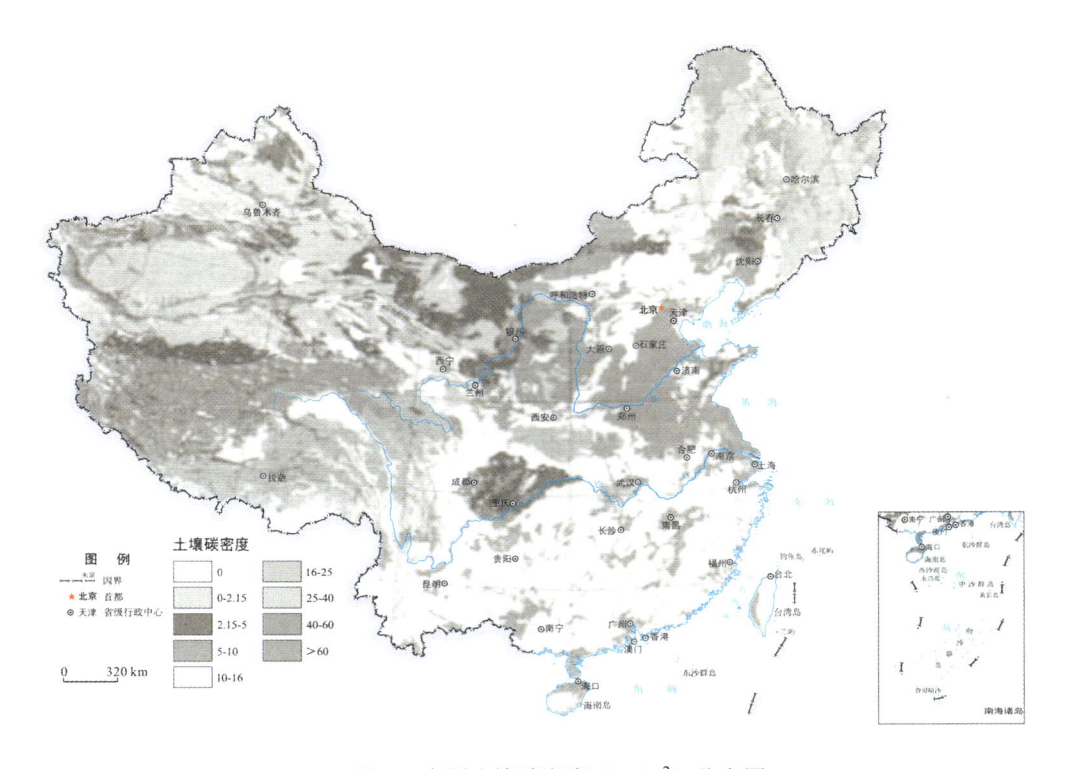

图 3　中国土壤碳密度（kg/m^2）分布图

Fig.3　Soil Carbon density (kg/m^2) distribution map in China

3.2　土壤碳密度水平地带分布特征

中国土壤碳密度分布与我国土壤水平带谱是一致的。本文为了揭示土壤碳密度的空间分布特征，采用 ArcView 桌面 GIS 软件的空间分析模块沿着从中国土壤碳密度分布图上东部、北部和西部随机作出 3 条剖面线，分别表示东部、北部和西部土壤碳密度的变化趋势。

沿着东部地区在 23°～50°N 和 115°～133°E 之间的范围做一个剖面线（图 4），从南到北土壤平均碳密度从 8 kg/m^2 增加到 60 kg/m^2 以上（图 5a）。从图 3 可以看出，我国东部地区土壤碳密度由寒温带向亚热带，是逐步降低的。水平地带分布在东部地区大致是：随热量的递减由南向北，植被类型是热带雨林、季雨林、常绿阔叶林、落叶与常绿阔叶混交林、落叶阔叶林、针阔混交林、寒温带针叶林植被，相应的土壤类型由南向北为砖红壤、赤红壤、红壤与黄壤、黄棕壤与黄褐土、棕壤、暗棕壤、棕色针叶林土，其中，水稻土分布面积较广，土壤碳密度是逐渐增加的（图 5a 和表 1），总体上表现出东部地区土壤碳密度随纬度增加而增加的趋势。同时，东部地区又是我国重要的农业生产基地，农田生态系统对 CO_2 的吸收和释放量也是巨大的。然而，长期的耕作活动导致水稻土土壤有机质含量下降，低于森林地区土壤碳密度（表 1）。

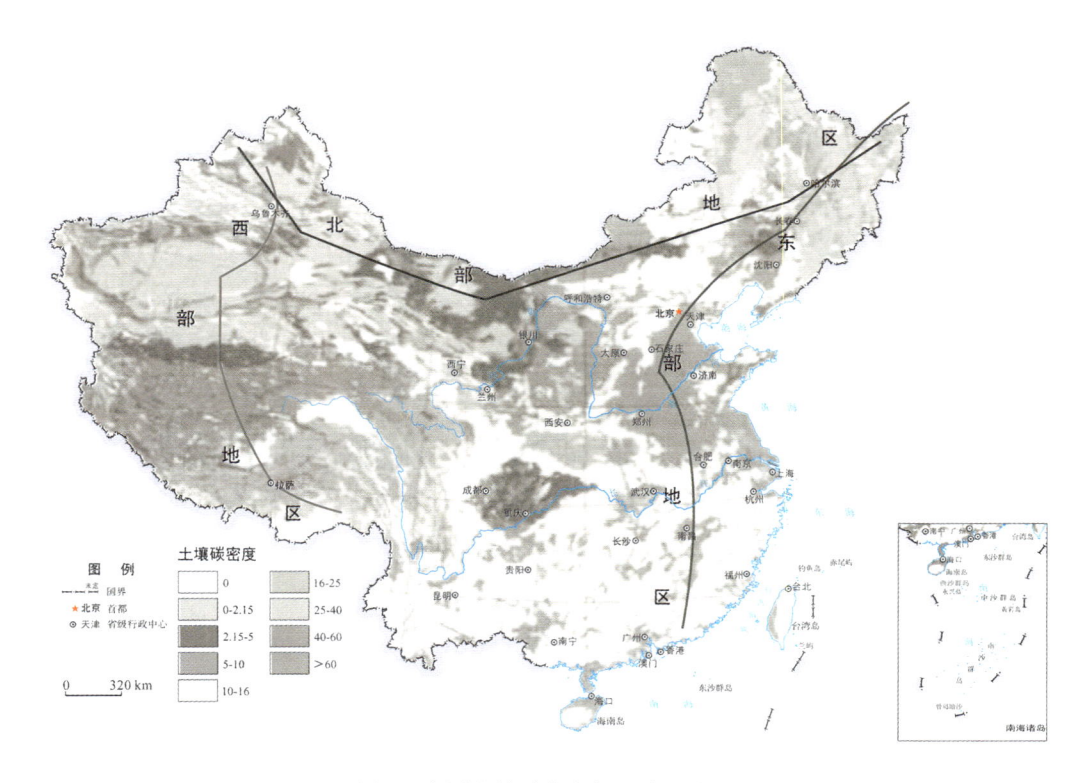

图 4　中国土壤碳密度剖面线分布图

Fig.4　Profiles lines spatial distribution of soil carbon density in China

另一条水平地带谱在北部的排列顺序是：随水分的递减由东向西，从湿润温带森林下的暗棕壤起，向西逐步可见黑土、灰色森林土、黑钙土、暗栗钙土、栗钙土以至表层累积甚少的淡栗钙土、草被稀疏矮小的棕钙土。由此向西进入漠境时，更趋干旱少雨，植被覆盖率更低，出现有灰漠土、灰棕漠土，土壤碳密度是逐渐降低的（图 3 和表 2）。沿着北部地区在 40°~50°N 和 85°~133°E 之间的范围做一个从东到西的剖面线（图 4），土壤碳密

表1 中国东部地区土壤碳密度比较

Tab.1 The comparison of soil organic carbon density in Eastern China

土壤类型	有机质/%	深度/cm	容重/（g/cm³）	碳密度/（kg/m²）
砖红壤	1.33	97	1.18	8.86
赤红壤	1.40	112	1.35	12.28
红壤	1.24	103	1.37	10.18
黄棕壤	1.87	92	1.31	11.41
棕壤	1.40	102	1.42	11.46
水稻土	1.45	93	1.33	10.31
暗棕壤	3.18	85	1.13	17.55
棕色针叶林土	7.54	79	1.3	44.61

度从 50 kg/m² 下降到 3 kg/m² 以下（图5b），而且东北地区由于大面积的农业开垦和不重视水土保持，暗棕壤、黑土和黑钙土等土壤有机质含量在逐渐下降。我国北部地区总体上表现出土壤碳密度随经度减小而降低的趋势。这种分布特征与我国热量、水分和植被分布特征是一致的。

表2 中国北部地区土壤碳密度比较

Tab.2 The comparison of soil organic carbon density in Northern China

土壤类型	有机质/%	厚度/cm	容重/（g/cm³）	碳密度/（kg/m²）
暗棕壤	3.18	85	1.13	17.55
黑土	1.87	113	1.31	17.03
灰色森林土	2.30	58	1.28	10.25
黑钙土	1.97	115	1.29	17.99
暗栗钙土	1.69	112	1.24	13.61
栗钙土	1.01	129	1.24	9.37
淡栗钙土	0.82	123	1.24	7.25
棕钙土	0.64	95	1.40	4.86
灰钙土	0.75	113	1.35	6.71
灰漠土	0.60	86	1.25	3.73
灰棕漠土	0.37	84	1.25	2.23

在中国西部地区，土壤碳密度是从新疆准噶尔盆地—塔里木盆地—青藏高原由 0~2.15 kg/m² 到 16~25 kg/m² 逐渐升高（图3）。沿着 85°~105°E 和 47°~28°N 之间的范围向南做一个剖面线（图4），从我国北部的阿尔泰山灰黑土、黑毡土区向南，经过准噶尔盆

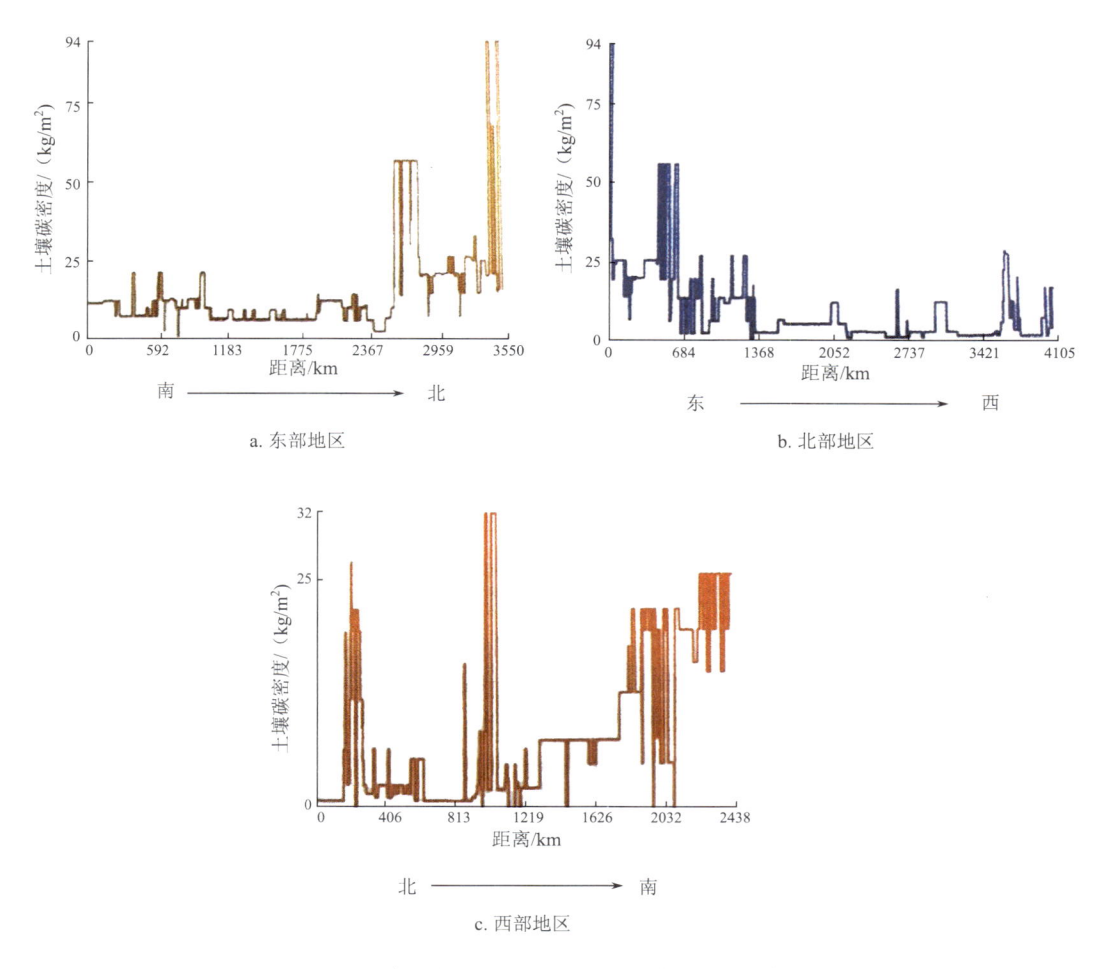

图 5 中国东部、北部和西部土壤碳密度比较

Fig.5 Comparison of soil carbon density in East, North and West China

地风沙土、灰漠土、灰棕漠土区,塔里木盆地、罗布泊棕漠土区,到达青藏高原草原土带,雅鲁藏布江河谷冷棕钙土、黑毡土区,中喜马拉雅山北侧冷钙土带,主要的土壤类型有灰黑土、风沙土、灰漠土、灰棕漠土、灰钙土、棕漠土、寒钙土、冷棕钙土、黑毡土、冷钙土,土壤碳密度呈现出随纬度减小而增加的趋势(图 5c 和表 3),这与青藏高原大地形对气候的影响有关。

我国土壤碳密度水平分布并非简单地只按上述经线与纬线作东西或南北向排列,还有一定的偏转,从图 3 可见,在我国中西部之间跨我国地势的第三和第二阶梯,土壤碳密度在界线两旁差异是比较大的,这是由于大地形关系和我国季风特征综合形成的结果[21]。处于我国第三阶梯的地区主要是位于大兴安岭东侧的东北平原西部,包括松嫩沙地和科尔沁沙地。第二阶梯包括辽西山地、大兴安岭南部的低山丘陵、冀北山地、黄土高原、秦岭和

表 3 中国西部地区土壤碳密度

Tab.3 Soil carbon density in Western China

土壤类型	有机质/%	厚度/cm	容重/（g/cm³）	碳密度/（kg/m²）
灰色森林土	2.83	73	1.28	15.34
风沙土	0.27	102	1.51	2.41
灰漠土	0.59	117	1.25	5.00
灰棕漠土	0.45	85	1.25	2.77
灰钙土	0.87	118	1.35	8.04
寒钙土	1.17	87	1.25	7.38
冷棕钙土	5.43	91	1.2	34.39
黑毡土	4.03	73	1.2	20.48
冷钙土	1.59	88	1.25	10.14

大巴山地、横断山区以及云贵高原的大部分地区。从东北到西南，中西部地区的土壤类型主要为：黑钙土、暗栗钙土、草甸土、风沙土、褐土、黄绵土、淡灰钙土、黄棕壤、棕壤、黄壤、紫色土、红壤、黄红壤、山地棕壤、山地草甸土、石灰土，自然植被也从北方的温带森林、森林草原过渡到羊草草原、针茅草原、山地森林、山地灌丛，原始森林破坏严重，气候差异大。由于自然和人为因素的作用，中西部地区生态环境恶化，水土流失严重，土壤有机质含量也在不断下降。

3.3 中国土壤碳库的全球位置

我国中南部红壤、砖红壤、赤红壤、黄棕壤、褐土、棕壤等分布地区的碳密度在 2.14～10 kg/m² 之间，分布面积最广，说明我国广大地区土壤的有机质含量是不高的。我国风沙土分布面积约为 67.56×10^6 hm²，约占统计国土面积的 7.70%，但其碳密度为 2.54 kg/m²，所以碳储量仅为 17.146×10^{14} g，占全国土壤碳库的 1.89%。第二次普查中我国土壤碳密度小于平均值 10.53 kg/m² 的土壤类型面积总共为 571.713×10^6 hm²，约占统计国土面积的 65.10%，但其碳储量仅为 320.09×10^{14} g，占全国土壤碳库的 34.60%。这也从另外一个侧面说明，我国大部分土壤的有机质含量低，而且由于分布面积广，土壤碳库总储量小。中国土壤有机碳储量相对较低，究其主要原因，一是中国森林覆盖率远小于世界平均水平，并且森林的生产力低；二是中国草地、沙漠分布面积广，地表覆盖植被稀疏，土壤输入的有机质量少；三是目前沙漠化和水土流失严重，土壤有机碳损失量较大；四是土地利用/土地覆盖变化的范围和速率大。

全球土壤碳库的估算中（表4），取 13 732×10⁸ t 为全球的平均值，则中国土壤碳库占全球土壤碳库约为 6.73%，而中国国土面积仅占全球陆地面积的 6.4%[11]；中国土壤平均碳密度为 10.53 kg/m²，不同计算的全球土壤平均碳密度为 10.77 kg/m²[6]、10.40 kg/m²[25]，中国土壤平均碳密度与全球碳密度是相当的，以上说明中国土壤有机碳库对全球碳循环平衡具有重要作用，保护中国土地具有全球意义。国外对全世界土壤有机碳库的计算，传统上都是根据 1 m 深度以内的含量得出的[6,9,25]，我国是根据实测的典型土壤剖面深度进行计算，不同深度土层的有机质含量也是不同的，而且大部分深度不到 1 m。实际许多土壤都比较厚，而且心土层含有大量的碳（有机和无机的），虽然有机碳含量随土壤中的深度而降低，但是在 1 m 深以下的心土中的碳，在总碳库中占重要成分[24]，实际中国土壤有机碳库应该更大。

表 4 陆地表层碳存储（单位：×10⁹t）
Tab.4 Carbon storage in Global Terrestrial (Unit: ×10⁹t)

	植被	土壤	残落物	NPP
Post（1982）[6]		1395.3		
Post（1990）[1]	574	1 300	72	62
Prentice, Fung（1990）[24]	748	1 143		
Sombroke（1993）[9]		1 220		
Foley（1995）[25]	800.2	1 373.2	150.7	62.1
King（1995）[26]	778.4	1 537.9	69.1	46.05

3.4 中国土壤碳库计算结果讨论

方精云等[11,27]先后估算了全国土壤有机碳储量（表5），由于土壤分类系统不统一，加上土壤各类型剖面数据和面积统计资料来源不同，因而估计的土壤有机碳库储量存在一定差异。

表 5 中国土壤碳库估算对比
Tab.5 The comparison of soil carbon reservoir in China

土壤普查	面积/（×10⁶ hm²）	平均有机质/%	平均厚度/cm	平均容重/（g/cm³）	平均碳密度/（kg/m²）	碳储量/（×10⁸ t）
第二次土壤普查	877.63	1.78	87	1.30	10.53	924.18
方精云（1996）[11]	944.86	3.04	86.2	1.6	20.3	1 856.9

差异存在的具体原因是：① 本文采用 877.63×10^6 hm^2 作为土壤总面积[21]来计算中国土壤碳库；方精云[11]则利用 1:1 000 万中国土壤类型图，测得各类土壤的面积总计为 944.86×10^6 hm^2，比本文的计算多 67.13×10^6 hm^2；② 本文根据 2 473 个典型土种剖面估算碳密度；而方精云[11]根据 725 个土壤剖面资料进行计算，双方的资料来源和数量差异较大；③ 本文采用的是 1988 年修订的《中国土壤分类系统》[21]；方精云[11]采用的是 1978 年的《中国土壤分类暂行草案》，为对比分析带来一定的难度。如何减少计算中的不确定性差异，提高土壤碳库储量的估算精度，有待于进一步研究。

由于土地利用变化 20 世纪 80 年代全球平均每年释放约 $1.6\pm0.7\times10^9$ t 碳素[28~30]，而 Houghton 估计由于森林砍伐，中国森林和草地从 1850~1980 年间损失 9.0×10^9 t，平均每年释放 0.692×10^8 t 到大气中[28]，相比较而言，中国土地利用变化年释放总量占全球平均的 4.33%，这也说明中国陆地生态系统碳库对全球大气 CO_2 浓度上升的贡献较小。

中国的人口从 1949 年的 4 亿增长到现在的 12 亿多，城市建设和生活用地快速扩大，土地利用/土地覆盖变化的速率大大加快，耕地面积从 1949 到 1995 年的 47 年间减少 290×10^6 hm^2[31]，导致人均耕地已由 1984 年的 0.1 hm^2 下降到 1995 年的 0.08 hm^2[32]。目前全国水土流失面积为 367×10^6 hm^2，占国土面积的 38%[32]。我国土地沙漠化面积达 149×10^6 hm^2，是全国土地面积的 15.5%，从 50 年代末到 70 年代中，北方沙漠化面积每年的增长速度达 15.70×10^4 km^2[33]。大量森林和草原转变为耕地，耕地转变为城市建设和工业用地，导致从植物残体释放碳素，使土壤没有植被保护，水土流失严重，进入土壤的腐殖质减少，并且耕作措施破坏了土壤有机质的保护，增加了土壤腐殖质的矿化作用，土壤有机质积累量减少；由于沙漠化、过度开垦和放牧，草场退化，也导致土壤有机碳的释放，这些均会降低我国土壤有机碳存储量，应该引起我们的高度重视。

3.5 问题及不确定性讨论

当前土壤碳循环仍然是陆地碳循环研究中最缺乏的部分，尤其对土壤有机碳动态变化的了解，然而对于全球土壤碳库的估计差异也很大（表 4）。本文估算了中国陆地土壤中有机碳的总量，但存在不确定性及误差，主要因为：① 土壤具有复杂的结构，空间分布不均匀，由于气候、陆地植被和其他生物发生复杂的相互作用，土壤空间变异性很大；② 区域尺度上的土壤碳循环研究仍然有大量的问题急需解决，例如土壤有机碳的驻留时间、枯枝落叶分解速率、土壤呼吸速率、土壤内植物细根的周转速率、土壤容重等方面，都缺乏标准化的观测方法；③ 土壤碳库估计中的不确定性还与土壤实测调查数据不充分有关，在土壤取样和土壤剖面分析方法、计算方法、土壤参数估计方法（例如土壤容重、质地、植根量等)、土壤分类方法、土壤厚度和面积估算等方面存在种种差异[34];④ 控制土壤碳储量的重要因子有气候(温度和水汽)、植物类型、母岩(黏土含量和土壤排水层次)、温度、水汽和颗粒大小在土壤剖面内不同深度分布的变化是极大的,所以土壤碳的潜在分解和储存也很可能对深度(土壤厚度)很敏感[35];⑤ 由于农业生产大量施用有机肥和绿肥,会使土壤有机碳库有较大增加,而且提高农业生产力也能增加土壤碳贮存[36],本文没有考虑农业系统碳汇功能对土壤碳库的作用,可能过低估计了中国土壤碳库储量。土壤圈层在全球变化中的作用,是通过土壤圈与其他圈层间的物质、能量交换,影响土壤全球变化,进而影响全球气候变化,对全球增温有显著影响[37]。应加强对中国土地的管理和保护森林,开展大规模的人工造林计划和活动,在增加土壤碳储存的可能性基础上,加强对碳储存与流动以及与水、土壤和土地管理的关系的研究[38],确定增加未来土地碳存储的管理策略。

4 结语

研究表明,根据第二次全国土壤普查统计资料,按照 877.63×10^6 hm² 国土面积计算,中国陆地土壤总有机碳储量约为 924.18×10^8 t,平均碳密度为 10.53 kg/m²,土壤碳库储量约占全球的 6.73%,说明中国土壤是一个巨大的碳库,在全球碳循环及全球气候变化中起着相当重要的作用。中国土壤有机碳储量的空间分布总体上表现出:在东部地区大致是随纬度的增加而递增,在北部地区随经度减小而递减的趋势;但存在一定的偏转,中西部地区的土壤碳密度差异较大;在西部地区则呈现随纬度减小而增加的趋势。

中国土壤空间分布差异大,结构不均匀,土壤实测深度不一,类型划分不统一,土壤采样不系统,而且由于面积差异、估算方法的不同、数据收集和处理及可行性问题,导致对土壤碳库的估计也产生了一定的误差,需要进一步解决土壤呼吸以及有机质转化等问题,建立统一和标准的观测和采样方法。今后应该使用规范化的观测实验方法,重视土壤碳库、碳通量和碳循环过程的研究,注意空间和时间尺度(包括区域测量合适的时空尺度)、数据综合和集成等问题。

致谢:中国农业科学院农业气象研究所林而达教授和北京大学城市与环境学系方精云教授为本文提出了有益的建议,在此一并表示感谢。

参考文献(References)

[1] Post W M, Peng T H, Emanuel W R et al. The Global Carbon Cycle[J]. *American Scientist*, 1990, 78:

310-326.

[2] Houghton R A, Skole D L Carbon. The Earth as Transformed by Human Action[M]. In: Turner B L, Clark W C, Kates R W et al eds. Cambridge University Press, 1990. 393-408.

[3] Wang Yanfen, Chen Zuozhong, Larry T Tieszen. Distribution of soil organic carbon in the major grasslands of Xilinguole, Inner Mongolia, China[J]. *Acta Phytoecologica Sinica*, 1998, 22(6): 545-551. (In Chinese) [王艳芬, 陈佐忠, Larry T Tieszen. 人类活动对锡林郭勒地区主要草原土壤有机碳分布的影响[J]. 植物生态学报, 1998, 22(6): 545-551.]

[4] Wang Qibing, Li Linghao, Liu Xianhua et al. Spatial heterogeneity of soil organic carbon and total nitrogen in an Xilin River basin grassland, Inner Mongolia[J]. *Acta Phytoecologica Sinica*, 1998, 22(5): 409-414. (In Chinese) [王其兵, 李凌浩, 刘先华 等. 内蒙古锡林河流域草原土壤有机碳及氮素的空间异质性分析[J]. 植物生态学报, 1998, 22(5): 409-414.]

[5] Schlesinger W H. Carbon storage in the calishe of arid soils: a case study from Arizona[J]. *Soil Science*, 1982, 133: 247-255.

[6] Post W M, Emanuel W R, Zinke P J et al. Soil carbon pools and life zones[J]. *Nature*, 1982, 298: 156-159.

[7] Torn M S, Trunbore S E, Chadwick O A et al. Mineral control of soil organic carbon storage and turnover[J]. *Nature*, 1997, 389: 170-173.

[8] Jenkinson D S, Adams D E, Wild A. Model estimates of CO_2 emissions from soil in response to global warming[J]. *Nature*, 1991, 351: 304-306.

[9] Sombroek W G, Nachtergaele F O, Hebel A. Amount, dynamics and sequestering of carbon in tropical and subtropical soils[J]. *AMBIO*, 1993, 22(7): 417-426.

[10] Sampson R N, Apps M, Brown S et al. Terrestrial biosphere carbon fluxes quantification of sinks and sources of CO_2[J]. *Water, Air and Soil Pollution*, 1993, 70: 3-15.

[11] Fang Jinyun, Liu Guohua, Xu Songling. Carbon reservoir of terrestrial ecosystem in China[A]. In: Wang Gengchen, Wen Yupu eds. Monitoring and Relevant Process of Greenhouse Gas Concentration and Emission[C]. Beijing: China Environment Sciences Publishing House, 1996. 109-128. (In Chinese) [方精云, 刘国华, 徐嵩龄. 中国陆地生态系统的碳库[A]. 见: 王庚辰, 温玉璞主编. 温室气体浓度和排放监测及相关过程[C]. 北京: 中国环境科学出版社, 1996. 109-128.]

[12] Li Linghao, Liu Xianhua, Chen Zuozhong. Study on the carbon cycle of Leymus Chinensis steppe in the Xilin River basin[J]. *Acta Botanica Sinica*, 1998, 40(10): 955-961. (In Chinese) [李凌浩, 刘先华, 陈佐忠. 内蒙古锡林河流域羊草草原生态系统碳素循环研究[J]. 植物学报, 1998, 40(10): 955-961.]

[13] Wu Zhongmin, Zeng Qingbo, Li Yide et al. A preliminary research on the carbon storage and CO_2 release of the tropical forest soils in Jianfengling, Hainan island, China[J]. *Acta Phytoecologica Sinica*, 1997, 21(5): 416-423. (In Chinese) [吴仲民, 曾庆波, 李意德 等. 尖峰岭热带森林土壤C储量和CO_2排放量的初步研究[J]. 植物生态学报, 1997, 21(5): 416-423.]

[14] Wu Zhongmin, Zeng Qingbo, Li Yide et al. Carbon reservoir of tropical mountain rain forests in Jianfengling and effect of clea-rcutting on it[J]. *Chinese Journal of Applied Ecology*, 1998, 9(4): 341-344. (In Chinese) [吴仲民, 曾庆波, 李意德 等. 尖峰岭热带山地雨林C素库及皆伐影响的初步研究[J]. 应用生态学报, 1998, 9(4): 341-344.]

[15] Li Yide, Wu Zhongmin, Zeng Qingbo et al. Carbon reservoir and carbon dioxide dynamics of tropical

mountain rain forest ecosystem at Jianfengling, Hainan island[J]. *Acta Ecologica Sinica*, 1998, 18(4): 371-378. (In Chinese) [李意德, 吴仲民, 曾庆波 等. 尖峰岭热带山地雨林生态系统碳平衡的初步研究[J]. 生态学报, 1998, 18(4): 371-378.]

[16] Li Zhongpei, Wang Xiaoju. Simulation of soil organic carbon dynamic after changing land use pattern in hilly red soil region[J]. *Chinese Journal of Applied Ecology*, 1998, 9(4): 365-370. (In Chinese) [李忠佩, 王效举. 红壤丘陵区土地利用方式变更后土壤有机碳动态变化的模拟[J]. 应用生态学报, 1998, 9(4): 365-370.]

[17] Li Linghao. Effects of land-use change on soil carbon storage in grassland ecosystems[J]. *Acta Phytoecologica Sinica*, 1998, 22(4): 300-302. (In Chinese) [李凌浩. 土地利用变化对草原生态系统土壤碳贮量的影响[J]. 植物生态学报, 1998, 22(4): 300-302.]

[18] Xu Deying. The effect of human management activities on the carbon in forest soils[J]. *World Forestry Research*, 1994, 5: 26-31. (In Chinese) [徐德应. 人类经营活动对森林土壤碳的影响[J]. 世界林业研究, 1994, 5: 26-31.]

[19] Liu Shaohui, Fang Jingyun, Makoto Kiyota. Soil respiration of mountainous temperate forests in Beijing, China[J]. *Acta Phytoecologica Sinica*, 1998, 22(2): 119-126. (In Chinese) [刘绍辉, 方精云, 清田信. 北京山地温带森林的土壤呼吸[J]. 植物生态学报, 1998, 22(2): 119-126.]

[20] Zhang Linbo, Cao Hongbo, Gao Jixi et al. Effect of plant changes induced by elevated atmospheric CO_2 on soil biota[J]. *Chinese Journal of Ecology*, 1998, 17(4): 33-38. (In Chinese) [张林波, 曹洪波, 高吉喜 等. 大气 CO_2 浓度升高对土壤微生物的影响[J]. 生物学杂志, 1998, 17(4): 33-38.]

[21] National soil survey office. Chinese Soils[M]. Beijing: China Agriculture Press, 1998. 1-1252. (In Chinese) [全国土壤普查办公室. 中国土壤[M]. 北京: 中国农业出版社, 1998. 1-1252.]

[22] National soil survey office. Chinese soil genus records, Volume1—Volume 6[M]. Beijing: China Agriculture Press, 1995. (In Chinese). [全国土壤普查办公室. 中国土种志, 第一卷~第六卷[M]. 北京: 中国农业出版社, 1995.]

[23] Tian Qi, Li Jun, Huang Fanghong et al. Chinese Soil Map[A]. In: Pei Xiangbin (ed.). The database of resources and environment in China (1∶4000000) [C]. The State Key Laboratory of Resources and Environment Information System, 1996. (In Chinese) [田琦, 李军, 黄方红 等. 中国土壤分布图[A]. 见: 裴相斌 主编. 中国资源环境数据库(1∶400 万) [C]. 中国科学院地理研究所资源与环境信息系统国家重点实验室, 1996.]

[24] Prentice K C, Fung I Y. The sensitivity of terrestrial carbon storage to climate change[J]. *Nature*, 1990, 346: 48-51.

[25] Foley J A. An equilibrium model of the terrestrial carbon budget[J]. *Tellus*, 1995, 47(B): 310-319.

[26] King A W, Emanuel W R, Wullschleger S D et al. A search of the missing carbon sink: a model of terrestrial biospheric response to land-use change and atmospheric CO_2[J]. *Tellus*, 1995, 47(B): 501-519.

[27] Fang Jinyun, Liu Guohua, Xu Songling. Carbon reservoir of terrestrial ecosystem in China[A]. In: Wang Gengchen, Wen Yupu eds. Monitoring and relevant process of greenhouse gas concentration and emission [C]. Beijing: China Environment Sciences Publishing House, 1996. 129-139. (In Chinese) [方精云, 刘国华, 徐嵩龄. 中国陆地生态系统的碳循环及其全球意义[A]. 见: 王庚辰, 温玉璞 主编. 温室气体浓度和排放监测及相关过程[C]. 北京: 中国环境科学出版社, 1996. 129-139.]

[28] Houghton R A. Land-use change and the carbon cycle[J]. *Global Change Biology*, 1995, 1: 275-287.

[29] Houghton R A. Land-use change and terrestrial carbon: the temporal record[M]. NATO ASI Series, Vol. I 40. Springer—Verlag Berlin Heidelberg, 1996. 117-134.

[30] Houghton R A. Terrestrial sources and sinks of carbon inferred from terrestrial data[J]. *Tellus*, 1996, 48(B): 420-432.

[31] Dang Anrong, Yan Shouyong. A study on the temporal variation of China's farmland area and grain-crop sown area[J]. *Progress in Geography*, 1998, 17(1): 36-43. (In Chinese) [党安荣, 阎守邕. 我国耕地面积与粮播面积的时序变化研究[J]. 地理科学进展, 1998, 17(1): 36-43.]

[32] Zhou Guangsheng. Impact of climate change on NPP of agriculture and animal husbandary in ecologically vulnerable areas: mechanism and modelling[J]. *Resources Science*, 1999, 21(5): 46-52. (In Chinese) [周广胜. 气候变化对生态脆弱地区农牧业生产力影响机制与模拟[J]. 资源科学, 1999, 21(5): 46-52.]

[33] Feng Qi, Cheng Guodong, Mmikami. Water resources in China: problems and countermeasures[J]. *AMBIO*, 1999, 28(2): 202-203. (In Chinese) [冯起, 程国栋, 三上正男. 中国水资源的问题和对策[J]. 人类环境杂志, 1999, 28(2): 202-203.]

[34] Rozhkov V A, Wagner V B et al. Soil carbon estimates and soil carbon map for Russia[R]. IIASA work paper, WR96—60, 1996. 1-44.

[35] Harden J W, Fries T L, Huntington T G. Mississippi basin carbon project —upland soil database for sites in Yazoo basin[R]. Northwestern Mississippi, U. S. Geological Survey, 1999.

[36] Liu Yunfen. Carbon sink functions of Chinese agriculture system[J]. *Agro-environmental Protection*, 1999, 17(5): 197-202. (In Chinese) [刘允芬. 中国农业系统碳汇功能[J]. 农业环境保护, 1999, 17(5): 197-202.]

[37] Zhao Qiguo. Significance and research scope of pedosphere in global changes[J]. *Earth Science Frontiers*, 1997, 4(2): 153-162. (In Chinese) [赵其国. 土壤圈在全球变化中的意义与研究内容[J]. 地学前缘, 1997, 4(2): 153-162.]

[38] Sven Sandstroem. Carbon storage and flow: Their relationship to water, soil and land management[J]. *AMBIO*, 1993, 22(7): 438-441.

Analysis on Spatial Distribution Characteristics of Soil Organic Carbon Reservoir in China

WANG Shao-qiang[1], ZHOU Cheng-hu[1], LI Ke-rang[1], ZHU Song-li[2], HU ANG Fang-hong[1]

(1. The State Key Laboratory of Resources and Environment Information System, Institute of Geographic Sciences and Natural Resources Research, Chinese Academy of Sciences, Beijing 100101, *China*;

2. Institute of Environmental Science, Beijing Normal University, Beijing 100875, *China*)

Abstract: The paper respectively adopted physiochemical properties of every soil stratum from 2 473 soil profiles of the second soil survey. The corresponding carbon content of soil is estimated by utilizing conversion coefficient 0.58. First, we calculated the carbon content of every stratum of different soil stirp in the same soil subtype. Then, we took soil stratum depth as weight coefficient to acquire the average physiochemical properties of various kinds of soil stirp. Finally, we got the average depth, organic content, duck density and carbon density of different soil subtypes through area averaging.

The total carbon quantity of different kinds of soil can be calculated by the following expression:

$$C_j = 0.58 S_j H_j O W_j$$

where j is the soil type, C_j is the carbon storage of j soil type, S_j is the distribution area of j soil type, H_j is the average depth of j soil type, O_j is the average organic content of j soil type, and W_j is the average bulk density of j soil type.

In the second soil survey, the total amount of soil organic carbon is about 924.18×10^8 t and carbon density is about 10.53 kg C/m^2 in China according to the statistic country area 877.63×10^6 hm^2. The spatial distribution characteristics of soil organic carbon in China are that the carbon storage increases with the increase of latitude in eastern China and the carbon storage decreases with the decrease of longitude in northern China. There is a transition zone where carbon storage varies greatly in China. Moreover, there is an increasing tendency of carbon density with the decrease of latitude in western China. Soil circle has implications on global change, but the difference in soil spatial distribution is substantial in China. Because the structure of soil is inhomogeneous, mistakes will be resulted in estimating soil carbon reservoir. It is thus necessary to farther resolve soil respiration, organic matter conversion and others related problems, and build uniform and normal methods of measurment and sampling.

Key words: terrestrial ecosystem; global change; soil carbon reservoir; carbon cycle

"中国土壤有机碳库及空间分布特征分析"解读

于贵瑞

一、作者简介

文章主要作者王绍强研究员，长期致力于陆地生态系统碳循环与气候变化的研究。王绍强是中国科学院特聘研究员、中国科学院大学岗位教授。兼任《地理研究》副主编，中国自然资源学会理事、自然资源信息系统研究专业委员会副主任，湖北省自然资源研究会副理事长。他先后求学于华中师范大学、北京师范大学和中国科学院地理科学与资源研究所，主要研究领域为生态系统生态学、全球变化生态学、生态学模型和生态遥感。2005年以来，主要主持了四项国家自然科学基金委面上基金、一项科技部国际合作项目、一项国家重点研发计划项目、一项国家自然科学基金委国际（地区）合作与交流项目、一项国家自然科学基金委原创探索计划项目等十余项国家级科研项目和课题，已经发表国际SCI检索论文150多篇，国内CSCD检索论文80多篇，出版专著《基于遥感和模型模拟的中国陆地生态系统碳收支》《陆地生态系统高光谱观测方法与应用》《陆地生态系统质量综合监测技术》。

作者介绍：于贵瑞（1959— ），男，辽宁大连人，中国科学院地理科学与资源研究所研究员，中国科学院院士，中国生态学会理事长，中国地理学会会士（S110007984M），主要从事生态学与自然地理学交叉研究，研究方向为生态系统生态学、全球变化生态学等。E-mail: yugr@igsnrr.ac.cn

二、论文写作背景及主要内容

土壤是陆地生态系统的最大碳库,全球陆地生态系统超过80%的碳储存在土壤中。土壤有机碳库会通过供给植物生长所需的养分、改善土壤肥力、固定或分解污染物等方式直接或间接影响全球粮食安全。同时,土壤有机碳库的微小波动(增加或减小)会引起大气中二氧化碳浓度的剧烈变化,对全球碳平衡和气候变化产生深刻影响。增加陆地生态系统尤其是土壤有机碳库的储量,被认为是最经济有效的应对气候变化策略之一。因此,准确估算区域土壤有机碳储量的变化,对于认识陆地碳循环过程、指导制定陆地生态系统碳管理措施具有重要意义。中国作为全球陆地生态系统的重要组成部分,其碳库的变化(增加或减少)都会对全球碳收支产生巨大的影响。自20世纪80年代以来,中国政府为应对全球气候变化,保护生态环境,启动了一系列重大的生态保护工程,实施了一系列新型农业施肥和农田培肥措施,以提高农业产量和保护农田土壤。这些工程一定程度上增加了中国陆地生态系统植被和土壤的碳储量。随着地面观测和遥感、地理信息技术的发展,学者们以森林、草地清查数据或遥感影像数据为基础,开展了关于陆地生态系统生物量碳储量的研究工作。在这样的背景下,2000年发表在《地理学报》的"中国土壤有机碳库及空间分布特征分析"一文明确指出了中国陆地土壤是一个巨大碳库的科学认识,并定量评估了中国陆地生态系统土壤有机碳储量和碳密度的空间分布格局特征。研究表明,中国陆地土壤总有机碳储量约为 924.18×10^8 吨,平均碳密度为 10.53 千克/平方米,土壤碳库储量约占全球的6.73%。中国陆地生态系统土壤有机碳储量的空间分布总体上表现为:在东部地区大致随纬度的增加而递增,在北部地区随经度减小而递减;在西部地区呈现随纬度减小而增加的趋势;存在一定的偏转,中西部地区的土壤碳密度差异较大。同时,论文还讨论了土壤空间分布变异性大、物理结构不均匀、土壤实测深度不统一、土壤类型划分不统一以及土类面积统计差异、数据收集和处理等所导致的壤碳库估计的不确定性问题,提出了土壤碳库研究的工作重点及建立统一的观测技术标准和采样方法的建议。论文强调土壤碳库动态研究应该使用规范化的观测实验方法,重视土壤碳库、碳通量和碳循环过程的综合研究,应努力解决研究工作的空间和时间尺度、数据集成分析等技术问题。

三、论文学术影响和时代贡献

"中国土壤有机碳库及空间分布特征分析"一文发表于2000年,当时关于全球碳循环的研究已经成为热点领域,但国内相关研究还刚刚起步,对中国陆地生态系统碳库的认知还十分有限。该论文全面开展了我国陆地生态系统土壤有机碳库储量及其空间分布格局的分析,为摸清我国陆地生态系统碳库储量的家底提供了基础性的科学依据。

文章综合利用了第二次全国土壤普查资料,结合1∶400万的土壤类型分布图,建立了基于土壤亚类的碳密度和碳储量数据库,采用地理信息技术建立土壤有机碳库储量及空间分布特征的分析研究技术途径,该项研究为后期的我国陆地生态系统碳库储量研究提供了宝贵的基础数据及方法学借鉴,对深入研究我国陆地生态系统碳收支时空格局及生态系统碳管理都具有重要意义。

20 世纪 90 年代中国县际经济差异的空间分析

李小建，乔家君

（河南大学环境与规划学院，开封 475001）

摘要：首次将县域经济发展数据与图形数据结合分析，结果表明 1990～1998 年中国县域经济发展相对差异明显变小，但沿海地区与内陆地区的差异则出现扩大；经济增长较快的县域自一些增长中心向外扩延，逐步形成沿海岸带、京广线和长江沿岸三大经济增长轴；但沿海发达区内存在十分不发达县域；经济不发达县域主要位于西部地区，与环境较差的山区、寒区、旱区以及省际边界地区有关；全国县域经济基础和增长可分为基础好增长较快型、基础差增长较快型、基础差缓慢增长型、基础好缓慢增长型。

关　键　词：县际经济差异；增长轴；沿海发展；西部开发；中国

中图分类号：F129.9　　**文献标识码**：A

中国区域经济差异研究，吸引了不少国内外学者的关注[1]。这些研究，相当一部分基于全国省级行政单元的数据[2~11]，仅个别研究使用了少数省份的县级数据[12]。基于省份数据的研究，较好地展示了区域经济大格局的变化，却忽略了省内区域经济的非均质性，尤其是一些跨越省级的经济地域特征，很难展现出来。就与区域政策的关系而论，同样的区域政策会在同一省份的不同区位上产生不同的结果。为此，学者们已经认识到从县级资料对全国进行地区差异分析的重要性[5,12]。但以前由于县级数据获取十分困难，制约着相关的研究。本文收集了20世纪90年代2个年份的县级数据。结合地理信息系统软件的图形分析，从新的角度对中国区域经济差异作一初步探讨。

1 理论背景及数据分析

1.1 中国区域经济差异讨论的主要观点

关于中国地区经济差异的变化，基于省际人均国内生产总值（GDP）的分析结果表明，改革开放以后出现趋同现象，但90年代以来出现扩大趋势[1,7,10,13]。如何看待这种变化，有2种不同观点。一种认为，中国正处在大规模工业化和城市化的初期，国家优先目标应当是谋求经济的快速增长[2]，解决地区差异问题不应当成为国家的头等大事[14]；另一种认为，当前地区差异已经太大，如果再扩大会引起灾难性的政治后果[7]。缩小区域差距的措施很多，可归结为市场调节和政府干预两大类[5]。2000年中国实施的西部大开发政策，似乎是对区域经济差异过大的观点的肯定。

然而，笼统地基于对东（沿海）、中（内陆）、西部三大地带的分析，忽略了三大地带内的巨大差异。沿海地区内部，仍有处于贫困线以下的人口集聚区；西部地带中，也有经济相对发达的地域。省际之间的分析结果，明显优于三大地带的分析。但仍存在分析单元过大的弊端。

基于更小的地理单元的分析，是否可以揭示出与省际分析不同的区域经济差异特征？区域经济增长具有由点及面扩展特征，县域分析可否展示这种特征？就区域政策的制定及实施而论，较小区域的分析是否比省际分析更具实践意义？本文力图回答这些问题。

1.2 指标及数据讨论

由于GDP较好地反映了区域的发展程度，它被广泛用于区域经济差异研究之中[5]。作为对基于县级单元研究的尝试，为了在较短时间内做出成果，本文选取1990、1998年的数据。这 2 个年份各县、县级市、区（以下统称县域）人均 GDP，主要来源于各省、市、自治区的统计年鉴。对于统计年鉴中未提供相应数据的省份，根据各县域 GDP 与常住人口数据计算人均数据。

需要说明，1990 年相当一部分省份仅提供了国民生产总值数据。考虑到这些省份的国民在省外（国外）所创造的生产总值十分有限，国民生产总值数据与 GDP 差别不大，故使用了人均国民生产总值数据。

本文研究中使用了数字化的县域界线数据。该数据基于不同年份的测绘资料。经与最新出版的各省、市、区行政区划图比较，有 99 个县名出现了变化。其中 91 个为县改市后的名称变化，8 个为县名本身变化。但是，县域界线变化不大。故运用该图形数据进行 1990 和 1998 年的经济差异变化分析，基本可行。

在分析中，对省辖市的数据做了如下特殊处理。① 如果两年份市辖各区统计资料齐全，将各区分别处理；② 如果两年份市辖各区统计资料不全，将市区统一考虑，各区均为市区统一数据。用该方法处理的省辖市共计 62 个，占全国 2 469 个县级单位的 2.51%，由于各省辖市的地理范围较小（多数小于县级地域），故这种处理在空间上不会产生大的偏差。

2 1998 年中国县域经济空间格局

1998 年中国县域经济发展水平的空间格局为高低交错（图 1），但大致具有如下特征。

2.1 低于全国平均水平的县域数明显多于高于全国平均水平的县域数

图 1 表明人均 GDP 低于全国平均水平的县域处于控制地位（在全国不含港澳台的 2 443 个县域中占 66.3%）。这种数据分布，反映了高于全国平均水平的县域中，有些人均 GDP 处于极端高水平。这些极端数据加大了数据总体的离散程度（图 2）。其实际含义，便是出现了较大的县域经济发展水平差异。

2.2 经济发展水平较高县域集中于沿海、江、线、边地带

从图 1 可以看出，经济发展水平高于全国平均状况的县域主要集中于东部沿海、沿长江地带、沿京广线地带和北部沿边地带。其中东部沿海地带最为突出，由北向南可分为 6 个地区：① 辽中南区，有 32 个县域高于全国均值；② 京津塘区，包括北京、天津、河北

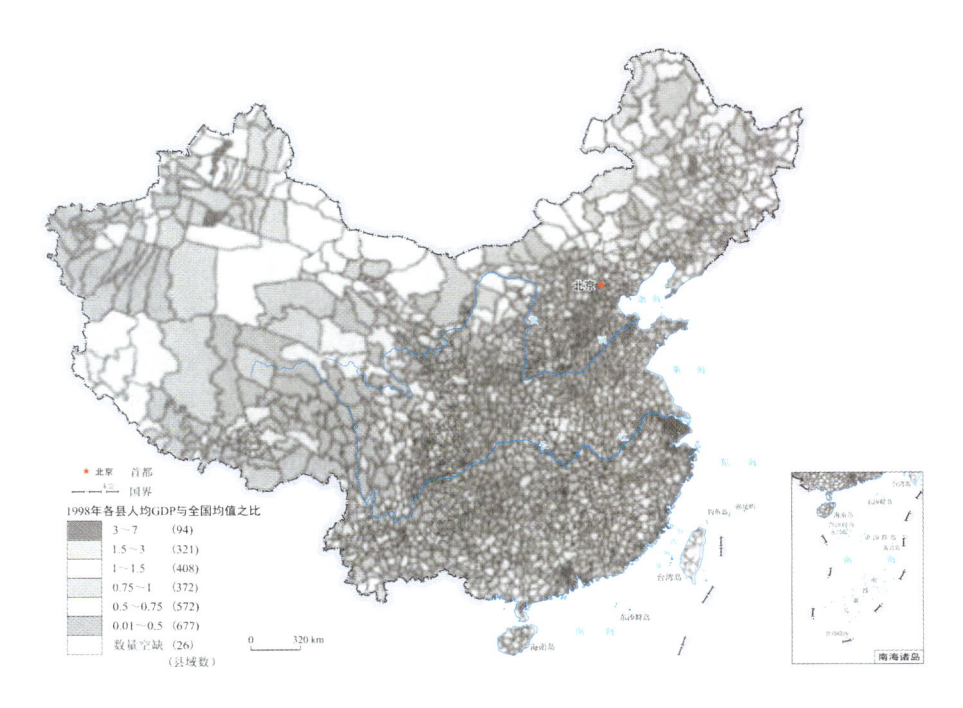

图 1 1998年中国县域经济发展水平

Fig.1 China's spatial economic development at county level in 1998

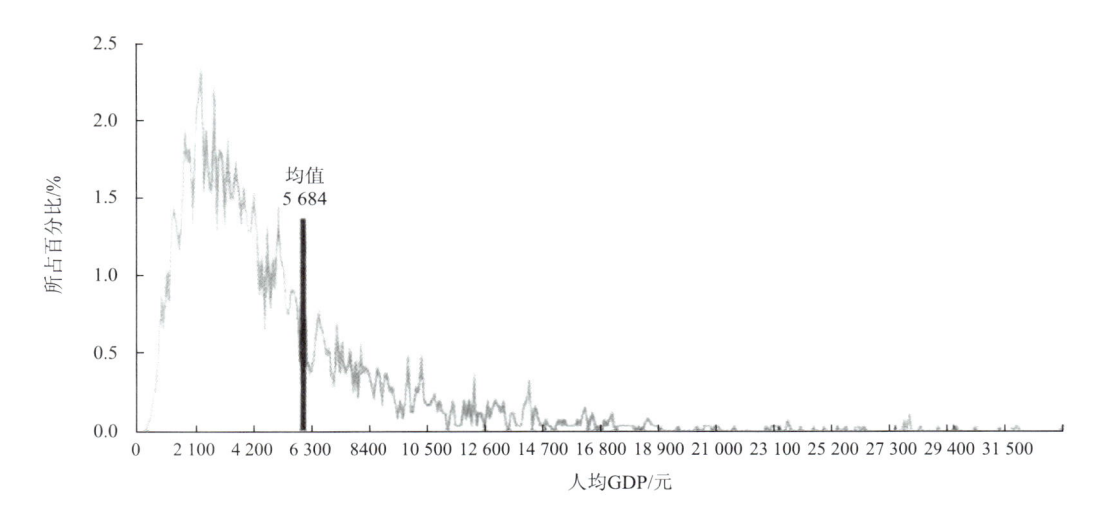

图 2 1998年中国县域人均GDP数据分布

Fig.2 Data distribution of per capita GDP by county of China in 1998

环渤海区,有高于全国均值县域38个,其人均GDP平均值是全国平均水平的2.5倍;③ 山东半岛,有高于全国均值县域50个;④ 沪宁杭区,包括上海、江苏东部和南部、浙江北部,有高发展水平县域数近140个,其中高出全国平均水平3 000元以上者约100个,人均 GDP 在全国均值 3 倍以上的县域数为 67 个；⑤ 福建中东南区，有高发展水平县域数 68 个，人均 GDP 为全国均值的 2 倍；⑥ 珠江三角洲区，有高发展水平县域数 72 个，人均 GDP 比全国均值高出 3 000 元以上，部分地域（如深圳市）高于全国平均水平值 2 万元以上。

内陆地区的沿长江和京广线地带的高发展水平县域，只是断续显现出来。沿长江地带在湖北中部和成都、重庆附近，明显集中了一些高于全国平均水平的县域。湖北中部以武汉为中心，东西延伸的该类县域数达 32 个；成都平原和重庆附近也分别集中了 21 个和 6 个该类县域。沿京广线地带的高发展水平县域，从北向南依次为石家庄附近、郑州附近、武汉附近、长沙附近地区。

北部沿边区包括黑龙江、内蒙古北部边境地区，以及甘肃北部和新疆东部。这里高发展水平县域平均高于全国平均水平 1.5 倍左右。

2.3 经济发展水平较低县域集中于中西部地区

人均 GDP 比全国水平低 50%以上的县域明显集中于京广线以西地区（图 1）。其中西南地区（包括广西、云南、贵州和四川大部、西藏东南部），绝大多数县域人均 GDP 不足全国均值的 50%，有些县域还不足全国均值的 10%。陕西、山西、豫西、鄂西、湘西是另一片低水平县域，其情况与西南地区相类似。

纵观低发展水平县域的分布，可以看出，除了集中于山区、寒区和旱区之外，省际边界地区是另一类值得关注的区位。如陕甘、陕蒙、川陕、鲁豫、鄂豫、皖豫、浙闽、闽粤等边界地区，均明显出现呈带状分布的低发展水平县域。这一点，曾有学者在对部分省际边界分析中提出[8]。全国性的分析，展现了其普遍意义。尤其是一些经济较为发达省份之间（如苏鲁、浙闽、闽粤间），也出现了不发达走廊。

2.4 沿海发达区内部存在着不发达县域

尽管沿海地区较高发展水平县域十分集中，但是，明显可以看出仍有一些不发达县域点缀其中。有 2 种情形：① 6 个高发展水平区内有较低县域，如辽宁的凌海市（4 339 元）竟比近邻盘锦市低 15 021 元；河北大城县（5 467 元）不及东北邻的天津市的 1/3；山东惠民县（3 879 元）仅为东邻东营市的 15.7%；在全国工业发达的沪宁杭区，浙江缙云县人均 GDP 仅为 4 164 元，不及义乌市的 1/4；位于福建泉州市（16 929 元）北邻的仙游县（3 728 元）比全国平均水平还低 2 156 元；在珠江三角洲区，广东佛冈县人均 GDP 为 3 185 元，比南邻的花都市低 18 074 元。② 6 个高发展水平区间存在一定数量的不发达县域，如辽中南和京津塘区之间有 16 个发展水平较低的县域；山东半岛与沪宁杭区之间有一个带状分布的低水平区（有 29 个县域）；有 7 个低发展水平县域把福建中东南和珠江三角洲区隔开。

3 90 年代中国县域经济空间变化特点

3.1 高发展水平县域沿一定规律扩延

比较 1998 年（图 1）和 1990 年（图 3）中国县域经济发展水平的空间格局，可以看出，高发展水平的县域从几个中心向外扩延。这些中心包括沿海地区的北京-天津、胶东、上海、厦门、深圳；内陆地区的武汉、郑州、长沙、成都、昆明。沿着这些中心，其周围地区的高发展水平县域在 1998 年明显多于 1990 年。其中，上海和深圳两中心的向外扩延最为突出。这种扩延现象，回应了增长极和增长中心理论中的扩散效应[15,16]。

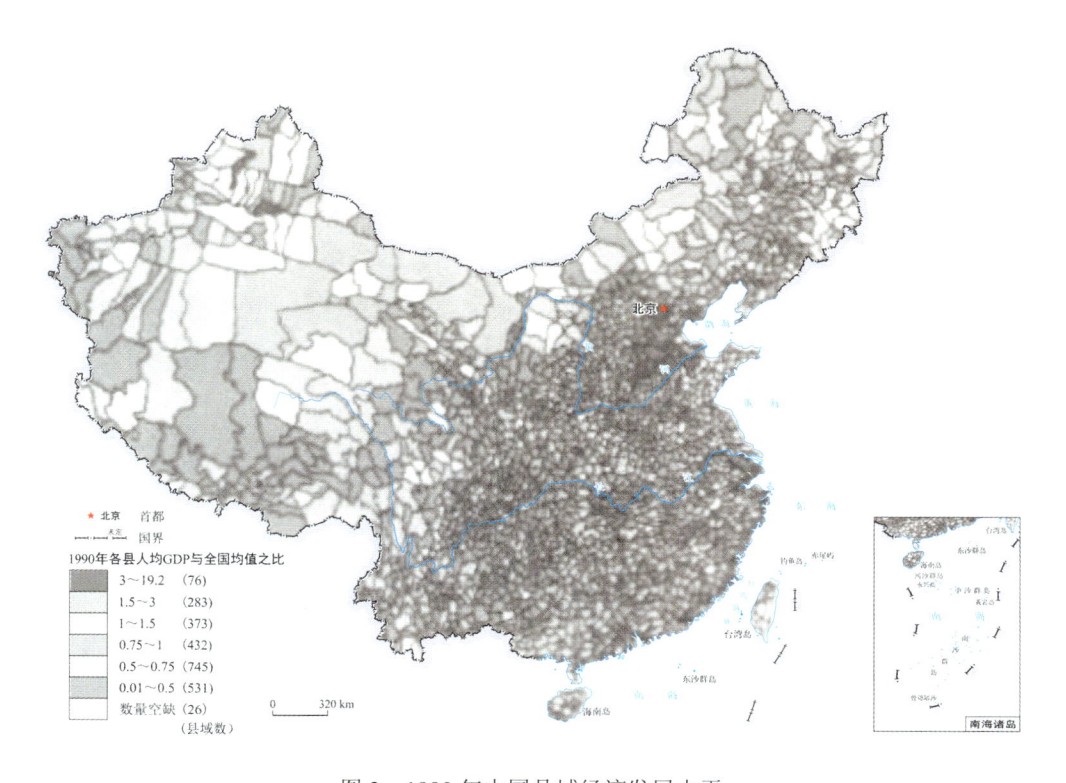

图 3 1990 年中国县域经济发展水平

Fig.3 China's spatial economic development at county level in 1990

3.2 经济增长轴基本显现

以上各增长中心在 90 年代的向外扩延，在空间上使全国的经济增长轴逐渐显现出来（图 3）。尤其是全国 90 年代人均 GDP 绝对量增长较快县域，呈轴线分布的格局更为明显（图 4）：① 沿海岸带增长轴：沿海 5 大经济增长中心向外扩延形成沿海地区较快增长县域连片发展；② 京广沿线增长轴：沿着京广线，大致呈条带状分布着一些 90 年代人均 GDP 增长量较多的县域；③ 长江沿岸增长轴：尽管中间有一些间断，但在上海、南京、武汉、重庆、成都一带的长江沿岸，已呈带状汇集了高增长县域。

在以上 3 大经济增长轴中，沿海岸带的增长最为显著。在全国人均 GDP 绝对增长大于 5 900 元的 489 个县域中，66.9%位于沿海地带（图 4）。各县域人均 GDP 的相对变化（增长比率）也呈现大致相同的格局。

3.3 低增长县域在空间上明显扩大

比较图 1 和图 3，可以看出 1998 年低经济发展水平的县域多于 1990 年。统计表明，人均 GDP 低于全国均值 50%以下的县域，1990 年为 531 个，到 1998 年增加到 677 个。在空间分布上，这些低增长县域主要位于京广线、西藏中部、青海中部之间的区域（图 4）。该区域内，除了成都、重庆、昆明、南宁、贵阳、拉萨等城市周围区外，绝大多数县域的人均 GDP 增长量为全国最低。

3.4 县域经济差异变化趋势

首先，全国总体上，20 世纪 90 年代县域经济发展水平的绝对差异有所扩大。以县域人均 GDP 的标准差变化与基于省际数据分析的结果相似。然而，90 年代县域经济发展水平的相对差异变化，则呈现与省际分析不同的结果。1990 年县域人均 GDP 的变异系数为 1.06，1998 年减少为 0.87（表 1）。

其次，沿海与内陆地区比较，90 年代县域经济发展水平的绝对差异和相对差异均在扩大。如表 2 所示，1990 至 1998 年间，沿海 12 个省、市、区县域人均 GDP 平均增长 6 488 元，年递增率达到 20.12%，内陆 18 个省、市、区县域人均 GDP 平均增长 3 132 元，年递增率为 13.09%。分析县域经济高发展水平相对集中的沿海地区与内陆地区的差异，结果表明，1990 至 1998 年间，沿海 125 km 宽的带状区与其以内内陆地区县域人均 GDP 的绝对

图 4　中国县域人均 GDP 绝对量变化（1990～1998）

Fig.4　The change of county average per capita GDP in China (1990～1998)

差异和相对差异也同样处于扩大之中。但是，其绝对差异扩大量的沿海内陆差距要明显高于按省份划分的两者差距（表2）。

表 1　中国县际经济差异变化与省际经济差异变化比较*

Tab.1　Regional disparity comparison between county-level and provincial level in China

年　份		1980	1985	1990	1995	1998
省域人均 GDP	标准差	518	735	1 156	3 686	5 411
	均　值	581	1 000	1 871	5 338	7 457
	变异系数	0.89	0.74	0.62	0.69	0.72
县域人均 GDP	标准差			1 517		4 951
	均　值			1 430		5 684
	变异系数			1.06		0.87

* 资料来源：据不同年份《中国统计年鉴》和各省份统计年鉴以及作者对一些省份统计局的调研数据计算。

表2 中国沿海与内陆县域经济发展差异变化* (1990～1998)

Tab.2 The change of regional disparity between coastal and inland areas in China (1990～1998)

项目	沿海12个省份县域	内陆18个省份县域	沿海125 km带状区县域	沿海带状区以内的内陆地区县域
1990～1998绝对增长量平均值	6 488	3 132	8 184	3 425
1990～1998年平均增长率/%	20.12	13.09	21.94	17.61

* 资料来源：同表1。

4 中国县域经济增长类型简析

根据1990年各县域人均GDP与全国均值比较和90年代人均GDP增长与全国平均值的比较，以1990年人均GDP高于全国均值为高基础，反之为低基础；1990～1998年增长高于全国平均水平为增长较快（或高增长），反之为增长较慢（或低增长），可将全国2 443个县域（数据空缺者除外）划分为以下4种类型（图5）。

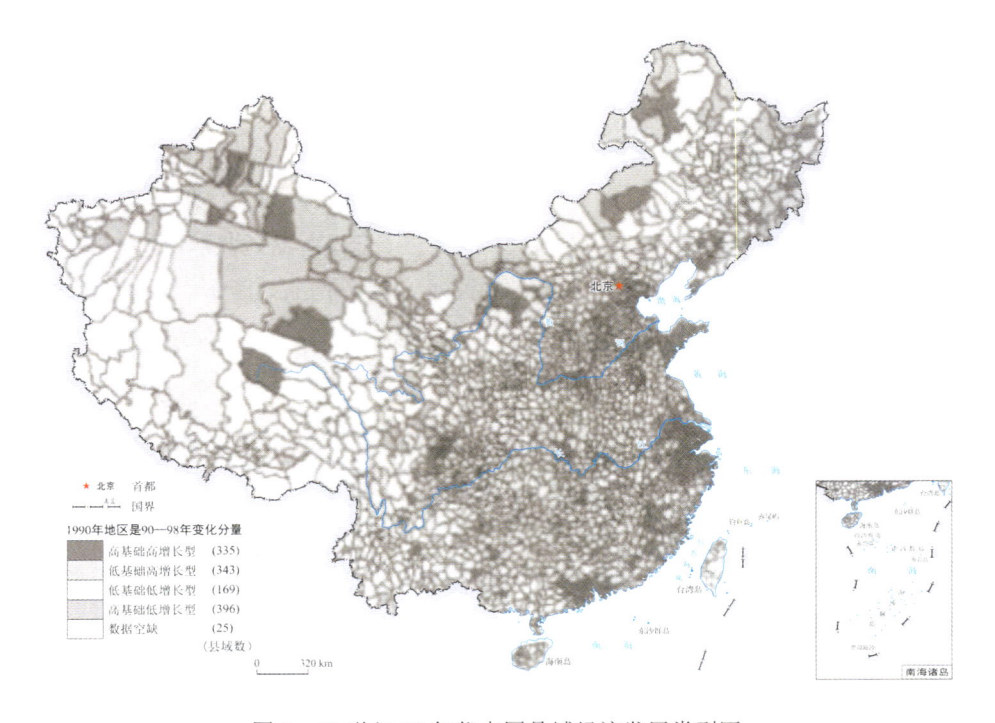

图5 20世纪90年代中国县域经济发展类型区

Fig.5 Classification of China's regional economic development in 1990s

4.1 基础好增长较快型（高基础高增长型）

东部沿海有4大区（指10个以上县域连片分布区）：① 津沽区，包括天津市及所辖县市、河北邻近地区，共有此类县域16个；② 山东半岛与冀南区，包括山东省大部，河北省南部一部分地域，县域数为43个；③ 长江三角洲区，包括上海市、江苏中南部、浙江北部，县域数达100多个，占全国该类型的近1/3；④ 珠江三角洲区，有此类型县域32个。

中西部地区主要分布于：① 河南中北部区，包括河南省的郑州、焦作、济源等地域，共有此类县域13个；② 川中区，包括四川省成都市、德阳市及所辖县市，共16个县域。

4.2 基础差增长较快型（低基础高增长型）

该类型主要集中于中国中部地区。大致可分为4大区：① 冀晋鲁区，包括河北省、山西东部、山东西部，县域数为全国该类型的1/4稍弱；② 长江沿岸带，包括四川省东南、重庆市、湖北和安徽省中部。该区县域数占全国该类型的25%强；③ 湘桂粤区，包括湖南大部、广西南部、广东西部，有县域数95个；④ 东北区，包括黑龙江南部、吉林中部和辽宁北部，县域数仅为34个。

4.3 基础差增长缓慢型（低基础低增长型）

主要分布于中西部大多地域，大致可分为4大区：① 新疆、西藏西部沿边区；② 大渡河西南广大地域，包括西藏自治区大部、四川省西部、云南省、贵州、湖南西部等；③ 长江以南，京广线以东，沿海带以西部分地域，包括江西省大部，湖南东部；④ 山西、陕西、宁夏、甘肃、青海5省大部，四川北部等。

4.4 基础高增长缓慢型（高基础低增长型）

主要分布于西北、东北、北部沿边境区，有县域数达114个，占全国该类型县域总数的28%。其余县域主要散布于中国各地，相对集中于四川西北、北京、长江三角洲的外围区。

上述各类型区并非集中分布，而是相互交错的。如，高基础高增长型中，也有其他类型；高基础慢增长型中，也有高基础高增长型；基础差类型中，出现经济发展较快区与较慢区相互交织。

5 结语

（1）20 世纪 90 年代中国县域经济发展水平空间差异变化，展现了与省际分析不同的状况。1990~1998 年县域人均 GDP 的绝对差异出现扩大，而相对差异则明显变小。沿海与内陆地区比较，90 年代县域经济发展水平的绝对差异和相对差异均在扩大。以沿海 125 km 宽的带状区所划分的沿海-内陆地区绝对差异，比人们所采用的按沿海省份、内陆省份所衡量的绝对差异扩大趋势更为明显。

（2）沿海与内陆地区县域经济发展水平差距的扩大，证实了中国政府出台的西部大开发政策的适应性。但是，从另一方面看，政府出台向中西部倾斜的政策，并不能等于宣布了学术研究中区域差异是否过大讨论的终结。学术研究应为生产实践服务，但行政政策并不能代替学术研究。中国区域经济差异是否超过可容忍的限度，科学的学术研究仍有一定的意义。

（3）90 年代县域经济增长分析，揭示了省域分析所不易揭示的区域经济增长空间转移现象。经济增长较快县域自一些增长中心向外扩延，逐步形成全国的沿海岸带经济增长轴，京广线经济增长轴和长江沿岸经济增长轴。在这三大经济轴中，沿海岸带经济增长最为显著。这种经济空间扩散现象印证了增长极（增长中心）的扩散效应，以及据此引申的"点-轴"经济增长模式[17]。

（4）基于县域经济分析，本文展示了沿海发达区内存在不发达县域。有一些沿海县域人均 GDP 不足全国平均值的 50%，且紧邻人均 GDP 高于全国 3 倍以上的县域。沿海发达区内的区域经济差异，也不容忽视。

（5）全国总体上，经济不发达县域主要位于中西部，尤其是西部地区。这些地区多为山区、寒区、旱区等环境条件较差区。与省际边界叠加，还可发现，不发达县域还存在于省际间地带。跨省地带经济发展，应引起相关省份的关注。

（6）基于 1990 年县域经济状况和 90 年代变化，本文将全国县域分为 4 种类型：基础好增长较快型、基础差增长较快型、基础差增长缓慢型、基础好增长缓慢型。由于数据所限，这种分类十分简单。但比起省域分析，可以为区域政策的制定和实施提供进一步的参考。

致谢：作者感谢西藏自治区统计局、湖北省统计局、山东省统计局，以及河南省统计局王超、河南省统计学校王志电等先生在统计数据收集上的帮助；感谢河南大学环境与规划学院秦奋副教授在图形数据处理上的帮助；感谢河南大学覃成林教授提出有益建议。

参考文献（References）

[1] Hu Angang, Zou Ping. Society and Development: Regional Difference of China's Society Development [M]. Hangzhou: Zhejiang People Press, 2000. (In Chinese) [胡鞍钢, 邹平. 社会与发展: 中国社会发展地区差异研究[M]. 杭州: 浙江人民出版社, 2000.]

[2] Lu Dadao, Sit V et al. 1997 Report of Regional Development in China[M]. Beijing: The Commercial Press, 1998. (In Chinese) [陆大道, 薛凤旋 等. 1997 中国区域发展报告[M]. 北京: 商务印书馆, 1998.]

[3] Yang Kaizhong. Regional Development in China[M]. Beijing: Ocean Press, 1989. (In Chinese) [杨开忠. 中国区域发展研究[M]. 北京: 海洋出版社, 1989.]

[4] Qin Chenglin. A Study on Regional Economic Disparities in China[M]. Beijing: China Economic Press, 1997. (In Chinese) [覃成林. 中国区域经济差异研究[M]. 北京: 中国经济出版社, 1997.]

[5] Wang Shaoguang, Hu Angang. The Political Economy of Uneven Development: The Case of China[M]. Beijing: China Planning Press, 1999. (In Chinese) [王绍光, 胡鞍钢. 中国: 不平衡发展的政治经济学[M]. 北京: 中国计划出版社, 1999.]

[6] Department of Land and Regional Development, National Planning Commission of China. Regional Development Report of China[M]. Beijing: China Environment Press, 1994. (In Chinese) [国家计委国土与地区司. 中国地区发展报告[M]. 北京: 中国环境出版社, 1994.]

[7] Hu Angang, Wang Shaoguang, Kang Xiaoguang. Report of Regional Disparities in China[M]. Shengyang: Liaoning Press, 1995. (In Chinese) [胡鞍钢, 王绍光, 康晓光. 中国地区差距报告[M]. 沈阳: 辽宁出版社, 1995.]

[8] Wei Y. Regional inequality in China[J]. *Progress in Human Geography*, 1999, 23(1): 48-58.

[9] Fan C C. Of belts and ladders: State policy and uneven development in post-Mao China[J]. *AAAG*, 1995, 85(3): 421-449.

[10] Zhao X. Spatial disparities and economic development in China, 1953~1992: A comparative study[J]. *Development and Change*, 1996, 27(1): 131-160.

[11] Zhao X, Tong S P. Unequal economic development in China: Spatial disparities and regional policy reconsideration, 1985~1995[J]. *Regional Studies*, 2000, 34(6): 549-561.

[12] Li Yining ed. New Perspective of Regional Development[M]. Beijing: Economic Daily Press, 1999. (In Chinese) [厉以宁 主编. 区域发展新思路[M]. 北京: 经济日报出版社, 1999.]

[13] Chen J, Fleisher B. Regional income inequality and economic growth in China[J]. *Journal of Comparative Economics*, 1996, 2: 141-164.

[14] Hou Zhiyong, Hu Changchun. Coordinated growth of East, Middle and West China[J]. *Study Materials for Economists*, 1995, 73: 13-29. (In Chinese) [侯勇智, 胡长春. 东中西部的协调发展[J]. 经济工作者学习资料, 1995, 73: 13-29.]

[15] Li Xiaojian, Miao Changhong. Growth pole: theoretical discussion and selection in practice[J]. *Geographical Research*, 1993, 12(3): 45-55. (In Chinese) [李小建, 苗长虹. 增长极理论分析及选择研究[J]. 地理研究, 1993, 12(3): 45-55.]

[16] Perroux F. Note on the concept of "growth poles" [A]. In: Livingstone I (ed.). Economic Policy for Development: Selected Reading[C]. Harmondsworth: Penguin Books Ltd., 1971. 278-289.

[17] Lu Dadao. Regional Development and Spatial Structure[M]. Beijing: Science Press, 1995. (In Chinese) [陆大道. 区域发展及其空间结构[M]. 北京: 科学出版社, 1995.]

County Level Economic Disparities of China in the 1990s

LI Xiao-jian, QIAO Jia-jun

(College of Environment and Planning, Henan University, Kaifeng 475001, *China)*

Abstract: This paper analyses regional economic disparities in China using nationwide county level data. Firstly, in contrast to the enlarging trend indicated by provincial level studies, economic disparities between counties were narrowed in the 1990s. This finding does not apply in the comparison between coastal and inland areas. The disparities between the two parts were continuously widened. Secondly, the counties with faster growth rates than the national average were spread from several growth centers to outside. Consequently, three growth corridors gradually appeared, namely, the Coastal Corridor (along the nation's coastal line), Beijing — Guangzhou Corridor (along the railway from Beijing to Guangzhou), and the Changjiang River Corridor (along the Changjiang River from Chengdu to Shanghai). Thirdly, regional disparities exist within each corridor. There were numbers of relatively underdeveloped counties in the Coastal Corridor. Similarly, relatively developed counties were found in Western China. Fourthly, general speaking, the less developed counties were mainly located in the western part of China. The distribution pattern of less developed counties is consistent with the disadvantageous development conditions in mountainous, cold and dry areas, as well as with the isolation in the provincial border regions. Finally, this paper classifies counties into four categories by using their development status in 1990 and their growth rates from 1990 to 1998.

Key words: regional economic disparities; county level study; growth corridor; coastal development; development in the underdeveloped area; China

中国县域尺度经济差异的经典之作

苗长虹

一、作者简介

李小建（1954—　），河南孟津人，1982年本科毕业于河南大学地理系，1982年留校任教，先后任讲师、大洋洲研究室副主任，1986—1990年在南开大学攻读博士学位（1988年3月—1990年4月获澳大利亚政府奖学金，以博士联合培养名义赴澳大利亚国立大学学习），1990年获南开大学与澳大利亚国立大学联合培养经济学博士学位。

先后任河南大学副教授、教授、博士生导师，河南大学地理系主任，河南大学环境与规划学院院长，河南大学副校长，河南财经学院院长，河南财经政法大学校长。担任河南财经政法大学学术委员会主任，《经济经纬》主编，《经济地理》副主编。曾担任中国地理学会常务理事、黄河分会主任、经济地理专业委员会副主任、人文地理专业委员会副主任，全国经济地理研究会副会长，中国区域经济学会常务理事，河南省地理学会理事长，《地理科学进展》《世界地理研究》副主编，《地理学报》《地理研究》《地理科学》等期刊编委。曾兼任美国斯坦福大学、纽卡斯尔大学客座教授，香港中文大学研究员，牛津大学高级研究学者，莫纳什大学客座研究员。首批入选国家"百千万人才工程"，获评国家有突出贡献中青年专家，享受国

作者介绍：苗长虹（1965—　），男，河南鄢陵人，博士，河南大学地理与环境学院教授，中国地理学会会员（S110004313M），主要从事经济地理与区域发展研究。E-mail: chhmiao@henu.edu.cn

务院特殊津贴。2017年当选国际欧亚科学院院士。

主要从事经济地理和区域发展方面的教学和研究，在国内外发表学术论文360篇，出版《公司地理论》《农户地理论》《中国特色经济地理学探索》等著作20多种，主编的《经济地理学》获首届国家教材建设奖和全国优秀教材一等奖。创立了中国的公司地理学研究，开拓了农户地理研究，发展了经济地理学小尺度研究方向。

二、写作背景和主要内容

20世纪80和90年代，中国区域经济差异以及解决差异所要采取的国家区域战略和政策是学术界讨论的一个热点领域。区域经济是趋同（包括俱乐部趋同）还是趋异，区域开发是采取梯度战略还是增长极（增长中心）、增长轴（带）及点-轴战略，是学术研究并争辩的主要论题。"20世纪90年代中国县际经济差异的空间分析"一文，正是在这种学术背景下针对如何认识中国区域经济差异和差距问题而撰写的。当时，有关中国区域经济差异和差距的研究及其在特征与性质认识上出现的争论，除了是强调经济增长效率优先还是要高度重视区域发展公平这一规范性的价值判断有别之外，在实证研究上主要源于区域的多尺度性质，究竟是关注宏观尺度上东、中、西地带之间和不同省区之间的差异，还是关注中微观尺度上地市尺度与县域尺度之间的差异，学界观点不同。

该文开篇就指出："中国区域经济差异研究，吸引了不少国内外学者的关注。这些研究，相当一部分基于全国省级行政单元的数据，仅个别研究使用了少数省份的县级数据。基于省份数据的研究，较好地展示了区域经济大格局的变化，却忽略了省内区域经济的非均质性，尤其是一些跨越省级的经济地域特征，很难展现出来。"由此，引出了本文研究要解决的问题："基于更小的地理单元的分析，是否可以揭示出与省际分析不同的区域经济差异特征？区域经济增长具有由点及面扩展的特征，县域分析可否展示这种特征？就区域政策的制定及实施而论，较小区域的分析是否比省际分析更具实践意义？"由此，论文在理论背景及数据分析概述的基础上，分1998年中国县域经济空间格局、20世纪90年代中国县域经济空间变化特点、中国县域经济增长类型简析三部分，对论文研究的主题进行了阐述。

该论文所使用的方法是"空间分析"。通过收集整理各县域（包括各县、县级市、区）1990 年、1998 年的 GDP 数据（没有 GDP 数据的，采用国民生产总值 GNP 替代），以人均 GDP 来表征县域经济发展水平，并使用数字化的县域界线数据，进行 1990 年和 1998 年的经济差异变化分析。

论文的主要发现和结论如下：

（1）20 世纪 90 年代中国县域经济发展水平空间差异变化，展现了与省际分析不同的状况，全国总体上绝对差异出现扩大，而相对差异则明显变小；沿海与内陆地区比较，绝对差异和相对差异均在扩大。沿海与内陆地区县域经济发展水平差距的扩大，证实了中国政府出台的西部大开发政策的适应性。

（2）20 世纪 90 年代县域经济增长较快的县域自一些增长中心向外扩延，逐步形成全国的沿海岸带经济增长轴、京广线经济增长轴和长江沿岸经济增长轴。沿海岸带经济增长最为显著。这种经济空间扩散现象印证了增长极（增长中心）的扩散效应，以及据此引申的"点-轴"经济增长模式。

（3）沿海发达区内的区域经济差异也不容忽视；全国总体上，经济不发达县域主要位于中西部，尤其是西部地区，多为山区、寒区、旱区等环境条件较差区以及省际间地带。

（4）全国县域增长可分为四种类型：基础好增长较快型、基础差增长较快型、基础差增长缓慢型、基础好增长缓慢型。

三、精品论文及相关研究的学术影响和时代贡献

区域经济差异是地理学和经济学共同关注的一个经典领域。中国是一个人口规模巨大、国土空间广袤的发展中大国，改革开放以来，沿海地区经济的持续快速增长及由此带来的区域经济差距的迅速扩大，极大地改变了计划经济体制下以平衡战略为导向的区域经济发展格局，由此引发了 20 世纪 80 年代和 90 年代围绕技术转移、对外开放和区域开发的"梯度理论"与"反梯度理论"的激烈辩论。辩论的核心主要围绕两个方面展开，一是如何认识中国区域经济差异与差距的特征和性质，特别是东、中、西地带之间与东、中、西地带内部以及各省区内部的经济差异和差距；二是针对这种特征和性质，应采取什么样的国家区域战略与政策，主要观点也有两种，一是根据技术（产业）的生命周期和区域开放、开发条件，按技术梯度、

开放梯度和经济发展梯度,实施技术引进、对外开放和区域开发战略,二是按照集聚与分散结合论、增长极与增长点理论来实施欠发达地区和不发达地区的反梯度技术引进、对外开放和区域开发战略。

1999 年,国家明确提出要实施西部大开发战略,之后又于 2003 年和 2004 年相继提出实施东北等老工业基地振兴战略和促进中部地区崛起战略,学术讨论的焦点也从梯度理论与反梯度理论的争论,转变为如何更加全面、深入认识中国区域经济差异和差距的多尺度时空格局特征与形成机制,并服务国家的区域协调发展战略。该篇论文的发表,正是进入 21 世纪后这种学术转变的一个标志性的体现。

相比于以省区为单元的区域经济差异研究,以地市和县域甚至乡镇为单元的区域经济差异研究,一方面能够更全面、更细致地揭示中国区域经济差异的时空格局及其变化特征,但另一方面,也面临着数据缺失多、数据获取难等挑战。该研究是第一篇涵盖全国几乎所有县域单元开展区域经济差异研究的论文,也是率先将县域行政边界矢量化开展全国县域单元 GIS 空间分析的论文,同时是率先基于县域经济增长数据对全国县域做出增长类型划分的论文。

该论文的主要发现和结论,一方面揭示了县域尺度呈现的中国区域经济差异及其变化格局的复杂性,既具有东、中、西地带间的梯度差距特征,也具有地带内、跨省域和省域内的极化-扩散特征以及不发达县域的连片分布特征;另一方面也通过格局特征的分析,对增长极(增长中心)理论及点-轴增长模式进行了印证,体现了论文深层次的理论观照。论文还提出了学术研究和国家战略与区域政策之间的辩证关系,强调学术研究应为生产实践服务,但政策并不能代替学术研究。

中国知网显示该文自发表以来,下载 5 150 余次,已被引用 760 余次,是区域经济差异研究和县域经济研究中进入被引用次数前十位的一篇经典文献。从地理学科发展看,该文的历史贡献主要集中在三个方面,一是相对于地带、经济区和省域尺度的研究,该文引领了地市尺度、县域尺度乃至乡镇尺度和栅格尺度的区域经济差异研究;二是 GIS 空间分析方法在区域经济差异研究中得到越来越广泛的应用;三是高基础-高增长、高基础-低增长、低基础-高增长、低基础-低增长四种县域经济增长类型的划分,为国家实施分区分类指导县域经济发展、制定县域发展支持政策,提供了因地制宜、分类施策的科学依据。

用陆地卫星 TM6 数据演算地表温度的单窗算法

覃志豪[1,2], Zhang Minghua[1], Arnon Karnieli[2], Pedro Berliner[2]

(1. Dept. of Land, Air and Water Resources, University of California at Davis, CA 95616, USA
2. J. Blaustein Inst. for Desert Research, Ben Gurion University of the Negev, 84990, Israel)

摘要：陆地卫星 TM 数据（TM6）热波段表示地表热辐射和地表温度变化。长期以来，从 TM6 数据中演算地表温度通常是通过所谓大气校正法。这一方法需要估计大气热辐射和大气对地表热辐射传导的影响，计算过程很复杂，误差也较大，在实际中应用不多。根据地表热辐射传导方程，推导出一个简单易行并且精度较高的演算方法，把大气和地表的影响直接包括在演算公式中。该算法需要用地表辐射率、大气透射率和大气平均温度 3 个参数进行地表温度的演算。验证表明，该方法的地表温度演算较高。当参数估计没有误差时，该方法的地表温度演算精度达到 < 0.4 ℃，在参数估计有适度误差时，演算精度仍达 < 1.1 ℃。因该方法适用于仅有一个热波段的遥感数据，故称为单窗算法。

关　键　词：地表温度　热辐射　Landsat TM　单窗算法　亮度温度

中图分类号：P413；X87　**文献标识码**：A

第 56 卷第 4 期, 2001 年 7 月
文章编号：0375-5444 (2001) 04-0456-11
收稿日期：2001-03-10；修订日期：2001-04-22
作者简介：覃志豪，博士，1995 年获农业部有突出贡献中青年专家称号；2000 年受聘为瑞典 Ume 大学空间模拟中心(SMC)的高级科学家(Senior Scientist)，2001 年在美国加州大学(UC Davis)进行合作研究，目前主要从事温度遥感理论方法与应用、环境遥感、水土资源与生态环境系统分析，以及地理信息系统应用等方面的研究。E-mail: cqin@lycos.com
引用本文：覃志豪, Zhang Minghua, Arnon Karnieli, 等. 用陆地卫星 TM6 数据演算地表温度的单窗算法. 地理学报, 2001, 56(4): 456-466. [Qin Zhihao, Zhang Minghua, Arnon Karnieli, et al. Mono-window algorithm for retrieving land surface temperature from landsat TM6 data. *Acta Geographica Sinica*, 2001, 56(4): 456-466.]

1 引言

由于地面分辨率很高，陆地卫星（Landsat）的 TM 遥感图像数据已经得到了非常广泛的应用。该数据（TM6）热波段可用来分析地球表面的热辐射和温度区域差异。该波段的波长区间为 10.45～12.5 μm，天顶视角下的象元地面分辨率为 120 m×120 m。这一地面分辨率远比气象卫星 NOAA-AVHRR 遥感数据的地面分辨率（天顶视角下为 1.1 km×1.1 km）高，因此，对于要求精确的区域分析来说，TM 数据是比较好的选择。但是，相对于其可见光波段和近红外波段的广泛应用而言，TM 图像的热波段（TM6）数据则应用得很少，并且大多数应用是直接使用其灰度值或者是仅转化为象元亮度温度，而没有计算真正意义上的地表温度。由于地表热辐射在其传导过程中受到大气和辐射面的多重影响，TM 遥感器所观测到的热辐射强度（已转化为相对应的灰度值）已不再是单纯的地表热辐射强度，因而也不能直观地表示地表的热辐射和温度变化，从而使直接使用 TM6 的原数值（灰度值或亮度温度）来进行区域分析所得到的结论存在很大程度上的偏差。偏差的大小直接取决于大气和地表影响的强弱。

传统上使用所谓的大气校正法。从 TM6 数据中求算地表温度，这一方法需要使用大气模型（如 LOWT RAN 或 MODT RAN 或 6S）来模拟大气对地表热辐射的影响，包括估计大气对热辐射传导的吸收作用以及大气自己所放射的向上和向下热辐射强度。然后把这部分大气影响从卫星遥感器所观测到的热辐射总量（按灰度值计算）减去，得到地表的热辐射强度，最后把这一热辐射强度转化成相对应的地表温度。这一方法虽然可行，但实际应用起来却非常困难。除计算过程复杂之外，大气模拟需要精确的实时（卫星飞过天空时）大气剖面数据，包括不同高度的气温、气压、水蒸气含量、气溶胶含量、CO_2 含量、O_3 含量等等。对于所研究的区域而言，这些实时大气剖面数据一般是没有的。因此，大气模拟通常是使用标准大气剖面数据来代替实时数据，或者是用非实时的大气空探数据来代替。由于大气剖面数据的非真实性或非实时性，根据大气模拟结果所得到的大气对地表热辐射的影响的估计通常存在较大的误差，从而使大气校正法的地表温度演算精度较差（一般大于 3℃）。

到目前为止，尚未见到较简单可行的可用于从仅有一个热波段的 TM 数据中演算地表温度的算法诞生。1996 年 Hurtado 等[1]根据地表能量平衡方程和标准气候参数，提出了一种新的大气校正法，用以从 TM 数据中演算地表温度。可以说，这一方法已经接近于提出一种地表温度的演算方法。但计算过程的复杂和许多参数的不确定性，使这一方法仍难以称之为一个算法。本文将根据地表热传导方程，推导出一个简单可行并且保持较高精度的地表温度演算方法。

2 从 TM6 数据中求算辐射温度

亮度温度是遥感器在卫星高度所观测到的热辐射强度相对应的温度。这一温度包含有大气和地表对热辐射传导的影响，因而不是真正意义上的地表温度。但地表温度是根据这一亮度温度来演算而得，因此，有必要先探讨如何从 TM6 数据中求算亮度温度的问题。

一般而言，我们所得到的 TM 数据是以灰度值（DN 值）来表示，DN（Digital number）值在 0 和 255 之间，数值越大，亮度越大。对于 TM6，亮度越大，表示地表热辐射强度越大，温度越高，反之亦然。从 TM6 数据中求算亮度温度的过程包括把 DN 值转化为相应的热辐射强度值，然后根据热辐射强度推算所对应的亮度温度。

陆地卫星遥感器 TM 在设计制造时已考虑到把所接收到的辐射强度转化为相对应的 DN 值问题。因此，对于 TM 数据，所接收到的辐射强度与其 DN 值有如下关系[2]：

$$L_{(\lambda)} = L_{\min(\lambda)} + (L_{\max(\lambda)} - L_{\min(\lambda)})Q_{dn}/Q_{\max} \qquad (2\text{-}1)$$

式中 $L_{(\lambda)}$ 为 TM 遥感器所接收到的辐射强度（$mWcm^{-2}sr^{-1}\mu m^{-1}$），$Q_{\max}$ 为最大的 DN 值，即 $Q_{\max}=255$，Q_{dn} 为 TM 数据的象元灰度值，$L_{\max(\lambda)}$ 和 $L_{\min(\lambda)}$ 为 TM 遥感器所接收到的最大和最小辐射强度，即相对应于 $Q_{dn}=255$ 和 $Q_{dn}=0$ 时的最大和最小辐射强度。对于陆地卫星 5 号，TM 遥感器的热波段 TM6 的中心波长为 11.475 μm。发射前已预设 TM6 的常量为当 $L_{\min(\lambda)}=0.1238$ $mWcm^{-2}sr^{-1}\mu m^{-1}$ 时，$Q_{dn}=0$；当 $L_{\max(\lambda)}=1.56$ $mWcm^{-2}sr^{-1}\mu m^{-1}$ 时，$Q_{dn}=255$[3]。因此，公式（2-1）的热辐射与灰度值之间的关系可进一步简化为：

$$L_{(\lambda)}=0.123\,8+0.005\,632\,156Q_{dn} \qquad (2\text{-}2)$$

在 TM6 数据中，灰度值 Q_{dn} 已知，因此用上式可很容易地求算出相应的热辐射强度 $L_{(\lambda)}$。一旦 $L_{(\lambda)}$ 已求得，所对应的象元亮度温度可直接用 Planck 辐射函数计算[4]，或者是用如下近似式求算[5~7]：

$$T_6 = K_2/\ln(1+K_1/L_{(\lambda)}) \qquad (2\text{-}3)$$

式中 T_6 为 TM6 的象元亮度温度（K），K_1 和 K_2 为发射前预设的常量，对于 Landsat 5 的 TM 数据，$K_1 = 60.776$ mW cm^{-2} sr^{-1} μm^{-1}，$K_2 = 1\,260.56$ K[3]。

Landsat TM 是在飞行高度约为 750 km 的太空中观测地表的热辐射。当地表的热辐射穿过大气层到达 TM 遥感器时，它已受到大气的吸收作用而衰减；另一方面，大气自身也放射出一定强度的热辐射。大气的向上热辐射直接到达 TM 遥感器，而向下热辐射也有被地表反射回一部分。此外，地表也不是一个黑体，其辐射率小于 1。因此，热遥感是一个复杂的过程。要想从卫星遥感器所观测到的热辐射强度中演算地表温度，必须全面考虑热辐射传导过程中的所有这些影响，而这些影响则因不同地区和不同时间而不停地变化，从而使得地表温度的演算变得复杂。传统的做法是运用大气模型估计大气吸收作用和大气热辐射强度，然后从卫星遥感器所观测到的热辐射中减去这部分大气影响，使之变成地表的热辐射，最后考虑地表的非黑体（辐射率＜1）影响而推算地表温度。大气模型的模拟需要使用实时的大气剖面的多方面数据，如不同高度的大气温度、气压、水分含量、CO_2 含量、O_3 含量、气溶胶含量等等，而这些实时数据常常缺乏，从而使大气校正法的实际应用存在很大困难，多数是用标准大气数据或非实时气探数据来进行模拟估计，因此，温度演算的误差通常也较大（一般＞3℃）。这就提出了根据地表热辐射传导方程探讨其他可能方法的必要性。

3　TM6 的热传导方程

利用遥感数据演算地表温度，都是以地表热辐射传导方程为基础。这一传导方程阐明卫星遥感所观测到的热辐射总强度，不仅有来自地表的热辐射成分，而且还有来自大气的向上和向下热辐射成分。这些热辐射成分在穿过大气层到达遥感器的过程中，还受到大气层的吸收作用的影响而减弱。同时，地表和大气的热辐射特征也在这一过程中产生不可忽略的影响。因此，地表温度的演算实际上是一个复杂的求解问题。

为了定量地确定各构成要素在地表演算过程中的相对作用，有必要先引用物体的辐射理论，明确热辐射与相应温度的关系。对于一个黑体（它所吸收的能量等于它所辐射的能量，辐射率为 1），其辐射强度与温度和波长有直接关系，可用 Planck 辐射函数来表达：

$$B_\lambda(T) = \frac{C_1}{\lambda^5(e^{c_2/\lambda T} - 1)} \tag{3-1}$$

式中 $B_\lambda(T)$ 为该黑体的辐射强度，一般表示为 W m^{-2} sr^{-1} μm^{-1}；λ 为波长（1 m $= 10^6$ μm）；C_1 和 C_2 为辐射常数，$C_1 = 1.191\,043\,56 \times 10^{-6}$ W m^{-2} 和 $C_2 = 1.438\,768\,5 \times 10^4$ μm K；T 为温度（K）。对于 TM6，Planck 函数的辐射强度与温度之间的变化如图 1 所示。

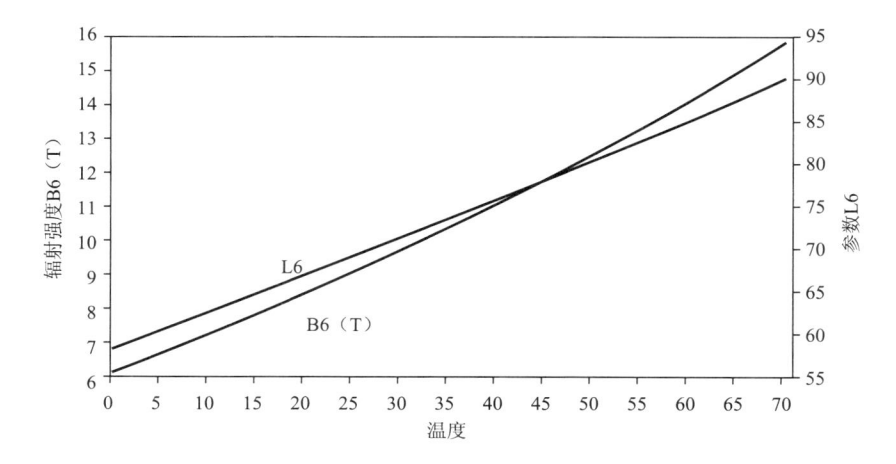

图 1 TM6 的辐射强度 $B_6(T_6)$ 和参数 L_6 随温度的变化

Fig.1 Change of radiance $B_6(T_6)$ and parameter L_6 with temperature for TM6

实际上，黑体仅是一个理论概念，绝大多数自然地面并非黑体。因此，量度物体辐射特征的辐射率（黑体为 1，其他小于 1）必须考虑在热辐射传导方程的构筑中。在充分考虑了大气和地表的多重影响之后，卫星高度 TM 遥感器所接收到的热辐射强度可以表述为：

$$B_6(T_6) = \tau_6[\varepsilon_6 B_6(T_s)+(1-\varepsilon_6)I_6^\downarrow] + I_6^\uparrow \tag{3-2}$$

式中 T_s 为地表温度；T_6 为 TM6 的亮度温度；τ_6 为大气透射率，ε_6 为地表辐射率。$B_6(T_6)$ 为 TM6 遥感器所接收到的热辐射强度，$B_6(T_s)$ 为地表在 TM6 波段区间内的实际热辐射强度，直接取决于地表温度，$I_6^\uparrow$ 和 $I_6^\downarrow$ 分别为大气在 TM6 波段区间内的向上和向下热辐射强度。

大气的向上热辐射强度通常可用如下积分计算[8]：

$$I_6^\uparrow = \int_0^z B_6(T_z)\frac{\partial \tau_6}{\partial z}dz \tag{3-3}$$

式中 T_z 为高程为 z 的气温，Z 为遥感器的高程，$\tau_6(z, Z)$ 为高程 z 到遥感器高程 Z 之间的大气向上透射率。大气的向上热辐射公式可用中值定理近似求解[9~11]：

$$B_6(T_a) = \frac{1}{1-\tau_6}\int_0^z B_6(T_z)\frac{\partial \tau_6(z,Z)}{\partial z}dz \tag{3-4}$$

式中 T_a 为大气的向上平均作用温度（又称大气平均作用温度），$B_6(T_a)$ 为大气向上平均作用温度为 T_a 时的大气热辐射强度。因此，我们有近似解：

$$I_6^\uparrow = (1-\tau_6)B_6(T_a) \tag{3-5}$$

热辐射传导方程（3-2）中的大气向下热辐射总强度一般可视作是来自一个半球状方向

的大气热辐射之积分，因此，通常可用如下公式表示[8]：

$$I_6^\downarrow = 2\int_0^{\pi/2}\int_\infty^0 B_6(T_z)\frac{\partial \tau_6'(\theta'z,0)}{\partial z}\cos\theta'\sin\theta'dzd\theta' \qquad (3\text{-}6)$$

式中 θ' 为大气向下辐射的方向角，∞ 为地球大气顶端高程，$\tau_6'(\theta', z, 0)$ 为从高程为 z 到地表的大气向下透射率。当天空晴朗时，对于整个大气的每一个薄层（如 1 km）而言，一般可合理地假定 $\partial\tau_6'(z, Z) \approx \partial\tau_6'(\theta', z, 0)$[8]，即每个大气薄层的向上和向下透射率相等。以这个假定为依据，把中值定理应用到公式（3-6）中，我们得：

$$I_6^\downarrow = 2\int_0^{\pi/2}(1-\tau)B_6(T_a^\downarrow)\cos\theta'\sin\theta'dzd\theta \qquad (3\text{-}7)$$

式中 $T_a^\downarrow$ 为大气的向下平均作用温度。对该方程的积分项进行求解，得

$$_0\int_0^{\pi/2}\cos\theta'\sin\theta'\mathrm{d}\theta\,|^{\pi/2} = 1 \qquad (3\text{-}8)$$

因此，大气的向下热辐射强度可以近似地表示为：

$$I_6^\downarrow = (1-\tau_6)B_6(T_a^\downarrow) \qquad (3\text{-}9)$$

将 $I_6^\uparrow$ 和 $I_6^\downarrow$ 代入地表的热辐射传导方程（3-2）中，我们有

$$B_6(T_6) = \tau_6[\varepsilon_6 B_6(T_s)+(1-\varepsilon_6)(1-\tau_6)B_6(T_a^\downarrow)]+(1-\tau_6)B_6(T_a) \qquad (3\text{-}10)$$

据这一传导方程可以推演地表温度，但由于方程的未知数不止地表温度一个，所以，求解该方程并非易事。传统上，大气校正法是根据大气影响的估计值（主要是 $I_6^\uparrow$、$I_6^\downarrow$ 和 τ_6），先从 $B_6(T_6)$ 中求得 $\varepsilon_6 B_6(T_s)$，然后，再运用 Planck 辐射函数进行求解 T_s。正如上面指出，实际上用大气模型估计 $I_6^\uparrow$ 和 $I_6^\downarrow$ 存在很多困难。大气剖面数据的非实时性和非真实性，通常使 $I_6^\uparrow$ 和 $I_6^\downarrow$ 的估计产生较大误差，从而使大气校正法的地表温度演算精度较低。

4 大气平均作用温度的替代性分析

要推导一个简便的地表温度演算，必须尽量减少变量的个数。分析方程（3-10）可知，有 2 个变量表达大气的平均温度，即 T_a 和 $T_a^\downarrow$。由于它们的含义很接近，我们可以考虑合二为一的可能性。为此，必须分析 $B_6(T_a^\downarrow)$ 在 $B_6(T_6)$ 中所起的作用及其对地表温度演算精度的影响。由于大气的垂直差异，大气的向上辐射强度通常大于大气的向下热辐射强度，因

此，通常有 $B_6(T_a)$ 大于 $B_6(T_a\downarrow)$，或 $T_a > T_a\downarrow$。在天空晴朗的情况下，一般可合理地假定 T_a 和 $T_a\downarrow$ 之间的差异在 5℃ 以内，即 $|T_a - T_a\downarrow| \leq 5℃$。

为了分析方便，设 $D' = \tau_6(1-\varepsilon_6)(1-\tau_6)$。对于绝大多数自然地面，地表辐射率 ε_6 一般在 0.96~0.98 之间。由此可知，D' 值很小，并且主要是取决于大气透射率 τ_6。对于 $\tau_6 = 0.7$ 和 $\varepsilon_6 = 0.96$，我们有 $D' = 0.0084$。由于 D' 值很小，所以，我们可以合理地用 $B_6(T_a)$ 来作为 $B_6(T_a\downarrow)$ 的近似值。正如下面的分析指出，这一替代对于从公式（3-10）中求解地表温度将没有产生实质性的误差。

这一合理假定是推导一个简易算法的关键，因此，在进一步推导之前有必要对这一问题进行定量分析，以确定由此而带来的地表温度演算误差。由于 $B_6(T_a) > B_6(T_a\downarrow)$，对于一个固定的 $B_6(T_6)$ 值，用 $B_6(T_a)$ 代替 $B_6(T_a\downarrow)$，将导致方程（13）中 $B_6(T_s)$ 和 $B_6(T_a)$ 两项的数值相对降低。接着，T_s 的数值也将因此而被低估。在方程（13）中，$B_6(T_s)$ 和 $B_6(T_a)$ 数值的低估幅度直接取决于它们在该方程中的系数大小，即 $B_6(T_s)$ 的系数为 $\tau_6\varepsilon_6$，$B_6(T_a)$ 的系数为 $(1-\tau_6)[1+\tau_6(1-\varepsilon_6)]$。为了分析起见，我们考虑 3 种 $|T_a - T_a\downarrow|$ 情况和 2 种 τ_6 与 ε_6 情况的作用。分析结果指出，在各种组合情况下，这一替代所产生的 T_s 低估都很小。对于 $|T_a - T_a\downarrow| = 5℃$ 和 $\tau_6 = 0.8$，用 $B_6(T_a)$ 代替 $B_6(T_a\downarrow)$，在 $T_s = 20℃$ 时，仅导致 T_s 的低估 0.025 5℃，在 $T_s = 50℃$ 时 T_s 的低估值为 0.020 5℃。对于 $\tau_6 = 0.7$，T_s 的低估值还更小。因此，我们可以认为，用 $B_6(T_a)$ 代替 $B_6(T_a\downarrow)$ 对于求解地表温度没有实质性的差别。根据这一结论，TM6 所观测到的热辐射强度可简化为：

$$B_6(T_6) = \tau_6\varepsilon_6 B_6(T_s) + (1-\tau_6)[1+\tau_6(1-\varepsilon_6)]B_6(T_a) \tag{4-1}$$

这一简化表达式，为下面的推导提供了可能性。

5　单窗算法的推导

从方程（4-1）中求解地表温度，需要对 Planck 函数进行线性化展开。从图 1 可知，Planck 函数随温度的变化接近于线性。对于某个特定的波长区间如 TM6，在较窄的温度区间（如 <15℃）内，这种线性特征更为明显。因此，运用 Taylor 展开式对 Planck 函数进行线性展开较合适。由于线性特征较显著，保留 Taylor 展开式的前两项一般即可保证足够的精度。因此，有

$$B_6(T_j) = B_6(T) + (T_j - T)(B_6(T)/\partial T) = (L_6 + T_j - T)(B_6(T)/\partial T) \tag{5-1}$$

式中　T_j 为亮度温度（当 $j=6$ 时）、地表温度（当 $j=s$ 时）和大气平均作用温度（当 $j=a$ 时）。参数 L_6 定义为

$$L_6 = B_6(T)/[\partial B_6(T)/\partial T] \tag{5-2}$$

式中　L_6 为一个温度参数（K）。在这里，对 Planck 函数进行线性化的实质意义是，把 $B_6(T_j)$ 所代表的热辐射强度与有一个固定温度 T 的 $B_6(T)$ 关联起来，而这一固定温度 T 则是进一步推导的关键。考虑到大多数情况下，通常有 $T_s > T_6 > T_a$。因此，我们可以定义这一固定温度 T 为 T_6。这样，对于 TM6 的区间而言，T_s、T_6 和 T_a 所对应的 Planck 函数可进一步展开为：

$$B_6(T_s) = (L_6 + T_s - T_6)\partial B_6(T_6)/\partial T \tag{5-3}$$
$$B_6(T_a) = (L_6 + T_a - T_6)\partial B_6(T_6)/\partial T \tag{5-4}$$
$$B_6(T_6) = (L_6 + T_6 - T_6)\partial B_6(T_6)/\partial T = L_6 \partial B_6(T_6)/\partial T \tag{5-5}$$

把这些开展式代入方程（14）中，并消除方程两边的 $\partial B_6(T_6)/\partial T$ 项，得到

$$L_6 = C_6(L_6 + T_s - T_6) + D_6(L_6 + T_a - T_6) \tag{5-6}$$

式中　参数 C_6 和 D_6 分别定义为

$$C_6 = \tau_6 \varepsilon_6 \tag{5-7}$$
$$D_6 = (1 - \tau_6)[1 + \tau_6(1 - \varepsilon_6)] \tag{5-8}$$

对于 TM6，我们发现参数 L_6 的数值与温度有密切的关系（图 1）。根据这一特性，可以用如下回归方程来估计 L_6：

$$L_6 = a_6 + b_6 T_6 \tag{5-9}$$

式中　a_6 和 b_6 为回归系数。回归分析表明，在温度变化范围 0~70℃（273~343K）内，公式（5-9）的回归系数分别为 $a_6=-67.35535$ 和 $b_6=0.458608$，L_6 的估计误差 $REE=0.32\%$，相关系数平方 $R^2=0.994$。如果 TM6 图像的温度变化范围较窄，还可提高估计误差。例如，对于 0~30℃，取 $a_6=-60.3263$ 和 $b_6=0.43436$，可使 L_6 的估计误差降低到 $REE=0.08\%$；对于 20~50℃，有 $a_6=-67.9542$ 和 $b_6=0.45987$，$REE=0.12\%$。

把公式（5-9）代入公式（5-7）中，我们有

$$a_6 + b_6 T_6 = C_6(a_6 + b_6 T_6 + T_s - T_6) + D_6(a_6 + b_6 T_6 + T_a - T_6) \tag{5-10}$$

对该式求解 T_s, 得到

$$T_s = [a_6(1-C_6-D_6)+ b_6(1-C_6-D_6)+ C_6 + D_6]T_6 + D_6T_a]/C_6 \quad (5\text{-}11)$$

这就是适用于 TM6 数据的地表温度演算公式。当然,这一算法假定其 3 个基本参数 ε_6、τ_6 和 T_a 已知,才能进行地表温度的演算。一般情况下,这 3 个基本参数都可以较容易地确定。地表辐射率直接与地表构成有关,已有较多文献讨论地面辐射率的确定问题[12]。大气透射率和大气平均作用温度可以根据地面附近(高程为 2 m 左右)的大气水分含量或湿度和平均气温来估计。在大多数情况下,各地方气象观测站均有对应于卫星飞过天空时的这 2 个观测指标的实时数据。

由于这一演算方法适用于从仅有一个热波段遥感数据中推演地表温度,我们称之为单窗算法,以区别于分窗算法。分窗算法是用于从 2 个热波段遥感数据(主要是 NOAA-AVHRR)中演算地表温度的方法。

表 1 各种不同情况下单窗算法的地表温度演算绝对误差

Tab.1 Land surface temperature from landsat TM6 data using mono-window algorithm

水蒸气含量 (g/cm²)	地表温度 T_s/℃	地表温度演算误差 $\|T_s'-T_s\|$/℃				
		热带	亚热带 7 月	亚热带 1 月	中纬度 7 月	中纬度 1 月
1	20	0.024	0.028	0.018	0.019	0.027
	30	0.075	0.082	0.066	0.067	0.081
	40	0.105	0.114	0.094	0.095	0.112
	50	0.121	0.131	0.109	0.11	0.129
2	20	0.046	0.055	0.035	0.035	0.053
	30	0.137	0.151	0.12	0.121	0.149
	40	0.196	0.212	0.175	0.176	0.209
	50	0.232	0.251	0.209	0.210	0.248
3	20	0.075	0.09	0.057	0.058	0.088
	30	0.226	0.249	0.197	0.199	0.245
	40	0.315	0.342	0.282	0.284	0.338
	50	0.349	0.377	0.314	0.316	0.373

6 地面温度演算精度与误差分析

检证该算法的最好办法可能是比较从 TM6 数据中演算而得的地表温度与该卫星飞过天空时的实时地面测量温度之间的差异。然而，要获得一个实时地面测量温度的数据集，是极为困难的。这种困难首先表现在卫星飞过天空的时间极短，几乎不可能在这样短的时间内用一种简便的办法获得与 TM 图像像元面积相配匹的地面温度数据集，以及相关的大气数据。到目前为止，还未见到有关 TM 热红外波段的地面温度数据集发表。一个主要原因可能是这种数据集的获得非常昂贵，而其用处又不大。既然实时数据无法获得，另一代替方法是模拟数据，即根据一定地面条件和大气状态，用大气模型模拟卫星高度所观测到的热辐射强度，并由此推算地表温度，与模拟所使用的地表温度相比较，可知其误差大小。在这里，我们使用这种方法进行检证（表 1）。对 5 种标准大气状态进行检证的结果表明，该算法的地表温度演算精度很高，平均误差小于 0.4℃。由于模拟过程中大气参数已知，所以，这是该算法的绝对误差，代表在其基本参数没有估计误差情况下的地表温度演算精度。然而，实际应用中参数的估计不可能准确无误。因此，我们又对该算法进行灵敏度分析，确定参数估计误差对地表温度演算精度的影响。结果表明，在地面辐射率误差高达 0.01 时，该算法的地表温度演算平均误差 δT 为 0.2℃。大气透射率的估计误差 $\delta \tau_6$ 对地表温度演算精度影响较大，当 $\delta \tau_6 = 0.025$ 时，δT 高达 0.8℃。大气平均作用温度的估计误差为 2℃ 时，δT 约为 0.5℃。综合分析表明，在其基本参数的估计上述适度误差时，该算法的地表温度演算平均误差约为 1.1℃，略小于各分量误差之和。

7 以色列—埃及边境地区的应用实例

单窗算法已在我们研究以色列干旱地区温度变化的过程中[13]得到了具体的应用。在卫星图像上发现以色列与埃及交界的沙丘地区由于边境两侧土地利用与保护的差异，植被覆盖在边境两侧形成鲜明对比。过度放牧等人为因素的作用使埃及一侧植被极少，地表基本呈裸露状态。相反，以色列一侧因封闭保护而使多年生灌丛、一年生植物和地衣苔藓类低等植物发育茂盛。在 Landsat TM 可见光波段上可清楚地看到边境两侧的这一强烈地表反差（图 2）。以色列一侧地表反射弱而呈暗色，埃及一侧反射强而呈亮色。这是一个非常典型的干旱地区地表生态系统不同演化结果的实例，已得到较多研究[14~16]。在温度波段上也可

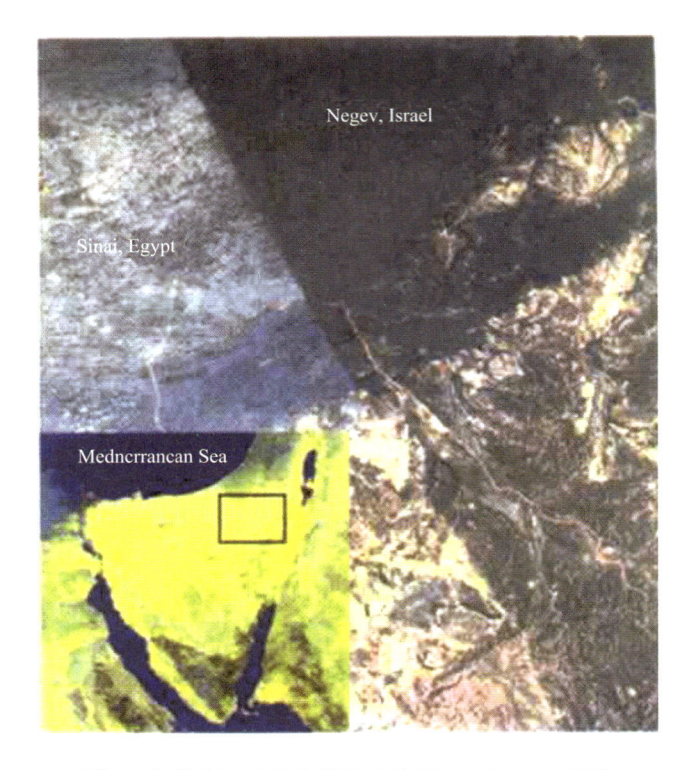

图 2 以色列—埃及边境沙丘地区 Landsat TM 图像

Fig.2 Landsat TM image of the sand dune region across the Israel-Egypt border

以看到这一强烈对比。根据地表水热关系常识，一般植被多的地区应为低温，而裸土多的地区应为高温。然而，在这一边境地区则发现了相反现象。以色列一侧地表温度普遍比埃及一侧高 2~4 ℃。多年卫星观测数据清楚地表明，这是一个长年存在的事实。为了揭示该地区地表温度异常现象的发生、发展变化原因及其与地表水热平衡的关系，我们从遥感、土壤和微气象等多角度进行深入分析研究。运用单窗算法从现有的 Landsat TM 数据中演算实际地表温度，是这一分析研究的一部分。图 3 是这一演算的一个结果，它清楚地表示该地区地表温度空间差异状况。对于该演算所需要的大气平均作用温度和大气透射率 2 个参数，我们主要是用当地地面气象观测数据（气温、气压、温度等）来估计，地表热辐射率是用植被指数结合植被和裸土热辐射率进行内插。图 3 清楚地指出，以色列一侧地表温度普遍高于埃及一侧。就平均温度而言，以色列一侧为 37.96 ℃，埃及一侧为 35.79 ℃，相差 2.17 ℃。最高温度分布在该图右上部分以色列一侧，地表温度高达 38 ℃ 以上。低温区主要集中在埃及一侧中部，只有 35 ℃ 左右。该图下部低温部分主要是裸露的岩石低丘。源于埃及一侧、穿过边境线而蜿蜒于以色列一侧的干涸河流也可分辨出来，因为其地表温度相对较低。Landsat 飞过该地区上空时是早上 9:40 左右，当时太阳角度不高，地表还不是很热，因而该图所示地表温度并不是很高。实际观测表明，图中所示的温度水平与实际观测到的地温基本相同。当达到午后 2∶00 左右，该地区的以色列一侧地温一般达到 45℃以上。该地区属地中海气候，夏季无雨，该图摄于 9 月上旬，天气晴朗，大气状态比较稳定，水分含量不高。因此，根据当地地面气象观测数据对大气透射率和大气平均作用温度进行估计，不会有太大的误差。考虑所需参数估计存在中度误差，灵敏度分析指出，该图幅地表温度演算的平均误差小于 1.1℃。因此，图 3 所示的地表温度反映了当时该地区地表热量的空间分布状况。

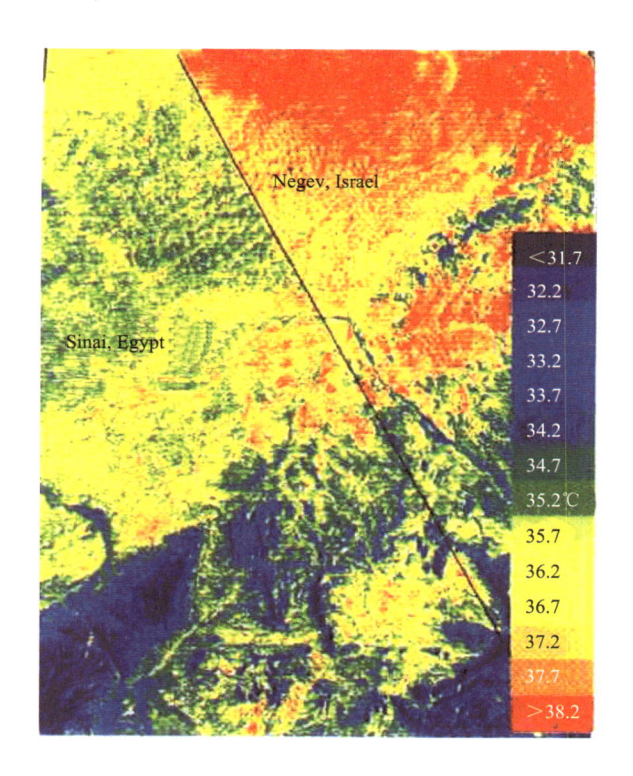

图 3　以色列—埃及边境地区地表温度差异，根据 Landsat TM6 数据演算（1995 年 9 月 9 日 9∶40）

Fig.3　Land surface temperature variation in the Israel-Egypt border region（Landsat TM6 data 9∶40 am of September 9, 1995）

8　结语

本文根据地表热辐射传导方程，通过一系列合理假设，推导了一个适用于从陆地卫星

TM6 数据中演算地表温度的单窗算法。该算法需要 3 个基本参数来进行地表温度的演算。一般情况下，这 3 个参数可根据当地气象观测数据进行估计。运用大气模型进行验证的结果表明，该算法的地表温度演算精度很高。当基本参数的估计没有误差时，其演算的绝对精度为<0.4℃；当参数估计存在一定误差时，其演算的平均误差约为 1.1℃；这一误差大大小于使用传统的大气校正法进行演算所导致的可能误差。该方法已在以色列南部干旱地区的地表温度异常现象的研究中得到了应用，从已有的 TM6 数据中演算得的地表温度图像真实地反映了当地地表热量空间差异状况。因此，这一算法可供有关用户在需要从 TM6 数据中演算地表温度时考虑应用。

参考文献（References）

[1] Hurtado E, Vidal A, Caselles V. Comparison of two atmospheric correction methods for Landsat TM thermal band[J]. *International Journal of Remote Sensing*, 1996, 17, 237-247.

[2] Markham B L, Barker J L. Landsat-MSS and TM post calibration dynamic ranges, atmospheric reflectance and at satellite temperature[J]. *EOSAT Landsat Technical Notes* 1986, 1, 3-8.

[3] Schneider K, Mauser W. Processing and accuracy of Landsat Thematic Mapper data for lake surface temperature measurement[J]. *International Journal of Remote Sensing*, 1996, 17, 2027-2041.

[4] Sospedra F, Caselles V, Valor E. Effective wavenumber for thermal infrared bands application to Landsat TM [J]. *International Journal of Remote Sensing*, 1998, 19, 2105-2117.

[5] Schott J R, Volchok W J. Thematic M apper thermal infrared calibration[J]. *Photogrammetric Engineering and Remote Sensing*, 1985, 51, 1351-1357.

[6] Wukelic G E, Gibbons D E, Martucci L M, et al. Radiometric calibration of Landsat Thermatic M apper Thermal Band[J]. *Remote Sensing of Environment*, 1989, 28, 339-347.

[7] Goetz S J, Halthore R N, Hall F G, et al. Surface temperature retrieval in a temperate grassland with multiresolution sensors[J]. *Journal of Geophysical Research*, 1995, 100, 25397-25410.

[8] Fran G B, Cracknell A P. Retrieval of land and sea surface temperature using NOAA-11 AVHRR data in north-eastern Brazil[J]. *International Journal of Remote Sensing*, 1994, 15, 1695-1712.

[9] McMillin L M. Estimation of sea surface temperatures from two infrared window measurements with different absorption[J]. *Journal of Geophysical Research*, 1975, 36, 5113-5117.

[10] Prata A J. Land surface temperature from the advanced very high resolution radiometer and the along-track scanning radiometer. 1. Theory[J]. *Journal of Geographical Research*, 1993, 98, 16689-16702.

[11] Coll C, Caselles V, Sobrino A, et al. On the atmospheric dependence of the split-window equation for land surface temperature[J]. *International Journal of Remote Sensing*, 1994, 15, 105-122.

[12] Humes K S, Kustas W P, Moran M S, et al. Variability of emissivity and surface temperature over a sparsely vegetated surface[J]. *Water Resources Research*, 1994, 30, 1299-1310.

[13] Qin Z, A. Karnieli P, Berliner. Remote sensing analysis of the land surface temperature anomaly in the sand dune region across the Israel-Egypt border[J]. *International Journal of Remote Sensing*, 2000.

[14] Otterman J. Baring high-albedo soils by overgrazing: a hypothesized desertification mechanism[J]. *Science*, 1974, 186, 531-533.

[15] Karnieli A, Tsoar H. Spectral reflectance of biogenic crust developed on desert dune sand along the Israel-Egypt border [J]. *International Journal of Remote Sensing*, 1995, 16, 369-374.

[16] Karnieli A. Development and implementation of spectral crust index over dune sands[J]. *International Journal of Remote Sensing*, 1997, 18, 1207-1220.

Mono-window Algorithm for Retrieving Land Surface Temperature from Landsat TM6 data

Qin Zhi-hao[1,2], Zhang Ming-hua[1], Arnon Karnieli[2], Pedro Berliner[2]

(1. *Dept. of Land, Air and Water Resources, University of California at Davis, CA* 95616, *USA*
2. *J. Blaustein Inst. For Desert Research, Ben Gurion University of the Negev,* 84990, *Israel*)

Abstract: Landsat TM data has a thermal band (TM6) to monitor the thermal radiance and surface temperature of the earth. For a long time, retrieval of surface temperature from TM6 data is done through the method called atmospheric correction, which requires the estimate of atmospheric thermal radiance and absorption. The computation is complicated and the accuracy is strongly subjected to the estimate, hence has few applications in real world. In this paper, a new method with simple computation and high accuracy is developed on the basis of thermal radiance transfer equation of the ground. The impacts of both atmosphere and the emitted ground on the thermal radiance transfer of the ground are directly involved into the proposed algorithm, which requires 3 essential parameters for the retrieval: emissivity, transmittance and atmospheric average temperature. Validation indicates that the accuracy of the algorithm is high up to $<0.4°C$ for the estimate of the essential parameters with no-errors and $<1.1°C$ for the estimate moderate errors. Since the method is applicable for the remote sensing data with only one thermal band, it has been termed as mono-window algorithm.

Keywords: land surface temperature; thermal radiance; Landsat TM; mono-window algorithm; brightness temperature

对"用陆地卫星 TM6 数据演算地表温度的单窗算法"的解读

唐伯惠

"用陆地卫星 TM6 数据演算地表温度的单窗算法"是覃志豪研究员的经典工作之一，对后续的地表温度（Land Surface Temperature，LST）遥感反演单窗算法产生了深远影响。该算法基于大气辐射传输方程，推导出了一个简单实用的 LST 单窗反演算法。该方法仅需输入地表发射率、大气透过率和大气平均作用温度这三个参数，避免了传统大气校正方法对于大气廓线数据的依赖，提高了单窗算法的精度和实用性。在此，从研究背景、研究方法、精度验证以及总结这四个方面来回顾、解读这篇经典论文。

一、研究背景

单通道算法是早期 LST 遥感反演的主要算法之一。由于卫星传感器在大气层顶直接观测得到的辐射亮度（或亮度温度）信息受到了大气的影响，因此必须经过大气校正才可以恢复出地表的温度信息。

传统的单通道算法利用大气辐射传输模型（如 MODTRAN、6S 等）进行大气校正。具体而言，需要事先获取研究区域在卫星过境时刻的大气廓线信息，然后将

作者介绍：唐伯惠（1973— ），男，湖南东安人，昆明理工大学教授，中国地理学会会员（S11008262M），研究方向为遥感定量反演与应用。E-mail: tangbh@kust.edu.cn

大气廓线数据输入大气辐射传输模型中进行模拟，从而获得当前通道对应的大气参数（包括大气透过率、大气上行辐射亮度以及大气下行辐射亮度）。然后基于大气辐射传输方程，从卫星观测辐射亮度（或亮度温度）中扣除大气的影响，最后再结合地表发射率先验信息计算出 LST。

针对陆地卫星 TM 热红外通道（TM6），大气辐射传输方程可以表示用式（1）来表示：

$$B_6(T_6) = \tau_6 \left[\varepsilon_6 B_6(T_s) + (1-\varepsilon_6) I_6^\downarrow \right] + I_6^\uparrow \tag{1}$$

其中，$B_6(\cdot)$ 表示当前通道对应的普朗克函数；T_6 代表星上亮温；τ_6 为通道有效大气透过率；ε_6 表示通道地表发射率；T_s 为 LST；$I_6^\downarrow$ 和 $I_6^\uparrow$ 则分别代表当前通道对应的大气下行与上行辐射亮度。如前所述，传统的大气校正根据大气廓线计算出 τ_6、$I_6^\downarrow$ 和 $I_6^\uparrow$ 等大气参数，然后再结合地表发射率先验信息，实现对 LST 的求解。

然而，早期通常难以准确获取与卫星过境时刻同步的大气廓线信息，数据的非实时性和非真实性导致解算出的大气参数的精度较低，进而严重限制了 LST 的反演精度（误差一般大于 3K）。总而言之，传统单通道算法的实用性和精度较差，难以满足实际应用需求。

针对传统单通道算法中存在的不足，论文通过对大气辐射传输方程进行推导与简化，发展出了一种简单可行的实用性单通道算法，并将之成功运用到 TM6 数据上。

二、研究方法

1. 大气辐射传输方程简化

具体来说，论文通过物理公式推导，引入了大气平均作用温度这一参数，建立了大气平均作用温度与大气上行与下行辐射亮度之间的关系，进而实现对大气辐射传输方程的简化，从而摆脱了传统大气校正方法对于大气廓线数据的依赖。

大气上行辐射亮度 $I_6^\uparrow$ 可以通过积分计算：

$$I_6^\uparrow = \int_0^Z B_6(T_z) \frac{\partial \tau_6(z,Z)}{\partial z} dz \tag{2}$$

其中，T_z代表高程z处的气温；Z代表传感器高程；$\tau_6(z,Z)$为从大气高程z到遥感器高程Z之间的大气向上透过率。利用积分中值定理，可以将式（2）改写为：

$$I_6^\uparrow = (1-\tau_6)B_6(T_a) \tag{3}$$

其中，T_a表示大气向上平均作用温度。

大气下行辐射亮度$I_6^\downarrow$通常通过半球积分表示：

$$I_6^\downarrow = 2\int_0^{\frac{\pi}{2}}\int_\infty^0 B_6(T_z)\frac{\partial \tau_6'(\theta',z,0)}{\partial z}\cos\theta'\sin\theta' dz d\theta' \tag{4}$$

其中，θ'代表下行观测角度；∞表示大气层顶部高程；$\tau_6'(\theta',z,0)$则表示从大气高程z到地表的大气向下透过率。在晴空条件下，可以假定大气薄层的向上与向下透过率相等，并应用积分中值定理，可以将式（4）改写为：

$$I_6^\downarrow = 2\int_0^{\frac{\pi}{2}}(1-\tau_6)B_6(T_a^\downarrow)\cos\theta'\sin\theta' d\theta' = (1-\tau_6)B_6(T_a^\downarrow) \tag{5}$$

其中，$T_a^\downarrow$代表大气向下平均作用温度。将式（3）和（5）代入式（1），便可得到大气辐射传输方程的新形式：

$$B_6(T_6) = \tau_6\varepsilon_6 B_6(T_s) + \tau_6(1-\varepsilon_6)(1-\tau_6)B_6(T_a^\downarrow) + (1-\tau_6)B_6(T_a) \tag{6}$$

然而，上式中仍存在较多的未知数（τ_6、ε_6、$T_a^\downarrow$，以及T_a），所以对于LST的求解仍非易事。为了减少未知数数目，并且考虑到$T_a^\downarrow$和T_a这两个参数均反映大气温度信息，论文首先探索了使用T_a来代替$T_a^\downarrow$的可能性。通过模拟多种不同的$|T_a^\downarrow - T_a|$、τ_6以及ε_6情况下，发现使用T_a替代$T_a^\downarrow$时，LST的反演误差可以忽略不计，因此本文进一步将式（6）化简为：

$$B_6(T_6) = \tau_6\varepsilon_6 B_6(T_s) + (1-\tau_6)\left[1+\tau_6(1-\varepsilon_6)\right]B_6(T_a) \tag{7}$$

至此，方程中的未知数包括τ_6、ε_6和T_a。其中，ε_6和地表构成有关，可以通过多种方法估算得到；而τ_6和T_a则分别与近地表大气水分含量和气温存在较强的相关关系，可以使用近地表气象要素来估算τ_6和T_a。相较于大气廓线数据，近地表大气水分含量和气温指标更容易获取。因此，式（7）本质上是将大气校正所需的数据简化成近地表大气水分含量和气温这两个参数，摆脱了对于大气廓线数据的依赖。

实际上，在估算出 ε_6 并利用近地表气象要素估算出 τ_6 和 T_a 后，就可以根据式（7）解算出 LST。而论文为了进一步推导 LST 的解析表达式，通过线性化普朗克函数，增加了下述推导。

2. 单窗算法推导

为了进一步推导 LST 的解析表达式，论文通过泰勒展开式对普朗克函数进行线性化：

$$B_6(T_j) = B_6(T) + \frac{\partial B_6(T)}{\partial T}(T_j - T) = (L_6 + T_j - T)\frac{\partial B_6(T)}{\partial T} \tag{8}$$

其中，下标 j 被用来分别指示星上亮温（j=6）、LST（j=s）以及大气平均作用温度（j=a）；T 为泰勒展开式选取的固定温度；参数 L_6（单位为 K）被定义为：

$$L_6 = B_6(T) / \left[\frac{\partial B_6(T)}{\partial T}\right] \tag{9}$$

考虑到通常 $T_s > T_6 > T_a$，论文将泰勒展开式的温度 T 设定为 T_6，进而可以得到：

$$B_6(T_s) = (L_6 + T_s - T_6)\frac{\partial B_6(T_6)}{\partial T} \tag{10-a}$$

$$B_6(T_a) = (L_6 + T_a - T_6)\frac{\partial B_6(T_6)}{\partial T} \tag{10-b}$$

$$B_6(T_6) = (L_6 + T_6 - T_6)\frac{\partial B_6(T_6)}{\partial T} = L_6\frac{\partial B_6(T_6)}{\partial T} \tag{10-c}$$

将上述三个泰勒展开式代入式（8）中，并消除 $\partial B_6(T)/\partial T$ 项，便可以得到：

$$L_6 = C_6(L_6 + T_s - T_6) + D_6(L_6 + T_a - T_6) \tag{11}$$

其中，参数 C_6 和 D_6 分别为：

$$C_6 = \tau_6 \varepsilon_6 \tag{12}$$

$$D_6 = (1 - \tau_6)\left[1 + \tau_6(1 - \varepsilon_6)\right] \tag{13}$$

对于 TM6 数据，作者发现 L_6 和温度之间存在很好的线性关系，因此采用下述回归方程来估计 L_6：

$$L_6 = a_6 + b_6 T_6 \tag{14}$$

最后将式（14）代入到式（11）中并移项，便可以得到 LST 的解析表达式：

$$T_s = \{a_6(1-C_6-D_6)+[b_6(1-C_6-D_6)+C_6+D_6]T_6-D_6T_a\}/C_6 \tag{15}$$

其中，系数 a_6 和 b_6 通过在一定的温度变化区间内回归 L_6 和 T_6 之间的线性关系得到；C_6 和 D_6 仅与 τ_6 和 ε_6 有关。因此，该算法需要 ε_6、τ_6 和 T_a 这三个输入参数已知。如前所述，在实际应用中这三个参数的获取较为容易，利用近地表气象的观测数据便可推估出大气参数 τ_6 和 T_a，利用发射率遥感反演算法便可以估算出 ε_6。

三、精度验证

在该文发表时，可用的地面实测温度数据还较少，因此论文对所提出的单窗算法的验证工作主要基于模拟数据分析。通过设置不同的水蒸气含量、LST 数值等，论文验证了新提出的单窗算法在五种标准大气状态情况下的精度。经过验证，在没有参数估计误差的情况下，该算法反演 LST 的平均误差低于 0.4K，表明该算法自身的精度较高。

由于在实际应用中，输入参数不可能准确无误，本文进一步开展了灵敏度分析工作，以此来估算各个参数估算误差对于最终 LST 反演精度的影响。结果表明，当地表发射率的反演误差为 0.01 时，使用该算法反演 LST 的平均误差为 0.2K；当大气平均作用温度的反演误差为 2K 时，LST 反演的平均误差为 0.5K；而当大气透过率的误差为 0.025 时，LST 平均反演误差达到 0.8K。因此，论文提出的算法对于发射率的误差并不敏感，但是对大气透过率的估算误差相对敏感。最终，当综合考虑上述三个误差来源后，LST 反演的总体误差约为 1.1K。

最后，论文将反演的 LST 信息成功应用到以色列干旱地区温度变化研究之中。作者首先利用提出的算法成功反演出了以色列—埃及边境地区的 LST 信息，并指出由于地表覆盖种类的不同，LST 在以色列和埃及两国的分布呈现明显的空间差异。

四、总结

论文基于大气辐射传输方程，通过一系列的合理假设，提出利用大气平均作用温度来表示大气上行和下行辐射亮度，实现对大气辐射传输方程的改写，进而提出了一种新的单窗算法。该算法仅需要输入地表发射率、大气透过率以及大气平均作用温度这三个参数。在实际应用中，地表发射率可以通过归一化植被指数 NDVI 等信息进行估算，而大气透过率和大气平均作用温度则可以利用气象站观测的气象要素进行推估。相较于传统的单窗算法，论文提出的算法回避了复杂的大气校正过程，摆脱了对大气廓线数据的依赖。总而言之，该项研究工作提高了单窗算法的实用性和精度，在一定程度上推动了 LST 遥感反演领域的发展，并对后续的单窗算法产生了重要影响。

当然，由于论文发表于 20 多年前，不可避免地存在一些时代局限性。首先，大气透过率和大气平均作用温度的估算依赖于卫星过境时刻地面气象站点的同步观测数据。因此，在气象站点匮乏的区域，该算法将难以实施。其次，由于以往 LST 站点实测数据较为匮乏，论文也仅在模拟数据集上验证了算法的理论精度。但总体而言，该算法大大降低了计算复杂度，这项改进具有十分重要的意义，也使得本研究成为 LST 遥感反演单窗算法的经典工作之一。

区域双核结构模式的形成机理

陆玉麒

(南京师范大学地理科学学院,南京 210097)

摘要: 双核结构模式是指在某一区域中,由区域中心城市和港口城市及其连线所组成的一种空间结构现象。它广泛存在于中国沿海和沿江地区,以及其他国家和地区中。从机理上考察,它导源于港口城市与区域中心城市的空间组合,由于兼顾了区域中心城市的居中性和港口城市的边缘性,从而可以实现区位上和功能上的互补。从形成类型看,可分为内源型和外生型 2 种类型的双核结构,中国和美国分别是其典型代表。对于后者,还衍生出由新旧首都构成的一种特殊的双核结构现象。双核结构的形成与流域有莫大的关系,据此可建立基于流域的双核结构形成的理想图式。流域自然条件、运输结构的改变,以及运输主通道走向等因素的综合作用,可使双核结构的形成区域由流域拓展至其他一般区域。

关键词: 双核结构;形成机理;内源型双核结构;外生型双核结构

中图分类号: F129.9

1 引言

由于空间结构研究更侧重于区域形成机理、空间分布特征的规律性分析,所以自古典区位论开始,空间结构逐步成为区域研究中的一个重要研究侧面,目前已成为地理学的四大流派(生态学派、景观学派、区域学派和空间学派)之一。近年来,以点轴理论为代表[1-2],区域机理研究与空间结构模式研究已成为中国人文地理学的热点研究领域。

自1998年在皖赣地区发现双核结构现象[3]以来,我们已经进行了一系列的实证研究。结果表明,双核结构不仅广泛存在于中国沿江地区,如成都-重庆、长沙-岳阳、南昌-九江、合肥-芜湖等,以及沿海地区,如沈阳-大连、北京-天津、石家庄-黄骅、济南-青岛、徐州-连云港、杭州-宁波、广州-深圳、南宁-北海等(图1),也广泛存在于其它国家和地区中。我们将这种现象称为区域发展中的双核型空间结构模式,简称双核结构模式。

图1 中国沿海和沿江地区的双核结构

Fig.1 The dual-nuclei structure in the coastal belt, the region along the Yangtze in China

需要说明的是：（1）表1中京津沪3市的数据为市域数据而非市区数据。（2）由于中国现有市区的概念和地域范围的统计口径差别很大，所以表1所列数据仅具参考意义。从表1看出，上述双核结构所在的区域涉及中国的北京、天津、上海、辽宁、河北、山东、江苏、浙江、广东、广西共3市7省。土地总面积 241.36×10^4 km^2，占全国 25.14%，2000年人口为 8.34×10^8 人，占全国 65.87%；同年GDP总量为 71 910.27×10^8 元，占全国 80.43%。亦即大致以全国 1/4 的国土面积，拥有全国近 2/3 的人口，生产全国 4/5 的国内生产总值。因此，这是在中国发达区域中存在的一种特殊的空间结构现象。对其进行入研究，无疑对我国这一地区的区域开发具有重要的指导意义。

表1 2000年中国沿海和沿江地区双核结构端点城市人口和GDP状况

Tab.1 The city population and GDP in the dual-nuclei structure in the coastal belt and the region along the Yangtze in China in 2000

城市	市区人口/×10^{4}人	GDP/×10^{8}元	城市	市区人口/×10^{4}人	GDP/×10^{8}元
沈阳	484.70	491.41	南宁	131.36	197.88
大连	253.58	331.58	北海	50.5	62.57
北京	1 107.50	4 551.15	无锡	112.99	391.14
天津	1 001.14	1 639.36	张家港	85.50	270.00
石家庄	166.80	417.73	合肥	134.67	235.22
黄骅	53.89	89.24	芜湖	64.56	110.42
济南	264.40	756.87	南昌	166.20	288.36
青岛	239.60	824.32	九江	50.30	82.66
徐州	160.61	288.10	长沙	176.22	415.25
连云港	62.57	103.31	岳阳	91.00	159.85
杭州	179.18	677.85	成都	330.40	386.15
宁波	124.06	436.06	重庆	750.16	751.88
广州	566.68	2 165.11	上海	1 136.82	4 551.15
深圳	124.92	1 665.46	武汉	831.26	1 206.84

资料来源：2001年中国统计年鉴和相关省份统计年鉴。

另一方面，从理论层面考察，作为一种普遍存在的现象，这是偶然的巧合，还是中隐含有内在的必然？显然，只有对这种现象的形成机理作出令人信服的解释，才能之为理论模式。本文试图对此进行深入的探讨。

2 双核结构的空间耦合机理

归纳双核结构现象的共同点，可以发现一方是政治、经济、文化三位一体的区域中心城市，主要是省会城市；另一方则是重要的港口城市，行使着区域中心城市的门户港城的功能。据此，我们可以对双核结构模式作出如下定义：在某一区域中，由区域中心城市和港口城市及其连线所组成的一种空间结构现象。那么，在一个区域中，港口城市与区域中心城市是如何走向空间耦合的？

2.1 区域中心城市寻求对应的港口城市而与区外发生更为有效的联系

港口城市的别称是"门户港城"，亦即所在区域对外交往的通道和窗口。历史上，江南地区的苏州与扬州、苏州与上海所形成的双核结构是一非常典型的案例。

唐宋以后，全国的经济重心移至江南地区，由此至19世纪中期（清朝后期），江南的中心城市一直是苏州。经济重心的南迁，导致我国政治中心与经济中心分离局面的形成。由此，以江南地区为主的南方货物大量地运输北方就成为历史的必然。在这一格局下，不同时期大运河和海路作为货运的主通道，使扬州和上海相继成为苏州的门户港城，从而分别构成苏州-扬州、苏州-上海的双核结构。

2.1.1 运河主通道与苏州-扬州构成的双核结构

从经济意义上考察，漕粮北运是各个朝代赋予大运河的最主要的历史使命。而漕粮中转枢纽点的区位优势是推动扬州成为全国性中心城市的首要因素。唐朝"安史之乱"以后，为了使南方更多物资北运，于唐代宗宝应二年（763年）改革漕运，决定江南各地租米自本州运到扬州集中，再另组织漕船北运，以缩短等候水位涨落的时间。于是，扬州成为当时最大的中转站。直至宋代，仍是采用分段运输的办法。"宋之转运，则尤以扬子为要区，乃置发运使治其他，以总天下之漕"[4]。由此形成了由区域中心城市苏州与港口城市扬州所形成的双核结构。

两宋期间，扬州距东西向骨干航道长江日远，因而与经济重心区的水运通达性明显衰减。扬州原有的国内贸易的中转功能，先后为真州（仪征）、京口（镇江）所替代。于是，出现了门户港城的功能扩散及其地方性的位置迁移。当然，这仅是小尺度的区位调整，南北联系的主通道由运河转为沿海，才导致门户港城的大尺度空间迁移，从而使扬州失去了门户港城最主要、最直接的区位经济动力。

2.1.2 海运主通道与苏州-上海构成的双核结构

1128年的黄河决堤，对运河北段产生了严重破坏。正是大运河运转容量的严重限制动摇且最终否定了大运河作为货物空间流转主通道的功能和地位。因此，寻找更有效、便捷的主通道，就成了空间经济联系新旧状态交替的转折点。事实上，由于航海技术的进步，航线的不断开辟，以长江为基地的海运，以其价廉、便捷之优势而后来居上。至元二十四年（1287 年），海运已远上河运之上，海运成为南北联系的主通道。

伴随南北主通道的转换即是作为苏州门户港城的更迭。自宋中叶以至明初，虽然长江口岸之市舶司的设置地点各不相同，或在华亭，或在江阴，或在上海，或在太仓，但国内贸易的总箭头，已明显地指向上海周围，一致要寻找其适当的出路。门户港城大尺度空间跃迁的完成，仅是其具体位置的空间选优问题。由于海岸线的外推及运网结构的多变性，长江口口岸港市经历了由青龙镇→上海→浏家港→上海的摆动过程。至明永乐二年（1404 年），随吴淞江与黄浦江合流，上海具备了江、海、河衔接的通道条件，由此完成了江南地区的门港城由扬州向上海迁移的全过程。

2.2 港口城市的发展依赖于区域中心城市的支撑

一方面，港口城市由于可以充分发挥水运的低成本优势而往往成为中转枢纽，并可以在此发展相应的临水型产业；另一方面，港口城市的发展同样依赖于区域中心城市的支撑。这方面，美国芝加哥-纽约构成的双核结构具有特别的代表性。

历史发展过程的分析可以深刻揭示出纽约与芝加哥的空间关联性。1820 年，美国东北海岸有 4 个主要港口（波士顿、纽约、费城和巴尔的摩）在竞争欧美间的贸易市场。1825 年以后，纽约很快超过它的竞争对手，一跃成为全美最大的城市，原因就在于它有芝加哥这一内陆中心城市作为巨大的腹地支撑。

在美国资源和欧洲工业品回流之间，阿巴拉契亚山脉是一个巨大的费用和时间障碍。但纽约位于哈德逊河的入海口，而哈德逊河几乎是海岸城市通往阿尔巴尼的唯一通道。在阿尔巴尼，哈德逊河与把阿巴拉契亚山脉切成山谷的默哈克河汇合。1825 年，伊利运河的完工，将哈德逊河-默哈克河与伊利湖连接起来。这样，就完成了美国中西部通往欧洲的大西洋贸易线路之间的水上联结，而且必须经过纽约。这种与主要交通干线相关的区位因素，突出了纽约的地位，极大地推动了纽约的发展。

总之，以海港城市纽约与区域中心城市芝加哥，以及分布其间的汽车城底特律、石化工业发达的克利夫兰等构成的双核结构，构成美国最重要的产业发展轴线。该轴线以伊利运河（由沿海地区穿过阿巴拉契亚山脉通往大陆腹地的一条可航水道、低地通道）的开通为导引，以综合性的束状交通运输网络的建成为标志。在这里，既可以方便地取得煤炭、铁矿，又接近发达的农业区"玉米带"和大湖水运。在大湖以南，还分布有不少专业化方向明显的中小工业城市。这个大致呈东西方向伸展的大产业带，被称为"美国经济地理横轴"。

2.3 双核结构兼顾了区域中心城市的趋中性和港口城市的边缘性

上述分析表明,港口城市与区域中心城市的空间组合可以实现区位上和功能上的互补。原因在于,中心城市要对所在区域充分发挥作用,在其他因素相同下,其对区位的最基本要求是趋中性,即应当尽可能位于所在区域的几何中心。新近出现的区域形态研究,之所以认为团聚状形态优于长条状形态,主要出于中心城市的趋中性的考虑;在交通网络的衡量指标中,有关 α、γ 等系数的设计[5],显然同样以中心城市的趋中性为前提。然而,与区外交往的需要,则拉动中心城市的区位向区域边界方向推移,以至有不少区域中心城市位于区域边界上。显然,这虽然利于与区外的交往,但并不利于对所在区域的带动。而双核结构则兼顾了上述两个方面的需要。因此,双核结构实现了区域中心城市的趋中性与港口城市的边缘性的有机结合,所以成为区域发展中的一种比较高效的空间结构形[6,7]。

3 双核结构的形成类型

3.1 空间极化的基本类型

空间极化是指区域在均质的前提下能自动地产生城镇的过程,这种过程本身就是推动区域发展的重要力量。对空间极化的深入研究产生了种种空间结构演化的理论模式,归纳起来,现有的空间极化模式可分为以下 2 种基本的类型:

3.1.1 内源型的空间极化模式

弗里德曼(J. Freiedman)的核心-边缘空间结构演化模式、陆大道先生的点轴空间结构演化模式等都属此类。这类模式的基本特点,是基本不考虑外来力量对本区域空间结构演化的影响。换言之,空间结构的极化过程,完全是自身作用的结果。

3.1.2 外生型的空间极化模式

以美国学者塔夫(E. J. Taafe)等人提出的海港型空间结构演化模式为代表。该模式是根据加纳和尼日利亚等前殖民地国家的发展过程而提炼而成。这类模式主要是在外来力量的影响下形成的,本地的原有力量对所在区域空间结构的演化基本不起作用。具体而言,外来势力（殖民者）首先在沿海登陆，然后通过海港和铁路的扩展形成相应的空间结构[8]。以空间极化的这 2 种模式为前提，就同时形成了 2 种类型的双核结构。

3.2 内源型双核结构的形成过程

像我国这样的历史悠久、以流域为主导特色的国家，所形成的是典型的内源型的双核结构。研究表明，我国区域开发的空间轨迹为山区→平原→临水（河→江→海），即由内陆走向海洋。这一过程奠定了区域中心城市的地位和作用。另一方面，与区外尤其是国外交往的扩大则促使位于江、海处的港口城市，由于具有明显的边缘效应，其地位日趋提高，双重力量的综合作用，就成为双核结构形成的坚实的历史基础。

3.2.1 沿江城市群的发展与沿江地带双核结构的形成

资料表明，中国早期城市主要集中在黄河中下游及淮河上游地区，以晋南、豫北和豫东最为集中。秦汉两代，国家实施中央集权和郡县制度。同时，中原居民逐渐向尚未开发的四川盆地、两湖、江西和两广等地迁移，从而在这些地区新建置了一批县城。至西汉末，当时以行政中心为主的城市已有 1 690 个，这构成了中国封建社会早期城市体系中城市的主体。这些行政统治中心，在其后的历代中，绝大多数被延续下来，表现为规模不等的行政中心城市。它们虽然具有突出的行政管理职能，但对于大多数城市而言，其政治组织又进一步吸引了城市的经济职能，表现为行政中心层次越高，商业和手工业等经济职能越发达。这就为后来我国区域中心城市的定位奠定了空间结构基础。魏、晋、南北朝以后，长江流域发展成为全国主要经济基地。隋唐时期长江流域经济水平逐渐超过了其它流域，成为全国首富的农业地区。与之相对应，长江水运网包括长江干流及其主要支流如赣江、湘江、汉水，以及郁水（今珠江水系）和大运河的水运网，共同构成了中国南方及东部发达的水运系统，将众多的城市联结在一起。至唐末，中国城市体系的地域空间结构，开始出现了沿运河和沿长江的两条城市发展轴线。因此，我国沿江地区的双核结构，在我国封建社会时期就已经形成。

3.2.2 沿海城市群的发展与沿海地带双核结构的形成

上述可见，在漫长的封建社会时期，中国城镇的空间分布重心，自唐宋以来，随着南方经济的发展，逐渐由黄河流域向长江流域乃至东南沿海缓慢推进。但东部沿海地带的海港资源并没有得到充分开发和利用，自北而南虽然发展了一些河口港城市（如天津、上海、宁波、泉州、广州等），沿海地带的开发仍处于孤岛式开发时期。从整体上看，大量沿海地带始终是城市分布的空白地带。鸦片战争以后，东部沿海地带由于特殊的自然、经济、交通地理位置，具有天然的水上通道和优良港址，遂成为西方列强经济入侵，近代交通设施（尤其是港口、码头）建设首当其冲之区，由此至今，形成了以沿海港口城市为重心的沿海城市轴线[9]。海港城市的发展，加上内陆原有城市在近代运输方式（如铁路）等的介入下得到进一步的发展，就形成了内地区域中心城市与海港城市组成的双核结构。

3.3 外生型双核结构的形成过程

由外力为主而形成的双核结构，现实中也有很多例子。海港空间结构演化模式虽标明是以非洲前殖民地国家为例，但美国则更为典型。美国的发展史是一部典型的由海岸向内陆进行领土扩张的历史。芝加哥-纽约这一双核结构的形成就属于后者。

美国是一个移民国家。英国于 1607 年首先在弗吉尼亚的詹姆斯河口建立了詹姆斯城，成为英国在北美的第一个殖民点。到 1733 年，英国已占据了东起大西洋海岸，西至阿巴拉契亚山地的南北狭长地带，共建立 13 个殖民地。这里是移民集中，工业、农业、商业和港口的主要分布地区，也是 1776 年美国脱离英国独立时，所辖有的领土范围。美国自独立建国，即开始了不断的领土扩张过程：(1) 1783 年，将阿巴拉契亚山脉以西，密西西比河以东，北起加拿大边境，南至佛罗里达边界的全部土地，并入 13 州。(2) 1803 年，用 $1\,500 \times 10^4$ 美元从法国手中"购得"路易斯安那这片从密西西比河直达落基山的广大平原，面积约 $215 \times 10^4 \mathrm{km}^2$。(3) 1810 年，侵占西班牙殖民地佛罗里达的西部。(4) 1829 年，以 500×10^4 美元购得东佛罗里达。(5) 1846 年，迫使英国放弃 49°N 以南、英美有争议的西北部俄勒冈地区。(6) 1846～1948 年，侵占格兰得河以北的全部墨西哥土地。(7) 1853 年，以 $1\,000 \times 10^4$ 美元从墨西哥购买亚里桑那州南部希拉河流域。这样，到 19 世纪中叶，美国的领土已从大西洋延伸到太平洋[10]。领土的自东向西、由海岸向内陆的扩展轨迹，也成为城市形成和发展的基本方向。正因如此，所以美国没有在内陆的密西西河流域形成双核结构，而是形成了由纽约和芝加哥组成的双核结构。

另一方面，一些国家，尤其是前殖民地国家，历史上由于多种原因而导致首都分布于沿海地带。显然，这虽有利于加强与其他国家的经济联系，却不利于对国内其他地区尤其是广大内陆地区的带动，区域中心城市的效能未能得到充分发挥。为此，有不少国家进行了首都迁移，从而从根本上改变了所在国家的区域经济发展格局。这样，原来的首都行使港口城市职能，新首都则充分利用政治、经济、文化三位一体的综合作用而发挥着区域中心城市的职能，从而构成一种特殊的双核结构（表 2）[11]。

表 2   由新旧首都构成的双核结构

Tab.2   Dual-nuclei spatal structure consisting of the new capital and the old

国家	原首都	现首都	迁都时间
巴西	里约热内卢	巴西利亚	1956
巴基斯坦	卡拉奇	伊斯兰堡	1967
伯利兹	伯利兹	贝尔莫潘	1972
尼日利亚	拉各斯	阿布贾	1975
坦桑尼亚	达累斯萨拉姆	多多马	1983
科特迪瓦	阿比让	亚穆苏克罗	1983

3.4 两种类型双核结构的特点比较

对这2种双核结构的特点进行比较，可以发现有以下区别：

（1）空间轨迹不同。内源型双核结构的形成过程是从内陆到沿海，外生型双核结构的形成过程则是从沿海到内陆，两者的空间轨迹完全相反。

（2）端点城市的规模、能级不同。在内源型双核结构中，区域中心城市与港口城市的规模大致相当，能级相同；而在外生型双核结构中，港口城市的规模明显大于区域中心城市的规模，两者很不对称。

4 双核结构形成的理想图式

双核结构模式中端点城市之一是港口城市，所以该模式形成的基本区域背景是流域。流域是双核结构模式形成与发育的理想区域。

4.1 基于流域背景的双核结构的理想图式

4.1.1 双核结构模式的空间同构现象

双核结构现象的最早发现，始于我们在进行《南京经济区域跨世纪发展战略》研究时对江西地区的实证分析。江西三面环山、一面临水，赣江及鄱阳湖水系占其总面积的96%，是中国省级行政区界与自然界线高度吻合的代表。在这样的区域背景下形成了位于赣江干流上的由南昌与九江组成的双核结构。将这种流域背景形成的双核结构推至一般，我们发现了双核结构模式的空间同构现象（图 2）。在图 2 中，我们列出了长江、赣江、韩江、莱茵河 4 个流域背景下形成的双核结构。这些空间尺度不等的流域都无一例外地分布有双核结构现象。从图 2 可以看出，流域型双核结构具有以下共同点：

图 2　双核结构的空间同构

Fig. 2　The similar spatial types of dual-nuclei structure

（1）区域中心城市往往位于主要支流与干流的交汇处。这类地点由于具有水陆交界、水水中转的双重边缘效应而具有非常突出的区位优势，这本身就构成区域中心城市发展的内在动力。

（2）区域中心城市并非位于所在区域的几何中心，而更可能是经济重心或人口重心。事实上，区域中心城市区位的趋中性指向，并不意味着一定座落于所在区域的几何中心。

（3）图中所列流域的空间尺度差别甚大，从几万 km² 的小流域至一百多万 km² 的大流域，都有双核结构的分布。双核结构分布的这种空间同构性现象，表明该模式的可重复检验性，而这正是理论模式得以成立的一个基本标志。

上述结论可以从理论和应用 2 个层面予以进一步的展开。

4.1.2　理论层面分析

理想图式的提炼从一般层面上分析，流域的基本框架由水系构建起来，而水系的形成受许多自然因素，特别是地质、地貌条件的影响。按水系平面形状，可分为树枝状、平行状、格子状、长方形、放射状、环形、分散洼状、扭曲状等 8 种类型。其中，树枝状水系是最常见的水系形式。即平面形状如树枝分叉，分支不规则，各级河流大多以近似的锐角汇合，常见于原始地形平坦、岩性均一的地区，如平原区和黄土高原区[12]。归纳图3中区域中心城市的区位特征及与港口城市的组合状态，可以建立以流域为基础的双核结构的理想模型（图3）。从图3中可以看出，区域中心城市一般位于主要支流与干流的交汇处。在这里，区域中心城市之所以能够发展壮大，导源于以下几方面的原因：（1）干支流相交处具有水水中转优势，在水运时代这是最重要的城市生长要素。（2）虽然不是几何中心，但近乎人口重心或经济重心。适中的地理位置有助于对所在区域的带动。（3）以上2个因素导致城市发展以后，其良好的历史基础就进一步促使该城市的发展。

在水运时代，区域中心城市首先通过干流而与港口城市发生最有效的联结。相对于区域中心城市与其他城市的交通联结而言，这是最有效的联结方式。进入近现代，铁路、公路，甚至管道等沿水运线建设，原有以水运为主的格局演化为综合性的运输走廊，区域中心城市与港口城市的交通联结依然是所在区域最发达的。

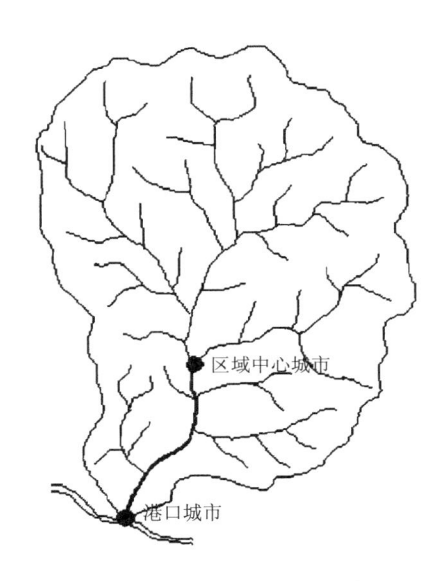

图3　双核结构的理想图式

Fig. 3　The model of dual-nuclei structure

4.1.3　应用层面分析

中国经济地理横轴的提出根据流域双核结构的空间同构规律，借鉴美国国家经济地理横轴的建设经验，使我们不难得出结论：由上海与武汉所构成的我国发展潜力最大的双核结构，具备成为我国国家经济地理横轴的必要性和可能性。在这里，武汉是位于长江干流上的区域性中心城市，上海则是位于长江河口的港口城市。我们认为，武汉-上海与芝加哥-纽约这一对双核结构具有特别明显的可比性，历史上将武汉称为"东方的芝加哥"至今仍有足够的现实意义（表3）[13-15]。应该指出，从区位角度而言，由于纽约-芝加哥位居美国东北一隅，而上海-武汉则位居中国的中间地带，故后者具有更为明显的区域效应，亦即对我国的区域经济发展具有更为明显的推动作用。因此，作为我国区域发展的一种思路，可考虑以上海-武汉为核心，构建、完善和强化中国的经济地理横轴，以此推动我国的区域经济发展。

表3 武汉与芝加哥经济发展条件的比较
Tab.3 Comparation of economic development condition between Wuhan and Chicago

城市	城市地位	交通条件腹地条件	腹地条件
芝加哥	内地最大中心城市	铁公空水综合性交通枢纽	乳酪区、小麦带、玉米带的交会点
武汉	内地最大中心城市	铁公空水综合性交通枢纽	两湖农业区的中点

4.2 双核结构·流域·区域发展

双核结构控制了流域发展，而在一个国家中，流域往往成为一个国家最主要的经济重心区。这样，双核结构-流域-区域发展，就成为我们分析区域空间结构的一种重要思路。例如，当我们运用双核结构模式观察法国的区域经济现象时，可以发现它由2个主要的双核结构所控制：巴黎-勒阿弗尔、里昂-马赛[16]。

4.2.1 巴黎-勒阿弗尔

由法国首都巴黎与首都出海门户、法国最大的集装箱枢纽港城市勒阿弗尔及其沿线的鲁昂等城市所组成，塞讷河良好的水运条件（1500 t级）则为该双核结构的形成提供了坚实的物质基础，并使巴黎成为全国最大的内河港口，年吞吐量达3200×10^4 t。而勒阿弗尔则为塞讷河口的海港，地处北大西洋与北海之间的咽喉要道，是法国的北方门户和巴黎对外海上贸易的窗口，港口年吞吐量7000×10^4 t以上，仅次于马赛为全国第二大港，其进出口货物价值则居全国首位，并是全国最大的集装箱中转港。

4.2.2 里昂-马赛

由法国东南部区域中心城市里昂和法国最大港口城市马赛及其连线所组成。罗纳河良好的水运条件是这一双核结构得以形成的前提条件。其中，里昂是法国东南部罗纳省省会，仅次于巴黎、马赛的法国第三大城市。马赛是法国第二大城市和濒地中海的最大商港。

从区域背景看，塞讷河和罗纳河的流域面积约14×10^4 km^2，仅占法国国土总面积

（55.16×10⁴ km²）的25.38%。但国民生产总值则占到全法国的近50%，是法国的经济重心所在。在法国区域发展比较均衡的背景下，这一现象就显得非常突出。两大流域之间为法国的中央高原，虽有卢瓦尔河（法国最长河流，长1012 km，面积11×10⁴ km²）、加龙河等河流，但均具山区河流特征，通航价值小。沿河两岸所形成的一些城市，如奥尔良、南特等，均仅为地区性城市。

由此不难看出，推动法国经济发展的两大区域是塞纳河流域和罗纳河流域。而这两大流域的区域发展，则由巴黎-勒阿弗尔和里昂-马赛这2个双核结构所控制。这样，我们对法国的分析就不再限于自然、人文各要素的简单堆砌，也不再限于大巴黎的重点分析，通过双核结构即可获得对法国区域空间结构的总体理解。

4.3 双核结构模式适用范围的拓展

双核结构产生和发展当然不仅仅限于流域。前面所列的纽约-芝加哥双核结构，即是非流域的典型例子。归纳起来，双核结构的区域背景由流域向非流域的拓展，导源于以下几方面的原因：

4.3.1 流域自然条件

流域双核结构的形成，与水运的低成本优势有很大的关系，在近代社会以前也确实有一个水运时代，水运成为城市之间联系的主要方式。显然，能形成双核结构的前提条件是可通航性。这样，水流湍急、落差过大的河流或由于种种原因，流域一直没有得到充分开发，就形不成双核结构。例如，亚马逊河作为全球第一大河却并没有形成双核结构，原因是过于湿热的热带环境限制了该流域的发展，即使是现在，亚马逊流域要不要开发、如何开发还存在很大争议。正是因为如此，所以巴西的双核结构不在亚马逊流域，而是由巴西利亚与里约热内卢所组成。

4.3.2 近代交通方式的变化和运输结构的改变

进入近现代社会以后，水运地位下降，而铁路、公路等地位明显上升，甚至成为城市间联系的主要方式[17]，由此即可跨越流域而形成双核结构。例如，徐州由于位于京沪线与陇海线的交会点上而成为淮海经济区的中心城市，它与欧亚大陆桥东桥头堡连云港组成该经济区最主要的双核结构。又如，随着神黄铁路（第二大运煤快速通道）及黄骅港的建设，石家庄-黄骅这一双核结构将成为河北省区域发展最主要的驱动轴[18]。

4.3.3 交通主通道的方向和路径

在同一流域中，双核结构中的港口城市一般位于河口，但当有更好的出海口时，则可跨越流域，与流域外的海港城市组成双核结构。例如，意大利的经济重心在北部，北部的重心又在波河流域。位于该流域的米兰是全国最大的工业和金融贸易中心，但它并没有与位于河口的威尼斯形成双核结构，而是辟开山脉，向南与位于利古里亚海岸的热那亚组成双核结构。原因在于：(1) 空间距离近，米兰至威尼斯为 267 km，而至热那亚仅 128 km，后者是米兰最近捷的出海港。(2) 就与欧洲国家的海运联系而言，热那亚也是区位最优的港口，也成为通往瑞士、德国输油管的迄始站，在此基础上成为意大利最大的商港。而威尼斯则需绕过意大利半岛，已无区位优势可言。又如，密西西比河河口所面对的是墨西哥湾，与欧洲交流的区位优势远不如纽约等东海岸城市。这是没有在密西西比河形成双核结构的又一原因。

5 结论与讨论

5.1 双核结构现象的层次性或等级性

(1) 从功能上看，依据双核结构在所在区域中所起的作用和地位，可将其分为国家级、省级和地区级 3 个等级。

(2) 双核结构的空间尺度取决于所在区域的范围大小。一般而言，双核间的空间距离与所在区域的面积呈基本的对应关系；另一方面，由于影响端点城市区位的因素很多，所以难以建立双核空间距离与所在区域面积的定量相关关系。

(3) 双核间的空间距离与双核结构的功能等级没有必然的联系。例如，杜伊斯堡-鹿特丹是欧洲最重要的双核结构，但 2 个端点城市间的距离仅 286 km，仅相当于我国沿海和沿江地区中的省一级的双核结构的空间尺度。

5.2 有待进一步探讨的问题

理论模式的提出、完善与成形一般需经过以下 3 个过程或阶段：(1) 现象发现；(2) 机理分析；(3) 计算机模拟。应该说，本文所作的机理研究主要还限于定性层面。双核结构模式研究的完善，至少还需要对以下内容作出定量的机理分析：

（1）区域中心城市的区位如何定量确定？

（2）区域中心城市与港口城市的功能耦合在交通联系、产业结构等方面是如何体现的？

（3）地区级是否是双核结构的最低等级？与此对应，双核结构模式是否有最小空间尺度的限制？亦即它的临界值如何确定？

（4）区域形态如何定量衡量？它对双核结构模式有什么样的影响？

（5）这种类型的空间结构模式对交通运输地理学中的一些衡量指标（如 α、γ 等系数）有什么样的影响？

（6）上述研究内容如何在 GIS 平台上进行计算机模拟？

参考文献（References）

[1] Lu Dadao. An analysis of spatial structure and optimal regional development. *Acta Geographica Sinica*, 2001, 56(2): 127-135. [陆大道. 论区域的最佳结构与最佳发展. 地理学报, 2001, 56(2): 127-135.]

[2] Lu Dadao. A scientific configuration of industrial allocation in China in 2000. *Geographical Science*, 1986, 6(2). [陆大道. 2000 年我国工业布局总图的科学基础. 地理科学, 1986, 6(2).]

[3] Lu Yuqi. Research on spatial structure in regional development Nanjing. Nanjing: Nanjing Normal University Press, 1998, 74-145. [陆玉麒. 区域发展中的空间结构研究. 南京: 南京师范大学出版社, 1998, 74-145.]

[4] Xu Gang. The function, pattern and development of the lower changjiang river ports system in Jiangsu province. *Acta Geographica Sinica*, 1990, 45(3): 275-283. [徐刚. 江苏省长江沿岸港口群体的功能、格局与发展研究. 地理学报, 1990, 45(3): 275-283.]

[5] Zhang Wudong. Generality about Layout of Communication. Shanghai: East China Normal University Press, 1993, 120-121. [张务栋. 交通运输布局概论. 上海: 华东师范大学出版社, 1993, 120-121.]

[6] Lu Yuqi. Applied prospect of the model of dual-nuclei spatial structure. *Areal Research and Development*, 1999, (2): 76-80. [陆玉麒. 双核结构模式的应用前景探讨. 地域研究与开发, 1999, (2): 76-80.]

[7] Lu Yuqi. Study on the model of dual-nuclei spatial structure. *Areal Research and Development*, 1998, (4): 67-71. [陆玉麒. 双核型空间结构模式的探讨. 地域研究与开发, 1998, (4): 67-71.]

[8] Lu Dadao. Regional development and the spatial structure. Beijing: Science Press, 1995, 137-138. [陆大道. 区域发展及其空间结构. 北京: 科学出版社, 1995, 137-138.]

[9] Gu Chaoling. Chinese Urban Geography. Beijing: The Commercial Press, 1999, 2-105. [顾朝林. 中国城市地理. 北京: 商务印书馆, 1999, 2-105.]

[10] Wang Guoliang. World Political Geography. Beijing: Ocean Press, 1993, 240-243. [王国梁. 世界政治地理. 北京: 海洋出版社, 1993, 240-243.]

[11] Dong Ping. The model of dual-nuclei spatial structure and its use in world regional studies. *World Regional Studies*, 2000, (1): 62-67. [董平. 双核结构模式及其在世界地理研究中的运用. 世界地理研究, 2000, (1): 62-67.]

[12] Yan Qinshang. Subject of Physiognomy. Beijing: Higher Education Press, 1985, 81. [严钦尚. 地貌学. 北

京: 高等教育出版社, 1985, 81.]

[13] Lu Yuqi. Thinking on Wuhan's strategic position. *Jianghan Tribune*, 2000, (3): 61-63. [陆玉麒. 武汉市战略地位的思考. 江汉论坛, 2000, (3): 61-63.]

[14] Lu Yuqi. Research on Comparison between Chinese Economy Geography Axis and American. *Science & Technology Review*, 1999, (5): 61-64. [陆玉麒. 中美经济地理横轴的比较研究, 科技导报, 1999, (5): 61-64.]

[15] Lu Yuqi. New thinking of building up development of the Yangtze. *Science & Technology Review*, 1998, (12): 59-61. [陆玉麒. 构建长江开发开放的新思路, 科技导报, 1998, (12): 59-61.]

[16] Dong Ping. Dual-nuclei spatial structure and regional development in France. *World Regional Studies*, 2000, (4): 65-68.[董平. 法国的双核结构与区域发展, 世界地理研究, 2000, (4): 65-68.]

[17] Liu Yansui. Mechanism and laws of zonal development of urbanization in the Wenzhou coastal region. *Geographical Research*, 1999, 18(4): 413-419. [刘彦随. 温州沿海地区城镇化带型发展的机制与规律. 地理研究, 1999, 18(4): 413-419.]

[18] Lu Yuqi. Study on the model of dual-nuclei spatial structure and regional development in Hebei. *Geography and Territorial Research*, 2000, (2): 14-18. [陆玉麒. 双核结构模式与河北区域发展探讨, 地理学与国土研究, 2000, (2): 14-18.]

The Mechanism of the Model of Dual-nuclei Structure

LU Yu-qi

(*Department of Geography, Nanjing Normal University, Nanjing* 210097, *China*)

Abstract: The model of dual-nuclei spatial structure is a kind of phenomena of spatial structure that is composed of a regional central city, a port city and their relations at a certain region. It is generally founded in the coastal belt, the region along the Yangtze River in China and other countries and regions in the world. From the view of the mechanism, the phenomena of dual-nuclei spatial structure comes from spatial companion of a regional central city and a port city. Because giving attention to centered nature of a regional central city and fringe nature of a port city, it can carry out complements in station and function. From the view of type of formation, the dual-nuclei spatial structure can be classified into two types, namely, endogenic pattern and ectogenetic pattern. China and America are their typical deputies. From the latter, it derives the special phenomena of dual-nuclei spatial structure that is made up of the new capital and the old. The formation of dual-nuclei spatial structure has something to do with the drainage basin. According to it, we can build up an ideal model about the formation of dual-nuclei spatial structure that is based upon the drainage area. The integrated action which includes the natural condition character of drainage area, the change of transport structure and the direction of mostly transport route can make the forming area of dual-nuclei spatial structure spread from the drainage area to other common area.

Key words: dual-nuclei structure; mechanism of formation; double-nucleus structure of endogenic pattern; double-nucleus structure of ectogenetic pattern

"区域双核结构模式的形成机理"：人文地理学理论、方法、应用创新有机结合的力作

曾 刚

"区域双核结构模式的形成机理"是陆玉麒教授2002年发表在《地理学报》的一篇重要论文，该文系统论述了其1998年提出的"区域双核结构理论"，对丰富人文地理学的理论体系、指导中国区域发展实践发挥了重要作用。本文将从理论渊源、学术贡献、应用价值三个方面入手，谈谈笔者对该文的认识。

一、支撑论文的理论渊源

区域双核结构理论是对中国区域发展实践需求的积极响应。首先，我国区域发展不平衡问题日趋明显。在20世纪末，中国东部沿海地区凭借其优越的地理位置和特殊政策优势，经济发展迅速，而中西部内陆地区相对落后，区域发展不平衡影响了经济、社会的可持续发展，亟须寻找一种能够促进区域协调发展的理论和模式；其次，传统城市发展模式的局限性日益突出。传统的单核城市发展模式，强调以一个核心城市带动周边区域发展的模式容易导致资源过度集中、核心城市生态环境压

作者介绍：曾刚（1961— ），男，湖北武汉人，博士，华东师范大学中国现代城市研究中心教授，中国地理学会会员（S110001610M），主要从事创新网络与产业集群、生态文明与区域发展模式研究。E-mail: gzeng@re.ecnu.edu.cn

力加剧、核心-边缘发展差距扩大，迫切需要找寻新的区域发展路径。

区域双核结构理论是对中心地理论、点轴开发理论的深化。1933年德国地理学家克里斯塔勒提出的中心地理论认为，不同等级的城市通过提供不同层次的服务，形成等级有序的空间结构。受制于该理论过于理想化的假设，其实际应用范围有限。中国地理学家陆大道先生提出的点轴开发理论则强调通过若干点和线的发展带动整个区域的发展，重视区域内多个发展极点与轴线的互动，较好地解决了传统单核发展模式导致的资源过度集中和区域发展不平衡问题，但对区域增长极的数量缺乏定量研究。

区域双核结构理论从人地关系协调、区域整体协调的视角入手，重视区域两个核心城市的互动和协同发展机理，利用引力模型等工具，量化分析区域双核城市之间的相互作用关系和空间格局，提出了优化区域空间结构的方法。从总体上看，区域双核结构理论经历了以下三个发展阶段：

1. 理论初创阶段（1998—2002年）

陆玉麒先生在1998年南京师范大学出版社出版的《区域发展中的空间结构研究》一书中，首次描述了皖赣地区的双核结构现象，并指出在中国长江沿线、东部沿海地区广泛存在双核结构现象，如长江沿线的成都-重庆、长沙-岳阳、南昌-九江、合肥-芜湖等，东部地区的沈阳-大连、北京-天津、济南-青岛、徐州-连云港、杭州-宁波、广州-深圳、南宁-北海等。"区域双核结构模式的形成机理"一文则首次对区域双核结构模式的形成机理进行了较为全面的论述。

2. 理论深化与模型完善阶段（2003—2020年）

2003年陆玉麒先生在《地理学报》上发表了"区域双核结构模式的数学推导"的论文，提出了新的区外可达性测算方法。吴传清2006年发表在《经济前沿》论文"关于昌九工业走廊建设问题探讨——基于点轴系统理论—双核结构模型"利用昌九工业走廊的实证案例，验证了双核结构模型理论与方法的实践价值。

3. 应用扩展与跨领域研究（2021年至今）

2021年陆玉麒先生在《地理学报》发表了论文"中国空间格局的规律认知与理论提炼"，论述了双核结构理论与胡焕庸线、点轴系统理论的异同，强调与基于均质区域和功能区域假设的胡焕庸线和"T"字形模式的个例性理论不同，双核结构模型属于符合一般科学意义上的普适性较强的理论。而后，国内学者利用双核结构模型开展了不少实证分析研究。

二、论文的学术价值

区域双核结构理论的多核互动思想为传统的单核和多核理论提供了新的视角，推动了区域空间结构研究的深入发展。

一是创新了空间结构理论。胡焕庸线实现了自然地理学地域分异规律在人文地理学中的延伸和拓展，论述了降水条件对人类生产活动、人口分布、城镇布局的重要影响；陆大道先生的点轴系统理论丰富、发展了克里斯塔勒的中心地理论，首创了"T"字形开发模式，论述了以东部沿海、长江沿岸都市为枢纽，与从点到轴发展演化的内在规律。而双核结构模型遵循了"T"字形开发模式研究思路，以国内外区域发展实践为考察对象，论述了城镇网络空间结构内在规律，实现了从特殊个案向一般现象的转化，完成了科学发现、机理分析、建模计算、实践应用的全过程科学研究，成为一个具备较强普适性的区域空间结构理论。

二是提出了新的多维分析方法。论文从地理位置、经济基础、交通条件和政策环境等多个维度对双核结构模式的形成机理进行了深入分析，将人文地理学定性分析的优良传统与区域内外交通可达性定量计算现代手段的有机结合，有效地避免了过于偏重个人认知的经验性描述以及过于偏重空间计量的"纯模型"公式推导，增强了双核结构模式的科学性和可操作性，有助于更全面地理解和解释区域发展的复杂性，为人文地理学研究提供了更为有效的分析方法。

三是丰富了应用案例库。人文地理学是一门应用色彩浓厚的学科，论文不仅提出了双核结构模式的理论框架，还通过淮安连云港地区、山东半岛、云南边境地区、广西城市旅游区、甘肃青海地区、成渝双城经济圈、长江经济带等案例的具体应用，极大地丰富了人文地理学研究案例库，为构建多空间尺度、多种区域类型人文地理学案例库奠定了良好的基础。

三、论文的实践应用价值

论文不仅提出了双核结构模式的理论框架，还通过实证案例证明了这一理论在解决区域发展不平衡不充分等现实问题的应用价值。

第一，双核结构模式为中国的区域发展战略提供了新思路。双核结构模式重视两个核心城市协同发展，提出了一种新的区域发展思路，有助于缓解区域发展不平衡的问题。例如，陆玉麒先生等发表的论文"双核结构模式与淮安区域发展"，利用双核结构模式，提出了加强淮安和连云港城市之间的交通运输联系，形成合理分工和功能互补的产业联系，提升区域经济活力和竞争力。

第二，双核结构模式为促进区域经济一体化提供了新框架。论文指出，基于双核结构模式，区域城市之间能够通过资源共享、产业互补、市场联动等方式，促进区域经济一体化。例如，盛科荣的论文"规模经济、对外贸易与区域双核结构模式探讨"，论述了制造业集聚对区域核心城市发展、对外贸易联系对港口经济地理区位、济南与青岛双核互动对山东半岛一体化发展的重要影响。

第三，双核结构模式为优化区域资源配置提供了新工具。论文提出引导人口、资金、技术等资源向双核城市集聚，放大规模效应和集聚效应，提高资源利用效率。例如，马颖忆在"基于双核理论的云南省中心-门户识别与对外开放布局研究"一文中指出，中心城市与边境城市可具有次生形态双核结构特征，形成了不同尺度不同方向的中心-门户组合，即耦合紧密并带动区域发展的双核结构。

中国是一个发展中大国，幅员辽阔，陆海兼备，地域差别大，发展变化速度快。在世界进入百年未有之大变局的当下，中国面临不少新形势、新任务，迫切需要我们探索新模式，提出新举措。未来的中国为人文地理学者施展才华、开展原创性科学研究、发展地理学科提供了无与伦比的优越条件。陆玉麒先生长期关注中国区域发展实践，潜心求索，研究成果丰硕，首创了区域双核结构模式，突破了之前单核城市辐射带动区域发展认识的局限性，提出了"双核城市通过紧密互动合作，共同推动区域协同发展、一体化发展"的新论述，为中国地理学科发展和中国区域发展战略制定提供了重要的理论支撑和实践指导。

放眼未来，随着多源大数据的开发应用、人工智能技术的进步，地理探测器、机器学习、区域模拟技术必将进一步完善，对区域协调发展、一体化发展的要求必将进一步提高。相信在国内外同人的共同努力下，双核结构模式在国土空间规划、城市群规划、都市圈规划以及国民经济和社会发展五年规划纲要、区域发展规划的编制与解析中的应用价值将越来越明显，其理论体系、分析方法、应用案例必将得到不断丰富和完善。

区域最小人均耕地面积与耕地资源调控

蔡运龙，傅泽强，戴尔阜

（北京大学城市与环境学系、土地科学中心，地表过程分析与模拟教育部重点实验室，北京 100871）

摘要：耕地资源对农业和国民经济可持续发展起着不可替代的基础性作用。中国人均耕地资源短缺，快速工业化、城市化进程对耕地的占用使耕地资源更趋紧张。目前的市场机制必然驱动耕地资源不断向获利更多的用途转移，最终会危及食物安全。因此，创新耕地资源利用与保护的调控机制已迫切之至。基于中国耕地资源流失原因及态势的分析，提出了最小人均耕地面积和耕地压力指数概念，并以此为基础提出了构建耕地资源利用和管理调控机制的思路。实际数据分析结果表明，以最小人均耕地面积和耕地压力指数作为耕地保护的基本标准，能因地制宜地兼顾食物安全和经济发展对土地的需求，具有显著的科学性和可操作性。

关键词：耕地资源；最小人均耕地面积；耕地压力指数；调控途径；中国

中图分类号：F301.24

中国耕地资源的稀缺性日益突出，已成为中国农业生产及国民经济可持续发展的瓶颈因素[1]。随着中国经济体制由计划经济体制逐步向社会主义市场经济体制转变，运用市场

第 57 卷第 2 期, 2002 年 3 月
收稿日期：2001-11-29；修订日期：2002-01-07
基金项目：国家自然科学基金项目(40171004)[**Foundation Item:** National Natural Science Foundation of China, No. 40171004]
作者简介：蔡运龙(1948–)，男，贵州人，博士、教授，博士生导师。从事综合自然地理学、区域综合开发、土地科学、自然资源评价与利用规划、地理学理论与方法等方面的研究。E-mail: caiyl@urban.pku.edu.cn
引用本文：蔡运龙, 傅泽强, 戴尔阜. 区域最小人均耕地面积与耕地资源调控. 地理学报, 2002, 57(2): 127-134. [Cai Yunlong, Fu Zeqiang, Dai Erfu. The minimum area per capita of cultivated land and its implication for the optimization of land resource allocation. *Acta Geographica Sinica*, 2002, 57(2): 127-134.]

价值规律来优化配置自然资源、提高资源利用效率无疑十分必要和迫切，并将成为自然资源管理和可持续利用的必然选择。但由于市场机制固有的不完备性并且在中国尚在完善之中，政府的调控就成为十分重要的环节。而中国的土地政策又常顾此失彼[2]，因此，尽管已制定了多项旨在保护耕地资源的政策法规，仍然对耕地资源转为非农用途的猛烈趋势缺乏有效的调控[3,4]。例如，即使在政府实行冻结非农业建设占用耕地的最为严格的土地管理政策，绝对禁止占用优质粮田的 1997 年、1998 年，仍分别占用耕地 13.3×10^4 hm² 和 26×10^4 hm²[2]。造成这种现象持续存在的一个重要原因是耕地利用与保护的调控机制尚不完善，政府在实施耕地资源利用与管理方面缺乏可操作手段。

1 中国耕地资源态势及其驱动力

1.1 耕地资源的基本态势

据中国统计年鉴资料，从 1952~1995 年人均耕地面积由 0.19 hm² 减少到 0.08 hm²，平均每 10 年减少 0.025 hm²。按 1997 年末土地详查数据计算[5]，全国共有耕地面积 1.30×10^8 hm²，人均耕地也只有 0.11 hm²，仅相当于世界平均水平的 40%。问题的严重性还在于，快速经济社会发展和工业化、城市化将提出进一步的土地需求，不可避免地要继续占用耕地；另一方面人口还会持续增长，人均耕地面积减少的趋势不可遏制。据研究[1,6]，预计到 2010 年，全国耕地面积总量增减相抵之后将净减少 6.45×10^5 hm²；2020~2030 年人均耕地面积将下降到 0.08 hm²。从生产力水平、居民饮食结构等因素考虑，中国人均耕地面积的下限为 0.067 hm²[7]。据原国家土地局调查[2]，目前全国已有 666 个县人均耕地低于 0.053 hm²，其中有 463 个县低于 0.03 hm²。由此可见，中国耕地资源的形势极其严峻，优化利用和保护的任务迫切之至。

1.2 耕地资源流失的原因和表现

耕地资源流失的原因是多种多样的[8]，大致可归结为自然和人为 2 种因素。自然因素导致耕地资源流失主要指因各种自然灾害，包括洪涝、泥石流、山崩、沙埋、沙化、风蚀等造成耕地资源的直接毁损，致使耕地近期内难以恢复耕作或永久丧失耕作能力。据统计面积资料和灾情资料推算[8]，中国 1953~1996 年间因灾损失耕地面积约为 450×10^4 hm²，平均每年为 10.2×10^4 hm²。

人为因素导致耕地资源损失可有 2 种类型：（1）显性损失，即耕地面积的动态变化，包括耕地的用途转移和农田弃耕、撂荒等。据中国统计年鉴资料估算，1953~1996 年间耕地面积净减少总量为 1294.8×10^4 hm^2，除去上述的灾损面积，人为因素造成耕地流失（显性损失）约占耕地面积净减少总量的 2/3。（2）隐性损失，即因过度开发或利用不当及污染等导致耕地退化、质量下降，可利用程度降低，虽仍在耕作但土地产出水平降低，实质上等同于耕地数量减少。这种隐性损失常不能从耕地面积的变化中得到反映。

对于人为因素导致耕地资源转向非农利用，农业比较效益低下是农耕地转向非农利用或优质粮田抛荒的本质原因。中国农业产业的弱质性十分突出，近几年农业生产成本上升较快，而粮食价格持续偏低，种粮收益明显减少，耕地用途转移或弃耕势成必然。从市场角度分析，市场经济体制本身存在固有的缺陷，即使在市场经济体制比较成熟的发达国家也存在市场失效问题。而中国市场机制尚待完善，市场信息渠道不畅，土地产权制度不健全，耕地无价、低价或价格失衡，市场价值规律难以有效发挥优化配置土地资源的作用。因此，仅依靠市场机制来配置对与国家食物安全及至国家经济安全密切相关的耕地资源，势必存在一定的风险。在市场经济体制下，收益最大化必然驱使耕地资源流向经济收益较高的非农化利用。然而，非农化所带来的经济收益并不一定能够抵消因耕地不足导致食物安全问题所带来的经济、社会和生态影响。在这种情况下，突出政府在耕地资源利用与保护中的调控作用就显得十分必要。

然而，政府决策不当或追求短期利益也会导致政府政策失灵。在相当一段时间，中国政府独立于土地市场的作用不甚明确，在注重培育土地市场时却忽视了市场固有的缺陷，忽视了政府应负担的职责。尤其是地方政府的行为没有得到有效的监督和制约，导致决策失误甚至以权谋私，如有些地方政府片面强调"以地生财"，为了吸引外资办产业，鼓励基层千方百计廉价出让土地，自相压价，地价失控，而一些乡村不按经济规律办事，急功近利，盲目攀比，擅自划定"工业开发区""旅游发展区""房地产开发基地""商业贸易区"等等，致使占用耕地失控[2]。

1.3 城市化、工业化用地需求与食物安全的矛盾

上述耕地资源流失的原因及后果表明，中国短缺的耕地资源面临城市化、工业化用地需求和食物安全需求的竞争，若单纯依靠市场机制来配置，城市化、工业化必然占上风，长此以往将危及重要的社会目标和生态目标。因此，对社会经济可持续发展具有独特基础性作用的耕地资源，强化政府的宏观调控功能显得十分必要。中国政府充分重视建立耕地保护的体制和机制，目前的主要思路是实行耕地总量动态平衡政策，但高速经济发展地区

往往缺乏后备耕地资源，不可能做到占补相抵。若一定要实现总量平衡，势必影响城市化、工业化和经济发展。若要保证城市化、工业化乃至改善生态环境的用地需求，"总量动态平衡"的政策就无异一纸空文。

问题实质是如何针对一定区域具体情况，因地制宜地保障"一要吃饭，二要建设"。既不能任城市化、工业化无止境地占用农田，也不能凡耕地就绝对保护从而影响城市化、工业化进程。如何把握其中的"度"呢？本文提出最小人均耕地面积和耕地压力指数概念，以此作为耕地保护的底线和调控指标，并提供一种重建耕地资源的优化利用和管理机制的思路。

2 最小人均耕地面积与耕地压力指数

2.1 最小人均耕地面积

"最小人均耕地面积"可定义为：在一定区域范围内，一定食物自给水平和耕地综合生产能力条件下，为了满足每个人正常生活的食物消费所需的耕地面积。最小人均耕地面积给出了为保障一定区域食物安全而需保护的耕地数量底线。最小人均耕地面积是食物自给率、食物消费水平、食物综合生产能力等因子的函数，可用如下模型计算：

$$S_{\min} = \beta \frac{G_r}{P \cdot q \cdot k} \tag{2-1}$$

式中：$S_{\min}$ 为最小人均耕地面积（hm²/人）；β 为食物自给率（%）；G_r 为人均食物需求量（kg/人）；P 为食物单产（kg/hm²）；q 为食物播种面积占总播种面积之比（%）；k 为复种指数（%）。

公式（3-1）显示，最小人均耕地面积 $S_{\min}$ 与人均食物需求量 G_r 及食物自给率 β 成正比，而与食物单产 P、食物播耕地利用指数 $q\times k$ 成反比，$P\times q\times k$ 实际上反映耕地食物生产力水平。显然，在耕地食物生产能力不变而人均食物消费水平及食物自给水平较高时，要求有较大的最小人均耕地面积；在保持一定食物自给率和食物消费水平条件下，随着食物单产水平提高及食物播耕地利用指数增大，所需最小人均耕地面积减小。

2.2 耕地压力指数

定义最小人均耕地面积与实际人均耕地面积之比为耕地压力指数，计算公式如下：

$$K = S_{\min} / S_a \tag{2-2}$$

式中：K 为耕地压力指数；S_a 为实际人均耕地面积（hm^2/人）。

耕地压力指数反映出一定区域为保障食物安全所需的最小人均耕地面积与实际人均耕地面积的对比关系，可以衡量一个地区耕地资源的紧张程度。当然，由于人口数量、耕地生产力、人均消费水平等因素都是动态的，因而最小人均耕地面积和实际人均耕地面积都随时间和空间发生变化，耕地压力指数也是一个随时空变化的变量。

耕地压力指数给出了耕地保护的阈值，可作为耕地保护的调控指标。不同时空截面上的 K 值大小反映了此时此处耕地资源所承受的压力水平，根据 K 的大小选择不同的对策措施，以调节耕地资源所承受的压力，实现耕地资源的可持续利用。

3 耕地资源利用与管理的调控途径

耕地资源是农业生产乃至国民经济可持续发展的基础资源，具有承载、供给、生产能力等基本功能及稀缺性、固定性等基本属性[9]，不但能够为人类提供食品、纤维等农产品，而且还是其他资源的赋存空间，也可作为城市、工业经济建设用地及居民住地等，具有多用途、多功能、多属性的特点。正是由于耕地用途、功能的广泛性，在社会需求和经济利益的驱动下，耕地资源会由农业利用系统流向非农业利用系统。对于任何一个国家，在工业化、城市化过程中耕地的用途转移是不可避免的，但前提条件是实际人均耕地面积不能小于最小人均耕地面积，否则就危及食物安全的资源基础。

可见，最小人均耕地面积概念提供了耕地保护的底线，对重建耕地资源利用与保护的调控机制具有启示意义（图1）。从最小人均耕地面积和耕地压力指数的数学模型可知，最小人均耕地面积取决于食物消费水平、食物自给率和耕地生产力水平的对比关系，而耕地生产力又是食物单产和食物耕地利用指数的函数，实质上反映投入和科技进步的作用。当实际人均耕地面积小于最小人均耕地面积时，耕地资源承受的压力过度，可通过增加投入来降低最小人均耕地面积。此外，食物自给水平也是一个不可忽视的重要参数，在全球经济一体化过程中，中国参与国际竞争、分享贸易利益成为必然，充分利用国际市场调节食物自给率的大小，可起到平衡耕地压力的作用。

这样，$K=1$ 就成为对耕地利用与保护实施调控和管理的预警线，此时必须防止耕地流失，在提高耕地的物质投入水平和生产能力的情况下合理引导耕地的用途转移。当 $K<1$ 时，实际人均耕地面积大于最小人均耕地面积，表明耕地生产力的供给水平高于食物消费

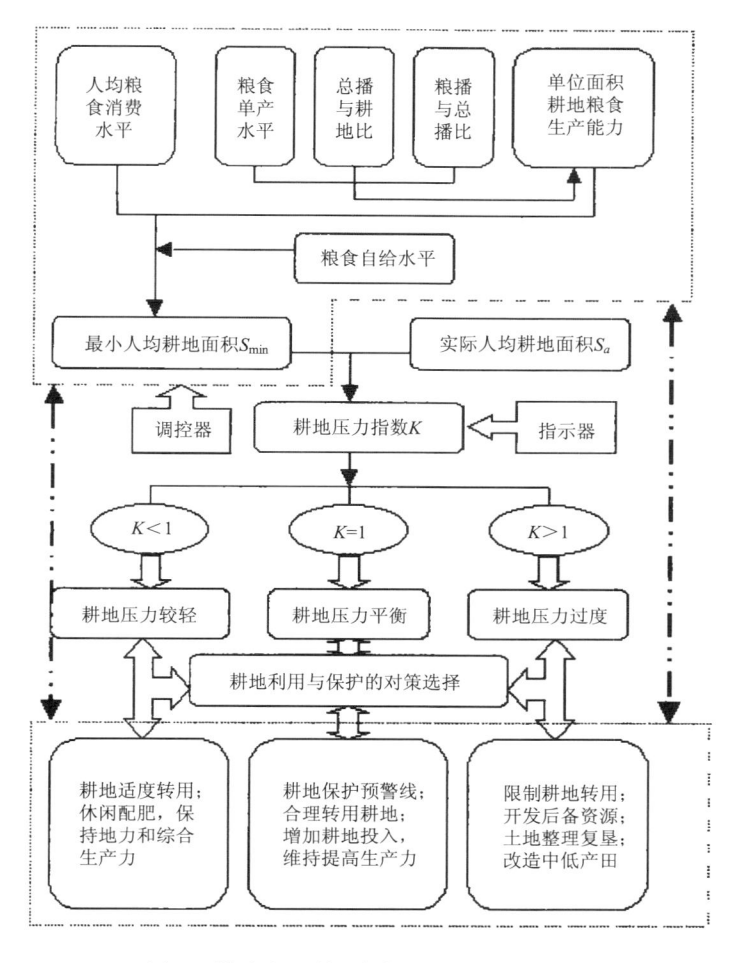

图 1 耕地资源利用与保护的调控机制框图

Fig.1 A framework of regulative mechanism for cultivated resources utilization and conservation

水平。在这种情况下，可以适度转换耕地用途以保证城市化、工业化对土地的需求，也可以大力调整农业种植结构，退耕还林还草以改善生态环境，甚至可以让耕地休闲，以保持耕地的综合生产能力。当 $K>1$ 时，实际拥有耕地面积已达不到人均所需耕地面积的要求，耕地承受着巨大的压力。在这种情况下，耕地利用与保护的调控可从 2 方面考虑：一方面必须强化行政管制，限制耕地资源向非农利用转移，还要进行土地整理、复垦以及尽可能开发后备耕地资源，增加耕地资源数量，从而增加实际人居耕地面积。另一方面，要努力降低食物安全所需的最小人均耕地面积，即通过增加投入提高土地生产力，通过合理引导消费适度降低食物消费水平，或增加食物进口适度降低食物自给率。

当然，提高耕地生产力水平才是降低最小人均耕地面积、减轻耕地资源压力的最根本和最有效的途径。耕地生产力水平取决于农业物质投入水平和科技进步的作用。据研究[1]，中国全部耕地的复种指数每增加1%，相当于扩大种植面积 $133 \times 10^4 \ hm^2$。

4　实例分析

根据历年中国统计年鉴资料，利用本文建立的模型，分别设定人均食物消费水平为 300 kg 和 400 kg，计算中国 1952～1995 年逐年实际人均耕地面积、最小人均耕地面积、耕地压力指数，并按年代求算平均值（表1）；规定各省、市、自治区的食物自给率为 100%，计算各省、市、自治区 1987～1995 年上述 3 项指标的逐年值，并按 3 大地带求算年平均值（表2）。

表1　1952～1995 年中国最小耕地面积与实际人均耕地面积的变化（单位：hm^2/人）

Tab.1　Change of minimum cultivated land per capita and actual cultivated land per capita during 1952～1995 in China

时段	1952～1960	1961～1970	1971～1980	1981～1990	1991～1995
S_a	0.173 3	0.139 7	0.108 0	0.090 9	0.080 3
S_{min}（G_r=300 kg/人）	0.183 6	0.164 2	0.107 9	0.076 8	0.063 8
K	1.059 4	1.175 1	0.999 4	0.844 8	0.793 8
S_{min}（G_r=400 kg/人）	0.244 7	0.218 9	0.143 9	0.102 4	0.085 0
K	1.412 5	1.566 9	1.332 6	1.126 5	1.058 4

从表1看出，人均食物消费水平无论为 300 kg 还是 400 kg，最小人均耕地面积总是随时间逐年减小，而 K 值也逐年降低。资料分析显示，1952～1995 年间中国食物单产以年均 2.91% 的增长率增长，表明在农业科技不断进步的作用下，耕地生产力水平逐年提高；实际人均耕地面积随时间呈递减趋势。显然，在不变的人均食物消费水平条件下，耕地生产力水平提高是促使最小人均耕地面积随时间减小的主要因素。而且在最小人均耕地面积与实际人均耕地面积均随时间减小的情况下，K 值也同步降低，表明最小人均耕地面积减小的速率大于实际人均耕地面积减小的速率，最终使得耕地压力趋于平衡或减轻。按人均食物 300 kg 要求，20 世纪 50～60 年代耕地生产力水平下，$K>1$；从 70 年代开始 $K<1$。表明在 70 年代以前，耕地生产力供给水平低于人均食物消费水平，耕地承受压力；而从 70 年代开始，耕地生产力供给水平高于人均食物消费水平，耕地压力减轻。当设定人均食物 400 kg 时，K 值始终大于 1，说明在当时的耕地生产力水平下达到这种食物消费水平对耕地的压力过大。但 90 年代以来，虽然人口在增加，人均食物消费水平在提高，城市化和工业化又

占用了大量耕地，K 值却逐渐趋近 1，表明此期对耕地的压力反而有降低的趋势，这归功于耕地生产力水平的提高。

表 2 显示了最小人均耕地面积和耕地压力指数的区域差异。最小人均耕地面积的变化呈现由东向西逐渐增大的规律，反映了农业生产条件及生产力水平的区域差异，即随着农业生产自然条件恶化、技术和物质投入减少，耕地生产力水平降低，导致人均需要的耕地面积增大。如果规定各地区食物自给率为 100%，当设定人均消费食物为 300 kg 时，3 个地带的 K 值均小于 1，而当设定人均食物为 400 kg 时，只有中部地带的 K 值小于 1，东、西部地带均大于 1。

表 2 中国 3 大地带最小人均耕地面积*与实际人均面积（单位：hm^2/人）

Tab.2 Minimum cultivated land per capita and actual cultivated land per capita in the East, Middle and West of China

地带	S_a	S_{min}（G_r=300 kg/人）	K	S_{min}（G_r=400 kg/人）	K
东部	0.0584	0.0561	0.9602	0.0748	1.2802
中部	0.1178	0.0802	0.6814	0.1070	0.9085
西部	0.1176	0.1115	0.9482	0.1487	1.2642

* 规定各地区食物自给率为 100%

在同样的消费水平条件下，尽管东部和西部地带耕地承受的压力相当，但驱动这种变化的动因不同。东部地带主要是由于耕地资源流失严重，导致人均耕地面积剧烈降低，而依靠较高的物质和技术投入水平以及优越的自然条件，促使最小人均耕地面积同步降低，且远小于西部地带；尽管西部地带人均占有较多的耕地资源，但因自然、经济、技术条件的限制，耕地生产力水平较低且提高缓慢，人均消费所需耕地面积较大，致使耕地仍然承受了与东部相当的压力。我们由此可以看出，耕地资源数量的丰缺，并不能反映耕地的承压水平，即使拥有数量充足的耕地资源，但由于耕地生产力水平低下也将使耕地承受较大压力。因此，对东、中、西部应采取不同的耕地调控对策。

东部地带耕地利用调控的方向应当是限制耕地资源的流失，只有在加强土地整理、复垦，增加人均占有耕地面积的情况下，或在加强投入以降低最小人均耕地面积的前提下，才能允许耕地转为非农用途。西部地带耕地利用与保护的调控举措应当是大力增加科技、物质的投入，提高耕地生产力水平。考虑到西部的自然条件较差，生态环境脆弱性显著，水土流失、土地沙化严重，过度开发和利用耕地会危及下游地区以至国家的生态安全，因此，加强生态环境建设、增加生态恢复技术投入是合理的对策。中部地带是中国食物主产区，耕地生产力供给水平较高，即使人均食物达到 400 kg 时 K 值仍小于 1。该区耕地利用与保护的调控方向是保持耕地生产能力，培肥地力，视经济社会发展对耕地需求情况，可适度将耕地转换为其他用途以满足工业化、城市化对土地的需求。

5 结论与讨论

5.1 基本结论

（1）耕地资源的多功能特点及比较经济效益差异决定了耕地用途转移的必然趋势，中国经济高速发展对耕地的巨大需求更加剧了这种趋势；而凸显的耕地资源稀缺性和食物安全的巨大压力又迫使政府限制耕地的非农化转移。耕地资源供给与需求的矛盾日益尖锐化，使得政府在对耕地资源利用与保护的调控方面处于"保证吃饭"与"保证建设"的二难境地。

（2）中国耕地资源的大量流失是自然因素和人为因素共同作用的结果。自然灾损约占耕地资源总损失量的 1/3，人为因素造成耕地资源的显性损失约占总损失量的 2/3，此外还有隐性损失。

（3）耕地资源损失的人为因素包括农业产业比较效益低下、市场与政府在土地供求关系中的双重失效。政府政策失效主要是因为政府在对耕地的利用与保护实施调控和管理的过程中存在利益与政绩偏好，对地方政府缺乏完善、有效的监督和约束机制，特别是对耕地保护的底线和阈值若明若暗，缺乏可操作的调控与管理手段。

（4）基于最小人均耕地面积和耕地压力指数原理所建立的耕地利用与保护调控标准与对策，具有科学性和可操作性，这得到了实例分析结果的验证和支持，符合中国东、中、西部的不同实际情况。

（5）土地资源系统是由农业利用系统、非农业利用系统及未利用系统组成的复合系统[9]，系统之间在存量上存在着客观的动态转移变化过程。政府对耕地资源利用与管理实施调控和管理的目标应当是努力提高耕地生产力水平，在保障社会消费需求（食物、纤维等产品）的前提条件下，合理、适度地转移耕地用途，最大限度地发挥耕地资源的多功能、多用途、多属性的特点，而并不仅仅局限于绝对禁止耕地转用。如前所述，在高速工业化和城市化过程中，经济建设对耕地资源的需求日渐增长，人口增长导致人均耕地呈刚性减少趋势不可逆转。因此，尽管国家实行耕地总量平衡的宏观调控政策具有十分重要的战略意义，耕地总量平衡却难以实现。如果非要达到动态平衡，则需付出较大的代价，即减少经济建设的耕地占用，减缓工业化、城市化进程，这是不现实的。

（6）近几十年来，虽然耕地不断减少，人口不断增加，人均食物消费水平不断提高，但对耕地资源的压力却不但没有随之恶化反而呈现降低的趋势，原因在于耕地生产力在不断提高。这启示我们，依靠增加投入和科技进步不断提高耕地生产力水平，是保证食物安全之耕地资源基础和满足工业化和城市化对土地之需求的根本途径。

5.2 讨论与建议

（1）最小人均耕地面积和耕地压力指数是在一定区域范围内界定的，那么区域范围多大合适？显然，在国家尺度上最需要考虑这个底线和阈值，省级行政单位一般也要考虑。在较低级别行政单位，应该说原理也是如此，但情况要复杂些，如对于纯工业区和城市，这些指标就无意义。无论在哪一级区域，如何确定食物自给率？如何计算和预测人均食物需求、食物单产等影响最小人均耕地面积因素，都是需要进一步研究的问题。

（2）实际人均耕地面积仅仅反映耕地数量与人口数量的对比关系，并未涉及耕地生产力、人均食物消费水平和食物自给率等关键因素。学术界和决策界应从仅关注实际人均耕地面积转向同时关注实际人均耕地面积和最小人均耕地面积这个更为科学的指标。

（3）近年来很多文献提及联合国粮农组织确定人均耕地警戒线为 0.053 hm^2（0.8 亩），认真的学者追索其来源，结果查无出处。实际上，土地生产力各地有别，要制定一个统一的警戒线是不合理的。但毕竟需要明确耕地保护的底线，最小人均耕地面积或许可以提供一个参照值。

（4）最小人均耕地面积与土地承载力反映了同一论题的不同侧面，二者都考虑了耕地生产力、人口及其可能的食物消费水平等因素。FAO 从 20 世纪 70 年代即开始研究土地资源的人口承载力[10]，中国始于 80 年代中期，并给出了定义叫[11]："在一定生产条件下土地资源的生产力和一定生活水平下所承载的人口限度。"土地承载力是一个理论极限值，其核心是估测土地生产力，主要采用农业生态区法（Agro-ecological Zone）、时间趋势外推法，人口预测多采用灰色系统等方法，食物消费水平预测采用实物法或能量法等[12]。由于计算方法相对复杂，实践中难以广泛使用，且在土地承载极限到来之前缺乏调控手段。最小人均耕地面积和耕地压力指数模型则相对简化，易于操作。

参考文献（References）

[1] Shi Yulin. Developing the study of high efficient utilization of agricultural resources. *Journal of Natural Resources*, 1997. 12(4): 293-298. [石玉林, 封志明. 开展农业资源高效利用研究. 自然资源学报, 1997, 12(4): 293-298.]

[2] Cai Yunlong. Problems of farmland conservation in the rapid growth of China's economy. *Resources Science*. 2000, 22(3): 24-28. [蔡运龙. 中国经济高速发展中的耕地问题. 资源科学, 2000. 22(3): 24-28.]

[3] Zhang Fengrong, Xue Yongsen, Ju Zhengshan. Quantitative and qualitative prediction of farmland changes in China. *Resources Science*, 1998, 20(5): 32-39. [张凤荣, 薛永森, 鞠正山. 中国耕地资源数量与质量变化分析. 资源科学, 1998. 20(5): 32-39.]

[4] Li Xiubin. Land use pressure and sustainable development. *China Land*. 1999. (5): 20-21. [李秀彬. 土地利用压力与可持续发展. 中国土地. 1999, (5): 20-21.]

[5] Zhu Deju. Farmland Conservation in China. Beijing: Chinese Land Press, 1997. 50-60. [朱德举. 中国耕地保护. 北京: 中国大地出版社, 1997. 50-60.]

[6] Chen Baiming, Chen Anning. Present situation of China's agricultural resources and their near future potential appraisal. *Resources Science*, 2000, 22(2): 1-7. [陈百明, 陈安宁. 中国农业资源现状与近期潜力评估. 资源科学、2000. 22(2): 1-7.]

[7] Meng Jijun. Research on the sustainable use of cultivated land resources in China. *Regional Research and Development*, 1998. 17(4): 33-36. [蒙吉军. 我国耕地资源持续利用研究. 地域研究与开发, 1998. 17(4): 33-36.]

[8] Bi Yuyun. The eight main issues concerning land occupancy in China. *Resources Science*, 1999. 21(2): 30-35. [毕于运. 中国土地占用八大问题. 资源科学. 1999. 21(2): 30-35.]

[9] Li Xianwen, Lin Pei, Zhu Deju, Study on scientific meaning and models of Chinese cultivated land control. *China Land Science*, 1999. 13(1): 20-23. [李宪文, 林培, 朱德举. 我国耕地调控的科学内涵及模式探讨. 中国土地科学, 1999, 13(1): 20-23.]

[10] Chen Guoxian, Xu Dengyao, Li Mingdong. The conception and calculation of the carrying capacity of land resources. *Journal of Sichuan Teachers College* (Natural Science). 1996. 17(2): 66-70. [陈国先. 徐邓耀. 李明东, 土地资源承载力的概念与计算. 四川师范学院学报(自然科学版), 1996, 17(2): 66-70.]

[11] Chen Baiming. The land resources production capability and population-supporting capacity in China. *Journal of Natural Resources*, 1991, 6(3): 197-205. [陈百明. 中国土地资源的生产能力及人口承载量研究方法论概述. 自然资源学报, 1991, 6(3): 197-205.]

[12] Li Min, Zhang Miaoling. Study on the potential population carrying capacity of land resources in Jiangsu Province. *Land and Natural Resource Research*, 1994, (2): 5-8. [李闵, 张妙玲. 江苏省土地资源的人口承载潜力研究. 国土与自然资源研究, 1994, (2): 5-8.]

The Minimum Area Per Capita of Cultivated Land and Its Implication for the Optimization of Land Resource Allocation

CAI Yun-long, FU Ze-qiang, DAI Er-fu

(Department of Urban and Environmental Sciences & The Center for Land Study, Peking University; Laboratory for Earth Surface Processes, The Ministry of Education, Beijing 100871, China)

Abstract: Cultivated land, different from other resources, is fundamental to the sustainable development of Chinese agriculture, society and economy. Market mechanism inevitably drives cultivated land into industrial and urban uses. Rapid industrialization and urbanization lead the scarce cultivated land resources to more crises. So market is a failure to allocate this kind of resource which can be regarded as common property in a certain sense. Government intervention is necessary for optimization allocation of cultivated land. Current policy of macro-administration for cultivated land conservation is oriented to total quantitative control. Every province is demanded that the total number of cultivated land remains not decreased. This policy is difficult for practicing because it does not consider various situations in different regions. For example, in eastern provinces where rapid industrialization and urbanization is proceeding and reserved arable land is scarce, the total number of cultivated land will inevitably decrease unless at the cost of lowering the economic growth. Therefore, it is necessary to innovate the policy of cultivated land resources conservation and utilization.

The authors put forward the concept of minimum area per capita of cultivated land (MAPCCL) as a new insight into the optimization of land resource allocation for policy making. MAPCCL can be defined as the minimum number of cultivated land that can meet the needs of food consumption under certain food self-sufficient rate and land productivity.

PICL provides a threshold of cultivated land conservation. If $K<1$, some cultivated land may be conversed into urban and industrial uses and planting structure may be adjusted for more cash crops. If $K>1$, cultivated land should not be conversed into other uses or land quality and productivity should be enhanced by means of increasing input and technological innovation.

Key words: cultivated land; minimum area per capita; pressure index; threshold of conservation; China

"区域最小人均耕地面积与耕地资源调控"解读

蒙吉军

一、作者简介

蔡运龙（1948—　），著名地理学家。1988年获中国科学院理学博士学位，1990年在北京大学地理学系完成博士后研究工作后留校任教。北京大学教授、博士生导师，《中国大百科全书》（第三版）《地理学》卷编委会主任，《地理学报》副主编。曾任教育部高等学校地理科学类教学指导委员会主任、中国地理学会副理事长、中国土地学会副理事长、北京大学资源环境与地理学系主任、土地科学中心主任、国际地理学联合会农村系统持续性专业委员会指导组成员、国家重点基础研究发展计划（973计划）资源环境领域专家咨询组成员、国家重点研发计划"典型脆弱生态修复与保护"重点专项总体专家组成员、原国土资源部科技专家咨询委员会委员、Chinese Geographical Science（《中国地理科学》）副主编。主要从事综合自然地理、自然资源评价与利用规划、人类-环境相互作用、可持续农业、地理学理论与方法等方面的研究。获中国地理学会首届"全国优秀地理科技工作者"（2009年）、中国科学技术协会"全国优秀科技工作者"（2010年）称号。

傅泽强（1963—　）。2002年获北京大学自然地理学博士学位，现为中国环境

作者介绍：蒙吉军（1971—　），男，甘肃张掖人，北京大学城市与环境学院副教授，中国地理学会会员（S110001716M），研究方向为综合自然地理学。E-mail: jijunm@pku.edu.cn

科学研究院研究员，主要从事区域循环经济、工业生态学、环境战略规划与评价等方面的研究。

戴尔阜（1972—   ），2002年获北京大学自然地理学博士学位，现为中国科学院地理科学与资源研究所研究员，博士生导师，主要从事自然地理综合、气候变化及其区域响应、土地利用变化模拟等方面的研究。

二、写作背景及主要内容

从古至今，耕地是粮食生产的"命根子"，但另一方面，人多地少是现今中国的基本国情，城市化、工业化和现代化建设又需要占用土地，其中主要是耕地。如何既要"保证吃饭"又要"保证建设"，是学术界和决策者必须回答的一个问题，其关键是明确耕地保护的底线和阈值。"区域最小人均耕地面积与耕地资源调控"基于中国耕地资源流失原因及态势的分析，提出了作为耕地保护底线指标的"最小人均耕地面积"和"耕地压力指数"概念及其计算方法，并以此为基础提出了构建耕地资源利用和管理调控机制的一种新思路。

"最小人均耕地面积"是指在一定区域范围内，一定食物自给水平和耕地综合生产能力条件下，为了满足每个人正常生活的食物消费所需的耕地面积。最小人均耕地面积取决于粮食自给率、人均食物需求量、粮食单产、粮食作物播种面积与耕地面积之比和复种指数。

"耕地压力指数"是计算最小人均耕地面积与实际人均耕地面积之比。该值反映了耕地资源所承受的压力水平。可据其大小值选择不同的措施，以调节耕地资源所承受的压力，实现耕地资源的可持续利用。

该研究通过分别设定人均食物消费水平300千克和400千克，分析了中国1952—1999年逐年实际人均耕地面积、最小人均耕地面积和耕地压力指数变化，验证了所建立的耕地利用与保护调控标准和对策的科学性、可操作性。一个重要结论是：依靠科技进步和增加投入不断提高耕地生产力水平，是既保证食物安全之耕地资源基础又满足工业化与城市化对土地之需求的根本途径。

三、论文的学术影响和时代贡献

1. 学术创新及学术影响

最小人均耕地面积和耕地压力指数的概念与计算方法创新了土地资源承载力的科学内涵。最小人均耕地面积所表达的区域人地关系动态，更简明地揭示了中国社会经济快速发展过程中区域贸易、耕地非农化、耕地非粮化以及科技进步等对耕地承载力所产生的影响；耕地压力指数更直观地反映了区域耕地资源的稀缺程度。以两者作为耕地保护的基本标准，能因地制宜地兼顾粮食安全和经济发展对土地资源的需求，且计算较为简单，具有较强的可操作性。

文章发表20多年来，下载3925次，被引758次。曾入选"《地理学报》创刊85周年高被引论文TOP85排行榜"，并荣获"《地理学报》创刊85周年最具影响力论文奖"。一些学者基于此方法开展了全国尺度的相关研究，例如，耕地压力指数时空规律及社会经济影响因素（朱洪波等，2007；张慧等，2017；张雅杰等，2018）、耕地压力综合分区（孙强等，2008）、耕地供需变化规律（汪涌等，2009）、耕地压力与中国城镇化（罗翔等，2015；高延雷等，2020）、粮食安全的关键影响因素（宋小青等，2012）、耕地压力对粮食安全的影响（罗翔等，2016）、确保中国粮食安全的根本途径（李玉平等，2008）。还有很多学者采用此方法开展了广泛的区域研究，例如长江经济带（王艳等，2020）、粮食主产区（罗海平等，2022）、珠三角地区（袁中友，2011）等区域，以及湖南（李晓青等，2003）、河北（李玉平等，2007）、浙江（李玉平等，2007）、北京（王文博等，2008）、黑龙江（郭巍等；2009）、山东（刘笑彤等，2010）、云南（童彦等，2012）、江苏（岳秋丽等；2012）、陕西（赵永华等，2013）、湖北（聂艳等；2013）、河南（李治国等，2014）、宁夏（赵亚峰等；2014）、安徽（徐京京等，2015）、吉林（班立国等，2017）、四川（张志林等，2018）、广西（陈家兰等，2023）等省区的耕地保护底线测算、耕地压力动态分析与预测、耕地保护状况以及耕地保护机制。

2. 对国家耕地资源可持续利用和管理的贡献

最小人均耕地面积和耕地压力指数的概念和方法其上述应用研究为国家、各地区耕地资源可持续利用和管理提供了一种新思路与科学依据。

我国耕地资源供给与需求的矛盾日益尖锐，使得政府在调控耕地资源利用与保护方面处于"保证吃饭"与"保证建设"的两难境地，而且缺乏完善、有效的监督和约束机制，特别是对耕地保护的底线和阈值若明若暗，缺乏可操作的调控与管理手段。最小人均耕地面积和耕地压力指数的提出为明确耕地保护底线提供了一种简明、可操作的方法，并指明了既保证食物安全之耕地资源基础又满足工业化和城市化对土地之需求的根本途径。

作者基于该方法撰写的咨询报告"最小人均耕地面积指标与耕地保护政策"被收入 2002 年国土资源部咨询研究中心提交的《正确处理资源保护与经济发展的关系》中。

当前和今后一段时间，我国耕地保护与建设占用的矛盾和压力依然严峻。受农产品比较收益偏低因素的影响，耕地"非农化""非粮化"等逐利冲动在短期内难以制止，耕地占补平衡量不足、质不高问题依然存在，耕地保护任务依然艰巨。在健全耕地数量、质量、生态"三位一体"保护制度体系中，最小人均耕地面积和耕地压力指数的概念与方法仍然具有重要的现实意义。

2023 年，自然资源部信息中心依托自然资源部项目"自然资源综合管理重大问题研究"（编号：10212120101000009010），形成了《基于粮食安全的中国耕地保护阈值研究》研究成果。该项研究充分借鉴了"最小人均耕地面积"理念，运用了耕地压力指数测算理论方法，科学测算分析了 2021 年全国及各农业生态区耕地最低需求量和耕地赤字盈余状况，并基于粮食单产水平和人口变化预测分析 2035 年、2050 年中国耕地最低需求量，为进一步完善我国最严格的耕地保护制度提供了重要参考。

1982—1999 年我国陆地植被活动对气候变化响应的季节差异

朴世龙，方精云

(北京大学城市与环境学系，北京大学生态学研究与教育中心，北京 100871)

摘要：利用 NOAA-AVHRR 数据，以归一化植被指数（NDVI）作为植被活动的指标，研究中国 1982～1999 年四季植被活动的变化，探讨植被活动对全球变化的主要响应方式。结果表明，18 年来，中国植被四季平均 NDVI 均呈上升趋势。春季是中国植被平均 NDVI 上升趋势最为显著（P<0.001）、增加速率最快的季节，每年平均增加 1.3%；而秋季是 NDVI 上升趋势最不显著的季节（P=0.075）。不同植被类型的季节平均 NDVI 的年变化分析表明，生长季的提前是中国植被对全球变化响应的最主要方式，但这种季节响应方式存在明显的区域性差异。夏季平均 NDVI 增加速率达到最大的地区主要分布在西北干旱区域和青藏高寒区域，而东部季风区域的植被主要表现为春季 NDVI 增加速率最大。

关键词：NDVI；季节变化；气候变化；植被活动

中图分类号：Q948.2

第 58 卷第 1 期, 2003 年 1 月
收稿日期：2002-04-17；修订日期：2002-10-09
基金项目：国家重点基础研究发展规划项目(G2000046801); 国家自然科学基金项目(40152003)[**Foundation Item**: National Key Project for Basic Research, No. G2000046801; National Natural Science Foundation of China, No. 40152003]
作者简介：朴世龙(1976–), 男, 博士研究生. E-mail: slpiao@water.pku.edu.cn
引用本文：朴世龙, 方精云. 1982—1999 年我国陆地植被活动对气候变化响应的季节差异. 地理学报, 2003, 58(1): 119-125. [Piao Shilong, Fang Jingyun. Seasonal changes in vegetation activity in response to climate changes in China between 1982 and 1999. *Acta Geographica Sinica*, 2003, 58(1): 119-125.]

1 引言

植被是陆地生态系统的主体,它不仅在全球物质与能量循环中起着重要作用,而且在调节全球碳平衡、减缓大气中 CO_2 等温室气体浓度上升以及维护全球气候稳定等方面具有不可替代的作用。因此,科学界越来越多地关注植被对全球变化响应,迫切需要了解大气组成、土地利用和气候的变化对植被的影响与反馈[1]。

最近的研究表明,在过去的几十年里,北半球中高纬地区的植被活动显著增加[2-5]。这种增加主要来自两方面的作用:一方面,受大气 CO_2 浓度上升、温度增加以及氮(N)、磷(P)沉降的影响,植被活动在季节变化中的振幅加大;另一方面,气候变暖使植物的生长季提前或延长[2]。也就是说,植被活动在不同季节有不同的响应。地球表面是高度异质的,因此陆地生态系统对全球变化的反应也具有高度的空间异质性。有些地区的植被对全球变化的响应主要表现为植物生长期的加长,而另一些地区的生态系统则主要表现为振幅加大,或同时表现出上述两方面的作用。目前国内外的研究大多限于研究全球或者某一区域植被的平均活动状况,而忽视比较植被活动年际变化的季节间差异,从而无法阐明不同地区植被对全球变化响应的具体表现形式。

本文利用 1982~1999 年间遥感数据,研究 18 年来春、夏、秋、冬四季我国植被生长状况的变化趋势及其季节差异。我国位于欧亚大陆东南部季风气候区,幅员辽阔,具有从北温带到亚热带,从湿润到干旱的不同气候带。因此,研究我国植被对环境变化响应的季节差异将有助于认识全球变化影响陆地生态系统的机制。前一项研究表明[6],1982~1999 年间我国大部分地区的植被活动呈增加趋势。本文通过研究我国植被对气候变化响应的季节差异,来进一步阐明我国植被活动年际变化的机制。

2 数据来源和研究方法

2.1 数据来源和预处理

植被指数是卫星遥感中最具明确意义的指数之一,是基于植被叶绿素在 0.69 μm 处的强吸收,通过红外与近红外波段的组合实现对植被信息状态的表达。各种植被指数中,由于归一化植被指数 NDVI(Normalized Difference Vegetation Index)能够较准确地反映植被的覆盖程度、生长状况、生物量以及光合作用强度[7,8]，因此，NDVI 常被直接或间接地用于研究植被活动[9-12]。

近 20 多年来，对地球表面连续性监测的 NDVI 数据，可以特征化植被活动对全球变化的响应[13]。本研究所利用的遥感数据为美国 EROS（地球资源观测系统）数据中心的探路者数据库所提供的 1982～1999 年每旬 NDVI 的数据。图像的空间分辨率为 8km×8km，投影方式是 Goode 投影。由于探路者数据库所提供的 NOAA/AVHRR 数据不仅具有高的时间分辨率，而且通过最有效而统一的校准，保证了数据质量[14]，因此在全球及区域大尺度植被活动变化研究中显示出其他数据所无法替代的作用[15]。

每月的 NDVI 数据是通过国际通用的 MVC（最大值合成）法（式 1）获得，该法可以进一步消除云、大气、太阳高度角等的部分干扰[16,17]。

$$NDVI_i = \text{Max}(NDVI_{ij}) \tag{1}$$

式中：$NDVI_i$ 为第 i 月的 NDVI 值，$NDVI_{ij}$ 为第 i 月第 j 旬的 NDVI 值。对通过 MVC 法获得的图像进行投影变换，从 Goode 投影转换为分辨率为 0.1 度的经纬网投影（Geographic），以便进一步分析。

由于 1994 年 10 月到 12 月份的数据缺失，因此利用 1993 年和 1995 年对应月份的平均值来替代，并利用其他月份的值进行校正。另外，气候资料来自国家气象局的全国 700 多个站 1982 年到 1999 年间月平均降水和月平均温度数据，植被类型来自数字化的 1：400 万中国植被图[18]。

2.2 研究方法

为研究不同地区植被活动对全球变化的主要响应方式以及这种响应方式在空间上的分布，分别计算每一个像元不同季节 NDVI 平均值的年平均增加速率。我们假定：春季 NDVI 增加速率最大的地区，植被对全球变化响应主要表现为生长季的提前；夏季增加速率最大的地区，植被主要表现为植被活动在生长季节的振幅加大，或植被活动的强度加强；秋季平均 NDVI 增加速率最大，说明该地区植被生长季的延长明显。这些假定在最近的相关研究中得到了部分验证[5,19]。

为研究不同植被类型对全球变化的响应，利用 GIS 技术把矢量格式的 1：400 万植被图转换成分辨率为 0.1 度、投影方式为经纬网投影的栅格图像，并与 NDVI 图像叠加，获取每种植被类型每年的每一季节的平均 NDVI 值。

由于在植被覆盖率低的地区，NDVI 值受下垫面信息的影响较大，因此，本研究只考虑年平均 NDVI 大于 0.1 的像元。本文的研究区面积约为 725 万 km², 占全国陆地面积的 76.7%。另外,由于除常绿阔叶林、常绿针叶林以及少部分的人工植被以外,其他植被在冬季几乎停止光合作用,因此,研究冬季植被平均 NDVI 的变化时只考虑常绿阔叶林和常绿针叶林。

3 结果与分析

3.1 不同季节我国植被平均 NDVI 变化

在 1982～1999 年的 18 年间,我国植被四季平均 NDVI 均呈上升趋势(图 1)。其中,春季 NDVI 上升趋势最为显著;秋季 NDVI 上升趋势最不显著,但其显著性水平仍达到 10%。

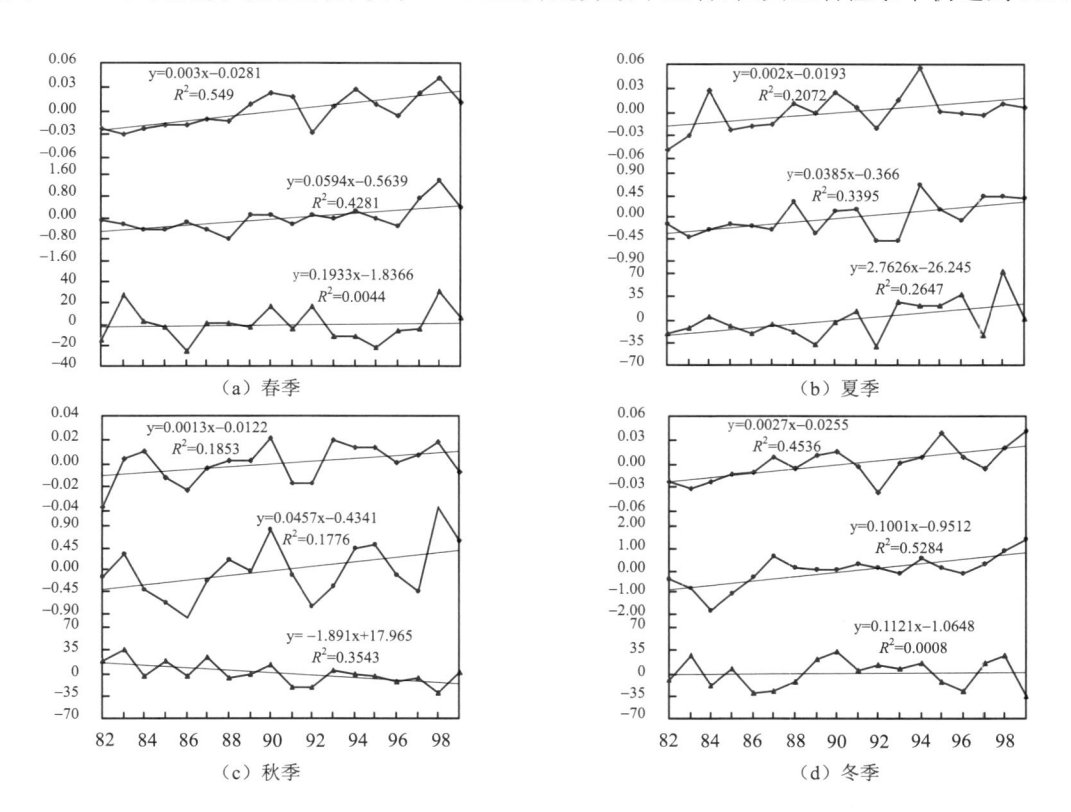

图 1 1982～1999 年间我国植被不同季节的平均 NDVI、平均温度、平均降水量的距平变化图
(冬季只涉及常绿阔叶林和常绿针叶林)

Fig. 1 Interannual changes in spatially averaged NDVI, temperature, and precipitation in China for four seasons during 1982–1999 (Evergreen broad-leaved forest and evergreen needle-leaved forest included in winter)

春季不仅是 4 个季节中平均 NDVI 上升趋势最为显著的季节（P<0.001），而且是上升速率最快的季节，平均每年以 1.3%的速度增加。这意味着 1982~1999 年间我国植被生长季提前显著（Myneni et al., 1997; Zhou et al., 2001）。通过对 NDVI 和气候因子之间的相关分析，可以发现春季 NDVI 与温度的相关性最为显著（P=0.001），并且其相关性好于与降水的相关性。说明这期间植被生长季的提前主要是由温度上升所致[5]。另外，气候数据显示，春季我国平均温度上升趋势显著（P=0.003），平均每年增加 0.06℃；降水则没有明显的变化趋势（P=0.79）。

夏季我国植被平均 NDVI 呈波动中上升趋势（p=0.058），但上升速率和显著性水平都低于春季，平均每年增加 0.3%。夏季 NDVI 的变化曲线中，有两个明显的波峰（1984 年和 1994 年）和一个明显的波谷（1992 年）。1984 年是 80 年代中夏季降水量最多的年份，而 1994 年平均温度在近 20 年中最高，因此，这或许是这两年 NDVI 出现明显峰值的原因。受 1991 年 6 月份的菲律宾 Pinatubo 火山爆发的影响，1992 年我国平均温度和降水都低于其他年份[20]。这可能是 1992 年夏季平均 NDVI 低于其他年分的原因。

秋季 NDVI 的上升趋势并不像其他季节那样明显（P=0.075），且增加速率低于其他季节（年均增加 0.2%）。表明全球变化背景下我国植被生长季的延长不如生长季提前明显，这或许与近 18 年的秋季我国平均温度变化趋势不显著有关（P=0.08）。另外，虽然秋季温度上升速率大于夏季，但上升趋势不如夏季那样显著（P=0.01），是全年波动最大的季节。

冬季是全年中平均温度上升趋势最为显著（P=0.001），且增加速率最快的季节，平均以 0.1℃/a 的速度增加。由于冬季对于植被生长最主要限制因子是温度，因此温度的升高将有利于植被的生长。1982~1999 年间我国冬季常绿植被平均 NDVI 每年以 1.0%的速率增加，且增加趋势显著（P=0.002）。

3.2 不同植被类型的平均 NDVI 变化的季节差异

不同植被类型特有的生物学特性可能导致植被类型间对全球变化响应方式的不同。为了解不同植被类型对全球变化的响应，根据我国 1:400 万植被图，将我国植被划分为 10 种植被类型，即：常绿阔叶林、落叶阔叶林、针阔混交林、常绿针叶林、落叶针叶林、灌丛和萌生矮林、草原和稀树灌木草原、草甸和草本沼泽、荒漠以及人工植被，对它们的 NDVI 变化的季节差异进行了探讨。从 1982~1999 年间不同植被类型春季、夏季、秋季平均 NDVI 以及部分植被类型冬季平均 NDVI 的变化量、变化速率和相关系数中可以看出（表 1），18 年间 10 种植被类型四个季节的平均 NDVI 都呈增加趋势。其中，春季大部分植被类型（除针阔混交林以外）的平均 NDVI 都显著增加（P<0.05），并且增加速率均大于其他季节，表

明 18 年来全球变化对我国大部分植被的影响主要是生长季的提前。

表 1　1982～1999 年间不同植被类型平均季节 NDVI 的年际变化

Tab. 1　Interannual changes in averaged seasonal NDVI by vegetation type during 1982–1999

植被类型	春季 S	春季 B	春季 R	夏季 S	夏季 B	夏季 R	秋季 S	秋季 B	秋季 R	冬季 S	冬季 B	冬季 R
常绿阔叶林	0.38	1.06	0.57	0.16	0.12	0.24	0.21	0.35	0.31	0.28	0.73	0.46
落叶阔叶林	0.31	1.10	0.62	0.14	0.14	0.36	0.10	0.20	0.32			
针阔混交林	0.14	0.46	0.20	0.21	0.13	0.40	0.01	0.0	0.02			
常绿针叶林	0.41	1.27	0.65	0.16	0.16	0.27	0.19	0.28	0.36	0.25	0.69	0.52
落叶针叶林	0.37	1.47	0.50	0.16	0.20	0.27	0.26	0.95	0.46			
矮林灌丛	0.36	1.31	0.72	0.17	0.23	0.39	0.11	0.21	0.33			
荒漠	0.21	1.65	0.65	0.26	1.16	0.64	0.18	0.80	0.58			
草原	0.17	0.92	0.66	0.20	0.37	0.44	0.11	0.22	0.37			
草甸	0.23	1.19	0.71	0.20	0.31	0.45	0.10	0.13	0.32			
人工植被	0.37	1.46	0.74	0.24	0.39	0.49	0.11	0.21	0.46			

注：S—年平均增加量（×0.01）；B—年平均增加速率（%）；R—相关系数（0.468 为显著性水平 5% 下的相关系数）

常绿阔叶林和常绿针叶林主要分布在长江以南地区，分布区年平均降水量超过 1000 mm，即使在冬季平均温度也大于 0℃。18 年来这两种植被类型对全球变化的响应方式和大小均相似。春季两种植被 NDVI 的年平均增加量、增加速率在四季中最大，分别增加 1.06%/a 和 1.27%/a；而夏季是四个季节中 NDVI 增加速率、增加量最小，且上升趋势最不明显的季节。分布区 1982～1999 年间夏季的气候数据显示，这期间夏季降水量显著增加（P<0.05），而温度上升并不显著（P>0.05）。这说明，夏季降水的增加对这两种植被的生长并没有显著的促进作用。

落叶针叶林主要分布在我国北纬 50° 以上的地区。该地带年降雨量一般在 400～600 mm 之间，植被生长主要受温度控制。18 年来，春季和秋季落叶针叶林 NDVI 的年平均增加量和增加速率不仅大于夏季，而且大于其他森林植被春季和秋季 NDVI 的增加速率，表明我国落叶针叶林生长季的提前和延长较其他森林植被更为显著。

荒漠植被的春季、夏季、秋季的平均 NDVI 都呈显著增加趋势，且增加速率在 10 种植被类型中最大，说明 CO_2 浓度升高以及温度上升对干旱区植被的影响尤为明显[21]。通过对荒漠植被 NDVI 与气候因子之间的相关分析，发现荒漠植被 NDVI 的上述变化趋势不仅与温度变化有关，也与降水变化有关。气候数据显示，分布区春季和秋季平均温度和降水都呈上升趋势；夏季温度和降水的增加都达到显著水平（P=0.04）。

针阔混交林是唯一的 1982～1999 年间春季平均 NDVI 增加趋势不显著的植被类型。这可能与 18 年来分布区的春季温度上升趋势不显著（P=0.12）以及冬季和春季的降水量下降有关。灌丛和萌生矮林、草原和稀树灌木草原、草甸和草本沼泽以及落叶阔叶林春季平均 NDVI 均显著增加（P＜0.05），且增加速率均大于夏季和秋季。另外，人工植被春、夏季的平均 NDVI 也显著增加。

3.3 植被活动对气候变化响应的区域差异

图 2 显示 18 年来不同地区植被对环境变化响应的主要方式。因为冬季只考虑常绿植被部分，所以在比较不同地区植被对全球变化的响应方式时，本文只考虑生长季。从不同表现方式所占的面积百分比看，以生长季提前为主的地区面积最大，占研究区的 61.2%；21.4% 的地区夏季 NDVI 增加速率在四季中达到最大；13.8% 的地区秋季 NDVI 增加速率最大；而占研究区 1.4% 的地区一年四季 NDVI 均呈下降趋势。前两种表现形式为主的地区占研究区面积的 80% 以上，说明生长季的提前和植被活动强度的加强是 18 年来我国植被对全球变化响应的最主要的方式。

我国植被对环境变化的响应表现出明显的地理分异。夏季平均 NDVI 增加速率在四季中最大的地区主要分布在西北干旱区域和青藏高寒区域；东部季风区域主要为春季增加速率最大；一年四季 NDVI 均呈下降趋势的地区主要集中在珠江三角洲、长江三角洲等地区，这显然与该地区快速城市化有关。

春季 NDVI 增加速率在四季中最大的地区主要集中在季风影响显著的东部区域，包括大兴安岭的中部和南部、辽东-山东半岛区、黄淮海平原区、汉江中游和下游、贵州高原-鄂西山区、藏东-川西区、江南丘陵山地区以及华南丘陵地区。另外，准噶尔西部山区和江河源头区的部分地区的植被对全球变化的响应也主要表现出生长季的提前。这与该地区 18 年来气候的变化趋势有关。气候数据显示，该地区春季温度呈上升趋势。

18 年来植被活动的增加主要以夏季植被活动增加为主的地区集中在西北干旱区域和青藏高寒区域。包括藏南区、南羌塘高原区、北羌塘高原区、天山南坡区，以及内蒙古高原的东部和西部一些地区。松辽平原区、黄土高原区、四川盆地的部分地区以及长江中下游的一部分地区植被夏季 NDVI 在四个季节中最大，说明该地区植被活动的振幅 18 年来增加趋势明显。秋季植被平均 NDVI 增加速率在四个季节中最大的地区主要是大兴安岭的北端、天山北坡的部分地区、阿尔泰山地区、青海湖周围地区以及长江中下游的部分地区等。这说明上述地区植被 18 年来温度上升所引起的生长季延长明显。

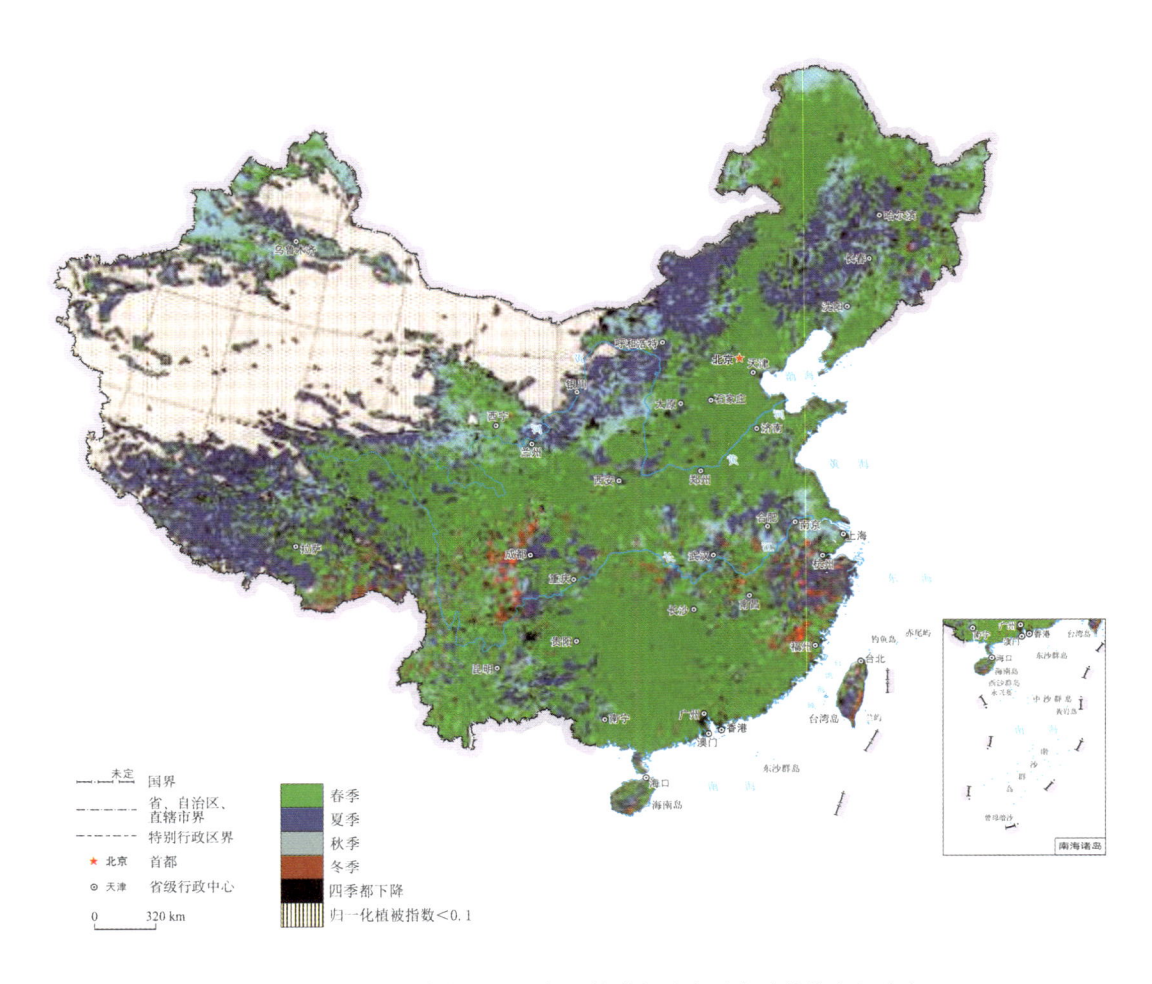

图 2　1982～1999 年间 NDVI 年平均增加速率最大季节的空间分布

Fig. 2　Distribution of season with the maximum annual mean increasing rate of NDVI from 1982 to 1999

此外，对常绿植被地区而言，在云贵川渝边界的狭长地带、长江中下游及福建的零星地区、藏南的部分地区以及台湾东部，冬季 NDVI 增加速率最大。说明冬季增温现象对这些地区冬季植被活动加强有显著影响。

4　结论

本文利用 1982～1999 年间遥感数据，研究了我国春、夏、秋、冬植被活动的年际变化，并分析了我国主要植被类型不同季节 NDVI 的变化趋势，得出以下结论：

（1）在 1982～1999 年间四个季节我国植被平均 NDVI 均呈上升趋势。其中，春季 NDVI 上升趋势最为显著（P＜0.001），且增加速率最大，每年平均增加 1.3%；秋季 NDVI 上升趋势较弱（P = 0.075）。

（2）18 年来，不同植被类型的季节平均 NDVI 都呈增加趋势。春季大部分植被类型（除针阔混交林）的平均 NDVI 显著增加，且增加速率均大于其他季节，说明生长季的提前是 18 年来我国植被对全球变化响应的最主要方式。

（3）我国植被对环境变化的响应表现出明显的地理分异。振幅加大的地区主要分布在西北干旱区域和青藏高寒区域，而东部季风区域主要表现为生长季的提前。珠江三角洲、长江三角洲地区植被的春、夏、秋季 NDVI 在这期间都显著减少，显然与该地区快速城市化有关。

参考文献（References）

[1] Cramer W P, R Leemans. Assessing impacts of climate change on vegetation using climate classfication systems. In: Solomon A M, Shugart H H (eds.), Vegetation Dynamics and Global Change. London: Chapman and Hall, 1993. 190-217.

[2] Keeling C D, J F S Chin, T P Whorf. Increased activity of northern vegetation in inferred from atmospheric CO_2 measurements. Nature, 1996, 382: 146-149.

[3] Myneni R B, C D Keeling, C J Tucker et al. Increased plant growth in the northern high latitudes from 1981-1991. Nature, 1997, 386: 698-702.

[4] Fang J Y, A P Chen, C H Peng et al. Changes in forest biomass carbon storage in China between 1949 and 1998. Science, 2001, 292: 2320-2322.

[5] Zhou L M, C J Tucker, R K Kaufmann et al. Variations in northern vegetation activity inferred from satellite data of vegetation index during 1981 to 1999. Journal of Geophysical Research, 2001, 106: 20069-20083.

[6] Piao Shilong, Fang Jingyun. Dynamic vegetation cover change over last 18 years in China. Querternary Sciences, 2001, 21: 294-302. [朴世龙, 方精云. 最近 18 年来中国植被覆盖的动态变化. 第四纪研究, 2001, 21: 294-302.]

[7] Tucker C J, I Y Fung, C D Keeling et al. Relationship between atmospheric CO_2 variations and a satellite-derived vegetation index. Nature, 1986, 319: 195-199.

[8] Sellers P J, B W Meeson, F G Hall et al. Remote sensing of the land surface for studies of global change: Models-Algorithms-Experiments. Remote Sensing of Environment, 1995, 51: 3-26.

[9] Potter C S, J T Randerson, C B Field et al. Terrestrial ecosystem production: a process model based on global satellite and surface data. Global Biogeochemical Cycles, 1993, 7: 811-841.

[10] Field C B, J T Randerson, C M Malmstrom. Global net primary production: combining ecology and remote sensing. Remote Sensing of Environment, 1995, 51: 74-88.

[11] Cramer W, Kicklighter D W, Bondeau A et al. Comparing global models of terrestrial net primary

productivity (NPP): overview and key results. Global Change Biology, 1999, 5: 1-15.

[12] Fang J Y, S L Piao, Z Y Tang et al. Interannual variability in net primary productivity and precipitation. Science, 2001, 293: 1723a.

[13] Michael J B, J T Randerson, C R Mcclain et al. Biospheric primary production during an ENSO transition. Science, 2001, 291: 2595-2597.

[14] James M E, S N V Kalluri. The pathfinder AVHRR land area data set: an improved coarse resolution data set for terrestrial monitoring. International Journal of Remote Sensing, 1994, 15: 3347-3363.

[15] Defries R S, J R G Townshend. NDVI-derived land cover classifications at a global scale. International Journal of Remote Sensing, 1994, 15: 3567-3586.

[16] Holben B N. Characteristics of maximum-value composite images for temporal AVHRR data. International Journal of Remote Sensing, 1986, 7: 1435-1445.

[17] Tucker C J, Newcomb W W, Dregne H E. AVHRR data sets for determination of desert spatial extent. International Journal of Remote Sensing, 1994, 17: 3547-3565.

[18] Botany Institute of Chinese Academy of Sciences. Vegetation of China. Beijing: Cartographic Publishing House, 1982. [中国科学院植物研究所. 中国植被图. 北京: 地图出版社, 1982.]

[19] Randerson J T, C B Field, I Y Fung et al. Increases in early season ecosystem uptake recent explain recent changes in the seasonal cycle of atmospheric CO_2 at high northern latitudes. Geographical Research Letters, 1999, 26: 2765-2768.

[20] Lei Wenfang. The influence of Pinatubo eruption to atmosphere aerosol. In: Wang Gengchen, Wen Yupu(eds.), The Measurement of Greenhouse Gas and Their Release and Related Processes. Beijing: China Environment Science Press, 1996. 391-397. [雷文方. Pinatubo 火山爆发对平流层气溶胶的影响. 见: 王庚辰, 温玉璞 主编, 温室气体浓度和排放检测及相关过程. 北京: 中国环境科学出版社, 1996. 391-397.]

[21] Jiang Gaoming. Response of plant ecophysiologic to global change. In: Fang Jingyun(ed.), Global Ecology: Climate Change and Ecological Responses. Beijing: Higher Education Press, 2000. 26-41. [蒋高明. 全球变化与植物生理生态反应. 见: 方精云 主编, 全球生态学: 气候变化与生态响应. 北京: 高等教育出版社, 2000. 26-41.]

Seasonal Changes in Vegetation Activity in Response to Climate Changes in China between 1982 and 1999

PIAO Shilong, FANG Jingyun

(*Department of Urban & Environmental Sciences, and Center for Ecological Research & Education, Peking University, Beijing 100871, China*)

Abstract: In the present study, using normalized difference vegetation index (NDVI) as an indicator of vegetation activity, seasonal trends of vegetation activity and their dynamic responses to climate changes in China were explored based on remotely sensed data (NOAA-AVHRR) from 1982 to 1999. As a result, spatially averaged seasonal NDVI in China showed a pronounced increase in all four seasons (spring, summer, autumn and winter) during the past 18 years. The average spring NDVI indicated the most significant increase (P<0.001) with a mean rate of 1.3%, while the average autumn NDVI showed the least increase (P=0.075). Analyzing interannual changes in seasonal mean NDVI by vegetation type, it was found that the advance of growing season was a major way for response of vegetation activity to climate changes and that the way exhibited a large regional heterogeneity. In the past 18 years, regions with the largest increase rate of summer NDVI appeared in Northwest China and the Tibetan Plateau, while areas with that of spring NDVI occurred in the eastern part of the country.

Key words: climate change; NDVI; seasonal change; vegetation activity

"1982—1999年我国陆地植被活动对气候变化响应的季节差异"解读

彭 建　胡 涛

"1982—1999年我国陆地植被活动对气候变化响应的季节差异"一文首次利用卫星遥感数据评估了1982—1999年中国不同季节的植被变化趋势，并结合温度和降水等气象因子分析不同季节趋势差异的环境影响。作者研究发现，中国植被四季平均归一化植被指数（Normalized Difference Vegetation Index，NDVI）均呈上升趋势。春季植被平均NDVI上升趋势最显著，且与温度的相关性最强；夏季植被平均NDVI呈现波动上升，主要是受降水和气温的异常年份的影响；秋季植被平均NDVI的上升趋势并不明显，可能与过去18年秋季我国平均温度变化趋势不显著有关；冬季常绿植被平均NDVI每年以1.0%的速率增加，且增加趋势显著，主要是由冬季植被生长的限制因子温度升高引起。

此外，论文分析了不同植被类型的平均NDVI季节性变化规律。根据我国1∶400万植被图，将植被划分为常绿阔叶林、落叶阔叶林、针阔混交林、常绿针叶林、落叶针叶林等10种植被类型，不同植被类型特有的生物学特性可能导致不同的全球变化响应方式。1982—1999年所有植被类型的平均NDVI都呈现上升趋势，且春季的增加速率几乎都大于其他季节。其中，常绿阔叶林和常绿针叶林对全球变化的响应方式和大小均相似，表现为春季平均NDVI增加速率最大，夏季平均

作者介绍：彭建（1976— ），男，四川彭州人，北京大学城市与环境学院教授，研究方向为综合自然地理学。E-mail: jianpeng@urban.pku.edu.cn

NDVI 上升趋势不明显；落叶针叶林生长季的提前和延长较其他森林植被显著，春季和秋季平均 NDVI 的增加速率均大于其他森林植被；荒漠植被的平均 NDVI 增加速率在 10 种植被类型中最大，而针阔混交林是唯一平均 NDVI 增加趋势不显著的植被类型。

论文对比不同季节平均 NDVI 增加速率的空间分异格局，发现 62% 的区域春季植被平均 NDVI 增加速率最大，且主要集中在受季风影响显著的东部区域。相比之下，夏季和秋季增加速率大的区域占比较小，且这些区域主要集中在西北干旱区和青藏高寒区。生长季的提前和植被活动强度的加大是 18 年来我国植被对全球变化响应的最主要方式。秋季植被平均 NDVI 增加速率在四个季节中最大的地区主要是在大兴安岭北端、天山北坡部分地区、阿尔泰山地区、青海湖周围地区及长江中下游部分地区，说明上述地区植被 18 年来温度上升所引起的生长季延长明显。一年四季植被平均 NDVI 均呈下降趋势的地区集中在珠江三角洲、长江三角洲，这主要是受到当地快速城市化的影响。常绿植被地区冬季平均 NDVI 增加速率最大，主要集中在长江中下游、台湾东部等地区，冬季增温对这些地区冬季植被的活动加强有显著影响。

整体来看，论文的重要贡献之一是首次使用卫星遥感数据分析了中国不同季节的植被平均 NDVI 变化趋势，并讨论了其变化与环境因子的关系和在不同区域的差异。已有研究主要关注全球或某一区域植被的平均活动状况，忽视植被活动年际变化的季节间差异，无法阐明不同地区植被对全球变化响应的具体表现形式。论文作者关注到大气 CO_2 浓度上升和氮磷沉降影响导致的植被活动在季节变化中振幅加大及气候变暖使植物生长季提前或延长，在探究 1982—1999 年我国大部分地区植被活动呈现增加趋势的基础上（朴世龙、方精云，2001），进一步揭示了我国不同区域植被对气候变化响应的季节差异机制。温度和降水作为两个重要的气候变化指标，在不同季节的植被响应过程中被讨论，也为之后植被变化的气候变化响应研究奠定了坚实的理论基础。论文指出，陆地生态系统对全球变化的响应具有高度的空间异质性，有些地方植被对全球变化的响应表现为生长期加长，而另一些地区则表现为振幅加大或同时表现出上述两方面作用，充分体现了地理学的区域性特征。论文对比不同植被活动对气候变化响应的区域差异，指出北方和东北地区的响应最为显著，而西部干旱地区（如新疆）则较为平缓。这种空间异质性反映了不同区域的气候条件、地形和土地利用方式的差异，为地理学区域分析提供了典型案例和数据支持，有助于理解全球气候变化对区域生态系统的影响，为制定区域生态保护和气候适应策略提供了重要科学依据。

论文重要贡献之二是建立了基于遥感植被指数的气候变化对不同季节植被影响分析框架，被后续研究工作广泛借鉴。NDVI/AVHRR 数据在当时具有时间分辨率高、价格低廉的优势，开启了全球长时序遥感观测（邱思静等，2022）。随着卫星遥感数据和观测数据的发展，植被大尺度、长时序和高精度的遥感精测得以广泛开展，也有大量研究受到该文章的启发，通过使用不同精度的卫星遥感数据如 GIMMS、SPOT、MODIS、Landsat、Sentinel，以及其他指标如归一化增强植被指数（EVI）、叶面积指数（LAI）、植被生产力（NPP），定量探讨气候变化对不同季节植被影响。例如，陈效逑和喻蓉（2007）基于该论文发现的我国温带地区植被生长季节呈延长趋势的关键结果，通过植物群落物候观测数据和物候累积频率拟合法进一步探究了我国暖温带落叶阔叶林地区 1982—1999 年植被物候季节初日和生长季节长度的时空格局。张学珍等（2012）基于 GIMMS NDVI 数据，通过聚类分析辨识了我国东部 1982—2006 年植被活动变化过程的主要模态，并探讨了与温度和降水变化的关系。包刚等（2013）利用 2001—2010 年 MODIS NDVI 数据研究了蒙古高原植被覆盖变化趋势及其对气温和降水量的季节性响应特征。"1982—1999 年我国陆地植被活动对气候变化响应的季节差异"论文中提出的气候变化对不同季节植被影响的研究框架依然适用于未来情景模拟研究，可以预见，未来全球变暖对不同季节植被生长的影响差异仍是全球变化领域的前沿科学问题。

综合来看，"1982—1999 年我国陆地植被活动对气候变化响应的季节差异"一文是地理学领域研究植被对气候变化响应的重要文献之一。论文主要通过区域生态系统动态变化监测、季节性差异及气候变化影响的空间异质性三个角度系统分析了植被活动对气候变化响应，结合生态学、地理学和气候学的理论和方法，基于跨学科途径深入揭示了气候变化与植被响应之间的复杂关系，为地理学综合提供了有力支撑。

参考文献

[1] 包刚、包玉海、覃志豪等："近10年蒙古高原植被覆盖变化及其对气候的季节响应"，《地理科学》，2013年第5期。

[2] 陈效逑、喻蓉："1982～1999年我国东部暖温带植被生长季节的时空变化"，《地理学报》，2007年第1期。

[3] 朴世龙、方精云："最近18年来中国植被覆盖的动态变化"，《第四纪研究》，2001年第4期。

[4] 邱思静、胡涛、胡熠娜等："从光谱指数到融合数据集的全球植被遥感数据产品"，《地理学报》，2022年第5期。

[5] 张学珍、戴君虎、葛全胜："1982—2006年中国东部春季植被变化的区域差异"，《地理学报》，2012年第1期。

关于区域土地利用变化指数模型方法的讨论

朱会义，李秀彬

（中国科学院地理科学与资源研究所，北京 100101）

摘要：近几年来，各类指数模型方法被广泛应用于我国土地利用变化研究中，并在区域土地利用变化规律总结上发挥了重要作用。这些指数方法包括变化率、土地利用程度综合指数、转移矩阵、流向百分比、动态度、相对变化率、邻接度、多度、重要度、景观指数等。但有关文献对这些指数的表述与计算中，还存在一些明显的混乱与误用。文章通过分析国内相关文献中所涉及的各类指数方法，将其按资源变化的分析、变化方向分析、变化的空间形式分析等目的取向加以归类，然后在此类型框架下，详细阐述了各种指数方法的概念、计算方法、意义、存在的问题，并提出应用建议。

关　键　词：土地利用变化；指数方法；资源的变化；变化的方向；变化的空间形式

中图分类号：F301.24

第 58 卷第 5 期, 2003 年 9 月
收稿日期：2003-02-03；修订日期：2003-05-11
基金项目：国家自然科学基金资助项目(40271008; 40271010) [**Foundation Item:** National Natural Science Foundation of China, No. 40271008; No. 40271010]
作者简介：朱会义(1966–)，男，副研究员，博士。主要从事土地利用/覆被变化、地理信息系统应用研究。E-mail: zhuhy@igsnrr.ac.cn
引用本文：朱会义, 李秀彬. 关于区域土地利用变化指数模型方法的讨论. 地理学报, 2003, 58(5): 643-650. [Zhu Huiyi, Li Xiubin. Discussion on the index method of regional land use change. *Acta Geographica Sinica*, 2003, 58(5): 643-650.]

1 引言

20世纪80年代以来，随着全球变化研究的兴起[1-3]，地学界利用遥感与GIS技术对不同区域的土地利用变化现象进行了大量的案例研究[4-12]。在这些案例研究的基础上，陆续提出了一系列分析区域土地利用变化的模型与模型框架[13]。我国学者在土地利用变化系统模型方面建树不大，主要靠引入国外学者的模型成果，而在土地利用变化指数模型方面，引入或提出了土地利用动态度模型、土地利用程度变化模型、重要度模型、邻接度模型等一批指数模型。这些模型目前已被广泛应用于国内土地利用变化研究中。

但在仔细阅读分析国内土地利用变化有关的文献后发现，目前我们对区域土地利用变化现象的指数分析还存在一些明显的混乱与误用，具体表现在如下几个方面：（1）指数模型方法本身存在一些缺陷，如动态度模型对时间变量处理偏于简单化；（2）不同文献中模型形式不统一，如综合土地利用动态度模型就有3个不同形式的版本[13-16]；（3）同一模型不同形式间缺乏比较与说明；（4）对各种指数所表达的意义有时不甚明了，出现为指数而计算指数的情形。这些不足在一定程度上影响了区域研究成果的比较、集成以及同行的交流。

在此情况下，有必要对目前常用的区域土地利用变化指数模型方法进行较为系统的分析和总结，包括总结现有的方法成果，分析其中的不足，进一步完善各类模型的形式与内容，阐明各种方法的意义。

考察目前文献中现存的指数模型方法，不难发现其具有下列一些特点：（1）这些方法绝大多数建立在遥感与GIS技术基础上，指数的分析计算通常离不开图形及其属性数据的支持；（2）这些方法偏重分析总结区域土地利用类型转移规律，而对土地利用集约度变化则较少涉及；（3）虽然都是对区域土地利用变化规律的总结，但各种指数方法的建立与应用明显服务于不同的研究目的。目的一是从资源保护的角度探测资源数量、质量的变化；目的二是从过程的角度揭示地类变化的方向；目的三是从空间的角度透视变化的空间形式。

依据指数模型方法的上述特点，本文将在资源的变化、变化的方向、变化的空间形式等目的框架下，首先将这些主要来源于地图数据分析的指数模型方法归为三类（表1），然后按类型分别对各种指数及其模型算法进行阐述与讨论，并提出相应的应用建议。

表 1　与土地利用变化分析有关的指数方法分类
Tab. 1　The classification of the indices concerning land use change analysis

研究目的	阐述的主要问题	相关指数
表现资源的变化	单一地类的面积变化	变化率
	区域土地利用程度	土地利用程度综合指数
	区域土地利用程度变化	土地利用程度变化综合指数
揭示变化的方向	地类间的面积转移	转移矩阵
	类型变化的去向或来源	地类变化的流向百分比
透视变化的空间形式	热点地区	动态度
	区域差异	相对变化率
	空间关系分析	邻接度
	空间格局变化	类型重心的迁移（方向与距离）
	变化的空间格局	多度、重要度、景观特征指数

2　资源的变化分析及其指数

2.1　单个地类面积变化的分析与变化率

在区域土地利用变化过程中，耕地、林地等用地类型由于关系到区域食物安全与生态安全而备受关注。为了反映这些类型用地面积的变化幅度与变化速度以及区域土地利用变化中的类型差异，有学者提出了土地利用类型的变化率指数（有的称为单一土地利用类型动态度[13]）。变化率指数以土地利用类型的面积为基础，关注研究时段内类型面积变化的结果，其最初的模型形式如式（1a）：

$$K = \frac{U_b - U_a}{U_a} \times \frac{1}{T} \times 100\% \tag{1a}$$

$$K_T = \frac{U_b - U_a}{U_a} \times 100\% \tag{1b}$$

式中：K 为研究时段内区域某一种土地利用类型变化率；U_a、U_b 分别为研究时段开始与结束时该土地利用类型的面积；T 为研究时段，当设定为年时，模型结果表示该区此类土地利用类型的年变化率。

变化率指数的意义在于可直观地反映类型变化的幅度与速度，也易于通过类型间的比较反映变化的类型差异，从而探测其背后的驱动或约束因素。由于各种用地类型或不同区域相同用地类型的面积基数不同，变化率指数高的类型只是变化快的类型，而并不一定是区域变化的主要类型，对主要类型的判断通常还要考虑变化面积的大小。

上述变化率模型对时间变量的处理偏于简单，模型计算的是研究时段 T 内变化面积百分比的算术平均。如果将其用于计算年变化率，那么应注意其隐含了土地利用类型年变化的线性假设。具体应用中建议考虑将变化率模型的形式表示为式（1b）的形式，用以计算研究时段内土地利用各类型的时段变化率。如果要更准确地计算年变化率，建议最好以年变化数据为基础或者进行时间序列的插值分析。

2.2 土地利用程度变化与土地利用程度综合指数

土地作为一种资源，人们不仅关注其面积变化状况，还会关注其利用程度以及利用程度的变化。就区域土地利用程度与程度变化分析而言，用得较多的是土地利用程度综合指数。该综合指数一方面可反映特定时期的土地利用程度；另一方面通过研究期内该指数的变化可反映区域土地利用程度的变化。根据已有的文献资料[13,16]，区域土地利用程度综合指数的计算方法为式（2）。利用程度变化则等于研究期末的指数减去研究期初的指数。

$$L = 100 \times \sum_{i=1}^{n} A_i \times C_i \quad L \in [100, 400] \quad （2）$$

式中：L 为某区域土地利用程度综合指数；A_i 为区域内第 i 级土地利用程度分级指数；C_i 为区域内第 i 级土地利用程度分级面积百分比；n 为土地利用程度分级数。

土地利用程度综合指数的意义在于它能够反映区域土地利用的集约程度，适宜于土地利用程度的综合评价。典型的应用形式为通过研究期内该指数的变化反映区域土地利用程度的变化，最终给出该区域土地利用处于发展期、调整期或衰退期的结论[16]。

应用土地利用程度综合指数的关键问题在于土地利用程度的分级与分级指数的设定。目前文献中给出的一种处理方法是按土地利用类型来分级，将土地利用类型整合为未利用土地级、林草水用地级、农业用地级和城镇聚落用地级等 4 级，并分别将分级指数设定为 1、2、3、4[16,17]。此外，国外的某些应用通过考虑单位面积的劳动投入程度、单位面积的产值、垦殖指数等来评价土地利用程度及其变化。

这种对土地利用类型某种属性的面积加权统计可以泛化出多种指数，如将土地利用程度的分级指数替换为土地资源生态背景质量指数，类似的处理被用来考察土地资源生态背景质量的变化。在该类指数的具体应用中，建议根据区域特点与研究目的考虑调整分级和设定合理的分级指数,尽可能给出分级与分级指数设定的科学依据。

3 变化方向分析及其指数

3.1 地类间的转移分析与转移矩阵

转移矩阵可全面而又具体地刻画区域土地利用变化的结构特征与各用地类型变化的方向。该方法来源于系统分析中对系统状态与状态转移的定量描述,为国际、国内所常用[5]。转移矩阵的数学形式为:

$$S_{ij} = \begin{vmatrix} S_{11} & S_{12} & S_{13} & \cdots & S_{1n} \\ S_{21} & S_{22} & S_{23} & \cdots & S_{2n} \\ S_{31} & S_{32} & S_{33} & \cdots & S_{3n} \\ \cdots & \cdots & \cdots & \cdots & \cdots \\ S_{n1} & S_{n2} & S_{n3} & \cdots & S_{nn} \end{vmatrix} \tag{3}$$

式中:S 代表面积;n 代表土地利用的类型数;i,j 分别代表研究期初与研究期末的土地利用类型。在具体应用中,通常将该矩阵用表格形式来表示(表2)。

表2 1985～1995年环渤海地区土地利用变化的转移矩阵(万 $hm^2 \cdot 10$ 年$^{-1}$)

Tab. 2 Transition matrix of land use change in Bohai Rim (10 000 $hm^2 \cdot 10yr^{-1}$)

1985年	1995年					
	耕地	林地	草地	水域	居民点、工矿	未利用地
耕地	1106.04	109.39	73.68	30.85	120.29	10.64
林地	68.88	342.26	37.39	4.66	11.51	1.54
草地	43.13	64.22	37.41	12.11	5.37	7.64
水域	15.19	2.91	3.47	45.17	7.19	3.58
居民点、工矿	46.14	3.79	5.06	5.76	125.27	4.27
未利用地	11.34	1.45	1.82	7.20	2.22	14.42

严格地讲,转移矩阵并非一种指数,只是将土地利用变化的类型转移面积按矩阵或表格的形式加以列出,可作为结构分析与变化方向分析的基础。从对区域土地利用变化特点的反映上,它又类似于指数,不妨看作指数的一种特殊形式。转移矩阵的意义在于它不仅可以反映研究期初、研究期末的土地利用类型结构,同时还可以反映研究时段内各土地利

用类型的转移变化情况，便于了解研究期初各类型土地的流失去向以及研究期末各土地利用类型的来源与构成。此外，转移矩阵还可以生成区域土地利用变化的转移概率矩阵，从而利用马尔柯夫随机过程分析来推测一些特定情景下（如政策影响不变）区域土地利用变化的未来趋势[5]。

目前广泛采用的转移矩阵基本是一种二维矩阵，矩阵中行列元素所表达的意义十分明显，且具有明确的行列统计关系，适合于表达某一时段内的土地利用变化状况。具体应用中，为了清楚地表达出土地利用的类型结构，可以在矩阵表形式中添加求和统计项，但不能破坏矩阵的行列统计关系。应用中不宜将表格项进行拆分来表达多时段变化信息，也不宜在矩阵表中加入百分比等额外内容，这样会使矩阵表成为包含转移矩阵的复合表格，失去了转移矩阵的本来意义。要解决上述问题，具体应用中应构建新的矩阵（如转移概率矩阵、各时段的转移矩阵）或引用其他指数方法。

3.2 单一地类变化的方向分析与流向百分比

单一地类变化的流向分析，通过分析特定利用类型的流出类型来揭示区域土地利用类型变化的动因。该方法涉及的指数是各流出类型面积占该分析类型面积的百分比（流向百分比），而流向百分比的求算可依据土地利用类型的转移矩阵。

单一地类变化的流向分析的应用意义在于：通过计算特定土地利用类型的流向百分比并将其按比率大小进行排序，便于分出驱使该地类变化的主导类型与次要类型，进而以主导类型为突破口，分析解释类型变化的原因。如在环渤海地区土地利用变化分析中[18]，耕地流出的类型依次为农村居住用地、林地、草地、城镇用地、果园、水域等，由此可以得出初步结论：环渤海地区耕地流失的最主要原因是农村居住用地的增长，其次是林地、草地等。进一步探讨农村居住用地、林草地增长的原因，则可以有重点地深入到土地利用变化驱动力研究中。

4 变化的空间形式分析及其指数

4.1 热点地区分析与动态度

这里的动态度特指目前常用的综合土地利用动态度[13-16]。动态度指数综合考虑了研究时段内土地利用类型间的转移，着眼于变化的过程而非变化的结果，其意义在于反映区域土地利用变化的剧烈程度，便于在不同空间尺度上找出土地利用变化的热点区域。动态度指数的最初计算公式为式（4a）：

$$LC = \left(\frac{\sum_{i=1}^{n} \Delta LU_{i-j}}{2\sum_{i=1}^{n} LU_i} \right) \times \frac{1}{T} \times 100\% \tag{4a}$$

$$LC_T = \left(\frac{\sum_{i=1}^{n} \Delta LU_{ij}}{\sum_{i=1}^{n} LU_i} \right) \times 100\% \tag{4b}$$

式中：LU_i 为研究期初 i 类土地利用类型面积；ΔLU_{i-j} 为研究时段内 i 类土地利用类型转为非 i 类（j 类，$j = 1 \cdots n$）土地利用类型的面积；T 为研究时段，当用年表示时模型结果即为该区域此时段内土地利用的年综合变化率。

动态度指数的意义在于可以刻画区域土地利用变化程度，也适用于局部与全区的对比以及区域之间土地利用变化的对比，以动态度指数为基础进行区域土地利用变化制图分析是分析与描述热点区域的一条捷径。

该指数值得商榷之处在于：（1）与变化率计算一样，动态度计算中对时间变量的处理偏于简单，隐含了时间变化的线性假设；（2）根据转移矩阵，动态度模型中分子项应为所有发生类型变化的土地面积，分母项应为区域土地总面积。但现有的模型分母为区域土地面积的两倍，试图将转入转出变化进行平均处理，这样的处理以及单算转入或转出面积的做法，虽然也有其意义，但就揭示热点地区而言，效果反而不好。具体应用中，建议将动态度指数按式（4b）进行计算，这样更能反映研究时段内区域土地利用变化的总体态势。

4.2 区域差异分析与相对变化率

土地利用类型的相对变化率建立在变化率指数的基础上，将局部地区的类型变化率与全区的类型变化率相比较，用以分析研究区范围内特定土地利用类型变化的区域差异与特定类型变化的热点区域[19]。其模型形式为：

$$R = \frac{|K_b - K_a| \times C_a}{K_a \times |C_b - C_a|} \tag{5}$$

式中：K_a、K_b 分别为局部区域某一特定土地利用类型研究期初及研究期末的面积；C_a、C_b

分别代表全研究区该类型研究期初及研究期末的面积。绝对值的意义在于屏除变化方向带来的混乱，便于局部区域间的比较。该模型隐含的假设是 C_b 不等于 C_a，即研究期内区域用地类型面积发生变化，这一假设客观上是成立的。

相对变化率的意义在于揭示土地利用变化的区域差异，不过要注意它是针对某一种用地类型进行分析的。具体应用中应注意该指数的计算方法，避免用 K_b、C_b 分别替换分子分母中绝对值内容，因为这种算法没有考虑用地类型变化的方向性。

4.3 地类转换的空间关系分析与邻接度

城镇用地是耕地流出的主要类型之一。为了定量分析城镇用地扩张与耕地流失之间的空间关系，有学者提出了邻接度指数概念[21]。其计算方法如下：

$$A_s = C_b / T_b \tag{6}$$

式中：A_s 为研究区内城镇用地与耕地之间的空间邻接度；C_b 为研究区内两地类所有共享弧段的长度之和；T_b 为研究区内城镇用地所有图斑周长之和。

同样的思想也可用于计算特定地类图斑与其他地类图斑的邻接度。邻接度的意义在于能够反映地类扩展过程中占用其他类型用地的可能性或趋势。一般而言，研究期初与城镇用地邻接度越高的地类，研究期末被占用的可能性越高；对不同区域而言，也有类似的规律。邻接度指数的应用实际上隐含了一些假设前提，这些假设包括：(1) 城镇扩展具有空间连续性；(2) 城镇扩展没有方向性，各个方向上的概率相同；(3) 城镇扩展为均匀扩展，各方向上的扩展程度相同。实际上这些假设条件很难被满足，所以，对于城镇空间扩展的地类空间关系分析，在计算邻接度时，总是要对地类的空间扩展根据不同情景作缓冲区分析[21]。

4.4 空间格局的变化与重心转移

区域土地利用空间变化的一个总体特征是类型重心的迁移，这一特征可以用重心坐标的变化来反映。重心坐标的计算方法类似于人口分布重心模型[13]，数学形式为：

$$X_t = \frac{\sum_{i=1}^{n}(C_{ti} \times X_i)}{\sum_{i=1}^{n} C_{ti}} \quad Y_t = \frac{\sum_{i=1}^{n}(C_{ti} \times Y_i)}{\sum_{i=1}^{n} C_{ti}} \tag{7}$$

式中：X_t、Y_t 分别表示第 t 年某土地利用类型分布重心的经纬度坐标；C_{ti} 表示第 i 个小区该类型的面积；X_i、Y_i 分别表示第 i 个小区几何中心的经纬度坐标。

通过考察土地利用类型重心的迁移可以在一定程度上了解区域土地利用空间格局的变化，将重心转移的方向、转移距离与区域自然条件相联系，定性层面上可反映土地利用类型质量的总体变化趋势。类型重心的空间迁移分析应用颇多，常用来描述国家层面上的耕地重心变化情况。

4.5 变化类型的空间频次与多度

区域土地利用变化中，类型变化是指耕地、林地、草地等利用类型在面积、空间分布上的变化，而变化类型是指类型转移的方式，如耕地变为林地、耕地变为城镇用地等。变化类型的多寡与土地利用分类有关，如果土地利用类型有 n 类，理论上变化类型应该有 $n(n-1)$ 种。为了描述各种变化类型的空间分布频次，有学者借鉴土地空间结构的分析方法[22]，提出土地利用变化类型的多度指数与计算方法[19]。其计算方法较为简单，表达式如下。

$$D = \frac{N_i}{N} \times 100\% \tag{8}$$

式中：D 为某种土地利用变化类型的多度，N_i 为该种变化类型图斑数，N 为该区全部变化图斑的图斑总数。

多度的实际意义是区域土地利用变化过程中特定变化类型图斑数占所有变化图斑数的比率，如果比率越大，则该变化类型在空间分布上越广泛，是一种常见类型；反之，比率越小，则空间分布上越稀少，偶发性越强。

原先的多度计算方法将 N 定义为区域全部图斑的总数，细究起来不够明确，因为在研究期内研究期初的图斑总数与研究期末的图斑总数通常并不相同，而模型定义中对此未作明确说明；同时计算中包含未变化图斑的数目，理论意义也不够明显，故本文给出补正。该指数的潜在假设是变化图斑的空间分布为非聚集分布。根据多个区域案例分析的结果，各种变化类型的图斑在空间上往往既不呈随机分布格局，也不呈聚集分布格局，更不会是均匀分布，能够满足多度指数的假设条件。但在具体应用中应该注意到，对于强聚集分布的特殊类型或特殊区域，该指数不再有分析意义。

4.6 空间变化的主导类型与重要度

多度指数值高的变化类型只是空间分布上频次高的类型，不一定是空间变化的主导类型。要判断空间变化的主导类型不仅需要考虑多度指数，还要考虑变化类型的面积，重要度指数正是在这一思路下被提出来的[19]。它可定量地表示各变化类型对区域土地利用变化的重要程度，揭示空间变化的主导类型，从而反映区域土地利用变化的方向。重要度实质是多度与面积比的综合表示，用公式描述为：

$$IV = D + B \qquad (9)$$

式中：IV 为某种土地变化类型的重要度；D 为该变化类型的多度；B 为该变化类型的图斑总面积占所有变化图斑总面积的百分比。重要度在应用中存在的问题与多度指数类似，但表达的意义不同。上述定义也已是订正后的形式。

4.7 景观生态学方法的引进与景观特征指数

在国内土地利用变化有关的文献中，有些学者将景观生态学中的景观特征指数引入到区域土地利用变化研究中来，这些指数包括景观多样性指数、均匀性指数、景观优势度、景观破碎度等，在此对其计算方法不一一列出，仅做一些讨论。

将景观特征指数引入到区域土地利用变化研究中，问题在于景观生态学将景观分为基质、斑块和廊道，绝大多数景观特征指数以斑块的面积、周长、个体数为基础来构建；而在区域土地利用变化中，没有基质与廊道的概念，全区都被斑块所覆盖，这将影响指数所包含的意义；此外，景观特征指数刻画的是静态对象，而土地利用变化研究刻画的却是动态对象，指数的意义也必不同。基于上述原因，大多数景观特征指数具有生态意义，而应用到土地利用变化分析中则意义不明显，如多样性指数在景观生态学中用以反映景观类型的多少和各景观类型所占比例的变化，而在土地利用变化描述中远没有变化率、动态度等指数更能说明问题。但也不能就此认定所有景观特征指数对土地利用变化分析都毫无意义，问题是要明了指数所表达的意义以及应用到土地利用变化中存在的局限性，在借鉴和修改的基础上加以引进。

5 结语

由于土地利用变化现象的复杂性，该领域的研究不仅需要综合研究基础上的理论突破，也需要方法突破[20]。指数模型方法在揭示区域土地利用变化特征与变化规律方面无疑发挥了重要作用，是方法突破的重要方面。通过讨论分析现有的方法成果，相信指数方法将不断得到完善。但也必须承认，指数方法只是模型方法中比较简单的一类方法，其对土地利用变化的解释与预测能力有限。如何在深化指数方法应用研究的基础上，揭示不同尺度土地利用变化的驱动机制，建立区域模型，实现对区域变化与环境效应的准确预测，才应该是我们今后努力的主要方向。

参考文献（References）

[1] Li Xiubin. A review of the international researches on land use/cover change. Acta Geographica Sinica, 1995, 51(6): 553-558. [李秀彬. 全球环境变化研究的核心领域——土地利用/土地覆被变化的国际研究动向. 地理学报, 1996, 51(6): 553-558.]

[2] Turner II BL, Skole D, Sanderson S et al. Land-use and land-cover change science/research plan. IGBP Report No. 35 and HDP Report No. 7. Stockholm: IGBP, 1995.

[3] Lambin E F, Baulies X, Bockstael N et al. Land-use and land-cover change (LUCC) implementation strategy. IGBP Report No. 48 and HDP Report No. 10. Stockholm: IGBP, 1999.

[4] Shi Peijun, Gong Peng. The Method and Practice of Land Use/Land Cover Change. Beijing: Science Press, 2000. [史培军, 宫鹏. 土地利用/土地覆被变化研究的方法与实践. 北京：科学出版社, 2000.]

[5] Xu Lan, Zhao Yi. Forecast of land use pattern change in Dongling District of Shenyang: an application of Markov process. Chinese Journal of Applied Ecology, 1993, 4(3): 272-277. [徐岚, 赵羿. 利用马尔柯夫过程预测东陵区土地利用格局的变化. 应用生态学报, 1993, 4(3): 272-277.]

[6] Tsai Borwen, Chang Changyi, Ding Tsujen. Spatial analysis in GIS: the land use changes in the coastal area of Yunlin county, Taiwan. Journal of Geographical Science (National Taiwan University), 1997, 23: 1-12.

[7] Liu Shenghe, Wu Chuanjun, Shen Hongquan. A GIS based model of urban land use growth in Beijing. Acta Geographica Sinica, 2000, 55(4): 407-416. [刘盛和, 吴传钧, 沈洪泉. 基于GIS的北京城市土地利用扩展模式. 地理学报, 2000, 55(4): 407-416.]

[8] Liu Shenghe, Sylvia Prieler, Li Xiubin. Spatial patterns of urban land use growth in Beijing. Journal of Geographical Sciences, 2002, 12(3): 266-274.

[9] Xie Gaodi, Cheng Shengkui, Ding Xianzhong. A study on global land use change under the pressure of population growth. Journal of Natural Resources, 1999, 14(3). [谢高地, 成升魁, 丁贤忠. 人口增长胁迫下的全球土地利用变化研究. 自然资源学报, 1999, 14(3).]

[10] Zhang Yili, Li Xiubin, Fu Xiaofeng. Urban land use change in Lhasa. Acta Geographica Sinica, 2000, 55(4): 395-406. [张镱锂, 李秀彬, 傅小锋. 拉萨城市用地变化分析. 地理学报, 2000, 55(4): 395-406.]

[11] Fu Bojie, Chen Liding, Ma Keming. The effect of land use change on the regional environment in the Yangjuangou catchment in the Loess Plateau of China. Acta Geographica Sinica, 1999, 54(3): 241-246. [傅伯杰, 陈利顶, 马克明. 黄土丘陵区小流域土地利用变化对生态环境的影响. 地理学报, 1999, 54(3): 241-246.]

[12] Brogaard Sara, Prieler Sylvia. Land cover in the Horqin grasslands, North China: detecting changes between 1975 and 1990 by means of remote sensing. IIASA Interim Report IR-98-044/July.

[13] Wang Xiulan, Bao Yuhai. Study on the methods of land use dynamic change research. Progress in

Geography, 1999, 18(1): 81-87. [王秀兰, 包玉海. 土地利用动态变化研究方法探讨. 地理科学进展, 1999, 18(1): 81-87.]

[14] Zhang Yili, Yan Jianzhong, Liu Linshan et al. Impact of Qinghai-Xizang Highway on land use and landscape pattern change. Acta Geographica Sinica, 2002, 57(3): 253-266. [张镱锂, 阎建忠, 刘林山 等. 青藏公路对区域土地利用和景观格局的影响. 地理学报, 2002, 57(3): 253-266.]

[15] Yan Jianzhong, Zhang Yili, Liu Linshan et al. Land use and landscape pattern change: a lingkage to the construction of the Qinghai-Xizang Highway. Journal of Geographical Sciences, 2002, 12(3): 253-265.

[16] Wang Siyuan, Liu Jiyuan, Zhang Zengxiang et al. Analysis on spatial-temporal features of land use in China. Acta Geographica Sinica, 2001, 56(6): 631-639. [王思远, 刘纪远, 张增祥 等. 中国土地利用时空特征分析. 地理学报, 2001, 56(6): 631-639.]

[17] Liu Jiyuan. The Macro Investigation and Dynamic Research of the Resource and Environment in China. Beijing: Science and Technology Press, 1996. 158-188. [刘纪远. 中国资源环境遥感宏观调查与动态研究. 北京: 中国科学技术出版社, 1996. 158-188.]

[18] Zhu Huiyi, He Shujin. Driving forces analysis of land use change in Bohai Rim. Geographical Research, 2001, 20(6): 669-678. [朱会义, 何书金. 环渤海地区土地利用变化的驱动力分析. 地理研究, 2001, 20(6): 669-678.]

[19] Zhu Huiyi, Li Xiubin, He Shujin et al. Spatial-temporal change of land use in Bohai Rim. Acta Geographica Sinica, 2001, 56(3): 253-260. [朱会义, 李秀彬, 何书金 等. 环渤海地区土地利用的时空变化分析. 地理学报, 2001, 56(3): 253-260.]

[20] Zhu Huiyi, Li Xiubin, He Shujin et al. Land use change in Bohai Rim: a spatial-temporal analysis. Journal of Geographical Sciences, 2001, 11(3): 305-312.

[21] Li Xiubin et al. The spatial relation analysis of land use change in typical region. In: Project Research Report of Land Use Change and Sustainable Land Use Models in Bohai Rim, 2002. 15-18. [李秀彬 等. 典型地区土地利用变化的空间关系分析. 见: 环渤海地区土地利用变化与土地持续利用模式项目研究报告, 2002. 15-18.]

[22] Cai Yunlong. Methods and applications of land structure analysis. Acta Geographica Sinica, 1992, 47(2): 146-155. [蔡运龙. 土地结构分析的方法及应用. 地理学报, 1992, 47(2): 146-155.]

[23] Cai Yulong. A study on land use/cover change: the need for a new integrated approach. Geographical Research, 2001, 20(6): 645-652. [蔡运龙. 土地利用/土地覆被变化研究——寻求新的综合途径. 地理研究, 2001, 20(6): 645-652.]

Discussion on the Index Method of Regional Land Use Change

ZHU Huiyi, LI Xiubin

(*Institute of Geographic Sciences and Natural Resources Research, CAS, Beijing* 100101, *China*)

Abstract: Recently, many sorts of index models have been widely adopted in the analysis of land use change in China. And they do play an important role in summarizing the rule of regional land use changes. However, according to the present research papers, there are some confusions and misuses in their applications, which root in faultiness, abnormity and misunderstanding of the indices or index calculation. By detailed exploration of the indices embedded in research materials, three classifications are identified on the basis of their application purposes: the change of regional land resources (change rate index and level change index), the direction of land use change (transition matrix and flow direction rate) and the spatial pattern of land use change (dynamic degree, relative change rate, adjacency degree, barycenter, frequency degree and importance degree). Then all the indices listed above are discussed under the purposed framework, including their concepts, calculation methods, application fields, misuses, and some application suggestions. This paper also gives a remark in the end that the research of land use change needs new breakthroughs in both theory and methodology. Index method is only a simple kind with limited functions, and much more efforts should be devoted to integrative, predictive methods in the coming days.

Key words: land use change; index method; resources change; change direction; spatial pattern

"关于区域土地利用变化指数模型方法的讨论"解读

谈明洪

  朱会义（1966— ），中国地理学者，中国科学院地理科学与资源研究所研究员。1966 年生于江苏省响水县，本科到博士一直攻读地理学专业。本科就读于北京大学，后在中国科学院地理科学与资源研究所攻读硕士、博士学位，主要研究方向为地理学理论方法、土地利用等。作为我国早期研究土地利用/土地覆被变化（LUCC）的科学家，他在 LUCC 方面发表了很多影响广泛的学术论文，促进了学科的发展。

  李秀彬（1962— ），中国地理学者，中国科学院地理科学与资源研究所研究员。1962 年生于河北省固安县，先后就读于北京师范大学、中国科学院地理科学与资源研究、香港大学，分别获学士、硕士和博士学位。曾任中国地理学会副理事长、中国科学院地理科学与资源研究所副所长、国际地圈生物圈计划中国国家委员会土地变化科学工作组组长、《地理科学进展》主编、*Land Use Policy* 编委等。其主要研究方向为地理学理论和方法、土地利用等，20 世纪 90 年代从国外引进 LUCC 研究，引领了该学科的发展。

  改革开放以来，我国经历了人类历史上规模最大、速率最快的城乡人口迁移，与之对应的是土地利用发生巨大变化。尤其是进入 21 世纪，我国城镇化进程进入加速发展时期，土地利用变化的规模巨大、速率极快。为表征土地利用及其变化特

  作者介绍：谈明洪（1970— ），男，江苏涟水人，中国科学院地理科学与资源研究所研究员，中国地理学会会员（S110005688M），研究方向为土地利用。E-mail: tanmh@igsnrr.ac.cn

征，国外的土地利用变化指数模型方法（下文简称指数）被国内引入、发展和运用，同时国内学者也提出、发展了一些指数，这些指数的运用提高了土地科学的量化研究水平，有利于我们更为准确地把握土地利用变化速率、方向、规模、格局和强度等，从而促进不同区域/国家之间的土地利用变化比较研究。然而，由于知识背景、个人认识的差异，学者们在运用这些指数时，有时会出现一些明显的混淆和乱用现象。为此，朱会义、李秀彬2003年在《地理学报》上发表了"关于区域土地利用变化指数模型方法的讨论"一文，系统地总结了土地利用指数模型方法运用中存在的问题，包括指数本身存在的一些缺陷、不同文献中指数形式不统一、同一指数不同形式间缺乏比较与说明、对各种指数所表达的意义不甚明了等。这些问题或不足在一定程度上影响了研究成果的量化表达，影响了不同区域研究成果的比较以及同行的交流等。为此，两位作者通过分析国内外相关文献中所涉及的各类指数，将其按土地利用的变化、变化方向、变化的空间形式分析等目的加以归类，然后在此类型框架下详细地阐述了各种指数的概念、计算方法、意义和存在问题，并提出应用建议。文章思路清晰、分析透彻，为正确引用土地利用变化指数提供了指导和参考。笔者认为该文主要贡献如下：

1. 指出了一些土地利用指数的缺陷或不足。

土地利用是一个复杂的人类活动影响土地状态的过程，土地利用指数在很大程度上是对土地利用变化的简化表达，我们应用这些指数时应该充分认识到这一点。两位作者在讨论单个地类的变化率和土地利用动态度指数时认为，这两个指数对时间变量的处理过于简单，隐含了时间变化的线性假设。事实上，土地利用变化过程与很多因素有关，土地利用变化过程往往并不具有线性变化特征。土地利用政策对土地利用变化率和土地利用动态度指数影响巨大。例如，21世纪初我国实行大规模的退耕还林还草政策极大地影响了我国林地、草地和耕地的变化率。因此在利用这两个指数时，我们还要关注土地利用变化的过程和时序，关注土地利用变化过程中的关键节点、转折点，这些点可能会折射出政策、社会经济因素的突变对土地利用变化的影响。

另外，在利用土地利用综合程度指数时也遇到类似的问题。此指数的意义在于它能够反映区域土地利用的集约程度，适宜于土地利用程度的综合评价。在利用此指数时，指数分级很关键，已有文献中给出的处理方法是按土地利用类型来分级，把利用类型整合成4级（未利用、林草水用地、农业用地和建设用地分别被定义为1、2、3和4等级）。但是现实世界其实非常复杂，这种分级指数的设定离现实有较大的差距。首先，同一种土地利用类型的土地利用集约度相差很大，如中国最好、最差的耕地单位产量差异很大，土地利用的集约度差异也很大；其次，随着科技的发展和投入强度的增加，同一种土地利用类型的集约度也会发生巨大变化。因此，两位作者建议在利用该指数时，还应多考虑单位面积的各种投入或产出，如劳动力投入强度、机械投入、肥料投入、单位面积的产值、垦殖指数等。当然，在选择这些指标时我们应该有所甄别，注意不同指标之间的替代性和共线性。

2. 统一了一些指数的用法，增进了学术交流。

指数的使用最好有统一的范式，统一的范式是学者之间相互交流、相互讨论的共同语言，是学术交流的基础。有了这个语言基础，学者之间的交流会变得更为容易，研究成果也易于对比。在此可利用土地利用转移矩阵模型来说明这一点。两位作者认为转移矩阵基本是一种二维矩阵，矩阵中的行列元素所表达的意义非常明显，且具有明确的行列统计关系；在利用转移矩阵时，不能破坏矩阵的统计关系，应用中不宜拆分表格项以表达多时段变化信息，也不宜在矩阵中加入百分比等内容。土地利用转移矩阵是学者交流的一个共同语言，看到一个区域的转移矩阵表格，研究土地利用的学者很容易理解该区域不同土地利用类型的流入规模、流出规模和土地利用变化的主导类型。

3. 对社会经济发展具有现实意义。

中国人均土地资源少、人均耕地资源更为不足，人均耕地资源尚不及世界平均水平的一半。不仅如此，中国人口规模巨大，社会经济发展很快，建设用地、耕地和生态用地的需求强烈、争地矛盾突出。在保证建设用地需求的同时，还要保护耕地和生态用地，以保证国家的粮食安全和生态安全。为此，我国提出了"三区三线"划定政策，即为城镇发展、粮食生产、生态建设划定城镇开发边界、永久基本农田红线、生态保护红线。然而"三区三线"的划定需要我们对土地利用变化速率、变化方向、强度和变化的影响都有准确的把握，而准确把握这些特征需要我们深刻理解、科学运用土地利用指数模型方法，否则"三区三线"的划定可能缺乏科学基础，设立"三区三线"的初衷难以实现。因此，科学、合理地利用各种指标较为准确地量化土地利用变化的时序、方向、规模、强度和效应等，对国家土地利用政策、区域发展规划和城市规划的制定都有很强的现实意义，毕竟科学合理的规划对土地利用格局、景观格局的塑造和社会经济效益的提高都有很强的推动作用，相反，不科学、不合理规划的负面影响也是长久的，短期内难以消除。

"关于区域土地利用变化指数模型方法的讨论"一文，是研究土地利用指数模型方法的经典论文，是研究土地利用变化的一篇必读文献，论文引用率高、影响大。两位作者分析了土地利用变化指数模型方法应用中出现的混乱和误用现象，对科学使用相关指数模型方法具有重要的启示和指导作用，对地理学和生态学的其他指数利用也具有重要的参考价值和借鉴意义。

20 世纪中国铁路网扩展及其空间通达性

金凤君，王姣娥

(中国科学院地理科学与资源研究所，北京 100101)

摘要： 作者设计了运输距离 D_i 和通达性系数等度量交通网络通达性的指标，并以"最短路模型"为基础，分析了 100 年来中国铁路交通网络的发展以及由此引起的通达性空间格局的变化。结果显示，中国铁路网络结构的演化经历了起步、筑网、延伸、优化 4 个阶段，但空间扩展的速度相对缓慢。路网扩展和原有路网优化是通达性提高的主要方式；100 年铁路建设导致"空间收敛"效果显著。通达性空间格局呈现同心圈层结构，由华北区向四周辐射；且通达性高于全国平均水平的范围也由华北向华东区、中南区扩展，交通中心由天津向郑州逐渐转移。铁路的建设推动了社会经济空间结构的演化，运输走廊的现代化将推动空间经济轴线进一步强化。

关键词： 通达性；铁路发展阶段；铁路通达性系数；空间经济结构；中国

1 引言

世界上第一条铁路自 1825 年在英国出现以来，已经经历了近 180 年的历程[1]，中国的铁路建设也已有 120 多年的历史[2]。铁路的修建及路网完善引起空间通达性和区域间相互关系的变化，营造差异突出的经济活动空间区位和发展环境，从而推动国民经济发展以及其空间布局演化[3]，通达性是度量交通网络结构的有效指标，也是评价区域（或地点）获取发展机会和控制市场能力的有效指标之一[4]，与之相关的领域始终是交通运输地理学的研究核心[5-9]。

1959 年 Hansen 首次提出了通达性的含义，将其定义为交通网络中各节点相互作用的机会大小[10]。后来通达性的含义得到不断引申和发展，Bruinsma 等对通达性的 11 种定义及衡量方法进行了归纳和总结，认为在固定的交通网络中，评价一个城市的通达程度，衡量方法也不断完善[11]。日本学者曾系统地探讨了 1868 年至 1990 年铁路对日本城市体系通达性的影响，认为二者相互融合[12]。Javier G 等也曾对欧洲铁路网络的通达性变化进行过评价，认为各节点之间的铁路旅行时间和运输距离的变化可引起彼此之间的相对距离改变，从而导致通达性的变化[13]。

铁路交通网络的发展促进了中国交通枢纽城市、城市密集区和交通经济带的成长，导致城市体系的迅速扩展[14,15]。但关于铁路网络结构演化及通达性空间格局的研究尚不多见，而且对解放前及改革后时段的系统研究则更少，仅有梁志强对 1949~1975 年中国铁路网络演化[16]以及卢佩莹、曹小曙等对珠江三角洲交通基础设施的研究[17,18]等。鉴于此，作者旨在对 20 世纪中国铁路交通网络发展的基础上，总结其网络结构的演化以及通达性水平的时间与空间变化轨迹。

2 空间维模型与资料获取

2.1 节点与联系

在网络评价中，节点的选择非常重要，直接影响网络评价的结果。为了使所选择的节点具有一定的空间代表性以及影射现实的经济意义，并体现历史可比性，作者定义 2000 年作为基准年，把地市级地域行政单元抽象为空间节点并假定这些地域单元不随时间而变化，铁路网扩展的目的是连通这些节点。在这一原则的基础上，中国大陆被划分为 330 个空间节点（不包括海南省、台湾省及香港、澳门地区）。历史时期铁路网的扩张和优化程度的分析，采用逆向追溯的方法从 2000 年节点系统中筛选相应阶段的节点。

由铁路连通的网络中，定义任意两节点间若无须经过其他节点连接，则认为两节点为相邻节点，其联系为相邻联系，否则为间接联系。

2.2 度量网络发育的指标

网络发育是指交通网络的连接水平以及由此决定的节点间联系的便捷程度，度量的指标主要有以下几种类型[19]：

a) 网络连接程度指标。主要有连接率（β）和环路指数（μ）：

$$\beta = e/v \tag{1}$$

$$\mu = e - v + p \tag{2}$$

式中：β 是网络中线路数（e）与网络中节点数（v）之间的比值，反映了每个节点平均连接的线路数，$\beta<1$ 时，网络呈树状网络，$\beta>1$ 时，网络为回路网络。μ 等于线路数（e）减去节点数（v）再加上网络子图个数（p）之值，表示网络有多少环路数。μ 值越大，网络越发达。

b) 网络伸展程度指标。主要有网络直径 D 和指数 η，D 是指网络中最远两节点间最短径路的线路数。η 是指网络由一点至最远一点最短径的线路数。η 指数最小的点，即为网络的中心。

c) 网络扩展潜力指标。主要有实际成环率（α）和实际结合度（γ）：

$$\alpha = (e - v + p)/(2v - 5p) \quad 0 \leqslant \alpha \leqslant 1 \tag{3}$$

$$\gamma = e/[3 \times (v - 2)] \quad 0 \leqslant \gamma \leqslant 1 \tag{4}$$

式中：α 表示环路指数与最大可能环路数的比值，反映实际成环的水平，$1-\alpha$ 则表示其成环的潜力，γ 反映线路的实际结合水平，其值愈小，结合潜力愈大。

2.3 距离矩阵

节点间的运输距离是衡量彼此连通程度的重要指标。作者以不同时期的空间节点为向量，构建相应的距离矩阵。由最短路构成的完全联系矩阵 L 表述为

$$L = [l_{ij}]_{n \times n} \tag{5}$$

l_{ij} 获得的法则如下：

$l_{ij} = 0$　　当 $i = j$ 时

$l_{ij} = l_{ij}^0$　　当节点 i 与 j 为相邻节点时，l_{ij}^0 为两节点间的运输距离。

其余的 l_{ij} 用最短路径方法获得

$$l_{ij} = \min\{(l_{ik} + l_{kj}), \text{all } k\} \quad (k = 1, \cdots, n) \tag{6}$$

l_{ij} 表示从 i 点到 j 点的最短铁路运输距离，单位为 km。

上述计算依据计算机技术来实现，最终形成一个联系矩阵，代表所有节点间的最短路运输距离。L 矩阵的元素由两部分组成：一部分来自于实际铁路运营中相邻节点间的最短铁路运输距离，另一部分是根据最短路方法计算出的不是相邻节点间的最短铁路运输距离。根据 L 矩阵，将节点 i 的总运输距离定义为：

$$D_i = \sum l_{ij} \quad (j = 1, \cdots, n) \tag{7}$$

表示网络中某节点到其他所有节点最短路径的总和，其值越小，该节点的交通区位越好。

定义系统的运输距离为：

$$D = \sum D_i \quad (i = 1, \cdots, n) \tag{8}$$

表示网络中所有节点的运输距离之和，反映路网的整体连通程度。

依据上述模型和历史时期铁路的扩展情况及资料的可获取性，作者对中国 1906 年、1911 年、1925 年、1937 年、1949 年、1957 年、1965 年、1974 年、1981 年、1988 年、2000 年各空间节点的运输距离进行了计算，获得完整的原始数据。后面将对这些数据进行分析评价。选择 1906 年为分析的起点，是因为只有到此时中国铁路才刚刚在局部区域形成"雏形"。

2.4 通达性系数

通达性系数指各节点的总运输距离（D_i）与系统内节点总运输距离平均值的比。即：

$$A_{di} = D_i / \left(\sum D_i / n\right) \quad (i = 1, \cdots, n) \tag{9}$$

通达性系数可用来说明整个交通网络中各城市相对通达关系的水平高低。通达性系数值越小，通达性状况越好。通达性系数大于 1，说明该城市的通达性状况低于全国平均水平；通达性系数小于 1，说明该城市的通达性状况高于全国平均水平。通达性系数最小的城市，即为网络的交通中心。

3 发展阶段

结合节点增长、空间分布特征、网络通达性等指标综合评价，20世纪中国铁路网的扩展及通达性大致经历4个阶段。

3.1 起步阶段

1911年前为起步阶段。大约用了1/4世纪时间。构筑了核心区域的基本骨架，形成了一个统一的路网，京汉、哈大、滨绥、滨州、胶济、京沈、京沪等铁路建成，并连接成网。到1911年铁路网络连接的空间节点达到62个，这些节点主要集中在长江以北地区，以北京为中心向各地扩展。其中华北和东北的空间节点达38个，主要城市已经有铁路连通。这一时期节点和连接段数增加的比例基本一致，连接率（β）、实际成环率（α）、实际结合度（γ）基本保持不变，但总体连通水平较低。

3.2 局部成网阶段

1911~1949年，是铁路发展的第二阶段。属于局部区域成网与骨架延伸阶段。这一时期是中国社会政治剧烈变革的时期，铁路的建设充分反映了政治、军事、国土安全、资源开发与殖民控制等深刻内涵。路网扩展以局部区域路网快速完善和骨架的缓慢延伸为标志，前者以东北区为扩展空间，铁路净增 1×10^4 km 左右，按作者标准划分的东北地区40个地域单元中，有34个被铁路连通。到1937年东北地区铁路里程已突破 1×10^4 km，占全国的比重在40%以上，这种状况一直保持到20世纪50年代（1937年45.9%，1945年44.4%，1951年44.4%）[20]。相应地，广大的中南、西南、西北地区，铁路里程只增加3 400多 km，总里程只有4 630 km，仅仅在骨架网络上缓慢延伸。因此，这一时期是中国铁路建设的"东北时代"。从整个网络发展看，1949年的连接率（β）比1911年增长52%，实际结合度（γ）也增长了49%，而实际成环率（α）的增长达301%。

3.3 网络扩展与延伸阶段

1950~1990年代初期，路网扩展与延伸阶段。资源开发、地区经济布局和国防安全是这一时期铁路建设的主导因素，空间上不断向东南沿海、西南和西北扩展，覆盖的空间范围逐步扩大，新增空间节点达 90 多个。到 1990 年西北、西南地区的铁路里程已经占全国的 23%。全国平均每年新增铁路里程 770 km 左右。连接率（β）、实际成环率（α）、实际结合度（γ）起伏不大，基本保持不变，说明路网扩展与优化保持了同等重要的地位。到 20 世纪 90 年代初期，中国铁路形成了比较完善的网络，2/3 的地域单元已经纳入统一的网络中。

3.4 构筑通道阶段

1990 年代初期以来属于提升通道与扩展路网并重阶段。近 10 年来，中国铁路建设进入新的发展时期，主要标志是现代化运输通道的建设，形成了层次分明的空间网络结构。同时，路网也保持了较高的扩展速度，平均年增铁路里程在 1 500 km 以上。此阶段连通节点增加近 50 个，铁路干线基本建成。到目前，已经形成了京广、京沪、京沈 3 大运输走廊，是中国铁路网的"主街"。

4 空间通达性评价

4.1 空间通达性

经过 100 多年发展，至 2000 年中国大陆 83.6% 的地市级行政单元（276 个）被连接在统一的路网中（表 1）；相邻节点间的连接段数由 43 对增加到 638 对，连接率也由 1.23 上升至 2.31。环路指数由 1906 年的 9 增加到 2000 年的 363，提高了 40 多倍，这说明中国的铁路网络已向更为成熟的格状网络发展，为建立全国性的经济联系提供了重要保障（表 2）。

表 1　1906～2000 年中国铁路网扩展及连接的地域单元

Tab. 1　Railway network expansion and linking regional units in selected years in China

年份	地域单元个数（空间节点数）	占总节点的比重（%）	铁路线路里程（km）
1906	35	12.7	
1911	62	22.5	9272
1925	78	28.3	
1937	119	43.1	21892
1949	131	47.5	21810

续表

年份	地域单元个数（空间节点数）	占总节点的比重（%）	铁路线路里程（km）
1957	148	53.6	26708
1965	177	64.1	36409
1974	203	73.6	45093
1981	217	78.6	50181
1988	226	81.9	52767
2000	276	100	68650

表 2 1906～2000 年中国铁路网络通达性评价

Tab. 2 The accessibility of railway network in China (1906～2000)

时间（年）	1906	1911	1925	1937	1949	1957	1965	1974	1981	1988	2000
节点（v）	35	62	78	119	131	148	177	203	217	226	276
线路数（e）	43	73	96	196	234	254	309	366	438	467	638
连接率（?）	1.23	1.18	1.23	1.65	1.79	1.72	1.75	1.80	2.02	2.07	2.31
环路指数（?）	9	12	19	78	104	107	133	164	222	242	363
实际成环率（?）	0.14	0.10	0.13	0.33	0.40	0.37	0.38	0.41	0.52	0.54	0.66
实际结合度（?）	0.43	0.41	0.42	0.56	0.60	0.58	0.59	0.61	0.68	0.69	0.78

4.2 路网扩展与优化

利用距离矩阵模拟评价，20 世纪中国铁路网在路网扩展的同时，也在不断优化（表 3）。一方面，$\sum D_i$ 的绝对值由于节点数目不断连通而增加，系统的运输距离由 1906 年的 1.32×10^6 km 上升到 2000 年的 1.45×10^8 km，表明中国铁路网络在不断延伸和扩展。另一方面，在固定的节点数目基础上，$\sum D_i$ 却在不断减少，如 1911 年的 62 个城市的运输距离之和为 4.82×10^6 km，至 2000 年已降至 4.00×10^6 km，优化幅度达 17%。表明各节点间的相对距离在拉近，总的运输距离在减少。1906 年中国铁路网络中每个节点平均的连接线路数为 1.23，2000 年增至 2.31，增加了 88%，一定程度上给网络中节点间的运输联系提供了更优的选择机会，达到了"空间收敛"的效果（图 1）。

其中，1925～1937 年、1957～1974 年、1988～2000 年的时间段里，系统铁路距离增加明显，同时平均每年连通的节点也较多。其中 1965～1981 年固有节点间的运输距离下降幅度很大，达 5.13%。1981～1988 年下降幅度略有减小，1988 年后下降幅度又开始增加，达 2.75%。

表 3　1906～2000 年全国铁路网络的系统距离（D）（10^4 km）
Tab. 3　The $\sum D_i$ of all nodes in railway network in China (1906～2000, 10^4 km)

节点数（个）	35	62	78	119	131	148	177	203	217	226	276
年份	1906	1911	1925	1937	1949	1957	1965	1974	1981	1988	2000
1906	132										
1911	132	482									
1925	132	435	757								
1937	128	426	733	2151							
1949	128	420	728	2120	2962						
1957	128	420	726	2116	2689	3797					
1965	128	420	725	2110	2675	3777	5889				
1974	127	414	718	2084	2641	3690	5755	7977			
1981	121	404	673	2011	2585	3590	5509	7643	8465		
1988	121	404	673	1996	2564	3564	5448	7473	8387	9020	
2000	121	400	661	1941	2496	3474	5217	7164	8035	8644	14455

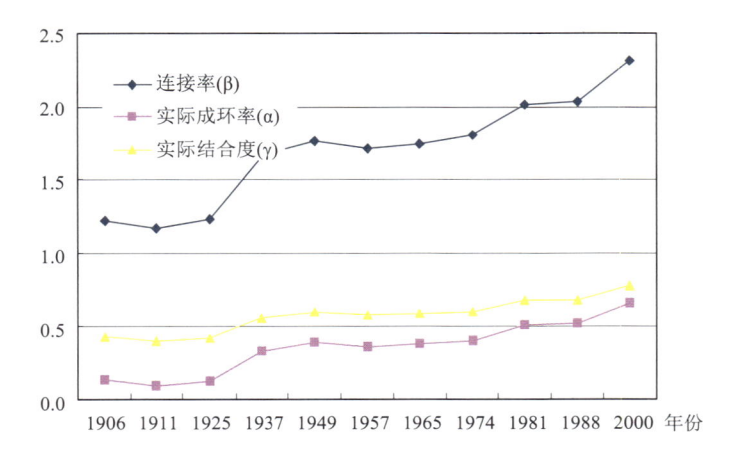

图 1　中国铁路网络通达性指数变化（1906～2000 年）

Fig. 1　Changes of railway network accessibility index in China (1906～2000)

4.3　通达性水平的空间格局

利用（9）式对各节点的通达性系数进行计算，其大小反映的是中国铁路网络中各节点相对通达关系的水平高低。图 2 显示了中国铁路网 1906～2000 年部分时间段通达性空间格局状态，从中得到以下结论：

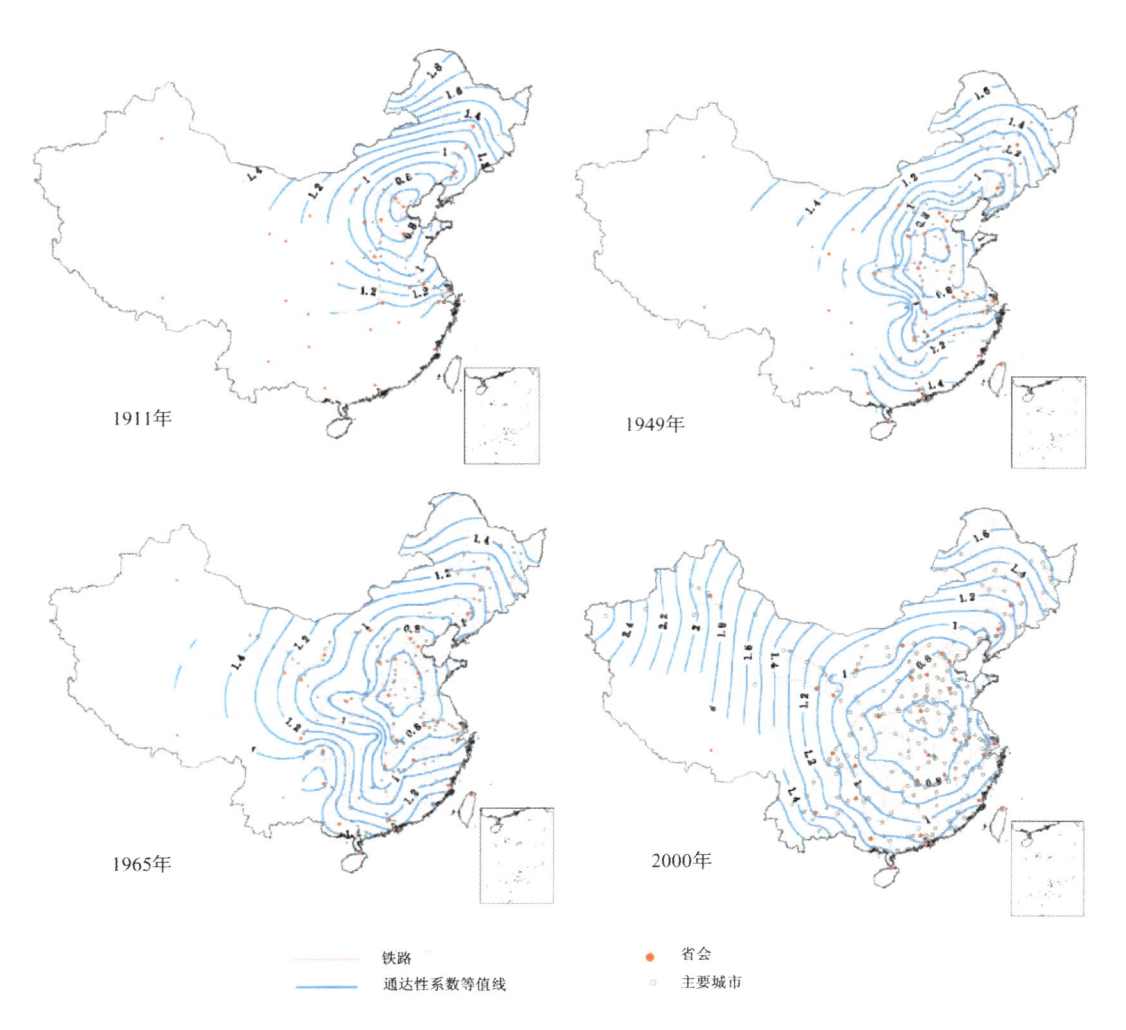

图 2　1911～2000 年中国历史时期铁路交通网络通达性评价图

Fig. 2　The accessibility coefficient of railway network in selected years in China (1911～2000)

（1）空间覆盖不断扩大。根据等值线勾画的空间特征，100 年来铁路路网沿东北华北→华东→华南→西南→西北方向扩展，且通达性曲线日趋变得平滑。网络伸展的区域已由原来的 9 个省、自治区、直辖市扩展到大陆的 29 个省区市。城市的分布与铁路网络在时间上和地域上日趋吻合。

（2）整体通达性发展态势良好。通达性高于全国平均水平的地区由华北区逐渐向华东区、中南区扩展。1906 年通达性高于全国平均水平的仅有北京、天津、河北的全部以及辽宁、内蒙古、河南的一部分，至1949年又增加了山东、江苏、安徽、湖北、山西等省份，至2000年已延伸至广西、四川、甘肃等西部地区。

（3）通达性空间格局呈现出同心圈层结构，由最优区域华北向周边东北、东南、西北、西南等地辐射。同时，中国城市体系的分布也是以郑州为中心的靶形分布[21]，与以郑州为中心的铁路网络交通分布相似。2000年通达性空间格局可以大致分为东部和西部地区两大部分。东部绝大部分地区的通达性均高于全国平均水平；而西部地区，只有四川、甘肃、陕西等少数省份的部分地区通达性高于全国平均水平，其他很多省份的通达性均低于全国平均水平，而西藏拉萨至今仍未通铁路。

（4）全国铁路中心由天津向郑州逐渐转移，中心城市的通达性系数略有下降；通达性的最优区域明显南移，但仍处于华北区。1906年全国通达性中心在天津，其通达性系数为0.75。至1937年全国通达性最优区域移至河南新乡、山东济宁等地，其通达性系数为0.70。至1957年移至山东德州、泰安，河北石家庄等地，通达性系数为0.69。从1957年至今，以郑州为中心的全国铁路网络格局基本保持不变，其通达性系数为0.66。

（5）20世纪70年代以来通达性空间格局变化由中部逐渐向东部转移。1974～1981年，在不考虑新连通城市的基础上，运输距离变化最大的是西南的鄂湘黔等地区（图3，比例 = 100×（当年的运输距离−基准年的运输距离）/基准年的运输距离）。这是由于"三线时期"铁路的建设提高了其通达性。此阶段中国城市的发展也主要在中部[22]。1981～2000年通达性变化最大的地区主要集中在中部和东部（图3）。其中由于京九等铁路线的建设，使其沿线通达性提高。沿线城市的运输距离相应减少了10%以上。相应地，城市发展重点也向东部转移。

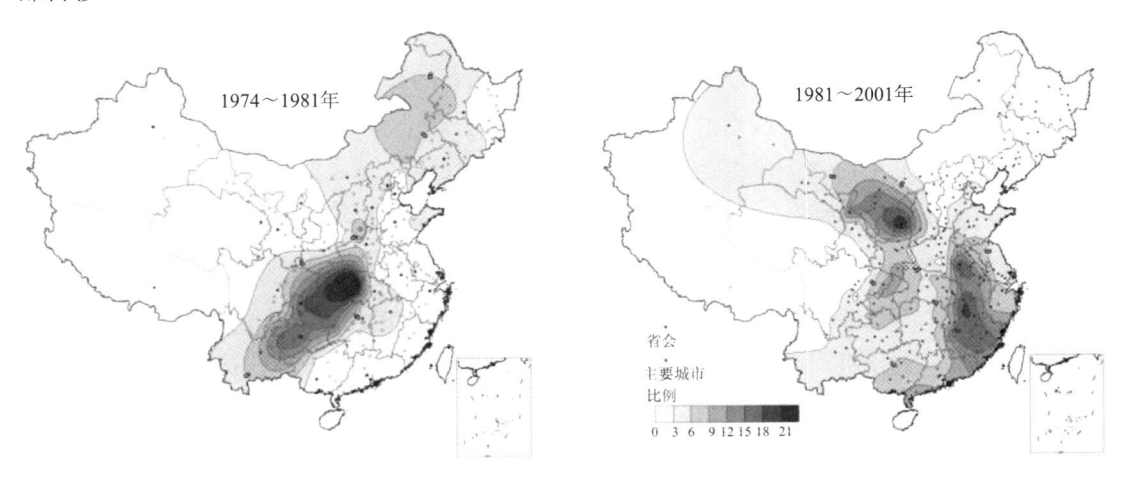

图3 1974～2000年铁路通达性空间格局变化

Fig. 3 Changes of railway network accessibility in China (1974～2000)

5 路网扩展与空间经济结构演化

5.1 递推式空间演进

铁路作为经济发展最重要的基础设施之一，在构建空间经济结构中发挥了举足轻重的作用。100年来，铁路网络的空间递推式扩展模式，也导致了中国空间经济结构呈现出递推演进特征。20世纪前半叶，铁路的建设可以归纳为"华北—东北"时代，辛亥革命时已经形成雏形，后经过30年的发展形成了完善的网络。此时期全国建设的35条重点铁路中，有22条分布在华北和东北地区，其铁路里程占全国的比重始终保持在70%以上。从而使这一地区成为经济发展的先驱区域，形成了辽中、京津唐、山东半岛等经济集聚区，体现出铁路建设与经济发展的空间耦合特征。铁路的建设使得东北地区资源得到开发，许多重工业产品产量占全国的50%~90%[23]。20世纪后半叶，铁路网逐步向东南沿海、西南和西北扩展，改变了这些区域的发展条件，加之其他条件的改善，使得经济发展重心也随之南移，长江三角洲和珠江三角洲迅速成为最具活力的区域之一。

5.2 内陆式的空间扩展模式

西方学者总结了发展中国家以港口（海岸）为基点的交通网络与空间经济发展的演进模式，并归纳了4个发展阶段[24]。分析中国100年铁路网络扩展与空间经济结构的耦合关系，虽然在局部地区也遵循上述发展规律，但具有明显的独特性。第一，铁路网初期的扩展动力既来自于港口与内地联系的需求，也来自最高行政中心与各个行政辖区联系的需求，后者的动力远远大于前者。铁路建设初期沟通北京与地方的联系是铁路建设布局的主要目的。所以，港口或外向型经济对中国铁路网络扩展与延伸的推动力比较薄弱，直到20世纪末期才显著增强。第二，围绕核心区域扩展是中国铁路网发展的空间特征，100年来中国铁路始终以一个整体路网模式扩张。即使在初期，局部独立的路网存在的时间也非常短暂，只有云南局部区域例外。这一发展历程与一般发展模式存在明显差异，体现出中国铁路建设的独特性和高度的政治原则，内陆城市而非港口城市得到了较快发展。第三，内陆式扩展是路网扩展的空间轨迹。一是大部分铁路的建设以连接内陆地区为主，沟通已经具有基础的内陆经济中心或地区行政中心。二是诸多铁路是内陆向港口的连接，而不是港口向内陆的延伸。总结中国铁路网络的空间模式及其所产生的空间经济影响，具有4种抽象模式

（图 4）。

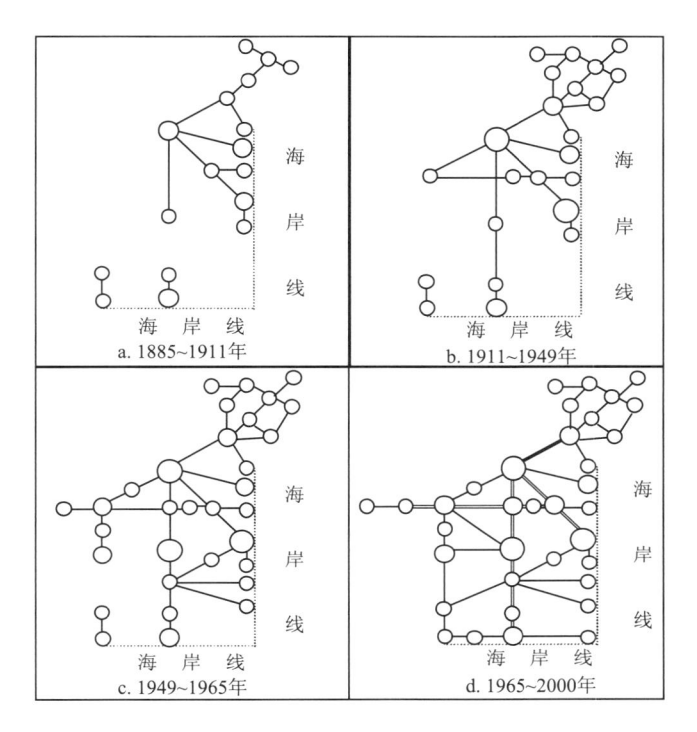

图 4　1881~2000 年中国铁路网络空间发展模式

Fig. 4　The spatial pattern of railway network expansion in China (1881~2000)

5.3 "带状"经济形成

100 年铁路的发展，取代了在铁路出现以前沿江、沿河的经济分局状态，构筑了沿铁路的"带状"经济格局。目前由双线铁路构成的网络骨架，不但在运输上起动脉作用，而且也是城市和经济布局的轴线。表 4 是中国主要铁路轴线的经济状况。上述轴线，集中了 163 个城市（其中包括了所有人口超过 $200×10^4$ 人的超大城市），其中 $100×10^4$ 人以上的城市 28 个，国内生产总值占全国的 25.36%。从空间结构演化看，铁路网的高级结构与 Taaffe 归纳的最高级阶段趋同，即形成了具有全国意义的运输走廊，而这些走廊控制着全国的主要经济中心，并以枢纽港口和主要经济中心为起讫点。

表 4 中国重要铁路干线沿线概况

Tab. 4 The basic facts of key economic belts along the railway transport corridors in China

交通走廊	城市（个）	大城市以上（个）	省会（个）	地级市（个）	国家级高新技术开发区（个）	国家级经济技术开发区（个）	GDP（亿元，2000年）	占全国比例（%）
陇海-兰新走廊	37	8	4	13	6	5	2738.44	3.06
京广走廊	41	13	6	19	8	2	8468.22	9.47
京沪走廊	29	13	5	14	8	2	11440.88	12.80
哈大走廊	17	7	3	6	5	5	3448.79	3.86
胶济走廊	10	4	1	3	3	1	1996.28	2.23
浙赣-湘黔走廊	28	5	3	13	7	2	1988.63	2.22
成渝走廊	7	2	2	2	3	2	1551.41	1.74

6 结论与讨论

6.1 路网扩展缓慢

中华民族的先贤们动议在中华大地上修建铁路的时间并不比世界上第一铁路出现的时间晚多少，但真正意义上的铁路直到1881年才出现（一说是1876年），比世界第一条铁路晚50多年。到1895年仅修建了415 km。后经过100多年的建设，2002年铁路营业里程达到$7.19×10^4$ km。虽然这一规模和成就是巨大的，但从历史的眼光看空间扩展速度比较缓慢。1894年至1949年的55年间平均每年修建铁路389 km铁路，1950年至2000年的50年间平均每年修建936 km铁路。虽然局部区域曾经出现过铁路建设的高潮时期，但这一现象没有在全国范围内或其他局部区域出现。规模和空间扩张的时间发展轨迹比较平缓。而美国在1850~1890年就建设了$16×10^4$ km线路。100年来中国铁路平均每年仅连通2.3个空间节点（地域单元）。

6.2 铁路网络已经成熟

100年来，中国铁路网络空间格局发生了重大变化，铁路发展由东北持续向华东、华南、西南和西北蔓延，通达性高于全国平均水平的地区也由最优区域华北向四周华东、中南等地扩展，交通中心由天津向郑州转移并稳定下来。大致经历了骨架建设（起步阶段）、局部成网、网络扩张与延伸、构筑通道（空间等级结构优化）4个阶段。区域通达性越好，越有利于促进经济的发展。至 2000 年中国铁路的实际成环率（α）和实际结合度（γ）已分别达 0.67 和 0.78，网络已基本成熟。但西部地区铁路通达性状况仍较差，因此，应利用西部大开发的机遇，加速发展西部交通，是带动经济发展和提高人们生活水平有效手段。从发展趋势看，中国铁路网未来发展的重点在优化网络结构上，而不是大量新线的建设。

6.3 空间侍服的普适化和层次化

铁路网的扩展，导致了其空间服务范围的扩大。目前绝大部分经济中心已经享受到了铁路的服务，铁路服务的空间范围呈现"普适"性特征，这是 100 年铁路建设的可喜结果。另一方面，铁路网络的空间层次在近 10 年凸显，网络中节点间享受铁路提供的服务质量和服务能力差异巨大，并呈进一步扩大趋势，这导致了中国铁路服务网络的空间层次化，即"带状"服务的分级与差异化。从发展趋势看，干线走廊地区是享受铁路服务的最佳区域，使这些区域具有较好的发展环境。

6.4 推动了空间经济格局演变

铁路作为经济发展的最重要基础设施之一，对地区经济发展的推动作用持久而深远。从铁路建设与经济发展的空间耦合关系看，铁路网络的扩展及干线的形成与社会经济空间结构演化是互为动力的，已经形成的经济轴线与铁路的发展密切相关。随着交通网络结构的演化，铁路通达性的格局也在变化之中。综合各种条件看，沿海、京广沿线、京沈沿线、京沪沿线、陇海沿线是铁路提供服务的最佳区域，仍将是中国经济发展的主轴线，无论是从服务能力、服务质量、时间效益等方面衡量，均是如此。关于铁路网络与区域经济发展的耦合关系，还需要进行深入的科学研究。从发展趋势看，随着中国高速公路网络的形成，其对社会经济空间结构演进的作用会逐步加强。铁路与高速公路将是推动中国空间结构变化的主要动力，但铁路的相对地位将会降低。研究高速公路对城市体系调整、都市化地区发展、空间经济联系演化将具有重要的实践与理论价值。

参考文献（References）

[1] Editorial Board of Chinese Encyclopedia. The Chinese Encyclopedia (Transportation). Beijing: Chinese Encyclopedia Press, 1986. 465. [中国大百科全书编委会. 中国大百科全书(交通卷). 北京: 中国大百科全书出版社, 1986. 465.]

[2] Cheng Hang, Zhang Wenchang. Geography of Chinese Transportation. Beijing: Science Press, 2000. 68-69.

[陈航, 张文尝. 中国交通地理. 北京: 科学出版社, 2000. 68-69.]

[3] Edward J Taaffe, Howard L Gauthier. Geography of Transportation (2nd Edn.). Prentice Hall, 1996. 44-72.

[4] Zhang Wenchang, Jin Fengjun. On Spatial Transport Linkag. Beijing: China Railway Press, 1992. 25-26. [张文尝, 金凤君. 空间运输联系. 北京: 中国铁道出版社, 1992. 25-26.]

[5] Spence N, Linnekeer B. Evolution of the Motorway Network and Changing Levels of Accessibility in Great Britian. Journal of Transport Geography, 1994, 2(4): 247-264.

[6] Gabriel D, Vaclav S. Cities and Highway Networks in Europe. Journal of Transport Geography, 1996, 4(2): 107-121.

[7] Reggianl A, Lampugnanl G. Towards a typology of European inter-urban transport corridors for advanced transport telematics applications. Journal of Transport Geography, 1996, 3(1): 53-67.

[8] Royle S, Scott D. Accessibility and the Irish Islands. Journal of Geographical Association, 1996, 81(357): 111-119.

[9] Roger V, Spiekermann K. Accessibility and economic development in Europe. Regional Studies, 1999, 33(1): 1-15.

[10] Hansen W G. How accessibility shapes land-use. Journal of the American Institute of Planners, 1959, 25: 73-76.

[11] Bruinsma F, The accessibility of European cities. Environment and Planning A, 1998, 30(3): 499-521.

[12] Murayama Y. The impact of railways on accessibility in the Japanese urban system. Journal of Transport Geography, 1994, 2(2): 87-100.

[13] Javier G, Rafael G, Gabriel G. The European high-speed train network: predicted effects on accessibility patterns. Journal of Transport Geography, 1996, 4(4): 227-238.

[14] Gu Chaolin. Chinese Urban System: History, Current Situation, Prospect. Beijing: The Commercial Press, 1992. 248-274. [顾朝林. 中国城镇体系——历史、现状、展望. 北京: 商务印书馆, 1992, 248-274.]

[15] Zhang Wenchang, Jin Fengjun, Fan Jie. Traffic Economic Belt. Beijing: Science Press, 2002. 43-71. [张文尝, 金凤君, 樊杰. 交通经济带. 北京: 科学出版社, 2002. 43-71.]

[16] Leung C K. China: Railway patterns and national goals. In: The University of Chicago Department of Geography Research Paper, 1980. 195.

[17] Becky P Y. Development of a regional transport infrastructure: some lessons from the Zhujiang Delta, Guangdong, China. Journal of Transport Geography, 1999, 7: 43-63.

[18] Cao Xiaoshu, Yan Xiaopei. The impact of the evolution of land network on spatial structure of accessibility in the developed areas. Geographical Research, 2003, 22(3): 305-312. [曹小曙, 阎小培. 经济发达地区交通网络演化对通达性空间格局的影. 地理研究, 2003, 22(3): 305-312.]

[19] Cheng Liansheng. China's new cities and their positions in the urban network. Acta Geographica Sinica, 1998, 53(6): 481-491. [程连生. 中国新城在城市网络中的地位分析. 地理学报, 1998, 53(6): 481-491.]

[20] Chen Hang, Zhang Wenchang, Jin Fengjun et al. Chinese Transportation Geography. Beijing: Science Press, 1992. 66-67; 240-246. [陈航, 张文尝, 金凤君 等. 中国交通运输地理. 北京: 科学出版社, 1992. 66-67; 240-246.]

[21] Ye Danian. The symmetrical distribution of the cities in China. Science in China (Ser. D), 2001, 31(7): 608-616. [叶大年. 中国城市的对称分布. 中国科学(D 辑), 2001. 31(7), 608-616.]

[22] Zhou Yixing. The space difference of the growth rate of China's urban population(1949-1995). Economic Geography, 1998, 18(1): 27-34. [周一星. 中国城市人口增长速度的空间差异(1949-1995). 经济地理, 1998, 18(1), 27-34.]

[23] Li Wenyan (ed.). Chinese Industrial Geography. Beijing: Science Press, 1990. 26. [李文彦 主编. 中国工业地理. 北京：科学出版社, 1990. 26.]

[24] Edward J Taaffe, Richard L Morrill, Peter R Gould. Transport expansion in underdeveloped countries: a comparative analysis. The Geographical Review, 1963, 53: 504.

Railway Network Expansion and Spatial Accessibility Analysis in China: 1906～2000

JIN Fengjun, WANG Jiao'e

(*Institute of Geographic Sciences and Natural Resources Research, CAS, Beijing* 100101, *China*)

Abstract: In this paper, the indexes and models are used to measure the accessibility of transport network, such as total transport distance D_i and accessibility coefficient. On the basis of "The Shortest Route Model", the evolution of railway network, changes of the spatial structure in accessibility, the relationship between railway network distribution and spatial economic growth in the past several hundred years in China are analyzed. The results show that the evolution of railway network in China experienced 4 stages, i.e., initial stage, constructing stage, extending stage and optimizing stage, but the speed of spatial expanding is relatively slow. One hundred years' construction of railway leads to "time-space convergence". The spatial structure of accessibility displays "different circles with one core", and radiates from North China to the surroundings. The area, higher than the national average level in accessibility, expands from North China to East China and Central China, and the center of accessibility moved from Tianjin to Zhengzhou gradually.

Key words: accessibility; developmental stage; spatial pattern; accessibility coefficient; spatial economic structure; China

"20世纪中国铁路网扩展及其空间通达性"解读

曹小曙

一、作者简介

金凤君（1961— ），交通地理学家，中国科学院地理科学与资源研究所研究员，博士生导师，中国地理学会经济地理专业会主任，全国经济地理研究会副会长。分别于北京大学、中国科学院和中国人民大学获地理学学士、理学硕士、经济学博士学位。后赴加拿大曼尼托巴大学、澳大利亚新南威尔士大学、美国哈佛大学进修。曾荣获中国科学院杰出科技成就奖(突出贡献者)、中国科学院科技促进发展奖、中国科学院科技进步奖、中国科学院自然科学奖、环境保护科学技术奖、北京市科学技术奖、交通强国战略研究成绩突出个人等。

王姣娥（1981— ），中国科学院特聘研究员（核心岗），博士生导师，中国地理学会经济地理专业会副主任，中国科学院区域可持续发展分析与模拟重点实验室副主任、人文-经济地理教研室常务副主任。2003年毕业于北京师范大学，2008年获中国科学院地理科学与资源研究所理学博士学位，先后在香港浸会大学、美国路易斯安那州立大学、英国牛津大学进行访学深造。主持国家自然科学基金委国家杰出青年科学基金、优秀青年基金等项目，荣获全国青年地理科技奖等。

作者介绍：曹小曙（1970— ），男，甘肃灵台人，陕西师范大学地理科学与旅游学院教授，中国地理学会会员（s110005157M），研究方向人地系统与空间治理。E-mail: caoxs@snnu.edu.cn

二、文章背景与主要内容

进入21世纪，中国社会经济发展发生深刻变革，中国的铁路建设也迎来前所未有的繁荣时期。在过去的100多年里，铁路作为推动经济增长和区域均衡发展的重要引擎，其网络的不断完善和扩展不仅极大地提升了中国空间通达性，还对国民经济发展和空间布局产生了深远影响。尽管铁路建设取得了显著成就，但早期对于铁路路网演化及其影响的研究相对较少。少数学者虽然关注到了中国铁路路网的演变，但大多数研究主要集中在其对某一特定区域或某一时期的影响上，缺乏对全国范围内铁路路网结构演化和通达性空间格局的全面探讨。

基于上述背景，"20世纪中国铁路网扩展及其空间通达性"这篇文章详细地回顾了20世纪以来中国铁路网的发展历程，从交通地理学的角度全面深入地探讨了20世纪中国铁路网的扩展情况及其对空间通达性的影响。文章提出了运输距离D_i和通达性系数等度量交通网络通达性的指标，以及运用"最短路模型"为基础，对20世纪中国铁路网扩展和通达性格局演变进行了定量研究。空间通达性的提升，即一个地区与其他地区之间的交通便利程度的提高，对于地区的经济、社会和文化等方面具有重要影响，不仅推动了社会经济的发展，也促进了文化的交流和人口的流动。

文章将中国铁路网络结构的演化划分为起步、筑网、延伸、优化四个阶段，铁路网络扩展和原有路网优化是中国空间通达性提高的主要因素。百年的铁路建设导致中国"空间收敛"效果显著，通达性格局呈现同心的圈层结构，以华北地区为中心向四周辐射。同时，通达性高于全国平均水平的地区也逐渐由华北地区扩展到了华东地区和中南地区，交通中心由天津逐渐转移至郑州。文章通过对比不同时期的铁路网布局和通达性数据，揭示铁路网的扩展显著提高了中国各地区的空间通达性。

在此基础上，该文深入探讨了中国20世纪铁路网络扩展与空间经济结构的耦合关系，指出铁路路网的扩展带动了空间经济结构呈现出递推式演进、内陆式扩展以及沿铁路"带状"经济格局形成的演化格局。铁路的建设推动了社会经济空间结构的演化，运输走廊的现代化将推动空间经济轴线进一步强化。这篇文章推动了国内交通地理学、经济地理学、国土空间规划等相关学科的发展，为其后开展的相关研究提供了新的研究方法、宝贵的历史资料和参考数据，有助于相关学者深入了解20世纪中国铁路网的发展历程和空间布局变化，亦可为当今的国家交通运输系统规划和人地系统可持续发展提供有益的参考和借鉴。

三、学术影响和时代贡献

1. 对中国交通地理学的推动与创新

沃尔特·汉森（Walter Hansen）在1959年提出了"accessibility"的概念。基于该概念，文章明确地界定了通达性的概念，即一个地区与其他地区之间的交通便利程度。这不仅有助于更准确地衡量区域间的交通联系，还为后续研究提供了统一的概念框架。该方法为交通地理学研究提供了一种新的视角，不仅可以用于分析铁路网络，还可以推广到其他交通网络的研究中。这些贡献在理论创新以及为政策制定和规划提供科学依据等方面对交通地理学和经济地理学产生了深远的推动作用。现如今，铁路通达性的相关概念与方法得到了不断地深入与完善，并在区域经济发展、交通运输效率、环境保护与可持续、社会公平等研究和实践领域获得了广泛应用，成为推动经济、社会和环境可持续发展的重要理论和工具。

随着研究的深入，通达性一词现如今更多翻译为"可达性"，对国家层面交通基础设施网络的通达性研究也转向了城市层面基于城市交通系统和土地利用的可达性研究，甚至是更加微观、个体层面的出行可达性。个体出行可达性考虑了不同社区群体、人和人之间的出行能力差异，譬如性别、年龄、是否拥有小汽车，以及出行意愿、态度和偏好等。目前，国内交通地理以及相关研究领域中的可达性测度方法呈现出多样化、丰富化和精细化的特征，已形成若干形式不一、具有明确目标导向的可达性指标。这些指标侧重点不一样，考虑的因素各异，同时，优劣势和解决的问题也不一样。

结合最新的研究趋势和新兴研究方法的应用，未来交通地理的可达性研究可能有以下几大趋势：第一，在新的国际发展背景、"一带一路"和"双循环"背景下，由以全国为研究范围转向跨国、跨区域、跨亚欧大陆乃至全球的交通可达性研究；第二，从传统的铁路交通运输转向铁路+高铁网络的研究，进一步转向客运以高铁为主、货运以传统铁路运输为主的交通可达性研究；第三，由单一的交通基础设施研究（如该文为铁路）转向多式联运、综合交通运输系统的交通可达性研究，同时，还需要考虑铁路、高铁、高速公路、航空和航运等不同交通运输方式之间的竞合关系、运输对象、服务水平和空间差异；第四，从传统的"最短路模型"方法（该文研究方法）转向结合GIS、大数据和复杂网络模型的研究；第五，由单一、静态的可达性转向多元、动态、可视化和交叉互动的可达性研究，并进一步转向模式化、界面化，可以根据最新的数据或开放的数据智能化、自动化地生成可达性结果，且提供多情景预测和规划辅助功能，供公众、社会各界直观、便捷地查询使用和政府机构决策借鉴。

2. 为国家社会经济发展提供了宝贵思路和科学指导

文章揭示了铁路交通通达性在国家社会经济发展中的重要性。铁路网的扩展显著提高了区域间的通达性，缩短了时空距离，使得人流、物流、信息流得以更高效地流通。这有利于促进区域间经济合作与资源共享，推动区域经济一体化进程。同时，铁路作为大容量、低成本的运输方式，有助于降低运输成本，提高运输效率，进一步促进区域经济发展。而铁路交通建设对优化产业布局具有重要意义。通过完善铁路网络，可以促进沿线地区产业集聚与扩散，引导产业向具有资源优势和市场潜力的地区转移。这有助于形成合理的产业布局，提高产业竞争力，推动区域经济转型升级。

其次，研究结论为国家社会经济发展战略提供了重要参考。铁路交通通达性从交通视角深入探讨了区域空间的经济发展优势，为我国经济发展的战略布局提供科学指导。同时，铁路交通通达性的发展差异强调了其在促进资源合理配置、推动区域均衡发展以及加快城市化进程中的重要作用，为中国社会经济发展战略中优化交通布局、提升区域连通性提供了理论支撑。此外，基于铁路交通经济带、铁路交通布局与区域经济空间结构演进等视角，探讨和总结的铁路交通与区域经济发展的生命周期理论与时空演化模式，为了解和掌握区域交通经济发展的基本特征和规律，科学调控区域交通经济提供了重要的思路和参考。

四、对人地系统的启示

人地系统是人类社会与地理环境的耦合系统，是一个动态的、开放的、复杂的巨系统。这个系统涉及到人类社会和地理环境之间的相互作用和相互影响。"20世纪中国铁路网扩展及其空间通达性"一文通过深入研究铁路网扩展对空间通达性的影响，为人地系统研究提供了宝贵的启示，主要可以体现在以下方面：

首先，在人地系统中，优质的交通基础设施是区域发展的关键驱动力。它不仅能够加速人流、物流和信息流的流通速度，降低交易成本，还能促进沿线地区的经济活动和人口集聚，从而推动整个区域的经济增长。

其次，空间通达性的提升是铁路网扩展的直接结果之一。随着铁路网的完善，各地区之间的连接变得更加紧密，这极大地改善了人地系统的资源配置效率，提高了系统的整体性能。空间通达性的提升还有助于加强地区间的社会文化交流，促进信息的传播和知识的共享，进一步推动人地系统的协同发展。

再次，尽管铁路网的扩展整体上改善了中国的空间通达性，但不同地区之间的发展仍存在不均衡性。这种不均衡性在人地系统中表现为资源配置的不平衡和地区发展差异。这启示我们在研究和优化人地系统时，需要关注区域发展的均衡性，避免资源过度集中和地区差距扩大。为了实现社会的公平与和谐发展，需要制定更为精细化的区域发展政策，确保资源能够更为均衡地分配到各个地区，避免部分地区因交通不便而陷入发展滞后。

最后，在铁路网扩展的过程中，应该要认识到环境保护和可持续发展的重要性。这对于人地系统的研究和实践具有深远的启示意义。它提醒我们，在推动交通基础设施建设和区域发展的过程中，必须充分考虑环境承载能力，采用环保材料和技术，减少对自然环境的破坏。同时，还应注重资源的节约利用，推动绿色出行方式，以实现人地系统的长期可持续发展。

中国制造业地理集中与省区专业化

贺灿飞[1]，谢秀珍[1,2]

（1. 北京大学环境学院城市与区域规划系，北京 100871；2. 北京大学深圳研究生院环境与城市学院，深圳 518055）

摘要：20 世纪 80 年代以来，中国制造业空间格局在市场化和全球化力量的共同影响下发生了显著变化。利用 1980～2003 年中国各省区两位数制造业数据，发现中国制造业在空间上越来越集中，而各省的产业结构则越来越多元化。具体而言，大多数产业在 20 世纪 80 年代趋于分散而在 90 年代更趋集中，而大多数省份产业结构总体上趋于多元化的同时，在 90 年代后期显露专业化的迹象。统计结果表明，经济全球化、比较优势和规模经济等是导致产业空间集中的原因，经济地理模型中强调的外部经济并没有促进产业地理集中，激烈的产业内市场竞争推动了产业空间分散。

关键词：地理集中；专业化；全球化；制造业；中国

1 引言

本质上，经济转型是经济权力从中央下放到地方和微观决策权从政府转移到企业和家庭的分权过程。在这个过程中，中国企业逐渐成为市场主体，面对来自国内外的竞争。由于不同产业和不同地区参与经济转型进度的差异，产业空间区位在过去20多年发生了显著变化。改革开放以来中国制造业的空间结构到底发生了什么变化？在市场化和全球化的作用下，各产业是否在空间上更为集中？各省产业结构是否更多元化？什么因素决定产业空间格局？已有研究更多关注欧洲和北美的产业地理集中态势，发现区域一体化和贸易自由化对产业地理集中具有显著的影响[1-4]。这些研究根据贸易模型和经济地理模型寻求对于产业地理集中和专业化的解释。

本文采用中国各省区两位数制造业的数据，考察了1980~2003年间制造业地理集中和专业化趋势。基于理论分析，采用面板数据模型探讨了制造业地理集中的决定因素。总体而言，多数制造业在空间越来越集中，各省区产业结构趋于多元化。但是，大多数制造业在20世纪80年代趋于分散而在90年代逐渐集中，大多数省区的产业结构总体上逐渐多元化的同时在90年代后期呈现逐渐专业化的迹象，内陆省区的专业化趋势尤为明显。统计结果表明，比较优势、规模经济和经济全球化等是影响中国制造业空间集中的因素，利用外资和出口贸易实际上强化了中国的比较优势，经济地理模型中强调的外部经济并没能促进产业在空间上的集中，产业内部激烈的市场竞争可能引致产业空间分散。

2 理论背景

贸易理论与经济地理模型阐述了产业的地理集中与区域专业化的形成机制。新古典贸易理论认为产业区位由技术、劳动力和自然资源等外生资源禀赋决定，产业在具有比较优势的区位集中[5]。各区域根据比较优势进行分工，降低贸易壁垒将增进区域专业化和产业地理集中。新古典贸易模型可在一定程度上解释产业地理格局，但比较优势并非产业专业化和地理集中的唯一解释。20世纪80年代以来，新贸易理论的发展弥补了新古典贸易理论的不足。假定规模报酬递增、产品差异化和垄断竞争市场，新贸易理论认为规模经济和市场规模效应导致产业空间集中[6]。经济活动集中在少数区域以实现规模经济，尤其偏好在市场较大区域。降低贸易壁垒提升区位优势对专业化分工的影响，并促进产业地理集中。在一个国家内部由于贸易成本较低，规模经济显著的产业可能更加集中。在新经济地理模型中，产业地理分布完全内生化[7,8]。产业地理集中取决于交通成本与规模经济的相互作用。需求联系激励最终产品或中间产品厂商接近采购商，而成本联系引导最终产品或中间产品采购商接近供应商。在这类模型中，贸易成本较高时，生产取决于需求，产业分布较为分散；贸易成本居中时，产业的前向和后向联系促进产业集聚；贸易成本很低时，规模不经济将使产业分散布局。

经济转型和经济全球化发展使上述理论适用于中国有了可能性。经济转型的目标是建立完善市场机制，激励企业的理性行为，使企业成为独立市场主体。转型过程中，一体化市场逐步形成，基础设施改善显著降低贸易成本，提升比较优势和区位优势对产业区位的影响。面临激烈市场竞争，企业为了生存势必考虑成本和利润。随着市场逐渐一体化，产品要素自由流动，比较优势、规模经济和产业联系等将可能主导企业区位，制造业将可能趋于集中。对外开放推动了投资和贸易自由化，许多制造产业不同程度地融入经济全球化，如皮革毛皮羽绒、文教体育用品、电子通信设备、仪器仪表及文化办公用机械等产业中外资企业贡献总产值的 50%以上，产品主要销往国外。食品、饮料、服装、家具、印刷、塑料、橡胶、交通设备以及电气机械等也通过利用外资积极参与经济全球化。理论上对经济全球化如何影响国家内部产业空间格局存在两种不同的观点。

一方面，国际贸易的扩张可能导致产业的空间分散，在发展中国家尤其明显。随着贸易自由化，产业地理集中逐渐减弱，因为更多企业主要依赖国外市场，降低需求和成本联系对产业地理集中的影响，同时外部不经济激励企业向边缘区转移[9]。研究表明北美自由贸易协定促使墨西哥产业向美墨边界转移，降低产业地理集中程度[10]。研究也发现印度产业随贸易自由化而趋于分散[11]。另一方面，贸易自由化提升比较优势的重要性，促进地区专业化和产业地理集中。具有先发优势的区域从自由贸易中获利最显著，吸引产业进一步向这些区域集中[12]。研究表明，贸易自由化促进了印尼产业的空间集中[13]。对中国而言，外向型经济的发展使比较优势得到充分发挥，推动了企业向沿海诸省集中，劳动力区际迁移使得潜在比较优势成为现实优势。为了获取低成本竞争优势，很多中国企业充分利用产业前后相联系而在空间上集聚，甚至形成产业集群[14]。

在全球化背景下，跨国公司在东道国的投资区位行为对产业地理分布产生重要影响。外商投资是转型经济重要催化剂，提供了改造陈旧产业体系所必需的资金和技术。在一定条件下，外商投资可能促进产业空间扩散，但在中国外商投资可能促进了制造产业的地理集中。首先，外商投资在空间上高度集中，因而利用集聚经济，降低投资成本和风险。例如在华日本电子企业通常集中在电子产业较为发达的城市[15]。总体而言，外资主要集中在产业基础较好的大中型城市[16]。其次，资源导向型投资大多数向沿海省区集中，而市场导向型投资向市场通达性较好的区域集聚。第三，外资企业创造中间投入品的需求，激励本地产业效率的提升并吸引大量半成品生产者进入[17]。大型外国企业的进入可能带来一群相应的供应商，促进产业地理集中，北京经济技术开发区的诺基亚星网工业园便是一个典型的例子。

目前已经有一些关于中国产业地理集中的文献。范芝芬等[18]计算了 2000 年 20 个两位数产业的企业数和就业数的赫芬代尔系数，发现就业较企业数更集中，劳动密集型产业更为集中。白重恩等[19]研究了1985~1997年29个省区32个两位数产业的地理格局，发现总体上中国产业在80年代趋于分散，在90年代逐渐集中，税收利润大和国有企业比重高的产业地理集中度较低，表明地方保护主义不利于产业集中。闻梅[20]计算了1980年、1985年和1995年25个两位数制造业的基尼系数，并利用1995年第三次工业普查数据计算了三位数产业的基尼系数，发现大多数制造产业都比较集中，仅有化学纤维制造业、黑色金属冶炼及压延加工业、有色金属冶炼及压延加工业存在分散趋势；资源密集型产业最为集中，许多"松脚型"产业集中在沿海地区，较为分散的产业运输成本都较高。

已有研究受制于数据，因为1998年以后的《中国工业经济统计年鉴》只公布20个制造产业分省的数据；已有研究没有系统地分析产业空间分布的时间变化趋势；已有研究也没有强调经济全球化对中国制造业地理集中的影响。本文将采用较为完整的数据系统地考察中国制造业在1980~2003年间的空间变化，并检验一些影响中国制造业地理集中因素的显著性。

3 研究方法

3.1 测量产业地理集中和省区专业化

有赫芬代尔系数、胡弗系数、熵指数、锡尔系数和基尼系数等多种方法可以测量产业地理集中和专业化，本文计算了上述系数，但结果显著相关。因此本文采用广为人知的基尼系数来测量中国制造业的地理集中程度和省区专业化程度，取值范围为0到1，数值越高，表明某产业地理集中度或某省专业化程度越高。其基尼系数计算公式如下：

$$AG_i = \frac{1}{2N^2\mu} \sum_j \sum_k \left| \frac{x_{ij}}{X_i} - \frac{x_{ik}}{X_i} \right| \tag{1}$$

式中：x_{ij} 或 x_{ik} 为产业 i 在 j 或 k 省区就业数或增加值等，X_i 为产业 i 的全国总量，μ 为产业 i 在各省区比重的均值，N 为省区数量。制造业省区专业化的基尼系数与上述公式类似，只是计算时产业换成省区，省区换成产业。

为了检验制造业空间分布的自相关性，本文计算了各产业的Moron I 系数，如下：

$$I = \frac{n \sum_i \sum_{j \neq i} d_{ij}(x_i - \bar{x})(x_j - \bar{x})}{\left(\sum_i \sum_{j \neq i} d_{ij} \right) \sum_i (x_i - \bar{x})^2} \tag{2}$$

式中：当省 i 与省 j 相邻时，d_{ij} 取 1，否则取 0，x_i 或 x_j 为 i 省或 j 省占整个产业的比重，n 为省份数量。Moran I 值为正则表明产业空间分布存在正相关关系。

3.2 解释制造业的地理集中

基于上述理论分析，本文引入比较优势、规模经济、产业联系、外部经济、产品差异、市场竞争程度以及经济全球化等变量来解释中国制造业的地理集中。首先，根据新古典贸易模型，比较优势是产业地理集中的重要原因，本文选择劳动力强度（LAB）和技术强度（TECH）两个变量反映比较优势。劳动力强度以某产业单位增加值的就业人数与所有制造业单位增加值的就业人数之差的绝对值表示，预期该值越大，该产业地理集中度越高。采用产业劳动生产率反映技术差异，构造技术强度指数 TECH 如下：

$$TECH_i = \sqrt{\frac{1}{n}\sum_j \left(\frac{\frac{VA_{ij}}{E_{ij}}}{\frac{1}{n}\sum_j \frac{VA_{ij}}{E_{ij}}} - \frac{\sum_i \frac{VA_{ij}}{E_{ij}}}{\frac{1}{n}\sum_j \sum_i \frac{VA_{ij}}{E_{ij}}} \right)^2} \tag{3}$$

式中：E_{ij} 和 VA_{ij} 分别表示 j 省区中产业 i 的总就业和附加值，n 为省区数量。

预期该变量与产业地理集中成正相关。

其次，采用企业平均就业人数（SIZE）代表产业内的企业平均规模，衡量规模经济。实证研究发现企业平均规模与产业地理集中存在显著正相关关系，表明规模经济促进产业地理集中[3,4]。本文预期 SIZE 与产业地理集中显著正相关。

第三，外部经济是产业集聚的重要原因，可能源于市场联系或技术外溢。需求联系使得大量下游企业能够吸引上游企业，成本联系激励上游企业在地理上靠近下游企业。中间产品与最终产品的比值越高，表明产业间联系越强。本文采用工业总产值与增加值之差与总产值的比值表示中间产品联系强度（LINK1）。产业内的投入产出联系可能对于产业地理集中更为重要[21]。本文采用 1997 年的全国产业投入产出表计算各产业内部的中间投入品的百分比衡量产业内的联系（LINK2）。技术或信息溢出也经常被引用解释产业集聚，但很难直接测量。本文采用工程技术研究人员数量占产业就业比重（RD）来表示信息溢出强度。新贸易理论和经济地理模型都强调产品差异和垄断竞争对产业区位的影响。产品可替代弹性越高，产业可能越集中，竞争性产业通过集聚降低成本。用产品销售费用占总销售收入比重（SALE）表示产品差异程度和竞争程度。预期上述变量与中国制造业地理集中显著正相关。

最后，中国制造业通过利用外资和国际贸易参与经济全球化。如前述讨论，外商投资和出口贸易可能促进了产业地理集中。为了检验全球化的影响，本文引入外资工业总产值比重（FDIO）和出口交货值与销售总产值比重（EXPT），预期两者与产业地理集中显著正相关。

强调地方保护主义的影响，白重恩等[19]采用1998年前的数据研究了中国产业地理集中的影响因素。本文采用1998~2003年间的产业—时间面板数据来验证比较优势、规模经济、外部经济以及全球化等对制造业地理集中的影响。由于基尼系数的取值为0到1，在计量模型中取其对数形式作为因变量。由于变量LINK2是产业特定的，建立如下模型：

$$Ln\frac{GINI_{it}}{1-GINI_{it}} = \beta_0 + \beta_1 LAB_{it} + \beta_2 TECH_{it} + \beta_3 LnSIZE_{it} + \beta_4 LINK1_{it} + \beta_5 LINK2_i + \\ \beta_6 RD_{it} + \beta_7 SALE_{it} + \beta_8 FDIO_{it-1} + \beta_9 EXPT_{it-1} + \lambda_t + \varepsilon_{it}$$

(4)

式中：i 表示产业，t 表示时间，λ_t 表示不可观察的时间效应，ε_{it} 表示剩下的随机干扰项。由于产业地理集中存在强化趋势，需要引入 λ_t 是来控制地理集中变化的时间趋势，忽略时间效应可能得不到无偏估计。为了减轻出口（EXPT）和外资（FDIO）可能存在的内生干扰，两个变量都顺延一年。最小二乘法（OLS）、随机效应法（REM）和固定效应法（FEM）都可以估计面板数据模型，拉格朗日乘数检验（LM）可以确定采用OLS还是FEM/REM方法，进而依据霍斯曼检验可确定FEM或REM。

4 中国制造业地理集中与专业化趋势

4.1 数据来源

自1998年起，《中国工业经济统计年鉴》只公布20个产业分省区的数据，本文利用《工业统计年报》扩充1998年以后数据，并利用《中华人民共和国1985年工业普查资料》（地区卷）、《中华人民共和国1995年第三次全国工业普查资料汇编》（地区卷）等资料得到1980~2003年间较为完整的数据。为了统一空间单元，本文将海南和重庆分别归入广东和四川。1993年后统计年鉴中一些产业分类发生了变化。为保持产业分类一致性，在分析产业地理集中和省区专业化的变化趋势时做以下处理：① 将"棉纺织业"与"纺织业"合并为"纺织业"；② 将"石油加工业"和"炼焦、煤气及煤制品业"合并为"石油加工与炼焦业"；③ 将"食品加工业""食品制造业"和"饲料加工业"合并为"食品加工制造业"；④ 将"普通机械制造业"和"专用设备制造业"合并为"机械制造业"。经处理共得到 26 个产业的数据。本文探讨 1998~2003 年间中国制造业地理集中的决定因素，解释变量数据源于《中国工业经济统计年鉴》(1998)、《工业统计年报》(1998~2003)、《中国统计年鉴》(1998~2004)、《中国科学技术统计年鉴》(1998~2004) 以及《1997 年中国投入产出表》。由于最新的投入产出表是 1999 年公布的 1997 年投入产出表，而产业内投入产出的特征在较短时期内不会有太大的波动，采用 1997 年的数据代表 1998~2003 年间各年的产业内联系强度。

4.2 中国制造业地理集中总体趋势

为了显示中国制造业地理集中和区域专业化的总体趋势，本文计算了各产业和各省分别按就业、增加值和总产值计算的加权平均基尼系数。由图 1 可见，产业总产值和增加值较就业人数更为集中；在 20 世纪 80 年代，产业增加值和总产值趋于扩散，90 年以来不断集中，并超过 80 年代初的集中程度。增加值的基尼系数从 1980 年的 0.5471 增加到 2003 年的 0.6117。改革开放初期，大多数制造业主要位于传统的产业中心，如上海、天津、北京、四川、湖北、吉林、辽宁和黑龙江等地区。随着开放政策对沿海省份的倾斜，广东、福建、浙江、江苏、山东、天津和上海等省区的迅速发展，带来了短暂的区域均衡。随着改革开放的深化，市场逐渐成为配置资源的主要方式，沿海地区成为中国经济的增长中心，吸引大量的劳动力、投资、技术和企业，形成产业集聚。与增加值和总产值不同，80 年代以来，就业在空间上越来越集中，这种现象可能与改革开放以来大量劳动力从内地迁到沿海地区有关。

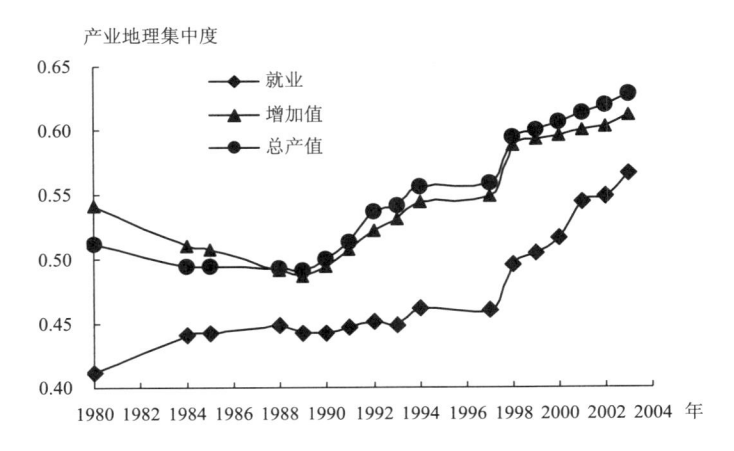

图 1 1980~2003 年中国制造业地理集中时间变化趋势

Fig. 1 Temporal trends of geographical concentration of Chinese manufacturing industries

4.3 各制造业地理集中趋势

由于采用各指标计算的基尼系数高度相关，这里仅分析各产业增加值地理集中趋势。从表1可以看到，多数产业比较集中，增加值的基尼系数普遍较大。2003年最为集中的产业是文教体育用品制造业，基尼系数高达0.81，依次是化学纤维、电子及通信设备、皮革毛皮羽绒及其制品业、服装及其他纤维制品和仪器仪表及文化办公用机械；纺织业、电气机械及器材、金属制品业和塑料制品业等也比较集中。这表明，集聚的产业可以是高技术的，也可以是低技术的。这些产业主要集中在广东、江苏、浙江、上海和山东等沿海省区。在空间上最为分散的产业包括非金属矿物制品业、医药和饮料，基尼系数都小于0.5，显然依赖地方性原材料或地方性市场产业比较分散。

表1 1980～2003年中国26个制造业产业按增加值计算的基尼系数的时间变化趋势
Tab. 1 Temporal trend of concentration of value added in 26 industries, 1980～2003

制造业	线性回归 T	非线性回归 T	非线性回归 T²	基尼系数 1980	基尼系数 1990	基尼系数 2003	沿海比重变化 1980～2003	分布最多的前四省区 2003（%）
食品加工制造	0.008**	−0.002	0.0004**	0.40	0.39	0.53	4.26	山东，广东，河南，江苏（49）
饮料	0.005**	0.002	0.0001	0.41	0.41	0.49	3.49	四川，广东，山东，浙江（43）
烟草加工	0.009**	0.015*	−0.0002	0.48	0.51	0.59	−5.76	云南，上海，湖南，江苏（49）
纺织业	0.008**	−0.006	0.0005**	0.57	0.53	0.70	13.89	江苏，浙江，山东，广东（67）
服装及其他纤维制品	0.015**	0.013**	−0.0001	0.48	0.57	0.76	25.52	广东，浙江，江苏，上海（67）
皮革毛皮羽绒及其制品	0.020**	0.019**	−0.0001	0.39	0.52	0.76	31.48	广东，浙江，福建，江苏（68）
木材加工及竹藤棕草制品	0.004**	−0.009**	0.0005**	0.50	0.49	0.56	19.26	江苏，广东，浙江，山东（46）
家具制造业	0.014**	0.006	0.0003**	0.37	0.47	0.68	26.99	广东，山东，浙江，福建（57）
造纸及纸制品业	0.011**	−0.010**	0.0008**	0.44	0.42	0.65	15.45	山东，广东，江苏，浙江（59）
印刷业、记录媒介的复制	0.008**	−0.007**	0.0006**	0.40	0.40	0.58	12.96	广东，上海，浙江，北京（49）

续表

制造业	线性回归 T	非线性回归 T	非线性回归 T²	基尼系数 1980	基尼系数 1990	基尼系数 2003	沿海比重变化 1980~2003	分布最多的前四省区 2003（%）
文教体育用品制造业	0.005**	−0.005	0.0004**	0.74	0.71	0.81	11.17	广东，浙江，江苏，上海（74）
石油加工及炼焦业	−0.010**	−0.014**	0.0002	0.73	0.63	0.52	−10.93	山东，辽宁，上海，广东（40）
化学原料及化学制品制造	0.002	−0.016**	0.0007**	0.53	0.45	0.55	3.66	江苏，广东，山东，浙江（50）
医药制品业	−0.002*	−0.003	−0.0001	0.51	0.45	0.44	−5.63	江苏，广东，浙江，山东（36）
化学纤维制造业	0.0001	−0.019**	0.0007**	0.80	0.66	0.79	1.97	江苏，浙江，山东，福建（74）
橡胶制品业	0.008**	−0.016**	0.0009**	0.52	0.46	0.68	15.88	山东，江苏，浙江，广东（57）
塑料制品业	0.008**	−0.002	0.0004**	0.56	0.55	0.68	9.95	广东，浙江，江苏，山东（60）
非金属矿物制品业	0.006**	−0.000	0.0002**	0.41	0.41	0.52	5.73	山东，广东，河南，江苏（44）
黑色金属冶炼及压延加工	−0.005**	−0.011**	0.0002*	0.66	0.53	0.51	−2.32	河北，上海，江苏，辽宁（43）
有色金属冶炼及压延加工	−0.008**	−0.021**	0.0005**	0.59		0.42	6.86	河南，江苏，广东，山东（33）
金属制品业	0.010**	−0.009*	0.0007**	0.51	0.49	0.69	18.15	广东，江苏，浙江，上海（62）
机械制造业	0.007**	−0.009**	0.0006**	0.51	0.46	0.61	9.32	江苏，山东，浙江，上海（54）
交通运输设备	0.005**	−0.002	0.0003**	0.50	0.48	0.58	9.01	上海，吉林，广东，江苏（45）
电气机械及器材	0.009**	−0.006	0.0006**	0.56	0.51	0.69	14.36	广东，江苏，浙江，山东（65）
电子及通信设备	0.009**	−0.009	0.0007**	0.64	0.59	0.78	16.57	广东，江苏，上海，北京（70）
仪器仪表及文化办公用机械	0.008**	−0.009	0.0006**	0.60	0.54	0.74	16.68	广东，江苏，上海，浙江（70）

注：**，$P<0.01$；*，$P<0.05$。

采用回归方法进一步分析各个制造业地理集中的变化趋势（表1）。中国采取渐进式的改革开放，市场机制逐步完善，逐步融入全球化，时间变量（T）既可衡量市场经济发育程度，也表示中国参与全球化的程度。表中第二列为简单线性回归的结果，表示总体变化趋势。在 26 个产业中，只有石油加工及炼焦业、医药与有色金属冶炼及压延加工业总体上呈空间扩散趋势，其他产业则更趋集中，主要向沿海省区集中。皮革毛皮羽绒及其制品业、服装及其他纤维和家具的回归系数最大，集中速度最快，而这些产业增加值在沿海省区的比重增加均超过 25%。非线性回归分析发现两种主要的变化格局：一类产业自 20 世纪 80 年代以来总体趋于集中，包括食品加工与制造、烟草加工、纺织、服装及其他纤维制品、皮革毛皮羽绒及其制品、家具、文教体育用品、塑料、非金属矿物制品、交通运输设备、电气机械及器材、电子通信设备、仪器仪表及文化办公用机械等，这类产业或是劳动密集型产业或是参与全球化程度较高，拥有大量的外商投资和出口，并向沿海地区集聚。另一类产业在 80 年代分散但 90 年代以来逐渐集中，包括木材加工、造纸及纸制品、印刷记录媒介的复制、化学原料及化学制品、化学纤维、橡胶、黑色金属冶炼及压延加工、有色金属冶炼及压延加工、金属制品以及机械，这些产业属于资源密集型或资本密集型产业，多数向沿海省区集中。

显然，大多数制造产业在空间上高度集中，但是否存在区域性分布？理论上制造业可能形成区域性的空间分布，原因包括产业内部联系、分享原材料和特定资源、分享区域性的市场、共享良好的宏观区位以及价值链空间地域分工等。本文计算了各制造业 1980 年、1990 年和 2003 年的增加值 Moran I，并对其显著性进行了检验（表 2）。在考察时期内，以下产业的空间分布显著自相关：机械、金属制品业、非金属制品业、塑料制品业、化学原料及化学制品、造纸及纸制品业、木材加工、皮革毛皮羽绒及其制品业、服装及其他纤维制品业和纺织业等。化学纤维、橡胶制品业、电气机械及器材、黑色金属冶炼及压延加工业等 90 年代以来也呈区域性地理分布。机械制造业的 Moran I 值最高，为 0.36，集中在珠江三角洲；木材加工的 Moran I 为 0.31，集中在东北地区和长江三角洲。食品加工与制造、饮料、烟草加工业、家具、电子及通信设备、仪器仪表及文化办公用品则从区域性集中分布逐渐转向在空间上不相关分布。印刷业记录媒体的复制、文教体育用品、有色金属冶炼及压延加工业以及交通设备的分布基本上不相关。显然，产业区域性分布与产业政策、本地化资源和区域性市场需求等有关。

表2 1980～2003 年中国 26 个制造业部门的 Moran I 值
Tab.2 Moran's I for 26 Chinese manufacturing industries, 1980～2003

制造业	1980	1990	2003	制造业	1980	1990	2003
食品加工	0.23**	0.12	0.14	医药	0.13	0.10	0.10
饮料	0.20**	0.13	−0.10	化学纤维	0.06	0.25**	0.29***
烟草	0.26***	0.10	0.07	橡胶	0.08	0.27***	0.24**
纺织业	0.28***	0.39***	0.29***	塑料	0.35***	0.27***	0.19**

续表

制造业	1980	1990	2003	制造业	1980	1990	2003
服装及其他纤维制品	0.23**	0.18*	0.28***	非金属矿物制品	0.27***	0.26***	0.23**
皮革毛皮羽绒	0.25***	0.13	0.27***	黑色金属冶炼及压延	−0.01	0.01	0.26***
木材加工及竹藤棕草	0.17*	0.29***	0.31***	有色金属冶炼及压延	−0.18		0.03
家具	0.23**	0.09	0.04	金属制品	0.18*	0.21**	0.17*
造纸及纸制品业	0.18**	0.20**	0.18*	机械制造业	0.17	0.25***	0.36***
印刷业记录媒介的复制	0.11	0.16*	0.11	交通运输设备	0.09	0.08	0.12
文教体育用品	0.07	0.14	0.14	电气机械及器材	0.13	0.13	0.16*
石油加工及炼焦业	−0.05	−0.03	0.01	电子及通信设备	0.21**	0.11	0.04
化学原料及化学制品	0.15*	0.20**	0.17*	仪器仪表	0.17	0.25**	0.08

注：*：$P<0.1$；**：$P<0.05$；***：$P<0.01$。

4.4 制造业省区专业化

区域专业化指数的变化反映省区产业结构的变化。总体而言，自1980年来中国各省的专业化程度逐步降低，产业结构趋于多元化，就业专业化程度持续下降，基尼系数从1980年的0.57降到2003年的0.52（图2）。改革开放以来各个省区劳动密集型产业和轻工业的快速增长、区域模仿战略以及区域竞争导致的地方保护主义等可以解释省区产业结构的多元化发展和结构趋同。90年代末以来，中国省区专业化水平有提升的迹象，这可能与沿海省区重工业化战略有关系。

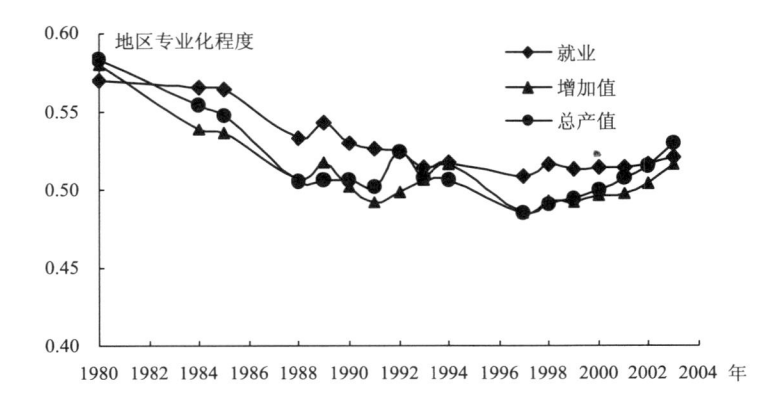

图2 1980～2003年中国制造业省区专业化程度的时间变化趋势

Fig. 2 Temporal trends of provincial specialization of Chinese manufacturing industries

总体而言，近 20 年中国省区的制造业专业化程度逐渐下降（图 3）。但专业化水平存在显著的省区差异，这与区域导向型的对外开放政策、各省拥有的比较优势以及原有产业基础等有关。在 20 世纪 80 年代大部分省份的产业结构呈多元化趋势，但在 90 年代中后期向专业化发展。内陆省区在过去 20 多年来倾向于更加专业化，而沿海地区的产业结构则逐渐多元化。内陆省区专业化倾向表明基于资源禀赋的比较优势得到发挥。

2003 年西藏、云南、吉林、山西和青海的基尼系数都超过 0.70，专业化程度最高。西藏和云南前 4 个产业增加值之和分别占总工业增加值的 86% 和 80%；新疆、内蒙古、贵州、甘肃和黑龙江的基尼系数也均大于 0.60。这些内陆省区的产业主要是资源密集型的，包括非金属制品、黑色金属冶炼及压延加工、有色金属冶炼及压延加工、食品加工制造、化学纤维制品、石油加工与炼焦业以及烟草加工等。专业化程度最低的省区包括浙江、福建、山东、江苏、江西、安徽和广东，其基尼系数均小于 0.5，前 4 个产业的增加值比重均低于 50%，这些省区内主要为劳动力密集型或资金密集型的产业，如纺织、服装及其他纤维制品、交通运输设备、电子通信设备、机械、电气机械及器材制造业等。统计分析发现人均 GDP 与省区专业化系数呈显著负相关，皮尔逊相关系数为 –0.35。各省区外资企业的产出比重和专业化指数的相关性为 –0.38；出口占 GDP 比重和专业化指数的皮尔逊相关系数为 –0.36，表明利用外资和出口可能推动了中国各省区的产业结构多元化发展。

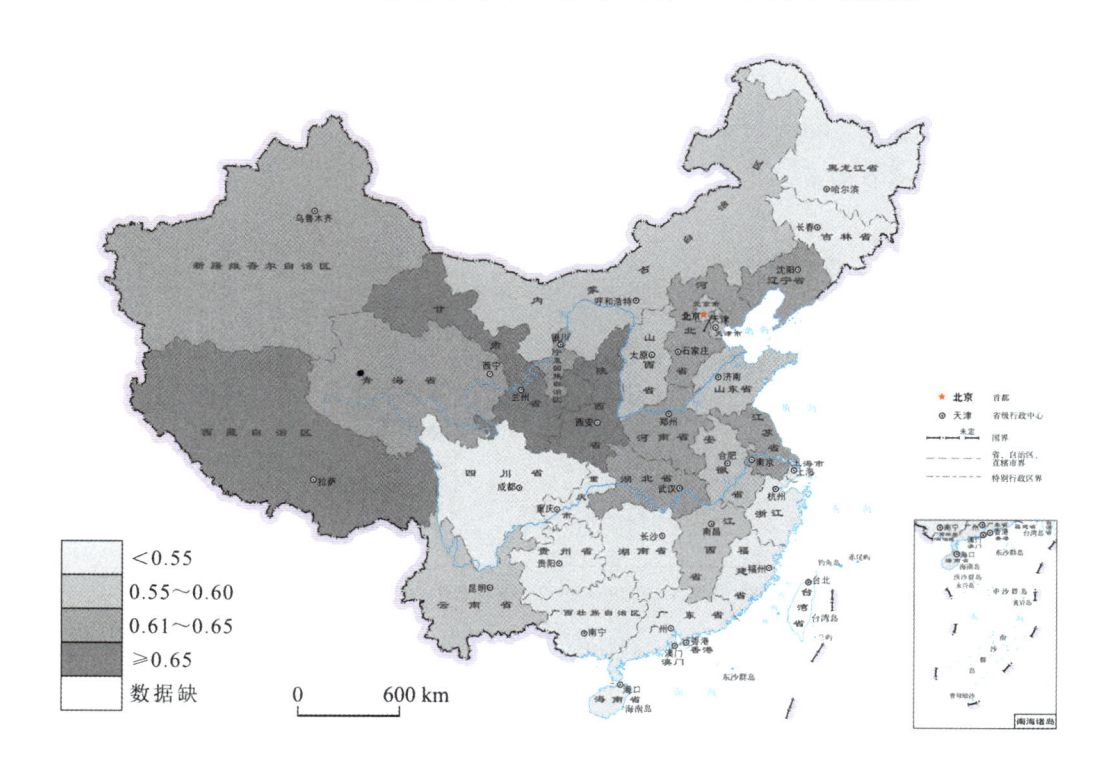

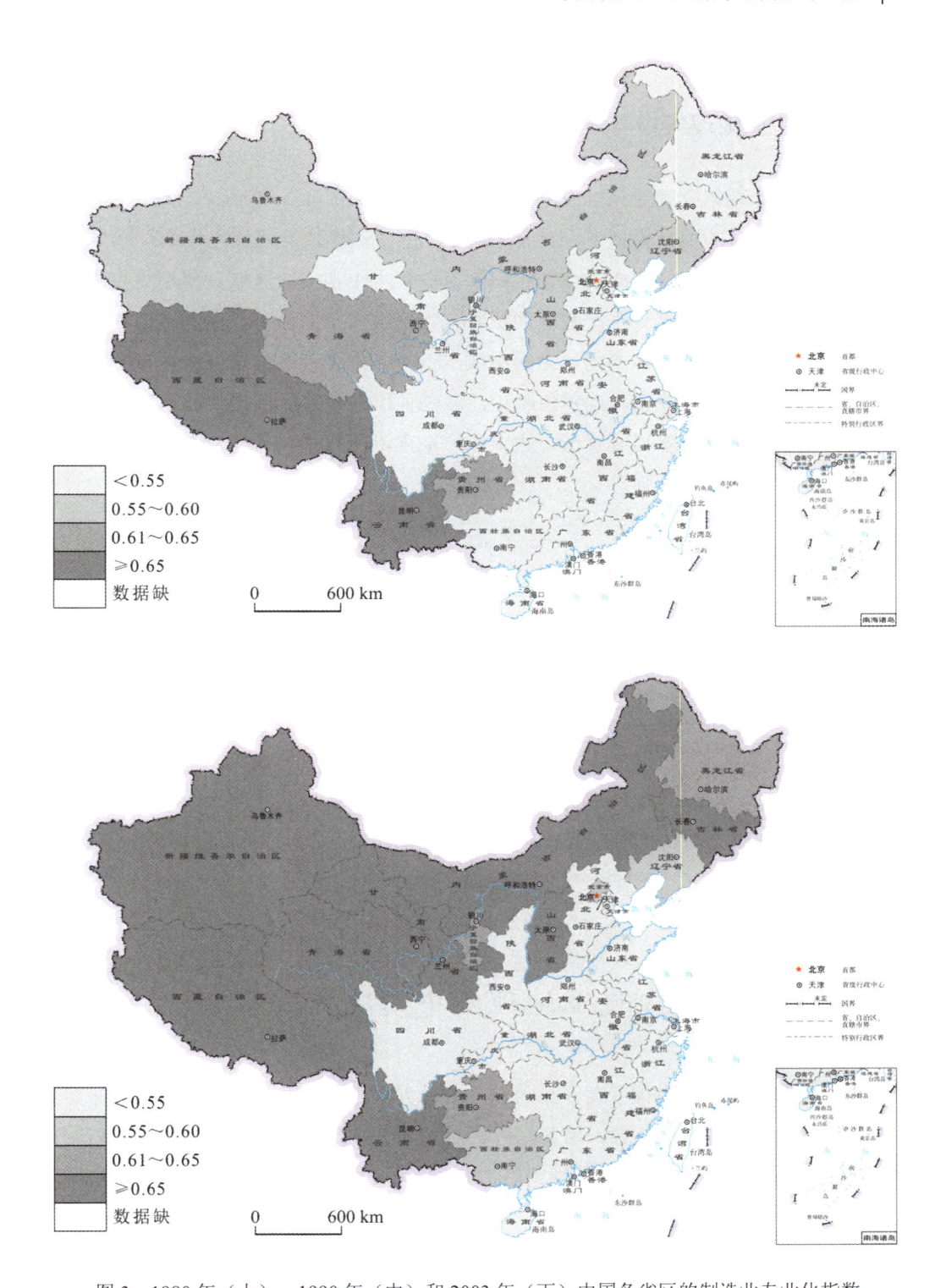

图 3 1980 年（上）、1990 年（中）和 2003 年（下）中国各省区的制造业专业化指数

Fig.3 Provincial specialization of Chinese manufacturing industries in 1980, 1990 and 2003

4.5 中国制造业地理集中与省区专业化之关系

中国制造业地理集中度提高对应专业化水平的降低（图4）。这似乎与理论预测不符，在两个区域—两产业的贸易模型中，专业化水平提升必然导致产业地理集中[5,7]。原因是这些模型只有两个区域，市场均衡时产业将完全专业化集中在一个区域，模型也没有考虑非完全专业化均衡时贸易成本对生产区位的影响。当存在多个区域时，贸易成本对产业地理集中和专业化的影响可能截然不同，当贸易成本下降，本地产品消费减少，产业地理集中的收益减少；同时因为企业在本地销售减少，激励他们在特定区域内专业化生产[22]。在中国，改革开放以来贸易成本显著降低，大多数产业向沿海集中，同时沿海省区各产业迅速扩张，造成了专业化水平下降。

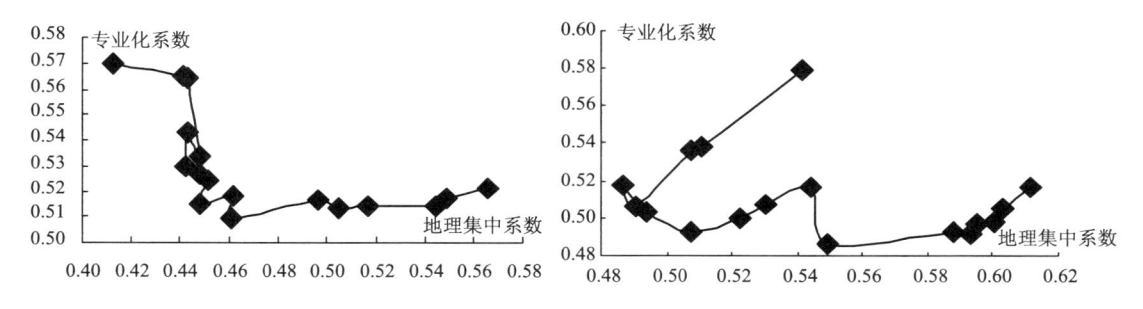

图 4 中国制造业就业（左）和增加值（右）地理集中与省区专业化之关系（1980~2003 年）

Fig. 4 Provincial specialization and geographical concentration of Chinese manufacturing industries in terms of employment (left) and value added (right)

5 制造业地理集中的决定因素

中国制造业的地理集中程度存在显著的产业差异。下面将基于上述理论分析来解释中国制造业的地理集中的产业差异。相关分析表明 FDIO 和 EXPT 高度相关，系数高达 0.81，其他相关系数都较小。为了避免共线性问题，对 FDIO 和 EXPT 分别估计。表 3 是包含 FDIO 变量的模型的估计结果。为了节省空间，对 EXPT 变量的模型估计只给出 EXPT 的结果。因变量分别包括就业、增加值和总产值基尼系数。在模型中，两个检验表明 OLS 能够找到无偏估计。Breusch-Pagan 检验表明模型中存在异方差性，因此，采用 White 异方差处理方法修正 OLS 估计结果。为了能够分辨各变量的相对重要性，表中还列出了标准化回归系数。

表3 中国制造业地理集中的决定因素
Tab. 3 Determinants of geographical concentration of Chinese manufacturing industries

变量	就业人数 β	标准化 β	增加值 β	标准化 β	总产值 β	标准化 β
常数项	−2.988***		−0.779*		−0.470	
LAB	0.1190	0.027	0.730***	0.183	1.079***	0.260
TECH	0.193***	0.157	0.177***	0.158	0.187***	0.164
LnSIZE	0.465***	0.412	0.231***	0.230	0.164***	0.157
LINK1	0.147	0.024	−0.926***	−0.170	−0.975***	−0.172
LINK2	−0.095	−0.028	−0.083	−0.028	−0.212*	−0.067
RD	−0.107***	−0.385	−0.023*	−0.091	−0.012	−0.046
SALE	−3.739***	−0.234	−5.277***	−0.370	−5.041***	−0.340
FDIO_1	2.285***	0.753	2.056***	0.761	2.208***	0.784
（EXP_1）	（2.342***）	0.819	（1.837***）	0.731	（1.975***）	0.756
样本数	168		168		168	
R^2	0.773		0.724		0.747	
F	67.60		52.21		58.72	
B-P	20.817		32.760		36.929	
D-W	2.014		2.166		2.125	
LM	0.66		0.10		0.00	
Hausman	0.00		0.01		0.01	
估计模型	OLS		OLS		OLS	

注：*：$P<0.10$；**：$P<0.05$；***：$P<0.01$；表中为异方差性修正后的结果。

从表3可看到，反映比较优势的劳动力强度（LAB）和技术强度（TECH）的回归系数显著为正，表明比较优势能够促进产业地理集中。劳动力强度对中国制造业地理集中的显著影响表明劳动密集型产业更为集中，这与范芝芬等[18]发现的中国产业集聚与资本劳动力比成负相关的结论相一致。中国最显著的比较优势在于劳动力，劳动力迁移使得这种优势得到充分发挥。TECH 的显著性表明，其他条件给定的情况下，技术强度高的产业更为集中。因此，新古典贸易模型可以在一定程度上解释中国制造业的地理集中。

变量 LnSIZE 的回归系数显著为正，表明企业平均规模大的产业在空间上比较集中，说明规模经济显著的产业比较集中，为新贸易模型提供了一些实证证据。但是产业联系对产业地理集中并没有得到预期的效应。表示产业间联系的中间产品强度（LINK1）在增加值和总产值模型中回归系数显著为负，表明较强的产业间联系不利于产业地理集中。在就业模型中，产业间联系的系数虽然为正但不显著。反映产业内联系的变量（LINK2）的回归系数为负，与预期不符。这些结果似乎出人意料，但经济地理模型也指出，当封闭经济走向开放后，产业投入产出联系对产业集聚的影响将会显著减弱[9]。开放经济中，企业可从国际市场进口投入品并向国外销售产品，削弱产业集聚区的区位优势。中国很多产业，尤其外资企业比较多的产业，大量进口中间产品和原材料，同时大量出口。另外，产业中每万人技术开发人员的数量（RD）的回归系数为负，在就业和增加值模型中显著，表明研发活动较强的产业可能比较分散，而白重恩等人[19]发现该变量产业地理集中没有显著影响。上述三个变量的回归结果没有达到理论预期，显示与产业联系和信息溢出等相关的外部经济并没有促进中国制造业的地理集中，当然这可能与我们的空间单元较大有关系。

销售费用占总销售收入的比重（SALE）反映产品差异性和产业内部的竞争程度，在模型中都显著为负，表明激烈的市场竞争可能推动了产业空间分散。产品销售费用实际上包含交通运输费、包装费、宣传广告费和销售部门相关的支出，因此也可能说明交通成本高的产业在空间上比较分散。最后，FDIO 和 EXPT 的回归系数显著为正，表明经济全球化发展推动了中国制造业的地理集中。实际上利用外商投资和出口贸易强化了我国的劳动力比较优势，劳动力迁移对制造业空间格局的形成及其变化起了重要的作用。

总之，统计表明，比较优势、规模经济和经济全球化等是决定中国制造业空间分布的显著因素。根据标准化回归系数，经济全球化是影响中国产业地理集中最重要的因素，规模经济对就业和增加值集中的影响较比较优势显著，对总产值而言，比较优势较规模经济更显著，而外部经济没能促进中国制造业在省区层次的集中。

6 结论

自 20 世纪 80 年代以来，中国制造业面临与计划经济显著不同的制度环境。市场力量和全球化力量共同作用推动了产业地理格局的演变。本文分析了 1980~2003 年间中国制造业的空间格局及其变化，发现中国制造业在空间上越来越集中，而各省的制造业产业结构则越来越多元化。具体而言，80 年代初以来，劳动力密集型或参与全球化程度高的产业在空间上逐渐向沿海地区集中，而资本密集型和资源密集型的产业则 80 年代经历了空间扩散过程，而在 90 年代也逐步向沿海集中。大部分内陆省区的产业专业化程度逐渐增强，而沿海省区的产业结构则越来越多元化。

统计结果表明，比较优势、规模经济和经济全球化等是决定中国制造业空间分布的显著因素。三者共同促进中国制造业的地理集中，并推动了制造业的空间演变。经济全球化实际上强化了中国的比较优势，是最重要的影响因素，而劳动力迁移是比较优势得到发挥的前提。产业内激烈的市场竞争可能不利于产业集聚。经济地理模型中所强调的产业联系和信息溢出相关的外部经济并没能促进中国制造业的地理集中，这可能与本文采用省级尺度和两位数产业的数据有关。进一步的研究需要探讨细分产业在不同空间尺度的集中程度及其影响因素。

参考文献（References）

[1] Amiti M. Specialization patterns in Europe. Weltwirtschaftliches Archiv, 1999, 135: 573-593.

[2] Brulhart M. Evolving geographical concentration of European manufacturing industries. Weltwirtschaftliches Archiv, 2001, 137: 215-243.

[3] Kim S. Expansion of markets and the geographic distribution of economic activities: the trends in U. S. regional manufacturing structure. Quarterly Journal of Economics, 1995, 110: 881-908.

[4] Paluzie E, Pons J, Tirado D. Regional integration and specialization patterns in Spain. Regional Studies, 2001, 35: 285-296.

[5] Ohlin B. Interregional and International Trade. Cambridge: Harvard University Press, 1957.

[6] Krugman P. Scale economies, product differentiation, and the pattern of trade. American Economic Review, 1980, 70: 950-959.

[7] Krugman P. Increasing returns and economic geography. Journal of Political Economy, 1991, 99: 483-499.

[8] Venables A. Equilibrium locations of vertically linked industries. International Economic Review, 1996, 37: 341-359.

[9] Krugman P, Elizondo L. Trade policy and the third world metropolis. Journal of Development Economics, 1996, 49: 137-50.

[10] Hanson G. North American economic integration and industry location. Oxford Review of Economic Policy, 1998, 14: 30-44.

[11] Das S, Barua A. Regional inequalities, economic growth and liberalization: a study of the Indian economy. Journal of Development Studies, 1996, 32: 364-390.

[12] Paluzie E. Trade policy and regional inequalities. Papers in Regional Science, 2001, 80: 67-85.

[13] Sjoberg O, Sjoholm F. Trade liberalization and the geography of production: agglomeration, concentration and dispersal in Indonesia's manufacturing industry. Economic Geography, 2004, 80: 287-310.

[14] Wang J et al. Innovative Space: Industrial Cluster and Regional Development. Beijing: Peking University Press, 2001. [王缉慈 等. 创新空间: 企业集群与区域发展. 北京: 北京大学出版社, 2001.]

[15] Belderbos R, Carree M. Location of Japanese investments in China: agglomeration effects, keiretsu, and firm heterogeneity. Journal of the Japanese and International Economies, 2002, 16: 194-211.

[16] He C. Information costs, agglomeration economies and the location of foreign direct investment in China. Regional Studies, 2002, 36: 1029-1036.

[17] Markusen J, Venables A. Foreign direct investment as a catalyst for industrial development. European Economic Review, 1999, 43: 335-356.

[18] Fan C, Scott A. Industrial agglomeration and development: a survey of spatial economic issues in East Asia

and a statistical analysis of Chinese regions. Economic Geography, 2003, 79: 295-319.

[19] Bai C, Du Y, Tao Z. Local protectionism and regional specialization: evidence from China's industries. Journal of International Economics, 2004, 63: 397-417.

[20] Wen M. Relocation and agglomeration of Chinese industry. Journal of Development Economics, 2004, 73: 329-347.

[21] Krugman P, Venables A. Integration, specialization and adjustment. European Economic Review, 1996, 40: 959-967.

[22] Fujita M, Krugman P, Venables A. The Spatial Economy: Cities, Regions and International Trade. Cambridge, MIT Press, 1999.

Geographical Concentration and Provincial Specialization of Chinese Manufacturing Industries

HE Canfei[1], XIE Xiuzhen[1,2]

(1. Department of Urban and Regional Planning, Peking University, Beijing 100871, China;
2. Shenzhen Graduate School of Peking University, Shenzhen 518055, China)

Abstract: Economic transition introduced market forces and globalizing forces into the Chinese economic system, resulting in dramatic spatial transformation of manufacturing industries. Using a panel dataset of two-digit manufacturing industries by province during the period 1980-2003, this study found that Chinese manufacturing industries have been increasingly concentrated and Chinese provinces have become more diversified in their industrial structure. However, most industries experienced a spatially dispersing process in the 1980s and a polarizing process from the 1990s. While becoming more pluralistic, meanwhile most provinces diversified their industrial structure and turned more specialized in the late 1990s. Statistical results imply that comparative advantages, scale economies and globalization forces are the most important locational determinants of Chinese manufacturing industries. Utilization of foreign investments and exporting have indeed reinforced the importance of comparative advantages in locating Chinese industries. External economies stressed in economic geography models have not fostered industrial agglomerations at the provincial level.

Key words: geographical concentration; specialization; globalization; manufacturing; China

"中国制造业地理集中与省区专业化"解读

朱晟君

一、作者简介

贺灿飞（1972— ），中国著名经济地理学者。生于江西省永新县，1990—1997年就读于北京师范大学，2001年于美国亚利桑那州立大学获博士学位，在美国孟菲斯大学地理系工作两年后，于2003年进入北京大学。现担任北京大学城市与环境学院院长，北京大学博雅特聘教授，国家杰出青年科学基金获得者，教育部长江学者特聘教授，教育部地理科学类教学指导委员会主任，中国地理学会副理事长等。他的主要研究方向为经济地理学，研究领域包括产业地理格局的演化动力与微观机制，区域产业地理格局与产品空间动态，企业进入、退出、增长及企业出口动态，产业空间动态的环境效应及经济效应等。其研究广泛涉及产业区位与产业地理、外商直接投资与跨国公司、城市与区域经济发展、贸易经济地理、演化经济地理、环境经济地理等领域，致力于揭示转型期中国经济地理格局演变趋势、机制及其影响。

谢秀珍（1982— ），理学博士。现为自然资源部国土空间规划局主体功能区处处长，在北京大学获得本科、硕士、博士学位，主要研究方向为城市与区域规划。

作者介绍：朱晟君（1984— ），男，安徽淮北人，北京大学城市与环境学院研究员，中国地理学会会员（S110014644M），研究方向为经济地理、全球化与区域发展。E-mail: zhus@pku.edu.cn

二、写作背景及主要内容

"中国制造业地理集中与省区专业化"一文，是作者在21世纪初期，面对全球化与市场化发展大势，对中国制造业地理格局演变的思考与探索。20世纪80年代以来，伴随着中国的改革开放与经济转型发展，作为强国之基、立国之本的制造业取得了前所未有的发展，中国制造业占全球比重从1990年的2.5%增长至2007年的13.2%，跃居世界第二；与此同时，中国制造业空间格局也在市场化和全球化力量的共同影响下发生着显著变化。这些现象引发了作者对中国制造业空间格局的思考：改革开放以来中国制造业的空间结构到底发生了什么变化？在市场化和全球化的作用下，各产业是否在空间上更为集中？各省份产业结构是否向多元化转变？什么因素决定了产业空间格局？基于此，作者以贸易理论与经济地理模型为基础，采用中国各省区两位数制造业数据，考察了1980—2003年中国制造业地理集中和专业化趋势，探讨了中国制造业地理集中的决定因素。

作者通过对中国制造业总体及分产业地理集中趋势的测度与分析发现，改革开放以来，中国制造业在空间上越来越集中。其中，劳动力密集型或参与全球化程度高的产业自20世纪80年代初以来在空间上逐渐向沿海地区集中，资本密集型和资源密集型的产业则在20世纪80年代经历了空间扩散过程后，在20世纪90年代也逐步向沿海集中。产业区域性分布与产业政策、本地化资源和区域性市场需求等有关。对制造业省区专业化的研究发现，自1980年来中国各省的专业化程度逐步降低，产业结构趋于多元化，截至20世纪90年代后期，省区的专业化水平有所提升。研究期内，大部分内陆省区的产业专业化程度逐渐增强，而沿海省区的产业结构则越来越多元化。

在此基础上，作者引入比较优势、规模经济、产业联系、外部经济、产品差异、市场竞争程度以及经济全球化等变量，采用面板回归模型来探索比较优势、规模经济、外部经济及经济全球化四个方面对中国制造业地理集中的影响。研究结果表明，比较优势、规模经济和经济全球化等是决定中国制造业空间分布的显著因素，三者共同促进了中国制造业的地理集中，并推动了制造业的空间演变。其中，经济全球化实际上强化了中国的比较优势，是最重要的影响因素，而劳动力迁移是比较优势得到发挥的前提；产业内激烈的市场竞争可能不利于产业集中。经济地理模型中所强调的产业联系和信息溢出相关的外部经济并没能促进中国制造业的地理集中，可能是与其空间尺度与产业细分数据选择相关。

三、学术影响和时代贡献

自改革开放至 21 世纪初，伴随着我国经济的快速发展，制造业在地理空间上集中的态势愈发凸显。深刻把握改革开放以来中国制造业的空间格局演化，审视不同时期制造业集聚与省区专业化的特征与差异，成为 21 世纪初我国区域协调发展战略实施的迫切需求。

"中国制造业地理集中与省区专业化"一文，是立足于时代需求与研究前沿的佳作，也是我国产业区域与产业地理研究的经典论文，引用率颇高。其学术贡献主要体现在以下三个方面：

第一，开创了转型期中国产业地理集中的研究，以经济转型过程为基础识别了中国制造业地理的集中动态。20 世纪 80 年代以来，经济地理学开始转向产业集聚微观机制研究。新经济地理的创立激发了产业集聚研究，经济学者更为关注中国产业集聚现象，却忽视了产业地理格局变化是在经济转型过程中实现的事实。作者较早抓住了经济转型的时代特征，开创性、系统性地探索了转型期中国制造业地理集中趋势与省区专业化特征，对理解我国制造业产业空间结构与发展模式具有重要意义，也为认识我国不同地区的经济发展特点与优势产业提供了重要依据。

第二，引入了转型思想，在考虑产业特性和空间异质性基础上，以经济转型过程来解读产业集聚机制。面对改革开放以来市场化与全球化力量对我国产业地理格局的影响，作者创新性地将经济转型、经济全球化等新思想纳入了传统贸易理论与经济地理模型的框架之中，并通过实证研究与计量方法验证了经济全球化、比较优势及规模经济等在促进我国制造业地理集中、推动制造业空间演变中的重要作用，丰富了经济全球化影响国家内部产业空间格局的理论内涵与实践探索。

第三，拓展了研究数据与方法应用。作者通过对多源数据的整合与匹配，克服了以往研究数据在时间和产业范围等的限制，首次实现了我国改革开放以来长时序制造业空间分布变化趋势的系统分析。同时，作者也较早地将基尼系数、莫兰指数及经济计量模型等新研究方法引入产业地理集中的研究之中，推动了经济地理研究科学化和规范化发展。时至今日，这些研究思路与方法已广泛应用于当前产业地理集中的研究之中。

本文也为作者的后续研究奠定了基础。基于本篇论文的研究工作，作者通过进一步测算不同类别产业在省、市、县尺度的地理集聚程度，探讨竞争性行业和经济全球化程度高的产业及国内市场导向、地方保护程度高的产业的集聚特征，发现产业地理集聚是普遍的，经济转型与产业空间组织紧密相关。另一方面，基于本文的研究成果，作者进一步将经济转型过程分解为市场化、全球化和分权化，从理论上阐述了市场化和经济全球化过程促使产业集聚，而区域分权不利于较大空间尺度上的产业集聚，从实证中发现了经济转型过程通过市场力量、全球化力量以及地方力量重塑制造业地理新格局。并最终形成了"全球链接—区域竞争—地方环境"的产业空间动态理论分析框架，即尺度地方化模型，在理论上和实证上对产业经济地理与转型经济地理的发展作出了重要贡献。与此同时，本文的研究思想与研究结论也构成了《"十四五"时期影响我国区域经济发展的客观规律研究》等报告的重要内容，向国家发改委提交，为我国国土空间规划与产业空间的发展建言献策。

自 2006 年发表至今，本文被引近 400 次，引证文献广泛分布于 *Eurasian Geography and Economics*、《地理学报》《中国工业经济》《管理世界》等地理学、经济学与管理学权威期刊。其有关产业地理集中动态、省区专业化、市场化与全球化等思想在后续研究中得到广泛应用，对转型期的我国产业地理研究及产业空间规划等产生了巨大影响，其研究方法和模型对我国经济转型时期产业空间动态研究有重要的参考价值和借鉴意义。

我国主体功能区划的科学基础

樊 杰

(中国科学院地理科学与资源研究所，北京 100101)

摘要： 主体功能区划是构筑我国有序区域发展格局的依据，对经济地理学理论和方法创新提出了紧迫的需求。在分析地域功能基本属性的基础上，首次提出了区域发展的空间均衡模型，认为标识任何区域综合发展状态的人均水平值趋于大体相等。基于该结论，阐释了功能区形成应有利于实现空间均衡正向（差距缩小）演变过程，空间均衡的前提是资源要素在区域间的合理流动。探讨了地域功能演替对空间均衡过程的影响，提出了区划方案效益最大化是同区域如何划分和对地域功能随时间变化的正确把握程度相关的。进而分析了主体功能区划的"开发"与"保护"双重功能的复合、指标体系选择、时空属性相关问题的科学基础。探讨了通过立体流和立体空间均衡实现效率与公平并重目标的合理性。并从法律、规划和政策构成的空间管治制度安排层面，对主体功能区划的定位、实施和协调进行了讨论。

关键词： 地域功能；主体功能区划；区域发展；空间均衡；空间管治；空间规划；区域政策

1 引言

从发达国家的实践看，空间管治是理性政府的主要作为，也是区域有序发展的基本保障。空间管治的手段是多样的，主要包括编制和实施空间布局规划、制定和落实区域政策和区域法规等[1,2]。这些空间管治的制度安排在资源合理开发利用、生态建设和环境保护、改善生产生活环境、提高人们的生活水平和生存质量、增强区域可持续发展能力与竞争能力方面，发挥着积极的作用。从应用实践同科学基础建设的关系分析，二者之间的相关性是非常高的。德国不仅是国际公认的政府在空间秩序组织和空间规划领域走在前列、规划体系和制度保障也相对完善的国家，而且也是区位论、空间结构理论等经典的经济地理学理论的主要发源地。经济地理学的基本理论为区域发展和空间布局提供了重要的科学依据。当今世界，经济地理学科的主要前沿理论依然诞生在有重大发展理念更新、经济发展模式转变、社会文化转型的国家和地区[3-5]。经济全球化对跨国公司理论的形成[3,5]、增长极限理论对可持续发展进程的推动[6-8]、新经济地理学在空间经济系统分析中的作用[9]，都是很好的事例。因此说，重大社会需求、重大应用实践活动同学科基础建设是相互作用、相互促进的。经济地理学因学科性质和研究对象的特点，这种互动作用更强、更加直接[10]。

虽然我国一直把区域发展战略的制定与实施作为国家发展总体战略的重要组成部分，在推进现代化建设中发挥了重要的作用[11]，甚至在一些发展阶段，如改革开放后的沿海重点发展战略，也发挥了关键作用。但同发达国家相比，我国在空间发展的有序性方面，仍存在着显著的差距。在我国，无论是整个国家的国土开发格局或是一个城镇内部的布局，不同空间尺度都存在着人和自然之间、生产和生活活动之间、自然生态系统内部关系不尽协调的矛盾。通常认为，长期以来忽视在空间布局方面的规划，是造成我国空间开发无序的重要原因。时间序列的发展规划在我国一直受到重视，对未来小康社会、现代化等发展目标的界定是清晰的，决策者和民众很容易通过比照指标体系，认识当前的差距、发展的重点和未来的前景。但由于空间系列的布局规划不健全甚至缺失，未来我国国土开发利用的分布、人口—产业—城镇的分布、重要发展轴带和功能性通道的分布、资源储备和生态屏障的分布等等，还没有明确的答案。我国幅员辽阔，人口众多，区域差异显著，资源环境条件不甚优越，社会经济发展水平还不够高。因此，空间有序发展更为重要和紧迫。

近年来，区域战略和规划逐步受到全社会的重视。对未来空间格局的正确判断、对长远目标和实施途径的合理设计等社会需求，给科学研究不仅提出了新的命题、而且提出了更高的要求。经济地理学是解答这些问题的主要学科基础[5,10]。目前我国经济地理学的学科基础理论建设包括对地域功能形成机制、区域发展分异规律、空间结构演变的有序法则等的研究，还不能够有力支撑解决这些问题，还不足以支撑应用转型的需求。为此，经济地理学有待于加强区域发展规律的研究，有待于从解释为主向具有更强的预测属性学科的发展。显然，对区域发展规律的认知程度是增强预测科学性的根本保障，而能否满足解决未来区域发展的需求又是检验对区域发展规律把握程度的主导标准。从重大的现实需求中解决科学问题、构筑科学基础，是经济地理学发展的重要途径。主体功能区划为经济地理学提供了一个非常现实和重要的研究对象和研究内容。

2 地域功能与区域发展空间均衡

2.1 地域功能的属性

地域功能是指一定地域（R_i）在更大的地域范围（ΣR）内，在自然资源和生态环境系统中、在人类生产活动和生活活动中所履行的职能和发挥的作用。地域功能具有以下 5 个基本属性。

（1）主观认知的属性。由于对自然资源和生态环境系统认知的价值取向不同、由于人类生产活动和生活活动的目标取向不同，从不同角度认识同一地域的功能是不同的。如追求工业化目标和强调生态保护的目标取向不同，直接影响到地域功能定位的不同。功能确定与人为的目标追求和价值取向有关，有着人为主观认知的属性。功能表达和功能区划也同样受到有人为作用的影响。

（2）多样构成的属性。一个地域自身的自然条件和人文条件对该地域的功能产生着影响作用，这种影响作用遵循一定的自然规律和人文规律[12,13]。如一个地域在生态系统中的服务功能、在人口迁移过程中的集疏功能等。一个地域功能形成的内在因素和影响机制是复杂的，他们在不同系统中承担不同的功能，地域功能是多样的。

（3）相互作用的属性。不同功能地域之间具有相互影响的作用。如河流上游的地域单元功能的确定必然对下游地域单元功能的确定产生影响，上游进行生态功能建设对生态水的大量需求，就可能遏制下游大耗水的重型工业基地功能的形成。

（4）空间变异的属性。ΣR（更大地域范围）的不同，将导致 R_i（一定地域）功能的变化。如省域内的经济中心城市、未必是国家和全球的经济中心城市。也就是说，地域功能有"空间尺度"的属性。反过来说，不同空间尺度的地域范围所识别的地域功能可能是不同的，进行科学表达的区划是有空间层级的。

（5）时间演变的属性。地域功能是随着时间有可能发生变化的。无论自然系统或人文系统，都有着自身发生和演变的规律[14]，从而决定着地域功能的变化。当然，随着时间推进，主观认知也在发生变化，同样的自然和人文系统，赋予的地域功能也可能是不同的。

我们把承载一定功能的地域称为功能区。基于地域功能属性，科学识别功能区、特别是合理组织功能区并进行功能建设，就是要在科学的发展观和价值观的指导下，协调好每个功能区自身人文和自然系统内部的关系以及人与自然的关系、同一层级功能区之间的关系、功能区局部同整个区域整体的关系、不同层级区域的同一地域功能之间的关系，以及功能建设的长期效益和短期效益的关系（图1）。

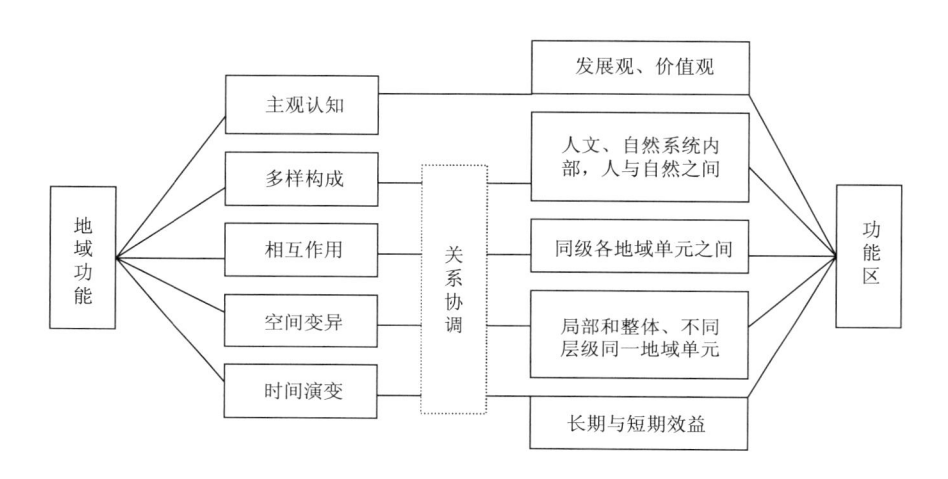

图1　地域功能的属性及其与功能区划的关系

Fig. 1　The features of territorial function and their relationship with functional zoning

2.2　区域发展空间均衡模型的提出及其对功能区的阐释

功能区的合理组织被认为是实现区域有序发展的重要途径。功能区也是一种区域类型，功能区的发育和建设过程也是区域发展的重要内容。为了阐释功能区，引入区域发展空间均衡模型。

区域发展的空间均衡是指，标识任何区域（R_i）综合发展状态的人均水平值D_i是趋于大体相等的。这里的综合发展状态是由经济发展类（D_{i1}）、社会发展类（D_{i2}）、生态环境类（D_{i3}）等发展状态综合构成的。也就是说，一个经济发展水平低的区域，可以通过其更好的社会发展状态和生态环境状态提高综合发展水平。生活在经济发展水平高的区域的人们会因为社会类或环境类质量的不佳，而导致生活的综合水平并不比经济发展水平偏低的区域人们生活综合水平高。

设区域 R_i 和区域 R_j 的人口总量分别为 P_i 和 P_j，则区域发展空间均衡模型就是：

$$D_i = \frac{\sum D_{im}}{P_j} = \frac{\sum D_{jm}}{P_i} = D_j \tag{1}$$

实现区域发展空间均衡的必备条件是，影响区域发展状态的各种要素在区域间是可以最大限度地自由流动和合理配置。当然，生活在不同区域的民众对区域发展状态认知的信息对称，是推进区域发展均衡过程中人口自由流动的先决条件。依据区域发展空间均衡模型可以比较好地阐释推进形成功能区的关键问题。

（1）功能区的形成，应当是实现区域发展空间均衡的正向过程。即功能区的形成，有利于不同功能区的综合发展状态人均水平值的差距是趋于缩小的。如果无法满足这个条件，功能区是难以实现的，或者说是不合理的。

（2）不同类型功能区的综合发展状态人均水平值的具体构成是不同的。经济发展类（D_{i1}）、社会发展类（D_{i2}）、生态环境类（D_{i3}）等分项发展状态，与功能区的功能定位有着密切的关系。经济开发类的功能区通常在经济发展类指标达到高值区，而生态保护类功能区通常在生态环境指标达到相对的高值。

（3）实现不同功能区区域发展空间均衡，各种资源要素必须能够在区域间合理流动。近期能够有利于区域发展空间均衡的主要途径可以用图 2 表示：假设 R_i 为经济发达地区，R_j 为经济欠发达地区，则：

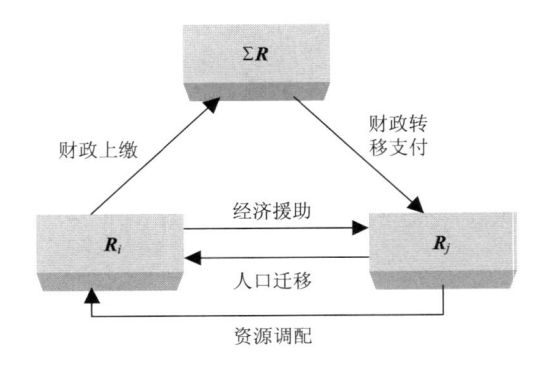

图 2　近期主要资源要素在功能区间流动的基本格局

Fig. 2　Latest pattern of spatial flow of major resource elements across functional zones

这样，对区域发展空间均衡模型，通过人口转移而增加了 P_i 同时减小了 P_j，通过 R_i 向 R_j 的经济援助和合理补偿，以及通过国家和省区等上级政府的财政转移支付，而缩小了

R_i 的经济发展类指标的数值同时增加了 R_j 的经济发展类和社会发展类数值。其中，提高 R_j 的社会发展水平是重要的政策导向，以此促使区域间发展综合水平差距的缩小。当然，对于有条件发展的经济欠发达地区，国家通过多种途径为区域营造发展的环境，促进合理的经济发展，也是达到空间均衡的重要方式。

（4）多样化的发展模式、多样化的文化风格、满足不同生活价值取向的多样化的区域特征，是导致区域发展空间均衡模型复杂化的主要因素，也是促使区域发展在复杂系统中实现空间均衡的重要因素。

（5）不同主体功能区扬长避短、选择合理的发展路径，对实现区域发展的空间均衡有着至关重要的作用。当生态环境价值突出、而经济发展相对弱势的区域，因盲目发展经济而破坏了生态环境，必然造成区域发展的更加不均衡。

2.3 地域功能演替对空间均衡过程的影响及延伸的思考

当然，衡量区域综合发展状态的指标选择、具体赋值、集成计算都是极其复杂和尚未解决的问题。而且，正像前面已经论及的，地域功能是具有时间演变属性的，地域功能是变化的，从而导致区域发展的空间均衡也是相对的。一个时期的空间均衡或差距缩小的演变阶段，由于地域功能发生变化，就可能打破均衡状态或改变差距缩小的演变进程，出现新的不均衡和差距扩大的过程。即使是采用基尼系数刻画区域经济发展差距变化的过程，绝不是简单的倒"U"字规律，而是若干个起伏的演变过程。在驱动区域经济发展的新因素和新机制的作用下，经济发展重心可能会发生迁移，经济发展的区域格局也是可变的。

导致区域发展空间均衡过程出现质变的主要动因，是地域功能的转变。从前面的地域功能的属性可以综合推导出以下结论：

（1）地域功能自身经历着发育和成长的演变过程。如城市发育为具备一定影响力和控制力的都市集聚区时，地域功能就应当从数量增长主导、重点开发的类型，转换为质量提高主导、优化开发的类型。

（2）导致区域发展的新因素和新机制改变了地域功能，如我国沿海沿边地区在不同的对外开放条件下的地域功能，有着本质的差异。

（3）人们的发展观和价值观念的改变，也会对地域功能重新认识和重新定义，进而赋予其不同的发展机遇和条件。如人们对绿色食品需求的不断旺盛、对休闲旅游消费的不断热衷，就可能为原先因没有得到工业开发建设而得到保护的绿色生态系统，获得了发展生态产业的地域功能。

因此，一方面，应理解地域功能是变化的，是可以改变区域发展空间均衡的演变进程的。另一方面，也要求进行地域功能的科学识别、特别是通过主体功能区划进行人类生产与生活活动空间组织时，要力求有动态的观念、要有前瞻性，要顾及长远利益。否则，将会导致眼前最优、近期最优的区划方案，可能因地域功能的变化而导致区划方案成为次优、甚至不优的方案。也就是说，实现 $D_i = D_j$ 的空间均衡过程时，当引入时间参数 t，其最优解也与 t 有关。这样，功能区合理组织的目标函数应为：

$$\begin{cases} D_i = D_j \\ \text{Max} \sum E = F(t, r) \end{cases} \qquad (2)$$

即，在追求区域发展空间均衡的过程中，应当实现综合受益（ΣE）的最大化，这不仅同区域如何划分有关，而且与时间取值有关。

此外，地域功能的科学理解，特别是把区域发展空间均衡模型作为阐释功能区形成的经济地理学科学理论基础，对经典理论的修正起到作用。除了上面提到的区域差距倒"U"型理论[15]外，对产业结构演进理论[16]也是值得重新思考的（表1）。

表 1 基于区域发展空间均衡模型对经典理论的反思

Tab. 1 A reflection of classical theory based on spatial equilibrium model of regional development

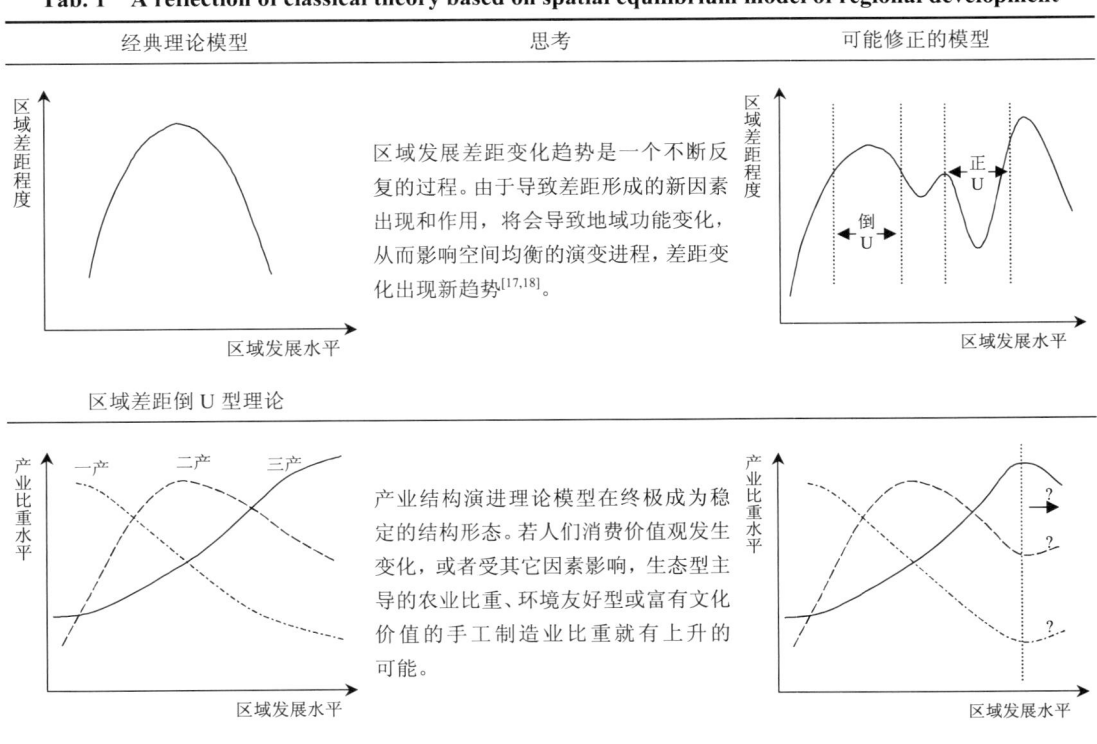

经典理论模型	思考	可能修正的模型
区域差距倒 U 型理论	区域发展差距变化趋势是一个不断反复的过程。由于导致差距形成的新因素出现和作用，将会导致地域功能变化，从而影响空间均衡的演变进程，差距变化出现新趋势[17,18]。	
产业结构演进理论	产业结构演进理论模型在终极成为稳定的结构形态。若人们消费价值观发生变化，或者受其它因素影响，生态型主导的农业比重、环境友好型或富有文化价值的手工制造业比重就有上升的可能。	

3 地域功能的科学识别与主体功能区的目标取向

3.1 地域功能的科学识别

3.1.1 地域功能的"开发"取向。一般来说，地域功能越综合，影响因素便越复杂，地域功能的识别和区划难度就越大。因此，清晰地界定地域功能的基本范畴、明确功能区划的目标导向，是进行地域功能科学识别和表达的基本前提。我国针对当前国土开发和区域发展中盲目无序的问题，把地域功能的取向定为"开发"——国家层面上的开发功能就是指：一个地域由其在全国尺度上工业化、城市化程度及其集聚状态决定的地位和作用。具体而言，地域功能取决于开发活动能否引起大规模的人口、工业和城镇的集聚，是否发生土地从非城市和非工业建设用地大规模转换为城市建设和工业建设用地的过程。根据这样的界定，大规模的水能和矿产资源开发只要没有形成人口和城镇大规模的集聚过程以及农业规模化和基地化的建设，都不被作为本次地域功能识别的开发过程。

3.1.2 "开发"与"保护"双维复合的主体功能区。按照工业建设和城市化为主要内容的开发程度进行区划是比较单一的。同样，如果按照生态保护的重要程度进行区划也是比较单一的。国家目前通过"主体功能"将开发类和保护类复合在一起，就增加了难度（图3）。第一，尽管严格保护的地区就意味着不能开发，重点开发地区保护的程度要求就不如禁止开发区域的高，开发类和保护类两维具有很好的负相关性，但绝不是简单叠加的复合。第二，复合后，图3表示的两头区间具有相对明确的功能，开发程度的高值区和保护程度的高值区就应当分别是开发主导型和保护主导型的区域。因此，在具体区划中，标识开发程度的指标就可以成为开发主导型区域划分的主导指标；相同的，标识保护程度的指标就可以成为保护主导型区域划分的主导指标。但相对比较而言，中间类型的划分是难以处理的。第三，这种过渡类型在本次主体功能区的类型划分上，没有给予更加合适的处理。4类主体功能区中，两类是开发型、两类是保护型，缺少中间的过渡型。从理论上说，类型的变化是逐步过渡的、渐变的，开发类的优化开发和重点开发之间、保护类的限制开发和禁止开发之间是渐变关系，而开发与保护类之间却是突变的。这就必然给一部分区域在具体区划时的类型归属带来困难，进而对未来功能建设和相应配套政策带来不便。第四，此外，目前命名方式也没有在基本目标导向下按照地域的"主体功能"命名，也是一个缺憾。特别是对保护类的区域没有把保护作为主体功能的命名角度、而是沿用开发系列的命名，命名的语义给理解地域主体功能内涵造成不必要的混乱。

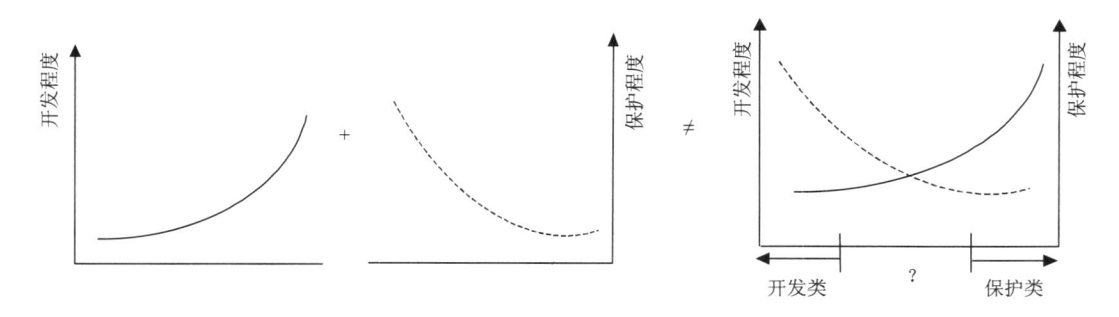

图 3 "开发"类与"保护"类双维复合形成的主体功能区划

Fig. 3 MFOZ composed of two dimensions of development and protection

3.1.3 关于区划指标的科学性。主体功能区划必须基于科学的指标体系。从国家的总体要求，主体功能区划的指标体系应当由资源环境承载能力、现有开发强度和未来的发展潜力等类指标构成。这种多维、多指标项的主体功能区划对技术路线提出了更高的要求，是对经典区划理论方法的挑战[19-22]。首先，要求人文和自然类指标的复合，要求定性与定量指标的复合。前者在区划方法中一直没有得到解决[19,23,24]。第二，要求静态与动态指标的复合。经典的区划方法主要是对现状分异格局的刻画[19,25-27]，主体功能区承载了对未来发展的指引功能，如何评价特别是定量评价区域发展的潜力，理论阐释上还缺乏成熟结论，方法上更难以操作。可见，主体功能区划给经济地理学提出了许多理论和方法层面的命题。

指标的选取和指标的复合都是有难度的。仅就指标的复合而言，因为不存在图 3 的开发类和保护类简单的叠加关系，因此就不存在将所有不同类型指标项求和作为划分主体功能区标准的科学基础[28]。从操作技术层面分析（图 4），指标项大体有 3 种类型，一种是有着比较一致的变化趋势，如经济发展水平和人口—城镇集聚度持续走高、生态脆弱程度持续走低；另一种是总体走势还比较明确，但变化过程是有起伏的，如土地开发强度、水资源紧缺程度等；第三种是总体走势不明确而且是起伏多变的，如环境容量、文化价值的重要性。后两种类型指标值变化规律性不清晰，就必然产生求和值可能相同的两个地域单元、其内部的实际功能构成是不同的；反之的现象也可能出现，从而有可能导致主体功能区划的科学内涵是混乱的。

3.1.4 地域功能的时空属性产生的问题。

（1）功能区划地域单元的大小。除了区域内部均质性是区划的基本要求之外，如何有利于形成相对稳定的区划方案，对于政策持续支持和功能持续建设有着重要的意义[29]。而区划地域单元的大小—能否形成具有稳定结构的基本地域单元—决定着区划方案的稳定程度。确定较小地域作为区划的基本单元，根据不同发展阶段和政策导向，赋予不同单元不

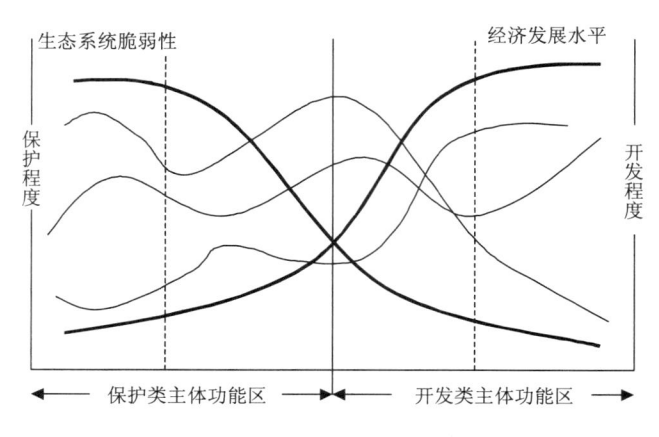

图 4　主体功能区划指标值分布的基本情形

Fig. 4　Basic characteristics of distribution of indicators of MFOZ

同的功能和政策指向，是一种变通的做法。即区划稳定、功能和政策在变。欧盟的标准统计单元、德国的区划等就是这种思路。这种做法更应注重区划本身的长效性，基本地域单元偏小，利于不同的功能组合和区域政策的调整。另外一种思路，是确定相对稳定的地域功能类型，然后进行区划，将预定的地域功能落实到比较具体的地域范围内，这样，空间格局比较清晰，发展目标比较明确，这是我国目前划分主体功能区的基本要求。显然，功能区的具体范围甚至类型划分的方案是变化的，需要不断调整和持续修订。这种方式更应注重功能类型划分的稳定性，而地域单元往往偏大。

（2）功能区划层级的划分。地域功能的属性要求功能区划是应当分级的。同一地域在不同层级空间范围内的功能有可能是不同的，不同空间尺度识别功能类型的结果有可能是不同的。对实施区域政策和规划方案的同一级政府而言，功能区划的分级是有利于政策统筹和规划实施为原则的。根据该要求，我们在京津冀都市圈、广东省、昭通地级市、上虞县级市等进行的不同空间尺度的功能区划均采取了 2 级方案，一级功能区划是地域全覆盖的，作为政策引导区，用于人口城镇分布、产业空间配置、生态建设与环境保护等各种要素空间布局的分区依据。二级区则为刚性的空间管治区，分为两种类型，其一是强化一级区的刚性管治区，如一级生态保护区中的水源涵养地等。其二是反功能区，是与一级区功能相反的功能管治区，如一级生态保护区中的城市和产业重点开发区、一级重点开发区中的生态保护地等。通过一级区的弹性引导和二级区的刚性管治，实现空间结构的有序化。对于不同层级的政府进行统一的主体功能区划，重要的是上下层级同一地域单元功能协调及其有利于发挥中央和地方在功能建设中的两个积极性，这是目前我国按照国家和省区两级探索全国主体功能区划的工作方式。

（3）功能区的长效性。保持功能区方案的相对稳定，既要在战略层面对区域发展宏观战略和格局有准确的把握，又要在战术层面选择比较客观和稳定的因素作为区划的指标项。特别是正确判断和准确把握可能打破空间均衡的因素和机制，这是确保功能区长效性的关键。

3.2 "效率与公平"的双重目标

对空间组织而言，"区划"提供了一个有效的手段，即通过不同区域承载不同的功能、使复杂多样的功能类型并存在一个方案中、达到空间协调和区域统筹发展的目标。如果主体功能区划的区域发展战略和目标是多元的话，往往难以协调和实施。从我国区划实践看，曾经发挥重要作用的"农业综合区划"追求的目标主要是"因地制宜"布局农业，其区划的着力点就更多是评价自然地理环境条件对农业生产的适宜程度，区划的实施也就有了明确的路径和任务。从国外的空间组织和区域发展战略导向看[30]，欧盟等发达国家和地区在经历了工业化历程很长时期后才更加注重区域发展的公平。根据全球化的新动向，到2000年里斯本战略明确把增强区域发展竞争力、注重发展效率再次提到与追求公平并重的高度。我国在经济实力和发展阶段与发达国家有相当大差距的今天，把主体功能区规划锁定在"效率与公平"的双重目标上，是科学而又富有挑战的。

区域发展理论表明，区域发展均衡战略注重区域公平[31]，在工业化中期阶段政府作用是实现区域公平的主体力量，但往往影响国家整体实力的快速提高、影响效率；非均衡战略往往导致区域差异扩大、但有利于优势区域的率先发展，这是工业化中期阶段市场力量作用的主要方向。但只有国家整体实力增强了，实现公平的能力就增强了，达到公平的可能性也就提高了。而如果"公平"出了问题，也会导致整体发展效率的下滑甚至崩溃。因此说，"公平"和"效率"两者是对立和统一的。主体功能区划强调"公平"和"效率"双重目标取向：一方面通过优化和重点开发城市群地区，增强城市群地区的发展能力，有助于提高我国整体发展效率和国际竞争力。另一方面通过运用财政转移支付等手段，改善禁止和限制开发区人民的生活质量，有助于缩小基本公共服务水平的区域差距，实现公平发展。因此，主体功能区比较好地解决了区域发展战略中的科学难点问题。

应该强调的一点，就是从区域发展空间均衡模型成立的基本条件看，主体功能区划追求"效率与公平"的双重目标，是建立在流的立体空间中、实现立体空间均衡（图5）。以区域经济发展为例，立体空间大体可以分为3个层面：生产层、二次分配层（主要是地方政府财政支出层）、居民实际消费层。在生产层追求"效率"、提倡生产要素向优势区位的集聚；通过以财政转移支付为主要手段的社会财富二次分配，可以提高欠发达地区的基本公共服务的水平，改善居民的生活状况。由于购买能力等的区域差异，居民实际生活水平的差距远远小于生产层表现的区域差距程度。当前，外出打工—人口流动在一定程度上缩小生产层面的区域差距的同时，生产所得用在家乡消费的方式也间接地影响到分配层和实际消费层，进一步缩小了居民实际生活水平的差距。也就是说，政府更多的是在社会财富区际间的二次分配层面追求"公平"。

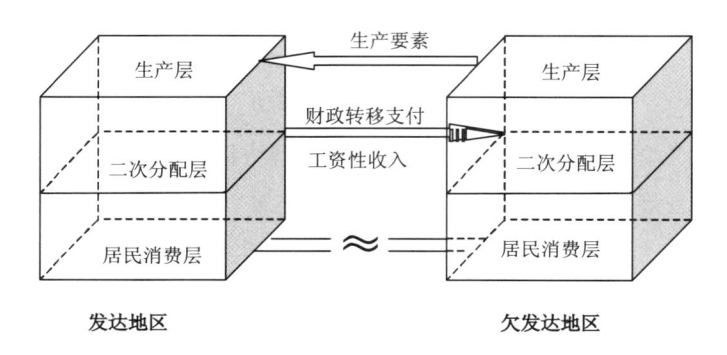

图 5　立体流和立体空间均衡

Fig. 5　Three-dimensional flow and spatial equilibrium

3.3　主体功能区划的现实意义

主体功能区划直接以解决现实发展中的核心问题为宗旨，尽管因理论和经验准备不足还有许多值得商榷和可以进一步完善的地方，但从理念、目标取向和主要作用等方面综合审视，主体功能区划是一项尚未有更好的替代方式、具有重大现实意义及其对中华民族可持续发展产生长远影响的空间规划实践。

从科学基础分析可以反映出，主体功能区划在我国区域发展中的突出贡献。它打破了传统的区域经济发展思维与发展模式，对一些地区经济开发和经济增长明确地说出了"不"字。而其核心价值，其一，体现以人为本谋发展的根本理念。对欠发达地区而言，根据条件继续支持合理做大人均 GDP 的分子，并通过财政转移支付等多种途径，实现地方公共财政支出能力和基本公共服务的均等化，缩小同发达地区人民生活水平的差距；同时，合理引导人口转移，缩小人均 GDP 的分母，减少人口压力和实现基本公共服务均等化的社会成本。切实使全体人民共享现代化建设的成果。其二，符合人与自然和谐发展的基本要求，这是主体功能确定的主要依据和区划的主要原则。总之，主体功能区划遵循了经济发展规律和自然规律，是具有生命力和影响力的。

4 从整体空间管治制度安排对主体功能区划的辨识

作为具有发展导向和规划引导性质的主体功能区划，应当放到空间管治的整个制度体系中进行分析，才能更好地进一步界定主体功能区划的功能，有效地发挥主体功能区划的作用。

4.1 法规缺失或滞后将影响主体功能区划的实施

主体功能区划涉及政府和民众关系的界定，如民众因功能区规划丧失经济建设权利后获得国家补偿的约定，同时也必然还会牵涉到不同层级政府之间责任的界定。从规划内容本身而言，刚性规划内容的实施就必须有相应的保障体系。此外就是与已有规划的关系协调。所有这些，都必须以法律为依据。目前我国总体上在空间管治领域的法规建设滞后，而且体系非常不完善[32]。一方面，存在着区域发展和空间规划方面的宏观领域法制建设落后于微观领域、上位法缺失而下位法先行的混乱现象，更没有针对主体功能区划的法律。另一方面，在规划实施中，已有法律法规又得不到贯彻执行。这种法制环境将影响到主体功能区划的实施（图6）。

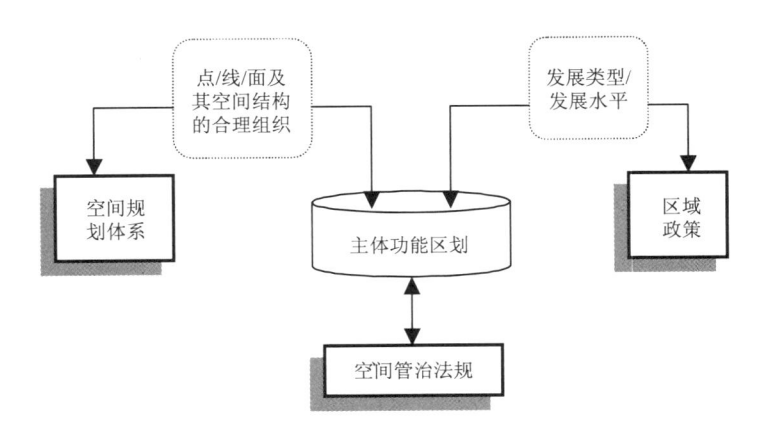

图 6 主体功能区划与空间管治制度安排

Fig. 6 MFOZ and institutional arrangements of spatial governance

4.2 主体功能区划在空间规划体系中的定位

尽管从科学性方面和现实作用角度分析，主体功能区划是非常重要的，但也应当客观地认识其在空间规划体系中的合理定位。应当说，主体功能区在空间规划中是表达总体布局的一种方式，属于空间规划的一项重要内容。空间规划要合理布局点（聚落、产业基地和枢纽等）、线（运输通道、生态廊道和发展轴带等）和面（具有一定地域功能的区域）及其优化点线面组合的关系——空间结构[33-35]。主体功能区是空间规划中"面"集表达的核心方式，但对轴线或廊道等"线"集的表达，甚至"点"集[36,37]的表达涉及很少，无法满足合理组织空间结构的基本要求。因此，主体功能区划无法解决"空间结构合理组织"的全部问题，主体功能区划不能替代同层级的空间规划。应当说主体功能区是空间规划内的一项内容。针对特定目标相对独立地开展功能区划并推动功能区的形成，也是可行的。

4.3 与区域政策的衔接

主体功能区的实施需要区域政策为保障，同时，主体功能区为分类指导的区域政策制定提供了重要的依据。尤其是按照主体功能区制定考核干部政绩的标准，在我国具有特殊的意义。但主体功能区同区域政策的对象区还不能够完全重叠，换句话说，主体功能区同政策区还有相当的距离。主要问题是：按照目前主体功能区只有4类，国家以县为划分基本空间单元的实际情况看，主体功能区还是以类型区为核心的区划方案。这样，其一，区域政策对象区的一个重要标准是发展水平，如扶贫就是以收入水平为标准的，这在主体功能区划中是难以正面涉及的。其二，许多类型区，特别是被国外视作"问题区"如矿产资源枯竭型城市密集的区域[32]，以及我国的老少边穷地区等，往往是区域政策长期关注的焦点区域，这也同样是主体功能区类型划分的空白区。

5 小结

主体功能区形成的主要驱动力是自然地理环境和人文地理环境的区域差异性和地域分异规律。地理学者一直坚持"因地制宜"的国土开发和区域发展思想，"区划"正是集中体现这一思想、科学认识地理环境的经典方法。识别地域主体功能、划分主体功能区、规划和建设主体功能区，其思想的合理性与必要性，地理学很容易给出科学的阐释。但针对识别地域主体功能和划分主体功能区的具体科学问题，地理学相关理论和方法建设却还存在着许多薄弱环节。有些标识重要理念的关键指标项——如自然资源承载能力和环境容量——在学科上还没有圆满的答案，有些体现主体功能区划创新理念的指标——如区域发展潜力——在学科上也还没有得到共识的基础理论作依据，主体功能区划集成方法依然也是地理学综合研究的难题所在。

主体功能区划的科学基础除了"因地制宜"的思想及其相关的理论方法外，另一个重要的科学基础就是"空间结构的有序法则"。主体功能区划不仅要"因地制宜"，而且要有利于中国区域发展格局演变在空间结构的其他方面也是有序的，这正是笔者探究的立足点。本文引入区域发展空间均衡模型，探讨主体功能区划的科学基础。有序化目标的区域格局表现形式应当是各区域发展水平达到均衡和稳定。发展水平均衡是立足区域比较优势、充分体现其地域功能综合价值的空间均衡，是在生产层面、中间层面和生活层面等不同层面各种要素合理流动前提下的空间均衡，是与时间尺度有关的相对均衡。主体功能区的形成，有利于实现空间均衡正向——区域发展差距趋于缩小的演变过程。

参考文献（References）

[1] Michael B Teitz. Progress and planning in America over the past 30 years. Progress in Planning, 2002, 57: 179-203.

[2] Peter King, David Annandale, John Bailey. Integrated economic and environmental planning in Asia: A review of progress and proposals for policy reform. Progress in Planning, 2003, 59: 233-315.

[3] James O Wheeler, Peter O Muller. Economic Geography. 2nd edn. Library of Congress Cataloging-in-publication Data, 1986.

[4] Laurence Ma. The development of western economic geography and its implications for geographers on both sides of the Taiwan Strait. Geographical Research, 2004, 23(5): 573-581. [马润潮. 西方经济地理学之演变及海峡两岸地理学者应有的认识. 地理研究, 2004, 23(5): 573-581.]

[5] Liu Weidong, Lu Dadao. Rethinking the development of economic geography in Mainland China. Environment and Planning A, 2002, (12): 2107-2126.

[6] Dennis L Meadows et al. Limits to growth. Club of Rome, 1972.

[7] Messserli B, Martin Grosjean, Thomas Hofer et al. From nature-dominated to human-dominated environmental changes. IGU Bulletin, 2000, 50(1): 23-38.

[8] David Gibbs, James Longhurst. Sustainable development and environmental technology: A comparison of policy in Japan and the European Union. The Environmentalist, 1995, 15: 196-201.

[9] Gu Chaolin, Wang Enru, Shi Aihua. Divarication and opposability between "New Economic Geography" and economic geography. Acta Geographica Sinica, 2002, 57(4): 497-504. [顾朝林, 王恩儒, 石爱华. "新经济地理学"与经济地理学的分异与对立. 地理学报, 2002, 57(4): 497-504.]

[10] Fan Jie. Social demands and new propositions of economic geography discipline development based on the

eleventh national Five-year Plan. Economic Geography, 2006, 26(4): 545-550. [樊杰. 基于国家"十一五"规划解析经济地理学科建设的社会需求与新命题. 经济地理, 2006, 26(4): 545-550.]

[11] Fan Jie, Cao Zhongxiang, Zhang Wenzhong et al. The consideration of strategic innovation of west development based on theories of economic geography. Acta Geographica Sinica, 2001, 56(6): 711-720. [樊杰, 曹忠祥, 张文忠 等. 中国西部开发战略创新的经济地理学理论基础. 地理学报, 2001, 56(6): 711-720.]

[12] Wu Chuanjun. Human Land Relation and Economic Location. Beijing: Xueyuan Press, 1998. [吴传钧. 人地关系与经济布局. 北京: 学苑出版社, 1998.]

[13] Wu Chuanjun. Research on the core of geographic sciences: Spatial system of man-land relationship. In: Qian Xuesen(ed.). Research on Geographical Sciences. Hangzhou: Zhejiang Education Publishing House, 1994. [吴传钧. 论地理科学的研究核心: 人地关系地域系统. 见: 钱学森 主编. 论地理科学. 杭州: 浙江教育出版社, 1994.]

[14] Lu Dadao. Theoretical studies of man-land system as the core of geographical science. Geographical Research, 2002, 21(2): 135-145. [陆大道. 关于地理学的"人—地系统"理论研究. 地理研究, 2002, 21(2): 135-145.]

[15] Kuzents Simon. Economic growth and income inequality. The American Economic Review, 1955, XIV, 1-28.

[16] Chenery H et al. Comparative Research of Industrialization and Economy Growth. Oxford University Press, 1986.

[17] Wei Houkai, Liu Kai. Analysis and forecast of regional economic inequality of China. China Industrial Economy, 1994, (3): 28-36. [魏后凯, 刘楷. 我国地区差异变动趋势分析与预测. 中国工业经济, 1994, (3): 28-36.]

[18] Banerjee A, Duflo E. Inequality and growth: What can the data say? NBER Working Paper, 2000. 77-93.

[19] Zheng Du, Ge Quansheng, Zhang Xueqin et al. Regionalization in China: Retrospect and prospect. Geographical Research, 2005, 24(3): 330-344. [郑度, 葛全胜, 张雪芹 等. 中国区划工作的回顾与展望. 地理研究, 2005, 24(3): 330-344.]

[20] Zhu Kezhen. Research on climate regionalization of China. Geography Magazine, 1930, 3(2). [竺可桢. 中国气候区域论. 地理杂志, 1930, 3(2).]

[21] Luo Kaifu. Draft of natural geography regionalization of China. Acta Geographica Sinica. 1954, 20(4): 379-394. [罗开富. 中国自然地理分区草案. 地理学报, 1954, 20(4): 379-394.]

[22] Xiong Yi, Zhang Jiazhen. Hydrology Regionalization of China. Beijing: Science Press, 1995. [熊怡, 张家桢. 中国水文区划. 北京: 科学出版社, 1995.]

[23] Yang Yuhua, Shen Shuhua. Theory and Methods of Economic Regionalization in the Soviet Union. Beijing: Science Press, 1963. [杨郁华, 沈漱华. 苏联经济区划的理论和方法. 北京: 科学出版社, 1963.]

[24] Huang Binwei. Draft of overall natural regionalization of China. Chinese Science Bulletin, 1959, 18: 594-602. [黄秉维. 中国综合自然区划草案. 科学通报, 1959, 18: 594-602.]

[25] Zhou Lisan. Overall Regionalization of Agriculture in China. Beijing: Agricultur Press, 1981. [周立三. 中国综合农业区划. 北京: 农业出版社, 1981.]

[26] Yang Shuzhen. Research on Economic Regionalization of China. Beijing: Prospect Press of China, 1990.

[杨树珍. 中国经济区划研究. 北京: 中国展望出版社, 1990.]

[27] Ren mei'e, Yang Renzhang, Bao Haosheng. Framework of Natural Regionalization of China. Beijing: The Commercial Press, 1979. [任美锷, 杨纫章, 包浩生. 中国自然区划纲要. 北京: 商务印书馆, 1979.]

[28] Fu Bojie, Liu Guohua, Chen Liding et al. Scheme of ecological regionalization in China. Acta Ecologica Sinica, 2001, 21(1): 1-6. [傅伯杰, 刘国华, 陈利顶 等. 中国生态区划方案. 生态学报, 2001, 21(1): 1-6.]

[29] Zheng D. A Study on the Eco-Geograghic Regional System of China. FAO FRA2000 Global Ecological Zoning Workshop, Cambridge, UK, July 28-30, 1999.

[30] Peter King, David Annandale, John Bailey. Integrated economic and environmental planning in Asia: A review of progress and proposals for policy reform. Progress in Planning, 2003, 59: 233-315.

[31] Allison, P D . Measures of inequality. American Sociological Review, 1978, 43: 865-880.

[32] Lu Dadao, Liu Yi, Fan Jie. The regional policy effects and regional development states in China. Acta Geographica Sinica. 1999, 54(6): 496-508. [陆大道, 刘毅, 樊杰. 我国区域政策实施效果与区域发展的基本态势. 地理学报, 1999, 54(6): 496-508.]

[33] Brian H Roberts, Alan T. Murray. National and regional corporate spatial structure. The Annals of Regional Science, 2002(36): 347-368.

[34] Stephanie E Chang. Regional economic structure and capital investment in the built physical environments. Papers in Regional Science, 1997, 76(4).

[35] Lu Dadao. Regional Development and Its Spatial Structure. Beijing: Science Press, 1995. [陆大道. 区域发展及其空间结构. 北京: 科学出版社, 1995.]

[36] Blair Badcock. Restructuring and spatial polarization in cities. Progress in Human Geography, 1997, 21, 2: 56-71.

[37] Moos A I, Dear M J. Structure theory in urban analysis: 1. Theoretical Esegesis. Environment and Planning A, 1986, 18: 231-252.

The Scientific Foundation of Major Function Oriented Zoning in China

FAN Jie

(*Institute of Geograghic Sciences and Natural Resources Research, CAS*; *Beijing* 100101, *China*)

Abstract: Major function oriented zoning (MFOZ hereafter) is the guideline for optimizing the spatial pattern of regional development in China, which entails both theoretical and methodological innovation in the academic field of economic geography. This study analyzes the basic features of territorial function and puts forward a spatially equilibrium model for regional development. It argues that there exists a trend of regional convergence in almost any indicator measuring the average level of regional development status. Based on this finding, the study illustrates that the formation of functional zone should be conducive to the reduction of regional inequality and that free flow of resources across region is the prerequisite to spatial equilibrium. It also investigates the impact of territorial functional evolution over spatial processes of equilibrium and suggests that the benefit to be derived from zoning proposal is contingent upon the method of regional division and correct understanding of temporal change of territorial function. After that, this study goes to examine the scientific foundation of several issues concerning the reconciliation of contradictory functions of development and protection, the selection of indicators and the spatial and temporal features of MFOZ. It is then followed by an interrogation of the rationality of achieving dual goals of efficiency and equality simultaneously through three-dimensional flow and spatial equilibrium. The paper ends with a discussion of the position, implementation and coordination of MFOZ from the perspective of institutional arrangements of spatial governance including law, planning and government policy.

Key words: territorial function; MFOZ; regional development; spatial equilibrium; spatial governance; spatial planning; regional policy

"我国主体功能区划的科学基础"解读

林 坚

一、作者简介

樊杰，经济地理学家，第十四届全国政协常委、全国政协教科卫体委员会委员、《地理学报》编委、中国地理学会会士。1961年出生于甘肃省兰州市。1982年从北京大学地理系（现城市与环境学院）经济地理专业毕业后，长期在中国科学院地理科学与资源研究所学习和工作。现任中国科学院可持续发展研究中心主任、中国科学院科技战略咨询研究院学术委员会主任，是北京大学经济地理专业培养的在中央政治局集体学习会上做报告的四位学者之一，并曾于2023年在习近平总书记主持召开的经济工作党外人士座谈会上发言。

樊杰研究员的研究方向主要为人文与经济地理学、区域可持续发展过程与格局、主体功能区划与空间治理体系等，尤其在主体功能区划、资源环境承载力评价理论与预警、经济地理过程的区位耦合研究等领域影响凸显。其先后发表论文300多篇，出版专著近30部，其中在主体功能区研究领域撰文60余篇，是2009年"中国科学院杰出科技成就奖"的核心支撑成果，入选"中国科学院改革开放40年40项标志性重大科技成果""新中国成立70周年科技创新成果"。

作者介绍：林坚（1969— ），男，福建福鼎人，北京大学城市与环境学院教授，研究方向为土地利用、评价与规划、城市与区域规划、房地产开发管理。E-mail: jlin@urban.pku.edu.cn

二、写作背景及主要内容

2007年《地理学报》刊发的"我国主体功能区划的科学基础"一文，正值我国人地矛盾日益尖锐、国土空间缺乏整体布局、区域战略及空间规划备受关注的背景下。2006年，国家"十一五"规划首次提出主体功能区概念；2010年，国务院发布《全国主体功能区规划》，同年10月，党中央提出实施"主体功能区战略"。樊杰率领团队主持编制了全国首部主体功能区划，承担了指标体系制定、国土空间评价、区划方案编制、动态监测、实施效果评估乃至后续方案修订等关键支撑工作。樊杰系统研究了主体功能区理论和方法，涉及地域功能理论、"双评价"原理、主体功能区（战略、规划、制度）、配套政策和承载力监测预警机制等方面，其中，地域功能理论被列为中国地理学领域的代表性成果。

主体功能区是具有中国特色的重大战略和制度，是编制空间规划、实施区域管治的重要基础，是构筑我国可持续发展空间蓝图的重要支撑。该文聚焦主体功能区划的科学基础，参考了詹姆斯·O.惠勒（James O. Wheeler）、戴维·吉布斯（David Gibbs）、顾朝林、傅伯杰、陆大道、吴传钧等学者关于区域政策、中国生态区划、农业区划、人地关系与经济地理学等研究形成的。一经发表，便得到广泛关注，成为主体功能区研究的奠基性文献。

该文从经济地理学视角出发，提出认识主体功能区划，首先应多维度认知地域功能直至功能区，进而推演到区域发展旨在追求空间均衡目标，据此创新性地构建了区域发展的空间均衡模型，即强调区域综合发展状态的人均水平值应大体趋于相等，而功能区的形成应有助于空间均衡正向（差距缩小）演进，同时空间均衡的前提是资源要素在区域间的合理流动。其次，从区域发展的时空特点和地域功能出发，本文指出要做到区划方案效益最大化，应把握区域划分的对象和尺度，要用动态眼光来洞察地域功能的演进态势。具体到主体功能区划，要把握：一是地域功能识别时，要注意国土"开发"和"保护"取向的双维复合、评判指标体系构建、相应的区划单元和层级等；二是要通过立体流和立体空间均衡，即"流的立体空间"存在生产层、二次分配层、居民实际消费层三个层面，以不同层级的要素流动实现立体空间均衡，确保区划做到效率与公平并重；三是应强化法律、规划和政策等保障，确保主体功能区划空间管治制度功能的发挥。

三、论文及相关研究的学术影响和时代贡献

"我国主体功能区划的科学基础"创新了经济地理学和综合地理区划研究的相关理论，为我国可持续发展的基础性制度构建提供了科学支撑。有关地域功能属性、区域发展空间均衡模型、主体功能区划"开发"和"保护"取向的双维复合、指标体系选择等分析和论断，奠定了主体功能区划的理论基础，对相关实践和学术研究产生了深远影响。

自2007年发表至今，该文是主体功能区研究领域最具影响力、被引用次数最多的经典文献和必读文章。截至2024年5月，先后有643篇直接引证文献，其中包括51篇博士论文、183篇硕士论文；二级引证文献达到16 000篇以上，总计引用达1 200余次；时间维度方面，每年引用热度不减，该文所产生的学术影响非常显著和持久（图1）。

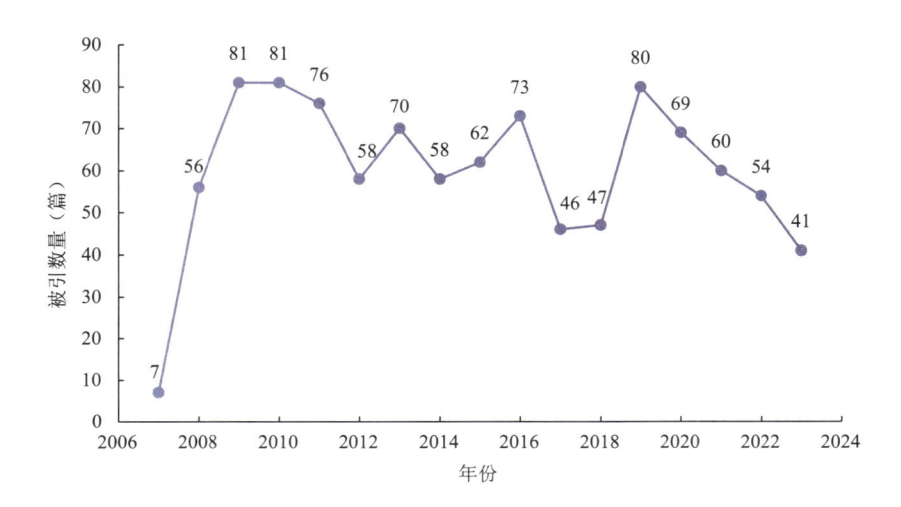

图1 《我国主体功能区划的科学基础》历年被引情况

资料来源：万方维普

地理学尤其人文与经济地理学的发展，非常强调"任务带学科"，"我国主体功能区划的科学基础"难能可贵的贡献在于以理论研究推动实践探索、学科创新促进

战略任务推行。2006年主体功能区概念正式提出；2010年全国主体功能区规划出台，并进一步上升为主体功能区战略和制度；2012年生态文明建设纳入"五位一体"总体布局；2013年围绕生态文明制度建设要求建立空间规划体系；2019年要求将主体功能区规划、土地利用规划、城乡规划等"多规合一"，建立国土空间规划体系并监督实施；2022年党的二十大报告要求构建优势互补、高质量发展的区域经济布局和国土空间体系，完善主体功能区制度，优化国土空间发展格局。主体功能区已经融入我国经济社会发展大局，成为促进区域协调发展、推进绿色发展的重要支撑。

聚焦主体功能区问题，樊杰始终坚持学术探索和领跑推动，先后发表了"主体功能区战略与优化国土空间开发格局"（2013年）、"中国主体功能区划方案"（2015年）、"地域功能—结构的空间组织途径——对国土空间规划实施主体功能区战略的讨论"（2019年）、"以'三区三线'深化落实主体功能区战略的理论思考与路径探索"（2021年）。其中，区域发展空间均衡模型不但为学界所熟知，也被自然资源部组织编写的《国土空间用途管制理论与实践》（"自然资源保护和利用丛书"之一）列为统一实施国土空间用途管制的理论基础之一。

近年来，樊杰带领团队深度参与了主体功能区规划全面融入国土空间规划的研究，领衔研制了支持主体功能区优化的资源环境承载能力和国土空间开发适宜性评价等技术方法，提出了新时期主体功能区战略格局优化的方向。樊杰提出，应在建立自然要素的资源、环境、生态和灾害四大属性为基础的新空间均衡下，开拓主体功能区的区划、战略、制度和规划用途分离及相互关联的新思路；主体功能区要全面承载经济发展和生态环境保护大战略的基本定位，以塑造安全格局为重点迈向响应支撑高质量发展的新诉求，应优化主体功能区的层级化、体系化布局，促进高质量发展的国土空间体系构建。

伴随该文发表引领及相关工作开展，主体功能区相关话题持续热议，并在实践中不断深化。包括：推进落实主体功能区，形成人口、经济、资源环境相协调的国土空间开发格局；完善主体功能区战略布局，需要建立"指标+空间+清单"的管控体系；主体功能区划的本质是政策区划，从"多规合一"、统一国土空间用途管制背景下的国土空间治理角度看，主体功能区是区域型国土空间治理工具的代表，需要和要素型国土空间治理统筹考虑，"区域-要素"统筹，才能促进主体功能区战略和制度有效"落地"实施。结合国土空间规划实践，主体功能区类型今后将从传统4类分区（优化开发区、重点开发区、限制开发区、禁止开发区）转变为"3+N"（"3"指城市化地区、农产品主产区、重点生态功能区，"N"指若干特殊功能区）体系，以此为基础，进一步优化国土空间发展格局。

"我国主体功能区划的科学基础"奠定了主体功能区战略、制度和规划的学理基础，推进了主体功能区划的创立，也支持了将主体功能区规划融入"多规合一"国土空间规划的改革进程。这是理论研究和实践应用有机结合的典范之作，也是地理学服务国家重大战略、促进国家可持续发展的重要例证。

应对国际 CO_2 减排压力的途径及我国减排潜力分析

刘燕华[1], 葛全胜[2], 何凡能[2], 程邦波[2]

(1. 中华人民共和国科学技术部, 北京 100862; 2. 中国科学院地理科学与资源研究所, 北京 100101)

摘要: 在分析国际气候变化谈判形势和我国面临的 CO_2 减排压力后, 综合国家发展规划与国内外科技研发进展, 提出应对持续增加的国际 CO_2 减排压力的八条途径。其中, 通过改善能源结构、提高能源效率、全民节能减排、增大陆海碳汇、重视产能转移等国内途径, 在实现现有国家发展规划的前提下, 可在 2005-2020 年累计减排 507.3 亿吨 CO_2, 以实际贡献回应国际压力; 同时, 通过参与科学讨论、增大排放份额等国际途径, 以减轻国际压力, 争取更多的时间和更大的回旋空间。从根本上看, 应对国际 CO_2 减排压力还要走依靠科技创新和进步的途径。

关键词: CO_2 减排; 能源结构; 产能转移; 碳汇

全球变暖问题正受到国际社会高度关注, 全球减排 CO_2 的呼声日益高涨, 2007 年联合国气候变化大会形成了完成 2012 年后国际气候制度谈判的 "巴厘路线图", 我国面临的 CO_2 减排压力与日俱增。

为此, 我们既要 "开减排之源", 分析我国 CO_2 减排量的来源及其潜力, 以实际的努

收稿日期: 2008-01-22; 修订日期: 2008-04-28
基金项目: 科技部课题资助(2006BAD20B06; 2007BAC03A11; 2005DFA20010) [**Foundation:** Project of the Ministry of Science and Technology, No.2006BAD20B06; 2007BAC03A11; 2005DFA20010]
作者简介: 刘燕华(1950–), 男, 研究员, 博士生导师, 科学技术部副部长, 主要从事自然地理学与全球变化研究。
引用本文: 刘燕华, 葛全胜, 何凡能, 等. 应对国际 CO_2 减排压力的途径及我国减排潜力分析. 地理学报, 2008, 63(7): 675-682. [Liu Yanhua, Ge Quansheng, He Fanneng, et al. Countermeasures against international pressure of reducing CO_2 emissions and analysis on China's potential of CO2 emission reduction. *Acta Geographica Sinica*, 2008, 63(7): 675-682.]

力和贡献缓解国际压力；又要"节压力之流"，研究国际社会施压的依据，以科学研究的成果减轻国际压力。

1 国际气候变化谈判形势

1.1 2007 年联合国气候变化大会概况

2007 年 12 月 3 日，联合国气候变化大会在印度尼西亚巴厘岛开幕。8 日，南非、澳大利亚和印度尼西亚代表提出一份供各国讨论的大会决议草案，要求发达国家 2020 年将温室气体排放量减少到 1990 年的 60%～75%。草案提出后，欧盟赞成这一减排目标，并希望设置更高的目标；发展中国家强调发达国家应在 2012 年后继续率先减排；但是美国、日本和加拿大等国表示反对。由于反对方坚持立场，大会迟迟无法达成协议，原定 14 日结束的大会被迫延长一天。为打破僵局，大会主席、印尼环境部长提出妥协方案，建议不再提具体减排目标。由于美国代表最终作出让步，大会就主要成果——"巴厘路线图"达成协议。

1.2 巴厘路线图

"巴厘路线图"的主要内容包括：(1) 大幅度减少全球温室气体排放量，未来的谈判应考虑为所有发达国家（包括美国）设定具体的温室气体减排目标。(2) 发展中国家应努力控制温室气体排放增长，但不设定具体目标。(3) 发达国家有义务在技术开发和转让、资金支持等方面，向发展中国家提供帮助。(4) 在 2009 年年底之前，达成接替《京都议定书》的旨在减缓全球变暖的新协议。为此，2008 年联合国将召开四次专门会议，就未来具体减排目标展开谈判。

在会议最终通过的"巴厘路线图"文本中，只是以脚注的形式简单提到政府间气候变化专门委员会（IPCC）第 4 份评估报告的有关章节，这些章节涉及温室气体减排目标。

1.3 国际形势分析

发达国家的具体减排义务是未来国际气候制度框架的核心内容之一。目前，美国仍然是关键谈判方，其态度的变化备受关注。2001 年，美国总统布什上任后明确表示反对《京都议定书》。2004 年，他在谋求总统连任时重申了这一立场。2005 年，连任成功后的布什首次对外承认,"人类活动导致的温室气体排放增加引起全球变暖"。2007 年 12 月 3 日,澳大利亚新当选总理陆克文就职后立即签署了《京都议定书》,使美国成为唯一未签署的主要工业化国家。12 天后,美国同意就 2012 年后的具体减排目标进行谈判。

美国态度的逐渐变化与其承受的国际压力密切相关。在巴厘岛联合国气候变化大会上,也是这种国际压力促使美国最终接受"巴厘路线图"。因此,为缓解自身受到的国际压力,美国未来很可能继续软化立场。事实上,美国正在为应对气候变化调整国内政策。2007 年 1 月,布什总统在发表国情咨文时,提出了包括大力开发替代能源和提高能源利用效率等内容的能源新战略。尤其是 2009 年 1 月布什总统将卸任,更让联合国气候变化框架公约(UNFCCC)秘书处以及欧盟等气候变化谈判的积极推动者充满期待。

在外部压力增大和内部政策调整的共同作用下,美国的态度可能在 2009 年发生根本转变,并且时间恰好处在"巴厘路线图"确定的最后期限(2009 年底)之前。因此,由发达国家率先减排引发的实质性减排浪潮可能很快到来。一旦这股浪潮被掀起,发展中国家将很难置身其外。

2 我国的 CO_2 减排压力

2.1 国际谈判带来压力

我国目前是世界第二大、发展中国家第一大温室气体排放国。在 2005 年全球 CO_2 排放总量(约 281.9 亿吨)中,我国占到约 18.9%(53.2 亿吨),仅次于美国的 21.1%(59.6 亿吨)[1]。随着经济的持续快速发展,我国成为世界最大排放国可能只是时间的问题。

因此,在国际气候变化谈判中,发达国家多次直接或间接提出要求中国承诺具体减排目标。发展中国家,尤其是部分岛屿国家,考虑到自身受到气候变化的威胁,也发出了要求中国减排的声音。一旦 2009 年美国在总统换届后立场发生转变,中国无疑将被推向减排的最前台。目前,虽然"巴厘路线图"未将为发展中国家设定具体减排目标列入未来两年的谈判议程,但这并没有免除发展中国家采取减缓行动的义务,而且这些行动被要求与发达国家一样做到"可测量、可报告、可核查"。

2007 年 6 月 19 日,荷兰环境评价部出台报告称:中国的温室气体排放量已经超过美国,成为世界第一。尽管这一论断没有成为国际舆论的主流,但是这种论调的出现为我们判断国际施压的方向敲响了警钟。

2.2 国内经济发展带来压力

2.2.1 中长期（到2020年）的压力

2005年我国GDP总量为18.3万亿元，单位GDP的CO_2排放强度2.91吨/万元[1,2]。我国经济正处在快速增长时期，按照我国学者对中国经济增长基准情景的预测[3]，2020年我国GDP总量将达到51.9万亿元。如果维持目前的经济技术水平（即目前的CO_2排放强度），到2020年我国需要约151亿吨CO_2排放空间。

按照目前全球减排的主要推动者——欧盟倡导的减排目标（到2050年将大气中温室气体浓度稳定在550 ppm），2020年全球排放必须控制在400亿吨，其中我国所能获得的最大配额为104亿吨，占全球的26%，这是目前分配方案中我国所能获得的最大份额。因此，如果不采取措施，到2020年我国可能会面临47亿吨的CO_2排放缺口。

2.2.2 长期（到2050年）的压力

如果维持目前的CO_2排放强度，即使2020年后经济发展速度放缓[3]，到2050年我国的CO_2排放需求仍会高达550亿吨。按照欧盟的减排目标（550 ppm），届时全球排放必须控制在310亿吨，而我国所能获得的最大配额为80.6亿吨。即使将全球温室气体排放浓度目标提高到750 ppm，我国的配额也只有132.6亿吨，由此产生的417亿吨的排放缺口十分惊人（表1）。

表1 2050年不同温室气体浓度水平下全球排放总量及中国排放空间

Tab. 1 Global CO_2 emissions in 2050 under different concentration scenarios and correspondent quotas of China

不同浓度水平（ppm）	全球排放总量（亿吨CO_2）*	中国占26%时的排放总量（亿吨CO_2）**	中国2005-2050年均增长空间（%）
450	260	67.6	0.7
550	310	80.6	1.3
650	440	114.4	2.7
750	510	132.6	3.5

* 据王伟中等，2002。

** 26%是目前主要减排指标中中国所占全球排放比例的最高值（表3）。

3 对策及其潜力分析

气候变化既是环境问题，也是发展问题。CO_2排放空间，说到底是国家未来的发展空间。这一点从各种减排情景对我国排放增长空间的限制可见（表1）。因此，应对国际CO_2减排压力，应在发展中寻找出路，从两方面着手。一方面，挖掘内部潜力，"开减排之源"，向国际社会彰显我国实质性的减排努力和贡献；另一方面，缓解外部压力，"节压力之流"，探讨国际社会施压依据的科学性。具体说来，可以采取以下8条途径。

3.1 改善能源结构

煤炭和石油两类化石能源是人为排放温室气体的主要来源，其中煤炭因其热值较低而比石油排放更多CO_2。在提供等量热能的情况下，燃煤、燃油、燃气排放的CO_2量比值为1：0.813：0.561[5]。水电、风电和生物质能等可再生能源则很少或基本不排放CO_2。

2006年，煤炭和石油在我国一次能源消费中的比重超过了90%，而同年美国的这一比重约为65%，世界平均水平还略低于美国（表2）。尤其是排放CO_2最多的煤炭占到我国一次能源消费量的70%，这种能源结构给我国减排CO_2造成了巨大的困难。因此，大幅增加石油开采和进口量（如将石油比例提高到接近世界平均水平的35%），成为我国减排CO_2的理想途径之一。不过，受国际局势以及我国资源禀赋、技术水平等因素限制，如此大的能源结构调整并不现实，也不利于保障国家的能源安全。

表2 2006年中美一次能源消费结构对比（单位：%）

Tab. 2 Comparison of primary energy consumption structure between China and the U.S., 2006 (unit: %)

	中国	美国	世界
煤炭	70.2	24.4	28.4
石油	20.6	40.3	35.7
天然气	2.9	24.4	23.7
水电、核电等	6.3	10.9	12.2

注：根据《BP Statistical Review of World Energy 2007》数据计算。

相比之下，大力发展可再生能源是较为可行的途径。根据国家《可再生能源中长期发展规划》，到 2020 年我国可再生能源消费量将达到能源消费总量的 15%，比 2005 年的 7.5% 翻一番，其开发利用量相当于 6 亿吨标煤。与 2005 年相比，可再生能源开发利用量增加 4.3 亿吨标煤，相当于减排 12 亿吨 CO_2[7]。按照减排量匀速递增估算，2005-2020 年可累计减排 96 亿吨 CO_2。

3.2 提高能源效率

虽然我国以煤炭为主的能源结构短期内难有根本性改变，但可通过提高能源利用效率以降低温室气体排放强度，即减少创造单位 GDP 所排放的 CO_2。按 2003 年汇率计算的每千美元 GDP 能耗，我国为 1.21 吨标准煤，是美国的 3.8 倍[8]。造成这种差距的，除了技术水平的差异外，产业结构的不同也是重要因素。2005 年，我国第一产业单位增加值能耗为 0.346 吨标准煤/万元，第二产业为 1.855 吨标准煤/万元，第三产业为 0.418 吨标准煤/万元[9]，第二产业能耗是第三产业的 4.4 倍。目前，我国三次产业的产值构成为 13：47：40[2]，而美国为 1：24：75[10]，我国第二产业比重偏大、第三产业比重偏小的产业结构使我国整体能源利用效率难以快速提高。

因此，调整产业结构，大力发展第三产业，同时配合技术进步等措施，将为 CO_2 减排开辟广阔空间。我国已在"十一五"规划中设定了 2010 年单位 GDP 能耗比 2005 年（CO_2 排放强度约 2.91 吨/万元）下降 20% 的目标，预计"十一五"规划完成后会提出新的节能降耗目标，实现 2020 年比 2005 年下降 30% 左右。因此，到 2020 年 GDP 总量达到 51.9 万亿元时，可相对 2005 年的经济技术水平减排 45.3 亿吨 CO_2。按照减排量匀速递增估算，2005-2020 年间可累计减排 362.4 亿吨。

3.3 全民节能减排

2005 年，生活消费能源量占我国能源消费总量的比重已增至 24.1%[2]。然而，伴随这种增长势头出现的是高消费、过度消费甚至奢侈消费的现象。因此，在生活中节能减排潜力巨大。2007 年 9 月 1 日，中央 17 个部门联合启动了"节能减排全民行动"系列活动，得到了社会各方面的积极响应。通过提高全民意识，引导全民自觉参与节能减排行动，不仅能对国内节能减排工作产生积极推动作用，在国际上也能够彰显我国的积极态度。根据国内专家进行的全民节能减排潜力量化指标研究，36 项日常生活行为的年节能总量约为 7700 万吨标准煤，相应减排 CO_2 约 2 亿吨[11]，2005-2020 年间可累计节能 11.6 亿吨标准煤，相应减排 CO_2 约 30 亿吨。

3.4 增大陆海碳汇

森林可以吸收大量 CO_2，相当于减少了 CO_2 排放，是良好的碳汇。据研究，我国人工造林的固碳率为 1.4 吨碳/（公顷·年）[12]，相当于每公顷林地每年可平均吸收 5.1 吨 CO_2。2005 年，我国森林面积达到 17491 万公顷，森林覆盖率从 20 世纪 90 年代初期的 13.92%增加到 18.21%[13]，为促进全球碳汇建设和温室气体减排作出了巨大贡献。

根据国家《林业发展"十一五"和中长期规划》[14]，到 2020 年我国森林覆盖率将达到 23%。按照我国国土面积约 960 万 km^2（合 96000 万 hm^2）计算，相当于 2020 年比 2005 年新增森林面积 4600 万公顷，每年可新增碳汇 430.1 万吨，相当于减排 1578.4 万吨 CO_2。2005-2020 年间累计新增加碳汇 5.2 亿吨，相当于累计减排 18.9 亿吨 CO_2。

另外，海洋也是重要的碳汇之一。有研究表明，过去 200 年中人类燃烧化石燃料和制造水泥过程中释放的 CO_2，被海洋吸收了近一半[15]。我国在东海进行的大洋碳通量研究也表明，东海是 CO_2 的汇[16]。因此，通过加大力度开展研究，尽早比较准确地确定我国邻近海域的碳汇结构和强度，有望进一步增大我国的碳汇规模。

3.5 重视产能转移

在当前由发达国家主导的国际产业分工格局中，我国尚未取得优势地位。众多商品虽然在我国生产，却是出口到别国后被消费，从而有大量为他国排放的温室气体被转嫁到我国的"账户"。2007 年，英国廷德尔（Tyndall）气候变化研究中心公布报告指出，中国在生产出口到发达国家的产品过程中所排放的温室气体占中国排放总量的 23%[17]。此前，有美国学者研究表明，1997-2003 年，如果美国进口自中国的产品都在美国本土生产，那么美国的 CO_2 排放将增加 3%～6%；其间，中国大约 7%～14%的 CO_2 排放是源于为美国消费者生产的商品[18]。

在这种形势下，我们有必要做好两方面准备。一方面，研究由国外转移至我国的产能产生的 CO_2 排放情况，以在国际谈判中争取公平的环境。另一方面，为防止在未来国际气候制度框架及其具体减排方案中仍沿用这一计算方法，还应积极评估我国转移至国外的产能对减少我国背负的排放量的作用，以在不公平的环境中尽可能获得公平的待遇。截至 2007 年底，我国企业对外直接投资（非金融类）累计达 920.5 亿美元。随着我国经济快速融入世界市场，企业开展境外加工贸易和过剩产能适度向境外转移符合其他国家同阶段发展的规律。

3.6　参与科学讨论

自 20 世纪 90 年代以来的 CO_2 减排呼声，主要是依据以 IPCC 四次评估报告为代表的科学研究成果而产生并不断增强的。然而迄今为止，国际科学界，包括 IPCC 自身，都认为对气候变化的许多科学问题的认识还存在着不确定性，如对气候自然变率及全球增暖机制、大气中温室气体的浓度稳定阈值等的认识。这至少涉及到：（1）当前全球增暖是否已经超出历史（主要是过去 2000 年）的自然变率？（2）大气中温室气体不断增加时，其与大气中其他物质产生的物理化学效应如何？（3）城市热岛效应以及土地利用方式的改变是否影响（或在多大程度上影响）了科学界对目前全球增暖问题的认识？（4）用于模拟未来气候情景的气候模式的能力如何？应如何正确理解未来气候情景的模拟结果？（5）全球增暖对人类社会发展的正面效应如何？等等。

特别地，关于大气中 CO_2 稳定浓度阈值的认识，直接影响到未来气候制度框架中如何设定全球排放总量这一核心问题。目前，欧盟主张只有在 2050 年将这一浓度控制在 550 ppm 水平上，才能避免气候变化对整个人类社会造成危害。但是，在上述许多科学不确定性没有解决之前，设置这一目标的科学性值得讨论。

不仅如此，在完成前述 3.1～3.4 提到的各项发展规划后，2020 年我国仍需要 105.7 亿吨的 CO_2 排放空间。即使 2020-2050 年我国的经济增长放缓[3]，并且单位 GDP 能耗在 2020 年基础上再降低 30%，2050 年我国仍需要 270.9 亿吨的排放空间。但是，按照欧盟主张的 550 ppm 目标，2050 年的全球排放限额为 310 亿吨。这意味着，如果加上美、欧等发达国家的排放需求，到 2050 年，按照 550 ppm 目标设定的全球配额将无力支撑。

从另一个角度看，即使 2050 年中国人均能耗只相当于 2005 年美国水平的一半（约 5.5 吨标煤/人）[19]，到 2050 年我国（预计人口 14 亿[20]）的排放需求也会达到 162 亿吨 CO_2。因此，550 ppm 的目标不仅存在着自然科学上的不确定性，也缺乏对人类经济社会发展和对各国人民福利影响的考虑。我国应对此问题开展深入研究，参与科学讨论。同时争取时间加强我国在气候变化研究领域的积累，提升在相关问题上的科学话语权。

3.7　增大排放份额

在参与科学讨论以减轻我国减排压力的同时，也需对我国承担减排（限排）义务有所准备。届时，确定各国的实质性减排义务，关键在于使用什么指标来计算各国的减排量或排放量。目前国际上存在的排放指标主要有 6 种（表 3）。比较 6 种指标可以发现：

表 3 六种温室气体排放指标对应的 2050 年排放情景对比

Tab. 3   Comparison of emission scenarios in 2005 with 6 GHGs emission indices

排放指标	排放限额（亿吨 CO_2）				排放限额占全球的比例（%）			
	中国	北美	欧盟和俄罗斯	亚太发达国家	中国	北美	欧盟和俄罗斯	亚太发达国家
国别排放[4,21,22,23]	48.4	62.8	90.3	16.9	15.50	20.08	28.82	5.45
人均排放量[4,21,23]	52.5	10.3	28.3	5.5	17.19	3.31	9.10	1.77
历史累积人均排放[21,23]	81.5	41.8	*	*	26.02	13.36	*	*
单位 GDP 排放强度[4,23,24]	42.6	87.3	76.3	10.6	13.59	27.89	24.38	3.34
人均 GDP[23]	78.9	37.4	74.9	−34.5**	25.20	11.95	23.91	*
进出口贸易[23,25,26]	40.0	9.5	*	*	12.77	3.05	*	*

注：1. 北美包括美国和加拿大，亚太发达国家包括日本、澳大利亚和新西兰。

2. 以实现欧盟目标为背景，即 2050 年稳定在 550 ppm 水平，排放总量为 310 亿吨二氧化碳。

*资料暂缺。**负值表示已没有排放空间，还需从区域外借入。

（1）对我国最有利的指标是：历史累积人均排放量指标。在这一指标下，我国的排放限额和所占全球比例都达到了最大。

（2）明显对我国有利的指标是：人均排放量指标和进出口贸易指标。例如，在这两个指标下，我国的排放空间分别是北美的 5.1 倍和 4.2 倍。

（3）对我国较为有利的指标是：人均 GDP 指标。在这一指标下，我国的排放空间是北美的 2.1 倍，比欧盟和俄罗斯也要略高一些。

（4）对我国较为不利的指标是：单位 GDP 排放强度指标和国别排放指标。在这两个指标下，我国的排放空间分别是北美的 49% 和 77%，是欧盟和俄罗斯的 56% 和 54%。

历史累积人均排放量指标同时考虑了发展中国家较低人均排放和发达国家主要历史责任这两个主要对发展中国家有利的因素，因此自然得出对我国最有利的情景。然而，国际谈判不可能只考虑一国或一方的利益。目前，发达国家强调主要发展中国家排放总量迅速增长，发展中国家强调自身较低的人均排放和发达国家的主要历史责任，使全球性温室气体减排面临僵局。

着眼大局，考虑自身，提出自己的全球减排方案，为进行实质性减排谈判做好科学研究上的充分准备，是我国参与应对气候变化这一当前国际热点事务时争取主动的必然选择。在 6 个指标中，进出口贸易指标属于明显对我国有利，但尚未形成较为成熟的全球减排方案的指标，并且这一指标同时体现了历史形成的国际产业分工格局和当前发展着的国际贸易这一各国间的重要联系纽带。因此，可将进出口贸易指标作为切入点，深入研究制定对我国有利、体现发展中国家发展权和平等人权、能争取到尽可能多国际支持的"中国方案"。

3.8 创新工程技术

应对和解决气候变化问题归根到底要依靠科技创新和进步。由于人为排放 CO_2 的增长趋势很难遏制，于是出现了将排放出来的 CO_2 储存起来的思路，CO_2 捕获和封存（CCS）技术应运而生。CCS 技术可将 CO_2 从工业或相关能源的源中分离出来，输送到一个封存地点，使其长期与大气隔绝，从而降低大气中的 CO_2 含量。我国部分地区具有应用 CCS 技术的地质潜力和有利条件。比如，含油气盆地遍布全国陆地和海域，东部火力发电厂较为集中，油气田也相当丰富。2007 年 7 月 4 日至 5 日，我国科学技术部和英国环境部在北京组织召开"碳捕获与碳封存实现燃煤发电近零排放国际研讨会"；10 月 22 日，中国科学院发布《应对挑战——构建可持续能源体系》研究报告，碳封存技术将成未来研究重点；12 月 4 日，863 计划资源环境技术领域"二氧化碳的捕集与封存技术"重点项目通过专家可行性论证。积极开展 CCS 技术的研究、开发、应用，可同时服务于应对国际减排压力和建设国内生态文明两方面需求。

此外，为了减缓全球变暖，近年来各国科学家不断提出其他各种给地球"降温"、吸收 CO_2 的生态工程建议，例如[27]：

- 通过向海洋表面投放铁或尿素等营养物，刺激吸收 CO_2 的浮游生物快速生长，使其吸收更多的 CO_2；
- 发射地球轨道太空镜，将辐射到地球表面的阳光再反射回宇宙当中；
- 将含有硫酸盐化合物的颗粒释放到大气对流层中，以阻止太阳的辐射[28]；
- 在地球表面安置碳收集器；
- 改善家畜的消化系统效率，消灭产生甲烷（CH_4）的胃内细菌；
- 派一支无人驾驶、自动驱动的船队云游世界四大洋，把海水散布至空气之中去"播云"，增强对太阳光的反射；
- 通过基因工程，可以让树木长得更快，含木质素更少，吸收的 CO_2 更多；
- 将城市内的摩天大楼变为既能生产水果、蔬菜和谷物，又能产生清洁能源，净化污水的"垂直农场"。

虽然这些建议是否可行还需要经过严格的科学论证，但是只要沿着科技创新的路子走下去，人类必将迎来彻底解决气候变化问题的"曙光"。

4 小结

为有效应对国际 CO_2 减排压力，可以从国内、国际两个方面采取 8 条途径。

在国内，通过完成国家现有规划，综合计算改善能源结构、提高能源效率、全民节能减排、增大陆海碳汇等四条途径的 CO_2 减排潜力，2005-2020 年我国可实现累计减排 507.3 亿吨 CO_2；重视产能转移这条途径尚待评估具体潜力。此外，对于改善能源结构和提高能源效率这两条途径，可以在实现国家规划的基础上进一步挖掘潜力。比如，适当增加石油开采量与进口量、发展金融业和旅游业等，将产生新的减排潜力。可见，我国实际上将对全球应对气候变化和减缓温室气体排放做出巨大贡献，这是对国际 CO_2 减排压力的有力回应。

在国际上，通过参与科学讨论和增大排放份额这两条途径，大力开展科学研究，参与科学不确定性讨论，适时提出全球减排（限排）"中国方案"，尤其是探讨设定 550 ppm 稳定浓度目标的科学性，可以减轻国际压力，争取更多的时间和更大的回旋空间。

从根本上看，解决气候变化问题、解除国际 CO_2 减排压力还要依靠科技创新和进步。

参考文献（References）

[1] U. S. Energy Information Administration. International Energy Annual 2005. 2007, http: //www.eia.doe.gov/.

[2] National Bureau of Statistics of China. China Statistics Yearbook 2006. Beijing: China Statistics Press, 2006. [国家统计局 编. 中国统计年鉴-2006. 北京：中国统计出版社，2006.]

[3] Li Shantong, Hou Yongzhi, Zhai Fan. Forecast on the increase potential of China's economy in next 50 years. Review of Economic Research, 2003, (2): 51-60. [李善同, 侯永志, 翟凡. 未来 50 年中国经济增长的潜力和预测. 经济研究参考, 2003, (2): 51-60.]

[4] Wang Weizhong, Chen Bin, Lu Chuanyi et al. The Kyoto Protocol and allocation of carbon emission permits. Journal of Tsinghua University (Philosophy and Social Sciences), 2002, 17(6): 81-85. [王伟中, 陈滨, 鲁传一 等. 《京都议定书》和碳排放权分配问题. 清华大学学报(哲学社会科学版), 2002, 17(6): 81-85.]

[5] Qian Jie, Yu Lizhong. Study on contribution of CO_2 emissions from fossil fuel in Shanghai. Shanghai Environmental Sciences, 2003, 22(11): 836-839. [钱杰, 俞立中. 上海市化石燃料排放二氧化碳贡献量的研究. 上海环境科学, 2003, 22(11): 836-839.]

[6] BP. BP Statistical Review of World Energy 2007. 2007, http: //www.bp.com/.

[7] National Development and Reform Commission. Middle and long term programme of renewable energy development. 2007, http: //www.sdpc.gov.cn/. [国家发展和改革委员会. 可再生能源中长期发展规划.

2007, http://www.sdpc.gov.cn/.]

[8] Bai Quan, Dai Yande. Energy consumption per unit & energy saving and efficiency. World Environment, 2007, (3): 17-21. [白泉, 戴彦德. 单位GDP能耗与节能降耗. 世界环境, 2007, (3): 17-21.]

[9] Ding Lequn, Zhai Huijing, He Qing et al. Decomposition model of energy consumption per GDP and its analysis. Energy Research and Information, 2007, 23(3): 146-153. [丁乐群, 翟绘景, 何青 等. 单位GDP能耗的分解模型及其分析. 能源研究与信息, 2007, 23(3): 146-153.]

[10] World Bank. World Development Indicators. 2007, http://www.worldbank.org/data/.

[11] Department of Social Development of the Ministry of Science and Technology of the PRC, Administrative Centre for China's Agenda 21. Practical Civil Booklet for Energy Saving and Emission Reduction. Beijing: Social Sciences Academic Press(China), 2007. [科技部社会发展科技司, 中国21世纪议程管理中心. 全民节能减排实用手册. 北京: 社会科学文献出版社, 2007.]

[12] Liu Jiang. Strategies for China's Sustainable Development. Beijing: China Agriculture Press, 2001. [刘江. 中国可持续发展战略. 北京: 中国农业出版社, 2001.]

[13] National Development and Reform Commission. China's National Climate Change Programme. 2007, http://www.sdpc.gov.cn/. [国家发展和改革委员会组织编制. 中国应对气候变化国家方案. 2007, http://www.sdpc.gov.cn/.]

[14] State Forestry Administration. The 11th Five Year Plan and mid-long term programme of forestry development. 2006, http://www.forestry.gov.cn/. [国家林业局. 林业发展"十一五"和中长期规划. 2006, http://www.forestry.gov.cn/.]

[15] Christopher L Sabine, Richard A Feely. The oceanic sink for anthropogenic CO_2. Science, 2004, 305: 367-371.

[16] Hu Dunxin. The effect of ocean in global climate change. Scientific Chinese, 2005, (11): 21-23. [胡敦欣. 海洋在全球气候变化中的作用. 科学中国人, 2005, (11): 21-23.]

[17] Tao Wang, Jim Watson. Who owns China's carbon emissions? Tyndall Briefing Note No. 23. 2007, http://tyndall.webapp1.uea.ac.uk/.

[18] Bin Shui, Robert C Harriss. The role of CO_2 embodiment in US-China trade. Energy Policy, 2006, 34: 4063-4068.

[19] Yuan Zhongxian. Energy situation in China and corresponding strategy. China Metallurgy, 2005, 15(5): 7-9. [苑中显. 中国能源状况与发展对策. 中国冶金, 2005, 15(5): 7-9.]

[20] United Nations Population Division. World Population Prospects. 2006, http://esa.un.org/unpp/.

[21] World Resource Institute. CO_2 emissions series data. 2007, http://www.wri.org/.

[22] He Jiankun, Liu Bin. Analysis on the situation in the near future and the trends in the long term with regard of mitigating carbon emissions in China. China Population, Resources and Environment, 2006, 16(6): 153-157. [何建坤, 刘滨. 我国减缓碳排放的近期形势与远期趋势分析. 中国人口资源与环境, 2006, 16(6): 153-157.]

[23] Chen Wenying. Carbon emission permit allocation and trading. Journal of Tsinghua University (Sci & Tech), 1998, 38(12): 15-18. [陈文颖. 碳排放权分配与碳排放权交易. 清华大学学报(自然科学版), 1998, 38(12): 15-18.]

[24] He Jiankun, Liu Bin. Analysis of carbon emission intensity as the main index for greenhouse gas emission

mitigation commitments. Journal of Tsinghua University (Sci & Tech), 2004, 44(6): 740-743. [何建坤, 刘滨. 作为温室气体排放衡量指标的碳排放强度分析. 清华大学学报(自然科学版), 2004, 44(6): 740-743.]

[25] Ahmad N. A framework for estimating carbon dioxide emissions embodied in international trade of goods. OECD, Paris. 2003, http: //www.oecd.org/.

[26] U. S. Energy Information Administration. Projected international carbon dioxide emissions from energy use to 2030(Reference Case). 2007, http: //www.eia.doe.gov/.

[27] Brandon Keim. The year's 10 craziest ways to hack the earth. 2007, http: //www.wired.com/.

[28] Rasch P J, Crutzen P J, Coleman D B. Exploring the geoengineering of climate using stratospheric sulfate aerosols: The role of particle size. Geophysical Research Letters, 2008, 35, L02809, doi: 10.1029/2007GL032179.

Countermeasures against International Pressure of Reducing CO_2 Emissions and Analysis on China's Potential of CO_2 Emission Reduction

LIU Yanhua[1], GE Quansheng[2], HE Fanneng[2], CHENG Bangbo[2]

(1. *Ministry of Science and Technology, P. R. China, Beijing* 100862, *China*;
2. *Institute of Geographic Sciences and Natural Resources Research, CAS, Beijing* 100101, *China*)

Abstract: After analyzing the situation of international negotiation on climate change and the pressure of reducing CO_2 emissions China is faced with, the paper puts forward eight countermeasures to cope with the increasing pressure, integrating national development plans with advancement of science and technology at home and abroad. Of the countermeasures, five internal ones, such as optimizing energy structure, improving energy efficiency, encouraging a nation-wide energy-saving movement, augmenting terrestrial and oceanic sink for CO_2, and recognizing production transfer, will reduce a total of 50.73 billion t of CO_2 emissions after national development plans are realized. It will be a substantial contribution of China to the international mitigation effort and is also an effective answer to the international pressure. Two external measures, such as participating in scientific debate and bidding for a larger emitting share, will alleviate some international pressure and obtain more time and more space for China. The last one is related to science and technology innovation.

Key words: CO_2 emission reduction; energy structure; production transfer; carbon sink

"应对国际 CO_2 减排压力的途径及我国减排潜力分析"解读

王绍强

一、作者简介

文章主要作者刘燕华和葛全胜在全球变化和资源环境领域具有深厚的学术背景和丰富的实践经验。刘燕华是中国地理学会第十届理事会理事长、国家气候变化专家委员会主任、国际欧亚科学院院士，地理学家，享受政府特殊津贴。他先后求学于北京师范大学、中国科技大学和中国科学院地理科学与资源研究所，参与了青藏高原、横断山区的考察工作。他的研究领域广泛，涵盖了创新方法、资源环境、绿色发展、风险管理和可持续发展等，在国内外核心期刊上发表了多篇学术论文，主编《中国人口·资源与环境》等多部专著。葛全胜，地理学家，主要从事全球变化研究并在国际上具有广泛影响力，曾先后担任国际全球环境变化人文因素计划（International Human Dimensions Programme on Global Environmental Change，IHDP）中国国家委员会秘书长、国际地圈生物圈计划（International Geosphere-Biosphere Program，IGBP）中国全国委员会秘书长，被推选为中国地理学会理事、气候专业委员会主任、历史地理专业委员会委员等。他广泛研究了中国的和全球的土地利用和土地覆盖变化模式，确定了其驱动因素、趋势以及对环境的

作者介绍：王绍强（1972—），男，湖北襄樊人，中国科学院地理科学与资源研究所研究员，中国地理学会会员（S110008069M），研究方向为生态系统生态学、全球变化生态学、生态学模型、生态遥感。E-mail: sqwang@igsnrr.ac.cn

影响，揭示了人类活动、土地利用和生态系统变化之间的复杂相互作用。

二、写作背景及主要内容

工业革命以来，人类活动导致的温室气体排放急剧增加，导致太阳辐射被更多的吸收和反射，从而对气候系统造成了深刻影响，其中尤其显著的现象是全球变暖和极端气候事件频率及强度的增加。全球气候变化对生物多样性、生态系统功能、人类健康和社会经济等构成了严峻挑战。在应对气候变化和可持续发展的过程中，需要各国共同努力应对。但是，由于历史、发展水平和能力的差异，各国在应对气候变化方面应承担的责任是不同的。在减排方面，这一原则体现为发达国家和发展中国家在减排目标、时间表和具体措施等方面的区别。具体来说，由于历史上发达国家在工业化进程中排放了大量的温室气体，因此在应对气候变化和减排方面应承担更多的责任。发展中国家在应对气候变化和减排方面面临的挑战更为复杂，需要在保障经济发展的同时，控制温室气体排放的增长。

中国作为世界上最大的发展中国家和温室气体排放国之一，面临着来自国内外的巨大压力。2007年联合国气候大会国际谈判中，发达国家多次提出要求中国承诺具体减排目标，发展中国家尤其是部分岛屿国家也提出要求中国减排；同时，中国在国内也面临着气候变化带来的生态环境和社会经济发展压力。在这样的背景下，2008年发表在《地理学报》的"应对国际CO_2减排压力的途径及我国减排潜力分析"一文明确指出上述碳减排压力对中国来说既是环境问题更是国家发展空间问题，并对比分析了2005—2050年不同温室气体浓度水平下不同温室气体排放指标对应的中国排放空间。研究表明，按照到2050年全球大气CO_2浓度稳定在550 ppm水平，2020年全球CO_2排放需控制在400亿吨，而中国所能获得的最大排放配额为104亿吨（全球占比26%）；到2050年，全球排放需控制在310亿吨，而同期中国排放需求高达550亿吨，最大配额仅为80.6亿吨，排放缺口十分惊人。

为此，文章从"开减排之源"和"节压力之流"两方面提出了应对策略，包括：① 改善能源结构，大力发展可再生能源是减少我国煤炭和石油两类化石能源消耗的可行途径；② 提高能源效率，通过调整产业结构、大力发展第三产业同时配合技术进步减少创造单位 GDP 所排放的 CO_2；③ 全民节能减排，通过提倡和引导全民自觉参与节能减排行动降低高消费、过度消费甚至奢侈消费导致的碳排放；④ 增大陆海碳汇，制定人工造林长期规划和确定临近还远碳汇结构和强度，进一步增加我国生态系统碳汇规模；⑤ 重视产能转移，积极研究由国外转移至我国的产能碳排放并评估我国产能输出对碳减排的作用；⑥ 参与科学讨论，针对全球变暖机制和大气 CO_2 浓度阈值等关键问题开展研究讨论，为未来气候制度框架制定提供数据和理论支持，提升我国在气候变化领域的话语权；⑦ 增大排放份额，通过比较不同排放指标提出和制定对我国有利并体现发展中国家发展权和平等人权的碳减排"中国方案"；⑧ 创新工程技术，积极发展 CO_2 捕获和封存等生态工程技术，实现大气 CO_2 在陆地或海洋的长期稳定储存。

三、学术影响和时代贡献

"应对国际 CO_2 减排压力的途径及我国减排潜力分析"一文发表于 2008 年，彼时中国正经历人类历史上最快速的经济发展和城市化进程。例如 2005 年中国 GDP 为 2.23 万亿美元，位居全球第四位，2010 年 GDP 达到 5.75 万亿美元，跃居全球第二位。伴随着经济水平的飞速提升，中国的碳排放量也呈现出快速增长趋势，引发了国内外的广泛关注。该论文深入探讨了国际 CO_2 减排压力的来源、对我国长期发展空间的影响以及应对策略，为学术界提供了丰富的理论支持，为政府制定合理有效的碳减排和发展决策提供了科学依据。

首先，文章强调了改善能源结构和提高能源效率是减少气体排放的主要手段，并对可再生能源的减排潜力进行了分析，为国家制定减排政策提供了重要参考。目前，中国已经成为全球最大的可再生能源市场，太阳能、风能、水能等清洁能源的装机容量和发电量均位居世界前列。此外，中国还积极推动绿色低碳技术的研发和应用，加强环境监管和治理，提高能源利用效率等，这些措施都有助于降低碳排放，促进可持续发展。

其次，文章指出在计算全球碳排放配额方面对中国最有利的指标是历史累积人均排放量，明显有利的指标是人均排放量和进出口贸易，比较有利的指标是人均

GDP，不利的指标是单位 GDP 排放强度和国别排放。这为中国在国际气候谈判中坚持"共同但有区别的责任"原则，强调发达国家应该承担更多的减排责任，同时承诺将采取自主行动降低碳排放等提供了依据。

再次，文章提出促进全民节能减排和国际合作与交流，有助于普及低碳发展理念，提高公众对气候变化问题的认识。通过宣传和推广低碳生活方式、绿色生产方式等，可以引导社会各界共同参与到应对气候变化的行动中来，形成全社会共同参与的良好氛围。通过推动国际在应对气候变化领域的合作与交流，有助于促进国际社会对我国减排政策和行动的了解和认可。

中国于 2020 年发布了 2030 年"碳达峰"与 2060 年"碳中和"目标。这一战略倡导绿色、环保、低碳的生活方式，旨在加快降低碳排放步伐，引导绿色技术创新，提高产业和经济的全球竞争力。其主要实现路径包括能源结构转型、产业结构调整、科技创新、制度创新和国际合作。这与"应对国际 CO_2 减排压力的途径及我国减排潜力分析"一文提出的碳减排应对策略高度一致，凸显了该文的时代前瞻性和重要参考价值。

虚拟地理环境研究的兴起与实验地理学新方向

林 珲[1]，黄凤茹[1]，闾国年[2]

（1. 香港中文大学太空与地球信息科学研究所，香港新界沙田；
2. 南京师范大学虚拟地理环境教育部重点实验室，南京 210046）

摘要： 虚拟地理环境是一个可用于模拟和分析复杂地学过程与现象，支持协同工作、知识共享和群体决策的集成化虚拟地理实验环境与工作空间，是地理学研究的虚拟实验室，可为现代实验地理学研究提供科学方法和技术手段。本文阐述虚拟地理环境和实验地理学研究的发展过程及当前进展，探讨虚拟地理环境与虚拟地理实验对现代实验地理学研究的意义，并分析当前虚拟地理环境研究的关键问题及存在的误区。虚拟地理环境的兴起与发展为地理过程表达、地理知识获取、地理问题求解提供了新思路、新方法和新技术。实验地理学的研究方法可从野外考察与观测、室内物理模拟及地理数学建模和计算机模拟，拓展到虚拟地理环境平台下的虚拟地理实验。

关键词： 虚拟地理环境；实验地理学；地理模型；虚拟地理实验室；GIS

收稿日期：2008-10-12；修订日期：2008-11-05

基金项目： 国家 863 计划 (2006AA12Z207)；香港政府研究资助局项目 (CUHK447807)；国家自然科学基金重点项目(40730527)；江苏省高校重大基础项目 (05KJAD001) [**Foundation:** The National "863" High Technology Research and Development Program of China, No.2006AA12Z207; HKSAR RGC project No. CUHK447807; National Natural Science Foundation of China, No. 40730527; Jiangsu Provincial Higher Education Key Program, No. 05KJAD001]

作者简介： 林珲，男，教授，香港中文大学太空与地球信息科学研究所所长，主要从事虚拟地理环境、多云多雨环境遥感、城市和城市群 GIS 及空间综合人文学与社会科学研究。E-mail: huilin@cuhk.edu.hk

引用本文： 林珲, 黄凤茹, 闾国年. 虚拟地理环境研究的兴起与实验地理学新方向. 地理学报, 2009, 64(1): 7-20. [Lin Hui, Huang Fengru, Lu Guonian. Development of virtual geographic environments and the new initiative in experimental geography. *Acta Geographica Sinica*, 2009, 64(1): 7-20.]

地理环境是人类赖以生存的自然环境和人文环境的总和。当代地理学主要研究地理环境（地球表层系统）各界面间的物理、化学、生物和人文过程，及多种过程相互作用的机理，探求人类活动与资源环境相互协调与可持续发展的规律。地理学以"格局—结构—过程—机理"的研究思路贯穿始终。但是，地理学传统研究方法大多采用实地现场勘察以及利用地图与资料分析两大类。长期以来，许多地理学的研究只注重把解释性的描述和地理数据表达为报告和地图，而不重视科学技术的全面发展[1]。在近、现代地理学发展历程中，不少地理学家意识到地理学传统研究模式的缺陷。竺可桢曾经强调"加强定性和定量相结合的分析"，黄秉维积极引入新思想、新技术和新方法，开拓了实验地理学研究的新方向，寄希望于把地理学变成一门实验科学[2]。陈述彭提倡采用系统论、信息论、控制论等现代科学方法和现代科技手段（包括地学工程）研究地理系统，并从地球系统科学的高度推动地球信息科学等地理学研究方法的发展[3,4]。20世纪80年代以来，卫星应用、地理信息系统（GIS）、科学计算以及通讯网络的迅速发展，逐渐改变了传统地理学那种满足于静态而脱离地理过程研究的方式，更紧密地与空间分析和过程研究结合起来。最近，Peuquet又提出，GIS中时空信息的多元表达需要从数据驱动转变到综合的概念及理论驱动的方法，需要从形态表达发展到过程表达与模拟，探求能够提供用户之间灵活而全面的互动能力与方式的新一代时空表达、可视化与分析工具[5]。

虚拟地理环境（Virtual Geographic Environments，VGE）是最近几年由地理学与地理信息学的学者们提出的一个跨学科研究的新方向[6-10]。VGE是基于网络的多用户三维虚拟环境，它支持可视与不可视的地学数据表达、未来场景预见、地理协同工作和群体决策，可用于模拟和分析复杂的地学现象与过程，发布地学多维数据，也可用于地理教育、虚拟旅游等人类数字式生活方式。作为新兴的地理信息与知识的集成平台，VGE注重人地关系的理论研究及地理学模型的表达与知识交流，强调科学计算与虚拟实验、三维可视化、人机交融与地理协同在地理现象时空动态发展过程的分析模拟与预测决策中的作用，重视公众参与和地理知识的获取与共享。VGE可提供开展虚拟地理实验的工作空间和平台，帮助人们更好地理解和分析现实地理环境，是地理学研究的新的工具和手段，将有力促进实验地理学研究方法的发展。

1 VGE研究产生的背景

VGE是基于地理模型的虚拟环境系统，是地学工作者表达与描述、研究与分析、获取与共享关于地理过程及空间现象的空间分布、相互作用、演变规律和发展机制的地理知识的多用户分布式三维虚拟地理信息世界[11]。VGE系统有别于其他虚拟环境系统和传统地理信息技术系统,与前者的区别在于VGE系统强调对地理模型功能的支持并实现地理模型库与几何空间数据库的融合;与后者的区别在于VGE系统除支持传统地理信息技术系统的功能之外,还具有其所难以支持的地理模型库管理、地理现象与过程的三维可视、身临其境式人机交互或多用户分布式地理协同的系统功能。可以认为,VGE系统具有以下五大方面的特征:(1)地理模型库与几何模型库集成管理与互操作:即将各类复杂的地理模型集成在统一的平台下并实现模型之间的有机互动;(2)真三维地学可视化:包括表达静态地物的几何模型以及表达动态地理过程的地理模型的真三维可视化;(3)可融入的虚拟交互:用户可以进入虚拟地理世界中,有"身临其境""融为一体"之感,而且是VGE的组成部分并可以与虚拟地理世界交互;(4)分布式地理协同:支持来自不同地理位置的地学专家开展同时性的交流讨论、分析决策与合作研究。(5)公众参与:VGE强调具有社会特性的公众参与作用,因此其针对用户不仅仅是专家和专业用户,还有普通大众。

VGE的产生有着深刻的地理科学发展背景,同时也离不开当前飞速发展的计算机技术、信息科技以及社会科学,其发展还与地球系统科学的发展密切相关,最终将服务于全球环境变化和区域可持续发展研究。

1.1 地球系统科学研究的发展需要新的研究手段和信息平台

人类活动正在引起全球范围的重大变化,人类正面临着人口、资源、环境和发展的严峻挑战。这一挑战促使了地球系统科学研究的兴起和发展。全球环境变化与可持续发展是地球系统科学研究的重要内容,需要通过科学方法探索地球上各种自然现象发生、发展的过程,找到其中的关系,模拟和预测地球的过去和未来。为更深入了解地球各部分之间相互作用及其形成过程,发展和增强人类预测未来的因自然因素和人类活动所引起的各种变化的能力,必须利用全球观测技术和建立物理模式和数值模式对地球进行系统性科学研究[12,13]。对地观测技术的迅速发展积累了大量的地球系统各圈层定量的历史演变资料,为地球科学研究提供基础支撑。地球系统科学研究需要对这些资料进行统一规范下的同化、融合和集成。20世纪90年代末,日本以研究全球变化为目的而开发研制地球模拟器(Earth Simulator)并开展一系列模拟研究[14]。地球模拟器提供了大规模计算能力,可以运行水平空间分辨率达10 km的全球气候系统模式的数值模拟试验。科学家以地球系统动力学和预测理论研究为基础,借助地球模拟器,通过数值模拟来预测无法进行实验的自然现象,包括整个地球的大气海洋循环预测、全球变暖预测、地壳变动、地震发生等,从而帮助人类进行环境资源管理和适当的经济活动支援,为人类与自然的和谐共存以及人类的可持续发展作出贡献。

因此，地球系统科学研究的发展，需要建立对地球系统观测数据进行分析研究及其结果表达支持的平台，其中，科学计算和虚拟表达是其重要支撑。融合科学计算和虚拟表达特征的 VGE 的提出，正是顺应了地球系统科学研究发展的需求，并与其相互促进、共同发展。

1.2 地球信息技术快速发展为 VGE 的兴起提供技术支撑

地球信息技术主要是指运用计算机、信息通信、遥感（RS）、卫星导航定位系统（GNSS/GPS）、地理信息系统（GIS）、管理信息系统（MIS）及数据采集、存贮、集成、分析、共享、虚拟表达技术等手段，为资源、环境、区域、城市管理和发展服务[15]。卫星遥感和导航定位技术快速发展，全天时、全天候的对地观测及地理信息的动态采集，在天文学、地质学、大气科学、海洋学、气象学、资源环境学等领域的研究中，产生了大量的数据、信息、知识、模型，这些资料在为地球信息科技发展提供基础资源的同时，也使之面临着现代地理学研究发展要求地理信息技术不断创新的新课题。GIS 的产生使得地理学研究方法向前迈出一大步。GIS 为各门涉及空间数据分析的学科提供了新的技术方法。GIS 从产生至发展到今天的日益社会化和产业化，不仅成为地理学的重要研究工具与平台，也是地理信息从科研走向社会服务的重要平台工具之一。

地球信息技术的发展和信息科技的发展与成熟密切相关并相互促进。随着科学计算、数理统计、模糊数学、元胞自动机、分形几何等数学科学方法以及通讯、计算机网络、数据库、分布式计算、人工智能、人机交互与虚拟现实等信息科技快速发展并运用到地理科学和地球系统科学研究中，地球信息科技也从不同角度得以不断发展和进步，从而也为集成 RS、GPS、GIS（简称"3S"）和虚拟现实等多项技术的 VGE 的产生和发展提供了技术支撑，对促进用户与地球信息平台以及用户与用户之间的交流互动，用户更加充分地发现、获取、共享、发布地理知识，感受和体验地理环境，都具有非常重要的意义。

1.3 人文社会科学领域需要 VGE 平台作为研究后现代人类发展趋势的一个窗口

后现代社会以"信息时代""知识经济"与"学习化社会"作为其基本特征，实际上已经悄然来临，并迅速而全面地渗透到当代人类社会各个方面。近年来，关于信息时代地理学的研究活动和文献日趋增多。如 Batty 考虑现代信息技术快速发展对地理学的影响，提出基于信息的"不可见城市""赛博空间地理学"以及"虚拟地理学"[16]。

网络本身即是一个虚拟空间。随着网络不断发展，虚拟世界与现实世界逐渐融合，人类传统的生产生活方式受到巨大冲击并正在发生显著变化，人类生活场景呈现出许多后现代社会的形式。日益增多的公众对虚拟环境、虚拟地球、虚拟世界日渐熟悉并参与其中。信息化、网络化、虚拟化后现代社会中学习、工作和生活的新方式如 e-旅游、e-教育、e-购物、虚拟社区、虚拟办公室、虚拟银行、虚拟股市、虚拟游戏、虚拟艺术等相继出现并展现强大生机，公众用户群正在迅速扩大。例如，越来越多的后现代人类进入"第二人生"虚拟世界开始其虚拟人生，瑞典政府在其中设立了虚拟大使馆[17]。

后现代媒介传播、后现代教育、后现代文化消费、后现代经济模式以及后现代新人类取向等等的出现，代表了整个后现代人类发展的一些趋势和方向。因此，研究后现代社会经济、政治、法律、文化，和人类心理、行为特征及生活方式的人文社会科学领域，自然需要 VGE 这样一个窗口平台，以便从中了解、探讨和深入研究后现代人类社会的特征及发展趋势和方向。

1.4 VGE 产生过程与地理学语言的演变

VGE 的产生是在信息科学、地理科学、地球系统科学、计算机科学的发展以及现实应用需求共同作用下产生的，是地理学与地理信息学的学者们在开展地理学研究中感受到 GIS 等方法的局限后，积极探索与思考的结果[11]。图 1 表示了从地图到 GIS 再到 VGE 的发展过程。

1.4.1 从地图语言发展到 GIS 语言

著名地理学家巴朗斯基曾说"地图是地理学的第二语言"。充分利用地图进行思考和分析，是地理学与其他学科最重要的不同研究方法之一。早期地理学家把想法展示在地图上，视地图为最主要的研究工具之一，是地理数据的载体。随着地图数据库、现代野外地面测量、数字摄影测量技术以及卫星定位和遥感技术的发展，原始地图的信息获取功能被高效、大容量的现代化工具所取代，进而也促成了现代地图学的产生和发展。地图学与数学方法及现代信息技术的相互结合与作用产生了 GIS。GIS 成为继地图之后的地理信息载体和平台。陈述彭曾提出"如果说地图是地理学的第二代语言，那么 GIS 就是地理学的第三代语言"[18]。

1.4.2 GIS 的局限及发展新方向

随着人类获取数字化空间数据的手段和能力的不断提高，GIS 应用领域的不断拓展，人们对空间信息的获取与处理、地理知识发布与共享、公众参与与协同工作等方面都有了更高的要求。但是，1960年Tomlinson提出"要把地图变成数字形式的地图以便计算机处理与分析"的观点，一直是研究和发展GIS的指导思想。基于制图的传统使得传统GIS基本上只适用于地图处理，基于地图处理的局限使得GIS存在着严重的不足[19]。GIS以地理空间数据为处理核心的设计理念也使得GIS的分析功能主要集中在缓冲区分析、叠置分析、网络分析、空间统计分析等空间几何分析功能，而在地理模型方面的功能匮乏，针对复杂空间系统建模和模拟的能力不足，难以表达和模拟现实世界中大量的具有动态时空变化特征的地理现象和过程。同时，由于相对抽象的（二维）地图是传统GIS主要的表现形式，使之难以支持用户对多态而自然的人机交互和用户界面的需求，以及用户之间在数据共享之外的有关解决方案的讨论与互动。传统GIS的设计思想、体系结构和数据组织已经不能满足目前和将来地理空间信息处理、应用和服务的需要。因此，探索寻求新的平台成为地理信息领域专家学者的研究热点，众多学者从不同角度提出了诸多解决方案。

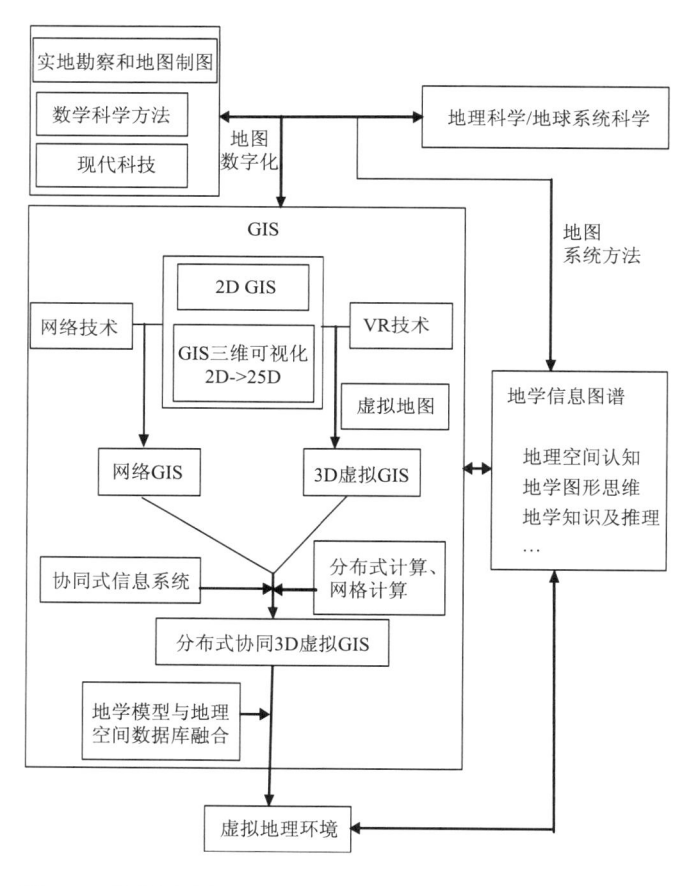

图1 从地图与GIS到VGE的发展过程—VGE可成为地学信息图谱、信息科技与GIS发展的集成系统

Fig. 1 The development process from map and GIS to VGE—VGE can be the integrated system of Geo-informatic Tupu, information technology and GIS

Goodchild 和 Batty 强调 GIS 应加强除了空间几何分析之外的空间结构、空间自相关分析、空间内插技术以及各种空间模拟模型的功能，注重于分析地理空间的固有特征、空间选择过程及其对复杂空间系统时空演化的影响[20-23]。陈述彭提出的地学信息图谱是在继承地图学研究成果和地图系列比较分析方法基础上，运用当代科学理论和技术发展起来的一种地理时空分析方法论；它应用地学分析的系列多维图解来描述现状，并通过建立时空模型来重建过去和虚拟未来[24, 25]。虚拟地图是在数字化地图的基础上利用虚拟现实（VR）和网络技术建立的含有空间属性和其他非空间属性信息的三维地理空间[26]。Faust 等进行 GIS 和 VR 系统的集成试验，提出虚拟 GIS（VGIS）的概念[27]。VGIS 把原先在 2D-GIS 中只占一般地位的 3D 可视化模块提高到了整个系统的核心地位，把用户与地学数据的三维视觉、听觉等多种感觉实时交互作为系统的存在基础。结合 GIS 与分布式计算技术的分布式 GIS 研究和应用正成为新一代 GIS 的发展方向之一，其强调空间信息的分布式协同计算与处理，以及为使用者提供面向问题的信息获取方式[18]。不少 GIS 领域与其他领域的专业学者正在研究地理空间数据库与专业模型管理的集成与融合问题[28-30]。Peuquet 等寻求支持知识发现的地理数据模型和知识表达方法，研究支持大规模、异构的地理数据挖掘与知识发现的工具和平台[31]。

1.4.3 新一代地理知识平台 VGE

随着计算机软硬件、网络、分布式计算、虚拟环境技术的发展和成熟，突出以网络和虚拟为特征的新技术不仅使人类的生存生活方式发生着巨大改变，也大大推动了各个科学领域的研究和应用。新技术时代的地理学研究方法同样出现了新的特征，地图和 GIS 的新发展均具有网络和虚拟的特征，使得将地理环境放到数字环境中模拟、实验和研究成为可能。当前地理空间数据库与地理模型库的整合是地理信息科学技术研究与应用的关键，是地理知识研究和应用系统与其他系统的区别所在。新一代地理知识平台不仅需要将地学可视化、地学多维图解中的人机交互方式发展为虚拟现实技术中的融入沉浸方式以及多感觉交互方式，还需要网络技术，并实现地理知识模型与地理空间数据库的整合和地理研究工作的协同。VGE 研究的兴起和发展正是顺应了这种技术潮流和人类需求的发展。因此，VGE 可成为地学可视化、地学信息图谱、信息技术和 GIS 等结合发展的集成系统，并将促使地理学研究方法和地理学语言的更新换代。

林珲等研究了地理学语言从地图到 GIS 和 VGE 的演变过程，指出 VGE 对现实地理环境的抽象表达具有多维、多视点、多重细节的多模态可视表现，多种自然交互方式，跨时间、空间与尺度的地理协同，支持多感知的空间认知等特点；认为 VGE 作为新一代地理学语言，其具有的显著特征是以用户为中心，提供最接近人类自然的交流与表达方式[10, 32]。

这样一个研究、发现、交流和共享地理知识的新的科技支撑平台的产生是可能的，也是必要的。例如，我国现代化治黄方略"三条黄河"（即"原型黄河""数字黄河"和"模型黄河"）就提出，所有黄河的重大工程都要先进行数字模拟实验，然后再进行物理黄河实验，最后才到原型黄河[33]。面对全球重大的环境、资源、能源、灾害等问题，从事地学研究的地理信息学家应该为社会提供一个能够感知地理知识和地理现实，亦可以进行地理知识交流和共享的新的平台和语言；借助这个新平台，能够模拟地理现象和过程的时间序列与空间结构演变，能够获取真实地理环境知识，实现虚拟环境和现实环境的融合；这个新平台所展示的是地理信息学家的一种理想："身临其境的感受，超越现实的理解"[10]。

2　VGE 研究进展

2.1　国内研究队伍及相关研究与应用领域

自从中国学者 10 年前提出 VGE 研究方向以来，逐渐引起国内外学术界的响应。中国学者积极开展了与 VGE 相关的研究。国家"863"计划和自然科学基金会均立项开展 VGE 及其应用领域的研究。中央和地方政府也陆续投入资源，开发针对重大区域发展项目与城市的虚拟地理环境基础系统。这种形势使得国内 VGE 研究队伍得以迅速成长，如武汉大学的虚拟现实实验室、中科院遥感所 VGE 创新团队的组建；南京师范大学成立 VGE 教育部重点实验室。香港中文大学、中科院遥感所、华东师范大学、南京师范大学等大学和科研院所开设了 VGE 课程、招收 VGE 相关研究方向的博士研究生。

就国内的研究情况来看，林珲和龚建华通过一系列论文和专著开展了 VGE 基本理论、技术方法与应用的研究[6-10, 11, 32, 34]。孙九林提出了"资源环境科学虚拟创新环境"概念并建立"地球科学虚拟多维信息空间生成系统"[35]，指出资源环境科学虚拟创新环境是对资源环境系统现实世界的仿真；认为其创建是实现资源环境科学知识创新的重要举措之一。高俊等应用 GIS 和虚拟现实等技术研究虚拟作战地形仿真环境[36]；徐青开展作为认识太空的手段的虚拟空间环境及其可视化研究[37]；李德仁、朱庆等提出并研究数码城市环境的建立[38]，着重从摄影测量与遥感和 GIS 的角度论述了三维城市模型的数据内容及其快速获取方法、多种数据的一体化管理与集成应用、海量数据的动态交互式可视化技术；闾国年等研究与开发"没有围墙的 GIS 实验室"、开展对虚拟时空地理认知的理论、空间三维数据的快速获取与一体化数据模型、图形化地理建模方法、VGE 软件平台与系统集成、分布式群体协同与空间决策支持系统等研究[39, 40]；陈崇成等研究面向大场景森林景观、林火蔓延的 VGE 建模与实时绘制技术[41]。吴立新等对于城市地下空间与矿山地下环境的建模与可视化开展了积极的探索[42]。江辉仙等探讨 VGE 在虚拟城市、虚拟企业和虚拟旅游等方面的应用[43]。

2.2　VGE 国内与国际会议和国际研究动态

以 VGE 为议题的国内与国际学术会议也相继召开，如 2001 和 2002 年分别在深圳与北京召开的国内第一、二届虚拟现实和地理学会议、2008 年第三届武汉 VGE 会议；2003 年和 2008 年在香港中文大学召开的第一、二届国际 VGE 会议。通过这些会议，国内外研究机构就 VGE 研究进行交流，增进相互了解。中国学者对于国外的研究进展也有了更多的关注，如 MacEachren 等研究并开发了"协同式地学虚拟环境""DAVE_G-对话支持下面向地学信息的可视环境"[44]；Dykes 等构建用于地理教学和野外实习的虚拟环境[45]；Illinois 大学电子可视化实验室研发出具有沉浸感的 CAVE 和 GeoWall 系统[46]，并用于地理科研和教学；Batty 等研究虚拟环境下的建模及其在城市规划中的应用[47, 48]；Yano 等实现虚拟日本京都，再现不同民族节日的场景、道具以及人群服装与行为等古城文化[49]。这些交流又进一步促使国内外相关学者针对虚拟现实与可视化技术和地学结合、虚拟地理实验等方面的相关研究工作的开展和深入。

2.3　政府相关部门对 VGE 应用的需求及企业界相关软件的开发

政府的规划部门与相关单位顺应这种研究势头，在各自的应用领域开展 VGE 研究，不少应用系统逐渐开发和运行。目前，VGE 系统正被应用到传统 GIS 的诸多应用领域之中，如城市设计和规划、城市地下空间管理、环境监测、交通管理、地表建模、旅游等方面，为分析和解决这些领域中的问题提供了新的方式和手段，同时又拓展了新的应用，如数字黄河、虚拟旅游、虚拟校园、教学培训、虚拟企业等领域。企业界也相继推出相关软件。Google 正式推出基于卫星图片的地图软件 Google Earth[50]，Microsoft 也相继推出网上产品 LiveLocal 及虚拟地球 Virtual Earth[51]，Linden 实验室推出 Second Life 在线虚拟世界产品[52]；以及伟景行的 CityMaker[53]、中视典的 VRP 平台[54]、北京灵图 VRMap[55]等三维 GIS 和虚拟现实平台的推出，逐渐应用在土壤侵蚀过程模拟、环境化学元素时空变化模拟、风暴移动预测与模拟、水质模型项目、城市规划、文化遗产保护和景观设计等领域。由此可见，作为新一代地理信息技术手段，VGE 具有广阔的发展前景。

3 现代实验地理学研究与 VGE

3.1 实验地理学研究进展

实验是现代科学发展的重要特征与标志。自 20 世纪 50-60 年代，中国地理学家已经认识到实验对于地理科学理论与方法发展的重要性。中国现代地理学的开拓者黄秉维认为，地理学经验性、描述性的研究老路是走不通的，指出地理学的前瞻性发展方向——实验地理学，强调要以物理学、化学和生物学已经证明的规律来观察和研究地理学的对象及这些对象的发生、发展和地域分异；要吸收数学、物理学、化学的知识来建立观测、分析、实验的技术；要运用航空照片判读和航空观测的方法来加速考察工作的进度和精确程度[2]。钱学森将地理科学列为世界现代 10 个科学技术大部门之一[56]，提出现代地理科学三个层次的学科体系[57]。牛文元进一步提出将地理学的内涵表达为理论地理学、实验地理学与应用地理学的集合[58,59]。马蔼乃认为现代地理科学从技术科学的角度可分为地理观察学、地理测量学、地理实验学、地理计量学、地理信息学[1]。刘东生对黄土高原进行了大量的野外考察和实验分析，研究古环境[60-62]。刘昌明研究地理水文学、水文模型和水文学模拟实验，力推实验地理学研究[63-65]。金德生等对流域水系与水沙过程开展了多项实验研究[66-68]。我国学者的这些思想和实践，展现了实验地理学在地理科学学科中的位置和重要性。

在我国，针对地理环境系统的地理实验和定量研究方面，从实地考察与地理定位观测、到实验室的物理模拟实验、以及地理数学建模方法与计算模拟，已经有了长足的发展。建立了大量的野外地理观测台站和野外实验基地，野外定位试验研究从物理、化学、生物的三类自然过程进行[69]。室内试验分析和地理模拟实验研究工作也受到关注，建立了沙风洞实验室、开展孢粉分析研究、应用碳同位素测年等。目前我国的地貌实验站计有 30 多个，包括流水地貌实验、风沙地貌观测与实验、泥石流观测实验、侵蚀地貌实验等[69-70]。到现在，自然地理学中的模型实验和模型实验室仍然是很多大学以及科研院所进行学科建设时的考虑重点之一。

但是，综合来看，地理实验与实验地理学的发展还比较缓慢，对于地理科学核心基础理论与方法的贡献尚不显著。传统实验地理学采用野外实地实验与室内物理模型实验的研究方法，在针对地理系统这个复杂巨系统研究所具有多维、多尺度、模糊性与不确定性的地理问题中，有着相当程度的局限性。而目前的数学地理建模、遥感信息模型以及计算机的计算与模拟实验方法则纷繁复杂，需要从实验地理学的统一视角来实现有机的集成。

3.2 VGE 对于现代实验地理学研究的意义

地理系统是一个复杂巨系统，地理学研究具有鲜明的综合性和区域性。地学问题所具有的多维特征要求研究者需从时间、空间、尺度等多角度进行多维综合探索与处理，才能揭示出新关系，获取新知识。VGE 系统融合地理数量方法、地理实验科学和信息科学技术，具有地学科学计算和虚拟表达特征，采用地理模型的知识交流与共享以及地理协同的工作模式，支持对地理现象和过程的发展规律表达和变化机理分析，以全新的地理研究和地理知识应用与互动模式来开展对地理复杂系统的过程研究。因此，VGE 的兴起与发展为表达地理过程、获取地理知识、了解地理规律、参与地理问题决策提供了新的平台与有力工具，为地理系统研究提供新的方法与技术。实验地理学的研究方法可从野外考察与观测、室内物理模拟与实验分析和地理数学建模和计算机模拟，拓展到虚拟地理环境平台下的虚拟地理实验（图 2）。VGE 和实验地理学结合，二者可以互相促进共同发展，对推动地理科学基础理论与应用实践的发展，应能发挥重要作用。

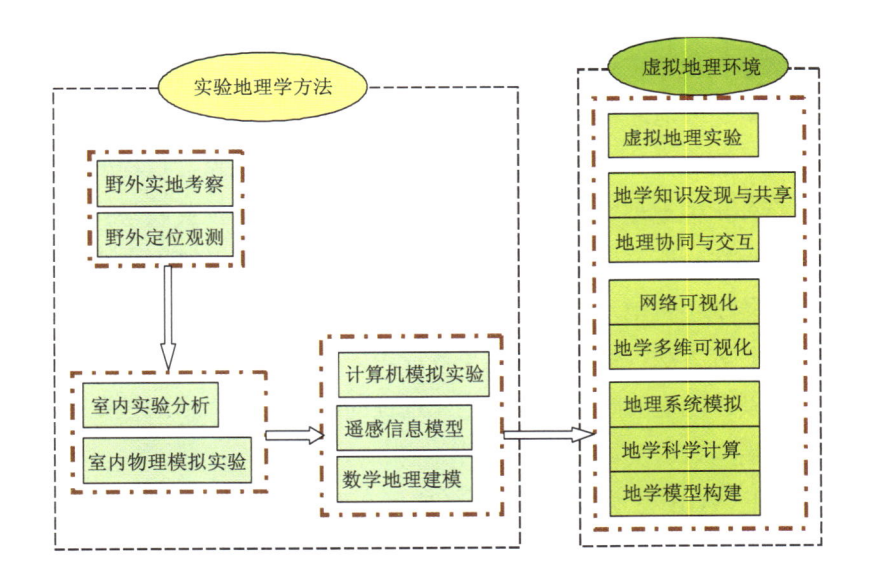

图 2　虚拟地理环境拓展实验地理学的研究方法

Fig. 2　VGE extends the research methods of Experimental Geography

3.2.1 科学计算是实验地理学的重要方法之一

地理数学方法是现代地理科学朝向实验科学方向发展的标志，即现代地理学着重于对地理法则与规律的理论化和数学模型化的研究，将地理环境及其人类活动的相互关系看作统一整体，采用定性与定量相结合的方法，综合运用多种数学方法，建立一系列分析、模拟、预测、规划、决策、调控等模型系统，来解释地理现象的内在机制并预测其未来演变规律。科学计算是利用计算机为解决科学和工程中的数学问题而进行的数值计算。随着计算机技术的发展，科学计算已经和理论分析与实验研究并列为三大科学研究手段。例如，科学计算广泛应用于计算机仿真与模拟，核物理科学家模拟核爆炸实验的全过程；海洋环境科学家模拟海啸的全过程，并通过科学计算可视化方式再现海啸发生时海啸波及邻域海岸的时间与形态。显然，科学计算与可视化是表达地理学规律的重要方法，是地理知识的来源之一，也是实验地理学的重要方法之一。

3.2.2 虚拟地理实验拓展实验地理学传统的研究方法

虚拟实验是指在计算机与网络支持下的数字与虚拟环境中开展的科学实验。随着信息技术及计算模拟技术的发展，目前虚拟实验在包括生物、化学、物理、人体运动、机械制造等在内的众多研究领域得到了重视并成为研究的热点。但是，由于地理环境的巨系统特性和地学问题的高度复杂性，它在地学中的研究和应用则相对较少。最近几年，随着VGE的提出和相关研究的展开，同时也借鉴虚拟实验在实验经济学、实验医学等其他领域的研究与实践，虚拟实验在地理范畴内的继承、应用和发展，逐渐形成了虚拟地理实验研究新方向。虚拟地理实验是以地理科学数据为基础，通过计算、模拟、可视化，人的实时参与、互动与操控，寻找、验证并建立地理模型，以获取表达地理现象与过程的关系、结构与规律。它既可以与野外定位地理实验、室内物理模型实验相对应、关联与互补，也可以是在现实中很难实施物理实验而可依据某些地理特征、现象与规律虚拟构建的地理实验[70]。它不仅可广泛应用在传统实验地理学聚焦的自然地理研究领域，也日益成为经济地理学以及人文地理学的重要研究方法，例如，龚建华等应用多智能体方法结合虚拟现实技术实现模拟SARS在社区以及医院内的时空传播与控制过程的模拟实验[70]，刘妙龙等利用元胞自动机方法模拟土地利用变化以及城市的扩展[71]。

虚拟地理实验是VGE在地理学研究中的应用和发展。VGE所建立的虚拟地理信息世界，可以成为地理学研究的虚拟实验室。VGE及其中的虚拟地理实验使得地学工作者对于研究区域可进行先期"考察"，甚至可以通过野外分布式传感器网络的支持，"亲临"现实中无法到达的环境（如高温区、地下矿区及深海等）中进行实验，或者实现一些在现实条件中不可能实施的实验；也使得可重复的模拟实验成为可能，其中的地学分析模型均可由不同的人虚拟运行模拟，可受多次检验和相互验证；还可以大大减少实验经费，或者可为减灾决策（例如海啸预警等）提供重要依据；对于保护生态环境方面的意义也是不言而喻的。借助VGE提供的融入交互和地理协同工作环境和实验平台，地理学家可以利用其化身"身临其境"地分析其中所模拟与表达的现实地理环境中的地理现象与过程,进行地理学共同研究、知识发现、交流和决策,从而丰富地理学理论,加速科学知识的创新和积累,更好地为可持续发展的研究和实践做出贡献。

虚拟地理实验应用拓展了实验地理学传统的研究方法。实验地理学与 VGE 研究相互结合的现代地理实验理论、方法体系以及实验平台,理应成为现代实验地理学研究的重要内容。

3.2.3 VGE 作为虚拟地理实验室的发展前景

虚拟地理实验室将 VGE 与实验地理学研究紧密结合,突出了 VGE 研究中地理模型的重要性,有助于促使 VGE 研究在融合信息科技领域诸多技术的基础上,更注重从实验地理学的实验科学和地理科学视角考虑 VGE 研究对发展地理科学的理论与方法论的推进作用。虚拟地理实验室的建立和发展是目前的研究热点,它对地理研究、地理教育与地理信息应用的普及具有良好的发展前景。

在推进地理科学研究的发展方面,虚拟地理实验室为实验地理学研究提供新的技术方法和实验平台,有助于推动实验地理学的发展。此外,虚拟地理实验室是以可计算人地关系为研究对象,地理空间认知理论和广义地理相似理论为理论支持[72],因此,它更加注重从不同尺度上研究人地关系,将"人"扩展为多层次主体,并强调对基于"个人"的微观层次上的人地关系的研究,有助于微观地理学的研究;在强调作为主体的人在地理环境中的突出作用的经济和人文地理学研究中也具有广阔的应用前景,可成为社会、经济与人文地理学研究的重要推动力。

在促进现代教育及地理教育与地理信息应用的普及方面,虚拟地理实验室集成计算机网络、虚拟现实和地理信息等技术,不仅可以提供分布式协同虚拟地理教学环境,还对地理教学中的实验环节提供虚拟实验平台支持,对于以研究开放复杂地理系统并强调人的体验学习的地理教学而言,无疑是个理想的辅助教学平台。目前,有不少学者对虚拟现实技术用于地理教学的可能性进行分析[73],描绘虚拟现实用于地理教学的美好前景[74],探讨协同虚拟地理教学环境的设计、实现与具体应用[34],将虚拟地理实验教学引入高校地理教学实践中[75]。此外,作为虚拟地理实验室,VGE 不仅为地理学研究者提供新的理论研究视角和科学技术方法,也为公众应用地理空间信息和共享地理知识提供了新的交流模式,这一模式在地理信息应用和地理知识的普及中具有明显的优势,也为当今可持续发展的公众参与提供了新的交流平台。

4 当前VGE研究中的误区与关键问题

作为当前地理信息科技领域研究发展方向之一，目前VGE研究仍处于探索阶段，其间不可避免地存在有一些误区，主要集中在以下三方面：

（1）认为三维几何模型的虚拟环境就是VGE，忽略了其中关键的地理模型的表达和运行。

犹如在GIS发展初期，许多人将没有地图显示的地理坐标文本数据库也称为GIS，而忽略了地理编码数据库与管理信息系统（MIS）的通用数据库的基本区别在于"地理编码"。对于VGE而言，几何模型是VGE的重要基础，但它仍然只是VGE核心的一部分，"地理模型"是VGE新核心的组成要素。VGE研究的目标不在于创建专业领域模型，也不仅仅是研究和实现网络通信、三维可视化等关键技术，而是构建一个集成化的共享地理知识的虚拟环境，其中，搭建地理模型的多维建模环境与运行模式是关键；如果缺乏关键的地理模型，则仅可视为3D可视化系统或3D-GIS，而不足以构成一个VGE系统。

但是，目前针对VGE的研究仍大多集中于VGE本身的物理技术或信息技术的实现，如通讯领域、计算机领域的技术研究上，包括网络架构、分布式计算、三维可视化、仿真、虚拟现实等技术；或者是对专业领域模型的构建上，如大气模型、水文模型、土壤侵蚀模型等。VGE研究应该侧重搭建综合建模环境，重点考虑地理模型的同化方式。VGE的建模同时包含实体对象建模，如树、房屋、桥梁、道路等，地理过程如风场、温度场、污染扩散、水流模型，以及人类行为建模，如城市发展模型、在紧急情况下人们的逃离行为等；其中既包括离散模型，也包括连续模型；既有静态的，也有动态的；要综合考虑、统一构建，做到模型之间的有机结合；同时也要注重人机交互过程中效率问题的研究，即在技术层面上要研究三维动态建模、地学过程模型模拟、实时交互、共享空间和共享操作、分布式协同工作和群体决策等功能实现的高效性。因此，VGE研究应加强各种信息技术与地学模型的结合技术研究，如复杂多样的地理模型在VGE中的表示和集成、专业领域地学过程的动态三维可视化，虚拟地理实验的设计和具体实现等，使VGE真正成为研究地学机理、发现地学知识和规律的有力工具。

（2）认为VGE与野外观测是对立的，是独立于野外工作经验的。

其实，野外观测是VGE的数据与"经验"知识的重要来源和处理基础。VGE的建立，将有效地将野外观测获取的数据融入地理知识获取与共享系统。具有管理地学模型与数据"经验"的VGE将成为有效使用"星—空—地"遥感系统、卫星定位系统、野外观测台站以及分布式传感器网络的数据的综合平台。同时，VGE 可以减少某些野外工作，或者可以协助野外工作的前期规划（包括通过网络开展的远距离协同工作），提高野外作业效率，例如，将野外观测数据与 VGE 中该区域的相关数据进行快速比较分析。但是，同样作为地理学研究的方法与手段，VGE 可能并不能完全取代野外工作，至少，具有野外工作经验的地学工作者是 VGE 系统的组成部分。因此，VGE 与野外工作是相辅相成的，配备移动分布式 VGE 应该成为发展未来野外地理科学考察装备的目标之一。

（3）认为 VGE 中的虚拟环境是与现实世界一一对应的，过于追求虚拟场景的真实化。

其实，虽然 VGE 虚拟环境的建立和发展是以现实世界为参照的，但并不一定需要与现实世界一一对应的。VGE 中的部分世界可以是以现实地理环境为对象，通过数字化表达、真实性地模拟现实地理环境中可见的地理景观；也可以是表达与反映现实世界中不可见的、可能多样化存在与发生的现象和过程；甚至是与现实世界没有任何对应关系的、只在逻辑上可能而在现实中永远不存在的事物或现象。VGE 中虚拟场景的表达需要根据不同的研究目标和实际用途等具体情况来建立，不应一味地追求虚拟场景的真实化表达。相反，应该把重点放在多种模型的有机集成与同化、模型的动态表达及交互方式等知识表达、获取与共享方面的研究。由于 VGE 将集成 GIS 以及其他技术系统，因而它将可能需要更多的资源的投入。正因为如此，VGE 的需求调研与设计更应该慎重，否则，它的开发失误将造成比一般 GIS 更为巨大的浪费。

当前 VGE 研究的热点和难点，包括其理论、技术和应用三个层面。在理论层面上，主要研究虚拟环境和现实地理环境的相互关系，虚拟环境的空间认知，面向现实环境和地理学规律的地理认知和地理建模等；在技术层面上，主要包括快速三维动态建模环境、多维地理模型组织与运行、虚拟地理实验环境、实时交互、分布式协同工作和群体决策等的研究；在应用层面上，主要包括数字城市、数字社区建设与应用的深化扩展、可视数据挖掘与知识发现、区域可持续发展虚拟决策支持环境、地学各个专业领域的过程模拟与深入分析等。其中，作为核心的地理模型在 VGE 中的表示、其运行模式及与空间（遥感与地理信息）数据库的集成、以及地理协同工作模式，是目前 VGE 研究的关键问题，也是 VGE 平台构建需要重点解决的问题。在 VGE 平台基础之上的应用系统开发，同样要重点考虑专业领域地理过程的模拟和分析，以解决实际问题为系统构建目标，例如研究和模拟环境变化，应尽可能利用大范围、长时段、多类型的数据，要突出体现 VGE 作为虚拟地理实验室的功能，通过系统支持下的地学模拟与实验，加强地学专业层面的分析深度，并提供对地理协同工作、地理知识发现与共享、交流互动与预测决策的有力支持。

5 结语

（1）现代地理学与地球系统科学的发展对地理学研究技术方法和手段提出了新的要求，为顺应这一要求，地理信息科学技术领域也在寻求和构建新的地理信息平台，并展开相关理论和技术的探讨和研究。

（2）VGE作为新一代地理信息平台，可以弥补传统GIS难以表达现实世界中大量的以地学分析模型为基础的地理现象和难以支持信息技术飞速发展时代用户对多态而自然的人机交互和用户界面的需求两大不足。它融合地理数量方法、地理实验科学和信息科学技术，具有地学科学计算和虚拟表达特征，采用地理模型的知识交流与共享以及地理协同的工作模式，支持对地理现象和过程的发展规律表达和变化机理分析，以新的地理研究和地理信息应用与互动模式来开展对地理复杂系统的过程研究。

（3）VGE的兴起与发展为表达地理过程、获取地理知识、了解地理规律、参与地理问题决策提供了新的平台与方法技术。VGE研究与实验地理学结合，突出了VGE中地理模型研究的重要性，强调虚拟地理实验有助于推进实验地理学新方向的发展，实验地理学的研究方法可从野外考察与观测、室内物理模拟与实验及地理数学建模和计算机模拟，拓展到虚拟地理环境平台下的虚拟地理实验，从而促进地理学向实验科学方向发展，推动地理科学的发展。

（4）当前VGE研究存在着重几何模型、重信息技术，而轻地理模型的现象，应加强VGE中关键的地理模型的表达和运行机制研究，在应用层面要重点考虑实现VGE对专业领域地理过程的模拟、分析和地理知识共享的支持，加强地学专业层面的分析深度，为解决实际问题提供有力工具。

参考文献（References）

[1] Ma Ainai. On future development of geography science. Acta Scientiarum Naturalium, Universitatis Pekinensis, 1996, 32(1): 120-129. [马蔼乃. 论地理科学的发展. 北京大学学报(自然科学版), 1996, 32(1): 120-129.]

[2] Tang Dengyin. Experimental Geography and Geographical Engineering. Geographical Research, 1997, 16(1): 1-10. [唐登银. 实验地理学与地理工程学. 地理研究, 1997, 16(1): 1-10.]

[3] Chen Shupeng. Geo-system and geo-information system. Acta Geographica Sinica. 1991, 46(1): 1-7. [陈述彭. 地理系统与地理信息系统. 地理学报, 1991, 46(1): 1-7.]

[4] Chen Shupeng, Zeng Shan. Earth system science and geo-informatics. Geographical Research, 1996, 15(2):

1-11. [陈述彭, 曾杉. 地球系统科学与地球信息科学. 地理研究, 1996, 15(2): 1-11.]

[5] Donna J Peuquet. The Multi-Representation of Space-Time Information. Virtual Geographic Environments: An International Conference on Developments in Visualization and Virtual Environments in Geographic Information Science, 7-8 Jan. 2008, CUHK.

[6] Gong Jianhua, Lin Hui. Virtual geographic environments and virtual geography. In: Proceedings of International Symposium on Spatial Data Handling. Beijing: s.n. 2000. 28-39.

[7] Gong Jianhua, Lin Hui. Virtual Geographic Environments: A Geographic Perspective on Online Virtual Reality. Beijing: Higher Education Press, 2001. [龚建华, 林珲. 虚拟地理环境: 在线虚拟现实的地理学透视. 北京: 高等教育出版社, 2001.]

[8] Lin Hui, Gong Jianhua. Exploring virtual geographic environments. Geographic Information Sciences, 2001, 7(1): 1-7.

[9] Lin Hui, Gong Jianhua. On virtual geographic environments. Acta Geodaetica et Cartographica Sinica, 2002, 31(1): 1-6. [林珲, 龚建华. 论虚拟地理环境. 测绘学报, 2002, 31(1): 1-6.]

[10] Lin Hui, Gong Jianhua, Shi Jingjing. From maps to GIS and VGE: A discussion on the evolution of the geographic language. Geography and Geo-Information Science, 2003, 19(4):18-23. [林珲, 龚建华, 施晶晶. 从地图到地理信息系统与虚拟地理环境: 试论地理学语言的演变. 地理与地理信息科学, 2003, 19(4): 18-23.]

[11] Lin Hui, Xu Bingli. Some Thoughts on virtual geographic environments. Geography and Geo-Information Science, 2007, 23(2): 1-7. [林珲, 徐丙立. 关于虚拟地理环境研究的几点思考. 地理与地理信息科学, 2007, 23(2): 1-7.]

[12] Lin Hai. China's strategy for global change research. Earth Science Frontiers, 1997, 4(1/2): 9-15. [林海. 中国全球变化研究的战略思考. 地学前缘, 1997, 4(1/2): 9-15.]

[13] Zhou Xiuji. Remarks on earth system science. Advances in Earth Science, 2004, 19(4): 513-515. [周秀骥. 对地球系统科学的几点认识. 地球科学进展, 2004, 19(4): 513-515.]

[14] Chen Chun, Zhang Zhiqiang, Lin Hai. Earth simulator and simulation research progress. Advances in Earth Science, 2005, 20(10): 1135-1142. [陈春, 张志强, 林海. 地球模拟器及其模拟研究进展. 地球科学进展, 2005, 20(10): 1135-1142.]

[15] Cheng Jicheng. The latest trends of geo-information science and technology. Geo-information Science, 2008, 10(2): 280-281. [承继成. 地球信息科学技术的最新发展趋势. 地球信息科学, 2008, 10(2): 280-281.]

[16] Batty M. Virtual geography. Future, 1997, 29(4/5): 337-352.

[17] The Government of Sweden set up a virtual embassy in "Second Life". http://eu.youth.cn/news/xwss/200706/t20070601_547763.htm. [瑞典政府在"第二人生"中设立虚拟大使馆.]

[18] Chen Shupeng. Geographic information system exploration and experiments. Scientia Geographica Sinica, 1983, 3(4): 287-302. [陈述彭. 地理信息系统的探索与试验. 地理科学, 1983, 3(4): 287-302.]

[19] Fang Yu, Zhou Chenghu, Jing Guifei et al. Research of 4th generation GIS software. Journal of Image and Graphics, 2001, 6(9): 817-823. [方裕, 周成虎, 景贵飞 等. 第四代GIS软件研究. 中国图象图形学报, 2001, 6(9): 817-823.]

[20] David Maguire, Michael Batty, Michael Goodchild. GIS, Spatial Analysis, and Modeling. ESRI Press.

[21] Michael F Goodchild. Spatial analysis using GIS. Seminar Workbook of NCGIA, 1992-4.

[22] Michael F. Goodchild. Integrating GIS and spatial data analysis problems and possibilities. International Journal of GIS, 1992, 6(5): 407-423.

[23] Batty M, Xie Y. Modelling inside GIS: Part 1. Model structures, exploratory spatial data analysis and aggregation. International Journal of GIS, 1994, 8(3): 291-307.

[24] Chen Shupeng. Discussion on geo-informatics tupu. Geographical Research, 1998(suppl.): 3-9. [陈述彭. 地学信息图谱刍议. 地理研究, 1998(增刊): 3-9.]

[25] Chen Shupeng, Yue Tianxiang, Li Huiguo. Studies on geo-informatics tupu and its application. Geographical Research, 2000, 19(4): 337-343. [陈述彭, 岳天祥, 励惠国. 地学信息图谱研究及其应用. 地理研究, 2000, 19(4): 337-343.]

[26] 余志文, 叶圣涛. 现代地图学与虚拟现实. 四川测绘, 2002, 25(3): 99-101.

[27] Faust N, et al. OpenGL VGIS. In: Proceedings of SPIE. The International Society for Optical Engineering, 1996.

[28] Lin Hui, Lv Guonian, Song Zhiyao. Research on East China Sea Wave System and Simulation of the Coast Evolution. Beijing: Science Press, 2000. [林珲, 闾国年, 宋志尧. 东中国海潮波系统与海岸演变模拟研究. 北京: 科学出版社, 2000.]

[29] Chen Duanlu, Peng Baofa. Geographic model and its methods integrated with GIS. GeoSpatial Information, 2006, 4(5): 7-9. [陈端吕, 彭保发. 地理模型及GIS集成. 地理空间信息, 2006, 4(5): 7-9.]

[30] Chen Bin, Huang Fengru, Fang Yu. Spatial database extension of analytical dynamic continuous field. High Technology Letters, 2006, 16(4): 358-362. [陈斌, 黄凤茹, 方裕. 解析式表达动态连续场的空间数据库扩展. 高技术通讯, 2006, 16(4): 358-362.]

[31] Jeremy Mennis, Donna J Peuquet. The role of knowledge representation in geographic knowledge discovery: A case study. Transactions in GIS, 2003, 7(3): 371-391.

[32] Lin Hui, Zhu Qing. The linguistic characteristics of virtual geographic environments. Journal of Remote Sensing, 2005, 9(2): 158-165. [林珲, 朱庆. 虚拟地理环境的地理学语言特征. 遥感学报, 2005, 9(2): 158-165.]

[33] Li Guoying. Construction of "Three Yellow Rivers". Yellow River, 2002, 24(7): 1-3. [李国英. 建设"三条黄河". 人民黄河, 2002, 24(7): 1-3.]

[34] Li Wenhang, Gong Jianhua, Zhou Jieping. Design and implementation of collaborative virtual geographic education environment. Geomatics and Information Science of Wuhan University, 2008, 33(3): 289-292. [李文航, 龚建华, 周洁萍. 协同虚拟地理教学环境的设计与实现. 武汉大学学报. 信息科学版, 2008, 33(3): 289-292.]

[35] Sun Jiulin. An exploration of virtual recreation environment on resources and environment sciences. Resources Science, 1999, 21(1): 1-8. [孙九林. 资源环境科学虚拟创新环境的探讨. 资源科学, 1999, 21(1): 1-8.]

[36] Gao Jun, Xia Yunjun, You Xiong et al. Application of Virtual Reality in Terrain Environment Simulation. Beijing: People's Liberation Army Press, 1999. [高俊, 夏运钧, 游雄 等. 虚拟现实在地形环境仿真中的应用. 北京: 解放军出版社, 1999.]

[37] Xu Qing. Virtual space environment and its visualization. In: 1st Digital 3-D Urban Development Forum

and Conference on VGE. 17-18 May, 2008, Wuhan. [徐青. 虚拟空间环境及其可视化. 首届三维城市建设论坛暨第三届虚拟地理环境学术会议, 2008 年 5 月 17-18 日, 武汉.]

[38] Li Deren, Zhu Qing, Li Xiafei. CyberCity: Concepts, techniques and typical applications. Journal of Wuhan Technical University of Surveying and Mapping (WTUSM), 2000, 25(4): 283-288. [李德仁, 朱庆, 李霞飞. 数码城市: 概念、技术支撑和典型应用. 武汉测绘科技大学学报, 2000, 25(4): 283-288.]

[39] Xia Qiuqin, Zhang Hong, Lu Guonian. GIS Laboratory without walls. Geo-information Science, 2002, 4(2): 17-22. [夏秋勤, 张宏, 闾国年. 没有围墙的 GIS 实验室. 地球信息科学, 2002, 4(2): 17-22.]

[40] Tang Wei, Lv Guonian, Wen Yongning et al. Study of visual geographic modeling framework for virtual geographic environment. Geo-information Science, 2007, 9(2): 78-84. [唐卫, 闾国年, 温永宁 等. 面向虚拟地理环境的图形化地理建模与应用. 地球信息科学, 2007, 9(2): 78-84.]

[41] Shu Yuqin, Zhu Guorui, Chen Chongcheng. Generation of virtual forest. Geomatics and Information Science of Wuhan University, 2004, 29(6): 540-544. [舒娱琴, 祝国瑞, 陈崇成. 虚拟森林场景的构建. 武汉大学学报(信息科学版), 2004, 29(6): 540-544.]

[42] Wu Lixin, Zhang Ruixin, Qi Yixin et al. 3D geoscience modelling and virtual mine system. Acta Geodaetica et Cartographica Sinica, 2002, 31(1): 28-33. [吴立新, 张瑞新, 戚宜欣 等. 3 维地学模拟与虚拟矿山系统. 测绘学报, 2002, 31(1): 28-33.]

[43] Jiang Huixian, Liu Xiaoling. A study on the application of present virtual geographical environment. Fujian Geography, 2005, 20(4): 46-49. [江辉仙, 刘小玲. 当前虚拟地理环境应用研究探讨. 福建地理, 2005, 20(4): 46-49.]

[44] MacEachren A M. DAVE_G: Dialogue Assisted Visual Environment for Geoinformation. http://www.geovista.psu.edu/grants/nsf-itr/index.html.

[45] Dykes J, Moore K, Wood J. Virtual environments for student field work using network components. International Journal of Geographical Information Science, 1999, 13(4): 397-416.

[46] http://en.wikipedia.org/wiki/Geowall.

[47] Batty M, Smith A. Virtuality and cities: Definitions, geographies, designs. In: Fisher P F, Unwin D B (eds.). Virtual Reality in Geography. Taylor and Francis, 2002. 270-291.

[48] Hudson Smith, Evanss, Batty M. Building the virtual city: Public participation through e-democracy. Knowledge, Technology & Policy, 2005, 18(1): 62-85.

[49] Yano Keiji. Virtual Kyoto through 4D-GIS and virtual reality. http://www.ritsumei.ac.jp/eng/newsletter/winter2006/gis.shtml.

[50] Google Earth: http://earth.google.com/.

[51] Microsoft Virtual Earth: http://www.microsoft.com/VIRTUALEARTH/.

[52] Linden Lab Second Life: http://secondlife.com/.

[53] Wei Jing Xing Corp. City Maker: http://www.gvitech.com/gvi/cn/products.asp?id=2&id2=37.

[54] Zhong Shi Dian VRPlatform: http://www.vrplatform.com/.

[55] Beijing Ling Tu Corp: http://www.lingtu.com/.

[56] Qian Xuesen. On geography science content and methodology. Acta Geographica Sinica, 1991, 46(3): 257-265. [钱学森. 谈地理科学的内容及研究方法. 地理学报, 1991, 46(3): 257-265.]

[57] Qian Xuesen. On construction of modern geography system. Geographic Environment Research, 1989, 1(2): 1-6. [钱学森. 现代地理科学系统建设问题. 地理环境研究, 1989. 1(2): 1-6.]

[58] Niu Wenyuan. The conception, connotation, and continuation of theoretical geography. Geographical Research, 1988, 7(1): 1-11. [牛文元. 理论地理学的内涵认知. 地理研究, 1988, 7(1): 1-11.]

[59] Niu Wenyuan. The connotation of modern geography. Geographic Education, 1995, (6). [牛文元. 现代地理学的内涵. 地理教育, 1995(6).]

[60] Liu Dongsheng, Ding Zhongli. The coupling process of monsoon circulation and changes in ice volume of the Mainland from 250 thousand years. Quaternary Sciences, 1992, (1): 2. [刘东生, 丁仲礼. 二百五十万年来季风环流与大陆冰量变化的阶段性耦合过程. 第四纪研究, 1992, (1): 2.]

[61] Ding Zhongli, Liu Dongsheng. Progresses of loess research in China (Part 1): Loess stratigraphy. Quaternary Sciences, 1989, (1): 2. [丁仲礼, 刘东生. 中国黄土研究新进展(一): 黄土地层. 第四纪研究, 1989, (1): 2.]

[62] Liu Dongsheng, Ding Zhongli. Progresses of loess research in China (Part 2): Paleoclimatology and global change. Quaternary Sciences, 1990, (1). [刘东生, 丁仲礼. 中国黄土研究新进展(二): 古气候与全球变化. 第四季研究, 1990, (1).]

[63] Liu Changming. Research progress in geographical hydrology and its prospect in 21th century. Acta Geographica Sinica, 1994, 49(suppl.): 601-608. [刘昌明. 地理水文学的研究进展与21世纪展望. 地理学报, 1994, 49(增刊): 601-608.]

[64] Fu Guobin, Liu Changming. Advance in applications of remote sensing data to hydrology. Advances in Water Science, 2001, 12(4): 547-559. [傅国斌, 刘昌明. 遥感技术在水文学中的应用与研究进展. 水科学进展, 2001, 12(4): 547-559.]

[65] Liu Changming, Xia Jun, Guo Shenglian et al. Advances in distributed hydrological modeling in the Yellow River basin. Advances in Water Science, 2004, 15(4): 495-500. [刘昌明, 夏军, 郭生练 等. 黄河流域分布式水文模型初步研究与进展. 水科学进展, 2004, 15(4): 495-500.]

[66] Jin Desheng. A study on fluvial dynamic geomorphology and its experiment and simulation. Acta Geographica Sinica, 1989, 44(2): 147-156. [金德生. 关于流水动力地貌及其实验模拟问题. 地理学报, 1989, 44(2): 147-156.]

[67] Jin Desheng. Review and prospect of experimental studies on fluvial geomorphology in China. Acta Geographica Sinica, 1991, 46(1): 57-65. [金德生. 实验流水地貌学研究的回顾与展望. 地理学报, 1991, 46(1): 57-65.]

[68] Jin Desheng, Zhang Ouyang, Chen Hao et al. Influence of base level lowering on sediment yield and drainage network development: An experimental analysis. Geographical Research, 2003, 22(5): 560-570. [金德生, 张欧阳, 陈浩 等. 侵蚀基准面下降对水系发育与产沙影响的实验研究. 地理研究, 2003, 22(5): 560-570.]

[69] Huang Bingwei, Zuo Dakang, Chen Fazu. Field experiment of phisical geography in China. Acta Geographica Sinica, 1990, 45(2): 225-234. [黄秉维, 左大康, 陈发祖. 我国自然地理野外定位实验研究的进展. 地理学报, 1990, 45(2): 225-234.]

[70] Gong Jianhua, Li Wenhang, Zhou Jieping. Exploring principles and techniques framework of virtual geographic experiments. Chinese Geographic Society Seminar on the Development of Geography Discipline, 4-5/12/2006. [龚建华, 李文航, 周洁萍. 虚拟地理实验原理与技术框架探讨. 中国地理学会2006年学科发展研讨会, 4-5/12/2006.]

[71] Liu Miaolong, Chen Peng. A prototype of urban simulation model based on the theories and methodologies

of Cellular Automata (CA) and Multi-Agent System (MAS). Scientia Geographica Sinica, 2006, 26(3): 292-298. [刘妙龙, 陈鹏. 基于细胞自动机与多主体系统理论的城市模拟原型模型. 地理科学, 2006, 26(3): 292-298.]

[72] Li Wenhang, Gong Jianhua, Li Xiaowen et al. Exploring virtual geographic experiment. [李文航, 龚建华, 李小文 等. 虚拟地理实验初探. http://www.vgelab.org.]

[73] Qiu Longwei. Application of virtual reality on teaching of geologic courses. Chinese Geological Education, 2006, (2): 61-64. [邱隆伟. 虚拟现实技术在地学类课程教学中的应用. 中国地质教育, 2006, (2): 61-64.]

[74] Qin Qiming. Earth management tool: The future of geography education. Geomatics World, 2005, 12(6): 59-61. [秦其明. 地理信息世界, 2005, 12(6): 59-61.]

[75] Du Guoming, Liu Zufa. Research on virtual geographic experiment education. Research and Exploration in Laboratory, 2008, 27(5): 127-129. [杜国明, 刘祖发. 虚拟地理实验教学研究. 实验室研究与探索, 2008, 27(5): 127-129.]

Development of Virtual Geographic Environments and the New Initiative in Experimental Geography

LIN Hui[1], HUANG Fengru[1], LU Guonian[2]

(1. *Institute of Space and Earth Information Science, Chinese University of Hong Kong, Shatin, HK, China;*
2. *Key Laboratory of Virtual Geographic Environment, Nanjing Normal University, Ministry of Education, Nanjing 210046, China*)

Abstract: Virtual Geographic Environments (VGE) is an integrated virtual space which is used to simulate and analyze complex phenomena and process of geography. It supports activities of research on geography as collaborative work, knowledge sharing and group decision-making. It can become one of the scientific methods and advanced technologies of modern experimental geography study. In the paper, the development process and progress of VGE and experimental geography are introduced, the roll and prospect of VGE and virtual geographic experiment on modern experimental geography are focused, key issues and existing misunderstanding about current studies on VGE are discussed. Integrated research on VGE and experimental geography highlights the importance of geographic model and knowledge in geography study, stresses that VGE can promote the theory and methods of modern experimental geography study, and contribute to the development of geographic science.

Key words: Virtual Geographic Environments (VGE); experimental geography; geographic model; geographic virtual lab; GIS

"虚拟地理环境研究的兴起与实验地理学新方向"解读

陈　旻　　张春晓　　徐丙立

一、作者的学术生平

  林珲（1954— ），地理信息系统和遥感专家。1954 年生于江西南昌，本科就读于武汉测绘科技大学（今武汉大学），硕士就读于中国科学院和美国布法罗大学文理学院，之后在美国布法罗大学地理信息与分析国家中心获得地理信息系统专业博士学位。林晖教授是国际欧亚科学院院士、英国社会科学院院士、香港航天科技集团首席遥感科学家、国际华人地理信息科学协会创会主席、国际数字地球学会中国国家委员会副主席，先后获中国科学院科技成果一等奖、广东省科技进步奖一等奖、教育部自然科学二等奖、美国地理学家协会米勒奖、亚洲遥感协会杰出贡献奖等。发起创立香港中文大学太空与地球信息科学研究所和江西师范大学鄱阳湖湿地与流域研究教育部重点实验室，创新性地提出并推动多云多雨环境遥感、虚拟地理环境、空间综合人文学与社会科学等学术研究，创办 Annals of GIS 和 Computational Urban Science 等国际学术期刊。

  黄凤茹（1974— ），海南文昌人。1991 年进入北京大学城市与环境学系开始本科学习，1999 年硕士毕业后进入北大青鸟集团 GIS 事业部从事国产 GIS 平台软

  作者介绍：陈旻（1981— ），男，江苏泰州人，南京师范大学地理科学学院教授，中国地理学会会员（S110011059M），研究方向为地理建模与模拟、虚拟地理环境。E-mail: chenmin0902@163.com

件研发工作，2008 年于北京大学遥感所获得地图学与地理信息系统博士学位。2008—2009 年于香港中文大学太空与地球信息科学研究所担任博士后研究员。

闾国年（1961— ），地理学家，江苏海安人。1987年于南京大学地理系获得硕士学位，1990 年于中国科学院地理科学与资源研究所获得博士学位。曾任南京师范大学地理信息科学江苏省重点实验室主任，虚拟地理环境教育部重点实验室主任，中国地理信息系统协会理事，教育与科普专业委员会副主任，江苏省测绘学会副理事长。获得教育部"跨世纪优秀人才基金"，江苏省"跨世纪学术带头人"，人事部百千万人才计划第一、第二层次人选，江苏省"333 工程"第二层次培养对象，江苏省有突出贡献的中青年专家等荣誉。

二、论文的写作背景与内容提要

地理科学所具有的区域性、综合性和复杂性特点，决定了其必须通过多维和动态视角开展综合系统研究。在近、现代地理学发展历程中，随着地理学研究在定量分析与系统综合方面的不断发展，地理建模与模拟分析成为对地理环境进行历史反演、现状刻画、未来预测的重要方法。这与竺可桢强调的"加强定性和定量相结合的分析"相契合。同时，黄秉维积极引入新思想、新技术和新方法，开拓了实验地理学研究的新方向。

为了探讨如何将地理环境作为一个完整的综合体开展实验及模拟，如何开展多维度、多尺度地理实验，如何充分利用现有的先进技术提升实验地理学的功效，以"数据库"和"模型库"为双核心的虚拟地理环境（Virtual Geographic Environments, VGEs）被创新提出，进而助力了实验地理学的方法创新，推动地理学实现"格局-过程-服务"的研究目标，服务人地关系的和谐发展。

在上述背景下，虚拟地理环境的提出者林珲教授等发表了"虚拟地理环境研究的兴起与实验地理学新方向"。首先，该文章系统阐述了 VGEs 研究产生的背景，即地球系统科学研究的发展需要新的研究手段和信息平台，而计算机科学和地球信息技术的快速发展为 VGEs 的兴起提供了技术支撑；同时，人文社会科学领域需要 VGEs 平台作为研究后现代人类发展趋势的一个窗口。其次，作者梳理了地理学语言演变的脉络，综合迈克尔·古特柴尔德（Michael Goodchild）和迈克尔·巴蒂（Michael Batty）等对地理信息系统（GIS）局限性的认知，提出了新一代地理知识平台——VGEs。再次，作者总结了VGEs近10年来的研究进展，包括国内研究队伍及相关研究与应用领域的发展，VGEs相关国内与国际会议动态，政府相关部门对VGEs应用的需求探索及企业相关软硬件的研发。随后，作者重点分析了现代实验地理学研究进展及VGEs对其意义，提出了科学计算是实验地理学的重要方法，虚拟地理实验拓展了实验地理学传统的研究方法，论述了VGEs作为虚拟地理实验室的发展前景。最后，作者梳理了VGEs研究中的误区与关键问题，为VGEs未来的发展定位和研究核心指明了方向。

三、论文影响

"虚拟地理环境研究的兴起与实验地理学新方向"一经发表，即成为现代地理信息科学领域的重要文献，得到地理学领域学者的广泛关注，基于中国知网的统计，截至2024年5月，该文章已得到105次引用，包括期刊51次，博士学位论文16次和硕士学位论文38次。

虚拟地理环境自1998年提出至今，经历了近30年的发展。"虚拟地理环境研究的兴起与实验地理学新方向"针对处于探索阶段的VGEs，分析了对其认知和定位的三个误区，强调了地理模型的表达和运行、VGEs与野外观测的相辅相成关系、VGEs中虚拟环境与现实世界的对应关系。文章对VGEs研究的热点和难点进行了理论、技术和应用三个层面的剖析，从地理学语言发展、地学信息图谱、地理环境认知等理论角度确立了虚拟地理环境的定位，即其是新一代地学分析工具，也是基于网络、计算机技术开发的用于地学研究的数据地理环境。该环境与真实地理环境在特定程度上具有相似性和对应性，具有地学意义上的映射关系。构建该虚拟地理环境的目的在于提供一个开放式的地学研究空间，用户通过协同式地理模拟，可以开展综合地理系统的实验分析，并借助多维感知与反馈通道感知地学现象，提升对地理系统的认知能力。从技术方法层面，虚拟地理环境在数据模型、数据共享、模型共享、高性能计算、协同模拟、模拟知识版本管理及知识工程、虚拟场景交互等方面取得了一系列的研究成果，推进了这一研究方向的发展。

黄秉维先生是实验地理学的倡导者，他强调要改变地理学的肤浅综合状况，指出"由于地理环境中的一切过程，不是物理过程，就是化学过程或是生物过程。所以，第一个新的趋势就是要掌握物理学、化学和生物学中所已经证明的规律，根据它们来观察自然地理学的对象，研究这些对象的发生、发展和地域分异，从而健全自然地理学的理论基础"。因此，可以说正如数理是大气科学的基础一样，地理学各子领域的专业模型和知识是实验地理学的基础。基于地理学各子领域的专业模型，虚拟地理环境通过网络、协同和多通道感知等计算机科学技术的支持，在数据环境和高性能计算环境支撑下，致力于提供综合地理实验平台，关注求解"1+1>2"的系统性和综合性地理问题。在"虚拟地理环境研究的兴起与实验地理学新方向"一文中，作者指出"虚拟地理实验是以地理科学数据为基础，通过计算、模拟、可视化，人的实时参与、互动与操控，寻找、验证并建立地理模型，以获取表达地理现象与过程的关系、结构与规律。"这样的认知与定位对实验地理学的发展意义重大。近年来，对地理问题的研究几乎都离不开模拟模型的支持，不同程度上借力于虚拟地理环境的研究成果。

随着虚实现实、数据采集、数字孪生和人工智能等的发展，虚拟地理环境研究成果越来越多地落地应用于国家社会建设和可持续发展的进程中。例如，个性化虚拟滑坡灾害环境、三维森林生长模拟环境、城市规划等就是虚拟地理环境服务于社会发展、应急需求的重要体现。正如作者在文中指出的"作为虚拟地理实验室，VGEs不仅为地理学研究者提供新的理论研究视角和科学技术方法，也为公众应用地理空间信息和共享地理知识提供了新的交流模式，这一模式在地理信息应用和地理知识的普及中具有明显的优势，也为当今可持续发展的公众参与提供了新的交流平台。"随着地理综合研究的深入、地理耦合模拟分析的深化，基于虚拟地理环境开展综合空间人文的地理实验研究将会进一步推动人地关系研究及人地和谐发展。

近年来，在虚拟地理环境相关技术方法发展领域，区域乃至全球尺度、涉及地理多过程耦合的地球环境模拟研究成果不断涌现，顾及人类活动和政策的多情景模拟预测为决策支持提供了思路，这是实验地理学落地的重要体现。可见，"虚拟地理环境研究的兴起与实验地理学新方向"文章的前瞻性和指导性，对实验地理学相关研究方向的发展意义重大。在当前人工智能、大数据科学时代，知识驱动和数据驱动相耦合的地学模型日新月异，这为实验地理学研究提供了重要基础，也为地学新知识发现提供了新范式。与此同时，虚拟实现、传感器、通信等科技发展，为虚拟地理环境软硬件平台构建提供了新机遇。基于虚拟地理环境开展地学实验未来大有可为。

中国城市化水平的综合测度及其动力因子分析

陈明星[1,2]，陆大道[1]，张　华[3]

（1. 中国科学院地理科学与资源研究所，北京 100101；2. 中国科学院研究生院，北京 100049；
3. 北京师范大学地理学与遥感科学学院，北京 100875）

摘要： 从城市化内涵的人口、经济、社会、土地四个方面，构建中国城市化水平的综合评价指标体系。基于熵值法，对 1981-2006 年的中国城市化进行综合测度，结果表明中国城市化综合水平持续提高，以经济增长和地域景观的快速演进为主要特征，其次是人口城市化，最后是社会城市化中的医疗水平，其中各子系统有不同的演变特点。多元回归模型分析表明，城市化动力因子呈现多元化特征，市场力是最主要的驱动力，后面依次是内源力、行政力和外向力。从城市化发展阶段上看，市场力、外向力和行政力对城市化综合水平的影响呈上升趋势，而内源力呈明显下降趋势。本文认为，中国城市化主要是内生过程，应强化市场经济体制改革，统筹城乡发展。

关键词： 城市化；综合测度；动力因子；熵值法；中国

1 引言

城市化是当代人类社会发生的最为显著的变化，中国城市化进程的独特性，吸引了地理学等诸多学科和有关部门的广泛关注，但是"城镇化这一课题，虽然已经过中国学者比较系统、长期深入的研究分析，仍还有许多具体问题没有得到有效解决"[1]。中国正经历的城市化进程的速度和规模在人类历史上前所未有，城市数量和规模迅速增加[2]。政府的工作报告或一些学者的研究文献都将中国城市化水平的提高视为值得欢呼庆祝的成功[3]，并上升为国家战略，多个地区纷纷提出了要加速城市化，以城市化推动区域经济快速发展的战略，然而这些战略的科学性仍有待进一步探讨[4]。其主要表现是国家公布的人口城镇化水平数据偏高，速度偏快，在舆论宣传上偏热，地方攀比比较严重[5]。有些地区不顾区域经济发展水平和客观条件制约，热衷于搞"造城运动"，大量进城农民不能在城镇定居。不能享受市民待遇，出现"驱赶型城镇化"[6-8]，土地保障和粮食安全风险增加[9]。George Lin 认为中国城市主义（urbanism）最关键特征之一是城市规模的快速增长，并伴随着半城市化现象[10,11]。国内学者也对半城市化现象进行了深入的研究[12]。Friedmann 评价中国的快速城市化进程为"urbanizing at breakneck speed"，直译就是"要使颈骨折断似的、非常危险的城市化速度"[13]。城市化水平应是一个国家或区域社会经济发展水平的重要标志之一，但是中国的快速城市化进程却面临诸多的严峻挑战，一些现象的出现是令人担忧的，这与当前以单一的人口城市化指标来考察城市化发展水平有一定关系。城市化水平的测度主要有单一指标法和综合指标法。用城市人口占总人口的比重来测度城市化水平，固然有其简单易行的优点，但城市化是经济结构、社会结构、生产方式以及生活方式的根本性转变，涉及产业的转变和新产业的支撑、城乡社会结构的全面调整和转型、庞大的基础设施的建设和资源环境对它的支撑[6]。单一的人口城市化水平，只测度了农村人口向城市集中的数量过程，难以准确反映城市化的丰富内涵，构造综合测度指标体系能够更全面、更完整的监测城市化进程，阐明人口城市化与地域景观、经济结构以及生活方式协同演进状况，以期推动我国城市化健康发展。

城市化进程的动力机制是与水平测度密切相关的重要议题，城市化进程的动力因素随着发展阶段、经济结构的变化而变化。代表性的观点主要有：① 中国存在着二元城市化模式，而"自下而上"的农村城市化在中国整个城市化过程中正在起着愈加重要的作用[14,15]；② 改革时期出现了非常重要的双轨式城市化动力机制：国家主导的城市化和自发性城市化[16]；③ 从政府、企业、个人主体的角度分析认为当前中国正出现新城市化趋势，即多元城市化动力替代以往一元或二元城市化动力[17]；④ 外资已成为珠三角经济发展和城市化的新动力，提出对"外向型城市化"的讨论[18]；⑤ 中国快速城市化进程的成因包括市场经济体、政治分权化、人口变化、全球化和科技变化[19]。本文旨在构建城市化水平的综合测度指标体系，基于信息熵的综合评价方法，测度我国改革开放以来城市化进程的系统性演变及其特征，并探讨各子系统的阶段性演变规律，最后从动力因子的视角深入分析快速城市化的动力机制，为促进城市化健康发展提供决策支持。

2 研究方法和数据来源

2.1 指标体系构建

借鉴已有的综合测度指标体系成果[4,20-22]，遵循系统性、完整性、有效性、科学性、可操作性等原则，从城市化概念的内涵出发，归纳为4个方面：① 人口城市化类指标，主要反映人口向城镇集中的过程，具体包括城镇人口比重，城镇人口规模，二、三产业就业人口，建成区人口密度；② 经济城市化类指标，主要反映经济结构的非农化转变，具体包括人均GDP，人均工业总产值，二、三产业产值比重，二、三产业GDP密度；③ 土地城市化类指标，主要反映地域景观的变化过程，具体包括建成区面积、人均建成区面积、人均公共绿地面积、人均道路铺设面积；④ 社会城市化类指标，主要反映生活方式的变化，具体包括人均用电量、万人在校大学生数、万人拥有医生数、万人拥有床位数。4个方面相互联系又有区别，力求全面准确地反映城市化进程的综合水平。

2.2 熵值法

在综合指标体系的测度中，确定指标权重的方法主要有主观赋权法和客观赋权法。主观赋权法是一类根据评价者主观上对各指标的重视程度来决定权重的方法，客观赋权法所依据的赋权原始信息来源于客观环境，它根据各指标所提供的信息量来决定指标的权重。本文使用熵值法确定权重，以消除确定权重的人为主观因素。在自然科学中，物理学中的热力学熵是指系统无序状态的一种量度。在社会系统中的应用时，信息熵在数学含义上等同于热力学熵，但含义上主要是指系统状态不确定性程度的度量。一般认为，信息熵值越高，系统结构越均衡，差异越小，或者变化越慢；反之，信息熵越低，系统结构越是不均衡，差异越大，或者变化越快。所以，可以根据熵值大小，也即各项指标值的变异程度，计算出权重。其主要步骤如下：

数据标准化处理：由于各指标的量纲、数量级及指标的正负取向均有差异，需对初始数据做正规化处理。指标值越大对系统发展越有利时，采用正向指标计算方法，$X'_{ij}=(X_{ij}-\min\{X_j\})/\max\{X_j\}-\min\{X_j\})$；指标值越小对系统发展越好时，采用负向指标计算方法处理，$X'_{ij}=(\max\{X_j\}-X^{ij})/)\max\{X_j\}-\min\{X_j\})$。

计算第 i 年份第 j 项指标值的比重：$Y_{ij}=X'_{ij}\Big/\sum_{i=1}^{m}X'_{ij}$ （1）

指标信息熵的计算：$e_j=-k\sum_{i=1}^{m}(Y_{ij}\times\ln Y_{ij})$，令 $k=\dfrac{1}{\ln m}$，有 $0\leqslant e_j\leqslant 1$。 （2）

信息熵冗余度的计算：$d_j=1-e_j$ （3）

指标的权重：$w_i=d_i\Big/\sum_{j=1}^{n}d_j$ （4）

单指标评价得分：$S_{ij}=w_i\times X'_{ij}$ （5）

第 i 个年份的综合水平得分：$S_i=\sum_{j}^{n}S_{ij}$ （6）

式中：X_{ij} 表示第 i 个年份第 j 项评价指标的数值，$\min\{X_j\}$ 和 $\max\{X_j\}$ 分别为所有年份中第 j 项评价指标的最小值和最大值，其中 m 为评价年数，n 为指标数。

2.3 数据来源

建成区面积、人均建成区面积、人均公共绿地面积、人均道路铺设面积几项指标的数据来源于建设部综合财务司编制的 2006 年度《中国城市建设统计年鉴》；乡镇企业总产值指标数据来源于农业部乡镇企业局编制的 1978-2007 年度《中国乡镇企业及农产品加工业年鉴》；其余指标数据均来源于国家统计局编制的 1982-2007 年度《中国统计年鉴》，部分数据是整理计算后结果，个别年份数据的缺失采用相邻年份值插值法补齐。

3 1978-2006 年中国城市化综合水平演变过程分析

根据熵值法计算的步骤，对 1981-2006 年 16 项指标的 416 个原始数据进行处理，计算出相应值，并绘出有关图件，以分析中国城市化综合水平的演变过程（表 1-3，图 1-2）。表 1 给出了 16 项指标的信息熵、效应值和权重值，从指标的权重排序看，前两位分别是人均工业总产值（0.1839）和人均 GDP（0.1755），这说明 1981-2006 年间，经济增长是中国城市化进程的最主要因素。其余指标的权重值从高到低依次是万人在校大学生数，人均用电量，二、三产业 GDP 密度，人均公共绿地面积，人均道路铺设面积，建成区面积，城镇人口规模，城镇人口比重，人均建成区面积，建成区人口密度，二、三产业就业人口比重，万人拥有医生数，二、三产业产值比重，万人拥有床位数，说明 1981 年以来中国城市化进程中，以经济增长和土地非农化快速演进为主要特征，其次是人口城市化进程，最后是社会城市化进程中的医疗水平指标，反映医疗水平的指标万人拥有床位数和医生数权重极小，分别仅为 0.0018、0.0006，对城市化演进的影响很弱。图 1 给出了 1981 年以来中国城市化综合水平的过程曲线，并和官方公布的人口城市化进程进行比较。由图可知中国城市化综合水平不断提高，由 1981 年的 0.0092 提高到 2006 年的 0.1119；与此对照，官方公布的中国人口城市化进程（即城镇人口占总人口的比重）从 1981 年的 20.16% 提高到 43.9%。两者之间呈现明显的正相关，Pearson Correlation 系数达 0.974。

表 1 城市化水平综合测度指标体系

Tab. 1 Comprehensive evaluation index system on urbanization

系统层	子系统层	指标层（单位）	信息熵	冗余度	权重
U 城市化水平综合测度体系	U1 人口城市化	U11 城镇人口比重（%）	0.9920	0.0080	0.0116
		U12 城镇人口规模（万人）	0.9857	0.0143	0.0209
		U13 二、三产业就业人口（万人）	0.9960	0.0040	0.0059
		U14 建成区人口密度（人/km²）	0.9959	0.0041	0.0060
	U2 经济城市化	U21 人均 GDP（元）	0.8796	0.1204	0.1755
		U22 人均工业总产值（元）	0.8739	0.1261	0.1839
		U23 二、三产业产值比重（%）	0.9988	0.0012	0.0017
		U24 二、三产业 GDP 密度（万元/km²）	0.9244	0.0756	0.1101
	U3 土地城市化	U31 建成区面积（km²）	0.9711	0.0289	0.0421
		U32 人均建成区面积（m²/人）	0.9954	0.0046	0.0066
		U33 人均公共绿地面积（m²/人）	0.9438	0.0562	0.0819
		U34 人均道路铺设面积（m²/人）	0.9503	0.0497	0.0725
	U4 社会城市化	U41 人均用电量（度/人）	0.9057	0.0943	0.1374
		U42 万人在校大学生数（人/万人）	0.9031	0.0969	0.1413
		U43 万人拥有医生数（人/万人）	0.9988	0.0012	0.0018
		U44 万人拥有床位数（人/万人）	0.9996	0.0004	0.0006

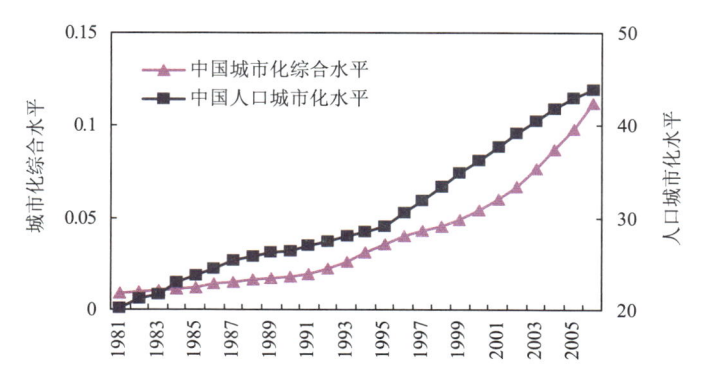

图 1 中国城市化水平演变过程（1981-2006）

Fig. 1 The evolution of China's urbanization (1981-2006)

从过程上看，可以将 1981 年以来的中国城市化进程划分为两个阶段：稳步发展时期（1981-1995 年）和高速发展时期（1996-2006 年）（表 2）。前一阶段城市化综合水平稳步增加，从 1981 年的 0.0092 提高到 1995 年的 0.0359，年均增加 0.0019；同期，官方人口城市化水平从 1981 年的 20.16%提高到 1995 年的 29.04%，年均增加 0.63 个百分点。而在后一阶段，城市化综合水平从 1996 年的 0.0401 迅速提高至 2006 年的 0.1119（表 2），年均达 0.0069，是前阶段增速的 3.6 倍；同期，官方人口城市化水平从 1996 年的 30.48%迅速提高至 2006 年的 43.9%，年均递增 1.35 个百分点，是前阶段的 2.14 倍。数据表明 1996 年是中国城市化进程的一个转折点，此后，城市化进程进入了飞速发展时期。

表 2 中国城市化进程的阶段性特征

Tab. 2 The stages of China's urbanization

阶段	时期	城市化综合水平			人口城市化水平		
		初期值	末期值	年均递增	初期值	末期值	年均递增
第Ⅰ阶段	1981-1995	0.0092	0.0359	0.0019	20.16%	29.04%	0.63
第Ⅱ阶段	1996-2006	0.0401	0.1119	0.0069	30.48%	43.9%	1.35

4　1978-2006 年中国城市化子系统的演变过程

4.1　人口城市化子系统

人口城市化子系统的综合评价值由 1981 年的 0.0012 增长到 2006 年的 0.0024，相对增长率为100%，这说明中国人口城市化进程不断增长。从过程看，1981-1995年，从0.0012增长到0.0017，16年间年均增长为0.00003；1996-2006年，从0.0017增长到0.0024（表3），11年间年均增长0.00006，后期是前期增速的2倍，与前述城市化水平总体评价的阶段划分一致。

从具体指标的变化看（图2a），城镇人口规模增长最快，从1981年的0.0004快速增长到2006年的0.0013，相对增长率达225%；城镇人口比重次之，相对增长率为100%；这说明人口的规模和数量增长是人口城市化子系统演进的最主要内容。然而，二、三产业就业比重指标却显得增幅缓慢，仅从1981年的0.0002上升到0.0003，这反映出城市新增二、三产业的就业岗位有限，尤其是近几年来中国的就业形势十分严峻，大量城镇职工失业和下岗，农村劳动力剩余严重，新增非农就业主要表现为非正规就业渠道的开拓和增长[23]。在大规模推进人口城市化的同时，要充分认识并警惕城市化进程中的失业风险。建成区人口密度指标反映的是单位面积土地上人口承载能力和水平，从评价得分看与其它几项指标呈完全相反的态势，由1981年的0.006下降到0.0002。这固然会带来城镇居民居住条件的改善等积极作用，但单位土地上人口承载能力如此持续的大幅度下降是否合理，以及是否符合我国的国情还有待更深入得探索。

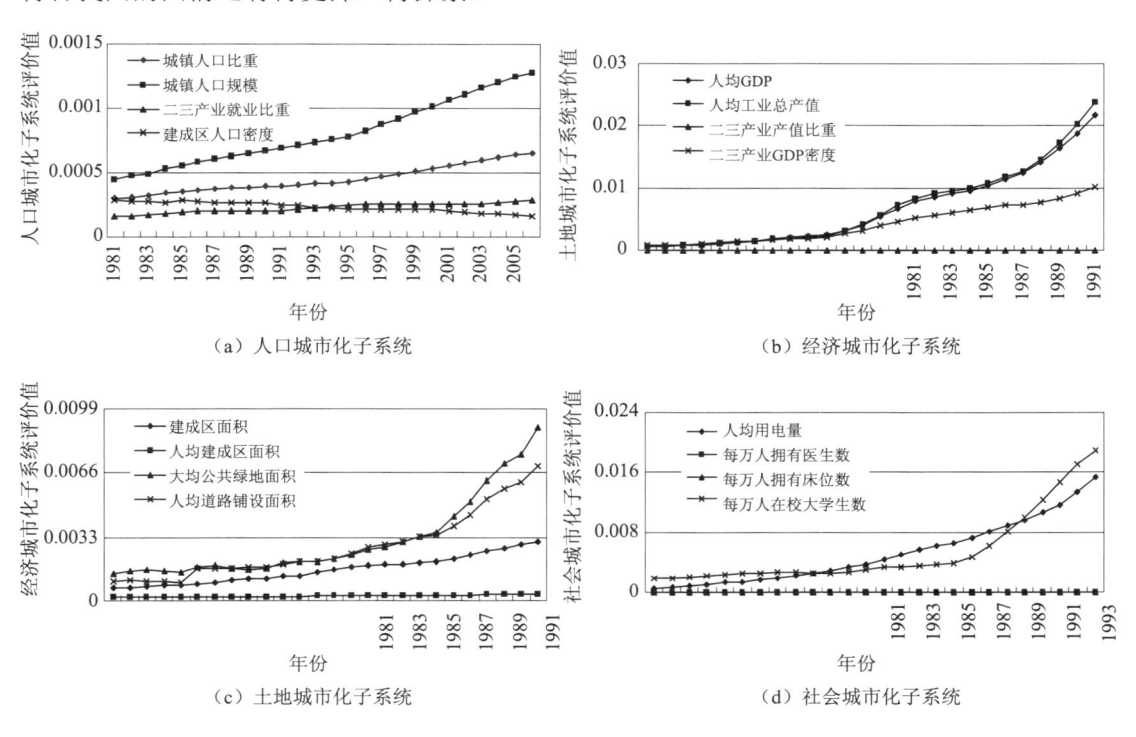

（a）人口城市化子系统

（b）经济城市化子系统

（c）土地城市化子系统

（d）社会城市化子系统

图2 城市化子系统的演变过程

Fig. 2 The evolution of the subsystems of urbanization

4.2 经济城市化子系统

经济城市化子系统的综合评价值由 1981 年的 0.0022 增长到 2006 年的 0.0558，增长了 25 倍之多，这说明改革开放以后中国经济发展保持长期快速增长的态势。从过程看，1981-1995 年，从 0.0022 增长到 0.0187，16 年间年均增长为 0.001；1996-2006 年，从 0.0215 增长到 0.0558（表 3），11 年间年均增长 0.0034，后期是前期增速的 3.4 倍，与前述城市化水平总体评价的阶段划分基本一致。值得注意的是在后一阶段中经济发展速度在 1996-2001 年之间有放缓的迹象，这是国家首次宏观调控的结果，实现了宏观经济的"软着陆"[①]。

表 3 1981-2006 年中国城市化综合水平、子系统得分及其相对增长率

Tab. 3 Comprehensive level of urbanization and each subsystem's scores and growth rate in China (1981-2006)

年份	城市化综合水平	人口城市化 得分	增长率	经济城市化 得分	增长率	社会城市化 得分	增长率	土地城市化 得分	增长率
1981	0.0092	0.0012		0.0022		0.0025		0.0033	
1982	0.0098	0.0012	0.0319	0.0023	0.0357	0.0027	0.1009	0.0036	0.0811
1983	0.0104	0.0013	0.0268	0.0025	0.0915	0.0030	0.0918	0.0036	0.0104
1984	0.0110	0.0013	0.0506	0.0029	0.1389	0.0032	0.0830	0.0036	−0.0004
1985	0.0122	0.0014	0.0436	0.0036	0.2506	0.0037	0.1534	0.0035	−0.0314
1986	0.0140	0.0014	0.0273	0.0040	0.1109	0.0040	0.0865	0.0046	0.3063
1987	0.0150	0.0015	0.0295	0.0045	0.1334	0.0043	0.0652	0.0048	0.0328
1988	0.0163	0.0015	0.0164	0.0054	0.1954	0.0047	0.0926	0.0047	−0.0024
1989	0.0171	0.0015	0.0144	0.0059	0.1008	0.0049	0.0505	0.0048	0.0071
1990	0.0179	0.0015	0.0105	0.0063	0.0543	0.0053	0.0766	0.0049	0.0152
1991	0.0196	0.0015	0.0088	0.0071	0.1411	0.0055	0.0417	0.0054	0.1080
1992	0.0222	0.0016	0.0221	0.0089	0.2384	0.0061	0.1120	0.0056	0.0459
1993	0.0259	0.0016	0.0170	0.0114	0.2937	0.0069	0.1309	0.0059	0.0508
1994	0.0309	0.0016	0.0235	0.0151	0.3220	0.0079	0.1428	0.0062	0.0558
1995	0.0359	0.0017	0.0215	0.0187	0.2333	0.0087	0.0957	0.0068	0.0979
1996	0.0401	0.0017	0.0427	0.0215	0.1517	0.0094	0.0795	0.0075	0.1007
1997	0.0434	0.0018	0.0415	0.0236	0.0979	0.0100	0.0725	0.0079	0.0479

---

① 1996 年底召开的中央经济工作会议，江泽民总书记指出，经过三年多的努力，以抑制通货膨胀为主要任务的宏观调控基本达到了预期目标。标志着从 1993 年开始的、社会主义市场经济条件下的首次宏观调控，取得了重大的成果，成功地实现了宏观经济的"软着陆"。来源：http://www.cctv.com/specials/50th/bwl/42.htm

续表

年份	城市化综合水平	人口城市化 得分	人口城市化 增长率	经济城市化 得分	经济城市化 增长率	社会城市化 得分	社会城市化 增长率	土地城市化 得分	土地城市化 增长率
1998	0.0455	0.0019	0.0374	0.0247	0.0446	0.0106	0.0530	0.0084	0.0629
1999	0.0489	0.0019	0.0365	0.0260	0.0533	0.0121	0.1426	0.0089	0.0612
2000	0.0543	0.0020	0.0353	0.0284	0.0945	0.0145	0.2028	0.0093	0.0427
2001	0.0605	0.0021	0.0300	0.0306	0.0763	0.0171	0.1744	0.0108	0.1580
2002	0.0669	0.0021	0.0277	0.0328	0.0708	0.0198	0.1588	0.0122	0.1358
2003	0.0762	0.0022	0.0307	0.0366	0.1163	0.0231	0.1660	0.0144	0.1747
2004	0.0870	0.0023	0.0289	0.0422	0.1552	0.0265	0.1482	0.0160	0.1135
2005	0.0981	0.0023	0.0265	0.0483	0.1431	0.0305	0.1529	0.0170	0.0638
2006	0.1118	0.0024	0.0224	0.0558	0.1563	0.0344	0.1262	0.0193	0.1339

从具体指标的变化看（图 2b），人均工业总产值增长最快，人均 GDP 次之；这说明工业化进程的快速发展是经济城市化子系统演进的最主要因素。且二三产业产值密度呈逐年递增，即单位面积上二三产业的投资强度不断增加，经济水平持续增强。但是二三产业产值比重指标增速非常缓慢，仅从 1981 年的 0.00006 上升到 0.00008，主要是两方面要素综合作用的结果。一方面，改革开放初期的片面重工业化，受传统计划经济体制影响，工业化产值结构呈现不合理的高位，1981 年人均 GDP 仅 492 元，但二三产业产值比重已达 68%；另一方面，改革开放中期的过度农村工业化，对服务业发展的带动作用很弱，进而影响到产值结构、就业结构的较快转变及其对城市化的带动效应[24]。产业结构还有很大程度的优化和提高空间。

4.3 土地城市化子系统

社会城市化子系统的综合评价值由 1981 年的 0.0033 增长到 2006 年的 0.0193，改革开放以后中国城市建设步伐持续增长。从过程看，1981-1995 年，从 0.0033 增长到 0.0068，16 年间年均增长为 0.0002；1996-2006 年，从 0.0075 增长到 0.0193（表3），11 年间年均增长 0.0011，后期是前期增速的 5.5 倍，这说明土地城市化进程在改革开放前期和后期的增速差异最为显著，自 1996 年以来飞速发展，成为城市化综合水平升高的主要载体和表现形式。

从具体指标的变化看（图 2c），人均公共绿地面积和人均道路铺设面积的增长最快，建成区面积次之，最后是人均建成区面积；这说明以绿地、交通道路等为代表的基础设施建设是城市建设面积不断增长的重要原因，1981年人均公共绿地面积和人均道路铺设面积分别仅为1.5 m²、1.81 m²，2006年已分别增至9.3 m²、12.36 m²。这类基础设施具有引导与从属功能、带状经济的激发器和助推器等作用[25]，有助于推动区域经济发展。但目前尚处于量的扩张阶段，空间布局有待优化，如纷纷兴起的大绿地、大广场等现象[6]，且耕地保护与城市用地扩张之间的矛盾将更加尖锐[26]。

4.4 社会城市化子系统

社会城市化子系统的综合评价值由1981年的0.0025增长到2006年的0.0344，社会城市化进程总体上也稳步增长。从过程看，1981-1995年，从0.0025增长到0.0087，16年间年均增长为0.0004；1996-2006年，从0.0094增长到0.0344，11年间年均增长0.0023，与前述划分阶段基本一致。

从具体指标的变化看（图2c），社会城市化子系统内部各指标则呈明显的差异。一方面，两个是高速增长指标，1981年人均用电量和每万人在校大学生数分别为9.6度、13人，2006年已分别增至249度、132人。其中，反映人口素质进步的指标每万人在校大学生数曲线有个明显的转折点，即1999年高等教育扩招开始，通过大学生农转非户口的直接形式和推动经济增长的间接形式最终促进了中国城市化进程。而另一方面，两个指标则增速很缓，增长的幅度很小；1981年每万人拥有医生数和床位数分别是12人、20张，而在2006年分别是15人、25张，26年间仅增长率都仅为25%。数据表明社会城市化进程极不均衡，与人们生活息息相关的医疗条件严重落后，难以适应人民群众日益增长的生活需求。

5 中国城市化进程的动力因子分析

城市化的动力机制应包含两个层次：第一层次主要指推动城市化发生和发展的各种动力因子，一般可以按照城市化的资本来源或者实施主体进行划分；第二层次则强调各种因子对城市化进程的作用机制，各种动力因子对城市化的作用机制可以通过产业的增长、重组和变化的方式对城市化加以影响而体现。赵新平等人认为，"不论怎么分类，这种研究都是浅层次的，是笼统的说法。对不同动力发生作用的条件与作用机理的分析一直是不够的[27]。"笔者认为划分的两个层次都是动力机制研究很好的切入点，可结合进行分析。其中，动力因子分析是理解作用机理的前提和基础。本文从动力因子视角探讨。

5.1 驱动因子作用力差异及其过程分析

城市化进程的驱动因子在 20 世纪末以来逐渐演化并呈现多元化要素的格局。借鉴欧向军等人的四维分析视角[22]，将多元化要素归纳为行政力、市场力、外向力和内源力。其中，行政力是指由行政力量推动下的城市化，主要表现为政府通过资金投入、产业布局、工程项目等方式；市场力是指市场在经济发展过程中对区域的生产要素、地域组合及其运行进行有效配置，经济市场化过程对城市化产生推动作用；外向力是指经济全球化现象中，外资成为影响我国城市化进程的重要外部因素[28]；内源力则指来源于基层的乡镇级政府或者农民自主推动的乡村城市化进程。为了综合比较这四种动力因子对我国城市化进程的影响大小及其阶段性特征，选取 1981-2006 年的中国全社会固定资产投资总额（X_1）、社会消费品零售总额（X_2）、实际利用外资总额（X_3）、乡镇企业总产值（X_4）分别代表行政力、市场力、外向力、内源力，作为自变量。同期中国城市化综合水平评价得分（Y）作为因变量，建立城市化与其动力因子的多元线性回归模型，分三个时段进行回归：1981-2006 年、1981-1995 年、1996-2006 年。用 SPSS 软件对数据进行分析处理，经检验，自变量之间存在多重共线性，直接回归会影响到参数估计的准确性和实际意义，本文选用主成份回归分析，来消除多重共线性的影响。首先做因子分析，选择主成分法，利用相关矩阵提取因子，然后计算因子得分，基于主成分因子进行回归分析，最后根据因子表达式将回归方程换回原来的自变量形式。主要结果见表 4。

从自变量 X_1、X_2、X_3、X_4 与因变量中国城市化综合水平（Y）的皮尔森相关系数（Pearson Correlation）分别为 0.984、0.997、0.988、0.994，反映出四个动力因子与城市化综合水平之间有显著的相关关系。总进程及阶段 I、II 回归模型中的决定系数分别为 0.997、0.994、0.995，说明拟合优度较好。方程显著性检验 F 统计量分别为 3782、1080、915，均通过显著性检验，回归方程效果显著。标准回归系数值的大小反映了该指标对因变量的影响强弱，数值越大对因变量的重要性越高，为了比较四个因素对城市化影响的相对大小，本文采用标准回归系数。t 统计量值和双尾显著性概率（Sig.）则分别说明各变量的显著性程度较好。根据因子得分和主成分因子的标准回归系数，最终建立的总进程和 I、II 阶段多元线性回归模型依次如下。

$$Y = 0.256X_1 + 0.264X_2 + 0.242X_3 + 0.263X_4 \qquad (7)$$

$$Y = 0.209X_1 + 0.255X_2 + 0.203X_3 + 0.417X_4 \qquad (8)$$

$$Y = 0.323X_1 + 0.352X_2 + 0.262X_3 + 0.141X_4 \qquad (9)$$

表 4 1981-2006 年中国城市化综合水平与动力因子的回归分析
Tab. 4 Regression analysis of level and driving factors of urbanization in China (1981-2006)

	主成分因子	非标准化系数（B）	标准误差（Std.Error）	标准回归系数（Beta）	T统计量值	双尾显著性概率（Sig.）
总	常数项	0.0385	0.00075		51.365	0.000
	F1	0.0292	0.00076	0.992	38.281	0.000
阶段 I	常数项	0.0178	0.00016		108.498	0.000
	F1	0.0058	0.00017	0.729	33.975	0.000
	F2	0.0054	0.00017	0.681	31.72	0.000
阶段 II	常数项	0.0666	0.00053		125.061	0.000
	F1	0.0229	0.00056	0.957	41.02	0.000
	F2	0.0068	0.00056	0.284	12.169	0.000

	R Square	Adjusted R Square	F	SIG	皮尔森相关系数	
					X_1	0.984
总	0.997	0.997	3782	0.000	X_2	0.997
I	0.994	0.994	1080	0.000	X_3	0.988
II	0.996	0.995	915	0.000	X_4	0.994

注：总进程、阶段 I、II 分别表示 1981-2006、1981-1995、1996-2006。

从 1981-2006 年总进程来分析，由方程（7）可知，行政力、市场力、外向力、内源力 4 个动力因子共同作用，推动中国城市化综合水平的不断提高。其中，市场力是最主要的驱动力，影响系数 0.264；其次是内源力，影响系数 0.263，与市场力相接近，表明了我国以乡镇企业为重要力量的独特城市化模式发挥着重要作用；再次是行政力，影响系数 0.256，也是快速城市化进程不可替代的重要推动因子；最后是外向力，影响系数 0.242。

从发展过程来看，方程（8）回归的是阶段 I（1981-1995 年），即改革开放初中期，对城市化综合水平影响的作用力从大到小依次是内源力、市场力、行政力和外向力。其中，内源力影响为 0.749，说明该时期乡镇企业的快速发展是该时期的最重要动力；同时，市场经济体制改革产生了重要的积极效应；而以外向力的影响系数最低，说明此阶段的外商直接投资对城市化进程影响力较弱，主要原因在于改革开放初期，外商对中国的政策方针仍持不确定和观望态度。方程（9）回归的是阶段 II（1996-2006 年），即从改革开放中期以来，市场力与行政力是影响城市化综合水平的最重要因素，分别为 0.352、0.323；其次是外向力，影响系数为 0.262；最小的是内源力，仅 0.141，说明这一阶段，乡镇企业对城市化进程的贡献弱化。

5.2 城市化进程驱动因子的阶段演变特征

根据城市化综合水平测度的两个阶段划分，改革开放以来城市化进程经历了稳步发展（1981-1995 年）和高速发展（1996-2006 年）两个阶段。很明显在城市化发展的不同阶段，各种动力因子的组合及其结构关系呈现不同的特点和变化。行政力、市场力和外向力对城市化进程的影响系数不断增加，增长的幅度分别是 0.114、0.097、0.059；而内源力则呈下降趋势，且下降幅度较大，达 0.276。下面分述四个动力因子在城市化不同阶段的变化特点。

市场力是对城市化综合水平影响最为显著的因子，在城市化发展阶段Ⅰ、Ⅱ的影响系数分别为 0.255、0.352，这表明市场经济体制改革及其不断深入，发挥市场配置资源的基础性作用，使经济充满活力、富有效率，对城市化进程的重要性更加凸显。行政力在城市化发展阶段Ⅰ、Ⅱ的影响系数分别为 0.209、0.323，是城市化综合水平的重要影响因子，且这种影响具有持续性增强趋势。外向力在城市化发展阶段Ⅰ、Ⅱ的影响系数分别为 0.203、0.262，表明外资对中国城市化影响具有两个特征：一是以外商直接投资指标衡量的外向力对中国城市化进程影响力较弱，二是外资对中国城市化进程的影响程度在不断增强。内源力在城市化发展阶段Ⅰ、Ⅱ的影响系数分别为 0.417、0.141，这说明乡镇企业在改革开放前中期是城市化进程重要的影响要素，但是在改革开放中期以来，这种作用力逐渐减弱，且下降幅度较大。

5.3 几点启示

（1）外向力的影响系数表明，尽管世界已进入全球化时代[29]，且全球化对中国的影响日益广泛和深远，但是中国城市化进程仍主要是一个内生过程。1990 年以来，全球化对当代人类变化产生了巨大影响[10]，随着中国的改革开放以及成功加入 WTO 组织，也必将推动和加速或影响中国经济发展及其格局[30,31]，并引起区域城市化及空间结构重构过程[32]，国家城市体系重构响应变化[33]。正因为全球化和中国的城市化以及现代化过程同步发生，很容易得出这样的结论：外部性的全球化力量是中国城市化和现代化的主要因素，社会学家往往持这种观点，但是历史学家并不会这样看待[13]。笔者认为全球化对城市化进程影响呈逐渐增强，但中国城市化进程仍然主要是内生过程（endogenous process），即主要依托内源性生产要素投入，国内的消费市场，以及自身的社会发展等因素构成中国城市化和经济持续增长的决定因素。中国的城市化进程不同于日本和韩国，日韩的快速城市化，与以美国为主的发达国家基于地缘政治格局和意识形态等因素，进行大规模直接投资有着极为密切的关系。而我国独特的城市化进程载负着特定的历史文化传统，包含着自有的理论创新和实践探索，主要依靠勤劳朴实的中国人民的创造，中国大量廉价的低附加值的初级制造业，从某种意义上看，是中国养活了世界；而不是中国威胁了世界的粮食和经济安全。我们应立足于中国的基本国情，发展自己的城市化理论框架，在实践中渐渐完善理论与制度体系[34]。当然，随着我国融入经济全球化过程的加深，外资对中国的推动作用逐渐增强，金融危机等不确定性风险也在增加。以自力更生为主，发展外向型经济为辅，合力推动我国城市化快速健康发展。

（2）市场力和行政力的影响系数变化表明，不断深化市场经济体制改革是城市化进程的核心内容之一，而政府的作用应加快由"计划主导"向"调控引导"的转变步伐。充分认识到并从制度上更好发挥市场在资源配置中的基础性作用，培育和发展包括生产资料市场、金融市场、劳动力市场、房地产市场、技术市场、信息市场、产权市场等生产要素市场。要坚决打破部门利益和区域利益造成的条块分割，加快统一市场化进程。政府进一步转变职能，从竞争性领域退出或减少，避免对企业的直接干预，健全宏观调控政府主要具有经济调节、市场监管、公共服务等主要职能，按照满足社会公共需要的要求去纠正好"错位""越位"和"缺位"问题，实现政府职能的转变和归位。

（3）内源力的持续下降表明，应统筹城乡发展，促进区域协调。改革开放早中期，中国自下而上城市化的发展引起广泛的关注。自20世纪末期开始了城市化规模道路的大讨论，学者大多强调小城镇具有土地利用、环境污染、效率低下等问题，应坚持大城市化战略或大中城市化道路[35]。应该来说，基于效率优先原则在当时的条件下优先发展大中城市是基本合理的。但是时至今日，发展背景、基础条件等已有发生重要变化；小城镇是城镇体系的重要组成部分，是联结城乡的桥梁[36]，要走向空间正义：让城市化的增益惠及所有人[37]。且小城镇发展的持续低迷是行政区域发展网络中的凹陷区，对区域要素流动产生阻滞效应。最适宜的战略选择应是走健康城镇化与新农村建设相结合的道路[7]。具体来看，一是扩大城镇就业岗位来吸收农村剩余劳动力；二是促进城乡之间的公共服务均等化，缩小城乡差异。最终通过小城镇和农村地区发展，提高农民和小城镇居民收入，农村社会稳定才有坚实的基础，工业才有广阔的市场，城乡关系才能协调，城市化才有持续动力[38]。英国著名的城市地理学家Peter Hall也指出"中国需要充分关注欠发达地区和农村的发展，关注区域平衡。"[39]

6 结论与讨论

（1）城市化综合测度指标体系包含的信息丰富、全面和完整，体现了人口、经济、社会、土地等多方面的演进特征，体现了城市化内涵的综合性。

（2）综合测度的定量分析表明中国城市化综合水平和人口城市化水平呈明显的正相关。以经济增长和地域景观的快速演进为主要特征，其次是人口城市化，最后是社会城市化中医疗水平。其中人口、经济、社会、土地各个子系统在不同阶段也具有不同的演变特点。

（3）中国快速城市化的动力因子呈现多元化，市场力是最主要的驱动力，后面依次是内源力、行政力和外向力。从阶段上看，市场力、外向力、行政力的影响呈上升趋势，而内源力的影响系数呈下降趋势。

（4）得出三点政策启示：一是尽管伴随着全球化进程，但中国城市化进程仍主要是一个内生过程；二是深化市场经济体制改革，转变政府职能；三是统筹城乡发展，促进区域协调，尤其要关注小城镇和农村地区。

基于熵值法和综合测度指标体系，应用于中国城市化进程研究，得出了一些有益的结论和政策启示。但是城市化子系统之间协调的阈值范围尚未分析；同时，也应注意到我国城市化进程有着显著的区域差异，空间格局的研究也需要加强，从而分类指导、因地制宜地指导城市化进程健康发展。

参考文献（References）

[1] Qiu Baoxing. Difficulties and strategies: Choosing in the realization of orderly urbanization of China. Urban Planning Forum, 2007, (5): 1-15. [仇保兴. 实现我国有序城镇化的难点与对策选择. 城市规划学刊, 2007, (5): 1-15.]

[2] Roger C K, Yao Shimou. Urbanization and sustainable metropolitan development in China: Patterns problems and prospects. GeoJournal, 1999, 49: 269-277.

[3] Gene H C, Josef C B. The paradox of China's growing under-urbanization. Economic Systems, 2006, 30: 24-40.

[4] Xuan Guofu, Xu Jiangang, Zhao Jing. Study on the synthetic measurement of the urbanization level in Anhui province. Areal Research and Development, 2005, 24(3): 47-51. [宣国富, 徐建刚, 赵静. 安徽省区域城市化水平综合测度研究. 地域研究与开发, 2005, 24(3): 47-51.]

[5] Zhou Yixing. Thoughts on the speed of China's urbanization. City Planning Review, 2006, 30(suppl. 1): 32-40. [周一星. 关于中国城镇化速度的思考. 城市规划, 2006, 30(增刊1): 32-40.]

[6] Lu Dadao, Yao Shimou, Liu Hui et al. 2006 China Regional Development Report: Urbanization and Spatial Sprawl. Beijing: Commercial Press, 2007. [陆大道, 姚士谋, 刘慧 等. 2006 中国区域发展报告: 城镇化进程及空间扩张. 北京: 商务印书馆, 2007.]

[7] Lu Dadao. Urbanization process and spatial sprawl in China. Urban Planning Forum, 2007, (4): 47-52. [陆大道. 我国的城镇化进程与空间扩张. 城市规划学刊, 2007, (4): 47-52.]

[8] Yao Shimou, Guan Chiming, Wang Shuguo et al. The research on new characteristics of urbanization and the strategy of regional space construction in China. Advance in Earth Sciences, 2007, 22(3): 71-280. [姚士谋, 管驰明, 王书国 等. 我国城市化发展的新特点及其区域空间建设策略. 地球科学进展, 2007, 22(3): 71-280.]

[9] Chen J. Rapid urbanization in China: A real challenge to soil protection and food security. Catena, 2007, 69(1): 1-15.

[10] George Lin. Chinese Urbanism in question: state, society, and the reproduction of urban spaces. Urban Geography, 2007, 28: 7-29.

[11] George Lin. Peri-urbanism in globalizing China: A study of new urbanism in Dongguan. Eurasian Geography and Economics, 2006, 47(1): 28-53.

[12] Liu Shenghe, Chen Tian, Cai Jianming. Peri-urbanization in China and its major research issues. Acta Geographica Sinica, 2004, 59(suppl.): 101-108. [刘盛和, 陈田, 蔡建明. 中国半城市化现象及其研究重点. 地理学报, 2004, 59(增刊): 101-108.]

[13] Friedmann, J. Four theses in the study of China's urbanization. International Journal of Urban and Regional Research, 2006, 30(2): 440-451.

[14] Cui Gonghao, Laurence J C Ma. Urbanization from below in China: Its development and mechanisms. Acta Geographica Sinica, 1999, 54(2): 106-114. [崔功豪, 马润潮. 中国自上而下城市化的发展及其机制. 地理学报, 1999, 54(2): 106-114.]

[15] Gu Shengzu, Li Zhengyou. The institutional analysis of the urbanization from below in China. Social Sciences in China, 1998, (2): 60-70. [辜胜阻, 李正友. 中国自下而上城镇化的制度分析. 中国社会科学, 1998, (2): 60-70.]

[16] Shen J F, Wong K Y, Feng Z Q. State-sponsored and spontaneous urbanization in the Pearl River Delta of south China, 1980-1998. Urban Geography, 2002, 23(7): 674-694.

[17] Ning Yuemin. New process of urbanization: dynamics and features of urbanization in China since 1990. Acta Geograohica Sinica, 1998, 53(5): 88-95. [宁越敏. 新城市化进程: 90 年代中国城市化动力机制和特点探讨. 地理学报, 1998, 53(5): 88-95.]

[18] Xue Fengxuan, Yang Chun. Foreign capital: The new dynamic force of urbanization in the developing countries: Study on the example of Zhujiang Delta. Acta Geograhica Sinica, 1997, 52(3): 194-206. [薛凤旋, 杨春. 外资:发展中国家城市化的新动力: 珠江三角洲个案研究. 地理学报, 1997, 52(3): 194-206.]

[19] Heikkila E J. Three questions regarding urbanization in China. Journal of Planning Education and Research, 2007, 27(1): 65-81.

[20] Zheng Wensheng, Wang Xiaofang, Li Chenggu. The spatial disparities of regional comprehensive urbanization level of vice provincial city in China from 1997. Economic Geography, 2007, 27(2): 256-260. [郑文升, 王晓芳, 李诚固. 1997 年以来中国副省级城市区域城市化综合发展水平空间差异. 经济地

理, 2007, 27(2): 256-260.]

[21] Shen Yuming, Zhang Yun. The mechanism and assessment of eco-city construction from perspectives of urbanization and ecological transition: Taking Beijing as example. Human Geography, 2006, 21(3): 19-23, 103. [申玉铭, 张云. 北京市生态城市建设能力的机理与综合评价: 基于城市化与生态化视角. 人文地理, 2006, 21(3): 19-23, 103.]

[22] Ou Xiangjun, Zhen Feng, Qin Yongdong et al. Study on compression level and ideal impetus of regional urbanization: The case of Jiangsu Province. Geographical Research, 2008, 27(5): 993-1002. [欧向军, 甄峰, 秦永东 等. 区域城市化水平综合测度及其理想动力分析: 以江苏省为例. 地理研究, 2008, 27(5): 993-1002.]

[23] Cai Fang, Wang Meiyan. The informal employment and labor market: The growth of urban employment. The Economics Information, 2004, (2): 24-28. [蔡昉, 王美艳. 非正规就业与劳动力市场发育: 解读中国城镇就业增长. 经济学动态, 2004, (2): 24-28.]

[24] Guo Kesha. An economic analysis of the relationship between industrialization and urbanization. Social Sciences in China, 2002, (2): 44-45. [郭克莎. 工业化与城市化关系的经济学分析. 中国社会科学, 2002, (2): 44-45.]

[25] Jin Fengjun. Infrastructure system and regional development. China Population, Resources and Environment, 2004, 14(4): 70-74. [金凤君. 基础设施与区域经济发展环境. 中国人口·资源与环境, 2004, 14(4): 70-74.]

[26] Liu Xinwei, Zhang Dingxiang, Chen Baiming. Characteristics of China's town-level land use in rapid urbanization stage. Acta Geographica Sinica, 2008, 63(3): 301-310. [刘新卫, 张定祥, 陈百明. 快速城镇化过程中的中国城镇土地利用特征. 地理学报, 2008, 63(3): 301-310.]

[27] Zhao Xinping, Zhou Yixing. The road of China's urbanization and review on theory research since 1978. Social Sciences in China, 2002, (2): 132-138. [赵新平, 周一星. 改革以来中国城市化道路及城市化理论研究述评. 中国社会科学, 2002, (2): 132-138.]

[28] Wu Liya, Gu Chaolin. Globalization, foreign investment and urbanization in developing countries: A case study of Jiangsu. City Planning Review, 2005, 29(7): 28-33. [吴莉娅, 顾朝林. 全球化、外资与发展中国家城市化: 江苏个案研究. 城市规划, 2005, 29(7): 28-33.]

[29] Hu Xuwei. Economic globalization and China's urbanization. Urban Planning Forum, 2007, (4): 53-55. [胡序威. 经济全球化与中国城市化. 城市规划学刊, 2007, (4): 53-55.]

[30] Liu Weidong, Zhang Guoqin, Song Zhouying. Trend of spatial configuration evolvement of economic development in China under globalization. Scientia Geographica Sinica, 2007, 27(5): 609-616. [刘卫东, 张国钦, 宋周莺. 经济全球化背景下中国经济发展空间格局的演变趋势研究. 地理科学, 2007, 27(5): 609-616.]

[31] Li Xiaojian, Zhang Xiaoping, Peng Baoyu. Impact of globalization on China's regional economic development. Geographical Research, 2000, 19(3): 225-233. [李小建, 张晓平. 经济活动全球化对中国区域经济发展的影响. 地理研究, 2000, 19(3): 225-233.]

[32] Zhen Feng, Ming Libo, Zhang Min et al. Globalization, regionalization and spatial restructuring: A case study of the region along Yangtze River in Jiangsu province. City Planning Review, 2006, 3(9): 31-35. [甄峰, 明立波, 张敏 等. 全球化、区域化与江苏沿江区域空间重构. 城市规划, 2006, 3(9): 31-35.]

[33] Gu Chaolin, Chen Lu, Ding Rui et al. Globalization and restructuring China's national urban systems. Scientia Geographica Sinica, 2005, 25(6): 641-654. [顾朝林, 陈璐, 丁睿 等. 全球化与重建国家城市体系设想. 地理科学, 2005, 25(6): 641-654.]

[34] Zhou Ke, Wang Yajuan. Interview with Prof. John Friedmann. Urban Planning Forum, 2007, (5): 16-24. [周珂, 王雅娟. 全球知识背景下中国城市规划理论体系的本土化: John Friedmann 教授访谈. 城市规划学刊, 2007, (5): 16-24.]

[35] Feng Yunting. Self-examination of small urbanization strategy and the strategy trend of the urbanization development in China. China Soft Science, 2000, (11): 120-124. [冯云廷. 小城镇化战略的反思与我国城市化发展的战略取向. 中国软科学, 2000, (11): 120-124.]

[36] Duan Jinjun. Thoughts about the development trend of Chinese towns. Urban Studies, 2007, 14(6): 52-57. [段进军. 关于我国小城镇发展态势的思考. 城市发展研究, 2007, 14(6): 52-57.]

[37] Qian Zhenming. Space Justice: Everyone enjoys the fruit of urbanization. Jianghai Academic Journal, 2007, (2): 40-43. [钱振明. 走向空间正义: 让城市化的增益惠及所有人. 江海学刊, 2007, (2): 40-43.]

[38] Chen A M. Urbanization and disparities in China: challenges of growth and development. China Economic Review, 2002, 13(4): 407-411.

[39] Wang Yajuan, Huang Jianzhong. Interview with Prof. Sir Peter Hall. Urban Planning Forum, 2007, (5): 25-27. [王雅娟, 黄建中. 在全球化背景中认识中国城市发展的独特性: Peter Hall 教授访谈. 城市规划学刊, 2007, (5): 25-27.]

Comprehensive Evaluation and the Driving Factors of China's Urbanization

CHEN Mingxing[1,2], LU Dadao[1], ZHANG Hua[3]

(1. *Institute of Geographic Sciences and Natural Resources Research, CAS, Beijing* 100101, *China;*
2. *Graduate University of Chinese Academy of Sciences, Beijing* 100049, *China;*
3. *School of Geography, Beijing Normal University, Beijing* 100875, *China*)

Abstract: From the essential meaning of urbanization, this paper establishes a comprehensive evaluation index system, including four aspects changing: population, economy, society and land. Based on the method of entropy, the measure and evolution of China's urbanization are analyzed since 1981. The results show that China's comprehensive urbanization level continues improving. Economic growth and geographical landscape are the main features of rapid evolution of urbanization, followed by the population urbanization, and the medical care level of social urbanization is the least advanced. The evolution of all the four subsystems has unique characteristics. The analysis of multiple regression model shows that the driving factors have been diversified. The market force is the most powerful driving force of China's urbanization, followed by intrinsic force, administration force, exterior force. From different stages of urbanization, the effects of market force, exterior force and the administration force on urbanization are increasing, while intrinsic force is decreasing. China's urbanization is the main endogenous process, hence more policies should be formulated to strengthen the market economy reform and coordinate urban and rural development.

Key words: entropy method; urbanization; comprehensive evaluation; driving factors; China

"中国城市化水平的综合测度及其动力因子分析"解读

李广东

一、作者简介

陈明星（1982— ），安徽巢湖人，中国科学院地理科学与资源研究所研究员，博士生导师，中国科学院大学岗位教授，现任中国科学院区域可持续发展分析与模拟重点实验室副主任。主要从事城镇化与区域发展研究，重点关注新型城镇化转型、国土空间治理与可持续发展等领域。荣获国家自然科学基金优秀青年科学基金项目、全国青年地理科技奖、"吴传钧人文与经济地理优秀论文"一等奖等。多次应邀参加中央财办、中央农办等城镇化与城乡融合发展的专题汇报和研讨。

陆大道（1940— ），著名地理学家，中国科学院院士，中国科学院地理科学与资源研究所研究员，中国地理学会原理事长。1963年毕业于北京大学地质地理系，1966年于中国科学院地理研究所获得硕士学位，1980—1982年在联邦德国波鸿鲁尔大学做访问学者，1992—1993年于德国不莱梅大学和波鸿鲁尔大学任客座教授。长期从事经济地理学、区域发展和城镇化领域研究，对我国经济地理学和区域发展研究的学科理论建设作出了重要贡献。

张华（1979— ），北京师范大学地理科学学部副教授、博士生导师，中国地理

作者介绍：李广东（1986— ），男，山东临沂人，中国科学院地理科学与资源研究所研究员，中国地理学会会员（S110008922M），研究方向为城市地理,城镇化的生态环境效应等。E-mail: ligd@igsnrr.ac.cn

学会人口地理专业委员会委员。在北京师范大学获得本科和硕士学位，在中国科学院地理科学与资源研究所获得博士学位，主要教学和研究领域为人口地理、城镇化与区域发展。

二、写作背景及主要内容

"中国城市化水平的综合测度及其动力因子分析"一文聚焦1981—2006年的中国城市化进程。这一时期是中国城市化由稳定发展到快速推进的关键时期，城市经济增长与城市空间扩张在20世纪末出现极为快速的发展。作者认为，中国正经历的城市化进程的速度和规模在人类历史上前所未有。多个地区纷纷提出要加速城市化，期望以城市化来推动区域经济快速发展。有些地区不顾客观条件制约，热衷于搞"造城运动"，大量进城农民不能在城镇定居，不能享受市民待遇，增加了土地保障和粮食安全风险。这些问题导致中国的快速城市化进程面临诸多严峻挑战，这与当时以单一的人口城市化指标来考察城市化发展水平有一定关系。用单一的人口比重来测度城市化水平，无法体现城市化是经济结构、社会结构、生产方式以及生活方式根本性转变的复杂内涵，也无法理解城市化进程中不同子系统之间的关系是否处于协调状态。因此亟须构造综合测度指标体系来更全面、更完整地监测城市化进程，阐明人口城市化与地域景观、经济结构以及生活方式协同演进状况。

论文从人口城市化、经济城市化、土地城市化和社会城市化4个方面选择了16个指标，构建了城市化水平的综合测度指标体系，运用基于信息熵的综合评价方法测度了改革开放以来(1981—2006年)中国城市化进程的系统性演变及其特征，并探讨了各子系统的阶段性演变规律，最后从动力因子的视角深入分析了中国快速城市化的动力机制。

该文指出，1981—2006年中国的经济增长是中国城市化进程的最主要因素，可以将1981年以来的中国城市化进程划分为两个阶段：稳步发展时期（1981—1995年）和高速发展时期(1996—2006年)，其中高速发展时期人口城市化水平年均递增1.35个百分点，是前一阶段的2.14倍。论文明确提出，在大规模推进人口城市化的同时，要充分认识并警惕城市化进程中的失业风险。城市空间在量的扩张阶段空间布局有待优化，存在耕地保护与城市用地扩张之间的尖锐矛盾。与其他维度相比，社会城市化进程极不均衡，难以适应人民群众日益增长的生活需求。同时，作者构建了模型，定量理解了中国快速城市化的动力因子特征，发现动力机制呈现多元化，其中市场力是最主要的驱动力，之后依次是内源力、行政力和外向力。从阶段上看，市场力、外向力、行政力的影响呈上升趋势，而内源力的影响呈下降趋势。

三、学术影响和时代贡献

"中国城市化水平的综合测度及其动力因子分析"一文，是我国人文经济地理领域研究中国城市化综合测度与动力机制的一篇经典文献，截至2024年6月，论文被引已经达到1792次，在学术界和政策界引起广泛讨论和影响。作者提出了我国城市化综合测度指标体系，分析了中国1981—2006年城市化进程及其多维度子系统之间协调演进状况，对扭转运用单一的人口比重来测度城市化水平导致的研究不足，以及实践中片面追求城市化速度增长、忽视城市化质量提升的导向，具有重要的理论和现实意义，对中国城市化的相关决策调整发挥了决策支撑作用，对城市地理学的学科发展具有重要的学术贡献。

该文写作时期正恰逢中国处于极为快速的城市化增长阶段，反思了过度追求城市化数量增长的认识，过快的城市化发展浪潮可能对社会经济和生态环境造成一定的负面影响，对人口城市化、经济结构和就业岗位增长、社会发展领域提升等不同子系统并未协调发展的问题表现出担忧。该文认为，单一指标的人口城市化水平测度方法只关注农村人口向城市集中的数量过程，导致了对城市化过程缺乏一个全面、系统和深刻的认识。

该文聚焦如何综合表征和测度中国城市化水平这一核心科学问题，运用人文经济地理学经典方法构建了中国城市化水平的综合测度指标体系。该指标体系提出从人口城市化、经济城市化、土地城市化和社会城市化四个维度综合测度城市化水平的经典方法，为理解中国城市化过程提供了重要的分析框架。这一研究背景下的科学研究体现了对城市化健康发展机制的深刻关注和相关领域理论探索的迫切需要。

论文主要聚焦在城市化水平的综合测度和动力因子分析方面。通过建立综合测度模型,综合考虑了城市化水平的多个维度,诊断了中国城市化发展中存在的突出问题,从而全面把握了城市化的发展状况。同时,通过对动力因子的分析,揭示了影响中国城市化过程的关键因素,明确提出不断深化市场经济体制改革是城市化进程的核心内容之一,而政府的作用应加快由"计划主导"向"调控引导"的转变步伐,为制定中国城市化发展政策和规划提供了科学依据。

综上所述,论文的学术贡献和主要发现对于中国城市化相关实践和城市地理学科的发展具有重要影响。不仅为政府部门和决策者提供了更加全面的城市化认识视角,对遏制片面和冒进式的高速城市化发展提出了预警,为中国新型城镇化战略与质量提升转型提供了科学依据和决策支撑;同时,这篇论文拓展了对中国城市化现象的全面认识和系统分析,引起了学术界对中国特色城市化持续、广泛和深刻的科学讨论和深入研究,丰富了人文经济地理学科在城市化和城市发展领域的研究,尤其对城市地理学的发展产生了重要影响和积极贡献。

中国气候区划新方案

郑景云，尹云鹤，李炳元

(中国科学院地理科学与资源研究所，北京 100101)

摘要：根据全国 609 个气象站 1971-2000 年的日气象观测资料，遵循地带性与非地带性相结合、发生同一性与区域气候特征相对一致性相结合、综合性和主导因素相结合、自下而上和自上而下相结合、空间分布连续性与取大去小等 5 个基本原则，在充分吸纳已有气候区划基本理论与区划方法的基础上，参照中国科学院《中国自然地理》编辑委员会制定的气候区划三级指标体系，对我国气候进行重新区划；结果将我国划分为 12 个温度带、24 个干湿区、56 个气候区。与先前区划方案相比发现：20 世纪 70 年代以来，中国气候带、区的总体格局并未发生明显变化，但一些重要的气候分界线却出现了一定程度的移动。其中亚热带北界与暖温带北界均出现了北移，北方地区的半湿润与半干旱分界线也出现了不同程度的东移与南扩，同时中温带、暖温带、北亚热带和中亚热带的三级气候区也出现了一定程度的变动；这种变化可能主要是因为 20 世纪 80 年代以后我国大多数地区出现不同程度的增暖及北方一些区域出现干旱化而引起的；且与本区划所采用的资料站点和部分区划原则有一定更新有关。

关键词：中国；气候区划；新方案；气候区变动

气候区划的目的是从系统的角度去深入了解气候状况的区域分异规律和各地的气候特

征。中国幅员辽阔，地理位置特殊，地形复杂，下垫面类型丰富，影响气候的环流成员（特别是在夏季）多，使得气候类型与自然景观极为多样，因而进行气候区划不但可更有针对性地为各地工农业生产、社会经济建设与发展及人类响应与适应未来的气候变化提供参考依据，而且在科学研究上也具有重要的价值。

气候区划研究工作在我国已逾 80 年，积累了大量的成果[1-13]；这些成果围绕当时的社会需求（特别是农业生产的迫切需要），以当时的气象观测资料为基础，较好地揭示了我国当时的气候区域分异，在农业生产、水利建设等领域中发展了重要作用，并形成了较成熟的气候区划理论与方法。但这些研究成果因受当时资料和认识的限制，因而尚存在一些不足：如所采用的资料多早于 1980 年，最新的也仅截至 1990 年[9]；未系统地将水平地带性规律和垂直分异特征紧密结合，导致部分区域存在"飞地"等。而随着近几十年的全球气候增暖，1951-2001 年间，全国平均的年均气温上升了约 1.1℃，呈现出北高南低、冬季增温大夏季增温小的区域与季节不均衡增暖特点；全国平均年降水量虽然没有显著的趋势变化，但区域性的增减幅度较为明显；同时其他气候要素也出现一定的波动；这导致各地气候状况相应出现了一定程度的变化[14]；此外，由于我国社会经济的迅速发展，许多领域（如生态文明建设、可持续发展与循环经济建设及区域发展战略布局等）又对气候区划提出了新的需求。因而在充分吸纳已有气候区划基本理论依据与区划原则基础上，采用新资料和认识再次对全国气候进行区划不论是对科学研究，还是在应用上，都很有必要；且对于今后各专业部门编制专业气候区划和各地开展更大比例尺的区划也有重要的借鉴意义。为此本文以 1971-2000 年日气象观测数据为基础资料，对我国气候进行重新区划。

1 气候区划的基本原则

气候区划的原则是制定区划方法、确定区划指标和建立区划系统的主要依据，本区划主要考虑以下 5 项基本原则。

（1）地带性与非地带性相结合原则　气候的地域分异是由地带性因素和非地带性因素相互制约、共同作用形成的。因而在气候区划过程中，首先必须将地带性与非地带性有机地结合在一起，才能较为客观地反映出气候区域分异的本质。考虑到青藏高原的自然地理与气候同我国的其他地区有着明显的不同，因而在进行本次全国气候区划时，先将青藏高原作为一个独立的单元来对待，然后结合两大区域（即青藏高原和其他区域）的气候特征，分别确定两大区域的划分标准，再进行气候区划。

（2）发生同一性与区域气候特征相对一致性相结合原则　在进行气候区划时不但要看

同一级别区划单元内的气候特征是否相对一致,而且还必须从发生学的角度充分考虑其气候成因和变化过程是否相对统一,特别是现代气候成因与变化这一过程是否具有同一性。

(3) 综合性和主导因素相结合原则　综合性原则指在气候分区时不能只分析气候因子的地域分异,还应全面分析由次一级气候区组成的气候区域组合的地域分异,综合考量气候因子与气候区域组合的地带性与非地带性特征,据此划定气候区界线。主导因素原则指在进行区划时,必须先从众多气候因子中选择具有主导作用的因子作为区划指标,才能进行区域划分。因此在综合考虑各个气候因子与气候区域组合构成要素的基础上,合理选择影响各级气候区的主导气候因子作为气候区划指标,将综合性和主导因素有机结合在一起是本区划遵循的一个重要原则。

(4) 自下而上和自上而下相结合原则　自上而下原则指依据指标按层次划分温度带和干湿区;自下而上指根据各站点间气候指标值的相似度,结合自然地理单元的相对完整性,将各站点合并成气候区;最后将气候区与干湿区及温度带结合,形成统一的区划。

(5) 空间分布连续性与取大去小原则　空间连续性原则要求气候区划结果中的各个气候区必须保持完整连续而不出现"飞地",这对于进行自下而上的区域合并尤为重要。由于气候区域分异中的地带性特征往往会因非地带性的因素影响而遭破坏,因而在考虑空间连续性时,还必须根据区划空间范围的大小进行取舍,否则区划结果可能会极为破碎。考虑到本区划属全国范围,因而本区划在考虑非地带性因素影响时,主要考虑大范围的非地带性因素。

根据上述气候区划的基本依据与原则,本区划参照1985年中国科学院《中国自然地理》编辑委员会所制定的我国气候区划方法[12],即按温度带、干湿区、气候区三级等级体系进行气候区域系统划分,采用全国609个气象站1971-2000年日气象观测数据为基础资料计算各级区划指标值。其中在站点选取时,将建站晚于1971年或2000年之前撤站的、缺测数据连续大于1年的,以及位于突兀高山的站点全部予以剔除。对保留的站点,若再有数据缺测,则在计算时用该站该日的其余各年平均值代替。此外因在青藏高原具有连续30年以上观测记录的气象站点地理分布不均匀、且相对稀少,故不再采用气候指标划分第三级气候区,仅依据自然地域单元的相对独立性进行干湿区划分。

2　气候区划的指标体系与区划结果

2.1　指标体系

(1) 温度带划分指标　由于日平均气温是否达到10℃对自然界的第一性生产具有极为

重要的意义，因而日平均气温稳定≥10℃期间的积温以往一直被作为我国气候区划与农业气候资源评价中一个非常通用的指标；如中国科学院[5]、中央气象局[7]及中国农业区划委员会[12]等部门编制气候和农业气候区划时，都以日平均气温稳定≥10℃期间的积温作为温度带划分指标。但自《中国气候区划新探》[11]发表后，学者们逐渐认识到，以日平均气温稳定≥10℃期间的积温作为指标划分温度带时，对于地势高差悬殊和幅员广大的中国而言有一定的局限性；而采用日平均气温稳定≥10℃的日数（积温日数）作为指标，能更准确地刻画出我国温度条件的地域分异，特别是对高原地区的气候区划分更具实践意义。因此这一指标在20世纪80年代以后就被中国科学院[12]和中央气象局[8,9]等部门编制的气候区划所采用。本区划也采用积温日数作为主要指标划分温度带；仅在热带地区，由于全年日平均气温均达10℃（除边缘热带可能有数日低于10℃外）以上，不再采用该指标进行温度带划分，代之采用日平均气温稳定≥10℃期间的积温作为指标进行温度带划分。

此外，由于一地的最冷月（即1月）气温往往决定着地带性植物的生长与越冬，最暖月（即7月）气温又常常决定高原或高纬度地区的植物能否良好生长，且与同纬度其他地区相比，我国的季风气候又具有冷季更为寒冷、暖季更为温暖的特点，因而在进行温度带划分时，在青藏高原以外的地区，本区划还采用最冷月平均气温作为辅助指标，在青藏高原则同时采用最冷、暖月平均气温作为辅助指标。此外，为更好地体现气候区划的综合性特征，我们在进行温度带界线划分时，还采用日平均气温稳定≥10℃期间的积温、极端最低气温的多年平均值作为参考指标（表1）。

表 1　划分温度带的指标体系及其标准

Tab. 1　Criteria of temperature zones in climate regionalization

指标 温度带	主要指标 日平均气温稳定≥10℃的日数（天）	辅助指标		参考指标	
		1月平均气温（℃）	7月平均气温（℃）	日平均气温稳定≥10℃期间的积温（℃）	年极端最低气温平均值（℃）
寒温带	<100	<-30		<1600	<-44
中温带	100~170	-30 至 -12~-6		1600 至 3200~3400	-44~-25
暖温带	170~220	-12~-6 至 0		3200~3400 至 4500~4800	-25~-10
北亚热带	220~240	0~4		4500~4800 至 5100~5300	-14~-10 至 -6~-4
中亚热带	240~285	4~10		5100~5300 至 6400~6500（云贵，4000~5000）①	-6~-4 至 0（云贵，-4~0）
南亚热带	285~365	10~15（云南，9~10 至 13~15）		6400~6500 至 8000（云南，5000~7500）	0~5（云南，0~2）

续表

指标 温度带	主要指标 日平均气温稳定≥10℃的日数（天）	辅助指标 1月平均气温（℃）	7月平均气温（℃）	参考指标 日平均气温稳定≥10℃期间的积温（℃）	年极端最低气温平均值（℃）
边缘热带	365　8000～9000② （云南，7500～8000）	15～18 （云南，>13～15）			5～8 （云南，>2） 8～20
中热带	365，9000～10000	18～24			>20
赤道热带	365，>10000	>24			
高原③亚寒带	<50	-18至-10～-12	<11		
高原温带	50～180	-10～-12至0	11～18		
高原亚热带山地	180～350	>0	18～24		

注：① 指在云贵高原，以日平均气温稳定≥10℃期间的积温 4000～5000℃作为该地区的划分标准，其他括号含义同；② 在热带地区，全年的日平均气温皆≥10℃，故采用日平均气温稳定≥10℃期间的积温作为指标进行温度带划分；表中数值为积温，单位为℃；③ 高原范围据张镱锂，李炳元，郑度. 论青藏高原范围与面积，地理研究，2002.21（1）：1-8.

（2）干湿区划分指标　区域干湿状况主要取决于降水与潜在蒸散之间的平衡，其中降水是一地最主要的水分来源，潜在蒸散则反映在土壤水分充足的理想条件下的最大可能水分支出。因此，本区划以年干燥度（即潜在蒸散多年平均与年降水量多年平均的比值）作为干湿区划分的主要指标，以年降水量作为辅助指标。其中在计算潜在蒸散时，本文采用1998年联合国粮农组织改进的 FAO56-Penman-Monteith 模型[15]，并根据我国实测辐射对模型有关参数进行了修正[16]，使之更适合我国的气候特点（表2）。

表2　划分干湿区的指标及其标准

Tab. 2　Criteria of moisture regions in climate regionalization

指标 干湿状况	主要指标 年干燥指数	辅助指标 降水量（mm）
湿润	≤1.00	>800～900（东北、川西山地>600～650）*
半湿润	1.00～1.50	400～500至800～900（东北，400～600）
半干旱	1.50～4.00（青藏高原，1.50～5.00）	200～250至400～500
干旱	≥4.00（青藏高原，≥5.00）	<200～250

* 指在东北、川西山地地区，以年降水量>600～650 mm 作为该指标的划分标准，其他括号含义同。

（3）气候区划分指标 温度带和干湿区的划分主要体现了气候的地带性差异，然而由于气候还受非地带性因素的影响，因而在同一温度带与干湿区内，气候和相应的自然景观也会存在明显的差异。在我国，7月平均气温的地理分布能较为综合地表现出非地带性因素对气候的影响，而且在中纬度地区，夏季气温又是决定喜温作物能否种植的关键因子。因此，本区划采用7月平均气温作为气候区划指标（表3）。

表 3 气候区划分指标划分标准
Tab. 3 Criteria of climatic sub-regions in climate regionalization

气候区代码	7月平均气温（℃）
Ta	≤18
Tb	18～20
Tc	20～22
Td	22～24
Te	24～26
Tf	26～28
Tg	≥28

2.2 区划结果

依据上述气候区划的原则、指标体系和分区等级系统，本文将我国划分为12个温度带、24个干湿区、56个气候区（图1），其中除青藏高原外的全国其他区域包括9个温度带、15个干湿区、44个气候区；青藏高原包括3个温度带、9个干湿区、12个气候区（表4）。

3 关于新区划方案变化的说明

在我国先前开展过的多次气候区划中，以中央气象局和中国科学院《中国自然地理》编辑委员会编制的区划（下分别简称"气象局区划"[7-9]和"科学院区划"[12]）最具代表性。其中气象局区划共开展过3次，采用的资料分别为1951-1970年、1951-1980年和1961-1990年，而科学院区划采用的资料为1951-1970年。虽然气象局的后两次区划分别采用1951-1980年和1961-1990年的资料，但因其采用的区划原则、方法和指标体系与科学院区划一致，因而这两次区划结果与科学院的区划方案基本一致。故本文将新区划方案与气象局区划的第一次方案[7]及科学院区划[12]进行对比；另外由于后两个方案的资料均为1951-1970年，

图 1 中国气候区划新方案简图

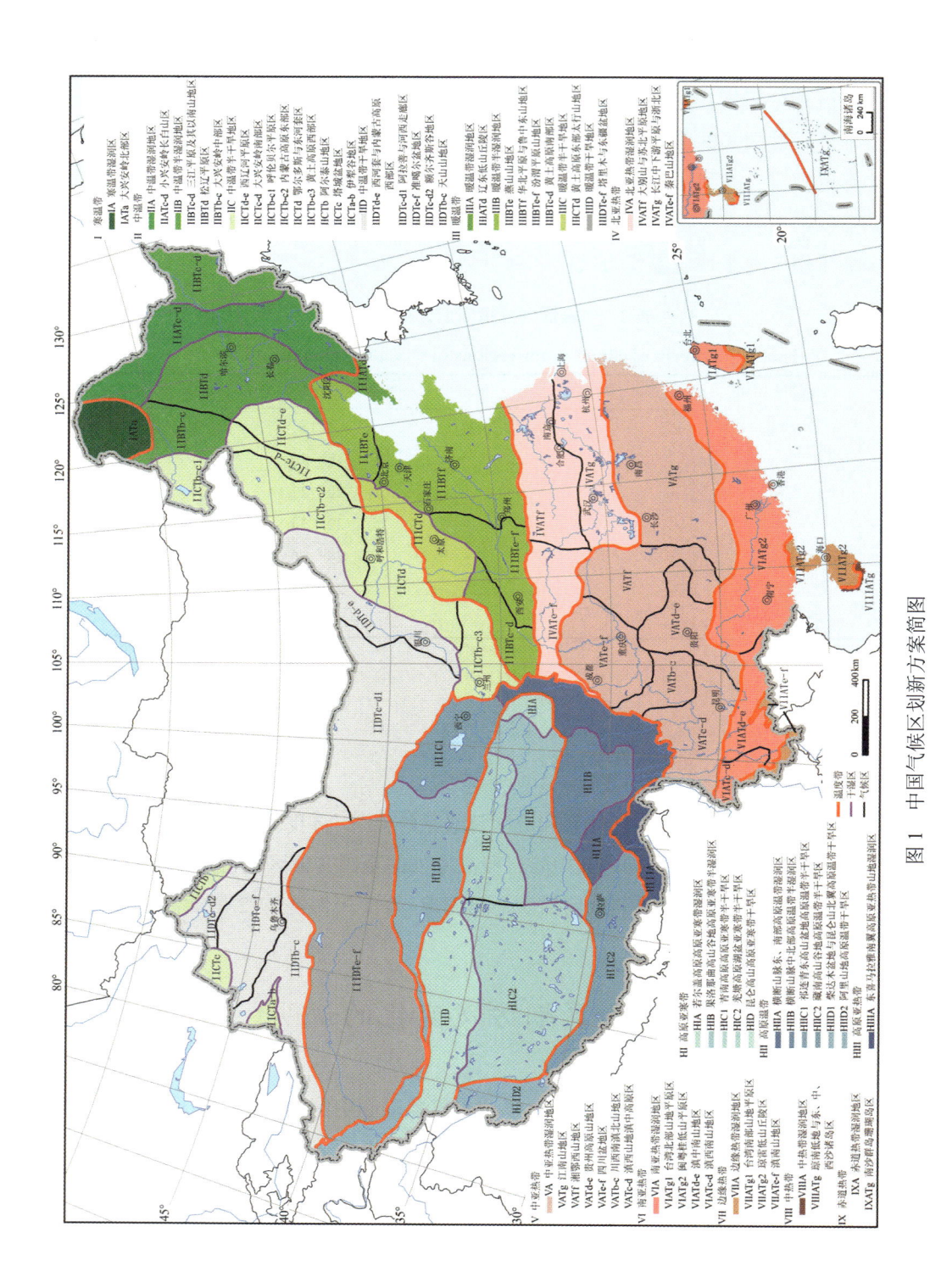

Fig. 1 Map of the new scheme for climate regionalization in China

因而这样的对比还可更好地看出 20 世纪 70 年代以后气候变化对区划结果的影响。对比结果表明：20 世纪 70 年代以来，中国气候的总体区域格局并未发生明显变化，但一些重要的气候分界线却出现了一定程度的移动，其中变化较为明显的是亚热带北界与暖温带北界，均出现了北移，其中亚热带北界的最大北移幅度（116°E 附近）约达 120 km，暖温带北界的最大北移幅度（123°E 附近）约达 250 km（图 2）；同时北方地区半湿润与半干旱的分界线也出现了不同程度的变化，相对于科学院区划，其中 41°N 以北的界线明显西移，其最大变化幅度（47°N 附近）约达 320 km；38°-41°N 间的界线则相对东移，其最大东移幅度（40°N 附近）约达 110 km；38°N 以南、114°N 以西地区的界线则明显南扩，其最大南扩幅度（111°E 附近）约达 350 km（图 3）。这种变化主要是因为 20 世纪 80 年代后我国大多数地区出现不同程度的增暖，以及一些区域（如华北和西北东部等）出现干旱化[14]而造成的。除此之外的其他温度带与干湿区分界线虽也略有移动，但并不显著。

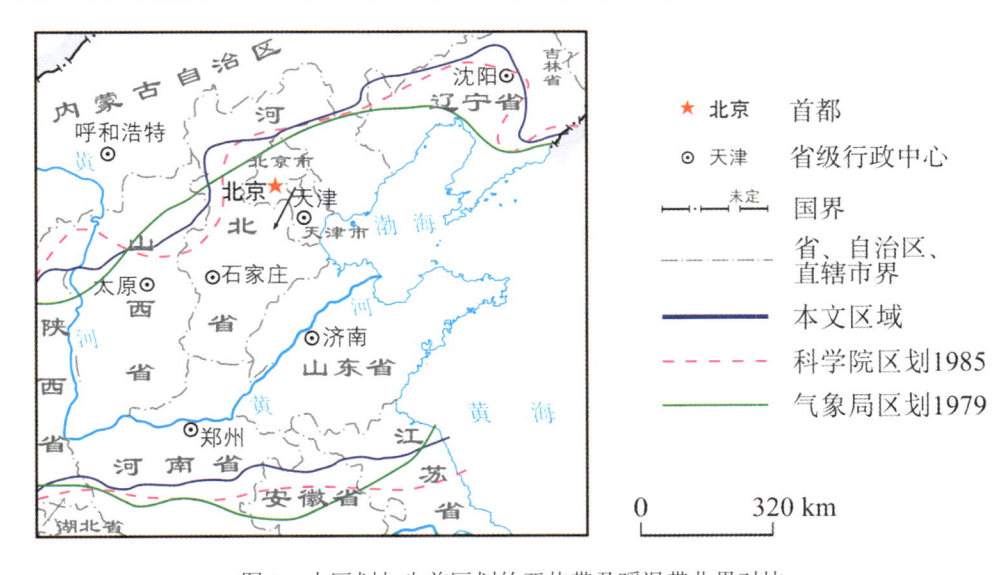

图 2　本区划与先前区划的亚热带及暖温带北界对比

Fig. 2　Comparison of the northern borderlines of subtropical and warm temperate zones for the new regionalization with previous schemes

然而在气候区的划分上，气象局区划和科学院区划分别将除青藏高原外的全国其他区域划为 36 个和 49 个气候区，而本区划为 44 个；将青藏高原分别划为 9 个和 13 个气候区，而本区划为 12 个（表 5）。新区划与先前的 2 个区划相比，变化较大的有：中温带、暖温带、北亚热带和中亚热带，这不但与这些区域的气候发生了一定程度的变化有关，而且也与本区划所采用的资料站点覆盖范围更广、分布相对更为均匀，同时在划定具体气候区界线时采用自下而上与自上而下相结合及空间分布连续性与取大去小等原则，以避免区划结果过于破碎有关；现对划分结果变化较大的气候带进行重点说明。

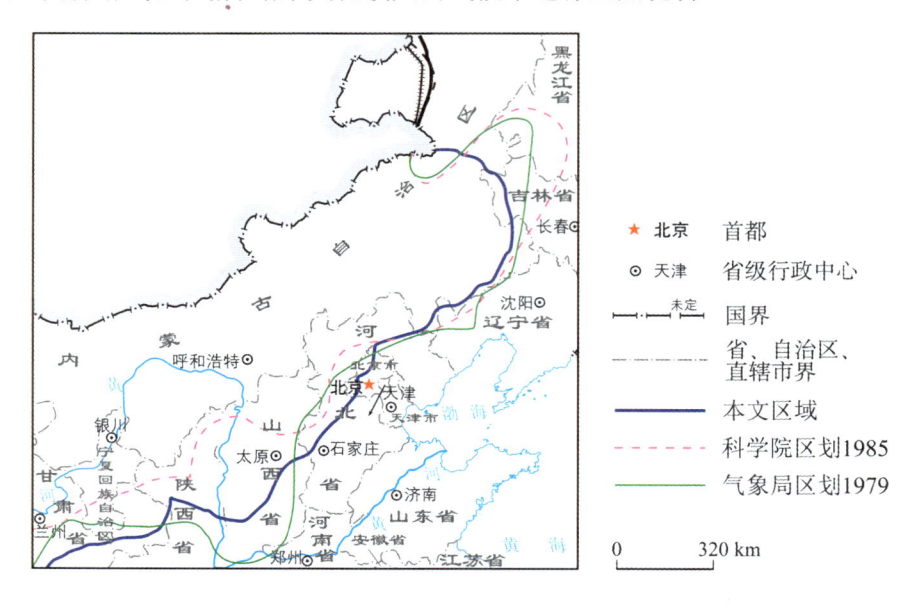

图 3　本区划与先前区划的北方半湿润与半干旱分界线之对比

Fig. 3　Comparison of the boundary of Northern sub-humid and semi-arid zones for the new regionalization with previous schemes

3.1　中温带气候区划分方案的变化

在中温带湿润区，气象局区划与科学院区划分别依据积温（是否达到2000℃）及7月气温（是否达到20℃）将小兴安岭和长白山划分为2个区，但由于气候增暖，小兴安岭大多数地区7月气温皆达20℃左右，因而二者的差异并不显著，故在本区划只划为1个区。在中温带半湿润区，先前的区划将三江平原及其以南山地划为湿润区；但这一地区的干燥度达1.3左右，且年降水量也只有500 mm左右，故实质上属半湿润区；科学院区划还将晋陕甘交界的黄土高原南部划为中温带半湿润区，但这里的日平均气温稳定≥10℃的日数已达170天以上，应属暖温带半湿润区。中温带半干旱区的气候区划分是本区划与先前区划相比变化最大的区域之一，其中先前的区划将内蒙古东部至西辽河平原分为东北—西南向的2个条状区域，但这一区域东西和南北跨度均达15个经纬度以上，因此其间不但气候仍存在较大差异，而且地貌、下垫面和自然景观等差异也较明显；仅分为2个区显然并不能较准确地反映其中的差异，故本区划将其分为5个气候区。在中温带干旱区，本区划将西河套与内蒙古高原西部单独划出，这是由于这里虽也干旱，但与其西的阿拉善和河西走廊相比，7月气温明显要高，降水也相对多一些。

表 4 中国气候区划新方案
Tab. 4 Table of the new scheme for climate regionalization in China

温度带	干湿区	气候区编码	气候区名称	名称	站点编号	海拔高度/m	日平均气温稳定≥10℃的日数/天	干燥度	1月气温/℃	7月气温/℃	年降水量/mm
I 寒温带	A 湿润区	I ATa	大兴安岭北部寒温带湿润区	图里河	50434	732.6	88	0.9	-28.7	16.6	465
II 中温带	A 湿润区	II ATc-d	小兴安岭长白山中温带湿润区	伊春	50774	240.9	124	0.8	-22.5	21.0	627
	B 半湿润区	II BTc-d	三江平原及其以南山地中温带半湿润区	宝清	50888	83.0	143	1.3	-17.5	22.3	511
		II BTd	松辽平原中温带半湿润区	长春	54161	236.8	154	1.3	-15.1	23.1	570
		II BTb-c	大兴安岭中部中温带半湿润区	扎兰屯	50639	306.5	136	1.3	-17.1	21.4	506
	C 半干旱区	II CTd-e	西辽河平原中温带半干旱区	赤峰	54218	571.1	164	2.2	-10.7	23.6	371
		II CTc-d	大兴安岭南部中温带半干旱区	林西	54115	799.0	142	1.9	-13.6	21.3	385
		II CTb-c1	呼伦贝尔平原中温带半干旱区	海拉尔	50527	610.2	115	1.6	-25.1	20.0	367
		II CTb-c2	内蒙古高原东部中温带半干旱区	锡林浩特	54102	989.5	129	2.7	-18.8	21.2	287
		II CTd	鄂尔多斯与东河套中温带半干旱区	呼和浩特	53463	1063.0	156	1.8	-11.6	22.6	398
		II CTb-c3	黄土高原西部中温带半干旱区	海源	53806	1854.2	143	2.4	-6.5	19.8	368
		II CTb	阿尔泰山地中温带半干旱区	青河	51186	1218.2	120	3.5	-22.4	18.9	171
		II CTc	塔城盆地中温带半干旱区	塔城	51133	534.9	158	2.7	-10.4	22.9	282
		II CTa-b	伊犁谷地中温带半干旱区*	昭苏	51437	1851.0	97	1.2	-11.3	15.1	492
				伊宁	51431	662.5	180	2.7	-8.8	23.1	269
	D 干旱区	II DTd-e	西河套与内蒙古高原西部中温带干旱区	临河	53513	1039.3	164	5.7	-9.9	24.1	146
		II DTc-d1	阿拉善与河西走廊中温带干旱区	张掖	52652	1482.7	159	6.1	-9.2	21.5	130
		II DTe-f	准噶尔盆地中温带干旱区	蔡家湖	51365	440.5	168	5.5	-18.6	25.5	141
		II DTc-d2	额尔齐斯谷地中温带干旱区	福海	51068	500.9	152	6.2	-18.9	23.1	122

续表

温度带	干湿区	气候区编码	气候区名称	代表站点及其海拔高度与主要气候指标值							
				名称	站点编号	海拔高度/m	日平均气温稳定≥10℃的日数/天	干燥度	1月气温/℃	7月气温/℃	年降水量/mm
Ⅲ暖温带		ⅡDTb-c	天山山地中温带干旱区	达坂城	51477	1103.5	147	16.5	-9.9	21.2	70
	A 湿润区	ⅢATd	辽东低山丘陵暖温带湿润区	岫岩	54486	79.3	170	0.7	-9.9	23.2	818
		ⅢBTe	燕山山地暖温带半湿润区	锦州	54337	65.9	184	1.5	-7.9	24.3	568
	B 半湿润区	ⅢBTf	华北平原与鲁中东山地暖温带半湿润区	济南	54823	51.6	219	1.5	-0.4	27.5	671
		ⅢBTe-f	汾渭平原山地暖温带半湿润区	西安	57036	397.5	211	1.3	-0.1	26.6	553
		ⅢBTc-d	黄土高原南部暖温带半湿润区	洛川	53942	1158.3	170	1.2	-4.4	21.9	591
	C 半干旱区	ⅢCTd	黄土高原东部太行山地暖温带半干旱区	太原	53772	778.3	184	1.8	-5.5	23.4	431
	D 干旱区	ⅢDTe-f	塔里木与东疆盆地暖温带干旱区	敦煌	52418	1139.0	179	21.6	-8.3	24.6	42
Ⅳ北亚热带	A 湿润区	ⅣATf	大别山与苏北平原北亚热带湿润地区	信阳	57297	114.5	227	0.7	2.2	27.4	1106
		ⅣATg	长江中下游中亚热带北亚热带湿润区	武汉	57494	23.3	238	0.6	3.7	28.7	1270
		ⅣATe-f	秦巴山地北亚热带湿润区	安康	57245	290.8	235	0.8	3.5	26.9	814
	A 湿润区	ⅤATg	江南山地中亚热带湿润区	南昌	58606	46.7	246	0.5	5.3	29.2	1624
		ⅤATf	湘鄂西山地中亚热带湿润区	沅陵	57655	151.6	242	0.5	5.0	27.6	1404
		ⅤATd-e	贵州高原山地中亚热带湿润区*	贵阳	57816	1074.3	232	0.6	5.0	23.9	1129
Ⅴ中亚热带				芷江	57745	272.2	239	0.6	4.9	27.1	1231
			四川盆地中亚热带湿润区	成都	56294	506.1	248	0.7	5.6	25.2	871
		ⅤATb-c	川西南滇北山地中亚热带湿润区*	会泽	56684	2109.5	205	1.0	5.0	18.9	785
				叙水	57608	377.5	272	0.6	7.9	27.1	1147
		ⅤATc-d	滇西山地中高原中亚热带湿润区	会理	56671	1787.1	261	0.7	7.1	20.8	1149

续表

温度带	干湿区	气候区编码	气候区名称	代表站点名称	站点编号	海拔高度/m	日平均气温稳定≥10°C的日数/天	干燥度	1月气温/°C	7月气温/°C	年降水量/mm
VI南亚热带	A 湿润区	VIATg1	台湾北部山地平原南亚热带湿润区	台北	59287	6.6			15.8	29.3	2325
		VIATg2	闽粤桂低山平原南亚热带湿润区	广州	59287	6.6	325	0.5	13.6	28.6	1736
		VIATd-e	滇中南山地南亚热带湿润区	景东	56856	1162.3	341	0.7	11.3	23.4	1133
		VIATc-d	滇西南山地南亚热带湿润区	临沧	56951	1502.4	342	0.7	11.2	21.4	1163
VII边缘热带	A 湿润区	VIIATg1	台湾南部山地平原边缘热带湿润区	恒春	59758	14.1			20.6	28.3	2018
		VIIATg2	琼雷低山丘陵边缘热带湿润区	海口	59758	14.1	363	0.6	17.7	28.6	1653
		VIIATe-f	滇南山地边缘热带湿润区	勐腊	56969	631.9	364	0.6	16.0	24.8	1523
VIII中热带	A 湿润区	VIIIATg	琼南低地与东、中、西沙诸岛中热带湿润区	三亚	59948	5.5	365	0.9	21.6	28.5	1392
IX赤道热带	A 湿润区	IXATg	南沙群岛珊瑚岛赤道热带湿润区	珊瑚岛	59985	4.0	365		23.5	29.0	1448
HI高原亚寒带	A 湿润区	HIA	若尔盖高原亚寒带湿润区	若尔盖	56079	3439.6	22	0.9	-10.2	10.8	649
	B 半湿润区	HIB	果洛那曲高山谷地高原亚寒带半湿润区	达日	56046	3967.5	10	1.1	-12.6	9.2	545
	C 半干旱区	HIC1	青南高原高山高原亚寒带半干旱区	伍道梁	52908	4612.2	1	2.2	-16.7	5.5	275
		HIC2	羌塘高原湖盆亚寒带半干旱区	申扎	55472	4672.0	11	2.8	-10.1	9.6	299
	D 干旱区	HID	昆仑高山高原亚寒带干旱区				缺资料				
HII高原温带	A 湿润区	HIIA	横断山脉东、南部高原温带湿润区	康定	56374	2615.7	109	0.7	-2.2	15.5	832
	B 半湿润区	HIIB	横断山脉中北部高原温带半湿润区	昌都	56137	3306.0	131	1.5	-2.3	16.0	475
	C 半干旱区	HIIC1	祁连青东高山盆地高原温带半干旱区	西宁	52866	2261.2	140	1.8	-7.4	17.2	374
		HIIC2	藏南高山谷地高原温带半干旱区	拉萨	55591	3658.0	148	2.1	-1.6	15.7	426
	D 干旱区	HIID1	柴达木盆地与昆仑北翼高原温带干旱区	大柴旦	52713	3173.2	90	9.4	-13.4	15.5	83
		HIID2	阿里山地高原温带干旱区	狮泉河	55228	4278.0	80	11.9	-12.4	13.8	75
HIII高原亚热带	A 湿润区	HIIIA*	东喜马拉雅南翼高原亚热带山地湿润区	察隅	56434	2327.6	193	0.9	4.3	18.8	808

*因区内地势起伏较大，故分别给出2个代表站，分别代表山地与河谷（或谷地）。

表5 本区划与先前区划方案的气候区数量变化情况比较
Tab. 5 Comparison of the numbers of climatic sub-regions for the new regionalization with previous schemes

气候带	干湿区	气象局区划[7]	科学院区划[12]	本文区划
寒温带	湿润区	1	1	1
中温带	湿润区	2	2	1
	半湿润区	2	3	3
	半干旱区	5	6	9
	干旱区	2	6＋1（极干旱）①	5
暖温带	湿润区	1	2	1
	半湿润区	3	3	4
	半干旱区	1	0	1
	干旱区	1	1＋1（极干旱）①	1
北亚热带	湿润区	2	4	3
中亚热带	湿润区	5	5	6
	半湿润区	1	0	0
南亚热带	湿润区	3	4	4
	半湿润区	0	1	0
边缘热带	湿润区	3	5	3
	半湿润区	1	2	0
	半干旱区	1	0	0
中热带	湿润区	1	1	1
赤道热带	湿润区	1	1	1
合计		36	49	44
高原亚寒带	湿润区	1	1	1
	半湿润区	1	1	1
	半干旱区	1	2	2
	干旱区	1	1（高原寒带）②	1
高原温带	湿润区	1	1	1
	半湿润区	1	1	1
	半干旱区	1	2	2
	干旱区	1	1＋1（极干旱）	2
高原亚热带	湿润区	1	1＋1（高原热带北缘山地）③	1
高原气候区合计		9	13	12

注：① 《中国自然地理》编辑委员会（1985）区划方案在干旱区中又将年干燥度>15的荒漠戈壁区单独划成极干旱区；② 将日平均气温稳定≥10℃的日数为0的高山单独划成高原寒带；③ 将日平均气温稳定≥10℃的日数达350天以上的山地单独划成高原热带北缘山地。因荒漠戈壁和高原地区的气象观测站极少，且在高原达热带北缘的山地也仅出现在个别河谷地区，面积小、不成带，故本区划没有再对极干旱、高原寒带及高原热带北缘山地等进行细分。

3.2 暖温带气候区划分方案的变化

气象局区划将辽东—山东半岛划为暖温带湿润区；但科学院区划将其与燕山山地一并划为暖温带半湿润区，而将云贵高原的川滇黔交界区和横断山南端的维西—木里划为暖温带湿润区。但从干湿条件看，辽东地区与燕山山地相比有较明显的不同，这里年降水量一般达 800 mm 以上、干燥度低于 1.0，故本区划将其划为暖温带湿润气候区。而川滇黔交界区，尽管其中的一些站点温度条件因海拔较高仅达到了暖温带标准，但从地带性规律看，这一地区仍具有较明显的中亚热带气候特征，气象局区划也曾将其划为中亚热带，故本区划将其划为中亚热带范围内；横断山南端的维西—木里地区属青藏高原的一部分，故本区划将其划为高原温带湿润区。

暖温带半湿润区南起秦岭—淮河北，北至黄土高原—燕山山地，西起汾渭平原，东至冀东—山东半岛，地域范围较广，气象局区划将其分为 3 个区，而科学院区划又将其分为 4 个区。本区划依据 7 月气温将其分为燕山山地、华北平原与鲁中东山地、汾渭平原山地、黄土高原南部等 4 个区。其中科学院区划曾将黄土高原东部和太行山地划为暖温带半湿润区，但由于这里潜在蒸散相对较高，加之 20 世纪 70 年代以来这里降水存在较明显的减少趋势，因而虽然这里的年降水量都达 400 mm 以上，但其干燥度一般达 2.0 左右，故本区划与气象局区划一样，将黄土高原东部与太行山地划为暖温带半干旱区。

暖温带干旱区分布在新疆，本区划与先前的区划基本一致。科学院区划还曾将位于甘肃东南部和宁夏南部的黄河河谷划为暖温带干旱区，但这一地区除个别面积较小的河谷外，其他地区温度条件属中温带，故本区划将其归并到西河套与内蒙古高原西部中温带干旱区中。

3.3 北亚热带气候区划分的变化

我国北亚热带气候湿润，这与世界其他副热带高压控制下的干燥气候区（如非洲撒哈拉地区）明显不同。气象局区划与科学院区划均将北亚热带分为秦巴山地和长江中下游两个区，但从地带性特征看，秦巴山地、江淮地区与长江中下游平原的 7 月气温有较明显的区别，故本区划将其分为 3 个区。科学院区划还将滇北与贵州的部分高原地区划为北亚热带湿润气候区，但这里除部分海拔较高的高山外，河谷和高原面上的大多数地区属中亚热带，故本区划其划入中亚热带湿润区中。

3.4 中亚热带气候区划分方案的变化

中亚热带主要包括江南丘陵山地、四川盆地和云贵高原及横断山脉南段等，因本区地势（特别是西段）起伏较大，因此其水平地带性往往被垂直分异隔断，河谷、山间盆地和高山之间不但温度差异明显，而且降水条件也有较大不同，河谷地区气候往往干暖，而高山地区则湿凉，从而形成了较多气候区。气象局区划将中亚热带分为 6 个气候区，其中 5 个为湿润区，另 1 个为半湿润区（金沙江河谷）；而科学院区划将其分为 5 个湿润区。依据 7 月气温的地带性分异，并结合地貌、下垫面和自然景观等的区域差异，本区划将其分为江南山地、湘鄂西山地、贵州高原山地、四川盆地、川西南滇北山地及滇西山地与滇中高原 6 个气候区。与先前的区划结果相比，本区划方案更强调气候分异水平地带性与垂直分异的相互结合，因此分区结果也更为系统地揭示出不同气候区气候特征的综合差异。

此外，本区划的寒温带、南亚热带、热带的划分与先前的区划结果相比变化不大。仅由于本区划使用了更多站点，因而在部分分区界线走向上，根据现有资料做了必要的调整，使得分区界线更为客观。

3.5 青藏高原地区划分方案的变化

与先前的气候区划结果相比，本区划对青藏高原地区的气候区划分方案同气象局区划与科学院区划没有本质差别，但各个气候区的具体范围和界线与先前却有较大程度的不同。如本区划的高原寒带湿润区较先前所划分的区域要小，而高原温带湿润区却有所扩大，同时其北界也更为偏北，这主要是由于 20 世纪 70 年代以来，青藏高原出现了较为明显的增暖趋势；此外，也与 70 年代以后具有连续气象观测的测站数量明显增加，从而可以更为客观地划定气候区界线有关。

4 讨论

尽管近年来不断有学者[17-22]指出，我国的气候带和气候区已因气候变化而出现了一定程度的改变，但却一直未对气候进行新的区划。本文借鉴、吸纳已有的气候区划基本理论与区划方法，进一步完善了气候区划的原则，特别是系统地将水平地带性规律和垂直分异特征紧密结合，较好地解决过去气候区划方案中所存在的"飞地"问题，以全国 609 个气象站 1971-2000 年的日气象观测资料计算区划指标值, 对我国气候进行重新区划, 将我国划分为 12 个温度带、24 个干湿区、56 个气候区。与先前的区划方案相比发现: 20 世纪 70 年代以来, 中国气候带、区的总体格局虽并未发生明显变化, 但一些重要的气候分界线确实出现了一定程度的移动, 特别是亚热带北界与暖温带北界均出现了北移, 北方地区的半湿润与半干旱分界线也出现了不同程度的东移与南扩, 高原寒带湿润区范围缩小与高原温带湿润区的扩大等较为明显, 而这正是近几十年气候变化的结果; 此外, 这种变化也造成了中温带、暖温带、北亚热带和中亚热带内的三级气候区界线出现了一定程度的变动。

本区划方案, 特别是三级气候区的划分方案之所以与先前的区划结果有较大的不同, 还与在区划时我们所采用的资料站点覆盖范围更广、分布相对更为均匀合理, 同时在划定具体气候区界线时采用自下而上与自上而下相结合及空间分布连续性与取大去小等原则、避免了区划结果出现"飞地"和过于"破碎"有关; 因而本文提出的气候区划新方案并不是一些细节的修订, 而是气候变化、资料更新和认识深入的结果, 这也使得新的气候区划方案(特别是三级气候区的划分结果)更为客观, 因而也更具科学和实践意义。

本区划工作得到张丕远、孙惠南、李克让、林振耀、杨勤业、葛全胜、吴绍洪、邵雪梅、方修琦等先生的悉心指导, 特此致谢!

参考文献（References）

[1] Zhu Kezhen. Climate classification in China//Anthology of Zhu Kezhen Editorial Team: Anthology of Zhu Kezhen. Beijing: Science Press, 1979: 124-132. [竺可桢. 中国气候区域论//《竺可桢文集》编辑小组: 竺可桢文集. 北京: 科学出版社, 1979: 124-132.]

[2] Tu Changwang. Koeppen's climate classification in China. Acta Meteorologica Sinica, 1938, 14(2): 51-67. [涂长望. Koeppen 范式的中国气候区域. 气象学报, 1938, 14(2): 51-67.]

[3] Lu Wu. A new climate regionalization in China. Acta Geographica Sinica, 1946: 1-10. [卢鋈. 中国气候区域新论. 地理学报, 1946: 1-10.]

[4] Tao Shiyan. Water requirement and a new classification of climate in China. Acta Meteorologica Sinica, 1949, 20(4): 43-50. [陶诗言. 中国各地水分需要量之分析与中国气候区域之新分类. 气象学报, 1949, 20(4): 43-50.]

[5] Zhang Baokun, Zhu Gangkun. Climate Regionalization in China(first draft). Beijing: Science Press, 1959: 1-297. [张宝堃, 朱岗昆. 中国气候区划(初稿). 北京: 科学出版社, 1959: 1-297.]

[6] Qian Jiliang, Lin Zhiguang. A preliminary study on the dry and wet climatic regionalization of China. Acta Geographica Sinica. 1965, 31(1): 12-14. [钱纪良, 林之光. 关于中国干湿气候区划的初步研究. 地理学报, 1965, 31(1): 12-14.]

[7] National Meteorological Administration. Climatological Atlas for the People's Republic of China. Beijing: Maps Press, 1979: 222-223. [中央气象局. 中华人民共和国气候图集. 北京: 地图出版社, 1979:

222-223.]

[8] National Meteorological Administration. Climatological Resources Atlas for China. Beijing: Sinomaps Press, 1994: 277-278. [中央气象局. 中国气候资源地图集. 北京: 中国地图出版社, 1994: 277-278.]

[9] National Meteorological Administration. Climatological Atlas for the People's Republic of China. Beijing: China Meteorological Press, 2002: 6-7. [中央气象局. 中华人民共和国气候图集. 北京: 气象出版社, 2002: 6-7.]

[10] Qiu Baojian, Lu Qiyao. A tentative regionalization of agroclimate of China. Acta Geographica Sinica. 1980, 35(2): 116-125. [丘宝剑, 卢其尧. 中国农业气候区划试论. 地理学报, 1980, 35(2): 116-125.]

[11] Chen Xianji. A new approach to the climate division of China. Acta Meteorologica Sinica, 1982, 40(1): 35-47. [陈咸吉. 中国气候区划新探. 气象学报, 1982, 40(1): 35-47.]

[12] Physical Geography in China Editorial Board of Chinese Academy of Sciences. Physical Geography in China: Climatology. Beijing: Science Press, 1985: 1-161. [中国科学院《中国自然地理编辑委员会》. 中国自然地理: 气候. 北京: 科学出版社, 1985: 1-161.]

[13] Li Shikui, Hou Guangliang. Agricultural Climate Resources and Regionalization in China. Beijing: Science Press, 1988: 1-341. [李世奎, 侯光良. 中国农业气候资源和农业气候区划. 北京: 科学出版社, 1988: 1-341.]

[14] Taskforce on China's National Assessment Report on Climate Change. China's National Assessment Report on Climate Change. Beijing: Science Press, 2007: 23-40. [《气候变化国家评估报告》编写委员会. 气候变化国家评估报告. 北京: 科学出版社, 2007: 23-40.]

[15] Allen R G, Pereira L S, Raes D et al. Crop Evapotranspiration-Guidelines for Computing Crop Water Requirements. FAO Irrigation and Drainage Paper 56. Rome: United Nations Food and Agriculture Organization, 1998. 15-86.

[16] Yin Y H, Wu S H, Zheng D et al. Radiation calibration of FAO 56 Penman-Monteith model to estimate reference crop evapotranspiration in China. Agricultural Water Management, 2008. 95(1): 77-84.

[17] Sha Wanying, Shao Xuemei, Huang Mei. Climate warming and its impact on natural regional boundaries in China in the 1980s. Science in China: Series D, 2002, 32(4): 317-326. [沙万英, 邵雪梅, 黄玫. 20 世纪 80 年代以来中国的气候变暖及其对自然区域界线的影响. 中国科学: D 辑, 2002, 32(4): 317-326.]

[18] Ye D Z, Jiang Y, Dong W J. The northward shift of climatic belts in China during the last 50 years and the corresponding seasonal responses. Advances in Atmospheric Sciences. 2003, 20(6): 959-967.

[19] Yang Jianping, Ding Yongjian, Chen Rensheng et al. The interdecadal fluctuation of dry and wet climate boundaries in China in recent 50 years. Acta Geographica Sinica, 2002. 57(6): 655-661. [杨建平, 丁永建, 陈仁升 等. 近 50 年来中国干湿气候界线的 10 年际波动. 地理学报, 2002. 57(6): 655-661.]

[20] Wang Ling, Xie Xianqun, Li Yunsheng et al. Changes of humid index and borderline of wet and dry climate zone in northern China over the past 40 years. Geographical Research, 2004, 23(1): 45-53. [王菱, 谢贤群, 李运生 等. 中国北方地区 40 年来湿润指数和气候干湿带界线的变化. 地理研究, 2004, 23(1): 45-53.]

[21] Ma Zhuguo. Decadal variations of arid and semi-arid boundary in China. Chinese Journal of Geophysics, 2005, 48(3): 519-525. [马柱国. 中国干旱和半干旱带的 10 年际演变特征. 地球物理学报, 2005, 48(3): 519-525.]

[22] Zhao Xinyi, Zhang Huiyuan, Wan Jun. The impact of climatic change on the climate zones in the Qinghai-Tibetan Plateau. Scientia Geographica Sinica, 2002, 22(2): 190-195. [赵昕奕, 张惠远, 万军. 青藏高原气候变化对气候带的影响. 地理科学, 2002, 22(2): 190-195.]

A New Scheme for Climate Regionalization in China

ZHENG Jingyun, YIN Yunhe, LI Bingyuan

(*Institute of Geographic Sciences and Natural Resources Research, CAS, Beijing* 100101, *China*)

Abstract: A new scheme for climate regionalization in China was established based on the daily observations for 609 meteorological stations during the period 1971-2000. During regionalization, current basic theories, classification methodologies and criteria system were used, besides, five principles were taken into consideration, mainly included zonal and azonal integration, genetic unity and regional relative consistent climate integration, comprehensiveness and leading factors integration, bottom-up and top-down integration, spatial continuity and small patch omission. The new scheme consists of 12 temperature zones, 24 moisture regions and 56 climatic sub-regions.

Key words: China; climate regionalization; new scheme; shift of climatic region

"中国气候区划新方案"解读

郝志新

一、作者简介

郑景云，福建莆田人。1987 年毕业于北京农业大学农业气象系，同年进入中国科学院地理研究所攻读硕士，现任中国科学院地理科学与资源研究所研究员、博士生导师。2005 年获中国地理学会颁发的第八届全国青年地理科技奖；2012 年获国家自然科学二等奖。他的主要研究方向是历史气候变化和自然灾害风险。他主要的学术贡献是编制了中国气候区划新方案，定量揭示了 20 世纪全球增暖对中国气候区划变动的影响；定量重建了过去 2000 年中国东、中部的干湿变化序列与百年冷暖阶段的旱涝格局，揭示了气候变化对明、清后期社会动荡的影响；系统挖掘了《明实录》《清实录》和明清时期日记等气候变化史料，深入诊断了史载各类气候记录的物理意义。他的研究成果对揭示 20 世纪全球增暖与极端气候的历史地位及归因，全球环境变化机理、影响及未来预测预估等有重要贡献。

尹云鹤，本科就读于西北大学，后在中国科学院大学获得自然地理学博士学位。2006 年进入中国科学院地理科学与资源研究所工作，现任研究员、博士生导师，中国地理学会自然地理专业委员会秘书长。她的主要研究方向是自然地理综合研究、气候变化风险与适应，以及自然灾害风险管理。

作者介绍：郝志新（1975— ），女，内蒙古赤峰人，中国科学院地理科学与资源研究所研究员，中国地理学会会员（S110009545M），研究方向为气候重建、气候变化及其影响。E-mail: haozx@igsnrr.ac.cn

李炳元，中国科学院地理科学与资源研究所研究员，主要从事青藏高原地貌与自然环境研究，曾多次带队赴藏北无人区开展科学考察。2022年获得"2020和2021年度中国地理学会科学技术奖——终身成就奖"。

二、写作背景及主要内容

气候区划的目的是系统地了解气候状况的区域分异规律和各地的气候特征。中国幅员辽阔，地理位置特殊，地形复杂，下垫面类型丰富，影响气候的环流成员多，使得气候类型与自然景观极为多样，因而进行气候区划不但可更有针对性地为各地工农业生产、社会经济建设与发展及人类响应与适应未来的气候变化提供参考依据，而且在科学研究上也具有重要的理论价值。气候区划研究在中国已有80余年的历史，具备较为扎实的理论基础，为了适应不断变化的社会需求和科学技术的进步，气候区划结果已经过多次修正。进入21世纪，全球气候变化成为国际社会关注的焦点，中国亦面临显著的气候增暖问题，尤其是1951—2001年间年平均气温的上升，对农业生产、水资源管理乃至整个经济社会发展构成了挑战。同时，随着生态文明理念的兴起，可持续发展、循环经济以及区域发展战略的推进，对气候区划的精度和实用性的要求显著提高。原有区划成果存在数据陈旧和方法上的局限，难以满足这些新需求，尤其是在处理地带性与非地带性因素的结合、气候要素空间分布的连续性等问题上显得力有不逮。因此，迫切需要一个基于最新数据、融合现代科学理论与方法、更准确反映当前气候特征的气候区划方案。

在此背景下，郑景云、尹云鹤、李炳元三位学者提出了新的气候区划方案，并于2010年在《地理学报》上发表了"中国气候区划新方案"一文。该文参照1985年中国科学院《中国自然地理》编辑委员会所制定的我国气候区划方法，即按温度带、干湿区、气候区三级等级体系进行气候区域系统划分，采用全国609个气象站1971—2000年日气象观测数据为基础资料来计算各级区划指标值。研究遵循了地带性与非地带性结合、发生同一性与区域气候特征一致性、综合性和主导因素结合、自下而上与自上而下结合，以及空间分布连续性与取大去小等五项基本原则，对中国气候区进行了重新划分。特别是该研究考虑了水平地带性规律和垂直分异特征，解决了以往区划中的"飞地"问题。最终将中国划分为 12 个温度带、24 个干湿区和 56 个气候区。

与先前的区划方案相比后三位学者发现，20 世纪 70 年代以来，尽管中国气候带和区域总体格局未发生显著变化，但一些重要气候分界线出现了一定程度的移动。如亚热带北界与暖温带北界明显北移，其中亚热带北界的最大北移幅度（116°E 附近）约达 120 千米，暖温带北界的最大北移幅度（123°E 附近）约达 250 千米；同时北方地区半湿润与半干旱的分界线也出现了不同程度的变化，其中 41°N 以北的界线明显西移，其最大变化幅度（47°N 附近）约达 320 千米；38°—41°N 间的界线则相对东移，其最大东移幅度（40°N 附近）约达 110 千米；38°N 以南、114°N 以西地区的界线则明显南扩，其最大南扩幅度（111°E 附近）约达 350 千米。新区划的高原寒带湿润区较先前所划分的区域要小，而高原温带湿润区却有所扩大，同时其北界也更为偏北，这主要是由于 20 世纪 70 年代以来，青藏高原出现了较为明显的增暖趋势；此外，也与 70 年代以后具有连续气象观测的测站数量明显增加，从而可以更为客观地划定气候区界线有关。此外，中温带、暖温带、北亚热带和中亚热带的三级气候区也出现了一定程度的变动，这些变化与 20 世纪 80 年代以来中国多数地区增暖及北方局部区域干旱化现象相吻合，表明了气候变化对区域气候格局具有重要影响。

三位学者提出的气候区划新方案通过自下而上与自上而下相结合的方法，综合考虑了空间分布的连续性，不仅使得区划结果更加合理和科学，还减少了区划碎片化的问题。特别需要指出的是，新区划方案并不只是细节的修订，而是资料更新和认识深入后所得的结果。这使得三级气候区的划分更能体现气候变化对区域气候特征的真实影响，更准确地刻画了我国气候的地域分异特征，因而也更具科学和实践意义。

三、学术影响和贡献

"中国气候区划新方案"一文发表后，至今已被国内外学者引用 700 余次。

该方案可以更准确地反映中国的气候条件分布。基于这一新气候区划结果，学者们探讨了地表热岛强度、极端降水、干旱、蒸散发、高温热浪、土壤湿度和太阳辐射等的时空变化、趋势和潜在驱动因素,并获得了对气象要素的空间变化格局的很多新认识。此外,气候变化对农业、生态系统、环境和医疗健康等影响的研究也受到了新方案的启发,学者们从气候驱动机制角度为研究结果找到了更合理的科学依据。

该方案为指导其他环境要素的区域划分提供了新方法。例如该文提出的自上而下与自下而上相结合原则、综合性原则和空间分布一致性原则被用于制定水土保持区划、气候-植被区划、中国海洋空间文化遗产区划、农业气候区划、火灾区划、山洪区划、中国陆域综合功能区划和国土空间规划等方案中,为研究气候变化下中国自然地理要素分布和可持续发展前景提供科学参考。

新方案的提出,激发了更多关于气候变化与区域响应的研究,为地理学的持续进步和发展注入了活力。这不仅为工农业生产布局、水资源管理、生态环境保护、重大工程建设、防灾减灾救灾等社会经济活动提供了有效的理论指导和科技支撑,也为应对气候变化和制定适应措施提供了科学依据。

综上,"中国气候区划新方案"一文对现实需求的积极响应、在方法论上的创新,以及对地理学学科发展的推动,都证明了该文作为一项标志性研究成果的地位,展现了三位作者在制定适应中国复杂气候特点的区划体系方面所做的重要贡献。

青藏高原国家生态安全屏障保护与建设

孙鸿烈[1]，郑　度[1]，姚檀栋[2]，张镱锂[1]

（1. 中国科学院地理科学与资源研究所，北京 100101；2. 中国科学院青藏高原研究所，北京 100085）

摘要： 青藏高原对我国乃至亚洲生态安全具有重要的屏障作用。在全球变化和人类活动的综合影响下，青藏高原呈现出生态系统稳定性降低、资源环境压力增大等问题，突出表现为：冰川退缩显著、土地退化形势严峻、水土流失加剧、生物多样性威胁加大与珍稀生物资源减少、自然灾害增多等。这些问题严重影响了青藏高原区域生态安全屏障功能的发挥。针对当前高原生态安全状况，在总结相关研究成果和生态建设实践经验的基础上，提出了加强青藏高原国家生态安全屏障保护与建设的对策建议：加强气候变化对青藏高原生态屏障作用影响及区域生态安全调控作用的基础研究；系统开展高原生态安全屏障保护和建设关键技术研究与示范推广；部署建设生态屏障功能动态监测体系，加强生态安全屏障保护与建设成效评估，构建评估体系和标准，并凝练经验，以系统提升国家生态安全屏障的总体功能，在应对全球变化中占据主动地位。

关键词： 青藏高原；生态建设；生态安全；生态屏障

第 67 卷第 1 期，2012 年 1 月
收稿日期：2011-05-05；修订日期：2011-10-28
基金项目：中国科学院学部咨询项目；国家重点基础研究发展计划项目(2010CB951704) [Foundation: The Consultation Program of Chinese Academy of Sciences: The influence of climate change on the Tibetan Plateau environment and ecological security shelter function and the countermeasures; National Basic Research Program of China, No. 2010CB951704]
作者简介：孙鸿烈, 中国科学院院士、中国科学院地理资源所研究员, 从事土壤地理学与土地资源学研究。E-mail: zhangyl@igsnrr.ac.cn
引用本文：孙鸿烈, 郑度, 姚檀栋, 等. 青藏高原国家生态安全屏障保护与建设. 地理学报, 2012, 67(1): 3-12. [Sun Honglie, Zheng Du, Yao Tandong, et al. Protection and construction of the national ecological security shelter zone on Tibetan Plateau. *Acta Geographica Sinica*, 2012, 67(1): 3-12.]

1 引言

青藏高原素有"世界屋脊"和"地球第三极"之称，是我国和亚洲的"江河源"、我国水资源安全的战略基地。青藏高原的隆升改变了行星系统的大气环流，使横扫欧亚大陆的西风环流分为南北两支，北支环流与来自极地的寒冷气流加强了我国北方西部地区的干旱化程度，南支环流则在印度洋暖湿气流的作用下逐渐减弱，使中国东部在太平洋暖湿气流的影响下，避免了出现类似于相同纬度的北非、中亚等地区的荒漠景观[1-2]。青藏高原作为亚洲乃至北半球气候变化的"感应器"和"敏感区"，是我国与东亚气候系统稳定的重要屏障；分布有丰富多样、独具特色的特殊生态系统类型和珍稀动植物种类，是全球生物多样性保护的重要区域。尤其是高原冰冻圈以及高寒环境条件下的脆弱生态系统，对全球变化和人类干预响应十分敏感，其发展趋势备受全球关注。近期国内在高原气候与冰川变化[3]、隆升与环境效应[4]、退化生态系统恢复重建[5]等方面已有诸多研究和探索，但青藏高原国家生态安全屏障保护与建设的理论和技术体系尚未完全形成。面对日益加剧的气候变化和人类活动，高原冰川退缩、生物多样性受到威胁、草场退化、自然灾害增加等生态与环境问题日益突出，青藏高原国家生态安全屏障功能保护与建设的研究与科技示范工作亟待加强。

2 青藏高原国家生态安全屏障的主要功能

青藏高原独特的自然地域格局和丰富多样的生态系统对我国生态安全具有重要的屏障作用。这种安全屏障作用主要表现在：

2.1 水源涵养作用

青藏高原众多的冰川、冻土、湖泊、湿地和大面积的草地与森林生态系统孕育了亚洲著名的长江、黄河及恒河等 10 余条江河，是世界上河流发育最多的区域。据计算，青藏高原水资源量约为 5688.61×10^8 m³，占中国水资源总量的 20.23%[6]，其丰沛的水量构成了我国水资源安全重要的战略基地，同时，也对我国未来水资源安全和能源安全起着重要的保障作用。

2.2 生物多样性保护作用

青藏高原自东向西横跨9个自然地带[7]。高原特有的三维地带性分异特点，使广阔高原边缘的深切谷地发育了热带季雨林、山地常绿阔叶林、针阔叶混交林及山地暗针叶林等森林生态系统类型，在宽缓的高原腹地形成了广袤的内陆湖泊、河流以及沼泽等水域生态系统类型[8-9]，特别是在高亢地势和高寒气候地区孕育了高原特有的高寒草甸、高寒草原与高寒荒漠等生态系统类型。独特的自然环境格局与丰富多样的生境类型，为不同生物区系的相互交汇与融合提供了特定的空间，使青藏高原成为现代许多物种的分化中心，不仅衍生出众多高原特有种（仅横断山脉地区就分布着特有种子植物1487种[10]），同时又为某些古老物种提供了天然庇护场所，是全球生物多样性最为丰富的地区之一。青藏高原分布有高等植物13 000余种[11-12]、陆栖脊椎动物1047种（特有种281种[13]，其中包括藏羚羊、野牦牛等国家一级保护动物38种[14]），使之成为全球生物多样性保护的25个热点地区[15]之一，尤其是高寒特有生物多样性保护的重要区域。

2.3 水土保持作用

由于严酷的气候条件和高亢的地势，青藏高原的植被一旦被破坏极易在水蚀和风蚀的综合作用下产生大量的裸露沙地。不仅会给区域生态、环境以及居民生产生活带来严重影响与危害，而且地面粉尘上升后，极易远程传输[16]，从而影响到整个东北亚—西太平洋地区。因此，青藏高原所拥有的高寒草甸、高寒草原和各类森林是遏制土地沙化和土壤流失的重要保障，对高原本身和周边地区起到了重要的生态屏障作用。

2.4 碳源/汇作用

独特自然环境下的青藏高原生态系统对全球碳循环具有重要作用。1999-2003年，通过山地森林（贡嘎山）、高寒草甸（海北）、高寒草原（班戈和五道梁）和农田（拉萨达孜）等5个生态系统类型定位与半定位站的野外观测与研究发现：青藏高原主要生态系统在碳循环中均表现为碳固定大于碳释放，整个青藏高原碳积累总量为193.64×10^6 t/a，其中森林生态系统的贡献最大、高寒草甸次之[17]。此外，青藏高原分布着1.40×10^6 km^{2}的多年永久冻土，封存了大量温室气体[18]。因此，青藏高原作为重要的碳汇，影响着区域和全球气候变化。

3 青藏高原生态安全屏障面临的威胁

特殊高寒环境下，青藏高原生态敏感且环境极其脆弱。在全球变化和人类活动综合影响下，青藏高原生态系统的不稳定性威胁加大，资源环境压力加重，作为国家生态安全屏障面临严峻挑战。

3.1 冰川退缩

由于全球变暖，青藏高原冰川自 20 世纪 90 年代以来呈全面、加速退缩趋势[19]。但各区域冰川消融程度不同，藏东南、珠穆朗玛峰北坡、喀喇昆仑山等山地冰川退缩幅度最大[3,20-21]。对藏东南帕隆藏布上游 5 条冰川变化监测显示，冰川末端退缩幅度在 5.5～65 m/a。其中，阿扎冰川末端 1980-2005 年间以平均每年 65 m 退缩、帕隆 390 号冰川末端在 1980-2008 年间以平均 15.1 m/a 退缩[22]。珠穆朗玛峰国家自然保护区冰川面积在 1976-2006 年间减少 15.63%，珠峰绒布冰川末端退缩幅度在 9.10±5.87 m/a～14.64±5.87 m/a[23]。希夏邦马地区抗物热冰川面积 1974-2008 年间减少了 34.2%，体积减小了 48.2%[24]。冰川退缩导致地表裸露面积增加、冰湖增多。冰湖溃决并引起滑坡、泥石流发生频率、强度与范围增加。冰川融化使得一些湖泊水位上升，湖畔牧场被淹[19]。冰川融化不仅直接影响河流、湖泊、湿地等覆被类型的面积变化，而且涉及更广泛的水文、水资源[21]与气候变化。

3.2 生物多样性受到威胁

生物多样性是人类赖以生存的基础，生物多样性的保护与生态安全屏障保护和建设相辅相成。青藏高原草地、森林、湖泊和湿地等生态系统受到破坏，高原特有物种和特有遗传基因面临损失的威胁。由于不合理的放牧和脆弱环境的综合影响，青藏高原草地原生植物群落物种减少，毒、杂草类增多；20 世纪 70 年代青藏高原草原毒害草仅 24 种，到 1996 年达 164 种（隶属于 42 科 93 属[25]）。在部分严重退化草地，毒草已成为主要标志性群落，形成了以狼毒等为主的草地。近些年大量采挖雨蕨、冬虫夏草和贝母等珍稀植物资源，西藏自治区已有 100 多种野生植物处于衰竭或濒危状态[14,26]。青海湖裸鲤资源量 1960 年为 28000 t，由于过量捕捞，至 1999 年减少到 2700 t[27]，2000 年以后的"封湖禁渔"、保护青海湖裸鲤产卵场与洄游通道及人工增殖放流等措施的有效实施，使青海湖裸鲤资源量到

2010 年增至 16990.84～18551.62 t[28]，虽然已恢复到 60 年代的 60.68%～66.26%，但科学保护和管理仍是近期重要任务。

3.3 土地退化显著

土地退化主要表现在冻土退化和土地沙化及草地退化方面：

3.3.1 冻土退化加剧和土地沙化增强

气候变暖引起青藏高原北部多年冻土面积的减少和冻土分布海拔下界升高，特别是在多年冻土边缘地带的岛状冻土区发生了明显的退化[19]。冻土活动层深度加深增大了地表基础的不稳定性，给区域的工程建设带来危害。

2009 年全国第 4 次荒漠化和沙漠化监测结果显示[29]，西藏自治区沙化土地总面积由 1995 年的 20.47×10⁴ km²（占全区国土总面积的 17.03%）增加到 2009 年的 21.62×10⁴ km²（17.98%）。沙化土地主要分布于山间盆地、河流谷地、湖滨平原、山麓冲洪积平原及冰水平原等地貌单元。沙化使土层变薄、土壤质地粗化、结构破坏、有机质损失，土地质量下降，草地、耕地及其他可利用土地面积减少。另外，土地沙化后，处于裸露和半裸露状态的沙化土地，缺乏植被保护，易形成风沙，对交通及水利工程设施产生影响，甚至形成沙尘天气，进而影响我国中部和东部地区。

3.3.2 局部高寒草地生态系统退化严重

草地是青藏高原生态安全屏障的重要组成部分，是区域牧业经济发展的基础。草地植被群落结构破坏和生物量减少，直接降低了草地生态系统的物质生产能力，加重了草畜失衡的矛盾。研究表明，1982-2009 年间，青藏高原 11.89% 的草地分布区植被覆盖度持续降低，主要分布在青海的柴达木盆地、祁连山、共和盆地、江河源地区及川西地区等人类活动强度大的区域[30]。在西藏自治区，2003 年全区不同程度的退化草地总面积 29.286×10⁴ km²，占草地总面积的 35.7%，在 1990-2005 年间，西藏草场退化面积每年以 5%～10% 的速度扩大[31]。青海省草地退化形势也比较严峻，如在长江源头治多县，20 世纪 70 年代末至 90 年代初草地退化面积 0.72×10⁴ km²（占该县草地总面积的 17.79%），而 90 年代初至 2004 年草地退化面积达 1.11×10⁴ km²（占该县草地的 27.65%）；草地退化程度呈逐渐加剧的趋势[32]。

3.4 水土流失加重

青藏高原地理环境复杂,水土流失类型多样,伴随着气候变化和人类活动加剧,水土流失日趋严重。西藏芒康县措瓦乡的森林砍伐、尼洋河流域以及扎囊县等地区的土地开垦导致生态环境恶化、水土流失加重、山洪和泥石流频繁暴发[33]。2000 年调查显示,西藏地区水土流失面积达 $103.42×10^4\ km^2$,其中冻融侵蚀面积占水土流失总面积的 89.11%,水力和风力侵蚀分别占水土流失总面积的 6.00%、4.89%[34]。由于草地牲畜过载、工矿资源开发等人类活动加剧,20 世纪 90 年代末,青海省年输入黄河的泥沙量达 $8814×10^4\ t$,输入长江的泥沙量达 $1232×10^4\ t$[35]。据 2005 年调查,青海省水土流失面积为 $38.2×10^4\ km^2$(占青海省总面积的 52.89%);其中黄河、长江、澜沧江三江源头地区水土流失面积分别占水土流失总面积的 39.5%、31.6% 和 22.5%;目前仍以每年 $3600\ km^2$ 的速度在扩大,成为水土流失的重灾区[36]。

3.5 自然灾害频发

敏感的高原环境背景,形成了多样的自然灾害类型,且受灾区域范围广大,青藏高原是我国自然灾害类型最多的地区之一。高原气候变化剧烈,气象灾害频发,据气象站点资料分析,高原东部大—暴雪过程平均次数年际变化呈明显的增加趋势,增长率为 0.234 次/10a,1967-1970 年为 1.5 次/a,1991-1996 年增加到 2.4 次/a,90 年代以后进入雪灾的频发期[37],并认为气候变暖是主要原因[38]。近几十年来,由于冰川融化和人类工程活动增强,地质灾害频繁爆发,高原南部喜马拉雅山中段的冰湖溃决,泥石流灾害发生频率明显增加。波密地区近 40 年的资料研究表明,1993 年以后泥石流活动加强[39]。据 2000 年 Landsat ETM 影像数据监测显示,青藏高原区域范围内地质灾害点共计 3259 个,崩塌、滑坡主要分布在雅鲁藏布江中游、三江流域、横断山区和湟水谷地;泥石流主要集中分布在祁连山、昆仑山、喀喇昆仑山和喜马拉雅山冰雪分布地区。在雅鲁藏布江大拐弯处不到 20 km 江段范围内,1989-2000 年的 12 年间新增大型和巨型崩塌和滑坡 8 处[40]。自然灾害的频繁发生严重影响了青藏高原区域交通运输业、水利水电和农牧业生产的稳定发展。

4 青藏高原国家生态安全屏障保护与建设进展

4.1 基础研究

在国家攀登计划和国家重点基础研究发展计划等项目支持下[4,41],对青藏高原地表过程开展了持续的研究,在高原气候变化、冰冻圈变化及其预测、高原主要生态系统碳过程对气候变化的响应、现代环境变化对青藏高原主要生态系统的影响、高原土地覆被变化与退化区域恢复和整治等方面取得重要研究进展[4-5,42]①,并提出了青藏高原地区发展的适应策略[4]。

4.2 气候变暖对区域生态与环境影响评估与区域对策

2006-2008 年,开展了《青藏高原冰川冻土变化影响分析与应对措施》咨询项目,对气候变暖引起的冰川、冻土变化及其引发的灾害以及对工程建设和特色旅游资源的影响进行了研究和分析,并提出了具有建设性的意见和对策[19]。鉴于气候变暖涉及到包括冰川、冻土的多种地表过程(如湖泊、湿地、草地、荒漠)的变化,不仅影响区域灾害与经济发展,也在更大尺度上影响着青藏高原的环境与生态安全屏障功能效用,2010 年又针对地表过程变化的主要影响区域及其表现形式、气候变暖对环境与经济社会发展的影响程度评估、保持和发挥高原生态安全屏障功能对策等,展开了新一轮的咨询研究工作。

4.3 生态建设与环境保护规划与项目实施

为有效进行青藏高原生态安全屏障的保护与建设,国务院等部门批准并实施了一系列的规划、保护与建设项目。2005 年 2 月,国务院批准通过了《青海三江源自然保护区生态保护和建设总体规划》,2007 年底,国家发展改革委又批复了《青海湖流域生态环境保护与综合治理规划》,2009 年 2 月,国务院批准通过了《西藏生态安全屏障保护与建设规划(2008-2030 年)》,2011 年 5 月 1 日,国务院颁布了《青藏高原区域生态建设与环境保护规划(2011-2030 年)》。上述规划确定了青藏高原生态安全屏障保护与建设的一系列举措。西

---

① 姚檀栋. 青藏高原环境变化及其对全球变化的响应与适应对策. 国家重点基础研究发展计划项目(2005CB42200)结题总结报告(内部资料), 2010.

藏高原作为青藏高原的主体部分，其生态安全屏障功能保护与建设的相关研究与示范工作取得了一批阶段性成果[43-45]。目前针对西藏湿地、草地等生态系统的保护与建设，集成了典型区域退化生态系统恢复的技术体系，使生态系统保护、恢复以及可持续管理的关键技术得以推广[46-47]，部分技术已经在生产、生活以及青藏铁路等国家重大工程建设中投入使用，取得了较高的生态及社会经济效益。同时，针对西藏高原生态安全屏障评价体系的研究也取得了重要进展，划分了西藏生态屏障区[48]，根据西藏东部地区特点改进了山区土壤侵蚀评价方法及指标体系[49-50]，在典型流域进行了高寒湿地现状与健康评价[51]等。

4.4 生态建设效应的监测与评估

国家与有关部门在青藏高原已经部署的有关生态建设与环境保护规划或项目已实施多年，亟待开展相关的科学监测和评估，这是生态建设与环境保护跟踪管理必不可少的手段，是形成今后生态建设与环境保护策略的重要前提。当前国内主要以联合国千年生态系统评估概念框架为基础，对我国生态系统保护和建设开展综合评估。已完成的我国西部生态评估，以大尺度生态系统服务功能评估为主，没有形成一套系统、全面的评估指标体系[52]。青藏高原生态建设评价研究多侧重于从草地退化[53]、生产力[54]以及载畜量等方面进行评价[55]。近期根据草地生态系统的区域特点和人类对其功能的需求设计了以指标群为特点的评价指标体系，并对"青海三江源自然保护区生态保护与建设工程"项目的生态本底和工程生态成效进行了中期评估，得出了三江源生态系统退化趋势初步得到遏制、重点生态建设工程区生态状况好转、生态建设需要长期进行且任务比较艰巨的结论①。生态建设效应的监测与评估仍在探索之中，尚缺乏系统、全面的评价模式和指标体系。

5 未来高原国家生态安全屏障保护与建设的思考

青藏高原国家生态安全屏障功能及其重要性已经得到了各级政府及民众的广泛认同。目前，青藏高原生态安全屏障保护与建设的理论、方法研究和工程实践取得了阶段性成果。但由于青藏高原本身的复杂性，加之社会经济发展需求的不断提升，现有成果仍难以完全满足高原生态安全屏障保护与建设的需要，保护与建设任务仍十分艰巨。同时，高原生态安全屏障保护与建设的理论和技术体系尚未完全形成，多学科综合研究、技术集成、过程

---

① 刘纪远，邵全琴，樊江文 等. 青海三江源自然保护区生态保护与建设工程生态成效中期评估报告. 2009 年 1 月.

监测和效应评价等还十分欠缺。

5.1 加强科学与支撑技术研究，增强气候变化应对能力

5.1.1 加强气候变化对青藏高原生态屏障作用影响及区域生态安全调控的基础研究

研究青藏高原生态安全屏障的结构、功能及其空间分异特征，分析区域生态安全变化幅度与调控机制；研究气候变化引起的区域风险类型、强度及其时空格局与过程，揭示高原特殊地表过程变化及其对生态屏障功能的影响；研究高原主要生态系统的生态屏障功能变化过程及其对高原屏障作用的影响；探索高原土地利用和土地覆被变化及其对区域生态安全屏障功能的影响；研究过去、现在和未来气候条件下青藏高原生态屏障功能效应变化的时空格局，揭示高原区域生态屏障功能变化与国家生态安全的关系，评估高原生态安全屏障功能发展态势、研究区域生态建设和生态系统管理途径和对策。

5.1.2 系统开展青藏高原国家生态安全屏障保护和建设关键技术研究与示范

针对高原冰川退缩、草地退化、湿地功能下降等突出的现实环境问题，开展生态安全屏障保护与建设关键技术的研究与示范，加强支撑技术研究的系统性和综合性，提出切实保障和改善高原生态安全屏障功能的技术体系。主要包括：① 针对高原国家生态安全屏障区域类型及其功能定位，选择主要生态系统和关键区域，构建生态屏障功能监测与评价的指标体系，筛选关键指标因子并确定其变化阈值，及时掌握生态安全屏障功能变化动态过程；② 集成生态系统保护与修复的现有技术，结合生态环境治理具体措施，开发生态安全屏障保护与建设的综合技术体系与模式，加强技术试验与示范，注重技术实施效果的监测与管理，建立技术反馈机制，及时调整技术应用模式，确保实施预期；③ 加强背景资料、监测资料、指标体系、技术模式、实施效果等信息的集成分析，形成生态安全屏障保护与建设管理系统，实时掌握生态功能区环境变化过程，筛选有效技术模式，分析技术实施效果，及时调整技术进度，实现技术的推广应用，确保生态安全屏障功能的稳定与提高。

5.2 全面部署"生态屏障功能变化监测系统"的建设

对高原生态安全屏障保护与建设项目实施效果做出正确的判断和科学、客观的评价，要对高原生态与环境的本底和变化以及对周邻区域的影响进行监测、比较和分析。建议构建集监测、评价和预警为一体的青藏高原生态安全屏障功能变化监测系统。目前，在青藏

高原及其周邻区域，分布有一批国家级生态系统野外科学观测研究站和中科院等部门陆续建立的大气环境、特殊环境（如高山冰川、冻土等）与灾害监测研究等野外观测站，建议充分整合青藏高原内外现有的监测资源，提高生态与环境监测水平。强化对水、土壤、大气、生物等过程的监测，按不同的生态功能区构建监测网络、补设野外观测台站，全面开展高原各种生态系统类型的地面监测与遥感监测，适时准确地获取草地、森林、湿地、荒漠等生态系统的动态信息，构建高原生态监测数据库以及生态与环境信息综合分析查询系统。及时对青藏高原生态安全屏障功能变化进行综合分析，对青藏高原生态与环境变化趋势及其影响进行预警，提出应对方案，为政府制定宏观政策和战略措施，合理利用资源、改善生态与环境提供决策依据。

5.3 综合评估生态安全屏障保护与建设效果

基于监测的结果，采用先进评估方法构建适于青藏高原地区的生态建设和环境保护效应评估的评价模型和指标体系，评价重大生态与环境保护措施（如西藏生态安全屏障保护与建设工程、青藏高原区域生态建设与环境保护规划等）的实施效果，研究其对青藏高原国家生态安全屏障功能保护能力的作用；分析重大生态与环境保护工程对青藏高原区域生态与环境质量和社会经济发展的影响，尤其是对提升高原应对气候变化能力的作用，研究并提出生态建设与保护工程设计、实施与监督管理等政策建议；提出应对气候变化的调整方案，提升国家生态安全屏障的总体功能，在应对全球变化中占有主动地位。

青藏高原生态与环境变化对高原本身及周边地区的气候、生态、资源、灾害等多方面产生影响，青藏高原不仅是中国的生态安全屏障，而且对东亚自然环境稳定性也产生巨大的屏障作用。在全球变化背景下，青藏高原生态安全问题日益复杂多样。因此，加强青藏高原国家生态安全屏障的科学研究，揭示生态屏障功能的变化规律，明确适合高原环境保护与生态建设的技术途径，制定科学的发展战略，才能有效保障青藏高原生态安全屏障功能，使其更好地服务于国家和区域经济发展。

致谢：中国科学院地理资源所王兆锋博士、刘林山博士、王丽博士和丁明军博士及青海师范大学刘峰贵教授提供了部分资料，谨致谢忱！

参考文献（References）

[1] Ye Duzheng, Gao Youxi. Meteorology of Qinghai-Xizang Plateau. Beijing: Science Press, 1979: 1-278. [叶

笃正, 高由禧. 青藏高原气象学. 北京: 科学出版社, 1979: 1-278.]

[2] Sun Donghuai, Lu Huayu. Grain-size and dust accumulation rate of late Cenozoic Aeolian deposits and the inferred atmospheric circulation evolutions. Quaternary Sciences, 2007, 27(2): 251-262. [孙东怀, 鹿化煜. 晚新生代黄土高原风尘序列的粒度和沉积速率与中国北方大气环流演变. 第四纪研究, 2007, 27(2): 251-262.]

[3] Shi Yafeng, Liu Shiyin. Estimate of the response of glaciers in China to the global warming-up in the 21st century. Chinese Science Bulletin, 2000, 45(4): 434-438. [施雅风, 刘时银. 中国冰川对 21 世纪全球变暖响应的预估. 科学通报, 2000, 45(4): 434-438.]

[4] Zheng Du, Yao Tandong. Uplifting of Tibetan Plateau with its environmental effects. Advances in Earth Science, 2006, 21(5): 451-458. [郑度, 姚檀栋. 青藏高原隆升及其环境效应. 地球科学进展, 2006, 21(5): 451-458.]

[5] Zhang Yili, Ding Mingjun, Wang Li et al. Resources, environment and regional sustainable development of the Tibetan Plateau//China Association for Science and Technology. Report on Advances in Tibetan Plateau Research. Beijing: China Science & Technology Press, 2010: 161-191. [张镱锂, 丁明军, 王丽 等. 青藏高原的资源环境与区域可持续发展//中国科学技术协会. 青藏高原研究学科发展报告. 北京: 中国科学技术出版社, 2010: 161-191.]

[6] Shen Dajun, Chen Chuanyou. Water resources of the Qinghai-Xizang Plateau and its exploitation. Journal of Natural Resources, 1996, 11(1): 8-14. [沈大军, 陈传友. 青藏高原水资源及其开发利用. 自然资源学报, 1996, 11(1): 8-14.]

[7] Zheng Du, Zhang Rongzhu, Yang Qinye. On the natural zonation in the Qinghai-Xizang Plateau. Acta Geographica Sinica, 1979, 34(1): 1-11. [郑度, 张荣祖, 杨勤业. 试论青藏高原的自然地带. 地理学报, 1979, 34(1): 1-11.]

[8] Zheng Du. Natural region system research of Tibetan Plateau. Science in China: Series D, 1996, 26(4): 336-341. [郑度. 青藏高原自然地域系统研究. 中国科学: D 辑, 1996, 26(4): 336-341.]

[9] Li Mingsen. Countermeasures for environmental protection in the Qinghai-Tibet Plateau. Resources Science, 2000, 22(4): 78-82. [李明森. 青藏高原环境保护对策. 资源科学, 2000, 22(4): 78-82.]

[10] Li Xiwen, Li Jie. A preliminary floristic study on the seed plants from the region of Hengduan Mountain. Acta Botanica Yunnanica, 1993, 15(3): 217-231. [李锡文, 李捷. 横断山脉地区种子植物区系的初步研究. 云南植物研究, 1993, 15(3): 217-231.]

[11] Wu Sugong, Yang Yongping, Fei Yong. On the flora of the alpine region in the Qinghai-Xizang (Tibet) Plateau. Acta Botanica Yunnanica, 1995, 17(3): 233-250. [武素功, 杨永平, 费勇. 青藏高原高寒地区种子植物区系的研究. 云南植物研究, 1995, 17(3): 233-250.]

[12] Wu Yuhu. The Vascular Plants and Their Eco-geographical Distribution of the Qinghai-Tibetan Plateau. Beijing: Science Press, 2008. [吴玉虎. 青藏高原维管植物及其生态地理分布. 北京: 科学出版社, 2008.]

[13] Wang Cuihong. Research on the biodiversity distribution patterns in mainland of China [D]. Taiyuan: Shanxi University, 2004. [王翠红. 中国陆地生物多样性分布格局的研究[D]. 太原: 山西大学, 2004.]

[14] Ma Shenglin. Studies on protecting the biological deversity in Qing-Zang Plateau. Journal of Qinghai Nationalities Institute, 2004, 30(4): 76-78. [马生林. 青藏高原生物多样性保护研究. 青海民族学院学

报, 2004, 30(4): 76-78.]

[15] Myers N. Biodiversity hotspots for conservation priorities. Nature, 2000, 403: 853-858.

[16] Fang Xiaomin, Han Yongxiang, Ma Jinhui et al. Characteristics of dust weather and loess deposition in the Qinghai-Tibetan Plateau: A case study on the process of dust events on March 4, 2003. Chinese Science Bulletin, 2004, 49(11): 1084-1090. [方小敏, 韩永翔, 马金辉 等. 青藏高原沙尘特征与高原黄土堆积: 以 2003-03-04 拉萨沙尘天气过程为例. 科学通报, 2004, 49(11): 1084-1090.]

[17] Ouyang Hua, Zhao Xinquan, Cheng Genwei et al. The ecosystem interface processes and their links to climatic changes on the Plateau//Zheng Du, Yao Tandong et al. Uplifting of Tibetan Plateau with Its Environmental Effects. Beijing: Science Press, 2004: 401-458. [欧阳华, 赵新全, 程根伟 等. 青藏高原生态系统碳过程特征与气候变化的关系//郑度, 姚檀栋. 青藏高原隆升与环境效应. 北京: 科学出版社, 2004: 401-458.]

[18] Wu Xing, Shen Zhenyao. Effects of freezing-thawing cycle on greenhouse gases production and emission from soil: A review. Chinese Journal of Ecology, 2010, 29(7): 1432-1439. [伍星, 沈珍瑶. 冻融作用对土壤温室气体产生与排放的影响. 生态学杂志, 2010, 29(7): 1432-1439.]

[19] Advisor and Research Group for the Estimate on Permafrost & Glacier Change and Its Impacts on the Ecosystem and Environment in Tibetan Plateau and the Adaptive Strategies. Permafrost and glacier change and its impacts on the ecosystem and environment in Tibetan Plateau and the countermeasures. Chinese Journal of Nature, 2010, 32(1): 1-3. [青藏高原冰川冻土变化对区域生态环境影响评估与对策咨询项目组. 青藏高原冰川冻土变化对生态环境的影响及应对措施. 自然杂志, 2010, 32(1): 1-3.]

[20] Yao T D, Duan K Q, Xu B Q et al. Temperature and methane records over last 2ka in Dasuopu ice core. Science in China: Series D, 2002, 45(12): 1068-1073.

[21] Yao Tandong, Liu Shiyin, Pu Jianchen et al. Recent glacier retreat in high-Asia in China and its impact on water resources in Northwest China. Science in China: Series D, 2004, 34(6): 535-543. [姚檀栋, 刘时银, 蒲健辰 等. 高亚洲冰川的近期退缩及其对西北水资源的影响. 中国科学: D 辑, 2004, 34(6): 535-543.]

[22] Yang Wei, Yao Tandong, Xu Baiqing, et al. Characteristics of recent temperate glacier fluctuations in the Parlung Zangbo River basin, southeast Tibetan Plateau. Chinese Science Bulletin, 2010, 55(18): 1775-1780. [杨威, 姚檀栋, 徐柏青 等. 近期藏东南帕隆藏布流域冰川的变化特征. 科学通报, 2010, 55(18): 1775-1780.]

[23] Nie Yong, Zhang Yili, Liu Linshan et al. Monitoring glacier change based on remote sensing in the Mt. Qomolangma National Nature Preserve, 1976-2006. Acta Geographica Sinica, 2010, 65(1): 13-28. [聂勇, 张镱锂, 刘林山 等. 近 30 年珠穆朗玛峰国家自然保护区冰川变化的遥感监测. 地理学报, 2010, 65(1): 13-28.]

[24] Ma Linglong, Tian Lide, Pu Jianchen et al. Recent area and ice volume change of Kangwure Glacier in the middle of Himalayas. Chinese Science Bulletin, 2010, 55(18): 1766-1774. [马凌龙, 田立德, 蒲健辰 等. 喜马拉雅山中段抗物热冰川的面积和冰储量变化. 科学通报, 2010, 55(18): 1766-1774.]

[25] Li Shou. Grassland degradation and poisonous and noxious plants of grassland in Tibetan Plateau. Prataculture & Animal Husbandry, 2010, 177(8): 30-34. [李寿. 青藏高原草地退化与草地有毒有害植物. 草业与畜牧, 2010, 177(8): 30-34.]

[26] Tibet Autonomous Region Environmental Protection Bureau. Investigation Report of Ecological Environment Situation in Tibet Autonomous Region, 2004. [西藏自治区环境保护局. 西藏自治区生态环境现状调查报告, 2004.]

[27] Shi Jianquan, Qi Hongfang, Yang Jianxin et al. Analysis on the resource of Gymnocypris przewalskii. Freshwater Fisheries, 2000, 30(11): 38-40. [史健全, 祁洪芳, 杨建新 等. 青海湖裸鲤资源评析. 淡水渔业, 2000, 30(11): 38-40.]

[28] Wang Chongrui, Zhang Hui, Du Hao et al. Hydroacoustic assessment of abundance and spatial distribution of Gymnocypris przewalskii in Qinghai Lake with BioSonics DT-X echosounder. Freshwater Fisheries, 2011, 41(3): 15-21. [王崇瑞, 张辉, 杜浩 等. 采用 BioSonics DT-X 超声波回声仪评估青海湖裸鲤资源量及其空间分布. 淡水渔业, 2011, 41(3): 15-21.]

[29] State Forestry Administration, P. R. China. A Bulletin of Status Quo of Desertification and Sandification in China [N/OL]. Beijing: China Forestry Network, January, 5th, 2011. http://www.forestry.gov.cn/uploadfile/main/2011-1/file/2011-1-5-59315b03587b4d7793d5d9c3aae7ca86.pdf. [国家林业局. 中国荒漠化和沙化状况公报第四次中国荒漠化和沙化状况公报[N/OL]. 北京: 中国林业网, 2011-01-05. http://www.forestry.gov.cn/uploadfile/main/2011-1/file/2011-1-5-59315b03587b4d7793d5d9c3aae7ca86. pdf.]

[30] Ding Mingjun, Zhang Yili, Liu Linshan et al. Temporal and spatial distribution of grassland coverage change in Tibetan Plateau since 1982. Journal of Natural Resources, 2010, 25(12): 2114-2122. [丁明军, 张镱锂, 刘林山 等. 1982-2009 年青藏高原草地覆盖度时空变化特征. 自然资源学报, 2010, 25(12): 2114-2122.]

[31] Shao Wei, Cai Xiaobu. Grassland degradation and its formation causes analysis in Tibetan Plateau. Science of Soil and Water Conservation, 2008, 6(1): 112-116. [邵伟, 蔡晓布. 西藏高原草地退化及其成因分析. 中国水土保持科学, 2008, 6(1): 112-116.]

[32] Huang Lin, Liu Jiyuan, Shao Quanqin. Alpine Grassland Degradation in the Source Region of Yangtze River in the Past 30 Years—Zhidoi County as A Case Study. Resources Science, 2009, 31(5): 884-895. [黄麟, 刘纪远, 邵全琴. 近 30 年来长江源头高寒草地生态系统退化的遥感分析——以青海省治多县为例. 资源科学, 2009, 31(5): 884-895.]

[33] Li Daiming. Initial analysis for distribution, causes, damage and controlling of soil erosion in Tibet. Tibetan Science and Technology, 2001, 94(1): 21-24. [李代明. 西藏水土流失分布成因、危害及治理难度初步分析. 西藏科技, 2001, 94(1): 21-24.]

[34] Soil and Water Conservation and Construction Planning Bureau of Tibet Autonomous Region, Soil and Water Conservation Bureau of Yangtze River Committee. Initial analysis for water and soil in distribution and its damage and difficulty management in Tibet, 2000.

[35] The People's Government of Qinghai Province. Eco-environment planning for Qinghai Province, 1999. [青海省人民政府. 青海省生态环境规划, 1999.]

[36] Jiang Chenrong. Serious soil erosion and rapid deterioration of water environment in Tibetan Plateau [N/OL]. Beijing: Xinhua News Agency, June, 2nd, 2006. http://tech.qq.com/a/20060602/000241.htm. [姜辰蓉. 青藏高原水土流失严重, 水环境急剧恶化[N/OL]. 北京: 新华网, 2006-06-02. http://tech.qq.com/a/20060602/000241. htm.]

[37] Zhou Lusheng, Li Haihong, Wang Qingchun. The basic characteristics of heavy snowstorm process and

snow disaster distribution in eastern pastoral areas of Qinghai-Xizang Plateau. Plateau Meteorology, 2000, 19(4): 450-458. [周陆生, 李海红, 汪青春. 青藏高原东部牧区大—暴雪过程及雪灾分布的基本特征. 高原气象, 2000, 19(4): 450-458.]

[38] Dong Anxiang, Qu Zhang, Yin Xianzhi et al. The singular spectrum analysis of snow damage in eastern Qinghai-Xizang Plateau. Plateau Meteorology, 2001, 20(2): 214-219. [董安祥, 瞿章, 尹宪志 等. 青藏高原东部雪灾的奇异谱分析. 高原气象, 2001, 20(2): 214-219.]

[39] Institute of Mountain Hazards and Environment of CAS, Lanzhou Institute of Glaciology and Cryopedology of CAS, Tibet Autonomous Region (TAR) Institute of Transportation Science. On the Mountain Hazards and Their Prevention along South Section of Sichuan-Tibet Road (the part of TAR). Beijing: Science Press, 1995. [中国科学院成都山地灾害与环境研究所, 中国科学院兰州冰川与冻土研究所, 西藏自治区交通科学研究所. 川藏公路南线（西藏境内）山地灾害及其防治. 北京: 科学出版社, 1995.]

[40] Fang Hongbin, Zhao Fuyue, Zhang Zhende et al. Remote Sensing Investigation and Evolution Research of Modern Ecological Geological Environment in Tibetan Plateau. Beijing: Geological Publishing House, 2009: 197-203. [方洪宾, 赵福岳, 张振德 等. 青藏高原现代生态地质环境遥感调查与演变研究. 北京: 地质出版社, 2009: 197-203.]

[41] Sun Honglie, Zheng Du. The Formation, Evolution and Development of the Tibetan Plateau. Guangzhou: Guangdong Science & Technology Press, 1998. [孙鸿烈, 郑度. 青藏高原形成演化与发展. 广州: 广东科技出版社, 1998.]

[42] Yao Tandong, Zhu Liping. The response of environmental changes on Tibetan Plateau to global changes and adaptation strategy. Advances in Earth Science, 2006, 21(5): 459-464. [姚檀栋, 朱立平. 青藏高原环境变化对全球变化的响应及其适应对策. 地球科学进展, 2006, 21(5): 459-464.]

[43] Zhong Xianghao, Liu Shuzhen, Wang Xiaodan et al. A research on the protection and construction of the state ecological safe shelter zone on the Tibet Plateau. Journal of Mountain Science, 2006, 24(2): 129-136. [钟祥浩, 刘淑珍, 王小丹 等. 西藏高原国家生态安全屏障保护与建设. 山地学报, 2006, 24(2): 129-136.]

[44] Zhang Yili, Wang Chunlian, Bai Wanqi et al. Alpine wetlands in the Lhasa River Basin, China. Journal of Geographical Sciences, 2010, 20(3): 375-388.

[45] Zhang Fuping, Cao Cougui, Li Ping et al. Effects of heavy metal pollution on microbial characteristics of mine soils in central Tibet. Journal of Agro-Environment Science, 2010, 29(4): 698-704. [张涪平, 曹凑贵, 李苹 等. 藏中矿区重金属污染对土壤微生物学特性的影响. 农业环境科学学报, 2010, 29(4): 698-704.]

[46] Bai Wanqi, Tu Yanli, Li Jianchuan et al. Roles of dam building in wetland restoration: A case of the Lalu wetland in Lhasa city. Resources Science, 2010, 32(9): 1666-1671. [摆万奇, 土艳丽, 李建川 等. 筑坝在湿地恢复中的作用: 以拉萨市拉鲁湿地为例. 资源科学, 2010, 32(9): 1666-1671.]

[47] Liu Zhehui, You Songcai. Design and construction of WebGIS-based information system for grassland management in northern Tibet. Acta Agrestia Sinica, 2010, 18(1): 42-49. [刘喆惠, 游松财. 基于 WebGIS 的藏北草地生态信息系统构建. 草地学报, 2010, 18(1): 42-49.]

[48] Wang Xiaodan, Zhong Xianghao, Liu Shuzhen et al. Ecological function regionalization of Tibetan Plateau.

[49] Liu Shuzhen, Liu Haijun, Zhong Xianghao et al. The study on evaluation system and monitoring method of soil erosion on the Tibet Plateau. Journal of Mountain Science, 2009, 27(1): 76-81. [刘淑珍, 刘海军, 钟祥浩 等. 西藏高原土壤侵蚀评价体系及监测方法. 山地学报, 2009, 27(1): 76-81.]

[50] Pei Sha, Yao Zhijun, Zhang Yushu et al. Dynamic monitoring and analysis of soil erosion in Chaya county of Tibet. Journal of Natural Resources, 2011, 26(2): 302-309. [裴厦, 姚治军, 章予舒 等. 基于RS和GIS的察雅县土壤侵蚀动态监测与分析. 自然资源学报, 2011, 26(2): 302-309.]

[51] Wang Chunlian, Zhang Yili, Wang Zhaofeng et al. Changes of wetland ecosystem service value in the Lhasa River Basin of Tibetan Plateau. Resources Science, 2010, 32(10): 2038-2044. [王春连, 张镱锂, 王兆锋 等. 拉萨河流域湿地生态系统服务功能价值变化. 资源科学, 2010, 32(10): 2038-2044.]

[52] Liu Jiyuan, Shao Quanqin, Fan Jiangwen. The integrated assessment indicator system of grassland ecosystem in the Three-River Headwaters Region. Geographical Research, 2009, 28(2): 273-283. [刘纪远, 邵全琴, 樊江文. 三江源区草地生态系统综合评估指标体系. 地理研究, 2009, 28(2): 273-283.]

[53] Zhang Yili, Liu Linshan, Bai Wanqi et al. Characteristics of grassland degradation in the source region of Yellow River from 1985 to 2000. Acta Geographica Sinica, 2006, 61(1): 3-14. [张镱锂, 刘林山, 摆万奇 等. 黄河源地区草地退化空间特征. 地理学报, 2006, 61(1): 3-14.]

[54] Zhou Caiping, Ouyang Hua, Cao Yu et al. Estimation of net primary productivity in middle reaches of Yarlung Zangbo River and its two tributaries. Chinese Journal of Applied Ecology, 2008, 19(5): 1071-1076. [周才平, 欧阳华, 曹宇 等. "一江两河"中部流域植被净初级生产力估算. 应用生态学报, 2008, 19(5): 1071-1076.]

[55] Chen Zhuoqi. Analysis of the grassland productivity and stocking stress in Tibet Plateau [D]. Beijing: Graduate University of Chinese Academy of Sciences, 2009: 105-106. [陈卓奇. 青藏高原草地生态系统生产力与承载力研究 [D]. 北京: 中国科学院研究生院, 2009: 105-106.]

Protection and Construction of the National Ecological Security Shelter Zone on Tibetan Plateau

SUN Honglie[1], ZHENG Du[1], YAO Tandong[2], ZHANG Yili[1]

(1. Institute of Geographic Sciences and Natural Resources Research, CAS, Beijing 100101, China;
2. Institute of Tibetan Plateau Research, CAS, Beijing 100085, China)

Abstract: The shelter function of Tibetan Plateau has an important effect on the ecological security in China, even in Asia. Under the joint influence of global change and human activities, ecosystem destabilizing and resources and environment pressure increasing emerge on the Tibetan Plateau, which have caused some problems, including significant glacier retreat, serious land degradation, aggravated soil erosion and water loss, increased threats to biodiversity along with decreased rare and specious biological resources, and natural disasters increasing. These problems have a great influence on regional ecological security shelter function on the plateau. Based on the relevant research and practical experience in ecological construction, some suggestions are proposed to strengthen ecological protection and construction of the national ecological security shelter zone on the Tibetan Plateau at present, namely, strengthening basic research on the Tibetan Plateau ecological shelter impacts and regional ecological security enhancement and climate change mitigation; developing the key technology of protection and construction of the national ecological security shelter zone on the plateau and demonstration; striving to set up a monitoring system of ecological shelter function, intensifying evaluation of protection and construction efficiency of ecological security shelter zone, perfecting evaluation systems and standards, and summarizing experience, so as to enhance the overall function of national ecological security shelter and to further take the initiative in dealing with global change.

Key words: Tibetan Plateau; ecological construction; environment; ecological security; ecological shelter

"青藏高原国家生态安全屏障保护与建设"解读

戴尔阜

一、作者简介

孙鸿烈（1932— ），著名地理学家，中国科学院院士，中国科学院地理科学与资源研究所研究员、博士生导师。1961 年开始从事青藏高原科学研究，先后几十次到高原工作。以"青藏高原的隆起及其对自然环境与人类活动影响"为中心问题，组织地球科学、生物科学等 50 余个专业，开展多学科的综合研究。作为第一次青藏科考队的队长，孙鸿烈带领科考队员第一次全面地、系统地对青藏高原进行科学考察，填补了很多青藏高原研究的空白，是中国青藏高原研究的领军人物。

郑度（1936— ），著名地理学家，中国科学院院士，中国科学院地理科学与资源研究所研究员、博士生导师，现任《地理学报（英文版）》主编。长期从事自然地理的综合研究，特别是有关高原与山地的地理研究工作，对青藏高原的自然环境及其地域分异研究在理论与方法上均有创新。

姚檀栋（1954— ），冰川环境与全球变化学家，中国冰芯研究开拓者之一，中国科学院院士，中国科学院青藏高原研究所研究员、博士生导师，名誉所长。他通过研究青藏高原冰芯所记录的气候环境变化与全球变化的关系，在野外考察、室内

作者介绍：戴尔阜（1972— ），男，甘肃静宁人，中国科学院地理科学与资源研究所研究员，中国地理学会会员（S110004569M），研究方向为土地系统与生态过程。E-mail: daief@igsnrr.ac.cn

分析、科学理论上都有新的建树和创新。

张镱锂（1962— ），中国科学院地理科学与资源研究所研究员，中国地理学会理事，从事植物地理学、生物地理学和自然地理综合研究，重点开展青藏高原土地利用和土地覆被变化及其生态效应与区域适应研究。

二、研究背景

20世纪70年代，中国组建了中国科学院青藏高原综合科学考察队，拉开了第一次青藏高原综合科学考察研究的序幕，是中国第一次用系统的、科学的方式丈量地球第三极，取得了一批具有重大影响力的成果；组织了冰川、冻土、河流、湖泊、森林、草原、土壤、土地利用、鸟类、鱼类、哺乳类、两栖类、昆虫、农业、地球物理、地质构造、古生物、地热、盐湖等方面的青藏高原综合科学考察，探讨了有关青藏高原形成演化与资源环境等理论问题，为青藏高原经济建设提供了科学依据。20世纪90年代以来，生态系统服务在国际生态科学研究界引起广泛兴趣，随后不久我国也掀起了生态系统服务的研究热潮，生态系统服务评估及其政策应用是生态学领域研究的前沿和热点课题，因其关联生态系统和人类福祉的整合思维而受到广泛关注。在这种背景下，全面认识生态系统的结构、功能、服务及与环境变化的关系，已成为生态学家面对的重大科学挑战。鉴于青藏高原对国家生态安全保障的重要性，以及青藏高原自然环境与生态系统的独特性，为加强青藏高原生态保护，我国提出了青藏高原国家生态安全屏障科学命题。因此，"青藏高原国家生态安全屏障保护与建设"一文应时而生。此文是四位科学家长期开展青藏高原研究的积累之作，此文选题符合国际学科发展前沿，此文内容服务于我国的国家重大战略需求。

三、论文概述

"青藏高原国家生态安全屏障保护与建设"一文，选择对中国乃至亚洲生态安全具有重要屏障作用的青藏高原作为研究对象。青藏高原作为亚洲乃至北半球气候变化的"感应器"和"敏感区"，是中国与东亚气候系统稳定的重要屏障；分布有丰富多样、独具特色的特殊生态系统类型和珍稀动植物种类，是全球生物多样性保护的重要区域。尤其是高原冰冻圈以及高寒环境条件下的脆弱生态系统，对全球变化和人类干预响应十分敏感，其发展趋势备受全球关注。在全球变化和人类活动的综合影响下，青藏高原呈现出生态系统稳定性降低、资源环境压力增大等问题，突出表现为：冰川退缩显著、土地退化形势严峻、水土流失加剧、生物多样性威胁加大与珍稀生物资源减少、自然灾害增多等。这些问题严重影响了青藏高原区域生态安全屏障功能的发挥。青藏高原国家生态安全屏障保护与建设的理论和技术体系尚未完全形成，青藏高原国家生态安全屏障功能保护与建设的研究与科技示范工作亟待加强。作者选择了水源涵养、生物多样性保护、水土保持、碳源/汇四种生态安全屏障功能，基于青藏高原综合科学考察收集到的资料以及学者们对青藏高原开展长期野外观测的数据，评估了青藏高原国家生态安全屏障作用。

作者认为青藏高原国家生态安全屏障作用主要表现在四个方面：① 水源涵养作用。青藏高原众多的冰川、冻土、湖泊、湿地和大面积的草地与森林生态系统孕育了亚洲著名的长江、黄河、恒河等10余条江河，是世界上河流发育最多的区域。其丰沛的水量构成了中国水资源安全重要的战略基地，同时，也对中国未来水资源安全和能源安全起着重要的保障作用。② 生物多样性保护作用。青藏高原分布有高等植物13 000余种、陆栖脊椎动物1 047种（特有种281种，其中包括藏羚羊、野牦牛等国家一级保护动物38种），使之成为全球生物多样性保护的25个热点地区之一，尤其是高寒特有生物多样性保护的重要区域。③ 水土保持作用。青藏高原所拥有的高寒草甸、高寒草原和各类森林是遏制土地沙化与土壤流失的重要保障，对高原本身及周边地区起到了重要的生态屏障作用。④ 碳源（汇）作用。青藏高原主要生态系统在碳循环中均表现为碳固定大于碳释放，整个青藏高原碳积累总量为193.64×10^6 t/a，青藏高原作为重要的碳汇，影响着区域和全球气候变化。

文章指出在国家与有关部门的大力支持和重要举措下，青藏高原国家生态安全屏障保护与建设在基础研究、气候变暖对区域生态和环境影响评估与区域对策、生态建设和环境保护规划与项目实施、生态建设效应的监测与评估等方面取得了重要研究成果及实际进展，生态安全屏障功能保护与建设的相关研究及示范工作取得了一批阶段性成果，并提出了青藏高原地区发展的适应策略。

文章表明青藏高原国家生态安全屏障保护与建设的理论、方法研究和工程实践取得了阶段性成果，针对高原生态安全状况，在总结相关研究成果和生态建设实践经验的基础上，形成了对未来高原国家生态安全屏障保护与建设的思考，提出了加强青藏高原国家生态安全屏障保护与建设的对策建议，包括：加强气候变化对青藏高原生态屏障作用影响及区域生态安全调控的基础研究；系统开展青藏高原国家生态安全屏障保护和建设关键技术的研究与示范；全面部署"生态屏障功能变化监测系统"的建设；综合评估生态安全屏障保护与建设效果。

由于青藏高原的独特地位，国家高度重视青藏高原的生态建设和环境保护工作，此文有助于从国家战略层面建设以水源涵养、生物多样性保护、水土保持、生态系统碳汇等生态功能为主导的青藏高原生态安全屏障，推动青藏高原国家生态安全屏障功能及其重要性在各级政府及民众层面获得广泛认同，促进我国生态文明建设的进程。同时，此文在青藏高原科学研究和应用政策方面的建议，有助于形成高原生态安全屏障保护与建设的理论和技术体系，促进多学科综合研究、技术集成、过程监测和效应评价，满足高原生态安全屏障保护与建设的需要，最终有效保障青藏高原生态安全屏障功能，使其更好地服务于国家和区域高质量发展。

四、论文贡献

"青藏高原国家生态安全屏障保护与建设"一文，是孙鸿烈等人深耕青藏高原科学考察和学术研究几十余载的学术成果；是在熟知青藏高原地理位置、地形地貌、自然资源、气候水文、土壤植被、地理环境等基础上，形成的青藏高原国家生态安全屏障保护与建设的综述型论文。此文是地理学、生态学领域研究青藏高原生态安全屏障作用的一篇必读文献，是一篇研究青藏高原生态安全屏障保护与建设的经典论文，是青藏高原研究文献中最为重要的文献之一。此文引用率颇高，影响力极大，已对无数地理学者、青藏高原研究学者产生了深远影响。

此文对目前正在进行的第二次青藏高原科考提供了重要的科学基础和参考，在国家关注的"着力解决青藏高原资源环境承载力、灾害风险、绿色发展途径等方面"的问题上具有一定的指导作用，有助于掌握青藏高原生态系统质量、功能与风险状况，对于正确认识青藏高原生态系统国家生态安全屏障功能的现状及变化、维护青藏高原生态安全、保障生态安全屏障功能及区域可持续发展具有重要的意义。此文也让更多的人意识到青藏高原作为"地球第三极""世界上最后一方净土"，需要人类更深的探索和更好的守护；需要人类不断地为青藏高原的保护和建设做出新贡献。

过去 2000 年冷暖变化的基本特征与主要暖期

葛全胜[1], 刘健[2,3], 方修琦[4,1], 杨保[5], 郝志新[1], 邵雪梅[1], 郑景云[1]

(1. 中国科学院地理科学与资源研究所, 北京 100101; 2. 南京师范大学地理科学学院, 南京 210023; 3. 中国科学院南京地理与湖泊研究所, 南京 210008; 4. 北京师范大学地理学与遥感科学学院, 北京 100875; 5. 中国科学院寒区旱区环境与工程研究所, 兰州 730000)

摘要: 根据近年国内外相关研究结果, 分析了北半球与中国过去 2000 年冷暖变化的阶段性, 辨识了百年尺度暖期的起讫年代及其与 20 世纪温暖程度的差别。结果表明: (1) 最近新建的多数北半球温度变化序列显示公元 1-270 年温暖; 271-840 年冷暖相间, 但总体偏冷; 841-1290 年温暖; 1291-1910 年寒冷; 1911 年以后再次转为温暖; 这些冷暖阶段虽分别与 Lamb 指出的罗马暖期 (约公元前 1 世纪-4 世纪中期)、黑暗时代冷期 (约 4 世纪末-10 世纪前期)、中世纪暖期 (约 10 世纪中期-13 世纪末)、小冰期 (约 15-19 世纪) 以及 20 世纪增暖大致对应, 但各阶段的起讫时间与 Lamb 确定的时段存在一定差别。(2) 尽管过去 2000 年冷暖变化过程及其变幅大小在中国境内各个区域间并不完全一致，但从全国平均看，中国与北半球百年尺度的冷暖波动阶段基本一致，仅起讫年代存在一定差异；其中公元 1-200 年、551-760 年、941-1300 年及 20 世纪气候相对温暖，其他时段则相对寒冷。(3) 多数序列显示中世纪期间北半球的温暖程度至少与 20 世纪相当。中国 941-1300 年间的最暖百年和最暖 30 年（暖峰）的温度也略高于 20 世纪，551-760 年间的最暖百年与 20 世纪基本相当，但 1-200 年间最暖百年的温暖程度则较 20 世纪略低。

关键词：过去 2000 年；北半球；中国；温度变化；百年际暖期

辨识过去 2000 年气候变化的阶段性，揭示其间百年尺度暖期的主要特征、成因机制及其影响，不但对深入理解地球系统多尺度运行规律、评估气候环境变化与人类活动的相互影响、预测未来数十年全球与区域气候环境变化具有重要科学意义，而且可直接为人类适应未来全球增暖提供历史相似型，因而备受国内外学术界的关注[1]。特别是自上世纪末以来，在国际地圈-生物圈计划（IGBP）的核心研究计划"过去全球变化（PAGES）"和世界气候研究计划（WCRP）的核心计划"气候变率研究（CLIVAR）"推动下，全球特别是北半球过去 2000 年温度变化集成重建工作取得了重大进展，但随着研究的不断深入，国际学术界对过去 2000 年是否存在与 20 世纪温暖程度相当的暖期、中世纪暖期是否在全球广泛存在等问题的争论也越来越多；1994 年和 2010 年，国际学术界还以"中世纪暖期"为主题举行了 2 次专题研讨会[2-3]。与此同时，中国也利用历史文献及树轮、石笋等高分辨率的自然证据重建了多条长达千年的温度变化代用序列，辨识了中国冷暖变化的阶段性及其重要特征[4-5]。本文拟根据近年国内外相关研究结果，对北半球及中国过去 2000 年冷暖变化的阶段性，特别是百年尺度暖期的出现时间及其与 20 世纪温暖程度的差别进行进一步分析。

1 20 世纪 80 年代前对过去 2000 年冷暖变化的概貌性认识

自 20 世纪初起，就有一些学者根据北美、冰岛、格陵兰、斯堪的纳维亚和东欧等地的各种证据，包括植被、农作物种植范围及收成等历史记录和树轮、冰川与冰缘活动及格陵兰冰芯中的氧同位素寒冷变化等，对过去 2000 年气候变化进行了研究[6]。虽然支持这些研究的资料多为零星的局地或单点记录，多数证据并不能直接定量反映大区域温度变化，且一些资料也没有经过精确定年，但毕竟给出了过去 2000 年温度百年际波动的概貌。特别是 Lamb 系统总结了 20 世纪 80 年代前的历史时期气候变化研究成果，初步描绘了北半球公元 900 年以来温度变化示意图（图 1a）[7-8]。结果表明：自公元前 1 世纪起，气候转暖，并持续了数百年，约至公元 4 世纪中期转为寒冷，此后则数度波动（5-6 世纪、7 世纪后期至 8 世纪前期、9 世纪中期至 10 世纪前期寒冷，其他时段则短暂回暖），直至 10 世纪以后再度明显转暖，11-13 世纪温暖，14 世纪从温暖转为寒冷，15-19 世纪寒冷，20 世纪又再度回暖；温暖时段与寒冷时段之间的温度差异大致为 1~2℃。

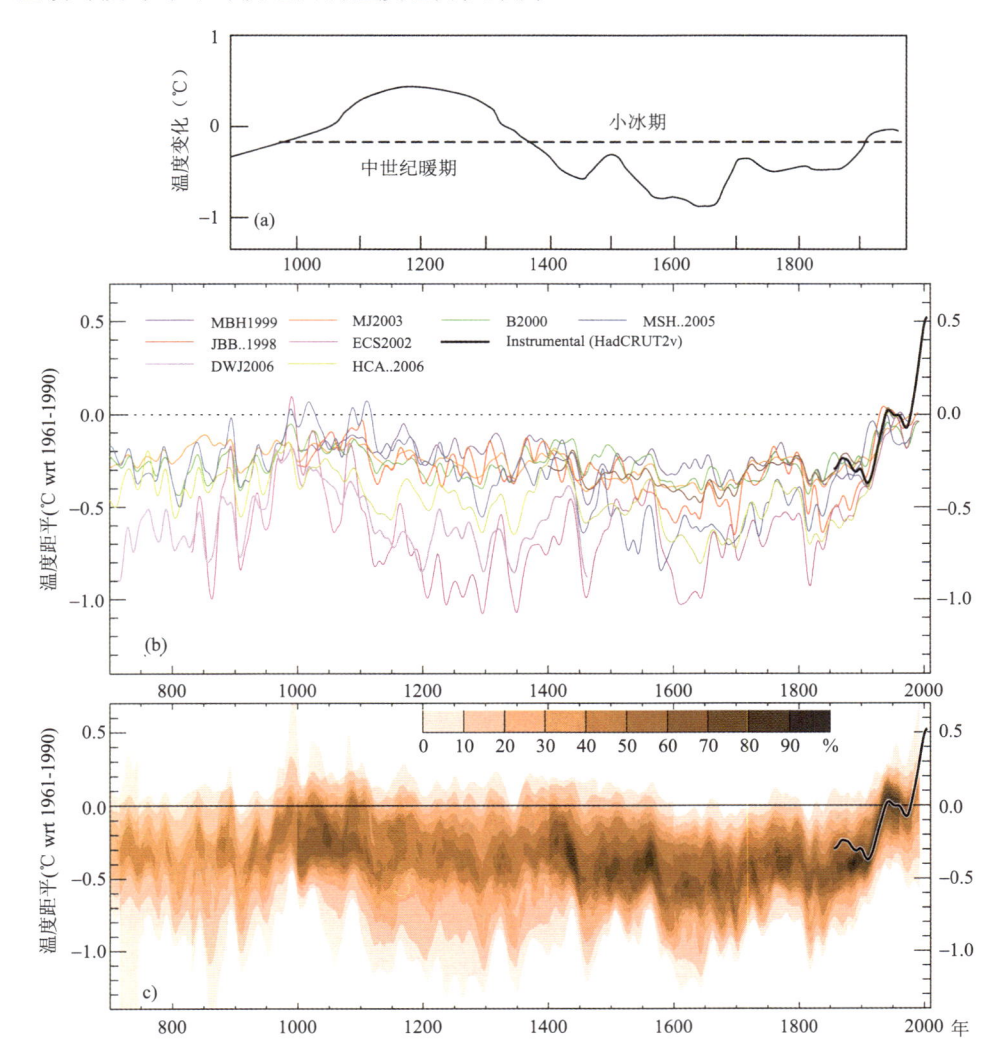

图 1 （a）过去千年温度变化示意图（引自文献[12]）；（b）2007 年之前不同作者重建的过去 1300 年北半球温度变化序列（各序列简介见表 1）；（c）北半球过去 1300 年温度变化重建结果的不确定性范围及各序列的多年代温度变化信号重叠量（引自文献[16]）。

Fig. 1 (a)Schematic diagram of temperature variation since AD 900[12]; (b)Proxy-based NH temperature reconstructions for the past 1300 years from different publications before 2007 (see Tab. 1 for information of illustrated series); (c)The multi-decadal time scale uncertainty ranges and overlap of reconstructed NH temperature series for the past 1300 years[16].

Lamb 还提出并使用"中世纪暖期"(Medieval Warm Period/Epoch，Medieval Climatic Optimum，Little Climatic Optimum)和"小冰期"(Litter Ice Age)等术语描述百年尺度的冷暖阶段。指出：中世纪的持续温暖时段为 200~300 年，但在世界各地出现的时间不同（北美和欧洲约出现在公元 950-1200 年间，其他地区则可能出现在公元 1150-1300 年间）；小冰期的持续时间约为 15-19 世纪，其中最寒冷的时段为 1550-1700 年[7-8]。后来的学者们还常将 Lamb 确定的公元前 1 世纪-公元 4 世纪中期的温暖及其后的寒冷期（约 4 世纪末-10 世纪前期）分别称为"罗马暖期"(Roman Warm Period)和"黑暗时代冷期"(Dark Ages Cold Period)[9-11]。

2 20 世纪 90 年代后北半球温度变化集成重建与中世纪暖期的争议

2.1 北半球温度变化集成重建及不同作者的结果差异

20 世纪 90 年代以后，特别是在 Bradley 与 Jones[13] 首次集成全球范围的代用资料（以树轮为主，且主要来源于北半球）重建了公元 1400 年以来的温度变化序列、开启定量重建全球（特别是北半球）温度变化工作的序幕后，集成重建过去千年全球（特别是北半球）温度变化研究得到迅速发展，发表了多条长逾千年的全球（特别是北半球）温度变化序列（表 1，图 1b）[14-16]。IPCC 第四次评估报告采用"包络法"对这些序列进行综合评估，给出了过去 1300 年以来北半球温度变化的包络范围（用于指示不确定性）和各序列的多年代温度变化信号重叠量（Overlap，指示可信度最高的温度变化信号）[16]。结果（图 1c）显示：北半球温度在公元 700-950 年间以小幅度的多年代波动为主要特征；950 年起气候转暖，至 1100 年以后温度在波动中逐渐下降，至 17 世纪降至最低谷；此后北半球温度在波动中缓慢回升，直至 20 世纪初出现快速上升。其中 950-1100 年间气候较为温暖，1450-1900 年最冷寒冷，20 世纪（特别是最后几十年）的温暖程度可能已超过过去 1300 年的任何时期。

然而，这些序列所揭示的冷暖变化过程和温度波动幅度并不一致，特别是有些时段的差异甚至还很显著。从图 1b 可以看出：在 IPCC 第四次评估报告引用的北半球 8 条（其中 7 条以树轮为主要代用资料重建）长逾千年温度变化序列（表 1）中，以树轮为主重建的 2 条北半球过去千年温度变化序列（MBH1999，MJ2003）[17-18]和过去 2000 年夏季温度变化序列（B2000）[19-20]均显示：20 世纪以前的北半球的最大温度变幅仅有 0.4℃左右；JBB1998[21-22]和 HCA2006[23]两序列 20 世纪以前的变幅虽稍大一些，但也仅有 0.7℃。只有

表 1 IPCC 第四次评估报告引用的 8 条过去千年北半球温度变化序列简介（引自文献[16]）

Tab. 1 Brief of millennial proxy-based NH temperature change series cited in IPCC AR4[16]

序号	序列名称	重建时段	季节	重建区域范围	代用证据类型	资料覆盖 H	M	L	O	文献来源
1	JBB1998	1000-1991	夏季	20-90°N 陆地	T I$_c$ C	▲	▲	□	□	[21-22]
2	MBH1999	1000-1980	年	0-90°N 陆地和海洋	T I$_c$ C	■	■	▲	▲	[17]
3	ECS2002	831-1992	年	20-90°N 陆地	T	▲	▲	□	□	[24-25]
4	B2000	1-1993	夏季	20-90°N 陆地	T	▲	□	□	□	[19-20]
5	MJ2003	200-1980	年	0-90°N 陆地和海洋	T D I$_c$ S$_d$	▲	▲	□	□	[18]
6	MSH2005	1-1979	年	0-90°N 陆地和海洋	T S I$_c$ I$_s$ L$_s$ M$_s$ M$_p$	▲	▲	▲	▲	[27]
7	DWJ2006	713-1995	年	20-90°N 陆地	T	■	▲	□	□	[26]
8	HCA2006	558-1960	年	20-90°N 陆地	T	▲	▲	□	□	[23]

注：1. 代用证据类型：T = 树轮，S = 洞穴石笋，C = 珊瑚，D = 历史文献，I$_c$ = 冰芯，I$_s$ = 冰层，L$_s$ = 湖泊沉积，S$_d$ = 沉积，M$_s$ = 海湾沉积，M$_p$ = 多源资料合成指标；2. 资料覆盖：H = 高纬陆地，M = 中纬陆地，L = 低纬陆地，O = 海洋，□ = 没有或很少（none or very few），▲ = 覆盖有限（limited），■ = 中度（moderate）覆盖。

根据"区域曲线标准化"（regional curve standardization）保留树轮年表低频信息方法重建的 ECS2002[24-25]和 DWJ2006[26]两条序列，其 20 世纪之前的温度变幅才达 1℃以上。此外，MSH2005[27]序列因采用了更多类型的代用资料，包括用 7 个中高纬地区的树轮序列反映高频（<80 年）温度变率，用 11 个源于洞穴石笋、孢粉、湖泊及海洋沉积等多种资料合成的温度代用指标反映低频（>80 年）温度变化，然后采用子波分析合成技术重建过去 2000 年北半球温度变化，故其 20 世纪之前的最大温度变幅也达 1.0℃以上。

同时，对 13 世纪以前温暖程度和其后寒冷程度的估计，不同序列间的差异也极为明显。如 Mann 等重建的 MBH1999 和 MJ2003 序列均显示，北半球过去千年温度趋势呈"曲棍球杆"式，即前 900 年持续缓慢下降，最后 100 年（20 世纪）快速上升，20 世纪温暖为过去千年最暖，特别是原先学术界认为的"中世纪暖期"（约 950-1250 年）很不明显；JBB1998、B2000、DWJ2006 和 HCA2006 序列也显示，20 世纪温暖程度较其前的时段更为温暖；但 MSH2005 序列却显示：950-1100 年与 20 世纪的温暖程度类似，其间暖峰的温度与 20 世纪后期（1961-1990 年）基本相当；ECS2002 也显示：公元 1000 年前后与 20 世纪后期的温暖程度大体一致。

2.2 对中世纪暖期的主要争议

由于世界各地的冷暖阶段变化并不同步，特别是中世纪暖期在出现时间、显著程度等方面的区域差异很大[22,28-29]，因此早在1994年就有学者指出：尽管确有一些区域（如北大西洋毗邻地区、斯堪的纳维亚及中国等）在中世纪期间可能存在比20世纪更暖的气候阶段，但并不能证明中世纪暖期是一个"全球性"的气候暖期[2]。特别是MBH1999和MJ2003序列显示中世纪温暖和小冰期的寒冷程度均极不明显后，Mann等甚至建议不要再使用"中世纪暖期"与"小冰期"这两个术语[14]。但Soon等采用18条全球、半球或大区域尺度序列及139条单点（区）序列，分别检查公元800-1300年中有否连续50年以上的明显暖期和公元1300-1900年中有否连续50年以上的明显冷期；结果却发现：在18条全球、半球或大区域尺度序列中，有15条显示公元800-1300年间有明显暖期，10条序列显示公元1300-1900年间有明显冷期。在139条单点（区）序列中，有122条显示公元800-1300年间有明显暖期，109条显示公元1300-1900年间有明显冷期，分别占87.8%及78.4%。同时在检查20世纪的最暖50年是否为有记录以来最暖的50年时，18条全球、半球或大区域尺度序列中只有7条显示为最暖，139条单点（区）序列中只有16条显示为最暖。因此他们认为："中世纪暖期"与"小冰期"是全球性的气候期，且不能认为20世纪的温暖程度已超越中世纪[30]。

3 近5年新建序列显示的北半球过去2000年主要暖期

3.1 新建的北半球温度变化序列

在IPCC第四次评估报告发布后，又有多位学者[31-37]进行了北半球过去2000年温度重建（表2）。与先前的多数重建工作相比，这些研究不再限于以树轮为主，同时也包括了历史文献、洞穴石笋、冰芯以及高分辨率湖泊沉积等更多类型的代用证据；资料覆盖范围和数量（特别是公元1500年之前）也有了一定改善。如Mann等新建的序列[33-34]就采用了31条千年以上的原始序列（其中有25条覆达2000年），Ljungqvist[35]采用的千年以上的原始序列也有30条（其中16条达2000年）；较先前（如MJ2003[18]和MSH2005[27]当时所用的千年以上序列分别为13条和18条）均有成倍增加；且重建方法也更为多样化，代用指标与温度变化之间的校准技术也有进一步发展（表2）。

表2 2008年以来新建的北半球过去千年温度变化序列简介
Tab. 2 Brief of new millennial proxy-based NH temperature change series from different publications since 2008

序号	序列名称	重建时段	数据分辨率/代表尺度	重建区域范围	资料覆盖 H	M	L	O	代用证据类型及重建方法	文献来源
1	LM08	16-1935	年/30年①	全球②	▲	▲	▲		S D I_c M_s L_s M_p；多序列平均	[31-32]
2	M08cps	200-1849 1850-1995③	年/年代④	北半球陆地	■	■	▲	□	T S D I_c L_s；多尺度相关加权平均（CPS）+方差匹配（VM）	[33]
3	M08eiv	300-1849 1850-2006③	年/年代④	北半球陆地	■	■	▲	□	T S D I_c L_s；分段异变量（EIV）回归+VM	[33]
4	M09f	500-1849 1850-2006③	年/年代④	北半球陆地及海洋⑤	■	■	▲	▲	T S D I_c L_s M_s；EIV+VM	[34]
5	M09s	500-1849 1850-2006③	年/年代④	北半球陆地及海洋⑤	■	■	▲	▲	T S D I_c L_s M_s；EIV+VM	[34]
6	Lj10	1-1999	年代/年代	30-90°N 陆地	▲	▲	□	□	T S D I_c L_s M_p；CPS+VM	[35]
7	WM11	998-1998	年/年	北半球陆地	■	▲	□		T S I_c L_s；主分量贝叶斯回归（PCR$_{Bayesian}$）	[36]
8	CL12	1-1973	年/年	30-90°N	■	■	□	□	T S D I_c L_s M_s M_p；局地逆回归加权平均（CPS$_{lir}$）	[37]

注：资料覆盖度和代用证据类型的编码含义同表1。重建技术：CPS = composite-plus-scale；VM = Variance matching of composite average；EIV=error-in-variables；PCR=Principal Components Regression；CPSlir = Composite average of local records calibrated by local inverse regression；各种技术方法的详细介绍参见原文献。①数据分辨率为年，但采用29年滑动平均计算，代表30年尺度温度变化。②尽管重建范围为全球，但资料主要来源于北半球中高纬陆地。③根据观测资料的主分量重建。④数据分辨率为年，但使用了部分年代分辨率原始序列，代表年代变化信号。⑤分别根据Full proxy（达到基本条件的所有代用序列，其中长度覆盖至500年之前的有28条）和Screened proxy（Full proxy中去掉与当地温度变化相关不显著的序列，其中长度覆盖至500年之前的仅12条）资料重建成M09f和M09s序列，但二者差异不大（详见文献[33-34]）。

对比这些新建序列（图2）可以看出：尽管不同序列所显示的温度波动幅度仍存在一定差异，但除LM08序列在200～900年间存在持续增暖趋势（主要因该序列没有使用定年相对准确的树轮资料重建而致[31-32]）与其他序列显著不同外，多数序列揭示的温度波动过程较为相似。相关分析（表3）也表明：除M08cps序列（该序列在780～850年间存在一个极为异常的冷期，且受愈往前原始代用序列愈少的影响，1000年前的变幅显著大于后1000年）与其他各序列、LM08与CL12序列（因这2序列代表不同尺度的温度变化，前者代表30年，后者为年）的相关系数稍低外，其他各序列之间的相关系数均超过0.5，即各序列高度相关。

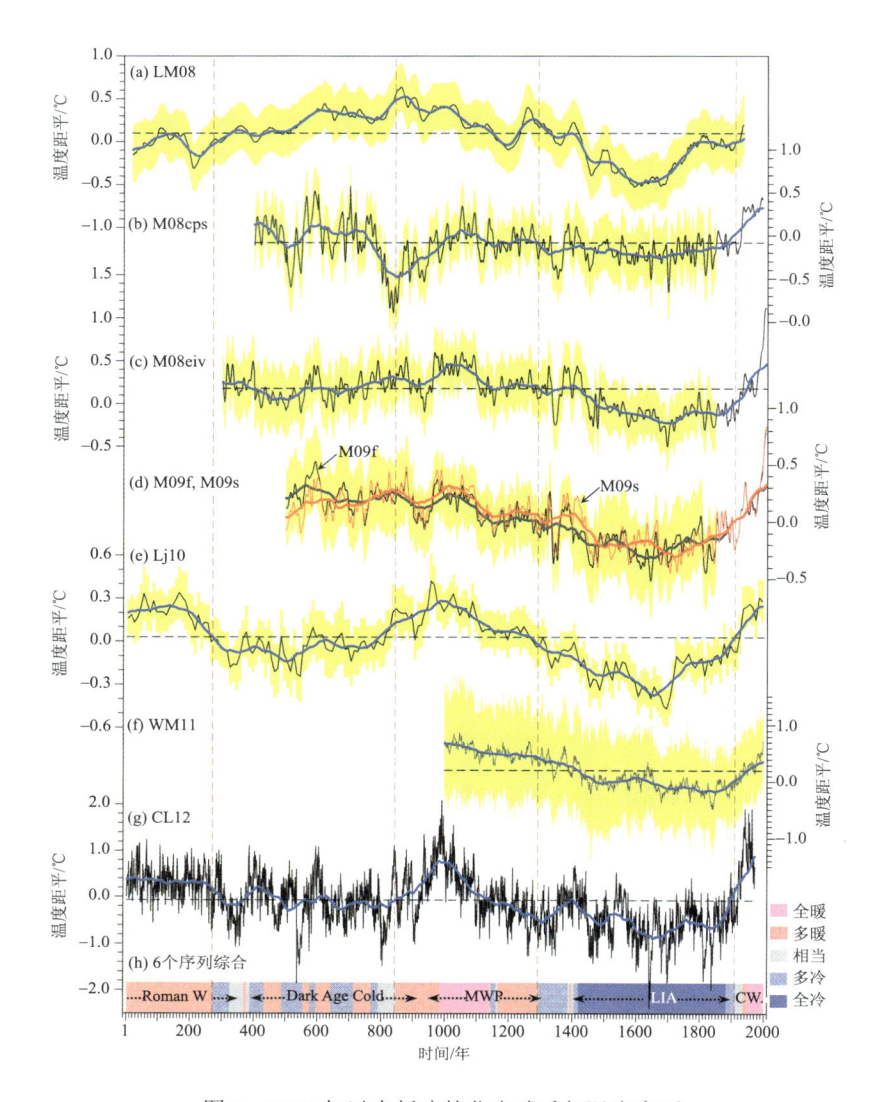

图 2　2008 年以来新建的北半球千年温度序列

各序列简介见表 2。细实线：年（或年代）的温度距平（℃，相对于 1851-1950 年平均）；黄色阴影区：95%信度的不确信性范围；粗线：100 年滑动；虚线：各序列均值。（h）除 M09f 和 M09s 外其他 6 个序列的冷暖时段综合结果，全暖：6 个序列均指示该时段温暖；多暖：多数序列指示该时段温暖；相当：指示该时段温暖与寒冷的序列数相当；多冷：多数序列指示该时段寒冷；全冷：6 个序列均指示该时段寒冷。箭头：Lamb 定义的罗马暖期（Roman W.）、黑暗时代冷期（Dark Age Cold）、中世纪暖期（MWP）、小冰期（LIA）的大致起讫年代[8]。

Fig. 2　New millennial proxy-based NH temperature change series from different publications since 2008

Tab. 2 for information of illustrated series. Thin line: annual (or decadal) temperature anomaly (℃) with referee to mean of 1851-1950. Yellow shades: uncertainty ranges at 95% confidence level. Bold line: 100-year adjacent averaging smooth. Dash line: mean of the series for all time. (h) The synthesis of the centennial warm/cold periods revealed by all illustrated series except for M09f and M09s. Pink: all series show warm; Dot red: more than half but not all series show warm; Gray: half of all series show warm but the other half show cold; Dot blue: more than half but not all series show cold; Blue: all series show cold. Dash arrow: The approximate duration of Roman Warm, Dark Age Cold, Medieval Warm Period and Litter Ice Age identified by Lamb[8].

表 3 2008 年后新建的 8 条北半球温度变化序列之间的相关系数（显著性水平均超过 0.01）
Tab. 3 Correlation coefficients between proxy-based NH temperature change series from publications since 2008 (All correlations passed significant level of 0.01)

序列	LM08	M 08cps	M08eiv	M09f	M09s	Lj10	MW11
M08cps	0.145						
M08eiv	0.688	0.386					
M09f	0.802	0.374	0.807				
M09s	0.786	0.326	0.921	0.881			
Lj10	0.572	0.260	0.751	0.683	0.771		
MW11	0.660	0.462	0.848	0.698	0.807	0.766	
CL12	0.343	0.281	0.533	0.555	0.574	0.730	0.503

3.2 过去 2000 年主要暖期及其与 20 世纪温暖程度的比较

图 2 的各序列显示：在过去 2000 年中，公元 1000 年以来温度较其前千年（即公元初至 1000 年）略低一些，这与过去认识的全新世大暖期以来全球特别是北半球中高纬度气温存在下降趋势[38]吻合；同时还存在较为显著的多年代至百年尺度冷暖波动。然而从各序列的百年滑动可以看出：不同序列所揭示的百年尺度冷暖阶段并不一致。因 M09f 和 M09s 序列与 M08eiv 序列的重建方法一致，仅原始证据多包括了海温代用资料，且重建结果与 M08eiv 无明显差别，但较其短 100 年，故图 2（h）给出除 M09f 和 M09s 序列外其他 6 个序列所揭示的百年尺度冷暖时段综合结果。从中可见，多数序列指示公元 1-270 年温暖，271-840 年冷暖相间、但总体偏冷，841-1290 年温暖，1291-1910 年寒冷，1911 年以后再次转为温暖，其中所有序列均指示 985-1140 年和 1945 年以后气候温暖，1440-1880 年气候寒冷。这些冷暖阶段虽分别与罗马暖期、黑暗时代冷期、中世纪暖期、小冰期以及 20 世纪增暖大致对应；但各阶段的起讫时间与 Lamb 定义的时段存在一定差别，这可能与百年冷暖阶段存在区域差异及北半球温度变化重建结果尚存在一定不确定性有关。

与图 1 相比，图 2 各序列均更清晰地指示出中世纪期间气候的显著温暖。特别是除 M08cps 序列外，其他各序列均显示：中世纪期间的最暖百年和最暖 30 年（暖峰）的温暖程度均与 20 世纪及其暖峰持平或更高（表 4）；表明中世纪期间温暖程度可能至少与 20 世纪相当。M08cps 序列虽显示 20 世纪后期的温暖程度超过了中世纪的暖峰，但这可能主要是因这一序列（包括 M08eiv、M09f 和 M09s 三个序列）1850 年以后直接使用观测资料的主分量而非代用资料重建而致。因为在利用代用资料重建温度变化时，通常都会缩减重建结果的方差[39]，从而造成变幅（特别是暖峰和冷谷的程度）减小，其中低频变化和趋势变化的变幅通常会被低估20%～50%[40]。在覆盖至公元初的3个序列中，Lj10序列显示罗马暖期期间最暖百年和最暖30年的温暖程度均与20世纪及其暖峰的温暖程度基本一致；而其他2序列则显示罗马暖期期间的温暖程度较20世纪低。

4 中国过去2000年的主要暖期及其与北半球的异同

4.1 温度变化重建结果的评估

20世纪初起，竺可桢等开始利用中国历史文献研究中国历史时期的冷暖变化，并于1972年重建了中国过去5000年温度变化基本轮廓[41]。20世纪70年代以后，又有多位学者利用史料重建了中国东部过去2000年温度变化[42-48]；并利用树轮[49-53]、孢粉[54]、冰芯[55-57]、石笋[58]、湖泊沉积物[59-61]等自然证据重建了中国各地（特别是东北、华北北部、西北和青藏高原等地）的过去2000年温度变化；同时集成各种代用证据重建了全国范围的过去2000年温度变化[62-65]，分析了冷暖变化的主要特征及其区域差异[66-67]。

表4 2008年后新建温度变化序列揭示的最暖历史时段及其与20世纪温暖程度的对比

Tab. 4 Comparison on the warmth of centennial warm periods before the 20th century and the 20th century revealed by proxy-based NH temperature change series from publications since 2008

序列	各阶段最暖百年起讫年份及其温度距平/℃			各阶段最暖30年起讫年份及其温度距平/℃		
	1-270年	841-1290年	1901-2000年	1-270年	841-1290年	1901-2000年
LM08①	81-180/0.09	841-940/0.47		91-120/0.16	854-883/0.64	
M08cps		997-1096/0.07	0.22		1043-1072/0.15	1971-2000/0.35
M08eiv		963-1062/0.47	0.23		962-991/0.52	1971-2000/0.48
M09f		961-1060/0.24	0.13		854-883/0.33	1971-2000/0.32
M09s		960-1059/0.31	0.13		962-991/0.38	1971-2000/0.32
Lj10	81-180/0.25	941-1030/0.29	0.16	151-180/0.31	951-980/0.37	1971-2000/0.25
MW11		998-1097/0.65	0.24		1023-1052/0.74	1971-2000/0.45
CL12②	32-131/0.38	932-1031/0.79	0.66	14-43/0.54	969-998/1.15	1936-1965/1.16

注：① 原序列数据仅覆盖至1950年，故无法给出20世纪及其暖峰的温度距平；但该序列作者认为历史上最暖时段较20世纪更暖。② 原序列数据仅覆盖至1973年，20世纪的最暖时段温度距平为根据校准时段的温度距平推算结果。表中所有温度距平皆相对于各序列1851-1950年均值。

根据已发表的中国各地 23 条温度变化代用（包括源于历史文献、树轮、石笋、冰芯及湖泊沉积等多种资料）序列，葛全胜[67]等采用包络法对中国过去 2000 年温度变化进行了分区（东北部、东中部、东南部、西北部及青藏高原）评估，得到了各区包络得分（指示可信度）最高的温度变化序列（图 3）；这里我们又根据新近发表的序列，对其中东北部（图 3a）、西北部（图 3d）及青藏高原（图 3e）三个区域的温度变化进行了重新评估。其中，东北部除金川泥炭沉积的 $\delta^{18}O$ 记录[68]以及根据北京石花洞石笋纹层厚度重建的夏季温度和根据历史文献重建的华北与山东温度变化外，又新增了四海龙湾（42°17'N，126°36'E，791 m）暖季温度序列，该序列根据湖泊纹层沉积中长链烯酮（Alkenone）重建，定年误差较小，时间分辨率较高[61]；但去掉了时间分辨率较粗（18-42 年）的岱海孢粉记录序列[54]。西北部地区，除利用新增的树轮样本将原来的祁连山北坡中部序列延至公元 900 年外，又新增了祁连山北坡西段公元 850 年来森林上限树轮轮宽年表。在青藏高原共使用了 8 条代用序列，除保留过去 2000 年高原 4 个冰芯的 $\delta^{18}O$ 合成序列[56]、公元 1050 年来青海湖沉积物的总有机碳含量（TOC）记录[59]和公元 1000 年以来青海乌兰的森林上限树轮轮宽年表[52]外，又新增了马兰冰芯 1130 年来的 $\delta^{18}O$ 序列[57]和利用青海湖沉积中长链烯酮重建的过去 2000 年温度变化序列[60]；并将青海乌兰的森林上限树轮轮宽年表延长至公元 400 年[53]；同时去掉了对代用指标存在争议的苏干湖沉积碳酸盐的 $\delta^{13}C$ 记录[69]。这些代用资料的增加与更新改善了这三个区域温度代用序列的覆盖度及区域温度变化评估结果的代表性。图 3 显示，中国境内各个区域间的冷暖变化过程及其变幅大小虽不完全一致，但相关分析（表 5）显示各区域间的年代温度序列显著相关，说明各区域间冷暖变化具有相似性。

4.2 中国过去 2000 年的主要暖期及其与北半球的异同

为划分全国过去 2000 年冷暖变化阶段，本文以据观测记录重建的 1870 年代以来全国平均温度变化序列[71]为校准序列，采用偏最小二乘回归方法（其中校准方程采用留一法验证）[71]将各区温度变化序列校准为全国温度序列（图 3f）。结果显示：公元 1-200 年、551-760 年、941-1300 年及 20 世纪气候相对温暖，其他时段则相对寒冷。在这些温暖阶段中，941-1300 年间最暖百年和最暖 30 年（暖峰）的温度略高于 20 世纪，551-760 年间的最暖百年与 20 世纪基本相当，1-200 年间最暖百年的温暖程度则较 20 世纪略低（表 6）。其中在东北部，20 世纪的温暖程度与历史上最暖百年（441-540 年）基本相当；东中部，20 世纪的温暖程度较历史上的最暖百年（1201-1300 年）低；但在青藏高原和西北地区，20 世纪的温暖程度则超越了历史最暖百年。

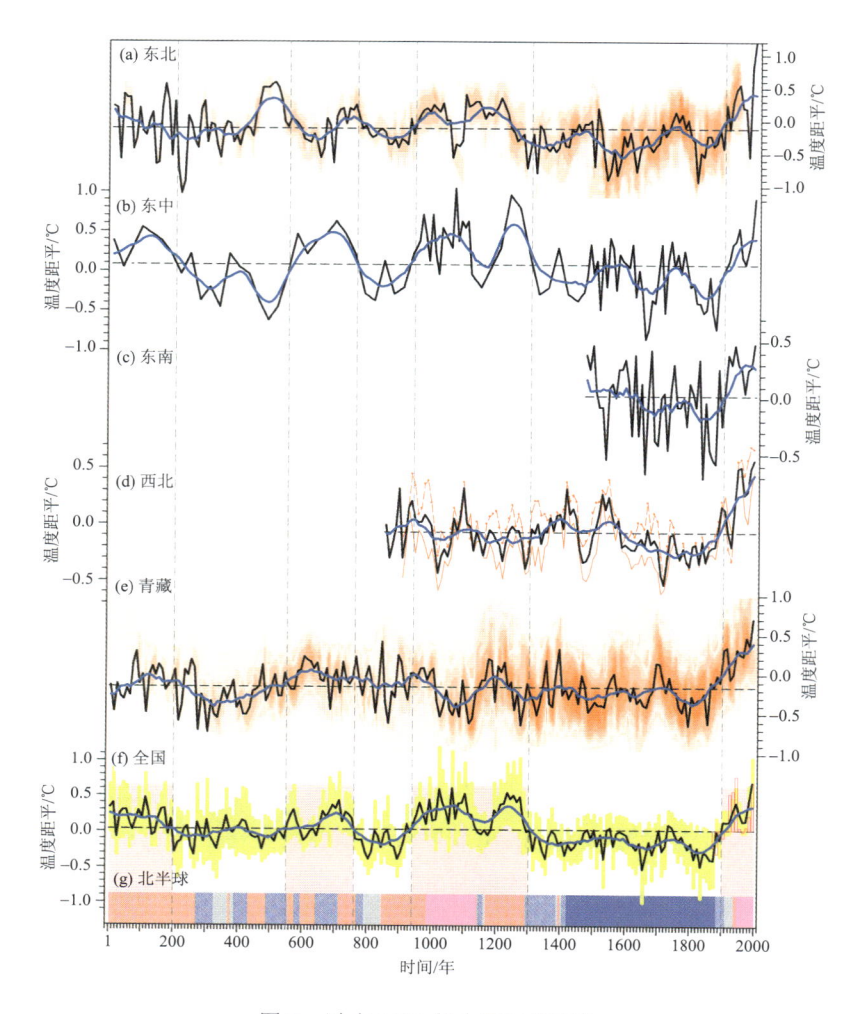

图 3 过去 2000 年中国温度变化

（a）东北部；（b）东中部（引自文献[67]）；（c）东南部（引自文献[67]）；（d）西北部；（e）青藏；（f）全国；黑线：年代温度距平（距 1851-1950 年均值）；兰线：100 年平滑；虚线：序列均值。其中（a）和（e）图中的棕红色阴影区为采用包络法对该区温度变化代用序列的评估结果，颜色越深，表示可信性越大。（d）图中的棕红色线为祁连山北坡中部（实线）[51]和西段（点虚线）[69]森林上限树轮宽度指示的温度变化。（f）黄色阴影区：95%信度的不确信性范围；红柱：用于重建的校准时段温度观测记录（引自文献[71]）；浅粉色时段：全国序列指示的百年尺度暖期。（g）北半球的冷暖期（同图 2）。

Fig. 3 Temperature change series in China for the past 2000 years.
(a) Northeast. (b) Central east[67]. (c) Southeast[67]. (d) Northwest. (e) Tibetan Plateau. (f) Whole China. Black line: decadal temperature anomaly (℃, with referee to mean of 1851-1950). Blue line: 100-year adjacent averaging smooth. Dash line: mean of the series for all periods. Contour shades in plate (a) and (e): uncertainty ranges and overlap revealed by the envelope analysis for all proxy-based temperature change series from different publications. (d) Orange line: temperature change series derived from the tree-ring width chronology for the trees lived around upper tree-line in the central (solid line)[51] and western (dot dash line)[69] of Qilian Mountains. (f) Yellow shades: uncertainty ranges at 95% confidence level; Red bar: decadal mean temperature anomaly for whole China derived from instrumental observations[71]. Pink bar: the centennial warm/cold periods revealed by temperature change series for whole China. (g) The synthesis of the centennial warm/cold periods revealed by NH temperature series shown in Fig. 2.

表5 中国各区域间年代温度变化的相关系数

Tab. 5 Correlation coefficients between regional temperature change series in China
(Mark *, **, *** indicate the correlation passed significant level of 0.1, 0.05 or 0.01 respectively)

区域	东中部	东南部	西北部	青藏高原
东北部	0.138**	0.320**	0.231**	0.243***
东中部		0.464***	0.271***	0.246***
东南部			0.256*	0.352***
西北部				0.428***

*、**、***表示显著性水平超过0.1、0.05和0.01。

表6 中国境内各区域历史上的最暖百年及其暖峰（30年）与20世纪温暖程度的对比

Tab. 6 Comparison on the warmth of centennial warm periods before the 20th century and the 20th century revealed by regional temperature change series in China

区域	各阶段最暖百年起讫年代及其温度距平/℃				各阶段最暖30年起讫年代及其温度距平/℃			
	1-200年	401-850年	851-1300年	1901-2000年	1-200年	401-850年	851-1300年	1901-2000年
东北	31-130/0.03	441-540/0.38	1091-1190/0.20	0.33	31-60/0.37	491-520/0.55	1091-1120/0.29	1971-2000/0.48
		691-780/0.09	951-1050/0.15		151-180/0.35	741-770/0.16	1001-1030/0.20	1921-1950/0.44
东中	71-170/0.44	641-740/0.50	1201-1300/0.63	0.34	91-120/0.52	681-710/0.59	1231-1260/0.91	1971-2000/0.54
			1011-1110/0.49				1061-1090/0.69	1921-1950/0.42
东南				0.29				1911-1940/0.39
西北			891-980/0.04	0.27			921-950/0.14	1921-1950/0.36
			1051-1150/0.0				1081-1110/0.13	1971-2000/0.46
青藏	71-170/0.01	581-680/0.08	1151-1250/0.0	0.30	71-100/0.09	601-630/0.19	1201-1230/0.10	1971-2000/0.52
			891-990/0.0		131-160/0.08		891-910/0.08	
全国	31-130/0.23	661-760/0.27	1191-1290/0.39	0.29	91-120/0.31	691-720/0.37	1231-1260/0.51	1971-2000/0.43
			1021-1120/0.38				1081-1110/0.44	1931-1960/0.32

说明：表中所有温度距平皆相对于各序列1851-1950年均值。

对比图3和图2可以看出：在百年尺度上，中国过去2000年的冷暖阶段波动与北半球基本一致，特别是公元1-200年和941-1300年的温暖分别与罗马暖期和中世纪暖期对应；201-550年和1301-1900年的寒冷分别与黑暗时代冷期前半段和小冰期对应；但各个阶段的起讫年代则存在一定差异。与北半球多数序列揭示的百年尺度冷暖阶段起讫时间比，出现在中国的公元1-200年暖期约较北半球早70年结束，941-1300年暖期约较北半球期晚100年开始。此外，中国551-760年的温暖虽也与黑暗时代冷期后期的相对温暖对应，但其间中国的温暖程度更为显著。中国在761-940年间，气候总体上寒冷，但多数序列显示其间北半球并不寒冷。这些差异既可能是气候变化的区域差异所致，也可能与重建结果的不确定性（特别是代用资料定年误差和代用指标的指示意义及其定量程度等因素）有关。

5 结论与讨论

5.1 结论

揭示过去2000年温度年代——百年尺度的变化过程及空间差异，是辨识当前气候增暖在更长时段内是否异常的科学基础，也是科学界、甚至社会各界关注的焦点问题。本文结合全球（特别是北半球）及中国过去2000年温度变化的研究结果，分析了北半球与中国过去2000年冷暖变化的阶段性及历史上百年尺度暖期与20世纪温暖程度的差别，得到以下结论。

（1）在百年尺度上，北半球过去2000年可划分为公元1-270年、841-1290年和1911年以后3个暖期，以及271-840年和1291-1910年2个冷期。上述冷暖阶段分别与罗马暖期、黑暗时代冷期、中世纪暖期、小冰期以及20世纪增暖大致对应，但各阶段的起讫时间与Lamb定义的时段存在一定差别。

（2）20世纪的温暖程度在过去2000年中并非空前。多数序列显示中世纪期间的最暖百年和最暖的30年（暖峰）的温暖程度均与20世纪及其暖峰持平或较其更高，即其温暖程度至少与20世纪相当。在覆盖至公元初的3个北半球温度变化序列中，1个序列显示罗马暖期期间最暖百年和最暖30年的温暖程度与20世纪及其暖峰的温暖程度基本一致，2个序列则显示略低。271-840年虽总体偏冷，但因冷暖相间，故其寒冷程度不及1291-1910年。

（3）从全国平均看，中国与北半球百年尺度的冷暖波动阶段基本一致，仅起讫年代存在一定差异。公元1-200年、551-760年、941-1300年及20世纪气候相对温暖，其他时段则相对寒冷。中国941-1300年间的最暖百年和最暖30年（暖峰）的温度也略高于20世纪，551-760年间的最暖百年与20世纪基本相当，但1-200年间最暖百年的温暖程度则较20世纪略低。中国551-760年的温暖虽也与黑暗时代冷期后期的相对温暖对应，但其间中国的温暖程度更为显著；中国在761-940年间，气候总体上寒冷，但多数序列显示其间北半球并不寒冷。

5.2 讨论

尽管随着研究的深入，不同作者对过去2000年冷暖变化（特别是百年尺度）认识的分歧已在逐步缩小；但迄今为止，对一些重要问题（如冷暖阶段的起止年代、冷暖程度及区域间温度变化的同步性）的认识尚存在差异；我国过去2000年冷暖变化过程与北半球也存在一定程度的不一致。这些差异既可能是气候变化的区域差异所致，也可能与重建结果的不确定性（特别是代用资料定年误差和代用指标的指示意义及其定量程度等因素）有关。因此，继续获取高精度代用资料，改进气候变化重建技术方法，降低重建结果的不确定性，深入揭示区域气候变化的动力学机制，仍是本领域研究今后努力的一个主要方向。

参考文献（References）

[1] PAGES. Science Plan and Implementation Strategy. IGBP Report No. 57. IGBP Secretariat, Stockholm. 2009. 67pp.

[2] Hughes M K, Diaz H F. Was there a medieval warm period, and if so, where and when? Climatic Change, 1994, 26(2-3): 109-142.

[3] Diaz H F, Trigo R, Hughes M K et al. Spatial and temporal characteristics of climate in Medieval Times revisited. Bulletin of the American Meteorological Society, 2011, 92: 1487-1500.

[4] Ge Q S, Zheng J Y, Hao Z X et al. General characteristics of climate changes during the past 2000 years in China. Science in China Series D: Earth Sciences, 2012, doi: 10. 1007/s11430-012-4370-y.

[5] Ge Quansheng, Zheng Jingyun. Progress on the study of the forcing and impacts of the warm periods in China during the past 2000 years. Geographical Research, 2012, 31(4): 769. [葛全胜, 郑景云. 过去2000年全球典型暖期的形成机制及其影响研究进展. 地理研究, 2012, 31(4): 769.]

[6] Brooks C E P. The Evolution of Climate. London: Benn Brothers, 1922, 173pp.

[7] Lamb H H. The early medieval warm epoch and its sequel. Palaeogeography, Palaeoclimatology, Palaeoecology, 1965, 1(1): 13-37.

[8] Lamb H H. Climate: Present, Past and Future. Vol. 2: Climatic History and the Future. London: Methuen, 1977, 837pp.

[9] Patterson W P. Stable isotopic record of climatic and environmental change in continental settings [D]. University of Michigan, 1995.

[10] Bianchi G G, McCave I N. Holocene periodicity in North Atlantic climate and deep-ocean flow south of Iceland. Nature, 1999, 397: 515-517.

[11] Patterson W P, Dietrich KA, Holmden C et al. Two millennia of North Atlantic seasonality and implications for Norse colonies. Proceedings of the National Academy of Sciences of the United States of America 2010, 107(12): 5306-5310, doi: 10. 1073/pnas. 0902522107.

[12] IPCC. Climate Change: The IPCC Scientific Assessment. Houghton J, Jenkins G J, Epharums J J eds.

Cambridge, United Kingdom and New York, NY, USA: Cambridge University Press, 1990: 201-205.

[13] Bradley R S, Jones P D. "Little Ice Age" summer temperature variations: Their nature and relevance to recent global warming trends. The Holocene, 1993, (3): 367-376.

[14] Jones P D, Mann M E. Climate over past millennia. Reviews of Geophysics, 2004, 42(2): 1-42.

[15] Jones P D, Briffa K R, Osborn T J et al. High-resolution palaeoclimatology of the last millennium: A review of current status and future prospects. The Holocene, 2009, 19(1): 3-49.

[16] IPCC. Climate Change 2007: The Physical Science Basis. Contribution of Working Group I to the Fourth Assessment Report of the Intergovernmental Panel on Climate Change. Solomon S, Qin D, Manning M et al eds. Cambridge, United Kingdom and New York, NY, USA: Cambridge University Press, 2007: 466-482.

[17] Mann M E, Bradley R S, Hughes M K. Northern hemisphere temperatures during the past millennium: Inferences, uncertainties, and limitations. Geophysical Research Letters, 1999, 26(6): 759-762.

[18] Mann M E, Jones P D. Global surface temperatures over the past two millennia. Geophysical Research Letters, 2003, 30(15): 1820, doi: 10.1029/2003GL017814.

[19] Briffa K R. Annual climate variability in the Holocene: Interpreting the message of ancient trees. Quaternary Science Reviews, 2000, 19: 87-105.

[20] Briffa K R, Osborn T J, Schweingruber F H. Large-scale temperature inferences from tree rings: A review. Global Planet Change, 2004, 40: 11-26.

[21] Jones P D, Briffa K R, Barnett T P et al. High resolution palaeoclimatic records for the last millennium: interpretation, integration and comparison with general circulation model control-run temperatures. The Holocene, 1998, 8(4): 455-471.

[22] Jones P D, Osborn T J, Briffa K R. The evolution of climate over the last millennium. Science, 2001, 292: 662-667.

[23] Hegerl G C, Crowley T J, Hyde W T et al. Climate sensitivity constrained by temperature reconstructions over the past seven centuries. Nature, 2006, 440: 1029-1032.

[24] Esper J, Cook E R, Schweingruber F H. Low-frequency signals in long tree-ring chronologies for reconstructing past temperature variability. Science, 2002, 295: 2250-2253.

[25] Cook E R, Esper J, D'Arrigo R. Extra-tropical Northern Hemisphere land temperature variability over the past 1000 years. Quaternary Science Reviews, 2004, 23(20-22): 2063-2074.

[26] D'Arrigo R, Wilson R, Jacoby G. On the long-term context for late twentieth century warming. J. Geophys. Res., 2006, 111(D3), doi: 10.1029/2005JD006352.

[27] Moberg A, Sonechkin D M, Holmgren K et al. Highly variable Northern Hemisphere temperatures reconstructed from low- and high-resolution proxy data. Nature, 2005, 433: 613-617.

[28] Bradley R S, Hughes M K, Diaz H F. Climate in Medieval Time. Science, 2003, 302: 404-405, doi: 10.1126/science.1090372.

[29] Osborn T J, Briffa K R. The spatial extent of 20th-century warmth in the context of the past 1200 years. Science, 2006, 311: 841-844.

[30] Soon W, Baliunas S, Idso C et al. Reconstructing climatic and environmental changes of the past 1000 years: Reappraisal. Energy & Environment, 2003, 14(2/3): 233-296.

[31] Loehle C. A 2000-year global temperature reconstruction based on non-tree ring proxies. Energy & Environment, 2007, 18: 1049-1058.

[32] Loehle C, McCulloch J H. Correction to: A 2000-year global temperature reconstruction based on non-tree ring proxies. Energy & Environment, 2008, 19: 93-100.

[33] Mann M E, Zhange Z H, Hughes M K et al. Proxy-based reconstructions of hemispheric and global surface temperature variations over the past two millennia. Proceedings of the National Academy of Sciences of the United States of America, 2008, 105: 13252-13257.

[34] Mann M E, Zhange Z H, Rutherford S et al. Global signatures and dynamical origins of the Little Ice Age and medieval climate anomaly. Science, 2009, 326(5957): 1256-1260.

[35] Ljungqvist F C. A new reconstruction of temperature variability in the extra-tropical Northern Hemisphere during the last two millennia. Geografiska Annaler: Series A, Physical Geography, 2010, 92(3): 339-351.

[36] Mcshane B B, Wyner A J. A statistical analysis of multiple temperature proxies: Are reconstructions of surface temperatures over the last 1000 years reliable. Annals of Applied Statistics, 2011, 5(1): 5-44.

[37] Christiansen B, Ljungqvist F C. The extra-tropical Northern Hemisphere temperature in the last two millennia: Reconstructions of low-frequency variability. Climate of the Past, 2012, 8(2): 765-786.

[38] Wanner H, Beer J, Bütikofer J et al. Mid- to late Holocene climate change: An overview. Quaternary Science Reviews, 2008, 27: 1791-1828.

[39] Bürger G. On the verification of climate reconstructions. Climate of the Past, 2007, 3: 397-409.

[40] Christiansen B, Schmith T, Thejll P. A surrogate ensemble study of climate reconstruction methods: Stochasticity and robustness. Journal of Climate, 2009, 22(4): 951-976.

[41] Chu Ko-chen. A preliminary study on the climatic fluctuations during the last 5000 years in China. Acta Archaeologica Sinica, 1972, (1): 15-38. [竺可桢. 中国近五千年来气候变迁的初步研究. 考古学报, 1972, (1): 15-38.]

[42] Zhang Piyuan, Gong Gaofa. Some characteristics of climatic fluctuations in China since the 16th century. Acta Geographica Sinica, 1979, 34(3): 238-247. [张丕远, 龚高法. 1979. 16 世纪以来中国气候变化的若干特征. 地理学报, 1979, 34(3): 238-247.]

[43] Zhang Piyuan. Climate Changes in China during Historical Times. Jinan: Shandong Science & Technology Press, 1996: 195-440. [张丕远. 中国历史气候变化. 济南：山东科学技术出版社, 1996: 195-440.]

[44] Zhang D E. Winter temperature changes during the last 500 years in South China. Chinese Science Bulletin, 1980, 25(6): 497-500.

[45] Zheng Sizhong. Climate and its effect on food production during the Little Ice Age in Guangdong Province. Chinese Science Bulletin, 1982, 27(10): 1081-1084.

[46] Wang S W, Wang R S. Reconstruction of temperature series of North China from 1380s to 1980s. Science in China: Series B, 1991, (6): 751-759.

[47] Wang Shaowu, Wang Risheng. Variations of seasonal and annual temperatures during 1470-1978AD in eastern China. Acta Meteorologica Sinica, 1990, 48(1): 26-35. [王绍武, 王日昇. 1470 年以来我国华东四季与年平均温度变化的研究. 气象学报, 1990, 48(1): 26-35.]

[48] Ge Quansheng, Zheng Jingyun, Fang Xiuqi et al. Reconstruction and analysis on the series of winter-half-year temperature changes over the past 2 000 years in eastern China. Earth Science Frontiers, 2002, 9(1): 169-181. [葛全胜, 郑景云, 方修琦 等. 过去2000a 中国东部冬半年温度变化序列重建及

初步分析. 地学前缘, 2002, 9(1): 169-181.]

[49] Shao Xuemei, Wu Xiangding. Reconstruction of climate change on Changbai Mountain, Northeast China using tree-ring data. Quaternary Sciences, 1997, (1): 77-85. [邵雪梅, 吴祥定. 利用树轮资料重建长白山区过去气候变化. 第四纪研究, 1997, (1): 77-85.]

[50] Shao Xuemei, Fan Jinmei. Past climate on west Sichuan Plateau as reconstructed from ring-widths of dragon spruce. Quaternary Sciences, 1999, (1): 81-89. [邵雪梅, 范金梅. 树轮宽资料所指示的川西过去气候变化. 第四纪研究, 1999, (1): 81-89.]

[51] Liu Xiaohong, Qin Dahe, Shao Xuemei et al. Temperature variations recovered from tree-rings in the middle Qilian Mountain over the last millennium. Science in China Series D: Earth Sciences, 2005, 48(4): 521-529.

[52] Zhu H F, Zheng Y H, Shao X M et al. , Millennial temperature reconstruction based on treering widths of Qilian juniper from Wulan, Qinghai Province, China. Chinese Science Bulletin, 2008, 53: 3914-3920.

[53] Shao X M, Xu Y, Yin Z Y et al. Climatic implications of a 3585-year tree-ring width chronology from the northeastern Qinghai-Tibetan Plateau. Quaternary Science Reviews, 2010, 29: 2111-2122, doi: 10. 1016/j. quascirev. 2010. 05. 005.

[54] Xu Qinghai, Xiao Jule, Toshio Nakamura et al. Climate changes of Daihai basin during the past 1 500 from a pollen record. Quaternary Sciences, 2004, 24(3): 341-347. [许清海, 肖举乐, 中村俊夫 等. 2004. 孢粉记录的岱海盆地1500年以来气候变化. 第四纪研究, 2004, 24(3): 341-347.]

[55] Yao T D, Qin D H, Xu B Q et al. Temperature change over the past millennium recorded in ice cores from the Tibetan Plateau. Advances in Climate Change Research, 2006, 2(3): 99-103. [姚檀栋, 秦大河, 徐柏青 等. 2006. 冰芯记录的过去1000a青藏高原温度变化. 气候变化研究进展, 2006, 2(3): 99-103.]

[56] Thompson L G, Thompson E M, Brecher H et al. Abrupt tropical climate change: Past and present. Proceedings of the National Academy of Sciences of the United States of America, 2006, 103: 10536-10, 543.

[57] Wang N L, Yao T D, Pu J C et al. Climatic and environmental changes over the last millennium recorded in the Malan ice core from the northern Tibetan Plateau. Science in China Series D: Earth Sciences, 2006, 49(10): 1079-1089.

[58] Tan M, Liu T S, Hou J Z et al. Cyclic rapid warming on centennial-scale revealed by a 2650-year stalagmite record of warm season temperature. Geophysical Research Letters, 2003, 30(20): 1617, doi: 10.1029/2003GL017352.

[59] Shen Ji, Zhang Enlou, Xia Weilan. Records from lake sediments of the Qinghai Lake to mirror climatic and environmental changes of the past about 1000 year. Quaternary Sciences, 2001, 21(6): 508-513. [沈吉, 张恩楼, 夏威岚. 青海湖近千年来气候环境变化的湖泊沉积记录. 第四纪研究, 2001, 21(6): 508-513.]

[60] Liu Z H, Henderson A C G, Huang Y S. Alkenone-based reconstruction of late-Holocene surface temperature and salinity changes in Lake Qinghai, China. Geophysical Research Letters, 2006, 33: L09707, doi: 10.1029/2006GL026151.

[61] Chu G Q, Sun Q, Wang X H et al. Seasonal temperature variability during the past 1600 years recorded in historical documents and varved lake sediment profiles from northeastern China. The Holocene, 2012, 22: 785-792.

[62] Wang S W, Gong D Y. Climate in China during the four special periods in Holocene. Progress in Natural Science, 2000, 10(5): 379-386.

[63] Ge Quansheng, Fang Xiuqi, Zheng Jingyun. Warm-cold change in millenarian cycle derived from natural proxy data in china during the past 3000 years. Advance in Earth Sciences, 2002, 17(1): 96-103. [葛全胜, 方修琦, 郑景云. 中国过去 3 ka 冷暖千年周期变化的自然证据及其集成分析. 地球科学进展, 2002, 17(1): 96-103.]

[64] Yang Bao, Braeuning A, Johnson K R et al. General characteristics of temperature variation in China during the last two millennia. Geophysical Research Letters, 2002, 29(9): 381-384.

[65] Ge Q S, Wang S B, Zheng J Y. Reconstruction of temperature series in China for the last 5000 years. Progress in Natural Science, 2006, 16(8): 838-845.

[66] Ge Quansheng. The Climate Change in China during the Past Dynasties. Beijing: Science Press, 2011, 705pp. [葛全胜. 中国历朝气候变化. 北京: 科学出版社, 2011: 705pp.]

[67] Ge Quansheng, Zheng Jingyun, Hao Zhixin et al. Temperature variation through 2000 years in China: An uncertainty analysis of reconstruction and regional difference. Geophysical Research Letters, 2010, 37: L03703, doi: 10.1029/2009GL041281.

[68] Hong Y T, Liu D S, Jiang H B et al. Evidence for solar forcing of climate variation from $\delta^{18}O$ of peat cellulose. Science in China: Series D Earth Sciences, 2000, 43(2): 217-224.

[69] Holmes J A, Zhang J W, Chen F H et al. Paleoclimatic implications of an 850-year oxygen-isotope record from the northern Tibetan Plateau. Geophysical Research Letters, 2007, 34: L23403, doi: 10.1029/2007GL032228.

[70] Tang Guoli, Ding Yihui, Wang Shaowu et al. Comparative analysis of the time series of surface air temperature over China for the last 100 years. Advances in Climate Change Research, 2009, 5(2): 71-78. [唐国利, 丁一汇, 王绍武 等. 中国近百年温度曲线的对比分析. 气候变化研究进展, 2009, 5(2): 71-78.]

[71] Hoskuldsson A. PLS regression methods. Journal of Chemometrics, 1988, 2: 211-228.

General characteristics of temperature change and centennial warm periods during the past 2000 years

GE Quansheng[1], LIU Jian[2,3], FANG Xiuqi[4,1], YANG Bao[5], HAO Zhixin[1], SHAO Xuemei[1], ZHENG Jingyun[1]

(1. Institute of Geographic Sciences and Natural Resources Research, CAS, Beijing 100101, China;
2. School of Geography, Nanjing Normal University, Nanjing 210023, China;
3. Nanjing Institute of Geography and Limnology, CAS, Nanjing 210008, China;
4. School of Geography, Beijing Normal University, Beijing 100875, China;
5. Institute of Cold and Arid Regions Environmental and Engineering, CAS, Lanzhou 730000, China)

Abstract: The characteristics of warm/cold fluctuation for Northern Hemisphere (NH) and China during the past 2000 years were analyzed using the proxy-based temperature change series published recently. The duration of centennial warm periods before the 20th century and the difference between the warmth of the 20th century and the centennial warm periods that occurred prior to the 20th century were also investigated. The conclusions are summarized as follows: (1) Most of proxy-based NH temperature series show that the warm climate occurred in the periods of AD 1-270, 841-1290 and 1911-2000. In general, it was cool with multi-decadal temperature fluctuations from 271 to 840, and cold from 1291 to 1910. These centennial periods of warm/cold fluctuation over NH are corresponding to the Roman Warm Period (the 1st century BC to the mid-4th century AD), Dark Age Cold Period (the end of 4th century to the early of 10th century AD), Medieval Warm Period (the mid-10th century to the end of 13th century AD), Little Ice Age (the 15th to 19th century) and Warming Period in the 20th century illustrated by Lamb respectively. But they have different durations between the NH centennial warm/cold periods and those Warm/Cold Periods identified by Lamb. (2) The duration and amplitude of regional centennial phases of warm/cold fluctuation are different in China, but the timing of centennial periods of warm/cold over whole China, i.e. warm in AD 1-200, 551-760, 941-1300, 1901-2000 and cold in the others, which are consistent with that observed in NH approximately. (3) Most of proxy-based NH temperature change series show that the warmth in Medieval Warm Period is at least comparable to that during the Warming Period in the 20th century. The warmest 100-year and 30-year (i.e., warm peak duration) for whole China occurred in the periods of 941-1300 during the past 2000 years, which are slightly higher than in the 20th century respectively. Moreover, the temperature anomalies in the warmest 100-year and 30-year for whole China that occurred in the periods of 571-760 and 1-200 are comparable to and a little lower in the 20th century respectively.

Key words: temperature change; centennial warm period; the past 2000 years; Northern Hemisphere; China

"过去2000年冷暖变化的基本特征与主要暖期"解读

杨煜达

葛全胜等人"过去2000年冷暖变化的基本特征与主要暖期"一文2013年发表于《地理学报》第5期,是国内学术界关于全球气候变化研究的重要文献。作者团队中包括了国内利用历史文献、树木年轮及地球系统模式等从事气候变化研究的多名著名学者。以下从科学问题、数据方法、主要科学结论及学术影响几个方面略加阐述,以便读者更好地理解这篇论文的科学意义。

一、科学问题及相关的争论

论文探讨的科学问题,主要是揭示过去2000年北半球及中国冷暖变化的主要特征,重点在百年尺度暖期的起讫年代以及与20世纪温暖程度的比较。

这是全球变化的重要科学问题。过去2000年在全球变化研究中是非常重要的研究时段。在这一时段内,人类活动对于全球环境变化的影响日益增强,特别是自18世纪60年代起,随着工业革命在英国的发起,煤炭、石油等化石燃料被大量利用,造成人为排放的温室气体不断增加,使全球大气的CO_2含量从之前的约280 ppm,快速上升到现在的接近420 ppm,几乎增加了50%,远远超出了自然变率。这一时

作者介绍:杨煜达(1968—),男,云南腾冲人,博士,复旦大学历史地理研究中心教授,中国地理学会会员(S110010225M),主要从事历史气候与环境变化、边疆历史地理研究。E-mail: ydyang@fudan.edu.cn

段也是自然证据、历史记录与器测数据并存的时段，对各种气候环境代用指标的定量校准也至关重要。因此，揭示该时段的气候变化过程，探讨其规律，一直是全球变化研究的核心科学问题之一，也是联合国政府间气候变化专门委员会（IPCC）重点关注的内容，对于区分气候变化自然与人为驱动的相对贡献、诊断地球系统模式性能、预估未来年代际到百年尺度的全球与区域环境变化有重要意义。

同时，这一时段内包含了现代暖期之前距今最近的暖期和冷期，即过去所称的中世纪暖期（Medieval Warm Period，MWP）[①]与小冰期（Little Ice Age，LIA），而中世纪暖期对于理解现代暖期的成因机制有着特殊重要的地位。因而对中世纪暖期相关问题的研究一直是古气候重建的热点问题。

"中世纪暖期"是英国学者休伯特·兰姆（Hubert Lamb）最早于1977年提出的。他认为大致在公元950—1200年间存在一个明显偏暖的时期，这一时期是欧洲的中世纪时期，因而命名为中世纪暖期。但是，之后不同区域利用不同代用资料的重建乃至集成结果存在较大的差异。比如关于暖期的时间就有公元800—1300年到公元900—1200年等多种不同的说法。对于该暖期增暖的程度，有研究认为逊于20世纪暖期，有研究则认为较20世纪暖期更暖。不同区域也有明显不同的研究结论，有研究认为增暖仅在北大西洋周边区域及斯堪的纳维亚、中国一带体现较为明显，有的集成重建结果则显示这是全球性的暖期。这种认识上的差异需要进一步的研究来加以讨论和解释。

二、使用的数据

在2007年发表的IPCC第四次评估报告中，引用了8条北半球温度序列的集成重建结果，认为北半球温度在公元700—950年以多年代际的小幅波动为主，在950年后转暖，至1100年以后又逐步下降，并认为20世纪（特别是最后几十年）的温暖程度可能已超过过去1300年的任何时期。2007年IPCC报告中使用的集成重建，主要利用的代用资料是树木年轮，区域和时段覆盖也不是很理想。

[①] 现在一般已称为中世纪气候异常期（Medieval Climate Anomaly，MCA），本文沿用文章发表时的说法。

在 2007 年之后，全球又有多位学者对北半球过去 2 000 年的温度变化进行了集成重建。此论文的表 2 中列出了 8 条新建的序列。

在 8 条新建的序列中，在代用资料的类型上较之前有较大增加。8 条序列不仅都利用了树轮，还都利用了冰芯、洞穴石笋和湖泊沉积，利用历史文献的达到了 7 条，利用海湾沉积物的达到了 5 条。且每条集成序列所使用的原始序列数量也增加不少，迈克尔·曼（Michael Mann）等新建的序列就采用了 31 条千年以上的原始序列（其中 25 条达 2 000 年），Fredrik Ljungqvist 采用了 30 条千年以上原始序列（其中 16 条达到了 2 000 年），均较其在 2003 年和 2005 年发表的序列有成倍增长。

这样的结果就是新建序列在数据的时间和区域覆盖度方面有较大提高。在 8 条新建的序列中，有 3 条时间长达 2 000 年，其余的也都在 1 000 年以上。空间方面，新建序列有 6 条中度覆盖了高纬度陆地，有 4 条中度覆盖了中纬度陆地，在低纬度陆地也有 6 条初步覆盖。同时由于重建方法更为多样，代用指标与温度变化间的校准技术有所发展，序列的确定性有所提高。

对中国同时段的温度序列，论文使用了葛全胜团队 2010 年发表的新的集成序列。这一序列依据已发表的利用历史文献、树木年轮、石笋、冰芯及湖泊沉积等多种代用资料重建的中国各地 23 条温度序列，采用包络法对中国过去 2 000 年温度进行了分区（东北部、东中部、东南部、西北部及青藏高原）评估，得出了可信度较高的温度变化序列。在论文中还利用新近发表的多条重建序列对东北部、西北部及青藏高原的温度变化进行了重新评估，改善了这三个区域代用序列的覆盖度及评估结果的代表性。相关分析表明，除了西北部和东南部相关性只达到 0.1 的显著性水平之外，其他区域间的相关性均通过了 0.05 或 0.01 的显著性水平，说明中国不同区域间冷暖变化总体具有相似性。

三、研究结论

论文对新建的 8 条温度序列进行了对比和分析，发现尽管不同序列所显示的温度波动幅度仍存在一定差异，但多数序列揭示的温度波动过程较为相似，相关分析也表明，所有序列之间的相关关系均超过了 0.01 的显著性水平，且除了个别序列之外，相互之间的相关系数均超过了 0.5，即各序列高度相关。

在百年尺度上，北半球过去 2 000 年可划分为公元 1—270 年、841—1290 年和 1911 年以后 3 个暖期，以及 271—840 年和 1291—1910 年 2 个冷期，这大致和兰姆最早提出的罗马暖期、黑暗时代冷期、中世纪暖期、小冰期以及 20 世纪暖期对应，但具体开始和结束时间有差异。

北半球 20 世纪暖期的温暖程度和过去 2 000 年暖期的温暖程度比较可以看出，20 世纪的温暖程度并非唯一。多数序列显示中世纪期间的最暖百年和最暖 30 年均与 20 世纪及其暖峰持平乃至较高。即使在覆盖到公元初的 3 个北半球温度序列中，也有 1 个显示罗马暖期期间最暖百年与最暖 30 年的温暖程度与 20 世纪及其暖峰温暖程度基本一致，2 个序列则显示略低于 20 世纪。

而过去 2 000 年中国温度变化与北半球的温度变化相比较可以看出，中国与北半球百年尺度的冷暖波动阶段基本一致，仅具体起讫年代存在一定差异。从全国平均来看，公元 1—200 年、551—760 年、941—1300 年及 20 世纪的气候相对温暖，其他时段相对寒冷。中国 941—1300 年间最暖百年与最暖 30 年的温暖程度略高于 20 世纪，551—760 年最暖百年的温暖程度与 20 世纪基本相当，但 1—200 年间最暖百年的温暖程度则略低于 20 世纪。中国 551—760 年的暖期与北半球黑暗时代冷期后期的相对温暖对应，但中国更偏暖。而 761—940 年的偏冷时期，多数序列显示北半球当时并不寒冷。

四、论文的贡献

这是中国学者利用最新成果对过去 2 000 年北半球及中国温度变化特征的首次系统评估。从中国 2 000 年温度变化的阶段性来看，论文确立了中国百年尺度上的冷暖波动的具体起讫时间并评估了波动的幅度，论文指出百年尺度上其与北半球的冷暖波动基本一致，但具体起讫时间及程度有自己的特征。正如作者在文中所说的那样，"不同作者对过去 2 000 年冷暖变化（特别是百年尺度）认识的分歧已在逐步缩小"。这说明经过全球科学家的努力，利用代用资料重建的水平在不断提高，不确定性逐步减少。

论文发表之后，产生了较大影响。目前仅在中国知网上即有125次引用。2015年中国发布的《第三次气候变化国家评估报告》中，对过去2000年来中国气候变化的评估，采用了本文的研究结论。特别是对近百年来气候变化的历史地位，根据本文的研究指出，过去2000年的温暖时段中，最暖百年和最暖30年（暖峰）的温暖程度略高或等于20世纪，在中国内部各区域间略有差异。这一结论也基本为2022年出版的《第四次气候变化国家评估报告》所沿用，成为支撑中国应对气候变化战略的科学基础之一。

论土地整治与乡村空间重构

龙花楼

(中国科学院地理科学与资源研究所，北京 100101)

摘要：目前，中国新型工业化、城镇化和农业现代化的推进仍缺乏重要抓手和空间支撑平台，严重影响了城乡一体化发展进程。亟需通过开展农村土地综合整治，重构乡村生产、生活和生态空间，为推进新农村建设和城乡一体化发展搭建新平台。本文在界定了乡村空间重构，即在快速工业化和城镇化进程中，伴随乡村内生发展需求和外源驱动力综合作用下导致的农村地区社会经济结构重新塑造，乡村地域上生产空间、生活空间和生态空间的优化调整乃至根本性变革的过程，及其产业发展集聚、农民居住集中和资源利用集约 3 个方面内涵的基础上，分析了工业化和城镇化进程对乡村生产、生活和生态空间的影响；探讨了乡村空间重构的土地整治类型及助推机制；结合农用地整治、"空心村"整治和工矿用地整治提出了乡村生产、生活和生态空间重构的模式与途径，以及依托土地整治的以"自下而上"为主、"自上而下"为辅的乡村空间重构战略。作为城乡一体化发展根基的乡村空间其重要性和基础平台作用应受到足够重视，乡村集约高效的生产空间、宜居适度的生活空间和山清水秀的生态空间的优化重构，有赖于区域农村土地整治工程技术、政策机制与模式的创新。

第 68 卷第 8 期, 2013 年 8 月
收稿日期：2013-04-09；修订日期：2013-06-18
基金项目：国家自然科学基金项目(41171149; 41130748; 41201176) [**Foundation:** National Natural Science Foundation of China, No. 41171149; No. 41130748; No. 41201176]
作者简介：龙花楼(1971-)，男，湖南醴陵人，博士，研究员，博士生导师，中国地理学会会员(S110001545M)，主要从事乡村发展与土地利用研究，现任国际学术期刊《Journal of Rural Studies》和《Land Use Policy》编委。E-mail: longhl@igsnrr.ac.cn
引用本文：龙花楼. 论土地整治与乡村空间重构. 地理学报, 2013, 68(8): 1019-1028. [Long Hualou. Land consolidation and rural spatial restructuring. *Acta Geographica Sinica*, 2013, 68(8): 1019-1028.]

关键词：土地整治；乡村空间重构；乡村转型发展；土地利用转型；生产—生活—生态空间；城乡一体化发展；乡村地理学

1 引言

目前，快速工业化和城镇化进程伴随着城乡人口流动和经济社会发展要素的重组与交互作用，地方参与者（主要是村民和地方政府）无疑必须对这些作用与变化做出适时的响应与调整，从而导致了农村地区社会经济形态和地域空间格局的重构，主要涉及村镇空间组织结构、农村产业发展模式、就业方式、资源利用方式、消费结构、工农关系、城乡关系和城乡差别等方面的转变。这一过程称之为乡村转型发展[1]。实质上，乡村转型发展这一概念与国际上流行的乡村地理学研究术语乡村重构（rural restructuring）具有相似的内涵。伍兹（Woods）认为，乡村重构，即在快速工业化和城镇化进程中，由于农业经济地位的下降和农村经济的调整、农村服务部门的兴起和地方服务的合理化、城乡人口流动和社会发展要素重组等不同因素的交互影响下农村地区社会经济结构的重新塑造[2]。然而，农村地区的这一社会经济结构重塑，必然通过改变其空间载体——土地的利用方式和配置格局，进而导致乡村空间的重构。正如中国学者张小林所主张的乡村转型发展集中表现在经济形态、空间格局与社会形态等方面的转变，以及在此基础上实现的乡村空间重构[3]。乡村空间重构与中国"三农"问题联系紧密，当前中国乡村空间正面临重构——通过土地集中和规模经营、村镇和产业布局调整等改造传统农村，推进农业的产业化和现代化，优化城乡空间格局，构建新型城乡关系，实现城乡一体化发展[3-6]。

快速城镇化进程助推了中国乡村发展转型与空间重构的升级，引发乡村土地利用剧烈转型[7-8]。城镇化进程中的土地利用转型导致中国农村生产和生活空间的巨大变化，也带来了严重的生态环境问题，直接影响城乡统筹发展国家战略的顺利实施。众多水土丰腴的昔日商品粮基地如今成为城市化地区，直接威胁着作为一个人口大国的中国粮食安全。一方面，在保护耕地红线目标的约束下，城镇发展建设用地缺口严重；另一方面，乡村转型发展进程中形成大量"空心村"和闲置浪费的农村建设用地[9]。耕地被弃耕、田块的破碎化和粗放经营严重影响农业规模经营的推行。城镇化发展和产业结构转型对中国农村生活环境也带来诸多负面影响，如农药、化肥超标施用带来的面源污染；由于相关设施、设备和技术的不配套，农民集中居住带来的生活垃圾污染以及大规模畜禽养殖带来的污染[10]。中国乡村土地利用正经受着养活众多人口、保障城乡发展和支撑生态建设的历史性考验。

与中国长期城乡二元结构并存的乡村发展制度不稳、机制不活，农业与农村发展基础设施欠账太多，使得推进新型工业化、城镇化和农业现代化缺乏重要抓手和空间支撑平台，严重影响城乡一体化发展进程。土地是人类主要经济社会活动的空间载体。土地利用是社会的一面镜子，乡村转型发展与重构进程中暴露出来的形形色色的经济社会与环境问题均可在土地利用上得以反映，也可通过开展土地整治加以调解[1]。土地整治是指基于严格耕地保护、城乡统筹用地和新农村建设的战略目标，对低效利用、不合理利用、未利用的土地进行治理，对山、田、水、路、林、村进行综合整治[11-13]。由此可见，土地整治可在农村生产力提升、城乡发展空间优化和平台搭建等层面为乡村转型发展与空间重构提供有力支撑（图1）。本文在界定乡村空间重构的概念内涵基础上，探讨乡村生产、生活和生态空间重构的土地整治助推机制，以及乡村生产、生活和生态空间重构的模式与战略，以拓展乡村地理学的研究领域。

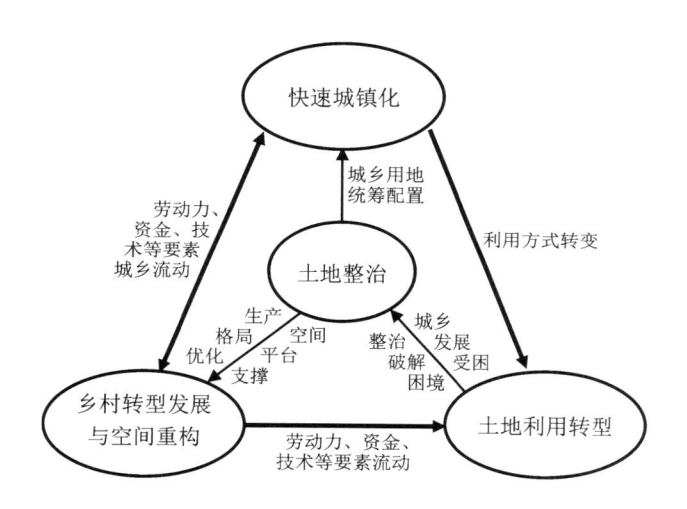

图 1　快速城镇化进程中的土地整治与土地利用转型和乡村空间重构

Fig. 1　Land consolidation, land use transition and rural spatial restructuring under the pressure of rapid urbanization

2　乡村空间重构的概念内涵

乡村重构这一概念较早见于欧洲乡村地理学与社会学学者对欧洲等国家和地区乡村发展变迁的论著[2,14-16]。20世纪50年代以来的城市化、逆城市化进程中，欧洲国家、美国、加拿大、澳大利亚、新西兰等发达国家的乡村地区在社会、经济、环境等方面经历了显著的变化与重构，诸如家庭农场和农业的转型[17-18]、社会结构和阶层变迁[19-20]、土地利用和农村劳动力市场变化[21]、零售业的变化[22]、地方政府管理模式变化[23]等。自 1978 年改革开放政策实施以来，中国广袤的乡村地区也经历了明显的重构过程[24-28]。从中国乡村发展实践来看，乡村重构是一项集经济、社会、空间为一体的乡村发展战略，它立足于合理完善乡村在城乡体系中的作用和地位，通过农村经济社会的持续发展，物质文明与精神文明的提升，以及空间布局的合理组织，建立起社会主义市场经济体制下的平等、和谐、协调发展的工农关系和城乡关系，改变城乡分割的二元体制和经济社会结构，实现城市与乡村发展的良性互动[29]。乡村重构的重要表现形式是其空间格局的变化，即乡村空间重构。

乡村空间重构，即在快速工业化和城镇化进程中，伴随乡村内生发展需求和外源驱动力综合作用下导致的农村地区社会经济结构重新塑造，乡村地域上生产空间、生活空间和生态空间的优化调整乃至根本性变革的过程。乡村空间重构也是优化城乡空间结构、推进城乡统筹发展的综合途径。据此，乡村空间重构的内涵包括如下 3 个方面：① 产业发展集聚，即实现工业生产向城镇工业园区集中，农业生产向规模化经营集中；② 农民居住集中，即农民居住向城镇和农村新型社区集中，通过集中居住解决分散居住所带来的公共基础设施投入需求大、利用效率低的问题，以有效控制农村居民点用地规模，保存乡村传统文化景观；③ 资源利用集约，通过产业发展集聚和农民居住集中，解决农村生产发展和农民生活居住中的资源低效利用问题和环境污染问题，实现乡村地域的人口资源环境协调发展。乡村空间重构，主要包括乡村生产空间、生活空间和生态空间的重构 3 个方面。

3 基于土地整治的乡村生产、生活和生态空间重构

3.1 乡村生产、生活和生态空间重构的土地整治助推机制

3.1.1 工业化和城镇化进程对乡村生产、生活和生态空间的影响

随着工业化和城镇化的持续推进，作为乡村发展两大核心要素的人口与土地发生了剧烈的变化，给中国乡村地域的生产、生活与生态空间带来了深远的影响。一方面是乡村人口的非农化转移与兼业化对乡村生活和生产空间的影响；另一方面则是乡村土地的非农化与非粮化对乡村生产和生态空间的影响。

随着城镇化进程的加快，农村人口不断流入城镇。伴随着人口外流，农村过疏化问题逐渐出现，广大农村地区的村庄中心建设用地（主要是宅基地）出现废弃和闲置。囿于农村宅基地退出机制不健全以及产权制度的缺陷，农村人口不断减少，大量农村宅基地被闲

置，农村空心化现象明显，最终导致"空心村"的出现[30]。"空心村"的显著特征是：一方面，村庄内部大量农宅日趋老化甚至被废弃，农村中心地区呈现衰败的景观；另一方面，在村庄发展过程中，往往出现建新不拆旧、新建房空置的现象，最终形成村庄外围粗放发展而内部衰败的空间形态分异[31]。在中国，受自然地理条件、传统地域风俗和乡村规划缺失等因素的综合影响，大部分乡村聚落呈现出"散、小、乱"的特征。2009年，中国仍有近56.75万个行政村，自然村的数量更是高达271.39万个，尚有130.92万个自然村的人口数低于200人[32]。从欧洲国家的中心村建设情况来看，门槛人口对中心村的甄选及相关基础设施的配套起着决定性作用，如20世纪60年代，一所小学需要的门槛人口大致在5000人左右，一个医生需要至少为2000人服务才能有规模效益，一个由3个医生组成的医疗小组可服务8000人，可相对有效地为乡村地区提供基本便利服务的门槛人口是5000人[33]。中国农村空心化的直接后果是，造成农村组织核心弱化、结构网络薄弱、发展要素流动无序，成为农村各类投资缺乏规模效益和产出效率以致农村经济发展缓慢、基础设施严重不足进而导致乡村生活空间极为不便。此外，随着大量农村劳动力流向城镇，耕地被粗放经营甚至被弃耕撂荒。在社会保障不健全及集体财产产权不明晰的情形下，农民不可能彻底离开粗放经营甚至荒芜的耕地和闲（空）置的农村住房或宅基地，使得兼业经营成为当今中国农业生产的一大特点，这在一定程度上限制了乡村的生产空间。

工业化和城镇化进程中乡村土地的非农化和非粮化使得耕地大量减少。一方面是农业内部结构调整的逐利性导致耕地向果园、畜牧业、水产养殖等用途转变；另一方面是由于土地的城市和工业利用其经济收益明显高于农地，导致农地向城市、工业土地转移的必然趋势。此外，农村建房选址偏向于地形平坦、设施便利的优质耕地的分布区，致使大量耕地被农村建房占用。在城乡建设用地的蚕食下，耕地趋于破碎化，人多地少且不利于规模经营，致使乡村生产空间受限[34]。城镇化进程中，初级的工业化（尤其是乡镇企业）布局无序且对污染物排放控制不严，直接导致农村土壤、地表水和地下水被严重污染。在管理层面，环境规制的强化会增加企业治污成本，进而减少企业利润，由此对企业区位决策产生影响，这类情况下企业更易进入环境规制相对不严的乡村地区，从而给此类地区带来严重的资源环境问题。有关研究以中国合资企业为样本证实了污染避难所效应的存在[35]。随着城镇化发展和产业结构转型，中国工业污染正逐步由城市向农村转移，加上农业生产和乡镇生活带来的污染致使乡村生态空间不断恶化[36]。2013年2月26日，中国地质科学院水文环境地质环境研究所实施的国土资源大调查计划项目《华北平原地下水污染调查评价》通过专家评审，成果显示：华北平原浅层地下水综合质量整体较差，且污染较为严重，未受污染的地下水仅占采样点的55.87%。京津唐地区高密度的不透水地表分布对于海河流域地表水环境产生严重影响，加剧了流域河流水质的污染程度，且子流域不透水地表面积比例与 COD、NH_3–N 浓度均值呈现显著的线性关系[37]。工业化和城镇化进程中乡村土地的非农化在一定程度上也影响了乡村地域的景观生态过程及格局的连续性和完整性。

3.1.2 助推乡村生产、生活和生态空间重构的土地整治类型

结合工业化和城镇化进程对乡村生产、生活和生态空间的影响,以及农村土地整治的特点[11-12],确定乡村空间重构的土地整治类型及特点如下:

(1)农用地整治。农用地整治是指在以农用地(主要是耕地)为主的区域,通过实施土地平整、灌溉与排水、田间道路铺设、农田防护与生态环境保持等工程措施,增加有效耕地面积,提高耕地质量,改善农业生产条件和生态环境的活动。农用地整治的目标主要是加强农田基础设施建设,大规模建设旱涝保收的高标准基本农田,优化耕地多功能布局,有效引导耕地集中连片,便于实现规模经营。

(2)"空心村"整治。"空心村"整治是指通过对农村地区散乱、废弃、闲置和低效利用的村庄建设用地(主要是农村宅基地)进行整治,完善农村基础设施和公共服务设施,改善农村生产生活条件,提高农村建设用地的节约集约利用水平,推进新农村建设和实现城乡用地统筹配置的活动。"空心村"整治的对象主要是空废农村宅基地以及其他村庄废弃、闲置地,通过推进"空心村"整治,加强农村基础设施与公共服务设施配套建设。

(3)工矿用地整治。工矿用地整治是指对乡镇企业等工业用地及采矿、采石与采砂(沙)场、盐田和砖瓦窑等采矿用地进行整治,完善配套设施,加强节地建设,拓展城镇发展空间,提升土地价值,改善人居环境,提高节约集约用地水平的活动。工矿用地整治的对象主要是乡镇企业用地和砖瓦窑场,通过推进工矿用地整治,引导工业生产向园区集中,整治农村污染损毁土地,提高用地效率,改善农村生产、生活和生态环境。

3.1.3 土地整治与乡村生产、生活和生态空间重构

农村土地整治的类型与特点分析表明,工业化和城镇化对乡村系统带来的生活空间不便、生产空间受限和生态空间恶化等问题,均可通过开展农村土地整治以重构乡村空间来加以调解。当前,城市用地快速扩张、城乡人口频繁流动、城乡产业空间重组构成了乡村空间重构的主要外源性动力因素。农村土地非农化与低效利用、农村人口大量外流、农村产业布局无序、农村基础设施建设供给不足、农村生态环境日益恶化等问题和破解这些问题的内生需求与能力,构成了乡村空间重构的主要内生性动力因素。充分考虑乡村空间重构的内外动力因素,通过农村土地整治工程技术、政策机制与模式的创新可有力助推乡村生产、生活和生态空间的重构(图 2)。

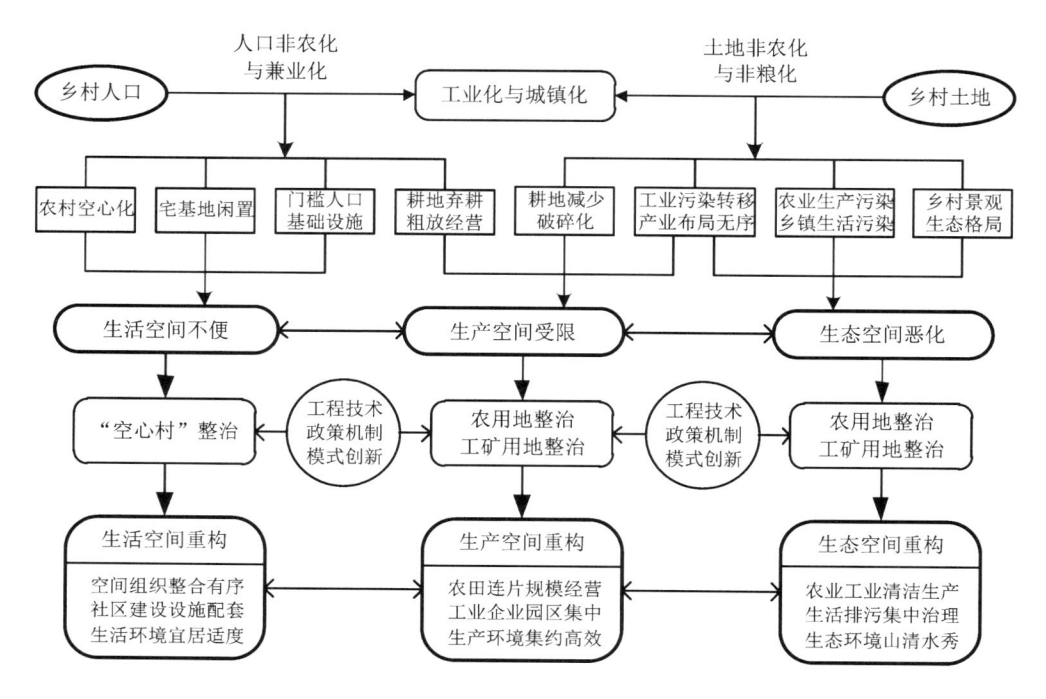

图 2 乡村生产、生活和生态空间重构的土地整治助推机制

Fig. 2 The mechanism of promoting rural production, living and ecological environment spatial restructuring by carrying out land consolidation

3.2 乡村生产、生活和生态空间重构的模式与途径

3.2.1 乡村生产空间重构

乡村产业经济系统的振兴，有赖于乡村生产空间的重构。乡村生产空间重构进程中，应加快实现农业产业化与现代化以及工业的园区化，广泛运用适宜生产技术，提高生产组织的社会化与管理的科学化水平，实现土地产出率、劳动生产率与资源利用率相统一。基于规划引导、市场机制，统筹城乡生产力布局，按照集聚发展、集约经营的原则，实现城乡经济的统筹发展。具体而言，应编制和实施城乡一体化空间布局规划，将生产发展相对低端、对农产品的依赖性较强、劳动密集型的产业适当集聚布局在农村地区；将技术密集型、资金密集型的高端产业布局在城镇地区，实现农村与城市地域上的有序分工协作。通过开展农用地整治，按照"田成方、树成行、路相通、渠相连、旱能灌、涝能排"的标准，大规模建设高标准集中连片的基本农田（图 3），便于实现农业的规模经营，并建立相应的农业生产基地。通过开展工矿用地整治，使工业发展走园区化之路，向工业园区集中。同时，乡村服务业走集聚化之路，向商贸区集中。非农产业基地（如园区和商贸区）应集中

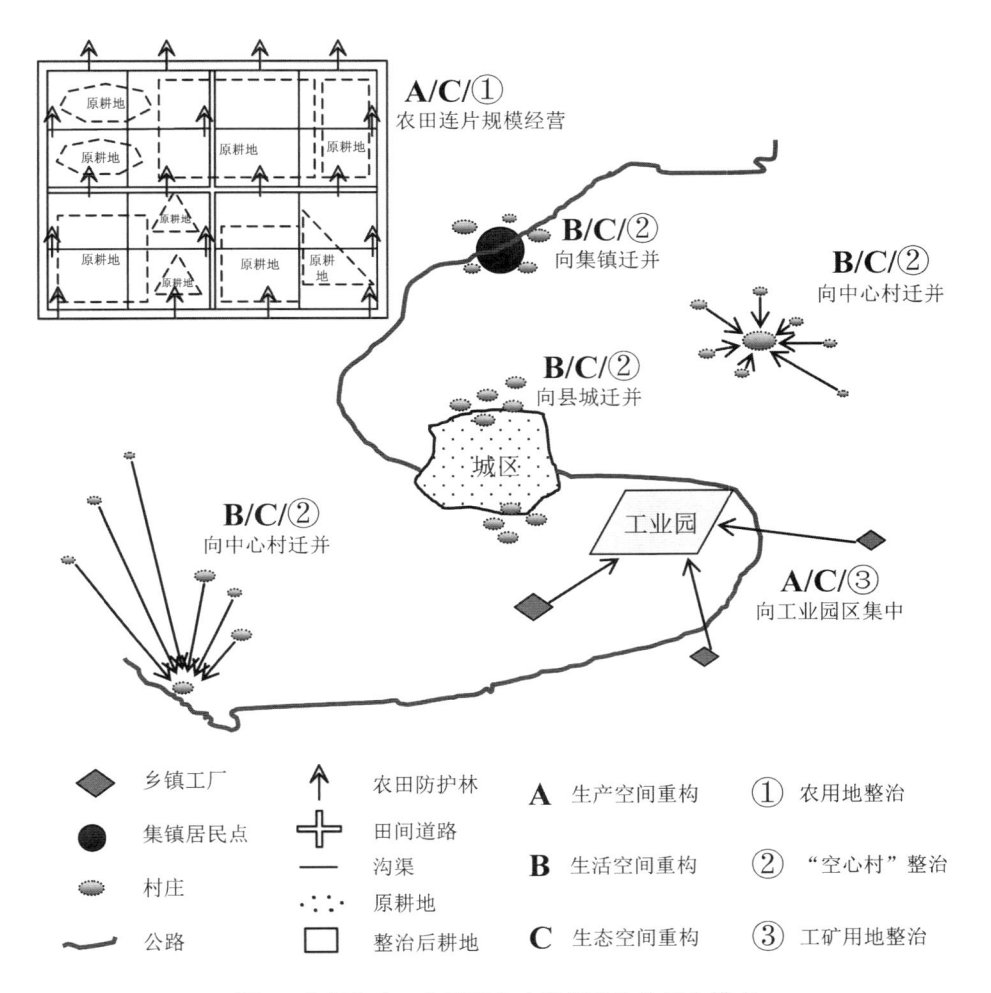

图 3　乡村生产、生活和生态空间重构的概念模式

Fig. 3　A conceptualization of the models of rural production, living and ecological environment spatial restructuring

布局在区位条件优越、交通和通讯等基础设施完善的地区，农业生产适当远离城镇和中心村建设区，以防止优质耕地被非农占用。农村经济合作组织、专业合作社和产业协会等应针对性地重点围绕土地、劳动力和资金等农村发展基本生产要素，通过创新不同的生产要素优化配置模式，引领农民广泛参与社会分工和产业协作，优化重构集约高效的乡村生产空间。

3.2.2　乡村生活空间重构

通过有效的规划调控，在推进城镇化的前提下，合理规划农村聚落，推进农村人口适度集中居住。在此基础上，合理配置农村基础设施，切实提高乡村人居环境质量，形成有利于城乡协调互动的乡村生活空间。中国农村居民点用地"散、乱、空"的现实状况决定了"空心村"整治成为农村土地整治与乡村生活空间重构的"重中之重",核心是推进农村组织整合[13]。农村组织整合大致可分为三种模式（图3）：① 村并村,逐步推进小村或在远郊区的村庄向大村或道路沿线的中心村迁并；② 村变镇,逐步推进集镇周边的村庄向集镇迁并；③ 村变城,逐步推进县城周边的村庄向县城迁并。山东桓台县城乡建设用地增减挂钩规划实践表明,300多个村庄将并入50个镇或中心村,其中,160个边远农村居民点组成41个中心村或农村社区；10个城镇驻地周边的147个居民点向各自小城镇驻地集中；10个城中村和县城周边18个农村居民点就近融入县城,实施后将减少54.3%农村建设用地,增加耕地2800 hm²[38]。通过实施"空心村"整治与农村组织整合,引导农民向社区集中、向行政村集中,解决农村聚落分散化布局问题,达到公共基础设施和社会化服务业的门槛人口规模,加强农村基础设施配套建设,同时提高基层政府的组织、管理与服务水平,增强农户的组织化程度,优化重构宜居适度的乡村生活空间。

3.2.3 乡村生态空间重构

在乡村生产和生活空间重构过程中,还应注重乡村生态空间的重构,乡村生态空间的重构与生产和生活空间的重构是密不可分的（图3）。乡村生态空间重构进程中,不管是农用地整治,还是"空心村"整治和工矿用地整治,均需遵循自然生态规律和景观生态学原理,在大尺度上重视生态网络和绿色基础设施建设,在小尺度上提高生境质量和景观多样性,提高土地整治生产力、生态景观服务能力和碳汇能力,从不同尺度维护和修复自然生态过程和生物链,构建良好的乡村生态空间格局,提高乡村生态系统的弹性和生态服务功能,使乡村作为城乡发展重要的绿色空间和生态屏障,成为保障食物安全、保护生物多样性、发展低碳经济、应对气候变化的重要战略空间[39]。具体操作过程中,应基于农村生态系统自身特点,严格控制农业生产化肥、农药施用量,逐步实现清洁化、绿色化、无公害生产；建立生态拦截系统,吸纳净化面源污染物,结合工矿用地整治强化污染物综合治理工程,确保农村生态环境质量安全,即形成减源、截流、治理体系；着力完善农村生态系统廊道,保护物种栖息环境,保持生物资源的多样性。通过开展土地综合整治,强化农村生态系统的建设与保护,为农村产业发展提供清洁的生产空间,为农村居民提供健康优美的生活空间,优化重构山清水秀的乡村生态空间。

4 依托土地整治的乡村空间重构战略

土地整治可为乡村空间重构搭建平台,是推进乡村空间重构的重要途径。然而乡村空间重构的最终实现还有赖于驱使重构发生的动力及相应的依托土地整治的重构战略。

村民是村域发展的主体，尽管在很大程度上正是他们不合理的土地利用行为导致了生活空间不便、生产空间受限和生态空间恶化，但当前大部分村民已逐渐意识到，唯有通过开展土地整治才能重构其生产、生活与生态空间。村民对发展村域经济并改善生产、生活和生态环境的切身需求和共识是开展土地整治重构乡村空间的核心动力。通常，在乡村精英的带动下，通过增强村域的内聚力，争取政府的外助力，激发和整合内外部需求，依托土地整治逐步实现乡村空间重构，称之为"自下而上"的乡村空间重构战略[40]。然而，推进城镇化、建设新农村、促进农业规模经营等宏观政策转型及相应的政府职能转变是依托土地整治重构乡村空间的重要推力。地方政府借助土地整治的相关政策平台及各类中央或地方财政支持的支农惠农项目，通过整合资金、技术设备和人力资源等，"自上而下"地推进乡村空间重构。

通常，"自上而下"战略的优势在于通过内在的投资和提供工作岗位以提高就业率和农民收入，但不利于加强不同项目之间的联系以增强乡村应对各种竞争压力的能力；然而，"自下而上"的战略优势在于其可以促成多样的根基较深的乡村振兴项目，但在支持乡村经济应对全球化的压力方面有所欠缺[41]。国际上有关乡村重构计划的顺利推行均要归功于其经历了一个嵌入和自然化的过程[42]，其乡村重构计划通常以居民与邻居间的互助或居民与地方部门之间的协作等多种自愿参与的方式来推行，在社区之间或不同中介之间通过成熟的自助合作的战略来组织乡村发展计划的参与者[43]，而在战略制订过程中自始至终有当地居民的参与。中国目前实行的政府主导的乡村发展政策在基层执行的过程中之所以出现诸多问题，很大程度上可归咎于没有足够重视政策执行的嵌入和自然化过程。借鉴国际经验，采取"自下而上"为主、"自上而下"为辅的战略，有助于今后顺利推进中国的乡村空间重构。

5 结论与讨论

5.1 结论

（1）土地整治，即基于严格耕地保护、城乡统筹用地和新农村建设的战略目标，对低效利用、不合理利用、未利用的土地进行治理，对山、田、水、路、林、村进行综合整治，可在农村生产力提升、城乡发展空间优化和平台搭建等层面为乡村转型发展与空间重构提供有力支撑。

（2）乡村空间重构，即在快速工业化和城镇化进程中，伴随乡村内生发展需求和外源驱动力综合作用下导致的农村地区社会经济结构重新塑造，乡村地域上生产空间、生活空间和生态空间的优化调整乃至根本性变革的过程。乡村空间重构也是优化城乡空间结构、推进城乡统筹发展的综合途径，内涵包括产业发展集聚、农民居住集中和资源利用集约。

（3）结合工业化和城镇化进程对乡村生产、生活和生态空间的影响分析，以及农村土地整治的特点，提出推进乡村空间重构的土地整治主要涉及农用地整治、"空心村"整治和工矿用地整治3种类型。乡村集约高效的生产空间、宜居适度的生活空间和山清水秀的生态空间的优化重构有赖于区域农村土地整治工程技术、政策机制与模式的创新。采取"自下而上"为主、"自上而下"为辅的战略有助于今后中国乡村空间重构的顺利推进。

5.2 讨论

（1）与中国长期城乡二元结构并存的乡村发展制度不稳、机制不活，农业与农村发展基础设施欠账太多，使得推进新型工业化、城镇化和农业现代化缺乏重要抓手和空间支撑平台，严重影响城乡一体化发展进程。亟需通过开展农村土地综合整治，重构乡村生产、生活和生态空间，为推进新农村建设和城乡一体化发展搭建新平台。乡村空间是城乡一体化发展的根基。然而，目前其重要性和基础平台作用并未受到应有的重视。

（2）土地整治是经济社会发展的新需求，是土地利用现状与经济社会发展对土地需求之间矛盾深化的结果，是协调当前土地利用状态与土地利用目标之间关系而采取的一种重要举措，其内容、任务将随着社会经济发展变化而相应变化。不同社会经济发展背景下的区域土地利用形态的差异，将导致区域土地整治模式和内容也会因此而不同[44]。随着乡村发展不断转型与空间重构的逐步推进，势必对乡村土地利用与土地整治提出新的要求。因此，需要注重乡村空间重构操作模式与途径的区域性和阶段性，因地制宜开展区域农村土地整治工程技术与模式的创新研究，以及对重构的乡村空间的动态监控、预警预报和科学调控的系统研究，以构建良好的乡村生产、生活和生态空间，促进城乡一体化发展。

（3）目前的土地整治活动正在深刻地改变着农村土地利用形态，并通过乡村生产、生活和生态空间的重构加速中国乡村转型发展进程，引领着未来中国城乡土地配置和统筹城乡发展的方向。然而土地整治只是推进乡村空间重构的重要途径，它能否为乡村空间重构搭建好平台，关键在于与土地整治相关的政策机制与模式的创新，主要涉及土地流转和规模经营的激励机制、农村宅基地的退出机制、农村集体经营性建设用地使用权流转制度、城乡统一的建设用地市场，以及如何依托当地优势通过提升当地自然和人力资源的价值来重构乡村产业、振兴乡村经济的乡村重构模式。

（4）针对全球经济社会的快速重组，伴随研究方法和视角的转变，地理学创造了众多新的、充满着思维争辩的研究领域[45-47]。土地整治与乡村空间重构便是其一，通过研究乡村转型发展与重构进程中土地利用形态的变化及其引发的问题，并从土地整治的视角探讨相应解决方案；它既是区域农业与乡村地理学科领域亟待深入研究的重要前沿课题[48-50]，也是面向国家战略需求亟需推进科学决策与创新的重大战略主题。这一研究领域涉及自然科学、社会科学、人文科学和工程技术等诸多学科。以综合性和空间关联性为主要特色的地理学已成为自然科学、社会科学和人文科学乃至工程技术之间的桥梁[51-52]，作为其分支学科的乡村地理学在土地整治与乡村空间重构这一研究领域大有用武之地。

参考文献（References）

[1] Long Hualou. Land Use and Rural Transformation Development in China. Beijing: Science Press, 2012. [龙花楼. 中国乡村转型发展与土地利用. 北京: 科学出版社, 2012.]

[2] Woods M. Rural. London and New York: Routledge, 2011.

[3] Zhang Xiaolin. To restructure rural space and promote urban-rural coordination development. China Land and Resources News, 2010-06-25(007). [张小林. 助推城乡统筹 重构乡村空间. 中国国土资源报, 2010-06-25(007).]

[4] Gu Chaolin, Li Alin. A framework for the integration planning between urban and rural areas in China: From "city exploiting rural area" to solving "three issues in rural area". Economic Geography, 2013, 33(1): 138-141, 148. [顾朝林, 李阿琳. 从解决"三农问题"入手推进城乡发展一体化. 经济地理, 2013, 33(1): 138-141, 148.]

[5] Fan Jie. The strategy of major function oriented zoning and the optimization of territorial development patterns. Bulletin of the Chinese Academy of Sciences, 2013, 28(2): 54-67. [樊杰. 主体功能区战略与优化国土空间开发格局. 中国科学院院刊, 2013, 28(2): 54-67.]

[6] Liu Peilin. The "New Garden City" concept in the process of urbanization. China Rural Discovery, 2011, 6(2): 76-80. [刘沛林. 城市化进程中的"新型田园城市"构想. 中国乡村发现, 2011, 6(2): 76-80.]

[7] Long Hualou. Land use transition and rural transformation development. Progress in Geography, 2012, 31(2): 131-138. [龙花楼. 论土地利用转型与乡村转型发展. 地理科学进展, 2012, 31(2): 131-138.]

[8] Li Xiubin. Research priorities for land use change in the accelerated phase of urbanization. China Population, Resources and Environment, 2009, 19(5): 1-5. [李秀彬. 对加速城镇化时期土地利用变化核心学术问题的认识. 中国人口·资源与环境, 2009, 19(5): 1-5.]

[9] Liu Yansui, Long Hualou, Chen Yufu et al. Research Report on Rural Development in China: Hollowed Village and Its Renovation Strategy. Beijing: Science Press, 2011. [刘彦随, 龙花楼, 陈玉福 等. 中国乡村发展研究报告: 农村空心化及其整治策略. 北京: 科学出版社, 2011.]

[10] Li Yurui, Liu Yansui, Long Hualou et al. Village transformation development, resources and environment effects and their optimal regulation in the metropolitan suburbs: The case of Beicun in Shunyi District, Beijing. Acta Geographica Sinica, 2013, 68(6): 825-838. [李裕瑞, 刘彦随, 龙花楼 等. 大城市郊区村域

转型发展的资源环境效应与优化调控研究: 以北京市顺义区北村为例. 地理学报, 2013, 68(6): 825-838.]

[11] Yun Wenju. Thoughts on accelerating land consolidation innovation. Journal of Huazhong Agricultural University: Social Sciences Edition, 2011, 31(6): 1-5. [郧文聚. 关于加快土地整治创新的思考. 华中农业大学学报: 社会科学版, 2011, 31(6): 1-5.]

[12] Liu Yansui. Scientifically promoting the strategy of reclamation and readjustment of rural land in China. China Land Science, 2011, 25(4): 3-8. [刘彦随. 科学推进中国农村土地整治战略. 中国土地科学, 2011, 25(4): 3-8.]

[13] Liu Yansui, Zhu Lin, Li Yuheng. The essential theories and models of rural land consolidation in the transitional period of China. Progress in Geography, 2012, 31(6): 777-782. [刘彦随, 朱琳, 李玉恒. 转型期农村土地整治的基础理论与模式探析. 地理科学进展, 2012, 31(6): 777-782.]

[14] Bourne G. Change in the Village. England: Penguin Books, 1984.

[15] Marsden T, Lowe P, Whatmore S. Rural Restructuring: Global Processes and Their Responses. London: David Fulton, 1990.

[16] Cloke P, Goodwin M, Milbourne P. Rural Wales: Community and Marginalization. Cardiff: University of Wales Press, 1997.

[17] Johnsen S. The redefinition of family farming: Agricultural restructuring and farm adjustment in Waihemo, New Zealand. Journal of Rural Studies, 2004, 20(4): 419-432.

[18] Lobley M, Potter C. Agricultural change and restructuring: Recent evidence from a survey of agricultural households in England. Journal of Rural Studies, 2004, 20(4): 499-510.

[19] Argent N. Inside the black box: Dimensions of gender, generation and scale in the Australian rural restructuring process. Journal of Rural Studies, 1999, 15(1): 1-15.

[20] Hoggart K, Paniagua A. What rural restructuring? Journal of Rural Studies, 2001, 17(1): 41-62.

[21] Nelson P B. Rural restructuring in the American West: Land use, family and class discourses. Journal of Rural Studies, 2001, 17(4): 395-407.

[22] Vias A C. Bigger stores, more stores, or no stores: Paths of retail restructuring in rural America. Journal of Rural Studies, 2004, 20(3): 303-318.

[23] Douglas D J A. The restructuring of local government in rural regions: A rural development perspective. Journal of Rural Studies, 2005, 21(2): 231-246.

[24] Xu W, Tan K C. Impact of reform and economic restructuring on rural systems in China: A case study of Yuhang, Zhejiang. Journal of Rural Studies, 2002, 18(1): 65-81.

[25] Long Hualou, Woods M. Rural restructuring under globalization in eastern coastal China: What can be learned from Wales?. Journal of Rural and Community Development, 2011, 6(1): 70-94.

[26] Cai Yunlong. The mechanisms of cropland conservation in Chinese rural transformation. Scientia Geographica Sinica, 2001, 21(1): 1-6. [蔡运龙. 中国农村转型与耕地保护机制. 地理科学, 2001, 21(1): 1-6.]

[27] Feng Jian. Rural Restructuring: Models and Innovations. Beijing: The Commercial Press, 2012. [冯健. 乡村重构: 模式与创新. 北京: 商务印书馆, 2012.]

[28] Zhang Xiaolin. Study on Rural Spatial System and Its Revolution: A Case Study of South Jiangsu Region.

Nanjing: Nanjing Normal University Press, 1999. [张小林. 乡村空间系统及其演变研究: 以苏南为例. 南京: 南京师范大学出版社, 1999.]

[29] Zhang Quan, Wang Hui, Chen Haodong et al. Rural Restructuring under Urban-rural Coordination Development. Beijing: China Architecture & Building Press, 2006. [张泉, 王晖, 陈浩东 等. 城乡统筹下的乡村重构. 北京: 中国建筑工业出版社, 2006.]

[30] Liu Yansui, Liu Yu, Zhai Rongxin. Geographical research and optimizing practice of rural hollowing in China. Acta Geographica Sinica, 2009, 64(10): 1193-1202. [刘彦随, 刘玉, 翟荣新. 中国农村空心化的地理学研究与整治实践. 地理学报, 2009, 64(10): 1193-1202.]

[31] Long Hualou, Li Yurui, Liu Yansui. Analysis of evolutive characteristics and their driving mechanism of hollowing villages in China. Acta Geographica Sinica, 2009, 64(10): 1203-1213. [龙花楼, 李裕瑞, 刘彦随. 中国空心化村庄演化特征及其动力机制. 地理学报, 2009, 64(10): 1203-1213.]

[32] Ministry of Housing and Urban-Rural Development, P. R. China. China Urban and Rural Construction Statistical Yearbook(2009). Beijing: China Planning Press, 2010. [中华人民共和国住房和城乡建设部. 中国城乡建设统计年鉴(2009年). 北京: 中国计划出版社, 2010.]

[33] Green R J, Ayton J B. Changes in the pattern of rural settlement. Paper given to the Town Planning Institute Research Conference, 1967.

[34] Long Hualou, Liu Yansui, Wu Xiuqin et al. Spatio-temporal dynamic patterns of farmland and rural settlements in Su-Xi-Chang region: Implications for building a new countryside in coastal China. Land Use Policy, 2009, 26(2): 322-333.

[35] Dean J M, Lovely M E, Wang H. Are foreign investors attracted to weak environmental regulations? Evaluating the evidence from China. Journal of Development Economics, 2009, 90(1): 1-13.

[36] Li Yuheng, Liu Yansui. Investigation of the resource & environment issues in the urban-rural transition in China. Economic Geography, 2013, 33(1): 61-65. [李玉恒, 刘彦随. 中国城乡发展转型中资源与环境问题解析. 经济地理, 2013, 33(1): 61-65.]

[37] Kuang Wenhui, Liu Jiyuan, Lu Dengsheng. Pattern of impervious surface change and its effect on water environment in the Beijing-Tianjin-Tangshan metropolitan area. Acta Geographica Sinica, 2011, 66(11): 1486-1496. [匡文慧, 刘纪远, 陆灯盛. 京津唐城市群不透水地表增长格局以及水环境效应. 地理学报, 2011, 66(11): 1486-1496.]

[38] Long Hualou, Li Yurui, Liu Yansui et al. Accelerated restructuring in rural China fueled by 'increasing vs. decreasing balance' land-use policy for dealing with hollowed villages. Land Use Policy, 2012, 29(1): 11-22.

[39] Yun Wenju, Yu Zhenrong. Ecological landscaping strategy of rural land consolidation in China. Transactions of the CSAE, 2011, 27(4): 1-6. [郧文聚, 宇振荣. 中国农村土地整治生态景观建设策略. 农业工程学报, 2011, 27(4): 1-6.]

[40] Li Yurui, Liu Yansui, Long Hualou. Characteristics and mechanism of village transformation development in typical regions of Huang-Huai-Hai plain. Acta Geographica Sinica, 2012, 67(6): 771-782. [李裕瑞, 刘彦随, 龙花楼. 黄淮海典型地区村域转型发展的特征与机理. 地理学报, 2012, 67(6): 771-782.]

[41] Bristow G. Structure, strategy and space: Issues of progressing integrated rural development in Wales. European Urban and Regional Studies, 2000, 7(1): 19-33.

[42] Edwards B. Charting the discourse of community action: Perspectives from practice in rural Wales. Journal of Rural Studies, 1998, 14(1): 63-77.

[43] Yarwood R, Edwards B. Voluntary action in rural areas: The case of neighbourhood watch. Journal of Rural Studies, 1995, 11(4): 447-461.

[44] Long Hualou. Land rehabilitation and regional land use transition. Progress in Geography, 2003, 22(2): 133-140. [龙花楼. 区域土地利用转型与土地整理. 地理科学进展, 2003, 22(2): 133-140.]

[45] Clark G, Feldman M, Gertler M. The Oxford Handbook of Economic Geography. Oxford and New York: Oxford Press, 2000.

[46] Song Changqing, Leng Shuying. Some important scientific problems of integrative study of Chinese geography in 5 to 10 years. Acta Geographica Sinica, 2005, 60(4): 546-552. [宋长青, 冷疏影. 21世纪中国地理学综合研究的主要领域. 地理学报, 2005, 60(4): 546-552.]

[47] Cai Yunlong. Understanding environmental change planning sustainable development: Development directions for geography in China. Bulletin of the Chinese Academy of Sciences, 2011, 26(4): 390-398. [蔡运龙. 认识环境变化谋划持续发展: 地理学的发展方向. 中国科学院院刊, 2011, 26(4): 390-398.]

[48] Li Xiaojian. Recent developments of rural geography in the western world and critical thinking of Chinese rural geography. Human Geography, 2006, 21(6): 1-5. [李小建. 农区地理学国际研究进展. 人文地理, 2006, 21(6): 1-5.]

[49] Liu Yansui, Long Hualou, Zhang Xiaolin et al. Research progress and prospect in the disciplines of agricultural geography and rural development in China. Progress in Geography, 2011, 30(12): 1498-1505. [刘彦随, 龙花楼, 张小林 等. 中国农业与乡村地理研究进展与展望. 地理科学进展, 2011, 30(12): 1498-1505.]

[50] Long Hualou, Zhang Xingna. Progress in international rural geography research since the turn of the new millennium and some implications. Economic Geography, 2012, 32(8): 1-7, 135. [龙花楼, 张杏娜. 新世纪以来乡村地理学国际研究进展及启示. 经济地理, 2012, 32(8): 1-7, 135.]

[51] Lu Dadao. The methodology of human-economic geography and its characteristics. Geographical Research, 2011, 30(3): 387-396. [陆大道. 人文—经济地理学的方法论及其特点. 地理研究, 2011, 30(3): 387-396.]

[52] Cai Yunlong. On geography in contemporary scientific and social perspectives. Chinese Journal of Nature, 2013, 35(1): 30-39. [蔡运龙. 当代科学和社会视角下的地理学. 自然杂志, 2013, 35(1): 30-39.]

Land consolidation and rural spatial restructuring

LONG Hualou

(*Institute of Geographic Sciences and Natural Resources Research, CAS, Beijing* 100101, *China*)

Abstract: Currently, the implementation of new type industrialization, new type urbanization and agricultural modernization strategy lacks of a major hand grip and spatial sustain platform, due to long-term existed "dual-track" structure of rural-urban development in China as well as unstable rural development institution and mechanism and backward rural and agricultural infrastructures, which greatly affects the advancement of urban-rural integration development. It is necessary to restructure rural production, living and ecological space by carrying out land consolidation, so as to establish a new platform for building new countryside and realize urban-rural integration development in China. This paper develops the concept and connotation of rural spatial restructuring, i.e., an optimization and adjustment even utterly changing process of rural production, living and ecological space accompanied by rural socio-economic structure reshaping under the pressure of rapid industrialization and urbanization. The connotations of rural spatial restructuring involve three aspects of assembling industrial development, centralizing farmers' living and intensive resources utilization. Based on the effects analysis of industrialization and urbanization on rural production, living and ecological space, this paper also probes the mechanism which push forward rural spatial restructuring by carrying out land consolidation, an important approach to supplying cultivated land, revitalizing the stock land, optimizing rural-urban land, utilizing land intensively, and increasing land productivity. A conceptualization of the models of rural production, living and ecological environment spatial restructuring is analyzed in combination with agricultural land consolidation, hollowed villages consolidation and industrial and mining land consolidation. Finally, the author argues that a "bottom-up" restructuring strategy accompanied by a few "top-down" elements is helpful for smoothly pushing forward current rural spatial restructuring in China. The optimization and restructuring of rural intensive and high-efficient production space, suitable living space with amenity and ecological space with beautiful mountain and clean water will rely on the innovation of regional engineering technology, policy mechanism and mode of rural land consolidation, and more attentions should be paid to rural space, the foundation base and platform for realizing urban-rural integration development.

Key words: land consolidation; rural spatial restructuring; rural transformation development; land use transition; production, living and ecological space; urban-rural integration development; rural geography

"论土地整治与乡村空间重构"评述

李裕瑞

一、龙花楼的学术生平

龙花楼（1971— ），湖南醴陵人，乡村发展与土地利用转型领域专家。1989—1999年先后在湖南师范大学、东北师范大学和北京大学获得本科、硕士和博士学位。1999—2001年在中国科学院地理科学与资源研究所从事博士后研究工作。2001—2006年在国土资源部土地整理中心工作，2006年调入中国科学院地理科学与资源研究所，2020年入选广西大学教育部长江学者特聘教授，2023年当选英国社会科学院院士。兼任中国地理学会农业地理与乡村发展专业委员会主任，中国土地学会青年工作委员会主任，国际地理联合会乡村系统可持续性委员会执委，国际期刊《国际人居》(Habitat International)副主编，商务印书馆"土地利用与乡村转型"丛书主编。在国内外期刊发表学术论文350余篇，出版著（译）作12部，2019年以来连续入选"Elsevier中国高被引学者"和"全球高被引科学家"。他率先将土地利用转型研究引入中国，在土地利用转型的理论与研究方法、特征与规律、实践模式与路径等方面取得诸多创新性研究成果。至今，他引入的土地利用转型研究在国内得到蓬勃发展，全国共有200余篇博、硕士学位论文的研究主题涉及土地利用转型，国家自然科学基金委员会资助了110余项相关研究项目，有力地促进了中国土地资

作者介绍：李裕瑞（1983— ），男，四川隆昌人，中国科学院地理科学与资源研究所研究员，中国地理学会会员（S110009440M），研究方向为农业地理与乡村发展。E-mail: liyr@igsnrr.ac.cn

源管理学科的发展和建设。

二、写作背景及主要内容

中国先后于1978年和1992年开启两轮改革开放大潮，使得工业化、城镇化进程加速，引发大规模乡城人口流动、乡村社会经济快速转型。乡村的常住人口和户籍人口总量分别于1995年和2000年进入下降阶段。乡村的青壮年劳动力大量外出务工，加之农房建设"建新不拆旧"，普遍引发了以人口大量流失、聚落外扩内空为主要表征的"空心村"问题；部分乡村则集聚了产业和人口，实现了转型发展，但也导致大量的耕地非农占用。而城市的人口和产业集聚程度明显提升，城市空间扩张的动力不断增强。上述复杂过程及其交织作用引发了土地利用的快速转型，并带来乡村生产、生活和生态空间的巨大变化，对于实现生态安全、耕地保护、粮食安全等重大战略目标构成严峻挑战。

在"论土地整治与乡村空间重构"一文中，作者引入起源于欧洲的乡村重构理论，并结合中国乡村发展实践，指出乡村重构的重要表现形式是乡村空间重构。在此基础上，系统阐述了乡村空间重构的概念内涵，即在快速工业化和城镇化进程中，伴随乡村内生发展需求和外源驱动力综合作用导致的农村地区社会经济结构重新塑造，乡村地域上生产空间、生活空间和生态空间的优化调整乃至根本性变革的过程。论文进一步揭示了工业化和城镇化进程对乡村生产、生活和生态空间的影响。然后结合上述变迁、问题等特征事实，深化了土地整治的科学内涵，明确了土地整治助推乡村生产、生活和生态空间重构的主导类型、作用机制，提出了依托土地整治的乡村生产、生活和生态空间重构的模式、途径和优化策略。

作者认为，快速城镇化和工业化引发了城乡间人口、土地和产业等发展要素的剧烈变化，造成乡村生活空间不便、生产空间受限和生态空间恶化等问题。通过开展农用地整治、"空心村"整治和工矿用地整治，能够助推乡村生产、生活和生态空间重构。当前，乡村空间重构受到外部因素如城市用地加速扩张、城乡人口频繁流动、城乡产业空间重组，以及内部因素如农村土地非农化和低效利用、人口大量外流、产业布局无序、基础设施建设供给不足、生态环境日益恶化的驱动作用下，亟须通过农村土地整治工程技术、政策机制与模式的创新，优化重构集约高效的乡村生产空间、宜居适度的乡村生活空间、山清水秀的乡村生态空间。作者也指出，尽管土地整治能够推动乡村空间重构，但其最终实现还有赖于驱使重构发生的动力以及相应的依托土地整治的重构战略，包括"自下而上"的乡村精英带动，以及"自上而下"的宏观政策转型和地方政府支持。

三、论文特色和时代影响

该文是典型的理论性文章。其典型性，既体现为基于地理学综合视角对乡村地理学科的核心概念如乡村重构、乡村空间重构、土地整治等的内涵深化，也体现为对于快速工业化、城镇化背景下乡村系统关键要素的主导作用路径与机理的深度辨析。通过这些理论阐释，大大增进了学界对于乡村系统变迁的学理认知。

与大多数的理论性文章相比，该文也是非典型的理论性文章。其非典型性，既体现为对于空心化、非农化、非粮化、生态环境等当前中国乡村面临的现实问题的准确把握，也体现在以土地整治为综合平台，对于科学推进乡村生产、生活和生态空间重构模式的创新构建，更体现为对于依托土地整治的乡村空间重构战略的细节解析，比如特别强调要以"自下而上"为主、"自上而下"为辅推动乡村空间重构。通过问题剖析、模式创建、细节强调，大大提升了该文对于新时期中国乡村地域系统科学调控的实践指导价值。

总体来看，该文体现了现实问题、理论问题和战略问题的综合。基于扎实的实地调研，对快速工业化、城镇化热潮进行"冷思考"，梳理当前中国乡村快速变迁中的现实问题；引入国际学术热词，结合中国实际进行拓展和深化，阐释中国乡村空间重构中的理论问题，并着力形成具有中国特色的理论体系；结合国内实践，借鉴国际经验，凝练依托土地整治推进乡村空间重构的战略问题。现实问题、理论问题和战略问题的有机结合，显著提升了该文的理论深度和战略高度。

正是由于上述特色，该文一经发表便成为土地整治和乡村研究领域的经典文献。截至2024年6月，该文在中国知网下载2.23万次，引用1 100余次。从引证文献的类型结构看，期刊论文和学位论文大约各占一半，展现出对于近年来学位论文选题的重要引领作用；从引证文献的主题看，涉及土地整治、"三生"空间、乡村转型、乡村振兴、城乡融合等热点内容，为党的十八大以来乡村领域的理论研究和典型实践提供了重要支撑。

当前，我国已进入全面推进乡村振兴战略的新阶段。适应乡村人口变化趋势，优化村庄布局、产业结构、乡村建设和公共服务配置，强化县域国土空间规划对城镇、村庄、产业园区等空间布局的统筹，稳妥有序开展以乡镇为基本单元的全域土地综合整治等，将是未来一段时期推进乡村振兴战略的重点工作。在此背景下，再读该文，其现实研判、理论洞见、战略思考仍具有重要的启发性和指导性。历久弥新，这恰恰就是精品论文的格调和价值所在。

20世纪80年代末以来中国土地利用变化的基本特征与空间格局

刘纪远[1]，匡文慧[1]，张增祥[2]，徐新良[1]，秦元伟[1,3]，宁　佳[1,3]，周万村[4]，张树文[5]，李仁东[6]，颜长珍[7]，吴世新[8]，史学正[9]，江　南[10]，于东升[9]，潘贤章[9]，迟文峰[1,3]

(1. 中国科学院地理科学与资源研究所，北京 100101；2. 中国科学院遥感与数字地球研究所，北京 100101；
3. 中国科学院大学，北京 100049；4. 中国科学院成都山地灾害与环境研究所，成都 610041；
5. 中国科学院东北地理与农业生态研究所，长春 130012；6. 中国科学院武汉测量与地球物理研究所，武汉 430077；
7. 中国科学院寒区旱区环境与工程研究所，兰州 730000；8. 中国科学院新疆生态与地理研究所，乌鲁木齐 830011；
9. 中国科学院南京土壤研究所，南京 210008；10. 中国科学院南京地理与湖泊研究所，南京 210008)

摘要： 土地利用/土地覆盖变化（LUCC）是人类活动与自然环境相互作用最直接的表现形式，本文采用相同空间分辨率的卫星遥感信息源和相同的技术方法，对中国1980年代末到2010年土地利用变化数据进行定期更新。在此基础上，提出并发展土地利用动态区划的方法，研究土地利用变化的空间格局与时空特征。我们发现：1990-2010年的20年间，中国土地利用变化表现出明显的时空差异。"南减北增,总量基本持衡,新增耕地的重心逐步由东北向西北移动"是耕地变化的基本特征;"扩展提速,东部为重心,向中西部蔓延"是城乡建设用地变化的基本特征;"林地前减后增,荒漠前增后减,草地持续减少"是非人工土地利用类型变化的主要特征。20世纪末与21世纪初两个10年相比,中国土地利用变化空间格局出现了一些新特征,原有的13个土地利用变化区划单元演变为15个单元,且部分区划单元边界发生变化。主要变化格局特征为黄淮海地区、东南部沿海地区、长江中游地区和四川盆地城镇工矿用地呈现明显的加速扩张态势;北方地区耕地开垦重心由东北地区和内蒙古东部转向西北绿洲农业区;东北地区旱作耕地持续转变为水田;内蒙古农牧交错带南部、黄土高原和西南山地退耕还林还草效果初显。近20年间,尽管气候变化对北方地区的耕地变化有一定的影响,但政策调控和经济驱动仍然是导致我国土地利用变化及其时空差异的主要原因。2000年后的第一个10年,土地利用格局变化的人为驱动因素已由单向国土开发为主,转变为开发与保护并重。在空间格局变化的分析方法方面,应用"动态区划法"开展世纪之交两个10年中国LUCC空间格局变化的分析,有效揭示了20年来中国LUCC"格局的变化过程",即动态区划边界的推移、区划单元内部特征的变化与单元的消长等;以及"变化过程的格局",即土地利用变化过程与特征的分阶段区域差异,清晰刻画了LUCC动态区划中区划单元的消长,单元边界的变动,以及前后10年的变化强度特征,揭示了土地利用"格局"与"过程"之间的交替转化规律,以及不同类型和区域的变化原因,证明了该分析方法的有效性。

关键词:卫星遥感;土地利用变化;特征;空间格局;中国

DOI: 10.11821/dlxb201401001

1 引言

土地利用/土地覆盖变化(LUCC)是全球气候变化和全球环境变化研究关注的重要内容[1-2]。它作为表征人类活动行为对地球陆表自然生态系统影响最直接的信号,是人类社会经济活动行为与自然生态过程交互和连接的纽带[1]。这一过程与陆地表层物质循环和生命过程密切相关[3],因此它也直接影响着生物圈—大气交互、生物多样性、地表辐射强迫、生物地球化学循环以及资源环境的可持续利用[1-4]。1993年,"国际地圈与生物圈计划"(IGBP)和"全球变化人文因素计划"(IHDP)两大国际组织共同制定的"土地利用/土地覆盖变化(LUCC)科学研究计划",将其作为全球变化研究的核心内容[5-6]。在此基础上,2005年启动全球土地计划(Global Land Project, GLP),强调陆地系统中人类—环境耦合系统的综合集成与模拟研究,以人类—环境耦合系统为核心的土地利用/土地覆盖动态过程的监测与模拟逐渐成为研究关注的焦点[7-10]。

开展国家尺度长时间序列高精度的土地利用/覆盖变化遥感监测，通过数据挖掘和知识库的建立，快速获取土地利用/覆盖变化相关知识，及时提出国土开发和气候变化适应性的宏观策略对于国家资源环境可持续发展具有重要的战略意义[10-16]。在中国，20世纪后期以来社会经济的持续快速发展，工业化、城市化进程的加快，以及国家区域发展与生态保护战略的实施，对中国土地利用空间格局变化产生了显著的影响。为了掌握和揭示中国土地利用变化的时空特征，我们自1990年代初以来，以卫星遥感数据作为主要信息源，建成中国国家尺度土地利用变化数据库，并每隔5年采用同类卫星遥感信息源和相同的数据分析方法，完成全国范围的土地利用数据更新[12-15]，截至目前，已经完成并拥有1980年代末、1995年、2000年、2005年和2010年5期全国土地利用变化1∶10万矢量数据库和1 km比例成分分类栅格数据库[13-15]。基于上述数据库，分析1980年代末以来20年间中国土地利用变化的基本时空特征，并对比20世纪末最后10年（1990-2000）和21世纪初第一个10年（2000-2010）中国土地利用变化格局的异同，揭示世纪之交的20年期间中国土地利用变化的基本特征及其主要驱动力，为土地利用/土地覆盖变化及其相关领域的研究提供有价值的科学信息。

2 数据与方法

2.1 卫星遥感数据获取与土地利用数据更新

在已建立的1980年代末、1995年、2000年、2005年4期全国土地利用变化数据库的基础上[13-15]，继续采用土地利用变化遥感信息人机交互快速提取方法，解译2010年覆盖中国的Landsat TM数字影像，更新2005年全国土地利用数据库，建成了2010年全国1∶10万比例尺土地利用数据库。其中，Landsat TM数据无法覆盖或质量较差的区域，利用环境1号卫星（HJ-1）的CCD多光谱数据等作为补充。具体做法是，通过2005年与2010年遥感影像对比，在2005年土地利用数据基础上，判定并勾绘变化区域，标注类型变化的动态信息编码，该编码能够同时反映变化地块在2005年和2010年前后两个时段的土地利用类型。为保证获取数据的解译质量和一致性，我们对每期数据集都进行统一的质量检查和数据集成[17]。在每期数据集研发前期在全国范围内北方以秋季为主，南方以春季为主开展野外考察，实地调查除台湾地区以外各省土地利用情况，获取大量的外业调查记录、照片，对野外调查资料与外业实地记录，按照10%的县数比例随机抽取开展精度验证。土地利用一级类型综合评价精度达到 94.3%以上，二级类型分类综合精度达 91.2%以上，满足 1：10 万比例尺用户制图精度[13-15]。

在实现 2010 年全国土地利用图更新后，通过图形切割处理和面积平差计算，实现省级分类面积汇总，分别计算出各省和全国耕地、林地、草地、水域、城乡建设用地、未利用地等 6 个方面 25 个类型的土地面积[15]。

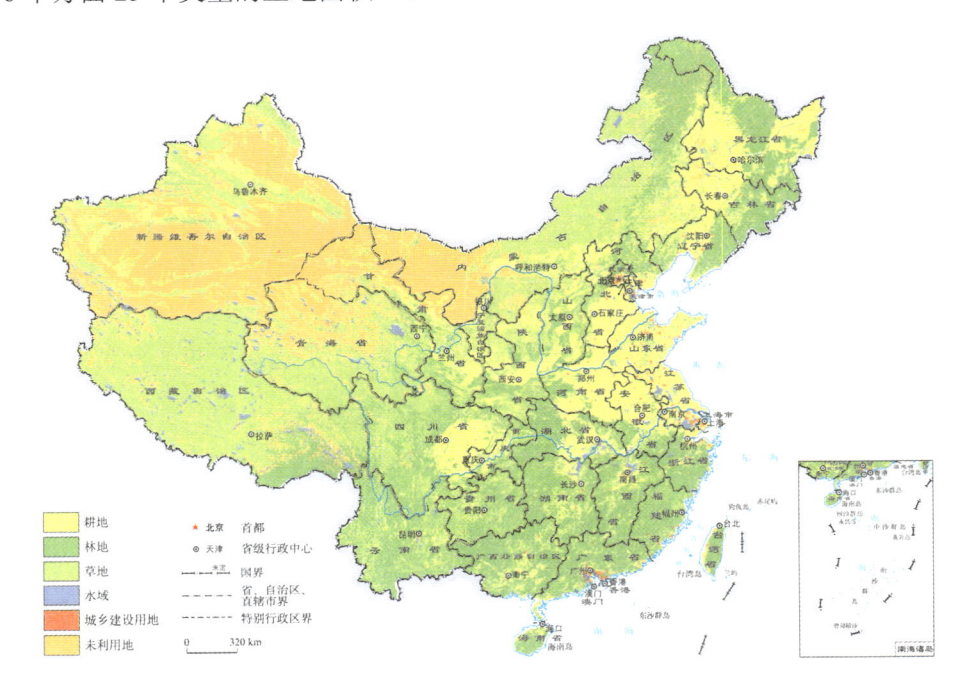

图 1 2010 年中国土地利用现状图

Fig. 1 Acquired land use map across China in 2010

基于 1980 年代末、1995 年、2000 年、2005 年和 2010 年 5 期土地利用数据库[13-15]，构建了能全面反映我国 21 世纪之交土地利用变化的时空信息平台。在其支持下，我们开展了 1980 年代末至 2010 年这一时期内间隔 5 年或 10 年的各个时段，各种土地利用类型的数量、变化量、区域分布及其变化原因的分析，并形成国家与区域尺度土地利用时空变化特征与变化规律的科学结论。

2.2 土地利用变化的度量、制图与区划

以覆盖全国的 1 km 栅格土地利用本底与动态的成分数据作为土地利用动态区域划分的依据，可以在消除空间数据尺度效应的基础上，保证数据的空间精度和面积精度。将动

态图进行1 km大小的矢量栅格切割，可以得到每个栅格内各土地类型的动态变化面积及类型之间的转换面积（图2）。这样，每1 km栅格上，记录了不同时期土地利用类型的面积百分比及其变化比例、变化方式等信息。

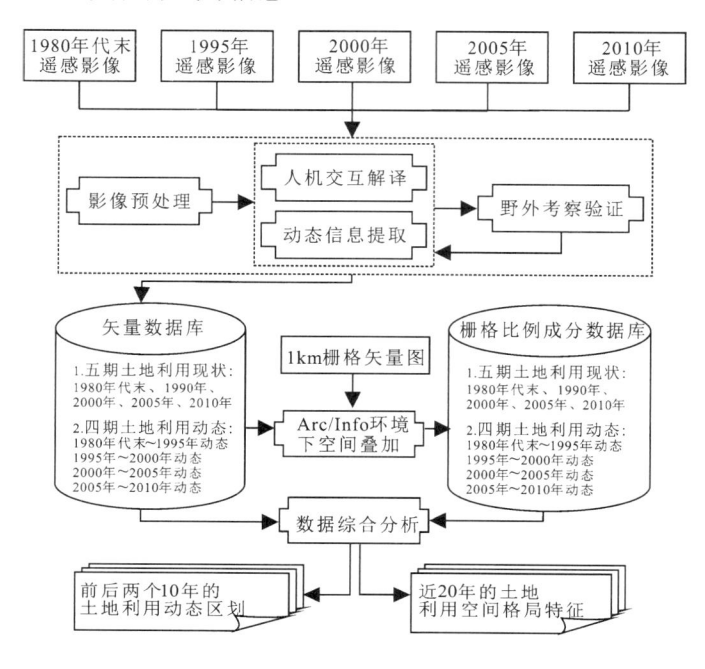

图 2　土地利用变化图公里栅格生成技术流程

Fig. 2　The flowchart of generated grid datasets on dominated land use change types

土地利用动态度反映了土地利用变化速率的区域差异，土地利用动态度按公式（1）计算：

$$S=\left\{\sum_{ij}^{n}\left(\Delta S_{i-j}/S_i\right)\right\}\times(1/t)\times 100\% \quad (1)$$

式中，S_i 为监测开始时间第 i 类土地利用类型总面积，ΔS_{i-j} 为监测开始至监测结束时段内第 i 类土地利用类型转换为其他类土地利用类型面积总和，t 为时间段，土地利用动态度 S 反映了与 t 时段对应的研究样区土地利用变化速率。

参照土地利用动态度的空间分异规律和1 km栅格地块内各种土地利用类型相互转化信息，基于10 km大小的栅格区域进行全国土地利用动态区划。以中国自然区划[18]、农业区划[19]为借鉴，以土地利用主导类型转换同质单元为主要区划对象，来划定土地利用动态区，具体原则为：① 以土地利用动态类型为首要考虑因素，保证区内土地利用变化方向的一致性；② 考虑区划单元空间位置的连续性，也考虑地貌与宏观经济环境的差异；③ 参考综合自然条件、土地利用特点，尽量保持区域单元内宏观自然条件与土地利用特征具有一致性[13,15]。在全数字化环境下，根据上述动态区划原则识别土地利用动态区划界线，形成21

世纪前后两个 10 年土地利用变化特征的土地利用动态区。20 世纪 80 年代末-2000 年和 2000-2010 年分别划分了 13 个和 15 个土地利用动态区（见图 3 和图 4）。

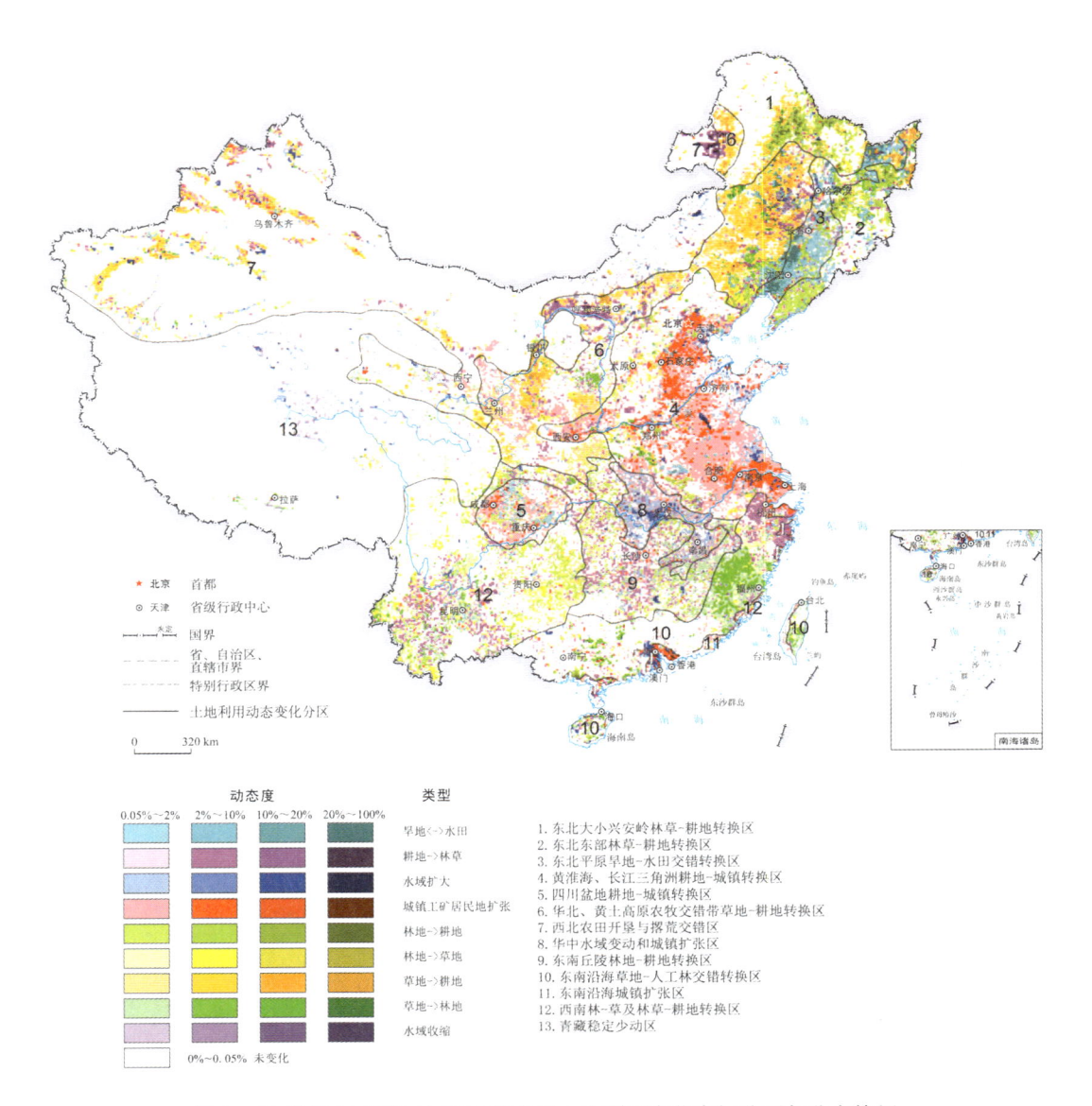

图 3　20 世纪 80 年代末-2000 年中国土地利用变化空间分区与分布特征

Fig. 3　Spatial regionalization and distribution map of national land use change from the late 1980s to 2000

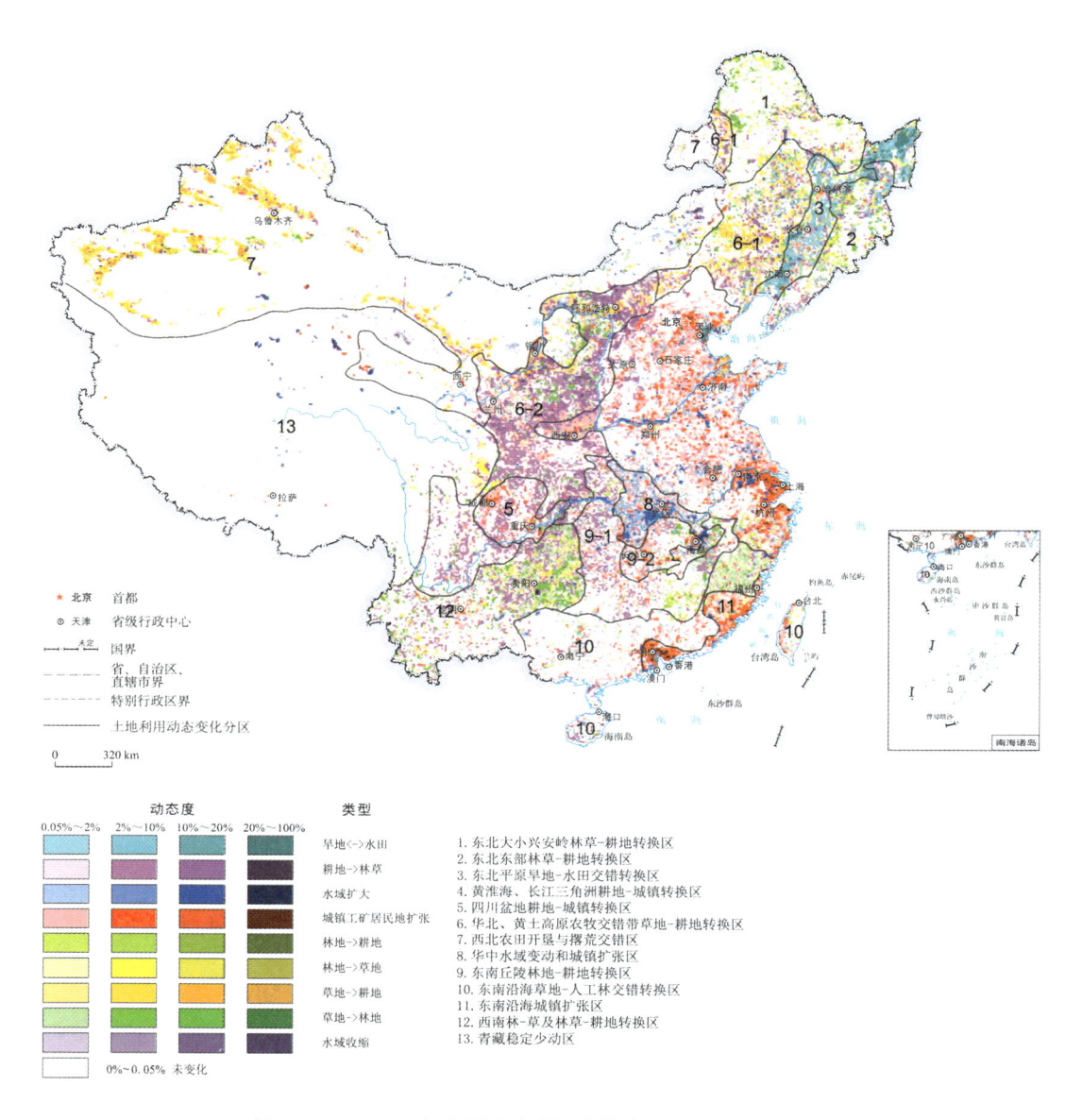

图 4 2000-2010 年中国土地利用变化空间分区与分布特征

Fig. 4 Spatial regionalization and distribution map of national land use change from 2000 to 2010

3 结果与分析

3.1 中国土地利用的分类变化特征与区域差异

20世纪80年代末-2010年中国土地利用变化具有明显的分年代类型变化特征和区域差异：

（1）耕地变化的基本特点是："南减北增，总量基本持衡，新增耕地的重心逐步由东北向西北移动"。两个10年中，耕地增加$1.82×10^6$ hm^2，其中，旱地增加$2.99×10^6$ hm^2，水田减少$1.17×10^6$ hm^2。其中，2000年前中国耕地增加$2.83×10^6$ hm^2，新增耕地主要集中在东北、华北和西北农林交错区，减少耕地以东南沿海城镇居民工矿用地占用为主；2000年后中国耕地减少$1.02×10^6$ hm^2，新增耕地主要集中在西北地区，城镇居民工矿用地的扩张和中西部生态脆弱区退耕还林还草工程占用了大量耕地。

（2）城乡建设用地变化的基本特点是："扩展提速，东部为重心，向中西部蔓延"。两个10年中，建设用地增加$5.52×10^6$ hm^2，主要集中在地形平坦、经济较发达、人口稠密的黄淮海平原、长江三角洲、珠江三角洲和四川盆地等地区，约有$3.18×10^6$ hm^{2}的耕地被建设用地占用。其中，2000年前建设用地增加$1.76×10^6$ hm^2，2000年后建设用地加速扩张，增加$3.76×10^6$ hm^2，后10年增速为前10年的2.14倍。

（3）"林地前减后增，荒漠前增后减，草地持续减少"是非人工土地利用类型变化的主要特征。

两个10年中，林地减少$8.52×10^5$ hm^2。其中，2000年前林地减少$10.89×10^5$ hm^2，主要集中在东北等重点林区有林地的砍伐和农耕区扩张对林地的占用；2000年后，由于6大林业重点工程尤其是退耕还林工程的实施，林地面积增加$2.37×10^5$ hm^2，主要集中在黄土高原、南方丘陵区等。

同期，草地面积减少$5.32×10^6$ hm^2。其中，2000年前草地减少$3.44×10^6$ hm^2，以东北、华北和西北地区草地开垦为耕地，以及南方草地人工造林为主；2000年后草地减少$1.89×10^6$ hm^2，主要集中在西北地区草地开垦为耕地，以及南方地区草地转化为林地。

同期，未利用地减少$1.15×10^6$ hm^2，集中在新疆和黑龙江等地区，主要是未利用土地开垦为耕地。同时，内蒙古地区草地退化导致未利用土地增加。2000年前10年未利用地减少了$3.75×10^5$ hm^2，2000年后10年未利用地减少面积$7.79×10^5$ hm^2。

3.2 前后两个 10 年中国土地利用变化的空间格局及差异

我们对 1980 年代末-2000 年中国土地利用变化时空格局特征进行了分析[13-15]，认为该 10 年土地利用变化的格局特征主要表现为 13 个土地利用变化区划单元的不同变化特征（图 3）。即：(1) 东北大小兴安岭林草—耕地转换区、(2) 东北东部林草—耕地转换区、(3) 东北平原旱地—水田交错转换区、(4) 黄淮海、长江三角洲耕地—城镇转换区、(5) 四川盆地耕地—城镇转换区、(6) 华北、黄土高原农牧交错带草地—耕地转换区、(7) 西北农田开垦与撂荒交错区、(8) 华中水域变动和城镇扩张区、(9) 东南丘陵林地—耕地转换区、(10) 东南沿海草地—人工林交错转换区、(11) 东南沿海城镇扩张区、(12) 西南林—草及林草—耕地转换区、(13) 青藏稳定少动区[14]。

表 1　20 世纪 80 年代末–2000 年中国各土地利用动态区土地利用转移矩阵（10^4 hm²）
Tab. 1　Change area of dominated land change types in the land use dynamic zones across China from the late 1980s to 2000 (10^4 hm²)

区域转移类型	I 旱地—水田	II 耕地—林草	III 其他—水域	IV 其他—建设	V 林地—耕地	VI 林地—草地	VII 草地—耕地	VIII 草地—林地	IX 水域—其他
1	0.82	1.65	1.24	0.63	66.39	11.18	24.29	1.62	0.17
2	14.56	4.30	1.44	2.21	39.95	2.44	27.52	7.56	2.14
3	110.90	2.40	2.13	3.47	14.61	1.02	8.85	1.16	7.14
4	6.16	6.12	22.79	110.40	6.33	6.83	13.01	6.67	14.21
5	1.11	0.73	0.23	8.26	1.09	0.37	0.13	0.21	0.17
6	34.82	46.44	6.93	6.43	21.04	12.52	203.31	25.93	18.52
7	1.03	27.12	19.68	8.55	1.57	3.21	62.82	4.11	6.49
8	0.00	0.97	7.75	4.84	0.50	0.36	0.03	0.74	4.48
9	0.00	3.73	3.53	3.39	3.24	2.28	0.30	4.15	0.66
10	0.53	6.81	4.82	6.17	7.74	7.85	0.90	34.54	1.02
11	0.35	4.49	5.78	18.58	0.95	0.27	0.11	0.77	2.57
12	1.06	11.01	1.93	4.38	11.04	31.28	3.70	15.82	0.28
13	0.00	0.03	2.57	0.30	0.28	1.52	0.79	1.44	4.54
合计	171.35	115.80	80.81	177.63	174.73	81.14	345.76	104.73	62.40

经过对 2000-2010 年和 1980 年代末-2000 年土地利用变化数据的对比分析，可以获得 21 世纪的最初 10 年与前 10 年比较中国土地利用变化格局的新特征（图 4）。主要表现为：

黄淮海地区、东南部沿海地区和四川盆地城镇居民工矿用地呈现明显的加速扩张态势，占用的主要是优质耕地资源；北方地区耕地开垦重心由东北地区和内蒙古中东部转向西北绿洲农业区；东北地区旱地持续转变为水田；内蒙古农牧交错带南部、黄土高原和西南山地以退耕还林还草为主，且草地造林明显；青藏高原区土地利用变化小，主要表现为局部地区水域面积的增加。

表 2 2000-2010 年中国各土地利用动态区土地利用转移矩阵（10^4 hm²）

Tab. 2 Change area of dominated land change types in the land use dynamic zones across China from 2000 to 2010 (10^4 hm²)

区域转移类型	I 旱地—水田	II 耕地—林草	III 其他—水域	IV 其他—建设	V 林地—耕地	VI 林地—草地	VII 草地—耕地	VIII 草地—林地	IX 水域—其他
1	1.84	3.95	3.24	1.37	2.37	8.35	5.57	8.93	0.54
2	9.62	6.29	1.22	2.43	6.38	4.77	3.91	6.04	0.61
3	105.28	3.24	2.32	7.58	2.11	0.82	10.05	0.92	1.53
4	11.01	10.52	31.72	188.29	1.97	1.52	4.53	1.13	21.10
5	0.02	3.16	1.15	19.69	0.01	0.05	0.06	1.29	0.14
6-1	8.21	14.34	3.56	6.04	5.10	4.57	30.57	3.24	8.03
6-2	0.66	61.59	10.10	19.26	1.72	3.22	19.05	19.07	7.02
7	0.63	14.98	18.01	18.20	8.73	2.06	116.26	3.89	27.93
8	0.09	1.05	17.11	13.88	0.70	0.22	0.11	0.89	5.70
9-1	0.15	2.70	3.48	7.60	3.06	0.49	0.50	2.50	0.50
9-2	0.29	0.31	0.76	11.80	0.35	0.10	0.02	0.97	1.39
10	0.22	2.68	4.07	16.53	1.43	2.99	0.13	3.54	0.88
11	0.01	0.35	4.03	49.27	0.29	2.07	0.00	0.92	4.52
12	0.09	15.31	3.52	13.32	3.31	6.98	5.96	34.19	0.20
13	0.00	1.89	10.29	2.99	0.03	3.63	0.60	1.27	3.20
合计	138.12	142.36	114.55	378.24	37.54	41.85	197.38	88.79	83.27

区划单元及其界线出现变化的主要有：(1) 在东北平原旱地—水田交错转换区，三江平原东部区划边界明显扩展；(2) 华北、黄土高原农牧交错带草地—耕地转换区，前 10 年的区划单元 6，后 10 年分为 2 个特征不同的单元，其中北部和中部仍为草地—耕地转换区，而西部则改变为退耕还林还草区，且区划单元边界明显向云南扩展；(3) 东南丘陵林地—耕地转换区，在后 10 年分为 2 个特征不同的单元，即在原有的区划单元内，明显分出华中耕地—城镇转换区；(4) 东南沿海草地—人工林交错转换区，位于沿海的区划边界受

到城市化区域挤压收缩明显;(5)东南沿海城镇扩张区,位于福建广东沿海的区划边界扩展;(6)西南林—草及林草—耕地转换区,原区划单元的西北部并入了前述退耕还林还草区(表3)。

前后2个10年土地利用格局变化的区域差异与分区类型转换特征详见表1~表3。

4 主要土地利用类型的变化原因

4.1 耕地变化

20年中,建设用地的扩大是导致传统农区耕地面积减少的主要原因。1990-2000年间,全国建设用地占用耕地占原有耕地减少面积的45.96%;2000-2010年建设用地占用耕地占原有耕地减少面积的55.44%。分析表明:随着我国城市化进程的提速,全国建设用地占用耕地的年均速率已由1990-2000年的每年约200万亩,激增到2000-2010年的每年300万亩以上。城市化与耕地保护的矛盾进一步凸显。

生态建设占用耕地是生态脆弱地区耕地面积减少的主要原因。1990-2010年期间,以林、草为主的植被恢复工程,特别是2000年以来的退耕还林还草工程,是导致耕地面积减少的主要原因之一。全国平均生态建设用地占耕地减少总面积的34.54%,仅次于建设用地对耕地的占用比例。

北方地区持续增温导致年积温不断增加,为北方干旱缺水地区林草地的大面积开垦提供了相对有利的气候条件。20世纪90年代以来,我国人口数量持续增加,生活水平提高,加大了对粮食的消费需求,而耕地资源有限,粮食供求矛盾突出。在地方政府鼓励和经济利益的驱动下,北方地区大面积草地被开垦。然而,受制于干旱气候和不完善的农田基础设施,对气候变化较为敏感,新增耕地农业生产的稳定性不强,同时也引发农牧交错区大面积林草开垦与耕地撂荒现象并存。在东北地区,在比较利益的驱动下,在引进耐寒稻种和农田水利设施保障前提下,导致大面积旱地转为水田,与此同时,局部区域也因种植结构调整原因将水田转为旱地。水田旱田互转和水田面积增加,也是近20年东北地区耕地变化较为明显的区域特征。

4.2 城镇工矿用地变化

改革开放以来,伴随着社会主义市场经济制度的实施,沿海城市开发程度的加强,特别是 21 世纪以来国家实施了西部大开发、东北老工业基地振兴、中部崛起等一系列区域发展战略，促进了社会经济的快速发展，对中国土地利用动态变化产生重要影响。在国家宏观政策的带动和鼓励下，固定资产投资增加以及大规模的开发区兴建促进了城镇居民工矿用地的增加。根据《中国统计年鉴》统计数据，1986-2010 年我国人口总数由 10.75 亿增加到 13.41 亿；GDP 由 1.03×10^4 亿元增加到 40.12×10^4 亿元（扣除价格变动因素），增幅达到 9.16 倍；城镇人口比例由 1986 年的 24.52%增加到 2010 年的 49.90%，大量农村人口不断向城镇聚集，城镇化水平不断提高。

表 3 20 世纪 80 年代末-2010 年中国土地利用转移动态的区域特征

Tab. 3 Regional characteristics of land use change across China in the two periods from the late 1980s to 2010

区域代码	名称	20 世纪 80 年代末-2000 年[14]	2000-2010 年	两期区划单元变异
1	东北大小兴安岭林草—耕地转换区	以耕地开垦和林地砍伐为主要特征。林地砍伐是新增耕地的主要来源，草地开垦是新增耕地的第二来源。	以林地—草地互转为主，草地—耕地次之。草地减少 5.92×10^4 hm²，其中草地转为林地 8.93×10^4 hm²，开垦为耕地 5.57×10^4 hm²。同时，林地砍伐为草地 8.35×10^4 hm²。	无变化
2	东北东部林草—耕地转换区	以林草地开垦为耕地为主。	草地面积减少 3.79×10^4 hm²，耕地面积增加 2.31×10^4 hm²。林草地与耕地互转面积为 15.58×10^4 hm²，林地与草地互转面积为 10.81×10^4 hm²。	无变化
3	东北平原旱地—水田交错转换区	旱地与水田的转换是主要特征，以旱改水田为主。	旱地与水田的转换是主要特征，面积为 105.28×10^4 hm²，以旱地改水田为主。耕地增加 6.93×10^4 hm²，其中草地开垦为耕地 10.05×10^4 hm²。	三江平原东部范围扩展
4	黄淮海、长江三角洲耕地—城镇转换区	以城镇居民工矿用地大量占用耕地扩张为主。城镇居民工矿用地增加占全国城镇居民工矿用地增加总面积的 62%。	以城镇居民工矿用地扩张大量占用耕地为主要特征。城镇居民工矿用地增加 187.46×10^4 hm²，占全国城镇居民工矿用地增加面积的 49.78%，其中 84.60%来源于耕地的占用。同时，22.65×10^4 hm² 的耕地转为水域，导致水域增加 14.76×10^4 hm²。	无变化
5	四川盆地耕地—城镇转换区	以城镇居民工矿用地占用耕地扩张为主。	以城镇居民工矿用地占用耕地扩张为主。城镇居民工矿用地增加 19.69×10^4 hm²，其中 94.61%来源于耕地的占用，导致耕地减少 23.91×10^4 hm²。退耕还林还草面积为 3.16×10^4 hm²。	基本不变
6	华北、黄土高原农牧交错带草地—耕地转换区	以草地开垦为耕地为主，内蒙古中东部地区尤为集中。其次为耕地转为林草地。	*6-1 中北部草地—耕地转换区：以草地开垦为耕地为主。耕地增加 31.91×10^4 hm²，其中草地开垦增加耕地 30.57×10^4 hm²，占新增耕地来源的 63.70%。其次为退耕还林还草，面积为 14.34×10^4 hm²。 *6-2 西部退耕还林还草区：以退耕还林还草为主，面积为 61.59×10^4 hm²，导致耕地减少 62.30×10^4 hm²，林地增加 32.04×10^4 hm²。同时，城镇居民工矿用地增加 19.02×10^4 hm²，57.11%来源于耕地的占用。	前 10 年的区划单元 6，在后 10 年分为 2 个特征不同的单元，其中 6-2 明显向云南扩展

续表

区域代码	名称	20世纪80年代末-2000年[14]	2000-2010年	两期区划单元变异
7	西北农田开垦与撂荒交错区	草地大面积开垦为耕地，同时，少量耕地受脆弱生态环境的制约而撂荒。	以新疆草地大面积开垦为耕地为主，面积为 116.26×10^4 hm^2，导致耕地面积增加 164.91×10^4 hm^2，草地面积减少 107.96×10^4 hm^2。同时，耕地撂荒转为林草地的面积为 14.98×10^4 hm^2。	无变化。但新疆开垦力度加大
8	华中水域变动和城镇扩张区	水域面积新增明显。城镇居民工矿用地面积增加。	以水域面积扩大为主，新增 17.11×10^4 hm^2。其次为城镇居民工矿用地增加为主，面积为 13.83×10^4 hm^2，74.40%来源于耕地的占用。	基本不变
9	东南丘陵林地—耕地转换区	耕地和林草地之间的相互转换表现明显。同时，林地与草地出现互转。	*9-1 东南丘陵林地—耕地转换区：以耕地和林草地之间的相互转换表现明显。林草地与耕地互转面积为 6.26×10^4 hm^2，以林地与耕地互转为主。同时，城镇居民工矿用地增加 7.50×10^4 hm^2。 *9-2 华中耕地—城镇转换区：以城镇居民工矿用地扩张占用耕地为主，面积为 11.80×10^4 hm^2，其中58.99%来源于耕地的占用。	前10年的区划单元9，在后10年分为2个特征不同的单元
10	东南沿海草地—人工林交错转换区	以人工林替代草地为主，集中在福建山区。	以有林地—其他林地的内部结构转换为主，经济林与有林地增加明显。城镇居民工矿用地增加 16.42×10^4 hm^2。	沿海区划边界受城市化区域挤压收缩
11	东南沿海城镇扩张区	城镇居民工矿用地增加，主要来源于耕地占用。	城镇居民工矿用地面积增加 49.27×10^4 hm^2，其中61.48%来源于耕地的占用，导致耕地面积减少 34.84×10^4 hm^2。	福建广东沿海区划边界扩展
12	西南林—草及林草—耕地转换区	以林地转为草地为主，其次为草地转为林地。同时，耕地转为林草地和林草地转为耕地均有较大面积转换。	以草地转为林地为主，面积为 34.19×10^4 hm^2。其次是退耕还林还草，面积为 15.31×10^4 hm^2。草地面积减少 29.35×10^4 hm^2，林地面积增加 27.47×10^4 hm^2，耕地面积减少 17.84×10^4 hm^2。	原区划单元西北部并入6-2区
13	青藏稳定少动区	土地利用类型变化程度较小，水域面积略有收缩。	水域面积扩大 8.31×10^4 hm^2，草地面积减少 6.04×10^4 hm^2，城镇居民工矿用地增加 2.94×10^4 hm^2。	基本不变

* 表示2000-2010年新的土地利用动态区划单元。

1990年代的10年当中，沿海地区在引入外资、经济技术开发、房地产热等的影响下，城镇周围的农村快速被城镇化，导致城市用地快速扩张。在华北平原、长江三角洲和珠江三角洲，城镇面积的扩展十分明显。2000年以后，西部、中部和东北区域开发战略的实施，吸纳了大量的资金、人才和技术，使中西部地区城镇扩展速度超过了东部地区。21世纪以来中国进入了新一轮快速城镇化进程，城镇与工矿建设用地扩展增速为前10年的2.14倍，城镇周边大量优质耕地资源被占用，这种现象在我国经济比较发达的南方优质农田集中分布区、黄淮海粮食主产区与东南沿海地区尤为突出。

4.3 林草用地变化

研究期内，中国土地利用活动不断增强，不合理的土地开发活动多是以牺牲环境为代价的，北方林草开垦导致风沙灾害和水土流失加剧，1998年特大洪灾进一步突显了区域开发对生态造成的不利影响。为了改善我国生态持续恶化的状况，2001年初，国务院批准实施6大林业重点工程规划，并将其列入"十五"计划。这六大工程分别是：天然林资源保护工程、退耕还林工程、"三北"及长江中下游等重点防护林体系建设工程、京津风沙源治理工程、野生动植物保护及自然保护区建设工程、重点地区速生丰产用材林基地建设工程。2003年国家颁布了《退耕还林条例》，退耕还林进入全面依法实施的阶段。生态退耕减少的耕地主要是坡耕地和旱地，主要分布在坡度大于25°的丘陵地区，以华北地区、黄土高原以及农牧交错带为主。21世纪以来，该区域作为西部地区生态脆弱区，由于退耕还林还草工程的实施，导致林地用地面积显著增加，区域覆盖状况明显改善，大规模生态保护与建设工作，遏制了天然林区林地面积萎缩，有效扩大了人工林面积，并部分遏制了天然草地退化，在一定程度上对西部生态恢复起到积极的作用[20-21]。

5 结论

土地利用/土地覆盖变化（LUCC）是人类活动与自然环境相互作用最直接的表现形式，土地利用变化的空间格局表征了人—地关系在不同地域空间上的作用强度与作用模式。我们采用相同空间分辨率的卫星遥感信息源和相同的技术方法，对中国1980年代末到2010年土地利用变化数据进行定期更新。在此基础上，提出并发展土地利用动态区划的方法，研究土地利用变化的空间格局与时空特征，主要取得如下结论。

（1）1990-2010年的20年间，中国土地利用变化表现出明显的时空差异。"南减北增，总量基本持衡，新增耕地的重心逐步由东北向西北移动"是耕地变化的基本特征；"扩展提速，东部为重心，向中西部蔓延"是城乡建设用地变化的基本特征；"林地前减后增，荒漠前增后减，草地持续减少"是非人工土地利用类型变化的主要特征。

（2）20世纪末10年与21世纪初10年相比，中国土地利用变化空间格局出现了一些新特征，主要表现为黄淮海地区、东南部沿海地区、长江中游地区和四川盆地城镇工矿用地呈现明显的加速扩张态势；北方地区耕地开垦重心由东北地区和内蒙古东部转向西北绿洲农业区；东北地区旱作耕地持续转变为水田；内蒙古农牧交错带南部、黄土高原和西南山地退耕还林还草效果初显。

（3）近20年间，尽管气候变化对北方地区的耕地变化有一定的影响，但政策调控和经济驱动仍然是导致我国土地利用变化及其时空差异的主要原因。2000年后的第一个10年，土地利用格局变化的人为驱动因素已由单向国土开发为主，转变为开发与保护并重。

2002年，我们提出：以时间—空间信息分析手段，实现对地理科学研究对象的"空间格局"与"时间过程"特征的集成研究，揭示研究对象"变化过程的格局"，以及"格局的变化过程"，既是LUCC研究的基本科学问题，也是LUCC动力学研究的有效途径[13]。本文通过"动态区划法"分析世纪之交两个10年中国LUCC空间格局变化的分析，有效揭示了20年来中国LUCC"格局的变化过程"，即动态区划边界的推移、区划单元内部特征的变化与单元的消长等；以及"变化过程的格局"，即土地利用变化过程与特征的分阶段区域差异，清晰刻画了LUCC动态区划中区划单元的消长，单元边界的变动，以及前后10年的变化强度特征，揭示了土地利用"格局"与"过程"之间的交替转化规律，以及不同类型和区域的变化原因，证明了该分析方法的有效性。

参考文献

[1] Mooney H A, Duraiappah A, Larigauderie A. Evolution of natural and social science interactions in global change research programs. PNAS, 2013, 110(Suppl 1): 3665-3672.

[2] Sterling S M, Ducharne A, Polcher J. The impact of global land-cover change on the terrestrial water cycle. Nature Climate Change, 2012, 3(4): 385-390.

[3] Tian H Q, Chen G, Zhang C et al. Century-scale response of ecosystem carbon storage to multifactorial global change in the Southern United States. Ecosystems. 2012, 15: 674-694.

[4] Meyfroidt P, Lambin E F, Erb K et al. Globalization of land use: Distant drivers of land change and geographic displacement of land use. Current Opinion in Environmental Sustainability, 2013, 5: 1-7.

[5] Lambin E F, Baulies X, Bockstael N et al. Land-use and land-cover change(LUCC): Implementation strategy. A core project of the International Geospere-Biosphere Programme and the International Human Dimensions Programme on Global Environmental Change. IGBP Report 48. IHDP Report 10. IGBP, 1995, Stockholm, 125.

[6] Turner B L, Skole D, Sanderson S et al. Land Cover Change Science/Research Plan, IGBP Report No.35, HDP Report 7. IGBP of the ICSU and HDP of the ISSC, Stockholm and Geneva, 1995.

[7] GLP Science Plan and Implementation Strategy. IGBP Report No.53/IHDP Report No.19, 2005, Stockholm, 64.

[8] McMahon G, Benjamin S P, Clarke K et al. Geography for a Changing World: A Science Strategy for the Geographic Research of the U.S. Geological Survey, 2005-2015, Sioux Falls. SD: U.S. Geological Survey Circular, 2005, 1281: 1-76.

[9] Rindfuss R, Walsh S, Turner B L et al. Developing a science of land change: Challenges and methodological

[10] Herrick J E, Urama K C, Karl J W et al. The global land-potential knowledge system (landPKS): Supporting evidence-based, site-specific land use and management through cloud computing, mobile applications, and crowdsourcing. Journal of Soil and Water Conservation, 2013, 68(1): 5-12.

[11] Jin S M, Yang L M, Danielson et al. A comprehensive change detection method for updating the national land cover database to circa 2011. Remote Sensing of Environment, 2013, 132: 159-175.

[12] Liu Jiyuan. Macro-scale Survey and Dynamic Study of Natural Resources and Environment of China by Remote Sensing. Beijing: China Science and Technology Press, 1996. [刘纪远. 中国资源环境遥感宏观调查与动态研究. 北京: 中国科学技术出版社, 1996.]

[13] Liu J Y, Liu M L, Zhuang D F et al. Study on spatial pattern of land-use change in China during 1995-2000. Science in China Series D: Earth Sciences, 2003, 46(4): 373-384.

[14] Liu Jiyuan, Zhang Zengxiang, Zhuang Dafang et al. A study on the spatial-temporal dynamic changes of land-use and driving forces analyses of China in the 1990s. Geographical Research, 2003, 22(1): 1-12. [刘纪远, 张增祥, 庄大方 等. 20 世纪 90 年代中国土地利用变化时空特征及其成因分析. 地理研究, 2003, 22(1): 1-12.]

[15] Liu J Y, Zhang Z X, Xu X L et al. Spatial patterns and driving forces of land use change in China during the early 21st century. Journal of Geographical Sciences, 2010, 20(4): 483-494.

[16] Kuang W H, Liu J Y, Zhang Z X et al. Spatiotemporal dynamics of impervious surface areas across China during the early 21st century. Chinese Science Bulletin, 2013, 14: 1-11.

[17] Zhang Zengxiang, Zhao Xiaoli, Wang Xiao et al. Remote Sensing Monitoring of Land Use in China. Beijing: Star Maps Publishing, 2012. [张增祥, 赵晓丽, 汪潇 等. 中国土地利用遥感监测. 北京: 星球地图出版社, 2012.]

[18] Huang Bingwei. Draft of the Complex Physical Geographical Division of China. Chinese Science Bulletin, 1959, 18: 594-602. [黄秉维. 中国综合自然区划(草案). 科学通报, 1959, 18: 594-602.]

[19] Zhou Lisan. Theories and Practices on Agricultural Division of China. Hefei: University of Science and Technology of China Press, 1993. [周立三. 中国农业区划的理论与实践. 合肥: 中国科学技术大学出版社, 1993.]

[20] Lv Y H, Fu B J, Feng X M et al. A policy-driven large scale ecological restoration: Quantifying ecosystem services changes in the Loess Plateau of China. PLOS One, 2012, 7(2): 1-10.

[21] Feng X M, Sun G, Fu B J et al. Regional effects of vegetation restoration on water yield across the Loess Plateau, China. Hydrology and Earth System Sciences, 2012, 16: 2617-2628.

Spatiotemporal characteristics, patterns and causes of land use changes in China since the late 1980s

LIU Jiyuan[1], KUANG Wenhui[1], ZHANG Zengxiang[2], XU Xinliang[1], QIN Yuanwei[1,3], NING Jia[1,3], ZHOU Wancun[4], ZHANG Shuwen[5], LI Rendong[6], YAN Changzhen[7], WU Shixin[8], SHI Xuezheng[9], JIANG Nan[10], YU Dongsheng[9], PAN Xianzhang[9], CHI Wenfeng[1,3]

(1. *Institute of Geographic Sciences and Natural Resources Research, CAS, Beijing* 100101, *China*; 2. *Institute of Remote Sensing and Digital Earth, CAS, Beijing* 100101, *China*; 3. *University of Chinese Academy of Sciences, Beijing* 100049, *China*; 4. *Chengdu Institute of Mountain Hazards and Environment, CAS, Chengdu* 610041, *China*; 5. *Northeast Institute of Geography and Agricultural Ecology, CAS, Changchun* 130012, *China*; 6. *Wuhan Institute of Geodesy and Geophysics, CAS, Wuhan* 430077, *China*; 7. *Cold and Arid Regions Environmental and Engineering Research Institute, CAS, Lanzhou* 730000, *China*; 8. *Xinjiang Institute of Ecology and Geography, CAS, Urumqi* 830011, *China*; 9. *Institute of Soil Science, CAS, Nanjing* 210008, *China*; 10. *Nanjing Institute of Geography and Limnology, CAS, Nanjing* 210008, *China*)

Abstract: Land-Use/Land Cover Changes (LUCC) are a direct consequence of human and nature interactions. China's Land Use/cover Datasets (CLUD) were updated regularly at five-year intervals from the late 1980s to the year of 2010 with standard procedures based on Landsat TM/ETM+ images. A dynamic zoning method was proposed to analyze major land-use conversions. The spatiotemporal characteristics, differences, and causes of land-use changes at a national scale were then examined. The main findings are summarized as follows:

Land-Use Changes (LUC) across China indicated a significant variation in spatial and temporal characteristics in the past 20 years between the 20th and 21st centuries. The amount of cropland change decreased in the south and increased in the north, but the total area remained almost unchanged. The reclaimed cropland was shifted from northeast to northwest. The built-up lands were expanded rapidly, which were mainly distributed in the east and gradually spread out to the midwest. Woodland decreased first and then increased, but desert area was inverted. Grassland continued decreasing. Different spatial patterns of LUC in China were found between the late 20th century and the early 21st century. The original 13 LUC zones were replaced by 15 units with changes of boundaries in some zones. The main spatial characteristics of these changes included (1) an accelerated expansion of built-up land in the Huang-Huai-Hai region, the coastal areas of southeastern China, the midstream area of the Yangtze River, and the Sichuan Basin; (2) the shifted land reclamation in the north from Northeast China and eastern Inner Mongolia to the oasis agricultural areas in Northwest China; (3) the continuous transform from rain-fed farmlands in Northeast China to paddy fields; and (4) the effectiveness of the "Grain-for-Green" project in the southern agricultural-pastoral ecotones of Inner Mongolia, the Loess Plateau, and mountainous areas of southwestern China. In recent two decades, although climate change in the north impacted the change in cropland, policy regulation and economic driving forces were still the primary causes of LUC across China. During the first decade of the 21st century, the anthropogenic factors that drove variations in land-use patterns have shifted the emphasis from one-way land development to both development and conservation.

The "dynamic zoning method" was used to analyze changes in the spatial patterns of zoning boundaries, the internal characteristics of zones, and the growth and decrease of units. The results revealed "the pattern of the change process", namely the process of LUC and regional differences in characteristics at different stages. The growth and decrease of zones during this dynamic LUC zoning, variations in unit boundaries, and the characteristics of change intensities between the former and latter decades were examined. The patterns of alternative transformation between the "pattern" and "process" of land use and the reasons for changes in different types and different regions of land use were explored.

Key words: satellite remote sensing; land use change; characteristics; spatial pattern; China

"20世纪80年代末以来中国土地利用变化的基本特征与空间格局"解读

李秀彬

　　本文作者，是一支在中国土地利用研究领域具有重要影响力的学术团队。团队的成员来自中国科学院地学领域的不同研究所，在中国科学院知识创新计划、国家重点基础研究发展计划、国家科技支撑计划等的资助下，长期围绕共同目标进行合作研究。自20世纪90年代开始，该团队在刘纪远的领导下，以陆地卫星影像为主要数据源，通过目视解译方法，每五年制作一套全国大比例尺土地利用图。这套连续更新的土地利用数据为资源环境领域的科学研究提供了基础数据，并为全国和各地区资源开发、环境保护及生态建设提供了重要的决策支持。"20世纪80年代末以来中国土地利用变化的基本特征与空间格局"一文，是该团队在这套数据的基础上发表的众多具有重要学术影响的文章之一。

　　土地利用/土地覆盖变化（Land-Use/Land Cover Changes, LUCC）是人类活动与自然环境相互作用最直接和最明显的表现形式，因而也是研究全球气候变化和环境变化的重要领域。自20世纪80年代末以来，中国社会经济快速发展，工业化、城市化进程加快，以及国家区域发展与生态保护战略的实施，对土地利用空间格局产生了显著影响。在"20世纪80年代末以来中国土地利用变化的基本特征与空间格局"一文中，作者利用陆地卫星影像人工解译获取的1990—2010年土地利用变化数据，分析了世纪之交20年中国土地利用变化的基本特征、空间格局和主要驱动力。

作者介绍：李秀彬（1962— ），男，河北固安人，中国科学院地理科学与资源研究所研究员，博士生导师，中国地理学会会员（S110000940M），主要从事土地利用变化研究。E-mail: lixb@igsnrr.ac.cn

研究发现，这一时段中国的城乡建设用地持续扩张，是变化最大的一种土地利用类型。此外，林地前减后增，荒漠前增后减，草地持续减少。值得注意的是耕地，虽然20年间总面积变化不大，但是前10年是增加的，而后10年却是减少的。虽然作者并未在文中点明，但是全国总耕地面积到底在什么时候达峰然后转折向下，是学界非常关注的一个重要问题。作为中国土地利用科学数据集中最有影响的数据源之一，该文对于研究中国土地利用的森林转型、耕地转型过程来说，是一篇有价值的学术文献。

世界发达经济体的发展过程表明，以森林为代表的自然生态空间，往往随着经济增长表现出先收缩后扩张的转型现象；而与此相对应的是耕地表现出从扩张到收缩的转型。这种人与自然在陆地表面空间占有上的此消彼长，无疑是重视人地关系研究的地理学者的重要关注点。中国的情况则较为复杂，总体上，森林面积在20世纪80年代后就已经表现出净增加和持续扩张的趋势，而耕地面积却并未停止扩张。该文所提供的数据表明，中国耕地面积的顶点，出现在世纪之交。

文章的独特之处，还在于对土地利用时空差异及其演变的归纳。作者发现：20世纪80年代末至2010年，中国的土地利用变化表现出明显的时空差异。总体来看，耕地面积南减北增；城乡建设用地的扩张以东部为重心，并向中西部蔓延。前后两个10年相比，土地利用变化的空间格局表现出新特征：黄淮海地区、东南沿海地区、长江中游地区和四川盆地城镇工矿用地加速扩张；北方地区耕地开垦重心由东北地区和内蒙古东部转向西北绿洲农业区；东北地区旱作耕地持续转变为水田；内蒙古农牧交错带南部、黄土高原和西南山地退耕还林还草效果初显。

为了刻画土地利用变化的空间格局，文章对前后两个时段中国土地利用变化进行了区划，通过"动态区划法"分析土地利用变化，即分析了土地利用动态区划边界的推移、区划单元内部特征的变化与单元消长，对比了土地利用变化过程与特征的分阶段区域差异，以及前后10年的变化强度特征，揭示了土地利用"格局"与"过程"之间的交替转化规律。

文章研究发现，不同土地利用类型变化的原因各异。耕地变化主要受建设用地扩张和生态建设占用耕地的影响；城镇工矿用地变化主要受城镇化进程和区域发展战略的影响；林草用地变化主要受退耕还林还草等生态建设政策的影响。20年间，气候变化对北方地区的耕地变化有一定影响，但政策调控和经济驱动仍是主要原因。2000—2010年，土地利用格局变化的人为驱动因素已由单向国土开发为主，转变为开发与保护并重。

总之，该文通过遥感影像解译和动态区划法分析了土地利用变化的空间格局，有效揭示了土地利用"格局的变化过程"和"变化过程的格局"，刻画了中国在1990—2010年土地利用变化的时空特征、区域差异和变化原因。文章为相关领域研究提供了重要的科学信息。同时，其对土地利用变化基本特征和驱动机制的深入分析，也为我国制定土地资源保护和可持续利用政策提供了重要参考。

社会—生态系统综合风险防范的凝聚力模式

史培军[1,2,3]，汪 明[1,3]，胡小兵[1,3]，叶 涛[1,3]

(1. 北京师范大学地表过程与资源生态国家重点实验室，北京 100875；
2. 北京师范大学环境演变与自然灾害教育部重点实验室，北京 100875；
3. 民政部—教育部减灾与应急管理研究院，北京 100875)

摘要：在综合风险防范"凝聚力"概念的基础上，从社会—生态系统综合风险防范的"凝聚力"基本原理、凝聚力形成中的协同效能、凝聚力实现手段、凝聚力优化对提高系统抗打击能力的作用等方面系统研究了"凝聚力"的科学内涵，并初步建立了"凝聚力"的模式，以期完善现有综合风险防范理论体系。结果表明：协同宽容、协同约束、协同放大和协同分散4个基本原理阐述了社会—生态系统综合风险凝聚力在协同运作上的4种表现，同时也是凝聚力在"凝心"和"聚力"具体问题上的4种优化目标的阐释；凝聚力模式将4个协同原理及其优化目标转化为社会认知普及化、成本分摊合理化、组合优化智能化、费用效益最大化等一系列手段，实现了社会—生态系统综合风险防范产生的共识最高化、成本最低化、福利最大化以及风险最小化；运用复杂系统建模和仿真的方法，通过设计社会—生态系统结构和功能的表达，验证了随着系统凝聚力的提高，系统抵抗局部和全局打击的能力均得以增强，而且，可通过优化社会—生态系统中节点的结构和功能，以达到提升系统凝聚力的目的；凝聚力模式补充了灾害系统中脆弱性、恢复性、适应性等概念在阐释社会—生态系统综合风险防范问题上存在的缺陷。

关键词：社会—生态系统；风险防范；凝聚力模式；协同效能；综合

DOI: 10.11821/dlxb201406012

1 引言

为了加深理解人类社会对地球系统的影响，以及应对人类面临的与日俱增的各类风险，我们发现，"综合"一词愈来愈被不同的科学领域所使用，如"天—地—人"系统的"综合"、社会—生态系统的"综合"、区域与全球经济发展的"综合"、防灾减灾与可持续发展的"综合"、防范风险对策中"科学—技术—管理"的"综合"，等等。毋庸置疑，"综合"一词的使用，不仅强调"综合"理解地球系统的复杂性，而且更加强调从"综合"的视野寻找提高资源利用的效率和效益及防范风险的对策，即什么样的"综合"可以提高我们认识地球系统复杂性的能力？如何"综合"就可以明显提高资源利用的效率和效益？为什么"综合"就可以提高人类防范社会—生态系统风险的水平？

近十年来，学术界开始关注"社会—生态系统"和"人地复合系统"的复杂性、异质性、动态性[1-2]和高度关联性[3-4]，并探讨这些特征对系统可持续性造成的挑战。在全球变化科学领域，IHDP率先提出了综合风险防范（Integrated Risk Governance，IRG）的科学计划[5-6]，指出"社会—生态系统"的风险研究需从多尺度、多维度、多利益相关者角度开展综合的研究，这种综合超越了原有的"多灾种—灾害链"的研究以及单尺度下的成本效益和成本分摊的研究[6]，而强调致灾因子、孕灾环境和承灾体的一体化[7]，危险性、敏感性（稳定性）和暴露性的一体化[8]，脆弱性、恢复性和适应性的一体化[9]，地方性、区域性和全球性的一体化[10]，这样反映在防范风险、应对灾害的主体身上，强调的是上下左右协同的运作机制，以及系统结构和功能的多目标优化。然而，如何实现这一目标，如何从科学严谨的角度阐释"综合"，这就需要提出新的模式。

2 凝聚力的提出

"社会—生态系统"（传统意义上也被称为"复合人—地系统""人与自然复合系统"[1]）

是地理学以及可持续发展科学的重要研究对象。社会生态系统被定义为社会子系统（人类子系统）、生态子系统（自然子系统）以及二者的交互作用构成的集合[11]（Gallopín, 2001），并被认为是可持续发展科学最理想的研究单元[12]。灾害与风险系统是典型的社会—生态系统（SES）（以下简称"系统"）[13]，亦是风险防范研究的对象，包括社会子系统、经济子系统、制度子系统和生态子系统，各子系统相互关联，且紧密互动[6]。我们曾专门撰文讨论区域灾害系统的结构体系与功能体系[7-10,13]。灾害系统的结构体系阐述了系统要素的构成，即孕灾环境、致灾因子、承灾体与灾情。其中，孕灾环境是区域灾害发生的综合地球表层环境，对应着社会—生态系统的全部，而致灾因子与承灾体均是其子集。致灾因子是孕灾环境中不稳定的、可在一定扰动条件下突破阈值并对承灾体形成潜在威胁的自然要素[14]。扰动可以是内源性的，也可以是外源性的，或是内外互动性的[14-17]。承灾体是致灾因子影响和打击的对象。灾情是打击和破坏的结果。灾害系统的功能体系阐明了灾害风险形成的过程，即灾害风险的大小由孕灾环境的不稳定性、致灾因子危险性以及承灾体脆弱性（广义）共同决定（图1）。由于孕灾环境不稳定性与致灾因子危险性在很大程度上由社会—生态系统中生态子系统的内在属性决定，即综合地球表层环境中的物理、化学、生物与人文过程决定，综合风险防范的核心问题在于如何有效提升孕灾环境的稳定性并降低承灾体子系统的脆弱性（广义）。

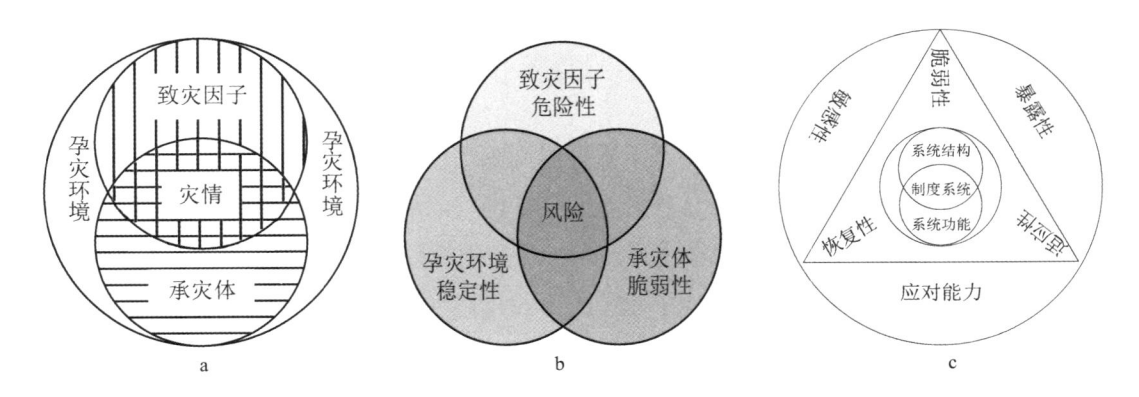

图1　区域灾害系统的结构体系（a）、功能体系（b）与承灾体脆弱性的内涵与外延（c）

Fig. 1　Regional disaster system architecture (left), functional system (middle) and exposure vulnerability connotation and denotation (right)

近年来，若干重要概念被用于描述社会—生态系统的可持续能力，包括脆弱性（Vulnerability）、恢复性（Resilience）与适应性（Adaptation）。这些概念之间彼此交叉，在不同具体的研究领域具有不同的侧重与界定[18]。脆弱性最早源自经济学、人类学、心理学等多个学科，而人文地理学家则构建了针对环境变化的脆弱性[19]，以及针对灾害与风险的脆弱性理论[21-22]。恢复性最早源自生态学领域[20]，曾被一些学者定义为系统应对外部压力与扰动的能力[23]，因而也被认为与脆弱性是同一事物的两个方面[25]，并在一些文献中被等价地使用[29]。然而，从系统科学角度理解的恢复性是重点表达系统从动态变化中（特别是在受到扰动和外部压力后）在一定吸引域内维持或"恢复"其结构和行动的能力[26-27]，与脆弱性有着重要的区分。适应性表达系统针对外部环境特征的演变（如变化的条件、压力、致灾因子、风险或机遇）进行自我学习、调整与演化的能力[28]，最早源自上世纪初的人类学研究，而在近年来气候变化与应对领域成为了研究热点[29]。

与此同时，灾害风险以及全球变化风险领域的研究进展丰富了承灾体脆弱性的内涵与外延。用于描述承灾体内在属性的指标，在狭义的脆弱性（表达系统丧失结构和功能的能力，可用承灾体在不同致灾因子强度条件下的损失程度计量）的基础上增加了恢复性（表达系统从其动态变化中恢复的能力，可用承灾体在遭受打击后恢复的速度与程度计量）与适应性（表达系统针对外部环境特征进行自我学习、调整与演化的能力）。

然而，这三者之间到底是怎样的关系在当前的研究中仍然存在许多争论。系统的脆弱性、恢复性和适应性表达的是同一概念的不同方面，还是存在互相包含的关系[11]？全球变化研究领域倾向于将恢复性的概念广义化，即恢复性包含了系统应对和承受打击的能力（脆弱性）以及从打击中恢复的能力，并特别强调系统恢复性的动态特征。在区域灾害系统研究中，我们更倾向于将脆弱性的概念广义化，即承灾体的广义脆弱性包含了狭义脆弱性、恢复性与适应性三者，其中既包含系统的动力特征，也伴随着系统的非动力特征（图1）。

敏感性、暴露性与应对能力分别是承灾体广义脆弱性在孕灾环境、致灾因子与承灾体三个方面的外延。承灾体对应某一特殊种类的致灾因子的敏感性受到局地孕灾环境特征的显著影响，也就是通常所说的局地孕灾环境对灾情产生的放大/缩小作用。暴露性是孕灾环境中的扰动形成的致灾因子在承灾体子系统表面的投影，承灾体对致灾因子的暴露是损失形成的前提。承灾体的敏感性与暴露性通常被用于结构化的定量评估狭义脆弱性；敏感性与应对能力能够很好地表达承灾体子系统从扰动中恢复的能力，即恢复性。应对是一种承灾体在灾害发生时采取的短期与临时性的系统功能改变。应对能力与适应性的关系相对较为复杂。承灾体对致灾因子的应对往往通过改变系统的暴露性实现，而同时也会影响扰动本身，如强度（Intensity）和作用时长（Duration）等属性。以洪水为例，洪水来临时临时垒堤坝、转移安置群众等应对措施可以降低财产的暴露性，但这是暂时的。一旦洪水超越这种临时设防能力，措施失效，被人为增高水位的洪水将更加具有破坏性，而堤坝周边的承灾体的敏感性（如房屋抵抗洪水冲击与长时间浸泡的能力）却并未改变。应对是承灾体子系统针对外部扰动的及时性反馈，而当这种反馈得以不断重复并被系统学习从而导致长期性的结构与功能变化时，就形成了适应。仍以洪水为例，将临时性增高堤坝改为永久性增高，将转移安置更改为洪泛区退出，应对措施就变成了适应措施。应对能力（Coping capacity）与适应能力本身存在一定的差别，此处仅强调二者在时间尺度上的区分，即长时间尺度的应对能力可被视作适应能力。

承灾体广义脆弱性的内涵与外延决定了主动防范风险需要在多个维度有效减轻系统脆弱性，而减轻的能力决定于构成系统的经济、社会与制度子系统的要素，要素之间、要素与子系统之间以及子系统的关系（系统结构），以及由这种结构所实现的系统功能。其核心是制度系统对系统结构和功能的设计，决定着承灾体系统的内涵（脆弱性、恢复性、适应性）和外延（敏感性、暴露性和应对能力），这样构成了系统应对由孕灾环境和致灾因子交互作用而产生的灾害事件以及风险的整体能力。

在澄清以上诸多概念后，一个极为重要的问题由此提出：承灾体子系统的结构与功能应如何设计，实现经济、社会、制度等子系统内要素之间的协同运作，从而有效地改变脆弱性、恢复性、适应性，降低敏感性、暴露性并提升应对能力，进而有效地防范风险？如何评价系统的此类结构与功能调整与优化并降低脆弱性（广义）的能力？我们发现，目前仍然缺乏一种概念或模式来阐释这种效果或能力。应该有另一驱动力（因素）来决定整个系统是否能有效和有序地进行协同运作、实现防范风险的目标。为此我们提出，这种促使系统协同运作的驱动力为系统的"凝聚力"[31]，其英文为"Consilience"。Consilience 一词最早出现于 1847 年 Whewell 所著的 *The Philosophy of the Inductive Sciences*[32]一书中，尝试用 Consilience 来阐释科学理论构建的基础：预测、解释和各领域的统一化，强调的是综合的过程。在 1998 年由 Wilson 所著的 *Consilience: The Unity of Knowledge*[33]一书中，更为清晰地用 Consilience 一词解释知识的一体化。系统的"凝聚力"表达了系统中的各子系统、各要素、各行为主体达成共识（即"凝心"）和形成合力（即"聚力"）的能力，"凝聚力"的大小是针对凝心和聚力的过程而言，即该过程产生的效果、效率和效益。

"凝聚力"是对系统"凝心"和"聚力"能力的一种测量和表达，也是系统内在的状态属性，它与系统的"结构和功能"有关。"凝聚力"概念中"凝心"指的是系统中各相应单元达成共识的过程，而"聚力"指的是各单元形成合力的过程，达成共识和形成合力均是针对系统综合防御风险、抵抗外在打击（渐发和突发型）而言。

凝聚力的概念模型如图 2 所示。政府、事业、企业和个人 4 个均为防范风险的主体，各自在自己的维度上需进行单主体的综合，然后 4 个主体进一步综合，作用于社会子系统、经济子系统、生态子系统和制度子系统上，这些子系统进一步综合，形成合作、协作、沟通和共建这样一种凝聚后的综合系统，才能更好地协同运作。

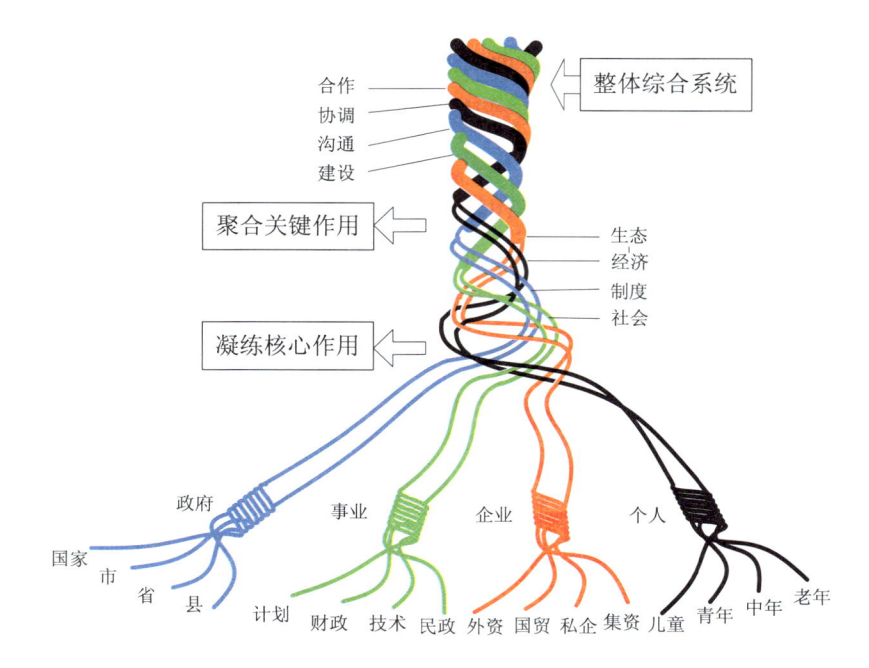

图 2　社会—生态系统综合风险防范凝聚力概念模型[31]

Fig. 2　Conceptual consilience mode of integrated risk governance for social-ecological systems

3　凝聚力基本原理

凝聚力概念本质是"综合"，具体表现为系统协同运作的能力或协同性，凝聚力也是系统的一种内在属性。系统的其他属性，如脆弱性、恢复性等在提出之初，为了更好地加以解释，并与不同领域的概念进行结合，它们的概念描述往往借助力学的问题表达方式进行。本文提出凝聚力 4 个基本原理，借用结构工程和力学中的相应表述方法，对凝聚力原理进行阐释。

（1）协同宽容原理

系统面临风险时，各响应单元必须产生有别于常态时的宽容性，这种宽容性使得系统作为应对风险的整体，获得比常态时更高的抗性和恢复性。如图 3 所示，当多股钢绞线拧在一起时，不仅使得工作性能提升，而且比单根使用获得了更多的延展性，从而整体上能够容忍更大变形，且获得更强的抗冲击能力。当"社会—生态系统"向灾害状态转入时，各个响应单元需合理地提高宽容性，容许常态时所不能接受的运作规则和合作方式，这样，才能围绕系统整体的优化目标，在灾害"转入"时能产生更高的设防能力和调整空间；同样，在灾害"转出"时，对资源分配原则、成本效益目标和区域平衡方式等的协同宽容，能让系统整体上能更有效应对灾情，并快速得以恢复。协同宽容的原理还体现在各子系统和响应主体对灾害风险"转入"和"转出"模式[6]转换所需的宽容度，这样实现系统整体在防范风险上效率和效益的双重优化。协同宽容原理对应凝聚力中的"凝心"，它也是在系统防范风险中实现结构和功能优化的前提。

（2）协同约束原理

由于系统应对风险的总体资源有限，每个响应单元都不可能任意地使用资源而达到局部效果的最优。从系统的角度，为了达到有限资源条件下的整体最优，往往需要对局部的单元进行资源或行为的约束，在一定的协同配置下，这种约束会对系统整体产生更为优化的风险防御能力。如图 4 所示，柱体由于在与竖直方向垂直的平面上进行了有效约束，使得柱体的极限承载能力得以提升。这种约束可以很容易拓展到社会—生态系统的响应单元中。当防范风险成为系统整体的目标时，单元的行为和资源在抵御风险时需进行必要的调整（约束），经济子系统和社会子系统的一些短期目标和资源需求进行必要的约束，以缓解对生态子系统的压力。这种约束虽然会抑制一些短期或局部的发展，但是从整体系统的角度而言，其可持续发展的能力得以提升，从长期角度来看，反而会促进经济等其他子系统的长足发展。协同约束原理强调约束措施的实现，而这种调整是系统达成"共识"的结果。所以，协同约束原理也对应凝聚力中的"凝心"。

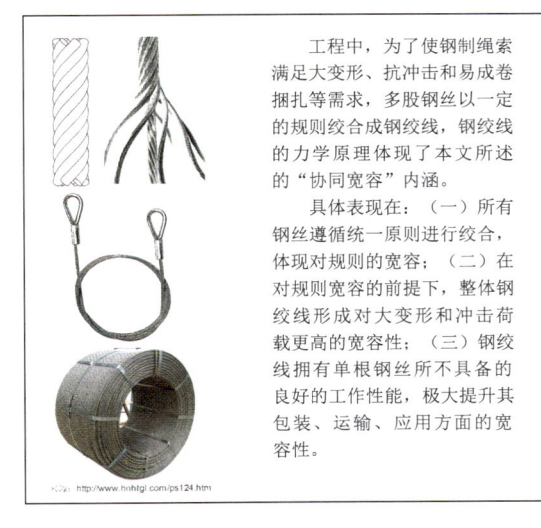

图 3 协同宽容原理示意图

Fig. 3 Collaborative tolerance schematic

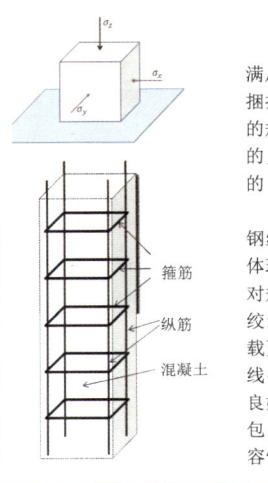

图 4 协同约束原理示意图

Fig. 4 Collaborative constraint schematic

（3）协同放大原理

当响应单元间产生合力，那么共同应对风险时形成协同放大的效果。如图5所示，当构件间产生足够的摩擦力，组合后的结构的承载能力得以极大提升，而提升的效果成 n^2 倍数增加，达到"1+1>2"的放大效果。系统通过协同性的设计和优化，能极大提升系统整体防范风险的能力，体现各单元间通过协同机制而形成相互促进效果，从而使整体的效益得以放大，各单元间在资源配置上的协同可促进系统整体资源利用效率的提升，各单元在结构与功能优化的过程中，通过协同设计增强相互间的正向耦合作用（如绿色经济上的投入对经济增长和生态服务能力两方面都能产生正向作用），使有限的资源能在多个功能实现下达成协同增强的效果，这样能放大系统整体应对灾害风险以及从灾害事件中恢复的能力。协同放大原理对应凝聚力中的"聚力"。

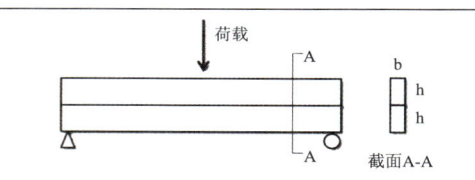

结构工程中，常常通过组合结构的协同性设计实现结构性能的优化。单根的简支梁的抗弯性能与 $W=bh^3/6$ 成正比。当两根梁之间没有任何协同性（无摩擦）时，极限抗弯性能与 $W=2bh^3/6$ 成正比；当两根梁之间存在协同性（完全连接）时，极限抗弯性能与 $W=b(2h)^3/6$ 成正比。当n根协同时，其性能提升为 n^2 倍，不是简单的n倍。

协同放大的原理体现在：（一）子系统间因为协同性的存在，使得系统整体抵抗能力提升，这种提升超过了因为子系统数目的增加带来的简单增量，而是形成了额外的放大效能；（二）协同放大的实现需要通过子系统间的协同性设计来完成。

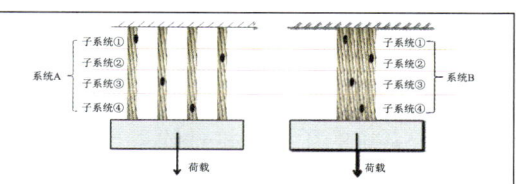

在系统A中，子系统的缺陷（黑色点表示）带来的破坏会造成整根绳索的断裂，荷载进行重新分配而引发"灾害链"的传递会使整个系统崩溃。系统B中的子系统协同受力，有效分散系统中存在的随机缺陷。假设每个绳索在无缺陷时的承载力为100，有缺陷时的承载力为50，那么系统A的极限承载力为200，而系统B的极限承载力在300至450之间。

协同分散的原理体现在：（一）通过子系统间的协同，原本存在于系统中地随机风险（缺陷）得以降低，从而提升整体系统的抵抗能力；（二）子系统中的风险在协同后的系统中得以分散，系统作为整体分摊子系统中的风险，这种分散的效果取决于系统协同性的设计。

图5　协同放大原理示意图

Fig. 5　Collaborative amplification schematic

图6　协同分散原理示意图

Fig. 6　Collaborative diversification schematic

（4）协同分散原理

由于复杂系统中各单元间存在着一定的联通性[3]，某一子系统中的缺陷可能会形成引发系统性的风险而导致系统崩溃，协同分散的目的是将这种局部的缺陷放到整个系统中来评估，从系统的角度来转移和分摊它带来的风险。风险分散的本质就是通过时间的长度和空间的广度来化解风险在某一特定时空的聚集，而协同分散原理在此基础上增加风险在各系统单元中的分散，具体体现在系统设计时避免风险在各系统单元间的传递和扩散，同时形成系统单元间的协同力，对局部的风险源加以有效控制。所有的响应单元都存在着缺陷或薄弱点，在应对风险和外在打击时，如果每个单元都单独应对，那么，每个单元中潜在的缺陷就会暴露，一旦破坏，有可能形成系统的链式破坏反应。如图 6 所示，当系统 B 的四个单元形成合力，那么在不同的截断下，某一单元中存在的缺陷会被其他没有缺陷的单元共同分担，这样，从系统整体的角度来说，系统中可能的缺陷带来的风险被有效分散了，从而使其抵御风险的能力得以提升。协同分散原理也对应凝聚力中的"聚力"。

4 凝聚力形成中的协同效能

上述凝聚力 4 个基本原理均提及"协同"。那么，应用到系统风险防范中，"宽容""约束""放大"和"分散"均对应的"协同"效能是什么呢？

"协同宽容"原理强调系统通过协同运作，形成系统整体共识的统一，共识的形成快慢好坏，应对是否得力，是否把可能的资源都用在刀刃上，决定着防范风险具体政策和措施实行的效率和效果，即"人心齐泰山移""民齐者强"。协同宽容的目的是整体的共识最高。

"协同约束"原理强调通过系统的协同运作，在约束一些子系统的资源、资本和行为时，使得系统整体抵抗风险的能力增强。虽然约束的内容往往是具体的资金、资本等，但是约束的前提是各子系统或行为主体对实施约束的认知和接受程度。所以，从制度设计的角度，更多反映出的是共识的问题。协同约束的目的是系统整体防范风险目标实现的条件下所需的成本或费用最低，即"舍卒保车""上下同欲者胜"。例如，巨灾之后的恢复重建，虽然从各行业和地区的角度有着各自的期望和目标，但是，为了实现灾区整体的目标，各行业和地区必须在各方面做出必要的约束。

"协同放大"原理强调通过系统的协同运作，使得系统抵抗外在打击的能力增强，并且产生"1+1＞2"的效果。从宏观角度来讲，协同放大的目的是使得系统中整体社会福利（Social Welfare）的最大化。例如，在农业风险防范中，政府、保险企业和农户的协同运作，通过政策性推动、财政资金补贴、农户的广泛参与以及保险资本杠杆效应，最终实现农户风险保障的极大提升，这是协同运作而产生的社会福利的放大效果，即"众人拾柴火焰高"。

"协同分散"原理强调通过系统的协同运作，使得系统成为一个协作的整体后，原本各子系统所面临的风险在这个整体面前得以有效分散，使整体风险降低。协同分散的目的是使得系统整体的风险最小化。例如，在防范气候变化引致的环境风险时，各行业均面临着未来气候变化可能产生的不良影响，如农业、能源产业、供水业、健康服务业等各自风险的规模和特征差异明显，那么，当各行业协同运作共同防范风险，使得各自的风险在时间和空间上得以分散。同时，行业间的资源、资本和技术的联通与共享，可以使得原本在某一行业凸显的风险得以减缓,但更重要的是作为协作整体风险的降低,即"一根筷子轻折断,十双筷子抱成团"。

凝聚力理论的4个协同原理,是针对社会—生态系统综合风险防范而提出,具有一定的普适性,是对生态系统中的"共存"、制度系统中的"共识"、社会系统中的"共生",以及经济系统中的"共赢"的阐释,但更加强调"共存、共识、共生、共赢"这些结果产生的过程,即"凝心"和"聚力"形成的过程。这里需要强调的是:协同的目的是提升系统的凝聚力,以有效防范风险,然而,协同的过程中各子系统或响应单元需要一定程度上进行结构和功能的调整,这种调整可能会在局部产生新的风险因素,进而在高度关联和紧密互动的社会—生态系统中得以"传递、累积和放大",最终可能引起系统性的灾难;这种过程往往会是潜在、渐变和长期性的,在短时间难以显现,所以更需要关注这种协同过程中的新风险因素,以提升系统的可持续能力。

5 凝聚力模式

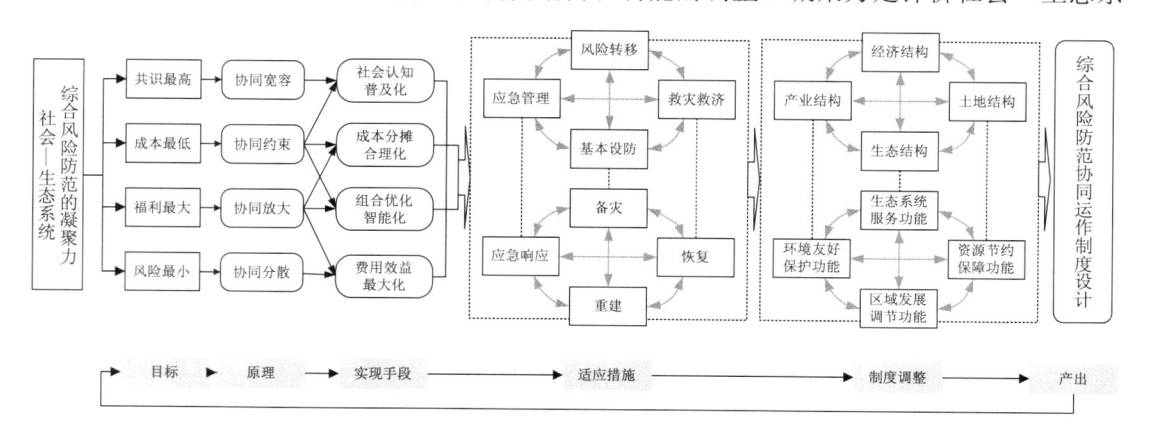

依据以上基本原理,本文提出了社会—生态系统综合风险防范的凝聚力模式,如图7所示。围绕社会—生态系统综合风险防范的目标,应用系统协同宽容、协同约束、协同放大和协同分散原理,通过社会认知普及化、成本分摊合理化、组合优化智能化、费用效益最大化等一系列手段,实现系统综合风险防范形成共识的最高化、成本最低化,以及福利最大化、风险最小化。这一过程的完成,必须通过系统结构和功能的改变,并采取相应的适应措施来实现,而这些措施得益于制度结构和功能的调整。凝聚力是评价社会—生态系

图7 社会—生态系统综合风险防范的凝聚力模式

Fig. 7 Consilience mode of integrated risk governance for social-ecological systems

统综合风险防范的基本变量，凝聚力的最大化提升是综合风险防范、协同运作以及系统结构和功能优化的目标，而制度设计是实现这一过程和达成这一目标的核心。

在此模式中，从协同的目标到产出并非单一的过程，以制度设计为核心产出的综合风险防范，需要不断再回到提升社会—生态系统凝聚力的目标上，构建再调整与优化的流程，以评价整体和局部的协同效能和效果、关注制度调整后可能产生的新的风险因素及其对调整与优化后的社会—生态系统的影响。这一循环模式强调的是社会—生态系统动态的自我完善和演化，以更好适应自然、人文等因素的变化，特别是这一过程中不断涌现的传统的和新兴的风险因素，尤其是各种突发的或渐发的极端事件。

6 凝聚力优化对提高系统抗打击能力的作用

受社会—生态系统中"凝心聚力"现象的启发，我们运用复杂系统网络的研究方法建立了系统凝聚力的定量化表达，提出了网络系统凝聚度的概念，用以综合考虑网络拓扑结构和结点功能对系统抵抗干扰（灾害）能力的非动力学特性和贡献[①]。该研究中关于凝聚度的理论和仿真研究表明，凝聚度是一种更普遍化意义的联结度（联结度概念是现有的复杂网络系统理论体系的基石[34-35]），是和联结度一样具有基础性和普适性的网络属性。该研究在提出凝聚度概念的基础上，又从"凝心"和"聚力"两个方面，进一步扩展了邻域凝聚系数、全局凝聚系数和凝聚聚合系数等一系列全新的、重要的复杂网络系统属性，开发了凝聚度选择联结和凝聚度优化等一套网络系统模型，从而形成了一个以凝聚度概念为基础的、研究诸如社会—生态系统这样的复杂网络系统的全新的、有效的理论体系雏形。

该研究中的凝聚度理论源于社会—生态系统中的"凝心与聚力"现象，本节将凝聚度理论应用到社会—生态系统中，通过计算机仿真试验，来研究凝聚力对提高系统抗打击能力的效果，以期回答"当诸如社会—生态系统这样的复杂网络系统的凝聚力增强时，是否能更好地抵御外来打击所造成的灾害风险"这一重要问题。本节中将用到该研究中的大量概念和模型，由于篇幅所限，相关细节在文中不再赘述，这里仅作简要论述。

假设一个网络系统，有 N_N 个结点和 N_E 条链接。每个结点都有自己的结点功能。各结点的功能可以不同，但所有结点功能都是要为同一特定的系统功能服务。结点间的功能会通过网络拓扑结构而相互影响。就服务于同一特定的系统功能而言，当两个结点连接到一

[①] 胡小兵，史培军，汪明 等."凝聚度：描述社会—生态系统抗干扰能力的一种新特性". 中国科学：信息科学，已录用待刊中，2014.

起时，它们的结点功能可能相互促进提升，也可能相互干扰掣肘。所以，引入一个"功能相位"的概念。每个结点都有各自的功能相位，记结点 i 的功能相位为 θ_i，$\theta_i \in \Omega_\theta$，$i = 1$、…$N_N$，$\Omega_\theta$ 是功能相位的取值范围。功能相位可代表的实际物理意义非常广泛，例如，信号的同步程度、设备的兼容性、合作意愿、社会价值、个人态度、文化差异，等等，这些实际因素在各自的网络系统中，对决定系统的整体性能，都起着至关重要的作用。

然后引入一个相位差函数：对相互连接的两个结点 i 和 j，函数 $f_{d\theta}(\theta_i, \theta_j)$ 将根据它们的功能相位 θ_i 和 θ_j 来计算它们互补或干扰的程度。虽然相位差函数 $f_{d\theta}(\theta_i, \theta_j)$ 的具体形式可以视问题而定，但应该满足以下几个条件：① 对取值范围 Ω_θ 里的任意两个相位值 θ_i 和 θ_j，总有 $-1 \leqslant f_{d\theta}(\theta_i, \theta_j) \leqslant 1$；② 当 $\theta_i = \theta_j$ 时，有 $f_{d\theta}(\theta_i, \theta_j) = 1$；③ $f_{d\theta}(\theta_i, \theta_j)$ 是关于 $\theta_i = \theta_j$ 对称的；④ 存在一个 $\Delta\theta > 0$，对任何满足 $|\theta_i - \theta_j| \leqslant \Delta\theta$ 的 θ_i 和 θ_j，$|f_{d\theta}(\theta_i, \theta_j)|$ 是 $|\theta_i - \theta_j|$ 的非增函数。在本节中，将用余弦函数"cos"来定义相位差函数 $f_{d\theta}(\theta_i, \theta_j)$。

基于上述准备，网络系统中结点 i 的凝聚度就可以定义如下：

$$c_{CD,i} = \sum_{j=1}^{k_i} f_{d\theta}(\theta_i - \theta_j) \tag{1}$$

式中：k_i 是结点 i 的联结度。由式（1）可知，如果一个结点连接到越多的具有越相似功能相位的其他结点，则其凝聚度就越大。因为 $-1 \leqslant f_{d\theta}(\theta_i, \theta_j) \leqslant 1$，所以 $-k_i \leqslant c_{CD,i} \leqslant k_i$。当结点 i 与其所连接的 k_i 个结点具有完全相同的功能相位时，其凝聚度就等于其联结度。所以，凝聚度可以看作是一种被普遍化了的联结度，然而却包含了联结度所无法表述的意义。换而言之，联结度只是凝聚度的一种特例。显然，联结度 k_i 大并不意味着凝聚度 $c_{CD,i}$ 就大。如果与结点 i 相连的所有结点在功能上都是与结点 i 完全相冲突的，那么联结度 k_i 越大，只会导致凝聚度越小，传统的结点联结度 k_i 是无法区分上述的不同情形。凝聚度 $c_{CD,i}$ 是一个全新的描述网络系统抵抗外来打击的能力的重要特性。下面用仿真试验来进一步证明凝聚度的意义。

为研究系统抵抗外来打击的能力，需要定义在外来打击下，网络系统结点间的相互作用。本研究中，定义了两类系统结点间的相互作用：相互救助模式和相互替代模式。在相互救助模式下，当一个结点受到外来打击时，其原有功能将全部丧失，这时和其连接的其他未受打击的结点会向其输送资源以帮助其恢复部分功能，其他未受打击的结点在输送资源的同时，自身的原有功能将会相应衰减。在相互替代模式下，当一个结点受到外来打击时，其原有功能将也会全部丧失，这时和其连接的其他未受打击的结点不会帮助其恢复功能，而是会相应提高自身功能，以便弥补系统因受外来打击而丧失的部分功能。无论是相互救助模式还是相互替代模式，施援结点所给予受灾结点的援助量，都需要乘以两结点间的相位差函数值，才能转换成受灾结点实际接收到的援助（对于两个相互冲突的结点，受灾结点实际接收到的将是来自施援结点的干扰或破坏）。受打击结点的比例由 RofF 表示，体现了外来打击的强度。比如，RofF = 0.5 表示外来打击直接使 50%的结点丧失原有功能。

首先研究各类网络系统抗打击能力的差异。为此，我们构造了 6 类网络系统。其中 2 类是基于传统联结度的网络模型，分别是随机连接网络模型[36]（简称 NDRC）和选择性连接网络模型[37]（简称 NDPA）。另外 4 类系统，都是研究中提出的凝聚度网络模型，分别为基于结点间功能相位差的网络模型（简称 CDPD），凝聚度选择性连接网络模型（简称 CDPA），凝聚度全局优化网络模型（简称 CDGO）和凝聚度局部优化网络模型（简称 CDLO）。关于这些网络模型的细节，读者可参考相应文献①。简单地说，模型 NDRC 和 NDPA 没有考虑凝聚度，所生成的网络平均凝聚度基本为零。而模型 CDPD、CDPA、CDGO 和 CDLO 都进行了凝聚度设计，因而它们所生成的网络系统的平均凝聚度都比较大。只是它们各自的设计方法不一样，其中模型 CDGO 和 CDLO 的平均凝聚度总体来说比 CDPD 和 CDPA 还要大。实验中，每类网络模型各生成 100 个网络系统。每个网络系统的结点总数为 100，结点间联结总数为400。然后，对各个网络系统分别在相互救助模式和相互替代模式下施以不同程度的外来打击，并观察记录系统受打击后的结点总体功能水平。相关仿真实验的平均结果如图 8 和图 9 所示。可见，不论在相互救助模式下，还是在相互替代模式下，不论在何种外来打击的强度下，凝聚度网络模型的抗打击能力都比传统联结度网络模型好，其中凝聚度优化模型 CDGO 和 CDLO 的抗打击能力是最好的。同时，从图 8 和图 9 还可以看出，不论在相互救助模式下，还是在相互替代模式下，在外来打击的强度越强的情况下，凝聚度网络模型相对于传统联结度网络模型而言，提高系统抗打击能力的效果就越明显，其中凝聚度优化模型 CDGO 和 CDLO 对提高系统抗打击能力的程度是最高的。

接下来进一步研究，在凝聚度局部优化网络模型 CDLO 中，不同的优化设计程度对系统抗打击能力的影响。这里优化设计程度是由按凝聚力优化的结点的比例来表示的。该比例为 0 表示没有进行凝聚力优化设计，和传统联结度网络模型完全没有区别；该比例为 1 表示所有结点都进行了凝聚力优化设计。所以，该比例越接近于 1，则表示用 CDLO 生成的网络系统的凝聚度越高。对按不同优化设计程度生成的网络系统，再施加以不同程度的外来打击。然后，比较研究各网络系统受打击后的总体功能水平。仿真结果如图 10 和图 11 所示。

显而易见，不论在相互救助模式下，还是在相互替代模式下，不论在何种外来打击的强度下，随着优化设计程度的提高，所生成的网络系统的抗打击能力也得到稳步提高。图 10 和图 11 更表明，凝聚力优化设计对提高系统抵抗高强度外来打击的能力尤其重要，因为对提高系统抗打击能力的程度是最显著的（例如，在相互救助模式下，当 90%的结点

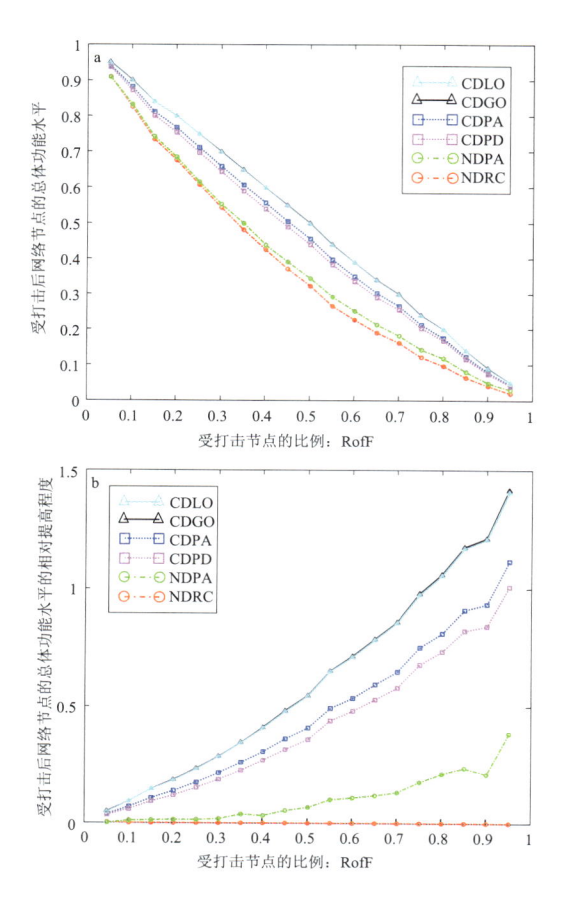

图 8 相互救助模式下，各类网络模型的系统抗打击能力
（a. 各类网络模型的抗打击能力；b. 凝聚力网络模型提高系统抗打击能力的程度）

Fig. 8 The anti-strike capacity of various network models under the mutual aid mode (a. The anti-strike capacity of various network models; b. Consilience network model to improve the anti-strike capacity of system)

都直接受到外来打击时，凝聚力优化设计可以将系统总体功能水平在传统联结度网络模型的基础上提高 1 倍以上），这就客观解释了社会—生态系统抵御应对巨灾更需要整合资源，突出优势，形成凝聚力。

需要强调指出的是，虽然本节仿真实验中使用的是抽象的网络系统，但很容易将其对应或扩展到实际物理系统。例如，具有不同功能相位的结点反映了社会—生态系统的个体多样性。在结点功能相位给定的前提条件下，不同的网络模型生成的系统具有不同的网络凝聚度，这就说明，即使在个体多样性相同的条件下，应用不同的机制和体制来设计或调整社会—生态系统的结构与功能，最终所达到的系统抗干扰能力是大不相同的。至此，通过本节的仿真实验研究，可以看出，一个社会—生态系统如果达到较高"凝心聚力"状态与特性，就能具有较强的综合风险防范的能力。

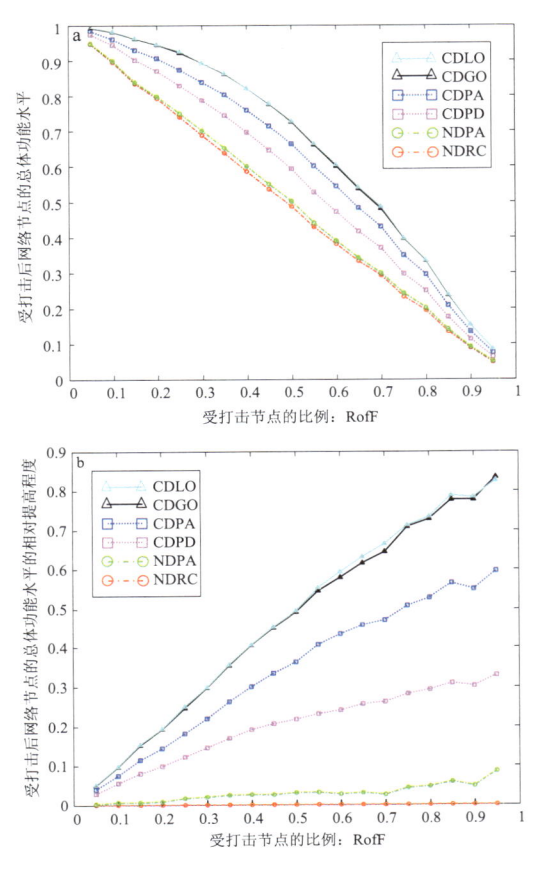

图 9 相互替代模式下，各类网络模型的系统抗打击能力
（a. 各类网络模型的抗打击能力；b. 凝聚力网络模型提高系统抗打击能力的程度）

Fig. 9 The anti-strike capacity of various network models under the replacement mode (a. The anti-strike capacity of various network models; b. Consilience network model to improve the anti-strike capacity of system)

7　结论与讨论

传统的灾害风险理论中，缺乏一种表达系统通过自身结构和功能的调整以有效防范风险的能力，这种调整是个动态的过程，与传统理论中的脆弱性、恢复性、适应性等紧密相连。本文提出了凝聚力的原理，用以阐释社会—生态系统综合防范风险时形成共识和产生聚力的过程，以及达到"凝心"和"聚力"目标的能力。凝聚力模式的提出，进一步揭示了促使社会—生态系统有效和有序协同运作的驱动力。协同宽容、协同约束、协同放大和

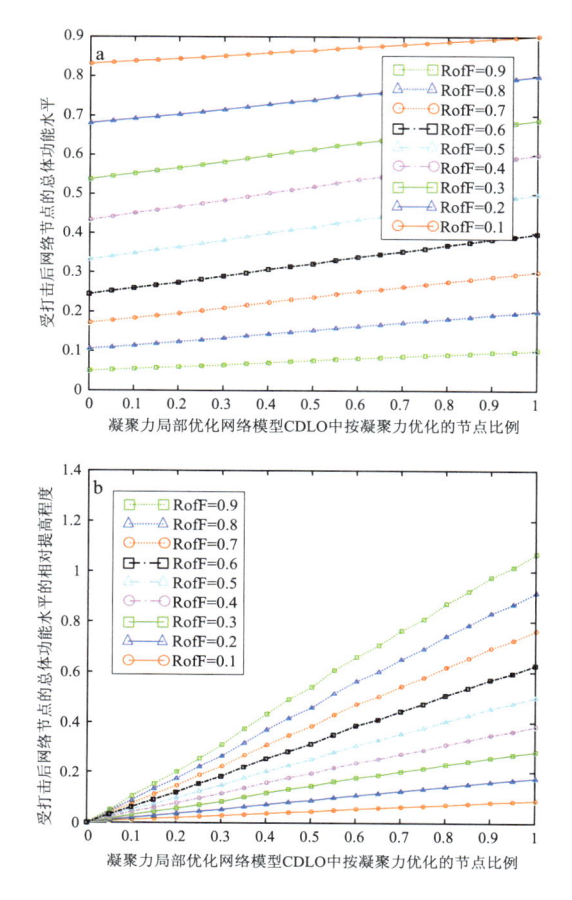

图 10　相互救助模式下，凝聚力优化设计对提高系统抗打击能力的影响
（a. 受打击后网络结点的总体功能水平；b. 总体功能水平的相对提高程度）

Fig. 10　Consilience system optimization design to improve the anti-strike capacity of system under the mutual aid mode (a. Overall node functioning level after strike; b. Relative improvement in overall node functioning level)

协同分散4个基本原理揭示了系统凝聚力在协同运作上的4种表现，同时也是凝聚力在"凝心"和"聚力"具体问题上的4种优化目标的阐释。综合风险防范理论体系强调了以制度设计为核心的系统结构与功能的优化，凝聚力模式将4个协同原理及其优化目标转化为社会认知普及化、成本分摊合理化、组合优化智能化、费用效益最大化等一系列手段，以实现综合风险防范产生的共识最高化、成本最低化、福利最大化以及风险最小化。这一过程的完成，必须通过社会—生态系统结构和功能的改变从而采取相应的适应措施，这些措施得益于制度结构和功能调整的保障，也得益于该模式中强调的从"目标"到"产出"再到"目标"的循环调整与优化过程。

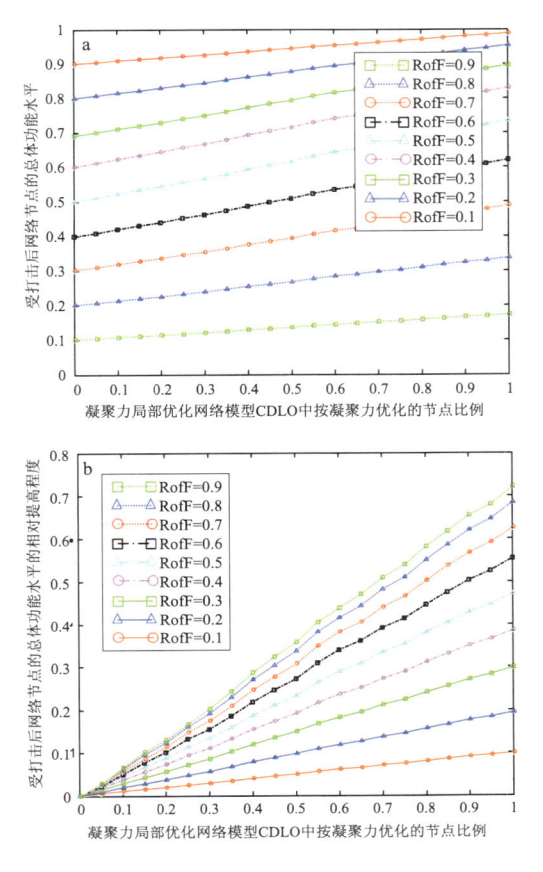

图 11 相互替代模式下，凝聚力优化设计对提高系统抗打击能力的影响
（a. 受打击后网络结点的总体功能水平；b. 总体功能水平的相对提高程度）

Fig. 11 Consilience system optimization design to improve the anti-strike capacity of system under the replacement mode (a. Overall node functioning level after strike; b. Relative improvement in overall node functioning level)

本文运用复杂系统建模和仿真的方法，通过设计网络系统结构和功能的表达，验证了随着系统凝聚力的提高，系统抵抗局部和全局打击的能力均得以增强，而且，可通过优化社会—生态系统系统中节点的结构和功能，从而达到提升社会—生态系统综合风险防范凝聚力的目的。

社会—生态系统凝聚力是复杂系统自身的一种属性，它阐释的是社会—生态系统进行协同运作的能力，在灾害风险系统中，表现出的是系统综合风险防范的能力，强调的是综合的过程及效果。社会—生态系统凝聚力的最大化提升是综合风险防范、协同运作以及社会—生态系统结构和功能优化的目标，而制度设计是实现这一过程和达成多目标优化的核心。凝聚力模式的提出，为社会—生态系统综合风险防范中的"综合"与"协同"寻找出一种可量化的途径和一种进行复杂问题探究的新思路。

参考文献

[1] Liu J, Dietz T, Carpenter S R et al. Complexity of coupled human and natural systems. Science, 2007, 317: 1513-1516.

[2] Elinor Ostrom. A general framework for analyzing sustainability of social-ecological systems. Science, 2009, 325(419), doi: 10. 1126/science. 1172133.

[3] Young O R, Berkhout F, Gallopin G et al. The globalization of socio-ecological systems: An agenda for scientific research. Global Environmental Change, 2006, 16(3): 304-316.

[4] Helbing D. Globally networked risks and how to respond. Nature, 2013, 497: 51-59.

[5] Shi Peijun, Li Ning, Ye Qian et al. Research on global environment change and integrated disaster risk governance. Advances in Earth Science, 2009, 24(4): 428-435. [史培军, 李宁, 叶谦 等. 全球环境变化与综合灾害风险防范研究. 地球科学进展, 2009, 24(4): 428-435.]

[6] Shi Peijun, Carlo Jaeger. Integrated Risk Governance: IHDP-Integrated Risk Governance Project Series. Beijing: Beijing Normal University Press, 2012. [史培军, 耶格. 卡罗. 综合风险防范: IHDP 综合风险防范核心科学计划与综合巨灾风险防范研究. 北京: 北京师范大学出版社, 2012.]

[7] Shi Peijun. Theory and practice of disaster research. Journal of Nanjing University, 1991(Special Issue): 37-42. [史培军. 灾害研究的理论与实践. 南京大学学报, 1991(专刊): 37-42.]

[8] Shi Peijun. Disaster system research theory and practice in a second time. Journal of Natural Disasters, 1996, 5(4): 6-17. [史培军. 再论灾害研究的理论与实践. 自然灾害学报, 1996, 5(4): 6-17.]

[9] Shi Peijun. Disaster system research theory and practice in a third time. Journal of Natural Disasters, 2002, 11(3): 1-9. [史培军. 三论灾害系统研究的理论与实践. 自然灾害学报, 2002, 11(3): 1-9.]

[10] Shi Peijun. Disaster system research theory and practice in a fourth time. Journal of Natural Disasters, 2005, (6): 1-7. [史培军. 四论灾害系统研究的理论与实践. 自然灾害学报, 2005, 14(6): 1-7.]

[11] Gallopín G C, Funtowicz S, O'Connor M et al. Science for the 21st century: From social contract to the scientific core. International Social Science Journal, 2001, 168: 219-229.

[12] Gallopín G C. Human dimensions of global change: Linking the global and the local processes. International Social Science Journal, 1991, 130: 707-718.

[13] Shi Peijun. Disaster system research theory and practice in a fifth time. Journal of Natural Disasters, 2009, 18(5): 1-9. [史培军. 五论灾害系统研究的理论与实践. 自然灾害学报, 2009, 18(5): 1-9.]

[14] Turner B L, Kasperson R E, Matson P A et al. A framework for vulnerability analysis in sustainability science. Proceedings of the National Academy of Sciences of the United States of America, 2003, 100(14), 8074-8079.

[15] Oran R Young. Institutional dynamics: Resilience, vulnerability and adaptation in environmental and resource regimes, Global Environmental Change, 2010, 20(3): 378-385.

[16] Kasperson J X, Kasperson R E, Turner B L et al. Vulnerability to global environmental change// Kasperson, J X, Kasperson R E. Social Contours of Risk. Vol. II . London: Earthscan, 2005: 245-285.

[17] van der Leeuw S E. 'Vulnerability' and the integrated study of socio-natural phenomena. IHDP Update

2/01, art. 2 [online]. URL: http://www.ihdp.uni-bonn.de/html/publications/update/IHDPUpdate01_02.html, 2001.

[18] Marco A Janssen, Elinor Ostrom, Resilience, vulnerability, and adaptation: A cross-cutting theme of the International Human Dimensions Programme on Global Environmental Change, Global Environmental Change, 2006, 16(3): 237-239.

[19] Adger W N. Vulnerability. Global Environmental Change, 2006, 16(3): 268-281.

[20] Gilberto C Gallopín, Linkages between vulnerability, resilience, and adaptive capacity. Global Environmental Change, 2006, 16(3): 293-303.

[21] Burton I, Kates R W, White G F. The Environment as Hazard. New York: Guilford, 1978.

[22] Blaikie P, Cannon T, Davis I et al. At Risk: Natural Hazards, People's Vulnerability and Disasters. London; Routledge, 1994.

[23] Adger W N. Social and ecological resilience: Are they related? Progress in Human Geography, 2000, 24(3): 347-364.

[24] Adger W N, Hughes T P, Folke C et al. Social-ecological resilience to coastal disasters. Science, 2005, 309(5737): 1036-1039.

[25] Folke C, Carpenter S, Elmqvist T et al. Resilience and sustainable development: Building adaptive capacity in a world of transformations. Report for the Swedish Environmental Advisory Council 2002: 1. Ministry of the Environment, Stockholm, Sweden, 2002.

[26] Pimm S L. The complexity and stability of ecosystems. Nature, 1984, 307(26): 321-326.

[27] Holling C S. Engineering resilience versus ecological resilience//Schulze P C. Engineering within Ecological Constraints. National Academy Press, Washington, DC, 1996: 31-43.

[28] Barry Smit, Johanna Wandel. Adaptation, adaptive capacity and vulnerability. Global Environmental Change, 2006, 16(3): 282-292.

[29] Adger W N, Arnell N W, Tompkins E L. Adapting to climate change: Perspectives across scales. Global Environmental Change, 2005, 15(2): 75-76.

[30] Shi Peijun, Wang Jing'ai, Chen Jing et al. The Future of Human-Environment Interaction Research in Geography: Lessons from the 6th Open Meeting of IHDP. Acta Geographica Sinica, 2006, 61(2): 115-126. [史培军, 王静爱, 陈婧 等. 当代地理学之人地相互作用研究的趋向: 全球变化人类行为计划(IHDP)第六届开放会议透视. 地理学报, 2006, 61(2): 115-126.]

[31] Shi Peijun, Ye Qian, Han Guoyi et al. Living with global climate diversity: Suggestions on international governance for coping with climate change risk. International Journal of Disaster Risk Science, 2012, 3(4): 177-183.

[32] Whewell W. The Philosophy of the Inductive Sciences. New York: Johnson Reprint Corp, 1847.

[33] Wilson E O. Consilience: The Unity of Knowledge. Vintage Books USA, 1999.

[34] Boccaletti S, Latora V, Moreno Y et al. Complex networks: Structure and dynamics. Phys. Rep., 2006, 424: 175.

[35] Albert R, Barabasi A L. Statistical mechanics of complex networks. Reviews of Modern Physics, 2002, 74: 47.

[36] Watts D J, Strogatz S H. Collective dynamics of 'small-world' networks. Nature, 1998, 393(440).

[37] Barabási A L, Albert R. Emergence of scaling in random networks. Science, 1999, 286(5439): 509-512.

Integrated risk governance consilience mode of social-ecological systems

SHI Peijun[1,2,3], WANG Ming[1,3], HU Xiaobing[1,3], YE Tao[1,3]

(1. State Key Laboratory of Earth Surface Processes and Resource Ecology, Beijing Normal University, Beijing 100875, China; 2. Key Laboratory of Environmental Change and Natural Disaster of Ministry of Education, Beijing Normal University, Beijing 100875, China; 3. Academy of Disaster Reduction and Emergency Management, Ministry of Civil Affairs & Ministry of Education, Beijing 100875, China)

Abstract: Based on the concept of 'consilience' in integrated risk governance, this paper aims to develop scientific meanings of consilience in a systemic manner from the perspectives of fundamental principles, synergistic efficacy, operational means, and optimization process to improve a system's robustness to resist external disturbs. This paper proposed a new consilience mode for the purpose of complementing the existing theoretical system of integrated risk governance. The results presented in this paper show that the four proposed synergistic principles (tolerance, constraint, amplification and diversification) can well describe the characteristics of consilience in integrated risk governance of a socio-ecological system. The principles set four optimization goals in terms of 'consenting in minds' and 'gathering in force' in the consilience theory. The consilience mode demonstrates how the synergistic principles and their optimization goals are converted into a series of tasks including the popularization of social perception, the rationalization of cost allocation, the systemization of optimization and the maximization of cost benefit. With implementation of all these tasks, the consensus and social welfare can be maximized while the cost and risk can be minimized in the integrated risk governance of the socio-ecological system. The modeling and simulation results show that a complex network system's robustness can be improved with increased system consilience when facing local or global disturbs. Moreover, this kind of improvement can be achieved by optimizing the structure and function of nodes in a socio-ecological system. The consilience mode also complements current disaster system theory in which the concepts of vulnerability, resilience and adaptation may face limitation of addressing integrated risk governance problems in a socio-ecological system.

Key words: socio-ecological system; risk governance; consilience mode; synergistic efficacy; integration

社会—生态系统综合风险防范需要凝心聚力——读"社会—生态系统综合风险防范的凝聚力模式"一文有感

李双成

史培军教授是我国灾害科学的创始人和领军人物,师从著名地理学家周廷儒先生。1989 年张兰生教授和史培军教授在北京师范大学成立自然灾害监测与防治研究室,1997 年升级为环境演变与自然灾害教育部重点实验室。20 世纪 90 年代,史培军教授主导又开拓了自然灾害研究方向,经过 30 余年的科学研究和教学实践,在区域自然灾害系统分析与评估、综合减灾研究、综合灾害风险防范以及重大自然灾害综合评估与减灾规划编制等方面开展了卓有成效的研究工作,取得了一大批创新成果,为建立和完善灾害科学做出了突出贡献。主要学术贡献为构建了"区域自然灾害系统"的理论体系,与团队共同编制《中国自然灾害系统地图集》和《世界自然灾害风险地图集》,完成了中国自然灾害系列区划,建立了区域重大自然灾害快速评估技术体系与综合灾害风险防范的凝聚力模式。2018 年,"综合自然灾害风险评估与重大自然灾害应对关键技术研究和应用"获国家科技进步奖二等奖。

史培军教授活跃在灾害研究及风险防范领域,影响力大。他曾担任全球变化人文因素(International Human Dimensions Programme,IHDP)/未来地球(Future Earth)

作者介绍:李双成(1961—),男,河北平山人,北京大学城市与环境学院教授,中国地理学会会员(S110006531M),研究方向为生态系统服务与人类福祉、新能源开发利用及其气候与生态环境效应。E-mail:scli@urban.pku.edu.cn

核心科学计划——综合风险防范（Integrated Risk Governance，IRG）科学指导委员会联合主席，联合国国际减灾战略（UN International Strategy for Disaster Reduction，UNISDR）亚太科学技术顾问组共同组长，沃尔沃环境奖评审团成员以及国家减灾委员会专家委副主任，国家首次自然灾害风险大普查技术组组长，国务院应急管理办公室专家组成员，*International Journal of Disaster Risk Science*[《国际灾害风险科学学报（英文版）》]主编。

在全球环境变化背景下，人类社会面临的风险类型日益增多且相互交织，如气候变暖、极端气候事件增多、大流行病肆虐、环境破坏以及地球生态系统服务供给能力下降等，给人类生存与安全构成严重威胁。在此情形下，寻求社会生态系统的综合风险防范策略成为持续的关注热点。2005年通过的《2005—2015年兵库行动框架：加强国家和社区的抗灾能力》认识到各种危害与自然、社会、经济和环境脆弱性相互作用，形成灾害风险，建议在易受灾地区制定可持续发展、防灾减灾和恢复重建战略时，应采用多灾种风险管理思想进行风险防范。2008年国际科学理事会（International Council for Science，ICSU）提出"灾害风险综合研究计划"（Integrated Research on Disaster Risk，IRDR），强调要对多灾种灾害进行多尺度、多学科的综合研究（王军等，2021）。2012年，IHDP率先提出了综合风险防范的科学计划，指出"社会—生态系统"的风险研究需从多尺度、多维度、多利益相关者的角度开展。尽管国际社会对于社会—生态系统综合风险的危害性、防范目标和策略等框架有了基本共识，然而对于如何有效地落实综合风险防范行动方案并提高防范效能，尚没有做出科学解释。

为了系统回答社会—生态系统内部综合风险防范的协同运作机制等问题，史培军教授等撰写了"社会—生态系统综合风险防范的凝聚力模式"一文，发表在《地理学报》2014年第6期上。文章提出了社会—生态系统综合风险防范的"凝聚力"模式，为实施综合风险防范行动方案提供了理论基础。作者认为，系统的"凝聚力"表达了系统中的各子系统、各要素、各行为主体达成共识（即"凝心"）和形成合力（即"聚力"）的能力，"凝聚力"的大小是针对凝心和聚力的过程而言，即该过程产生的效果、效率和效益。"凝聚力"是对系统"凝心"和"聚力"能力的一种测量和表达，也是系统内在的状态属性，它与系统的"结构和功能"有关。"凝聚力"概念中"凝心"指的是系统中各相应单元达成共识的过程,而"聚力"指的是各单元形成合力的过程,达成共识和形成合力均是针对系统综合防御风险、抵抗外在打击(渐发和突发型)而言。在厘清凝聚力内涵的基础上,建构了社会—生态系统综合风险防范的凝聚力概念模型,该模型将防范风险的主体分为政府、事业、企业和个人四个层级,每个层级都需要在自身维度上进行整合,然后四个主体进一步综合,共同作用于社会子系统、经济子系统、生态子系统和制度子系统。这些子系统再进一步融合,形成合作、协作、沟通和共建凝聚后的综合系统,以更好地协同运作。此后,作者提出了包括协同宽容、协同约束、协同放大和协同分散等在内的四个凝聚力基本原理,并借用结构工程和力学中的相应表述方法进行具象化阐释。基于凝聚力的概念模型和基本原理,论文建构了社会—生态系统综合风险防范的凝聚力模式,该模式将四个协同原理转化为社会认知普及化、成本分摊合理化、组合优化智能化、费用效益最大化等手段,以实现共识最高化、成本最低化、福利最大化、风险最小化。最后,通过复杂系统建模和仿真,验证了提高系统凝聚力可以增强系统抵抗局部和全局打击的能力。

凝聚力模式在综合风险防范中具有很强的实践意义。通过社会不同主体的广泛参与、凝心聚力,形成了多方合力,提高了社会—生态系统抵御风险的整体凝聚度;通过调整不同主体的关系,合理配置资源,优化了系统结构,增强了系统抵御风险的能力;通过不同主体的协同运作,增强了系统内部的协同效应,提高了系统抵御风险的韧性;通过广泛宣传和居民参与,实现了风险的信息传播和分散,降低了系统面对风险的脆弱性;通过协调不同主体的利益关系,形成了系统共识,为防范风险提供了社会基础;通过协同运作,避免了资源浪费,提高了防范风险工作的效率;通过多方合力,提升了系统抵御风险的能力,最大化了社会福利;通过系统内部的协同运作,分散和化解了风险,最小化了系统承受的风险。

从社会—生态系统理论视角,作者提出的凝聚力模式具有以下几点创新:首先,提出了"凝聚力"概念,并对其内涵进行了深入阐释,为理解社会—生态系统协同运作机制提供了新的视角;其次,详细阐述了凝聚力的四个基本原理,并指出这四个原理在社会—生态系统风险防范中的重要作用,为理解系统凝聚力的形成提供了新的认知;再次,提出了凝聚力模式,系统阐述了通过社会认知普及化、成本分摊合理化等手段实现系统凝聚力提升的途径，为优化系统结构、实现社会-生态系统善治提供了新的思路；最后，通过复杂系统建模和仿真实验，验证了提高系统凝聚力能够增强系统抵御外部冲击的能力，为社会—生态系统理论提供了新的实验验证案例。

综合风险防范的凝聚力模式及其定量测度——凝聚度，是系统思维在灾害科学体系中的创新应用，其将"人心齐，泰山移"的抽象思想转化为科学理论、量化验证，使得我们能够定量测度社会—生态系统这一复杂巨系统对综合风险的响应，并据此制定应对策略。凝聚力模式研究不仅限于理论层面表达，也有实际指导意义，例如中国海岸带开发风险防范、中国大规模城镇化风险防范、中国青藏高原缺氧健康风险防范等。

近年来，复杂网络理论发展很快，有关网络形成机制和表征技术方法的研究成果很多。毋庸讳言，论文在通过计算机仿真试验来研究凝聚力对提高系统抗打击能力效果方面，无论是实验设计还是仿真手段还稍显简单和理想化。不过，这在十年前已难能可贵。

文章提出的社会—生态系统综合风险防范的凝聚力模式具有较强的现实指导意义。从目前全球气候治理和实现碳中和目标议题来看，凝聚力模式的应用可以体现在以下几个方面：第一，跨部门和区域协同。气候治理涉及多个部门，如生态环境、工业、能源、交通、农业等，需要实现跨部门的协同治理，形成合力；气候治理是全球公共事务，需要不同国家或地区之间协同减排和适应气候变化，共享气候治理成果。第二，多方参与。气候治理需要政府、企业、社会组织和公众的共同参与，形成多方共识，凝心聚力，实现气候治理目标。第三，市场化建设。建设碳交易市场，通过市场化手段实现碳排放权的合理配置，促进减排目标实现。第四，技术创新。加大绿色低碳技术研发和应用力度，推动产业结构调整，实现绿色发展。第五，低碳生活方式。倡导低碳生活方式，增强公众的低碳意识，实现生活方式的绿色转型。第六，政策宣传和引导。加强气候政策和低碳知识的宣传和引导，提高公众的气候变化意识和应对能力。这些方面体现了凝聚力模式在全球气候治理和实现碳中和目标中的应用。通过优化系统结构，实现多方协同，共同应对气候变化挑战。

参考文献

[1] 胡小兵、史培军、汪明等:"凝聚度——描述与测度社会生态系统抗干扰能力的一种新特性",《中国科学:信息科学》,2014年第11期。

[2] 史培军、汪明、胡小兵等:"社会—生态系统综合风险防范的凝聚力模式",《地理学报》,2014年第6期。

[3] 王军、李梦雅、吴绍洪:"多灾种综合风险评估与防范的理论认知:风险防范'五维'范式",《地球科学进展》,2021年第6期。

地理学综合研究的途径与方法：
格局与过程耦合

傅伯杰

(中国科学院生态环境研究中心 城市与区域生态国家重点实验室，北京 100085)

摘要：地理学是一门以综合性和区域性见长的学科。地理学的综合性通过要素多样化来体现，区域性则表现为区域分异或区域差异。地理学综合研究是对地球表层各要素的相互作用以及人地关系的研究，帮助我们认识地球表层系统的过去、现状和未来的趋势，把握其变化的脉搏。格局是认识世界的表观，过程是理解事物变化的机理，基于长期的野外观测和综合调查以及模型模拟，对不同时空尺度下的地理格局与过程进行耦合研究，是从机理上理解与解决地理学综合研究的有效途径与方法。文章结合在黄土高原地区的相关研究案例，探讨了将格局与过程耦合研究的地理学综合研究的途径与方法。

关键词：地理学；地理学综合研究；格局；过程；尺度；黄土高原

DOI: 10.11821/dlxb201408002

20 世纪以来，随着全球的人口、资源、环境等诸多问题的出现，人类的可持续发展面临着极大的挑战。地球系统科学研究通过研究整体性的地球系统来解决全球性的资源环境

收稿日期：2014-05-22；修订日期：2014-07-28
基金项目：国家自然科学基金项目(41390464) [**Foundation:** National Natural Science Foundation of China, No. 41390464]
作者简介：傅伯杰(1958–)，男，中国科学院院士，研究员，博士生导师，中国地理学会副理事长(S110001618M)，主要从事自然地理与景观生态学研究。E-mail: bfu@rcees.ac.cn
引用本文：傅伯杰. 地理学综合研究的途径与方法：格局与过程耦合. 地理学报, 2014, 69(8): 1052-1059. [Fu Bojie. The integrated studies of geography: Coupling of patterns and processes. *Acta Geographica Sinica*, 2014, 69(8): 1052-1059.]

问题，把地球作为各个圈层有机联系的系统来开展相关的研究。因此，"地球系统"概念的提出标志着这方面的研究向着综合集成的方向转变。只有从整体上来认识地球系统的过去、现状和未来的趋势，才能够把握它变化的脉搏。因此地球系统科学研究的重点是研究各圈层、各要素以及自然和人文现象之间的相互作用关系。其中，地球表层系统在地球系统研究中起着至关重要的作用，它是与人类密切关联的自然系统和社会经济系统的综合系统，包括了水圈、土壤圈、大气圈、生物圈和人类本身。地球表层系统的变化和预测是地理学研究的主要内容[1]，也是"未来地球"研究计划的核心。

地理学的理论、方法和技术已经成为解决人类社会面临的可持续发展问题的基础。地理学从建立之初就研究自然科学和人文科学交叉界面上的现象，是一门综合性学科。地理学以其综合性和区域性见长，其综合性通过要素多样化来体现，区域性则表现为区域分异或区域差异。但随着分支学科的发展和深化，地理学呈现出空心化现象。英国皇家地理学会前主席 Ronald Cooke 指出："地理学家要加强基础研究，要形成地理学的核心理论基础。要在交叉学科的研究中守住自己的阵地，并继续通过应用为社会做贡献，加强基础研究是唯一的途径"[2]。发展地理学综合研究的理论方法，是防止地理学空心化，建立地理学核心理论的重要任务。然而，地理学最大的困难也是综合。20 世纪 60 年代，黄秉维等老一辈地理学家就认为：综合是地理学的生存之本，但肤浅的综合站不住脚，必须有分科的深入研究。黄先生提出了"开展地理环境中的物理、化学和生物过程研究，加以综合"，建立了自然地理学研究的地表水热平衡、化学元素迁移和生物地理群落三个重要的前沿方向，开拓了中国自然地理过程的理论与实验研究[3]。这些思想对中国自然地理学深化过程研究，加强机理探讨产生了深远的影响。自然环境和人类活动特征均表现为空间异质性，研究这些异质性环境下的区域地理过程和效应是地理学研究的前沿。地理学的区域性通过地理分异以"格局"来表现，"地理过程"则显示出地理现象的时空演变，耦合"格局与过程"是地理学综合研究的重要途径和方法，也是地表过程研究的突破点。

1 格局、过程和尺度

1.1 格局和过程

格局和过程通常指的是不同的地理或景观单元的空间关系和响应的演变过程。就格局而言，可以从大小、形状、数量、类型和空间组合上来进行描述。这些描述格局的表征有着其本身的地理学意义。例如，不同的斑块大小能够提供不同的生态域和资源域，对于生物多样性保护来说具有十分重要的意义。同样,斑块形状可以影响水土和生物的运动过程,斑块的数量则可以用来判定景观破碎化的程度。此外,从空间组合的角度来描述格局可以反映出他们的空间结构特征、地带性和非地带性的规律。就过程而言,可以分为自然过程(例如元素和水分的分布与迁移、物种的分布与迁徙、径流与侵蚀、能量的交换与转化等)和社会文化过程(例如交通、人口、文化的传播等)。因此,格局和过程的相互关系可以表达为"格局影响过程,过程改变格局",在具体的研究问题上往往需要把二者耦合起来进行研究。

1.2 尺度及时空效应

尺度特征是地理现象和过程在时间和空间上的表征,是其本身固有的属性(即所谓本征尺度)。然而,本征尺度常常是内在的,必须通过一定的观测才能够发现和揭示出来,即所谓观测尺度,也就是在什么样的时间和空间尺度上对地理现象和过程实施观测,以达到把握地理现象和过程本征尺度或者揭示地理现象和过程随观测尺度变化而表现出变异性的规律。随着观测时空分辨率的变化,获取的信息特征也在变化,表现出一定的尺度效应。通俗地讲,不同的地理现象和特征,有其对应的时间、空间尺度,关注和研究尺度问题的根本目的就是发现这些时空尺度特征,使观测尺度与地理现象和过程的本征时空尺度相匹配,以深刻认识地理现象和过程的时空特性。谈到格局和过程时必须要联系到具体研究问题的尺度效应,包括时间尺度和空间尺度。

就时间尺度而言,生态系统生态学研究主要集中在年尺度以下,而景观生态学和地理学研究则集中在中尺度的时间尺度上,一般是从几年到几十年或者上百年间的变化,再往上的长时间尺度变化往往对应着古生态学、古湖沼学甚至是第四纪地质学等研究领域。在每个时间尺度下,往往对应着相应的自然环境变更现象、生物现象及其相关的驱动因子的变化过程。就空间尺度而言,生态学研究主要在斑块、样地尺度上来研究生态系统的物质和能量变化;对于景观生态学而言,则主要集中在景观和区域尺度上。地理学重点关注区域尺度,可拓展到大陆和全球尺度。结合在研究问题中的时间尺度和空间尺度,需要注意观测尺度是否和研究问题相匹配。对于研究对象而言,观测尺度需要与时间和空间尺度相匹配,否则就不能发现在时空尺度上的变化规律。例如,对于一个空间分辨率为10 m的研究对象,当观测尺度超过10 m的话,就捕捉不到研究对象本身的信息。因此,在研究过程中一定要把时间尺度、空间尺度和观测尺度结合起来进行综合研究。在尺度转换(或推绎)方面,要依据地理现象和过程的尺度效应特征与规律,进行尺度上推和下推,要分析其在环境梯度上的变化规律,了解多种相关环境因子的综合作用,并抓住主控因子的变化对尺度效应和尺度变异规律的贡献。

1.3 格局与过程耦合

格局与过程耦合主要通过两种途径来实现，分别是直接观测和系统分析与模拟。直接观测的耦合通常在较小的空间尺度上开展，但是观测成果可以作为较大尺度系统分析与模拟的基础。此外，无论是地理学研究还是生态学研究，最终的目的都是发展和建立系统模型，开展预测。而小尺度上的观测，往往可以成为发展和建立模型的基础。格局和过程的影响是相互的，其研究方法主要通过对格局变化情景的输入和过程模拟来研究格局对过程的影响和作用分析[4]。景观尺度上，过程对格局的影响需要较长时间尺度的观测或模型系统分析，其研究的时间尺度往往是年或者以上。在短时间尺度上，过程对格局的影响，如森林火烧之后植被斑块的变化及其相应的种子库的变化。此外，次降雨过程在时间尺度上来说比较快，特别是在干旱和半干旱地区，短命植物的响应可以形成不同的群丛和斑块。对于人类活动来说，研究土地利用变化过程及其生态效应，也是一种过程对于格局的影响，但是这种影响往往会涉及到几年或者几十年的时间尺度。

2 基于直接观测的格局—过程耦合

对于不同的研究尺度对应着相应的观测尺度。传统的生态学研究是基于样点的尺度，也就是定位观测和控制实验，注重的是功能和过程的机理分析；而对于景观尺度的研究，通常采用的是样带研究；在区域尺度，则往往采用遥感分析手段。这些研究方法和对象主要是通过分析机理，建立格局与过程的耦合，通过多时间和空间尺度来开展相关的研究。以黄土高原为例，基于小区的观测可以看作是对单一的植被类型水土流失过程的观测，而通过对比观测可以用来识别不同农作物和植被类型之间的水土流失差异；此外，还有流域的观测，包括流域的水文过程及其与土地覆盖的耦合等。流域的采样和野外的样带调查也是十分重要的观测手段。对流域或区域的样带调查，可以将其分别在流域的上中下游建立样带，也可以沿着一个特定的环境梯度或者变化因子来设计样带。基于梯度对比的方法也是一种极为有效的观测和调查方法，例如，根据黄土高原南部、中部和北部这种沿降水和温度梯度变化来进行对比研究。

我们对陕西省延安市羊圈小流域（延河流域二级子流域）进行了基于生态水文过程的监测和分析。该地区年平均降雨量为 535 mm，主要降雨期是 6-9 月份，涉及的主要土地利用类型包括荒草地、灌木地、林地和农田。针对流域的径流和侵蚀监测，我们布设了基于单一植被覆盖类型的微型小区；同时，在自然坡面上布设了不同覆盖类型和退耕年限的径流小区、不同覆被格局的径流小区。这些监测的手段可以根据不同坡长区分出其在微尺度上的变化。同时，为了研究不同植被类型水源涵养的差异，需要对典型植被类型的土壤水分和温度进行实时监测，包括基于点尺度的监测和基于坡面尺度的监测。对于点尺度的土壤水分和温度监测，其深度一般为0~1 m，通常每10分钟采集1次数据[5]。在坡面尺度上，为了研究不同植被类型组合水源涵养的差异，我们进行了坡面尺度上的观测，根据不同的土地利用结构坡面来设计样带（例如成熟林—幼林—荒草，幼林—灌丛—荒草等）。在降雨事件前后来观测土壤水分入渗的过程，从坡面尺度上来理解这种动态变化。此外，还有基于小流域的土壤水分监测，根据降雨事件的过程来研究不同土层土壤含水量的变化。同时，基于小流域的土地利用变化能够较好地反映景观格局动态变化与空间异质性的关系，从而较好地来理解其中发生的过程。

2.1 不同土地利用类型的水土保持效应

通过上述的观测，可以用来研究不同土地利用类型的水土保持效应。就不同土地利用类型的径流、侵蚀效应而言，在同等降雨和坡度条件下，产流、产沙的能力及对应危险性次序为：坡耕地、牧草地、乔木林地、天然草地和灌木林地。坡耕地产流产沙多，对应着其水土保持的能力也相应地比较差。因此，从土地利用的类型来说，灌木林地和草地的水土保持效益最好，坡耕地最差。这些研究可以较好地指导"退耕还林"政策的实施和应用。

进一步比较不同土地利用类型的减流、减沙变化情况。从长时间的历史过程来看，农田和牧草地"减流减沙"的能力比较差，但是自然草地和灌木林在这方面的能力就相对突出；此外，灌木林地一直保持在一个较高的减流率水平，而自然草地的减流率在初始阶段与灌木林地相同，后期则略微下降；同时，灌木林地和乔木林地减沙率随时间的增加逐步提高，而牧草地减沙率则随时间的增加而下降[6]。

2.2 土地利用类型及环境因子耦合下的水土流失过程

除了上述分析之外，还可以从多因子耦合的角度来综合地理解这个过程，例如将土地利用与降雨格局进行耦合。根据降雨的特征，可以把降雨格局分为三种类型来研究它们之间的互馈效应，分别为降雨格局Ⅱ（高雨强、短历时、高频率），降雨格局Ⅲ（低雨强、长历时、低频率）和降雨格局Ⅰ（介于降雨格局Ⅱ和降雨格局Ⅲ之间）。因此，对比不同土地利用类型在这三种降雨格局下的径流、侵蚀情况，可以发现，对于农田来说，其径流系数和侵蚀规模相对较大，水土保持能力也相对较低；而对于灌木林丛，其径流系数和侵蚀规模都相对较小，水土保持能力较好。

还可以从更长的时间动态来进行分析，通过对植被生长和演替的过程来看降雨格局与水土流失在年尺度上的变化过程。我们的观测结果表明，不同年份的径流系数存在着波动性差异，其表现为降雨格局Ⅱ>降雨格局Ⅰ>降雨格局Ⅲ；同时，对于农田和牧草地，其径流系数随机变化的特征往往与降雨类型和人为干扰程度有较为密切的关系；此外，对于灌木林、油松林和荒草地，随着植被生长，其对地表径流的遏制作用明显增强。综合来说，地表的产流过程除了受降雨类型及其时空分布的影响之外，还取决于植被类型及生长阶段[7]。

此外，还可以结合土地利用与坡度来进行耦合分析，进行不同坡度的对比观测。分别选择三种不同的坡度（10°、20°、30°）来研究在不同土地利用下，坡度和土壤侵蚀之间的关系。在坡耕地，坡度对于水土流失的影响比较大，而草地，这种变化则不是特别大。因此，在土地利用和坡度的双重作用下，各土地利用类型的径流侵蚀效应对于坡度的反应迥异，使径流和侵蚀的发生和变化过程复杂化。

2.3 不同生态系统组合的水土保持功能

在景观尺度上，不同植被格局的生态系统所对应的水土保持功能本身存在着差异，例如产流产沙的功能，尺度变异的影响等[8]。此外，我们还对长时间尺度的土壤水分和养分进行了监测，包括其在坡面尺度上的变化情况。通过对比不同的植被类型和土壤水分、养分来理解哪些植被类型及其组合的结果具有较好的水土保持功能。实地监测结果表明，从丘陵顶部到底部林地—草地—耕地的植被格局具有较好的土壤水分和养分保持能力[9]。此外，还可以通过 ^{137}Cs 来研究不同坡面植被结构组合的水土流失效应。相关研究表明，坡中部位的草地和林地结构能够抑制土壤侵蚀，减少侵蚀量；同时，坡面土壤侵蚀量受到土地利用类型分布及坡位的共同影响[10]。这种同位素示踪的方法也被应用在小流域尺度上，用来研究土地利用变化与水土流失的关系。对比小流域尺度在不同年份间的土壤侵蚀状况可以发现，从 1984-2006 年间，土壤侵蚀强度逐渐减小，逐渐由强度侵蚀转变为中度侵蚀，而其中土地利用是影响土壤侵蚀的最主要因素[11]。

土地利用的变化与土壤固碳作用密切相关，对比三个典型坡面（不同土地利用组合）在 1998 年和 2006 年间土壤有机碳变化情况。可以发现，从 1998-2006 年间，随着退耕还林还草，土壤有机碳含量均有所上升；同时，随着坡耕地退耕向荒草地和灌木林地的转变，土壤的有机碳固定能力显著提高[12]。通过对流域的采样分析，结合土壤有机碳数据和小流域尺度的土地利用数据，可以发现在 0~20 cm 深度内，土地利用对土壤有机碳有显著性影响；通过小流域综合治理和生态恢复，土壤表层有机碳固定能力得到了提高[11]。通过以上这些基于观测的实例，可以看出在不同的尺度上，可以从土地利用类型、坡面、流域甚至是更大尺度上来开展相关的研究，揭示格局变化对地理和生态过程的影响。

3 基于模型的格局—过程耦合

3.1 基于土壤侵蚀过程的景观指数研究

基于景观指数的格局—过程耦合模型是一种比较简单的模型。对于一个过程机理模型而言，首先需要从坡面尺度上对其进行研究，之后再将它推广到更大的尺度。这个过程中涉及的参数以及相关的研究会比较多，包括景观生态学、水文学和地貌学等。而我们研究的目的是理解景观格局和土壤侵蚀过程之间关系。主要从三个方面进行阐述，分别是基于土壤侵蚀过程的景观指数研究、基于方向性渗透指数（DLI）的研究、基于径流泥沙汇流路径长度指数（Flowlength）的研究。

就基于土壤侵蚀过程的景观指数而言，传统的景观指数研究（Fragstat 软件）主要基于离散斑块的镶嵌景观范式从而来获取具体的景观指数（如边界/斑块密度、形状、连接性、多样性等指数）。这些指数是对景观的空间或非空间特征的描述，大部分是针对生物过程而建立的，其本身在景观尺度上并不适合于土壤侵蚀过程的分析。在景观水平上，景观指数难以明确指示景观格局及其变化的土壤侵蚀效应。就类型而言，这些指数在指示景观格局的土壤侵蚀效应上具备一定的能力。因而，在此基础上通过建立景观连接性与土壤侵蚀之间的关系，通过景观连接性和土壤侵蚀来反映景观格局变化的土壤侵蚀效应，进而来评判景观格局变化对于景观连接性的影响。但是，发展一个普适性的指数来表示整个地理或生态过程是不现实的，因此需要基于具体过程来进行研究。所以发展基于土壤侵蚀过程，充分考虑景观连接性的景观指数有助于研究景观格局和土壤侵蚀过程的关系研究。

方向性渗透指数是由 Ludwig 在研究澳大利亚半干旱区的植被格局和水沙变化过程而建立的一个指数模型，它主要通过计算径流和泥沙的源、汇之间的欧式距离来反映整体的物质留滞能力[13]。然而，该模型不能直接应用于黄土高原地区，主要基于两点不足：① 没有考虑植被类型之间的差异，而不同植被的渗透指数是存在着比较大的差异的；② 没有考虑格局到下游出口处的距离差异。同等面积但不同分布位置的植被分布格局，其对水沙流动的阻滞能力有所差别，计算出来的 DLI 指数也会存在着较为明显的偏差和错误。基于上述两点不足，我们在此模型的基础上做了相关的改进，引入了反映栅格内斑块距出口距离和不同植被类型的土壤水土保持功能的权重系数[14]。实验结果表明，改进后的 DLI 指数能够正确识别植被格局滞留泥沙能力的差别。对修正后的模型在研究区域进行了验证，模拟的结果有所提高。对于径流量来说，改进后的模型在相关性上较原始的模型有了非常明显的提高；同时，对于产沙量，改进后的模型表现为正相关。

径流、泥沙汇流路径长度指数由 Major 在 2008 年提出，该指数主要考虑了植被的空间分布和地形特征，通过径流、泥沙产生区域（源区）的连接性程度来表征水土流失效应[15]。虽然 Flowlength 指数较好地体现了径流、泥沙沿地表的运移过程和植被、地形洼地的阻滞功能，其本身仍然存在着一定的不足之处。首先，它把植被斑块的拦截效率视为完全拦截，即水流碰到植被斑块就选择完全绕过这个斑块。事实上，植被斑块本身的特征（类型、覆盖度等）决定了植被斑块的拦截效率，更多的时候径流、泥沙以一定的比例穿过植被斑块。其次，Flowlength 指数仅仅反映裸露区域之间的连接程度，并没有考虑裸露区域的面积大小。事实上，裸露区域总面积是决定侵蚀产沙的重要方面。因此，在用于指示覆盖分布格局的土壤侵蚀时，Flowlength 指数应当是面积加权的指数。基于这两点不足，我们对 Flowlength 指数进行了修正。主要通过对植被单元赋予与植被类型水土保持能力、坡度和植被覆盖度相关的权重系数[14]。修正后的指数包含了覆被土壤保持能力和面积因素，更真实地反映了不同植被类型对径流、泥沙的阻滞作用。

3.2 土地利用格局与流域生态水文过程模拟

基于土地利用格局和流域生态水文过程的模拟，目前在国际上通常采用的是美国农业部（USDA）农业研究中心 Jeff Amonld 博士开发的 SWAT（Soil and Water Assessment Tool）模型。在将 SWAT 模型应用到黄土高原时，需要从两方面来对其进行有效地订正，分别包括植被（植被格局和景观格局）和土壤。首先是通过遥感和野外的综合调查，来对遥感解译的信息进行校正。在本身调查的过程中，需要收集一些更为详尽的样点测定指标，包括经纬度、海拔、树高、胸径、冠幅、郁闭度等。此外，与传统水文模拟单元—水文响应单元不同，基于生态水文单元的划分是利用土地类型单元来代替以往的水文响应单元。土地类型往往是综合的，不仅考虑了土壤状况，还考虑了植被状况、土地利用状况和坡度等，是一个相对来说比较综合全面的指标，是能够综合反映环境和生态系统特点的单元。

通过比较土地类型单元和传统水文单元模拟状况的差异，可以发现基于土地类型单元得到的模拟状况更加接近于观测值，相应地，仅仅基于水文响应单元模拟的效果就比较差。土地类型单元更准确地考虑了植被、土壤和地形对水文过程的影响，反映了流域生态水文属性的空间异质性[16]。因此，利用土地类型单元来替代 SWAT 模型中的水文响应单元能够提高模拟的精度。这对于人工植被较多、植被状况和地形复杂的黄土丘陵沟壑区水文分析和模拟具有重要的实用价值。

在延河流域，人为影响是一个很重要的影响要素。很多模型模拟不准确往往是因为不能很好地刻画人为活动的影响，例如水库和坝地，已经完全改变了自然过程的水文状况。模型的表现受到人为活动较为明显的影响，在人为工程比较多的时候，模型模拟的结果就比较差。而且随着时间的推移，模拟效果开始越来越差。背后的原因主要有两个：首先是基流模拟偏差。因为黄土高原的地质和土壤条件，黄土母质疏松，垂直节理发达，基流产生的机理也比较复杂。其次是水土保持工程措施的影响。例如水库、淤地堤坝等工程的持续增加，其阻碍地表径流、增加基流、调节径流季节分配的作用使得径流过程更趋于复杂。进一步比较人工措施在不同的季节对于径流作用的模拟情况可以发现，旱季低估和雨季高估了径流量。坝地和水库等导致雨季河流径流量减少，此外，工程措施的实施，使得下渗和侧流增加，补充了旱季的基流，增加了旱季的径流量。总的来说，工程措施对总径流量的效应为减少，平均年径流量减少[17]。

3.3 区域土地利用变化的生态效应

将前面所论述到的基于景观格局的研究方法应用到黄土高原区域来研究其生态效应的变化趋势。通过对比"退耕还林"前后两期的遥感影像（2000 年和 2008 年），并在此基础上统计了各种土地利用类型的面积变化图。对比发现耕地在大幅度地减少，草灌显著增加，林地和聚落有一定的增加，荒漠化土地有少许扩展[18]。此外，从水文调节的角度来研究区域尺度上的产水量，通过估算水量平衡和蒸散发模型来评估区域的水文状况，可以发现黄土高原区域 38%的地区产水量在减少[19]。这也反映出在半干旱区域，植被恢复的生态水文效应有很大的不确定性。进一步比较了土壤保持能力，研究结果表明：从 2000-2008 年，区域生态系统土壤保持量平均为 1.53 亿 t/年，并且保持率逐年提高，平均保持率为 63.3%[20]。相应地，在此基础上还对黄土高原生态恢复的碳固定能力进行了研究，结果表明：2000-2008 年期间黄土高原地区生态系统固碳量增加了 96.1 Tg（相当于 2006 年全国碳排放的 6.4%）。该区域生态系统从碳源转变为碳汇，生态系统净固碳能力从 2000 年的 –0.011 Pg 上升到 2008 年的 0.108 Pg。研究证实了退耕还林还草是该区域生态系统固碳增加的主要原因，植被固碳以每年 9.4 g C·m^{-2} 的速率持续增加，植被固碳增加的最高值出现在年均降水为 500 mm 左右的地区。土壤固碳的增加稍显滞后，将随着退耕还林还草年限的进一步增加发挥出巨大潜力[21]。通过研究黄土高原植被恢复的生态效应发现：① 黄土高原地区土地利用变化与生态系统固碳作用存在着正相关关系,与产水量具有负相关关系。② 生态系统服务之间的增长和权衡具有尺度依赖性。③ 植被恢复的区域性适宜性评价及水分效应研究需要加强,这方面仍然需要做深入研究。

4 结语

格局与过程的耦合研究要加强野外长期观测和综合调查,它是理解过程机理和发展模型的必要途径;其次,从尺度效应上来考虑,需要加强将遥感和地面观测调查相结合,将不同尺度的研究进行同化、综合,从而得出更加科学的理解;再次,要进一步深化生态—地理过程研究,并在此基础上开发模型进行模拟和预测;最后,格局是认识世界的表观,过程是理解事物变化的机理,耦合格局与过程是理解和研究地表过程的重要方法,是地理学综合研究的有效途径。

致谢:清华大学地球系统科学研究中心博士生李雪草和中科院生态环境研究中心博士生张立伟根据讲座整理了部分内容,特致谢意。

参考文献

[1] National Research Council. Understanding the Changing Planet: Strategic Directions for the Geographical Sciences. National Academies Press, 2010.
[2] Matthews J A, Herbert D A. Unifying Geography: Common Heritage, Shared Future. Routledge Press, 2002.
[3] Huang Bingwei. Some major trends in geography. Acta Geographica Sinica, 1960, 26(3): 149-154. [黄秉维. 自然地理学一些最主要的趋势. 地理学报, 1960, 26(3): 149-154.]
[4] Fu Bojie, Zhao Wenwu, Chen Liding. Progress and perspective of geographical-ecological processes. Acta Geographica Sinica, 2006, 61(11): 1123-1131. [傅伯杰, 赵文武, 陈利顶. 地理—生态过程研究的进展与展望. 地理学报, 2006, 61(11): 1123-1131.]
[5] Wang Shuai, Fu Bojie, Gao Guangyao et al. Soil moisture and evapotranspiration of different land cover types in the Loess Plateau, China. Hydrology and Earth System Sciences, 2012, 16: 2883-2892.
[6] Huang Z L, Chen L D, Fu B J et al. The relative efficiency of four representatives cropland conversion in reducing water erosion: Evidence from long-term plots in loess hilly area, China. Land Degradation & Development, 2006, 17: 615-627.
[7] Wei W, Chen L D, Fu B J et al. The effect of land uses and rainfall regimes on runoff and soil erosion in the semi-arid loess hilly area, China. Journal of Hydrology, 2007, 335(3): 247-258.
[8] Liu Yu, Fu Bojie, Lü Yihe et al. Hydrological responses and soil erosion potential of abandoned cropland in

the Loess Plateau, China. Geomorphology, 2012, 138: 404-414.
[9] Fu Bojie, Chen, Liding. Ma Keming et al. The relationships between land use and soil conditions in the hilly area of the loess plateau in northern Shaanxi, China. Catena, 2000, 39: 69-78.
[10] Fu Bojie, Wang Yafeng, Lv Yihe et al. The effects of land use combination on soil erosion: A case study in Loess Plateau of China. Progress in Physical Geography, 2009, 33(6): 793-804.
[11] Wang Yafeng, Fu Bojie, Lü Yihe et al. Local-scale spatial variability of soil organic carbon and its stock in the hilly area of the Loess Plateau, China. Quaternary Research, 2010, 73: 70-76.
[12] Wang Yafeng, Fu Bojie, Lü Yihe et al. Effects of vegetation restoration on soil organic carbon sequestration at multiple scales in semi-arid Loess Plateau, China. Catena, 2011, 85: 58-66.
[13] Ludwig J A, Eager R W, Bastin G N et al. A leakiness index for assessing landscape function using remote sensing. Landscape Ecology, 2002, 17(2): 157-171.
[14] Liu Y, Fu B J, Lu Y H et al. Linking vegetation cover patterns to hydrological responses using two process-based pattern indices at the plot scale. Science China-Earth Sciences, 2013, 56: 1888-1898.
[15] Mayor Á G, Bautista S, Small E E et al. Measurement of the connectivity of runoff source areas as determined by vegetation pattern and topography: A tool for assessing potential water and soil losses in drylands. Water Resources Research, 2008, 44(10).
[16] Xu Yanda, Fu Bojie, He Chansheng et al. Watershed discretization based on multiple factors and its application in the Chinese Loess Plateau. Hydrology and Earth System Sciences, 2012, 16: 59-68.
[17] Xu Y D, Fu B J, He C S et al. Assessing the hydrological effect of the check dams in the Loess Plateau, China, by model simulations. Hydrology and Earth System Sciences, 2013, 17: 2185-2193.
[18] Lu Y, Fu B, Feng X et al. A policy-driven large scale ecological restoration: Quantifying ecosystem services changes in the Loess Plateau of China. Plos One, 2012, 7(2): e31782.
[19] Feng Xiaoming, Sun Ge, Fu Bojie et al. Regional effects of vegetation restoration on water yield across the Loess Plateau, China. Hydrology and Earth System Sciences, 2012, 16: 2617-2628.
[20] Fu Bojie, Liu Yu, Lü Yihe et al. Assessing the soil erosion control service of ecosystems change in the Loess Plateau of China. Ecological Complexity, 2011, 8: 284-293.
[21] Feng X, Fu B, Lu N et al. How ecological restoration alters ecosystem services: An analysis of carbon sequestration in China's Loess Plateau. Scientific Reports, 2013, 3, doi: 10. 1038/srep02846.

The integrated studies of geography: Coupling of patterns and processes

FU Bojie

(*State Key Laboratory of Urban and Regional Ecology, Research Center for Eco-Environmental Sciences, CAS, Beijing 100085, China*)

Abstract: Geography is a subject which perceptibly reveals integration and regionalism. The integration means that the diversiform subjects in which geography is involved, and that the regionalism of geography is reflected by the regional differentiation. Through the comprehensive study of the interrelationships among the constituent elements of earth system and the relationship between natural and human systems, it helps us understand the variations of the past, present and future of earth system, and grasp the essence of these changes. Pattern helps us to understand the external features of the world and the process is conducive to the understanding of the internal biophysical mechanism of the world. On the basis of field observations and long-term comprehensive surveys, coupling of patterns and processes at different spatiotemporal scales is an effective way to understand and solve the problems in the field of geography. By analysis of the case studies in the Loess Plateau, the methods of coupling the patterns and processes in the integrated research of geography are discussed and explored.

Key words: geography; integrated studies of geography; patterns; processes; scales; Loess Plateau

阐释地理精髓，解析研究路径

宋长青

  傅伯杰，著名地理学家，中国科学院院士、发展中国家科学院院士、美国人文与科学院外籍院士、英国爱丁堡皇家学会外籍院士、英国皇家地理学会荣誉会士、中国科学院生态环境研究中心学术委员会主任。兼任国际地理联合会副主席、中国地理学会监事长等。主要从事自然地理学和景观生态学研究，在土地利用结构与生态过程、景观生态学和生态系统服务、可持续发展等方面取得了系统性创新成果。在 Science、Nature、Nature Geoscience、Nature Climate Change、Nature Sustainability、Nature Ecology & Evolution、National Science Review 等发表学术论文 600 余篇，其中 SCI 刊物收录论文 400 余篇，出版著作 10 余部，为国家提供咨询报告 10 余项，常年入选高被引学者。获国家自然科学奖二等奖两次、国家科技进步奖二等奖、中国科学院杰出科技成就奖、何梁何利科学与技术进步奖、国际景观生态学会杰出贡献奖和欧洲地球科学联合会"洪堡奖章"、发展中国家科学院——联想科学奖和陈嘉庚科学奖——地球科学奖等，荣获"科技盛典——CCTV 2019 年度科技创新人物""全国杰出专业技术人才"等荣誉称号。

  笔者怀着对科学的敬畏之情，认真拜读了伯杰先生的不朽之作。读罢，再次领受到地理学的价值，重新认识了地理学博大精深之处，从中体会了地理学的本质

作者介绍：宋长青（1961— ），男，黑龙江省哈尔滨人，北京师范大学地理科学学部教授，中国地理学会会员（S110001659M），主要从事地理学理论与方法研究。E-mail: songcq@bnu.edu.cn

特征、发展过程的坎坷、未来的走向和提升的路径。

一、文章深度解析了地理学精髓"格局与过程"，阐明了"尺度"变化影射的时空效应

　　学科是人类知识体系的基本单元，地理学是从时空视角认识世界的特殊工具。与其他学科相比，地理学的核心特征是对陆地表层要素进行"格局与过程"的探究。文章从辩证思维的逻辑出发，阐明"格局和过程通常指的是不同的地理或景观单元的空间关系和响应的演变过程。就格局而言，可以从大小、形状、数量、类型和空间组合上来进行描述。这些描述格局的表征有着其本身的地理学意义……就过程而言，可以分为自然过程（例如元素和水分的分布与迁移、物种的分布与迁徙、径流与侵蚀、能量的交换与转化等）和社会文化过程""格局和过程的相互关系可以表达为'格局影响过程，过程改变格局'，在具体的研究问题上往往需要把二者耦合起来进行研究"。从伯杰先生的文章中，我们不难发现格局和过程的研究是认知地理规律的本质出发点，也是我们开展地理实践的归宿。

　　基于尺度的地理学研究增添了学科的内涵、提升了学科实践能力。地理现象与变化过程在不同的时间和空间尺度表现出迥异的行为规律。在生产实践中，不同尺度的问题需要使用对应的认知原理加以解释，这丰富了地理学研究的本质内涵。伯杰先生创造性地将空间尺度与时间尺度纳入同一框架体系加以论述。文章指出"尺度特征是地理现象和过程在时间和空间上的表征，是其本身固有属性（即所谓本征尺度）。然而，本征尺度常常是内在的，必须通过一定的观测才能够发现和揭示出来，即所谓观测尺度，也就是在什么样的时间和空间尺度上对地理现象和过程实施观测，以达到把握地理现象和过程本征尺度或者揭示地理现象和过程随观测尺度变化而表现出变异性的规律。随着观测时空分辨率的变化，获取的信息特征也在变化，表现出一定的尺度效应"。一段简练的文字为地理学人全面认识地理尺度的完整内涵提供了全新认识，也为增强地理学的生产实践能力提供了思维基础。

二、文章深刻阐释了地理学"格局与过程耦合"的研究路径

耦合研究已经成为各学科研究的前沿问题之一，从"激发-响应"耦合概念的理解，到"要素协同-权衡"的认识，为地理学研究的深化提供了难能可贵的思路和方法论。伯杰先生创造性地提出"格局与过程耦合"的理论构架和研究途径，并强调"格局与过程耦合主要通过两种途径来实现，分别是直接观测和系统分析与模拟。直接观测的耦合通常在较小的空间尺度上开展，但是观测成果可以作为较大尺度系统分析与模拟的基础……景观尺度上，过程对格局的影响需要较长时间尺度的观测或模型系统分析，其研究的时间尺度往往是年或者以上"。"不同的研究尺度对应着相应的观测尺度。传统的生态学研究是基于样点的尺度，也就是定位观测和控制实验，注重的是功能和过程的机理分析；而对于景观尺度的研究，通常采用的是样带研究；在区域尺度，则往往采用遥感分析手段。这些研究方法和对象主要是通过分析机理，建立格局与过程的耦合，通过多时间和空间尺度来开展相关的研究。"他明确提出"格局-过程-尺度-观测-模拟"的系统地理研究路径。

三、文章突破了地理综合研究的困局，建立以指数为基础的"格局与过程耦合"模拟的新思路

众所周知，综合研究是地理学科不可替代的优势，地理建模是地理综合研究的不二路径。面对多要素构成的区域地理系统，构建指数体系开展综合研究是最为有效的方法之一。文章全面阐述了基于土壤侵蚀过程的景观指数、基于方向性渗透指数（DLI）、基于径流泥沙汇流路径长度指数（Flowlength）的研究现状、功能和意义。伯杰先生明确指出"传统的景观指数研究（Fragstat 软件）主要基于离散斑块的镶嵌景观范式从而来获取具体的景观指数（如边界/斑块密度、形状、连接性、多样性等指数）。这些指数是对景观的空间或非空间特征的描述，大部分是针对生物过程而建立的"，方向性渗透指数是反映植被格局和水沙变化过程的一个指数模型，"它主要通过计算径流和泥沙的源、汇之间的欧式距离来反映整体的物质留滞能力"，径流、泥沙汇流路径长度指数"主要考虑了植被的空间分布和地形特征，

通过径流、泥沙产生区域（源区）的连接性程度来表征水土流失效应"。这些理论总结为地理学从基于数据属性的分析引导进入基于指数的模型分析，实现地理学综合分析的数据驱动和方法跨越提供了坚实的思想基础。

在此，笔者引用傅伯杰先生文章的结语收尾此篇解读。"格局与过程的耦合研究要加强野外长期观测和综合调查，它是理解过程机理和发展模型的必要途径；其次，从尺度效应上来考虑，需要加强将遥感和地面观测调查相结合，将不同尺度的研究进行同化、综合，从而得出更加科学的理解；再次，要进一步深化生态—地理过程研究，并在此基础上开发模型进行模拟和预测；最后，格局是认识世界的表观，过程是理解事物变化的机理，耦合格局与过程是理解和研究地表过程的重要方法，是地理学综合研究的有效途径。"

区域旅游流空间结构的高铁效应及机理

——以中国京沪高铁为例

汪德根[1,2]，陈田[3]，陆林[4]，王莉[4]，ALAN August Lew[2]

(1. 苏州大学旅游系，苏州 215123；2. 北亚利桑那大学地理、规划与休闲系，美国亚利桑那 弗拉格斯塔夫 86001；
3. 中国科学院地理科学与资源研究所，北京 100101；4. 安徽师范大学国土资源与旅游学院，芜湖 241002)

摘要：交通是影响旅游流空间结构最主要因素之一。以京沪高铁线为例，探讨了区域旅游流空间结构的高铁效应及特征，在此基础上，分析区域交通可达性变化，并结合区域旅游资源禀赋、区域旅游接待设施、区域旅游交通网络密度以及区位等影响因素分析区域旅游流空间结构的高铁效应的机理。研究表明：① 区域旅游流空间结构的高铁效应表现为马太效应、过滤效应、扩散效应和叠加效应等特征。② 区位条件、旅游资源禀赋、旅游接待能力、交通网络密度以及时空压缩程度等影响因素共同作用均非常明显态势下，产生高铁马太效应；旅游资源禀赋、旅游接待能力、交通网络密度均不强，时空压缩程度不显著等旅游节点产生高铁过滤效应；区位条件、旅游资源禀赋、旅游接待能力和交通网络密度均具有很强优势，且时空压缩程度明显的旅游节点可成为扩散源，高铁强化了扩散源旅游流集聚作用，然后向边缘旅游地扩散，呈现为"集聚—扩散"模式；高铁使大尺度空间的不同客源地居民出游空间范围出现叠加现象，但只有区位条件、旅游资源禀赋、旅游接待能力、交通网络密度优势较强且时空压缩程度明显的旅游节点产生叠加效应。

关键词：旅游流；空间结构；高铁效应；机理；京沪高铁；中国

DOI: 10.11821/dlxb201502004

1 引言

旅游流作为一个具有空间属性的旅游地理学概念，是旅游系统的神经中枢和纽带[1-2]，表现为游客在空间区域内的空间位移现象，具体是指旅游者从客源地向目的地流动的人群数量和流动模式[3]。旅游流研究是从空间角度考察旅游客源地（Origin）和旅游目的地（Destination）的相互作用，地理学上称 O–D 对研究，主要集中在旅游流空间模型和旅游流形成机制两方面。其中，旅游流空间模型主要包括旅游流层次模型[4]、城市旅游流模型[5]、旅游流核心—边缘空间模型[6-7]、旅游流圈层结构模式[8]等。在旅游流形成机制方面，影响旅游流的主要因素包括旅游资源[9-10]；区域经济发展水平[3,5,7,10]；区域旅游服务设施，包括旅游地的娱乐和购物设施、餐饮与住宿等因素[4,10-11]、区域交通[12-14]；区位和距离择近对游客选择旅游目的地具有一定影响[6,15-16]。在这些因素中，空间距离和交通可达性是影响旅游流空间结构的首要因素[12-14,16]，而空间距离可通过交通便捷程度转换为时间距离，时间距离是指在现有交通技术条件下通过单位空间距离所用的时间，或单位时间内在现有的交通技术条件下所达到的最大空间距离。可见，空间距离是客观的，而时间距离随交通技术条件变化而发生变化。当交通技术革新产生"时空压缩"效应时，旅游者出游的时间距离不变而空间距离将增大，或空间距离不变而时间距离将变小。每一次交通技术新突破，都能使旅游者以更快速度，旅行到更远的目的地[17]。

高速铁路（以下简称高铁）是世界"交通革命"的一个重要标志。高铁已成为解决大通道上大量旅客快速输送问题的最有效途径，其最大特点是快速、安全和高效，产生明显"时空压缩"效应。随着高铁带来"时空压缩"过程，游客在时间距离不变情况下，空间距离逐渐增大，即游客出游半径会逐渐增大。日本新干线开通使东京和大阪等客源地更接近东北部的旅游地，使旅游者出行更为方便，呈现出"把新干线当成走廊来使用"的现象[18]。高铁使伦敦到爱丁堡、格拉斯哥和苏格兰等大城市的旅行时间大幅度降低，从而促进英国各城市商务旅游和休闲旅游发展[19]。南非约翰内斯堡到比勒陀利亚行程时间在高铁开通后缩减，极大增强了居民出行欲望，每天客运量增加到 6.4 万人次[20]。可见，高铁产生的"时空压缩"效应对游客出游距离产生明显作用,影响到旅游者选择出游目的地,进而对区域旅游空间格局变化产生深远影响。法国佩皮尼昂至西班牙巴塞罗那段高铁线开通减少旅行时间,但加剧区域旅游空间竞争,巴塞罗那区位优势以及旅游设施集中性比佩皮尼昂好,产生高铁"虹吸效应";而佩皮尼昂只是一个拥有一些历史纪念馆的小城,旅游产品单一,旅游基础设施不完善,高铁导致佩皮尼昂的旅游吸引力下降,产生高铁"过滤效应"[21]。便捷高铁使加州北部和中央谷地区以及加州南部聚居区连成一片,让旅游者能在一次旅游过程中实现对加州南部和加州北部的游览[22]。武广高铁对湖北区域旅游空间格局演变的影响表现出"双刃性",既强化了核心区域的极化作用,又增强了核心区域向边缘区域的扩散作用[23]。

由此发现,高铁对区域旅游流空间结构产生了显著影响。以京沪高铁线为案例区,比较国内两大客源地——北京和上海居民乘坐一般动车和高铁出游选择旅游目的地的变化,分析区域旅游流空间结构的高铁效应及特征,并进一步分析区域旅游流空间结构的高铁效应的影响机理。本研究具有较强实践价值和理论意义。首先,深入认识高铁条件下区域旅游流空间结构类型及特征,将丰富和深化国内旅游流空间模型的研究内容。其次,对区域旅游流空间结构的高铁效应类型的影响机理深入分析,在理论上填补并丰富旅游地理学、交通地理学和行为地理学的研究内容。最后,科学把脉高铁对中国区域旅游空间结构的影响,以期促进政府主管部门、旅游企业、旅游科研机构制定更科学措施,推动中国旅游业有序发展,更好地实现旅游业成为国民经济战略性支柱产业的目标。

2 研究设计与数据处理

2.1 可达性测度

首先把空间距离转化为时间距离,需设定不同类型道路行车时速。不同地表类型具有不同的通勤方式和出行速度,本文将地表类型分为陆地、道路和水域,分别设定时间成本值。为了尽可能提高计算精度,选定栅格大小为 0.5 km×0.5 km,设定时间成本数值的参考为平均出行 1 km 大约所需要的分钟数,公式为:

$$cost = 60/V \tag{1}$$

式中:$cost$ 为时间成本;V 为各类空间对象的设定速度。具体速度设定为:① 道路分为铁路、高速公路、国道和省道,根据 2005 年中国不同等级的铁路里程和速度标准,以及《中华人民共和国公路工程技术标准（JTGB 01-2003）》设定速度，分别为 90 km/h、120 km/h、80 km/h 和 60 km/h。② 考虑水域依然有一定的通行能力，但有些地方要绕行一定距离才能到达对岸，需要付出比陆地更高成本，所以取其平均速度为 1 km/h[24-25]。③ 陆地指高速、国道、省道和水域之外的连续的陆地部分。假设陆地为均质，即在其上可以任意方向出行，出行方式自由，以步行、公交车、出租车或私家车为主，通过测试设定集成步行、公交车和出租车后的平均速度为 16 km/h。④ 高铁速度设定为 300 km/h。

为了既能精确计算全空间的综合可达性，又考虑铁路线路的跳跃式运行方式的影响，本文采用网络分析和距离成本加权分析两者相结合的方法[24]。具体技术路线为：① 生成含有高铁站站点信息的道路栅格图。指定中心，即源点 o。② 通过距离成本加权（Cost Distance Algorithm）分析，计算中心到任意一点 p 的时间成本 t_{op}，即有从中心到任意一个高铁站点 $i(j)$ 的时间 A_{oi}。③ 通过网络分析，计算每个高铁站点到其他站点最短时间距离 B_{ij}。④ 计算考虑上高铁后，中心地到高铁各站点的最短时间 C_{oi}。具体方法：首先找到距离中心最近的一个站点 1，将其纳入数列 $R = \{C_{o1}\}$，其中 $C_{o1}=A_{o1}$。再找距中心第二近的站点 2，比较该站点的 A_{o2} 和通过网络分析 R 中的所有站点到该站点的最短时间，即 $B_{12}+C_{o1}$，比较大小后求其小，并将其放入数列 $R = \{C_{o1}, C_{o2}\}$ 中。再依次找下一个近的站点，即 $C_{o3} = \min\{A_{o3}, B_{13}+C_{o1}, B_{23}+C_{o2}\}$。依照此法，直到确定出所有站点到中心的最短时间。⑤ 求每一个高铁站点到全空间的栅格时间成本，得到 N 个图层：$E_1, E_2, \cdots, E_N$，和相应的各点到全空间的时间成本：$T_{1p}, T_{2p}, \cdots, T_{Np}$。⑥ 求中心到全空间所有点的最短时间 T_{op}。即，$T_{op} = \min\{t_{op}, t_{1p}+C_{o1}, t_{2p}+C_{o2}, \cdots, t_{Np}+C_{oN}\}$。

2.2 旅游流网络构建及数据处理

社会网络分析法是目前分析区域旅游流网络空间特征一种科学的研究方法，主要涉及 3 个要素：节点、关系和连线。区域内各旅游地相当于社会网络结构中的点，目的地之间的联系相当于社会网络结构中点与点之间的映射关系，目的地之间的交通通道相当于连线[26]。本文通过旅游者在旅游节点之间流动关系表征区域旅游流网络结构，网络结构的边用来代表旅游节点之间旅游者流动的有向旅游流关系。

根据调查所得数据，分别构建北京和上海为客源地的旅游流网络矩阵（分为高铁前和高铁后旅游流两部分），其中，行表示旅游者流动时的起点，列表示终点，每产生一次流动在相应单位格计入 1。社会网络分析众多分析技术基础是以二值数据为基础，即 1 代表存在关系，0 表示没有关系。通常做法是将原始矩阵中的数值与某一切分值进行比较，大于或等于切分值则为 1，反之为 0。因此选择合适的切分值对于分析科学性至关重要，切分值过大，出现不连接，很多关系不能反映出来，过小，关系普遍存在，分析结果没有太大意义，所以过大过小都不利于探测网络结构和洞悉旅游网络一般态势，也不能反映大多旅游者旅游活动特征[27-28]。本文通过测试比较，选择3作为切分值，对原始矩阵进行二值化，得到北京和上海高铁前后旅游者流动矩阵。

2.3 旅游者选择出游目的地的影响因素界定

一般地，旅游者的出游空间行为受诸多因素影响，主要分为内在因素和外在因素。内在因素主要包括旅游者的态度、认知、个人收入水平、闲暇时间以及社会人口学等因素，属于微观影响机制，其核心作用是激发潜在旅游者的出游动机，出游动机得到激发后使潜在旅游需要转化为有效需求，使潜在旅游者转化为旅游者[3]。外在因素主要包括旅游资源、经济发展水平、旅游服务设施、交通、区位等对游客选择旅游地具有一定影响，属于宏观影响机制，且影响显著，尤其是空间距离和交通可达性成为影响旅游者选择出游目的地的首要因素[12-14,16]。高铁开通后，区域旅游资源禀赋、区域旅游服务接待能力、区域旅游交通网络密度以及客源地和旅游地的空间距离对旅游者选择旅游目的地的影响程度发生很大的改变，客源地与旅游地的空间距离已不再是最重要的影响因素，旅游地的交通网络密度、旅游资源禀赋和旅游服务接待能力成为重要的影响因素[29]。

综上，主要从旅游资源禀赋、旅游服务设施、旅游交通网络密度、客源地和旅游地的空间距离与区位等方面分析旅游流空间结构高铁效应的影响机理。其中，① 旅游资源禀赋值计算公式为：

$$TR_j = \sum_{i=1}^{10} W_i N_{ij} \qquad (2)$$

式中：TR_j 为 j 城市的旅游资源禀赋值；N_{ij} 为 j 城市拥有世界遗产、国家级风景名胜区、5A 和 4A 级旅游区的数量；W_i 分别为不同等级旅游资源的权重，本文为世界遗产、国家级风景名胜区、5A 和 4A 级旅游区分别赋予 10、6、4、2 的权重[30]。对拥有多个称号的旅游景区，以等级最高一种统计。旅游资源数量来源国家旅游局公布的数据，统计截止到 2011 年底。② 旅游服务接待设施主要包括酒店、餐馆、娱乐、旅游购物商店等设施，旅游者最为考虑的设施是酒店，是否能够订到酒店也成为旅游者是否选择旅游地的一个重要依据。考虑到资料获取的可能性，本文只选择星级酒店数作为旅游地接待能力的指标，数据来源于 2012 年各省统计年鉴或 2011 年城市国民经济和社会发展统计公报。③ 旅游交通网络密度是评价旅游地交通通达性优势度的重要指标，主要指交通线路长度与所在区域土地面积的绝对比值[31]。公式为：

$$TN_j = \frac{TL_j}{A_j} \qquad (3)$$

式中：TN_j 为第 j 个城市旅游交通网络密度；TL_j 为第 j 个城市交通线路长度，交通线包括高速公路、国道、省道和铁路，截止到 2011 年；A_j 为第 j 个城市区域面积。交通网络密度是正向指标，值越大，则交通网络密度越大，区域交通条件越优越。④ 客源地与旅游地的空间距离。一般地，客源地与旅游地的空间距离可用交通（地理）距离和时间距离来反映。本文主要比较高铁开通前后旅游者选择旅游目的地变化，高铁开通前后，旅游者从客源地去同一个目的地的交通时间变化明显，因此，客源地与旅游地的空间距离以时间距离指标来体现。

2.4　旅游资源点选择

以京沪高铁线为例，以北京和上海乘坐动车和高铁出游的旅游者为调查对象，通过高铁旅游者和非高铁旅游者（选择动车）如何选择京沪线的旅游目的地，从而得到京沪沿线区域的旅游需求空间分布。调查选择旅游资源点主要是京沪沿线城市和周边城市的代表性景区（点）（图 1）。沿线城市主要包括北京、廊坊、天津、沧州、德州、济南、泰安、枣庄、徐州、宿州、蚌埠、滁州、南京、镇江、常州、无锡、苏州和上海，共 18 个，周边城市主要包括承德、秦皇岛、保定、石家庄、烟台、威海、潍坊、青岛、济宁、日照、连云港和黄山，共 12 个。选取世界遗产、国家级风景名胜区和 5A 级旅游区等禀赋高的代表性景区，同时考虑到某些旅游地缺乏这些旅游资源，部分旅游地选取 4A 级旅游区、国家森林公园以及特色旅游景区。

2.5　调查数据获取及处理

高铁"时空压缩"效应能节省旅途时间，使旅游者在有限的闲暇时间游玩远距离的旅游地成为可能。为使高铁开通前后时间一致，本文野外调研时间选择为期 3 天的小长假，高铁开通前，上海选择 2011 年清明小长假，时间为 4 月 5-7 日，北京选择 2011 年"五一"小长假，时间为 5 月 1-2 日，高铁开通后上海和北京选择 2011 年中秋小长假，时间为 9 月 10-12 日。调查地点选择上海虹桥站和北京南站，以及上海—北京 G32 和北京—上海 G111 高铁车上。高铁开通前后，上海调查问卷数分别为 549 和 349 份，回收有效问卷分别为 500 份和 300 份；北京调查问卷数分别为 234 和 338 份，有效问卷分别为 220 份和 301 份；

问卷有效率在 85%以上。回收问卷利用 SPSS19.0 处理统计，并用 GIS 和社会网络技术进行空间网络分析。

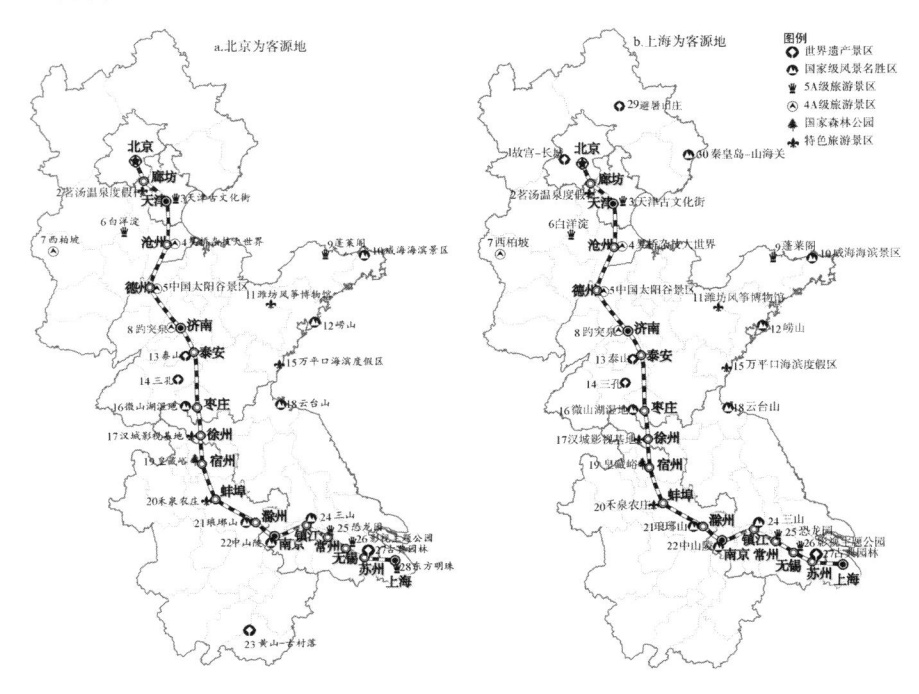

图 1　京沪线旅游资源点空间分布示意图

Fig. 1　Spatial distribution of tourism resources along the Beijing-Shanghai HSR

3　实证研究

3.1　区域旅游流空间结构的高铁效应

为分析高铁对区域旅游流空间结构变化的影响，借助社会网路分析软件 Ucinet 6 中的相关分析模块，从旅游流网络的程度中心性和中间中心性等指标（表 1）以及旅游流空间网络结构（图 2），在对比京沪高铁前后旅游流空间网络基础上分析区域旅游流空间结构的高铁效应。

3.1.1　高铁马太效应

在北京旅游网络结构中，高铁开通后，泰山、济南（应描述为"以趵突泉为代表的济南旅游地"，为节省篇幅则用景区所在的城市代替，以下同）、南京、苏州和上海等旅游地

表 1 高铁开通前后北京和上海旅游流网络中心性变化分析

Tab. 1 Changes of network centrality of tourist flow of Beijing and Shanghai before and after HSR opening

旅游节点	北京旅游流网络 高铁前 程度中心性 外向	北京旅游流网络 高铁前 程度中心性 内向	北京旅游流网络 高铁前 中间中心性	北京旅游流网络 高铁后 程度中心性 外向	北京旅游流网络 高铁后 程度中心性 内向	北京旅游流网络 高铁后 中间中心性	旅游节点	上海旅游流网络 高铁前 程度中心性 外向	上海旅游流网络 高铁前 程度中心性 内向	上海旅游流网络 高铁前 中间中心性	上海旅游流网络 高铁后 程度中心性 外向	上海旅游流网络 高铁后 程度中心性 内向	上海旅游流网络 高铁后 中间中心性
D2	0.00	3.85	0.00	0.00	0.00	0.00	D27	3.85	11.54	0.46	7.69	3.85	0.00
D3	0.00	6.95	0.00	0.00	4.85	0.00	D26	3.85	7.70	0.00	7.69	7.69	0.19
D4	0.00	3.85	0.00	0.00	3.70	0.00	D25	11.54	11.54	0.92	5.64	9.12	0.39
D6	0.00	3.85	0.00	0.00	3.70	0.00	D24	3.85	7.69	0.00	3.85	0.00	0.00
D7	0.00	3.85	0.00	0.00	3.70	0.00	D22	7.69	11.54	0.92	9.74	13.96	2.68
D5	0.00	0.00	0.00	0.00	0.00	0.00	D21	0.00	3.85	0.00	0.00	3.85	0.00
D8	15.23	3.85	0.77	15.39	3.85	0.46	D20	0.00	0.00	0.00	0.00	0.00	0.00
D9	0.00	3.85	0.00	0.00	4.15	0.00	D19	0.00	3.85	0.00	0.00	3.85	0.00
D10	0.00	3.85	0.00	0.00	4.15	0.00	D18	0.00	3.85	0.00	0.00	7.69	0.00
D11	0.00	3.85	0.00	0.00	4.50	0.00	D17	0.00	3.85	0.00	7.69	3.85	0.00
D12	0.00	3.85	0.00	3.85	7.69	0.00	D16	0.00	0.00	0.00	0.00	0.00	0.00
D13	3.85	3.85	0.15	7.69	11.54	0.92	D15	0.00	3.85	0.00	3.85	4.15	0.00
D14	0.00	3.85	0.00	0.00	4.52	0.00	D14	0.00	3.85	0.00	0.00	7.69	0.00
D15	0.00	3.85	0.00	0.00	4.15	0.00	D13	0.00	3.85	0.00	19.23	26.92	9.85
D16	0.00	0.00	0.00	0.00	0.00	0.00	D10	0.00	0.00	0.00	3.85	3.85	0.00
D17	0.00	3.85	0.00	3.85	3.85	0.15	D11	0.00	0.00	0.00	0.00	0.00	0.00
D18	0.00	0.00	0.00	0.00	3.85	0.00	D12	0.00	3.85	0.00	3.85	7.69	0.08
D19	0.00	0.00	0.00	0.00	3.85	0.00	D8	0.00	3.85	0.00	15.39	7.69	3.65
D20	0.00	0.00	0.00	0.00	0.00	0.00	D9	0.00	0.00	0.00	0.00	3.85	0.00
D21	0.00	0.00	0.00	0.00	3.85	0.00	D5	0.00	0.00	0.00	0.00	0.00	0.00
D22	0.00	3.85	0.00	7.69	7.70	0.35	D7	0.00	3.85	0.00	0.00	0.00	0.00
D24	0.00	0.00	0.00	0.00	3.85	0.00	D6	0.00	0.00	0.00	0.00	0.00	0.00
D25	0.00	0.00	0.00	0.00	3.70	0.00	D4	0.00	0.00	0.00	3.85	0.00	0.00
D26	0.00	0.00	0.00	3.85	3.85	0.00	D3	0.00	3.85	0.00	3.85	4.52	0.00
D27	0.00	3.85	0.00	3.85	11.54	0.11	D2	0.00	0.00	0.00	0.00	3.85	0.00
D28	0.00	3.85	0.00	0.00	11.54	0.00	D1	0.00	3.85	0.00	11.54	26.92	4.23
D23	0.00	3.85	0.00	0.00	3.85	0.00	D30	0.00	0.00	0.00	0.00	3.85	0.00
—	—	—	—	—	—	—	D29	0.00	3.85	0.00	0.00	4.52	0.00

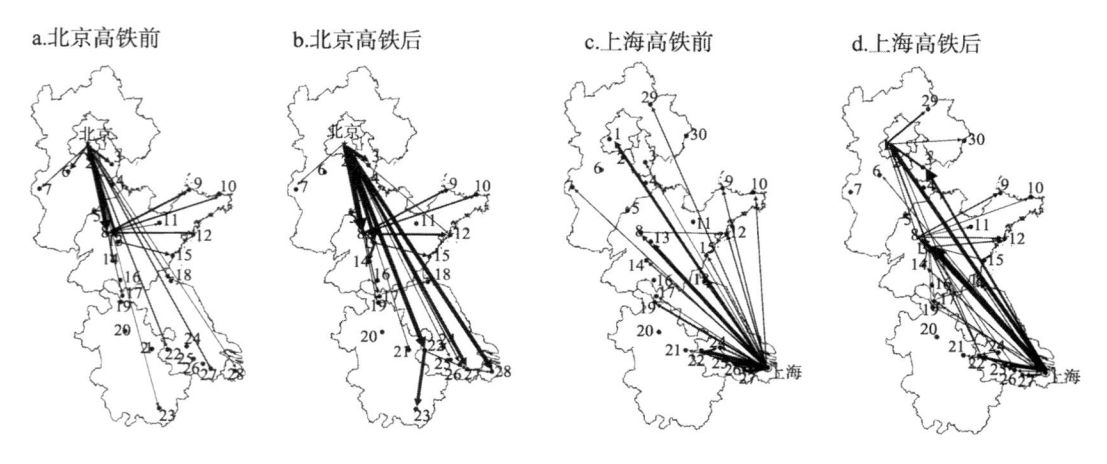

a. 北京高铁前　　b. 北京高铁后　　c. 上海高铁前　　d. 上海高铁后

图 2　京沪高铁对北京和上海旅游流空间结构影响

Fig. 2　Impacts of Beijing-Shanghai HSR on spatial structure of tourist flow in Beijing and Shanghai

等呈现出马太效应（或称为虹吸效应），尤以泰山最为明显，3项中心性指标均有不同程度增长，其内外程度中心性由高铁前3.85分别增长到高铁后的7.69和11.54、中间中心性由0.15增至0.92，在所有旅游节点中增幅最大，表明高铁开通后，泰山对北京客源地的吸引力大大增强。其次是济南，虽然高铁后程度中心性上升幅度不大，但15.39的数值仍在所有旅游节点中最大，竞争优势依然非常明显，且表现为外向程度中心性，说明济南节点是北京客流向山东周边旅游地扩散的中心枢纽。南京、苏州和上海3个旅游地的程度中心性增长幅度明显，且以内向为主，由3.85分别增长7.7、11.54和11.54，表明南京、苏州和上海对于北京客源地来说是远程旅游地，但因高铁开通产生时空压缩后大大增强了对北京客源地的吸引力。

在上海旅游网络结构中，北京、泰山、济南等旅游地呈现出马太效应。尤以泰山最为明显，3项中心性指标均有不同程度增长，其内外程度中心性由高铁前0和3.85分别增长至高铁后的19.23和26.92，中间中心性由0增长至9.85，在所有旅游资源节点中增幅最大，中间中心性成为高铁开通后所有节点中最高的数值，表明京沪高铁开通后，泰山对上海的吸引力大大增强，且成为京沪高铁旅游网络结构的中心枢纽，成为南北旅游流最重要的中转中心。其次是济南，3项中心性指标也有不同程度增长，其内外程度中心性在高铁开通后由0和3.85分别增至15.39和7.69，中间中心性由0增长至3.65，且表现为外向程度中心性高于内向，说明济南是上海客流向山东周边旅游地扩散的中心枢纽。再次是北京，3项中心性指标也呈现不同程度的增长，其中内向程度中心性在所有旅游资源节点中涨幅最大，由3.85增至26.92，成为内向性最高的节点之一。

3.1.2 高铁过滤效应

由于某些旅游节点的旅游资源品位度较低或知名度不高，但因处在客源地周边，具有区位和交通距离的优势，但高铁开通产生时空压缩效应，低等级旅游地在区域旅游地空间竞争中容易被远程知名度较高的旅游地所替代，因而产生高铁过滤效应（或称为过道效应）。在北京旅游网络结构中，廊坊、沧州、保定、德州和石家庄等5个距北京客源地较近的旅游节点（表1，图2），在高铁开通后内向程度中心性均出现了下降的趋势，这些旅游地的客源市场被中远程的品位度和知名度高的旅游地所分流。另外，潍坊因距中转的济南节点较近，而烟台和威海等旅游地距济南较远，因此，高铁开通前潍坊具有一定竞争力，但高铁开通后，北京到济南的时空压缩使旅游者具备充分的时间选择较远但知名度高的烟台和威海，而潍坊旅游节点却被过滤了。可见这5个旅游节点在高铁开通后产生较为明显的过滤效应，在区域旅游竞争中处于被替代的位置。

在上海旅游网络结构中，镇江旅游地因距离上海较近，在高铁开通后内向程度中心性出现了较大幅度的下降趋势，由7.69减至0，可见镇江的客源市场被中远程品位度较高的旅游节点所替代。其次，苏州、无锡和常州等3个距上海客源地较近的旅游节点，在高铁开通后内向中心性均出现不显著的下降趋势，即过滤效应不明显，由于旅游地自身资源品位度高和知名度高，所以不完全被过滤，即出现轻度过滤现象。

3.1.3 高铁扩散效应

在北京旅游网络结构中，扩散效应主要表现在济南、泰山和南京等3个旅游地（表1，图2）。尤以济南节点最为明显，高铁开通前后，济南的外向程度中心性由15.23上升到15.39，增长幅度不大，但由济南扩散到青岛、烟台、威海等旅游地客流量有较大增长，内向程度中心性由3.85分别增加到7.69、4.15和4.15，另外，泰山也有部分客流由济南扩散所致。在扩散地中，济南向青岛扩散最多，占济南向外扩散总量的29.79%，其次是烟台和威海，分别占27.66%和25.53%。可见，高铁开通后，济南作为中转扩散门户的作用更加突出。其次，泰山的扩散作用也较明显，外向程度中心性由3.85增加到7.69，由泰山扩散到孔庙—孔府—孔林（以下简称三孔）和日照客流比高铁开通前增长较大，这两个旅游地的内向程度中心性均由3.85分布增加到4.52和4.15，其中，大部分扩散到三孔旅游地，占69.23%。第三，南京的扩散效应也较明显，外向程度中心性由0增加到7.69，主要是向临近苏州和皖南黄山以及西递—宏村古村落扩散，但流向皖南的旅游流量占南京总扩散流量的94%。

在上海旅游网络结构中，扩散效应主要表现在济南、泰山和北京（表1，图2）。其中，泰山最为明显，高铁开通前后，泰山外向程度中心性由0上升到19.23，涨幅在所有节点中最大，主要扩散到济南、北京、青岛、三孔，引致前两者内向程度中心性显著增加，且扩散人数最多，分别占31.58%和28.95%，青岛和三孔的内向中心性分别由3.85增加到7.69，扩散的旅游流量分别占13.16%和15.79%。可见，泰山在高铁开通后占据核心中转枢纽地位。其次，济南扩散作用较明显，外向程度中心性由0增加到15.39，由济南扩散到烟台、威海、青岛客流比高铁开通前增长较大，其中烟台和威海的内向中心性均由0增加到3.85，青岛由3.85增加到7.69。第三，北京也表现一定的扩散效应，其外向程度中心性由0增加到11.54，主要向承德、秦皇岛和天津扩散，其中，扩散到承德的旅游流量最多，占北京总扩散量的65.22%，承德的内向中心性由3.85增加到4.52，其次是秦皇岛和天津。

3.1.4 高铁叠加效应

城市居民出游受距离交通时间成本的影响较大，80%居民选择出游地主要以500 km内近中程范围[15]。高铁时空压缩效应大大改善了交通时间成本，是否使居民出游半径增大？不同客源地的出游半径增大是否会产生叠加效应？为深入分析上述问题，以客源地60%和80%出游空间范围作为分析叠加效应的参考依据。美国旅游市场学家埃塞尔认为，占60%旅游市场份额的客源地是一个旅游地的主要客源市场，对旅游地市场稳定发展具有重要作用[32]。可见，客源地60%出游范围成为旅游地的主要客源市场重要基础，而80%出游范围是客源地整体出游规律的重要表现。

高铁开通前，北京居民60%出游的范围到了济南，距北京约为410 km，累计比重达到了62.41%；上海居民60%出游的范围到了滁州，距上海约为346 km，累计比重达到了60.91%。以北京和上海为圆心，以60%的出游距离为半径画圆，这两个圆的位置表现为相离状态。从出游累计比重80%的范围看，北京出游范围到了距北京约625 km的枣庄，累计比重为80.85%；上海出游范围是距上海约847 km的泰安，比重为82.23%；从以北京和上海为圆心，以80%的出游距离为半径为圆的状态看，只有泰安和枣庄被两个圆覆盖，表现为叠加特点（图3a）。

高铁开通后（图3b），北京60%出游范围到了南京，距北京约为1018 km，累计比重为70.3%，与高铁前相比，出游半径向外扩大了608 km，增长了148%；上海60%的出游范围到了距上海约847 km的泰安，累计比重为64.83%，出游半径向外扩大了501 km，增长了145%。以北京和上海为圆心的两个圆由高铁开通前相离状态转变高铁开通后的相交状态，即两个圆有叠加部分，主要包括南京、滁州、蚌埠、宿州、徐州、枣庄和泰安等7个旅游节点。从出游累计比重80%的范围看，北京出游范围到了苏州，累计比重为84.21%，距北京约为1 257 km，出游半径比高铁前向外扩大了632 km，增长率为101%；上海的范围扩展到了天津，累计比重为83.47%，距上海约为1 198 km，出游半径比高铁前向外扩展了

41.44%。从叠加情况看，主要包括苏州、无锡、常州、镇江、南京、滁州、蚌埠、宿州、徐州、枣庄、泰安、济南、德州、沧州和天津等15个旅游节点，数量比高铁前大大增加。

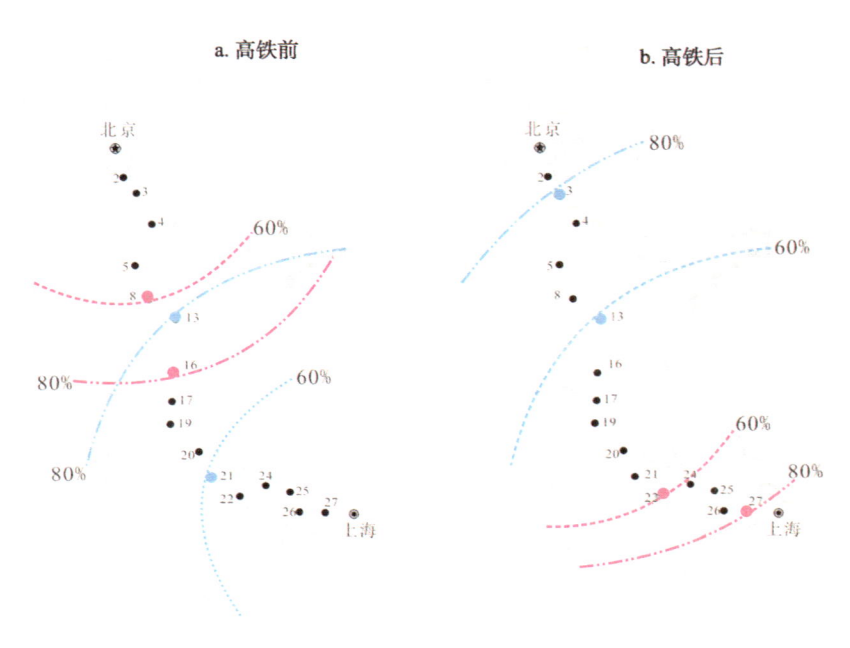

图 3　高铁前后60%和80%出游空间范围比较

Fig. 3　Comparison of the 60% and 80% travelling spatial range before and after HSR opening

可见，高铁开通前，60%居民出游范围主要集中在350~450 km，以近中程为主，80%居民出游范围主要集中在600~850 km，以中远程为主；高铁开通后，60%出游范围主要集中在840~1 000 km，比高铁前80%出游范围还大，80%出游范围主要集中在1 200~1 300 km，与之前学者研究的500 km范围相比大大增加。可见，高铁时空压缩效应对居民选择中远程旅游地具有极大的促进作用。

进一步研究发现，虽然叠加的旅游节点较多，但并不是所有旅游节点是旅游者喜欢的，从北京和上海高铁旅游流网络中（表1，图2）看出，在60%出游范围中，只有济南、泰山（泰安）和南京3个旅游节点的程度中心性很高，表现出明显的叠加效应，而其他旅游节点的程度中心性一般，没有呈现出叠加效应。从80%出游范围只有济南、泰山、南京、苏州和天津等5个旅游节点的程度中心性较高，表明高铁开通后这5个旅游节点呈现出叠加效应。

综上，区域旅游空间高铁效应表现为马太效应（虹吸效应）、过滤效应（过道效应）、扩散效应和叠加效应等类型特征。为什么高铁会使旅游流空间结构呈现出这些类型特征？

下面从旅游资源禀赋、旅游服务设施、旅游交通网络密度、客源地和旅游地的时间距离（可达性变化）与区位等方面深入分析旅游流空间结构高铁效应的影响机理。

3.2 区域旅游流空间结构的高铁效应机理

3.2.1 高铁马太效应的机理

从北京旅游网络空间中可知，高铁开通后济南、泰山、南京、苏州和上海等5个旅游地呈现出马太效应。从图4a和4b可知，高铁开通前后的北京出游者选择旅游地空间分布中，这5个旅游地的旅游需求比重均比较高，高铁开通前，5个旅游地的比重分别为6.67%、9.32%、3.33%、5%和3.67%，在所有旅游地的排序分别为第4、2、14、9和12位；高铁开通后，5个旅游地的比重分别为11.07%、10.08%、13.83%、8.3%和10.87%，在所有旅游地的排序分别为第2、4、1、6和3位。可见，高铁开通后，5个旅游地的旅游需求比重和排序均呈现上升趋势。

在这5个旅游地中，上海是京沪线的端点城市，经济发达，城市环境优越。以东方明珠为代表的现代城市景观和以世博园为代表的商务会议资源有极强禀赋，在所有旅游地中位列第6；上海是我国重要交通枢纽城市，交通网络密度达到6.652，在所有旅游地中位居第1，方便旅游者空间流动；上海旅游服务设施绝对值非常高，旅游星级饭店达到298座，在所有旅游地中位居第1（图4c、4d、4e）。高铁开通前，上海旅游地在北京交通等时圈中处于7 h以上范围，旅行时间需要10 h，高铁开通后，上海旅游地处于北京交通等时圈的3~5 h范围，旅行时间缩减为5 h（图4a、4b），时空压缩效果非常明显，在旅游资源禀赋高、旅游地交通网络密度大、旅游接待服务设施较强的等综合因素影响下，对北京旅游者吸引大大增强，旅游需求比重增幅达到196.45%，马太效应非常明显。

济南和南京是京沪线中转枢纽城市，又是省会城市，分别是山东和江苏的政治、经济、交通中心，城市综合环境较优越。济南的旅游资源禀赋不是很强，在所有旅游地中排序仅为20，但其旅游接待服务设施绝对能力较高，在所有旅游地中位列第6位；城市交通发达，交通网络密度为1.246，位列第9位；在北京的交通等时圈中，济南由高铁前的3~5 h范围进入到高铁后的3 h以内范围，济南成为北京一日游旅游地。因此高铁开通后，北京到济南旅游的需求上升明显，增长幅度达到66.05%，呈现出马太效应。南京拥有以明孝陵为代表的世界遗产以及以钟山为代表的国家级风景名胜区，资源禀赋高，在所有旅游地中位列第4；同时，南京的旅游接待绝对能力较高，在所有旅游地中位列第5位；交通网络密度达到1.397，位列第6位；在北京的交通等时圈中，南京由高铁前的7 h以上范围进入到高铁后的3~5 h范围，旅行时间由高铁前的7.8 h缩减到高铁后的3.3 h，时空压缩明显，高铁开通后旅游需求增长幅度达到314.9%，马太效应非常明显（图4）。

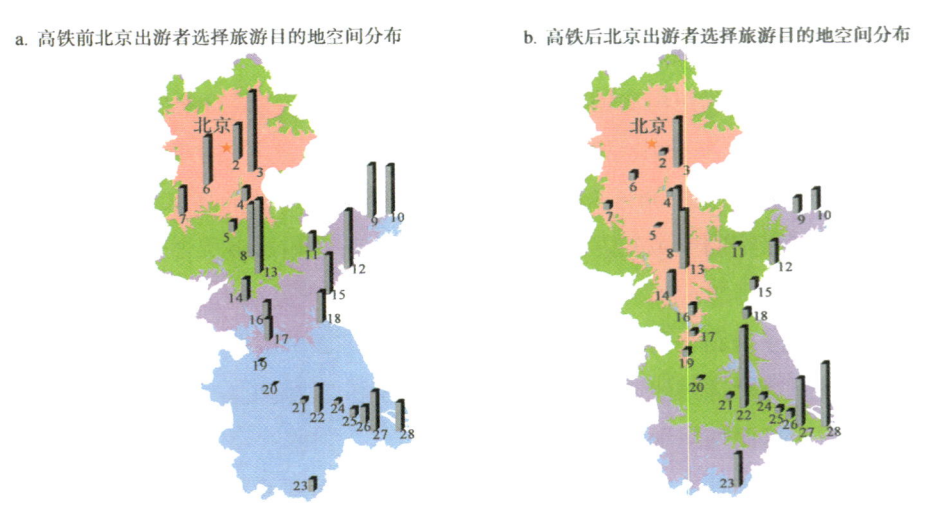

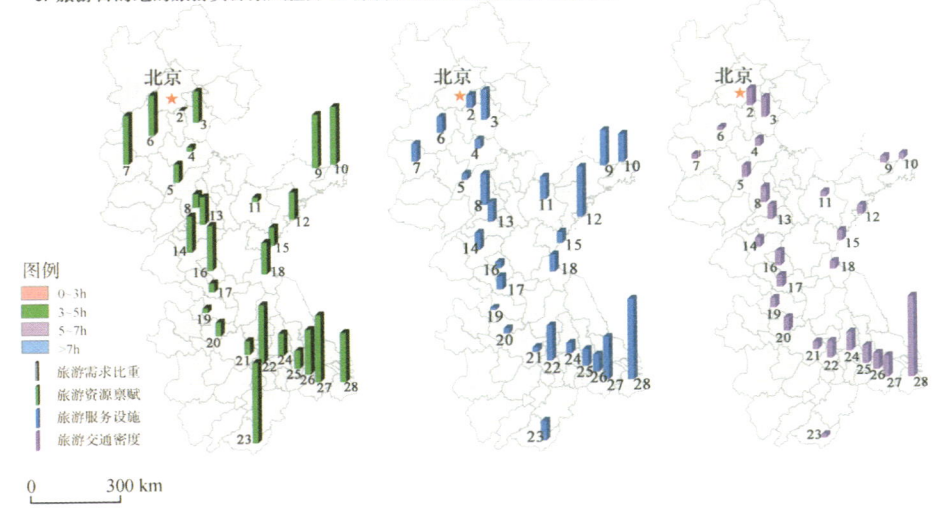

图 4　高铁前后北京出游者空间分布变化及影响因素

Fig. 4　Influencing factors and changes in spatial distribution of Beijing's travelers before and after HSR opening

泰山和苏州均是京沪线上著名的旅游地。泰山旅游资源禀赋非常高；泰山所在的泰安旅游地的旅游接待服务设施和交通网络密度也具有一定水平，在所有旅游地中均列第11位；在北京的交通等时圈中，泰山由高铁前的3~5 h范围进入到高铁后的3 h以内范围，泰山成为北京一日游旅游目的地。因此，高铁开通前，泰山对北京已具有较强的吸引力，旅游需求比重为 9.32%，仅次于天津旅游地，高铁开通后，旅游需求进一步上升，比重为 10.08%，呈现出典型的马太效应。苏州拥有古典园林世界遗产、太湖国家级风景名胜区，资源禀赋非常高，在所有旅游地中位列第 2。苏州旅游服务接待设施水平非常高，在所有旅游地中位居第 2，仅次于上海；城市交通网络密度达到 1.745，位列第 2，仅次于上海；在北京的交通等时圈中，苏州由高铁前的 7 h 以内范围进入到高铁后的 3～5 h 范围，旅行时间由 9.3 h 缩减到 3.9 h，时空压缩明显，在这些综合因素影响下，对北京旅游者吸引大大增强，旅游需求增长幅度达到 66%，马太效应明显（图 4）。

从上海旅游网络空间中可知，高铁开通后北京、济南和泰山等 3 个旅游地呈现出马太效应。从图 5a 和 5b 可知，高铁开通前，3 个旅游地的比重分别为 7.56%、3.62% 和 6.69%，在所有旅游地的排序分别为第 4、8 和 5；高铁开通后，3 个旅游地的比重分别为 16.08%、7.49% 和 13.7%，在所有旅游地的排序分别为第 1、3 和 2。可见，高铁开通后，3 个旅游地的旅游需求比重和排序均呈现上升趋势。

在这 3 个旅游地中，北京是京沪线的端点城市，城市环境优越，拥有以故宫和八达岭等为代表的 6 个世界遗产，旅游资源禀赋极强，在所有旅游地中位列第 1；交通网络密度达到 2.816，在所有旅游地中位居第 1；北京的旅游服务设施水平非常高，在所有旅游地中位居第 1（图 5c、5d、5e）。高铁开通前，北京旅游地在上海交通等时圈中处于 7 h 以上范围，旅行时间需要 10 h，高铁开通后，北京处于上海交通等时圈的 3～5 h 范围，旅行时间缩减为 5 h 范围（图 5a、5b），时空压缩效果非常明显，在旅游资源禀赋高、旅游地交通网络密度大、旅游接待服务设施较强的等综合因素影响下，对上海旅游者吸引大大增强，旅游需求比重增长幅度达到 112.78%，马太效应非常明显。

如前所述，济南具有一定区位、交通和接待设施等优势，泰山旅游资源禀赋极强，交通和接待设施具有一定优势。在上海交通等时圈中，济南和泰山由高铁前的 7 h 以上范围进入到高铁后的 3～5 h 范围，旅行时间分别为 2.8 h 和 2.6 h，时空压缩明显，对上海旅游者吸引大大增强，旅游需求比重增长幅度达到 107% 和 104.88%，马太效应非常明显（图 5）。

综上，高铁开通后产生马太效应的旅游节点可归为三类，第一类是端点型旅游地，主要包括北京和上海，该类旅游节点的地理区位条件、旅游资源禀赋、旅游接待能力、交通网络密度均最强，且时空压缩非常明显，等时圈由 7 h 以上范围压缩为 3～5 h 范围。第二类是中转型旅游地，以济南或南京为代表，该类旅游节点的地理区位条件很强，旅游资源禀赋、旅游接待能力、交通网络密度均较强，时空压缩也明显，等时圈由 3～5 h 范围压缩为 3 h 以内范围或由 7 h 以上范围压缩为 3～5 h 范围，在上海旅游网络空间中，南京在高铁开通前后均处于上海等时圈的 3 h 以内范围，时空压缩不明显，没有出现出马太效应。第三类是资源型旅游地，以泰山或苏州为代表，该类旅游节点最突出的特点是旅游资源禀赋非常高，具有极强的吸引力，同时区位较强，靠近端点城市或中转城市，旅游接待能力和交通网络较强，时空压缩明显，等时圈由 3～5 h 范围压缩为 3 h 以内范围或由 7 h 以上范围压缩为 3～5 h 范围，在上海旅游网络空间中，苏州在高铁开通前后均处于上海等时圈的 3 h 以内范围，时空压缩不明显，没有出现出马太效应。

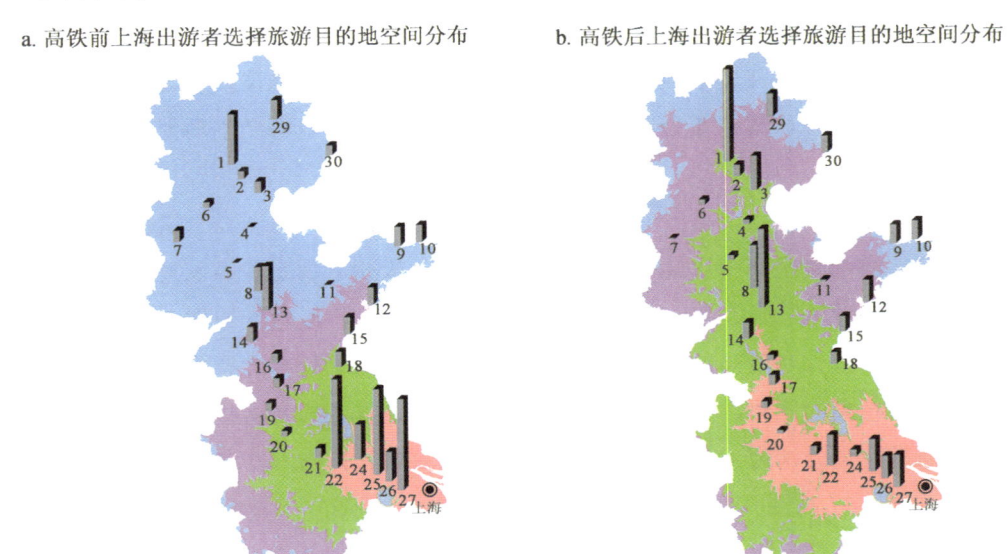

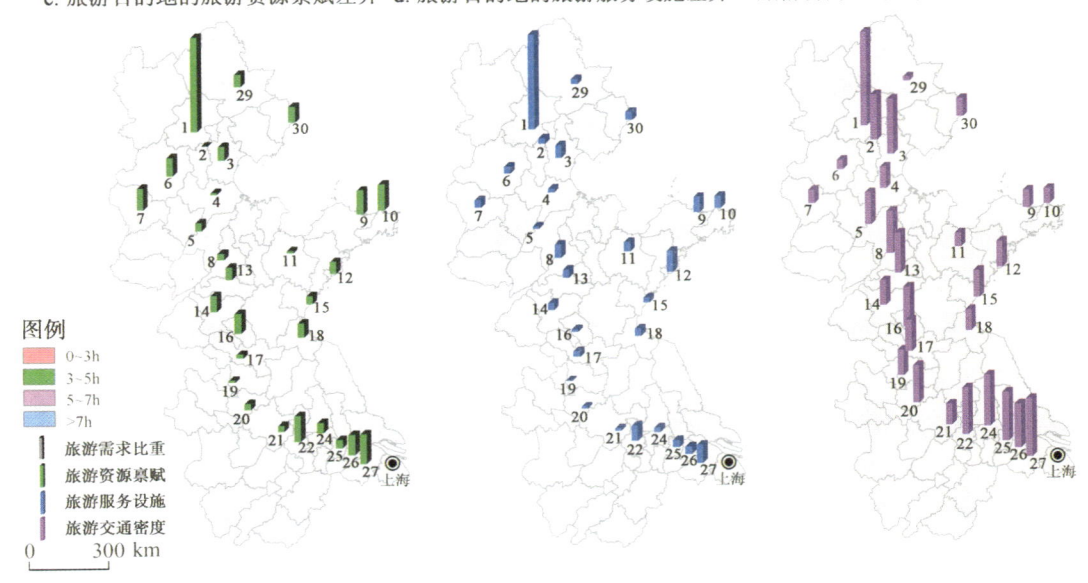

图 5　高铁前后上海出游者空间分布变化及影响因素

Fig. 5　Influencing factors and changes in spatial distribution of Shanghai's travelers before and after HSR opening

由此可见，高铁开通后，端点型、中转型和资源型旅游地均有可能产生马太效应，如图 6 所示 A 点旅游地在地理区位条件、旅游资源禀赋、旅游接待能力、交通网络密度以及时空压缩程度等 5 种因素作用下产生马太效应，吸引更多的旅游者。其中，端点型旅游地在地理区位条件、旅游资源禀赋、旅游接待能力、交通网络密度以及时空压缩程度等 5 个影响因素共同作用均非常明显态势下，将产生明显马太效应；中转型旅游地的地理区位条件必须非常优越，其他 4 个影响因素作用较强情况下产生马太效应；资源型旅游地的旅游资源禀赋必须非常高，其他 4 个影响因素作用较强情况下，也将产生马太效应。

3.2.2 高铁过滤效应的机理

从北京旅游网络空间中可知，高铁开通后廊坊、沧州、保定、石家庄、德州和潍坊等 6 个旅游地呈现明显过滤效应。这些旅游地的旅游资源品位度较低或知名度不高，与中远程资源品位度高或知名度高的旅游地竞争处于劣势，但由于处在北京客源地周边，具有区位优势和交通距离的优势，因此高铁前仍有一定北京出游者选择这些旅游地，这 6 个旅游地的旅游需求比重分别为 4.45%、1.67%、6.11%、3.3%、1.3% 和 2.22%，累计达 19.08%，占整体比重近 1/5。高铁开通后，原先距北京客源地较近的区位优势和交通距离优势转变为劣势，出游者因高铁产生时空压缩效应，放弃周边旅游资源品位度较低或知名度不高的旅游地，取而代之的是中远程资源品位度高或知名度高的旅游地，因此选择这些旅游地比重明显下降，分别为 0.79%、0.99%、1.38%、1.19%、0.35% 和 0.4%，下降幅度分别为 82.24%、40.6%、77.42%、64.3%、73.08% 和 82%，累计比重仅为 5.1%，下降幅度达到 73.27%（图 4a、4b）。具体分析，这些旅游地的资源禀赋不高，除石家庄和保定外，廊坊、沧州、德州和潍坊 4 个旅游地的资源禀赋在所有旅游地的位序，仅为第 27、25、18 和 24 位，基本处在末尾。从旅游接待能力看，除潍坊和石家庄在第 9 和 12 位较靠前位序外，廊坊、沧州、保定和德州仅分别为第 19、22、17 和 24 位，基本处于低水平的位置。从旅游地的交通网络密度上看，廊坊因紧靠北京和天津，以及区域面积较小，因此交通通达性较好，交通网络密度达到 1.384，位列第 7，沧州、保定、石家庄、德州和潍坊的交通网络密度均没有达到 1，在所有旅游地仅分别为第 19、27、13、24 和 25 位，交通通达性基本处于低水平。在北京交通等时圈中，廊坊、沧州、保定和石家庄在高铁开通前后均处于 3 h 以内等时圈中，时空压缩程度不明显；德州由高铁开通前的 3~5 h 等时圈进入到 3 h 以内等时圈，旅行时间由 2.5 h 缩减到 1.1 h，变化幅度不大；潍坊旅游地的客流主要是通过济南中转分流，济南由高铁开通前的 3~5 h 等时圈进入到 3 h 以内等时圈，使潍坊的等时圈由 5~7 h 等时圈进入到 3~5 h 范围，旅行时间由 4.5 h 压缩到 2.6 h，变化幅度也不是很大（图 4）。

在上海旅游网络空间中，高铁开通后，镇江旅游地呈现明显过滤效应。高铁开通后，上海客源地选择镇江的旅游需求比重由开通前的 5.36% 下降到 1.15%，下降幅度达到 78.55%，在所有旅游地由第 6 位下降到第 21 位，减少幅度非常明显（图 5a、5b）。具体看，镇江旅游地虽然拥有三山国家级风景名胜区，但与长三角的南京、苏州和无锡传统旅游资源相比，在知名度方面不具强竞争力，资源禀赋在所有旅游地仅为第 17 位，较靠后位置。旅游接待能力仅为第 22 位。由于镇江紧靠中转枢纽城市南京，以及区域面积较小，因此镇江交通网络密度较高，达到 1.514，位列第 4。在上海交通等时圈中，镇江在高铁前后均处于 3 h 以内范围，旅行时间由高铁前 1.6 h 缩减到高铁后 0.68 h，变化幅度不大（图 5）。

此外，高铁开通对一些旅游地产生了轻度过滤效应，北京旅游网络空间的天津旅游地，上海旅游网络空间的苏州、无锡和常州旅游地。高铁开通后，北京出游者选择天津的旅游需求比重由高铁前的 10.16% 下降高铁后的 8.5%；上海出游者选择苏州、无锡和常州的旅游需求比重分别由高铁前的 13.92%、4.36% 和 13.08% 下降高铁后的 5.57%、3.8% 和 5.57%。这些旅游地的旅游需求比重虽出现了一定幅度下降，但在旅游者选择出游目的地的空间分布中仍处于较高竞争优势，这些旅游地在高铁开通前后的旅游需求排序处较高位置，天津位列高铁后北京旅游网络结构的第 5，苏州、无锡和常州分别位列上海旅游网络结构第 5、10 和 6。出游者选择的比重下降，主要是这些旅游地靠近客源地，高铁前后均处于 3 h 以内等时圈范围，旅行时间压缩程度不明显，致使高铁开通后，部分客源被中远程旅游地所替代（图 6），但又因这些旅游地旅游资源禀赋、旅游接待能力、交通网络密度均具有强竞争力，保证了他们在高铁后仍具有较强的吸引力，使过滤效应不明显，即产生轻度过滤效应。

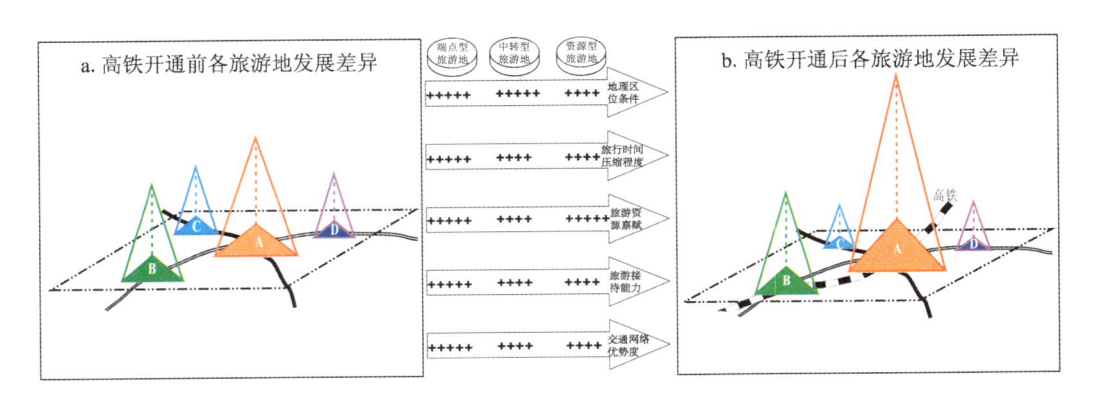

图 6　高铁条件下区域旅游空间马太效应机理

Fig. 6　Mechanism on the "Matthew effect" of regional tourism space under the condition of HSR

综上，高铁开通后产生过滤效应主要是靠近客源地的旅游地，也有一部分是靠近中转枢纽城市的旅游地。根据过滤效应的程度不同，分为显著过滤型旅游地和轻度过滤型旅游地。在显著过滤型旅游地中，由于旅游资源禀赋、旅游接待能力、交通网络密度均不强，但由于靠近客源地的区位优势，使 A 和 B 点旅游地在高铁开通前，吸引客源地的一日游和周末游市场，成为区域旅游热点；而位于中远程的 D 旅游地，尽管旅游资源禀赋很好，但因距离远，在有限闲暇时间内对旅游者吸引力不强，成为区域旅游冷点（图 7a）。在高铁开通后，A 和 B 旅游地因旅游资源禀赋、旅游接待能力、交通网络密度均不强，同时地理区位条件因高铁开通由优势转变为劣势，时空压缩程度不显著，在高铁时空压缩效应下，使其在区域旅游竞争格局中处于劣势，大部分客源市场被中远程的旅游资源禀赋高、接待服务能力强、交通网络密度高的 D 旅游地所替代，A 和 B 旅游地转变为冷点，而 D 旅游地转变为热点，因而产生显著的过滤效应（图7b）。根据旅游资源特点，显著过滤型效应又可以分为级差型过滤效应和替代型过滤效应，在图 7 中，A 和 D 属于不同类型旅游资源，但 A 的级别比 D 的级别低，因而产生级差过滤效应；而 B 和 D 属于同类型旅游资源，因而产生替代过滤效应。在轻度型过滤旅游地中，靠近客源地的 C 旅游地因资源禀赋、接待能力、交通网络密度均很强，吸引大量客源地旅游者，成为区域旅游热点（图 7a），在高铁开通后，地理区位条件因高铁开通由优势转变为劣势，时空压缩程度不显著，部分旅游市场被远距离旅游资源禀赋高的 D 旅游地所替代，但旅游资源禀赋、旅游接待能力、交通网络密度均很强，过滤效应不明显，仍是区域旅游热点（图 7b）。

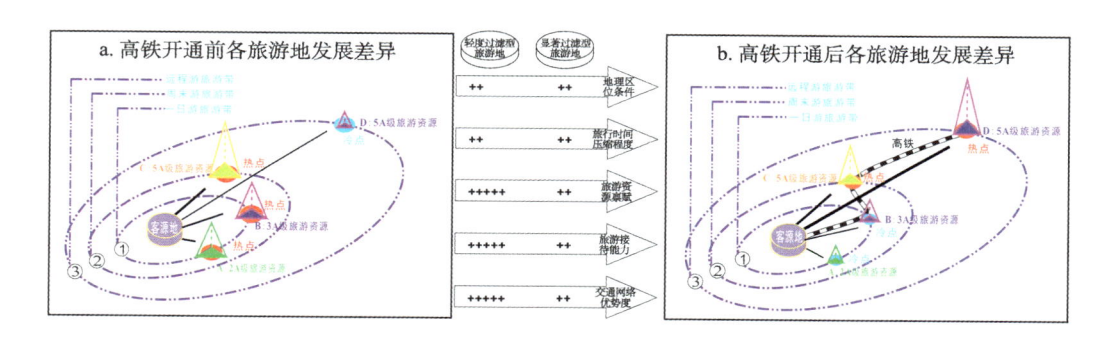

图 7 高铁条件下区域旅游空间过滤效应机理

Fig. 7 Mechanism on the "filtering effect" of regional tourism space under the condition of HSR

3.2.3 高铁扩散效应的机理

高铁时空压缩效应在大尺度空间区域体现更明显，因此，高铁对中远程旅行时间压缩程度越显著，因而对中远程旅游地的作用越大。陈健昌（1988）认为，大尺度空间旅游属远程旅游，他们常只游览目的地高级别的旅游点，之后一般也不停留在原地游览该地级别较低的旅游点，而是迁移到其他地方，游览该地级别较高的旅游点[33]。陈健昌学者所解释的旅游现象实质阐述了一个原理，即区域旅游"核心—边缘"扩散原理，一个区域核心节点是吸引源，将旅游流向区域周边旅游节点扩散，实现核心节点带动边缘节点共同发展。但这种现象必须有一个前提条件，即在时间允许情况下，核心节点的旅游流才有可能转移到其他边缘节点。高铁压缩旅行时间后，使旅游者有更充裕时间在大尺度空间旅游地的游览，这为核心节点向边缘节点扩散提供了可能。

（1）扩散源旅游节点。北京旅游网络空间的济南、泰山和南京等3个旅游地，上海旅游网络空间的泰山、济南和北京等3个旅游地，成为明显扩散源，可以分为3类。第一类是北京等端点型旅游地。由前面分析可知，北京区位条件、旅游资源禀赋、旅游接待设施能力、交通网络密度等非常强，且京沪高铁开通后时空压缩程度明显。第二类是济南和南京等中转型旅游地。济南和南京区位条件优越、旅游资源禀赋、旅游接待设施能力、交通网络密度等较强，且高铁开通后时空压缩程度较明显。第三类是泰山等资源型旅游地。泰山旅游资源禀赋极强，交通和接待设施具有一定优势。

（2）扩散地旅游节点。在北京和上海的高铁旅游网络结构中，扩散源与扩散地空间关系主要分为两种：一是扩散源旅游节点向周边扩散地旅游节点辐射。济南扩散源主要扩散到周边青岛、烟台、威海；泰山扩散源主要扩散到周边的青岛、三孔和日照；南京主要扩散到本省的苏州以及安徽皖南的黄山—古村落；北京扩散源辐射到河北的承德和秦皇岛以及天津。二是扩散源之间的辐射。济南与泰山互为扩散；泰山和济南向北京扩散。

具体分析，扩散地旅游节点的旅游资源禀赋看，黄山—古村落、古典园林、避暑山庄、三孔均为世界遗产，青岛崂山、秦皇岛—北戴河、天津盘山均为国家级风景名胜区；烟台蓬莱阁和龙口南山、威海刘公岛、天津古文化街均为国家5A级旅游区，可见扩散地的旅游资源禀赋较高。从扩散地旅游节点的接待能力看，除日照和承德等节点旅游接待能力相对较低外，其余旅游节点的旅游接待能力均较强，在各自旅游网络结构中的排序均进入前10位，尤其是苏州和青岛的进入前3位。从扩散地旅游节点的交通优势度看，苏州和天津等节点交通网络密度高，在各自网络结构中均进入前3位，其余旅游节点的交通网络密度不是很高，排序在中下游位置。

从时空压缩程度看，苏州和天津在高铁线上，压缩比较明显，其他旅游节点不在高铁线上，但均有高速公路或国道与扩散源连接，交通通达度较好，由于扩散源在高铁线上，高铁开通后的扩散源时空压缩明显，由此客源地到扩散地的旅行时间也相应得到压缩，其中，在北京高铁旅游网络空间中，青岛和日照由5~7 h以上等时圈进入到3~5 h等时圈，三孔由5~7 h等时圈进入到3 h以内等时圈；在上海高铁旅游网络空间中，三孔由5~7 h等时圈进入到3~5 h等时圈。其余扩散地旅游节点虽然等时圈没有变化，但高铁开通使旅行时间缩短，旅行时间压缩率在20%~40%。

综上，高铁产生扩散效应增强了区域核心旅游地和边缘旅游地之间的联系，也加强了区域核心旅游地之间的联系。高铁扩散效应影响的机理主要表现为扩散源强化对客源地的吸引，具有极强旅游流集聚作用，然后向边缘旅游地扩散，呈现为"集聚—扩散"模式（图8）。扩散源表现出极强的集聚作用，图8显示高铁开通后，资源型旅游地 O_1、中转型旅游地 O_2、端点型旅游地 O_3 因具备区位条件、旅游资源禀赋、旅游接待能力和交通网络密度等优势，以及时空压缩程度明显，成为旅游流集聚地，高铁开通后旅游需求（外围三角锥）均比高铁开通前旅游需求（内部三角锥）大大增加。而扩散地与扩散源的交通通达性高，旅游资源禀赋、旅游接待能力、交通网络密度要有一定优势，才能吸引扩散源的客流向扩散地流动。旅游扩散地 R_1、R_2、R_3 的旅游资源禀赋为4级或5级，区位条件、旅行时间压缩程度、旅游接待能力以及交通网络优势度均为3级或4级，表现出较强优势，对扩散源的客源市场具有较强的吸引力，因此，扩散源集聚的旅游流向这些扩散地空间转移。

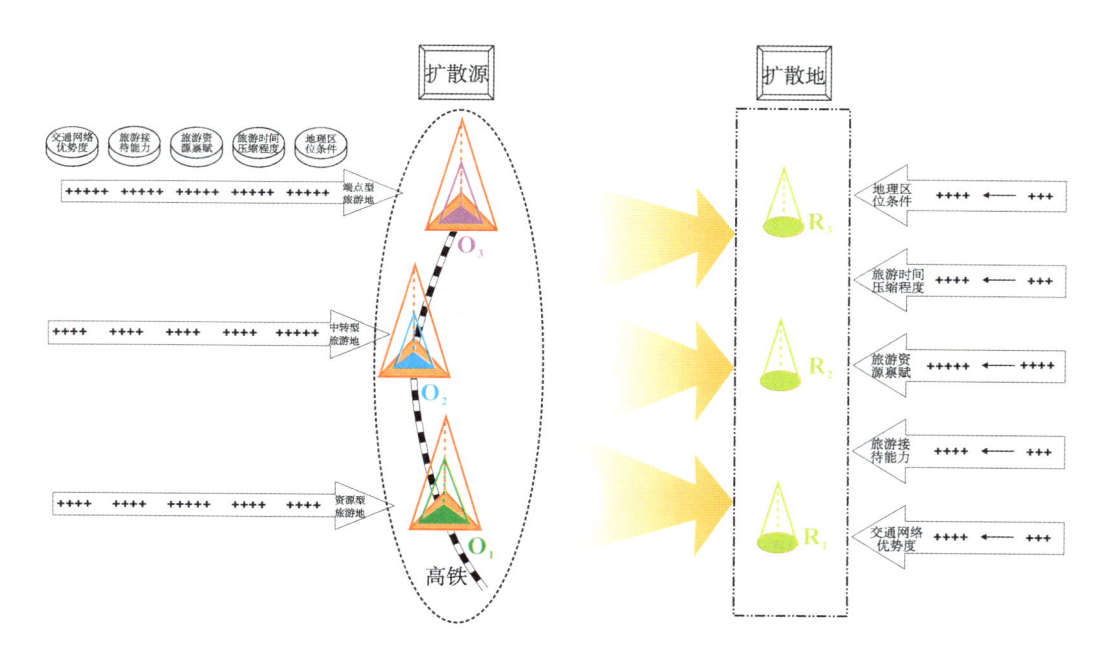

图8 高铁条件下区域旅游空间扩散效应机理

Fig. 8 Mechanism on the "diffusion effect" of regional tourism space under the condition of HSR

3.2.4 高铁叠加效应的机理

由前面分析可知，高铁开通后，北京和上海客源地60%和80%出游范围叠加部分的旅游节点，发生明显的叠加效应的只有济南、泰山（泰安）、南京、苏州和天津5个旅游节点。由图4和图5以及表2可知，在北京和上海高铁旅游网络空间的15个叠加旅游点中，天津、济南、泰山（泰安）、南京和苏州的旅游需求在所有旅游地中的排序较高，全部位居前 7 位，表现出叠加效应。这 5 个旅游地可分为两类：一类是以天津、济南和南京为代表的中转型旅游地。该类旅游地区位条件优越；旅游资源禀赋济南排序较低，天津在中游位置，南京排序较高；旅游接待能力均很高；交通网络密度均很高，排名均进入前 10 位；从时间压缩程度看，济南和南京的压缩程度较为明显，天津在北京网络中压缩不是很明显，但在上海网络中压缩明显。另一类是以泰山和苏州为代表的资源型旅游地，其旅游资源禀赋条件极高，虽然泰安的旅游资源禀赋排序位居中游，但泰山品位度和知名度极高，吸引力非常强；两地的旅游接待能力和交通网络密度均较高，苏州均位居第 2 位，泰山所在的泰安基本进入前 10 位；两地的区位条件较好，靠近端点型旅游地和中转型旅游地；从时间压缩程度看，泰山比较明显，而苏州在上海旅游网路中压缩程度不明显，但在北京的旅游网络中压缩明显。总体上看，天津、济南、南京、泰山和苏州的旅游资源禀赋、旅游接待能力和交通网络密度的优势均较明显，尤其从旅行时间上看，济南和泰山的叠加效应尤为明显。相比较，天津在北京旅游网络中，南京和苏州在上海旅游网络中的旅行时间压缩程度不是很明显，因此，这 3 个旅游地的叠加效应效果比泰山和济南的效果低一些。沧州、德州、枣庄、徐州、宿州、蚌埠、滁州、镇江、常州和无锡等 10 个旅游节点，处在北京和上海客源地 80%出游范围的叠加范围，但这些旅游节点旅游资源禀赋、旅游接待能力、交通网络密度的优势程度和时空压缩程度均不明显，因此没有表现出明显叠加效应。

综上，高铁使大尺度空间的客源地居民出游空间范围出现叠加现象，但受区位条件、旅游资源禀赋、旅游接待能力、交通网络密度和时空压缩程度等因素的影响，只有部分旅游节点产生了叠加效应。图 9 显示了高铁条件下区域旅游空间叠加效应机理，高铁开通前（图 9a），从大尺度空间两个客源地 O_1 和 O_2 的 60%（80%）出游范围表现为两个相离的圆，分别覆盖与客源地较近的 D_1、D_2、D_5 和 D_6，而距 O_1 和 O_2 较远的 D_3 和 D_4 没有被覆盖。高铁开通后（图 9b），两个客源地 O_1 和 O_2 的 60%（80%）出游范围表现为两个相交的圆，O_1 和 O_2 叠加的区域包括 D_2、D_3、D_4 和 D_5，由于中转型旅游地（D_3）或资源型旅游地（D_4）的区位条件、旅游资源禀赋、旅游接待能力、交通网络密度较优越，且时空压缩程度较明显，因此旅游需求量比高铁开通前增加很多，且比其他旅游地 D_1、D_2、D_5 和 D_6 的需求量大，表现出明显的叠加效应；而处于叠加范围的 D_2 和 D_5 因区位条件、旅游资源禀赋、旅游接待能力、交通网络密度较优越度不明显，没有表现出明显叠加效应。

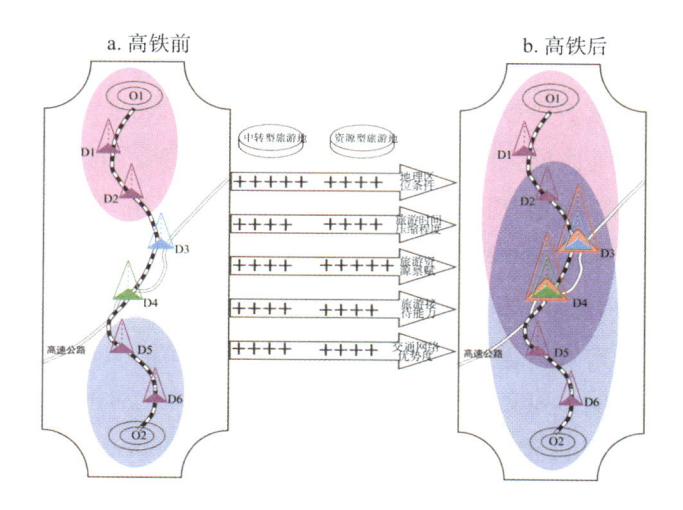

图 9 高铁条件下区域旅游空间叠加效应机理

Fig. 9 Mechanism on the overlying effect of regional tourism space under the condition of HSR

表 2 叠加旅游节点的旅游需求、影响因素及压缩时间程度比较

Tab. 2 Comparison of the overlying tourist nodes in terms of tourist demand, influencing factors and degree of time compression

城市	高铁旅游需求位序	旅游资源禀赋位序	旅游接待能力位序	交通密度位序	高铁运行时间	动车运行时间
天津	5/4	12/12	7/12	3/3	0.40/3.99	0.93/8.90
沧州	20/25	25/26	22/23	19/19	0.75/3.40	1.80/8.10
德州	27/24	18/20	24/25	13/13	1.10/3.10	2.50/7.30
济南	2/3	20/21	6/6	9/9	1.40/2.95	3.30/6.50
泰安	4/2	14/15	11/10	11/11	1.60/2.60	3.80/6.10
枣庄	13/2	8/8	23/24	10/10	2.10/2.00	5.10/4.80
徐州	19/18	23/24	18/18	14/14	2.30/1.80	5.50/4.40
宿州	17/20	26/27	27/28	17/17	2.50/1.60	6.00/3.90
蚌埠	26/26	22/23	26/27	12/12	2.80/1.40	6.60/3.30
滁州	24/19	21/22	25/26	21/21	3.15/1.00	7.50/2.40
南京	1/7	4/3	5/5	6/6	3.30/0.87	7.80/2.00
镇江	22/21	16/17	21/22	4/4	3.50/0.68	8.30/1.60
常州	21/6	19/18	15/15	5/5	3.70/0.50	8.80/1.10
无锡	16/10	9/7	13/13	8/8	3.80/0.37	9.00/0.85
苏州	6/5	2/2	3/3	2/2	3.90/0.25	9.30/0.57

注：前后数据分别表示在北京和上海旅游网络空间情况。

4 结论与讨论

（1）区域旅游流空间结构的高铁效应表现为：① 马太效应，高铁前一些具有一定竞争力优势旅游节点的在高铁开通后旅游吸引力变得更强；② 过滤效应，高铁前一些距客源地近旅游节点具备区位和交通优势，但在高铁后这种优势转变为劣势，时空压缩使这些旅游节点被中远程吸引力更大的旅游节点所替代，表现出过滤效应；③ 扩散效应，高铁后一些主要旅游节点旅游流量呈现明显集聚性，进而向周边具有一定吸引力的旅游节点扩散，表现出较明显的"核心—边缘"型旅游流空间形态；④ 叠加效应，高铁开通后，大尺度区域两个客源地的60%或80%出游空间半径明显扩大，两个出游圈层表现出叠加现象，在叠加范围一些主要的旅游节点在两个出游圈层中均呈现旅游流集聚性，表现出显著的叠加效应。

（2）高铁开通后，端点型、中转型和资源型旅游地均有可能产生马太效应，端点型旅游地在区位条件、旅游资源禀赋、旅游接待能力、交通网络密度以及时空压缩程度等5个影响因素共同作用均非常明显态势下，将产生明显马太效应；中转型旅游地的区位条件须非常优越，资源型旅游地的旅游资源禀赋须非常高，其他4个因素作用较强情况下，这两类节点也具有一定马太效应。

（3）旅游资源禀赋、旅游接待能力、交通网络密度均不强，同时区位条件因高铁开通由优势转变为劣势，时空压缩程度不显著的旅游节点，高铁开通使其在区域旅游竞争格局中处于劣势，大部分客源市场被中远程的旅游资源禀赋高、接待服务能力强、交通网络密度高的旅游节点所替代，产生明显高铁过滤效应。

（4）区位条件、旅游资源禀赋、旅游接待能力和交通网络密度等要素具有很强的优势，且时空压缩程度明显的旅游节点成为扩散源，强化对客源地的吸引，具有极强旅游流集聚作用，然后向周边边缘旅游地扩散，呈现为"集聚—扩散"模式。扩散地与扩散源的交通通达性高，且其旅游资源禀赋、旅游接待能力、交通网络密度也有一定优势，吸引扩散源的客流向扩散地流动。

（5）高铁使大尺度空间的不同客源地居民出游空间范围出现叠加现象，但只有区位条件、旅游资源禀赋、旅游接待能力、交通网络密度优势较强且时空压缩程度明显旅游节点产生叠加效应。

（6）受数据资料的限制，只对比分析了旅游者乘坐一般动车和高铁出行的旅游流空间分布特征，居民还会选择航空和汽车等交通方式出游，且在出行过程中，游客可能将高铁和其他交通工具配合使用。因此，研究视角放大到航空、火车、汽车和高铁综合交通系统，高铁对区域旅游流空间分布影响将会更加复杂，需要在今后研究中进一步深入探讨和分析。

参考文献

[1] Pearce D. Tourism Development. New York: Longman Group Limited, 1981: 67-75.

[2] Wu Jinfeng, Bao Haosheng. Spatial structure mode of tourist system. Scientia Geographica Sinica, 2002, 22(1): 96-101. [吴晋峰, 包浩生. 旅游系统的空间结构模式研究. 地理科学, 2002, 22(1): 96-101.]

[3] Yang Xingzhu, Gu Chaolin, Wang Qun. Analyze of driving force of tourist flow. Geographical Research, 2011, 30(1): 23-36. [杨兴柱, 顾朝林, 王群. 旅游流驱动力系统分析. 地理研究, 2011, 30(1): 23-36.]

[4] Lundgren J O. Geographical concepts and the development of tourism research in Canada. Geo-Journal, 1984, 9(1): 17-25.

[5] Pearce D G. Tourism Today: A Geographical Analysis. New York: Longman Group Limited, 1995: 1-222.

[6] PaPatheodorou A. Exploring the evolution of tourism resorts. Annals of Tourism Research, 2004, 31(1): 219-237.

[7] Shi Chunyun, Zhang Jie, You Haimei. Core-periphery spatial structure and its evolution of tourism region in Sichuan province. Acta Geographica Sinica, 2007, 62(6): 631-639. [史春云, 张捷, 尤海梅. 四川省旅游区域核心—边缘空间格局演变. 地理学报, 2007, 62(6): 631-639.]

[8] Zhong Shi'en, Zhang Jie. Spatial patterns of tourist flow: Problems and prospect. Human Geography, 2010, 25(2): 31-36. [钟士恩, 张捷. 旅游流空间模式基本理论: 问题分析及其展望. 人文地理, 2010, 25(2): 31-36.]

[9] Murphy, Pritchard, Smith. The destination product and its impact on traveler perceptions. Tourism Management, 2000, 21(1): 43-52.

[10] Liu Fajian, Zhang Jie, Chen Dongdong. Net structure characters and causes of China's inbound tourism. Acta Geographica Sinica, 2010, 65(8): 1013-1024. [刘法建, 张捷, 陈冬冬. 中国入境旅游流网络结构特征及动因研究. 地理学报, 2010, 65(8): 1013-1024.]

[11] Gearing C E. Establishing a measure of touristic attractiveness. Journal of Travel Research, 1974, 12: 1-8.

[12] Chew, J. Transport and tourism in the year 2000. Tourism Management, 1987, 8(2): 83-85.

[13] Abeyratne R I. R. Air transport tax and its consequences on tourism. Annals of Tourism Research, 1993, 20(2): 450-460.

[14] Prideaux, B. The role of the transport system in destination development. Tourism Management, 2000, 21: 53-63.

[15] Wu Bihu, Tang Junya, Huang Anmin et al. A study on destination choice behavior of Chinese urban residents. Acta Geographica Sinica, 1997, 52(2): 97-103. [吴必虎, 唐俊雅, 黄安民 等. 中国城市居民旅游目的地选择行为研究. 地理学报, 1997, 52(2): 97-103.]

[16] Sun Gennian, Zhang Yu. Scenery attraction, location accessibility and trade connection: Three factors and their influences on destination choice of Japanese tourists. Geographical Research, 2011, 30(6): 1032-1043. [孙根年, 张毓. 资源—区位—贸易三大因素对日本游客入境旅游目的地选择的影响. 地理研究, 2011, 30(6): 1032-1043.]

[17] Theobald W F. The context, meaning and scope of tourism//Theobald W F. Global Tourism: The Next

[18] Hayashi Noboru. High-speed railway construction in Japan and its socio-economic impact. Journal of Urban and Regional Planning, 2011, 4(3): 132-156. [林上. 日本高速铁路建设及其社会经济影响. 城市与规划研究, 2011, 4(3): 132-156.]

[19] Givoni M. Development and impact of the modern high-speed train: A review. Transport Reviews, 2006, 26: 593-611.

[20] Ronnie Donaldson. Mass rapid rail development in South Africa's metropolitan core: Towards a new urban form. Land Use Policy, 2006, 23: 344-352.

[21] Sophie Masson, Romain Petiot. Can the high speed rail reinforce tourism attractiveness? The case of the high speed rail between Perpignan(France)and Barcelona(Spain). Technovation, 2009, 29: 611-617.

[22] Sean Randolph. California high-speed rail economic benefits and impacts in the San Francisco Bay Area. San Francisco: Bay Area Council Economic Institute, 2008, 10: 1-44.

[23] Wang Degen. The impact of Wuguang HSR on regional tourism spatial pattern in Hubei province. Geographical Research, 2013, 32(8): 1555-1564. [汪德根. 武广高速铁路对湖北省区域旅游空间格局的影响. 地理研究, 2013, 32(8): 1555-1564.]

[24] Jiang Haibing, Xu Jiangang, Qi Yi. The influence of Beijing-Shanghai high-speed railways on land accessibility of regional center cities. Acta Geographica Sinica, 2010, 65(10): 1287-1298. [蒋海兵, 徐建刚, 祁毅. 京沪高铁对区域中心城市陆路可达性影响. 地理学报, 2010, 65(10): 1287-1298.]

[25] Wang Zhenbo, Xu Jiangang, Zhu Chuangeng et al. The county accessibility divisions in China and its correlation with population distribution. Acta Geographica Sinica, 2010, 65(4): 416-426. [王振波, 徐建刚, 朱传耿 等. 中国县域可达性区域划分及其与人口分布的关系. 地理学报, 2010, 65(4): 416-426.]

[26] Chen Xiuqiong, Huang Fuca. Research on tourism spatial structure and its optimization: A network analysis. Geography and Geo-Information Science, 2006, 22(5): 75-80. [陈秀琼, 黄福才. 基于社会网络理论的旅游系统空间结构优化研究. 地理与地理信息科学, 2006, 22(5): 75-80.]

[27] Hsin-Yu Shih. Network characteristics of drive tourism destinations: An application of network analysis in tourism. Tourism Management, 2006, 27(1): 1029-1039.

[28] Yang Xingzhu, Gu Chaolin, Wang Qun. Urban tourism flow network structure construction in Nanjing. Acta Geographica Sinica, 2007, 62(6): 609-620. [杨兴柱, 顾朝林, 王群. 南京市旅游流网络结构构建. 地理学报, 2007, 62(6): 609-620.]

[29] Wang Degen. The change characteristic and impact mechanism of regional tourism spatial structure under high speed rail conditions [D]. Beijing: University of Chinese Academy of Sciences, 2012. [汪德根. 高铁条件下区域旅游空间格局变化特征及影响机理研究[D]. 北京: 中国科学院大学, 2012.]

[30] Shi Chunyun, Zhang Jie, You Haimei et al. Spatial disparities of latent emissiveness of urban residents in China. Scientia Geographica Sinica, 2006, 26(5): 622-628. [史春云, 张捷, 尤海梅 等. 中国城市居民出游潜力的空间分异格局. 地理科学, 2006, 26(5): 622-628.]

[31] Huang Xiaoyan, Cao Xiaoshu, Li Tao. The relationship between regional transport superiority and regional economic performance in Hainan. Geographical Research, 2011, 30(6): 985-999. [黄晓燕, 曹小曙, 李涛. 海南省区域交通优势度与经济发展关系. 地理研究, 2011, 30(6): 985-999.]

[32] Wan Xucai, Ding Dengshan. An analysis on the structure of the tourist market. Human Geography, 1998,

13(3): 71-75. [万绪才, 丁登山. 旅游客源市场结构分析. 人文地理, 1998, 13(3): 71-75.]

[33] Chen Jianchang, Bao Jigang. Study of tourist behavior and its practical significance. Geographical Research, 1988, 7(3): 40-50. [陈健昌, 保继刚. 旅游者的行为研究及其实践意义. 地理研究, 1988, 7(3): 44-50.]

Mechanism and HSR effect of spatial structure of regional tourist flow: Case study of Beijing-Shanghai HSR in China

WANG Degen[1,2], CHEN Tian[3], LU Lin[4], WANG Li[4], ALAN August Lew[2]

(1. Tourism Department of Soochow University, Suzhou 215123, Jiangsu, China; 2. Department of Geography, Planning and Recreation, Northern Arizona University, Flagstaff Arizona 86001, USA; 3. Institute of Geographic Sciences and Natural Research, CAS, Beijing 100101, China; 4. College of Territorial Resources and Tourism in Anhui Normal University, Wuhu 241002, Anhui, China)

Abstract: Transportation is one of the most important factors affecting spatial structure of tourist flow. Taking Beijing-Shanghai High-speed Rail (Hereinafter referred to as the HSR) as an example, the paper firstly explores the features and HSR effects of spatial structure of regional tourist flow with the help of social network analysis method. And then it points out the changes of the accessibility in regional transportation. After analyzing the following various influencing factors, e.g. the initial endowment of regional tourist resources, the hospitality facilities, the density of regional tourism transportation network, the location, etc., the paper discusses about the mechanism of HSR effect of spatial structure in regional tourist flow. The results are shown as follows: (1) The HSR effects of spatial structure in regional tourist flow are manifested as the "Matthew effect", the "filtering effect", the "diffusion effect" and the "overlying effect"; (2) The "Matthew effect" of HSR is manifested under the obvious interaction of the location condition, the initial endowment of tourist resources, hospitality capacity, tourist transportation network density and the "time-space compression"; the "filtering effect" of HSR is manifested in those tourism nodes without favorable location condition, endowment of tourist resources, hospitality capacity, tourist transportation network density, and obvious "time-space compression"; For those tourist nodes that boast favorable advantages in terms of location condition, endowment of tourist resources, hospitality capacity, tourist transportation network density and obvious "time-space compression", they will become diffusion sources. HSR will strengthen the aggregation effects of tourist flow in those diffusion sources, and thereafter, will diffuse to the peripheral tourist areas, manifesting the mode of "aggregation-diffusion"; HSR has resulted in the multiplicity phenomenon in terms of tourists' traveling spatial range for those from large-scale spaces. However, the "overlying effect" is only generated in those tourist nodes with favorable location condition, endowment of tourist resources, hospitality capacity, tourist transportation network density, and obvious "time-space compression".

Keywords: tourist flow; spatial structure; HSR effect; mechanism; Beijing-Shanghai HSR

"区域旅游流空间结构的高铁效应及机理——以中国京沪高铁为例"解读

王姣娥　杜德林

一、作者简介

汪德根（1973— ），男，安徽黄山人。苏州大学特聘教授（精英人才），建筑学院教授、博士生导师，中国特色城镇化研究中心、新型城镇化与社会治理协同创新中心骨干研究员，中国城市规划学会流域空间规划学术委员会委员，《中国名城》副主编、《中国生态旅游》编委，主要从事城镇化与区域规划、人居环境与旅游规划等领域研究，先后主持国家自然科学基金、国家社会科学基金、教育部以及各种省市级课题10余项，获省部级科研成果奖7项。

陈田（1958— ），男，安徽南陵县人。中国科学院地理科学与资源研究所研究员、博士生导师。主要从事旅游地理、城市与区域规划等领域的研究工作，先后主持和参与国家攻关、中国科学院重大项目、国家自然科学基金和国家部委委托科研项目等60多项。曾任中国科学院地理科学与资源研究所城市与乡村发展研究室主任、旅游与社会文化地理研究室主任，中国科学院地理科学与资源研究所旅游研究与规划设计中心副主任，《中国生态旅游》主编等，兼任中国行政区划与区域发展

作者介绍：王姣娥（1981— ）女，湖南涟源人，中国科学院地理科学与资源研究所研究员，中国地理学会会员（S110005487M），主要从事交通地理与区域发展、城市交通大数据等研究。E-mail: wangje@igsnrr.ac.cn

促进会秘书长。

二、主要内容

论文"区域旅游流空间结构的高铁效应及机理——以中国京沪高铁为例"由汪德根教授为第一作者,陈田研究员为通讯作者,安徽师范大学陆林教授和王莉副教授、美国亚利桑那大学刘德龄(ALAN August Lew)教授为合作者共同完成,发表于《地理学报》2015年第2期。该文以京沪高铁为案例,分别对高铁开通前后北京和上海客源地展开问卷调查,以此为基础构建了以北京和上海为客源地的旅游流网络。在此基础上,采用社会网络分析法测度旅游流网络结构,并利用网络分析和距离成本加权分析相结合的方法计算了各旅游节点城市的综合可达性及变化,比较了北京和上海两大客源地的居民乘坐一般动车和高铁出游选择旅游目的地的变化,分析了区域旅游流空间结构的高铁效应及特征,并进一步探究了高铁效应的影响机理。

论文发表后获得了国内学术同行的广泛关注,截至2024年5月底,该论文在中国知网下载达到20 650次,被引432次,获得了"《地理学报》创刊85周年最具影响力论文奖",是交通地理与区域旅游方面具有较大影响力的一篇文献。

三、学术贡献

"旅游流"是一个具有空间属性的旅游地理学概念,旅游流研究主要从空间角度考察旅游客源地和旅游目的地的相互作用,重点关注旅游流空间模型和旅游流形成机制方面。交通是影响旅游流空间结构的最主要因素之一,随着交通技术的进步,旅客在固定出行时间的约束下可以拓展出行的空间范围,或以更短时间到达设定的目的地。作为现代交通运输体系的重要组成部分,高铁是世界交通运输技术革命的一个重要标志,其建设和发展极大地缩短了城际旅行时间,产生"时空收敛"效应与"关联网络重塑"效应,扩大了旅客出游半径,对区域旅游流空间结构产生了重要影响。文章研究发现,区域旅游流空间结构的高铁效应表现为马太效应、过滤效应、扩散效应和叠加效应特征，具体为：

1. 高铁马太效应。交通是人口流动的重要运输工具和载体，高铁开通进一步强化了部分城市在城际旅游网络结构中的地位，呈现出马太效应的特征。该论文研究发现，在以北京为客源地的旅游网络结构中，京沪高铁开通后，以泰山、济南、南京、苏州和上海为旅游地的需求比重和位序都呈上升趋势；类似地，在以上海为客源地的旅游网络结构中，京沪高铁开通后，以北京、济南和泰山为旅游地的需求呈现出虹吸效应，尤其是泰山对上海游客的吸引力大大增强。研究进一步将旅游地具有马太效应的城市归纳为端点型（北京和上海）、中转型（济南和南京）和资源型（泰山和苏州）旅游地。其中，端点型旅游地受地理区位条件、旅游资源禀赋、旅游接待能力、交通网络密度以及时空压缩程度等影响因素共同作用非常明显；中转型旅游地的地理区位条件往往非常优越，其他影响因素也作用较强；资源型旅游地的旅游资源禀赋非常高且其他因素作用较强。

2. 高铁过滤效应。高铁开通后产生的过滤效应主要指靠近客源地的旅游地以及部分靠近中转枢纽城市的旅游地，例如，北京周边的廊坊、沧州、保定、石家庄、德州和潍坊等。这些城市的共同特点是旅游资源品位度较低或知名度不高，因距离北京较近，在高铁开通前借助地理邻近的区位优势仍会吸引一定数量的旅客；京沪高铁开通后，由于显著的"时空收敛"效应，距离北京较远但在高铁站点沿线的城市变得容易到达，利于发挥其旅游资源品质或知名度吸引北京的游客，从而使邻近北京但旅游资源相对不丰裕的城市被中远程的品位度和知名度高的旅游地分流，即产生过滤效应。根据过滤效应的程度，可以分为显著过滤型旅游地和轻度过滤型旅游地。其中，显著过滤型旅游地主要是客源地周边的旅游资源禀赋、旅游接待能力、交通网络密度均较差的地方，根据其旅游资源特点，又可进一步细化为级差型过滤效应和替代型过滤效应，前者是指被替代旅游节点与替代节点不处于同一级别，后者是指被替代节点与替代节点属于同类型旅游资源。轻度过滤型旅游地主要是客源地周边的旅游资源禀赋、旅游接待能力、交通网络密度均较强的地方，高铁开通后过滤效应不明显，仍是区域旅游热点。

3. 高铁扩散效应。京沪高铁开通后，沿线一些主要旅游节点的旅游流量呈现明显集聚性，进而向周边具有一定吸引力的旅游节点扩散，表现出较明显的"核心-

边缘"型旅游流空间形态。究其原因，旅行时间的节约让旅客有更充裕的时间在更大尺度空间的旅游地游览。在以北京和上海为客源地的旅游网结构中，扩散源旅游节点主要包括北京等端点型旅游地、济南等中转型旅游地和泰山等资源型旅游地。在高铁开通后，这些扩散源旅游节点向周边扩散地旅游节点辐射，例如从济南主要扩散到周边青岛、烟台、威海等地，另外，扩散源之间也会相互产生辐射，例如济南与泰山之间的游客会互为扩散。

4. 高铁叠加效应。高铁建设扩大了旅客出行范围，使大尺度空间的不同客源地居民出游空间范围出现叠加现象，但叠加效应会受区位条件、旅游资源禀赋、旅游接待能力、交通网络密度和时空压缩程度等因素的影响。对于北京和上海两个客源地，京沪高铁的开通使其旅客出游空间半径明显扩大，出游圈层产生叠加现象，但在60%和80%出游范围的叠加部分，发生明显叠加效应的为济南、泰山（泰安）、南京、苏州和天津，均为旅游资源禀赋、旅游接待能力和交通网络密度优势较明显的旅游节点。相比之下，沧州、德州、常州和无锡等旅游节点由于旅游资源禀赋、旅游接待能力、交通网络密度的优势程度和时空压缩程度均不明显，并未表现出明显叠加效应。

"区域旅游流空间结构的高铁效应及机理——以中国京沪高铁为例"一文基于地理学视角，结合问卷调查和定量分析，深入解析了高铁对区域旅游空间结构的影响效应，揭示了区域旅游资源禀赋、旅游接待设施、旅游交通网络密度以及区位等因素的叠加效应。该论文有助于深入认识高铁条件下区域旅游流空间的结构类型及特征，丰富和深化了国内旅游流空间模型的研究，拓展旅游地理学、交通地理学、行为地理学等学科领域的研究范畴，具有重要的理论价值和实践意义。

特大城市群地区城镇化与生态环境交互耦合效应解析的理论框架及技术路径

方创琳[1]，周成虎[1]，顾朝林[2]，陈利顶[3]，李双成[4]

(1. 中国科学院地理科学与资源研究所，北京 100101；2. 清华大学建筑学院，北京 100084；3. 中国科学院生态环境研究中心，北京 100875；4. 北京大学城市与环境学院，北京 100871)

摘要： 特大城市群地区是国家经济发展的战略核心区和国家新型城镇化的主体区，担当着世界经济重心转移承载地的历史重任，但在发展过程中面临着日益严重的资源与生态环境的胁迫压力。开展特大城市群地区城镇化与生态环境交互耦合效应的研究，是未来10年地球系统科学研究的前沿领域和高优先研究主题。本文系统解析了特大城市群地区城镇化与生态环境交互耦合效应的基本理论框架。首先从理论上分析了特大城市群系统各自然要素和人文要素交互作用的非线性耦合关系及耦合特征，科学辨识近远程主控要素作用下城市群系统内外部各要素相互作用的胁迫强度、近远程耦合机理与规律，总结特大城市群地区城镇化与生态环境交互耦合圈理论，进一步构建多要素—多尺度—多情景—多模块—多智能体集成的时空耦合动力学模型，研发特大城市群地区可持续发展优化智能调控决策支持系统；其次从方法上将特大城市群地区视为一个开放的复杂巨系统，在建立同一标准化共享数据库的基础上，采用多要素—多目标—多

收稿日期：2016-01-28；修订日期：2016-03-04

基金项目： 国家自然科学基金重大项目(41590840, 41590842) [**Foundation:** Major Program of the National Natural Science Foundation of China, No.41590840, No.41590842]

作者简介： 方创琳(1966-)，男，甘肃庆阳人，研究员，中国地理学会会员(S110001715M)，主要研究方向为城市地理、城市群发展与城镇化的资源环境效应等。E-mail: fangcl@igsnrr.ac.cn

引用本文： 方创琳, 周成虎, 顾朝林, 等. 特大城市群地区城镇化与生态环境交互耦合效应解析的理论框架及技术路径. 地理学报, 2016, 71(4): 531-550. [Fang Chuanglin, Zhou Chenghu, Gu Chaolin, et al. Theoretical analysis of interactive coupled effects between urbanization and eco-environment in mega-urban agglomerations. *Acta Geographica Sinica*, 2016, 71(4): 531-550.]

模型—多情景环境下的城镇化与生态环境交互耦合集成技术方法、大数据支持下的城镇化与生态环境交互耦合技术方法，构建多尺度—多技术—多智能体集成的城镇化与生态环境交互耦合技术框架，按照分析时空演变特征—寻求主控要素—辨识耦合关系—揭示胁迫机制—发现耦合规律—筛选调控变量—求解临界阈值—进行调控试验—完成情景模拟—提出优化方案—实现国家目标这样一条技术路径，提出解决问题的整体优化方案。本文旨在为特大城市群地区由问题集中区转为可持续发展区提供理论指导和方法支撑。

关键词：特大城市群；城镇化；生态环境；交互耦合效应；耦合圈理论框架；技术路径

DOI: 10.11821/dlxb201604001

特大城市群是指在特定地域范围内，以1个超大城市或特大城市为核心，由至少3个大城市为基本构成单元，依托发达的交通通信等基础设施网络，所形成的空间组织紧凑、经济联系紧密、并最终实现同城化和高度一体化的城市群体[1]。从高度一体化分析，在特大城市群建设中重点推进区域性产业发展布局一体化、基础设施建设一体化、区域性市场建设一体化、城乡统筹与城乡建设一体化、环境保护与生态建设一体化、社会发展与基本公共服务一体化等6大一体化；从同城化分析，在城市群空间范围内，将突破行政区划体制束缚，形成规划同编、产业同链、城乡同筹、交通同网、信息同享、金融同城、市场同体、科技同兴、环保同治、生态同建"十同"的经济共同体和利益共同体[2-3]（图1）。可见，特大城市群是工业化和城镇化发展到高级阶段的产物，当一个城市群的面积超过5万km²、总人口超过5 000万人、经济总量占全国比重超过10%时，可综合判定为特大城市群。目

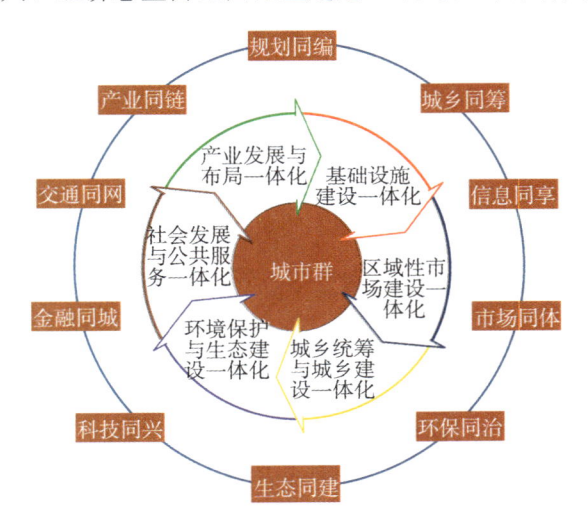

图1 特大城市群的基本内涵

Fig. 1 Basic connotation of mega-urban agglomerations

前，全国正在形成"5+9+6"的城市群建设新格局，其中5个特大城市群包括长江三角洲城市群、珠江三角洲城市群、京津冀城市群、长江中游城市群和成渝城市群，面积占全国的9.06%，城镇人口占全国的45%，2013年GDP占全国的50%，固定资产投资占全国的60%，吸引外资占全国的65%。

1 特大城市群地区城镇化与生态环境交互耦合效应研究的重要意义

特大城市群地区是国家经济发展的战略核心区和国家新型城镇化的主体区，担当着世界经济重心转移承载地的历史重任[4]，但在发展过程中面临着日益严重的资源与生态环境的胁迫压力。如何协调城镇化与生态环境的关系问题目前是学术界和政府决策部门普遍关注亟待解决的一大难点问题，并上升为世界性的战略问题。中国已进入城镇化快速发展的中期阶段，快速城镇化不仅决定着中国的未来，而且决定着世界城镇化的发展进程[5]。但快速城镇化进程导致了日益严峻的资源环境保障问题。已有的研究表明，过去25年（1980-2005年），中国城镇化水平每提高1%，所消耗的水量为17亿 m^3，所占用的建设用地为1 004 km^2，所消耗的能源为6 978万 t 标准煤，生态超载指数为2.34；未来25年（2006-2030年），中国城镇化水平再每提高1%，所消耗的水量将达到32亿 m^3，所占用的建设用地将达到3 459 km^2，所消耗的能源将达到20 135万 t 标准煤，生态超载指数将高达5.68。也就是说，未来25年中国城镇化水平每提高1%所消耗的水量、所占用的建设用地、所消耗的能源、所导致的生态超载分别是过去25年的1.88倍、3.45倍、2.89倍和2.42倍，表明中国城镇化水平每增加1%所消耗的水量、所消耗的能量和所占用的建设用地越来越大，而未来取水难度、批地难度、能源获取难度和生态重建难度也越来越大[6-8]。这种情况在特大城市群地区极为突出。如何减压？如何提质？对此，党的十七大和十八大报告、国家"十一五""十二五"规划纲要、中央城镇化工作会议和《国家新型城镇化规划（2014-2020）》等党和国家重要文件均连续提出要走绿色低碳、高效集约和与生态环境容量及资源环境承载力相适应的健康可持续城镇化发展道路，不断提升城镇化发展质量。从满足国家战略需求和学科建设角度出发，急需通过多学科交叉、多要素耦合、多模块集成和多情景模拟的综合集成研究，揭示遵循自然规律的生态环境演变过程和遵循人文规律的城镇化发展过程的耦合机理，提出与资源及生态环境容量相协调的特大城市群可持续发展的整体优化方案。因此，开展特大城市群地区城镇化与生态环境耦合机理及交互胁迫效应的研究，既是未来10年地球系统科学研究的前沿领域和高优先级的研究主题，也是面向国家战略需求为特大城市群地区可持续发展提供系统性重要科学依据的急迫需要。

1.1 特大城市群地区城镇化与生态环境交互耦合效应是未来 10 年地球系统科学研究的前沿领域

从国际研究前沿分析，开展城镇化与生态环境交互耦合效应的研究，已经成为国际上未来 10 年地球系统科学与可持续性科学研究的热点与前沿领域[9-11]。这是因为，伴随全球城镇化进程的加快，作为一种重要形式的城镇化，正在对周围生态环境造成现实或潜在的威胁。早在 1991 年世界卫生组织就指出："世界正面临着自然环境的严重恶化和生活在城市环境中人们生活质量的加速下降这两大问题。城镇化对威胁未来生存的全球环境变化有着重要影响。"1995 年联合国助理秘书长沃利·恩道在《城市化的世界》曾告诫："城市化既可能成为无可比拟的未来之光明前景所在，也可能成为前所未有的灾难之凶兆，所以未来会怎样就取决于我们当今的所作所为"[12-13]。2005 年"全球变化人类影响计划"（International Human Dimensions Programme on Global Environmental Change，IHDP）制定了"城市化与全球环境变化"科学研究计划，并将其作为全球变化研究核心项目，提出通过时空尺度交叉、时空尺度比较以及公众与政策制定者之间的交流等方式加强城市化与全球环境变化之间耦合关系的研究。2005 年联合国出版的千年生态系统评估（Millennium Ecosystem Assessment，MA）报告《生态系统与人类福祉：当前与未来趋势》中对城市系统进行专门的评价，并特别强调了城市生态系统的脆弱性随着气候变化的影响更加脆弱的趋势。2012 年发布的未来地球计划（Future Earth，FE）是旨在为人类社会提供应对全球变化的挑战和探求全球可持续性转变机会关键知识的为期 10 年的国际研究计划,其中城镇化作为地球表层最剧烈的人类活动过程的阈值、风险、临界点是研究的前沿领域。2013 年 9 月中国科协在北京组织了"未来地球在中国"的国际会议，确认了在中国需要优先解决的、与可持续性能力建设相关的问题，其中将"亚洲城市化对区域环境、社会影响研究，以及健康的相互作用关系"列入研究议题。2014 年 4 月美国国家科学院国家研究理事会（NRC）地球科学新的研究机遇（NROEC）委员会在出版的《地球科学新的研究机遇》中确定了未来 10 年地球科学领域具有高优先级的 7 大研究主题，其中第 6 项研究主题就是"耦合水文地貌—生态系统对自然界与人类活动变化的响应"，并进一步认为人类通过农业活动和城镇化等改变着陆地生态系统[14]。2014 年 11 月国际科学联盟发布了"未来地球 2025 愿景"（Future Earth 2025 Vision），提出在"未来地球"研究计划中须重点加强 8 个领域的相关研究，其中将"城市化建设"列为重要研究领域。

1.2 特大城市群地区是国家参与全球竞争与国际分工的全新地域单元，肩负着世界经济重心转移承载地的重大历史使命

从全球重要担当角度分析，在全球城镇化进程与经济全球化进程加快的双重过程中，城市群的快速扩张已经成为带有普遍意义的不可阻挡之势，以其足够的产业集聚和经济规模参与全球性的重新分工、竞争、交流与合作，形成强强联合的经济共同体和命运共同体。据联合国预测，到 2050 年全球城市人口比例将超过 75%。与此同时，未来全球最大的 40 个超级大都市区以占地球极少的面积，集中 18%的人口，将参与全球 66%的经济活动和大约 85%的技术革新。最新的《世界城市状况报告》指出，世界各地的超级大都会正渐渐汇聚成更大的"超级都市区"和"超级城市群"。可见，在新的全球化与信息化时代背景下，特大城市群作为中国进入世界的枢纽和世界进入中国的门户，正在深刻地影响着中国的国际竞争力，将决定 21 世纪世界政治经济的新格局。与世界上目前发育程度最高的特大城市群如美国东北部的大西洋沿岸城市群、北美五大湖城市群、英国的伦敦城市群、欧洲西北部城市群和日本的太平洋沿岸城市群相比，中国特大城市群的发育程度和资源环境保障程度较低，又是雾霾等环境污染最为严重的问题地区，本应责无旁贷地肩负起世界经济重心转移和"一带一路"建设主阵地的重大历史重任，但目前尚无法担当起这一全球性历史使命，究其原因，在于特大城市群地区经济总量低，环境污染重，生态问题突出，必须从国际视野揭示中国特大城市群地区城镇化发展与生态环境之间的交互胁迫与促进关系，为特大城市群"强身健体，练好内功"提供科学的资源与生态环境保障支撑。

1.3 特大城市群地区是中国新型城镇化的"主体区"和国家经济发展的"核心区"，主导着国家经济发展的命脉和国家新型城镇化的成败

从国家战略需求角度分析，2013 年 12 月召开的首次中央城镇化工作会议和 2014 年 3 月发布实施的《国家新型城镇化规划（2014-2020 年）》均把城市群作为推进国家新型城镇化的空间主体，国家"十一五""十二五"两个五年规划连续十年把城市群作为推进新型城镇化的主体，党的十七大、十八大报告连续十年把城市群作为新的经济增长极，明确提出科学规划与资源环境承载能力相适应的城市群规模与布局。《国家新型城镇化规划（2014-2020 年）》50 次提到城市群。据不完全统计，目前中国城市群总面积占全国的 20%，但却集中了全国 60%的总人口、80%的经济总量、70%的固定资产投资和 98%的外资。其中，长三角、珠三角、京津冀、长江中游、成渝五大国家级特大城市群地区面积占全国的 9.06%，但却集中了全国 45%的城镇人口、50%的经济总量和 60%的外资。可见，特大城市

群是中国新型城镇化的"主体区"和未来国家经济发展的"核心区",主导着国家经济发展的命脉,决定着国家新型城镇化的未来[15]。

1.4 特大城市群地区将为京津冀协同发展提供系统性和整体性的科学数据支撑与协同决策支持依据

从协同发展驱动角度分析,2015年4月30日中共中央政治局召开会议审议通过了《京津冀协同发展规划纲要》,成为高层力推的国家级区域规划,其核心就是有序疏解北京非首都功能,调整经济结构和空间结构,走出一条内涵集约发展的新路子,探索出一种生态环境约束下人口经济密集地区优化开发与协同发展的新模式。京津冀协同发展的重点突破口是推动京津冀交通一体化、生态环境保护一体化和产业升级转移一体化等。这期间必须要协调好京津冀地区在协同发展过程中的产业升级转移、生态环境保护和城镇化之间的关系,急需通过开展城市群地区城镇化与生态环境耦合机理及交互胁迫效应的系统研究,定量揭示京津冀协同发展程度与胁迫约束强度之间的关系,进而为京津冀协同发展提供系统性和整体性的科学数据支撑,更进一步为落实《京津冀协同发展规划纲要》、推动京津冀协同发展提供科学精准的协同决策支持依据。

1.5 特大城市群发展呈现出不可持续的高密度集聚、高速度扩张、高强度污染和高风险的资源环境保障威胁,成了城市病及生态环境问题突出的"重灾区"

从现实问题导向角度分析,在过去中国长期推进粗放型经济发展模式的大背景大环境下,一方面,特大城市群地区是今天和今后中国经济发展最具活力和潜力的地区,但另一方面,特大城市群又是一系列生态环境问题高度集中且激化的高度敏感地区和"重灾区"。据不完全统计,中国城市群工业废水排放总量、工业废气排放量和工业固体废弃物产生量均分别占全国的比重高达67%。可见,城市群虽然集中了全国3/4以上的经济总量与经济产出,但同时又集中了全国3/4以上的污染产出,释放了超负荷的巨大能量与污染,全国大面积蔓延的雾霾污染覆盖了东部沿海地区和东北地区的所有城市群,充分反映出城市群地区的环境污染问题日益突出。尤其是特大城市群地区正在呈现出不可持续的高密度集聚、高速度扩张、高强度污染、高风险威胁以及资源环境保障程度低、发育程度低、紧凑程度低和投入产出效率低等"四高四低"的突出问题[16-18],成为城市病及生态环境问题突出的敏感区和"问题区"。城市群选择与培育过程中也存在着不顾资源与生态环境承载容量的"滥圈滥划、扩容贪大、拔苗助长、无中生有、拼凑成群"等一系列亟待解决的"城市群病"[19]。

1.6 特大城市群地区城镇化与生态环境交互耦合效应的研究，目前尚处很少有人问津的薄弱环节，亟待开展研究以满足国家需求

从薄弱环节分析，综观国内外城市群地区城镇化与生态环境交互耦合机理及资源环境保障效应的研究现状可知，普遍关注城市群高密度集聚诱发的资源与生态环境问题的研究，逐渐重视探讨城市群高密度集聚与资源环境之间相互作用关系的理论研究；实证开展城市群高密度集聚的生态环境效应及其系统调控路径的实践研究，开始定量测度城市群高密度集聚的资源环境承载力与保障度的量化研究，日渐重视城市群产业集聚与生态环境的协调发展研究，等等。但从研究动态与现实分析，目前对于城市群研究主要聚焦于城市群的空间扩展、经济发展与空间结构和形态上，对城市群地区城镇化与生态环境交互耦合机理及资源环境动态保障度系统调控研究很少，研究深度不足。基于这一薄弱研究环节，可通过分析特大城市群地区城镇化与生态环境交互胁迫的非线性耦合关系，构建城镇化与生态环境交互胁迫集成诊断模型、病理风险评估模型、交互耦合度与临界阈值测算模型、情景模拟模型和资源环境保障程度核算模型，提出化解特大城市群地区资源与生态环境瓶颈的整体解决方案，提出基于资源与生态环境容量约束和适度紧凑状态下的特大城市群可持续发展模式和高效能成长模式。为推动特大城市群地区由"问题集中区"转变为"可持续发展区"，为确保实现国家新型城镇化规划目标做出科学贡献。

1.7 特大城市群地区发展的极端复杂性使得单一学科显得无能为力，急需通过多学科交叉研究借机提升人文地理学科发展迈向新高度

从学科发展角度分析，特大城市和特大城市群地区一直是全球化以来关注的重点内容，随着城镇化进程的加快，传统的城市地理已经无力揭示特大城市群表现出的跨城市、跨界、跨领域、跨学科甚至跨国特征，城市的基本功能已经突破了传统的社会经济功能，越来越多地与自然生态环境发生相互作用，面向实践完成的一系列城市规划中越来越多地考虑资源与生态环境承载基础，以致出现"先做不可规划的反规划"，急需构建新的人文地理学科建设理论体系框架，指导和满足城市发展的新需求，从学科建设角度提升人文地理学科发展。

从系统论的角度分析，特大城市群地区是一个开放的复杂巨系统（图2），如何刻画城市群复杂巨系统的整体结构和功能？怎样发现城市群系统内部各要素之间的耦合关系及反馈机制？如何刻画城市群系统内部与外部各要素之间的联系？这个复杂巨系统可不可以调控，有哪些不确定性和风险，可否预警？回答这些问题，急需开展多学科交叉研究，这是

人文地理学科建设和提升的客观需要和重要契机。

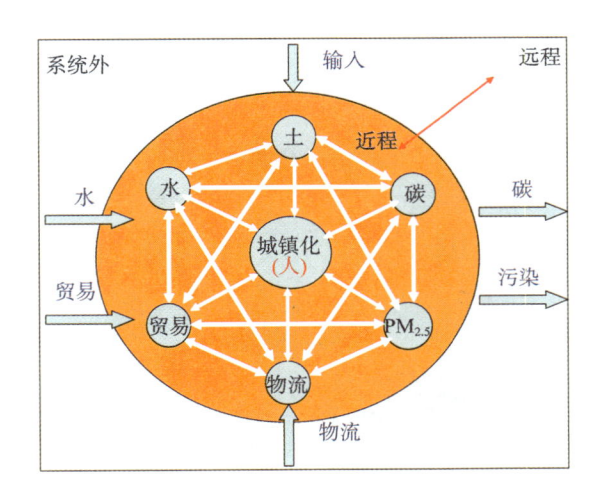

图 2　特大城市群作为复杂巨系统的城镇化与生态环境近远程交互胁迫关系

Fig. 2　Interactive coercing relationship of nearcoupling and telecoupling between urbanization and eco-environment in the complex mega-urban agglomerations system

2　特大城市群地区城镇化与生态环境交互耦合效应解析的理论框架

　　从理论解析角度分析，如何采用遥感、GIS 和传感网等先进技术，识别特大城市群城镇化与生态环境交互胁迫的关键主控要素？如何从整体上定量刻画特大城市群系统各自然要素和人文要素交互胁迫的非线性耦合关系及耦合状态？如何辨识近远程要素，并进一步定量揭示特大城市群地区内外部要素交互胁迫的近远程耦合机理，有无二者交互耦合的可定量化规律性可循？如何识别特大城市群地区不同规模的城市和不同的产业类型对生态环境的胁迫"底线"，以及生态环境所容许的城市扩张强度和产业发展的"上线"？如何基于GIS、集成建模和大数据方法科学评估特大城市群地区城镇化与生态环境交互胁迫的病理状态、不确定性风险，进而求解临界阈值和反算资源环境保障程度？对于这些问题的回答，需要从整体上构建一个特大城市群地区城镇化与生态环境交互耦合效应的理论框架（图3），进而从整体上解析特大城市群系统各自然要素和人文要素交互作用的非线性耦合关系及耦合特征，科学辨识近远程主控要素作用下城市群系统内外部各要素相互作用的胁迫强度、近远程耦合机理与规律，总结特大城市群地区城镇化与生态环境交互耦合理论，构建多要素—多尺度—多情景—多模块—多智能体集成的时空耦合动力学模型，研发特大城市群地区可持续发展优化智能调控决策支持系统方法，提出化解问题的解决方案，确保特大城市群地区由问题集中区转为"可持续发展区"。

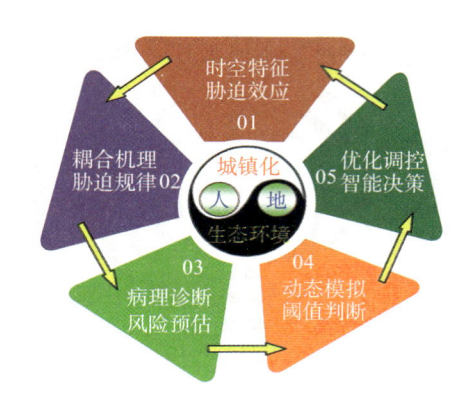

图 3　理论解析的逻辑框架

Fig. 3　Theoretical explanation framework

2.1　特大城市群地区城镇化与生态环境交互胁迫的关键主控要素及时空演变特征

揭示特大城市群地区城镇化与生态环境交互胁迫的关键主控要素及时空演变特征，可采用遥感、GIS 和传感网等先进技术，运用系统分析和空间统计方法研究特大城市群地区自然要素（水、土、能源、生态、气候、环境等）和人文要素（人口、经济、社会、基础设施、政策、创新、全球化等）动态变化的整体特征，揭示资源和生态环境与城镇化特征指标之间的胁迫关系，辨识区域资源与生态环境要素对城镇化发展的支撑和限制作用；通过筛选关键主控要素，揭示关键主控要素的时空演变特征及其交互胁迫的生态环境效应。

（1）揭示特大城市群地区城镇化与生态环境耦合系统及其响应指标的动态演变特征。以县域尺度为单位，辨识土地资源要素、水资源要素、能源要素、生态要素、环境要素等自然要素及其响应指标的时空演变特征；辨识人口要素、经济要素、基础设施要素、社会要素、创新要素、政策要素和全球化要素及其响应指标的时空演变特征（图4）；分析城市群地区作为严重缺水区、严重缺地区、严重污染区、高生态敏感区、高雾霾集聚区和高生态风险区等的自然属性特征，作为经济高速增长区、经济高密度集中区、人口高密度集聚区、城镇化主体区、内外资集中投资区、进出口贸易集中区和城镇化高速增长区等的人文属性特征，进一步揭示所面临的各种自然胁迫和人文胁迫效应。

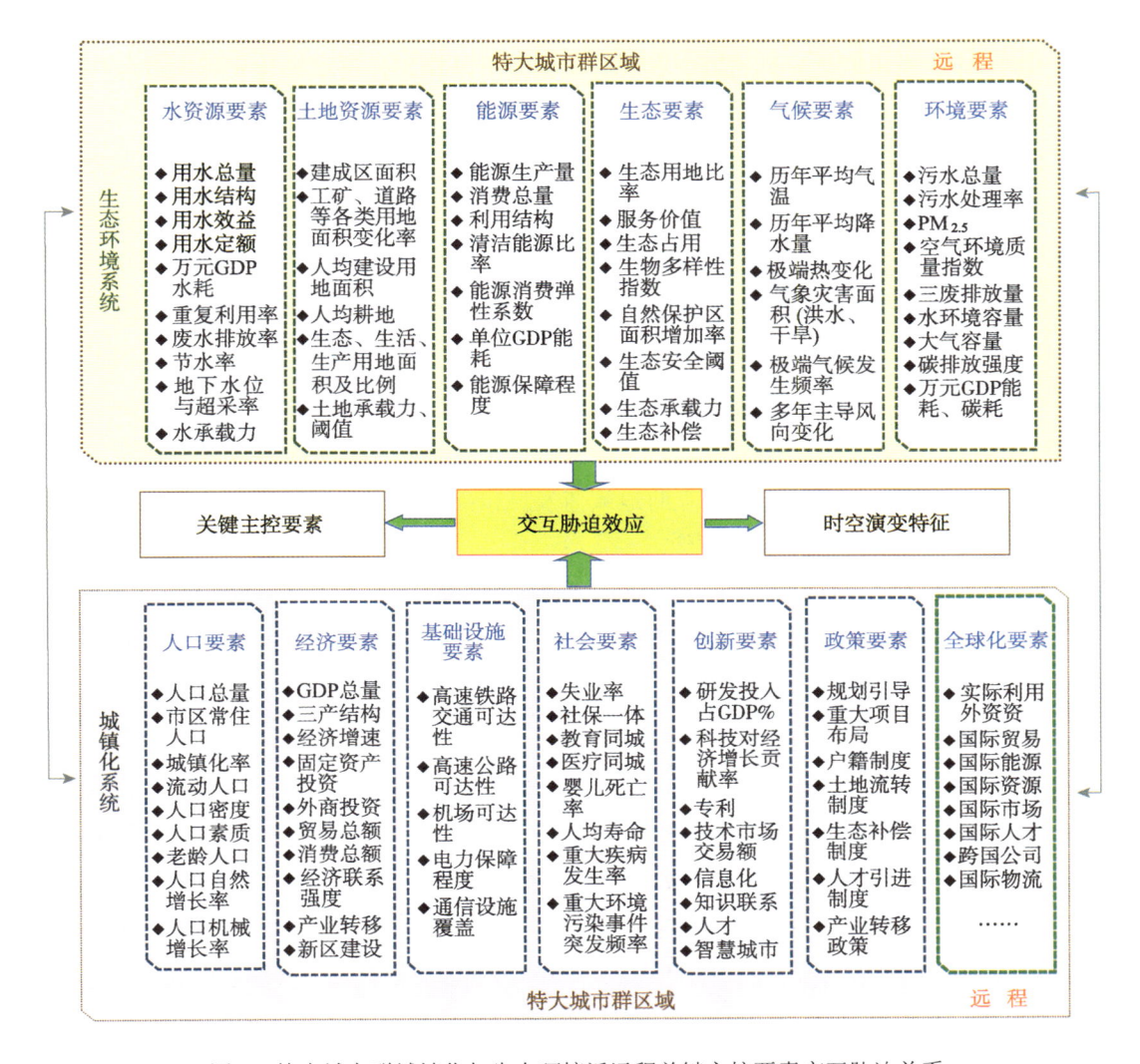

图 4 特大城市群城镇化与生态环境近远程关键主控要素交互胁迫关系

Fig. 4 Interactive coercing relationship of the key elements between urbanization and eco-environment in mega-urban agglomerations

（2）分析特大城市群地区城镇化与生态环境交互胁迫的时空耦合特征。基于多年社会经济统计资料和空间比对分析方法，通过分别分析特大城市群地区城镇化中的人水关系、人土关系、人碳关系、人气关系、人力关系、人居关系、人生关系、人污关系等单要素双向胁迫与相互促进的动态演变轨迹关系，进一步上升为从整体上揭示特大城市群地区以人为本的城镇化与以水土生为本的生态环境之间交互胁迫的时空演变特征；研究特大城市群地区城镇化与生态环境之间的交互胁迫关系，阐明不同驱动因素作用下城镇化与生态环境之间交互胁迫关系的时间阶段特征和空间分异特征；运用结构方程分析模型，定量研究特大城市群地区资源环境要素对城镇化发展的支撑效应，辨识促进城镇化发展的资源环境优势区域；定量识别资源环境空间差异对城镇化发展的限制效应。

（4）筛选特大城市群地区城镇化与生态环境交互胁迫的关键主控要素及其胁迫效应。基于长时间序列社会经济数据和资源环境调查数据，通过灰色关联分析、聚类分析和主成分分析等方法，从分别影响城镇化和生态环境的复杂要素中辨识对二者交互胁迫影响最大、贡献最显著的水、土、人口、资本等内外部关键主控要素及其临界指标，进一步辨识内外部主控因子之间的交互胁迫关系，构建交互耦合矩阵，分析交互胁迫强度，定量识别不同城镇化地区关键主控要素交互胁迫的时空特征，分析不同城镇化地区关键主控要素交互胁迫的生态效应，揭示关键主控要素的时空演变特征及交互胁迫的生态环境效应，为调控特大城市群地区城镇化与生态环境交互胁迫阈值及城镇化的资源与生态环境风险提供主控变量（包括主控的快变量与慢变量）[20]。

2.2 特大城市群地区城镇化与生态环境交互胁迫的近远程耦合机理与规律

从区际远程尺度、区内近程尺度和近远程尺度耦合的角度，探讨在近远程要素综合影响下，特大城市群地区城镇化系统（涵盖人口、经济、基础设施、社会、创新、政策和全球化 7 个子系统）与生态环境系统（包括水资源、土地资源、能源、生态、气候和环境 6 个子系统）两大系统（$Q=\{U, C\}=\{(u1, u2, u3, \cdots, ui), (c1, c2, c3, \cdots, cj)\}$）的交互胁迫与耦合关系，可以定义为 Ui—Cj 之间的动态耦合关系（图5），揭示特大城市群地区城镇化系统与生态环境系统交互胁迫的近远程耦合机理、阶段、类型以及耦合规律（图6）。

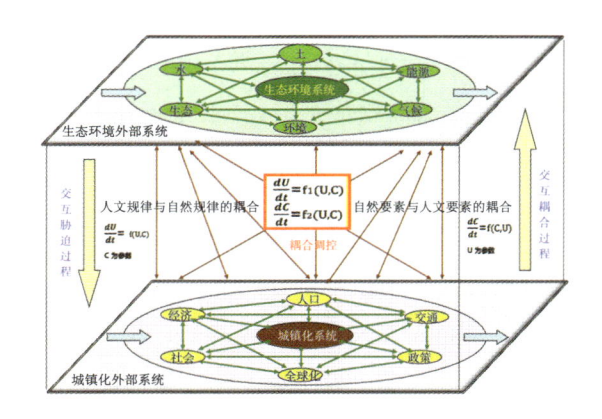

图 5 特大城市群地区城镇化与生态环境交互耦合机理

Fig. 5 Interactive coupled mechanism between urbanization and eco-environment in mega-urban agglomerations

（1）揭示城镇化与生态环境交互胁迫的近远程耦合机理。采用相关分析、加权回归分析、面板协整、VECM、KSIM、空间误差模型和空间滞后模型等系统耦合方法模型，使用过去 35 年来特大城市群地区城镇化过程数据和生态环境历史演变数据，从区际尺度、区内尺度和尺度耦合的角度，探讨近远程自然和人文要素影响下特大城市群地区城镇化与生态环境的交互胁迫机理。一是"一对一"地双向分析城镇化系统单要素与生态环境系统单要素之间交互胁迫的近远程耦合机理，测算第 i 个城镇化系统要素相对于第 j 个生态环境系统要素的交互耦合系数，定量表达城镇化系统单要素与生态环境系统单要素交互胁迫的耦合方程和耦合曲线；二是"多对多"地多向分析城镇化系统与生态环境系统交互胁迫的近远程耦合机理，构建城镇化系统与生态环境两大系统的耦合关系方程：

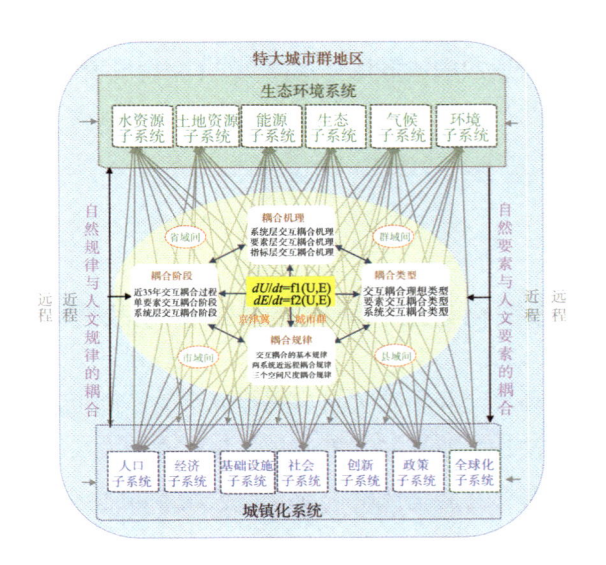

图 6　特大城市群地区城镇化与生态环境交互耦合阶段与规律

Fig. 6　Interactive coupled phases and rules between urbanization and eco-environment in mega-urban agglomerations

$$UE = f(U_i - C_j) \tag{1}$$

式中：$i = 1, 2, 3\cdots, m$；$j = 1, 2, 3\cdots, n$。定量表达城镇化系统与生态环境系统交互胁迫的耦合方程和耦合曲线，为实现和谐的人水关系、人地关系、人力关系、人气关系和人碳关系调控提供定量的科学依据。

（2）判别城镇化与生态环境交互胁迫的近远程耦合阶段与类型。基于单要素与多要素交互耦合机理的研究，构建城镇化与生态环境动态耦合关系模型，使用过去 35 年间的数据资料，测算生态环境系统的 6 个子系统与城镇化系统的 7 个子系统的耦合度、生态环境系统与城镇化系统的耦合度,根据耦合度取值,参照城镇化与生态环境交互耦合的理论演化周期,综合评判近远程要素影响下特大城市群地区城镇化与生态环境的耦合过程、耦合阶段和耦合类型。包括基于双向要素的城镇化与生态环境交互胁迫耦合阶段的判定、基于多向要素的城镇化与生态环境交互胁迫耦合阶段的判定、基于耦合阶段识别的城镇化与生态环境交互胁迫耦合类型的判定等。

（3）定量揭示城镇化与生态环境交互胁迫的近远程耦合规律。结合对特大城市群区域城镇化与生态环境交互胁迫的机理、阶段和类型的研究,针对水资源、土地资源、能源、生态、气候、环境子系统的自身特征和规律,通过耦合升压效应、耦合减压效应和耦合恒压效应,辨识特大城市群区域生态环境对城镇化需求度的满足程度；模拟城镇化与生态环境的交互耦合的动态涨落过程,揭示演变过程中偶然性的随机涨落机制[21]；定量揭示城镇化与生态环境交互耦合的自适应阈值算法和规律[22-24]；采用预警方法技术和预警信号模型,对特大城市群区域城镇化与生态环境耦合过程进行警情警兆预警；定量揭示生态环境要素与城镇化近远程耦合的裂变律、动态层级律、随机涨落律、非线性协同律、阈值律和预警律[25]。

2.3　特大城市群地区城镇化与生态环境交互胁迫的病理风险

在对城镇化与生态和环境交互胁迫关系与规律分析的基础上,研发基于关键主控要素的单要素耦合状态诊断方法和多要素交互耦合状态集成诊断方法,辨识交互胁迫的动态耦合度与病理程度,综合评判交互胁迫风险,建立特大城市群地区城镇化与生态环境交互胁迫病理风险预估系统。

（1）研发基于关键主控要素的单要素耦合状态诊断方法。借助历史数据,分别构建城镇化与生态环境单要素交互耦合状态诊断模型,包括人水关系耦合模型、人地关系耦合模型、人力关系耦合模型、人碳关系耦合模型、人气关系耦合模型和人居关系耦合模型等单要素耦合状态诊断模型[26],明晰城镇化与资源、生态环境的相互增益/阻尼关系,定量表达胁迫程度、同步性和依存度,预估上述耦合状态的变化态势。

（2）研发多要素交互耦合状态的集成诊断方法。在单要素耦合状态诊断模型研发的基础上,进一步集成构建特大城市群地区水—土—气—生—能—碳全要素驱动的城镇化与生态环境交互耦合状态集成诊断模型,建立城镇化与生态环境交互耦合状态集成诊断系统,采用多种途径综合集成分析多要素之间的交合耦合关系,定量表达城镇化与资源环境的综合耦合度、胁迫度和协调度[27-29]。包括：采用人工神经网络组合模型进行多要素交互耦合状态集成诊断方法,应用小波变换和集合经验模态分解（EEMD）技术分析多时间分辨率的多要素交互耦合状态同步性；采用资源环境 CGE 模型综合诊断城镇化与资源环境要素之间的内在联系。

（3）辨识交互胁迫的动态耦合度与病理程度，综合评判交互胁迫风险。将特大城市群作为一个生命有机体，以城市群新陈代谢过程和其提供生态系统服务为"生命体特征"测度，结合交互胁迫的耦合度测定，综合诊断"城市群"的病理程度和成因。具体包括：将㶲值分析理论引入到城市系统代谢研究中，以净㶲值产出率（NEYR）、环境负载率（ELR）、㶲值交换率（EER）分别代表城市系统的活力、组织结构和恢复力；利用城市群生态系统服务模拟与供需分析结果和城市群有机体生态热力学测度指数，包括代谢效用、代谢效率、代谢强度、代谢生态胁迫、代谢环境影响等结构和功能指标，通过设置基准和阈值，综合评判城市群的病理程度、持续时间和未来趋势，并对病因进行分析。

（4）建立特大城市群地区城镇化与生态环境交互胁迫病理风险综合预估系统。将城镇化与生态环境交互胁迫作用分别作为城市生命体和非生命体的风险源，根据胁迫作用程度的大小和持续时间，分析其暴露程度；依据基于生态热力学的城市新陈代谢分析结果和生态系统服务供需盈亏状况，确定城市有机体的健康状况，评价城市系统的脆弱性和恢复力；将城镇化与生态环境交互胁迫作用解构成具体的风险因素，利用贝叶斯统计方法，计算城市群地区发生不同类型病理的风险概率，包括社会安全风险、资源安全风险和生态环境风险；根据城市群机体的病理程度以及风险大小和可控程度，建立起特大城市群地区城市机体健康风险预警系统，对其生命特征的长期演进状态、城市病征兆和风险等进行实时监控和预警。

2.4 特大城市群地区城镇化与生态环境交互耦合的动力学模型与弹性阈值

遵循特大城市群地区城镇化与生态环境交互胁迫的时空特征、近远程耦合机理、规律、病理诊断及风险预估结果，以系统动力学模型为基础，重构特大城市群地区城镇化与生态环境交互胁迫的多要素—多尺度—多情景—多模块—多智能体集成的时空耦合系统动力学模型，进行特大城市群地区城镇化与生态环境交互胁迫系统动力学模型的有效性检验和模拟阈值测算及阈值模型建构，搭建定量研究特大城市群地区城镇化的系统科学平台，对特大城市群地区城镇化的系统科学平台进行冗余分析（RDA）和弹性化（Resilient）研究。通过互载互胁的临界阈值调整和反复模拟，一方面形成特大城市群中远期多情景方案，为城市群协同发展决策提供科学依据，另一方面对特大城市群近期发展过程中的经济社会发展目标、经济—人口—城市群系统运行、资源环境保障程度进行决策咨询提供参数阈值。

（1）构建城镇化与生态环境交互胁迫的系统功能模块。采用生态—生产—生活综合承载阈值模型与饱和度模型，建构水资源与生态环境、土地资源、能源与气候、人口与城镇体系、经济全球化与产业发展、城乡建设与投资、交通物流、科技创新与宏观政策等 8 个系统功能模块。研究各模块内部核心变量和数学模型表达，运用嵌套原理进行系统功能模块组织，建构特大城市群地区城镇化与生态环境交互胁迫动力模型系统概念框架（图 7）。

图 7　多要素—多尺度—多情景—多模块—多智能体集成的时空耦合系统动力学模型总框架

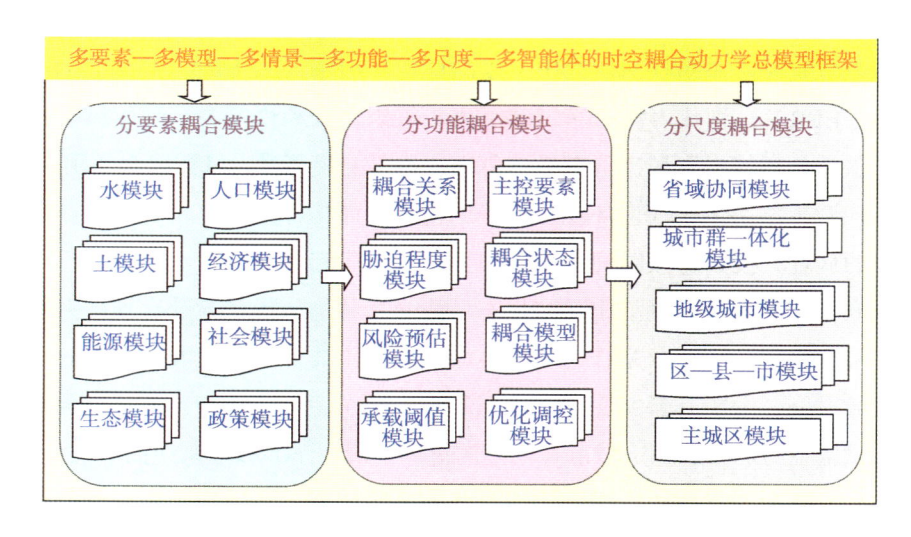

Fig. 7　The framework of spatio-temporal coupling dynamic model integrated with multi-elements, multi-scales, multi-scenarios, multi-modules and multi-agents

（2）对城镇化与生态环境交互胁迫主控要素进行动力学分析。采用时间序列回归分析和宏观经济模型等方法，建构以水资源作为主控因素的特大城市群地区城镇化与生态环境交互胁迫的水资源与生态环境系统功能模块；采用元胞自动机（Cellular Automata，CA）和多智能体（Multi-Agent）模型，建构以土地资源作为主控因素的特大城市群地区城镇化与土地利用变化系统功能模块，进行特大城市群地区的单中心、双中心、多中心等多情景方案的城市群建设用地扩展模拟，获取土地利用变化与城镇化交互作用的相关参数及其阈值；采用扩展的环境负荷模型（STIRPAT）进行量化污染、富裕度和技术对城市内能源使用/碳排放的时空影响模拟，进行特大城市群生命周期分析（LCA）。

（3）构建多要素—多尺度—多情景—多模块—多智能体集成的时空耦合系统动力学模型。在现有城镇化系统动力学模型基础上，将水资源、土地资源、能源等重要生态环境要素作为特大城市群地区城镇化过程的主控要素，绘制特大城市群地区城镇化与生态环境交互胁迫的多要素—多尺度—多情景—多模块—多智能体集成的时空耦合系统动力学模型的因果关系、反馈回路的系统流程图，重构城镇化与生态环境交互胁迫的多要素—多尺度—

多情景—多模块—多智能体集成的时空耦合系统动力学模型。

（4）进行城镇化与生态环境交互耦合的计算实验与阈值判断。采用时空耦合系统动力学模型进行初步仿真运算，并检验模型的有效性和模拟阈值测算及阈值模型建构；对交互胁迫问题和可能的病症分析，不断修正模型参数，进行反复模拟，直到满足要求；进行模块嵌套和集成，搭建定量研究特大城市群地区城镇化的系统科学平台。

（5）进行特大城市群地区城镇化与生态环境交互耦合过程和格局的情景模拟。根据特大城市群基础数据和"十三五"规划（县级单位）确定的目标，设计多个实验情景，反复实验计算，调控出与临界阈值及资源环境容量相适应的特大城市群地区城镇化发展的情景方案，进行特大城市群城镇化与生态环境交互胁迫过程中长期（2030～2050 年）预测模拟，通过互载互胁的临界阈值调整和反复模拟，形成特大城市群地区发展的中远期多情景方案。

（6）采用资源环境系统动力学 SD 影响预警模型，建立特大城市群地区城镇化与生态环境交互胁迫预警指标体系和信号系统，确定预警指标贡献率，对特大城市群近期发展过程中的经济社会发展目标、资源生态环境条件（保障程度）进行模拟，求解二者胁迫预警指标的偏差所引起的城市群地区城镇化的病态程度，建立特大城市群地区城镇化与生态环境交互胁迫预警响应系统，为政府决策提供科学依据。

2.5 特大城市群地区城镇化与生态环境交互耦合的智能决策支持系统

以空间仿真模拟与 GIS 技术为支撑，集成构建特大城市群地区城镇化与生态环境交互耦合智能决策支持系统（UDSS）（图 8），凸显系统的高度智能化、高度可视化和高度灵敏化特点。结合典型研究区，模拟城镇化发展的资源环境保障效应及其优化调控方案，确定特大城市群在不同时期适度承载的人口规模、空间规模和经济规模，提出基于资源与生态环境容量约束的可持续发展模式和高效能成长模式[30]。为推动中国城市群健康持续发展提供系统性的科学决策依据。

（1）进行特大城市群地区社会经济及生态环境要素的时空多尺度仿真。应用遥感、GIS、传感网、大数据空间分布信息方法、空间差值与空间网格尺度转换方法、曲面建模等空间化技术，获取大范围空间上的自然要素（水、土、能源、生态、气候、环境等）信息，并通过人文要素（人口、经济、社会、基础设施、技术创新、政策、全球化等）数据的空间化，获取大范围人文要素的连续空间信息，实现城镇化要素多源数据的标准化、社会经济要素和生态环境要素的空间化表征和时空动态可视化表达。在统一的时空框架下，综合空间图、统计图、流量图、3D 图等多种可视化表达方法，显示与城镇化相关的社会经济及生态环境要素的空间分布和统计结果，以及多场景下的城镇化模拟仿真结果显示，结合时空棱镜等时空表达方式，实现多尺度四维仿真模拟。

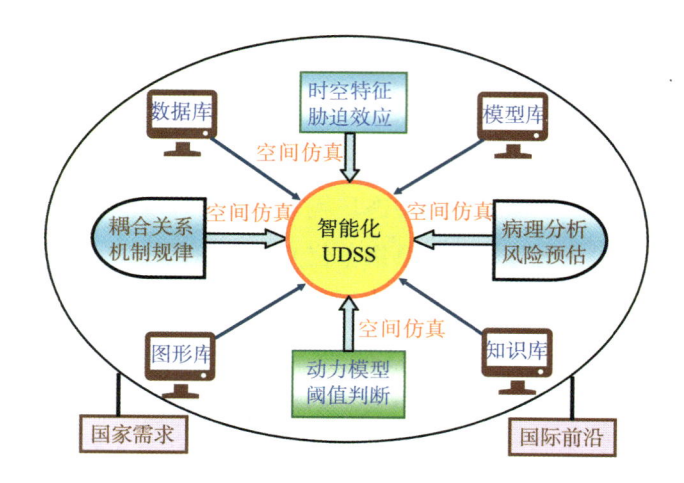

图 8　特大城市群地区城镇化与生态环境交互耦合优化智能决策支持系统示意图
Fig. 8　Intelligent decision support system for optimizing the relationship between urbanization and eco-environment in mega-urban agglomerations

（2）进行生态环境要素制约下的城镇化交互可视化情景模拟。采用层次分解、协同关联和级联交互等方法，通过标准化组装方式建立具有自组织特性的耦合模型库，为城镇化的交互可视化情景模拟提供高效的模型库支持；利用异步演化、协同交互和反馈网络等方法探讨实现多重交互和多重反馈下的动态城市发展情景模拟机制，进而实现复杂的生态环境要素多时空动态制约和多尺度城市异步发展与反馈作用下的情景模拟；利用时空尺度变换和过程分解等方法研究如何实现多个时间和空间尺度上的资源与环境的耦合限制作用以及城市化要素演化与反馈的动态可视化情景。

（3）优化资源与环境容量约束下的发展模式和高效能成长模式。采用逻辑表示法、产生式表示法和基于案例的表达等知识表达方法，构建特大城市群优化发展模式知识库；采用知识推理机获取环境容量约束因子与城市化要素间的反馈信息；采用多目标优化、模糊优化实现多种约束因子下的城镇化要素的最优化发展目标；采用粗糙集理论和方法进行相同尺度的城市基元优化模式典型案例的时空配置规律研究；采用基于活动网络图、状态与活动网络图或基于petri网等典型可视化建模方法搭建可视化建模平台，有效地集成用于决策的综合知识库，多层次、多尺度、多视角决策模型，实现面向不同城市化情景模拟的多情景决策。

（4）研制城镇化与生态环境交互耦合智能决策支持系统。构建集成环境要素空间化、系统模拟动态仿真以及多尺度优化决策模块的城镇化与生态环境交互耦合智能决策支持系统,包括多尺度的人口规模、空间规模和经济规模四维仿真模块,多尺度的多交互、反馈情景模拟模块,基于资源与生态环境容量约束的调控及可持续发展模块。实现特大城市群地区多尺度人口规模、经济规模的估计,乡镇—地市—城市群—省级城镇化与生态环境的交互胁迫作用模拟以及城市群高效可持续发展优化模式。最终为建设资源节约型、环境友好型城市群、生态型城市群和智慧型城市群提供定量的决策平台。

3 特大城市群地区城镇化与生态环境交互耦合效应解析的技术方法及路径

特大城市群地区是一个开放的复杂巨系统,从理论上解析特大城市群地区城镇化与生态环境的耦合效应,需要按照特大城市群地区城镇化与生态环境交互耦合的时空演变特征—寻求主控要素—辨识耦合关系—揭示胁迫机制—发现耦合规律—筛选调控变量—求解临界阈值—进行调控试验—完成情景模拟—提出优化方案—实现国家目标这样一条技术路径,采用多学科交叉、多要素耦合、多模型集成、多情景模拟、多风险预警、多目标决策等的交叉模式,建立同一标准化共享数据库,采取大数据支持下的方法提出解析的技术路径。

3.1 城镇化与生态环境交互耦合效应的标准化共享数据库

建立特大城市群地区城镇化与生态环境交互耦合效应研究的标准化统一共享数据库是确保理论解析的关键和基础。可基于数据库建设相关国家标准,利用 Access、Oracle 和 NewSQL 等数据库软件构建一个具有海量数据存储功能的标准数据库,包括基础地理信息数据库、大数据信息采集与分析数据库、社会经济统计数据库、生态环境统计数据库和遥感影像集成数据库。基础数据来源于各地统计年鉴、野外观测台站、遥感影像、大数据采集、项目积累、数据购买和数据共享网站申请等。数据库储存的数据包括:特大城市群地区 1980-2015 年 MSS 60 m、Landsat 30 m、HJ-1A 等高分辨率遥感图像,2000 年以来 MODIS 1 km 遥感数据,1999 年以来灯光指数为数据集,1980-2015 年土地利用/覆盖现状数据、城市边界数据、典型城市内部不透水地表面积、绿地覆盖、水域等成分数据,与周边地区流域地表和地下水水资源状况、用水状况、不同年份蒸散发等状况,各城市碳排放量遥感反演与模型计算数据(统计资料和模型运算数据),$PM_{2.5}$ 排放强度部门观测与模型运算数据,城市人口经济统计数据、城市规划管理等数据。

3.2 多要素—多目标—多模型—多情景环境下的城镇化与生态环境交互耦合集成技术方法

根据特大城市群地区城镇化与生态环境交互耦合效应解析的技术需要，可采用探索性空间数据分析（ESDA）方法、模糊隶属度函数模型、耦合矩阵判别模型、面板数据分析模型等解析城镇化与生态环境交互胁迫效应；可采用 KSIM 模型、动态耦合模型、交互耦合状态诊断退耦指数模型、耦合度模型等解析城镇化与生态环境交互耦合机理与规律；可采用交互耦合病理风险评判模型（集对分析方法）、熵值算法、风险贝叶斯模型等解析城镇化与生态环境交互胁迫病理风险；可采用承载力阈值核算模型、资源环境承载力饱和度模型、环境 CGE 模型、资源环境系统动力学 SD 影响预警模型等解析城镇化与生态环境交互的时空耦合动力学模型和阈值核算；可采用智能式空间仿真模拟方法和多目标智能决策方法等解析城镇化与生态环境耦合优化智能决策支持系统。进一步分要素、分尺度、分阶段、分目标、分层次解析特大城市群地区城镇化与生态环境交互胁迫强度、交互耦合机理、交互耦合规律、交互胁迫风险与弹性阈值等理论问题。

3.3 大数据支持下的城镇化与生态环境交互耦合技术方法

大数据技术是一系列收集、存储、管理、处理、分析、共享和可视化技术的集合。大数据数据采集和分析的关键技术包括：遗传算法、神经网络、数据挖掘、分类分析、关联规则学习、数据融合与集成、机器学习、网络分析等。大数据信息采集数据的核心包括手机信令数据（来源于中国移动 2 G、3 G 和 4 G 用户手机数据，包括手机信令数据和基站数据两部分）、兴趣点 POI（Point of Interest）数据（来源于百度地图）、城市公交 IC 刷卡数据（来源于公交公司）、社交数据（社会网络数据，包括新浪微博和腾讯微信数据等）、导航数据（百度地图 GPS 全球定位系统数据）、普查数据（人口普查和经济普查）和 $PM_{2.5}$ 众包监测数据等。可通过手机信令数据刻画城市群内部网络联系和空间结构以及人口流动性，可识别特大城市群地区不同城市的功能和城市内部功能分区，实现对城市群规划实施效果后评价。可运用兴趣点 POI 数据识别特大城市群的行政边界和实体边界，明确行政边界和实体边界的差别。可运用城市公交刷卡数据可识别就业中心和通勤情况，为产业和公共服务功能疏解提供有效支撑。可运用经济和人口普查大数据可实现对经济和人口分布的精细分析，为就业中心和居住中心识别提供支撑。可运用手机 APP 以众包形式实现 $PM_{2.5}$ 数据的实时报告。同时还包括气象大数据、能耗大数据、道路结构大数据的采集与处理等。

3.4 多尺度—多技术—多智能体集成下的城镇化与生态环境交互耦合技术框架与技术路径

特大城市群地区城镇化与生态环境交互耦合的技术框架如图 9 所示,技术路径如图 10 所示。因此,可将城镇化与生态环境交互耦合的技术路径归纳为 12 个技术步骤:

第一步:刻画城镇化与生态环境关键主控要素的时空演化特征。运用一般趋势分析和探索性空间数据分析(ESDA)、结构方程分析模型等方法,可分别刻画出生态环境和城镇化各要素和各指标的时空变化特征,识别出严重缺水区、严重缺地区、严重污染区、高生态敏感区、高雾霾集聚区和高生态风险区等自然属性特征以及经济高速增长区、经济高密度集中区、人口高密度集聚区、城镇化主体区、内外资集中投资区、进出口贸易集中区和城镇化高速增长区等人文属性特征。

第二步:量化城镇化与生态环境关键主控要素的胁迫效应。按照城镇化与生态环境关键主控要素的时空演化特征和基础理论,构建胁迫评价指标体系,运用模糊隶属度函数量化生态环境胁迫效应包括资源、气候、生态、环境等;量化城镇化发展的胁迫效应包括人口、经济、基础设施、社会发展、创新、政策和全球化等。基于耦合矩阵判别方法进一步量化内外部主控因子之间的交互胁迫关系。

第三步:辨识特大城市群系统的近远程自然和人文关键主控要素。基于关键主控要素胁迫效应分析结果,运用聚类分析、主成分分析、耦合矩阵方法辨识特大城市群系统的近远程自然和人文关键主控要素。通过耦合系数分析并结合近远程要素的空间距离以及物质、能量、信息和人口的流动性科学辨识关键主控要素。

第四步:分析城镇化与生态环境交互胁迫的近远程耦合机理。采用 1980-2015 年特大城市群地区城镇化过程数据和生态环境历史演变数据,分别运用加权回归分析、面板协整、VECM、KSIM、面板 VAR 模型、空间误差模型和空间滞后模型等系统耦合方法模型,分析城镇化和生态环境两大系统之间近远程各指标之间的交互耦合关系,预测其未来的演变趋势和脉冲响应关系。然后,运用 KSIM 方法对指标整合后的城镇化与生态环境两大系统之间近远程主控要素之间的交互耦合关系进行计量表达。最后,基于容量耦合概念及容量耦合系数模型改进的系统耦合模型对主控要素整合后的两大系统之间的交互耦合关系进行计量分析。

第五步:揭示城镇化与生态环境交互胁迫的近远程耦合规律。以城镇化与生态环境交互胁迫的近远程耦合机理为基础,运用动态耦合模型分别对城镇化与生态环境近远程主控单要素和两大系统进行耦合阶段分析。运用双指数函数分别对城镇化与生态环境近远程主控单要素和两大系统进行耦合类型识别。按照理论上存在的 9 种耦合类型图谱结合双指数

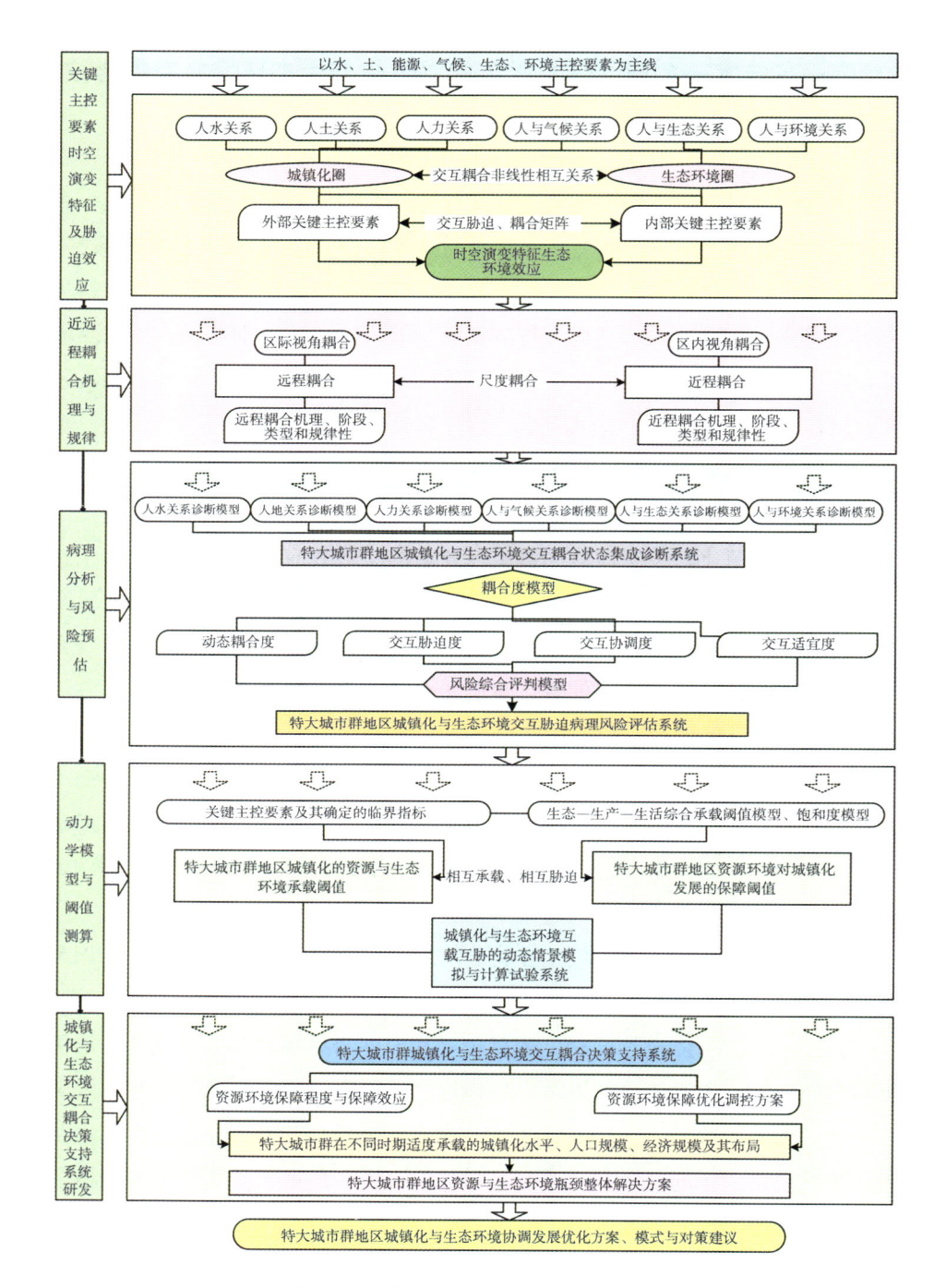

图 9　特大城市群地区城镇化与生态环境交互耦合效应解析的技术框架

Fig. 9　Technical framework of analyzing the interactive coupled effects between urbanization and eco-environment in mega-urban agglomerations

特大城市群地区城镇化与生态环境交互耦合效应解析的理论框架及技术路径 | 1691

刻画时空特征	第1步：基于探索性空间数据分析(ESDA)、结构方程分析模型等刻画主控要素时空特征
量化胁迫效应	第2步：运用模糊隶属度函数模型、耦合度模型构建胁迫评价指标体系，量化胁迫效应
辨识主控要素	第3步：采用耦合矩阵分析、主成分分析和聚类分析方法辨识关键主控要素
分析耦合机理	第4步：运用PVAR、VECM、面板VAR、空间误差模型和KSIM方法等分析耦合机理
揭示耦合规律	第5步：引入双指数函数、EKC和耗散结构理论、协同论、突变论等方法论揭示耦合规律
诊断病理状态	第6步：运用熵值分析方法、退耦方法、小波变换方法和综合协调性模型诊断病理状态和病理程度
识别病理风险	第7步：运用风险贝叶斯模型(BBN)、集对分析法、自适应共振(ART)网法识别风险
开展阈值核算	第8步：运用元胞自动机(CA)、多智能体(MA)、阈值核算和饱和度模型核算临界阈值
进行试验模拟	第9步：运用资源环境CGE模型进行多情景城镇化与生态环境的优化模拟与计算试验
实施预警分析	第10步：构建SD模型，建立预警响应信号系统，实施城镇化与生态环境预警响应预报
搭建决策平台	第11步：基于智能空间仿真、GIS、传感网、3D、大数据空间分布法等搭建决策支持平台
进行优化调控	第12步：运行智能决策支持平台，运用优化算法模拟城镇化的资源环境保障及优化方案

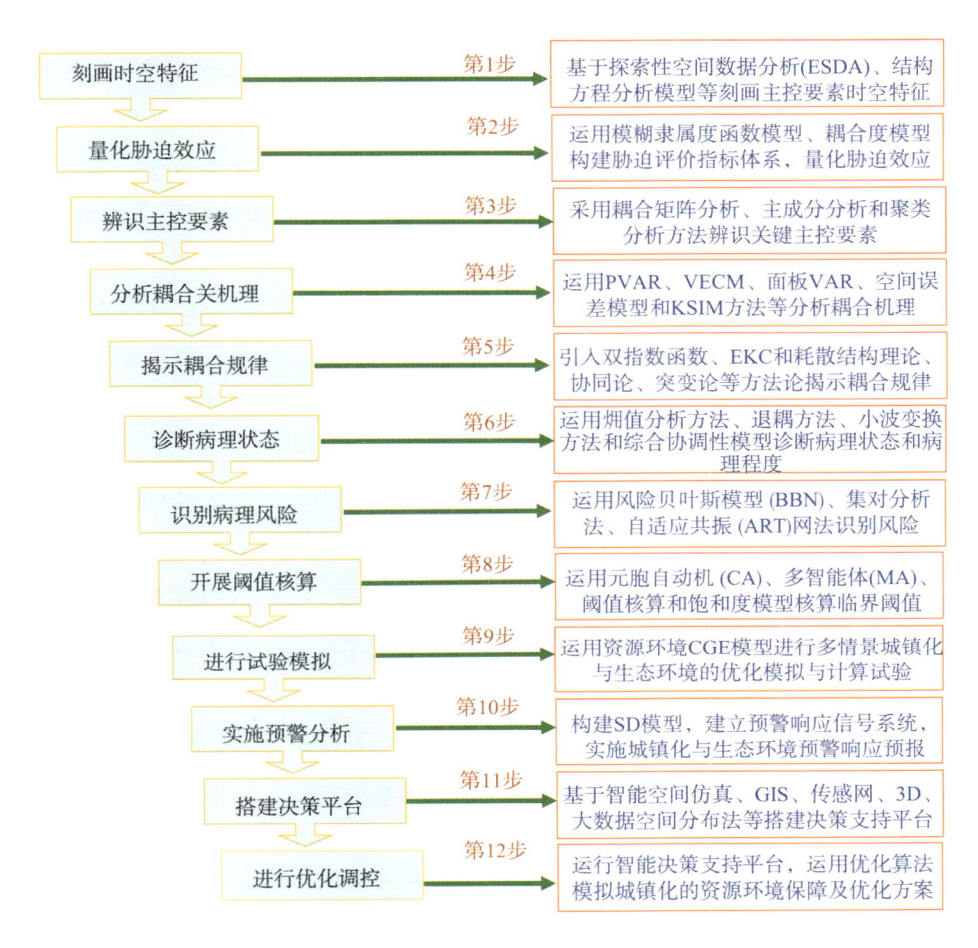

图 10　特大城市群地区城镇化与生态环境耦合效应解析的技术路径

Fig. 10　Technical route of analyzing the interactive coupled effects between urbanization and eco-environment in mega-urban agglomerations

函数分析的耦合参数结果进行耦合类型匹配与识别，综合确定不同地理单元城镇化与生态环境交互胁迫的近远程耦合类型。基于耦合机理、耦合阶段和耦合类型分析，首先检验各单要素和两大系统是否符合环境库兹涅茨曲线，从而来确定城镇化与生态环境的交互胁迫的整体状态。并以此为基础，运用耗散结构论中的耦合裂变律、动态层级律、随机涨落律、非线性协同律、阈值律和预警律6大基本规律总结和验证城镇化与生态环境交互胁迫的近远程耦合规律。

第六步：诊断城镇化与生态环境交互耦合的病理状态和病理程度。应用小波变换和集合经验模态分解（Ensemble Empirical Mode Decomposition，EEMD）技术分析多时间分辨率的多要素交互耦合状态同步性；采用资源环境CGE模型综合诊断城镇化与资源环境要素之间的内在联系。基于退耦指数方法构建城镇化与生态环境交互耦合状态诊断模型，诊断其病理状态。并基于正切函数构建耦合度模型求算特大城市群地区不同时期城镇化与生态环境交互耦合状态与动态耦合度、交互胁迫度、交互协调度和交互调节度，识别城镇化进程中出现病理的程度。将㶲值分析理论引入到城市系统代谢研究中，以净㶲值产出率（NEYR）、环境负载率（ELR）、㶲值交换率（EER）分别代表城市系统的活力、组织结构和恢复力；利用城市群生态系统服务模拟与供需分析结果和城市群有机体生态热力学测度指数，包括代谢效用、代谢效率、代谢强度、代谢生态胁迫、代谢环境影响等结构和功能指标，通过设置基准和阈值，综合评判特大城市群的病理程度、持续时间和未来趋势，并对病因进行分析。

第七步：识别城镇化与生态环境交互耦合的病理风险。基于风险贝叶斯模型（BBN）、集对分析方法、自适应共振（Adaptive Resonance Theory，ART）网络方法，构建交互耦合病理风险评判指标体系，构建交互耦合病理风险评判模型。综合评判特大城市群地区城镇化与生态环境交互胁迫的资源与生态环境风险，包括快速城镇化带来的人口高密度集聚风险、水安全风险、用地扩张风险、环境污染风险、生态安全风险、能源耗竭风险以及碳排放风险等，建立特大城市群地区城镇化与生态环境交互胁迫病理风险评估系统。

第八步：核算城镇化与生态环境互载互胁阈值。采用元胞自动机（Cellular Automata，CA）和多智能体（Multi-Agent）模型，以资源环境承载力分析为基础，构建生态—生产—生活综合承载力阈值核算模型和资源环境承载力饱和度模型综合核算未来35年不同时期特大城市群地区、各省市、各地级市、各市县城镇化的资源与生态环境承载阈值，以及资源环境对城镇化发展的保障阈值，计算二者相互承载、相互胁迫的临界阈值。

第九步：试验模拟城镇化与生态环境交互耦合的多情景方案。按照城镇化与生态环境交互耦合关系构建环境CGE模型核心方程，运用计量经济方法进行环境CGE模型参数估计，设计多个实验情景，反复实验计算，运用GAMS软件进行求解，调控出特大城市群地区、各省市、各地级市、各市县到2020、2025、2030、2050年与临界阈值及资源环境容量相适应的城市群地区城镇化发展的情景方案。

第十步：分析城镇化与生态环境交互耦合预警响应方案。运用VENSIM PLS软件构建城镇化与生态环境预警响应分析SD模型，核算每种情景下的资源与生态环境临界阈值和容量，求解城镇化与生态环境胁迫预警指标偏差引起的城市群城镇化的病态程度，建立特大城市群地区城镇化与生态环境交互胁迫预警响应系统。

第十一步：搭建城镇化与生态环境交互耦合智能决策支持系统平台。应用遥感、GIS、传感网、3D、大数据空间分布信息方法、空间差值与空间网格尺度转换方法、曲面建模等空间化技术，结合时空棱镜等时空表达方式，实现多尺度四维仿真模拟；采用层次分解、协同关联和级联交互等方法,通过标准化组装方式建立具有自组织特性的耦合模型库,为城镇化的交互可视化情景模拟提供高效的模型库支持;利用异步演化、协同交互和反馈网络等方法探讨实现多重交互和多重反馈下的动态城市发展情景模拟机制;利用时空尺度变换和过程分解等方法研究如何实现多个时间和空间尺度上的资源与环境的耦合限制作用以及城市化要素演化与反馈的动态可视化情景;采用逻辑表示法、产生式表示法和基于案例的表达等知识表达方法,构建特大城市群优化发展模式知识库;采用知识推理机获取环境容量约束因子与城市化要素间的反馈信息;采用多目标优化、模糊优化实现多种约束因子下的城镇化要素的最优化发展目标;采用粗糙集理论和方法进行相同尺度的城市基元优化模式典型案例的时空配置规律研究;采用基于活动网络图、状态与活动网络图或基于petri网等典型可视化建模方法搭建可视化建模平台,有效地集成用于决策的综合知识库,多层次、多尺度、多视角决策模型,实现面向不同城市化情景模拟结果的多情景决策。构建集成环境要素空间化、系统模拟动态仿真以及多尺度优化决策模块的城镇化与生态环境交互耦合智能决策支持系统。

第十二步:优化调控特大城市群地区城镇化与生态环境协调发展方案及模式。综合运用线性加权法、并列选择法和模糊算法进行城镇化与生态环境交互耦合关系多目标智能决策。提出特大城市群地区多目标决策优化方案。运用优化算法模拟城镇化发展的资源环境保障效应及其优化调控方案,研制出可视化和智能化整合的城市群地区城镇化与生态环境交互耦合决策支持系统,提出优化调控的整体解决方案。

4 结论与讨论

特大城市群地区是国家经济发展的战略核心区和国家新型城镇化的主体区,担当着世界经济重心转移承载地的历史重任,但在发展过程中呈现出不可持续的高密度集聚、高速度扩张、高强度污染和高风险的资源环境保障威胁,成了城市病及生态环境问题突出的"重灾区"[31],未来发展面临着日益严重的资源与生态环境的胁迫压力。如何协调特大城市群地区城镇化与生态环境的关系问题目前是学术界和政府决策部门普遍关注亟待解决的一大难点问题,并上升为世界性的战略问题,但目前尚处在很少有人问津的薄弱环节。

全球城镇化发展实践表明,全球城镇化过程正在对生态环境造成严重的胁迫效应和深远影响,而二者之间又存在着极其复杂的非线性耦合关系,开展城镇化与生态环境交互耦合效应的研究是未来10年国际地球系统科学与可持续性科学研究的热点和前沿领域,也是国际组织高度关注的高优先研究主题,更是特大城市群地区可持续发展亟待解决的紧迫问题。

从理论上解析特大城市群地区城镇化与生态环境的交互耦合效应，需要从整体上构建一个特大城市群地区城镇化与生态环境交互耦合效应的理论框架，进而解析特大城市群系统各自然要素和人文要素交互作用的非线性耦合关系及耦合特征，科学辨识近远程主控要素作用下城市群系统内外部各要素相互作用的胁迫强度、近远程耦合机理与规律，总结特大城市群地区城镇化与生态环境交互耦合圈理论，构建多要素—多尺度—多情景—多模块—多智能体集成的时空耦合动力学模型，研发特大城市群地区可持续发展优化智能调控决策支持系统方法，提出化解问题的解决方案，确保特大城市群地区由问题集中区转为可持续发展区。

从方法上解析特大城市群地区城镇化与生态环境的交互耦合效应，需要将特大城市群地区视为一个开放的复杂巨系统，在建立同一标准化共享数据库的基础上，采用多要素—多目标—多模型—多情景环境下的城镇化与生态环境交互耦合集成技术方法、大数据支持下的城镇化与生态环境交互耦合技术方法，构建多尺度—多技术—多智能体集成的城镇化与生态环境交互耦合技术框架，按照分析时空演变特征—寻求主控要素—辨识耦合关系—揭示胁迫机制—发现耦合规律—筛选调控变量—求解临界阈值—进行调控试验—完成情景模拟—提出优化方案—实现国家目标这样一条技术路径，提出解决问题的整体优化方案。

从复杂性科学角度解析特大城市群地区可持续发展的极端复杂性，认为传统的城市地理学已经无力揭示特大城市群表现出的跨城市、跨界、跨领域、跨学科甚至跨国特征，城市的基本功能已经突破了传统的社会经济功能，越来越多地与自然生态环境发生相互作用，单一学科显得无能为力，急需通过多学科交叉、多要素耦合、多情景模拟、多风险预警、多目标决策等综合交叉研究手段，推动人文地理学科建设迈向新的发展阶段。

致谢：本文在写作过程中吸收了重大项目组毛汉英研究员、刘毅研究员、裴韬研究员、杜云艳研究员、张悦教授、岳天祥研究员、陈彦光教授、鲍超副研究员、匡文慧副研究员、马海涛副研究员、王振波副研究员、马廷副研究员、谢传节副研究员、孙然好副研究员、杨磊副研究员、李伟峰副研究员等项目全体老师和同学们讨论的部分观点，在此一并诚表感谢！

参考文献

[1] Fang Chuanglin, Song Jitao, Lin Xueqin, et al. Theory and Practice on the Sustainable Development of China's Urban Agglomeration. Beijing: Science Press, 2010. [方创琳, 宋吉涛, 蔺雪芹, 等. 中国城市群

可持续发展理论与实践. 北京: 科学出版社, 2010.]

[2] Fang Chuanglin, Yao Shimou, Liu Shenghe, et al. China's Urban Agglomeration Development Report. Beijing: Science Press, 2011. [方创琳, 姚士谋, 刘盛和, 等. 中国城市群发展报告. 北京: 科学出版社, 2011.]

[3] Fang Chuanglin, Mao Qizhi. The New Exploration of China's Urban Agglomeration Selection and Cultivation. Beijing: Science Press, 2015. [方创琳, 毛其智. 中国城市群选择与培育的新探索. 北京: 科学出版社, 2015.]

[4] Fang Chuanglin. Progress and the future direction of research into urban agglomeration in China. Acta Geographica Sinica, 2014, 69(8): 1130-1144. [方创琳. 中国城市群研究取得的重要进展与未来发展方向. 地理学报, 2014, 69(8): 1130-1144.]

[5] Fang Chuanglin, Mao Qizhi, Ni Pengfei. Discussion on the scientific selection and development of China's urban agglomerations. Acta Geographica Sinica, 2015, 70(4): 515-527. [方创琳, 毛其智, 倪鹏飞. 中国城市群科学选择与分级发展的争鸣及探索. 地理学报, 2015, 70(4): 515-527.]

[6] Fang Chuanglin. Report on China's Urbanization and the Resources and Environment Security. Beijing: Science Press, 2009. [方创琳. 中国城市化进程及资源环境保障报告. 北京: 科学出版社, 2009.]

[7] Fang Chuanglin. Issues of resources and environment protection in China's rapid urbanization process and suggestions on countermeasures. Bulletin of the Chinese Academy of Sciences, 2009, 24(5): 468-474. [方创琳. 中国快速城市化过程中的资源环境保障问题与对策建议. 中国科学院院刊, 2009, 24(5): 468-474.]

[8] Fang Chuanglin. China's Energy Security and the Wind Power Industry Development Pattern in the Process of Urbanization. Beijing: China Economic Publishing House, 2014. [方创琳. 中国城市化进程的能源保障与风电产业发展格局. 北京: 中国经济出版社, 2014.]

[9] Kates R, Clark W, Corell R, et al. Environment and development. Sustainability Science. Science, 2001, 292: 641.

[10] Clark W C. Sustainability science: A room of its own. Proceedings of the National Academy of Sciences, 2007, 104: 1737.

[11] Reid W V, Chen D, Goldfarb L, et al. Earth system science for global sustainability: Grand challenges. Science, 2010, 330: 916-917.

[12] Fang Chuanglin, Bao Chao, Qiao Biao, et al. The Process of Urbanization and Ecological Environment Effect. Beijing: Science Press, 2008. [方创琳, 鲍超, 乔标, 等. 城市化过程及生态环境效应. 北京: 科学出版社, 2008.]

[13] Habitat U. An urbanizing world, global report on human settlements. Nairobi: UN Human Settlements Programme, 1996: 15-17.

[14] Committee on New Research Opportunities in the Earth Sciences at the National Science Foundation. New Research Opportunities in the Earth Science. Beijing: Science Press, 2014. [美国国家科学院国家研究理事会地球与生命科学部. 张志强, 郑军卫, 等译. 地球科学新的研究机遇. 北京: 科学出版社, 2014.]

[15] Fang Chuanglin. China's New Urbanization Development Report. Beijing: Science Press, 2014. [方创琳. 中国新型城镇化发展报告. 北京: 科学出版社, 2014.]

[16] Fang Chuanglin, Qi Weifeng, Song Jitao. Researches on comprehensive measurement of compactness of urban agglomerations in China. Acta Geographica Sinica, 2008, 63(10): 1011-1021. [方创琳, 祁巍锋, 宋

吉涛. 中国城市群紧凑度的综合测度分析. 地理学报, 2008, 63(10): 1011-1021.]

[17] Fang Chuanglin, Guan Xingliang. Comprehensive measurement and spatial distinction of input-output efficiency of urban agglomerations in China. Acta Geographica Sinica, 2011, 66(8): 1011-1022. [方创琳, 关兴良. 中国城市群投入产出效率的综合测度与空间分异. 地理学报, 2011, 66(8): 1011-1022.]

[18] Fang C L, Liu X L. Comprehensive measurement of carrying degrees of resources and environment of the city clusters located in central China. Chinese Geographical Science, 2010, 20(3): 281-288.

[19] Fang Chuanglin. Scientific selection and grading cultivation of China's urban agglomeration adaptive to new normal in China. Bulletin of the Chinese Academy of Sciences, 2015, 30(2): 127-136. [方创琳. 科学选择与分级培育适应新常态发展的中国城市群. 中国科学院院刊, 2015, 30(2): 127-136.]

[20] Fang C L, Wang J. A theoretical analysis of interactive coercing effects between urbanization and eco-environment. Chinese Geographical Science, 2013, 23(2): 1-16.

[21] Fang Chuanglin, Qiao Biao. Optimal thresholds of urban economic development and urbanization under scarce water resources in arid northwest China. Acta Ecologica Sinica, 2005, 25(9): 2413-2422. [方创琳, 乔标. 水资源约束下西北干旱区城市经济发展与城市化阈值. 生态学报, 2005, 25(9): 2413-2422.]

[22] Fang Chuanglin, Huang Jinchuan, Bu Weina. Theoretical study on urbanization process and ecological effect with the restriction of water resource in arid area of northwest China. Arid Land Geography, 2004, 27(1): 1-7. [方创琳, 黄金川, 步伟娜. 西北干旱区水资源约束下城市化过程及生态效应研究的理论探讨. 干旱区地理, 2004, 27(1): 1-7.]

[23] Huang Jinchuan, Fang Chuanglin. Analysis of coupling mechanism and rules between urbanization and eco-environment. Geographical Research, 2003, 22(2): 211-220. [黄金川, 方创琳. 城市化与生态环境交互耦合机制与规律性分析. 地理研究, 2003, 22(2): 211-220.]

[24] Qiao Biao, Fang Chuanglin. The coupling law and its validation of the interaction between urbanization and eco-environment in arid area. Acta Ecologica Sinica, 2006, 26(7): 2183-2190. [乔标, 方创琳. 干旱区城市化与生态环境交互耦合的规律性及其验证. 生态学报, 2006, 26(7): 2183-2190.]

[25] Fang Chuanglin, Yang Yumei. Basic laws of the interactive coupling system of urbanization and ecological environment. Arid Land Geography, 2006, 29(1): 1-8. [方创琳, 杨玉梅. 城市化与生态环境交互耦合系统的基本定律. 干旱区地理, 2006, 29(1): 1-8.]

[26] Fang C L, Bao C. Management implications to water resources constraint force on socio-economic system in rapid urbanization: A case study of the Hexi Corridor. Water Resources Management, 2007, 21: 1613-1633.

[27] Fang C L, Xie Y C. Sustainable urban development in water-constrained western China: A case study along the mid-section of Silk Road-He-Xi Corridor. Journal of Arid Environments, 2010, 74: 140-148.

[28] Bao Chao, Fang Chuanglin. Study on the quantitative relationship between urbanization and water resources utilization in the Hexi Corridor. Journal of Natural Resources, 2006, 21(2): 301-310. [鲍超, 方创琳. 河西走廊城市化与水资源利用关系的量化研究. 自然资源学报, 2006, 21(2): 301-310.]

[29] Fang Chuanglin, Sun Xinliang. Coupling effects between water resources change and urbanization process in Hexi Corridor of Northwest China. Resources Science, 2005, 27(2): 2-8. [方创琳, 孙心亮. 河西走廊水资源变化与城市化过程的耦合效应分析. 资源科学, 2005, 27(2): 2-8.]

[30] Fang Chuanglin, Zhang Xiaolei, Shi Yulong, et al. China's Urban Industrial Layout Analysis and Decision

Support System. Beijing: Science Press, 2011. [方创琳, 张小雷, 史育龙, 等. 中国城镇产业布局分析与决策支持系统. 北京: 科学出版社, 2011.]

[31] Fang Chuanglin, Song Jitao, Zhang Qiang, et al. The formation, development and spatial heterogeneity patterns for the structures system of urban agglomerations in China. Acta Geographica Sinica, 2005, 60(5): 827-840. [方创琳, 宋吉涛, 张蔷, 等. 中国城市群结构体系的组成与空间分异格局. 地理学报, 2005, 60(5): 827-840.]

Theoretical analysis of interactive coupled effects between urbanization and eco-environment in mega-urban agglomerations

FANG Chuanglin[1], ZHOU Chenghu[1], GU Chaolin[2], CHEN Liding[3], LI Shuangcheng[4]

(1. Institute of Geographic Sciences and Natural Resources Research, CAS, Beijing 100101, China; 2. School of Architecture, Tsinghua University, Beijing 100084, China; 3. State Key Laboratory of Urban and Regional Ecology, Research Center for Eco-environmental Sciences, CAS, Beijing 100085, China; 4. College of Urban and Environmental Sciences, Peking University, Beijing 100871, China)

Abstract: Mega-urban agglomerations in China play a vital role in both national economic development strategies and national new-type urbanization, and undertake important historical responsibility with the world economic center transfer to China. However, they suffer a series of increasingly serious eco-environmental problems in the process of development. Thus, studies on the interactive coupled effects between urbanization and eco-environment in mega-urban agglomerations are the frontier areas and high priority tasks in the earth system science for the future ten years. This paper analyses the basic theory frame of the interactive coupled effects between urbanization and eco-environment in mega-urban agglomerations systematically. In theoretical aspect, based on the nonlinear relationship and coupling characteristics of the natural and human elements in mega-urban agglomerations system, we could estimate the interactive coercing intensity, nearcoupling and telecoupling mechanism of the inside and outside mega-urban agglomerations system after scientific identification of the key elements, and then form the basic interactive coupling theory. Moreover, we could build a spatio-temporal coupling dynamic model, which is integrated with multi-elements, multi-scales, multi-scenarios, multi-modules and multi-agents. The model will be used to develop the intelligent decision support system for urban agglomeration sustainable development. In methodology aspect, the mega-urban agglomeration is regarded as an open complex giant system. We should establish the standardized shared database for exploring the interactive coupled effects between urbanization and eco-environment. Then using new technology for analyzing big data and the integration methods incorporating of multi-elements, multi-scales, multi-targets, multi-agents, multi-scenarios and multi-modules, we can build a methodology framework to analyze the complex interaction coupling between urbanization and eco-environment. The technical route is to analyze spatiotemporal evolution characteristics, identify the key elements, interpret coupling relationship, reveal the mechanism of coercing effect, find the general rules, filtrate the control variables, solve the critical thresholds, conduct regulation experiments, simulate different scenarios, propose an optimized schemes, and achieve national goals. Furthermore, we could put forward the overall optimization scheme. In general, this research could provide theoretical guidance and method support for the transformation and sustainable development in mega-urban agglomerations.

Keywords: mega-urban agglomerations; urbanization; eco-environment; interactive coupled effects; theoretical framework; methodology

"特大城市群地区城镇化与生态环境交互耦合效应解析的理论框架及技术路径"解读

冯 健 孙逸渊

一、作者简介

该文的第一作者是教育部长江学者特聘教授、中国地理学会常务理事及人文地理专业委员会主任、中国科学院地理科学与资源研究所研究员方创琳。第二作者为中国科学院院士、中国科学院地理科学与资源研究所研究员周成虎。第三作者为清华大学建筑学院教授顾朝林。第四作者为国家杰出青年科学基金获得者、中国科学院生态环境研究中心研究员陈利顶。第五作者为北京大学城市与环境学院教授李双成。

方创琳研究员长期致力于城市地理学、城市群发展与城镇化的资源环境效应的教学和研究工作。合作者周成虎院士主要研究领域包括空间数据挖掘、地理系统建模、水文水资源及地理信息系统与遥感应用,他主持国家973计划、863计划、科技攻关计划和基金委等多项重大项目,曾获中国科学院青年科学家奖、中国青年科学家奖等荣誉。顾朝林教授专注于城市与区域规划、城市地理学和区域经济学的研

作者介绍:冯健(1975—),男,江苏沛县人,北京大学城市与环境学院研究员,博士生导师,中国地理学会会员(S110004614M),主要从事城市地理与城市规划、人口与社会地理、艺术地理研究。E-mail: fengjian@pku.edu.cn

究和教学工作。陈利顶研究员关注景观格局与生态过程、土地利用变化的环境效应、景观生态规划与动态模拟、区域生态安全与可持续发展等方面的研究。李双成教授的研究方向包括地理学综合研究、区域生态安全与风险评价、地理学软计算、土地利用/土地覆被变化的生态效应及政策分析、资源管理与区域开发。

这五位专家学者的研究领域丰富，且具有交叉和跨学科的研究先进性。正因如此，经过几位中国当代地理学家及其团队的通力合作，产生了这篇具有人文与自然地理学综合性特色的力作。截至目前（统计于2024年5月15日），该文在中国知网数据库中，下载量已经超过19 100次，被引600余次。

二、论文的写作背景及主要内容

论文依托方创琳研究员主持的"特大城市群地区城镇化与生态环境耦合机理及胁迫效应"项目。这个项目是人文地理学领域第一个国家自然科学基金重大项目，具有里程碑式的意义。该项目引领了人文地理学的创新发展，助推人文地理学服务于国家战略需求和中国式现代化建设。

论文写作于国家经济高速发展与新型城镇化战略实施对绿色低碳、高效集约、生态环境可持续和社会转型的关注的新时代背景下，以特大城市群地区为研究对象，旨在考察这一国家经济发展战略核心区和国家新型城镇化规划主体区在发展过程中面临的资源和生态环境胁迫压力，以期从地理学研究视角提出协调特大城市群地区城镇化与生态环境关系问题的理论框架和技术解决方案。这项研究工作对我国特大城市群地区可持续发展具有重要的现实意义，为特大城市群地区由问题集中区转变为可持续发展区提供了指引。

论文研究内容丰富，叙事宏大。从国际研究前沿、全球重要担当、国家战略需求、协同发展驱动、现实问题导向、薄弱环节分析、学科发展与复杂科学分析等多个角度系统阐述了特大城市群地区研究的重大现实和理论意义，并凸显了特大城市群地区城镇化与生态环境交互耦合效应解析研究的科学价值。从时空特征与胁迫效应、耦合机理与胁迫规律、病理诊断与风险预估、动态模拟与阈值判断、优化调控与智能决策等角度全面构建了特大城市群地区城镇化与生态环境交互耦合效应解析的理论框架。从标准化共享数据库构建、大数据应用、多要素-多目标-多模型-多情景环境集成方法开发、多尺度-多技术-多智能体集成的技术框架建构等方面，提出了在上述理论框架指导下的技术理念和实施路径。

在研究方法上，作者按照分析时空演变特征-寻求主控要素-辨识耦合关系-揭示胁迫机制-发现耦合规律-筛选调控变量-求解临界阈值-进行调控试验-完成情景模拟-提出优化方案-实现国家目标这样一条系统化的技术路线，提出了解决特大城市群地区城镇化与生态环境交互耦合问题的整体优化方案。

在研究结论方面，论文通过构建一个系统理论框架，解析了特大城市群地区城镇化与生态环境的交互耦合效应，提出了一条应对特大城市群地区这样一个开放的复杂巨系统的技术路径，并从复杂性科学的角度讨论了面向特大城市群地区的极端复杂性，指出要创新传统的城市地理学以应对这种复杂城市科学的必要性，强调通过学科交叉融合等方式推动人文地理学科建设迈向新的发展阶段的重要性。这些结论为应对特大城市群地区的发展挑战提供了重要的理论和实践指导。

三、论文的学术影响和贡献

从论文发表的 2016 年至今，已经过去了八个年头，虽然时间不长，但中国的城镇化发展又进入了一个新的阶段。第七次全国人口普查公报显示，2020 年我国城镇化率达 63.89%，而根据国家统计局最新报道，到 2023 年末城镇化率持续提高至 66.16%。当前，中国已进入快速城镇化的高潮阶段，需要应对的城市资源和生态环境问题日益突出。如何为城市发展减压并提质，而不仅仅关注城镇化速度，成为新时期中国式现代化建设的重要攻关任务。近几年来，党的二十大报告、国家"十四五"规划和 2035 年远景目标纲要、《国家新型城镇化规划（2021-2035 年）》等重要文件多次强调要提升城镇化发展质量，其中体现了对宜居、绿色、低碳、智慧、韧性、可持续和高质量发展的中国式城镇现代化建设的急迫需求。因此，这篇论文为我国城镇化发展与生态文明建设提供了思路见解和科学方法。

论文对地理学科创新和中国城市建设及城镇化的理论总结有所贡献。从对学科发展的影响来看，论文以现代化城市研究和城市规划实践为切入口，推动了人文要素和自然要素交互的综合地理学的繁荣发展和应用。论文展现出地理学的综合性思维、交叉性特征、跨学科优势和多元化属性，在地理学经典理论、方法论的应用基础上，强调了人文地理学研究的技术环节和技术创新。同时，这一研究工作深刻反映了地理学人地关系地域系统的理论思想，其中的城镇化要素体现了地理学的人文社会维度，生态环境要素体现了地理学的自然维度，两者的交互耦合效应则是人与自然交互共生产生的关系结果。总之，论文突出人地关系地域系统的地理学主线，用地理学理论和方法解读并应对特大城市群地区城镇化与生态环境交互耦合效应问题，是当前地理学综合性科学研究的一个重大创新应用。

论文带来的一个重要启发在于，新时期传统的城市地理学和人文地理学理论与方法得以拓展，不再局限于独立发展，而是突出同信息科学、城市科学、自然地理学、生态学、系统动力学、资源环境科学、社会学和管理学等多学科、多领域的前沿交叉特色，以及与地理信息系统、大数据科学、人工智能与机器学习等先进方法的融会贯通趋势。可以说，技术性和方法论的提升带动了人文地理学的当代发展及创新应用，也进一步发展了经典的人文地理学理论。

此外，论文强调地理学视角服务于中国城镇化发展，并从中国本土的地理学研究出发以期推动全球性城市战略优化实施，让世界看到中国科学和中国地理学的研究力量。论文契合新时代中国式现代化建设的可持续发展、高质量发展需求，为实现国家新型城镇化规划、推动城市发展转型提供了科学依据和政策建议，具有重要的战略意义和现实价值。

地理探测器：原理与展望

王劲峰[1,2]，徐成东[1]

(1. 中国科学院地理科学与资源研究所 资源与环境信息系统国家重点实验室，北京 100101；
2. 中国科学院大学，北京 100049)

摘要： 空间分异是自然和社会经济过程的空间表现，也是自亚里士多德以来人类认识自然的重要途径。地理探测器是探测空间分异性，以及揭示其背后驱动因子的一种新的统计学方法，此方法无线性假设，具有优雅的形式和明确的物理含义。基本思想是：假设研究区分为若干子区域，如果子区域的方差之和小于区域总方差，则存在空间分异性；如果两变量的空间分布趋于一致，则两者存在统计关联性。地理探测器 q 统计量，可用以度量空间分异性、探测解释因子、分析变量之间交互关系，已经在自然和社会科学多领域应用。本文阐述地理探测器的原理，并对其特点及应用进行了归纳总结，以利于读者方便灵活地使用地理探测器来认识、挖掘和利用空间分异性。

关键词： 空间分异性；地理探测器；q 统计；类型量

DOI: 10.11821/dlxb201701010

第 72 卷第 1 期，2017 年 1 月
收稿日期：2016-10-15；修订日期：2011-01-05
基金项目：国家自然科学基金项目(41531179, 41601419, 41421001)；科技部科技基础性工作专项(2014FY121100)；公益性行业科研专项(GYHY20140616)；LREIS 自主创新项目(088RA200YA) [**Foundation:** National Natural Science Foundation of China, No.41531179, No.41601419, No.41421001; Ministry of Science and Technology of China, No. 2014FY121100, Special Scientific Research Fund of Public Welfare Profession of China, No.GYHY20140616; Science and Technology Innovation Project of LREIS, No.088RA200YA]
作者简介：王劲峰(1965-)，男，研究员，中国地理学会会员(S110009913M)，主要从事地理信息科学的理论创新和实践。E-mail: wangjf@igsnrr.ac.cn
引用本文：王劲峰，徐成东. 地理探测器：原理与展望. 地理学报, 2017, 72(1): 116-134. [Wang Jinfeng, Xu Chengdong. Geodetector: Principle and prospective. *Acta Geographica Sinica*, 2017, 72(1): 116-134.]

1 引言

空间统计学于 20 世纪 60 年代兴起，其理论基础为空间自相关，突破了经典统计学的独立同分布假设前提[1]。基于空间自相关，一系列方法工具被研制出来，主要包括空间自相关检验 Moran's I [2]、半变异函数[3]、Ripley K[4]；热点探测 Gi[5]、LISA[6]、SatScan[7]；空间插值方法 Kriging[3]、贝叶斯最大熵 BME[8]；空间回归 SAR/MAR/CAR[9-11]、GWR[12]、空间贝叶斯层次模型 BHM[13]等。这些方法工具大大促进了人们对于具有空间自相关性数据的分析和利用。

随着定位及观测技术的发展和普及，无论是更精细或者更大范围的研究，还是空间大数据，空间分层异质性（spatial stratified heterogeneity）问题凸显。空间分层异质性，简称空间分异性或区异性，是指层内方差小于层间方差的地理现象，例如地理分区、气候带、土地利用图、地貌图、生物区系、区际经济差异、城乡差异以及主体功能区等等[14-19]，是空间数据的另一大特性。"层"（strata）是统计学概念，大体对应地理上的类（classes）或子区域（sub regions）。

虽然已有上百种分类算法 K-means、SOM 等可用于分类或分区，但是针对空间分异性的统计学方法尚十分有限。目前，主要方法包括空间分异性测度和因子分析的地理探测器 q 统计[20-21]；在不同样本条件下的区域总量估算、空间插值和空间抽样的系列统计量：当有分层样本时的 MSN[22-23]、当样本有偏时的 Bshade[24-26]、当只有单样本点时的 SPA 模型[27]、小样本多单元报告以及多边形图层之间的互相转换的 Sandwich 模型[28]。

地理探测器是探测空间分异性，以及揭示其背后驱动力的一组统计学方法。其核心思想是基于这样的假设：如果某个自变量对某个因变量有重要影响，那么自变量和因变量的空间分布应该具有相似性[29-30]。地理分异既可以用分类算法来表达，例如环境遥感分类；也可以根据经验确定，例如胡焕庸线。地理探测器擅长分析类型量，而对于顺序量、比值量或间隔量，只要进行适当的离散化[31]，也可以利用地理探测器对其进行统计分析。因此，地理探测器既可以探测数值型数据，也可以探测定性数据，这正是地理探测器的一大优势。地理探测器的另一个独特优势是探测两因子交互作用于因变量。交互作用一般的识别方法是在回归模型中增加两因子的乘积项，检验其统计显著性。然而，两因子交互作用不一定就是相乘关系。地理探测器通过分别计算和比较各单因子 q 值及两因子叠加后的 q 值，可以判断两因子是否存在交互作用，以及交互作用的强弱、方向、线性还是非线性等。两因子叠加既包括相乘关系，也包括其他关系，只要有关系，就能检验出来。

本文主要阐述了地理探测器的基本原理，并介绍地理探测器软件；通过对比分析地理探测器在自然科学、社会科学、环境科学和人类健康方面的几个典型应用案例，讨论了地理探测器的适用条件和优势，提出了可能遇到问题的对策。

2 地理探测器原理

空间分异性是地理现象的基本特点之一。地理探测器是探测和利用空间分异性的工具。地理探测器包括 4 个探测器。

分异及因子探测：探测 Y 的空间分异性，以及探测某因子 X 多大程度上解释了属性 Y 的空间分异（图 1）。用 q 值度量[29]，表达式为：

$$q = 1 - \frac{\sum_{h=1}^{L} N_h \sigma_h^2}{N\sigma^2} = 1 - \frac{SSW}{SST}$$

$$SSW = \sum_{h=1}^{L} N_h \sigma_h^2, \quad SST = N\sigma^2 \tag{1}$$

式中：$h = 1, \cdots, L$ 为变量 Y 或因子 X 的分层（Strata），即分类或分区；N_h 和 N 分别为层 h 和全区的单元数；σ_h^2 和 σ^2 分别是层 h 和全区的 Y 值的方差。SSW 和 SST 分别为层内方差之和（Within Sum of Squares）和全区总方差（Total Sum of Squares）。q 的值域为 [0, 1]，值越大说明 Y 的空间分异性越明显；如果分层是由自变量 X 生成的，则 q 值越大表示自变量 X 对属性 Y 的解释力越强，反之则越弱。极端情况下，q 值为 1 表明因子 X 完全控制了 Y 的空间分布，q 值为 0 则表明因子 X 与 Y 没有任何关系，q 值表示 X 解释了 $100 \times q\%$ 的 Y。

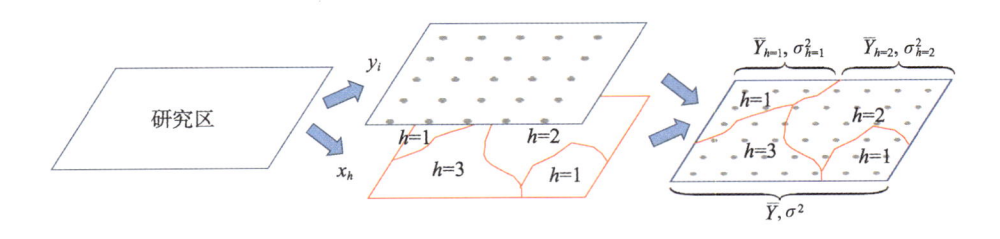

图 1 地理探测器原理

Fig. 1 The principle of geographical detector

q 值的一个简单变换满足非中心 F 分布[21]：

$$F = \frac{N-L}{L-1}\frac{q}{1-q} \sim F(L-1, N-L; \lambda) \quad (2)$$

$$\lambda = \frac{1}{\sigma^2}\left[\sum_{h=1}^{L}\overline{Y}_h^2 - \frac{1}{N}\left(\sum_{h=1}^{L}\sqrt{N_h}\overline{Y}_h\right)^2\right] \quad (3)$$

式中：λ 为非中心参数；$\overline{Y}_h$ 为层 h 的均值。根据式（3），可以查表或者使用地理探测器软件[32]来检验 q 值是否显著。

交互作用探测：识别不同风险因子 Xs 之间的交互作用，即评估因子 $X1$ 和 $X2$ 共同作用时是否会增加或减弱对因变量 Y 的解释力，或这些因子对 Y 的影响是相互独立的。评估的方法是首先分别计算两种因子 $X1$ 和 $X2$ 对 Y 的 q 值：$q(X1)$ 和 $q(X2)$，并且计算它们交互（叠加变量 $X1$ 和 $X2$ 两个图层相切所形成的新的多边形分布，图2）时的 q 值：$q(X1\cap X2)$，并对 $q(X1)$、$q(X2)$ 与 $q(X1\cap X2)$ 进行比较。两个因子之间的关系可分为以下几类（图3）：

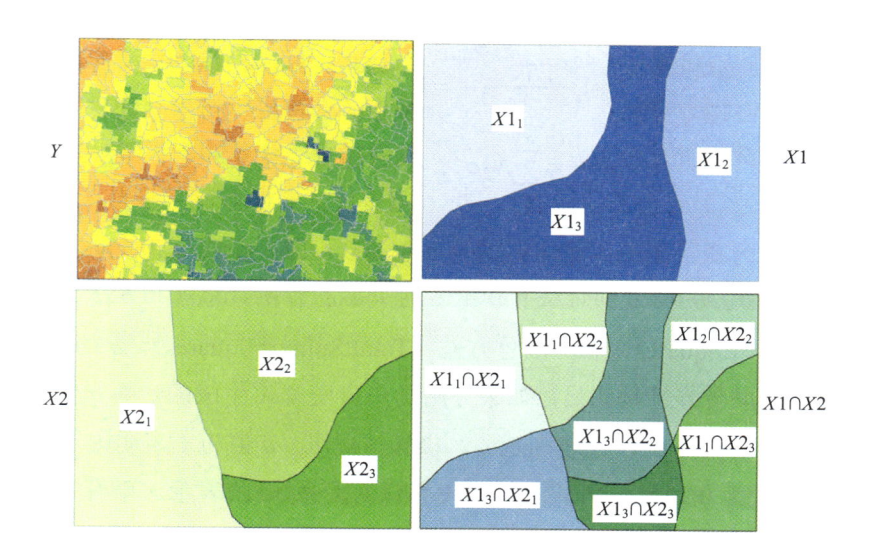

注：分别计算出 $q(X1)$ 和 $q(X1)$；将 $X1$ 和 $X2$ 两个图层叠加得到新图层 $X1\cap X2$，
计算 $q(X1\cap X2)$；按照图3判断两因子交互的类型。

图2 交互作用探测

Fig.2 Detection of interaction

风险区探测：用于判断两个子区域间的属性均值是否有显著的差别，用 t 统计量来检验：

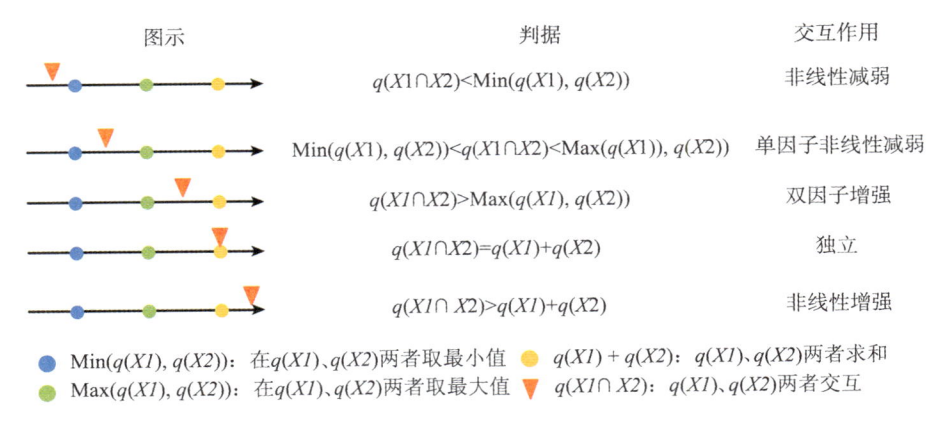

图示	判据	交互作用
	$q(X1 \cap X2) < \text{Min}(q(X1), q(X2))$	非线性减弱
	$\text{Min}(q(X1), q(X2)) < q(X1 \cap X2) < \text{Max}(q(X1)), q(X2))$	单因子非线性减弱
	$q(X1 \cap X2) > \text{Max}(q(X1), q(X2))$	双因子增强
	$q(X1 \cap X2) = q(X1) + q(X2)$	独立
	$q(X1 \cap X2) > q(X1) + q(X2)$	非线性增强

● $\text{Min}(q(X1), q(X2))$：在 $q(X1)$、$q(X2)$ 两者取最小值　　● $q(X1) + q(X2)$：$q(X1)$、$q(X2)$ 两者求和
● $\text{Max}(q(X1), q(X2))$：在 $q(X1)$、$q(X2)$ 两者取最大值　　▼ $q(X1 \cap X2)$：$q(X1)$、$q(X2)$ 两者交互

图 3　两个自变量对因变量交互作用的类型

Fig. 3　Types of interaction between two covariates

$$t_{\bar{y}_{h=1} - \bar{y}_{h=2}} = \frac{\bar{Y}_{h=1} - \bar{Y}_{h=2}}{\left[\dfrac{\text{Var}(\bar{Y}_{h=1})}{n_{h=1}} + \dfrac{\text{Var}(\bar{Y}_{h=2})}{n_{h=2}}\right]^{1/2}} \quad (4)$$

式中：$\bar{Y}_h$ 表示子区域 h 内的属性均值，如发病率或流行率；n_h 为子区域 h 内样本数量，Var 表示方差。统计量 t 近似地服从 Student's t 分布，其中自由度的计算方法为：

$$df = \frac{\dfrac{\text{Var}(\bar{Y}_{h=1})}{n_{z=1}} + \dfrac{\text{Var}(\bar{Y}_{h=2})}{n_{h=2}}}{\dfrac{1}{n_{h=1}-1}\left[\dfrac{\text{Var}(\bar{Y}_{h=1})}{n_{h=1}}\right]^2 + \dfrac{1}{n_{h=2}-1}\left[\dfrac{\text{Var}(\bar{Y}_{h=2})}{n_{h=2}}\right]^2} \quad (5)$$

零假设 H_0：$\bar{Y}_{h=1} = \bar{Y}_{h=2}$，如果在置信水平 α 下拒绝 H_0，则认为两个子区域间的属性均值存在着明显的差异。

生态探测：用于比较两因子 $X1$ 和 $X2$ 对属性 Y 的空间分布的影响是否有显著的差异，以 F 统计量来衡量：

$$F = \frac{N_{X1}(N_{X2}-1)SSW_{X1}}{N_{X2}(N_{X1}-1)SSW_{X2}}$$

$$SSW_{X1} = \sum_{h=1}^{L1} N_h \sigma_h^2, \quad SSW_{X2} = \sum_{h=1}^{L2} N_h \sigma_h^2 \quad (6)$$

式中：N_{X1} 及 N_{X2} 分别表示两个因子 $X1$ 和 $X2$ 的样本量；SSW_{X1} 和 SSW_{X2} 分别表示由 $X1$ 和 $X2$ 形成的分层的层内方差之和；$L1$ 和 $L2$ 分别表示变量 $X1$ 和 $X2$ 分层数目。其中零假设

H_0：$SSW_{X1} = SSW_{X2}$。如果在 α 的显著性水平上拒绝 H_0，这表明两因子 $X1$ 和 $X2$ 对属性 Y 的空间分布的影响存在着显著的差异。

3 地理探测器软件

GeoDetector 是根据上述原理，用 Excel 编制的地理探测器软件，可从以下网址免费下载：http://www.geodetector.cn/。

地理探测器使用步骤包括：

（1）数据的收集与整理：这些数据包括因变量 Y 和自变量数据 X。自变量应为类型量；如果自变量为数值量，则需要进行离散化处理。离散可以基于专家知识，也可以直接等分或使用分类算法如 K-means 等。

（2）将样本 (Y, X) 读入地理探测器软件，然后运行软件，结果主要包括 4 个部分：比较两区域因变量均值是否有显著差异；自变量 X 对因变量的解释力；不同自变量对因变量的影响是否有显著的差异，以及这些自变量对因变量影响的交互作用。

地理探测器探测两变量 Y 和 X 的关系时，对于面数据（多边形数据）和点数据，有不同的处理方式。

对于面数据，两变量 Y 和 X 的空间粒度经常是不同的。例如，因变量 Y 为疾病数据，一般以行政单元记录；环境自变量或其代理变量 X 的空间格局往往是循自然或经济社会因素而形成的，如不同水文流域、地形分区、城乡分区等。因此，为了在空间上匹配这两个变量，首先将 Y 均匀空间离散化，再将其与 X 分布叠加，从而提取每个离散点上的因变量和自变量值 (Y, X)。格点密度可以根据研究的目标而提前指定。如果格点密度大，计算结果的精度会较高，但是计算量也会较大。因此在实际操作时须考虑精度与效率的平衡。GeoDetector 的输入数据如表 1 所示，其中每条记录都是一个格点，各列分别存储因变量 Y 和自变量 X。

表 1　GeoDetector 数据输入格式
Tab. 1　Input table for the GeoDetector

	Y	$X1$	$X2$	…	Xm
格点 1	y_1	x_{11}	x_{12}	…	x_{1m}
格点 2	y_2	x_{21}	x_{22}	…	x_{2m}
…	…	…	…	…	…
格点 n	y_n	x_{n1}	x_{n2}	…	x_{nm}

对于点数据：如果观测数据是通过随机抽样或系统抽样而得到，并且样本量足够大，可以代表总体，则可以直接利用此数据在地理探测器软件中进行计算。如果样本有偏，不能代表总体，则需要用一些纠偏的方法对数据进一步处理之后再在地理探测器软件中进行计算。图 4 示意了地理探测器软件的数据准备、软件界面和输出。

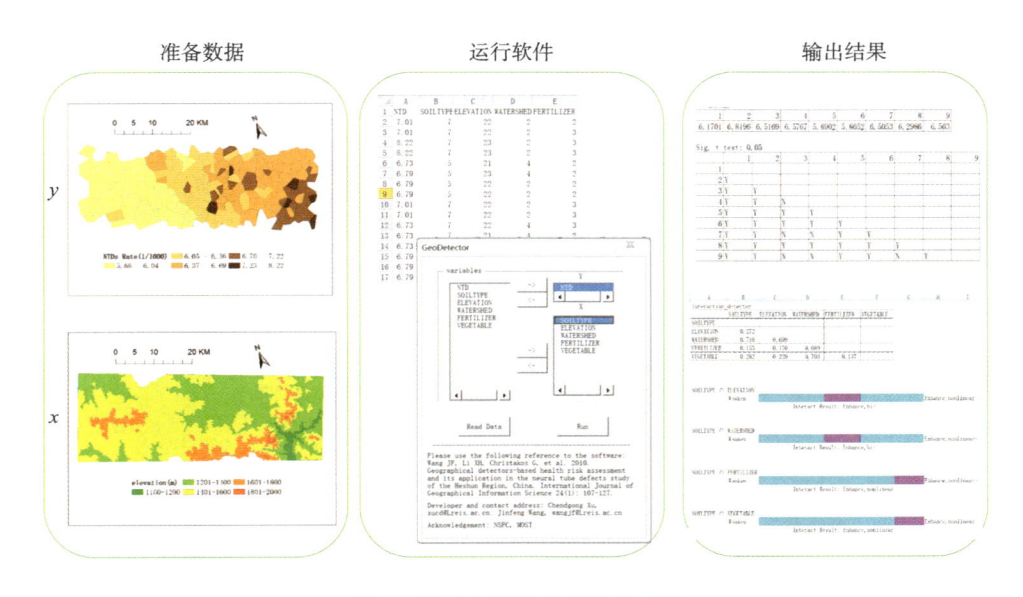

图 4　地理探测器软件用户界面

Fig. 4　Users interface of the GeoDetector

4　应用案例

首先，结合新生儿神经管畸形空间变异的环境因子识别详尽演示 GeoDetector 的使用步骤；随后，分别介绍了地理探测器在自然科学（美国地表切割因子分析）、社会科学（中国城市化驱动力识别）和环境污染（土壤抗生素空间差异的控制因子分析）等不同领域的典型应用；最后，对地理探测器的应用案例进行分析比较，并归纳总结。

4.1　新生儿神经管畸形空间变异的环境因子识别[20]

GeoDetector 对某县 1998-2006 年的神经管畸形出生缺陷（NTDs）的发生（Y）进行了环境风险因子分析。环境风险因子或其代理变量（X）包括：高程、土壤类型、流域分区以及蔬菜产量和化肥使用量等社会经济变量[20]（图5）。图6显示了本研究中所用的网格点，格点间距为1 km，共1145个，用于将 Y（数值量）和 X（类型量）匹配起来。

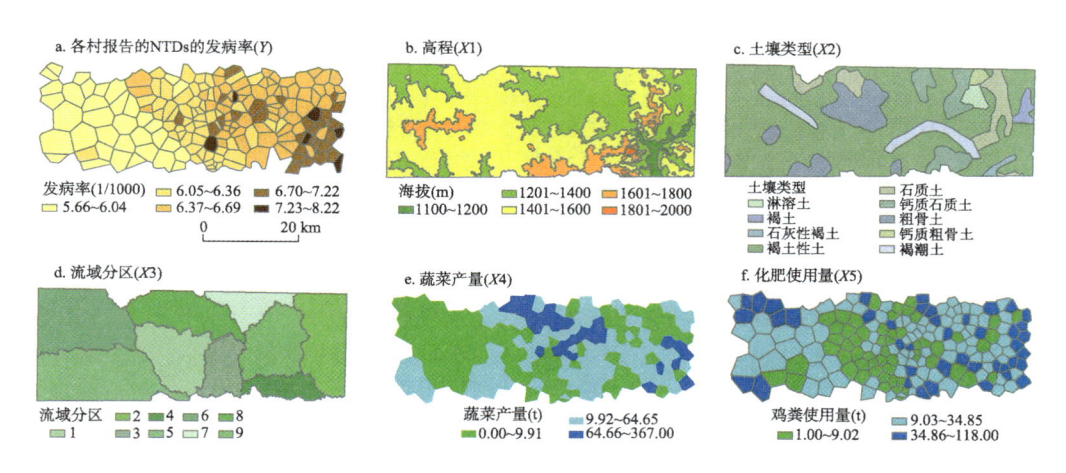

图5　某县新生儿神经管畸形的环境因子分析的数据[20]

Fig. 5　The prevalence of neural tube defects and its covariates or proxies

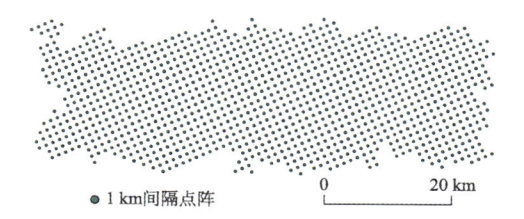

图6　某县新生儿神经管畸形的环境因子分析中用到的网格点[20]

Fig. 6　Grid points to match neural tube defects and its covariates

输入数据以及软件运行输出结果如图7所示。图8显示了风险因子探测的结果。图8a显示了对于单个风险因子（高程等级）而言的风险区探测的结果，其中图8a的表格第一行的数字"21""22""23"等是此环境因子各分区的编号，为类型量；第二行是在每个类型区内的 NTDs 的平均发病率，为数值量。接下来的第6~10行是各类型分区的 NTDs 发病率之间是否存在统计差异的判断，采用显著性水平为0.05的 t 检验，"Y"表示存在显著性差异，"N"表示不存在显著性差异。图8b展示的是所有风险因子 q 值的计算结果，结果表明水文流域变量（$X3$）具有最高的 q 值，说明这些变量中河流是决定 NTDs 空间格局的最主要的环境因子。图8c是生态探测的输出，结果显示就对 NTD 空间分布的作用而言，水文流域与其他变量存在着显著差异。图8d是交互探测的结果，其中第3~5行是两两变量交互作用后的 q 值，结果表明，任何两种变量对 NTDs 空间分布的交互作用都要大于第一种变量的独自作用。

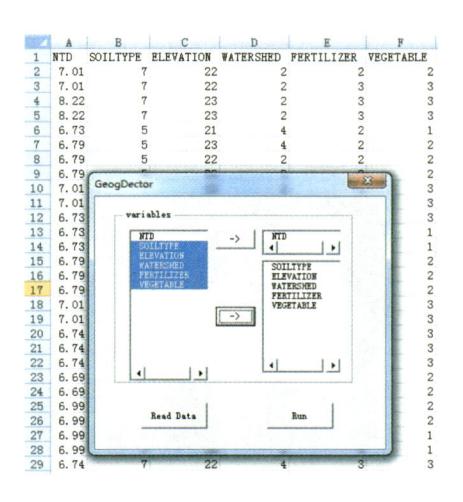

图 7　数据输入的格式及运行界面

Fig. 7　Table of the input data and the users' interface of GeoDetector software

图 8　风险区探测、风险因子探测、生态探测以及交互探测的结果

Fig. 8　Risk area detector(a), Risk factor detector(b), Ecological detector(c) and Interaction detector(d)

4.2　美国陆表切割度空间变异的主导因素探测[34]

地表切割度控制了水土流失、土地利用和生态功能，是历史和现实多因子作用的综合结果。美国的地表切割密度及其格局呈现出空间分层异质性（Spatial Stratified Heterogeneity）。Luo 等[34]将地理探测器分别运用于美国 8 大地形区探测其形成的主导因子。

发现最大 q 值所对应的因子随着不同特征和地质历史的地形区而变化。例如，岩性主导了山区地形，地形曲率（Curvature）控制了平原区地形，冰期控制了中央低地（图9）。地理探测器提供了反演地表过程因子的客观构架。

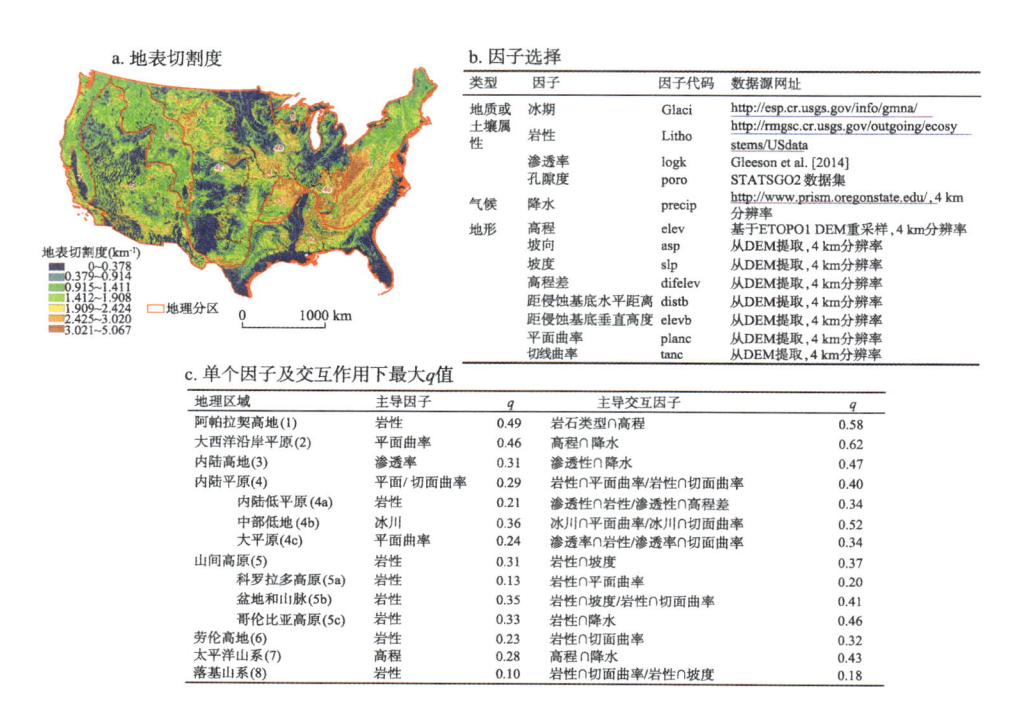

注：Y 为地表切割度；X 为候选因子；$Y\sim X$ 为主导因子识别。

图 9 美国地表切割度及其控制因子探测[34]

Fig. 9 Land dissection in US and the detection of its controlling factors

4.3 中国县域城市化空间变异的驱动力[35]

城市化是中国过去和未来各20年最大的社会经济空间运动。认识县域城镇化的形成机制为确立县域城镇化的发展战略，因地制宜地引导城镇化的地域模式提供参考依据。收集全国各县城市化率数据（图10a）以及候选解释变量数据（图10b），将地理探测器分别运用于106国道样带、北方边境样带、东部沿海样带、长江沿岸样带和陇海兰新铁路沿线样带，发现城市化驱动力在不同样带不同（图10c）。

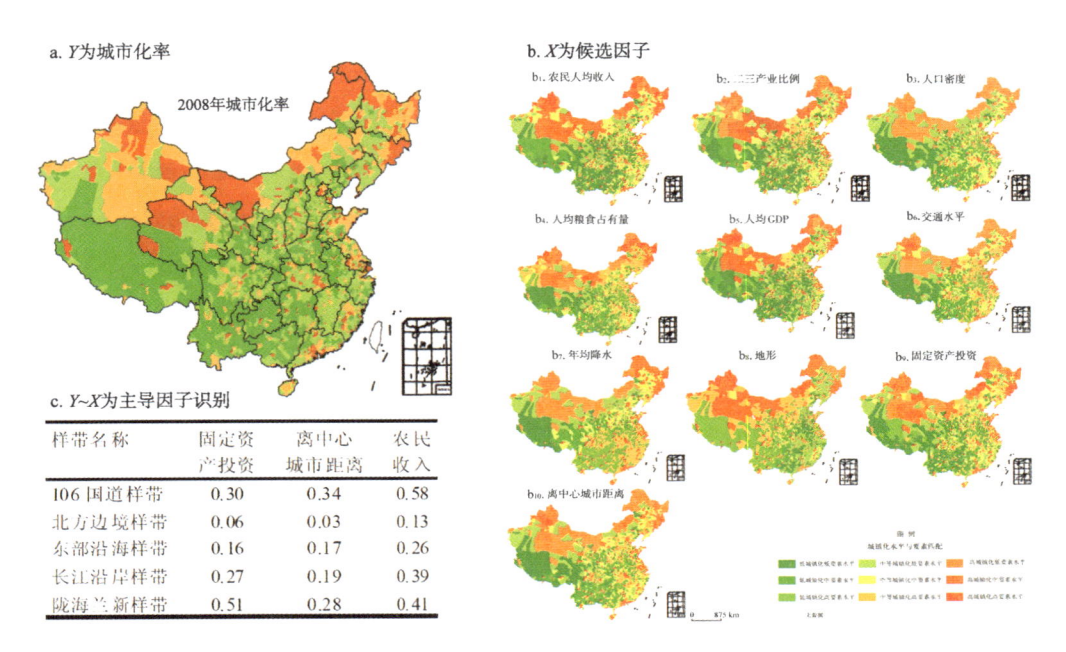

注：Y为城市化率；X为候选因子；Y~X为主导因子识别。

图 10 中国城市化率及其驱动因子探测[35]

Fig. 10 Urbanization rate in China and the detection of its driving forces

4.4 土壤抗生素残留空间变异的因子分析[36]

土壤和蔬菜里的抗生素残留通过食物链传递影响人类健康。山东省寿光县是中国最大的有机蔬菜种植基地，施用鸡粪；而鸡的饲料和饮水含有抗生素。研究区是寿光县的一个乡，面积约 160 km^2。寻找 FQs 类抗生素（Y）与候选影响因子（X）（包括蔬菜种植模式、肥料类型和数量、种植年限、大棚面积、地形起伏）之间的关系（图 11）。地理探测器 q 值如下：蔬菜种植模式（0.28）＞使用鸡粪肥料数量（0.20）＞高程（0.18）＞种植年限（0.09）＞鸡粪类型（0.060）＞大棚面积（0.02）。可见，蔬菜种植模式是 FQs 抗生素空间分异的最重要的控制因素，例如，"黄瓜—黄瓜"模式（先种黄瓜，收获后再种黄瓜）对于 FQs 空间分异的决定力，是"辣椒—西瓜"模式（先种辣椒，收获后接着种西瓜）的 3 倍；排在第二位的鸡粪肥料使用量对 FQs 污染也有相当的影响。基于以上发现，政策建议是，为了达到既减少 FQs 土壤污染，又不对当地蔬菜生产产生过多影响的目的，一个有效而又可行的方案是调节种植模式和鸡粪使用模式（<6 kg/m^2 每年；干鸡粪多于湿鸡粪）。

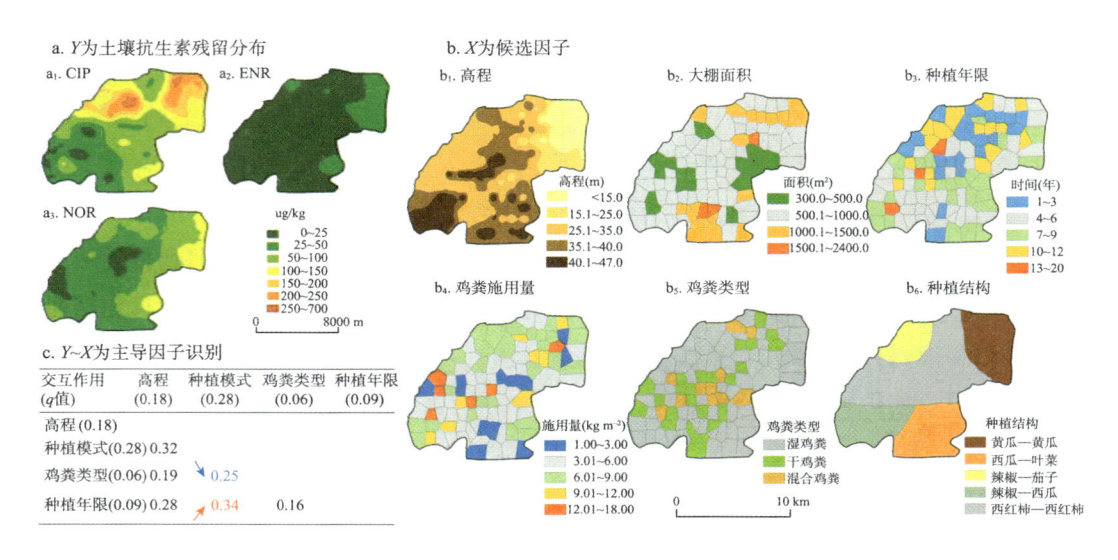

图 11 土壤抗生素残留及其影响因素探测[36]

Fig. 11 Antibiotic residual in soil and the detection of its determinaints

4.5 地理探测器应用案例分析比较

本文归纳了至 2016 年底，地理探测器在各方面的运用，对案例问题、研究区域、因变量 Y、自变量或其代理变量 X、研究发现和结论等方面进行归纳（附录），分析比较可以发现地理探测器主要运用领域包括：土地利用[37-45]、公共健康[46-54]、区域经济[35,44,55-61]、区域规划[45,62-63]、旅游[64-66]、考古[67]、地质[34]、气象[68-70]、植物[71]、生态[72-75]、环境[76-78]、污染[34,79-81]、遥感[82]和计算机网络[83]等。

地理探测器已被运用于从自然到社会十分广泛的领域；其研究区域大到国家尺度，小到一个乡镇尺度。在这些应用中，地理探测器主要被用来分析各种现象的驱动力和影响因子以及多因子交互作用。这主要是因为地理探测器 q 值具有明确的物理含义，没有线性假设，客观地探测出自变量解释了 $100×q\%$ 的因变量。地理探测器在运用于因子和驱动力分析时，因变量是数值量，而自变量是类型量；如果自变量是数值量，需要将其离散化为类型量。

地理探测器作为驱动力和因子分析的有力工具[20]已经在以上案例以及关于精准扶贫的研究中得到验证。实际上，地理探测器还可以作为空间分异性分析的有力工具[21]，这在关于胡焕庸线、中国热带北界的研究中可得到充分证明。

5 结论和讨论

5.1 空间分异性检验是空间数据分析的必要环节

空间自相关性和空间分异性是空间数据的两大特性，也是空间数据的两大信息资源，可以挖掘利用，以认识其背后过程机理。现代空间统计学是围绕空间自相关展开的。地理数据中的类型量广泛存在，它体现了地理对象的空间分异性，表现为层内方差小于层间方差。地理探测器是度量、挖掘和利用空间异质性的新工具，其理论核心是通过空间异质性来探测因变量与自变量之间空间分布格局的一致性，据此度量自变量对因变量的解释度，即 q 值。地理探测器比一般统计量有更强的势（Power），更加确信，强烈提示因果关系，因为两个变量在二维空间分布一致比两个变量的一维曲线的一致要难得多。

地理探测器是空间数据探索性分析的有力工具。产生空间分异性的原因是多样的：可能由于各层（类）的机理不同，也可能是由于各层（类）的因子不同或者各层（类）的主导因子不同。这些不同都会导致空间分异性。用全局模型分析具有异质性的对象将掩盖对象的异质性，被混杂效应所干扰，甚至导致错误的结论。因此，在数据分析开始时，就应当首先探测是否存在空间异质性，据此确定是使用全局模型还是选取局域模型；是使用全域变量还是选用局域变量；是使用全局参数还是局域参数。表 2 为不同对象性质所对应的建模策略。

表 2 空间分异性和建模策略
Tab. 2 Spatial stratified heterogeneity and modelling strategies

	空间静态	空间分异			
		机理分异	因素分异	因素影响力分异	原因不清
	A 全局模型	B 不同模型	C 不同变量	D 不同参数	E 数据分组
模型 f	一个	多个模型	一个模型	一个模型	尝试 B
变量 x	一个（组）	一个（组）/每个模型	多组变量	一组变量	尝试 C
参数 b	一个（组）	一个（组）/每个模型	多组参数	多组参数	尝试 D
举例	一个模型 $y=f(x,b)$CLR; Krige	不同层不同模型 $y_h=f_h(x_h, b_h)$	不同层不同变量 $y_h=f(x_h, b_h)$	不同层不同参数 $y_h=f(x, b_h)$GWR; MLM	洪水预报：春季融雪/秋季降雨

注："层"指 Strata，即不同类或不同区；CLR：经典线性回归；GWR：地理加权回归；MLM：多层模拟。

5.2 地理探测器的适用条件

表3比较了空间自相关检验、地理探测器和线性回归的研究对象、变量类型、统计量、模型原理，以及统计推论的差异。表4比较了地理探测器与方差分析的异同，可见地理探测器包含方差分析，比方差分析适用面更加广泛，并且具有明确的物理含义。

归纳起来，地理探测器可以为3方面使用：① 度量给定数据的空间分异性；② 寻找变量最大的空间分异；③ 寻找因变量的解释变量。

地理探测器的适用条件：① 擅长自变量 X 为类型量（如土地利用图），因变量 Y 为数值量（碳排放）的分析。② 当因变量 Y 和自变量 X 均为数值量，对 X 离散化转换为类型量后，运用地理探测器建立的 Y 和 X 之间的关系将比经典回归更加可靠，尤其当样本量<30时。因为统计学一般要求样本单元数>30；而地理探测器的 X 为类型量，同类相似，因此样本单元的代表性增加了，或者说地理探测器可以用<30的样本量达到更大样本量其他模型才能达到的统计精度。③ 对变量无线性假设，属于方差分析（ANOVA）范畴，物理含义明确的，其大小反映了 X（分层或分类）对 Y 解释的百分比 $100×q\%$。表4展示了地理

表3 空间热点、空间分异性和空间线性回归
Tab. 3 Comparison between spatial hotspot, spatial stratified heterogeneity and spatial linear regression

	空间热点检验	空间分异性检验	空间线性回归
空间过程	空间局域异质性	空间分层异质性	平稳线性过程
变量	数值量 y	数值量 y～类型量 x	数值量 y～数值量 x
统计量	Getis Gi; LISA; SatScan	q 统计	β
原理	统计量的观测值与随机期望值之差	两变量空间分布的一致性；x 分层（分类/分区）使 q 值最大	两变量回归误差；x 最优系数使 R^2 最小
结论	y 的空间热点区	y 的解释变量 x，x 解释了 $100×q\%$ $q = SSBy/SSTy$	y 对 x 的弹性，b $b = dy/dx$

注：SSB 为层间方差，即式（1）中 $SST–SSW$。

表4 地理探测器 q 统计与方差分析的区别
Tab. 4 Comparison between the GeoDetector q-statistic and ANOVA

均值；方差	⎍	⌇⌇⌇	⌇⌇⌇⌇	⌇⌇⌇⌇	⌇⌇⌇
方差分析	$F = \infty$	$F = 9\,894$	N/A	N/A	$F = 0$
q-统计	$q = 1$	$q = 0.8$	$q = 0.7$	$q = 0.6$	$q = 0$

注：第一行表示两层（strata）的均值和方差

探测器与方差分析的差异。④ 地理探测器探测两变量真正的交互作用，而不限于计量经济学预先指定的乘性交互。⑤ 地理探测器原理保证了其对多自变量共线性免疫。⑥ 在分层中，要求每层至少有 2 个样本单元。样本越多，估计方差越小。

5.3 灵活使用地理探测器

地理探测器可以灵活使用，① 既可以探测全局驱动力（最大 q 值所对应的自变量），如某县神经管畸形发生的环境因子[20]；也可以探测不同地区的局域驱动力（不同地区最大 q 值对应的自变量），如在不同样带城市化主导驱动力不同[35]和美国不同区域地表切割度主导因子[34]；还可以探测驱动力的时间变化（不同时间段的 q 值），如干预前后神经管畸形主导因子的变化[74]和遥感图像滤波前后地物可分性变化[82]；也可以探测不同尺度的驱动力，例如中国住宅价格在全国、省会、地级市、县不同层次各因子解释力不同[58]。② 数值量可以离散化为类型量，例如将GDP分级，从而数值量也可以使用地理探测器。③ Y 和 X 均有空间分布，但并非必须在地理空间上分层，也可以对属性分层，即 Y 或 X 的分层可以是地理空间、时间或者属性。以上抛砖引玉，读者可以思考各种有创意的使用方法。④ 基于 Excel 的地理探测器软件 GeoDetector 只有一个用户界面，"一键式"操作很容易掌握；不需要安装任何 GIS 组件，不需要用户具有 GIS 知识和操作技能，所有的空间信息都存储于格点中，小巧、免费；在软件使用时须注意，对于变量采用不同的离散化粒度会对模型结果有影响，一般选择 q 值最大的离散化方案[31]。

5.4 地理探测器使用中常见问题和解决方案

地理探测器使用中经常遇到的问题和应对方法。① 地理探测器中的自变量必须为类型量，如果数据中此变量为连续型变量，软件运行时则会报错。因变量可以为连续型变量或是二值变量。② 数据准备阶段，一般来说有两种方式生成类型数据（即形成空间分区或分层）：一是通过专业知识，比如气温或降水等数据，可以通过气候带的定义等方式来确定空间上的分区；二是通过数据的分类算法来形成空间分区，目前的分类算法包括多种，如等间距法、分位数法、K-means 等，也包括多种基于专业领域知识的分类算法[18]，分类的效果可通过地理探测器的 q 统计量来评价，q 值越大分区效果越好。③ 类型数据不要求必须空间连续。如土地利用类型数据中，同一类型的数据可能分布在不同的区域，空间上不一定连续。④ 空间面数据及点数据需要转换为软件输入数据：对于不规则的面状数据（如行政区域），首先通过格点化的方法生成空间上系统分布（如间距固定的规则格点）的样本点，然后把每个格点所在位置的自变量及因变量的信息提取出来，最后再把这些提取出的数据作为输入数据在软件中运行；对于规则的面状数据，如网格化数据（遥感数据），可直接利用网格提取出点数据（如中心点），然后与"不规则的面状数据"处理流程相同，利用点数据把相关变量信息提取出来，作为输入数据在软件中运行；对于随机抽样或系统抽样获取的点状数据，可直接利用此数据，并输入数据在软件中运行。对于采样有偏的点状数据，可以通过多种纠偏的方法处理后再计算。例如，样本量较少，但可以覆盖所有类型的情况，可通过 Sandwich 方法（www.sssampling.org/sandwich）面插值后，再利用前面所述"不规则的面状数据"的方法进一步处理；样本量较少，且不能覆盖所有类型区域，则可通过 BSHADE 方法（www.sssampling.org/bshade）进行插值后再做进一步的处理。⑤ 每个分层中要求至少有两个样本点，软件就可以计算。实际计算时，样本量越大，计算结果越准确。对于样本量的具体要求，与研究对象的性质有关。如果研究对象在每个层内都是均质的，则每个层内两个样本点就足够；如果研究对象在每个层内存在较大的空间异质性，则需要较大的样本量才能反映对象的真实性质，文献中常把30个样本作为大样本。⑥ q 值多大时才有意义？就像其他模型（如线性回归中的 R^2）一样，没有明确的定义，不同专业有不同的要求。q 值的物理含义是自变量 x 解释了 $100 \times q\%$ 的因变量 y。⑦ 如何选择影响因子？与其他模型一样，选择影响因子（自变量）需要根据专业知识或借助数据探索性分析。⑧ 变量是否有正态分布的假设？如果不对 q 值进行统计显著性检验，此时 q 值仍有明确的物理意义，但不必正态分布的假设。⑨ 因变量是否要求为正值？是否需要做归一化处理？因变量不要求必须为正值，也不需要做归一化。⑩ 软件最大可容纳多少行的数据？是否可以在 WPS 中运行？是否可以在 MAC 的 Excel 中运行？软件最大可容纳数据量与 Excel 中 VBA 程序的限制有关，最大行是 32 767。软件目前版本不可以在 WPS 中运行，也不可以在 MAC 的 Excel 中运行。⑪ 软件是否需要借助 GIS 软件的处理？对于数据准备过程中的格点化以及空间叠置分析中需借助于 GIS 软件。⑫ 对于自变量的共线性，如何处理？地理探测器对于共线性免疫，可不用处理。

参考文献

[1] Fischer M, Getis A. Handbook of Spatial Analysis. Springer, 2010.
[2] Moran PAP. Notes on continuous stochastic phenomena. Biometrika, 1950, 37: 17-23.
[3] Matheron G. Principles of geostatistics. Economic Geology, 1963, 58: 1246-1266.
[4] Ripley B D. Modelling spatial patterns. Journal of the Royal Statistical Society, 1977, 39(2): 172-192.
[5] Getis A, Ord J K. The analysis of spatial association by distance statistics. Geographical Analysis, 1992, 24(3): 189-206.

[6] Anselin L. Local indicators of spatial association-LISA. Geographical Analysis, 1995, 27(2): 93-115.
[7] Kulldorff M. A spatial scan statistic. Communications in Statistics: Theory and Methods, 1997, 26: 1481-1496.
[8] Christakos G. Random Field Models in Earth Sciences. CA, San Diego: Academic Press, 1992.
[9] Cliff A D, Ord J K. Spatial Processes: Models and Applications. London: Pion, 1981.
[10] Anselin L. Spatial Econometrics: Methods and Models. Dordrecht: Kluwer, 1988.
[11] Haining R. Spatial Data Analysis in Environmental and Social Sciences. Cambridge University Press, 1990.
[12] Fotheringham A S, Brunsdon C, Charlton M E. Quantitative Geography: Perspectives on Spatial Data Analysis. London: SAGE Publications, 2000.
[13] Haining R. Spatial Data Analysis: Theory and Practice. Cambridge University Press, 2003.
[14] Cai Yunlong, Geographical sciences under the current sciences and society. Nature Magazine, 2013, 35(1): 30-39. [蔡运龙. 当代科学和社会视角下的地理学. 自然杂志, 2013, 35(1): 30-39.]
[15] Cai Yunlong. Key concepts and studies in contemporary geographical science. Courses-Teaching Materials-Education, 2015, 35(11): 108-112. [蔡运龙. 当代地理学的关键概念和研究核心. 课程·教材·教法, 2015, 35(11): 108-112.]
[16] Fan Jie. Draft of major function oriented zoning of China. Acta Geographica Sinica, 2015, 70(2): 186-201. [樊杰. 中国主体功能区划方案. 地理学报, 2015, 70(2): 186-201.]
[17] Wang Zheng, Sun Yi. A simulation on regional coordination and industrial structure evolution oriented to the main functional areas of China. Scientia Geographica Sinica, 2013, 33(6): 641-648. [王铮, 孙艺. 中国主体功能区协调发展与产业结构演化. 地理科学, 2013, 33(6): 641-648.]
[18] Li Xia, Yeh Anthony Gar-on, Liao Qifang. Case-based reasoning (CBR) for land use classification using radar images. Journal of Remote Sensing, 2004, 8(3): 246-253. [黎夏, 叶嘉安, 廖启芳. 利用案例推理(CBR)方法对雷达图像进行土地利用分类. 遥感学报, 2004, 8(3): 246-253.]
[19] Li X, Yeh A. Zoning land for agricultural protection by the integration of remote sensing. GIS and cellular automata. Photogrammetric Engineering & Remote Sensing, 2001, 67(4): 471-477.
[20] Wang J F, Li X H, Christakos G, et al. Geographical detectors-based health risk assessment and its application in the neural tube defects study of the Heshun region, China. International Journal of Geographical Information Science, 2010, 24(1): 107-127.
[21] Wang J F, Zhang T L, Fu B J. A measure of spatial stratified heterogeneity. Ecological Indicators, 2016, 67(2016): 250-256.
[22] Wang J F, Christakos G, Hu M G. Modeling spatial means of surfaces with stratified non-homogeneity. IEEE Transactions on Geoscience and Remote Sensing, 2009, 47(12): 4167-4174.
[23] Hu M G, Wang J F. A meteorological network optimization package using MSN theory. Environmental Modelling & Software, 2011, 26: 546-548.
[24] Wang J F, Reis B Y, Hu M G, et al. Area disease estimation based on sentinel hospital records. PLoS ONE, 2011, 6(8): e23428.
[25] Hu M G, Wang J F, Zhao Y. A B-SHADE based best linear unbiased estimation tool for biased samples. Environmental Modelling & Software, 2013, 48: 93-97.

[26] Xu C D, Wang J F, Hu M G, et al. Interpolation of missing temperature data at meteorological stations using P-BSHADE. Journal of Climate, 2013, 26(19): 7452-7463.

[27] Wang J F, Hu M G, Xu C D, et al. Estimation of citywide air pollution in Beijing. PLoS ONE, 2013, 8(1): e53400.

[28] Wang J F, Haining R, Liu T J, et al. Sandwich estimation for multi-unit reporting on a stratified heterogeneous surface. Environment and Planning A, 2013, 45(10): 2515-2534.

[29] Wang J F, Li X H, Christakos G, et al. Geographical detectors-based health risk assessment and its application in the neural tube defects study of the Heshun region, China. International Journal of Geographical Information Science, 2010, 24(1): 107-127.

[30] Wang J F, Hu Y. Environmental health risk detection with GeogDetector. Environmental Modelling & Software, 2012, 33: 114-115.

[31] Cao F, Ge Y, Wang J F. Optimal discretization for geographical detectors-based risk assessment. GIScience & Remote Sensing, 2013, 50(1): 78-92.

[32] http://www.geodetector.org.

[33] Luo W, Jasiewicz J, Stepinski T, et al. Spatial association between dissection density and environmental factors over the entire conterminous United States. Geophysical Research Letters, 2015, 43(2): 692-700.

[34] Lou C R, Liu H Y, Li Y F, et al. Socioeconomic drivers of PM2.5 in the accumulation phase of air pollution episodes in the Yangtze River Delta of China. International Journal of Environmental Research and Public Health, 2016, 13: 928.

[35] Liu Yansui, Yang Ren. Spatial characteristics and mechanisms of county level urbanization in China. Acta Geographica Sinica, 2012, 67(8): 1011-1020. [刘彦随, 杨忍. 中国县域城镇化的空间特征与形成机理. 地理学报, 2012, 67(8): 1011-1020.]

[36] Li X W, Xie Y F, Wang J F, et al. Influence of planting patterns on Fluoroquinolone residues in the soil of an intensive vegetable cultivation area in north China. Science of the Total Environment, 2013, 458-460: 63-69.

[37] Ju H R, Zhang Z X, Zuo L J, et al. Driving forces and their interactions of built-up land expansion based on the geographical detector: A case study of Beijing, China. International Journal of Geographical Information Science, 2016(11): 1-20. http://dx.doi.org/10.1080/13658816.2016.1165228.

[38] Ren Y, Deng L Y, Zuo S D, et al. Geographical modeling of spatial interaction between human activity and forest connectivity in an urban landscape of southeast China. Landscape Ecology, 2014, 29(10): 1741-1758. DOI 10.1007/s10980-014-0094-z.

[39] Cai Fangfang, Pu Lijie. Spatial-temporal characteristics and formation mechanism of urban-rural construction land in Nantong city. Resources Science, 2014, 36(4): 731-740. [蔡芳芳, 濮励杰. 南通市城乡建设用地演变时空特征与形成机理. 资源科学, 2014, 36(4): 731-740.]

[40] Chen Changling, Zhang Quanjing, Lu Xiao, et al. Analysis on spatial-temporal characteristics and driving mechanisms of cropland occupation and supplement in Jiangsu province. Economic Geography, 2016, 36(4): 155-163. [陈昌玲, 张全景, 吕晓, 等. 江苏省耕地占补过程的时空特征及驱动机理. 经济地理, 2016, 36(4): 155-163.]

[41] Li Tao, Liao Heping, Zu Yuanheng, et al. Spatial disequilibrium and its formation mechanism of farmland

conversion in Chongqing. Journal of Nature Resources, 2016, 31(11): 1844-1857. [李涛, 廖和平, 褚远恒, 等. 重庆市农地非农化空间非均衡及形成机理. 自然资源学报, 2016, 31(11): 1844-1857.]

[42] Wang Lucang, Wu Rongwei, Liu Haimeng, et al. Spatial patterns and regional differences of population ageing in China based on the county scale. Progress in Physical Geography, 2016, 35(8): 921-931. [王录仓, 武荣伟, 刘海猛, 等. 县域尺度下中国人口老龄化的空间格局与区域差异. 地理科学进展, 2016, 35(8): 921-931.]

[43] Wei Fengjuan, Li Jiangfeng, Liu Yanzhong. Spatial-temporal characteristics and impact factors of newly increased farmland by land consolidation in Hubei province at county level. Transactions of the Chinese Society of Agricultural Engineering, 2014, 30(14): 267-275. [魏凤娟, 李江风, 刘艳中. 湖北县域土地整治新增耕地的时空特征及其影响因素分析. 农业工程学报, 2014, 30(14): 267-275.]

[44] Yang Bo, Shi Peiji. Geographical features and formation mechanisms of county level urbanization in Gansu Province. Arid Land Geography, 2014, 37(4): 838-845. [杨勃, 石培基. 甘肃省县域城镇化地域差异及形成机理. 干旱区地理, 2014, 37(4): 838-845.]

[45] Yang Ren, Liu Yansui, Long Hualou, et al. Spatial-temporal characteristics of rural residential land use change and spatial directivity identification based on grid in the Bohai Rim in China. Geographical Research, 2015, 34(6): 1077-1087. [杨忍, 刘彦随, 龙花楼, 等. 基于格网的农村居民点用地时空特征及空间指向性的地理要素识别: 以环渤海地区为例. 地理研究, 2015, 34(6): 1077-1087.]

[46] Hu Y, Wang J F, Ren D, et al. Geographical-detector-based risk assessment of the under-five mortality in the 2008 Wenchuan Earthquake, China. PLoS ONE, 2011, 6(6): e21427.

[47] Huang J X, Wang J F, Bo Y C, et al. Identification of health risks of hand, foot and mouth disease in China using the geographical detector technique. International Journal of Environmental Research and Public Health, 2014, 11: 3407-3423.

[48] Liao Y L, Zhang Y, He L, Wang J F, et al. Temporal and spatial analysis of neural tube defects and detection of geographical factors in Shanxi Province, China. PLoS ONE, 2016, 11(4): e0150332. doi: 10.1371/journal.pone.0150332.

[49] Liao Y L, Wang J, Du W, et al. Using spatial analysis to understand the spatial heterogeneity of disability employment in China. Transactions in GIS, 2016. doi: 10.111 1/tgis.12217.

[50] Wang J F, Wang Y, Zhang J, et al. Spatiotemporal transmission and determinants of typhoid and paratyphoid fever in Hongta District, China. PLoS Neglected Tropical Diseases, 2013, 7(3): e2112.

[51] Chen Yebin, Li Weihong, Huang Yuxing, et al. Spatio-temporal spreading features and the influence factors of Dengue fever in downtown Guangzhou. Tropical Geography 2016, 36(5): 767-775. [陈业滨, 李卫红, 黄玉兴, 等. 广州市登革热时空传播特征及影响因素. 热带地理, 2016, 36(5): 767-775.]

[52] Tao Haiyan, Pan Zhongzhe, Pang Maolin, et al. Mixing spatial-temporal transmission patterns of metropolis dengue fever: A case study of Guangzhou, China. Acta Geographic Sinica, 2016, 71(9): 1653-1662. [陶海燕, 潘中哲, 潘茂林, 等. 2016. 广州大都市登革热时空传播混合模式. 地理学报, 2016, 71(9): 1653-1662.]

[53] Wang Manman, Wu Xiuqin, Wu Bin, et al. Evolution analysis of spatial pattern of rural settlements in sandy area of northern Yanchi. Transactions of the Chinese Society of Agricultural Engineering, 2016, 32(8): 260-271. [王曼曼, 吴秀芹, 吴斌, 等. 盐池北部风沙区乡村聚落空间格局演变分析. 农业工程

学报, 2016, 32(8): 260-271.]

[54] Ni Shuhua. Spatial statistics and its application to the field of public health. Editorial Department of Shantou University Journal, 2014, 29(4): 61-67. [倪书华. 空间统计学及其在公共卫生领域中的应用. 汕头大学学报(自然科学版), 2014, 29(4): 61-67.]

[55] Tan J T, Zhang P Y, Lo K V, et al. The urban transition performance of resource-based cities in Northeast China. Sustainability, 2016, 8: 1022. doi: 10.3390/su8101022.

[56] Ding Yue, Cai Jianming, Ren Zhoupeng, et al. Spatial disparities of economic growth rate of China's National-level ETDZs and their determinants based on geographical detector analysis. Progress in Geography, 2014, 33(5): 657-666. [丁悦, 蔡建明, 任周鹏, 等. 基于地理探测器的国家级经济技术开发区经济增长率空间分异及影响因素. 地理科学进展, 2014, 33(5): 657-666.]

[57] Hu Dan, Shu Xiaobo, Yao Bo, et al. The evolvement of spatio-temporal pattern of per capita grain possession in counties of Jiangxi province. Areal Research and Development, 2014, 33(4): 157-162. [胡丹, 舒晓波, 尧波, 等. 江西省县域人均粮食占有量的时空格局演变. 地域研究与开发, 2014, 33(4): 157-162.]

[58] Wang Shaojian, Wang Yang, Lin Xueqin, et al. Spatial differentiation patterns and influencing mechanism of housing prices in China: Based on data of 2872 counties. Acta Geographica Sinica, 2016, 71(8): 1329-1342. [王少剑, 王洋, 蔺雪芹, 等. 中国县域住宅价格的空间差异特征与影响机制. 地理学报, 2016, 71(8): 1329-1342.]

[59] Xu Qiurong, Zheng Xinqi. Analysis of influencing mechanism of urban growth using geographical detector. Acta Geodaetics et Cartographics Sinica, 2015, 44(S0): 96-101. [徐秋蓉, 郑新奇. 一种基于地理探测器的城镇扩展影响机理分析法. 测绘学报, 2015, 44(S0): 96-101.]

[60] Yu Jiageng, Ye Shikang. Direct investment to foreign countries and industrial structure update in China. Commercial Economic Studies, 2014, 34: 127-128. [俞佳根, 叶世康. 空间视角下中国对外直接投资与产业结构升级水平研究. 商业经济研究, 2014, 34: 127-128.]

[61] Cui Rimin, Yu Jiageng. Spatial perspective of the direct investment and industrial structure update in China. Fujian Forum (The Humanities & Social Sciences Monthly), 2015(2): 26-33. [崔日明, 俞佳根. 基于空间视角的中国对外直接投资与产业结构升级水平研究. 福建论坛(人文社会科学版), 2015(2): 26-33.]

[62] Yang Ren, Liu Yansui, Long Hualou, et al. Spatial distribution characteristics and optimized reconstructing analysis of rural settlement in China. Scientia Geographica Sinica, 2016, 36(2): 170-179. [杨忍, 刘彦随, 龙花楼, 等. 中国村庄空间分布特征及空间优化重组解析. 地理科学, 2016, 36(2): 170-179.]

[63] Yang R, Xu Q, Long H L. Spatial distribution characteristics and optimized reconstruction analysis of China's rural settlements during the process of rapid urbanization. Journal of Rural Studies, 2016. http://dx.doi.org/10.1016/j.jrurstud.2016.05.013.

[64] Wang X G, Xi J C, Yang D Y, et al. Spatial differentiation of rural touristization and its determinants in China: A geo-detector-based case study of Yesanpo scenic area. Journal of Resources and Ecology, 2016, 7(6): 464-471.

[65] Zhu He, Liu Jiamin, Tao Hui, et al. Temporal-spatial pattern and contributing factors of urban RBDs in Beijing. Acta Geographica Sinica, 2015, 70(8): 1215-1228. [朱鹤, 刘家明, 陶慧, 等. 北京城市休闲商

[66] Zhu H, Liu J M, Chen C, et al. A spatial-temporal analysis of urban recreational business districts: A case study in Beijing, China. Journal of Geographical Sciences, 2016, 25(12): 1521-1536.

[67] Bi Shuoben, Ji Han, Chen Changchun, et al. Application of geographical detector in human-environment relationship study of prehistoric settlements. Progress in Geography, 2015, 34(1): 118-127. [毕硕本, 计晗, 陈昌春, 等. 地理探测器在史前聚落人地关系研究中的应用与分析. 地理科学进展, 2015, 34(1): 118-127.]

[68] Ren Y, Deng L Y, Zuo S D, et al. Quantifying the influences of various ecological factors on land surface temperature of urban forests. Environmental Pollution, 2016, 216: 519-529. http: //dx.doi.org/10.1016/j.envpol.2016.06.004.

[69] Li J, Zhu Z W, Dong W J. A new mean-extreme vector for the trends of temperature and precipitation over China during 1960-2013. Meteorology & Atmospheric Physics, 2016: 1-10. doi: 10.1007/s00703-016-0464-y.

[70] Yu Jia, Liu Jiping. Quantitative analysis with geographical detector on the influence factor of temperature variation in Northeast China. Hubei Agriculture Sciences, 2015, 54(19): 4682-4687. [于佳, 刘吉平. 基于地理探测器的东北地区气温变化影响因素定量分析. 湖北农业科学, 2015, 54(19): 4682-4687.]

[71] Li Jungang, Yan Qingwu, Xiong Jibin, et al. Variation of vegetation index in coal mining areas in Guizhou province and its affecting factor. Journal of Ecology and Rural Environment, 2016, 32(3): 374-378. [李俊刚, 闫庆武, 熊集兵, 等. 贵州省煤矿区植被指数变化及其影响因子分析. 生态与农村环境学报, 2016, 32(3): 374-378.]

[72] Shen J, Zhang N, Gexi G D R, et al. Construction of a GeogDetector-based model system to indicate the potential occurrence of grasshoppers in Inner Mongolia steppe habitats. Bulletin of Entomological Research, 2015, 105: 335-346.

[73] Zhang N, Jiang Y C, Liu C Y, et al. A cellular automaton model for grasshopper population dynamics in Inner Mongolia steppe habitats. Ecological Modelling, 2016, 329: 5-17.

[74] Liao Ying, Wang Xinyuan, Zhou Junming. Suitability assessment and validation of giant panda habitat based on geographical detector. Journal of Geoinformation Science, 2016, 18(6): 767-778. [廖颖, 王心源, 周俊明. 基于地理探测器的大熊猫生境适宜度评价模型及验证. 地球信息科学学报, 2016, 18(6): 767-778.]

[75] Tong Laga, Xu Xinliang, Fu Ying, et al. Impact of environmental factors on snail distribution using geographical detector model. Progress in Geography, 2014, 33(5): 625-635. [通拉嘎, 徐新良, 付颖, 等. 地理环境因子对螺情影响的探测分析. 地理科学进展, 2014, 33(5): 625-635.]

[76] Du Z, Xu X, Zhang H, et al. Geographical detector-based identification of the impact of major determinants on aeolian desertification risk. PLoS ONE, 2016, 11(3): e0151331. doi: 10.1371/journal.pone.0151331.

[77] Liang P, Yang X P. Landscape spatial patterns in the Maowusu (Mu Us) sandy land, northern China and their impact factors. Catena, 2016, 145: 321-333.

[78] Zhan Donsheng, Zhang Wenzhong, Yu Jianhui, et al. Analysis of influencing mechanism of residents' livability satisfaction in Beijing using geographical detector. Progress in Geography, 2015, 34(8): 966-975.

[湛东升, 张文忠, 余建辉, 等. 基于地理探测器的北京市居民宜居满意度影响机理. 地理科学进展, 2015, 34(8): 966-975.]

[79] Todorova Y, Lincheva S, Yotinov I, et al. Contamination and ecological risk assessment of long-term polluted sediments with heavy metals in small hydropower cascade. Water Resources Management, 2016, 30: 4171-4184.

[80] Wu R N, Zhang J Q, Bao Y H, et al. Geographical detector model for influencing factors of industrial sector carbon dioxide emissions in Inner Mongolia, China. Sustainability, 2016, 8(2): 149.

[81] Zhou Lei, Wu Jianjun, Jia Ruijing, et al. Investigation of temporal-spatial characteristics and underlying risk factors of $PM_{2.5}$ pollution in Beijing-Tianjin-Hebei Area. Research of Environmental Sciences 2016, 29(4): 483-493. [周磊, 武建军, 贾瑞静, 等. 京津冀 $PM_{2.5}$ 时空分布特征及其污染风险因素. 环境科学研究, 2016, 29(4): 483-493.]

[82] Zhang Han, Ren Zhiyuan. Phenological characteristics of vegetable in Shaanxi province detected using Whittaker filter. Journal of Desert Research, 2015, 45(4): 901-906. [张晗, 任志远. 基于Whittaker滤波的陕西省植被物候特征. 中国沙漠, 2015, 45(4): 901-906.]

[83] Xie Shuai, Liu Shibin, Duan Jianbo, et al. Spatial distribution characteristics of OSDS registered users and its influencing factors. Journal of Geo-information Science, 2016, 18(10): 1332-1340. [谢帅, 刘士彬, 段建波, 等. 2016. OSDS 注册用户空间分布特征及影响因素分析. 地球信息科学学报, 2016, 18(10): 1332-1340.]

Geodetector: Principle and prospective

WANG Jinfeng[1,2], XU Chengdong[1]

(1. State Key Laboratory of Resources and Environment Information System, Institute of Geographic Sciences and Natural Resources Research, CAS, Beijing 100101, China;
2. University of Chinese Academy of Sciences, Beijing 100049, China)

Abstract: Spatial stratified heterogeneity is the spatial expression of natural and socio-economic process, which is an important approach for human to recognize nature since Aristotle. Geodetector is a new statistical method to detect spatial stratified heterogeneity and reveal the driving factors behind it. This method with no linear hypothesis has elegant form and definite physical meaning. Here is the basic idea behind Geodetector: assuming that the study area is divided into several subareas. The study area is characterized by spatial stratified heterogeneity if the sum of the variance of subareas is less than the regional total variance; and if the spatial distribution of the two variables tends to be consistent, there is statistical correlation between them. q-statistic in Geodetector has already been applied in many fields of natural and social sciences which can be used to measure spatial stratified heterogeneity, detect explanatory factors and analyze the interactive relationship between variables. In this paper, the authors will illustrate the principle of Geodetector and summarize the characteristics and applications in order to facilitate the using of Geodetector and help readers to recognize, mine and utilize spatial stratified heterogeneity.

Keywords: spatial stratified heterogeneity; Geodetector; q-statistic; category variable

附表　地理探测器更多典型应用

问题	区域	因变量 Y	自变量 X	研究发现和结论 Y~X	文献
2008年汶川地震儿童死亡的影响因素	四川汶川	儿童地震死亡率	地震烈度、高程、坡度、距断裂距离、地貌、GDP、人口密度、房屋类型	地震烈度、房屋倒塌和坡度是5岁以下儿童地震死亡的主要因子。高程、断裂、地貌、人口密度、GDP与地震烈度和房屋倒塌交互作用增加了死亡率。坡度引起滑坡。	[23]
土壤抗生素空间分异的影响因素	山东寿光	土壤抗生素浓度	高程、温室面积、种植年、鸡粪数量、鸡粪类型、种植模式	① 种植模式是土壤抗生素空间差异的主导因子，例如黄瓜—黄瓜模式（种植黄瓜收获后再接着种黄瓜）的 q 值是辣椒—西瓜模式的3倍；② 种植模式与鸡粪量交互大大增加了土壤抗生素污染。政策建议：调整种植结构以缓解土壤抗生素污染。	[36]
伤寒副伤寒的影响因素	云南玉溪红塔区	伤寒副伤寒发病率	人均GDP、医疗机构数量、农民比例、人口密度、NDVI、地貌	社会因子对发病率影响最大。农民比例和人口密度分别解释了发病率的 $q = 78.3\%$ 和 $q = 73.8\%$；两者交互解释了 $q = 84.7\%$ 的发病率。	[50]
手足口病的影响因素	中国	0~9岁儿童手足口病发病率	月均温、月降水、相对湿度、人口密度、小学生密度、中学生密度、GDP、产业结构	0~9岁以下儿童密度主导了手足口病的空间变异，随后的控制因子是第三产业和GDP。第三产业和儿童密度交互解释了 $q = 42\%$ 的手足口病空间差异，GDP与第三产业交互 $q = 34\%$，它们均大于单因子作用。第三产业具有人口流动性强的特征。	[47]
城市景观的控制因素	福建厦门	森林景观连通度	天气、FMPI、高程、人口	人口密度与各种生态因子交互作用，线性或非线性，帮助增强了森林景观的连通性。	[38]
建设用地演变机理	南通市	建设用地变化速率	反映自然基底条件、经济发展水平、社会生活状况、政策制度环境方面15个指标	城乡建设用地变化形成机理差异显著，城镇用地增长受控于多种复杂因素，影响力最高的为城镇居民社会生活状况，而农村居民点用地变化则更多依赖于区位因素条件的影响，表现出其用地变化的先天依赖性与变化单一性。	[39]

续表

问题	区域	因变量 Y	自变量 X	研究发现和结论 Y~X	文献
分析2010年国家级经开区经济增长率的空间分异，其核心影响因素	全国	开发区GDP增长率	共15个因素。内部：优惠政策、土地和劳动力成本等；外部：母城的社会经济基础、交通可达性、产业结构、投资水平、资源束缚和城市环境质量	影响国家级经开区经济增长率的核心因素构成在三大地区间存在差异：中部为劳动力成本变化、开发区外贸水平变化、开发区优惠政策调整、交通可达性和城市产业支撑能力；西部为开发区优惠政策调整、城市产业支撑能力、开发区外贸水平变化、开发区产业相对规模和城市投资水平；东部为开发区优惠政策调整、劳动力成本变化、城市投资水平、城市经济发展水平和城市经济活力。	[56]
县域人均粮食占有量的形成机理	江西省	人均粮食占有量	人均粮食、种植结构、复种指数、灌溉指数、人均耕地面积、人均GDP、地均化肥、农机总动力、农民人均收入、农林牧渔劳动力	江西省县域人均粮食的空间格局主要受人均粮食占有量与人均耕地面积的影响；其次为农机总动力投入、农村居民人均纯收入、种植结构、复种指数；较低的经济水平使得全省人均粮食对自然地理条件表现出较大的依赖；4条样带县域人均粮食主导因子有区别。	[57]
血吸虫螺情地理因素探测	湖北省	活螺密度	DEM、水系、土壤类型和土壤质地、植被类型和植被覆盖度、土地利用	筛选出的地理环境指示因子及其适宜类型或范围，可应用于钉螺孳生地的遥感监测，减少钉螺调查采样的成本。	[75]
县域新增耕地影响因素	湖北省	新增耕地数量	耕地面积、地形地貌、投资规模、建设规模、人均GDP、未利用地面积、经济密度、城镇化率、产业结构、人口密度等	2010年县域新增耕地主要影响因子为现有耕地面积、地貌类型、项目投资、建设规模和人均GDP。自然条件和土地整治政策为主要影响要素。	[43]
甘肃省县域城镇化地域分异成因	甘肃省	县域城镇化率	共17个指标：反映空间集聚、经济发展、社会发展、基础设施	各地区城镇化进程差异实质机理并不相同，除陇东地区受到基础设施建设的影响最为突出外，其他地区都显示为受经济增长及社会发展影响最大。	[44]
人类活动和生态因素对城市地表温度影响	厦门	城市林地温度	人口密度、林地调查、DEM、遥感影像等	树种和高程是城市地表温度的最主要的因子；人类活动与特定的生态因子交互作用线性或非线性地增加了地表温度；高程和主导树种交互在高温和低温区交互显著。该发现帮助改进城市冷岛空间格局的模拟预测。	[68]
水电站污染的来源分析	多瑙河	潜在生态风险（PERI）	沿河河流及沉积物采样点集：重金属	沉积物中生态风险指标危险度PERI因子排序：Hg>Cd>As~Cu>Pb>>Zn。	[79]
工业CO_2排放的因子分析	内蒙古	CO_2排放量	GDP、产业结构、城市化率、经济增长率人口和公路密度	决定力排序：人口>城市化>人均GDP>产业水平>能源强度；存在交互作，最大的交互作用是GDP和公路密度解释CO_2排放的71%。	[80]

续表

问题	区域	因变量 Y	自变量 X	研究发现和结论 Y~X	文献
乡村居民点的空间分布特征与优化	中国乡镇	乡村居民点人口密度	中国行政和交通图、县级经济社会统计	乡村居民点分布受传统和经济影响，经济发展影响变得更加显著；其他因素包括距公路距离、农业机械化、人均粮食产量、人均耕地面积、人口密度、高程、降水等。	[63]
蚂蚱种群动力学	内蒙古	蚂蚱密度	生物量等多生态因子	主导因子和交互作用，为分异空间上蚂蚱疫病控制提供科学依据。	[73]
耕地占用与补偿的驱动力及其时变	江苏省	2005–2010年3个时段耕地占用/补偿	自然基底、经济发展水平、社会状况、政策制度共15个指标	区域经济发展水平与耕地占用和补充数量的空间分布一致性最高，主要驱动因素随时间变化，2005-2010年非经济因素驱动作用增强，经济因素是主要驱动力。	[40]
贵州煤矿区植被指数变化的影响因素	贵州煤矿区	2000–2014年NDVI	高程、坡度、坡向、土壤、多年平均降水量、多年平均气温和煤炭年产量	煤炭产量对矿区植被变化的解释力在7个因子中处于第3位，在遵义、毕节和六盘水市，其解释力分别排第4、第5和第5位，对植被变化解释力最大的是自然环境因子中的降水、土壤和坡度。	[71]
大熊猫适宜区建模	四川雅安	大熊猫出现点	海拔、坡度、坡向、地形指数、距水源距离、植被类型、主食竹及距公路距离	各因子解释力(PD值)依次为：主食竹(0.6936)、海拔(0.2745)、植被类型(0.2705)、坡度(0.1887)、地形指数(0.0582)、距道路距离(0.0315)、距水源距离(0.0126)、坡向(0.0026)。具有好的生态学可解释性。	[74]
中国老龄化空间差异的影响因子	中国县域	2000-2010年人口普查2283县人口老龄化	自然因素为11类生态区划；人口因素2000年年龄；经济增长、教育、卫生等	各因子解释力(PD值)依次为：2000年老龄化程度($q=0.63$)>10年间步入老年人口比重($q=0.51$)>平均存活子女数($q=0.01$)；自然区划($q=0.37$)，人均受教育年限($q=0.14$)。	[42]
乡村聚落格局分异因子	宁夏盐池风沙区	2005-2012年乡村聚落点位	自然地形、区位条件及社会经济发展水平因素	乡村聚落空间布局分异主要受区位条件和自然地形的影响，其中区位条件影响作用力最显著，社会经济发展水平对其影响力不显著。	[53]
县域住宅价格空间差异的影响因子	中国县域	2014年中国2873县住宅平均单价	租房户比重、城镇流动人口数量、城镇在岗职工平均工资、房地产从业人口比重、土地平均出让价格	租房户比例、流动人口规模、住房支付能力、住房市场活跃度、土地成本是中国住宅价格差异的5个核心影响因素，不同行政等级子市场的影响因素作用强度各异。全国、省会、地级市、县不同层次各因子解释力不同。	[58]
村庄空间分布影响因素	中国	340万个自然村庄点数据来自2012年1:25万《中国电子地图》	高程、降水、城镇化率、交通线、固定资产投资、离中心城市距离、农村经济、人口密度等13个指标	村庄分布受到传统因素和经济发展双重因子的影响，传统影响因素依然在发挥作用，但经济发展的影响愈加明显。不同区域地形、水资源条件对村庄分布影响显著。交通条件、产业非农化、经济发展、农业现代化发展对乡村生活、生产空间的空间形态和分布模式产生剧烈影响。	[62]

续表

问题	区域	因变量 Y	自变量 X	研究发现和结论 Y~X	文献
$PM_{2.5}$污染事件的影响因素	京津冀	$PM_{2.5}$污染事件数	污染企业数、降水、地形、人口数量、地表覆盖类型、年均相对湿度、年均风速	污染企业总数（影响力为0.97，下同）、降水量（0.93）、地形坡度（0.89）对$PM_{2.5}$污染的影响显著高于其他风险因子。	[81]
中国产业结构升级的控制因子	全国	产业结构层次系数	对外直接投资存量、投资流量、能源、资本、劳动力、消费水平、技术进步、国际贸易、经济水平	中国产业结构升级水平还受多种因素的影响，不同时期不同要素对产业结构升级水平的影响力存在差异。	[60]
蚂蚱疫病的适生区分析	内蒙古镶黄旗	蚂蚱密度	高程、坡向、坡度、植被类型、土地覆被	两因子交互对蚂蚱密度作用明显：高程与土壤沙化等；坡向与土壤沙化等。主导因子识别帮助改进模型预报和生态控制管理。	[72]
量化史前文化与河流的关系	河南省	遗址的密度、裴李岗时期、仰韶前期、仰韶后期、龙山时期	离河距离	克服前人研究史前聚落遗址分布与水系相关性研究方法的主观性。裴李岗文化时期、仰韶文化前期、仰韶文化后期、龙山文化时期，离水距离因子对遗址密度分布的决定力分别为39.5%、70.8%、73.0%和59.8%。	[67]
产业结构升级因子时空差异	中国	产业结构层次系数	GDP、电力消耗、资本、劳动力、消费水平、技术进步、贸易	2003–2008年和2010–2012年两个阶段，对外投资流量和存量对产业结构升级水平有很高的影响力。产业结构升级受到能源、资本、劳动力、消费、技术、贸易影响。	[61]
农村用地地理要素识别	环渤海	农村居民点用地1985、1995、2000年	1985、1995、2000年土地利用、地理、经济社会共17个指标	农村居民点用地主要驱动力是农村经济发展水平、劳动力非农化程度、和据中心城区距离。	[45]
气温变化影响因素	东北	1960–2011年各点平均气温数据时间线性倾向率	气候区划图、地貌区划图、植被区划图、土壤区划图、DEM、社会经济数据等	因子贡献量由大到小为植被类型、地貌类型、湿地率、GDP、土壤类型、人口密度、农田率、气候类型、海拔高度、森林率；社会因子增强了自然因子的贡献量，共同导致气温变化。	[70]
居民宜居满意度的影响机理	北京	7000个居民个人宜居综合评分	7000个居民问卷34个宜居要素及个体属性	北京市居民宜居满意度受噪音、生活设施、人文环境、出行便利、自然环境、安全环境和休闲等7个因子控制。个体与家庭对宜居满意度影响存在交互增强作用。	[78]
植被物候影响因素	陕西	滤波前后NDVI	各类林地和农田共14类	q值越大，说明图像各个地物类型间的区分性越大，图像的噪声信息越少。Whittaker滤波能够有效减少NDVI原始影像的噪声，提高影像辨识度。	[82]
城市休闲商务区RBD的成因	北京	RBD面积	交通、居民密度、游客密度、景区位置、地价	大型购物中心型RBD规模受旅客密度、本地居民密度影响。休闲型商业街类型RBD受游客密度控制。城市休闲区类型RBD受与景区距离、游客密度影响较强。	[65]

续表

问题	区域	因变量 Y	自变量 X	研究发现和结论 Y~X	文献
沙漠化驱动力	陕西	植被覆盖率	3 类 9 个变量：自然条件、气候、人类因子	土壤类型、降水和风速是沙漠化的主导因子。自然要素而不是人为活动对沙漠化起更大的作用	[76]
土地扩张驱动力	北京	建成区扩张率	地形、距河距离、人口、社会经济、政策	多因子相互作用较单因子对于建成区扩张有更大的作用。	[37]
神经管畸形影响因子	山西	神经管畸形发病率	高程、土壤类型、土地利用、距河远近、距断裂线距离	在和顺 q 值：土壤（6%）>据煤区距离（4.7%）>距河流距离（4.2%）；在原平 q 值：土壤（16.8%）>高程（16.3%）>断裂带（14%）。q 值随县不同，干预前后不同。	[48]
美国陆表切割度的影响因素识别	美国	陆表切割度	气候、坡度、地形、岩石、土壤、植被	岩性控制了山区的切割度；曲率控制了平原区的地表切割度；冰川控制了前冰川地区的陆表切割度。地理探测器提供了一个客观的框架用来揭示控制地球表层过程的影响因素。	[33]
沙区景观的控制因子分析	毛乌素沙区	NDVI；沙覆盖比例等	地形、水系、气候潜在植物生产力、风力、岩性、人文因子	气候潜在生产力、局地地形和水系是景观的主导因子；东部沙漠化以人类活动成因为主；西西沙漠化以自然因素为主。	[77]
残疾人就业的影响因素分析	中国	残疾人就业率	城市化、产业结构、人均 GDP、旅客周转量、工资、社保率、医生数、医疗保险、失业险、人口密度	决定力 q 排序：医生数>旅客周转量>城市化率>产业结构>医疗保险>失业险>社保率。帮助政府制定因地制宜的残疾人就业政策。	[49]

地理探测器与地理学第三定律

朱阿兴

　　王劲峰（1965— ），研究员，博士生导师，现任中国科学院地理科学与资源研究所/资源与环境信息系统国家重点实验室空间分析首席研究员。兼任中国地理信息系统协会理论方法委员会主任，国际地理联合会系统建模委员会常委，多部国际著名学术期刊编委。主要研究领域：空间分析理论及其在资源环境、医学健康等领域应用；主持和参与 30 余项国家和国际多项重大科研项目。出版专著 11 部、SCI 论文 150 余篇。本科毕业于陕西师范大学地理系，先后在中国科学院兰州冰川冻土研究所（现中国科学院西北生态环境资源研究院）和中国科学院地理研究所（现中国科学院地理科学与资源研究所）攻读硕士和博士。曾先后在英国剑桥大学、英国利物浦热带病研究中心、澳大利亚国家流行病研究中心、英国谢菲尔德大学、奥地利维也纳经济大学等从事博士后研究与进修。

　　地理学第三定律描述两个位置上同一地理现象（变量）特征的相似性与这两点地理环境组合的相似性的关系，该定律认为地理环境越相似，地理现象特征也越相似。地理学第三定律的核心概念是"地理环境组合"，然而，构建地理环境组合的核心是甄选与目标地理变量（现象）相关的地理要素（协同地理因子或协同地理变量）。地理探测器恰恰是探索两个变量间相关性的一种新的方法，它不受线性关系

作者介绍：朱阿兴（1962— ），男，浙江长兴人，南京师范大学地理科学学院/威斯康星大学地理系教授，中国地理学会会员（S110005929M），主要从事空间推测、流域系统综合模拟与情景分析、地学易计算等研究。E-mail: azhu@wisc.edu

假设的限制，形式简单且物理含义明确，是基于地理学第三定律分析中甄选"相关协同地理变量（因子）"的有效方法。

一、地理学第三定律及其地理环境组合

地理学第三定律（地理相似性定律）是指"地理环境越相似，地理特征越相似"（Zhu et al., 2018；朱阿兴等，2020）。地理学第三定律的核心思想是将目标地理现象（变量）在某点的特征与该点的地理环境组合紧密关联（图1），并且认为这种"关联"是有其个体的独特性，是随地理环境组合的不同而不同，这种个体独特性正是地理空间异质性的一个重要体现（Zhu and Turner, 2022）。地理学第三定律强调在地理分析中保持地理个体（样本）的这种独特性，以捕获地理现象在空间上的详细变化（Zhu et al., 2015；Liu et al., 2020）。

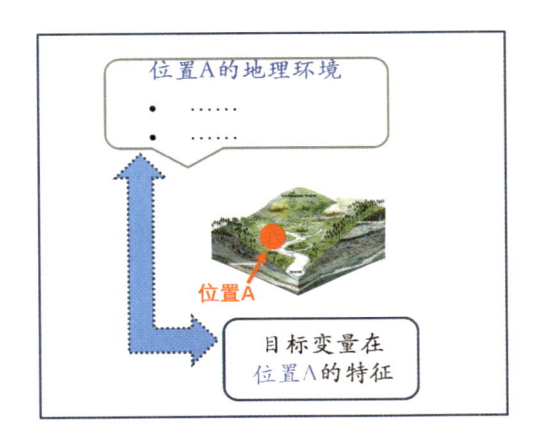

图1 地理环境组合与目标变量特征相关联

在基于地理学第三定律的分析中，利用地理个体的独特性捕捉地理变量空间详细变化的主要手段是地理环境组合的相似性。地理学第三定律认为一个地理个体（样本）只能代表与其在地理环境组合相似位置上的地理变量的特征，其对这些位置的代表程度可以用它与各个位置上的地理环境组合的相似度来衡量，相似性越高，代表能力越强（图2）。

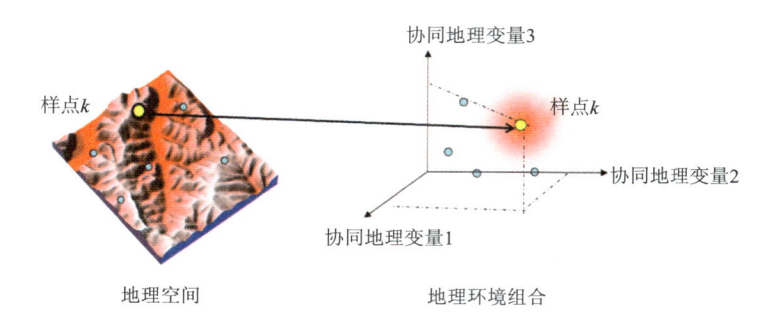

图 2　地理环境组合的相似度作为样点的代表性

由此可见，地理环境组合是地理学第三定律的核心，也是基于地理学第三定律分析方法的主要抓手。地理环境组合是指与目标地理变量相关的其他地理变量的总和，包括三个核心内容（Zhu and Turner，2022）：用于描述地理环境且与目标地理变量相关的其他地理变量（因子）、这些变量在构建地理环境组合中的重要性（层次结构）和它们（这些变量）的属性值的空间组合（空间结构）。其中，与目标地理变量相关的其他地理变量的甄别与选择和各个因子在构建地理环境组合中作用的确定是决定地理环境组合有效性的关键，也是决定基于地理学第三定律进行地理分析成功的关键所在。

二、地理探测器及特点

地理探测器（王劲峰、徐成东，2017）探测一个地理变量的空间变化对另一个地理变量空间变化的影响，即一个地理变量的空间变化解释另一个地理变量空间变化的程度，也可以认为第一个地理变量的空间变化与第二个地理变量空间变化的协同程度（空间变化协同性）。这个协同性是通过方差分析来确定的[公式（1）]。

$$q = 1 - \frac{SSW}{SST} = 1 - \frac{\sum_{h=1}^{L} N_h \sigma_h^2}{N\sigma^2} \tag{1}$$

其中，$h = 1, \cdots, L$ 为第一个地理变量（因子，协同变量 X）的分层，即地理分区；N_h 和 N 分别为层 h 和全区的单元数（或取值单元数）；σ_h^2 和 σ^2 分别是层 h 和全区的第二个地理变量（目标变量 Y）在各个单元上的值的方差；SSW 和 SST 分别为层内方差之和（Within Sum of Squares）和全区总方差（Total Sum of Squares）。q 的值域为 $[0, 1]$，当 q 为 0 时，协同变量与目标变量之间在空间上的分布没有协同性，而当 q 为 1 时，协同变量的空间分布与目标变量完全协同。

地理探测器的第一个特点是通过地理（空间）分区的方式实现变量空间变化之间的协同分布的探测（图3）。其基本思想是利用协同变量的地理分区来"分割"目标变量在空间上的变化，如果协同变量的分区使目标变量在区内的变化小，而区间变化大，那么目标变量的空间变化与协同变量的空间变化具有很好的空间协同性（q 值大），否则，两个变量的空间协同性弱（q 值小）。这个特点与基于常规统计的相关性探索有本质的区别，也就是它探索的是两个变量在空间变化上的协同性，而不是两个变量在数值上的简单相关性，同时也为探索类型变量与连续变量之间的空间协同变化提供了有效方法。

地理探测器的第二个特点是它基于方差分析，对两个变量的协同关系没有线性相关的要求，一般情况下（对 q 不进行统计显著性检验时）对变量的数值分布没有正态分布的要求。这两个假设的消除给地理探测器的应用带来了极大的方便，使其几乎适用于绝大多数情景下对地理因子关系的分析。

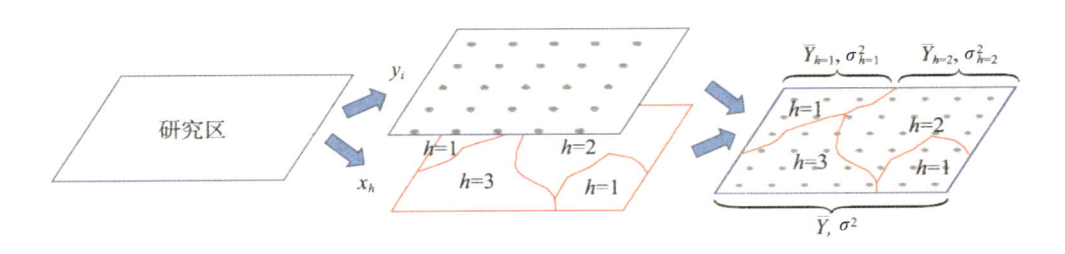

图3　地理探测器利用协同变量（X）的地理分区探测目标变量（Y）与协同变量在空间分布上的协同性

地理探测器的第三个特点是对交互作用的探测能力。它能识别不同协同地理变量（不同 X 之间）的交互对目标地理变量的空间变化的作用，即评估协同地理变量 $X1$ 和 $X2$ 共同作用时是否会增加或减弱对目标地理变量 Y 的空间变化的影响，或这些协同地理变量对目标地理变量 Y 的空间变化是否独立。这为探索复杂环境下的多个地理变量在空间上的相互作用提供了有效的定量方法。

三、地理探测器在地理学第三定律应用中的作用

从上述对地理探测器和地理学第三定律的描述中可以看出，地理探测器为鉴别和选择与目标地理变量相关的其他地理变量（因子）以及确定各因子在地理环境组合中的作用提供了有效的方法。具体而言，其作用有三：

第一，在地理学第三定律的使用中，构建地理环境组合的关键是地理协同变量的选择，协同变量的选择有两个途径。一个途径是利用应用领域的专业知识，比如，在利用地理学第三定律推测土壤表层有机质含量空间分布时，使用者可以利用土壤领域的专业知识，选择与土壤表层有机质含量空间变化有关联的地理协同变量（如降水、温度、植被类型与覆盖度、地形坡度和坡向、母岩等），但这种途径完全依赖于使用者对与目标地理变量相关的协同地理变量的了解。另一个途径不完全依赖应用领域的专业知识，只需要先提供候选的协同地理变量名单，然后利用统计方法甄别与目标地理变量有关的协同地理变量，从而选择协同性高的协同地理变量。虽然现有常规统计方法（如相关性分析方法）可以用于这个途径，但这些方法往往要求变量关系为线性或在值域里为正态分布，而地理探测器没有这样的要求。

第二，地理环境组合中的不同协同地理变量的空间协同变化对目标变量的变化具有交互作用，这种交互作用在现有利用地理学第三定律理论进行地理分析时还没有得到很好的体现，其原因是没有刻画这种交互作用的有效定量手段，地理探测器为定量刻画这一交互作用提供了可行方法。

第三，构建地理环境组合的协同地理变量不仅类型多样而且其信息获取较难。地理变量的类型包含所有数值变量类型，其分为四种：类型量（只能用于区别不同类型的变量，比如土壤类型）、次序量（表达排序的变量，如污染等级）、间隔量（用于表达间隔差别的变量，如气温）和比例量（用于表达比例的变量，如降水量）。当协同地理变量的类型为类型量或次序量时，现有的基于连续值域的统计方法在探测这些类型的协同地理变量与目标地理变量的协同程度时，显得特别复杂，其解释力也较弱，地理探测器中的地理分区方法为探测这些混合类型的地理变量的协同性提供了有效的处理方式，而且提升了解释力。同时，地理分区的处理方式也可以减

轻信息获取中的误差或地理异常对探测结果的影响，因为地理分区注重空间上的连片性，会将片内的少量极值（往往是误差或是异常地理现象）在分区中不加以区别（周尚意等，2008），这种不区别往往能剔除数据获取中的误差或极端地理现象对地理变量协同性探测的干扰。

地理探测器在基于地理学第三定律的地理分析中的这三种作用是针对地理学第三定律和地理探测器各自的特征，通过理论（抽象）分析而提出的，具体实证案例有待进一步探索。

四、总结

地理探测器的主要功能是探测两个地理变量空间变化的协同性，它在基于地理学第三定律的地理分析中具有三个方面的作用。第一，不受线性假设和值域正态分布要求的限制，为地理学第三定律中地理环境组合的协同变量的甄别与选择提供了有效可行的方法；第二，通过探测地理变量间的交互作用，定量确定地理环境组合中的协同变量间交互作用对目标地理变量的影响；第三，地理探测器中的地理分区不仅可以简易有效地探测不同类型变量的协同性，也可以减弱数据误差和地理异常对地理变量协同性探测的干扰。这三个方面作用的实证有待进一步探索。

参考文献

[1] 王劲峰、徐成东："地理探测器：原理与展望"，《地理学报》，2017年第1期。
[2] 周尚意、朱阿兴、邱维理等："基于GIS的农用地连片性分析及其在基本农田保护规划中的应用"，《农业工程学报》，2008年第7期。
[3] Liu, J., Zhu, A. X., Rossiter, D., *et al.* 2020. A trustworthiness indicator to select sample points for the individual predictive soil mapping method (iPSM). *Geoderma*, Vol.373.
[4] Zhu, A. X., Liu, J., F. Du, *et al.* 2015. Predictive soil mapping with limited sample data. *European Journal of Soil Sciences*, Vol. 66.
[5] Zhu, A. X. 2024. Laws of Geography? In Douglas Richardson *et al.* (eds.). *The International Encyclopedia of Geography*, Wiley & Sons, Ltd.
[6] Zhu, A. X., Turner, M. 2022. How is the Third Law of Geography different. *Annals of GIS*, Vol.28, No.1.

中国新时代城乡融合与乡村振兴

刘彦随[1,2]

（1. 中国科学院地理科学与资源研究所，北京 100101；2. 北京师范大学地理科学学部，北京 100875）

摘要：城市与乡村是一个有机体，只有二者可持续发展，才能相互支撑。依据人地关系地域系统学说，城乡融合系统、乡村地域系统是全新认知和理解城乡关系的理论依据。针对日益严峻的"乡村病"问题，全面实施乡村振兴，既是推进城乡融合与乡村持续发展的重大战略，也是破解"三农"问题，决胜全面建成小康社会的必然要求。本文探讨了新时代城乡融合与乡村振兴的基础理论，剖析了乡村发展面临的主要问题，提出了问题导向的中国城乡融合与乡村振兴科学途径及研究前沿领域。结果表明：① 城乡融合与乡村振兴的对象是一个乡村地域多体系统，包括城乡融合体、乡村综合体、村镇有机体、居业协同体，乡村振兴重在推进城乡融合系统优化重构，加快建设城乡基础网、乡村发展区、村镇空间场、乡村振兴极等所构成的多级目标体系。② 中国"三农"问题本质上是一个乡村地域系统可持续发展问题，当前乡村发展正面临主要农业生产要素高速非农化、农村社会主体过快老弱化、村庄建设用地日益空废化、农村水土环境严重污损化和乡村贫困片区深度贫困化等"五化"难题。③ 乡村是经济社会发展的重要基础，城乡融合与乡村振兴战略相辅相成，乡村振兴应致力于创建城乡融合体制机制，推进乡村极化发展，按照产业兴旺、生态宜居、乡风文明、治理有效、生活富裕的要求，构建

收稿日期：2017-11-28；修订日期：2018-03-08
基金项目：国家社会科学基金重大项目(15ZDA021)；国家自然科学基金重点项目(41130748) [**Foundation:** National Social Science Foundation of China, No.15ZDA021; National Natural Science Foundation of China, No.41130748]
作者简介：刘彦随(1965–)，男，陕西绥德人，研究员，长江学者特聘教授，博士生导师，中国地理学会会员(S110005331M)，主要研究方向为乡村地理学、城乡发展与土地利用。E-mail: liuys@igsnrr.ac.cn
引用本文：刘彦随. 中国新时代城乡融合与乡村振兴. 地理学报, 2018, 73(4): 637-650. [LIU Yansui. Research on the urban-rural integration and rural revitalization in the new era in China. *Acta Geographica Sinica*, 2018, 73(4): 637-650.]

乡村地域系统转型—重构—创新发展综合体系。④ 乡村振兴地理学研究应着眼于乡村地域系统的复杂性、综合性、动态性，探究以根治"乡村病"为导向的新型村镇建设方案、模式和科学途径，为实现新时代中国乡村振兴战略提供理论参考。

关键词：城乡融合系统；乡村地域系统；村镇有机体；乡村振兴极；乡村振兴战略；乡村地理学

DOI: 10.11821/dlxb201804004

1　引言

1978年改革开放以来，中国经济增长与社会发展取得了巨大的成就。特别是伴随着工业化、城镇化的快速发展，城乡地域结构、产业结构、就业结构、社会结构等发生了显著的变化[1]，城乡转型发展、新型城镇化、城乡发展一体化，成为国家现代化建设与可持续发展的重大战略，也是地理学研究面向国家战略需求的重要课题。应当充分认识到，长期以来中国城乡二元体制下城市偏向的发展战略、市民偏向的分配制度、重工业偏向的产业结构[2]，进一步加深了中国城乡分割、土地分治、人地分离的"三分"矛盾，制约了当代中国经济发展方式转变、城乡发展转型、体制机制转换的"三转"进程，并成为当前中国"城进村衰"、农村空心化和日趋严峻的"乡村病"问题的根源所在[3]。

城乡关系是最基本的经济社会关系。城乡问题研究一直受到国内外学术界的广泛关注。尽管世界各国的乡村发展进程不同、问题有别，但都经历过诸如农村基础设施薄弱、农业经济地位下降、青壮年人口持续外流、环境污染和资源短缺等共性问题[1,4]。*Nature* "振兴世界乡村"一文强调，随着全球化、城市化的持续推进，无论是发达国家，还是发展中国家，都探索实施过适合本国国情的应对措施[5]，以促进农村振兴、乡村重构和社区建设，更好地支撑城市建设和城镇化的健康发展。英国、美国等先行工业化国家是在基本实现工业化、城镇化后，为解决城市发展中出现的诸如市区人口密度过高、交通拥堵等"城市病"问题而推行乡村建设。如20世纪60年代美国的新城镇开发建设[5-6]、英国的农村中心村建设[5,7]、法国的"农村振兴计划"[4]等。这些国家通过创新机制，大幅推进农村社区基础设施建设，盘活利用农村土地资源与资产，有效改善农村生产与生活条件，并采取补贴政策和吸引人口回到农村，从而改变农村日益凋敝的状况。以日本、韩国为代表的工业化后国家，在其工业化、城市化进程中出现过农村资源快速流入非农产业集聚的城市地区，导致农业与农村衰退、城乡发展差距日益扩大等突出问题，而在具备一定经济实力时，这些国家及时推行了农村振兴与建设运动，如20世纪70年代韩国的"新农村运动"、日本的"村镇综合建设示范工程"等，均有一定的借鉴意义。

中国人口众多，农村底子薄、农业基础差、城乡差距大[4]。进入21世纪以来，旨在破解"三农"问题、缩小城乡差距，中国相继实施了统筹城乡发展、新农村建设、城乡一体化和新型城镇化等宏观战略[8]，但总体进展和成效仍不明显，有些矛盾和问题仍在加剧[1,5]。党的十九大审时度势，创新地提出中国特色社会主义进入新时代，中国社会主要矛盾转化为人民日益增长的美好生活需要和不平衡不充分的发展之间的矛盾，强调"实施乡村振兴战略"，其核心是着力破解城乡发展不平衡、农村发展不充分等突出问题，弥补全面建成小康社会的乡村短板。中国乡村振兴不可能照搬发达国家完全依赖强大财政供给或者农村剩余劳动力全部转移的转型发展道路，同时也应避免陷入城市贫困与农村衰败并存、社会矛盾凸显的"陷阱"局面。因此，在借鉴国外成功经验的同时，必须立足中国国情、乡村实际，走出一条具有中国特色、时代特点的乡村振兴与城乡融合发展之路。本文依据人地关系地域系统学说和"点—轴"理论，深入阐述城乡融合系统、乡村地域系统的理论认知，探究乡村地域多体系统和乡村振兴多级目标，通过对乡村现实问题剖析和乡村振兴战略解析，分析提出加强新时代乡村振兴地理学研究的重点内容与前沿领域，为促进现代乡村地理学创新发展，实施乡村振兴与城乡融合发展战略提供参考。

2 基础理论认知

1991年，吴传钧提出人地关系地域系统是地理学研究核心理论[9]，认为人地关系地域系统是以地球表层一定地域为基础的人地关系系统，是由人类社会和地理环境两个子系统在特定的地域中交错构成的一种动态结构。依据该理论延展而来的城乡融合系统、乡村地域系统，是全新认知现代城乡关系、透视乡村发展问题的基本依据。城市和乡村是空间镶嵌、结构互补、功能耦合、相互作用的复杂地域系统[10]。城乡关系反映的是一个国家或地区的城市与乡村二元社会经济结构的基本关系。乡村是经济社会发展的重要基础，在快速城镇化进程中，乡村发展是不断缩小城乡差距，逐步实现城乡一体化的过程[11]。因而区域城乡关系格局成为认识乡村发展状况的基本面，也是优化调整乡村振兴战略的重要依据。

依据陆大道提出的"点—轴"理论[12-13]，从区域经济发展进程来看，经济中心总是首先集中在少数条件较好的区位，并呈斑点状分布。随着经济发展，经济中心逐渐增加，点与点之间通过交通线等发展轴线连接贯通形成点轴系统，多个点轴的交织构成网络。城乡融合发展的要义在于强化城乡地域系统极化作用的基础上充分发挥扩散效应，构筑城乡命运共同体，形成城乡发展的立体空间和网格结构。乡村振兴战略着眼于乡村地域多体系统，由外到内主要包含城乡融合体、乡村综合体、村镇有机体、居业协同体等"四体"系统，具有层次性、地域性和动态性。城乡融合系统是实施乡村振兴的重要前提，乡村综合体是乡村振兴的根本基础，村镇有机体是乡村振兴的重要载体和支撑，居业协同体是村镇人居业融合的高级形态，是乡村振兴的战略支点与重要增长极。实施乡村振兴战略，重在实现乡村振兴多级目标，即从边缘到中心由城乡基础网、乡村发展区、村镇空间场、乡村振兴极所构成的"网—区—场—极"多级目标体系。

2.1 城乡融合系统与城乡融合体

系统是由相互影响、相互作用的要素，按照一定结构组成的具有特定功能的有机整体。按照城乡分异格局与形态，城乡融合系统应包含地域、市域、县域"三域"层次，它们通过城乡基础网相联通、相融合。城市群区域、城市连绵区和城市化新区属于地域系统，呈现出以都市区为主体形态的城乡地域格局；特大超大城市、大城市和中小城市属于市域系统，呈现为以建成区为中心、城乡平等的区域格局；县域及其中心镇、农村社区属于县域系统，呈现为以大乡村为特征、城乡一体的地区格局。城市和乡村是一个有机体，只有两者都可持续发展，才能相互支撑[5]。融合包含着融洽、渗透之意，是不同对象事物相互交叉、相互渗透、融为一体的状态。城乡融合体就是由城镇地域系统和乡村地域系统相互交叉、渗透、融合而成的一个城乡交错系统（图1），具体由中小城市、小城镇、城郊社区及乡村空间等构成。当前"城市病""乡村病"两病并发，致使城乡失衡、城进村衰、城乡差距巨大。因此，研究构建可持续的城乡融合系统和城乡融合体，既是推进新型城镇化、城乡发展一体化的基本前提，也是发挥地理学综合优势、服务国家战略需求的重要课题。

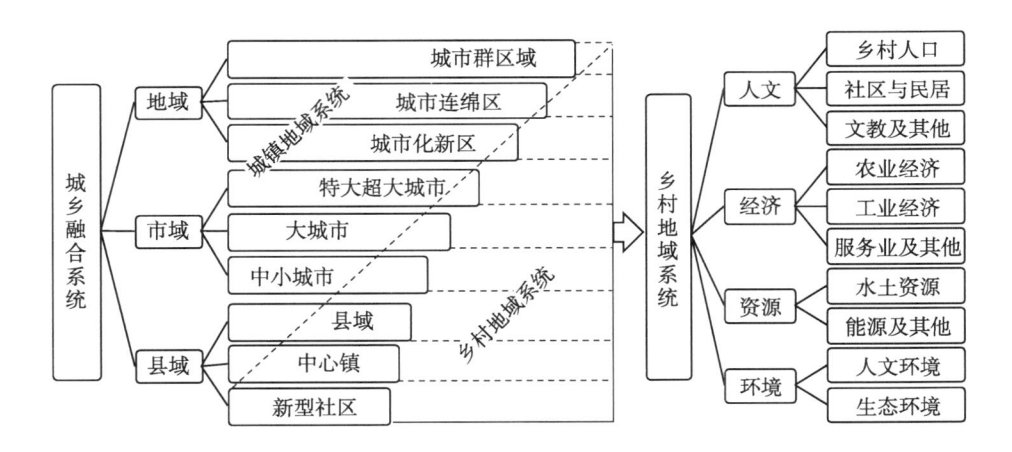

图 1 城乡融合系统与乡村地域系统结构

Fig. 1 The structure of rural-urban integrated system and rural regional system

2.2 乡村地域系统与乡村综合体

乡村地域系统，也即乡村综合体，是由人文、经济、资源与环境相互联系、相互作用下构成的、具有一定结构、功能和区际联系的乡村空间体系（图1），具有复杂性、综合性、动态性、开放性特点。相对于"城"而言，"乡"是一个区域，包括城市建成区之外的广大乡土地域。"村"是一种空间聚落类型，是县域之内的村镇集合，呈现出乡土地域不同规模和等级水平的多层次聚落空间，包含城关镇、中心镇、集镇、中心村（社区）、行政村及自然村，形成以乡村山水林田湖草为景观基础的村镇有机体及其居业协同体，在功能上分异出村镇社区、农业、工业等不同类型乡村发展区。乡土是乡村的本质特征，乡村孕育了城市、支撑了城镇化。伴随着中国经济社会转型和工业化、城镇化的快速发展，农业生产要素组织和发展的地域空间发生了显著变化[14]，农村人口离乡进城，耕地非农化、村庄空心化等问题日益突出。乡村振兴就是要科学把握乡村差异性、动态性特征，优化区域村镇格局，破解乡村地域系统问题，促进城乡融合发展，因而总体战略设计必须分门别类、分类施策、分区推进，深化对乡村转型过程、时空格局与地域模式解析，把推进人口就业、资源开发、环境治理、产业发展、文化传承、制度创新作为乡村转型升级的主要课题，奠定实施乡村振兴战略的理论基础。

2.3 村镇建设格局与村镇有机体

村镇是乡村综合体要素集聚、空间组织的重要载体，村镇建设格局是乡村地域系统空间重构、组织重建、产业重塑的形态表征，其核心是优化乡村地区县城、重点镇、中心镇、中心村（社区）的空间布局、等级关系及其治理体系[15]。通常以迁村并居、撤乡设镇、园区建设、空间集聚为特征，通过明确村镇地位、调整空间结构、强化中心功能，实现城镇与村庄的空间融合、功能契合，促进人居空间整洁化、田园化，产业空间集约化、园区化，生态空间文明化、优美化，文化空间地域化、多样化[16]。针对当前乡村地区存在的"镇弱村空"现实状况，乡村振兴亟须统筹规划、因地制宜、重点突破，基于城乡融合体，以完善城乡基础网为抓手，凸显不同乡村发展区特色，强化中心社区与重点村镇优势，加快培育"三生"（生产、生活、生态）结合的村镇有机体、居业协同体，做强村镇空间场、做实乡村振兴极（图2），推进形成城镇—中心社区—村庄空间协调、等级合理、宜居高效的城镇村体系，夯实就地城镇化、要素乡村化的村镇空间基础。

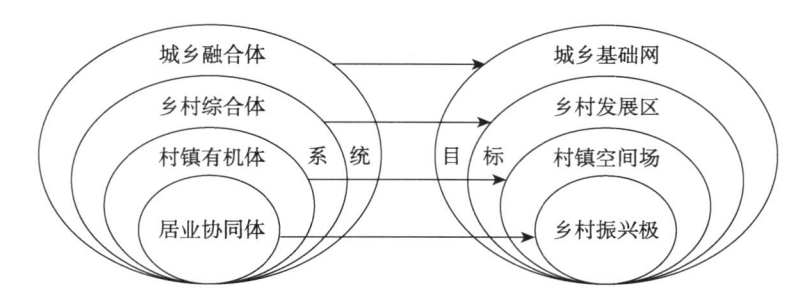

图 2　中国乡村振兴多体系统与多级目标

Fig. 2　Multi-body systems and multi-level goals of rural revitalization in China

2.4　村域兴业富民与居业协同体

居业协同体，是基于村镇有机体，凭借乡村优势要素集聚、特色产业集中，形成居住与就业协同一体的村镇增长极。居业协同、空间极化是乡村振兴必需的内生动力，是村镇人居业融合发展的高级形态。村镇有类型之分，协同有模式之别。有条件的村域，应按照一、二、三产业融合理念，率先创新机制，立足村镇空间，培育主导产业，做实村镇经济，建设宜居宜业社区；对条件一般、规模较大村庄，应按照新农村建设的要求[4]，以完善基础设施和公共服务设施为前提，以整合土地资源、发展特色产业、改善居住条件为重点，加强组织建设，加大投入力度，加快补齐短板，培育村域中心地；对条件较差、较小的村庄包括空心村，应坚持中心集聚、集约发展的原则，尊重农民意愿、做好全域规划，探索推进迁村并居、居业同兴建设模式，发展壮大新型社区和小城镇。乡村振兴的着眼点和落脚点在于谋求村镇业兴人旺、安居乐业，不断满足"人民日益增长的美好生活需要"。因此，在实施乡村振兴进程中，特定村镇空间或社区发展是否具备安居乐业的基础、能力和水平，成为衡量乡村振兴进展、成效和质量的标志性指标。

3　现实问题剖析

城乡发展不平衡不协调，是现阶段中国经济社会发展中最为突出的结构性矛盾，也是长期面临的许多问题的总病根。十九大明确提出"建立健全城乡融合发展体制机制和政策体系，实施乡村振兴战略"，意在更好地解决城乡发展不平衡、农村发展不充分等重大问题，加快补上"三农"这块全面建成小康社会的短板。当前乡村发展面临许多问题与难题，总体概括为"四缺五弱",即科学规划缺、制度体系缺、长效机制缺、创业人才缺,以及建设主体弱、资源支撑弱、产业基础弱、科技创新弱、公共服务弱。从城乡关系看,亟待破解的现实问题主要是城乡发展不平衡、城乡差距巨大,农业基础不牢固、发展压力加大,"乡村病"日益严峻、多种矛盾加剧。正视问题,统筹谋划,创新驱动,科学规划,成为加快推进城乡融合和乡村振兴的根本途径。

3.1　城乡发展不平衡,城乡差距巨大

1978年以来,改革开放有效推进了中国经济发展。1978-2016年,人均GDP由385元增至53980元,年均增长13.9%。但受城乡二元结构体制和制度约束,城乡发展不平衡、城乡差距巨大,成为城乡融合与一体化发展的主要瓶颈。同期,城镇居民人均可支配收入从343元增至33 616元,年均增长12.8%;农民人均可支配收入从133.6元增至12 363元,年均增长12.6%,此增长率均低于人均GDP增速和城镇居民人均可支配收入增速。同时,1978-2016年,中国城乡收入差距从209.8元扩大到23 724元,收入比从2.57倍扩大到2.72倍,2009年最高时为3.33倍。

中国长期以来"重城轻乡",造成了城乡基础设施、人居环境条件及教育、卫生、文化等公共服务配套方面的巨大差距[17]。近些年来,虽然国家出台了一系列支农惠农政策,中西部地区脱贫攻坚取得显著成效,但主要解决的是农户增收和"两不愁、三保障"问题,广大乡村地区基础设施和公共服务设施依旧整体落后、欠账太多,亟须通过顶层设计,统筹区域城乡总体布局,加大力度补齐乡村发展短板,加快推进城乡协调与乡村可持续发展。

3.2　农业基础不牢固,发展压力加大

中国是一个人口大国、农业大国,农业、农村、农民问题是关系国计民生的根本性问题,中国农业肩负着保障粮食安全、保护生态环境、保证数亿农民就业与增收的重要使命。但作为高风险、低收益的产业[18],农业在工业化、城镇化进程和市场化竞争中往往面临更多问题、更大风险。农业基础不牢固集中体现在缺乏现代农业发展必需的产业体系、生产体系、经营体系,农业基础设施薄弱,科技支撑能力不足,农机装备水平较低,抗灾减灾能力不强,严重制约着中国农业可持续发展。守住耕地红线、保障粮食安全是首要战略性难题,虽然粮食产量2013年以来稳定在6亿t以上,但优质耕地减少、农业用水比重下降、青壮劳动力缺乏等硬约束增强,人口数量在持续增长,工业化、城镇化对粮食消费需求不断增大,保障发展与保护耕地的压力加大[4]。据国土资源部数据,全国现有耕地20.2亿亩,

其中优等地、高等地占29.5%，中低等地占70.5%，耕地质量等别低，再加小农经营方式，生产设施老化闲置，气候多变与多灾叠加发生，引起农业生产不稳和粮食安全风险加大。同时，农业资源开发利用与生态环境问题突出。全国耕地退化面积超过耕地总面积的40%，农业污染排放量约占全国总量的50%，乡村地区农村面源污染严重，农业生产、乡村发展和城乡转型面临诸多方面的严峻挑战[19]，这为全面深化农业供给侧结构性改革，深入推进农业农村优先发展提出了新要求、新目标。

3.3 "乡村病"日趋严峻、多种矛盾加剧

城乡分隔的二元体制和城市优先发展战略，促使大量劳动力、土地、资本等生产要素向城市集聚，制约了乡村可持续发展[20]，引发了日趋严峻的"乡村病"[15]，集中体现在乡村地区的"五化"难题及其深层问题（图3）。① 土地、人口等生产要素高速非农化。快速城镇化耕地年均流失近300万亩，造成了超过1亿的失地农民，以及"离乡进城"的2.9亿农民工，乡村人地分离、人口城乡双漂、社会矛盾突出，农业农村难于稳定发展、多数农民难以安居乐业。② 农村社会主体过快老弱化。按照联合国标准，中国于1999年进入老龄化社会。2015年60岁及以上人口达2.22亿，占总人口的16.2%，预计到2020年老年人口达2.48亿，老龄化率达17.2%。2015年全国1%人口抽样调查的数据显示，农村60岁及以上人口占比为18.5%，而城镇为14.3%。农村青壮劳力过速非农化，加剧了"三留人口"和老龄化问题。乡村人气不旺、人力不足，制约了现代农业与乡村转型发展。③ 村庄用地严重空废化。当村庄人口外出率、宅基地空废率分别大于40%和30%时，乡村空心化加剧、

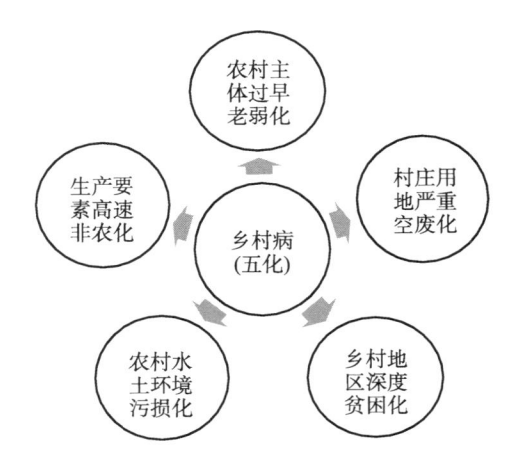

图3 中国"乡村病"及其特征

Fig. 3 Rural diseases and its characteristics in China

产生大量空心村[21]。据测算，全国空心村综合整治潜力达1.14亿亩[22]。空心村不整治，新农村难振兴。④ 农村水土环境严重污损化。城市、工业污染排放造成一些乡村地区水土环境恶化，致使河流、湖泊、农田污染事件频发，一些地方暴发"癌症村"，乡村环境综合治理势在必行。⑤ 乡村地区深度贫困化。乡村贫困化是城乡地域不平衡、不充分发展，导致特定区域乡村要素短缺、结构失调、能力衰弱的自然—经济—技术退化过程。根据2014年"建档立卡"数据，全国有832个贫困县、12.8万个贫困村、7 017万贫困人口，到2016年底有4 335万贫困人口。农村贫困面广、量大、程度深，是乡村可持续发展的最大短板[23]，实施精准扶贫、脱贫攻坚成为新时代贫困乡村振兴的首要任务。

4 乡村振兴战略

从统筹城乡发展到新农村建设，再到新时代的乡村振兴，反映出进入21世纪以来中国"三农"战略不断发展创新的过程。中国经济要实现转型发展和新的边际增长，亟待内需发力替代投资和外需导向。当前广大乡村地区面临基础设施短缺、产业发展短板、经济基础薄弱，释放农业农村发展新动能，无疑是中国未来发展的最大内需。同时，贫富差距收缩能够释放潜在内需，因而加快城乡融合发展，实施乡村振兴战略成为释放潜在内需的必然趋势。城乡融合发展，是将城市和乡村作为一个有机体，促进城乡要素平等交换和公共资源均衡配置的过程，亟须正确处理乡村振兴和新型城镇化的关系，尊重民意、保障民生，着眼创建新机制，着手根治乡村病，着重激发原动能，着力发展新产业，推进实现以人为核心的新型村镇建设。

4.1 科学内涵

十九大提出新时期中国社会主要矛盾已经转化为人民日益增长的美好生活需要和不平衡不充分的发展之间的矛盾。坚持农业农村优先发展，按照产业兴旺、生态宜居、乡风文明、治理有效、生活富裕的总要求（图4），建立健全城乡融合发展体制机制和政策体系，加快推进农业农村现代化，成为有效化解乡村社会主要矛盾的必然选择。乡村振兴战略是现代乡村发展理论与实践的重大创新。其目标归结为"五大建设"，产业兴旺是经济建设的重要基础，重在资源整合、产业培育、经济转型与收入增长。生态宜居是生态文明建设的首要任务，关键是农村景观优化、环境美化、人居环境质量改善，发展绿色生态新产业、新业态。乡风文明是文化建设的重要举措，关键是乡村文化传承、思想观念转变、和谐社会构建，增强发展软实力。治理有效是政治建设的重要保障，关键是基层组织建设、民生自治、科学决策与机制创新。生活富裕是社会建设的根本要求，关键是居民享有平等参与权利、共同分享现代化成果。

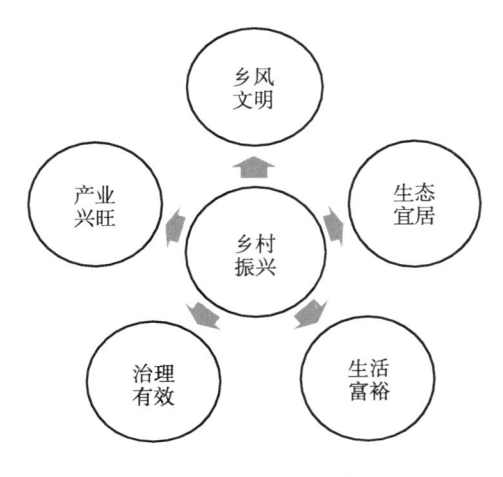

图 4　中国乡村振兴及其目标

Fig. 4　Rural revitalization and its objectives in China

纵观乡村问题与发展目标，新时代乡村振兴，是以破解特定时期乡村发展的主要社会矛盾和突出问题为重点，以激活乡村人口、土地、产业等要素活力和内生动力为抓手，以提升乡村地域系统可持续发展能力和竞争力为目标，推进乡村转型、重塑城乡关系、实现城乡融合，其核心是遵循乡村发展规律，实现乡村有效振兴，系统构建乡村"人""地""业"耦合格局与创新体系，科学推进乡村经济、社会、文化、教育、生态、技术系统协调与可持续发展。

4.2　逻辑思维

兴与衰是辩证统一的，乡村由衰而兴应取决于乡村能否治病强身、转型发展。问题导向的乡村振兴战略，应立足于根治"乡村病"、夯实村镇基础，遵循治病、转型、发展与振兴基本规律，城乡关系也相应呈现由城乡分割转向统筹、协调、一体与融合发展之势。当代乡村振兴宜以县域为对象，以村域为单元，以农户及企业为细胞，以一定区域乡村人居业形态为依据，按照"自下而上"的序次，乡村振兴战略路径应是科学甄别居业协同体，构筑村镇有机体，优化乡村综合体，创建城乡融合体；按照"由点到面"的层次，科学识别乡村振兴极，界定村镇空间场，划分乡村发展区，配套城乡基础网。乡村振兴进程中村域是落地基点、居业是战略支点、融合是振兴要点，让进城务工、留村农民找到归宿是基本立足点。着力优化村域空间组织、村镇功能提升、城乡地域融合，关键要因地制宜、因势利导、循序渐进，推进创建多层位、立体式、地域化乡村振兴战略体系。

4.3 规划评估

建立健全中国乡村振兴"区—类—级"三级规划体系。① 全国乡村振兴战略规划，以县域为单元，自上而下进行乡村振兴地域分区和县域分类，提出分区乡村振兴发展方向与政策，部署重大工程、重大计划，制定分省市规划编制导则和分类指导意见；② 市县乡村振兴总体规划，以村域为单元，自上而下进行村镇分类和程度分级，衔接全国及省级乡村振兴规划与指导意见，基于县域系统诊断分析，甄别不同村镇振兴优先级，明确县市乡村振兴分级施策及工作要点，提出不同村镇振兴实施方案，细化实化村域优先建设、重点保护、整治改造实施办法；③ 村镇乡村振兴详细规划，围绕市县规划落实和村级规划落地，深入研判村镇发展定位与任务，明确空间结构，划分功能板块，制定乡建规划设计蓝图。

乡村振兴的实效评估是战略实施、科学决策的重要依据。乡村振兴评估可设计两类指标体系：一是乡村振兴率（RRR），着眼于乡村产业、生态、文化、人才、组织"五大振兴"，以县市为单元，评估各项振兴目标实现水平、总体特征及发展态势；二是居业协同度（RCD），以村域为单元，重点评估特定区域乡村振兴的"人—地—业"协同程度、集聚水平及耦合状态。这些评估指标体系与国家大数据、信息化战略相结合，建设中国乡村振兴评估分析与决策系统，可用于常规性监测、动态评估与年度测报，为乡村振兴质量与成效的定量考评和规划决策提供依据。

4.4 实施机制

建立乡村振兴战略国家指导、省级统筹、县市落地的组织管理体系，优化乡村振兴县市规划导引、村镇重点建设、村域综合治理实施机制，探索推进中国新时代乡村振兴极化战略，引进企事业单位、农户、社会团队广泛参与乡村振兴的双创激励机制，推进形成多主体联动、多利益协调、多部门协作的新时代乡村振兴新格局。鉴于国家层面农业农村多头管理，难以适应实施乡村振兴战略和实现农业农村现代化的需要，应整合相关部委职能，组建乡村振兴主管部委，各省市县也相应调整设置，扩权赋能、理顺体制，建立健全中国乡村振兴组织管理体系及长效机制，统筹实施乡村振兴战略。

乡村振兴战略前期亟须做好村况普查、村村建档，村民参政、户户参与，政府统筹、编制规划。县域乡村振兴着力点在于推进村镇"两区三化",即居住社区、就业园区的居业协同,促进组织集中化、产业园区化、土地集约化。乡村振兴离不开新型主体与生力军,激励精英人才到乡村创业,引导农民企业家回乡发展,强化现代乡村振兴主体性、全局性、创新性,促进城镇化与乡村化"双轮驱动",成为不断增强乡村振兴内生动力的根本举措。

5 学术研究及前沿领域

城乡融合与乡村振兴是专业学术研究面向国家战略需求的重要主题和前沿课题。在创新发展人地关系地域系统理论的基础上,地理学理应发挥学科优势,推进理论导向的机理解析、目标导向的战略探究、问题导向的模式探索"三位一体"的综合研究,创建乡村振兴地理学研究体系,创新发展中国乡村科学或乡村学。当前应重点围绕城乡融合系统、乡村地域系统,以及乡村振兴地域多体系统,深入开展乡村地域类型与机理、乡村振兴规划与决策、村镇地域功能与分类、居业协同体系与模式等前沿问题研究(图5)。

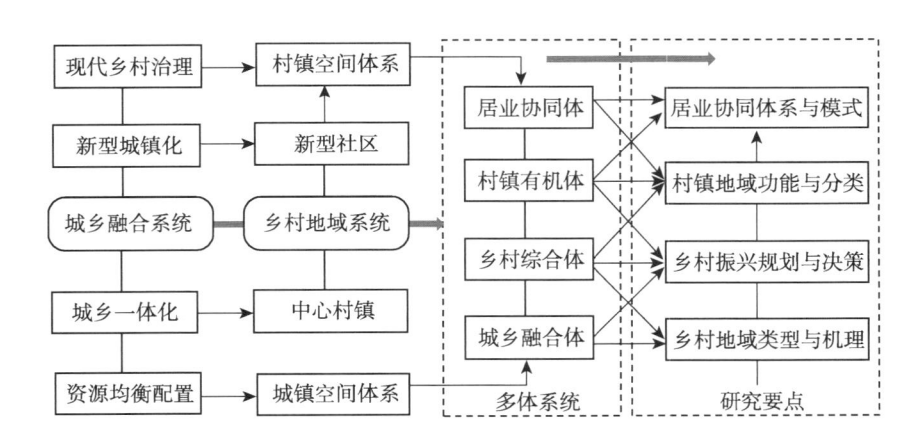

图 5 中国乡村振兴地域多体系统及其研究要点

Fig. 5 The multi-body system and research themes of rural revitalization in China

5.1 乡村地域类型与机理

根据人地关系地域系统理论,乡村地域系统是由人文、经济等构成的主体系统和资源、环境等构成的本体系统复合而成[10]。按其作用方式,以乡村人口、土地、产业、文化为核心要素构成乡村内核系统,以区域发展政策调控、工业化与城镇化驱动、体制与制度约束等影响要素构成乡村外缘系统，内核系统与外缘系统之间不断进行物质、能量、信息交换[11]，促使乡村地域人口结构、产业结构、土地利用结构的形成变化，以及乡村地域生产、生活、生态、文化功能的不断演化[23]，推动着乡村地域系统人地关系的转型和发展。地理学家的任务就是要从人地关系的观点及区域角度，研究当代人类社会所面临的促进持续发展和保护环境的重大理论问题和实际问题[24]。新时代乡村振兴战略研究要立足于城乡融合系统，分析揭示促进工农、城乡二元结构的根本转变和乡村转型发展的机理，探究促使乡村地域系统的传统生产与生活方式向现代转变的新动能。

中国地域辽阔、类型多样，东部、中部、西部及东北地区的自然地理分异，以及各地区城乡空间格局的差异，决定了乡村地域类型的复杂多样性。按照地貌及地带性，乡村地域类型分为平原地区乡村、沟域川道乡村、丘陵山区乡村、草原牧区乡村等；按照区位及功能性，分为边疆口岸乡村、传统农区乡村、工矿园区乡村、城市近郊乡村、大都市区乡村等；按照经济与社会性，分为贫困地区乡村、经济发达乡村、历史文化乡村、革命老区乡村、少数民族乡村等。格局是认识世界的表观，过程是理解事物变化的机理[25]。不同乡村地域类型的格局与过程是乡村振兴施策的科学基础。乡村振兴地理学研究着眼于乡村地域系统复杂性、综合性、动态性[26]，致力于推进乡村地理工程观测试验、典型村域综合示范，建立乡村地域系统诊断模型、系统评价指标体系，分析评估城乡融合系统演进状态，快速识别乡村地域系统分异类型、中心村镇聚落空间格局，深入研究田园综合体系统机理及其形态，科学揭示乡村地域系统演化过程与规律，以及乡村地域系统对全球化的响应和适应。

5.2 乡村振兴规划与决策

乡村地域的类型多样性、系统差异性及发展动态性，是科学编制乡村振兴规划的重要基础。按照乡村系统要素空间集聚分布的地域分异性，深入研究不同乡村地域系统的多体结构，甄别不同类型乡村振兴的多级目标，模拟揭示乡村地域系统未来发展动态情景，是研判乡村振兴格局与布局的理论依据。乡村振兴强调科学导引和管理调控相协调，探寻乡村地域结构转型与功能提升的科学途径。乡村振兴规划与设计应当遵循因地制宜、扬长补短、循序渐进、破解难题的准则，系统开展特定区域乡村振兴战略规划，研究提出包括乡村系统诊断、空间组织设计、资源承载评价、地域模式梳理、产业体系构建、公共设施配置、机制政策保障等内容的规划范式，以及建立乡村地域系统转型—重构—创新发展综合体系。从国家宏观决策来看，全国主体功能区规划提出"两横三纵"城市化格局[27]，以及实施城市群发展和轴带引领战略，对重塑城乡关系和乡村转型产生重大影响。2017年底国家级城市群有 8 个、国家中心城市有 9 个，随着国家级城市群和国家中心城市建设的纵深发展，将不断推进国土空间开发模式的重大转变、区域发展格局的重大调整和城乡关系的重大变化。因此，城乡融合与乡村振兴战略要主动适应区域城乡发展大势，谋划乡村地域功能重构，推进城乡融合机制创新，研制全国及不同区域乡村振兴情景方案，提出实施乡村振兴规划可行路径及综合保障体系。

在学术研究与决策实践中，亟须探究如何发挥土地利用规划、乡村总体规划、乡村建设规划等在乡村振兴中的协同作用。系统挖掘乡村多种功能和价值，探明乡村振兴优选区与优先序，探究乡村振兴制度供给与治理体系，研制国家及不同区域乡村振兴规划，落实未来 10~15 年乡村振兴总目标。土地利用规划是战略性总体规划，着重对城乡各类用地结构与布局进行调整，优化乡村空间格局与地域功能配置、实施土地综合整治重大工程；乡村总体规划用于指导乡村发展的主导方向、适度规模与空间布局，优化乡村各类生产生活设施配置，探索发挥企业与资本下乡、青壮农民工返乡、农家子弟学成回乡这"三乡"主体作用的乡村人才汇聚创新机制，研究制定以"双创"促进乡村转型、以"三业"（产业、就业、学业）激发乡村振兴的综合支撑保障体系；乡村建设规划是问题导向的整治建设专项规划，需要系统研究乡村水、土、环境综合整治建设重点、主要任务与战略目标，提出村镇建设专项计划和技术方案。针对大量的空心村问题，研制空心村综合整治规划，重点实施乡村"三整合"（组织整合、产业整合、空间整合），盘活土地资源，改善农村环境，提升乡村价值，促进城乡发展等值化[28]。探究规划引领和科技支撑下的乡村人口、土地、产业结构优化，乡村"三生"（生产、生活、生态）功能提升和"三产"融合发展的长效机制、持久动力。

5.3 村镇地域功能与分类

村镇是连接乡村和城市的桥梁，是城乡融合发展的枢纽。2016 年底，全国建制镇数量达 20 883 个，小城镇总体数量多，规模偏小、服务功能弱，整合提升村镇资源环境承载力仍有较大的空间。破解城乡经济失衡、结构失调的难题，亟须研究重构城镇村等级体系，优化村镇空间结构，强化村镇地域功能，实行分类精准施策[16]，深入探究新型村镇建设的功能类型及特征，揭示乡村生产要素组织化与发展方式转变的科学途径。

针对特色村、中心村、空心村、贫困村等不同类型，应研究乡村地域系统优化重构[29]和乡村振兴分类战略。古村落、古民居的历史悠久、人居和谐、山水融合，传承血缘、乡缘、地缘、业缘关系，保护振兴传统文化的核心是乡村农耕文化，而其载体是传统村落及其传承的乡土文明。特色村振兴宜以保护为先、传承为重，介入现代元素，创新管理机制，推进形成特色鲜明的文化产业区；中心村通常是由若干行政村组成的农村中心社区，且具有一定人口、产业规模和公共设施、服务能力，是区域城镇体系的空间中心和多个村庄的组织单元。中心村振兴宜以新型主体与产业培育为重，强化乡村治理与创新能力，发挥村镇连接城乡融合的纽带作用，着力培育乡村振兴极，建设绿色生态宜居村镇，建成乡村安居乐业家园；空心村是快速城镇化进程中村庄人地分离而造成的土地空废、文化衰退的乡村聚落。随着新型城镇化与乡村转型发展，亟须实施空心村综合整治，推进村庄组织、产业、空间"三整合"，实施迁村并居、中心集聚、整治配置，加快建设现代社区、就业园区；贫困村是乡村贫困化的区域"缩影"、贫困地区乡村发展的最大短板，在空间上具有"孤岛效应"[23]，推进因村因户帮扶、因人因贫施策，是实现精准脱贫和贫困村退出的可行战略。

还有一些典型问题村庄（如"无人村""老人村""癌症村"），要以现实问题为导向，探究实施村域水土资源、生态环境与社会保障综合治理战略，探明乡村传统生活功能向生产、生态功能转型途径。在家庭外迁、生态脆弱、环境污染等区域不宜重建新村、再建新社区，亟须结合精准扶贫、生态文明建设提出整治与振兴新方向。

5.4 居业协同体系与模式

村镇有机体是实施乡村振兴战略的重要载体，亟须深化村镇资源环境承载力、生产要素集聚与空间形态、居业协同机理与地域模式、主导产业培育与宜居环境建造研究，模拟揭示村镇空间场效应、空间要素流过程、增长极化机制及其内生动力，梳理总结不同类型的乡村振兴地域系统模式，探索培植乡村振兴空间新载体，科学指导乡村振兴决策与乡建实践。依据乡村系统结构，乡村地域系统模式分为农区居住均一型、村庄居业组合型、村镇产城融合型、城郊居业聚合型等；依据乡村地域功能，分为农业主导型、工业主导型、商旅服务型、均衡发展型等；依据村镇发展阶段，可分为初级型、成长型、兴盛型、稳定型、转型或衰退型。2014年农业部围绕"美丽乡村"创建目标，倡导十大模式，即产业发展型、生态保护型、城郊集约型、社会综治型、文化传承型、渔业开发型、草原牧场型、环境整治型、休闲旅游型、高效农业型。这些模式根植于区域、来源于实践，具有示范意义，但仍需探明不同模式的生态—经济—技术原理，研究提出各类模式分区、分类推广的适应性和约束性。

总体而言，现代乡村地域系统模式应具有区域成长性好、适应面广、示范性强，具备"三创"特征：① 创建发挥农民主体作用的基础条件与市场环境，利于产权明晰、利益联接共享，激发乡村内生发展活力与动力；② 创立接地气、有底气的乡村组织体系与治理模式，利于突出特色、发挥地域优势，践行基地型、品牌化乡村发展之路；③ 创新吸纳新要素、培育新业态、释放新动能的长效机制，利于激励竞争、优化资源配置，促进乡村"三治"（自治、法治、德治）结合、"三产"融合发展。

城乡基础网是城乡融合发展的基脉，通过构筑现代城乡交通、通信体系等，把一个城乡地域系统内城市、中小城镇、村镇贯通联接起来，通过健全城乡公共资源均衡配置机制、城乡基础设施一体化服务体系、乡村治理现代化支撑技术平台，科学推进大中小城市的同城化、城镇村发展的系统化、乡村振兴的协同化。新时代乡村振兴战略的关键点在于谋长远、补短板、促改革、强实力、求实效，其根本出发点就是使农业农村现代化跟上国家现代化的步伐[30]。在全球化时代，农业现代化与乡村可持续发展具有全球性[31-32]。乡村振兴应是全球治理体系的组成部分，亟须主动融入世界乡村发展网络体系，通过实施"全球乡村计划"[5]，有序推进乡村振兴的国际合作和创新发展，真正实现中国"乡村美、农民富、农业强""乡村让城市更美好"。

6 结论与讨论

（1）人地关系地域系统是地理学研究的核心理论。依据该理论延展而来的城乡融合系统、乡村地域系统，是全新认知现代城乡关系、透视乡村发展问题的基本依据。城市与乡村血脉相融、地域相连，城乡是一个有机体。针对当前城乡发展不平衡、农业基础不牢固、"乡村病"日趋严峻等突出问题，全面实施乡村振兴战略，既是推进城乡融合与乡村持续发展的重大战略部署，也是破解新时期中国"三农"问题，决胜全面建成小康社会的必然要求。

（2）乡村振兴对象是一个完整的乡村地域多体系统，主要包含城乡融合体、乡村综合体、村镇有机体、居业协同体等"四体"系统。实施乡村振兴战略，重在坚持扬长与补短结合、均衡与极化契合、居住与产业融合，构筑城乡基础网、优选乡村发展区、激活村镇空间场、强化乡村振兴极，创建"网—区—场—极"多级目标体系。

（3）乡村振兴战略是现代乡村发展理论和实践的重大创新，必须坚持农业农村优先发展，按照产业兴旺、生态宜居、乡风文明、治理有效、生活富裕的总要求，建立健全城乡融合发展体制机制和政策体系，探索推进乡村振兴极化战略，全面创新乡村振兴规划体系和评估指标体系。

（4）乡村振兴地理学研究应着眼于乡村地域系统复杂性、综合性、动态性，致力于乡村地域类型与机理、乡村振兴规划与决策、村镇地域功能与分类、居业协同体系与系统模式等前沿领域综合研究，为新时代城乡融合与乡村振兴战略决策提供理论依据。

乡村振兴地理学研究具有独特的地域特色、学科优势和扎实的实践基础。同时需不断强化针对乡村地域系统问题的创新研究和典型示范，加强地理学与其他学科交叉集成，融合经济学、生态学、社会学、管理学、工程学、信息科学、资源科学等理论精髓。不断创新科学研究与国家智库、地区发展联盟机制，加强多学科、多部门、多地区专业研究与应用的横向联合，加快自然资源学、土地工程学、乡村系统工程等前沿学科建设。面向国家乡村振兴战略，还需深入探究中国乡村科学或乡村学，创新完善新时代中国特色乡村振兴理论及方法体系。

谨以此文纪念恩师吴传钧先生诞辰100周年。

参考文献

[1] Liu Yansui, Yan Bin, Wang Yanfei. Urban-rural development problems and transformation counterme-asuresin the new period in China. Economic Geography, 2016, 36(7): 1-8. [刘彦随, 严镔, 王艳飞. 新时期中国城乡发展的主要问题与转型对策. 经济地理, 2016, 36(7): 1-8.]

[2] Zhao Hailin. Balance urban and rural development must change the development strategy of urban-oriented. Rural Discovery in China, 2010(2): 24-27. [赵海林. 统筹城乡发展必须转变城市偏向发展战略. 中国乡村发现, 2010(2): 24-27.]

[3] Liu Yansui, Zhou Yang, Liu Jilai. Regional differentiation characteristics of rural poverty and targeted-poverty alleviation strategy in China. Bulletin of Chinese Academy of Science, 2016, 31(3): 269-278. [刘彦随, 周扬, 刘继来. 中国农村贫困化地域分异特征及其精准扶贫策略. 中国科学院院刊, 2016, 31(3): 269-278.]

[4] Liu Yansui. Geography of New Countryside Construction in China. Beijing: Science Press, 2011. [刘彦随. 中国新农村建设地理论. 北京: 科学出版社, 2011.]

[5] Liu Yansui, Li Yuheng. Revitalize the world's countryside. Nature, 2017, 548(7667): 275-277.

[6] Wang Qing'an. New town construction and development of United States in post-war and its suggestion. Urban Planning International, 2007, 22(1): 63-66. [王庆安. 美国战后新城镇开发建设及其启示. 国际城市规划, 2007, 22(1): 63-66.]

[7] Long Hualou, Hu Zhichao, Zou Jian. The evolution of rural policy in Britain and its policy implications for rural development in China. Geographical Research, 2010, 29(8): 1369-1378. [龙花楼, 胡智超, 邹健. 英国乡村发展政策演变及启示. 地理研究, 2010, 29(8): 1369-1378.]

[8] Li Yurui, Wang Jing, Liu Yansui, et al. Spatial pattern and influencing factors of the coordination development of industrialization, informatization, urbanization and agricultural modernization in China: A prefecture level exploratory spatial data analysis. Acta Geographica Sinica, 2014, 69(2): 199-212. [李裕瑞, 王婧, 刘彦随, 等. 中国"四化"协调发展的区域格局及其影响因素. 地理学报, 2014, 69(2): 199-212.]

[9] Wu Chuanjun. The core of study of geography: Man-land relationship areal system. Economic Geography, 1991, 11(3): 1-6. [吴传钧. 论地理学的研究核心: 人地关系地域系统. 经济地理, 1991, 11(3): 1-6.]

[10] Zhang Fugang, Liu Yansui. Dynamic mechanism and models of regional rural development in China. Acta Geographica Sinica, 2008, 63(2): 115-122. [张富刚, 刘彦随. 中国区域农村发展动力机制及其发展模式. 地理学报, 2008, 63(2): 115-122.]

[11] Du Zhixiong, Zhang Xinghua. Trend and policy analysis of global rural development and the evolution of urban-rural relationship. The World of Survey and Research, 2006(7): 7-8, 47. [杜志雄, 张兴华. 世界农村发展与城乡关系演变趋势及政策分析. 调研世界, 2006(7): 7-8, 47.]

[12] Lu Dadao. Location Theory and the Methods of Regional Studies. Beijing: Science Press, 1988. [陆大道. 区位论及区域研究方法. 北京: 科学出版社, 1988.]

[13] Lu Dadao. Formation and dynamics of the "Pole-Axis" spatial system. Scientia Geographica Sinica, 2002, 22(1): 1-6. [陆大道. 关于"点—轴"空间结构系统的形成机理分析. 地理科学, 2002, 22(1): 1-6.]

[14] Liu Yansui, Zhang Ziwen, Wang Jieyong. Regional differentiation and comprehensive regionalization scheme of modern agriculture in China. Acta Geographica Sinica, 2018, 73(2): 203-219. [刘彦随, 张紫雯, 王介勇. 中国农业地域分异与现代农业区划方案. 地理学报, 2018, 73(2): 203-219.]

[15] Liu Yansui. New-type urbanization should cure "rural diseases". People's Daily, 2013-09-10. [刘彦随. 新型城镇化应治"乡村病". 人民日报, 2013-09-10.]

[16] Liu Yansui, Chen Cong, Li Yuheng. The town-villages construction pattern under new-type urbanization in China. Areal Research and Development, 2014, 33(6): 1-6. [刘彦随, 陈聪, 李玉恒. 中国新型城镇化村镇建设格局研究. 地域研究与开发, 2014, 33(6): 1-6.]

[17] Wang Yanfei, Liu Yansui, Yan Bin, et al. Spatial patterns and influencing factors of urban-rural coordinated development in China. Scientia Geographica Sinica, 2016, 36(1): 20-28. [王艳飞, 刘彦随, 严镔, 等. 中国城乡协调发展格局特征及影响因素. 地理科学, 2016, 36(1): 20-28.]

[18] Wu Chuanjun. Problems of the Sustainable Development of Agriculture and Rural Economy in China: Case Studies of Agricultural Area of Different Types. Beijing: China Environmental Science Press, 2001. [吴传钧. 中国农业与农村经济可持续发展问题: 不同类型地区实证研究. 北京: 中国环境科学出版社, 2001.]

[19] Wang Yanfei, Liu Yansui, Li Yuheng, et al. The spatio-temporal patterns of urban-rural development transformation in China since 1990. Habitat International, 2016, 53: 178-187.

[20] Long Hualou, Liu Yansui, Li Xiubin. Building new countryside in China: A geographical perspective. Land Use Policy, 2010, 27(2): 457-470.

[21] Liu Yansui, Liu Yu, Zhai Rongxin. Geographical research and optimizing practice of rural hollowing in China. Acta Geographica Sinica, 2009, 64(10): 1193-1202. [刘彦随, 刘玉, 翟荣新. 中国农村空心化的地理学研究与整治实践. 地理学报, 2009, 64(10): 1193-1202.]

[22] Liu Yansui, Long Hualou, Chen Yufu, et al. Research Report on Rural Development in China: Hollowed Village and its Renovation Strategy. Beijing: Science Press, 2011. [刘彦随, 龙花楼, 陈玉福, 等. 中国乡村发展研究报告: 农村空心化及其整治策略. 北京: 科学出版社, 2011.]

[23] Liu Yansui, Li Jintao. Geographic detection and optimizing decision of the differentiation mechanism of rural poverty in China. Acta Geographica Sinica, 2017, 72(1): 161-173. [刘彦随, 李进涛. 中国县域农村贫困化分异机制的地理探测与优化决策. 地理学报, 2017, 72(1): 161-173.]

[24] Lu Dadao. The value of geographical science and the feelings of geographers. Acta Geographica Sinica,

2015, 70(10): 1539-1551. [陆大道. 地理科学的价值与地理学者的情怀. 地理学报, 2015, 70(10): 1539-1551.]

[25] Fu Bojie. The integrated studies of geography: Coupling of patterns and processes. Acta Geographica Sinica, 2014, 69(8): 1052-1059. [傅伯杰. 地理学综合研究的途径与方法: 格局与过程耦合. 地理学报, 2014, 69(8): 1052-1059.]

[26] Liu Yansui. Rural transformation development and new countryside construction in eastern coastal area of China. Acta Geographica Sinica, 2007, 62(6): 563-570. [刘彦随. 中国东部沿海地区乡村转型发展与新农村建设. 地理学报, 2007, 62(6): 563-570.]

[27] Fan Jie, Jiang Zilong, Chen Dong. Scientific foundation and practical strategies of collaborative planning for spatial layout. City Planning Review, 2014, 38(1): 16-25. [樊杰, 蒋子龙, 陈东. 空间布局协同规划的科学基础与实践策略. 城市规划, 2014, 38(1): 16-25.]

[28] Liu Yansui, Chen Cong, Li Yurui. Differentiation regularity of urban-rural equalized development at prefecture-level city in China. Journal of Geographical Sciences, 2015, 25(9): 1075-1088.

[29] Long Hualou, Liu Yansui. Rural restructuring in China. Journal of Rural Studies, 2016, 47B: 387-391.

[30] Ye Xingqing. The general principles of the China's rural revitalization strategy in the new era. Reform, 2018(1): 65-73. [叶兴庆. 新时代中国乡村振兴战略论纲. 改革, 2018(1): 65-73.]

[31] Plummer P, Tonts M, Argent N. Sustainable rural economies, evolutionary dynamics and regional policy. Applied Geography, 2018, 90: 308-320.

[32] Bjørkhaug H, Knickel K. Rethinking the links between farm modernisation, rural development and resilience. Journal of Rural Studies. 2018, 59: 194-196.

Research on the urban-rural integration and rural revitalization in the new era in China

LIU Yansui[1,2]

(1. Institute of Geographic Sciences and Natural Resources Research, CAS, Beijing 100101, China;
2. Faculty of Geographical Science, Beijing Normal University, Beijing 100875, China)

Abstract: Cities and villages are components of a specific organism. Only the sustainable development of two parts can support the prosperous development as a whole. According to the theory of man-earth areal system, urban-rural integrated system and rural regional system are the theoretical bases for entirely recognizing and understanding urban-rural relationship. To handle the increasingly severe problems of "rural disease" in rapid urbanization, accelerating rural revitalization in an all-round way is not only a major strategic plan for promoting the urban-rural integration and rural sustainable development, but also a necessary requirement for solving the issues related to agriculture, rural areas, and rural people in the new era and securing a decisive victory in building a moderately prosperous society in all respects. This study explores the basic theories of urban-rural integration and rural revitalization and analyzes the main problems and causes of rural development in the new era, proposing problem-oriented scientific approaches and frontier research fields of urban-rural integration and rural revitalization in China. Results show that the objects of urban-rural integration and rural revitalization is a regional multi-body system, which mainly includes urban-rural integration, rural complex, village-town organism, and housing-industry symbiosis. Rural revitalization focuses on promoting the reconstruction of urban-rural integration system and constructs a multi-level goal system including urban-rural infrastructure networks, zones of rural development, fields of village-town space and poles of rural revitalization. Currently, the rural development is facing the five problems: high-speed non-agricultural transformation of agriculture production factors, over-fast aging and weakening of rural subjects, increasingly hollowing and abandoning of rural construction land, severe fouling of rural soil and water environment and deep pauperization of rural poverty-stricken areas. The countryside is an important basis for the socioeconomic development in China, and the strategies of urban-rural integration and rural revitalization are complementary. The rural revitalization focuses on establishing the institutional mechanism for integrated urban-rural development and constructs the comprehensive development system of rural regional system, which includes transformation, reconstruction and innovation in accordance with the requirements of thriving businesses, pleasant living environments, social etiquette and civility, effective governance, and prosperity. Geographical research on rural revitalization should focus on the complexity and dynamics of rural regional system and explore new schemes, models and scientific approaches for the construction of villages and towns, which are guided by radical cure of "rural disease", implement the strategy of rural revitalization polarization, construct the evaluation index system and planning system of rural revitalization, thus providing advanced theoretical references for realizing the revitalization of China's rural areas in the new era.

Keywords: urban-rural integrated system; rural regional system; village-town organism; rural revitalization poles; rural revitalization strategy; rural geography

"中国新时代城乡融合与乡村振兴"解读

周国华

一、作者简介

  该文第一作者兼通讯作者刘彦随，是发展中国家科学院院士、中国地理学会会士、长江学者特聘教授，中国科学院地理科学与资源研究所研究员（二级）、中国科学院区域可持续发展分析与模拟重点实验室主任，自然资源部乡村规划与治理工程技术创新中心主任，国际地理联合会农业与土地工程委员会主席、"一带一路"减贫与发展联盟主席，国务院原扶贫开发领导小组专家咨询委员会委员、国家精准扶贫成效第三方评估专家组组长。刘彦随始终面向全球可持续发展和国家高质量发展的战略需求，坚持理论指导实践、实践丰富理论，运用地理学理论与技术方法去解决土地利用与乡村实践问题。刘彦随在数十载的科研征途中，深耕城乡转型与乡村地域系统、精准扶贫与乡村振兴、农业地理工程与人地系统科学等前沿领域，积累了丰富的研究与应用经验。此外，他领衔建立了覆盖全中国的五大类综合地理工程研究基地，有效推进了土地工程技术的示范与应用，引领农业与土地工程研究逐步走向深入和国际化。刘彦随及其团队在土地利用配置、乡村地域系统和人地系统科学理论发展方面取得了显著成就，为中国农村土地制度改革、精准扶贫、城乡融合、乡村振兴战略的决策与实施等提供了有力的科技支撑和服务。他的专业精神和

  作者介绍：周国华（1965—　），男，湖南娄底人，湖南师范大学地理科学学院教授，中国地理学会会员（S110002289M），研究方向为区域发展与国土空间规划，乡村地理与城乡转型。E-mail: uuy828@163.com

不懈努力赢得了广泛认可，先后获得全国脱贫攻坚奖创新奖、国际地理联合会杰出地理实践奖、第三届全国创新争先奖等荣誉。

二、创作背景及主要内容

"中国新时代城乡融合与乡村振兴"这一论文发表于2018年，正值改革开放40周年，中国特色社会主义进入新时代之际，社会的主要矛盾已经转化为人民日益增长的美好生活需要和不平衡不充分的发展之间的矛盾，经济转型升级、社会结构变革、城乡关系重构等多重机遇与挑战并存。在此背景下，"城乡发展不平衡、农业农村发展不充分"成为制约我国经济社会持续健康发展最为突出的结构性矛盾。解决"三农"问题、实现乡村全面振兴，既是推动经济社会全面发展的战略选择，又是体现历史担当和为民情怀的必然要求，承担促进国家发展、区域协调与城乡融合的重要使命。"中国新时代城乡融合与乡村振兴"一文从地理学视角出发，深入剖析了新时代中国城乡融合与乡村振兴的现状、问题与挑战，并提出了相应的理论框架和实践路径，旨在从地理学视角为新时代中国城乡融合与乡村振兴提供理论参考和实践指导。这不仅是对地理学科理论知识的丰富和完善，也是对现实问题的深入剖析和及时回应，深刻体现了地理学研究在服务国家战略需求，特别是在城乡融合和乡村振兴领域的重要作用和应用价值。

首先，文章在深入剖析地理学经典理论的基础之上，提出了地理学视域下城乡融合与乡村振兴的理论认知体系。文章以吴传钧先生提出的人地关系地域系统理论和陆大道院士提出的"点-轴"理论为基础，延伸出城乡融合系统和乡村地域系统概念，提出了理解现代城乡关系、透视乡村发展问题的新认知。并创新地提出中国乡村振兴多体系统和多级目标，认为乡村振兴需要着眼于城乡融合体、乡村综合体、村镇有机体、居业协同体等构成的乡村地域多体系统。其中，城乡融合系统是实施乡村振兴的重要前提，乡村综合体是乡村振兴的根本基础，村镇有机体是乡村振兴的重要载体和支撑，居业协同体是村镇人居业融合的高级形态，是乡村振兴的战略支点与重要增长极。论文同时指出，实施乡村振兴战略，重在实现乡村振兴多级目标，即从边缘到中心，由城乡基础网、乡村发展区、村镇空间场、乡村振兴极所构成的"网-区-场-极"多级目标体系。

其次，文章基于翔实的数据深入剖析了当前我国城乡发展差距增大、农业发展压力加大的现实问题，并概括出乡村地区"五化"难题，即农业生产要素的非农化、农村社会主体的老弱化、村庄建设用地的空废化、乡村地区深度贫困化、农村水土环境污损化等。基于现实问题导向，进一步提出中国新时代城乡融合与乡村振兴认知、规划和实施的科学途径。在乡村振兴科学内涵方面，提出坚持农业农村优先发展，按照产业兴旺、生态宜居、乡风文明、治理有效、生活富裕的总要求，推进经济建设、生态文明建设、文化建设、政治建设与社会建设。在乡村振兴逻辑思维方面，认为当代乡村振兴宜以县域为对象、以村域为单元、以农户及企业为细胞、以一定区域乡村人居业形态为依据，按照"自下而上"的序次，科学甄别居业协同体，构筑村镇有机体，优化乡村综合体，创建城乡融合体；按照"由点到面"的层次，科学识别乡村振兴极，界定村镇空间场，划分乡村发展区，配套城乡基础网。在乡村振兴规划评估方面，提出建立健全中国乡村振兴"区-类-级"三级规划体系，并从乡村振兴率或居业协同度出发创新乡村振兴评估体系。在乡村振兴实施机制方面，建立乡村振兴战略国家指导、省级统筹、县市落地的组织管理体系，引进企事业单位、农户、社会团队广泛参与乡村振兴的双创激励机制，推进形成多主体联动、多利益协调、多部门协作的新时代乡村振兴新格局。

最后，依据前文梳理与分析，展望城乡融合与乡村振兴研究的重要主题和前沿课题。刘彦随研究员认为，在创新发展人地关系地域系统理论的基础上，地理学理应发挥学科优势，推进理论导向的机理解析、目标导向的战略探究、问题导向的模式探索的"三位一体"综合研究，创建乡村振兴地理学研究体系，创新发展中国乡村科学或乡村学。当前应重点围绕城乡融合系统、乡村地域系统、乡村振兴地域多体系统，深入开展乡村地域类型与机理、乡村振兴规划与决策、村镇地域功能与分类、居业协同体系与模式等前沿问题研究。论文强调推进新时代城乡融合与乡村振兴应面向需求、深化创新，为加快构建城乡融合发展体制机制和政策体系，全面推进国家乡村振兴战略提供了科学依据。

三、学术贡献

伴随中国经济的飞速发展和城镇化的快速推进,城乡发展失衡和农村地区衰退现象渐显,如何在保持经济社会高质量发展的同时有效推动城乡融合与乡村振兴,已成为当前中国面临的重要挑战。基于对现实问题的深刻理解和敏锐把握,论文聚焦于城乡融合与乡村振兴这一核心议题,明确了城乡融合与乡村振兴的对象即乡村地域多体系统,为未来我国城乡发展的理论认知和实践发展探明了方向;论文提出了以城乡融合系统优化重构为核心的多级目标体系,为不同类型地域的乡村振兴实践提供差异化路径和精细化方法;论文强调乡村振兴地理学研究应着眼于乡村地域系统的复杂性、综合性、动态性,注重地理学与其他学科的交叉集成,强化专业研究与实践应用的横向联合,进一步深化乡村地理学的研究领域和实践价值,为乡村振兴地域实践及科学研究提供了创新思路与有益方法。该论文因其突出的学术价值和实践意义,获得了学界和业界的广泛认可,中国知网引用和下载次数分别达2 669次和101 785次(截至2024年5月19日),并于2021年被评选为第六届中国科协优秀科技论文。

刘彦随研究员及其团队紧扣城乡关系和乡村振兴这一主题,相继发表了Revitalize the world's countryside(*Nature*,2017年第548卷)、"中国乡村地域系统与乡村振兴战略"(《地理学报》,2019年第12期)、"中国乡村振兴规划的基础理论与方法论"(《地理学报》,2020年第6期)、"中国乡村发展进程与乡村振兴路径"(《地理学报》,2021年第6期)等高水平论文,逐步形成了乡村振兴基础理论、总体战略、规划技术、实践路径等较为完整的研究体系。相关研究不仅为当前中国及其他发展中国家的城乡融合与乡村振兴提供了理论支撑和实践指导,也为地理学及其相关学科的创新与融合发展做出了积极贡献。

新时代地理复杂性的内涵

宋长青 [1,2]，程昌秀 [1,2,3]，史培军 [1,2,3]

（1. 北京师范大学地表过程与资源生态国家重点实验室，北京 100875；2. 北京师范大学地理科学学部，北京 100875；
3. 北京师范大学环境演变与自然灾害教育部重点实验室，北京 100875）

摘要：20 世纪以来，经地理学者不断探索和努力，地理学已经形成了其特有的学科特征。首先，从认知方法和思维角度，阐述了新时代地理学所面临的困境；从新技术、新秩序、新数据、新方法以及新动因等方面，诠释了地理学的新时代特征。其次，针对地理区域性的新内涵和地理综合性研究所需的新方法，提出了复杂性研究是地理学成功的新路径，并认为复杂性是地理学研究的第三特征。再次，重点讨论了地理研究存在的空间复杂格局、时间复杂过程和时空复杂机制，进而解释了地理复杂系统的基本概念，并就地理复杂系统的核心问题提供了相应的研究方法。最后，提出了新时代地理学面临的新挑战和新要求。

关键词：地理复杂性；空间复杂格局；时间复杂过程；时空复杂机制；地理学新内涵

DOI: 10.11821/dlxb201807002

1 前言

无论是自然科学还是社会科学，其核心任务是探索、认识、理解自然现象和社会现象的发生、发展、变化规律、动力机制及演化趋势，并将其成果形成概念、理论、方法和技术为中心的知识体系。长期的知识积累形成了别具特色的学科，众多学科构成了人类体系不同的特定单元。学科在长期发展过程中不断完善自身，成为认识自然和社会的重要工具，不同的学科以其固有的特征在认识自然和社会过程中起到不可替代的作用，并使其经久不衰而流传至今。作为认识世界的重要工具之一，地理学有着哪些与众不同的特征？

地理学是研究陆地表层自然和人文要素时空变化规律的学科[1]。其研究对象包括自然要素：水文、土壤、气候和生物，人文要素：政治、经济、文化等。从要素的组成特征可以概括为：单要素（如水文）、多要素（如生态水文）和全要素（如流域系统）。地理学科研究的问题包括：地理要素的空间分布规律——空间格局；地理要素随时间的变化——时间过程；地理要素变化的动力关系—驱动机制[1]。地理学科的首要特征是区域性。而且，区域性是地理学作为学科存在的基础[2]。尽管有些学科也针对陆地表层自然要素和人文要素开展大量研究且取得了丰富成果，但是与地理学有所不同，这些学科一般更加注重要素的时间过程，而忽略了空间距离、空间环境和空间格局对要素变化的影响。地理学以其独特的区域视角，不可替代地从空间视角描述、解释陆地表层要素的变化规律。与地理区域性相对应，经典地理学还具有另外一个重要特征是综合性。在任何物理空间中陆地表层特征都是由多个要素共同作用的结果，理解不同尺度地理区域要素之间的相互作用，以及在空间上表现的整体特征都是地理学综合研究的核心任务[2]。基于综合研究对陆地表层理解的重要意义，地理综合性研究将引领地理学发展的未来。与数学、物理、化学等纯基础学科相比，地理学以陆地表层自然、人文为研究对象，并在规律性认识的基础上服务于社会，从而体现出地理学具有较强的应用性，应用基础研究的学科性质决定了其发展过程很大程度受社会需求的牵引。

如上所述，经典地理学形成了其特有的学科特征，随着社会的进步，今天的地理学发展面临着什么问题？应该选择怎样的走向？在当今社会对地理学需求如此旺盛的情势下，地理学、地理学家应该回答这些问题。

2 地理学发展面临的时代困境

以学科群整体提升为代表的科学进步对地理学提出了新要求。社会精细化、多层次的社会需求对地理学提出了新期待。新时代创造的新环境驱使地理学发生了新变化，面对这些新情势，如何认知当今地理学的学科发展能力、社会服务能力以及对相邻学科发展的带动能力是当今地理学家无法回避的新问题。

2.1 困境1：传统地理区域认知方法无法客观表达地理区域快速变化的事实

与其他学科有所不同，地理学的核心任务之一是理解、表达地理空间的差异特征，即地域分异规律，因而形成了地理学的区域性学科特征。传统地理学通过对长时间序列的观察和推演，归纳总结陆地表层环境要素的变化幅度、变化节律，形成对区域特征的宏观认识，并基于不同的区域原则，为人类认识陆地表层自然要素、人文要素以及多要素综合特征提供基础，形成刻画陆地表层"稳态"特征的方法体系。随着人类活动的强度、范围和方式的不断扩展，陆地表层环境的"稳态"变得越来越脆弱。全球变化概念的提出，以及大量的研究成果表明，陆地表层环境变化在人类活动影响下出现了单调的演化趋势（图1）。认识变化的趋势、速度，理解陆地表层环境要素演化的驱动关系、演进模式成为地理学研究的新课题。

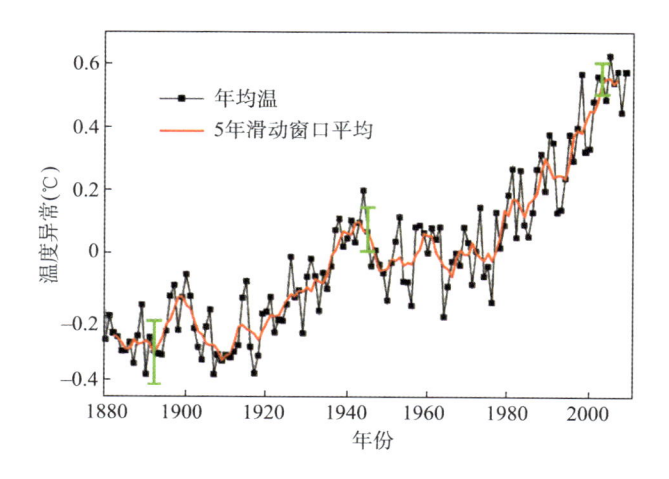

图1 人类活动影响下单调的陆地表层环境变化演化趋势[3]

Fig. 1 Amonotonous land surface environment evolution trend under the impact of human activities[3]

2.2 困境2：传统区域综合认知方法解释区域整体结构的内在本质受到局限

地理区域是由陆地表层环境要素和人文要素组成的复杂综合体，多年来地理学家力求从综合的角度认识和理解地理区域形成、变化的内在机制，基于这一基本任务形成了地理学综合性的特征。所谓地理综合特指在地理区域中多种环境要素相互作用下形成的区域整体特征，并在此基础上认识其变化规律。传统地理学在认识区域地理要素的基础上，进行环境要素的机械叠加，通过罗列区域多要素进行区域综合特征的表达[4]。然而，这种对地理要素的简单罗列并不能表达地理综合的真实特征，在很大程度上忽略了要素的内在关联和相互作用关系。因而，现有的区域综合性研究在区域要素之间的作用关系、区域整体结构的形成演化，以及区域综合特征的整体表达等方面尚存着明显的不足。

2.3 困境3：传统思维方式难以从系统的角度阐释结构复杂、变化多样的地理区域变化规律

作为地理学研究的对象，陆地表层是由多尺度、多结构、多过程构成的自然—社会系统[5-7]。但是，近代地理学沿袭了自然科学研究"还原论"经典的思维逻辑，将陆地表层相互作用的要素逐级分解进行研究，并形成对地理环境要素时、空格局和变化规律的总体认识，对地理系统的认识通常局限于区域多要素的罗列和叠加，对地理结构的层级、物质和能量关系研究尚没有找到更好的办法。当今的研究发现，陆地表层是一个动态变化、非线性特征明显、空间相互作用显著、时间紧密连续的复杂系统。完全采用"还原论"的思维和方法体系无法准确理解地理事实。建立系统思维、从"整体论"逻辑出发、引入复杂性科学的概念是解译地理系统的最优选择。

3 地理学面对的新时代

时代的更迭体现在思维方式、追求目标、实现路径以及周边环境的全新变化，新时代应有明确、具体、兼具继承体现创新的新内涵。地理学的新时代是指当今地理学研究的新环境、新任务、新思维和新方法等，与以往相比有不同的、明确的内涵。本文从以下几个方面阐述地理学的新时代特征。

3.1 "新技术"涌现地理学研究的新观念

随着科学技术水平的整体进步，科学研究的理念发生了巨大的变化，科学问题的提出和解决不得不考虑技术进步所提供的支撑条件。事实上，随着技术的进步不断地改变了科学研究的观测、探测能力，改变了时间、空间观念，改变了研究对象的认识能力。技术进步正在很大程度上改变着地理学界的思维观念。

新交通技术进步彻底改变可移动自然、人文要素的空间运送成本和运送速度，在空间布局上突破了资源和环境条件的空间约束。例如，20世纪中叶，煤炭工业的布局受煤矿资源分布的约束，而钢铁工业的布局受铁矿及煤炭资源分布的约束。另一方面，由于交通技术的进步加速了自然、人文要素的空间流动速度和范围，造成了自然、人文和社会要素的空间组合发生了根本性变化。

互联网、移动互联网技术彻底改变人类的沟通效率、交流方式，丰富了科学家研究的数据资源。沟通速度的提升、信息融合与加工能力的增加，提升了描述人类空间行为的能力和精度，导致了地理空间格局的演化速度和结构特征发生根本性变化。由于交流方式的改变，如多方隔空会面的实现，减少了人类沟通的情感障碍，增加了交流内容，提升了合作机率，为综合认识地理过程提供了情景准备。由于网络化社会产生了丰富的自然和人文要素的数据资源，使得人类能够观察到更多的人文、自然要素变化指标，为地理学家开展综合、系统研究提供了数据基础。

物联网技术出现在很大程度上丰富了地理学研究的方法体系，促发从模式思维向数据思维转变。地理学面临的三大核心问题：格局、过程和机制，三者是连续的整体，其中地理过程的认识是关键。格局依赖过程加以解释，机制是对过程的动力学刻画。物联网技术的产生能快速、实时地对人文和自然地理要素进行高密度的监测，提供多要素的、连续的时间和空间数据体系，从而，突破稀疏数据简单条件的、依赖模式思维的限制，因此，可以利用具有地理意义的、多源的数据体系开展地理时空格局和过程研究新尝试。同时，丰富的数据资源为开展地理系统、地理过程非线性研究提供可能。

21世纪，人工智能技术将改变人类社会及人类认识自然和社会的各个领域。陆地表层系统是一个复杂特征明显的地理系统，在相当的一段时间里科学界尚无法彻底解译其内在的演化机制，在小数据和大数据的共同支持下，利用人工智能技术，从系统科学思维理念出发，有可能更加清晰地认识地理系统的变化规律。

3.2 "新秩序"产生地理学研究的新视野

全球治理体系和国家治理政策的变革直接影响地理学研究命题。殖民时期国家突破了边界限制，促成了生产资料和产品大规模的空间流动；经济全球化时代创建了国际共同遵守的国际经济秩序、国际金融秩序、国际贸易秩序等[8]，促进了全球产业分工；"一带一路"倡议的提出，将进一步改变地区，乃至全球的既有秩序，改变自然和人文要素的地理格局。随着中国政府对生态环境建设和绿色发展理念的建立，地理学研究在认识地理过程的同时，更强调地理学社会实践功能，相应地理学研究尺度、研究内容、研究方法都会随之发生变化。

3.3 "新数据"出现地理学研究的新思路

随着定位自动观测、对地观测和网络技术的迅速发展，使得地理学的研究数据呈指数增长，地理学研究从数据稀疏进入数据稠密时代。地理学在定性描述研究、定量动力刻画的基础上，为开展地理系统研究、地理复杂特征研究提供了丰富的数据基础，为揭示地理区域综合本质特征提供了可能。

3.4 "新方法"创造地理学研究的新途径

地理学科是一门古老的学科，从郦道元所著《水经注》就有了对地理要素的描述，其发展已有逾千年的历史。科学发展进入实验阶段，从地理学的实验特征进行考证也有逾百年的历程。自20世纪50年代系统科学概念提出以来，地理学系统思想的提出也已接近半个世纪。如今复杂性科学的产生，大数据的出现，人工智能方法的拓展，有可能为破译复杂的地理系统提供新的途径。由于地理学是侧重区域差异研究的学科，不同区域研究的深度不同，地理学正在采用不同的方法论体系，如经验、实证、系统仿真的研究范式。随学科发展的需要和社会需求对地理学提出新的要求，地理学正在不断拓展新的方法。随着地理学方法的拓展，认识地理过程、理解地理机制的水平将会有很大的提高。

3.5 "新动因"提出地理学研究的新要求

地理学是一门尺度依赖的学科，不同尺度地理格局的表现方式和表现内容不同；不同尺度的地理过程时空特征和演化序列不同；不同尺度的地理格局、地理过程的驱动因子不同。一般而言，小尺度、简单的地理要素格局与过程研究以外动力作为驱动因子加以解释；大尺度、复杂的地理要素格局与过程研究以内动力和外动力耦合、外动力和人类活动耦合作为驱动因子加以解释；多尺度、复杂地理系统格局与过程研究以内、外动力以及人类活动作为共同驱动因子加以解释。由此可以看出，地理机制的认识过程，应从要素的复杂程度、格局的尺度、过程的尺度和动力因子的耦合作用关系加以理解。

总而言之，"地理学的新时代"是有特定内涵的概念，是新技术环境、新数据支持、新方法探索、新动因分析的共同组合。

4 新时代地理学的新特征

区域性、综合性是传统地理学的两个核心特征，同时，也是地理学区别于其他学科的本质特征。随着地球环境的变化，表现在陆地表层的状态也随之发生了新的演化规律，更加凸显出其复杂性的本质。与其他学科相比，地理"复杂性"已成为新时代地理学的核心特征之一。

4.1 多要素的地理格局快速变化增添了区域性的新内涵

地理学研究核心任务之一是研究自然、人文地理要素在时间、空间的分异规律。针对区域研究的地理要素可以分为单要素、多要素和全要素。传统的地理区域格局研究的基本思路是利用多年观测数据的均值，刻画区域自然和人文要素的"稳态"特征，其理论假设是环境变化围绕中值波动。例如，气候区划、植被区划、水文区划、土壤区划、灾害区划[9]以及大量的人文要素区划等形成了对区域格局的整体认识。然而，大量研究事实表明，自然环境变化在特定的时间尺度上呈单调变化趋势；人类活动强迫自然环境变化同样呈单调变化趋势（图1）；人类的生产、生活造成空间过程在一定时间尺度内也呈单调变化趋势。这一事实对传统区域差异划分的理论假设提出质疑，客观事实对地理区域研究提出了新的要求，即如何从变化的角度开展区域研究，这方面已有一些研究成果[10]。另一方面，已往的研究更多注重单一要素的区域格局研究，无法刻画区域内多种环境要素相互作用、相互依存的事实。因而，往往造成环境要素空间特征表达的本质冲突。更重要的是传统的地理区域研究忽视了环境要素相互作用的内在机制。

新时代的地理区域研究应从多尺度、多要素角度开展研究，且考虑到区域环境的动态过程和演化机制的分异规律。

4.2 多要素相互作用的地理综合研究需要新方法

综合性是地理学的学科未来。如果说区域性是地理学的本质特征，综合性则是地理学的存在与发展的重要标志。相对综合性而言，区域性的研究原则和认识方法相对容易，而综合性的研究直接影响着区域研究水平的提升和进步。纵观已有研究，可将综合性研究分为如下几个演化阶段：

阶段 1：针对特定自然和人文区域，对自然和人文要素进行区域内罗列，如中国东北地区农业物产特征，包括大豆、玉米、水稻等。

阶段 2：基于 GIS 技术，将特定地理区域内环境要素进行空间叠加，对区域内环境要素进行空间定位，在一定程度上表达多要素在空间的叠加关系和综合特征，如中国作物分布与气候的分区的叠加关系。由于缺乏要素相互作用关系的定量研究，机械叠加往往造成要素间存在空间错位，从而不能准确表达其空间分布的本质特征。

阶段 3：考虑特定区域多个核心要素之间的相互作用，建立具有表达要素之间动力学联系的、反映区域要素特征内在本质联系的综合，如生态—水文相互作用、土壤—水文相互作用。在国家自然科学基金项目的支持下，地理学者开展了黑河流域的生态—水文多要素间的集成研究，取得了大量成果[11]。

阶段 4：基于复杂性的系统区域综合研究。基于系统思维、复杂性方法，对特定区域进行整体认识。时至今日，在地理系统的结构认识和复杂性方法探索方面还处于尝试阶段，然而，这是地理学最重要的努力方向。

地理学是一门研究时空分异与多尺度综合的学科，分异是基于地理异质性的客观事实，综合是表达特定时空尺度的地理要素和结构的有机联系。在处理相对异质与相对均质的地理现象时应顾及尺度的效应，在特定尺度条件下，通过尺度扩展理解异质与均质地理现象[12]。

4.3 系统"复杂性"研究将成为地理学发展的新路径

复杂性是新时代地理学的新特征，它将深刻影响地理学的发展与走向。地理学复杂性集中体现在陆地表层系统的多个方面：① 巨系统：从点到区域，到国家，最后到全球。② 复杂系统：天、地、生、人都是陆地系统的范畴。③ 多尺度系统：研究尺度有城市、区域、全球。④ 组织结构复杂：有城市、城市边缘区、省区。⑤ 驱动的关系复杂：地理要素之间的驱动关系极其复杂，例如，在陆地表层系统的有些区域尚不清楚水分、土壤和生态之间的驱动关系。⑥ 演化趋势具有强烈的不确定性：陆地表层系统中一个微小的变化可能改变系统的整体演化趋势，例如，滑坡的发生等现象。诸如上述问题不胜枚举，传统地理学方法在解决类似问题时显得力不从心，系统"复杂性"研究方法的引入和创新，将从系统的角度解决地理学长期无法完美解决的地理区域综合问题。因而，我们期待着在认识地理"复杂性"的同时，通过复杂性科学方法的探索，拓展地理学发展的新路径。

4.3.1 新时代空间格局的"复杂性"

空间格局的复杂性体现在从传统的静态格局向动态格局转变，从要素格局向系统格局的转变（图2）。传统地理学善于刻画区域的稳定状态格局，一般采用30~50年的观测数据通过平均值刻画区域的状态特征，所表达的格局特征基于平均的、静态的。事实上，无论是自然界还是人类社会均处在千变万化的动态中，尤其是工业化以来引发的全球环境变化加剧了这种动态的变化趋势，因此新时代地理学将从传统的静态格局进入动态格局的研究，更主要是通过"新技术+新方法=综合"，实现思维的转变。令人遗憾的是真正的综合集成研究尚面临着巨大的困境。

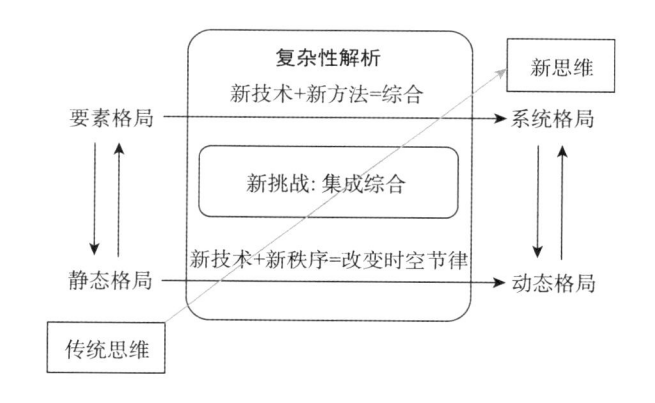

图 2　新时代空间格局"复杂性"思维的转变

Fig. 2　A thinking change about complex spatial pattern in new era

4.3.2 新时代时间过程的"复杂性"

地理现象的外在表现是多种内在因素相互作用的结果，随着时间和空间变化的格局构成了地理区域过程，同时，过程本身又是多种动因共同作用的结果，因而，从现象—过程—动因隐藏着众多的复杂性特征（图3）。早期地理过程通过时间窗口表达时间过程。随着模型模拟技术的进步，科学家找到了动力学表达过程的方法，从而实现了用动力学方程表达连续的时空地理过程。然而，客观的地理世界并非完全是线性、可解析的，存在着大量动力学方法无法表达的不确定性变化、不连续突变、混沌的非线性过程。解译这些复杂地理过程，除了采用动力学方法、模拟仿真方法以外，还应该引进、吸收和创造复杂性科学方法表达复杂地理过程。

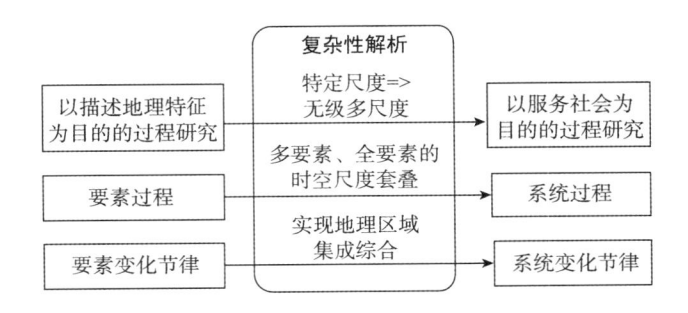

图 3　新时代时间过程"复杂性"思维的转变

Fig. 3　A thinking change about complex time process in new era

4.3.3　新时代时、空变化机制的"复杂性"

地理学复杂性不仅体现在地理格局和过程变化方面，同样体现在影响变化的机制方面。推动地理过程变化的驱动力有 3 类：① 自然驱动：由于地球本身内外变化，以及宇宙空间环境变化造成的对陆地表层系统的驱动。如地壳运动导致的造山运动、火山喷发等地球内动力，日地环境变化导致的风、温、湿、压等变化的地球外动力。内、外动力共同构成了影响地理过程变化自然动力源，驱动着陆地表层环境变化周期、幅度和范围。② 人类活动驱动：由于人类生产、生活活动直接和间接的影响导致对陆地表层系统的变化。如由于人类对土地利用方式、强度、范围的改变等直接影响。另外，由于人类对化石能源的开采和使用，造成大气成分改变，从而导致了地表热量的固有状态和分布格局的变化，间接影响着陆地表层变化系统各要素间的驱动关系。③ 人地叠加驱动：大量研究事实表明，陆地表层过程是由自然和人文驱动力共同作用的结果。工业革命以来，人类活动的强度日益增加，表现在陆地表层系统变化过程中，长尺度变化以自然驱动为主，而短尺度变化则以人类活动驱动为主。两种驱动力共同作用使地理过程变化的机制更加复杂，因而引发了陆地表层系统变化归因研究这一热点领域。

陆地表层系统中多个独立元素在相互作用过程中会产生叠加效应，即整体大于部分之和。从系统科学思路的研究出发，可以揭示叠加效应的多元特征，理解地理区域格局与过程变化规律的本质，从而丰富地理学解译格局和过程的方法体系。为此，针对不同尺度的地理现象研究增加认识过程的新方法，如对微观过程可采用线性的动力研究方法，对宏观过程可采用非线性的复杂性科学的研究方法。

由此可见，地理复杂性在陆地表层系统变化过程中比比皆是，激发了我们从复杂、复杂性和复杂系统角度思考、理解和认识未来的地理学研究。

5 复杂地理系统

5.1 复杂地理系统的认识论

如前所述，陆地表层是一个客观存在的复杂地理系统，具体表现在地理要素的时空复杂性、要素相互作用的复杂性和驱动机制的复杂性。一方面，在科学理念上整体论的思维方式为开展复杂问题研究奠定了思想基础；另一方面，学科方法论体系的不断完善为开展系统研究和复杂系统研究提供了可能，如系统论、信息论、控制论、耗散结构理论、突变论、协同论等。地理学发展至今面临着综合研究难以突破的困境，如逆水行舟不进则退，因而，无论从学科发展角度，还是从社会服务角度，都需要地理学建立"复杂性"研究的认识论体系。地理复杂性研究将成为引领地理学发展的重要路径之一。

5.2 理解复杂系统

系统可以分为简单系统、复杂系统和随机系统（表1）。简单系统的特点是：要素比较少，要素组织层次比较清晰，可以用较少的变量加以描述。要素关系相对独立、可预见、可组织，通常可以用牛顿力学进行解析。复杂系统的要素间具有强烈耦合作用特征，但可理解、可调控、可用非线性的方法进行表达。对于随机系统而言，尚无法准确描述其时间、空间过程及动力作用关系，对地理学而言，尽管暂时无法解析随机系统的内部规律，但是，在一定程度上能够判定系统随机行为的存在。

表1 简单系统、复杂系统与随机系统的对比
Tab. 1 Comparison of simple systems, complex systems and random systems

	简单系统	复杂系统	随机系统
组织结构	简单，要素特别少，用少数的变量描述	复杂，要素数目很多	元素和变量数很多
组织次序	次序清晰	次序不清晰	无次序
要素关系	要素独立运行，可预见，可组织	要素间强烈耦合作用可理解、可调控	要素间的耦合作用微弱，呈随机状态
研究方法	可以用牛顿力学解析	复杂性非线性方法表达	统计的方法认识

复杂系统是具有非线性演化特征的系统。针对地理学研究的非线性对象可以是独立的地理要素,也可以是多个地理要素共同作用表现的非线性。① 基于复杂性研究的非线性主要是指不能用简单线性方程表达的变化,即存在着突变;② 复杂系统旨在刻画对象的整体变化行为,一般认为系统内部存在着独立运动的基本单元;③ 系统通过学习、进化过程产生自适应行为,构成系统演化过程。

看似杂乱的复杂系统通过自组织行为,产生从无序变成有序、从有序变为无序的进化能力。相对于系统的自组织过程,同样存在着系统的他组织过程,当然也存在着无组织过程。如自由恋爱是自组织过程,父母包办是他组织,通过中间人介绍的自由恋爱则是他组织转变为自组织过程。所以,自组织可以概括为无须外界特定指令而能自行组织、自行创生、自行演化,能够自主地从无序走向有序,形成具有结构系统的行为。他组织是不能自行组织、自行创生、自行演化,不能自主地从无序走向有序,必须通过外界推动力实现无序到有序的行为。一般而言,复杂系统研究以自组织思路开展,在很多地理现象中,地理系统是接受强迫之后发生变化,整体过程似乎是他组织,而内部结构变化似乎是自组织过程。

6 复杂地理系统的核心问题与研究方法

借鉴复杂系统研究的特点和方法,从复杂地理系统的视角,应明确如下核心问题:① 通过自组织能力识别,判断具备复杂系统的条件;② 明确复杂系统演化的动力;③ 明确系统状态演化过程及其驱动机制;④ 复杂系统内部结构的演化过程。

随着复杂性科学研究的不断深入,科学家针对复杂系统研究开发了一系列的研究方法(图 4)。耗散结构理论提供复杂系统通过自组织行为从无序到有序发生的判定条件的重要方法。耗散结构理论强调远离平衡态的非线性开放系统,通过不断地与外界交换物质能量,在系统演变内部混合参量达到一定的阈值时,系统发生突变即非平衡相变的行为,由初始的混沌无序状态转变为一种在时间上、空间上或功能上的有序状态。

协同理论是刻画复杂系统演化动力过程的重要方法,探讨系统要素、单元和结构从无序到有序的动力过程。协同论强调通过系统要素竞争,协同实现从无序、无主控要素和规则的过程,到有序、出现主控要素和规则的演化过程。这种主控要素和规则称为序参量,一个系统演化到一定阶段可以是一个序参量或多个序参量。微观研究用常规动力学的方法进行解释,但是宏观研究则是用复杂系统的方法进行解释。序参量的出现能破解子系统和系统要素的结构关系,同时,能够解释从无序到有序的支配关系。

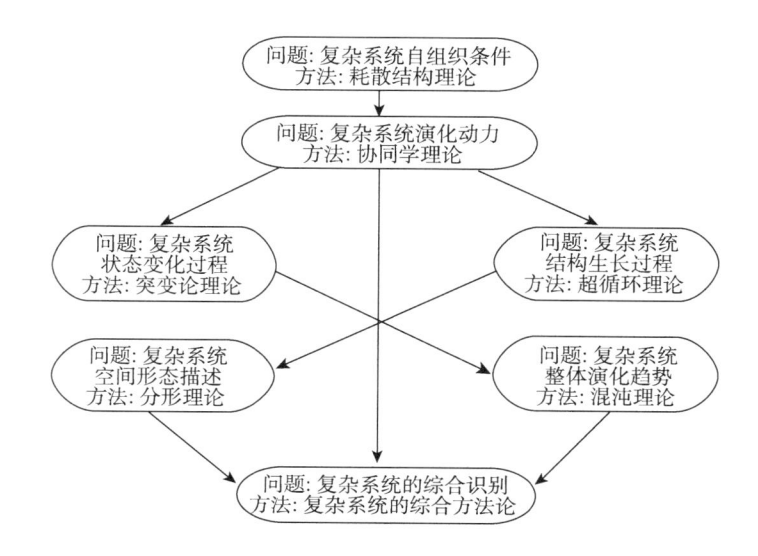

图 4　复杂地理系统的核心问题与研究方法

Fig. 4　The core problems and corresponding research tools of complex geographic systems

突变理论是用形象而精确的数学模型刻画复杂系统连续性中断的质变过程的重要方法。突变也是系统非线性特征的一种体现，无论是简单系统还是复杂系统都可能产生突变。突变理论通常研究系统发生的突变条件、突变位置、突变路径及其出现的可能性即突变概率。同时，可以根据条件逼近探讨可能的突变路径。因此，突变理论具有研究复杂系统演化的功能。

超循环理论是探讨复杂系统多层次、多要素、多过程循环行为而造成系统的结构生长过程的重要方法。地貌隆升—侵蚀循环过程是典型的超循环过程。超循环具有结构的自我复制功能，系统自我复制功能，系统自适应功能，系统自进化功能。超循环使系统远离处于中值的平衡态，非线性特征也越来越强。当系统在临界点发生突变，系统又会进入一种新的平衡态。所以有序和无序是指现有状态本身要素之间的关系衡量，不是一个状态和前一个状态来衡量。

分形理论是描述复杂系统空间形态的重要方法。分形是指系统某个层次的组织结构以某种方式与整体相似，例如，水系、海岸线。分形通过分维数度量空间对象的不规则程度和整体特征，例如，根据海岸线的分维数，可推算出不同测量尺度下海岸线的长度。

混沌理论是探索复杂系统整体演化趋势的重要方法。混沌现象产生于对初值敏感的复杂系统中，如果系统的初值稍有偏差，可能导致系统演化趋势发生很大的偏移。尽管系统演化趋势偏移会让系统显得很混乱，但混沌理论可以从中认识系统演化规律。混沌是非线性的、独立的、内在的过程，且具备固有的性质。混沌系统貌似随机，但是可被预测。大气科学中应用混沌理论通过不断修正既有状态对天气现象进行长期预测，尽管还不是很精确。地理系统中存在诸多类似的现象，但是我们尚未学会应用这一理论解决复杂的地理学问题。

7　地理学面临的新挑战

新时代，地理复杂性研究面临诸多挑战：

挑战 1：如何界定地理系统的复杂性？如何标定复杂的地理系统？在许多传统地理学理论问题尚未解决的今天，研究复杂地理系统是一个巨大的挑战。

挑战 2：如何划分复杂地理系统的独立单元及单元的行为方式？复杂系统研究一般被认为是独立单元的相互作用过程。地理学应该选择网格化方法，还是将地理实体抽象为均质颗粒进行研究，这些方法究竟能表达怎样的地理事实？

挑战 3：如何界定复杂地理系统结构？从陆地表层自然和人文要素划分？还是从空间结构划分？抑或从地理功能单元划分？

挑战 4：在表征复杂系统的众多指标中，针对复杂的地理系统如何选取？选取的依据是什么？在科学上和社会实践中具有什么作用？

新时代，为地理学提供新环境，对地理学提出新要求，学界同仁理当拥戴伟大的地理学，充满信心，发挥地理学的时代光彩。

参考文献

[1] Song Changqing. On paradigms of geographical research. Progress in Geography, 2016, 35(1): 1-3. [宋长青. 地理学研究范式的思考. 地理科学进展, 2016, 35(1): 1-3.]

[2] Fu Bojie, Leng Shuying, Song Changqing. The characteristics and tasks of geography in the new era. Scientia Geographica Sinica, 2015, 35(8): 939-945. [傅伯杰, 冷疏影, 宋长青. 新时期地理学的特征与任务. 地理科学, 2015, 35(8): 939-945.]

[3] Hansen J, Ruedy R, Sato M, et al. Global surface temperature change. Reviews of Geophysics, 2010, 48: 1-29.

[4] Song Changqing, Leng Shuying. Some important scientific problems of integrative study of Chinese geography in 5 to 10 years. Acta Geographica Sinica, 2005, 60(4): 4-6. [宋长青, 冷疏影. 21世纪中国地理学综合研究的主要领域. 地理学报, 2005, 60(4): 4-6.]

[5] Qian Xuesen, Yu Jingyuan, Dai Ruwei. A new discipline of science: The study of open complex giant system and its methodology. Chinese Journal of Nature, 1990, 13(1): 3-10. [钱学森, 于景元, 戴汝为. 一个科学

新领域: 开放的复杂系统及其方法论. 自然杂志, 1990, 13(1): 3-10.]

[6] Huang Bingwei. On earth system science and sustainable development strategy(I). Acta Geographica Sinica, 1996, 51(4): 350-354. [黄秉维. 论地球系统科学与可持续发展战略科学基础(I). 地理学报, 1996, 51(4): 350-354.]

[7] Wu Chuanjun. On the core of research in geography: The geographical system of human-earth relationship. Economic Geography, 1991, 11(3): 1-5. [吴传钧. 论地理学的研究核心: 人地关系地域系统. 经济地理, 1991, 11(3): 1-5.]

[8] Song Changqing, Ge Yuejing, Liu Yungang, et al. Under taking research on belt and road initiative from the geo-relation perspective. Geographical Research, 2018, 37(1): 3-19. [宋长青, 葛岳静, 刘云刚, 等. 从地缘关系视角解析"一带一路"的行动路径. 地理研究, 2018, 37(1): 3-19.]

[9] Shen Shi, Cheng Changxiu, Song Changqing, et al. Spatial distribution patterns of global natural disasters based on biclustering. Natural Hazards, 2018, 92(3): 1-12.

[10] Shi Peijun, Sun Bo, Wang Ming, et al. Climate change regionalization in China (1961-2010). Science China: Earth Sciences, 2014, 44(10): 2294-2306. [史培军, 孙劭, 汪明, 等. 中国气候变化区划 (1961-2010 年). 中国科学: 地球科学, 2014, 44(10): 2294-2306.]

[11] Song Changqing, Yuan Lihua, Yang Xiaofan, et al. Ecological-hydrological processes in arid environment: Past, present and future. Journal of Geographical Sciences, 2017, 27(12): 1577-1594.

[12] Wang Jinfeng, Zhang Tonglin, Fu Bojie. A measure of spatial stratified heterogeneity. Ecological Indicators, 2016, 67: 250-256.

Geography complexity: New connotations of geography in the new era

SONG Changqing[1, 2], CHENG Changxiu[1, 2, 3], SHI Peijun[1, 2, 3]

(1. State Key Laboratory of Earth Surface Processes and Resource Ecology, Beijing Normal University, Beijing 100875, China; 2. Faculty of Geographical Science, Beijing Normal University, Beijing 100875, China; 3. Key Laboratory of Environmental Change and Natural Disaster, Beijing Normal University, Beijing 100875, China)

Abstract: Since the 20th century, geography came into being with distinctive disciplinary characteristics by sustained effort of geographers. This paper puts forward predicament from cognitive and thought in the new era, and depicts new geographic characteristics from five aspects: new technology, new orders, new data, new approaches and new driving factors. According to new content of geo-regionality and new approaches of geo-comprehensiveness, the paper proposes that complexity research would be a successful new path in geography, and the complexity would be the third characteristic of geography. Then, the paper details some complex spatial patterns, complex time processes and complex spatio-temporal mechanisms in geography research. Based on the concept of a geographic complex system, this paper presents core issues and corresponding complex research tools. Finally, the paper puts forward new challenges and new requirements for geography in the new era.

Keywords: geography complexity; complex spatial pattern; complex time process; complex spatio-temporal mechanism; new connotations of geography

"新时代地理复杂性的内涵"解读

高培超

物理学家史蒂芬·霍金（Stephen Hawking）于 2000 年初在接受媒体采访时被问到，"有人说，尽管 20 世纪是物理学的世纪，但我们现在正进入生物学的世纪。您怎么看？"霍金回答道："我认为下一个世纪将是复杂性的世纪"（Gorban et al., 2019）。地理学者真正全面认识到地理复杂性始于本文。

一、第一作者简介

宋长青（1961— ），地理学家、二级教授、博士生导师。本科就读于东北师范大学地理学专业，后在北京大学获得自然地理学硕士和博士学位。担任或曾任中国地理学会副理事长、中国地理学会学术工作委员会主任、中国地理学会政治地理与地缘关系专业委员会主任、中国科学与技术协会委员等学术职务，《地理学报》《干旱区地理》、Chinese Geographical Science（《中国地理科学》）、Geography and Sustainability（《地理学与可持续性》）等期刊副主编。多年来聚焦政治地理与地缘关系、区域高质量发展、复杂地理系统领域研究，提出"地理复杂性""区域高质量发展"等概念，强调"地理学研究正在逐步从要素和过程的分离向综合集成方向发展，更加强调解释不同层次地球表层过程发生的机理"；积极推动地理学理论方

作者介绍：高培超（1991— ），男，河南长葛人，北京师范大学地理科学学部副教授，中国地理学会会员（S110014357M），研究方向为陆地表层系统的参量计算与优化调控。E-mail: gaopc@bnu.edu.cn

法研究，研发了区域高质量发展的模拟与优化工具，在地理区域综合研究中取得了系统成果，撰写专著 5 部，发表学术论文 200 余篇。曾任国家自然科学基金委员会地球科学部副主任、北京师范大学地理科学学部部长等职，长期注重开展学科发展战略研究，基于文献计量学与定性相结合的分析方法对学科发展动态和趋势进行科学判断，为中国地理学的快速发展起到促进作用。

二、内容提要

钱学森先生曾于 20 世纪 90 年代指出，地理学的研究对象是与外界有物质能量交换、子系统不计其数且种类繁多的巨系统，呼吁使用"从定性到定量的综合集成法"对其开展研究（钱学森，1991）。而后至今，我国地理学领域迎来了定量化、模型化、快速发展的 30 余年。但以"水、土、气、生、人"要素分解地理系统、基于还原论的方式开展研究，依然是地理学领域的主流。在此背景下，宋长青等学者明晰"地理复杂性"的概念，提倡并践行"复杂地理系统"理论方法建设与实践案例示范，为地理学突破困境提出了新路径。

"新时代地理复杂性的内涵"一文率先建立"复杂地理系统"研究框架，明晰核心研究问题和解决路径，为地理学突围新时代的困境提供了清晰的思路。

论文作者敏锐地识别到，在新技术、新秩序、新数据、新方法、新动因的综合作用下，地理学面对着新的时代，背负着新的任务。作者在论文中指出，传统地理学中对单一要素的格局变化研究已无法满足对区域的深入理解，陷入缺乏新的理论支撑、新的方法工具建设、新的路径突围的困局，亟须从多尺度、多要素、复杂相互作用的角度深化区域性的内涵，亟须从简单的自然-人文综合、要素空间叠加的综合、顾及作用关系的综合、还原论的综合，转向以复杂系统观为基础的、以整体论为思维方式的新综合。作者在论文中呼吁，在地理科学领域建立"复杂系统"思维，率先提出了"复杂地理系统"研究框架，明晰复杂地理系统中存在的自组织条件、演化动力、状态变化过程、结构生长过程、空间形态描述、整体演化趋势、综合识别调控等核心问题，并甄选出耗散结构理论、协同理论、突变论、超循环理论（临界点与非线性）、分形理论、混沌理论（对初值敏感的演化推演）、复杂系统综合方法论等关键研究方法，为地理学突围困境提供了思路。

论文在地理科学领域率先吹响了复杂系统研究的新号角。众所周知，瑞典皇家科学院将2021年度的诺贝尔物理学奖授予"为我们理解复杂的物理系统做出开创性贡献"的三位科学家，而后掀起了各学科引入和研究复杂系统的热潮。而宋长青等学者的论文发表于2018年6月，在地理科学领域对复杂系统研究的呼吁和推动，较上述事件还早三年。"新时代地理复杂性的内涵"一文提出"复杂性"是继区域性、综合性之后的地理学第三特征，对地理学研究者思维转变、地理学研究的跨越发展意义重大。

竺可桢先生曾于1922年发表的"地理教学法之商榷"一文中指出，区域性和综合性是地理学研究的两大特征。一个多世纪以来，这两大特征广受认同，并成为影响地理学研究者思维、地理学研究理论与方法建设的奠基元素。而宋长青等学者的论文提出，"复杂性"是地理学研究的第三特征，是在新时代研究陆地表层中特定区域的自然和人文要素及其耦合体的时空分布格局、演变过程规律、内在动力机制等的关键。

论文从空间格局、时间过程、时空变化机制等方面系统地阐述了"地理复杂性"的概念，认为地理复杂性体现在陆地表层的巨系统、非机械、多尺度、组织结构复杂、驱动关系复杂、演化趋势不确定等方面，强调从要素静态格局的研究到系统动态格局研究的思维转变，强调从特定尺度的地理特征描述、要素过程与变化节律研究到无极多尺度、以服务社会为目的的系统过程与变化节律研究的转变，强调从以还原论为思维模式、以逐级分解陆地表层系统为研究方式、以罗列和叠加要素为主要方法的地理学研究到以整体论为思维方式、以结构性复杂系统为理论建设切入点、以相变和临界现象为抓手的地理学研究的转变。

论文发表后在学术界引发了较大的反响，是中国知网学术精要数据库的高PCSI（论文引证标准化指数）论文、高被引论文、高下载论文，荣获第四届中国地理学会期刊优秀学术论文。

参考文献

[1] 钱学森:"谈地理科学的内容及研究方法(在 1991 年 4 月 6 日中国地理学会'地理科学'讨论会上的发言)",《地理学报》,1991 年第 3 期。

[2] Gorban, A. N., V. A. Makarov, I. Y. Tyukin, 2019. The unreasonable effectiveness of small neural ensembles in high-dimensional brain. *Physics of Life Reviews*, Vol. 29.

地理大数据挖掘的本质

裴 韬[1,2]，刘亚溪[1,2]，郭思慧[1,2]，舒 华[1,2]，
杜云艳[1,2]，马 廷[1,2]，周成虎[1,2]

（1. 中国科学院地理科学与资源研究所 资源与环境信息系统国家重点实验室，北京 100101；
2. 中国科学院大学，北京 100049）

摘要：针对地理大数据的内在本质以及地理大数据挖掘对于地理学研究的意义，本文解释了地理大数据的含义，并在大数据"5V"特征的基础上提出了粒度、广度、密度、偏度和精度等"5度"的特征，揭示了地理大数据的本质特点。在此基础上，从地理大数据的表达方式、地理大数据挖掘的目标、地理模式的叠加与尺度性、地理大数据挖掘与地理学的关系等4个方面阐述了地理大数据挖掘的本质与作用，并从挖掘目标的角度对地理大数据挖掘方法进行分类。未来地理大数据挖掘的研究将面临地理大数据的聚合、挖掘结果的有效性评价以及发现有价值的知识而非常识等几方面的挑战。

关键词：空间模式；空间关系；空间分布；流空间；时空异质性；知识发现

DOI: 10.11821/dlxb201903014

1 引言

早在30年前，计算机领域的研究者就已经预见到海量数据将会给计算机科学及其他学科的发展带来的挑战与机遇，提出了"数据挖掘"一词。1995年，李德仁院士率先倡导从GIS数据库中发现知识[1]。之后，Harvey等提出"地理数据挖掘与知识发现"（Geographic Data Mining and Knowledge Discovery）[2]，标志着地理学与数据挖掘技术的实质性交叉，地理数据挖掘作为发现地理学规律的重要手段，已被地理学者所承认。然而，之后的10多年里，地理数据挖掘虽在方法研究中取得了显著的进展，但对地理学领域新知识的揭示仍未取得令人信服的成就。随着大数据时代到来，一系列重量级的研究相继涌现：基于手机数据的人类行为预测[3]、利用搜索引擎对流感的预测[4]以及深度学习算法对于人类思维能力的挑战[5-6]等。这些发现不仅颠覆了传统的认识，更为重要的是，它们证明了大数据对于科学发现的潜在推动力。

毫无例外，大数据对于地理学也形成了巨大的冲击，迫使地理学者思考一系列问题：地理大数据挖掘的本质是什么？其与地理学之间的关系如何？在地理学发展中究竟能够起到何种作用？为了回答以上问题，本文拟从以下几个方面进行论述：首先，将阐述地理大数据的内涵与外延是什么；其次，系统分析地理大数据的特点；第三，从地理大数据挖掘的核心问题入手揭示其本质；第四，根据挖掘目标对地理大数据挖掘方法进行分类；最后，对地理大数据挖掘的发展和面临的挑战进行展望。

2 地理大数据的内涵及外延

大数据虽已成为当前学界的热词，但关于大数据内涵以及外延的界定一直未有定论。实际上，给大数据以确切定义其意义并非在于明确地圈定哪些数据属于大数据，而是在于指导如何进行大数据分析以及如何在应用中避免大数据的局限性。Mayer-Schonberger等曾经在 *Big Data: A Revolution That Will Transform How We Live, Work, and Think* 中给出了大数据的价值（Value）定义[7]，Marr总结出大数据的"5V"特征[8]，即：Volume（大量）、Velocity（更新快）、Variety（多样）、Value（价值）、Veracity（真实性）。大数据的产生主要源于传感器、网络和计算技术的突破，因而体现出数据量大、更新快以及种类多（前3个"V"）的特征；而另一方面，大数据的获取多为传感器用户的自发性上传（如微博和微信数据的获取）或非目的性记录（如手机信令、公交刷卡记录等），如以数据产生的主体为研究对象，则此大数据当属非目的性的观测数据，故通常含有大量噪声，最终导致价值密度低、真实性差（后2个"V"）的特征。其实，"5V"的刻画也仅仅是大数据的表象，并非大数据真正的定义。

本文中，大数据的本质被认为是针对研究对象的样本"超"覆盖，当然，此处并非指完全没有遗漏的样本覆盖，而是指超出目的性采样（也可称为"小数据"）范畴的、趋向于全集的信息获取（只有在极端情况下，"超"覆盖才可能是全集样本）。大数据的本质所导致的这种信息覆盖，突破了目的性和局部性的传统采样的局限，必然带来思维方式和认识上的变革。由此可以推论，地理大数据就是针对地理对象的"超"覆盖样本集，此处的"超"覆盖涉及时间、空间与属性维度。同样地，地理大数据也具备"5V"特征，但地理大数据同时还具有自己独特的性质，这将在后面的章节进一步论述。地理大数据的内涵至少表明，其辨识度集中体现在以下两点：① 地理大数据与其他大数据之间的差别在于是否具有时空属性；② 地理大数据与小数据的区别在于样本的覆盖度。

地理大数据内涵的确定是基于获取信息的模式，而其外延的划分则依赖于信息采集的手段。根据所使用的传感器类型以及数据所记录对象的不同，可将地理大数据分为对地观测大数据和人类行为大数据两类。其中，对地观测大数据记录地表要素的特征，获取信息的传感器类型主要包括航天、航空以及地表监测传感器等，以主动的获取方式为主，对应的数据包括卫星遥感、无人机影像以及各类监测台站（网）的数据等。人类行为大数据记录人类移动、社交、消费等各种行为的信息，信息获取的传感器种类繁多，包括：手机终端、智能卡、社交媒体应用、导航系统等，以被动的获取方式居多，可视为人类活动的足迹（Footprint），产生的数据包括：手机信令数据、出租车轨迹数据、物联网数据以及社交媒体数据等。两类大数据直接关注的主要对象分别为"地"和"人"。人类发展与地理环境之间的关系一直是地理学的核心论题，而地理大数据的爆发，使得对地观测与人类行为大数据的全面结合成为可能，从而为地理学中人地关系的研究提供了新资源、新动力和新视角。两类数据关注的角度各异，数据结构、粒度和表达方式又不尽相同，继而为地理大数据的分析与处理提出了新命题。

3 地理大数据的特征

前已述及大数据区别于小数据的主要特征，但作为具有特定内涵与外延的地理大数据，是否包含一般大数据共性之外的特征对于地理大数据的分析处理至关重要。为此，本文将从地理大数据产生机理的角度着重讨论其内在的特征。一方面，相对于小数据，地理大数据样本的"超"覆盖主要体现在 3 个方面：粒度更细、密度更高、范围更大；另一方面，地理大数据，尤其是人类行为大数据的获取大多属于非目的性，从而导致有偏性和不确定性。因此，地理大数据可以总结为时空粒度、时空广度、时空密度、时空偏度和时空精度等"5 度"的特征。

3.1 时空粒度

如果将地理信息承载单元的大小称为粒度，那么地理大数据的出现，则让地理信息的承载粒度由大变小。由于不同类型大数据的获取方式不同，因此粒度对于不同数据的含义也不一样。在对地观测大数据中，粒度是指数据所代表的（地表）范围大小，粒度的变化体现在由对地观测大数据反演得到的地物单元不断地细化。例如，城市影像分辨率的提升使得由其反演得到的地物单元从粗粒度的地块细化到具体的建筑。而在人类行为大数据中，粒度是指记录和统计单元的大小[9]，粒度的变细表现为用以记录和统计的单元的缩小。以人口统计为例，中国实施的人口普查方案中，普查小区为人口统计的最小粒度。普查小区在城市中多为街道的尺度，而在农村中则为乡镇的级别。普查小区的大小范围从几平方千米到几十平方千米，某些区域甚至更大。而手机数据的应用，为人口的精细化估计提供了可能。图 1 即为利用北京市手机用户数据进行精细人口估计的结果[10]。图 1 中人口信息的基本单元为基站小区（可近似为以手机基站位置划分的泰森多边形）。在城市人口的密集区，基站小区的尺度约为 200 m 左右。同样，利用浮动车轨迹数据针对城市道路拥堵状况的评估可以精细到任意时刻和任意路段[11-13]；融合微信请求数据、出租车定位数据、兴趣点（Point of Interest，POI）数据以及 Quickbird 高分影像可以将城市功能区的识别粒度细化至建筑物[14]；利用住户智能水电表信息可以对年龄、工作状态和收入的估计细化到家庭[15]。地理大数据粒度的精细化可以使我们从微观的角度观察地理现象，为研究其细部特征和机理提供了新的可能性。

3.2 时空广度

传统的地理小数据因受到信息获取手段和成本的限制，往往只能集中于局部的区域，或者需要在研究粒度与范围之间进行权衡，即在选择较大范围的同时不得不采用较粗的粒度。而在大数据时代，部分 IT 公司借助互联网的优势，可获取较大范围，甚至全国直至全球范围内的数据及其衍生的产品，同时又保持较小的时空粒度，从而使其研究范围在"豁

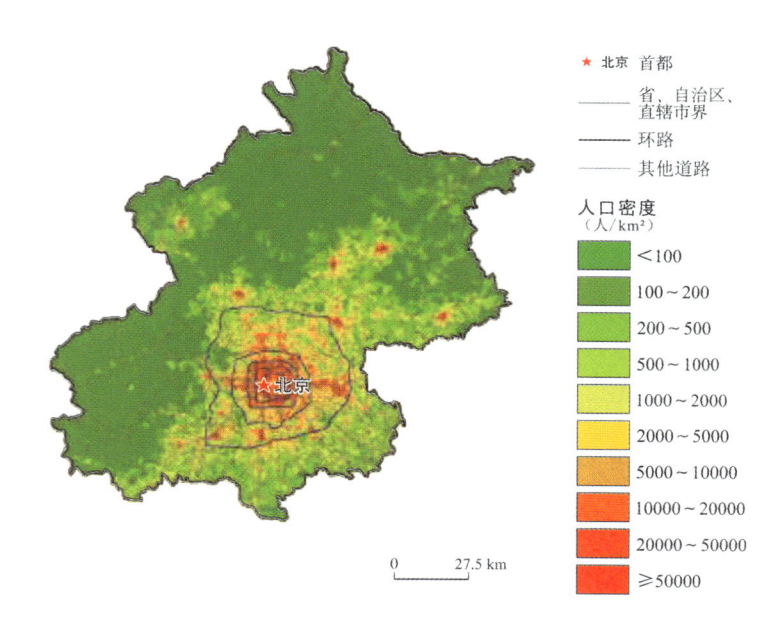

图 1　基于手机数据的城市精细人口估计[10]

Fig. 1　Fine-grained population estimation using mobile phone data

然开朗"的同时又保持着"高清晰度"。对地观测大数据中全球性的数据产品已涉及多个研究领域，如全球夜光遥感数据产品[16]，国产30 m分辨率的全球土地利用数据[17]，全球长时间序列叶面积指数产品[18]等。而在人类行为大数据中，数据覆盖范围之广也是前所未有：百度发布的全国（不含港澳台地区）春运人口迁徙图（http://qianxi.baidu.com）、滴滴发布的全国出租车（不含港澳台地区）运营状态图（https://www.didiglobal.com/）、Facebook发布的全球用户网络（http://fbmap.bitaesthetics.com/）等。地理大数据提供了观察大尺度下地理现象和规律的可能性，为研究全球变化、宏观社会行为提供了宝贵的素材。

3.3　时空密度

由于成本的原因，传统的地理学研究对于地理现象的观测除了受限于范围的局部性，样本的密度也相对稀疏。因此，在有限样本基础上进行地理现象的刻画通常需要借助空间估计和推断的方法，如克立格插值[19-20]、地理加权回归[21-22]、环境因子模型[23-24]等。由空间统计方法获得的分布特征，虽然可通过空间相关性在一定程度上弥补样本稀疏的缺憾，但估计的结果毕竟无法取代属性的真实分布。与此相反，地理大数据的基本特征之一就是面向地理对象的高密度样本。在对地观测大数据中，数据的密度是随着粒度的变细而不断增加的。随着传感器分辨率的提升以及无人机等技术的广泛应用，影像像素分辨率不断提高，使得像素密度相应增加，混合像元信息不断裂解细化，导致像元所代表的信息更加精细；随着全球对地观测台网的逐步升级，对地监测的台站数目也不断增加，其中，气象台站从 20 世纪 60 年代的 8 000 多个[25]增加到现在的超过 100 000 个[26]，平均密度已达每 1 490 km^2 就有 1 个观测站；对海洋观测的 Argo 浮标从 2000 年开始布设，数目已增加到 2018 年 7 月的 3 762 个[27]。相比于人类行为大数据，以问卷调查得到的传统"小数据"虽然粒度也小，但密度很低，而以手机通话和信令为代表的大数据，用户已覆盖了城市的大部分人口，与此类似的还有腾讯的 QQ 及微信用户。随着智能卡和互联网应用的普及，人类行为大数据中样本的密度也越来越高。地理大数据样本密度的提升使得对地理现象的观测更加细致与逼真。

3.4 时空偏度

虽然地理大数据在粒度、广度以及密度等方面较传统小数据具有明显的优势，但同时也普遍存在着缺陷，而使其饱受诟病。需特别说明的是，人类行为大数据普遍存在有偏的现象，集中体现为数据载体在时间、空间和属性等几个方面的有偏性。以微博数据为例，很多研究使用其进行城市功能和人群行为的研究。而实际上，微博的使用者，在年龄属性上主要集中在 18～30 岁的年龄段；在性别上，女性用户的比例更大[28]；而在空间上，沿海地区较中西部使用率更高；不仅如此，微博所含的内容更加偏重娱乐、教育、财经等方面的热点事件[29]。针对地理大数据有偏性对统计结果的影响，Zhao 等应用手机数据进行了研究[30]，结果显示：由部分抽样的手机数据得到的移动距离、回旋半径、移动熵的数值与全样本之间存在显著的差异。由此可见，将有偏的大数据的规律推断为全体性质存在风险。偏度的普遍性存在导致其所得到的规律往往表现出一定程度的"偏见"，故在使用地理大数据时需要谨慎甄别。

3.5 时空精度

地理大数据另一个不容忽视的缺陷是其精度较差。精度问题在空间数据中普遍存在，而地理大数据的精度问题尤为突出，有时甚至会影响到计算结果的可信度。对地观测数据中的精度问题已经为众多研究所揭示[31-33]，在此不再赘述。对于人类行为大数据，由于其在获取过程中的被动性（例如，用于估计城市精细人口的手机信令数据并非为估计人口而设计收集）和自发性（例如，用于度量城市心情的微博数据由用户自发上传），数据中往往充斥着各种类型的误差，这种误差同样会存在于空间、时间以及属性中。以手机信令数据为例，由于城市建筑物的遮挡以及基站容量的限制，手机在通话时并不一定与其最近的基站发生通信，此时若将用户位置归于最近基站的小区内，则会产生空间误差。同样，在社交媒体数据中，用户所上传的事件位置、时间和文本内容，往往并不能代表事件发生的真实状况。因此，与目的性采样的小数据不同，地理大数据中的误差除了技术原因之外，很多源于数据产生主体的不可控因素，有时甚至是一些主观故意造成的时空位置信息的改变[34]。地理大数据中误差的存在，往往会引发认识的偏差，甚至导致谬误的发生，谷歌公司对于流感预测的成功与失败就是例证[4,35]。

地理大数据所具有的冲击力源于其粒度细、广度宽和密度大，这些都是传统小数据所不具备的；然而，地理大数据的偏度重和精度差同样也是小数据所力求避免的，传统的采样理论和误差理论就是针对偏度和精度而产生的模型体系，可以有效地限制偏度和控制精度。由此可见，地理大数据与小数据之间各有优劣，在现有条件下，一方不能完全取代另外一方，二者的结合可扬长避短，而在地理大数据的应用中，应注重其局限性，避免错误的产生与滥用。

4　地理大数据挖掘的核心问题

数据的价值在于隐匿其中的规律[36-38]，而数据挖掘的主要目的就是发现其中的知识。对于地理大数据所蕴藏的地理特征，数据挖掘方法如何应对？本文认为以下 4 个方面需要重点关注。① 对地观测大数据的获取是以对客体的观测为主要方式，故数据易于结构化，而人类行为大数据以主体记录为主，由记录产生的数据结构复杂、特征多变、类型多样，因此，如何进行表达成为地理大数据挖掘的前提。② 地理大数据繁冗复杂，需要确定挖掘的目标及其本质，唯此，地理大数据挖掘方有可能发展成为地理信息科学的分支乃至独立的学科。③ 由于地理大数据所具有的粒度、广度和密度等特征，地理现象从微观到宏观诸多尺度特征贯穿于地理大数据中，这是传统小数据所无法比拟的，因此，需要阐述清楚在挖掘过程中如何处理地理大数据内含的尺度性。④ 面对当前地理学研究的重要素材——地理大数据，有必要弄清地理大数据挖掘与地理学之间的关系，尤其是地理大数据挖掘在地理学的发展中能够起到何种作用。

4.1　地理大数据的表达：位空间和流空间

地理大数据中对地观测大数据所聚焦的对象是地表要素，而人类行为大数据的主体是人，二者间的作用可以视为主体与环境之间存在的关系。对地表要素观测的数据以位置为核心，属性的变化都以位置为支点，在研究中可视为影响人类行为与活动的环境要素。这种以时空位置为核心的数据类型可用位空间为框架进行表达，而位空间是指以位置为基本表达单元，以欧氏距离作为基本测度的空间[39]。在其中，地理要素表达的基础是位置，地理现象以瞬时状态为表现形式[40]。位空间是传统地图表达的框架，位置及其相对关系就是地理现象时空格局的内涵，而地理大数据挖掘的任务之一就是在位空间中揭示这种格局。

人类行为大数据是人类各种活动的反映。在与人相关的活动和关系中，流可以作为基本要素（流可定义为包含起点和终点的点对），这其中包括：人流、物流、信息流、资金流、关系流等。流可以视为两个结点（位置）之间的流动或交互[41-42]。在人类行为大数据中，流的起点与终点之间，距离不再是唯一衡量其关系的测度，而是与时间、成本、吸引力等多种测度并存[43]。人类行为大数据中对于人的关注不仅限于位置上的变化，而是以各种出行、社会关系等为核心。距离效应的减弱以及时空模式关注点的改变使得位空间已无法满足人类行为大数据更深层次的表达与分析，而需要借助流空间的概念。在流空间中，流作为基本单元，流和流之间的交错形成网络。流空间中表达的是交互关系，而流空间中数据挖掘的目的是提取位置之间的交互模式。目前传统的地图方式尚难以有效表达流的模式，而全息地图和虚拟现实技术将有可能成为其新的载体。流空间与位空间的测度不一样，性质也不一样，其分析模型也存在本质的区别，而针对其时空特征提取方法的研究则是地理大数据挖掘重要的发展方向。

4.2 地理大数据挖掘的内容：模式与关系

本文将地理数据挖掘的目标定义为寻找地理对象之间、地理对象与环境之间存在的规则和异常。据此，地理大数据挖掘的内容也分为两个部分：① 地理时空模式的挖掘，其本质是发现地理对象的分布规则与时空分布；② 地理时空关系的挖掘，其本质是发现地理对象与不同环境因子之间的关系。由于地理大数据的特点，挖掘内容较之"小数据"也有所改变。

4.2.1 地理时空模式

地理学中目前公认的定理是空间相关性与空间异质性定理[44-45]。两个定理表述的意义看似相向，但实际是从两个侧面共同描述了地理现象：相近者相似，但彼此相异。在位空间中，地理学第一定律表现为属性相似度与距离的关系，而异质性则表现为空间上的非平稳性。在流空间中，空间相关性表现为空间网络结构的存在，即具有相近起点和终点的流构成了位置之间的联系，且联系的强度与距离等变量相关；而异质性则表现为不同单元之间流的差异性。地理大数据时空模式挖掘的本质是揭示地理对象因时空相关与异质性而形成的"异—同"规则及由此产生的时空分布。所谓"异"，是指地理对象之间的差别，而"同"则是指不同对象的共性。以地震数据的模式挖掘为例，一方面，需要确定提取丛集地震的"异—同"规则，从而将其与背景地震区分开来，并判别它们各自的统计分布类型（如泊松分布或威布尔分布等）；另一方面，在找出"异—同"规则的基础上，还要确定丛集地震和背景地震的空间分布范围和特征。前者属于"异—同"规则的推断，"同"类地震属于相同的统计分布，相"异"的地震分属不同的统计分布；后者属于时空分布的提取，而实际上，丛集地震和背景地震的时空分布可视为时空相关和异质性定律综合、直观的反映。针对时空模式，传统地理数据挖掘的主要任务包括：时空异质性的判别、地理时空异常模式的提取、空间分布模式的识别、地理时空演化趋势提取等。地理大数据所带来的改变集中体现在模式的类型及尺度两个方面：对于模式的类型，除了传统的栅格、要素、场的异质性与分布之外，地理大数据挖掘将更加关注序列、流与网络的结构与异质性等复杂模式；对于模式的尺度，由于具有的粒度、广度与密度的特征，地理大数据的挖掘将会产生更宏观、更综合、更精细的模式。

4.2.2 地理时空关系

地理对象与环境因子之间通常表现为相关或关联关系。相关关系通常用以刻画地理对象属性与环境因子之间的定量关系，例如，铅污染的程度与高速公路的远近[46]；而关联通常描述地理对象同时出现或存在的某种依赖关系，例如，盗窃与入室抢劫案件之间的关系[47]。地理时空关系中通常蕴藏着两方面的因素，以铅污染与高速公路之间的关系为例，一方面是变量之间的作用机制，即高速公路上汽车的尾气排放导致周围土壤中铅含量增加；而另一方面是这种土壤铅含量的变化与污染源远近之间的关系，即距离高速公路越近，铅的含量越高。针对时空关系的挖掘，地理大数据所带来的改变主要体现在关系的类型以及关系的转换上。一方面，变量之间关系的类型更加多样和复杂，非线性、不确定性及多元的时空关系成为大数据挖掘的重点之一[48]；另一方面，除了同类型空间下的时空关系挖掘，不同类型空间（如社交空间、现实空间、情感空间）之间信息的反演与延伸成为大数据挖掘的主要特点之一，由此而导致的关系的转换也成为大数据思维的核心体现，例如，通过遥感数据反演经济状况[49]、利用搜索热词预测流感趋势[4]、应用手机数据反演城市土地利用[50]等。

需要说明的是，由于地理大数据的密度大、粒度小，相较于传统小数据，数据间具有很强的时空相关性，因此，从中容易"发现"各种时空关系，而这些关系往往涉及非常复杂的成因，是否具有因果关系需要仔细甄别。以盗窃与入室抢劫案的相伴发生为例，二者共现的实际原因可能是某些区域自然与社会环境较差而导致各种类型案件的高发，而并非存在明显的因果关系[47]。

4.3 地理模式的内在结构：尺度与叠加

前已述及地理大数据挖掘的目的是提取时空模式与时空关系。众多研究表明，地理格局、分布与过程的发生等都是尺度依存的。换句话说，地理模式都是在一定尺度下出现的，而地理大数据挖掘也离不开尺度。具体地，模式的挖掘就是要找出内部相"同"、对外相"异"的若干分布，而异质性与均匀性这种看似矛盾的性质可随尺度的变化而发生转换。这种转换正是地理格局尺度特征的重要原因。图 2 就揭示了点过程中异质性与均匀性在不同观测尺度下的转换，即在大尺度下呈异质性的点数据（图2a），其某个局部在小尺度下是均匀分布的（图2b）。由此，我们认为大尺度的复杂模式可以视为若干局部均匀模式的叠加。而对于地理大数据中的时空关系，也是尺度依存的。具体表现为，地理要素的尺度特征决定了相关关系的尺度性，大尺度的要素特征决定了总体趋势，而较小尺度的要素特征决定了局部的相关性，不同尺度上规律的叠加最终形成了总体上复杂的关系。例如，地形和气候要

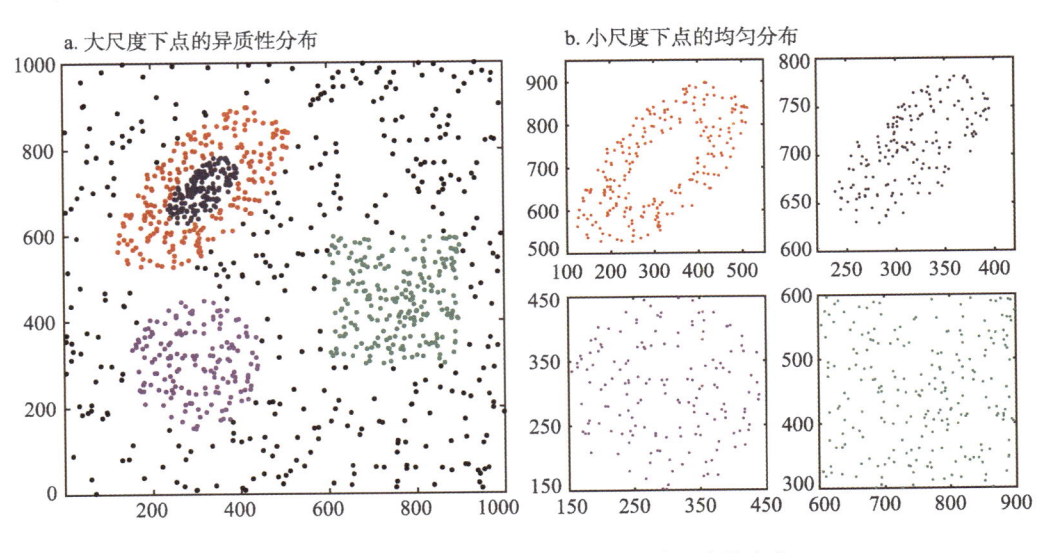

图 2 地理点过程中均匀性与异质性随尺度的变化

Fig. 2 Transformation between homogeneity and heterogeneity of geographical point processes at difference scales (a. heterogeneity at large scale; b. homogeneity at small scale)

素的大尺度分布确定了中国人口东密西疏的宏观格局，而中尺度的要素（如局部的区位、地形、交通等）特征决定了人口的局部分布。多因子的多尺度叠加最终导致地理现象的复杂空间分布。

数据挖掘的尺度性体现在不同观察尺度下所挖掘出的模式不同，为此，裴韬等[51-52]提出点过程的混合模式分解理论。其主要思想为，地理点集现象可以视为不同时空尺度、不同性质地理过程叠加的结果。一方面，其时空特征可视为不同尺度下模式的叠加，而另一方面，地理现象产生的原因是不同时空尺度下因子相互叠加作用的结果。例如，一个地区的地震分布可以视为背景地震、断裂带地震以及地震序列的叠加，同时，地震的形成也是不同尺度构造运动叠加的结果。由于地理大数据所具有的特点，在一套地理大数据中通常存在着从细—粗的多尺度特征。既然地理的模式与机制是综合叠加的结果，那么反过来，地理大数据挖掘就可以看成是对模式和关系进行分解的过程。

4.4 地理大数据挖掘的知识——地理模式背后的人地关系

地理数据挖掘一般都会伴随着未知模式的发现及其原因的探索两个阶段。针对对地观测数据的挖掘，所提取的模式为地表要素的格局，而针对人类行为数据的挖掘，提取的是人的行为模式。而模式的背后究竟是何种机制在起作用？地理大数据，尤其是人类行为大数据的出现，构成了从人地关系中揭示地理模式之机制的完备条件。地表要素的模式，表面是地的特征，其后则是人类行为的结果，例如，土地利用的分布与变化表面上属于地表要素的特征，而实际上则是人类活动的印记。手机通话数据看似反映人类行为的特征，在空间上展现出不同模式，但换角度观之却是城市功能区差异的体现[50]。地理大数据背后的模式，其机理都可以归结为人地关系，地的模式中蕴藏着人的因素，而人的行为模式受到地的制约。人和地的关系类似于中国古代易经中"阴"和"阳"的关系，对立统一，互有你我。通过人可知地、通过地可知人，而从地理模式中解析出的人地关系则是地理大数据挖掘的内涵。

地理学的发展经历了从经验范式（第一范式）—实证范式（第二范式）—系统仿真范式（第三范式）—数据驱动范式（第四范式）的演进[48]，现阶段地理学发展更加依赖于地理大数据及其分析方法。由此不难看出，地理大数据挖掘已成为地理学规律发现的重要工具。然而需要说明的是，地理大数据挖掘虽可产生地理模式及其与环境的相关性等"规律"，但"规律"中模式的真实性以及相关性中是否存在因果关系仍然需要通过观察、实验以及模拟等手段进行验证。

5 地理大数据的挖掘方法

地理大数据的挖掘方法非常多，其分类方案也存在多种标准，目前主要有以下几种：按照是否依赖于先验知识，可将其分为模型驱动和数据驱动两类挖掘方法[53-54]；依据挖掘任务，又可将其分为：数据总结、聚类、分类、关联规则、序列模式、依赖关系、异常以及趋势的挖掘方法[55-56]；根据挖掘对象可分为：关系数据、对象数据、图像数据、文本数据、多媒体数据、网络数据的挖掘方法等[57-58]；根据挖掘模型的特征可分为：机器学习方法、统计方法、神经网络方法和数据库方法等[59]。上述方案虽然都对数据挖掘方法进行了划分，但仍存在一定缺憾。针对任务、对象和特征的分类，均属于不完备的方案，一旦有新的挖掘任务、挖掘对象和挖掘模型，原有的分类方案就必须增补。不仅如此，划分方案中存在重叠，具体为：以挖掘对象进行分类的对象数据、图像数据与多媒体数据，以挖掘任务进行分类的异常与聚类模式的挖掘模型、趋势与序列模式的挖掘方法，以模型特征分类的机器学习与统计学方法等。

本文根据地理大数据挖掘的目标，将挖掘方法分为两类：时空分类的挖掘方法和时空关系的挖掘方法。前者用于区分地理对象的异同，旨在提取时空模式，而后者用于寻找时空变量的相关性，旨在挖掘地理对象与环境之间的时空关系。分类挖掘方法包括：空间聚类[60-61]、空间分类[62]、空间决策树[63]、点过程分解[51]等。时空关系的挖掘方法包括：关联规则挖掘[64-65]、主成分分析[66-67]、回归分析方法[68-69]等。此外，还有一些方法既可用于时空分类，也可用于时空关系挖掘，如神经网络[70-71]、支持向量机[72-73]、随机森林[74-75]等，可视具体算法模型而定。除了上述挖掘方法之外，还有部分方法是优化模型，用于参数的估计，并辅助于数据挖掘方法，如深度学习策略[76]、EM 算法[77]、MCMC 算法[78]等。由于地理现象的复杂性，人工智能方法已经广泛应用于地理学的研究中，而人工智能与地理大数据的结合，将为地理大数据挖掘的发展提供新的动力源。

由于地理大数据的"5V"和"5 度"特征，传统的数据挖掘方法在应用时需要顾及地理大数据的特点。首先，数据量对数据挖掘方法提出了严峻挑战，大数据必然带来更大的计算量，现有算法如何进行并行化和分布式计算是首当其冲的问题。其次，对于复杂场景的应用，大数据的出现往往会产生两类效应，一方面会简化模型，例如，对于复杂交通环境下时间最短路径的计算，传统研究会采用复杂的预测模型，而浮动车 GPS 大数据的出现，则使得时间最短路径的计算转化为简单的查询[79-80]；另一方面则会催生出更加复杂的模型，例如，浮动车 GPS 大数据的出现又会带来"如何进行出租车共享以节省资源"[81]等问题。

第三，由于地理大数据的偏度以及不等精度的特点，对于地理大数据计算所得结果的真伪需要更为谨慎的评价，这样才能保证方法应用的效果。

6 结论

大数据的时代已经来临，地理学的发展也沐浴其中。作为一种特殊的大数据，地理大数据的挖掘所面临的挑战主要来自以下三个方面。第一，多源地理大数据的聚合问题成为深入解析时空模式和时空关系的瓶颈。地理大数据的种类众多，其时空粒度、模态性质和数据结构不尽相同，如何从时空和属性维度进行不同大数据的"垂直"融合和"横向"贯通成为未来深度挖掘地理大数据的关键。第二，地理大数据的有偏性和不等精度给地理大数据的知识发现带来诸多不确定性，如何有效评价和应用其挖掘结果是地理大数据研究不可回避的问题。第三，产生"有价值而非常识"的知识是地理大数据挖掘所面临的艰巨任务。大数据挖掘的目的就是知识的提取，目前的研究虽然在统计物理、人工智能等领域已有若干颠覆传统认识的成果，但在地理学的领域，数据挖掘所发挥的作用仍然缺乏说服力，正如腾讯位置大数据所展示的中国人口分布的不均匀模式一样（https://heat.qq.com/index.php），虽然震撼，但其显示的人口分界线却早已被几十年前诞生的"胡焕庸线"所揭示。

面向未来的挑战，地理大数据挖掘今后的发展脉络也不难梳理。首先，地理大数据挖掘应从更大尺度、更细粒度、更全维度出发解决地理学的基础问题，全球变化及其影响、人类行为特征、地表要素的社会特征、城市动力学演化等都是未来地理大数据关注的热点。其次，地理数据分析模型的发展将会更加顾及地理大数据的"5V"和"5度"特征，一方面，以人工智能为代表的数据挖掘方法，通过大数据样本的训练，在面对复杂地理问题时，其进展令人期待；另一方面，只有效率更高、更加稳健的算法方能适应地理大数据挖掘。最后，遥感研究从传统的对地表要素的观测将会延伸至对社会的观测，产生更多的科学和商业应用；而针对人类行为大数据的探索，则将感知社会拓展到对地表要素特征的反演，从而应用于与城市相关的研究中，最终两类大数据的结合，将成为揭示地理学中人地关系的重要突破口。

参考文献

[1] Li Deren, Cheng Tao. Knowledge discovery from GIS databases. Acta Geodaetica et Cartographica Sinica, 1995, 24(1): 37-44. [李德仁, 程涛. 从GIS数据库中发现知识. 测绘学报, 1995, 24(1): 37-44.]

[2] Harvey J M, Han J W. Geographic Data Mining and Knowledge Discovery. London: CRC Press, 2009.

[3] Song C, Qu Z, Blumm N, et al. Limits of predictability in human mobility. Science, 2010, 327(5968): 1018-1021.

[4] Ginsberg J, Mohebbi M H, Patel R S, et al. Detecting influenza epidemics using search engine query data. Nature, 2009, 457(7232): 1012-1015.

[5] Silver D, Huang A, Maddison C J, et al. Mastering the game of Go with deep neural networks and tree search. Nature, 2016, 529(7587): 484-489.

[6] Silver D, Schrittwieser J, Simonyan K, et al. Mastering the game of Go without human knowledge. Nature, 2017, 550(7676): 354-359.

[7] Mayer-Schonberger V, Cukier K. Big Data: A Revolution That Will Transform How We Live, Work, and Think. London: John Murray, 2013.

[8] Marr B. Big Data: Using SMART Big Data, Analytics and Metrics to Make Better Decisions and Improve Performance. Chichester, UK: John Wiley & Sons, 2015.

[9] Liu Yu. Revisiting several basic geographical concepts: A social sensing perspective. Acta Geographica Sinica, 2016, 71(4): 564-575. [刘瑜. 社会感知视角下的若干人文地理学基本问题再思考, 地理学报, 2016, 71(4): 564-575.]

[10] Liu Z, Ma T, Du Y, et al. Mapping hourly dynamics of urban population using trajectories reconstructed from mobile phone records. Transactions in GIS, 2018, 22(2): 494-513.

[11] Zheng Y, Liu Y, Yuan J, et al. Urban computing with taxicabs//Proceedings of the 13th International Conference on Ubiquitous Computing, Beijing, China, September 17-21, 2011: 89-98.

[12] Castro P S, Zhang D, Li S. Urban traffic modelling and prediction using large scale taxi GPS traces//Proceeding of Pervasive 12 Proceedings of the 10th International Conference on Pervasive Computing, Newcastle, UK, June 18-22, 2012: 57-72.

[13] Kong X, Xu Z, Shen G, et al. Urban traffic congestion estimation and prediction based on floating car trajectory data. Future Generation Computer Systems: The International Journal of EScience, 2016, 61: 97-107.

[14] Niu N, Liu X, Jin H, et al. Integrating multi-source big data to infer building functions. International Journal of Geographical Information Science, 2017, 31(9): 1871-1890.

[15] Newing A, Anderson B, Bahaj A B, et al. The role of digital trace data in supporting the collection of population statistics-the case for smart metered electricity consumption data. Population, Space and Place, 2016, 22(8): 849-863.

[16] NASA. New night lights maps open up possible real-time applications. https: //www.nasa.gov/feature/goddard/2017/new-night-lights-maps-open-up-possible-real-time-applications, 2017.

[17] Chen J, Ban Y, Li S. China: Open access to Earth land-cover map. Nature, 2015, 514(7523): 434.

[18] Liu Yang, Liu Ronggao. Retrieval of global long-term leaf area index from LTDR AVHRR and MODIS observations. Journal of Geo-Information Science, 2015, 17(11): 1304-1312. [刘洋, 刘荣高. 基于LTDR AVHRR 和 MODIS 观测的全球长时间序列叶面积指数遥感反演. 地球信息科学学报, 2015, 17(11): 1304-1312.]

[19] Oliver M A, Webster R. Kriging: A method of interpolation for geographical information systems. International Journal of Geographical Information System, 1990, 4(3): 313-332.

[20] Stein M L. Interpolation of Spatial Data: Some Theory for Kriging. New York: Springer Science & Business Media, 2012.

[21] Brunsdon C, Fotheringham A S, Charlton M E. Geographically weighted regression: A method for exploring spatial nonstationarity. Geographical Analysis, 1996, 28(4): 281-298.

[22] Brunsdon C, Fotheringham S, Charlton M. Geographically weighted regression. Journal of the Royal Statistical Society: Series D(The Statistician), 1998, 47(3): 431-443.

[23] Zhu A, Yang L, Li B, et al. Construction of membership functions for predictive soil mapping under fuzzy logic. Geoderma, 2010, 155(3/4): 164-174.

[24] Zhu A, Qi F, Moore A, et al. Prediction of soil properties using fuzzy membership values. Geoderma, 2010, 158(3/4): 199-206.

[25] Zhang Wenjian. WMO integrated global observing system (WIGOS). Meteorological Monthly, 2010, 36(3): 1-8. [张文建. 世界气象组织综合观测系统 (WIGOS). 气象, 2010, 36(3): 1-8.]

[26] NOAA/National Centers for Environmental Information. Global Historical Climate Network Daily-Description. https: //www.ncdc.noaa.gov/ghcn-daily-description, 2018.

[27] Qian Chengcheng, Cheng Ge. Big data science for ocean: Present and future. Bulletin of Chinese Academy of Sciences, 2018, 33(8): 884-891. [钱程程, 陈戈. 海洋大数据科学发展现状与展望. 中国科学院院刊, 2018, 33(8): 884-891.]

[28] Yuan Y, Wei G, Lu Y. Evaluating gender representativeness of location-based social media: A case study of Weibo. Annals of GIS, 2018, 24(3): 163-176.

[29] Data Center of Sina Micro-blog. 2017 User Development Report of Sina Micro-blog. http: //data. weibo. com/report/reportDetail?id=404, 2017. [新浪微博数据中心. 2017 微博用户发展报告. http: //data. weibo. com/report/reportDetail?id=404, 2017.]

[30] Zhao Z, Shaw S L, Xu Y, et al. Understanding the bias of call detail records in human mobility research. International Journal of Geographical Information Science, 2016, 30(9): 1738-1762.

[31] Congalton R G. A review of assessing the accuracy of classifications of remotely sensed data. Remote Sensing of Environment, 1991, 37(1): 35-46.

[32] Zandbergen P A. Positional accuracy of spatial data: Non-normal distributions and a critique of the national standard for spatial data accuracy. Transactions in GIS, 2008, 12(1): 103-130.

[33] Cheng R, Emrich T, Kriegel H P, et al. Managing uncertainty in spatial and spatio-temporal data//Proceedings of the IEEE 30th International Conference on Data Engineering(ICDE), Chicago, IL, USA, Mar 31-Apr 04, 2014: 1302-1305.

[34] Zhao B, Zhang S. Rethinking spatial data quality: Pokémon go as a case study of location spoofing. The Professional Geographer, 2018. Doi: 10.1080/00330124. 2018. 1479973.

[35] Lazer D, Kennedy R, King G, et al. The parable of Google flu: Traps in big data analysis. Science, 2014, 343(6176): 1203-1205.

[36] Fayyad U, Piatetsky-Shapiro G, Smyth P. The KDD process for extracting useful knowledge from volumes of data. Communications of the ACM, 1996, 39(11): 27-34.

[37] Benz U C, Hofmann P, Willhauck G, et al. Multi-resolution, object-oriented fuzzy analysis of remote sensing data for GIS-ready information. ISPRS Journal of Photogrammetry and Remote Sensing, 2004,

58(3/4): 239-258.

[38] Manyika J, Chui M, Brown B, et al. Big data: The next frontier for innovation, competition, and productivity. Analytics, 2011.

[39] Sun Zhongwei, Lu Zi. A geographical perspective to the elementary nature of space of flows. Geography and Geo-Information Science, 2005, 21(1): 109-112. [孙中伟, 路紫. 流空间基本性质的地理学透视. 地理与地理信息科学, 2005, 21(1): 109-112.]

[40] Han Zhigang, Kong Yunfeng, Qin Yaochen. Research on geographic representation: A review. Progress in Geography, 2011, 30(2): 141-148. [韩志刚, 孔云峰, 秦耀辰. 地理表达研究进展. 地理科学进展, 2011, 30(2): 141-148.]

[41] Castells M. Grassrooting the space of flows. Urban Geography, 1999, 20(4): 294-302.

[42] Goodchild M F, Yuan M, Cova T J. Towards a general theory of geographic representation in GIS. International Journal of Geographical Information Science, 2007, 21(3): 239-260.

[43] Batty M. The New Science of Cities. Cambridge, MA: Mit Press, 2013.

[44] Tobler W R. A computer movie simulating urban growth in the Detroit region. Economic Geography, 1970, 46(suppl. 1): 234-240.

[45] Goodchild M F. The validity and usefulness of laws in geographic information science and geography. Annals of the Association of American Geographers, 2004, 94(2): 300-303.

[46] Du Zhenyu, Xing Shangjun, Song Yumin, et al. Lead pollution along expressways and its attenuation by green belts in Shandong province. Journal of Soil and Water Conservation, 2007, 21(5): 175-179. [杜振宇, 邢尚军, 宋玉民, 等. 山东省高速公路两侧土壤的铅污染及绿化带的防护作用. 水土保持学报, 2007, 21(5): 175-179.]

[47] Chen Long, Stuart Neil, Mackaness A Williams. Cluster and hot spot analysis in Lincoln, Nebraska, USA. Geomatics and Spatial information Technology, 2015, 38(3): 189-192. [陈龙, Stuart Neil, Mackaness A Williams. 美国内布拉斯加州林肯市犯罪行为的聚类及热点分布分析. 测绘与空间地理信息, 2015, 38(3): 189-192.]

[48] Cheng Changxiu, Shi Peijun, Song Changqing, et al. Geographic big-data: A new opportunity for geography complexity study. Acta Geographica Sinica, 2018, 73(8): 1397-1406. [程昌秀, 史培军, 宋长青, 等. 地理大数据为地理复杂性研究提供新机遇. 地理学报, 2018, 73(8): 1397-1406.]

[49] Keola S, Andersson M, Hall O. Monitoring economic development from space: Using nighttime light and land cover data to measure economic growth. World Development, 2015, 66: 322-334.

[50] Pei T, Sobolevsky S, Ratti C, et al. A new insight into land use classification based on aggregated mobile phone data. International Journal of Geographical Information Science, 2014, 28(9): 1988-2007.

[51] Pei T, Gao J, Ma T, et al. Multi-scale decomposition of point process data. GeoInformatica, 2012, 16(4): 625-652.

[52] Pei Tao, Li Ting, Zhou Chenghu. Spatiotemporal point process: A new data model, analysis methodology and viewpoint for geoscientific problem. Journal of Geo-Information Science, 2013, 15(6): 793-800. [裴韬, 李婷, 周成虎. 时空点过程: 一种新的地学数据模型、分析方法和观察视角. 地球信息科学学报, 2013, 15(6): 793-800.]

[53] Niemeijer D. Developing indicators for environmental policy: Data-driven and theory-driven approaches

examined by example. Environmental Science & Policy, 2002, 5(2): 91-103.

[54] Miller H J, Goodchild M F. Data-driven geography. GeoJournal, 2015, 80(4): 449-461.

[55] Li Deren, Wang Shuliang, Shi Wenzhong, et al. On spatial data mining and knowledge discovery. Geomatics and information science of Wuhan university, 2001, 26(6): 491-499. [李德仁, 王树良, 史文中, 等. 论空间数据挖掘和知识发现. 武汉大学学报(信息科学版), 2001, 26(6): 491-499.]

[56] Li Deren, Wang Shuliang, Li Deyi, et al. Theories and technologies of spatial data mining and knowledge discovery. Geomatics and Information Science of Wuhan University, 2002, 27(3): 221-233. [李德仁, 王树良, 李德毅, 等. 论空间数据挖掘和知识发现的理论与方法. 武汉大学学报(信息科学版), 2002, 27(3): 221-233.]

[57] Chen M, Han J, Yu P. Data mining: An overview from a database perspective. IEEE Transactions on Knowledge and data Engineering, 1996, 8(6): 866-883.

[58] Džeroski S. Relational Data Mining. Boston, MA: Springer, 2009: 887-911.

[59] Wang Haiqi, Wang Jingfeng, Research on Progress of Spatial Data Mining. Geography and Geo-Information Science, 2005(4): 6-10. [王海起, 王劲峰. 空间数据挖掘技术研究进展. 地理与地理信息科学, 2005(4): 6-10.]

[60] Ester M, Kriegel H P, Sander J, et al. A density-based algorithm for discovering clusters in large spatial databases with noise//Proceeding KDD'96 Proceedings of the Second International Conference on Knowledge Discovery and Data Mining, Portland, OR, USA, Aug 02-04, 1996: 226-231.

[61] Han J, Lee J G, Kamber M. An overview of clustering methods in geographic data analysis. Geographic data mining and knowledge discovery, 2009, 2: 149-170.

[62] Koperski K, Han J, Stefanovic N. An efficient two-step method for classification of spatial data//Proceedings of the 8th International Symposium on Spatial Data Handling(SDH'98), Vancouver, BC, Canada, July 11-15, 1998: 45-54.

[63] Friedl M A, Brodley C E. Decision tree classification of land cover from remotely sensed data. Remote Sensing of Environment, 1997, 61(3): 399-409.

[64] Huang Y, Shekhar S, Xiong H. Discovering colocation patterns from spatial data sets: A general approach. IEEE Transactions on Knowledge and Data Engineering, 2004, 16(12): 1472-1485.

[65] Koperski K, Han J. Discovery of spatial association rules in geographic information databases// Proceedings of the 4th International Symposium on Large Spatial Databases (SSD 95), Portland, ME, USA, Aug 06-09, 1995: 47-66.

[66] Byrne G F, Crapper P F, Mayo K K. Monitoring land-cover change by principal component analysis of multitemporal Landsat data. Remote Sensing of Environment, 1980, 10(3): 175-184.

[67] Novembre J, Johnson T, Bryc K, et al. Genes mirror geography within Europe. Nature, 2008, 456(7218): 98-101.

[68] Beale C M, Lennon J J, Yearsley J M, et al. Regression analysis of spatial data. Ecology Letters, 2010, 13(2): 246-264.

[69] McMillen D P. Geographically weighted regression: The analysis of spatially varying relationships.

American Journal of Agricultural Economics, 2004, 86(2): 554-556.

[70] Atkinson P M, Tatnall A R L. Neural networks in remote sensing: Introduction. International Journal of Remote Sensing, 1997, 18(4): 699-709.

[71] Li X, Yeh A G O. Neural-network-based cellular automata for simulating multiple land use changes using GIS. International Journal of Geographical Information Science, 2002, 16(4): 323-343.

[72] Pal M, Mather P M. Support vector machines for classification in remote sensing. International Journal of Remote Sensing, 2005, 26(5): 1007-1011.

[73] Brereton R G, Lloyd G R. Support vector machines for classification and regression. Analyst, 2010, 135(2): 230-267.

[74] Gislason P O, Benediktsson J A, Sveinsson J R. Random forests for land cover classification. Pattern Recognition Letters, 2006, 27(4): 294-300.

[75] Mutanga O, Adam E, Cho M A. High density biomass estimation for wetland vegetation using WorldView-2 imagery and random forest regression algorithm. International Journal of Applied Earth Observation and Geoinformation, 2012, 18: 399-406.

[76] LeCun Y, Bengio Y, Hinton G. Deep learning. Nature, 2015, 521(7553): 436-444.

[77] Moon T K. The expectation-maximization algorithm. IEEE Signal Processing Magazine, 1996, 13(6): 47-60.

[78] Andrieu C, De Freitas N, Doucet A, et al. An introduction to MCMC for machine learning. Machine Learning, 2003, 50(1/2): 5-43.

[79] Yuan J, Zheng Y, Xie X, et al. T-drive: Enhancing driving directions with taxi drivers' intelligence. IEEE Transactions on Knowledge & Data Engineering, 2013, 25(1): 220-232.

[80] Dai J, Yang B, Guo C, et al. Personalized route recommendation using big trajectory data. Proceedings of the 2015 IEEE 31st International Conference on Data Engineering (ICDE), Seoul, South Korea, Apr 13-17, 2015: 543-554.

[81] Vazifeh M M, Santi P, Resta G, et al. Addressing the minimum fleet problem in on-demand urban mobility. Nature, 2018, 557(7706): 534-538.

Principle of big geodata mining

PEI Tao[1,2], LIU Yaxi[1,2], GUO Sihui[1,2], SHU Hua[1,2], DU Yunyan[1,2], MA Ting[1,2], ZHOU Chenghu[1,2]

(1. State Key Laboratory of Resources and Environmental Information System, Institute of Geographic Sciences and Natural Resources Research, CAS, Beijing 100101, China;
2. University of Chinese Academy of Sciences, Beijing 100049, China)

Abstract: This paper reveals the principle of geographic big data mining and its significance to geographic research. In this paper, big geodata are first categorized into two domains: earth observation big data and human behavior big data. Then, another five attributes except for "5V", including granularity, scope, density, skewness and precision, are summarized regarding big geodata. Based on this, the essence and effect of big geodata mining are uncovered by the following four aspects. First, as the burst of human behavior big data, flow space, where the OD flow is the basic unit instead of the point in traditional space, will become a new presentation form for big geodata. Second, the target of big geodata mining is defined as revealing the spatial pattern and the spatial relationship. Third, spatio-temporal distributions of big geodata can be seen as the overlay of multiple geographic patterns and the patterns may be changed with scale. Fourth, big geodata mining can be viewed as a tool for discovering geographic patterns while the revealed patterns are finally attributed to the outcome of human-land relationship. Big geodata mining methods are categorized into two types in light of mining target, i.e. classification mining and relationship mining. The future research will be facing the following challenges, namely, the aggregation and connection of big geodata, the effective evaluation of mining result and mining "true and useful" knowledge.

Keywords: spatial pattern; spatial relationship; spatial distribution; flow space; spatio-temporal heterogeneity; knowledge discovery

"地理大数据挖掘的本质"解读

刘 瑜

多源地理大数据的涌现，给地理学科带来了重大机遇。促使地理学科的研究从经验范式（第一范式）、实证范式（第二范式）、系统仿真范式（第三范式）到数据驱动范式（第四范式）的演进。近年来，关于地理大数据的论文非常多，但大多是基于不同类型地理大数据（如手机信令数据、社交媒体数据）的具体案例研究，关于地理大数据分析和应用的理论性文章则相对较少。裴韬研究员为第一作者完成的"地理大数据挖掘的本质"是中文论文中少有的关于地理大数据理论探讨的佳作。

笔者研究方向和裴韬研究员高度重叠，又在国家重点研发计划项目"地理大数据挖掘与时空模式发现"执行期间合作多年，多次就地理大数据的相关理论和方法问题展开交流，获益良多，因此很高兴为这篇论文做解读。

在笔者看来，该篇论文三处观点是非常有见地的，值得为读者做进一步的诠释。

首先，是关于地理大数据的分类，地理大数据的内涵和外延一直有很多探讨，典型的如在 2013 年《人文地理学对话》(*Dialogues in Human Geography*)推出了"大数据和人文地理学"的专辑，包括迈克尔·古特柴尔德（Michael Goodchild）、迈克尔·巴蒂（Michael Batty）等多位领域知名学者都发表了各自的见解，但是也没有形成明确的结论。巴蒂教授则戏谑地认为"大数据是一张电子表格不能处理的数

作者介绍：刘瑜（1971— ），男，山东诸城人，北京大学地球与空间科学学院教授，中国地理学会会员（S110007302M），研究方向为地理信息科学与社会感知。E-mail: liuyu@urban.pku.edu.cn

据"。"地理大数据挖掘的本质"一文尽管没有明确定义地理大数据，但指出了"大数据的本质被认为是针对研究对象的样本'超'覆盖"，而地理大数据则是从空间、时间、属性维度具有超覆盖特征的数据。这一点非常确切地抓到了大数据的本质。传统数据的获取，需要针对研究目标，进行严格的采样设计。而大数据则通常没有经过采样设计，"以量取胜"，形成对研究对象的超覆盖，此外，大数据采集的目的和实际应用场景往往存在偏差，典型的如手机通话记录数据，是电信部门出于计费目的采集的，但由于其覆盖了个体粒度的大量样本，却成为研究人口分布和移动模式的重要数据。

从分类来看，论文将地理大数据分为对地观测大数据和人类行为大数据，前者主要包括各类遥感大数据，后者则源于手机、社交媒体、车辆轨迹等数据源，基本上对应于笔者提出的社会感知数据。这种二分法符合地理学的学科性质。由于"人地关系"是地理学的核心问题之一，对人和地两类地理要素进行观测是理解人地关系的基础，而两类大数据恰好为这两个维度的观测提供了基础。近年来，结合两类地理大数据，开展的实证工作非常多。尤其是在城市研究中，人类行为大数据相对更加丰富，而城市系统又非常复杂，研究案例不胜枚举，如发现城市空置住宅区，以及从人的移动角度量化环境暴露等。笔者团队今年在《地球科学与遥感杂志》（*IEEE Geoscience and Remote Sensing Magazine*）完成的综述文章，强调了融合这两种感知手段对于城市研究的价值。

其次，论文总结了地理大数据的"5度"，即时空粒度、时空广度、时空密度、时空偏度和时空精度。其中前三个"度"刻画了大数据的优势，而后两个"度"则主要指出了大数据的不足。笔者非常赞同关于三点优势的描述，一个典型的例子就是采用每天上百亿的定位请求数据刻画的中国人口活动分布图，其中每个点代表个体粒度的一个人的行为，而从宏观上看，可以清晰刻画中国的人口分布和社会经济发展状况。在从事地理大数据多年的研究过程中，笔者经常心生感慨，就像阅读古典名著《红楼梦》时，会赞叹作者一方面勾勒了宏大的画卷，一方面对每个人物的言谈举止描述都细致入微。地理大数据也经常会带来类似的赞叹：在全局模式的刻画之外，由于其对细节的"观察"能力，所以可以帮助我们发现一些有价值的异常，就像龙瀛教授利用公交刷卡数据识别特殊出行者那样。

大数据的不足，也是近年来学术界经常讨论的议题，其中主要的问题是大数据没有经过严格的采样设计，因此尽管其数据量大，但是依然会存在对总体代表性不足的问题。在偏度之外，精度问题依然不可忽视，除了技术因素之外，由于很多大数据是由用户生成上传，其中有意识地引入误差甚至错误，也是不可忽视的问题。此外，很多大数据采集的初衷，并非出于特定的研究目的，正如谢宇教授指出的，大数据是一类"薄数据"。尽管其数据记录条数很大，但是属性数据却不如一般的采样问卷数据多。用关系数据库的一个数据表做比喻，传统小数据"行少列多"，而大数据则"行多列少"，这导致了语义信息的缺乏。如出租车数据尽管可以提取海量人群的出行行为，但是出行目的、出行人信息却无法获取，这阻碍了进行更深入的研究。因此，如何集成大数据和小数据，避免大数据的不足，始终是一个重要的研究议题。

最后，论文从数据挖掘的角度，提炼了大数据分析的四个核心问题，分别是位空间和流空间、时空关联、尺度问题、人地关系。这四个问题都很基本，也是进行地理空间分析中需要注意的问题。第一，位空间和流空间可以视为绝对空间和相对空间，前者是地理信息系统中最为基础的建模方式，距离、方位、面积等核心度量都是基于位空间。而流空间可以认为是基于地理单元之间空间交互构建的相对空间，它关注位置之间的相互关联以及位置的二阶属性。多源地理大数据为量化空间交互、构建流空间提供了基础。一个流空间中所蕴含的网络结构，使得我们可以利用社区探测算法，揭示相互关联较强的组团，从而帮助理解地理空间结构。而在流空间的基础上，重新定义距离，替代传统的基于位空间的欧氏距离，也有助于更好地解释一些地理现象，如流行病的传播。第二，时空关联则刻画了不同地理要素之间的关系，这种关系需要借助它们的时空配置特征进行挖掘。由于大数据的超覆盖特征，为机器学习——尤其是深度学习——提供了大量训练样本，帮助我们提取其中隐含的关联关系。第三，尺度问题是所有地理分析不可忽视的影响因素，地理大数据由于其粒度细、密度高等特征，可以支持在不同的空间尺度进行自下而上的聚合，探究地理规律的涌现，发现相变尺度以及尺度不变的规律。第四，人地关系始终是地理研究的核心主题，我们需要借助多种分析方法，探究地理环境和人的时空间行为之间的耦合关系以及相互作用。

数据驱动的科学研究范式，让人很容易联想到第谷、开普勒、牛顿、爱因斯坦的研究路径：第谷开展了长期的天文观测，积累了"大数据"；开普勒采用了数据驱动范式，构建了唯像的行星运动三定律；而牛顿化繁为简，发现了唯像模型背后的驱动机制——万有引力定律；爱因斯坦则用广义相对论重新解释了引力。这条路径非常完美，符合科学发现的一般性规律。对于地理学而言，如今拥有了多源地理大数据，从而支持地理现象和地理要素全面刻画，我们的使命则是"透过现象看本质"，在最新的工具（如人工智能技术）支持下，结合地理学家的洞见，深刻揭示地理世界的一般性规律。唯有如此，地理学科学大厦的根基才会更加坚实牢固。

中国地理科学学科体系浅析

陈发虎[1,2,3]，李新[1,3]，吴绍洪[3,4]，樊杰[3,5]，熊巨华[6]，张国友[7]

(1. 中国科学院青藏高原研究所 青藏高原地球系统与资源环境国家重点实验室，北京 100101；
2. 中国科学院青藏高原研究所 古生态与人类适应团队，北京 100101； 3. 中国科学院大学资源与环境学院，北京 100049； 4. 中国科学院地理科学与资源研究所 中国科学院陆地表层格局与模拟重点实验室，北京 100101； 5. 中国科学院地理科学与资源研究所 中国科学院区域可持续发展分析与模拟重点实验室，北京 100101； 6. 国家自然科学基金委员会地球科学部，北京 100085； 7. 中国地理学会，北京 100101)

摘要： 新的国际和国内形势为地理科学带来了新的发展机遇，同时也提出了更高的要求。以《中国学科及前沿领域发展战略研究（2021—2035）》地理科学的学科规划为契机，本文系统梳理了新时期地理科学的学科体系。根据地理科学现状和发展趋势，中国地理科学可划分为综合地理学、自然地理学、人文地理学和信息地理学4个二级学科，各二级学科下的三级学科也基本成熟，有些三级学科下的四级学科名称也在普遍使用。我们希望以这一新的学科体系为支点，完善地理科学的学科分支，推动地理科学框架下新兴学科的发展，更好地服务于新时期国际及国家的战略需求。

关键词： 地理科学；综合地理学；自然地理学；人文地理学；信息地理学；学科体系

DOI: 10.11821/dlxb202109001

第 76 卷第 9 期，2021 年 9 月
收稿日期：2021-04-12；修订日期：2021-08-23
基金项目：国家自然科学基金项目(41988101) [**Foundation:** National Natural Science Foundation of China, No. 41988101]
作者介绍：陈发虎(1962–)，男，陕西丹凤人，博士，研究员，中国科学院院士，发展中国家科学院院士，中国地理学会会士(S110004201M)，主要从事气候环境变化及史前人—环境相互作用研究。E-mail: fhchen@itpcas.ac.cn
引用本文：陈发虎, 李新, 吴绍洪, 等. 中国地理科学学科体系浅析. 地理学报, 2021, 76(9): 2069-2073. [Chen Fahu, Li Xin, Wu Shaohong, et al. Disciplinary structure of geographic science in China. *Acta Geographica Sinica*, 2021, 76(9): 2069-2073.]

1 引言

地理科学是研究地球表层系统中人类生存环境的空间格局、时间演化以及人类与环境相互作用的科学[1-2]。钱学森认为，地理科学是与自然科学、社会科学等相并列的科学部门，充当自然科学与社会科学之间桥梁的角色[3]。中国地理学源远流长，但科学的地理学是从20世纪30年代西方地理学引入中国后逐步发展形成的，现已经实现了从传统文字描述、日常知识到地理科学的转变。从中国地理科学的发展历程来看，地理科学是地球科学的本源之一，地球科学中许多其他学科最初都属于地理科学内部的分支学科，在发展完善后从地理科学体系中独立出来形成新的学科。在地理科学内部，随着人类活动和气候变化对地球表层系统的影响日益加剧，自然与人文要素以及自然—社会经济复合系统也正发生着剧烈的变化。在遥感科学、地理信息科学、空间社会理论、全球变化等变革性技术与新研究领域的冲击下[4]，地理科学综合研究的理论和方法不断拓展和深化，形成了众多繁杂的新学科分支。

随着地理科学的快速发展，自然地理学和人文地理学两大学科分支已经不能涵盖地理科学的最新进展[5]。一方面，自然地理学和人文地理学内部衍生出很多新的学科，例如，自然地理学与考古学、人类学的交叉融合促成了人类生存环境学等新兴学科领域与研究方向的形成[6]，地理科学空间观念的扩展催生了行星地理学，对冰冻圈的关注推动了冰冻圈学科体系的建立[7]，这些新兴的学科分支需要被系统地梳理和凝练，给予其准确的学科定位。另一方面，地理科学与信息科学的交叉融合推动了信息地理学的诞生和发展，革新和拓展了地理科学的研究范畴和学科分支，形成了地理遥感、地理信息、地理数据科学等新兴领域。此外，综合地理学的定位也需要被重新审视，其范畴下的区域地理学、历史地理学等传统学科也需要有栖身之处。总之，目前地理科学的学科体系需要进一步完善和发展[8]，新瓶装新酒，体现地理科学的最新进展。

本文以《中国学科及前沿领域发展战略研究（2021—2035）》地理科学的学科规划为契机，重新梳理和完善了地理科学的学科体系。主要遵循的原则包括：① 结合国家发展的战略需求和国际地理科学的发展趋势和学科发展现状，既兼顾地理科学已有的学科体系，也涵盖地理科学的最新研究进展；② 提出信息地理学，将之作为地理科学的二级学科，与自然地理学、人文地理学并列；③ 强调综合地理学的重要性，凸显地理科学作为综合、交叉学科的发展特性。地理学科的区域性（从局地到全球尺度）是以人地关系为核心，使用信息地理学新手段融合自然地理和人文地理过程理解区域空间过程，形成了综合地理学二级学科。我们以系列论文的方式，将新的地理科学学科体系求证于地理科学界广大同行，其中，本文是地理科学学科体系的总体介绍，其他3篇论文分别介绍自然地理学、人文地理学和信息地理学的学科体系与发展战略要点。

2 地理科学学科体系

地理科学主要形成了综合地理学、自然地理学、人文地理学、信息地理学四大分支学科（图1）。

综合地理学是地理科学其他分支学科的支点。地理科学是研究地球表层空间的一门学科，具有显著的区域性特征，必然要求区域综合，无疑区域综合是地理科学存在的依据，是地理科学最大的特色，也是地理科学最大的困难，综合地研究地理环境是辩证认识地理环境形成与发展的根本途径[9]。综合地理学应重新建构理论地理学，为地理科学的整体发展提供系统的方法体系和理论支点。综合地理学也应包括应用地理学，以地理科学的方法和理论为指引，解决各类自然与人类社会经济发展息息相关的实际应用问题。区域地理学是地理科学的传统学科，以区域地理考察为基础，服务各种地理区划和区域规划，但新时期的区域地理学应聚焦不同空间尺度的可持续发展需求，面对不断变化的发展观和人类文明，适应全球发展新格局和中国发展新阶段。历史地理学则以地理环境随时间的变异为核心，利用中国悠久且丰富的文献记载资料，在时空交织的体系下研究历史时期的人地关系及其地域分异。

图 1 地理科学的学科体系

Fig. 1 The disciplinary structure of geographic science

自然地理学是地理科学的基础学科，也是地理科学与地球科学其他学科联系的纽带[1,10]。传统的自然地理学可以划分为综合自然地理学和部门自然地理学，其中，综合自然地理学研究景观、土地等自然地理综合体。近年来，针对沙漠和湖泊湿地等特定地表单元、冰川和冻土等特殊自然地理要素的研究，以及流域系统乃至整个地球表层系统的多要素或全要素研究得到了发展[11]。部门自然地理学开展以单一自然地理要素为主的研究，如气候、地貌、植被等。人类生存环境学针对过去人与环境的相互作用，主要开展史前人群扩散、社会发展和文明演化的人类生存环境研究，构成了自然地理学与考古学、人类学等交叉的新领域[6]。

人文地理学以人地关系为研究核心[12]，以人类活动的地域空间分布规律为研究对象[13]，形成了综合人文地理学、经济地理学、城市地理学、乡村地理学、社会文化与政治地理学等主要分支。其中，综合人文地理学以"人地系统耦合过程"和"可持续地理格局"为主题，以人类活动空间过程和格局集成研究为主要任务。经济地理学以产业经济活动为主要研究对象，综合运用经济学、社会科学、数量分析等理论方法，结合地理学的综合观和时空分异，阐释区域发展规律[14-15]。城市地理学和乡村地理学以人口和生活空间为主要研究对象，着重研究中国城镇化进程中的热点、难点问题，为中国城镇体系规划编制和发展做出贡献。社会文化地理学以人类非物质活动为主要研究对象，是社会地理学、文化地理学和政治地理学的统称，是人文地理学的新兴研究方向。

信息地理学主要包括地理遥感科学、地理信息科学和地理数据科学，已成为地理科学中独特和不可或缺的组成部分。其中，地理遥感科学是遥感和地理科学的深度融合，以地理要素遥感辐射传输建模和定量遥感反演理论为基础，并在地理学的应用领域，形成了植被遥感、水文遥感、冰冻圈遥感等应用分支。地理信息科学利用信息技术，构建地理空间认知、表达、分析、模拟、预测、优化方法，探索自然地理空间、人文社会空间在地理信息空间中的表达与耦合方式，致力研究解决地理信息系统实现和应用中的基础科学问题。地理数据科学通过借助快速发展的大数据、人工智能等新兴技术，发展地球大数据挖掘与分析、地学智能计算方法，实现观测、数据与模型的大融合，促进地理数据—信息—知识—决策的贯通，从而解决"地理数据爆炸，但地理知识贫乏"这一重要问题。

3 结语

在新的国际和国内形势下，地理科学的发展面临新的问题与挑战，同时孕育着新的发展机遇。以《中国学科及前沿领域发展战略研究（2021—2035）》地理科学的学科规划为契机，本文系统梳理了地理科学的学科分支，这一体系既反映了地理科学的新发展，也兼顾了地理科学已有的学科体系。我们希望这一新的学科体系，能够完善地理科学的学科分支，推动地理科学框架下新兴学科的发展，引发新时代背景下对地理科学发展方向的新思考，从而促进地理科学的发展和创新。

致谢：周尚意、邓祥征、赵鹏军、汪亚峰、刘建宝、裴韬等参与了地理科学层面的学科规划和学科体系的相关工作，许多地理同仁参与了交流讨论，在此一并致谢。

参考文献

[1] Chen Fahu, Fu Bojie, Xia Jun, et al. Major advances in studies of the physical geography and living environment of China during the past 70 years and future prospects. Scientia Sinica: Terrae, 2019, 49(11): 1659-1696. [陈发虎, 傅伯杰, 夏军, 等. 近70年来中国自然地理与生存环境基础研究的重要进展与展望. 中国科学: 地球科学, 2019, 49(11): 1659-1696.]

[2] Fu Bojie. Geography: From knowledge, science to decision making support. Acta Geographica Sinica, 2017, 72(11): 1923-1932. [傅伯杰. 地理学: 从知识、科学到决策. 地理学报, 2017, 72(11): 1923-1932.]

[3] Qian Xuesen. Discussion on Geographical Science. Hangzhou: Zhejiang Education Press, 1994. [钱学森. 论地理科学. 杭州: 浙江教育出版社, 1994.]

[4] National Academies of Sciences, Engineering, and Medicine. Fostering Transformative Research in the Geographical Sciences. Washington, DC: The National Academies Press, 2019.

[5] Xiong Juhua, Wang Jia, Shi Yunfei, et al. Adjustment and optimization of al sciences application code of NSFC. Acta Geographica Sinica, 2020, 75(11): 2283-2297. [熊巨华, 王佳, 史云飞, 等. 国家自然科学基金地理科学申请代码的调整优化. 地理学报, 2020, 75(11): 2283-2297.]

[6] Chen Fahu, Wu Shaohong, Cui Peng, et al. Progress of applied research of physical geography and living environment in China from 1949 to 2019. Acta Geographica Sinica, 2020, 75(9): 1799-1830. [陈发虎, 吴绍洪, 崔鹏, 等. 1949—2019年中国自然地理学与生存环境应用研究进展. 地理学报, 2020, 75(9): 1799-1830.]

[7] Qin D H, Ding Y J, Xiao C D, et al. Cryospheric science: Research framework and disciplinary system. National Science Review, 2018, 5(2): 255-268.

[8] Cai Yunlong. Integrated Physical Geography. 3rd ed. Beijing: Higher Education Press, 2019. [蔡运龙. 综合自然地理学. 3版. 北京: 高等教育出版社, 2019.]

[9] Huang Bingwei. Some major trends in geography. Chinese Science Bulletin, 1960, 11(10): 296-299. [黄秉维. 自然地理学一些最主要的趋势. 科学通报, 1960, 11(10): 296-299.]

[10] Fu Bojie. Thoughts on the recent development of physical geography. Progress in Geography, 2018, 37(1): 1-7. [傅伯杰. 新时代自然地理学发展的思考. 地理科学进展, 2018, 37(1): 1-7.]

[11] Cheng Guodong, Li Xin. Integrated research methods in watershed science. Scientia Sinica: Terrae, 2015, 45(6): 811-819. [程国栋, 李新. 流域科学及其集成研究方法. 中国科学: 地球科学, 2015, 45(6):

[12] Wu Chuanjun. The core of study of geography: Man-land relationship areal system. Economic Geography, 1991, 11(3): 1-6. [吴传钧. 论地理学的研究核心: 人地关系地域系统. 经济地理, 1991, 11(3): 1-6.]

[13] Fan Jie. The progress and characteristics of Chinese human geography over the past 70 years. Scientia Sinica: Terrae, 2019, 49(11): 1697-1719. [樊杰. 中国人文地理学70年创新发展与学术特色. 中国科学: 地球科学, 2019, 49(11): 1697-1719.]

[14] Fan Jie. Recent Progress and Outlook of Human-Economic Geography in China. Beijing: Science and Technology of China Press, 2012. [樊杰. 地理学学科发展报告(人文—经济地理学). 北京: 中国科学技术出版社, 2012.]

[15] Lu Dadao. The changing humanistic and economic geography in China. Scientia Geographica Sinica, 2017, 37(5): 641-650. [陆大道. 变化发展中的中国人文与经济地理学. 地理科学, 2017, 37(5): 641-650.]

Disciplinary structure of geographic science in China

CHEN Fahu[1,2,3], LI Xin[1,3], WU Shaohong[3,4], FAN Jie[3,5], XIONG Juhua[6], ZHANG Guoyou[7]

(1. State Key Laboratory of Tibetan Plateau Earth System, Resource and Environment, Institute of Tibetan Plateau Research, CAS, Beijing 100101, China; 2. Alpine Paleoecology and Human Adaptation Group(ALPHA), Institute of Tibetan Plateau Research, CAS, Beijing 100101, China; 3. College of Resources and Environment, University of Chinese Academy of Sciences, Beijing 100049, China; 4. Key Laboratory of Land Surface Pattern and Simulation, Institute of Geographical Sciences and Natural Resources Research, CAS, Beijing 100101, China; 5. Key Laboratory of Regional Sustainable Development Modeling, Institute of Geographical Sciences and Natural Resources Research, CAS, Beijing 100101, China; 6. Department of Earth Science, National Natural Science Foundation of China, Beijing 100085, China; 7. The Geographical Society of China, Beijing 100101, China)

Abstract: The modern international and domestic science advancements have brought forward new opportunities as well as higher requirements to the development of geographic science in China. In planning the disciplinary structure of geographic science in the "Development Strategy of Discipline and Frontier Research in China (2021-2035)", we propose a modified disciplinary structure for the geographic science in the new era. The geographic science in China can be categorized into four secondary disciplines, i. e. , integrated geography, physical geography, human geography, and information geography, considering the current situation and development outlook of geographic science. The tertiary disciplines under each secondary discipline are nearly fully developed, and a few quaternary disciplines under tertiary disciplines have already been widely accepted and used. We hope this new disciplinary structure can play a breakthrough role for improving the branches of geographic science, promoting the development of emerging disciplines under the framework of geographic science, and better serving the international and domestic development needs in the new era.

Keywords: geographic science; integrated geography; physical geography; human geography; information geography; disciplinary structure

"中国地理科学学科体系浅析"解读

葛 咏

地理科学的学科体系是地理科学的基本理论问题或元问题之一，古今中外一直被地理学家们关注和探讨，而构建中国地理学科的学科体系也是中国地理学科发展的重大任务之一。该文系统阐述了中国地理科学学科体系及其构建，具有重要的学科意义。

陈发虎（1962— ），博士，地理学家，中国科学院院士，发展中国家科学院院士，中国地理学会会士，中国地理学会理事长。1984年、1987年、1990年分别获兰州大学自然地理学学士、硕士和博士学位。1992年任兰州大学地理系副教授，1995年任教授和博士生导师，现任兰州大学特聘教授。他长期从事干旱-半干旱区的环境变化及其史前人-环境相互作用研究，在中国西部黄土地层和气候记录、干旱区湖泊记录、晚第四纪气候快速变化、环境考古等研究领域有重要贡献。在史前人类永久定居青藏高原的过程和机制、亚洲中纬度地区气候变化的"西风模态"等方面有重要创新性认识。

李新（1969— ），博士，地理学家，国家杰出青年科学基金获得者，中国地理学会会士。中国科学院青藏高原研究所研究员、副所长，国家青藏高原科学数据中心主任。他主要从事流域集成、数据同化、冰冻圈遥感与信息系统研究。

作者介绍：葛咏（1972— ），女，新疆奎屯人，江西师范大学鄱阳湖湿地与流域研究教育部重点实验室研究员，中国地理学会会员（S110009008M），研究方向为地理信息科学与时空统计。E-mail: gey@lreis.ac.cn

吴绍洪（1961— ），博士，地理学家，中国科学院地理科学与资源研究所研究员，主要从事自然地理学综合研究、气候变化影响与灾害风险研究。

樊杰（1961— ），博士，地理学家，中国科学院地理科学与资源研究所研究员，中国地理学会会士。他主要从事城镇化、区域可持续发展、空间规划等领域的研究。

熊巨华（1966— ），博士，研究员，国家自然科学基金委地球科学部处长，主要从事自然科学基金管理工作。

张国友（1960— ），中国科学院地理科学与资源研究所研究员，华东师范大学地理科学学院院长，中国地理学会副理事长兼秘书长。他长期从事中国地理学会学术组织和学术共同体建设工作。

一、"中国地理科学学科体系浅析"写作背景与内容提要

在中国，地理学自20世纪30年代以来，经历了从传统叙述到科学体系的转型，迈入了科学化的发展轨道（吴传钧、张家桢，1999）。时至今日，随着全球环境与社会的急速变迁，地理科学领域迎来了新的发展机遇，同时亦面临着学科体系与新时代要求不完全契合的挑战（陆大道，2003）。为此，以陈发虎院士为代表的六位杰出地理学者，以《中国学科及前沿领域发展战略研究（2021—2035）》地理科学的学科规划为契机，凭借深邃的学科洞察力，全面剖析并梳理了新时期地理科学的学科体系，旨在为新兴学科的蓬勃发展及传统学科的推陈出新提供理论支撑，更好地服务于国家及全球的战略需求。

地理科学，作为探究地球表层系统中人类生存环境的空间分布、时间演变及人地互动机制的科学，其快速发展已使自然地理学与人文地理学两大传统分支无法全面覆盖其最新进展（钱学森等，1994；傅伯杰，2017）。"中国地理科学学科体系浅析"确立了综合地理学、自然地理学、人文地理学、信息地理学四大核心二级学科，并在此基础上细化三级、四级学科，可以较为准确地概括当前中国地理科学的发展状况。综合地理学作为其他分支学科的支点，聚焦人地关系，借助信息地理学工具，集成自然与人文视角，探索区域空间动态，下设理论、应用、区域及历史地理学，

强化了地理学的综合性与区域特色。自然地理学作为基石，不仅深化了与地球科学其他领域的联系，也在跨学科交融中催生了人类生存环境学，体现了自然与人文的深度整合（陈发虎等，2021）。人文地理学则以其独特的跨学科性和实践导向性，围绕国家发展战略，细分为多个分支，如经济、城市、乡村及社会文化与政治地理学，强化了其在国家建设与全球可持续发展中的作用（樊杰等，2021）。信息地理学作为新生力量，利用信息技术革新了地理科学的研究范畴和学科分支，涵盖了地理遥感、信息及数据科学，为地理科学的现代化进程开辟了新路径（李新等，2021）。这一学科体系既展现了地理科学的最新发展动态，又体现了对传统学科结构的尊重与传承。

二、"中国地理科学学科体系浅析"的影响

"中国地理科学学科体系浅析"紧密贴合国家发展战略和学科实际情况，不仅回溯了地理科学的传统构架，也把握住了最新的研究动向，一经发布即刻在地理学界引起广泛反响（截至2024年5月20日被引44次），被视作指导科研、教育及学科构建的关键文献（熊巨华等，2022；阎国年等，2024；罗燊、叶超，2022；谢庆恒，2023）。

文章准确回应了新时期学科体系的构建需求，为各分支学科的发展指明了方向，尤其是在信息技术革命的大背景下，作者提出信息地理学，重新界定了以信息为中心的研究领域，并将其细分为地理遥感科学、地理信息科学及地理数据科学，这一划分全面覆盖了技术导向的地理研究领域，引领学科回归本质研究（李新等，2021）。随后，"信息地理学：信息革命重塑地理学"一文进一步阐述，信息地理学作为地理学计量变革与技术飞跃70年积累的智慧结晶，在地理学转型的十字路口，正化身成为方法论深化与拓展应用的集中展现平台，承载着更加具体的研究焦点，更为凸显的科学议题，并蓄势待发，准备反馈并丰富整个地理学的内涵——与自然地理、人文地理领域合力推进地理学方法论的成熟完善（李新等，2022；阎国年等，2022）。在此基础上，有关各项活动正如火如荼地展开：首届全国信息地理学大会暨中国地理学会信息地理专业委员会成立会议在苏州隆重召开（2023年11月17—

20日);信息地理专业委员会年度工作会议在贵州师范大学顺利举行(2024年4月23—26日);北京大学城市与环境学院成立信息地理学系,并成功举办信息地理学发展高端论坛(2024年4月27日)。目前学科建设一派欣欣向荣。

另一方面,地理综合研究作为地理学长期面临的难题,是新时代地理学进步亟待突破的关键点(Peng et al., 2024)。文中对综合地理学的强调与定位,加强了多学科的交叉融合与应用导向,为地理学界应对全球变化、推动可持续发展提供了理论与实践的双轨支撑,预示地理科学在应对全球性挑战中将承担更加关键的任务。总体来说,"中国地理科学学科体系浅析"不仅构筑了一套面向未来的学科体系框架,还激发了对地理科学发展路径的探讨,为学科持续演进及有效应对全球挑战提供了坚实的理论基底与前瞻视角。

参考文献

[1] 陈发虎、吴绍洪、刘鸿雁等:"自然地理学学科体系与发展战略要点",《地理学报》,2021年第9期。
[2] 樊杰、赵鹏军、周尚意等:"人文地理学学科体系与发展战略要点",《地理学报》,2021年第9期。
[3] 傅伯杰:"地理学:从知识、科学到决策",《地理学报》,2017年第11期。
[4] 李新、袁林旺、裴韬等:"信息地理学学科体系与发展战略要点",《地理学报》,2021年第9期。
[5] 李新、郑东海、冯敏等:"信息地理学:信息革命重塑地理学",《中国科学:地球科学》,2022年第2期。
[6] 陆大道:"中国地理学发展若干值得思考的问题",《地理学报》,2003年第1期。
[7] 闾国年、袁林旺、陈旻等:"地理信息学科发展的思考",《地球信息科学学报》,2024年第4期。
[8] 闾国年、袁林旺、俞肇元:"信息地理学:地理三元世界的新支点",《中国科学:地球科学》,2022年第2期。
[9] 罗燊、叶超:"面向治理的地理学发展刍议",《地理学报》,2023年第1期。
[10] 钱学森等:《论地理科学》,浙江教育出版社,1994年。
[11] 吴传钧、张家桢:"我国20世纪地理发展回顾及新世纪前景展望——祝贺中国地理学会创立90周年",《地理学报》,1999年第5期。
[12] 谢庆恒:"地理学新发展背景下《中国分类主题词表》地理学类目调整新论",《数字图书馆论坛》,2023年第2期。
[13] 熊巨华、高阳、吴浩等:"国家自然科学基金视角下地理科学融合发展路径探索",《地理学报》,2022年第8期。
[14] Peng, J., X. Liu, T. Gu et al. 2024. Developing integrated geography to support the "Community" visions. *Science Bulletin*, Vol. 69, No. 6.